Zu dieser Ausgabe

Was uns die ›Kinder- und Hausmärchen‹ der Brüder Grimm sind, ist dem russischen Leser seit Generationen die klassische Volksmärchensammlung von Alexander N. Afanasjew (1826-1871). Tatsächlich waren für den »russischen Grimm« die Anstrengungen der berühmten deutschen Märchensammler Vorbild, selbst den überaus reichen Märchenschatz seines Landes zu sammeln und die erste und umfassendste Edition unter dem Titel ›Russische Volksmärchen‹ herauszugeben.

Dem Märchenliebhaber begegnet in dieser Sammlung ein Kosmos phantastischer Volkspoesie, der ebenso durch Fremdheit wie durch Vertrautheit fasziniert: neben Helden-, Tier- und Abenteuermärchen, die in ihrer spezifischen Eigenart im deutschen Sprachraum völlig unbekannt sind, beispielsweise auch die russischen Varianten von Schneewittchen und Aschenputtel. Die Helden der Märchen, heißen sie nun Iwan, Wladimir oder Aljoscha, braten Piroggen und trinken Wodka in einem Land, in dem ein mächtiger Zar herrscht und die Baba Jaga, eine überaus schreckenerregende Hexe, ihr Unwesen treibt – vom »Drachen Drachewitsch« ganz zu schweigen! Die Freude am Erzählen des Wunderbaren, Phantastischen und Abenteuerlichen hat sich in dieser Sammlung zu einem großartigen Monument der Volkskultur verdichtet, das Schriftsteller wie Tolstoi und Gorki verehrten und das Komponisten wie Tschaikowski, Rimskij-Korsakow und Strawinski zu eigenen Werken inspirierte.

Literatur · Philosophie · Wissenschaft

Schwester Füchsin und der Wolf

Es lebten einmal ein Mann und eine Frau. Der Mann sagte zu der Frau: »Frau, du sollst Piroggen backen, und ich will Fische holen!« Als er genug Fische gefangen hatte, machte er sich mit dem vollen Wagen auf den Heimweg. Er fuhr dahin und sah auf einmal: zusammengerollt lag ein Füchschen auf dem Weg. Der Mann stieg vom Wagen und ging auf das Füchschen zu. Es rührte sich nicht und lag da wie tot. »Das gibt ein Geschenk für meine Frau«, dachte der Mann, hob das Füchschen auf und legte es auf den Wagen. Er selbst ging vor dem Wagen her. Die Füchsin aber nutzte die Zeit und warf sachte einen Fisch nach dem andern von dem Wagen herunter, einen Fisch nach dem andern. Alle Fische warf sie herunter, dann machte sie sich davon.

»Nun, Alte«, sagte der Mann, »schau, was für einen Pelzkragen ich dir mitgebracht habe!« – »Wo ist er?« – »Draußen, auf dem Wagen, der Fisch und der Kragen.« Die Frau trat an den Wagen: Weder Kragen noch Fisch; sie schalt ihren Mann: »Ach, du alter Rettich! Du bist mir einer! Und dann machst du dich über mich lustig!« Da begriff der Mann, daß das Füchschen mitnichten tot gewesen war; er grämte sich eine Weile, aber es war nichts mehr zu ändern.

Und die Füchsin trug die über den Weg verstreuten Fische auf einen Haufen zusammen, setzte sich hin und ließ es sich schmecken. Da kam der Wolf daher: »Guten Tag, Gevatterin.« – »Guten Tag, Gevatter.« – »Gib mir von deinen Fischen.« – »Du kannst selbst fischen und essen.« – »Ich hab's nicht gelernt.« – »Ei! Ich hab ja auch gefischt! Du mußt zum Fluß gehen, Gevatter, und den Schwanz ins Eisloch stecken. Die Fische hängen sich von selbst an deinen

Schwanz; aber sieh zu, daß du möglichst lange sitzen bleibst, sonst wirst du nicht genug Fische fangen.«

Der Wolf lief zum Fluß und steckte den Schwanz in das Eisloch; es war nämlich Winter. Er saß lange, lange, die ganze Nacht saß er, und da fror sein Schwanz im Eise fest. Er versuchte aufzustehn, aber es wollte nicht gehen. »Da hängen aber viele Fische dran, ich kann sie ja nicht herausziehen!« dachte er. Und schon sah er: Frauen kamen zum Fluß, um Wasser zu holen. Als sie den Grauen entdeckten, schrien sie: »Ein Wolf! Ein Wolf! Schlagt ihn! Schlagt ihn!« Sie liefen herbei und begannen den Wolf zu prügeln, die eine mit dem Tragholz, die andere mit dem Eimer, wie es gerade kam. Der Wolf sprang hin und sprang her, riß sich den Schwanz ab und rannte Hals über Kopf davon. »Na warte«, dachte er, »das werde ich dir heimzahlen, Gevatterin!« Schwesterchen Füchsin aber hatte sich die Fische schmecken lassen und wollte sehen, ob sie nicht irgendwo noch etwas erwischen könnte; sie schlich sich in ein Haus, wo Frauen Pfannkuchen buken, geriet dort unversehens mit dem Kopf in die Teigschüssel und lief teigbeschmiert weiter. Da begegnete ihr der Wolf: »Das war also dein guter Rat? Ich bin am ganzen Leib zerschunden!« – »Ach, lieber Gevatter«, sagte Schwesterchen Füchsin, »bei dir fließt bloß das Blut, bei mir aber das Hirn. Mich haben sie viel schlimmer zerschunden, ich kann mich kaum rühren.« – »Wohl wahr«, sagte der Wolf, »wie willst du weiterkommen, Gevatterin? Setz dich auf meinen Rücken, ich will dich tragen.« Die Füchsin setzte sich auf seinen Rücken, und er trug sie weiter.

Schwesterchen Füchsin sitzt so da und spricht leise vor sich hin: »Nichtverprügelt auf Verprügelt, Nichtverprügelt auf Verprügelt.« – »Was sagst du da, Gevatterin?« – »Ach, Gevatter, ich sage: Verprügelt auf Verprügelt.« – »So ist es, Gevatterin, so ist es.«

»Komm, wir wollen uns Häuser bauen, Gevatter.« – »Gut, wir wollen uns Häuser bauen, Gevatterin.« – »Ich baue mir

6

ein Haus aus Schindeln, und du baust dir ein Haus aus Eis.«
Sie gingen an die Arbeit und bauten Häuser: Dem Füchschen
aus Schindeln, dem Wolf aus Eis, und wohnten darin. Der
Frühling kam, und das Haus des Wolfs schmolz. »Aha,
Gevatterin«, sagte der Wolf, »du hast mich wieder betrogen
und deshalb will ich dich fressen.« – »Komm, Gevatter, wir
wollen losen, wer wen fressen soll.« Schwesterchen Füchsin
führte den Wolf zu einer tiefen Grube mitten im Wald und
sagte: »Spring! Wenn du über die Grube springen kannst,
dann sollst du mich fressen. Und wenn du nicht hinüberspring-
en kannst, dann soll ich dich fressen.« Der Wolf sprang und
fiel in die Grube. »So«, sagte das Füchschen, »jetzt kannst du
hier sitzen!« und ging.

Das Füchschen kam eines Tages mit einem Wellholz in den
Pfoten und klopfte bei einem Bauern an: »Laß Schwester
Füchsin bei dir übernachten.« – »Bei uns ist es ohne dich
schon eng.« – »Ich werde euch nicht zur Last fallen; ich lege
mich auf die Bank, den Schwanz unter die Bank, das Wellholz
vor den Ofen.« Der Bauer ließ sie herein. Sie legte sich auf die
Bank, den Schwanz unter die Bank, das Wellholz vor den
Ofen. In aller Frühe erhob sich die Füchsin, verbrannte ihr
Wellholz und fragte dann: »Wo ist denn mein Wellholz? Ich
würde es nicht einmal gegen eine Gans tauschen!« Es war
nichts zu machen – der Bauer gab ihr für das Wellholz eine
Gans; das Füchschen nahm die Gans, ging weiter und sang:

> »Ein Wellholz trug die Füchsin,
> Als sie des Weges kam;
> Fürs Wellholz – ein Gänschen!«

Tuck-tuck-tuck, klopfte sie bei einem anderen Bauern an.
»Wer ist da?« – »Ich bin's, Schwester Füchsin. Laß mich bei
euch übernachten.« – »Bei uns ist es auch ohne dich schon
eng.« – »Ich werde euch nicht zur Last fallen. Ich lege mich
auf die Bank, den Schwanz unter die Bank, die Gans vor den
Ofen.« Der Bauer ließ sie ein. In aller Frühe sprang sie auf,

packte die Gans, rupfte sie, aß sie auf und sagte: »Wo ist denn mein Gänschen? Ich würde es nicht einmal gegen einen Truthahn tauschen!« Es war nichts zu machen – der Bauer gab ihr für die Gans einen Truthahn; das Füchschen nahm den Truthahn, ging weiter und sang:

> »Ein Wellholz trug die Füchsin,
> Als sie des Weges kam;
> Fürs Wellholz – ein Gänschen,
> Fürs Gänschen – einen Truthahn.«

Tuck-tuck-tuck, klopfte sie an der Tür bei einem dritten Bauern an: »Wer da?« – »Ich bin es, Schwester Füchsin. Laß mich bei euch übernachten.« – »Bei uns ist es auch ohne dich schon eng.« – »Ich werde euch nicht zur Last fallen; ich lege mich auf die Bank, den Schwanz unter die Bank, den Truthahn vor den Ofen.« Der Bauer ließ sie ein. Sie legte sich auf die Bank, den Schwanz unter die Bank, den Truthahn vor den Ofen. In aller Frühe sprang sie auf, packte den Truthahn, rupfte ihn, aß ihn auf und sagte: »Wo ist denn mein Truthähnchen? Ich würde es nicht einmal gegen deine Schwiegertochter tauschen!« Es war nichts zu machen – der Bauer gab ihr für den Truthahn die Schwiegertochter. Das Füchschen nahm die Schwiegertochter, steckte sie in einen Sack, ging weiter und sang:

> »Ein Wellholz trug die Füchsin,
> Als sie des Weges kam;
> Fürs Wellholz – ein Gänschen,
> Fürs Gänschen – einen Truthahn,
> Für den Truthahn – die Schwiegertochter.«

Tuck-tuck-tuck, klopfte sie an der Tür beim vierten Bauern an. »Wer da?« – »Ich bin es, Schwester Füchsin. Laßt mich bei euch übernachten.« – »Bei uns ist es auch ohne dich schon eng.« – »Ich werde euch nicht zur Last fallen. Ich lege mich auf die Bank, den Schwanz unter die Bank, den Sack vor den

Ofen.« Der Bauer ließ sie ein. Sie legte sich auf die Bank, den Schwanz unter die Bank und den Sack vor den Ofen. Der Bauer ließ heimlich die Schwiegertochter aus dem Sack und steckte einen Hund hinein. Als der Morgen kam, zog Schwester Füchsin weiter: sie ging, trug ihren Sack und sagte: »Schwiegertöchterchen, du mußt mir Lieder singen!« Da fing der Hund an zu knurren. Die Füchsin erschrak, ließ den Sack mit dem Hund fallen und lief weg. Das Füchschen lief und sah: auf einem Tor saß ein Hahn. Da sagte es zu ihm: »Hör mal, Gockel! Steig herunter, ich will dir die Beichte abnehmen: Du hast siebzig Frauen und sündigst immerfort.« Der Hahn stieg vom Tor herunter, die Füchsin packte ihn und fraß ihn auf.

Für den Bastschuh ein Hühnchen, für das Hühnchen ein Gänschen

Der Fuchs lief den Weg entlang und fand einen Bastschuh, klopfte bei einem Bauern an und bat: »Bauer, laß mich bei dir übernachten.« Der sagte: »Wir haben keinen Platz für dich, Füchschen. Bei uns ist es eng!« – »Brauch ich denn viel Platz? Ich lege mich auf die Bank und den Schwanz unter die Bank.« Sie ließen ihn ein; er sagte: »Legt doch meinen Bastschuh zu euern Hühnern.« Sie legten den Bastschuh zu den Hühnern, der Fuchs aber stand nachts auf und versteckte seinen Bastschuh. Am Morgen, als alle aufgewacht waren, fragte er nach seinem Bastschuh, und die Wirtsleute sagten: »Füchschen, der ist weg!« – »Dann müßt ihr mir ein Hühnchen dafür geben.«

Er nahm das Hühnchen, ging zu einem anderen Bauern und fragte, ob sein Hühnchen bei den Gänsen schlafen dürfte. Nachts versteckte der Fuchs das Hühnchen und bekam dafür am Morgen eine Gans. Er ging wieder zu einem Bauern, bat um Obdach und fragte, ob seine Gans bei den Lämmern schlafen könnte; wieder überlistete er den Bauern, bekam für die Gans ein Lämmchen und klopfte beim nächsten Bauern an. Er übernachtete dort und ließ sein Lämmchen bei den Kälbern schlafen. Nachts ließ der Fuchs auch das Lämmchen verschwinden und verlangte am Morgen für das Lämmchen ein Öchschen.

Allen – dem Hühnchen, dem Gänschen, dem Lämmchen, dem Öchschen – biß er die Kehle durch, verscharrte das Fleisch, stopfte die Ochsenhaut mit Stroh aus und stellte sie am Wegrand auf. Da kamen der Bär und der Wolf. Der Fuchs sagte zu ihnen: »Geht, stehlt einen Schlitten. Wir wollen spazierenfahren.« Sie stahlen einen Schlitten und ein Kummet, spannten das Öchslein ein und setzten sich alle in den Schlitten. Der Fuchs nahm die Zügel und rief: »Auf, auf, Öchslein! Das Öchslein aus Stroh, der Schlitten geklaut, das Kummet geklaut, Öchslein, fahr zu und gib keinen Laut!«

Das Öchslein rührte sich nicht vom Fleck. Der Fuchs sprang aus dem Schlitten und rief: »Dummköpfe bleiben hocken!« und lief fort. Der Bär und der Wolf freuten sich über ihre Beute und fielen über das Öchslein her. Sie rissen und bissen, sahen, daß es nur Haut und Stroh war, schüttelten die Köpfe und gingen jeder in sein Haus.

Die Füchsin als Wehmutter

Es lebten einmal Gevatter Wolf und Gevatterin Füchsin. Sie hatten ein Fäßchen Honig. Die Füchsin naschte für ihr Leben gern; einmal lag die Gevatterin neben dem Gevatter in ihrem Häuschen und klopfte heimlich mit dem Schwanz auf den Boden. »Gevatterin, Gevatterin! Da klopft jemand!« – »Wahrscheinlich ist eine in Kindsnöten und sie holen mich«, murmelte die Füchsin. »Dann geh doch hin«, sagte der Wolf.

Die Gevatterin lief aus dem Haus und schnurstracks zum Honig, schleckte nach Herzenslust und kehrte zurück. »Was hat Gott gegeben?« fragte der Wolf. »Das Oberste«, antwortete die Füchsin.

Ein andermal lag die Gevatterin wieder da und klopfte mit dem Schwanz. »Gevatterin, da klopft jemand!« sagte der Wolf. »Wahrscheinlich ist eine in Kindsnöten und sie holen mich«, murmelte die Füchsin. »Dann geh doch hin«, sagte der Wolf. Die Füchsin lief aus dem Haus und wieder zum Honig und schleckte, bis sie genug hatte. Es blieb nur ein wenig Honig auf dem Boden des Fäßchens. Dann kehrte sie zum Wolf zurück. »Was hat Gott gegeben?« fragte der Wolf. »Das Mittlere.«

Zum dritten Mal täuschte die Füchsin den Wolf auf die gleiche Weise und schleckte den letzten Honig auf. »Was hat Gott gegeben?« fragte der Wolf. »Das Restchen.«

Über kurz oder lang stellte sich die Füchsin krank und bat den Gevatter, ein wenig Honig zu holen. Der Gevatter ging, aber das Fäßchen war leer.

»Gevatterin, Gevatterin!« schrie der Wolf, »der ganze Honig ist aufgegessen!« – »Wieso aufgegessen? Wer hat ihn aufgegessen? Niemand anderer als du!« schalt die Füchsin. Der Wolf schwor und schlug das Kreuz. »Nun gut«, sagte die Füchsin, »wir wollen uns beide in die Sonne legen, und wer von uns Honig schwitzt, der hat's getan.«

Sie gingen hinaus und legten sich in die Sonne. Die Füchsin fand keinen Schlaf, aber der graue Wolf schnarchte aus vollem Rachen. Und siehe da, plötzlich trat bei der Gevatterin der Honig aus. Tropfen um Tropfen. Hurtig schmierte sie ihn dem Wolf auf den Pelz. »Gevatter! Gevatter! Was ist das?« Sie rüttelte den Wolf wach. »Jetzt sieht man, wer den Honig aufgegessen hat!«

Da blieb dem Wolf nichts anderes übrig, als sich schuldig zu bekennen.

Für euch das Märchen, für mich ein irden Butternäpfchen.

Der Fuchs, der Hase und der Hahn

Es lebten einmal ein Fuchs und ein Hase. Der Fuchs hatte ein Haus aus Eis, der Hase eins aus Holz. Der Frühling kam – das Haus des Fuchses schmolz, das Haus des Hasen stand unverändert. Der Fuchs fragte zunächst das Häschen, ob er sich bei ihm nicht ein bißchen wärmen könnte, und jagte es dann aus dem Haus. Der Hase lief fort und weinte, da begegneten ihm einige Hunde: »Wau, wau! Warum weinst du, Häschen?« Der Hase sagte: »Laßt mich in Frieden! Wie sollte ich nicht weinen? Ich hatte ein Haus aus Holz und der Fuchs eins aus Eis, er wollte sich zuerst bei mir wärmen und jagte mich dann aus dem Haus.« – »Weine nicht, Häschen«, sagten die Hunde. »Wir werden ihn verjagen.« – »Nein, ihr könnt ihn nicht verjagen!« – »Doch, wir werden ihn verjagen!« Zusammen kehrten sie zu dem Häuschen zurück: »Wau, wau! Hinaus mit dir, Fuchs!« Der Fuchs blieb auf dem Ofen liegen und antwortete: »Wenn ich aufspringe, wenn ich rausspringe, fliegt zerfetztes Fell bis zum letzten Hof!« Die Hunde erschraken und liefen davon.

Der Hase lief weiter und weinte. Da begegnete ihm der Bär. »Warum weinst du, Häschen?« Der Hase sagte: »Laß mich in Frieden, Bär! Wie sollte ich nicht weinen? Ich hatte ein Haus aus Holz, und der Fuchs eins aus Eis, er wollte sich zuerst bei mir wärmen und jagte mich dann aus dem Haus.« – »Weine nicht, Häschen«, sagte der Bär. »Ich werde ihn verjagen.« – »Nein, du kannst ihn nicht verjagen! Die Hunde wollten ihn verjagen und haben nichts ausgerichtet, du wirst ihn auch nicht verjagen.« – »Doch, ich werde ihn verjagen!« Zusammen zogen sie gegen den Fuchs los: »Hinaus mit dir, Fuchs!« Der Fuchs blieb auf dem Ofen liegen: »Wenn ich aufspringe, wenn ich rausspringe, fliegt zerfetztes Fell bis zum letzten Hof!« Der Bär erschrak und lief davon.

Wieder lief der Hase weiter und weinte. Da begegnete ihm der Ochse: »Warum weinst du, Häschen?« – »Laß mich in

Frieden, Ochs! Wie sollte ich nicht weinen? Ich hatte ein Haus aus Holz und der Fuchs eins aus Eis; er wollte sich zuerst bei mir wärmen und jagte mich dann aus dem Haus.« – »Gehen wir zusammen hin, ich werde den Fuchs verjagen.« – »Nein, du wirst ihn nicht verjagen, Ochs! Die Hunde wollten ihn verjagen – sie haben nichts ausgerichtet, der Bär wollte ihn verjagen – er hat nichts ausgerichtet, auch du wirst ihn nicht verjagen.« – »Doch, ich werde ihn verjagen!« Zusammen kehrten sie zu dem Haus zurück. »Hinaus mit dir, Fuchs!« Der Fuchs blieb auf dem Ofen liegen: »Wenn ich aufspringe, wenn ich rausspringe, fliegt zerfetztes Fell bis zum letzten Hof!« Der Ochse erschrak und lief davon.

Wieder lief der Hase weiter und weinte. Da kam ihm der Hahn mit einer Sense entgegen. »Kikeriki! Warum weinst du, Häschen?« – »Laß mich in Frieden, Hahn! Wie sollte ich nicht weinen? Ich hatte ein Haus aus Holz und der Fuchs eins aus Eis, er wollte sich zuerst bei mir wärmen und jagte mich dann aus dem Haus.« – »Gehen wir zusammen hin, ich werde ihn verjagen.« – »Nein, du wirst ihn nicht verjagen! Die Hunde wollten ihn fortjagen – sie haben nichts ausgerichtet, der Bär wollte ihn verjagen – er hat nichts ausgerichtet, der Ochse wollte ihn verjagen – er hat nichts ausgerichtet, auch du wirst ihn nicht verjagen.« – »Doch, ich werde ihn verjagen!« Zusammen kehrten sie zu dem Haus zurück.

»Kikeriki, die Sense ist gewetzt, der Fuchs wird gleich gemetzelt! Hinaus mit dir, Fuchs!« Als der Fuchs das hörte, erschrak er und sagte: »Ich ziehe mich gerade an.« Und der Hahn wieder: »Kikeriki, die Sense ist gewetzt, der Fuchs wird gleich gemetzelt! Hinaus mit dir, Fuchs!« Der Fuchs sagte: »Ich will noch den Pelz überziehen.« Der Hahn zum dritten Mal: »Kikeriki, die Sense ist gewetzt, der Fuchs wird gleich gemetzelt!« Da kam der Fuchs aus dem Haus gelaufen; der Hahn zerstückelte ihn mit der Sense, zog zu dem Hasen in das Haus und sie lebten glücklich und das Gute mehrte sich.

Für dich ein Märchen, für mich ein irden Butternäpfchen.

Der Fuchs als Beichtvater

Einmal irrte der Fuchs eine ganze lange Herbstnacht durch den Wald, konnte aber nichts zu essen finden. In der Morgendämmerung lief er ins Dorf, schlich in einen Bauernhof und kletterte über die Hühnerstiege zu den Hühnern. Er war gerade oben angelangt und wollte schon ein Huhn packen, da wurde es für den Hahn Zeit zu singen: auf einmal schlug er mit den Flügeln, trat heftig von einem Bein auf das andere und krähte aus vollem Halse. Der Fuchs erschrak dermaßen, daß er von der Hühnerstiege fiel und drei Wochen mit Fieber das Bett hüten mußte.

Eines Tages bekam der Hahn Lust, im Walde zu spazieren. Der Fuchs aber lauerte ihm schon lange auf; er versteckte sich hinter einem Strauch und wartete, ob nicht der Hahn vorüberkäme. Der Hahn aber sah einen dürren Baum, flatterte hoch und setzte sich auf einen Ast. Nach einer Weile war der Fuchs des Wartens müde und wollte den Hahn vom Baum herunterlocken. Er dachte nach, dachte nach und dachte: »Ich muß ihn überlisten.« Er stellte sich unter den Baum und grüßte: »Guten Tag, lieber Petja!« – »Warum schickt den der Teufel hierher?« dachte der Hahn. Und schon begann der Fuchs eine arglistige Rede: »Ich wünsche dir Gutes, mein Lieber, – ich möchte dich auf den wahren Weg bringen und Vernunft lehren. Du hast doch fünfzig Frauen um dich und bist noch nie zur Beichte gegangen. Komm herunter, beichte und bereue, und ich werde dir alle deine Sünden nachlassen und mich nicht über dich lustig machen.«

Der Hahn flatterte immer tiefer herunter, und auf einmal hatte der Fuchs ihn zwischen den Pfoten. Da sagte der Fuchs: »Jetzt geht es dir an den Kragen. Ich werde mit dir für alles abrechnen; nun mußt du, du Wüstling, deine Unzucht und deine bösen Taten büßen! Weißt du noch, wie ich in der dunklen Herbstnacht zu euch kam und nur ein Hühnchen

wollte, damals, als ich drei Tage hungern mußte, und du auf
einmal mit den Flügeln flattertest und von einem Bein auf das
andere tratest!«–»Ach, lieber Fuchs«, sagte der Hahn, »deine
Reden sind stets lieblich, du allweiser Fürst! Bald feiert unser
Erzbischof ein großes Fest. Beim Essen will ich ihn bitten, daß
er dich zum Hostienbäcker macht, und dann werden wir
allzeit das weiche Weihebrot essen und süßen Festmet trinken, ehrbar leben und guten Leumund haben.« Die Pfoten des
Fuchses lösten sich, und der Hahn flatterte auf die Eiche
hinauf.

Der Fuchs als Arzt

Es lebten einmal ein Mann und eine Frau. Der Alte pflanzte
einen Kohlstrunk im Keller, die Alte in dem Aschenloch. Der
Kohlstrunk der Alten verwelkte in dem Aschenloch, der
Kohlstrunk des Alten wuchs und wuchs, bis er die Keller-
decke erreichte. Der Alte nahm das Beil und hackte in die
Decke über dem Kohlstrunk ein Loch.

Der Strunk wuchs weiter, immer höher und höher, bis er die
Decke erreichte; wieder nahm der Alte das Beil und schlug in
die Decke über dem Kohlstrunk ein Loch. Der Kohlstrunk
wuchs immer höher und höher, bis zu dem Himmel.

Wie konnte nun der Alte die Spitze des Kohlstrunks sehen?
Er kletterte an dem Strunk hoch, kletterte höher und höher,
höher und höher, er kletterte bis an den Himmel, schnitt in
den Himmel ein Loch und kletterte hinein. Er sah: Dort stand
eine Mühle; die Mühle mahlte – Piroggen, Fladen und
obendrein einen Topf Kascha. Der Alte aß und trank nach
Herzenslust, legte sich nieder und schlief ein.

Als er ausgeschlafen hatte, kletterte er auf die Erde herunter
und sagte: »Alte, he, Alte! Dort ist ein Leben! In dem Himmel
gibt es eine Mühle, die mahlt – Piroggen und Fladen und
obendrein einen Topf Kascha!« – »Wie könnte ich auch

einmal hinaufkommen, Alterchen?« – »Krieche in den Sack, ich werde dich hinauftragen.« Die Alte überlegte und kroch dann in den Sack.

Der Alte nahm einen Sackzipfel zwischen die Zähne und kletterte in den Himmel; er kletterte und kletterte, er kletterte lange; der Alten wurde es langweilig und sie fragte: »Ist es noch weit, Alterchen?« – »Noch weit, Alte!« Wieder kletterte er und kletterte, er kletterte und kletterte. »Ist es noch weit, Alterchen?« – »Die Hälfte haben wir schon!« Wieder kletterte er und kletterte, kletterte und kletterte. Wieder fragte die Alte: »Ist es noch weit, Alterchen?« Der Alte wollte eben sagen: »Nicht mehr weit!« – da rutschte der Sackzipfel ihm aus den Zähnen, die Alte stürzte auf die Erde herunter und zerschellte. Der Alte kletterte an dem Strunk herunter, nahm den Sack auf, aber in dem Sack waren nichts als Knochen, und auch die waren alle zerbrochen.

Der Alte ging aus dem Haus und weinte bitterlich. Da begegnete ihm das Füchschen: »Warum weinst du, Alterchen?« – »Wie sollte ich denn nicht weinen? Meine Alte ist zu Tode gestürzt.« – »Weine nicht, ich werde sie heil machen.« Der Alte fiel vor dem Fuchs auf die Knie: »Mache sie heil, ich werde dir geben, was du verlangst!« – »Gut, heize die Badestube, bringe ein Säckchen Hafermehl, ein Näpfchen Butter und deine Alte, stell dich draußen vor die Tür und wage ja nicht, auch nur einen Blick in die Badestube zu werfen!«

Der Alte heizte die Badestube, brachte alles, was der Fuchs verlangt hatte, und stellte sich vor die Tür; der Fuchs ging in die Badestube, legte den Türhaken vor und machte sich daran, die Knochen der Alten zu waschen. Er wusch sie oder er wusch sie nicht, aber er nagte sie ab. Der Alte fragte: »Was macht die Alte?« – »Sie regt sich schon«, sagte der Fuchs, der inzwischen die Alte verspeist, die Knochen gesammelt und in eine Ecke getragen hatte. Dann rührte er sich eine Salamata an.

Der Alte wartete eine geraume Weile, dann fragte er: »Was macht meine Alte?« – »Sie setzt sich hin«, sagte der Fuchs und ließ sich die Salamata schmecken. Er aß alles auf und sagte: »Alterchen, mach die Tür ganz weit auf!« Er machte die Tür auf, der Fuchs sprang mit einem Satz aus der Badestube und lief schnell nach Hause. Der Alte trat in die Badestube und sah: nur die Knochen seiner Alten lagen unter der Bank, die waren sauber abgenagt, das Hafermehl und die Butter aufgegessen. So blieb der Alte allein und in Armut zurück.

Der Alte klettert in den Himmel

Es lebten einmal ein Mann und eine Frau. Der Alte rollte und rollte eine Erbse hin und her. Eines Tages fiel sie auf die Erde; sie suchten und suchten nach ihr und konnten sie eine Woche lang nicht finden. Die Woche war vergangen, und auf einmal sahen der Alte und die Alte, daß die Erbse einen Keim getrieben hatte; von nun an begossen sie die Erbse, und die Ranke wuchs und wurde höher als das Haus.

Die Erbsen wurden reif und der Alte kletterte hinauf, um sie zu ernten, pflückte ein großes Bündel voll Schoten und wollte an der Ranke wieder herunterklettern. Das Bündel glitt ihm aus den Händen und fiel auf die Alte. Die Alte war auf der Stelle tot, und so endet die Geschichte.

Der Alte im Himmel

Es lebten einmal ein Mann und eine Frau in ihrem Haus. Eines Tages steckte der Mann ein Böhnchen und die Frau ein Erbschen in den Boden unter dem Tisch. Das Erbschen pickte ein Huhn auf, aus dem Böhnchen wuchs eine Ranke bis unter

die Tischplatte. Sie rückten den Tisch beiseite, die Bohnen-
ranke wuchs immer höher; sie trugen erst die Decke ab, dann
das Dach – sie wuchs immer höher, bis an den Himmel. Der
Mann kletterte in den Himmel hinauf; er kletterte, kletterte
immer höher – auf einmal steht vor ihm ein Häuschen: die
Wände – Pfannekuchen, die Bänke – Hefezöpfe, der Ofen aus
Quark, über und über mit Butter bestrichen. Der Mann ließ
sich's schmecken, aß, bis er satt war, und legte sich auf den
Ofen, um zu schlafen.

Zwölf Ziegen, zwölf Schwestern kamen herein; die erste
hatte ein Auge, die zweite zwei Augen, die dritte drei und so
fort; die letzte hatte zwölf Augen. Sie sahen, daß jemand an
ihrem Haus genascht hatte, stellten alles wieder her und
gingen davon. Die Einäugige ließen sie zum Bewachen
zurück. Am nächsten Tag kletterte der Mann wieder hinauf,
sah die Einäugige und redete ihr zu: »Schlaf, Äuglein, schlaf!«
Die Ziege schlief ein, er aß sich satt und ging. Am nächsten
Tag sollte die Zweiäugige wachen, dann die Dreiäugige und
so fort. Der Alte redete ihnen jedesmal zu: »Schlaf, Äuglein,
schlaf! Schlaf, zweites Äuglein, schlaf! Schlaf, drittes Äuglein,
schlaf!« und so immer weiter. Aber bei der zwölften Ziege
verzählte er sich und schläferte nur elf Augen ein. Die Ziege
sah ihn mit dem zwölften Auge und konnte ihn fangen.

Die Füchsin als Klageweib

Es lebten einmal ein Mann und eine Frau. Sie hatten eine
Tochter. Eines Tages aß sie Bohnen und ließ ein Böhnchen
fallen. Es keimte, wuchs und wuchs bis an den Himmel. Der
Alte kletterte in den Himmel hinauf; dort ging er hin und her,
schaute alles an, freute sich und sagte: »Jetzt will ich meine
Alte heraufholen; die wird sich freuen!« Er kletterte herunter,
steckte die Alte in den Sack, nahm einen Sackzipfel zwischen

18

die Zähne und kletterte wieder hinauf; er kletterte, kletterte, wurde müde und ließ den Sack fallen. Ganz schnell stieg er hinunter, öffnete den Sack und sah – da lag seine Frau, bleckte die Zähne und riß die Augen auf. Er sagte: »Was gibt es zu lachen, Alte? Wieso bleckst du die Zähne?« Aber als er sah, daß die Alte tot war, flossen seine Tränen ohne aufzuhören.

Sie wohnten mitten in der Einöde; niemand war da, der um die Alte wehklagen konnte. Da steckte der alte Mann drei Paar weiße Hühner in den Sack und machte sich auf den Weg, um ein Klageweib zu suchen. Als er einen Bären kommen sah, sagte er: »Willst du nicht die Totenklage für meine Alte singen, Bär? Ich gebe dir zwei weiße Hühnchen.« Der Bär brüllte: »Ach, mein liebstes Großmütterchen, wie leid ist es mir um dich!« – »Nein«, sagte der Alte, »du verstehst dich nicht auf die Totenklage«, und ging weiter. Er ging weiter, und nach einer Weile begegnete ihm der Wolf. Er bat den Wolf, eine Totenklage zu singen, aber auch der Wolf verstand sich nicht darauf.

Er ging wieder weiter, begegnete einer Füchsin, bat sie, die Alte zu beklagen, und versprach ihr ein Paar weißer Hühner. Die Füchsin fing an zu singen: »Wehe, wehe, Großmütterchen, umgebracht hat dich Großväterchen!« Dem Bauern gefiel diese Totenklage. Er bat die Füchsin, ein zweites, ein drittes und ein viertes Mal zu singen. Darauf griff er in den Sack, aber das vierte Paar Hühnchen fehlte ihm. Der Alte sagte: »Weißt du was, Füchschen? Ich habe das vierte Paar Hühner zu Hause vergessen, komm mit mir, wir holen es.« Die Füchsin folgte ihm. Sie kamen nach Hause; der Alte nahm den Sack, steckte ein Paar Hunde hinein und obendrauf sechs Hühnchen, die der Füchsin zustanden, und gab ihn der Füchsin. Sie nahm den Sack und lief fort. Nach einer Weile blieb sie an einem Baumstumpf stehen und sagte: »Ich will mich auf diesen Baumstumpf setzen und ein weißes Hühnchen essen.« Sie aß das Hühnchen auf und lief weiter; nach einer Weile setzte sie sich wieder auf einen Baumstumpf und aß das zweite Hühnchen, dann das dritte, das vierte, das fünfte und das sechste. Als sie den Sack zum siebten Mal öffnete, sprangen die beiden Hunde heraus und bellten sie an.

Die Füchsin lief davon, sie lief, lief und versteckte sich schließlich unter einem Baumstamm. Sie versteckte sich und hub an zu fragen: »Öhrchen, Öhrchen, was habt ihr getan?« – »Wir haben gehorcht und gehorcht, damit die Hunde das Füchschen nicht auffressen.« – »Äuglein, Äuglein, was habt ihr getan?« – »Wir haben geschaut und geschaut, damit die Hunde das Füchschen nicht zerreißen.« – »Beinchen, Beinchen, was habt ihr getan?« – »Wir sind gerannt und gerannt, damit die Hunde das Füchschen nicht einholen.« – »Und du, dicker Schwanz, was hast du getan?« – »Ich bin an Baumstümpfen, an Büschen, an Stämmen hängengeblieben, damit die Hunde das Füchschen einholen und zerreißen.« – »Ach, so einer bist du! Hier, Hunde, kommt, da habt ihr meinen Schwanz!« Sie streckte ihren Schwanz aus dem Versteck, die Hunde packten zu, zogen an dem Schwanz die Füchsin hervor und rissen sie in Stücke.

Der Bauer, der Bär und die Füchsin

Der Bauer und der Bär lebten in großer Freundschaft. Eines Tages beschlossen sie, Rüben zu säen! Sie säten und wollten unter sich abmachen, wie die Ernte geteilt werden sollte. Der Bauer sagte: »Für mich die Wurzeln, für dich das Kraut, Mischa.« Die Rüben waren gediehen; der Bauer nahm die Wurzeln und Mischa das Kraut. Mischa merkte, daß er den kürzeren gezogen hatte, und sagte zu dem Bauern: »Du hast mich übers Ohr gehauen, Bruder! Wenn wir das nächste Mal säen, wirst du mich nicht mehr übertölpeln.«

Das Jahr ging vorüber. Der Bauer sagte zu dem Bären: »Laß uns Weizen säen, Mischa.« – »Laß uns Weizen säen«, sagte Mischa. Sie säten Weizen. Der Weizen reifte; der Bauer sagte: »Was willst du denn jetzt nehmen, Mischa? Die Wurzeln oder das Kraut?« – »Nein, diesmal wird es dir nicht gelingen, mich übers Ohr zu hauen! Diesmal soll es anders sein: für mich die Wurzeln, für dich das Kraut!« Sie ernteten den Weizen und teilten. Der Bauer drosch den Weizen, mahlte, siebte, buk Brot, kam zu Mischa und sagte: »Siehst du, Mischa, hier ist das Kraut.« – »Weißt du, Bauer«, sagte der Bär, »jetzt bin ich böse. Jetzt will ich dich fressen!« Der Bauer ging fort und weinte.

Da kam die Füchsin und frage den Bauern: »Warum weinst du?« – »Wie soll ich denn nicht weinen und nicht den Kopf hängen lassen? Der Bär will mich fressen.« – »Fürchte dich nicht, Onkel, er wird dich nicht fressen.« Darauf versteckte sie sich im Gebüsch und befahl dem Bauern, auf derselben Stelle stehenzubleiben; dann trat sie hervor und fragte: »Bauer, hast du hier Wölfe gesehen? Werwölfe oder Bären?« Der Bär aber kam zu dem Bauern und sagte: »O weh, Bauer, verrat mich nicht, ich werde dich nicht fressen.« Der Bauer antwortete der Füchsin: »Ich habe keine gesehen.« Die Füchsin lachte und sagte: »Und was liegt da vor deinem Wagen?« Der Bär sagte heimlich zu dem Bauern: »Sag doch, es ist ein Baumstamm.« – »Wenn das ein Baumstamm wäre«, sagte die Füchsin, »dann läge er auf dem Wagen und wäre festgebunden.« Darauf versteckte sie sich wieder in dem Gebüsch. Der Bär sagte zu dem Bauern: »Binde mich und lege mich auf den Wagen.« Der Bauer tat es.

Da kam der Fuchs wieder hervor und fragte den Bauern: »Bauer, hast du hier Wölfe gesehen, Werwölfe oder Bären?« – »Ich habe keine gesehen!« sagte der Bauer. »Und was liegt da auf deinem Wagen?« – »Ein Baumstamm.« – »Wenn das ein Baumstamm wäre, dann würde deine Axt darin stecken.« Der Bär sagte darauf heimlich zu dem Bauern: »Steck die Axt in mich.« Der Bauer hieb ihm die Axt in den Rücken, und der Bär war tot. Darauf sagte die Füchsin zu dem Bauern: »Was willst du mir für die Arbeit geben?« – »Ich gebe dir ein Paar weißer Hühner. Du sollst sie tragen und den Sack nicht aufmachen.«

Sie nahm von dem Bauern den Sack und ging; sie trug ihn und trug und dachte: »Jetzt will ich sie doch einmal sehen!« Sie guckte in den Sack, aber es waren zwei weiße Hunde! Die Hunde schossen aus dem Sack heraus und setzten ihr nach. Die Füchsin rannte und rannte, dann schlüpfte sie unter einen Baumstumpf in ihren Bau und redete, als sie dort saß, mit sich selbst: »Was habt ihr getan, Öhrchen?« – »Wir haben immerfort gehorcht.« – »Und was habt ihr getan, Beinchen?« – »Wir sind immerfort gerannt.« – »Und was habt ihr getan, Äuglein?« – »Wir haben immerfort geschaut.« – »Und was hast du getan, Schwanz?« – »Ich habe dich immerfort beim Laufen gestört.« – »Ach so! Du hast mich gestört, warte nur, ich werde es dir schon zeigen!« – Und sie streckte den Schwanz den Hunden vor. Die Hunde packten den Schwanz, zogen die Füchsin aus ihrem Bau und rissen sie in Stücke.

Altes Brot und Salz sind bald vergessen

Der alte Wolf war einmal in eine Falle geraten, konnte sich aber befreien und wollte nun in eine menschenleere Gegend fliehen. Die Jäger hatten ihn aufgespürt und verfolgten ihn. Der Wolf mußte über einen Weg, als gerade ein Bauer mit Sack und Dreschflegel vom Feld zurückkehrte. Der Wolf bat ihn: »Sei so gut, Bäuerlein, versteck mich in deinem Sack. Die Jäger sind mir auf der Spur.« Der Bauer willigte ein, steckte den Wolf in den Sack, band den Sack zu und hängte ihn sich über den Rücken. Er ging weiter, und schon kamen ihm die Jäger entgegen. »Hast du den alten Wolf nicht gesehen?« fragten sie. »Nein, ich habe ihn nicht gesehen«, antwortete der Bauer.

Die Jäger ritten weiter und waren nicht mehr zu sehen. »Wie steht es, sind meine Widersacher fort?« fragte der Wolf. »Sie sind fort« – »Jetzt kannst du mich wieder herauslassen.« Der Bauer band den Sack auf und ließ den Wolf heraus. Der Wolf sagte: »Weißt du was, Bauer, ich werde dich jetzt auffressen!« – »Aber Wolf! Aber Wolf! Ich habe dich vor solcher Not gerettet, und du willst mich auffressen!« – »Altes Brot und Salz sind bald vergessen«, antwortete der Wolf. Der Bauer sah, daß es schlecht um ihn stand und sagte: »Nun, dann laß uns wenigstens weitergehen, und wenn der erste, der uns begegnet, dasselbe sagt wie du, altes Brot und Salz sind bald vergessen, dann ist mir nicht zu helfen und du kannst mich fressen!«

Sie gingen weiter. Da begegnete ihnen eine alte Stute. Der Bauer fragte sie: »Sei so gut, Mütterchen Stute, auf dein Urteil kommt es an! Ich habe den Wolf aus großer Not gerettet, und er will mich auffressen!« – und er erzählte ihr, wie sich alles zugetragen hatte. Die Stute überlegte, überlegte und sagte: »Ich habe bei meinem Herrn zwölf Jahre gelebt, ihm zwölf Fohlen geboren, nach besten Kräften für ihn gearbeitet, aber als ich alt wurde und nicht mehr arbeiten konnte – da hat er mich in die Schlucht geführt und dort stehen gelassen; ich mußte klettern und klettern, ich bin mit letzter Mühe herausgeklettert, und jetzt schleppe ich mich aufs Geratewohl durch die Welt. Ja, altes Brot und Salz sind bald vergessen!« – »Siehst du, ich habe recht«, sagte der Wolf.

Der Bauer wurde traurig und bat den Wolf, noch auf einen zweiten Schiedsrichter zu warten. Der Wolf willigte noch einmal ein. Sie begegneten einem alten Hund. Der Bauer fragte ihn dasselbe. Der Hund überlegte, überlegte und sagte: »Ich habe meinem Herrn zwanzig Jahre gedient, ich habe sein Haus und sein Vieh bewacht, aber als ich alt wurde und nicht mehr richtig anschlug, da jagte er mich fort. Und nun schleppe ich mich aufs Geratewohl durch die Welt. Ja, altes Brot und Salz sind bald vergessen!« – »Siehst du, ich habe recht!« – Der Bauer wurde noch trauriger und bat den Wolf zu warten, bis sie einem dritten Schiedsrichter begegnen würden: »Und nachher kannst du machen, was du willst, wenn du mein Brot und Salz vergessen hast.«

Als dritter kam ihnen der Fuchs entgegen. Der Bauer wiederholte seine Frage. Der Fuchs aber glaubte ihm nicht: »Wie ist es möglich, daß der Wolf, dieses Ungetüm, sich in einem so kleinen Sack verstecken konnte?« Der Wolf und der Bauer schworen, daß es die Wahrheit wäre; aber der Fuchs traute ihnen trotzdem nicht und sagte: »Dann mußt du mir eben vormachen, Bauer, wie du den Wolf in den Sack gesteckt hast!« Der Bauer hielt den Sack auf, und der Wolf steckte den Kopf hinein. Der Fuchs rief: »Hast du vielleicht nur den Kopf in den Sack gesteckt?« Der Wolf kroch in den Sack. »Nun, Bäuerlein«, fuhr der Fuchs fort, »kannst du auch vormachen, wie du den Sack zugebunden hast?« Der Bauer band den Sack zu. »Nun, Bäuerlein, kannst du auch vormachen, wie du auf dem Acker das Korn gedroschen hast?« Der Bauer begann, mit dem Dreschflegel auf den Sack einzudreschen. »Nun, Bäuerlein, und wie hast du das Getreide gewendet?« Der Bauer wendete den Sack, traf dabei den Fuchs am Kopf und schlug ihn tot. Dabei sagte er: »Altes Brot und Salz sind bald vergessen.«

Das Schaf, die Füchsin und der Wolf

Das Schaf lief einem Bauern aus dem Pferch davon. Unterwegs begegnete ihm die Füchsin. Sie fragte: »Wohin des Wegs, Gevatterin?« – »O weh, Gevatterin! Ich war bei einem Bauern im Pferch, aber dort konnte ich es nicht aushalten: wenn der Bock etwas verbrach, war ich immer schuld. Und da beschloß ich, davonzulaufen.« – »Mir geht es nicht anders«, antwortete die Füchsin, »wenn mein Mann ein Huhn holte,

war ich immer schuld. Laß uns zusammen weitergehen.«
Nach einer Weile trafen sie den Wolf. »Guten Tag, Gevatterin!« – »Guten Tag«, sagte die Füchsin. »Hast du einen weiten Weg vor dir?« Darauf die Füchsin: »Ich laufe aufs Geratewohl.« Als sie dem Wolf von ihrem Kummer erzählt hatte, sagte er: »Mir geht es nicht anders. Wenn die Wölfin ein Lämmchen schlug, war ich, alter Wolf, immer schuld. Laß uns zusammen weitergehen.«

Sie gingen weiter. Unterwegs sagte der Wolf zum Schaf: »Was muß ich sehen, du hast doch meinen Pelz an!« Die Füchsin hörte es und fragte unverzüglich: »Ist das wirklich dein Pelz, Gevatter?« – »Freilich, das ist mein Pelz!« – »Willst du das beschwören?« – »Ich will es beschwören!« – »Willst du einen Eid darauf ablegen?« – »Ich will einen Eid darauf ablegen.« – »Dann komm, ich will dich vereidigen.« Die Füchsin hatte nämlich bemerkt, daß die Bauern auf dem Pfad eine Falle ausgelegt hatten; sie führte den Wolf vor die Falle und sagte: »Hier, jetzt mußt du darauf das Kreuz küssen.« Kaum hatte sich der Wolf niedergebeugt, schnappte die Falle zu und schloß sich um sein Maul. Die Füchsin und das Schaf machten sich sofort aus dem Staube.

Die Tiere in der Grube

Es lebten einmal ein Alter und eine Alte, und ihr ganzes Hab und Gut war ein verschnittener Eber. Der Eber ging in den Wald Eicheln fressen. Da begegnete ihm der Wolf. »Eber, he, Eber, wohin gehst du?« – »In den Wald, Eicheln fressen.« – »Nimm mich mit!« – »Ich würde dich mitnehmen«, sagte der Eber, »aber in dem Wald ist eine Grube, so tief und so breit, daß du nicht hinüberspringen kannst.« – »Das macht nichts«, sagte der Wolf, »ich werde schon hinüberspringen.« Und so gingen sie weiter; sie gingen und gingen durch den Wald und

kamen zu der Grube. »Nun«, sagte der Wolf, »spring!« Der
Eber sprang – und war drüben. Der Wolf sprang – und fiel in
die Grube. Darauf fraß sich der Eber an den Eicheln satt und
begab sich nach Hause.

Am nächsten Tag ging der Eber wieder in den Wald.
Unterwegs begegnete ihm der Bär. »Eber, he, Eber, wohin
gehst du?« – »In den Wald, Eicheln fressen.« – »Nimm mich
mit«, sagte der Bär. »Ich würde dich mitnehmen, aber im
Wald ist eine Grube, so tief und so breit, daß du nicht
hinüberspringen kannst.« – »Ich werde bestimmt hinüberspringen«, sagte der Bär. Dann kamen sie zu der Grube. Der
Eber sprang – und war drüben; der Bär sprang – und saß in
der Grube. Der Eber fraß sich an den Eicheln satt und begab
sich nach Hause.

Am dritten Tag ging der Eber wieder in den Wald Eicheln
fressen. Da begegnete ihm der scheele Hase. »Guten Tag,
Eber.« – »Guten Tag, scheeler Hase.« – »Wohin gehst du?« –
»In den Wald, Eicheln fressen.« – »Nimm mich mit.« –
»Nein, Hase, dort ist eine Grube, so tief und breit, daß du
nicht hinüberspringen kannst.« – »Ich soll nicht hinüberspringen können? Das wäre ja noch schöner!« Sie gingen und
kamen zu der Grube. Der Eber sprang – und war auf der
anderen Seite. Der Hase sprang – und geriet in die Grube.
Darauf fraß sich der Eber an den Eicheln satt und begab sich
nach Hause.

Am vierten Tag ging der Eber in den Wald Eicheln fressen.
Unterwegs begegnete ihm der Fuchs; auch der bat, daß der
Eber ihn mitnähme. »Nein«, sagte der Eber, »dort ist eine
Grube, so tief und so breit, daß du nicht hinüberspringen
kannst.« – »Ach was«, sagte der Fuchs, »ich werde schon
hinüberkommen.« Aber auch er fiel in die Grube. So saßen sie
zu viert in der Grube und zerbrachen sich die Köpfe, woher sie
das Essen nehmen sollten. Da sagte der Fuchs: »Wir wollen
singen. Wessen Stimme versagt, den werden wir fressen.« Sie
fingen an zu singen, dem Hasen ging alsbald die Luft aus, der

Fuchs hatte den längsten Atem. Sie packten den Hasen, rissen ihn in Stücke und fraßen ihn auf. Bald danach waren sie wieder hungrig und wollten wieder singen: wessen Stimme versagt, der wird gefressen. »Wenn mir die Stimme versagt«, sagte der Fuchs, »sollt ihr mich fressen, genauso wie jeden anderen.« Sie fingen an zu singen, dem Wolf ging die Luft aus, er brachte keinen Ton mehr hervor. Der Fuchs und der Bär packten ihn, rissen ihn in Stücke und fraßen ihn auf.

Aber der Fuchs führte den Bären hinters Licht: er gab ihm ein wenig Fleisch, das übrige versteckte er und fraß es heimlich. Der Bär wurde wieder hungrig und sagte: »Gevatter, woher hast du dein Essen?« – »Bist du aber einfältig, Gevatter Bär! Du mußt dir die Tatze zwischen die Rippen stecken und eine Rippe ausbrechen, dann weißt du sofort, woher man das Essen hat.« Der Bär tat, wie geheißen, brach sich mit der Tatze eine Rippe aus und war auf der Stelle tot. Der Fuchs blieb allein zurück. Er hatte an dem Bären lange zu fressen, aber schließlich mußte er hungern.

Über dieser Grube stand ein Baum. Auf diesem Baum nistete eine Drossel. Der Fuchs saß in der Grube, sah immerfort zu der Drossel hinauf und sagte schließlich: »Drossel, was tust du da?« – »Ich baue ein Nest.« – »Wozu baust du ein Nest?« – »Ich will Junge ausbrüten.« – »Du sollst mir zu essen geben, Drossel, und wenn du mir nicht zu essen gibst, fresse ich deine Jungen.« Die Drossel geriet in Angst, die Drossel geriet in Schrecken, wie sie dem Fuchs zu essen geben sollte. Sie flog ins Dorf und brachte ihm ein Huhn. Der Fuchs verzehrte das Huhn und sagte abermals: »Drossel, höre, Drossel, du hast mir doch zu essen gegeben?« – »Ich habe dir zu essen gegeben.« – »Dann gib mir auch zu trinken.« Die Drossel geriet in Angst, die Drossel geriet in Schrecken, wie sie dem Fuchs zu trinken geben sollte. Sie flog ins Dorf und brachte ihm Wasser. Der Fuchs trank, bis sein Durst gestillt war und sagte: »Drossel, höre, Drossel, du hast mir doch zu essen gegeben?« – »Ich hab dir zu essen gegeben.« – »Du hast

27

mir doch zu trinken gegeben?« – »Ich habe dir zu trinken gegeben.« – »Dann hol mich auch aus der Grube heraus.«

Die Drossel geriet in Angst, die Drossel geriet in Schrecken, wie sie den Fuchs aus der Grube herausholen sollte. Sie sammelte Knüppel und warf die Knüppel in die Grube; es waren so viele, daß der Fuchs über die Knüppel aus der Grube klettern konnte. Dann streckte er sich unter dem Baum der Länge nach aus. »Nun«, sagte er, »hast du mir zu essen gegeben?« – »Ich habe dir zu essen gegeben.« – »Hast du mir zu trinken gegeben?« – »Ich habe dir zu trinken gegeben.« – »Hast du mich aus der Grube herausgeholt?« – »Ich habe dich aus der Grube herausgeholt.« – »Dann mußt du mich jetzt zum Lachen bringen.« Die Drossel geriet in Angst, die Drossel geriet in Schrecken, wie sie den Fuchs zum Lachen bringen sollte. »Ich fliege voraus«, sagte sie, »und du kommst nach.« Gesagt, getan – die Drossel flog ins Dorf und setzte sich auf das Tor eines reichen Bauern. Der Fuchs aber legte sich vor das Tor. Dann begann die Drossel zu rufen: »Frau, höre, Frau! Gib mir ein Stück Speck! Frau, höre, Frau! Bring mir ein Stück Speck!« Die Hunde kamen herausgelaufen und rissen den Fuchs in Stücke.

Auch ich war dort, habe Met und Wein getrunken, über die Lippen ist mir alles geflossen, aber nichts in den Mund. Sie gaben mir ein Wams; das war blau; ich ging, und die Krähen flogen hinterher und riefen: »Blau ist das Wams, blau ist das Wams!« Ich dachte: »Geklaut ist das Wams, geklaut ist das Wams«, zog es aus und warf es fort. Sie gaben mir eine Haube, die war rot. »Die Krähen kamen geflogen und riefen: »Die Haube ist rot, die Haube ist rot!« »Ich dachte: »Die Haube bringt Not, die Haube bringt Not«, warf sie schnell ab – und ging leer aus.

28

Der Fuchs und der Birkhahn

Der Fuchs lief durch den Wald, sah auf dem Baum einen Birkhahn und sagte zu ihm: »Terentij, ich bin in der Stadt gewesen.« – »Bu-bu-bu, Bu-bu-bu, bist gewesen, bist gewesen.« – »Terentij, Terentij! Dort habe ich einen Ukas gelesen.« – »Bu-bu-bu, Bu-bu-bu, gelesen, gelesen.« – »Künftig müssen Birkhähne über grüne Wiesen spazieren und nicht mehr die Waldbäume zieren.« – »Bu-bu-bu, Bu-bu-bu, wenn spazieren, dann spazieren.« – »Terntij, wer reitet dort?« fragte der Fuchs, als er Pferdegetrappel und Hundegebell hörte. »Ein Bauer.« – »Wer läuft hinter ihm her?« – »Ein Fohlen.« – »Wie sieht sein Schwanz aus?« – »Wie ein Haken.« – »Dann leb wohl, Terentij, ich muß schnell nach Hause.«

Der Fuchs und der Specht

Ein Specht baute sich einmal auf einer Eiche ein Nest, legte drei Eier und brütete drei Junge aus. Der Fuchs kam immer wieder unter die Eiche. Er klopfte, tuck-tuck, mit dem Schwanz gegen den Stamm: »Specht, Specht! Du mußt von der Eiche herunter! Ich brauche den Baum, ich will ihn biegen und setschichitschiki(?) machen.« – »O weh, Fuchs, du gönnst mir nicht, daß ich auch nur ein Junges großziehe!« – »Ei, wirf es mir nur herunter, ich werde einen Schmied aus ihm machen.« Der Specht warf ihm ein Junges herunter, er trug es von Busch zu Busch, von Baum zu Baum und fraß es.

Dann kehrte er wieder zu dem Specht zurück und klopfte, tuck-tuck, mit dem Schwanz gegen den Stamm der Eiche: »Specht, Specht! Du mußt von der Eiche herunter! Ich brauche den Baum, ich will ihn biegen und setschichitschiki machen.« – »O weh, Fuchs, du gönnst mir nicht, daß ich auch nur ein Junges großziehe!« – »Ei, wirf es mir nur herunter, ich werde aus ihm einen Schuster machen.« Der Specht warf ihm ein Junges herunter, er trug es von Busch zu Busch, von Baum zu Baum und fraß es.

Dann kehrte er wieder zu dem Specht zurück und klopfte, tuck-tuck, mit dem Schwanz gegen den Stamm der Eiche: »Specht, Specht! Du mußt von der Eiche herunter! Ich brauche den Baum, ich will ihn biegen und setschichitschiki machen.« – »O weh, Fuchs, du gönnst mir nicht, daß ich auch nur ein Junges großziehe!« – »Ei, wirf es mir nur herunter, ich werde aus ihm einen Schneider machen.« Der Specht warf ihm ein Junges herunter, er trug es von Busch zu Busch, von Baum zu Baum und fraß es auf.

Die Füchsin und der Kranich

Die Füchsin und der Kranich hatten Freundschaft geschlossen und sogar gemeinsam ein Kind aus der Taufe gehoben.

Eines Tages wollte die Füchsin den Kranich bewirten, ging zu ihm und lud ihn ein: »Besuche mich, Gevatter, besuche mich doch, mein Lieber. Ich möchte dir etwas Gutes vorsetzen!« Der Kranich kam zu dem Festschmaus, die Füchsin aber hatte Grießbrei gekocht und ihn auf einem flachen Teller angerichtet. Sie trug ihn auf und setzte ihn dem Kranich vor: »Laß es dir schmecken, teurer Freund! Ich habe es selbst gekocht.« Der Kranich pickte und pickte mit dem Schnabel, konnte aber nichts aufpicken! Die Füchsin aber leckte und leckte, bis sie den Brei aufgegessen hatte.

Der Brei war aufgegessen; die Füchsin sagte: »Nichts für ungut, liebster Gevatter! Mehr kann ich dir nicht bieten.« – »Auch dafür danke ich, Gevatterin! Nun mußt du mich besuchen.« Am anderen Tag kam die Füchsin zum Kranich, der hatte eine Okroschka zubereitet und brachte sie in einem

Krug mit engem Hals auf den Tisch. Er sagte: »Laß es dir schmecken, Gevatterin. Wahrlich, etwas Besseres habe ich nicht.« Die Füchsin strich um den Krug herum, sie versuchte es bald von dieser, bald von jener Seite, sie leckte daran, sie schnupperte, aber sie konnte nichts von der Suppe bekommen! Der Kopf war für den Krug zu dick. Der Kranich indessen pickte und pickte, bis er alles aufgegessen hatte. »Nichts für ungut, Gevatterin, etwas anderes kann ich dir nicht vorsetzen.« Die Füchsin aber ärgerte sich. Sie hatte gedacht, daß sie sich für eine ganze Woche satt essen könnte, und mußte unverrichteter Dinge nach Hause gehen. Wie man in den Wald ruft, so schallt es heraus! Damit hat die Freundschaft zwischen der Füchsin und dem Kranich ein Ende genommen.

Sneguruschka und der Fuchs

Es lebten einmal ein Großvater und eine Großmutter, und sie hatten eine Enkelin Sneguruschka. Ihre Freundinnen wollten in den Wald gehen und Beeren sammeln; Sneguruschka sollte mitgehen. Die Alten wollten es lange nicht erlauben, aber nach vielen Bitten ließen sie Sneguruschka gehen und ermahnten sie, immer bei den Freundinnen zu bleiben. Als Sneguruschka im Wald war und Beeren sammelte, von Baum zu Baum, von Busch zu Busch, blieb sie zurück und verlor ihre Freundinnen. Sie riefen sie, riefen immer wieder, aber Sneguruschka hörte nicht. Es wurde dunkel, und die Freundinnen gingen nach Hause. Als Sneguruschka sah, daß sie allein war, kletterte sie auf einen Baum, weinte bitterlich und klagte: »A-u, a-u, Sneguruschka! A-u, a-u, Sneguruschka! A-u, a-u, Täubchen! Der Großvater, die Großmutter hatten eine Enkelin Sneguruschka; die Mädchen haben sie in den Wald gelockt, haben sie fortgelockt und verlassen.« Da kam der Bär und fragte: »Warum klagst du,

Sneguruschka? Sprich!« – »Wie sollte ich nicht weinen, Väterchen Bär! Ich bin doch Sneguruschka, einzige Enkelin von Großvater und Großmutter. Die Mädchen haben mich in den Wald gelockt, haben mich fortgelockt und verlassen.« – »Steig herunter, ich werde dich nach Hause tragen.« – »Nein, ich fürchte mich vor dir, du wirst mich fressen!« Der Bär ging weiter, und sie blieb allein. Sie weinte abermals und klagte: »A-u, a-u, Sneguruschka, a-u, a-u, Täubchen...!« Da kam der Wolf und fragte: »Warum klagst du, Sneguruschka?« Sie gab ihm dieselbe Antwort wie dem Bären. »Steig herunter, ich werde dich nach Hause tragen.« – »Nein, ich fürchte mich vor dir, du wirst mich fressen.« Der Wolf ging weiter, und Sneguruschka weinte abermals und klagte: »A-u, a-u, Snegu-ruschka, a-u, a-u, Täubchen...!« Da kam der Fuchs und fragte: »Warum weinst du?« – »Wie sollte ich nicht weinen? Die Mädchen haben mich in den Wald gelockt, sie haben mich fortgelockt und verlassen.« – »Steig herunter, ich werde dich nach Hause tragen.« Sneguruschka stieg vom Baum herunter, setzte sich dem Fuchs auf den Rücken, und der trabte mit ihr nach Hause; er kam zu dem Hof und klopfte mit dem Schwanz gegen das Tor.

»Wer da?« Der Fuchs antwortete, daß er dem Großvater und der Großmutter ihre Enkelin Sneguruschka bringe. »Ach, du, unser Bester! Unser Guter! Tritt doch ein! Du sollst den besten Platz haben und aufs beste bewirtet werden.« Sie brachten Milch, Eier, Quark und boten alles dem Fuchs an, um ihm für den erwiesenen Dienst zu danken. Der Fuchs aber bat um ein Huhn als einzigen Lohn und um ein Geleit bis ins Feld. Die Alten verabschiedeten sich von dem Fuchs, steckten in einen Sack ein Huhn, in einen anderen einen Hund und trugen ihm beide Säcke bis zu der gewünschten Stelle nach. Dann ließen sie das Huhn heraus; sobald der Fuchs dem Huhn nachsetzte, ließen sie auch den Hund heraus. Als der Fuchs den Hund erblickte, schoß er schnurstracks auf den Wald zu und verschwand.

Der Fuchs und der Krebs

Der Fuchs und der Krebs standen beieinander und redeten. Der Fuchs sagte zum Krebs: »Wir wollen um die Wette laufen.« Der Krebs: »Warum nicht! Laß uns um die Wette laufen!«

Sie liefen um die Wette. Bevor der Fuchs loslief, hing sich der Krebs dem Fuchs an den Schwanz. Der Fuchs war schon an der verabredeten Stelle angelangt, aber der Krebs blieb immer noch an seinem Schwanz hängen. Der Fuchs drehte sich um, um Ausschau zu halten, der Schwanz machte einen Bogen, der Krebs ließ sich fallen und sagte: »Ich warte hier schon lange auf dich.«

Der Kolobok

Es lebten einmal ein Mann und eine Frau. Der Alte bat: »Back mir doch einen Kolobok, Frau.« – »Woraus soll ich ihn backen? Wir haben kein Mehl.« – »Ach, Alte, feg den Speicher aus, kratz die Lade aus; vielleicht bringst du genug Mehl zusammen.« Die Alte nahm ein Flügelchen, fegte den Speicher aus, kratzte die Lade aus und brachte an die zwei Handvoll Mehl zusammen. Sie rührte den Teig mit Rahm an, buk ihn in Butter und legte ihn ans Fenster zum Abkühlen.

Der Kolobok lag und lag, und plötzlich begann er zu rollen, vom Fensterbrett auf die Bank, von der Bank auf den Boden, über den Boden zur Tür, er sprang über die Schwelle in den Flur, aus dem Flur auf die Treppe, von der Treppe in den Hof, aus dem Hof vor das Tor, immer weiter und weiter.

Der Kolobok rollte über den Weg, da begegnete ihm der Hase: »Kolobok, Kolobok, ich will dich fressen!« – »Friß mich nicht, scheeler Hase! Ich will dir ein Liedchen singen«, sagte der Kolobok und sang:

>»Auf dem Speicher gefegt,
aus der Lade gekratzt,
mit Rahm angerührt,
in Butter gebacken,
am Fenster gekühlt,
bin ich Großvater entwischt,
bin ich Großmutter entwischt,
und es ist mir ein leichtes,
auch dir, Hase, zu entwischen!«

Und er rollte weiter; schon sah der Hase ihn nicht mehr! Der Kolobok rollte weiter, da begegnete ihm der Wolf: »Kolobok! Kolobok! Ich will dich fressen!« – »Friß mich nicht, grauer Wolf! Ich will dir ein Liedchen singen«, sagte der Kolobok und sang:

>»Auf dem Speicher gefegt,
aus der Lade gekratzt,
mit Rahm angerührt,
in Butter gebacken,
am Fenster gekühlt,
bin ich Großvater entwischt,
bin ich Großmutter entwischt,
bin ich dem Hasen entwischt,
und es ist mir ein leichtes,
auch dir, Wolf, zu entwischen!«

Und er rollte weiter; schon sah der Wolf ihn nicht mehr! Der Kolobok rollte weiter, da begegnete ihm der Bär: »Kolobok! Kolobok! Ich will dich fressen!« – »Wie willst du, tapsiger Bär, mich kriegen!«

>»Auf dem Speicher gefegt,
aus der Lade gekratzt,
mit Rahm angerührt,
in Butter gebacken,
am Fenster gekühlt,

bin ich Großvater entwischt,
bin ich Großmutter entwischt,
bin ich dem Hasen entwischt,
bin ich dem Wolf entwischt,
und es ist mir ein leichtes,
auch dir, Bär, zu entwischen!«

Und wieder rollte er weiter; schon sah der Bär ihn nicht mehr!
Der Kolobok rollte und rollte dahin, da begegnete ihm der
Fuchs: »Guten Tag, Kolobok! Wie bist du hübsch!« Und der
Kolobok sang:

»Auf dem Speicher gefegt,
aus der Lade gekratzt,
mit Rahm angerührt,
in Butter gebacken,
am Fenster gekühlt,
bin ich Großvater entwischt,
bin ich Großmutter entwischt,
bin ich dem Hasen entwischt,
bin ich dem Wolf entwischt,
bin ich dem Bären entwischt,
und dir, Fuchs, werde ich auch entwischen!«

»Was für ein hübsches Lied«, sagte der Fuchs, »aber ich bin
schon alt und kann kaum hören; setz dich doch auf mein
Schnäuzchen, Kolobok, und sing mir das Lied noch einmal,
aber lauter!« Der Kolobok sprang hoch, setzte sich dem Fuchs
aufs Schnäuzchen und sang sein Lied noch einmal. »Hab
Dank, Kolobok, es ist ein hübsches Lied, und ich möchte es
gar zu gern noch einmal hören! Setz dich doch auf mein
Zünglein und sing es ein allerletztes Mal«, sagte der Fuchs
und streckte seine Zunge aus; der dumme Kolobok hüpfte ihm
auf die Zunge, der Fuchs machte – happ! und aß ihn auf.

Der Kater, der Hahn und der Fuchs

Es lebte einmal ein alter Mann. Er hatte einen Kater und einen Hahn. Der Alte ging zum Arbeiten in den Wald, der Kater brachte ihm sein Essen, und der Hahn sollte das Haus bewachen. Da kam der Fuchs.

>>Schönes Hähnchen,
Golden Kämmchen,
Unterm Fenster, ohne Zahl,
Kullern Erbsen, rund und prall.<<

So sang der Fuchs und legte sich unter das Fenster auf die Lauer. Der Hahn öffnete das Fenster, streckte den Kopf heraus und wollte nachsehen: >>Wer singt denn da?<< Der Fuchs packte den Hahn und schleppte ihn davon. Da schrie der Hahn: >>Der Fuchs schleppt mich davon! Er schleppt den Hahn hinter dunkle Wälder, in ferne Länder, in fremde Reiche, hinter die dreimal neun Länder in das dreißigste Königreich. Kater Katersonowitsch, rette mich!<< Der Kater hörte auf dem Felde die Stimme des Hahns, verfolgte den Fuchs, holte ihn ein, befreite den Hahn und brachte ihn nach Hause zurück. >>Paß auf, Petja<<, sagte der Kater zum Hahn, >>streck nicht noch einmal den Kopf aus dem Fenster und traue dem Fuchs nicht! Er frißt dich auf und läßt nicht einmal ein Knöchelchen übrig.<<

Der alte Mann ging wieder zum Arbeiten in den Wald, und der Kater sollte ihm wieder das Essen bringen. Bevor der alte Mann ging, ermahnte er den Hahn, gut auf das Haus achtzugeben und nicht den Kopf aus dem Fenster zu strecken. Aber der Fuchs lag schon auf der Lauer. Er hatte große Lust, den Hahn zu verspeisen; er schlich sich an das Haus heran und sang:

>>Schönes Hähnchen,
Golden Kämmchen,

Feingesalbtes Köpfchen,
Unters Fenster, ohne Zahl,
Streut ich Erbsen, rund und prall.
Heute streu ich Körnchen.«

Der Hahn ging im Haus auf und ab und schwieg. Der Fuchs stimmte sein Liedchen von neuem an und warf eine Handvoll Erbsen durchs Fenster. Der Hahn pickte die Erbsen auf und sagte: »O nein, Fuchs, ich lasse mich von dir nicht täuschen. Du willst mich fressen und nicht einmal ein Knöchelchen übriglassen.« – »Aber was redest du, Petja! Ich möchte dich nur bei mir zu Gast haben, du sollst sehen, wie ich lebe und mein Hab und Gut bewundern!« Dann sang er wieder:

»Schönes Hähnchen,
Golden Kämmchen,
Feingesalbtes Köpfchen!
Unters Fenster, ohne Zahl,
Streut ich Erbsen, rund und prall.
Heute streu ich Körnchen.«

Kaum streckte der Hahn den Kopf aus dem Fenster, als der Fuchs ihn schon zwischen den Krallen hatte. Der Hahn schrie aus Leibeskräften: »Der Fuchs schleppt mich davon, er schleppt den Hahn hinter dunkle Wälder, hinter dichte Forste, über steile Ufer, über hohe Berge; der Fuchs will mich fressen und kein Knöchelchen übriglassen!« Der Kater hörte seine Stimme, verfolgte den Fuchs, befreite den Hahn und brachte ihn nach Hause zurück. »Hab ich dir nicht gesagt: Mach das Fenster nicht auf, streck den Kopf nicht heraus, der Fuchs wird dich sonst fressen und kein Knöchelchen übriglassen. Paß auf, hör auf mich! Morgen gehen wir weiter fort.«

Der alte Mann war wieder bei der Arbeit, und der Kater brachte ihm das Brot aufs Feld. Der Fuchs schlich unter das Fenster und stimmte dasselbe Liedchen an; dreimal sang er das Liedchen, aber der Hahn rührte sich nicht. Der Fuchs sagte: »Was ist geschehen? Unser Petja hat heute die Sprache verloren!« – »Nein, Fuchs, ich lasse mich nicht mehr von dir täuschen, ich werde nicht aus dem Fenster schauen.« Der Fuchs warf Erbsen und Weizenkörner durchs Fenster und sang wieder:

> »Schönes Hähnchen,
> Golden Kämmchen,
> Feingesalbtes Köpfchen,
> Schau doch in die Welt hinaus,
> Dort, in meinem großen Haus,
> Liegt das Korn in jeder Ecke,
> Reicht hinauf bis an die Decke!«

Dann fügte er hinzu: »Du solltest sehen, Petja, welche Schätze ich habe! Komm doch hervor, Petja! Ich bitte dich, glaub dem Kater nicht! Wenn ich dich fressen wollte, hätte ich dich schon längst gefressen! Aber, siehst du, ich hab dich gern, ich will dir die Welt zeigen, ich will dich gute Sitten lehren und dir beibringen, wie man leben soll! Zeig dich doch, Petja, ich stell mich hinter die Hausecke!« – und er schlich noch näher an die Mauer heran. Der Hahn sprang auf die Bank und spähte heraus; er wollte wissen, ob der Fuchs fortgegangen wäre. Kaum streckte er den Kopf aus dem Fenster, als der Fuchs ihn schnappte und eilends davonschleppte.

Der Hahn stimmte sein altes Lied an; aber der Kater konnte ihn nicht hören. Der Fuchs schleppte ihn hinter ein Tannenwäldchen und fraß ihn auf, den Schwanz und die Federn trug der Wind davon. Der Kater und der alte Mann kamen nach Hause und fanden den Hahn nicht mehr; aber so lange sie auch trauerten, sie mußten doch sagen: »So geht es, wenn man nicht gehorchen will.«

Der Kater und die Füchsin

Es lebte einmal ein Bauer, der hatte einen Kater, der viel Schaden anrichtete. Schließlich wurde es dem Bauern zu bunt, er überlegte und überlegte, packte den Kater, steckte ihn in einen Sack, band den Sack zu und trug ihn in den Wald. Im Wald ließ er den Sack einfach liegen: mag er verrecken! Der Kater streifte durch den Wald und kam schließlich zu dem Haus, in dem der Förster wohnte; er kletterte auf den Speicher und richtete sich dort wohnlich ein. Wenn er Hunger hatte, ging er in den Wald, jagte Vögel und Mäuse, aß sich satt, kehrte dann auf den Speicher zurück und kannte keine Sorgen!

Eines Tages ging der Kater spazieren, da begegnete ihm die Füchsin, sie sah den Kater und wunderte sich: »Ich lebe schon so lange im Wald, aber ein solches Tier habe ich noch nie gesehen.« Sie grüßte den Kater und fragte: »Sag mir, stattlicher Bursche, wer bist du? Woher kommst du? Und mit welchem Namen soll man dich rufen?« Mit gesträubtem Fell sagte der Kater: »Ich komme aus den sibirischen Wäldern, um bei euch Waldvogt zu sein. Gerufen werde ich Kater Murr Iwanowitsch.« – »Ach, Kater Murr Iwanowitsch«, sagte die Füchsin, »ich habe von dir nichts gewußt und nichts gehört. Laß uns zu mir nach Hause gehen.« Der Kater ging mit der Füchsin. Sie führte ihn in ihren Bau, setzte ihm allerlei Wildgerichte vor und fragte ihn aus: »Wie steht es, Kater Murr Iwanowitsch, bist du verheiratet oder ledig?« – »Ich bin ledig«, sagte der Kater. »Und ich, das Füchschen, bin Jungfrau, nimm mich zur Frau.« Der Kater war einverstanden, und sie feierten fröhliche Hochzeit.

Am nächsten Tag zog die Füchsin aus, um Vorräte anzulegen, damit sie und ihr frischgebackener Ehemann sorglos leben könnten; der Kater blieb zu Hause. Die Füchsin lief dahin, da begegnete ihr der Wolf. Der Wolf wollte mit ihr ein wenig schäkern: »Wo hast du gesteckt, Gevatterin? Wir haben dich überall gesucht und nicht gefunden!« – »Laß mich, du Narr! Du darfst mit mir nicht mehr schäkern! Früher war ich Jungfer Füchsin, heute bin ich ehrbare Ehefrau.« – »Wen hast du denn geheiratet, Lisaweta Iwanowna?« – »Hast du denn nicht gehört, daß aus den sibirischen Wäldern der Vogt Kater Murr Iwanowitsch zu uns gekommen ist? Jetzt bin ich Frau Vögtin.« – »Nein, davon habe ich nichts gehört, Lisaweta Iwanowna! Könnte ich deinen Mann einmal sehen?« – »Oje, mein Kater Murr wird leicht ungehalten! Wenn jemand nicht nach seinem Geschmack ist, frißt er ihn auf der Stelle! Weißt du, hol doch einen Hammel und bring ihn meinem Mann als Geschenk; leg den Hammel hin und versteck dich, damit er dich ja nicht sieht, sonst geht es dir schlecht!« Der Wolf lief, um einen Hammel zu holen.

Die Füchsin ging weiter, da begegnete ihr der Bär. Der Bär wollte mit ihr schäkern: »Laß die Pfoten von mir, du Trottel! Früher war ich Jungfer Füchsin, heute bin ich ehrbare Ehefrau.« – »Wen hast du denn geheiratet, Lisaweta Iwanowna?« – »Den Vogt, der aus den sibirischen Wäldern zu uns gekommen ist, Kater Murr Iwanowitsch, den habe ich geheiratet.« – »Könnte ich ihn nicht einmal sehen?« – »Oje, mein Kater Murr Iwanowitsch wird leicht ungehalten! Wenn jemand nicht nach seinem Geschmack ist, frißt er ihn auf der Stelle! Geh und hole einen Ochsen und bringe ihn meinem Mann als Geschenk; der Wolf will ihm einen Hammel bringen. Aber sei vorsichtig, leg den Ochsen hin und versteck dich, damit er dich nicht sieht, sonst geht es dir schlecht!« Der Bär trottete davon, um einen Ochsen zu holen.

Der Wolf brachte den Hammel, zog ihm das Fell ab und stand unschlüssig da. Auch der Bär schleppte seinen Ochsen herbei. »Guten Tag, Bruder Michajlo Iwanowitsch!« – »Guten Tag, Bruder Lewon! Hast du die Füchsin und ihren Mann schon gesehen?« – »Nein, Bruder, ich warte schon lange hier.« – »Geh doch und hol sie!« - »Nein, ich gehe nicht,

Michajlo Iwanowitsch! Geh doch selbst, du bist mutiger als ich!« – »Nein, Bruder Lewon, ich möchte auch nicht gehen.« Da kam ein Hase vorbeigelaufen. Der Bär brüllte: »Komm her, du scheeler Teufel!« Der Hase erschrak und stand mit einem Satz vor dem Bären. »Weißt du, du scheeläugiger Tunichtgut, wo die Füchsin wohnt?« – »Ich weiß es, Michajlo Iwanowitsch!« – »Dann lauf so schnell du kannst und sage ihr, daß Michajlo Iwanowitsch und Bruder Lewon Iwanowitsch sich längst eingefunden hätten, auf sie und ihren Mann warteten und ihnen als Begrüßungsgeschenk den Hammel und den Ochsen überreichen möchten.«

Der Hase lief zu der Füchsin, so schnell ihn die Beine trugen. Der Wolf und der Bär hielten unterdessen Rat, wo sie sich verstecken könnten. Der Bär sagte: »Ich will auf die Kiefer klettern.« – »Aber was soll denn mit mir geschehen? Wo soll ich mich verstecken?« fragte der Wolf. »Ich kann doch niemals auf einen Baum klettern! Michajlo Iwanowitsch! Versteck du mich doch irgendwo, hilf mir doch aus der Klemme!« Der Bär versteckte den Wolf im Gebüsch und deckte ihn mit trockenem Laub zu, er selbst kletterte bis in den Wipfel der Kiefer und hielt nach der Füchsin und Kater Murr Iwanowitsch Ausschau. Der Hase war inzwischen bei dem Fuchsbau angekommen, er klopfte an und sagte: »Michajlo Iwanowitsch und Bruder Lewon Iwanowitsch schicken mich und lassen ausrichten, daß sie längst zur Stelle sind, auf dich und deinen Mann warten und euch mit Ochs und Hammel aufwarten möchten.« – »Du kannst gehen, Hase! Wir kommen.« Die Füchsin und der Kater machten sich auf den Weg. Als der Bär sie erblickte, sagte er zu dem Wolf: »Da, Lewon Iwanowitsch, da kommt die Füchsin mit ihrem Mann; der ist aber klein!« Der Kater kam und stürzte sich sofort auf den Ochsen, sein Fell sträubte sich, mit Zähnen und Krallen riß er an dem Fleisch und knurrte, als wäre er zornig: »Mehr, mehr!« Das sagte der Bär: »Klein, aber gefräßig! Für uns vier wäre es mehr als genug. Aber für ihn ist es zu wenig; bestimmt wird er auch auf uns losgehen!« Auch der Wolf wollte Kater Murr Iwanowitsch ansehen, aber das Laub hinderte ihn daran. Er schob das Laub vor seinen Augen zur Seite, der Kater hörte das Rascheln, dachte, das sei eine Maus, tat einen Satz und krallte sich an der Schnauze des Wolfs fest.

Der Wolf sprang auf und rannte fort, so schnell ihn die Beine trugen. Der Kater aber erschrak und wollte sich auf den Baum retten, auf dem der Bär saß. »Oh«, dachte der Bär, »jetzt hat er mich gesehen!« Es war nun zu spät herunterzuklettern, er vertraute Gott und ließ sich einfach herunterplumpsen, schlug hart auf und tat sich an allen Lebern weh; kaum war er wieder auf den Beinen, suchte er das Weite! Und die Füchsin rief hinter ihm her: »Er wird es euch zeigen! Wartet nur!« Von nun an fürchteten sich alle Tiere vor dem Kater; der Kater aber und die Füchsin hatten einen Vorrat an Fleisch, der für den ganzen Winter reichte, und lebten herrlich und in Freuden, sie leben heute noch ohne Not und kauen ihr täglich Brot.

Der furchtsame Bär und die
furchtsamen Wölfe

Es lebten einmal ein alter Mann und eine alte Frau. Die hatten einen Kater und einen Hammel. Die Alte rahmte ihre Milch ab und hob den Rahm in einem Topf auf, um Butter zu schlagen. Der Kater aber tat sich daran gütlich. »Alter«, sagte die Frau, »bei uns im Keller geht es nicht mit rechten Dingen zu.« – »Gib acht«, sagte der Alte, »ob dort nicht ein Fremder sein Unwesen treibt.« Eines Tages kommt die Alte in den Keller und sieht: der Kater hat mit der Pfote den Deckel weggeschoben und nascht aus dem Rahmtopf; sie jagte den Kater aus dem Keller und ging ins Haus. Der Kater aber lief voraus und versteckte sich auf dem Ofen in einer Ecke. »Mann«, sagte die Alte, »wir wollten nicht glauben, daß es der Kater war, der uns bestiehlt, aber er war es doch; laß uns ihn totschlagen!«

Der Kater hörte diese Reden, sprang in einem Satz vom Ofen, lief so schnell er konnte zu dem Hammel in den Stall und machte ihm bange: »Bruder Hammel, morgen wollen sie mich totschlagen und dich schlachten.« Da beschlossen sie, nachts ihrem Herrn davonzulaufen. »Aber wie wollen wir das machen?« fragte der Hammel. »Ich wäre ja froh, wenn ich die Skier spitzen könnte, aber der Stall ist ja abgeschlossen!« – »Das macht nichts!« Der Kater kletterte sofort an der Tür hoch, schob mit der Pfote die Kordel vom Nagel und ließ den Hammel heraus.

Sie machten sich auf den Weg. Nachdem sie eine Weile gegangen waren, fanden sie einen Wolfskopf. Sie nahmen ihn mit, gingen weiter und sahen: Ganz tief im Wald schimmerte ein Licht, da gingen sie auf das Licht zu. Sie kamen und sahen: Um ein Feuer saßen zwölf Wölfe und wärmten sich. »Gott zum Gruß, Wölfe!« – »Seid willkommen, Hammel und Kater!« – »Bruder«, fragte der Hammel den Kater, »was wollen wir heute zu Nacht essen?« – »Wir haben doch die zwölf Wolfsköpfe, geh und suche den fettesten aus.« Der Hammel trat hinter einen Busch, hielt den Wolfskopf, den sie unterwegs gefunden hatten, in die Höhe und fragte: »Vielleicht diesen, Bruder Kater?« – »Nein, diesen nicht, such einen besseren aus.« Der Hammel hob den Kopf noch einmal in die Höhe und fragte: »Vielleicht diesen?«

Die Wölfe erschraken dermaßen, daß sie am liebsten davongelaufen wären, aber sie getrauten sich nicht, ohne vorher zu fragen. Vier Wölfe fragten den Hammel und den Kater flehentlich: »Erlaubt uns doch, Holz zu holen! Wir wollen es gern für euch tun.« Und sie liefen fort. Die übrigen acht Wölfe bekamen noch mehr Angst vor dem Hammel und dem Kater: Wenn die schon zwölf auffressen konnten, werden sie mit acht um so schneller fertig. Da fragten weitere vier und wollten Wasser holen. Der Kater ließ sie gehen: »Geht, aber kommt unverzüglich zurück!« Die letzten vier Wölfe fragten, ob sie die ersten zurückholen sollten: »Wo bleiben sie?« Der Kater ließ auch sie gehen, befahl ihnen aber noch strenger, sofort zurückzukommen; aber er und der Hammel waren heilfroh, daß die Wölfe fort waren.

Die Wölfe versammelten sich wieder und liefen tiefer in den Wald hinein. Da begegnete ihnen der Bär Michajlo Iwanowitsch. »Hast du schon einmal gehört, Michajlo Iwanowitsch«, fragten die Wölfe, »daß ein Hammel und ein Kater jeder zwölf Wölfe fressen?« – »Nein, Kinderchen, so etwas habe ich noch nie gehört.« – »Aber wir haben diesen Kater und diesen Hammel mit eigenen Augen gesehen.« – »Könnte nicht auch ich soviel Mut mit eigenen Augen sehen?« – »Oh, Michajlo Iwanowitsch, der Kater ist viel zu hitzig, mit dem ist nicht gut Kirschen essen: Jeden Augenblick kann er dich in Stücke reißen! Wir werden zwar mit Hunden und Hasen fertig, aber gegen diese beiden ziehen wir den kürzeren. Laßt uns sie lieber zum Essen einladen.«

Sie wollten die Füchsin als Botin schicken: »Geh und lade den Hammel und den Kater ein.« Die Füchsin versuchte sich herauszureden: »Ich kann zwar schnell laufen, aber ich bin nicht wendig. Sie könnten mich fressen.« – »Geh!« Was sollte sie machen, sie mußte gehen und den Hammel und den Kater einladen. Sie kam zurück und meldete: »Sie haben die Einladung angenommen. Ach, Michajlo Iwanowitsch, dieser Kater ist so böse! Er sitzt auf einem Baumstumpf und spaltet ihn mit den Krallen: Er wetzt sicher seine Messer, um uns zu zerfleischen! Und dabei rollen seine Augen ganz fürchterlich!« Dem Bären wurde es angst und bange. Sofort hieß er einen Wolf auf einen hohen Baumstumpf klettern, gab ihm ein Sacktuch in die Pfoten und sagte: »Sobald du den Hammel und den Kater siehst, mußt du mit dem Sacktuch winken: Wir werden ihnen entgegengehen und sie empfangen.« Sie bereiteten das Mahl; vier Wölfe schleppten vier Kühe herbei, und zum Koch bestellte der Bär das Murmeltier.

Der Hammel und der Kater machten sich auf den Weg; als sie den Wachtposten entdeckten, überlegten sie nicht lange und wußten sogleich, was zu tun war: »Ich werde mich ganz sacht im Gras anschleichen«, sagte der Kater, »und mich dicht vor dem Baumstumpf hinsetzen. Und du, Bruder Hammel, nimmst einen Anlauf und stößt den Wolf mit der Stirn, und das mit aller Kraft!« Der Hammel nahm einen Anlauf, stieß mit aller Kraft und warf den Wolf von dem Baumstumpf. Der Kater aber sprang ihm an die Schnauze, krallte sich fest und kratzte ihn blutig. Der Bär und die Wölfe sahen es und sprachen untereinander: »Nun, Kinder, jetzt haben wir mit eigenen Augen gesehen, wie mutig der Hammel und der Kater sind! Sie haben es fertiggebracht, den Wolf Jewstifej von dem hohen Baumstumpf zu stürzen und übel zuzurichten. Wie wollen wir uns auf ebener Erde verteidigen! Es geht ihnen ja nicht um unser Mahl; sie wollen nicht unsere Speisen, sondern uns verspeisen. Wir wollen uns lieber in Sicherheit bringen, Brüder!«

Die Wölfe zerstreuten sich im Wald, der Bär kletterte auf eine Kiefer, das Murmeltier versteckte sich in einem Erdloch und die Füchsin kroch unter einen Baumstamm. Der Kater und der Hammel taten sich an den bereiteten Speisen gütlich. Der Kater aß und schnurrte: »Mr-r-r, mehr! Mr-r-r, mehr!« Als er sich einmal umdrehte, sah er, daß aus einem Erdloch das Schwänzchen des Murmeltiers hervorguckte, er erschrak, war mit einem Satz bei der Kiefer und begann hinaufzuklettern. Aus Angst vor dem Kater ließ sich der Bär einfach fallen, plumpste auf den Baumstamm, und um ein Haar wäre es um den Fuchs geschehen gewesen. Der Bär nahm Reißaus, die Füchsin nahm Reißaus. »Du hast dir wohl sehr wehgetan, Michajlo Iwanowitsch?« fragte die Füchsin. »Und wenn schon, Gevatterin, wenn ich nicht heruntergesprungen wäre, hätte der Kater mich sofort aufgefressen.«

Der Bär, der Fuchs, die Bremse
und der Bauer

Es lebte einmal ein Bauer, der hatte einen Schecken. Der Bauer spannte ihn vor den Wagen und wollte im Wald Holz holen. Kaum war er im Wald, da kam ihm ein großer Bär entgegen. Er grüßte den Bauern und fragte: »Bäuerlein, sag mir doch, wer hat dein Pferd so scheckig gemacht? Es ist so schön bunt!« – »Ha, Bruder Mischa«, sagte der Bauer, »ich selbst habe es gescheckt!« – »Kannst du denn scheckig machen?« – »Wer? Ich? Oh, darin bin ich ein großer Meister! Wenn du willst, kann ich dich noch scheckiger machen als mein Pferd.« Der Bär freute sich: »Bitte, sei so gut! Ich werde dir für deine Mühe einen ganzen Bienenkorb bringen.« – »Das soll mir recht sein! Nur muß ich dich alten Satan mit einem Strick festbinden; sonst wirst du nicht ruhig liegenbleiben, wenn ich an die Arbeit gehe.«

Der Bär war einverstanden. »Warte nur«, dachte der Bauer, »ich mache aus dir ein Wickelkind!« Er nahm die Zügel und einen Strick und schnürte den Bären zusammen, schnürte ihn so fest, daß er laut brüllte. Der Bauer sagte zu ihm: »Geduld, Bruder Mischa! Rühr dich nicht! Jetzt geht's ans Schecken!« – »Binde mich los, Bäuerlein«, flehte der Bär, »ich will gar nicht mehr gescheckt werden! Ich bitte dich, laß mich los!« – »Nein, alter Satan! Du selbst wolltest es ja, deshalb muß es jetzt sein.« Der Bauer machte Holz, schichtete einen ganzen Stoß auf und zündete ein Feuer an, daß es nur so prasselte; dann nahm er seine Axt und legte sie mitten in die Glut.

Als die Axt glühte, zog der Bauer sie aus dem Feuer und fing an, den Bären zu schecken, daß es nur so zischte. Der Bär brüllte aus Leibeskräften, bäumte sich, sprengte die Stricke und Zügel und rannte davon, daß der Wald krachte. Er rannte und rannte durch den Wald, solange seine Kräfte reichten, wollte sich dann hinlegen – aber er konnte es nicht: der ganze Bauch und die Seiten waren versengt. Da brüllte er, brüllte: »Wenn ich diesen Bauern erwische! Der wird ewig an mich denken!«

Am nächsten Tag ging die Frau des Bauern aufs Feld, um Roggen zu schneiden, und nahm einen Kanten Brot und einen Krug Milch mit. Sie kam zu ihrem Acker, stellte den Milchkrug auf dem Rain ab und begann zu schneiden. Und der Bauer dachte: »Ich will nach meiner Frau sehen.« Er spannte an, kam zu seinem Acker gefahren und sah, wie ein Fuchs durch den Roggen streifte. Der Schelm schlich an den Milchkrug heran, steckte den Kopf hinein und konnte ihn nicht wieder herausziehen. Er lief auf dem Stoppelfeld hin und her, schüttelte den Kopf und sprach: »Aber Krüglein! Jetzt ist es genug! Du hast ein Späßchen gemacht: Laß mich los! Krüglein! Mein Gutes! Wir haben miteinander gespielt, und nun ist es genug!« Dabei schüttelte der Fuchs immerzu den Kopf. Während er dem Milchkrug gut zuredete, holte der Bauer ein Holzscheit, lief zu dem Fuchs und hieb ihm kräftig mit dem Scheit über die Beine. Der Fuchs schoß zur Seite, schlug mit dem Kopf gegen einen Stein, und der Milchkrug zerbarst. Als er nun sah, daß der Bauer mit dem Holzscheit hinter ihm her war, flog er nur so dahin – auf drei Beinen zwar, aber auch mit Hunden nicht einzuholen –, bis er den Wald erreichte.

Der Bauer kehrte zurück und wollte die Garben auf den Wagen laden. Plötzlich kam eine Bremse geflogen, setzte sich ihm auf den Nacken und stach ihn.

Der Bauer griff sich an den Nacken und fing die Bremse. »So«, sagte er, »was mache ich jetzt mit dir? Warte nur, du sollst lange an mich denken.«

Der Bauer nahm einen Strohhalm und steckte ihn der Bremse in den Hintern. »Jetzt kannst du weiterfliegen!« Die arme Bremse flog auf und mußte den Strohhalm mitschleppen. »O weh«, dachte sie, »jetzt geht's mir schlecht! In meinem ganzen Leben habe ich noch nicht so schwer getragen wie jetzt!«

Sie flog und flog, flog in den Wald, so weit ihre Kräfte reichten. Sie wollte sich auf einen Baum setzen und sich ausruhen, sie wäre gern in die Wipfel geflogen, aber der Strohhalm zog sie immer wieder nach unten. Sie mühte sich und mühte sich, endlich gelang es ihr, ein Plätzchen zu finden, aber sie war so außer Atem und mußte so schnaufen, daß sogar der Baum schwankte. Und unter diesem Baum lag der Bär, den der Bauer gescheckt hatte. Der Bär erschrak: »Warum schwankt denn der Baum so stark?« Er blickte hinauf, da saß die Bremse auf dem Baum. Der Bär rief: »He, Schwester! Sei so gut, komm bloß herunter! Sonst wird noch der Baum umfallen!« Die Bremse hörte auf den Bären und flog herunter. Der Bär sah sie und fragte: »Wer hat dir eigentlich den Strohhalm in den Hintern gejagt?« Und die Bremse sah den Bären und fragte zurück: »Und wer hat dich so zugerichtet? Du hast ja nur noch hier und da ein Büschel Fell, sonst gucken bei dir sogar die Knochen heraus.« – »Ach, Schwester Bremse, der Bauer hat mich so zugerichtet.« – »Ach, Bruder Bär, auch mir hat der Bauer übel mitgespielt.«

Da sahen sie: Auf drei Beinen kam der Fuchs gehumpelt. »Wer hat dir denn das Bein gebrochen?« fragte der Bär. »Ach, lieber Gevatter, ich konnte es ja nicht richtig sehen, aber es kann niemand anders gewesen sein als der Bauer; er hielt ein Holzscheit in der Hand und lief mir nach.« – »Brüder, jetzt wollen wir zusammen an dem Bauern Rache nehmen!« Alle drei waren sofort bereit und zogen zu dem Acker, wo der Bauer die Garben auflud. Sie kamen näher und näher. Der Bauer sah sie, erschrak und wußte nicht, wie er sich helfen sollte...

Der Wolf

Es lebten einmal ein Mann und eine Frau; sie hatten fünf Schafe, als sechstes ein Fohlen, als siebentes eine Färse. Eines Tages kam der Wolf zu Besuch und sang ein Lied:

>»Im Schloß möchte der Bauer schlafen,
>samt seinen fünf Schafen,
>dem Fohlen dazu,
>und dem siebenten, der Kuh.«

Da sagte die Alte zu dem Alten: »Ach, was ist das für ein schönes Lied! Mann, er soll dafür ein Schäfchen haben!« Der Alte gab dem Wolf ein Schaf, der Wolf fraß es und kam bald wieder zu Besuch und sang dasselbe Lied. Er kam und sang so lange, bis er alle Schafe, das Fohlen, die Färse und die Alte gefressen hatte. Nur der Alte blieb übrig. Eines Tages kam der Wolf mit demselben Lied wieder. Der Alte nahm den Feuerhaken und ließ ihn auf dem Wolf tanzen. Der Wolf lief fort und hat seitdem den Alten nicht wieder besucht; und der Alte blieb allein in seinem Elend zurück.

Die Sau und der Wolf

Es lebten einmal ein Mann und eine Frau. Der Alte und die Alte hatten weder Sohn noch Tochter; sie hatten auch kein Vieh, sie hatten nur eine Sau mit einem spitzen Rüssel. Diese Sau lief für ihr Leben gern durch das hintere Hoftor. Der Teufel zeigte ihr den Weg auf den fremden Acker zu dem grünen Hafer. Der Wolf kam vorbeigelaufen, er sah sie wohl dort, sagte aber kein Wort: Er hat die Zähne in ihre Schwarte geschlagen, sie hinter das Gebüsch getragen und gefressen. Und das war das Ende der Geschichte.

Der Wolf und die Ziege

Es lebte einmal eine Ziege. Sie baute sich ein Häuschen und brachte dort ihre Kinder zur Welt. Die Ziege ging oft in den Wald, um Futter zu suchen; sobald sie aus dem Haus war, schlossen die Zicklein sich ein, und sie gingen niemals allein nach draußen. Wenn die Ziege zurückkam, klopfte sie an die Tür und sang: »Ihr Zicklein, ihr Kindlein, schließt auf die Tür! Eure Mutter ist hier. Ich war im dunklen Wald, aß seidenweiches Gras, trank Wasser frisch und kalt. Die Milch tropft aus dem Euter, rinnt auf die Hufe weiter und von den Hufen in die feuchte Erde.« Alsbald schlossen die Zicklein die Tür auf und ließen die Mutter herein. Sie gab ihnen zu essen und ging wieder fort in den Wald, und die Zicklein schlossen sich sogleich wieder ein.

Der Wolf belauschte sie; er wartete ab, und sobald die Ziege in den Wald gegangen war, schlich er sich an das Haus und rief mit seiner groben Stimme: »Ihr Zicklein, ihr Guten, schließt auf die Tür! Eure Mutter ist gekommen, bringt euch Milch, und die Hufe sind voll Wasser.«

Die Zicklein antworteten: »Wir hören, wir hören schon – das ist nicht die Stimme unserer Mutter! Unsere Mutter hat eine feine Stimme und singt ganz anders.« Der Wolf ging fort und versteckte sich. Dann kam die Ziege und klopfte: »Ihr Zicklein, ihr Kindlein, schließt auf die Tür! Eure Mutter ist hier! Ich war im dunklen Wald, aß seidenweiches Gras, trank Wasser frisch und kalt. Die Milch tropft aus dem Euter, rinnt auf die Hufe weiter und von den Hufen in die feuchte Erde!«

Die Zicklein ließen ihre Mutter ein und erzählten ihr, wie der Wolf bei ihnen angeklopft hatte und sie fressen wollte. Die Ziege gab ihnen zu essen, und bevor sie wieder in den Wald ging, ermahnte sie die Zicklein: »Wenn jemand vor dem Haus steht und mit grober Stimme um Einlaß bittet und nicht genauso singt, wie ich es tue – dem dürft ihr niemals die Tür aufschließen.«

Kaum war die Ziege fort, als der Wolf zu dem Häuschen gelaufen kam, anklopfte und mit einem dünnen Stimmchen sang: »Ihr Zicklein, ihr Kindlein, schließt auf die Tür, eure Mutter ist hier! Ich war im dunklen Wald, aß seidenweiches Gras, trank Wasser frisch und kalt. Die Milch tropft aus dem Euter, rinnt auf die Hufe weiter und von den Hufen in die feuchte Erde.« Die Zicklein öffneten die Tür und schon war der Wolf im Haus und fraß sie alle auf. Nur ein Zicklein hat sich versteckt, es ist nämlich in den Ofen gekrochen.

Die Ziege kam nach Hause. Wie oft sie auch sang – nichts regte sich im Haus. Sie trat an die Tür und sah, daß die Tür nicht verschlossen war. Sie suchte im Haus – aber das Haus war leer; sie schaute in den Ofen und fand dort das Kleine. Als die Ziege hörte, wie es zugegangen war, setzte sie sich auf die Bank, weinte bitterlich und klagte: »Oh, ihr meine Kindlein, meine Zicklein, warum habt ihr die Tür aufgeschlossen, euch dem Wolf ausgeliefert? Er hat euch alle verschlungen und mich, Ziege, in großes Unglück und Elend gestürzt.« Der Wolf hörte ihre Klagen, kam zur Ziege in das Häuschen und sagte: »Aber Gevatterin! Warum verleumdest du mich? Wie könnte ich so etwas tun? Laß uns im Wald spazieren gehen.« – »Nein, Gevatter, mir steht der Sinn nicht nach Spazierengehen.« – »Laß uns doch gehen«, redete der Wolf ihr zu.

Sie gingen in den Wald und kamen zu einer Grube, in dieser Grube hatten die Räuber vor nicht sehr langer Zeit ihre Kascha gekocht, unten lag noch ziemlich viel Glut. Die Ziege sagte zu dem Wolf: »Gevatter, laß uns versuchen, wer über diese Grube springen kann!« Dem Wolf war es recht. Er sprang und stürzte in die heiße Grube; in der großen Hitze platzte sein Bauch. Die Zicklein sprangen heraus und waren mit einem Satz aus der Grube und bei ihrer Mutter. Sie blieben zusammen, lebten glücklich und zufrieden, wurden immer verständiger und das Böse verlor für sie seinen Schrecken.

Der tumbe Wolf

Dies ereignete sich noch zu der Zeit, da Christus mit seinen Aposteln über die Erde wandelte. Sie gingen eines Tages über einen Weg, einen breiten Weg; da begegnete ihnen der Wolf und sagte: »Herr, mich hungert!« – »Dann geh hin«, sagte Christus, »und friß die Stute.« Der Wolf lief, um die Stute zu suchen; er fand sie, trat vor sie und sagte: »Stute, der Herr hat mir befohlen, dich zu fressen.« Die Stute antwortete: »Das geht nicht an. Du darfst mich nicht fressen, es ist nicht erlaubt. Ich habe da einen Freibrief, ich habe ihn nur gerade nicht zur Hand.« – »Du mußt ihn zeigen!« – »Komm näher und stell dich hinter mich.« Der Wolf stellte sich hinter die Stute; sie schlug mit den Hinterbeinen aus, so daß der Wolf drei Faden weit durch die Luft flog! Die Stute aber lief davon.

Der Wolf kam zu Christus und beklagte sich: »Herr, die Stute hätte mich um ein Haar erschlagen!« – »Dann geh und friß den Hammel.« Der Wolf lief zu dem Hammel. Er kam und sagte: »Hammel, ich will dich fressen. Der Herr hat es befohlen.« – »Meinethalben kannst du mich fressen. Stell dich dort unten an den Abhang und sperr den Mund auf, ich will von oben Anlauf nehmen und dir geradewegs ins Maul springen.« Der Wolf stellte sich unten an den Abhang und sperrte das Maul auf; der Hammel nahm von oben Anlauf und rammte mit seiner Hammelstirn den Wolf: Kr-r-rch! Der Wolf stürzte zur Erde, und der Hammel suchte das Weite. Der Wolf stand auf, sah sich nach allen Seiten um: Der Hammel war verschwunden.

Nun wollte er sich abermals beklagen; er ging zu Christus und sagte: »Herr, auch der Hammel hat mich zum besten gehalten. Er hat mich beinahe umgebracht!« – »Geh«, sagte Christus, »und friß den Schneider.« Der Wolf machte sich auf den Weg, da begegnete ihm der Schneider. »Schneider, ich will dich fressen. Der Herr hat es befohlen.« – »Warte ein

Weilchen, laß mich von meinen Anverwandten Abschied nehmen.« – »Nein, ich dulde es nicht, daß du von deinen Anverwandten Abschied nimmst.« – »Dann bin ich verloren! Friß mich. Ich will nur schnell Maß nehmen, ob ich überhaupt in dich hineinpasse.« – »Nimm Maß«, sagte der Wolf. Der Schneider trat von hinten an den Wolf heran, packte seinen Schwanz, wickelte sich den Schwanz um das Handgelenk und begann, den Grauen zu bügeln. Der Wolf zerrte und zerrte, zog und zog, bis sein Schwanz schließlich abriß und er davonlaufen konnte. Er lief, so schnell ihn die Beine trugen, da kamen ihm sieben Wölfe entgegen. »Halt!« sagten sie. »Wo hast du deinen Schwanz gelassen?« – »Der Schneider hat ihn mir abgerissen.« – »Und wo ist der Schneider?« – »Dort auf dem Weg geht er.« – »Wir holen ihn uns.« Und die Wölfe liefen dem Schneider nach. Der Schneider hörte, daß sie ihn verfolgten, er merkte, daß es schlecht um ihn stand, kletterte eilig auf einen Baum, bis in den Wipfel, und setzte sich auf einen Ast.

Die Wölfe kamen zu dem Baum und sagten: »Wir wollen uns den Schneider herunterholen, Brüder. Du, Stutzschwanz, legst dich zuunterst, und wir stellen uns dann alle übereinander – gewiß kriegen wir ihn dann!« Der Stutzschwanz legte sich auf die Erde, der erste Wolf stellte sich auf ihn, der zweite auf den ersten, der dritte auf den zweiten, und so ging es höher und höher; nur der letzte fehlte noch. Der Schneider sah, daß es für ihn keine Rettung gab: die Wölfe würden ihn gleich haben! Da schrie er von oben herunter: »Keiner wird so verprügelt werden, wie der Stutzschwanz!« Der Stutzschwanz sprang sofort auf und rannte davon. Alle sieben Wölfe stürzten auf die Erde und liefen ihm nach; als sie ihn einholten, fielen sie alle über ihn her, daß die Fetzen nur so flogen. Und der Schneider kletterte von dem Baum herunter und ging nach Hause.

Der Bär

Es lebten einmal ein Alter und eine Alte, die hatten keine Kinder. Da sagte die Alte zum Alten: »Du mußt im Wald Holz holen, Alter.« Der Alte ging in den Wald Holz holen; unterwegs begegnete ihm der Bär, und der Bär sagte: »Laß uns miteinander kämpfen, Alter.« Der Alte hackte mit der Axt dem Bären eine Tatze ab. Er brachte die Tatze nach Hause und gab sie seiner Alten. »Koch die Bärentatze, Alte.« Die Alte nahm sogleich die Tatze, zog das Fell ab, setzte sich darauf und begann die Wolle zu rupfen. Die Tatze aber legte sie in einen Topf und schob ihn in den Ofen. Der Bär indessen brüllte und brüllte, dann überlegte er und machte sich eine Tatze aus Lindenholz; er ging mit seinem Stelzfuß zu dem Alten und sang unterwegs:

> »Quiek, quiek, mein Bein,
> Quiek, quiek, mein lindenes!
> Das Wasser schläft,
> Und die Erde schläft,
> Und das Kirchdorf schläft,
> Alle schlafen im Dorf,
> Nur die Alte, die wacht,
> Auf meinem Fell sitzt sie,
> Meine Wolle spinnt sie,
> Mein Fleisch kocht sie,
> Meine Haut trocknet sie.«

Da erschraken der Alte und die Alte. Der Alte versteckte sich auf der Pritsche unter dem Holztrog, und die Alte auf dem Ofen unter den schmutzigen Hemden. Der Bär trat in das Haus; vor Angst begann der Alte, unter dem Trog zu ächzen und die Alte zu husten. Der Bär fand sie und fraß sie auf.

Der Bär, der Hund und die Katze

Es lebte einmal ein Bauer, der hatte einen treuen Hund. Aber als der Hund alt war, konnte er nicht mehr bellen und nicht mehr den Hof und die Kornspeicher bewachen. Da wollte der Bauer ihn nicht länger ernähren und jagte ihn vom Hof. Der Hund lief in den Wald und legte sich zum Sterben unter einen Baum. Da kam der Bär und fragte: »Warum liegst du hier, Hund?« – »Ich warte hier auf meinen Tod! So ist heutzutage die Gerechtigkeit der Menschen: Solange du bei Kräften bist, füttern sie dich, und wenn du alt und schwach bist, jagen sie dich vom Hof.« – »Hast du jetzt Hunger, Hund?« – »Und ob ich Hunger habe!« – »Dann komm mit mir; du bekommst von mir zu essen.« So gingen sie zusammen. Nach einer Weile begegneten sie dem Hengst. »Sieh mich an«, sagte der Bär zu dem Hund und begann, mit den Tatzen die Erde aufzuwühlen. »Hund, he, Hund!« – »Was ist?« – »Sind meine Augen rot?« – »Ganz rot, Bär!« Der Bär wühlte noch wütender in der Erde. »Hund! He, Hund, sträubt sich mein Fell?« – »Und wie es sich sträubt, Bär!« – »Hund! He, Hund! Steht mein Schwanz aufrecht?« – »Er steht aufrecht.« Da riß der Bär dem Hengst den Bauch auf; der Hengst stürzte, der Bär riß ihn in Stücke und sagte: »So, jetzt kannst du dich satt fressen, Hund. Und wenn du alles aufgefressen hast, kannst du zu mir kommen.«

Nun lebte der Hund ohne alle Sorgen; und als er alles aufgefressen hatte, lief er wieder zu dem Bären. »Na, Freund, hast du alles aufgefressen?« – »Ich habe alles aufgefressen. Jetzt muß ich wieder hungern.« – »Warum willst du hungern? Weißt du, wo eure Weiber den Roggen mähen?« – »Das weiß ich.« – »Nun, dann gehen wir hin. Ich schleiche mich an deine Herrin heran und hole ihr Kind aus der Wiege. Und du mußt mir nachlaufen, um mir dieses Kind abzunehmen. Wenn du es hast, bringst du es zurück. Dafür wird sie dich wieder ernähren wie früher.« Gesagt, getan. Der Bär kam, schlich sich heran und holte das Kind aus der Wiege. Das Kind weinte, die Frauen liefen dem Bären nach, sie wollten ihn einholen, aber das gelang ihnen nicht, und sie mußten unverrichteter Dinge zurückkehren. Die Mutter weinte, und die Frauen klagten.

Da kam der Hund gelaufen, der konnte den Bären einholen, er nahm ihm das Kind ab und brachte es zurück. »Seht«, sagten die Frauen, »der alte Köter bringt das Kind zurück!« Und sie liefen ihm entgegen. Die Mutter war so froh, so froh: »Jetzt«, sagte sie, »soll es dieser Hund bei mir immer gut haben!« Sie nahm ihn mit nach Hause, goß ihm Milch in ein Schüsselchen, brockte Brot hinein und setzte es ihm vor: »Hier, laß es dir schmecken!«

Und sie sagte zu dem Bauern: »Nein, lieber Mann, wir müssen unsern alten Hund achten und ihm zu essen geben, er hat mein Kind vor dem Bären gerettet. Und du meintest, daß er keine Kräfte mehr hätte.« Der Hund erholte sich und wurde wieder munter: »Gott segne den Bären! Der hat mich vor dem Hungertod bewahrt!« – und er war des Bären bester Freund.

Einmal wurde bei dem Bauern gefeiert. Gerade an diesem Abend kam der Bär und wollte den Hund besuchen. »Guten Abend, Hund! Wie geht's, wie steht's?« – »Gott sei gelobt«, sagte der Hund, »jeden Tag ist für mich Butterwoche. Womit kann ich dich bewirten? Laß uns ins Haus gehen, meine Herren haben schon alle einen Rausch und werden nicht merken, wenn du hereinkommst; krieche in der Stube sofort unter den Ofen, und ich werde dir alles bringen, was ich auftreiben kann.« Gesagt, getan. Sie schlichen ins Haus. Der Hund sah, daß die Gäste und die Gastgeber ordentlich betrunken waren, und bewirtete seinen Freund aufs beste. Der Bär trank ein Glas, ein zweites, und wurde ebenfalls lustig. Die Gäste begannen zu singen, der Bär bekam auch Lust zu singen und brummte mit; der Hund ermahnte ihn:

»Singe nur ja nicht! Das nimmt kein gutes Ende.« Vergeblich! Der Bär hörte nicht auf ihn, und sang immer lauter. Schließlich hörten die Gäste sein Gebrumm, jeder holte sich eine Stange und sie droschen auf den Bären ein; er entkam nur mit knapper Not.

Der Bauer hatte auch eine Katze; die fing keine Mäuse mehr und tat viel Schaden: wo sie herumschlich, gab es Scherben oder der Milchtopf kippte um. Der Bauer jagte die Katze aus dem Haus. Der Hund aber sah, daß sie große Not litt, schleppte heimlich Brot und Fleisch herbei und sorgte für sie. Die Bauersfrau merkte das; als sie den Hund erwischte, prügelte sie ihn durch. Bei jedem Hieb sagte sie: »Du darfst für die Katze kein Rindfleisch stehlen, du darfst der Katze kein Brot bringen!« Es vergingen vielleicht drei Tage, da ging der Hund aus dem Hof und sah, daß die Katze beinah verhungert war. »Was ist mit dir?« – »Nun muß ich Hungers sterben; ich war nur solange satt, wie du mir zu essen brachtest.« – »Komm mit mir.«

Also gingen sie. Als sie auf die Koppel kamen, begann der Hund, die Erde mit den Pfoten aufzuwühlen, und fragte: »Katze! He, Katze! Sind meine Augen rot?« – »Kein bißchen rot.« – »Sag doch, daß sie rot sind!« Darauf sagte die Katze: »Sie sind rot.« – »Katze! He, Katze! Sträubt sich mein Fell?« – »Nein, es sträubt sich nicht.« – »Sag doch, daß es sich sträubt, du Närrin.« – »Also gut, dann sträubt es sich.« – »Katze! He, Katze! Steht mein Schwanz aufrecht?« – »Kein bißchen.« – »Sag doch, daß er steht, du Närrin.« – »Also gut, dann steht er aufrecht.« Der Hund sprang die Stute an, die Stute schlug mit den Hinterbeinen aus, und der Hund fiel tot zur Erde! Da sagte die Katze: »Nun sind die Augen rot, das Fell ist gesträubt und der Schwanz steif wie ein Stock. Leb wohl, Bruder Hund, ich suche mir jetzt auch einen Platz zum Sterben.«

Die Geiß

Der Bock sitzt da und weint: Er schickte die Geiß nach
Nüssen; sie ging und kam nicht heim. Da sang der Bock:

»Wo bleibt die Geiß mit den Nüssen,
  Wo bleibt die Geiß mit den gerösteten?
Warte nur, Geiß, ich schicke Wölfe nach dir aus.
Die Wölfe kommen nicht die Geiß heimtreiben:
  Wo bleibt die Geiß mit den Nüssen,
  Wo bleibt die Geiß mit den gerösteten?
Wartet nur, Wölfe, ich schicke den Bären nach euch aus.
Der Bär kommt nicht die Wölfe reißen,
Die Wölfe kommen nicht die Geiß heimtreiben:
  Wo bleibt die Geiß mit den Nüssen,
  Wo bleibt die Geiß mit den gerösteten?
Warte nur, Bär, ich schicke die Bauern nach dir aus.
Die Bauern kommen nicht den Bären schießen,
Der Bär kommt nicht die Wölfe reißen,
Die Wölfe kommen nicht die Geiß heimtreiben:
  Wo bleibt die Geiß mit den Nüssen,
  Wo bleibt die Geiß mit den gerösteten?
Wartet nur, Bauern, ich schicke die Knüppel nach euch aus.
Die Knüppel kommen nicht die Bauern prügeln,
Die Bauern kommen nicht den Bären schießen,
Der Bär kommt nicht die Wölfe reißen,
Die Wölfe kommen nicht die Geiß heimtreiben:
  Wo bleibt die Geiß mit den Nüssen,
  Wo bleibt die Geiß mit den gerösteten?
Wartet nur, Knüppel, ich schicke das Beil nach euch aus,
Das Beil kommt nicht die Knüppel spalten,
Die Knüppel kommen nicht die Bauern prügeln,
Die Bauern kommen nicht den Bären schießen,
Der Bär kommt nicht die Wölfe reißen,

Die Wölfe kommen nicht die Geiß heimtreiben:
   Wo bleibt die Geiß mit den Nüssen,
   Wo bleibt die Geiß mit den gerösteten?
Warte nur, Beil, ich schicke die Steine nach dir aus.
Die Steine kommen nicht das Beil schartig machen,
Das Beil kommt nicht die Knüppel spalten,
Die Knüppel kommen nicht die Bauern prügeln,
Die Bauern kommen nicht den Bären schießen,
Der Bär kommt nicht die Wölfe reißen,
Die Wölfe kommen nicht die Geiß heimtreiben:
   Wo bleibt die Geiß mit den Nüssen,
   Wo bleibt die Geiß mit den gerösteten?
Wartet nur, Steine! Ich schicke das Feuer nach euch aus!
Das Feuer kommt nicht die Steine schmelzen,
Die Steine kommen nicht das Beil schartig machen,
Das Beil kommt nicht die Knüppel spalten,
Die Knüppel kommen nicht die Bauern prügeln,
Die Bauern kommen nicht den Bären schießen,
Der Bär kommt nicht die Wölfe reißen,
Die Wölfe kommen nicht die Geiß heimtreiben:
   Wo bleibt die Geiß mit den Nüssen,
   Wo bleibt die Geiß mit den gerösteten?
Warte nur, Feuer, ich schicke das Wasser nach dir aus!
Das Wasser kommt nicht das Feuer löschen,
Das Feuer kommt nicht die Steine schmelzen,
Die Steine kommen nicht das Beil schartig machen,
Das Beil kommt nicht die Knüppel spalten,
Die Knüppel kommen nicht die Bauern prügeln,
Die Bauern kommen nicht den Bären schießen,
Der Bär kommt nicht die Wölfe reißen,
Die Wölfe kommen nicht die Geiß heimtreiben:
   Wo bleibt die Geiß mit den Nüssen,
   Wo bleibt die Geiß mit den gerösteten?
Warte nur, Wasser, ich schicke den Sturm nach dir aus!
Der Sturm kommt das Wasser treiben,

Das Wasser kommt das Feuer löschen,
Das Feuer kommt die Steine schmelzen,
Die Steine kommen das Beil schartig machen,
Das Beil kommt die Knüppel spalten,
Die Knüppel kommen die Bauern prügeln,
Die Bauern kommen die Bären schießen,
Der Bär kommt die Wölfe reißen,
Die Wölfe kommen die Geiß heimtreiben:
Da kommt die Geiß mit den Nüssen,
Da kommt die Geiß mit den gerösteten!«

Das Märchen von der geschorenen Ziege

Es lebte einmal ein Bauer, der hatte ein Häschen. Eines
Tages arbeitete der Bauer auf dem Feld; dort sah er eine
Ziege: sie lag kraftlos da, die eine Seite zur Hälfte geschoren,
die andere nicht. Der Bauer hatte Mitleid mit ihr, hob sie auf,
trug sie nach Hause und legte sie in den Schatten vor den
Stall. Er aß zu Mittag, ruhte sich ein wenig aus, ging in den
Gemüsegarten, und sein Häschen lief mit ihm. Da stand die
Ziege auf, stahl sich ins Haus und legte den Riegel vor.

Das Häschen bekam Hunger und lief zu dem Haus; es
drückte mit den Pfötchen gegen die Tür, aber die Tür war
verschlossen! »Wer ist drinnen?« fragte das Häschen. »Ich
bin's, die Ziege, alle Kraft hab ich verloren, zur Hälfte ist
mein Fell geschoren; wenn ich herauskomme, stoße ich allen
die Rippen ein!« Das Häschen war sehr traurig und ging von
der Tür weg, es lief auf die Straße und weinte. Da kam der
Wolf. »Warum weinst du?« fragte der Wolf. »Es ist jemand in
unserm Haus«, sagte das Häschen unter Tränen. Da sagte der
Wolf: »Komm mit, ich jage ihn fort!« Sie kamen an die Tür.
»Wer ist drinnen?« fragte der Wolf. Die Ziege stampfte mit
den Beinen und sagte: »Ich bin's, die Ziege, alle Kraft hab ich

verloren, zur Hälfte ist mein Fell geschoren; wenn ich herauskomme, stoße ich allen die Rippen ein!«

Das Häschen weinte wieder und lief auf die Straße hinaus, der Wolf aber rannte in den Wald. Da begegnete das Häschen dem Hahn. »Warum weinst du?« Das Häschen erzählte ihm alles. Da sagte der Hahn: »Komm mit, ich werde sie fortjagen.« Vor der Tür rief das Häschen, um der Ziege angst zu machen: »Der Hahn tritt fest auf mit den Hacken, und wird mit seinem Säbel den Ziegenkopf abhacken.« Sie kamen vor das Haus, und der Hahn fragte: »Wer ist drinnen?« Die Ziege antwortete wie vorher: »Ach, alle Kraft hab ich verloren, zur Hälfte ist mein Fell geschoren; wenn ich herauskomme, stoße ich allen die Rippen ein!«

Das Häschen weinte und lief wieder auf die Straße. Da kam ein Bienchen geflogen, summte um das Häschen herum und fragte: »Wer hat dich gekränkt? Warum weinst du?« Das Häschen erzählte ihm alles, und das Bienchen flog zu dem Haus. Es fragte: »Wer ist drinnen?« Die Ziege gab dieselbe Antwort. Das Bienchen wurde böse und flog lange um die Wände herum; es summte und summte, schließlich fand es eine Ritze, kroch hindurch und stach die Ziege in die kahlgeschorene Seite. Die Ziege stürzte zur Tür hinaus und ward nie wieder gesehen! Da lief das Häschen in das Haus, aß und trank nach Herzenslust und legte sich aufs Ohr. Wenn das Häschen ausgeschlafen hat, fängt eine neue Geschichte an.

Das Märchen von dem Hammel
mit dem halben Pelz

Ein Herr hatte viele Tiere. Eines Tages befahl er, fünf Schafe zu schlachten und abzuziehen, um sich aus den Fellen einen Pelz nähen zu lassen. Ein Schneider mußte kommen. »Nun«, sagte der Herr, »nähe mir einen Pelz.« Der Schneider konnte messen, soviel er wollte: für den Mantel fehlte ihm ein halbes Fell. »Ich komme mit den Fellen nicht aus, es reicht nicht für die Zwickel.«

»Die können wir leicht haben«, sagte der Herr und befahl seinem Diener, einem Hammel das Fell nur auf der einen Seite abzuziehen. Der Diener tat, wie der Herr ihm befohlen hatte, aber der Hammel nahm es dem Herrn übel und sagte zu dem Ziegenbock: »Wir wollen diesen Unmenschen verlassen, wir können eine Weile im Wald leben, dort gibt es genug Gras, wir suchen uns eine Quelle und werden unser Auskommen finden.« Sie kamen in den Wald, bauten sich eine Reisighütte und wohnten dort. Sie lebten zufrieden und grasten nach Herzenslust.

Aber sie waren nicht die einzigen, die nicht länger bei dem Herrn bleiben wollten. Auch die Kuh und das Schwein, der Hahn und der Gänserich verließen den Hof. Solange es warm war, lebten sie im Freien, aber als der Winter kam, setzte ihnen die Kälte arg zu. Sie suchten im Wald einen Unterschlupf und kamen so zu der Hütte des Hammels: »Laß uns doch herein«, flehten sie, »wir frieren!« Aber die beiden wollten nichts hören und ließen niemanden herein. Da trat die Kuh vor die Hütte: »Laßt mich herein«, sagte sie, »sonst werde ich eure ganze Hütte umrennen!« Der Hammel sah, daß die Sache schlecht stand, und ließ die Kuh herein. Da kam das Schwein: »Laßt mich herein«, sagte es, »sonst werde ich die ganze Erde aufwühlen und mir einen Gang zu euch graben. Gebt acht, dann werdet ihr selber frieren!« Es war nichts zu machen, sie ließen das Schwein herein. Da sagte der Gänserich: »Laßt mich herein, sonst werde ich mit meinem Schnabel ein Loch in die Wand hacken, und ihr werdet selber frieren!« – »Laßt mich herein«, sagte auch der Hahn, »sonst werde ich euer ganzes Dach vollscheißen.«

Was sollten sie machen, sie ließen auch diese beiden herein und lebten nun alle zusammen.

Ob sie lange so lebten oder kurz – eines Tages kamen

Räuber an der Hütte vorbei. Sie hörten Stimmen und Lärm, schlichen sich heran und horchten; aber sie konnten trotzdem nicht erkennen, wer dort wohnte, und beschlossen, daß einer von ihnen hineingehen sollte. »Du mußt gehen«, sagten sie zu einem der Räuber, »sonst bekommst du einen Strick um den Hals, und wir werfen dich ins Wasser.« Was sollte er machen? Er ging zu der Reisighütte, aber kaum hatte er den Fuß über die Schwelle gesetzt, da hagelte es von allen Seiten Schläge und Püffe! Er mußte sofort den Rückzug antreten... »Also, Brüder«, erzählte er den Räubern, »macht mit mir, was ihr wollt, aber ich gehe nicht noch einmal dorthin. Solche Angst habe ich noch nie im Leben ausgestanden! Kaum trat ich ein, da stürzte ein dickes Weib auf mich zu und traktierte mich mit der Ofengabel. Und ein anderes böses Weib schimpfte dazu; und auf einmal kam ein Schuster, der stach mir immer mit der Schusterahle in den Hintern, und dann noch ein Schneider, der hatte eine scharfe Schere, und dann kam noch ein Soldat mit Sporen, seine Haare standen ihm vor Zorn zu Berge, er ging auf mich zu und rief: ›Fort von hier!‹ Und als zum Schluß der Hauptmann von allen drohte: ›Sonst zeig ich's dir!‹, da nahm ich Reißaus, Brüder.« – »Nun«, sagten die Räuber, »dann ist nichts zu machen, dann wollen wir lieber verschwinden, sonst werden sie uns noch alle fangen!« Und die Räuber liefen davon.

Die Tiere aber lebten in Frieden. Eines Tages aber kamen die Wölfe zu ihrer Hütte. Sie witterten sofort, wer in der Hütte wohnte. »Weißt du«, sagten sie zu einem Wolf, »du sollst als erster hineingehen.« Kaum hatte der Wolf die Hütte betreten, als sich alle über ihn stürzten und ihn übel zurichteten; nur mit knapper Not konnte er entkommen. Die Wölfe überlegten hin und überlegten her, aber sie wußten keinen Rat. Mit ihnen war auch ein Igel gekommen, der sagte: »Wartet, laßt es mich versuchen, vielleicht habe ich mehr Glück!« Er wußte nämlich, daß der Hammel nur einen halben Pelz hatte. Wie eine Kugel rollte er herein und stach den Hammel; der fuhr in die

Höhe, sprang mit einem Satz über alle anderen Tiere hinweg und nahm Reißaus. Auch die anderen sprangen auf und liefen auseinander. Und die Wölfe konnten in die Reisighütte einziehen.

Wie die Tiere überwinterten

Der Ochse ging durch den Wald; unterwegs begegnete ihm der Hammel. »Wohin des Wegs?« fragte der Ochse. »Der Sommer soll mich vor dem Winter retten«, sagte der Hammel. »Dann komm mit!« Sie gingen weiter; unterwegs begegnete ihnen das Schwein. »Wohin des Wegs, Schwein?« fragte der Ochse. »Der Sommer soll mich vor dem Winter retten«, sagte das Schwein. – »Dann komm mit!« Sie gingen zu dritt weiter. Unterwegs begegnete ihnen der Gänserich. »Wohin des Wegs, Gänserich?« fragte der Ochse. »Der Sommer soll mich vor dem Winter retten«, sagte der Gänserich. »Nun, dann komm mit uns.« Und auch der Gänserich ging mit ihnen. Sie gingen weiter, da kam ihnen der Hahn entgegen. »Wohin des Wegs, Hahn?« fragte der Ochse. »Der Sommer soll mich vor dem Winter retten«, sagte der Hahn. »Dann komm mit uns.« Sie gingen alle zusammen weiter und sprachen: »Was sollen wir tun, Brüder? Jetzt bricht die Kälte ein. Wo sollen wir Wärme finden?« Da sagte der Ochse: »Wir wollen ein Haus bauen; sonst werden wir im Winter einfach erfrieren.«

Der Hammel sagte: »Ich habe einen warmen Pelz – sieh dir nur meine Wolle an! Ich werde auch so überwintern.« Das Schwein sagte: »Meinetwegen soll es frieren – ich habe keine Angst: Ich werde mich in die Erde einwühlen und auch ohne Haus überwintern.« Der Gänserich sagte: »Und ich setze mich in eine Tanne, einen Flügel breite ich unter mich, mit dem anderen decke ich mich zu – und die Kälte wird mir nichts anhaben; ich werde so überwintern.« Der Hahn sagte: »Und ich mache es genauso.« Der Ochse sah, daß er keine

Hilfe zu erwarten hatte und die Arbeit allein auf sich nehmen mußte: »Nun«, sagte er, »tut, wie ihr wollt, ich aber werde ein Haus bauen.« Er baute ein Haus und wohnte darin.

Dann kam der Winter mit Kälte und Frost. Der Hammel wußte keinen anderen Rat, als bei dem Ochsen anzuklopfen: »Laß mich herein, Bruder, ich möchte mich bei dir wärmen.« – »Nein, Hammel, du hast ja einen warmen Pelz; du wirst auch so überwintern. Ich lasse dich nicht herein!« – »Wenn du mich nicht hereinläßt, werde ich einen Anlauf nehmen, dein Haus rammen und einen Balken herausbrechen. Und dann wirst du auch frieren.« Der Ochse überlegte und überlegte: »Ich will ihn doch hereinlassen, sonst werde ich auch erfrieren.« Und so ließ der Ochse den Hammel herein. Dann begann auch das Schwein zu frieren und kam zu dem Ochsen: »Laß mich herein, Bruder, ich möchte mich bei dir wärmen.« – »Nein, ich lasse dich nicht herein; du kannst dich ja in die Erde einwühlen und so überwintern!« – »Wenn du mich nicht hereinläßt, dann werde ich die Erde um die Stützbalken aufwühlen, und dein Haus wird zusammenbrechen.« Was sollte der Ochse tun? Er mußte auch das Schwein hereinlassen. Und dann kamen zu dem Ochsen der Gänserich und der Hahn: »Laß uns herein, wir wollen uns bei dir wärmen.« – »Nein, ich lasse euch nicht herein. Ihr habt jeder zwei Flügel, den einen könnt ihr unter euch breiten, mit dem anderen euch zudecken und so überwintern!« – »Wenn du mich nicht hereinläßt«, sagte der Gänserich, »dann werde ich alles Moos aus den Fugen rupfen, und dann wirst auch du frieren.« – »Du willst mich nicht hereinlassen?« sagte der Hahn. »Dann werde ich auf das Dach flattern und die Erde herunterscharren. Und dann wirst auch du frieren.« Was konnte der Ochse tun? Er ließ den Gänserich und den Hahn herein. So lebten sie alle zusammen in dem Häuschen. Der Hahn erholte sich in der Wärme und fing an, seine Lieder zu singen. Der Fuchs hörte, daß der Hahn seine Lieder sang, und bekam große Lust, ihn zu verspeisen, aber wie sollte er seiner habhaft werden? Der listige Fuchs begab sich zu dem Bären und zu dem Wolf und sagte: »Ach, liebe Gevattern, ich habe für uns alle einen fetten Braten aufgespürt: Für dich, Bär, einen Ochsen, für dich, Wolf, einen Hammel und für mich einen Hahn.« – »Gut, lieber Gevatter«, sagten der Bär und der Wolf, »wir werden dir deine Freundlichkeit niemals vergessen: Komm, laß uns gehen, wir wollen sie sogleich schlachten und essen!«

Der Fuchs führte sie zu dem Häuschen. »Gevatter«, sagte er zu dem Bären, »öffne du die Tür, ich gehe als erster hinein und hole mir den Hahn.« Der Bär öffnete die Tür, und der Fuchs lief in das Häuschen. Der Ochse sah ihn und drückte ihn mit den Hörnern an die Wand, und der Hammel stieß ihn bald von der einen, bald von der anderen Seite, bis der Fuchs den Geist aufgab. »Wieso braucht er so lange, um mit dem Hahn fertigzuwerden?« sagte der Wolf. »Mach die Tür auf, Bruder Michajlo Iwanowitsch! Jetzt gehe ich hinein.« – »Also geh!« Der Bär öffnete die Tür, und der Wolf war mit einem Satz in dem Häuschen. Der Ochse drückte auch ihn mit den Hörnern an die Wand, der Hammel stieß ihn von beiden Seiten, und sie richteten ihn so zu, daß er tot liegen blieb. Der Bär wartete und wartete: »Wieso braucht der Wolf so lange, um mit dem Hammel fertigzuwerden? Jetzt will ich hinein.« Als er in das Häuschen trat, bereiteten ihm der Ochse und der Hammel den gleichen Empfang. Nur mit großer Mühe gelang es dem Bären, ihnen zu entkommen. Dann suchte er, so schnell wie möglich, das Weite.

Der Bär und der Hahn

Ein Mann hatte einen Dümmling zum Sohn. Der Dümmling bat den Vater, ihn zu verheiraten: »Wenn du mich nicht verheiratest, werde ich den ganzen Ofen abreißen!« – »Wie

soll ich dich verheiraten? Wir haben kein Geld.« – »Wir
haben kein Geld, aber wir haben einen Ochsen. Verkauf ihn
an den Schlachter.« Der Ochse hörte es und lief in den Wald.
Der Dümmling ließ seinem Vater keine Ruhe: »Verheirate
mich, sonst reiße ich den ganzen Ofen ab.« Der Vater sagte:
»Ich wäre froh, wenn ich dich verheiraten könnte, aber wir
haben kein Geld.« – »Wir haben kein Geld, aber wir haben
einen Hammel. Verkauf ihn an den Schlachter.« Der Hammel
hörte es und lief in den Wald davon. Der Dümmling ließ dem
Vater keine Ruhe: »Verheirate mich« – er war nicht davon
abzubringen. »Aber ich sage dir doch, daß wir kein Geld
haben!« – »Wir haben kein Geld, aber wir haben einen Hahn.
Schlachte ihn, backe eine Pirogge und verkauf sie.« Der Hahn
hörte es und flatterte davon in den Wald.

Der Ochse, der Hammel und der Hahn kamen zusammen
und bauten im Wald ein Haus. Als der Bär es hörte, wollte er
sie fressen und lief zu dem Haus. Der Hahn sah ihn und
begann auf der Hühnerstange auf und ab zu hüpfen. Er schlug
mit den Flügeln und schrie: »Kikeriki! Bringt ihn her! Ich tret
ihn mit den Füßen und hack ihn mit dem Beil! Hier ist das
Messer, hier ist der Riemen, wir schlachten ihn hier, wir
hängen ihn hier!« Der Bär erschrak und rannte davon. Er lief
und lief, stürzte zur Erde und war auf der Stelle tot. Der
Dümmling ging in den Wald, fand den Bären, zog ihm das Fell
ab und verkaufte es. Mit dem Geld konnte er Hochzeit halten.
Der Ochse, der Hammel und der Hahn kehrten aus dem Wald
nach Hause zurück.

Der Hund und der Specht

Es lebten einmal ein Mann und eine Frau, die nicht wußten,
was Arbeit ist: Sie hatten einen Hund, der sorgte für sie. Als
der Hund alt wurde, konnte er den Mann und die Frau nicht

mehr ernähren. Er mußte selber argen Hunger leiden! »Höre, Alter«, sagte die Frau, »nimm doch den Hund, bring ihn vors Dorf und jage ihn fort. Mag er laufen, wohin er will. Wir brauchen ihn jetzt nicht mehr! Früher ernährte er uns, da konnte er bei uns bleiben.« Der Alte nahm den Hund, führte ihn vors Dorf und jagte ihn fort.

Nun lief der Hund über das freie Feld, aber er traute sich nicht, nach Hause zurückzukehren: Der Alte und die Alte hätten ihn geprügelt. Nachdem er eine Weile gelaufen war, setzte er sich auf die Erde und heulte laut. Da kam ein Specht geflogen und fragte: »Warum heulst du?« – »Wie soll ich nicht heulen, Specht? Solange ich jung war, ernährte ich die Alte und den Alten und sorgte für sie. Jetzt bin ich alt, und sie haben mich vom Hof gejagt. Und ich habe auf meine alten Tage keine Bleibe.« – »Komm mit, hüte meine Jungen, und ich werde dir zu essen geben.« Der Hund willigte ein und lief hinter dem Specht her. Der Specht flog in den Wald zu einer alten Eiche. In der Eiche war eine Höhle, in der Höhle war sein Nest. »Setz dich vor die Eiche«, sagte der Specht, »und ich will Futter für dich suchen.« Der Hund setzte sich vor die Eiche, und der Specht flog davon. Er flog und flog und sah: über die Straße gingen Frauen mit Töpfen in der Hand, die wollten ihren Männern das Essen aufs Feld bringen; da flog der Specht zurück zu der Eiche und sagte zu dem Hund: »So, jetzt mußt du mitkommen; auf dem Weg gehen Frauen mit Töpfen, die wollen ihren Männern das Essen aufs Feld bringen. Versteck dich hinter dem Strauch, ich werde ins Wasser tauchen und mich dann im Sand wälzen, und dann werde ich vor den Frauen ganz tief über den Weg flattern, als könnte ich nicht fliegen. Sie werden mich fangen wollen, ihre Töpfe auf die Erde stellen und mir nachlaufen. Und du kannst dann schnell zu den Töpfen laufen und dich satt essen.«

Der Hund lief hinter dem Specht her und versteckte sich, wie der Specht ihn gelehrt hatte, hinter dem Strauch; und der Specht wälzte sich im Sand und hüpfte vor den Frauen auf dem Weg hin und her. »Seht«, sagten die Frauen, »der Specht ist klatschnaß, wir wollen ihn fangen!« Sie stellten sofort ihre Töpfe auf die Erde und liefen dem Specht nach, der aber lockte sie weiter und weiter, schwang sich schließlich in die Luft und flog davon. Währenddessen war der Hund hinter dem Strauch hervorgekommen, hatte alle Töpfe leergefressen und war weggelaufen. Die Frauen kehrten zurück und sahen, daß ihre Töpfe leer auf der Erde rollten; es blieb ihnen nichts anderes übrig, als ihre Töpfe einzusammeln und nach Hause zu gehen.

Der Specht holte den Hund ein und fragte: »Bist du satt?« – »Ich bin satt«, antwortete der Hund. »Dann wollen wir nach Hause gehen.« Der Specht flog voraus, der Hund lief hinterher; unterwegs sahen sie einen Fuchs. »Hole den Fuchs«, sagte der Specht. Der Hund rannte hinter dem Fuchs her, aber der Fuchs war schneller. Auf einmal kam ein Bauernwagen gefahren, der hatte ein Faß Pech geladen. Der Fuchs rannte über den Weg, gerade unter den Wagen, und schlüpfte durch die Radspeichen hindurch; der Hund wollte es ihm nachtun, blieb aber im Rad stecken und war auf der Stelle tot.

»So, Bauer«, sagte der Specht, »du hast meinen Hund überfahren, dafür will ich dir auch einen großen Kummer bereiten!« Er setzte sich auf den Wagen und begann, ein Loch in das Faß zu hacken, er hämmerte und hämmerte gegen den Boden des Fasses. Wenn der Bauer ihn von dem Faß wegjagte, flog der Specht zu dem Pferd, setzte sich ihm auf den Kopf und begann, zwischen den Ohren zu hacken. Wenn der Bauer ihn von dem Pferd wegjagte, flog er wieder zu dem Faß zurück; schließlich hatte das Faß ein Loch, und das Pech lief aus. Aber der Specht sagte: »Das ist noch nicht genug«, und hackte weiter auf den Kopf des Pferdes. Der Bauer nahm ein großes Scheit, versteckte sich hinter dem Wagen, lauerte dem Specht auf und schlug mit aller Gewalt zu: aber er traf nicht den Specht, sondern sein Pferd mitten auf den Kopf, so daß es tot umfiel. Der Specht aber flog zu dem Haus des Bauern und

durch das offene Fenster hinein. Die Bäuerin war gerade
dabei, den Ofen zu heizen, und das kleine Kind saß auf der
Bank; der Specht setzte sich ihm auf den Kopf und begann zu
hacken. Die Frau wollte ihn fortjagen, sie versuchte es immer
wieder. Aber es gelang ihr nicht: Der böse Specht hackte
immer weiter; da nahm die Frau einen Knüppel und holte
aus: Den Specht hat sie nicht getroffen, aber ihr Kind war
tot ...

Der Hahn und das Huhn

Es lebten einmal ein Hähnchen und ein Hühnchen, die
gingen eines Tages in den Wald, um Nüsse zu holen. Sie
kamen zu einem Haselnußstrauch; das Hähnchen flatterte auf
den Strauch, um die Nüsse zu pflücken, das Hühnchen sollte
die Nüsse auf der Erde einsammeln: Das Hähnchen warf die
Nüsse herunter, das Hühnchen sammelte sie auf. Einmal warf
das Hähnchen ein Nüßchen herunter und traf das Hühnchen
mitten ins Auge und schlug ihm das Auge aus. Das Hühnchen
lief des Wegs und weinte. Bojaren kamen geritten und fragten:
»Hühnchen, he, Hühnchen, warum weinst du?« – »Das
Hähnchen hat mir ein Äuglein ausgeschlagen.« – »Hähnchen, he, Hähnchen, warum hast du dem Hühnchen ein
Äuglein ausgeschlagen?« – »Der Haselnußstrauch hat mir die
Hose zerrissen.« – »Haselnußstrauch, he, Haselnußstrauch,
warum hast du dem Hähnchen die Hose zerrissen?« – »Die
Ziegen haben mich abgenagt.« – »Ziegen, he, Ziegen, warum
habt ihr den Haselnußstrauch abgenagt?« – »Die Hirten
haben uns nicht gehütet.« – »Hirten, he, Hirten, warum habt
ihr die Ziegen nicht gehütet?« – »Weil die Frau uns keine
Pfannkuchen zu essen gegeben hat.« – »Frau, he, Frau,
warum hast du den Hirten keine Pfannkuchen zu essen
gegeben?« – »Weil die Sau den angerührten Teig umgestoßen
hat.« – »Sau, he, Sau, warum hast du der Frau den Teig

umgestoßen?« – »Der Wolf hat mir ein Ferkel gestohlen.« –
»Wolf, he, Wolf, warum hast du der Sau ein Ferkel gestohlen?« – »Aus Hunger habe ich gestohlen, Gott der Herr hat's
mir befohlen.«

Vom Tode des Hähnchens

Die Henne und der Hahn gingen auf der Tenne des Popen
spazieren, da verschluckte sich der Hahn an einer Bohne. Die
Henne wollte ihm helfen, lief an den Fluß und bat um Wasser.
  Der Fluß sagte: »Geh erst zu der Linde, bitte um Laub,
dann will ich dir Wasser geben.« – »Linde, liebe Linde! Gib
mir von deinem Laub: Ich muß das Laub zum Fluß bringen,
der Fluß wird mir Wasser geben. Ich muß das Wasser dem
Hähnchen bringen – das Hähnchen hat sich an einer Bohne
verschluckt: Kein Schnaub, kein Schnauf, liegt da wie tot.«
  Die Linde sagte: »Geh zu dem Mädchen, bitte um Garn.
Dann will ich dir Laub geben!« – »Mädchen, liebes Mädchen!
Gib mir Garn: Ich muß das Garn der Linde bringen, die
Linde wird mir Laub geben, das Laub muß ich dem Fluß
bringen, der Fluß wird mir Wasser geben, das Wasser muß ich
dem Hähnchen bringen – das Hähnchen hat sich an einer
Bohne verschluckt: Kein Schnaub, kein Schnauf, liegt da wie
tot.«
  Das Mädchen sagte: »Geh zu der Kuh, bitte um Milch;
dann will ich dir Garn geben.« Die Henne kam zu der Kuh:
»Kuh, liebe Kuh! Gib mir Milch: Die Milch muß ich dem
Mädchen bringen, das Mädchen wird mir Garn geben, das
Garn muß ich der Linde bringen, die Linde wird mir Laub
geben, das Laub muß ich dem Fluß bringen, der Fluß wird
mir Wasser geben. Ich muß das Wasser dem Hähnchen
bringen – das Hähnchen hat sich an einer Bohne verschluckt:
Kein Schnaub, kein Schnauf, liegt da wie tot.«

Die Kuh sagte: »Geh zu den Mähern ins Heu und bitte sie um Heu; dann will ich dir Milch geben.« Die Henne kam zu den Mähern ins Heu: »Mäher, liebe Mäher! Gebt mir Heu: Das Heu muß ich der Kuh bringen, die Kuh wird mir Milch geben, die Milch muß ich dem Mädchen bringen, das Mädchen wird mir Garn geben, das Garn muß ich der Linde bringen, die Linde wird mir Laub geben, das Laub muß ich dem Fluß bringen, der Fluß wird mir Wasser geben: das Wasser muß ich dem Hähnchen bringen – das Hähnchen hat sich an einer Bohne verschluckt: Kein Schnaub, kein Schnauf, liegt da wie tot.«

Die Mäher sagten: »Geh zu den Schmieden, Henne, sie sollen uns eine Sense schmieden.« Die Henne kam zu den Schmieden: »Schmiede, liebe Schmiede! Schmiedet mir eine Sense: Die Sense muß ich den Mähern bringen, die Mäher werden mir Heu geben, das Heu muß ich der Kuh bringen, die Kuh wird mir Milch geben, die Milch muß ich dem Mädchen bringen, das Mädchen wird mir Garn geben, das Garn muß ich der Linde bringen, die Linde wird mir Laub geben, das Laub muß ich dem Fluß bringen, der Fluß wird mir Wasser geben: das Wasser muß ich dem Hähnchen bringen – das Hähnchen hat sich an einer Bohne verschluckt: Kein Schnaub, kein Schnauf, liegt da wie tot.«

Die Schmiede sagten: »Geh zu den Lajanern und bitte sie um Kohlen; dann werden wir dir eine Sense schmieden.« Die Henne kam zu den Lajanern: »Lajaner, liebe Lajaner! Gebt mir Kohlen. Die Kohlen muß ich den Schmieden bringen, die Schmiede werden mir eine Sense schmieden, die Sense werde ich den Mähern bringen, die Mäher werden mir Heu geben, das Heu werde ich der Kuh bringen, die Kuh wird mir Milch geben, die Milch werde ich dem Mädchen bringen, das Mädchen wird mir Garn geben, das Garn werde ich der Linde bringen, die Linde wird mir Laub geben, das Laub werde ich dem Fluß bringen, der Fluß wird mir Wasser geben, das Wasser werde ich dem Hähnchen bringen – das Hähnchen hat sich an einer Bohne verschluckt: Kein Schnaub, kein Schnauf, liegt da wie tot.«

Die Lajaner gaben ihr Kohlen; die Henne brachte die Kohlen den Schmieden, die Schmiede schmiedeten eine Sense, sie brachte die Sense den Mähern, die Mäher mähten Heu, sie brachte das Heu der Kuh, die Kuh gab ihr Milch, sie brachte die Milch dem Mädchen, das Mädchen gab ihr Garn, sie brachte das Garn der Linde, die Linde gab ihr Laub, sie brachte das Laub dem Fluß, der Fluß gab ihr Wasser, sie brachte das Wasser dem Hahn: Da liegt er. Kein Schnaub, kein Schnauf, er hat sich auf der Tenne des Popen an einer Bohne verschluckt!

Das Hühnchen

Es lebten einmal ein Großvater und eine Großmutter. Sie hatten ein scheckiges Hühnchen, das legte ein Ei in die Ecke unter dem Fenster: ein buntes, ein spitzes, ein beinernes, ein nie gesehenes Ei! Es legte das Ei auf die Bank. Das Mäuschen lief vorbei, wedelte mit dem Schwänzchen, die Bank fiel um, das Ei zerbrach. Der Großvater weinte, die Großmutter klagte, die Flammen schlugen aus dem Ofen, das Hausdach wackelte, die Enkelin erhängte sich vor Kummer. Die Hostienbäckerin kam vorbei und fragte: »Warum jammert ihr so bitterlich?« Die Alten erzählten, wie alles gekommen war: »Wie sollten wir nicht jammern? Wir haben ein scheckiges Hühnchen, das legte uns ein Ei in die Ecke unter dem Fenster: Ein buntes, ein spitzes, ein beinernes, ein nie gesehenes Ei! Es legte es auf die Bank; das Mäuschen lief vorbei, wedelte mit dem Schwanz, die Bank fiel um, das Ei zerbrach! Ich, der Großvater, weine, die Großmutter klagt, aus dem Ofen schlagen die Flammen, das Dach wackelt, unsere Enkelin hat sich vor Kummer erhängt.« Als die Hostienbäckerin das

73

hörte, zerbrach sie alle Hostien und warf sie weg. Der Küster kam des Wegs und fragte die Hostienbäckerin: »Warum wirfst du die Hostien weg?«

Sie zählte ihm alles Unheil auf; der Küster stieg alsbald in den Glockenturm hinauf und zerschlug alle Glocken. Da kam der Pope des Wegs, er fragte den Küster: »Warum hast du alle Glocken zerschlagen?« Der Küster zählte dem Popen alles Unheil auf; der Pope stürzte davon und zerriß alle Bücher.

Junker Kranich und Jungfer Reiherin

Die Eule flog umher und war sehr heiter; sie flog und flog immer weiter, setzte sich auf einen Ast, hielt eine kurze Rast, wippte mit dem Schwänzchen, sah sich um nach allen Seiten und flog wieder weiter; sie flog und flog immer weiter, setzte sich auf einen Ast, hielt eine kurze Rast, sah sich um nach allen Seiten... Dies zum Einstimmen, das Märchen kommt erst.

Es lebten einmal Junker Kranich und Jungfer Reiherin. Ihre Häuser standen einander gegenüber am Ende des Sumpfes. Der Kranich wollte nicht länger allein sein, er hatte Langeweile und beschloß zu heiraten. »Ich werde hinüber gehen und um Jungfer Reiherin anhalten!«

Der Kranich machte sich auf den Weg. Patsch! Patsch! Sieben Werst durch den Sumpf; er klopfte an und fragte: »Ist Jungfer Reiherin zu Hause?« – »Ja.« – »Heirate mich.« – »Ach nein, Junker Kranich, ich will dich nicht heiraten: Du hast lange Beine und trägst kurze Kleider. Du kannst nur schlecht fliegen und kannst nicht für mich sorgen. Geh dahin, woher du gekommen bist, du mit deinen dürren Stelzen!«

Der Kranich mußte unverrichteter Dinge abziehen.

Jungfer Reiherin aber besann sich und dachte: Ehe ich mein Leben einsam beschließe, will ich doch lieber den

Kranich heiraten. Sie ging zu dem Kranich und sagte: »Junker Kranich, nimm mich zur Frau!« – »Nein, Jungfer Reiherin, ich brauch dich nicht! Ich will nicht heiraten, und ich werde dich nicht zur Frau nehmen. Scher dich aus meinem Haus!« Jungfer Reiherin weinte vor Scham und ging nach Hause. Der Kranich aber besann sich und dachte: »Ich hätte Jungfer Reiherin doch heiraten sollen; es ist langweilig, allein zu sein. Ich werde noch einmal hingehen und sie heiraten.« Er kam zu Jungfer Reiherin und sagte: »Jungfer Reiherin! Ich will dich doch heiraten; werde meine Frau!« – »Nein, Junker Kranich, dich werde ich nicht heiraten!« Der Kranich machte sich wieder auf den Heimweg. Da dachte Jungfer Reiherin: »Warum habe ich ihn abgewiesen? Soll ich denn allein leben? Dann will ich lieber den Kranich heiraten!« Sie kam und wollte von dem Kranich geehelicht werden, aber der Kranich wollte sie nicht. Und so gehen sie bis auf den heutigen Tag hin und her und möchten einander heiraten, aber zur Hochzeit kommt es nicht.

Die Krähe und der Krebs

(Aus dem Ukrainischen)

Die Krähe flog über dem Meer und sah einen Krebs; sie holte sich ihn und flog in den Wald, um einen Ast zu suchen, auf dem sie es sich bequem machen und den Krebs verspeisen könnte. Der Krebs sah, daß sein Ende gekommen war und sagte zu der Krähe: »Weißt du, Krähe, ich habe ja deinen Vater und deine Mutter gekannt – sie waren gute Menschen!« – »Hm«, antwortete die Krähe, ohne den Mund aufzumachen. – »Auch deine Brüder und Schwestern habe ich gekannt, auch sie waren sehr gute Menschen!« – »Hm«. – »Aber obwohl sie alle so gute Menschen sind, können sie dir nicht das Wasser reichen. Ich glaube, es ist niemand auf der

Welt, der sich an Weisheit mit dir vergleichen kann.« –
»Recht hast du«, krächzte die Krähe aus vollem Halse und
ließ den Krebs ins Meer fallen.

Der Adler und die Krähe

Es lebte einmal im alten Rußland eine Krähe. Sie lebte
zusammen mit ihren Mägden und Ammen, mit ihrer großen
Kinderschar und guten Nachbarn immerdar. Gänse und
Schwäne kamen geflogen, nisteten und legten Eier; aber die
Krähe begann sie zu quälen und ihre Eier zu stehlen.

Einmal flog der Uhu vorüber; er sah, wie die Krähe den
großen Vögeln arg zusetzte, und flog zu dem graublauen
Adler. Er kam zu ihm und bat: »Väterchen graublauer Adler!
Halte Gericht über die schurkische Krähe.« Der graublaue
Adler schickte den schnellen Boten Sperling nach der Krähe
aus. Der Sperling flog, ohne zu säumen, zu ihr und traf sie zu
Hause an; sie wollte sich wehren, aber der Sperling trieb sie
mit Fußtritten bis vor den Adler.

Der Adler hielt Gericht. »So, du schurkische Krähe! Du
spitzbübischer Kopf! Du lästerliche Nase! Du beschissener
Schwanz! Du wirst des Diebstahls angeklagt, du sperrst das
Maul auf nach fremdem Gut und stiehlst den großen Vögeln
ihre Eier!« – »Verleumdung, Väterchen graublauer Adler,
Verleumdung!« – »Du wirst angeklagt, daß du, wenn ein
Bäuerlein auf dem Acker sät, mit deinem Troß darüber
herfällst und die Saat aufpickst.« – »Verleumdung, Väterchen graublauer Adler, Verleumdung!« – »Du wirst außerdem angeklagt, daß du, wenn die Frauen Roggen schneiden,
die Garben binden und aufsetzen, mit deinem Troß darüber
herfällst, alles auseinanderreißt und durcheinander wühlst!«
– »Verleumdung, Väterchen graublauer Adler, Verleumdung!«

Die Krähe wurde verurteilt und ins Gefängnis geworfen.

Das goldene Fischchen

Mitten im Meer, mitten im Ozean, lag die Insel Bujan, und darauf stand eine kleine elende Hütte; in dieser Hütte lebten ein Mann und eine Frau. Sie lebten in großer Armut; da knüpfte der Alte ein Netz und ging häufig ans Meer hinaus fischen: und von dem, was er fing, lebten sie alle Tage. Einmal warf der Alte sein Netz aus, und als er es herausziehen wollte, kam es ihm so schwer vor, wie es noch nie gewesen war: Er konnte es kaum herausziehen. Er sah nach, aber das Netz war leer; ein einziges Fischchen hatte er gefangen, aber es war kein gewöhnliches Fischchen, sondern ein goldenes. Da flehte das Fischchen mit menschlicher Stimme: »Laß mich, guter Alter! Laß mich zurück ins blaue Meer; ich werde es dir danken: Was du dir wünschst, werde ich dir gewähren.« Der Alte überlegte und überlegte und sagte schließlich: »Ich weiß nichts, was ich mir von dir wünschen könnte: Geh und tummle dich im Meer!«

Er warf das goldene Fischchen ins Wasser und kehrte nach Hause zurück. Die Alte fragte: »Hast du einen guten Fang gemacht, Alter?« – »Nur ein einziges goldenes Fischchen, und das habe ich ins Meer zurückgeworfen; es flehte mich an: ›Laß mich‹, sagte es, ›ins blaue Meer zurück, du sollst es nicht bereuen: Was du dir wünschst, werde ich dir gewähren!‹ Ich hatte Mitleid mit dem Fischchen, ich wollte von ihm kein Lösegeld nehmen und ließ es frei, ohne etwas von ihm zu verlangen.« – »Ach, du alter Esel! Nun hattest du einmal das große Glück in der Hand und konntest nichts damit anfangen!«

Die Alte wütete, sie beschimpfte den Alten von früh bis spät und ließ ihm keine Ruhe: »Hättest du wenigstens Brot von ihm verlangt! Bald haben wir keine trockene Kruste mehr; was willst du dann fressen?« Schließlich hielt der Alte es nicht länger aus und machte sich auf den Weg, um das goldene

Fischchen um Brot zu bitten; er kam zum Meer und rief mit lauter Stimme: »Fischchen, Fischchen! Stell dich mit dem Schwanz zum Meer und mit dem Kopf zu mir.« Das Fischchen kam zum Ufer geschwommen: »Was wünschst du dir, Alter?« – »Meine Alte wütet und schickt mich nach Brot.« – »Geh getrost nach Hause, ihr werdet genug Brot haben.« Der Alte kehrte zurück: »Nun, wie steht es, Alte, haben wir Brot?« – »Brot haben wir genug, aber neues Unglück: Der Waschtrog ist gesprungen, und ich weiß nicht, wie ich Wäsche waschen soll; geh zu dem goldenen Fischchen und bitte um einen neuen Waschtrog.«

Der Alte kam zum Meer: »Fischchen, Fischchen! Stell dich mit dem Schwanz zum Meer und mit dem Kopf zu mir.« Das Fischchen kam geschwommen: »Was wünschst du dir, Alter?« – »Die Alte hat mich geschickt, sie braucht einen neuen Waschtrog.« – »Gut, ihr werdet auch einen neuen Waschtrog haben.« Der Alte kehrte zurück, aber er stand noch nicht in der Tür, als die Alte schon wieder über ihn herfiel: »Geh«, sagte sie, »geh zu dem goldenen Fischchen, sag ihm, es soll uns ein neues Haus bauen; in unserer Hütte können wir nicht länger bleiben, jeden Tag kann sie zusammenfallen!« Der Alte ging zum Meer: »Fischchen, Fischchen! Stell dich mit dem Schwanz zum Meer und mit dem Kopf zu mir.« Das Fischchen kam geschwommen, stellte sich mit dem Kopf zu ihm und mit dem Schwanz zum Meer und fragte: »Was wünschst du dir, Alter?« – »Bau uns ein neues Haus; die Alte schimpft immerfort und läßt mir keine Ruhe; ›in der alten Hütte‹ sagt sie, ›will ich nicht länger leben, sie kann jeden Tag zusammenfallen!‹« – »Gräme dich nicht, Alter! Geh nach Hause und bete zu Gott, alles wird nach deinem Wunsch geschehen.«

Der Alte kehrte zurück – auf seinem Hof stand ein neues Haus, aus Eichenstämmen gefügt, mit Schnitzwerk verziert. Alsbald kam ihm die Alte entgegengelaufen, noch zorniger als vorher, sie schimpfte noch ärger: »Du alter Köter! Du bist zu dumm, um mit deinem Glück etwas anzufangen! Nun hast du das neue Haus und glaubst, daß es damit genug wäre! Nein, geh zurück zum goldenen Fischchen und sage ihm: Ich will nicht länger Bäuerin sein, ich will Woiwodin sein, und alle Leute sollen mir gehorchen und sich bis zum Gürtel verbeugen, wenn sie mir begegnen.« Der Alte ging zum Meer und rief mit lauter Stimme: »Fischchen, Fischchen! Stell dich mit dem Schwanz zum Meer und mit dem Kopf zu mir.« Das Fischchen kam ans Ufer geschwommen, stellte sich mit dem Schwanz zum Meer und mit dem Kopf zu ihm: »Was wünschst du dir, Alter?« Der Alte antwortete: »Meine Alte läßt mir keine Ruhe, sie ist ganz närrisch geworden: Sie will nicht länger Bäuerin sein, sie will Woiwodin sein.« – »Es ist gut, gräme dich nicht. Geh nach Hause und bete zu Gott, alles wird nach deinem Wunsch geschehen.«

Der Alte kehrte zurück, und statt des Bauernhauses stand ein gemauertes Haus da, drei Stockwerke hoch; Diener rannten über den Hof, Köche klopften in der Küche mit dem Messer, und seine Alte hatte ein kostbares Brokatkleid an, saß in einem hohen Sessel und gab Befehle. »Guten Tag, Frau!« sagte der Alte. »Du ungehobelter Tölpel, du wagst es, mich, die Woiwodin, als deine Frau anzusprechen? He, wer ist da? Schafft diesen Bauern in den Pferdestall und peitscht ihn aus und schont ihn nicht!« Die Diener kamen gelaufen, packten den Alten am Kragen und schleppten ihn in den Pferdestall; die Pferdeknechte empfingen ihn mit Peitschenhieben und meinten es so gut, daß er kaum aufstehen konnte. Dann sollte er auf Befehl seiner Frau der Hausknecht sein und den Hof fegen. Er bekam einen Reisigbesen und mußte in der Küche essen und trinken. Der Alte hatte ein schweres Leben: Von früh bis spät mußte er den Hof fegen, und wenn es irgendwo schmutzig war, schleppten sie ihn in den Pferdestall! »Diese Hexe!« dachte der Alte. »Nun hat sie Glück, sie wühlt sich aber darin ein wie ein Schwein und will mich nicht mehr als ihren Mann anerkennen!«

Über kurz oder lang hatte die Alte das Woiwodinnen-Leben satt. Sie ließ den Alten kommen und befahl: »Geh zu dem goldenen Fischchen, alter Esel, und sag ihm: Ich will nicht länger Woiwodin sein, ich will Zarin sein.« Der Alte ging zum Meer: »Fischchen, Fischchen, stell dich mit dem Schwanz zum Meer und mit dem Kopf zu mir!« Das goldene Fischchen kam geschwommen. »Was wünschst du dir, Alter?« – »Meine Alte ist noch närrischer geworden: Sie will nicht mehr Woiwodin sein, sie will Zarin sein.« – »Gräme dich nicht! Geh nach Hause und bete zu Gott, alles wird nach deinem Wunsch geschehen.« Der Alte kehrte zurück, und statt des Hauses stand da ein großer Palast unter einem goldenen Dach; rings um den Palast hielten Soldaten mit ihren Gewehren Wache; hinter dem Palast war ein großer Garten und vor dem Palast eine grüne Wiese. Auf der Wiese war das Heer aufgestellt. Die Alte hatte Zarengewänder an, trat auf den Balkon, umgeben von Generälen und Bojaren, und sah zu, wie das Heer Parade machte: Die Trommeln trommelten, die Musik spielte, und die Soldaten riefen: »Hurra!«

Nach kurzer Zeit war es die Alte leid, Zarin zu sein. Sie befahl, den Alten zu suchen und vor ihre hellen Augen zu bringen. Nun war große Aufregung, die Generäle liefen, die Bojaren rannten: »Was ist das für ein Alter?« Endlich fanden sie ihn auf dem hintersten Viehhof und brachten ihn vor die Zarin. »Höre, alter Esel«, sagte die Alte, »geh zu dem goldenen Fischchen und sag ihm: Ich will nicht mehr Zarin sein, ich will die Herrin der Meere sein, und alle Gewässer und alle Fische sollen mir gehorchen.« Der Alte wollte es ihr ausreden; umsonst! »Du willst nicht gehn? Kopf ab!« Schließlich faßte sich der Alte ein Herz, ging zum Meer, stellte sich ans Ufer und sagte: »Fischchen, Fischchen! Stell dich mit dem Schwanz zum Meer, mit dem Kopf zu mir.« Aber kein goldenes Fischchen kam geschwommen! Der Alte rief abermals – das goldene Fischchen wollte immer noch nicht kommen! Er rief zum dritten Mal – da begann das Meer zu rauschen und zu wogen; vorher war es hell und ruhig gewesen, nun war es tief dunkel. Das Fischchen kam zum Ufer geschwommen: »Was wünschst du dir, Alter?« – »Die Alte ist noch närrischer geworden; nun will sie nicht mehr Zarin sein, sondern Herrin der Meere; sie will Macht haben über alle Gewässer, und alle Fische sollen ihr zu Diensten sein.«

Nichts antwortete darauf das goldene Fischchen, es machte kehrt und verschwand in der Tiefe des Meeres. Der Alte kehrte zurück und wollte seinen Augen nicht trauen: Von dem Palast war nichts mehr zu sehen, an seiner Stelle stand eine kleine elende Hütte, und in der Hütte saß die Alte in ihrem zerlumpten Rock. Nun lebten sie wie vorher, der Alte ging wieder zum Fischfang; aber wie oft er auch seine Netze ins Meer auswarf – ein goldenes Fischchen fing er nie wieder.

Die habgierige Alte

Es lebten einmal ein Alter und eine Alte. Der Alte ging in den Wald Holz machen. Er suchte sich einen alten Baum und holte schon mit dem Beil aus, um den Baum zu fällen. Da sagte der Baum. »Fälle mich nicht, Bäuerlein! Du kannst von mir alles haben, was du wünschst.« – »Nun, dann mach, daß ich reich werde!« – »Gut; geh nach Hause, du wirst von allem genug haben.« Der Alte kehrte nach Hause zurück – da stand ein neues Haus, da gab es alles in Hülle und Fülle, nach dem Geld pickten nicht einmal die Hühner, Getreide für Jahrzehnte, und die Kühe, Pferde und Schafe hätte man in drei Tagen nicht zählen können! »Oh, Alter, woher kommt das alles?« fragte die Alte. »Weißt du, Frau, ich habe da einen Baum gefunden – von dem kann ich alles haben, was ich mir wünsche.«

So lebten sie einen Monat lang. Dann hatte die Alte von

dem reichen Leben genug, und sie sagte zu dem Alten: »Wir leben zwar im Reichtum, aber was hat er für einen Wert, wenn die Leute uns nicht ehren! Wenn es dem Dorfvogt paßt, kann er dich und mich aufs Feld schicken; und wenn ihm etwas nicht paßt, kann er uns auch mit Stockhieben traktieren. Geh doch zu dem Baum und laß dich zum Dorfvogt machen.« Der Alte nahm sein Beil, ging zu dem Baum und schickte sich an, ihn zu fällen. »Was wünschst du dir?« fragte der Baum. »Mach mich zum Dorfvogt.« – »Gut, geh mit Gott.«

Er kehrte nach Hause zurück, da erwarteten ihn Soldaten: »Wo treibst du dich herum, du alter Esel? Weise uns sofort unsere Quartiere an, und paß ja auf, daß sie gut sind! Aber schnell! Troll dich!« Und bei jedem Wort bekam er mit dem Seitengewehr eins über den Buckel. Die Alte sah, daß auch der Dorfvogt nicht immer geehrt wird, und sagte zu dem Alten: »Was nutzt es, wenn man einen Dorfvogt zum Mann hat? Vorhin haben dich Soldaten verprügelt, und der Herr kann das jederzeit: der kann mit dir tun, was er will. Geh doch zu dem Baum und bitte ihn, daß er dich zum Herrn macht und mich zur Herrin.«

Der Alte ging zu dem Baum und schickte sich abermals an, ihn zu fällen; der Baum fragte ihm: »Was wünschst du dir, Alterchen?« – »Mach mich zum Herrn und meine Alte zur Herrin.« – »Gut, geh mit Gott!« Die Alte lebte eine Weile im Herrenstande, dann gelüstete es sie nach Größerem, und sie sagte zum Alten: »Was nutzt es, daß ich eine Herrin bin? Wärest du ein Obrist und ich eine Obristin, das wäre etwas anderes, und alle beneideten uns.«

Sie trieb den Alten wieder zu dem Baum. Er nahm das Beil, ging in den Wald und schickte sich an, den Baum zu fällen. Der Baum fragte: »Was willst du haben?« – »Mach mich zum Obristen und die Alte zur Obristin.« – »Gut, geh mit Gott.« Der Alte kehrte heim und schon wurde er zum Obristen bestellt.

Es verging eine Zeit, da sagte die Alte: »Was ist das schon, ein Obrist! Wenn es dem General einfällt, schickt er dich in den Arrest. Geh zum Baum und bitte, er soll dich zum General machen und mich zur Generalin.« Der Alte ging zum Baum und holte mit dem Beil aus. »Was willst du haben?« fragte der Baum. »Mach mich zum General und die Alte zur Generalin.« – »Gut, geh mit Gott.« Der Alte kehrte nach Hause zurück und schon wurde er zum General befördert.

Es verging abermals eine Zeit, da hatte die Alte keine Lust mehr, Generalin zu sein, und sagte zum Alten: »Was ist das schon, ein General? Wenn der Zar es will, kann er ihn nach Sibirien schicken. Geh zu dem Baum und bitte, er soll dich zum Zaren machen und mich zur Zarin.« Der Alte kam zu dem Baum und holte mit der Axt aus. »Was willst du haben?« fragte der Baum. »Mach mich zum Zaren und die Alte zur Zarin!« – »Gut, geh mit Gott.« Der Alte kehrte nach Hause zurück, dort warteten schon die Boten: »Der Zar ist tot« – sagten sie –, »dich hat man an seiner Statt gewählt.«

Aber der Alte und die Alte kamen nicht dazu, lange zu herrschen; die Alte meinte, es sei nicht genug, Zarin zu sein. Sie ließ den Alten rufen und sagte: »Was ist das schon, ein Zar? Wenn Gott will, schickt er dir den Tod und du wirst in die feuchte Erde gelegt. Geh zu dem Baum und bitte, er soll uns zu Göttern machen.«

Der Alte kam zu dem Baum. Als der Baum seine unverständigen Reden hörte, rauschte er mit dem Laub und gab dem Alten zur Antwort: »Du sollst ein Bär sein und deine Frau eine Bärin.« Im selben Augenblick verwandelte sich der Alte in einen Bären, die Alte in eine Bärin, und sie liefen in den Wald.

Die Geschichte von Schroll Schrollewitsch
aus dem Geschlecht derer
vom Stachel

Der Schroll, genannt Pfaffenlaus, der Schroll Widerborst packte seine Brut auf einen Schlitten und setzte sich selbst dazu; er zog in den Fluß Kam, aus dem Fluß Kam in den Fluß Tross, aus dem Fluß Tross in den Kuben-See, aus dem Kuben-See in den Rostow-See und bat flehentlich, dort über Nacht bleiben zu dürfen; aus einer Nacht wurden zwei Nächte, aus zwei Nächten zwei Wochen, aus zwei Wochen zwei Monate, aus zwei Monaten zwei Jahre, und nach den zwei Jahren blieb er dort dreißig Jahre. Und er gewöhnte es sich an, über den ganzen See auf und ab zu schwimmen und kleine und große Fische mit seinen Stacheln zu stechen. Da versammelten sich die kleinen und die großen Fische in einer Runde und wählten einen gerechten Richter, den Fisch Wels mit dem langen Schnurrbart: »Du sollst«, sagten sie, »unser Richter sein.«

Der Wels ließ den ehrenwerten Schroll holen und sagte: »Ehrenwerter Schroll! Warum hast du dich zum Herrscher über unseren See gemacht?« – »Ich habe mich deshalb zum Herrscher über unseren See gemacht«, sagte der Schroll, »weil euer Rostow-See von unten bis oben gebrannt hat, von Peter und Paul bis Elias, und unten und oben ausgebrannt und öde war.«

»Niemals«, sagte der Fisch Wels, »hat es in unserm See gebrannt! Kannst du uns Zeugen benennen? Urkunden aus Moskau und schriftliche Beweise?« – »Ich habe Zeugen, Urkunden aus Moskau und schriftliche Beweise: Die Karausche war dabei, als es brannte. Sie hat sich die Augen versengt, die sind bis heute rot geblieben.«

Da befahl der Fisch Wels, den Fisch Karausche zu holen. Der Strelitz, der Henker Rotflosse und zwei Hände voll

Fischbrut als Gerichtsdiener schwärmten aus, um den Fisch Karausche zu rufen: »Fisch Karausche, der Fisch Wels mit dem langen Schnurrbart befiehlt dich vor seinen hochrichterlichen Stuhl.« Die Karausche verneigte sich tief, kaum daß sie des Richters Wels ansichtig wurde. Da sagte der Wels zu ihr: »Sei gegrüßt, Fisch Karausche, ehrenwerte Wittib. Kannst du bezeugen, daß unser Rostow-See je von Peter und Paul bis Elias gebrannt hat?« – »Niemals«, sagte die Karausche, »hat unser See gebrannt!« Da sagte der Fisch Wels: »Hörst du das, ehrenwerter Schroll! Die Karausche hat dich ins Gesicht Lügen gestraft.« Und die Karausche fügte sogleich hinzu: »Wer den Schroll kennt, den sucht die Not, der bleibt zu Mittag ohne Brot.«

Der Schroll vertraute auf Gott und ließ den Kopf nicht hängen: »Ich habe«, sagte er, »Zeugen, Urkunden aus Moskau und schriftliche Beweise: Der Flußbarsch war bei dem Brand dabei, er schleppte die Kohlen herbei, deshalb sind seine Flossen heute noch rot.« Der Strelitz, der Henker Rotflosse und zwei Hände voll Fischbrut als Gerichtsdiener schwärmten aus, um den Fisch Flußbarsch zu rufen. Sie kamen und sagte: »Fisch Flußbarsch! Der Fisch Wels mit dem langen Schnurrbart befiehlt dich vor seinen hochrichterlichen Stuhl.« Der Fisch Flußbarsch kam. Da sagte der Fisch Wels zu ihm: »Sag, Fisch Flußbarsch, kannst du bezeugen, daß unser Rostow-See je von Peter und Paul bis Elias gebrannt hat? – »Niemals«, sagte der Flußbarsch, »hat unser See gebrannt!« Da sagte der Fisch Wels: »Hörst du, ehrenwerter Schroll: Der Flußbarsch straft dich ins Gesicht Lügen.«

Der Schroll vertraute auf Gott und ließ den Kopf nicht hängen. Er sagte zu dem Fisch Wels: »Ich habe Zeugen, Urkunden aus Moskau und schriftliche Beweise: Es ist die Frau Hecht, eine ehrliche Wittib, keine Schwatzbase, die wird die Wahrheit sagen. Sie war bei dem Brand dabei, trug Kohlen herbei und ist bis heute schwarz geblieben.« Der Strelitz, der Henker Rotflosse und zwei Hände voll Fischbrut als Gerichtsdiener schwärmten aus, um die Wittib Hecht zu rufen. Sie kamen und sagten: »Fisch Hecht! Der Fisch Wels mit dem langen Schnurrbart befiehlt dich vor seinen hochrichterlichen Stuhl.« Die Wittib Hecht verneigte sich tief, kaum daß sie des Richters Wels ansichtig wurde: »Einen guten Tag, Euer Ehren!« – »Einen guten Tag, Frau Hecht, ehrliche Wittib, keine Schwatzbase«, sagte der Fisch Wels, »kannst du bezeugen, daß unser Rostow-See je von Peter und Paul bis Elias gebrannt hat?« Die Frau Hecht antwortete: »Niemals hat unser Rostow-See gebrannt! Wer den Schroll kennt, den sucht die Not, der bleibt zu Mittag ohne Brot.«

Der Schroll vertraute auf Gott und ließ den Kopf nicht hängen: »Ich habe«, sagte er, »Zeugen, Urkunden aus Moskau und schriftliche Beweise. Der Fisch Quappe war bei dem Brand dabei, er schleppte die Kohlen herbei und deshalb ist er bis heute schwarz.« Der Strelitz, der Henker Rotflosse und zwei Hände voll Fischbrut als Gerichtsdiener schwärmten aus, um den Fisch Quappe zu rufen. Sie kamen zu ihm und sagten: »Fisch Quappe, der Fisch Wels mit dem langen Schnurrbart befiehlt dich vor seinen hochrichterlichen Stuhl.« – »Ach, Brüder, hier sind zehn Kopeken in Silber für eure Mühe und den ganzen Umstand! Meine Lippen sind wulstig, mein Bauch ist dick, in der Stadt bin ich noch nie gewesen, vor Richtern habe ich noch nie gestanden, aufs Reden verstehe ich mich nicht, und mich verneigen kann ich nicht.« Diesmal mußten die Gerichtsboten unverrichteter Dinge abziehen. Sie verhafteten den Schroll und legten ihm eine Schlinge um den Hals.

Aber Gott erhörte seine Gebete und schickte Regen und Schlamm. Da konnte der Schroll aus der Schlinge schlüpfen und in den Kuben-See ziehen, aus dem Kuben-See in den Fluß Tross, aus dem Fluß Tross in den Fluß Kam. In dem Fluß Kam begegnete er dem Hecht und dem Stör. »Wo, zum Teufel, wollt ihr hin?« rief ihnen der Schroll zu. Die Fischer hörten des Schrolls hohe Stimme und wollten ihn fangen. Und so wurde er denn gefangen, der Schroll. Sie fingen ihn, den Schroll, genannt Pfaffenlaus, den Schroll Widerborst! Es kam Brodjka und warf den Schroll in das Boot, es kam Petjka und warf den Schroll in den Weidenkorb. »Ich werde jetzt«, sagte er, »eine gute Fischsuppe kochen und mich satt essen.« Das war des Schrolls Ende.

Die Mär von dem Hecht mit den großen Zähnen

In der Nacht auf Johanni kam in der Scheksna ein Hecht zur Welt, der hatte so große Zähne, daß Gott uns davor behüten möge! Die Barsche, die Brachsen, die Schrolle, alle versammelten sich, schauten ihn an und staunten. Das Wasser in der Scheksna warf zu dieser Stunde hohe Wellen; ein Floß war mitten auf dem Fluß, das wäre beinahe untergegangen. Junge Mädchen tanzten Reigen am Ufer, die liefen alle auseinander. So große Zähne hatte der neugeborene Hecht! Und er wurde immer größer, aber nicht von Tag zu Tag, sondern von Stunde zu Stunde. Es verging kein Tag, an dem er nicht um einen Werschock länger wurde; und nun begann der Hecht mit den großen Zähnen den Fluß auf und ab zu schwimmen und Barsche und Brachsen zu jagen. Kaum sah er von weitem einen Barsch, schnappte er zu – und schon war von dem Barsch nichts mehr zu sehen. Man hörte nur, wie seine Gräten zwischen den Kiefern des Hechts mit den großen Zähnen krachten.

Das war eine traurige Zeit in der Scheksna! Was sollten die Barsche und die Brachsen machen? Sie grämten sich: Alle sollten sie zwischen den Zähnen des Hechts enden! Alle sollten von ihm gefressen werden! Da versammelte sich das kleine Fischvolk und überlegte, wie es den schnellen Hecht mit den großen Zähnen besiegen könnte. Schroll Schrollewitsch erschien auch in dem Rat und ließ alsbald seine

Stimme vernehmen: »Laßt doch das Denken und Kopfzerbrechen! Macht nicht euer Gehirn krank; hört zu, was ich sage. Ein elendes Leben führen wir jetzt alle in der Scheksna. Der Hecht mit den großen Zähnen läßt uns keine Ruhe und macht vor keinem Fisch halt! Unseres Bleibens in der Scheksna ist nicht länger. Wir wollen lieber in die kleinen Flüßchen umziehen, in die Sisma, in die Konoma, in die Slawenka; dort wird uns niemand etwas zuleide tun. Wir werden in Saus und Braus leben und viele Kinder haben!«

Darauf zogen alle Schrolle, Barsche und Brachsen aus der Scheksna in die Flüßchen Sisma, Konoma und Slawenka. Unterwegs wurden viele von ihnen von einem listigen Fischer geangelt. Der Fischer kochte aus ihnen eine kräftige Fischsuppe und aß so, wie man hört, zum letzten Mal vor dem Fasten Fleisch. Seit der Zeit gibt es in der Scheksna nur wenig Fische. Wenn der Fischer eine Angel auswirft, hängt selten etwas daran; ab und zu ein Sterlet, und damit hat der Fischfang ein Ende! Das war die Mär von dem schnellen Hecht mit den großen Zähnen. Er hat viel Unruhe in der Scheksna gestiftet, mußte aber schließlich auch selber dafür büßen; als es keine kleinen Fische mehr gab, freute er sich auch über einen Wurm, und eines Tages hing er an der Angel. Der Fischer kochte eine Fischsuppe, löffelte sie aus und lobte sie: »Die war schön fett!« Ich war auch dabei und löffelte mit, alles lief den Schnurrbart herunter, aber nichts in den Mund.

Vom Haus, das der Fliege gehörte

Mitten im Feld lag ein Pferdeschädel. Die Maus Husch lief vorbei und fragte: »Häuschen! Häuschen! Wer wohnt in dem Häuschen?« Niemand antwortete. Sie lief hinein und richtete sich in dem Pferdeschädel häuslich ein. Dann kam der Frosch Quak: »Häuschen, Häuschen! Wer wohnt in dem Häus-

chen?« – »Ich, die Maus Husch; und wer bist du?« – »Ich bin
der Frosch Quak.« – »Komm herein und laß uns zusammen
wohnen!« Der Frosch kam herein, und von nun an wohnten
sie zusammen. Der Hase kam gelaufen: »Häuschen! Häuschen! Wer wohnt in dem Häuschen?« – »Wir, die Maus
Husch und der Frosch Quak; und wer bist du?« – »Ich bin der
Hase Hakenschlag.« – »Komm herein.« Fortan wohnten sie
zu dritt.

Die Füchsin kam gelaufen: »Häuschen! Häuschen! Wer
wohnt in dem Häuschen?« – »Die Maus Husch, der Frosch
Quak, der Hase Hakenschlag; und wer bist du?« – »Ich bin
die Füchsin Schnuffüberall.« – »Komm herein!« Nun wohnten sie zu viert. Dann kam der Wolf: »Häuschen! Häuschen!
Wer wohnt in dem Häuschen?« – »Die Maus Husch, der
Frosch Quak, der Hase Hakenschlag, die Füchsin Schnuffüberall; und wer bist du?« – »Ich bin der Wolf Schnappaus-
dembusch.« – »Komm herein.« Nun lebten sie zu fünft. Und
dann kam der Bär: »Häuschen, Häuschen! Wer wohnt in dem
Häuschen?« – »Die Maus Husch, der Frosch Quak, der Hase
Hakenschlag, die Füchsin Schnuffüberall, der Wolf Schnapp-
ausdembusch; und wer bist du?« – »Und ich bin der Bär
Drückalletot!« Der Bär setzte sich auf den Pferdeschädel und
drückte alle tot.

Die Spinne

In unseren Tagen gibt es mancherlei Plagen: Mücken und
Fliegen schwirren in Schwaden und bringen die Milch in den
Töpfen zu Schaden. Die Spinne, erzürnt über derlei Tücken,
drehte sich schnell auf den Rücken und spann einen Faden
quer über Wege und Pfade. Die bunte Wespe, eine Witwe
ehrlich und munter, fiel von oben ins Netz herunter, die
Spinne kam in Eil und köpfte die Wespe mit einem Beil. Das
letzte Geleit gaben ihr Fliegen und Mücken: die einen als

Popen, die anderen als Küster, die dritten als Klageweiber. Sie sangen die Messe und trugen die Knochen nach Mückendorf. Die Glocken läuteten in Perebor, man hörte sie bis Morgunow.

Die Blase, der Strohhalm und der Bastschuh

Es lebten einmal eine Blase, ein Strohhalm und ein Bastschuh; sie gingen in den Wald Holz machen, kamen an einen Fluß und blieben stehen: Wie sollten sie über den Fluß kommen? Der Bastschuh sagte zu der Blase: »Blase! Wir wollen auf dir hinüberschwimmen!« – »Nein, Bastschuh, der Strohhalm soll sich über das Wasser legen, von einem Ufer zum anderen, dann können wir hinübergehen.« Der Strohhalm legte sich über das Wasser, von einem Ufer zum anderen; kaum trat der Bastschuh auf den Strohhalm, da brach der Strohhalm unter ihm durch. Der Bastschuh fiel ins Wasser, die Blase fing an zu lachen, sie lachte so lange, bis sie platzte!

Die Rübe

Der Großvater säte eine Rübe; dann ging er die Rübe ernten, packte sie am Kraut, zog und zog, konnte sie aber nicht herausziehen! Der Großvater rief die Großmutter; die Großmutter zog an dem Großvater, der Großvater an der Rübe, sie zogen und zogen und konnten sie nicht herausziehen! Es kam die Enkelin; die Enkelin zog an der Großmutter, die Großmutter an dem Großvater, der Großvater an der Rübe, sie zogen und zogen und konnten sie nicht herausziehen! Es kam die Hündin; die Hündin zog an der Enkelin, die Enkelin an der Großmutter, die Großmutter an dem Großvater, der

Großvater an der Rübe, sie zogen und zogen und konnten sie nicht herausziehen! Es kam ein Bein. Das Bein zog an der Hündin, die Hündin an der Enkelin, die Enkelin an der Großmutter, die Großmutter an dem Großvater, der Großvater an der Rübe, sie zogen und zogen und konnten sie nicht herausziehen! Es kamen zwei Beine; die zwei Beine zogen an dem einen Bein, das eine Bein an der Hündin, die Hündin an der Enkelin, die Enkelin an der Großmutter, die Großmutter an dem Großvater, der Großvater an der Rübe, sie zogen und zogen und konnten sie nicht herausziehen! (Und so weiter, bis die fünf Beine kommen:) Es kamen fünf Beine. Die fünf Beine zogen an den vier Beinen, die vier Beine zogen an den drei Beinen, die drei Beine zogen an den zwei Beinen, die zwei Beine zogen an dem einen Bein, das eine Bein zog an der Hündin, die Hündin an der Enkelin, die Enkelin an der Großmutter, die Großmutter an dem Großvater, der Großvater an der Rübe, sie zogen und zogen! Und haben die Rübe herausgezogen!

Die Pilze

Der Steinpilz überlegte, der Steinpilz dachte nach; unter der Eiche sitzend, musterte er die Pilze und befahl: »Milchling, herbei, wir wollen in den Krieg ziehen.« Es weigerte sich der Milchling: »Ich bin noch Jüngling und von Adel, ich brauche nicht in den Krieg zu ziehen.« – »Reizker, herbei, wir wollen in den Krieg ziehen!« – Es weigerte sich der Reizker: »Reicher Bauer, der ich bin, hat für Kriege keinen Sinn.« – »Kuhreizker, herbei, wir wollen in den Krieg ziehen!« Es weigerte sich der Kuhreizker: »Gute Köche für den Herrn halten sich von Kriegen fern.« – »Hallimasch, herbei, wir wollen in den Krieg ziehen!« – Es weigerte sich der Hallimasch: »Unser Beinchen ist zu zart, paßt nicht zur Soldatenart.« – »Erdschieber,

91

herbei, wir wollen in den Krieg ziehen!« – »Wir Erdschieber sind gute Kameraden und ziehen gern in den Krieg!«

Das war zu jener Zeit, als der Zar Erbse mit den Pilzen im Kriege lag.

Der Frost, die Sonne und der Wind

(Aus dem Weißrussischen)

Ein Mann ging des Wegs und begegnete der Sonne, dem Frost und dem Wind. Als er an ihnen vorüberging, sagte er: »Gelobet.« – »Wen lobt er?« fragten die drei. Die Sonne sagte: »Mich, damit ich ihn nicht versenge.« – »Mich und nicht dich«, sagte der Frost, »denn vor dir fürchtet er sich weniger als vor mir.« – »Alles nicht wahr«, sagte schließlich der Wind, »dieser Mann lobt nicht euch, sondern mich.«

Und sie begannen zu streiten, beschimpften sich und fuhren beinah einander in die Haare...

»Dann laßt uns ihn fragen, wen er lobte, mich oder euch.« Die drei holten den Mann ein und fragten ihn. Da sagte der Mann: »Den Wind.« – »Seht ihr, hab ich doch gesagt, – mich!« – »Warte! Ich werde dich braten, bis du rot bist wie ein Krebs«, sagte die Sonne, »du sollst an mich denken.« Darauf sagte der Wind: »Hab keine Angst, sie wird dich schon nicht braten. Ich werde wehen und dich kühlen.« – »Und ich werde dich, du Schinderknecht, zu einem Eiszapfen machen«, sagte der Frost. »Fürchte dich nicht, Freund, dann werde ich ausbleiben, und er wird dir nichts anhaben können, denn ohne Wind kann er dich nicht zu einem Eiszapfen machen.«

Die Sonne, der Mond und der Rabe Rabewitsch

Es lebten einmal ein Mann und eine Frau, die hatten drei Töchter. Der Alte ging in den Kornspeicher Grütze holen; er nahm von der Grütze und trug sie ins Haus, aber der Sack hatte ein Loch: die Grütze rieselte und rieselte auf die Erde. Er kam ins Haus. Die Alte fragte: »Wo ist die Grütze?« – Der Sack war leer. Der Alte ging zurück und wollte die Grütze auflesen. »Würde die Sonne mich wärmen, würde der Mond mir leuchten, würde der Rabe Rabewitsch mir helfen, die Grütze aufzulesen: Der Sonne gäbe ich meine älteste Tochter zur Frau, dem Mond die mittlere und dem Raben Rabewitsch die jüngste!« Der Alte las seine Grütze auf – die Sonne wärmte ihn, der Mond leuchtete ihm und der Rabe Rabewitsch half ihm, die Grütze aufzulesen. Der Alte kam ins Haus und sagte zu seiner ältesten Tochter: »Putz dich und stell dich vor die Haustür!« Sie putzte sich und stellte sich vor die Haustür; und schon nahm die Sonne sie mit. Auch die mittlere Tochter mußte sich putzen und sich vor die Haustür stellen. Sie putzte sich und stellte sich vor die Haustür; der Mond holte die zweite Tochter. Und auch zu der jüngsten Tochter sagte er: »Putz dich und stell dich vor die Haustür!« Sie putzte sich und stellte sich vor die Haustür. Der Rabe Rabewitsch trug sie davon.

Der alte Mann sagte: »Ich sollte meinen Schwiegersohn besuchen.« Er machte sich auf den Weg zu der Sonne; schließlich kam er an. Die Sonne sagte: »Womit können wir dich bewirten?« – »Ich brauche nichts.« Die Sonne sagte zu der Frau, sie solle Pfannkuchen backen. Die Frau bereitete den Teig. Die Sonne setzte sich mitten auf den Fußboden, die Frau stellte die Pfanne auf die Sonne, und schon waren die Pfannkuchen gebacken. Sie bewirteten den Alten mit Pfannkuchen. Der Alte kam nach Hause und befahl seiner Alten, den Teig für Pfannkuchen anzurühren. Dann setzte er sich auf den Fußboden und hieß sie, ihm die Pfanne mit den Pfannkuchen auf den Kopf zu stellen. »Wie sollen sie auf deinem Kopf backen?« fragte die Alte. »Nitschewo«, sagte der Alte, »stell sie nur auf, sie werden schon gut werden.« Sie stellte die Pfanne auf den Alten, aber wie lange auch die Pfannkuchen stehen blieben – der Teig wurde nur schlecht. Es war nichts zu machen, die Alte schob die Pfanne in den Ofen, buk die Pfannkuchen, und der Alte aß sich satt.

Am nächsten Tag besuchte der Alte seinen zweiten Schwiegersohn, den Mond. Er kam zu ihm. Der Mond fragte: »Womit können wir dich bewirten?« – »Ich brauche nichts«, antwortete der Alte. Der Mond heizte für ihn die Badestube. Der Alte sagte: »Aber in der Badestube wird es dunkel sein!« Darauf sagte der Mond: »Nein, dort ist es hell; geh nur hinein.« Der Alte ging in die Badestube, der Mond steckte seinen Finger durch eine Ritze in der Wand, und in der Badestube wurde es ganz hell. Der Alte badete nach Herzenslust, kam nach Hause und befahl seiner Frau, nachts die Badestube zu heizen. Die Frau heizte die Badestube; dann schickte er sie zum Baden. Die Frau sagte: »Es ist doch zu dunkel zum Baden!« – »Geh hinein, es wird schon hell sein!« Die Alte ging hinein, und der Alte, der gesehen hatte, wie der Mond ihm Licht gemacht hatte, schlug mit dem Beil ein Loch in die Wand der Badestube und steckte seinen Finger hindurch. Aber in der Badestube blieb es stockfinster. Die Alte rief immerfort: »Es ist dunkel!« Endlich lief sie hinaus, holte sich einen brennenden Kienspan und konnte nun nach Herzenslust baden.

Am dritten Tag begab sich der Alte zu dem Raben Rabewitsch. Er kam zu ihm. »Womit können wir dich bewirten?« fragte der Rabe Rabewitsch. »Ich brauche nichts«, sagte der Alte. »Nun, dann wollen wir wenigstens auf der Stange zusammen schlafen.« Der Rabe stellte eine Leiter an und kletterte mit dem Alten hinauf. Der Rabe Rabewitsch nahm den Alten unter seinen Flügel. Als der Alte eingeschlafen war, fielen beide herunter und waren tot.

Die Hexe und der Sonne Schwester

In einem Reich, in einem fernen Land, lebte einmal ein Zar mit seiner Zarin, die hatten einen Sohn Iwan Zarewitsch, der war von Geburt an stumm. Er war bald zwölf Jahre alt, da ging er eines Tages in den Pferdestall zu dem Pferdeknecht, den er sehr liebte. Der Pferdeknecht erzählte ihm jedesmal Märchen, und auch jetzt war Iwan Zarewitsch gekommen, um Märchen zu hören. Aber er hörte etwas ganz anderes: »Iwan Zarewitsch«, sagte der Pferdeknecht, »deine Mutter wird bald eine Tochter gebären, deine Schwester; die wird eine grausame Hexe werden und den eigenen Vater und die eigene Mutter und alles Gesinde verschlingen; geh also hin, bitte deinen Vater um das allerbeste Pferd, als wolltest du ausreiten, aber reite weit fort, wohin die Augen blicken, wenn du dem Unheil entrinnen willst.« Iwan Zarewitsch lief zu seinem Vater und sprach mit ihm, zum ersten Mal seit er auf der Welt war; der Zar freute sich so sehr, daß er gar nicht fragte, wozu er ein gutes Pferd brauche. Er befahl sofort, das beste Pferd aus seinen Ställen für den Zarewitsch zu satteln. Iwan Zarewitsch saß auf und ritt, wohin die Augen blickten.

Lange ritt er, lange. Sein Weg führte ihn zu zwei alten Näherinnen, die bat er, sie möchten ihn bei sich aufnehmen. Die Alten sagten: »Wir würden dich gern aufnehmen, Iwan Zarewitsch, aber wir haben nicht mehr lange zu leben. Sobald wir die letzte Nadel aus dieser Truhe zerbrochen haben und den letzten Faden aus jener Truhe vernäht haben, kommt unser Tod!« Iwan Zarewitsch weinte und ritt weiter. Lange ritt er, lange. Sein Weg führte ihn zu dem Eichenauswurzler, den bat er: »Nimm mich bei dir auf!« – »Ich würde dich gern aufnehmen, Iwan Zarewitsch, aber ich habe nicht mehr lange zu leben. Sobald ich diese Eichen ausgewurzelt habe, kommt mein Tod!« Da weinte Iwan Zarewitsch noch heftiger und ritt weiter und immer weiter.

Er kam zu dem Bergauswurzler; den bat er um Obdach. Aber der Bergauswurzler antwortete: »Ich würde dich gern aufnehmen, Iwan Zarewitsch, aber ich habe nicht mehr lange zu leben. Siehst du, ich bin bestellt, diese Berge auszuwurzeln; sobald ich mit dem letzten fertig bin, kommt mein Tod!« Lange und bitter weinte Iwan Zarewitsch, aber dann ritt er weiter.

Lange ritt er, lange. Schließlich kam er zu der Schwester der Sonne. Sie nahm ihn auf, gab ihm zu essen und zu trinken und pflegte ihn wie den eigenen Sohn. Iwan Zarewitsch hatte ein gutes Leben, aber von Zeit zu Zeit überkam ihn doch die Trauer: Zu gerne hätte er gewußt, wie es bei ihm zu Hause zuging. An solchen Tagen stieg er auf einen hohen Berg, von dort aus sah er seinen Palast, aber nur noch die nackten Wände standen da, alles andere war aufgefressen. Dann seufzte er und weinte. Einmal hielt er so Ausschau, weinte, kehrte zurück, und der Sonne Schwester fragte ihn: »Warum sind deine Augen heute verweint, Iwan Zarewitsch?« Er sagte: »Der Wind wehte mir in die Augen.« Beim nächsten Mal geschah dasselbe; da verbot der Sonne Schwester dem Wind zu wehen. Aber auch beim dritten Mal kehrte Iwan Zarewitsch mit verweinten Augen nach Hause zurück; nun konnte er es nicht mehr verhehlen – er gestand alles und bat der Sonne Schwester, sie möge ihn, den starken Jüngling, ziehen lassen, um seine Heimat zu besuchen. Sie wollte ihn nicht ziehen lassen, aber er bat sie unentwegt; endlich ließ sie sich erweichen. Sie erlaubte ihm, seine Heimat zu besuchen, und gab ihm eine Bürste, einen Kamm und zwei Jungäpfelchen auf den Weg mit; wie alt auch ein Greis sein möchte – er sollte ein Äpfelchen essen und würde auf der Stelle jung werden!

Iwan Zarewitsch kam zu dem Bergauswurzler, dem war ein einziger Berg übriggeblieben; Iwan Zarewitsch nahm seine Bürste und warf sie ins freie Feld: Plötzlich – woher auch immer – stiegen hohe, hohe Berge aus der Erde empor, bis ihre Gipfel den Himmel berührten; es waren so viele, daß man sie nicht zählen konnte! Der Bergauswurzler freute sich und ging vergnügt an die Arbeit. Ob es lange währte oder kurz – Iwan Zarewitsch kam zu dem Eichenauswurzler, dem waren nur drei Eichen übriggeblieben. Iwan Zarewitsch nahm seinen Kamm und warf ihn ins freie Feld. Plötzlich rauschte es und – woher auch immer – dichte Eichenwälder wuchsen aus der Erde empor, ein Baum dicker als der andere! Der Eichenauswurzler freute sich, dankte dem Zarewitsch und begann auf der Stelle, die hundertjährigen Eichen auszuwurzeln. Ob es lange währte oder kurz – Iwan Zarewitsch kam zu den beiden alten Näherinnen und gab jeder von ihnen ein Äpfelchen; sie aßen die Äpfelchen, wurden sofort jung und schenkten ihm ein Tüchlein: Sobald man das Tüchlein schwenkte, breitete sich hinter einem ein See aus.

Iwan Zarewitsch kam nach Hause. Seine Schwester lief ihm entgegen, begrüßte ihn und liebkoste ihn: »Setz dich, Brüderchen«, sagte sie, »spiel auf der Gusli, und ich will gehen und das Mittagessen richten.« Der Zarewitsch setzte sich und spielte auf der Gusli; da kam aus seinem Loch ein Mäuschen und sagte zu ihm mit menchlicher Stimme: »Rette dich, Zarewitsch! Fliehe, so schnell du kannst! Deine Schwester ist gegangen die Zähne wetzen.« Iwan Zarewitsch ging aus der Stube, saß auf und ritt zurück; das Mäuschen aber huschte über die Saiten der Gusli hin und her: Die Gusli tönte, und die Schwester ahnte nicht, daß ihr Bruder fort war. Als sie die Zähne gewetzt hatte, lief sie ins Zimmer, aber das Zimmer war leer, nur ein Mäuschen huschte in sein Loch. Da wurde die Hexe zornig, knirschte mit den Zähnen und stürzte hinaus, um ihren Bruder zu verfolgen.

Iwan Zarewitsch hörte den Lärm, sah sich um – die Schwester kam näher und näher. Er schwenkte das Tüchlein, und ein tiefer See dehnte sich hinter ihm aus. Die Hexe mußte durch den See schwimmen, und so konnte Iwan Zarewitsch ein großes Stück weiterreiten. Aber die Hexe war schneller als er . . . Schon war sie ganz nah! Der Eichenauswurzler merkte, daß Iwan Zarewitsch vor seiner Schwester floh, wurzelte Eichen aus und warf sie über den Weg; einen ganzen Wall türmte er auf! Der Hexe war der Weg versperrt! Sie nagte und nagte, bis sie sich einen Durchgang geschaffen hatte, aber Iwan Zarewitsch war nicht mehr zu sehen. Sie eilte hinter ihm her, schneller und schneller, nur noch ein Stückchen . . .Und es war keine Rettung mehr! Der Bergauswurzler erblickte die Hexe, packte den allerhöchsten Berg, wurzelte ihn aus und ließ ihn genau auf den Weg stürzen, und auf diesen Berg setzte er noch einen zweiten. Solange die Hexe kletterte und stieg, ritt Iwan Zarewitsch weiter und weiter und gewann einen großen Vorsprung.

Die Hexe war inzwischen über die Berge geklettert und jagte von neuem ihrem Bruder nach . . . Als sie ihn sah, rief sie: »Jetzt wirst du mir nicht mehr entkommen!« Gleich holt sie ihn ein, nun packt sie ihn! Aber in diesem Augenblick war er bei den Türmen der Schwester der Sonne angelangt und rief: »Sonne! Schwester! Öffne das Fenster!« Der Sonne Schwester öffnete ein Fenster, und der Zarewitsch sprang mit seinem Roß hindurch. Die Hexe forderte, daß ihr der Bruder ausgeliefert werde. Der Sonne Schwester aber hörte nicht auf sie und lieferte ihn nicht aus. Da sagte die Hexe: »Dann soll Iwan Zarewitsch mit mir auf die Waage steigen. Wir wollen sehen, wer von uns schwerer ist. Bin ich schwerer, dann fresse ich ihn. Ist er schwerer, dann mag er mich töten.« Sie gingen hin; als erster stieg Iwan Zarewitsch auf die Waage, dann kletterte die Hexe hinauf: Kaum setzte sie den Fuß auf die Waagschale, als Iwan Zarewitsch in die Höhe geschleudert wurde, mit solcher Macht, daß er bis in den Himmel flog, dorthin, wo der Sonne Schwester wohnte, in ihre Gemächer! Und die Hexe, die Schlange, blieb auf der Erde.

Wasusa und Wolga

Wolga und Wasusa stritten seit langem, wer von ihnen die Klügere und die Stärkere sei und höhere Ehren verdiene. Sie stritten und stritten, konnten aber nicht einig werden. Schließlich sagten sie: »Wir wollen uns nebeneinander schlafen legen. Wer von uns zuerst aufwacht und zuerst beim Chwalynskij-Meer ankommt, die soll die Klügere und Stärkere sein und in höherem Ansehen stehen.« Wolga legte sich schlafen, und Wasusa legte sich schlafen. Aber in der Nacht stand Wasusa leise auf und schlich fort, sie suchte sich einen kürzeren, geraden Weg und lief Wolga eilends davon. Wolga erwachte und machte sich auch auf den Weg, weder zu schnell, noch zu langsam, sondern so, wie es sich gehört; als sie Wasusa bei Subzow einholte, war sie so mächtig, daß Wasusa erschrak, sich die kleinere Schwester nannte und bat, Wolga möge sie in die Arme nehmen und bis zum Chwalynskij-Meer tragen. Dennoch wacht Wasusa im Frühjahr als erste auf und weckt Wolga aus dem Winterschlaf.

Der Frost

Die Stiefmutter hatte eine eigene Tochter und eine Stieftochter. Wenn die eigene etwas tat, wurde sie immer über den Kopf gestreichelt, und es hieß: »Du bist ein kluges Mädchen!«, aber die Stieftochter mochte sich anstrengen so viel sie wollte – sie erntete nie ein Lob, alles war nicht recht, alles war schlecht; in Wahrheit war das Mädchen Gold wert; bei guten Menschen hätte sie wie Quark in Butter geschwommen, aber bei ihrer Stiefmutter mußte sie sich Tag für Tag mit ihren Tränen waschen. Was kann man tun? Der Wind stürmt und legt sich wieder. Aber wenn ein altes Weib außer Rand und Band gerät, ist kein Halten, dauernd fällt ihr etwas Neues ein, und immer wieder reißt sie das Maul auf. Und so setzte sich die Stiefmutter in den Kopf, ihre Stieftochter aus dem Haus zu jagen: »Bring sie fort, Alter, bring sie, wohin du willst, damit meine Augen sie nicht sehen, damit meine Ohren nie wieder etwas von ihr hören. Aber bring sie ja nicht zu Verwandten in ein geheiztes Haus, sondern setz sie bei klirrendem Frost im freien Feld aus!« Der Alte grämte sich und weinte; trotzdem setzte er seine Tochter in den Schlitten, er wollte eine Pferdedecke über sie breiten – aber auch das wagte er nicht; er brachte die Heimatlose ins freie Feld, setzte sie in einer Schneewehe ab, bekreuzte sie und fuhr schnell nach Hause zurück, um nicht mit eigenen Augen den Tod seiner Tochter zu sehen.

Die Arme blieb allein zurück, schlotterte und betete leise. Da kam der Frost, springend, hüpfend schaute er das schöne Mädchen an: »Mädchen, ich bin der Frost Rote Nase!« – »Willkommen, Frost; Gott hat dich wohl geschickt, meine sündige Seele zu holen.« Der Frost wollte sie berühren und sie in Eis verwandeln; aber ihm gefielen ihre verständigen Reden, und er bekam Mitleid mit ihr! Er warf ihr einen Pelz um. Sie zog den Pelz an, schlug die Beine unter und saß still da. Wieder kam der Frost Rote Nase, springend, hüpfend schaute er das schöne Mädchen an: »Mädchen, ich bin der Frost Rote Nase!« – »Willkommen, Frost; Gott hat dich wohl geschickt, meine sündige Seele zu holen!« Der Frost aber kam nicht, um ihre Seele zu holen, er brachte dem schönen Mädchen eine Truhe, die war hoch und schwer und bis zum Rand gefüllt mit allerlei Aussteuer. Nun setzte sie sich in ihrem Pelz auf die Truhe, so fröhlich und so schön anzusehen! Und wieder kam der Frost Rote Nase, springend, hüpfend schaute er das schöne Mädchen an. Sie grüßte ihn freundlich, und er schenkte ihr ein Kleid, über und über mit Gold und Silber bestickt. Sie zog es an und war nun schön und prächtig anzusehen! So saß sie da und sang vor sich hin.

Die Stiefmutter aber bereitete inzwischen den Leichenschmaus und buk Pfannkuchen. »Jetzt fahr hin, Mann, und hole deine Tochter, damit wir sie zu Grabe tragen.« Der Alte machte sich auf den Weg. Aber der Hund unter dem Tisch: »Wau-wau! Des Alten Tochter kommt in Gold und Silber her, der Alten Tochter kriegt keinen Freier mehr!« – »Still, dummer Köter! Hier hast du einen Pfannkuchen, sag: Der Alten Tochter trägt bald die Hochzeitstracht, der anderen Knochen werden im Sack heimgebracht!« Der Hund fraß den Pfannkuchen auf und kläffte wieder: »Wau-wau! Des Alten Tochter kommt in Gold und Silber her, der Alten Tochter kriegt keinen Freier mehr!« So viele Pfannkuchen und so viele Schläge der Hund auch von der Alten bekam, er blieb dabei: »Des Alten Tochter kommt in Gold und Silber her, der Alten Tochter kriegt keinen Freier mehr!«

Das Tor knarrte, die Tür wurde aufgemacht, eine Truhe wurde hereingetragen, eine hohe und schwere Truhe, und hinter ihr ging die Stieftochter, prächtig, wie eine Herrin. Die Stiefmutter sah sie und schlug die Hände über dem Kopf zusammen! »Alter, Alter! Spann ein neues Pferd vor! Du mußt meine Tochter hinausfahren! Bring sie auf dasselbe Feld und setz sie auf denselben Fleck!« Der Alte fuhr auf dasselbe Feld hinaus und setzte das Mädchen auf denselben Fleck. Und wieder kam der Frost Rote Nase und betrachtete seinen Gast, hüpfend, springend wartete er auf ein freundliches Wort; dann wurde er zornig, berührte sie, und schon war sie tot. »Alter, fahr hin, hol meine Tochter! Spann aber die kräftigsten Pferde an und paß auf, daß der Schlitten nicht umkippt und die Truhe nicht in den Schnee fällt!« Aber der Hund unter dem Tisch: »Wau-wau! Des Alten Tochter trägt bald die Hochzeitstracht, deiner Tochter Knochen werden im Sack heimgebracht!« – »Dummes Geschwätz! Hier hast du eine Pirogge, sag: ›Der Alten Tochter kommt in Gold und Silber her!‹« Das Tor öffnete sich, die Alte lief hinaus, um ihre Tochter zu empfangen, aber sie mußte einen eiskalten Körper umarmen. Sie weinte, sie klagte, aber es war zu spät.

Die geschwätzige Alte

Tag und Nacht schilt die Alte – daß ihr die Zunge nicht wehtut! Immer ist die Stieftochter schuld: Dumm ist sie und unansehnlich! Ob sie geht, ob sie kommt, ob sie steht, ob sie sitzt – alles falsch, alles verkehrt! Von morgens bis abends, wie eine aufgezogene Gusli! Der Mann war es satt, alle waren es satt, es war zum Davonlaufen! Der Alte spannte an, wollte in die Stadt fahren und Hirse verkaufen, da rief die Alte: »Nimm die Stieftochter mit! Setz sie meinetwegen im dunklen Wald ab oder mitten auf der Fahrstraße, nur, daß ich sie los bin!«

Der Alte fuhr und fuhr. Der Weg war lang und beschwerlich, immerfort durch Wald und Sumpf, wo sollte er das Mädchen absetzen?! Da sah er: ein Häuschen stand auf Hühnerbeinen, ein Pfannkuchen als Dach, eine Pirogge als Stütze, es stand da und drehte sich. »In einem Häuschen«, dachte er, »kann ich meine Tochter wohl zurücklassen.« Er hieß sie aussteigen, gab ihr Hirse für die Kascha mit, schlug auf das Pferd ein, und der Wagen rollte davon.

Das Mädchen blieb allein; sie stampfte die Hirse, kochte einen großen Topf voll Kascha, aber es war niemand da, der sie essen konnte. Und dann brach die lange Nacht herein, die unheimliche Nacht; wenn man schläft – liegt man sich die Seiten wund, wenn man hinausschaut – sieht man sich die Augen blind, niemand weit und breit, mit dem man ein Wort wechseln kann, alles öde und unheimlich! Da trat sie auf die Schwelle, öffnete die Tür zum Wald und rief: »Wer im Wald ist, wer im Dunkeln ist – der sei mir ein willkommener Gast!« Ein Waldgeist rief zurück. Er verwandelte sich in einen jungen Burschen, in einen Nowgoroder Kaufmann, kam gelaufen und brachte ein Geschenk mit. Er war gestern da zu einem Schwätzchen, er war heute da – und jedesmal brachte er ein Geschenkchen mit; er kam immer wieder und trug so viel zusammen, daß das Häuschen von seinen Geschenken überquoll!

Aber die geschwätzige Alte langweilte sich ohne ihre Stieftochter, in ihrem Haus war es still, in ihrem Bauch war es öde, und ihre Zunge trocknete aus. »Hol mir meine Stieftochter zurück, Alter! Hol sie vom Meeresboden herauf, oder reiß sie aus dem Feuer heraus! Ich bin alt, ich bin kränklich, es ist niemand da, der mich pflegt.« Der Mann gehorchte; die Stieftochter kam zurück, und als sie ihre Truhe öffnete und eine Leine vom Haus bis an das Tor spannte, um ihre Aussteuer zu lüften – die Alte hatte schon den Mund aufgemacht und wollte das Mädchen auf ihre Art empfangen –, da machte die Alte den Mund zu, bot ihr wie einem Ehrengast den Platz unter den Ikonen an, lobte sie und fragte: »Was wünschest du, meine Beste?«

Die Tochter und die Stieftochter

Ein verwitweter Bauer, der eine Tochter hatte, heiratete eine Witwe, die auch eine Tochter hatte, und so gab es in ihrem Haus zwei Töchter. Die Stiefmutter war böse; sie ließ dem Alten keine Ruhe: »Bring deine Tochter in den Wald, dort ist eine Erdhütte, sie wird in der Erdhütte besser spinnen.«

Was konnte er machen? Der Bauer gehorchte seiner Frau, brachte seine Tochter in die Erdhütte, gab ihr eine Handvoll Zunder, einen Feuerstein, den Flachs und ein Säckchen Grütze. Dann sagte er: »Hier hast du Feuer; laß das Feuer nicht ausgehen, koch dir Kascha, bleib ruhig sitzen, spinne und riegle die Tür ab.«

Die Nacht brach herein. Das Mädchen machte Feuer im Ofen und kochte Kascha; auf einmal saß ein Mäuschen da, es sagte: »Mädchen, liebes Mädchen, gib mir ein Löffelchen Kascha!« – »Ach, liebes Mäuschen! Vertreib mir die Langeweile; ich will dir nicht bloß ein Löffelchen Kascha geben, sondern soviel du willst.« Das Mäuschen aß sich satt und huschte fort. Mitten in der Nacht brach der Bär herein: »He, Mädchen«, sagte er, »lösche das Licht, wir wollen Blinde Kuh spielen.«

Auf einmal saß das Mäuschen dem Mädchen auf der Schulter und flüsterte ihm ins Ohr: »Fürchte dich nicht, Mädchen! Sag ›ja‹! Lösche das Licht und kriech unter den Ofen, und ich werde hin und her laufen und das Glöckchen läuten.« Gesagt, getan. Der Bär lief dem Mäuschen nach, konnte aber niemanden greifen; er brüllte vor Zorn und begann, mit Holzscheiten um sich zu werfen; nachdem er mehrere geworfen und niemanden getroffen hatte, wurde er müde und sagte: »Du verstehst es meisterlich, Blinde Kuh zu spielen! Zur Belohnung schicke ich dir morgen früh eine Herde Pferde und eine Truhe voll Aussteuer.«

Am nächsten Morgen sagte die Frau: »Fahr doch, Alter, und schau nach deiner Tochter – wieviel sie wohl in der Nacht gesponnen hat?« Der Mann machte sich auf den Weg, die Frau saß und wartete: wie wird er die Knöchelchen seiner Tochter heimbringen? Und der Hund: »Wau-wau-wau! Die Tochter kommt mit dem Alten gefahren, treibt eine Herde von Pferden heim, bringt eine Truhe voll Aussteuer mit.« – »Du lügst, elender Köter! Das sind die Knochen, die in dem Spankorb klappern und rappeln.« Da quietschte das Tor, die Pferde liefen in den Hof herein, und die Tochter saß neben ihrem Vater auf dem Wagen; der Wagen aber war mit Aussteuer hoch beladen! Die Augen der Frau glühten vor Neid. »Was ist das schon!« schrie sie. »Fahr einmal meine Tochter für eine Nacht in den Wald! Meine Tochter wird zwei Pferdeherden heimtreiben und zwei Wagenladungen voll Aussteuer mitbringen!«

Der Bauer brachte die Tochter seiner Frau in die Erdhütte und versorgte sie genauso mit Essen und Licht. Gegen Abend kochte sie Kascha. Das Mäuschen kam aus seinem Loch und bat Natascha um Kascha. Aber Natascha schrie: »Pfui, wie ekelhaft!« und warf mit dem Löffel nach dem Mäuschen. Das Mäuschen lief weg, und Natascha aß allein die ganze Kascha auf, löschte das Licht, machte das Feuer aus und nickte in der Ecke ein.

Mitternacht kam, der Bär brach herein und sagte: »He, wo steckst du, Mädchen? Laß uns Blinde Kuh spielen.« Das Mädchen schwieg und klapperte nur vor Angst mit den Zähnen. »Ah, da bist du! Hier, nimm das Glöckchen und lauf weg, ich will dich fangen!« Sie nahm das Glöckchen, die Hand zitterte, das Glöckchen läutete ohne Unterlaß, und das Mäuschen sprach dazu: »Das böse Mädchen wird nicht am Leben bleiben!«

Am Morgen schickte die Frau ihren Mann in den Wald: »Fahr hin, meine Tochter wird zwei Wagen heimbringen, zwei Pferdeherden heimtreiben!« Der Mann fuhr, die Frau wartete vor dem Tor. Und der Hund: »Wau-wau-wau! Die Tochter der Frau kommt gefahren – ihre Knochen rappeln in dem Spankorb, und der Alte sitzt auf dem leeren Wagen.« – »Du lügst, Köter! Meine Tochter treibt ganze Herden vor sich her und bringt ganze Wagen voll Aussteuer nach Hause.« Aber schon war der Alte da und reichte ihr den Spankorb; die Frau hob den Deckel, sah die Knöchelchen und fing an zu heulen. Sie ärgerte sich dermaßen, daß sie vor Gram und Bosheit am nächsten Tag tot dalag; der Alte aber lebte mit seiner Tochter und einem ansehnlichen Schwiegersohn glücklich bis an sein Ende.

Der Pferdekopf

(Aus dem Ukrainischen)

Es lebten einmal ein Alter und eine Alte, die hatten zwei Töchter: die Tochter des Mannes und die Tochter der Frau. Die Tochter des Mannes stand immer früh auf und verrichtete alle Arbeit, die Tochter der Frau wollte niemals arbeiten! Eines Tages schickte die Alte sie beide zu einem Spinnabend: »Geht hin«, sagte sie, »und daß ihr mir ja genug spinnt.« Die Tochter des Mannes stand schon vor Sonnenaufgang auf und verspann alles bis auf das letzte Flöckchen; die Tochter der Frau spann nur am Abend ein wenig und rührte dann keinen Faden mehr an.

Am Morgen, als es hell wurde, gingen sie nach Hause; an einer Stelle mußten sie über einen Zaun klettern. Die Tochter der Frau stieg als erste über den Zaun und sagte: »Gib mir doch dein Gesponnenes, Schwesterchen, ich will es halten, während du über den Zaun kletterst.« Sie gab ihr das Gesponnene; sobald die Tochter der Frau es in den Händen hatte, lief sie nach Hause und sagte: »Staunst du nicht, Mutter, wie viel ich gesponnen habe! Meine Schwester aber hat sich gestern abend schlafen gelegt und ist erst aufgestanden, als es Tag wurde!« Als die andere nach Hause kam, mochte sie schwören, so viel sie wollte, daß es ihr Gesponnenes wäre – die Alte wollte nichts davon wissen, weil sie ihre Stieftochter nicht leiden konnte, und redete auf ihren Mann ein: »Bring deine Tochter, wohin du willst, aber ich dulde nicht, daß sie mein Brot umsonst ißt.«

Da spannte der Mann eine Stute vor, setzte seine Tochter auf den Wagen, kletterte selbst hinauf und fuhr los. Sie fuhren durch den Wald, auf einmal sahen sie ein Häuschen auf einem Hühnerbein. Der Mann nahm seine Tochter bei der Hand, führte sie in das Haus, die Haustür stand nämlich offen, und sagte: »Bleib hier, Töchterchen, ich will draußen Holz hakken, damit wir Kascha kochen können.« Er ging aus dem Haus und fuhr davon, nachdem er außen an den Fensterrahmen ein Klötzchen gebunden hatte.

Wenn das Klötzchen gegen das Fenster klopfte, sagte die Tochter: »Mein Väterchen hackt Holz!« Auf einmal klopfte und polterte draußen ein Pferdekopf: »Wer ist in meinem Häuschen? Mach auf!« Das Mädchen stand auf und öffnete die Tür. »Mädchen, Mädchen, heb mich über die Schwelle!« Sie hob ihn über die Schwelle. »Mädchen, Mädchen, mach mir mein Bett!« Sie machte ihm das Bett. »Mädchen, Mädchen, heb mich auf die Pritsche!« Sie hob den Pferdekopf hinauf. »Mädchen, Mädchen, deck mich zu!« Sie deckte ihn zu. »Mädchen, Mädchen, kriech in mein rechtes Ohr hinein und aus dem linken hinaus!«

Als sie aus dem Ohr herauskroch, war sie so schön, wie es keine Schönere gab. Diener waren auf einmal da, Pferde und ein Wagen; sie setzte sich in den Wagen und ließ sich zu ihrem Vater fahren. Sie trat in das Haus, und ihr Vater erkannte sie nicht; später erzählte sie ihm, wie es zugegangen war. Und wieder redete die Frau auf ihren Mann ein: »Bring meine Tochter dorthin, wohin du die deine gebracht hast.« Der Mann brachte die Tochter der Frau in dasselbe Häuschen und befahl ihr zu warten, bis er genug Holz gehackt hätte. Aber nachdem sie ein kleines Weilchen gewartet hatte, begann sie zu weinen, weil sie allein im Wald war: Da klopfte und polterte wieder der Pferdekopf: »Wer ist in meinem Haus? Mach auf!« – »So ein großer Herr bist du auch nicht, mach dir doch selbst auf!« sagte das Mädchen. »Mädchen, Mädchen, heb mich über die Schwelle!« – »So ein großer Herr bist du auch nicht, du kommst allein über die Schwelle.« – »Mädchen, Mädchen, mach mir das Bett!« – »So ein großer Herr bist du auch nicht, du kannst dir selbst das Bett machen!« – »Mädchen, Mädchen, heb mich auf die Pritsche!« – »So ein großer Herr bist du auch nicht, du kannst dich selbst darauf legen.« – »Mädchen, Mädchen, deck mich zu!« – »So ein großer Herr bist du auch nicht, du kannst dich selbst zudecken.«

Da fuhr der Pferdekopf auf und fraß die Tochter der Frau, sammelte die Knochen in ein Säckchen, hing das Säckchen auf und ging fort. Der Hund lief zu der Frau und kläffte: »Wau-wau! Die Tochter des Alten ist wie ein Fräulein, deiner Tochter Knochen hängen im Sack!« Die Frau jagte ihn fort, aber er kam immer wieder gelaufen. Da sagte die Frau zu dem Mann: »Du fährst jetzt hin und schaust nach, was meine Tochter macht.« Der Mann fuhr hin und brachte das Säckchen mit den Knochen nach Hause. Da wurde die Alte zornig und schlug den Hund tot.

Klein Chawroschetschka

Ihr wißt, daß es auf der Welt gute Menschen gibt und schlechtere, und daß es auch welche gibt, die Gott nicht fürchten und sich vor den Menschen nicht schämen: Und unter solchen Menschen lebte Klein Chawroschetschka. Sie war als Kind Waise geworden. Jene Menschen hatten sie aufgenommen, sie wurde bei ihnen groß, ohne Gottes Welt zu sehen: Sie mußte jeden Tag über ihre Kräfte arbeiten und Not leiden; sie mußte sie bedienen und hinter ihnen aufräumen und für alle und an allem schuld sein.

Ihre Herrin hatte drei erwachsene Töchter. Die Älteste hieß Einäuglein, die Mittlere Zweiäuglein und die Jüngste Dreiäuglein; die brauchten nichts zu tun, als vor dem Tor zu sitzen und auf die Straße zu gucken, und Klein Chawroschetschka arbeitete für sie, nähte ihre Kleider, spann und webte für sie, hörte aber von ihnen nie ein freundliches Wort.

Und das ist das Schlimmste – es ist einer da, der dich stößt und tritt, aber es ist keiner da, der dich grüßt und lobt! Da ging Klein Chawroschetschka aufs Feld hinaus, umarmte ihre scheckige Kuh, schmiegte sich an ihren Hals und erzählte ihr, wie schwer sie es hatte. »Mütterchen Kuh, sie schlagen mich, sie tadeln mich, sie gönnen mir kein Stück Brot und dulden nicht, wenn ich weine. Bis morgen muß ich fünf Pud Flachs spinnen, weben, bleichen und die Leinwand aufrollen.« Da antwortete die Kuh: »Schönes Mädchen, krieche mir in das eine Ohr hinein und zum anderen heraus – alles wird getan sein.« Und so geschah es auch. Als das schöne Mädchen aus dem Öhrchen herauskroch, war alles getan, es war gesponnen, gewebt, gebleicht und aufgerollt. Sie brachte die Leinwand zur Stiefmutter, die prüfte die Arbeit, schalt, legte die Leinwand in die Truhe und trug Klein Chawroschetschka noch mehr Arbeit auf. Chawroschetschka ging wieder zu der Kuh, kroch zu einem Öhrchen hinein, zum anderen heraus und brauchte das Gewebte nur nach Hause zu tragen.

Die Alte wunderte sich und rief Einäuglein herbei: »Meine liebe Tochter, meine hübsche Tochter! Sieh doch einmal nach, wer der Waise hilft, wer für sie spinnt und webt und die Leinwand aufrollt!« Einäuglein ging mit der Waise in den Wald, Einäuglein ging mit ihr ins Feld hinaus; sie vergaß was die Mutter ihr aufgetragen hatte, in der Sonne wurde es ihr warm und sie legte sich ins Gras; Chawroschetschka sprach dazu: »Schlaf, Äuglein, schlaf!« Das Äuglein schlief ein; solange Einäuglein schlief, konnte die Kuh spinnen, weben und bleichen. Die Stiefmutter hatte nichts erfahren und schickte Zweiäuglein aus. Aber auch Zweiäuglein wurde es warm in der Sonne, sie streckte sich im Gras aus, vergaß den Befehl ihrer Mutter, und die Augen fielen ihr zu; Chawroschetschka aber sang ihr das Schlaflied: »Schlaf, Äuglein, schlaf, zweites Äuglein, schlaf!« Die Kuh webte, bleichte und rollte die Leinwand auf; Zweiäuglein schlief immer noch. Da wurde die Alte böse, schickte am dritten Tag Dreiäuglein aus und trug Klein Chawroschetschka noch mehr Arbeit auf. Dreiäuglein erging es nicht anders als ihren älteren Schwestern, sie hüpfte und hüpfte und ließ sich dann ins Gras fallen.

Chawroschetschka aber sang: »Schlaf, Äuglein, schlaf, zweites Äuglein, schlaf!« Das dritte Äuglein aber vergaß sie. Zwei Äuglein schliefen ein, aber das dritte sah alles: Wie das schöne Mädchen in das eine Ohr hineinkroch, wie es aus dem anderen herauskroch und die fertigen Leinwandrollen einsammelte. Alles, was sie gesehen hatte, erzählte Dreiäuglein ihrer Mutter. Die Alte freute sich und kam am nächsten Tag zu ihrem Mann: »Schlachte die scheckige Kuh.« Der Alte wollte es ihr ausreden: »Bist du denn noch bei Verstand, Frau? Die Kuh ist jung und gut!« Die Alte aber blieb dabei: »Schlachte, schlachte die Kuh!« Und der Alte wetzte das Messer... Da lief Chawroschetschka zu der Kuh: »Mütterchen Kuh, sie wollen dich schlachten!« – »Du sollst von meinem Fleisch nicht essen, schönes Mädchen: Such meine Knochen zusammen, tu sie in dein Kopftuch, pflanze sie in den Garten und vergiß mich nicht. Gieße sie jeden Morgen mit frischem Wasser.« Chawroschetschka tat, was die Kuh sie geheißen hatte; sie litt Hunger, aber sie rührte das Fleisch nicht an, sie goß jeden Tag die Knochen im Garten, und eines Tages wuchs daraus ein Apfelbaum, und was für ein Apfelbaum! Die Äpfelchen prall von Saft, das Laub pures Gold, die Ästchen pures Silber; wer vorüberfuhr, hielt an, wer vorüberging, blieb stehen und konnte den Blick nicht abwenden.

Eines Tages waren die Mädchen im Garten; da fuhr ein Herr über das Feld, der war reich, jung und hatte den Kopf voller Locken. Er sah die Äpfelchen und sprach zu den Mädchen: »Ihr schönen Mädchen, wer von euch mir ein Äpfelchen pflückt, die werde ich heiraten.« Da rannten die drei Schwestern um die Wette zu dem Apfelbaum. Die Äpfel hingen tief, mit der Hand zu greifen, aber plötzlich bogen sich die Zweige in die Höhe, und die Äpfel schwebten hoch über ihren Köpfen. Die Schwestern wollten die Äpfel herunterschlagen, aber die Blätter fielen ihnen in die Augen, und sie konnten nichts mehr sehen. Sie wollten einen Ast abbrechen, aber die Äste zausten sie an den Haaren; wie sehr sie sich mühten, wie sehr sie sich anstrengten – sie zerkratzten sich die Hände, aber einen Apfel konnten sie nicht pflücken.

Da kam Chawroschetschka herzu: Die Äste neigten sich zu ihr herunter und die Äpfelchen schwebten ihr in die Hand. Der Herr nahm sie zur Frau, und sie lebte fortan glücklich und zufrieden und kannte kein Unglück mehr.

Braunchen

In einem Land, in einem Reich, lebten ein Zar und eine Zarin; sie hatten eine einzige Tochter, Marja Zarewna. Als die Zarin gestorben war, nahm der Zar eine zweite Frau. Die Jagischna bekam zwei Töchter, die eine hatte zwei Augen, die andere drei Augen. Die Stiefmutter konnte Marja Zarewna nicht leiden, sie schickte sie mit der Kuh Braunchen auf die Weide und gab ihr für den ganzen Tag einen trockenen Kanten Brot mit.

Marja Zarewna kam in das freie Feld, verneigte sich vor Braunchens rechtem Bein – sie aß und trank und legte schöne Kleider an. Wie eine Herrin ging sie den ganzen Tag hinter der Kuh Braunchen her. Der Tag war vorüber, wieder verneigte sich Marja Zarewna vor Braunchens rechtem Bein, legte ihre schönen Kleider ab, ging nach Hause und brachte den trockenen Kanten Brot zurück. Das Brot legte sie auf den Tisch. »Wovon lebt diese Hündin?« dachte die Jagischna; am nächsten Tag gab sie Marja Zarewna denselben Brotkanten mit und schickte ihr die älteste Tochter nach: »Gib acht, was Marja Zarewna ißt!«

Sie kamen in das freie Feld. Da sagte Marja Zarewna: »Komm, Schwesterchen, ich will dich lausen.« Sie lauste sie und sprach vor sich hin: »Schlaf nur, schlaf, Schwesterchen! Schlaf nur, schlaf, Liebe! Schlaf nur, schlaf, Äuglein! Schlaf nur, schlaf, zweites!« Das Schwesterchen schlief ein. Marja Zarewna erhob sich, trat vor die Kuh Braunchen, verneigte sich vor ihrem rechten Bein, aß und trank sich satt, legte schöne Kleider an und ging den ganzen Tag wie eine Herrin umher. Der Abend brach an; Marja Zarewna legte die schönen Kleider wieder ab und sagte: »Wach auf, Schwesterchen, wach auf, Liebe, laß uns nach Hause gehen.« – »Weh mir«, jammerte die Schwester, »ich habe den ganzen Tag geschlafen und nichts gesehen. Jetzt wird mich meine Mutter schelten!«

Sie kamen nach Hause. Die Mutter sagte: »Was hat Marja Zarewna getrunken? Was hat sie gegessen?« – »Ich habe nichts gesehen.« Die Jagischna schalt sie; in der Frühe stand sie auf und schickte ihre dreiäugige Tochter aus: »Geh mit«, sagte sie, »und gib acht, was diese Hündin ißt und trinkt!«

Die Mädchen gingen in das freie Feld, Braunchen zu weiden. Da sagte Marja Zarewna: »Schwesterchen, ich will dich lausen.« – »Lause mich, Schwesterchen, lause mich, Liebe.« Marja Zarewna lauste sie und sprach: »Schlaf nur, schlaf, Schwesterchen! Schlaf nur, schlaf, Liebe! Schlaf nur, schlaf, Äuglein! Schlaf nur, schlaf, zweites!« Das dritte Auge aber vergaß sie. Das dritte Auge schaute und schaute, was Marja Zarewna tat. Die lief zu Braunchen, verneigte sich vor Braunchens rechtem Bein, trank und aß sich satt und legte schöne Kleider an; als die Sonne unterging, verneigte sie sich abermals vor Braunchen, legte die schönen Kleider ab und weckte Dreiäuglein: »Wach auf, Schwesterchen! Wach auf, Liebe! Laß uns nach Hause gehen.«

Marja Zarewna kam nach Hause und legte den trockenen Kanten Brot auf den Tisch. Die Mutter fragte ihre Tochter: »Was hat sie gegessen? Was hat sie getrunken?« Dreiäuglein erzählte ihr alles. Die Jagischna befahl: »Schlachte die Kuh Braunchen, Alter!« Der Alte schlachtete die Kuh. Marja Zarewna bat: »Lieber Großvater, gib mir wenigstens ein Stück von ihrem Steißdarm!« Der Alte warf ihr den Steißdarm hin; sie nahm ihn, pflanzte ihn an einen Pfosten – ein Sanddornbusch wuchs daraus, geschmückt mit süßen Beeren, und viele verschiedene Vögelchen saßen darin und sangen Zarenlieder und Bauernlieder.

Iwan Zarewitsch hörte von Marja Zarewna, kam zu ihrer Stiefmutter und stellte eine Schüssel auf den Tisch: »Das Mädchen, das mir diese Schüssel voll Beeren pflückt, werde ich zur Frau nehmen.« Die Jagischna` schickte ihre älteste Tochter Beeren pflücken. Die Vögel ließen sie nicht einmal in die Nähe kommen, sie mußte für ihre Augen fürchten; dann schickte sie die zweite Tochter, aber auch die konnte keine Beere pflücken. Schließlich hieß sie Marja Zarewna gehen; Marja Zarewna nahm die Schüssel und ging Beeren pflücken; sie pflückte, und die Vögel brachten ihr das Zweifache und das Dreifache in die Schüssel; sie kam, stellte die Schüssel auf den Tisch und verneigte sich vor dem Zarewitsch. Ein frohes Fest wurde gefeiert und Hochzeit gehalten. Iwan Zarewitsch nahm Marja Zarewna mit, sie lebten glücklich und zufrieden und das Gute mehrte sich.

So lebten sie eine Weile; Marja Zarewna gebar einen Sohn. Da überkam sie der Wunsch, ihren Vater zu besuchen. Sie machte sich mit ihrem Mann auf den Weg zu ihrem Vater. Die Stiefmutter verwandelte sie in eine Gans und verheiratete ihre älteste Tochter mit Iwan Zarewitsch. Iwan Zarewitsch kehrte nach Hause zurück. Der alte Wärter stand morgens früh auf, wusch sich, nahm das Kind auf den Arm und ging hinaus in das freie Feld an einen Busch. Gänse kamen geflogen, graue Gänse kamen geflogen. »Ihr, meine lieben Gänse, ihr, meine grauen Gänse! Wo habt ihr des Brustkinds Mutter gesehen?« – »In dem anderen Zug!« Der andere Zug kam geflogen. »Ihr, meine lieben Gänse, ihr, meine grauen Gänse, wo habt ihr des Brustkinds Mutter gesehen?« Des Brustkinds Mutter ließ sich auf die Erde nieder, riß das eine Federkleid herunter, riß das andere herunter, nahm das Kind auf den Arm, stillte es und weinte. »Heute stille ich es, morgen stille ich es, aber übermorgen muß ich fortfliegen hinter die dunklen Wälder, hinter die hohen Berge!«

Der alte Wärter ging nach Hause, der Knabe schlief bis zum nächsten Morgen ohne aufzuwachen, aber die eingetauschte Frau schalt, daß der alte Wärter auf dem Feld gewesen wäre und das Kind ermüdet hätte. Am nächsten Morgen stand der alte Wärter wieder in aller Frühe auf, wusch sich sauber und ging mit dem Kind in das freie Feld hinaus. Auch Iwan Zarewitsch stand auf, folgte dem Alten unbemerkt und versteckte sich hinter dem Busch. Gänse kamen geflogen, graue Gänse kamen geflogen. »Ihr, meine lieben Gänse, ihr, meine grauen Gänse! Wo habt ihr des Brustkinds Mutter gesehen?« – »In dem anderen Zug!« Der andere Zug kam geflogen. »Ihr, meine lieben Gänse, ihr, meine grauen Gänse, wo habt ihr des Brustkinds Mutter gesehen?« Des Brustkinds Mutter ließ sich auf die Erde nieder, riß das eine Federkleid herunter, riß das andere herunter, warf sie über den Busch, stillte ihr Kind und nahm Abschied von ihm. »Morgen muß ich fort, hinter die dunklen Wälder, hinter die hohen Berge.«

Sie gab das Kind dem Wärter zurück. »Warum«, sagte sie, »stinkt es hier?« Sie wollte ihre Häute überziehen, aber die waren verschwunden: Iwan Zarewitsch hatte sie verbrannt. Er hielt Marja Zarewna fest; sie verwandelte sich in eine Heuschrecke, dann in eine Eidechse, dann in allerlei ekliges Gewürm und schließlich in eine Spindel. Iwan zerbrach die Spindel in zwei Stücke, warf die Spindelferse hinter sich, die Spindelspitze vor sich, da stand wieder seine junge Frau vor ihm. Zusammen gingen sie nach Hause, aber die Tochter der Jagischna heulte und klagte: »Jetzt kommt meine Widersacherin, die Verbrecherin!« Iwan Zarewitsch ließ die Fürsten und die Bojaren kommen und fragte: »Mit welcher Frau soll ich leben?« Sie sagten: »Mit der ersten.« – »Gut, ihr Herren. Ich werde mit der leben, die als erste auf das Tor hinaufklettert.« Die Tochter der Jagischna war sogleich oben auf dem

Tor, aber Marja Zarewna zauderte und konnte sich nicht entschließen hinaufzuklettern. Da nahm Iwan Zarewitsch sein Gewehr und schoß die eingetauschte Frau herunter. Darauf lebte er mit Marja Zarjewna wie früher, sie lebten glücklich und zufrieden, und das Gute mehrte sich.

Baba Jaga

Es lebten einmal ein Mann und eine Frau; als der Mann Witwer wurde, heiratete er eine andere, und von der ersten Frau blieb ein Töchterchen zurück. Die böse Stiefmutter liebte das Mädchen nicht, sie schlug es und sann darauf, wie sie es umbringen könnte. Eines Tages war der Vater verreist, da sagte die Stiefmutter zu dem Mädchen: »Geh zu deiner Tante, meiner Schwester, bitte sie um Nadel und Faden, damit du dir ein Hemd nähen kannst!« Diese Tante aber war die Baba Jaga Beinernes Bein.

Aber das Mädchen war nicht dumm, sie ging vorher zu ihrer leiblichen Tante. »Guten Tag, liebe Tante!« – »Guten Tag, meine Gute! Weshalb kommst du?« – »Die Stiefmutter schickt mich zu ihrer Schwester um Nadel und Faden, damit ich mir ein Hemd nähen kann.« Die Tante lehrte sie: »Liebe Nichte, dort wird eine Birke mit ihren Zweigen dich in die Augen peitschen – du mußt sie mit einem Seidenband festbinden; dort wird ein Tor knarren und zuschlagen – du mußt ihm Öl unter die Fersen gießen; dort werden Hunde über dich herfallen – du mußt ihnen Brot zuwerfen; dort wird ein Kater dir in die Augen springen – du mußt ihm ein Stück Schinken geben.« Darauf ging das Mädchen weiter. Sie ging und ging und kam schließlich an.

Da stand ein kleines Haus. In dem Haus saß die Baba Jaga Beinernes Bein und webte. »Guten Tag, liebe Tante!« – »Guten Tag, meine Gute!« – »Die Mutter schickt mich zu dir um Nadel und Faden, damit ich mir ein Hemd nähen kann.«

»Gut; setz dich einstweilen und webe ein bißchen.« Das Mädchen setzte sich an den Webstuhl, und die Baba Jaga sagte zu ihrer Magd: »Geh, heize die Badestube und bade meine Nichte. Bade sie aber ordentlich; ich möchte sie zum Frühstück essen.« Das Mädchen saß da, weder tot noch lebendig, fürchtete sich sehr und bat die Magd: »Meine Gute, schüre das Feuer nicht, sondern schütte Wasser darauf und trage das Wasser mit einem Sieb herbei.« Und sie schenkte der Magd ein Tüchlein.

Die Baba Jaga wartete. Sie trat an das Fenster und fragte: »Webst du, meine Liebe?« – »Ich webe, liebe Tante, ich webe, meine Gute.« Die Baba Jaga ging wieder vom Fenster weg, und das Mädchen gab dem Kater ein Stück Schinken und fragte: »Könnte ich nicht weglaufen?« – »Hier hast du einen Kamm und ein Handtuch«, sagte der Kater. »Nimm sie und lauf weg; die Baba Jaga wird dich verfolgen. Halte das Ohr an die Erde, und wenn du hörst, daß sie nicht mehr weit von dir ist, mußt du zuerst das Handtuch hinter dich werfen, ein breiter, breiter Fluß wird dann hinter dir fließen; wenn die Baba Jaga den Fluß überquert und dich weiter verfolgt, mußt du abermals das Ohr an die Erde halten, und sobald du hörst, daß sie nicht mehr weit von dir ist, den Kamm hinter dich werfen, und ein dichter, dichter Wald wird hinter dir empor-wachsen. Durch diesen Wald wird die Hexe nicht hindurch-kommen.«

Das Mädchen nahm das Handtuch und den Kamm und lief fort; die Hunde wollten sich auf sie stürzen, sie warf ihnen Brot hin, und die Hunde ließen sie durch; das Tor wollte vor ihr zuschlagen, sie goß ihm Öl unter die Fersen, und die Torflügel ließen sie durch. Die Birke wollte ihr in die Augen peitschen – sie band sie mit einem seidenen Band fest, und die Birke ließ sie durch. Der Kater aber setzte sich an den Webstuhl und webte: Er hat weniger gewebt, als die Fäden verwirrt. Die Baba Jaga trat an das Fenster und fragte: »Webst du auch, liebe Nichte? Webst du, meine Gute?« –

»Ich webe, Tante! Ich webe!« antwortete der Kater verdrieß-
lich.

Die Baba Jaga stürzte ins Haus, sah, daß das Mädchen fort
war und begann, den Kater zu prügeln und zu beschimpfen,
weil er dem Mädchen nicht die Augen ausgekratzt hätte. »Ich
diene dir schon so lange, und du hast mir nie einen Knochen
gegeben, aber von ihr habe ich Schinken bekommen.« Die
Baba Jaga begann, alle zu beschimpfen und zu prügeln: die
Hunde, die Torflügel, die Birke und die Magd. Die Hunde
sagten: »Wir dienen dir schon so lange, du hast uns nicht
einmal eine verbrannte Kruste gegeben, aber von ihr haben
wir Brot bekommen.« Die Torflügel sagten: »Wir dienen dir
schon so lange, und du hast uns noch nie Wasser unter die
Fersen gegossen, aber von ihr haben wir Öl bekommen.« Die
Birke sagte: »Ich diene dir schon so lange, und du hast mich
nicht einmal mit einem Strick festgebunden, aber von ihr habe
ich ein seidenes Band bekommen.« Die Magd sagte: »Ich
diene dir schon so lange, aber du hast mir noch nie ein
Läppchen geschenkt, sie aber hat mir ein Tüchlein geschenkt.«

Die Baba Jaga Beinernes Bein stieg hurtig in den Mörser,
trieb ihn mit dem Stößel an, wischte die Spur mit dem
Ofenbesen aus und wollte das Mädchen einholen. Das Mädchen legte das Ohr an die Erde und hörte, daß die Baba Jaga
ihr nachjagte. Als sie nicht mehr weit von ihr war, nahm sie
das Handtuch, warf es hinter sich, und schon strömte hinter
ihr ein breiter, breiter Fluß! Die Baba Jaga kam an den Fluß
und knirschte vor Wut mit den Zähnen; sie kehrte nach Hause
zurück, holte ihre Ochsen und trieb sie an den Fluß. Die
Ochsen tranken den ganzen Fluß bis auf den letzten Tropfen
aus. Die Baba Jaga nahm die Verfolgung wieder auf. Das
Mädchen legte das Ohr an die Erde und hörte, daß die Baba
Jaga nicht mehr weit von ihr war – da warf sie den Kamm
hinter sich: ein dichter, ein wilder Wald wuchs hinter ihr
empor! Die Baba Jaga wollte sich durchnagen, aber wie sehr

sie sich auch mühte, sie konnte sich nicht hindurchnagen und mußte unverrichteter Dinge nach Hause zurückkehren.

Der Mann aber war nach Hause gekommen und fragte: »Wo ist denn meine Tochter?« – »Sie ist zu ihrer Tante gegangen«, sagte die Stiefmutter. Es dauerte nicht lange, da kam das Mädchen gelaufen. »Wo warst du?« fragte der Vater. »Ach, Väterchen«, sagte das Mädchen, »die Mutter hatte mich zu der Tante geschickt um Nadel und Faden, damit ich mir ein Hemd nähen kann, aber die Tante, die Baba Jaga, wollte mich verschlingen.« – »Wie bist du ihr entkommen, Töchterchen?« Das Mädchen erzählte, wie alles sich zugetragen hatte. Als der Mann alles gehört hatte, geriet er in großen Zorn über seine Frau und schoß sie nieder; er lebte mit seiner Tochter glücklich und in Frieden, das Gute mehrte sich, auch ich bin dort gewesen, habe Met und Bier getrunken, alles lief den Schnurrbart herunter und nicht ein Tropfen in den Mund.

Die wunderschöne Wassilissa

In einem Reiche lebte einmal ein Kaufmann. Zwölf Jahre war er verheiratet, aber er hatte nur eine einzige Tochter, die wunderschöne Wassilissa. Ihre Mutter starb, als Wassilissa acht Jahre alt war. Als sie auf dem Totenbett lag, ließ die Kaufmannsfrau die Tochter zu sich kommen, holte unter der Bettdecke eine Puppe hervor und sagte: »Höre gut zu, Wassilissa! Behalte meine letzten Worte und folge ihnen. Ich sterbe und hinterlasse dir mit meinem mütterlichen Segen diese Puppe; bewahre sie stets bei dir und zeige sie niemandem; solltest du Kummer haben, gib ihr zu essen und frage sie dann um Rat. Sie wird ein wenig essen und dir sagen, wie du dir in deiner Not helfen kannst.« Darauf küßte die Mutter ihre Tochter und verschied.

Nach dem Tod seiner Frau trauerte der Kaufmann so

lange, wie es sich ziemte, dann aber überlegte er, ob er nicht wieder heiraten sollte. Er war ein guter Mensch, an Bräuten fehlte es nicht, aber er hatte besonderen Gefallen an einer Witwe gefunden. Sie war schon in den Jahren, hatte selbst zwei Töchter, fast im gleichen Alter wie Wassilissa, mußte also eine gute Hausfrau und Mutter sein. Der Kaufmann nahm die Witwe zur Frau, aber er hatte sich in ihr getäuscht und fand keine gute Mutter für seine Wassilissa. Wassilissa war die Schönste im ganzen Flecken; die Stiefmutter und die Schwestern beneideten sie um ihre Schönheit und plagten sie mit schwerer Arbeit, damit sie mager würde und Wind und Sonne ihre weiße Haut bräunten; Wassilissa ertrug alles ohne Murren und wurde mit jedem Tag schöner, während die Stiefmutter und ihre Töchter vor Bosheit immer magerer und magerer und häßlicher wurden, obwohl sie niemals einen Finger rührten, ganz wie die feinen Damen. Und wie kam das? Die Puppe half Wassilissa. Wie hätte das Mädchen sonst mit der Arbeit fertig werden sollen? Dafür hob Wassilissa die besten Bissen auf, schloß sich abends, wenn alle zur Ruhe gingen, in ihrem Kämmerchen ein, bewirtete ihre Puppe und sprach mit ihr: »Hier, mein Püppchen, iß und laß mich klagen! Ich wohne in meines Vaters Haus und kenne keine Freude; die böse Stiefmutter möchte mich aus der Welt haben. Lehre mich, wie soll ich leben und was soll ich tun?« Die Puppe aß, gab Wassilissa guten Rat, tröstete sie in ihrem Kummer, und gegen Morgen verrichtete sie Wassilissas Arbeit; Wassilissa ruhte im Schatten und pflückte Blumen, und währenddessen wurden die Beete gejätet und der Kohl begossen, das Wasser geholt und der Ofen geheizt. Die Puppe hatte Wassilissa auch das Kraut gezeigt, das ihre Haut vor der Bräune bewahrte. Sie hatte es gut mit ihrer Puppe.

So vergingen einige Jahre. Wassilissa wurde erwachsen und kam in das Heiratsalter. Alle Freier aus der Stadt hielten um Wassilissa an; die Töchter der Stiefmutter würdigten sie keines Blickes. Die Stiefmutter wütete ärger denn je und gab allen Freiern dieselbe Antwort: »Die Jüngste kommt nicht vor der Älteren aus dem Haus.« Und wenn sich die Freier verabschiedet hatten, ließ sie ihren Ärger an Wassilissa aus.

Eines Tages mußte der Kaufmann für längere Zeit in Handelsgeschäften verreisen. Da zog die Stiefmutter in ein anderes Haus um, in der Nähe dieses Hauses war ein dichter Wald, mitten im Wald auf einer Lichtung stand ein Häuschen, und in diesem Häuschen wohnte die Baba Jaga. Sie ließ niemanden in ihre Nähe kommen und verschlang Menschen, als wären es Hühnchen. Sobald sie in das neue Haus eingezogen war, schickte die Kaufmannsfrau die ihr so verhaßte Wassilissa immer wieder in den Wald, aber Wassilissa kehrte stets wohlbehalten zurück: Die Puppe wies ihr den rechten Weg und bewahrte sie davor, in die Nähe des Häuschens der Baba Jaga zu kommen.

Es wurde Herbst. Die Stiefmutter teilte den drei Mädchen ihr Maß Arbeit für den Abend zu: die eine mußte Spitzen klöppeln, die zweite Strümpfe stricken und Wassilissa spinnen. Sie löschte das Licht im ganzen Haus, ließ bei den Mädchen eine einzige Kerze brennen und ging zu Bett. Die Mädchen arbeiteten. Da nahm die eine Stiefschwester die Schere, um das Licht zu putzen, löschte dabei aber wie aus Versehen die Kerze aus, wie es ihre Mutter befohlen hatte. »Was sollen wir tun?« fragten die Mädchen. »Im ganzen Haus ist kein Licht! Und wir sind noch lange nicht fertig. Wir müssen uns Feuer bei der Baba Jaga holen!« – »Ich habe genug Licht von meinen Stecknadeln!« sagte das Mädchen, das Spitzen klöppelte. »Ich geh nicht hin!« – »Ich gehe auch nicht«, sagte die andere, die Strümpfe strickte. »Ich habe genug Licht von meinen Stricknadeln!« – »Du mußt Feuer holen!« schrien die beiden. »Geh du zu der Baba Jaga!« Und sie stießen Wassilissa aus der Stube.

Wassilissa ging in ihr Kämmerchen, setzte der Puppe das aufbewahrte Essen vor und sagte: »Hier, mein Püppchen, iß und laß mich klagen! Sie schicken mich zu der Baba Jaga

Feuer holen. Die Baba Jaga wird mich auffressen!« Die Puppe aß, und ihre Augen leuchteten wie zwei Kerzen. »Fürchte dich nicht, Wassilissa«, sagte sie. »Geh, wohin sie dich schicken, behalte mich aber immer bei dir. Wenn ich bei dir bin, wird dir bei der Baba Jaga nichts Böses zustoßen.« Wassilissa zog sich an, steckte ihre Puppe in die Tasche, bekreuzigte sich und ging in den dichten Wald.

Sie ging und zitterte vor Angst. Plötzlich sprengte ein Reiter an ihr vorbei: Er selbst war weiß, seine Kleider waren weiß, das Roß unter ihm war weiß, das Zaumzeug war weiß – und schon brach der Tag an.

Sie ging weiter. Da sprengte ein anderer Reiter vorbei: Er selbst war rot, seine Kleider waren rot und das Roß unter ihm war rot – und schon ging die Sonne auf.

Wassilissa wanderte die ganze Nacht und den ganzen Tag, erst gegen Abend trat sie auf die Lichtung hinaus, wo das Haus der Baba Jaga stand. Um das Haus war ein Zaun aus Menschenknochen, auf dem Zaun steckten Menschenschädel mit Augen; statt Pfosten am Tor – Menschenbeine, statt Riegel – Hände, statt Türschloß – ein Mund mit scharfen Zähnen. Wassilissa erstarrte vor Schrecken und blieb wie angewurzelt stehen. Plötzlich ritt wieder ein Reiter vorbei: er selbst war schwarz, seine Kleider waren scharz, das Roß unter ihm war schwarz; er sprengte auf das Tor der Baba Jaga zu und verschwand, als wäre er in die Erde versunken – es wurde Nacht. Aber es blieb nicht lange dunkel: In allen Schädeln auf dem Zaun begannen die Augen zu glühen, und auf der Lichtung wurde es hell wie mitten am Tage. Wassilissa zitterte vor Angst, aber sie wußte nicht, wohin sie fliehen sollte, und rührte sich nicht von der Stelle.

Bald erhob sich im Wald ein schreckliches Getöse: die Bäume knarrten, das trockene Laub raschelte – die Baba Jaga kam aus dem Wald. Sie fuhr in einem Mörser, trieb ihn mit dem Stößel an und wischte die Spur mit dem Ofenbesen aus. Sie kam an das Tor, hielt an, schnupperte und rief: »Huh,

huh! Hier riecht es nach Russen! Wer ist hier?« Wassilissa trat ängstlich vor die Alte, verneigte sich tief und sagte: »Ich bin es, Großmutter! Die Stiefschwestern haben mich zu dir nach Feuer geschickt.« – »Recht so«, sagte die Baba Jaga. »Die kenne ich. Du sollst eine Weile bei mir bleiben und für mich arbeiten, dann werde ich dir Feuer geben; und wenn nicht, dann verschlinge ich dich!« Dann wandte sie sich dem Tor zu und rief: »He, meine Riegel, meine festen, schließt euch auf; mein Tor, mein breites, öffne dich!« Die Torflügel öffneten sich, die Baba Jaga fuhr pfeifend in den Hof, Wassilissa folgte ihr, dann schloß sich wieder alles. Die Baba Jaga trat in die Stube, streckte sich auf der Bank aus und sagte zu Wassilissa: »Trag mir alles auf, was im Ofen steht: Ich habe Hunger.«

Wassilissa steckte einen Kienspan an einem Schädel am Zaun an und begann, die Töpfe aus dem Ofen zu holen und der Baba Jaga das Essen aufzutischen. Alles war für ein gutes Dutzend Menschen gerichtet; aus dem Keller holte sie Kwas, Met, Bier und Wein herauf. Die Alte aß alles auf und trank alles aus; für Wassilissa blieb nur ein Löffel Schtschi, ein Kanten Brot und ein Restchen vom Spanferkel. Bevor sich die Baba Jaga schlafen legte, sagte sie: »Wenn ich morgen aus dem Haus gehe, mußt du den Hof kehren, die Stube fegen, das Essen kochen, die Wäsche waschen und in die Kornkammer gehen, dort ein Tschetwert Weizen holen und den Schwarzkümmel auslesen. Sieh zu, daß alles fertig ist, wenn ich zurückkomme, sonst fresse ich dich!«

Nachdem sie dies befohlen hatte, begann die Baba Jaga zu schnarchen; und Wassilissa stellte das, was die Alte übriggelassen hatte, der Puppe hin, weinte bitterlich und sagte: »Hier, mein Püppchen, iß und laß mich klagen! Die Baba Jaga hat mir eine schwere Arbeit aufgetragen und gedroht, mich zu fressen, wenn ich nicht alles erfülle; hilf mir!« Die Puppe antwortete: »Fürchte dich nicht, wunderschöne Wassilissa, iß zu Abend, bete und leg dich schlafen; der Morgen ist weiser als der Abend!«

Wassilissa wachte in aller Frühe auf, aber die Baba Jaga war schon auf den Beinen. Wassilissa schaute zum Fenster hinaus: die Augen in den Schädeln verglommen. Der weiße Reiter sprengte vorbei – es wurde hell. Die Baba Jaga trat auf den Hof hinaus, pfiff, und der Mörser mit dem Stößel und der Ofenbesen standen vor ihr. Der rote Reiter sprengte vorbei – die Sonne ging auf. Die Baba Jaga stieg in den Mörser und fuhr davon, sie trieb ihn mit dem Stößel an und verwischte die Spur mit dem Ofenbesen. Wassilissa blieb allein zurück, ging durch das Haus der Baba Jaga, staunte über die Fülle, die darin herrschte, und blieb unschlüssig stehen. Womit sollte sie ihr Tagewerk beginnen? Aber da sah sie, daß alle Arbeit schon getan war; die Puppe las aus dem Weizen die letzten Körnchen Schwarzkümmel aus. »Ach, du meine Retterin«, sagte Wassilissa zu ihrer Puppe. »Du hast mich aus großer Not gerettet.« – »Du brauchst nur noch das Essen zu kochen«, antwortete die Puppe und schlüpfte in Wassilissas Tasche. »Koche mit Gottes Hilfe und ruh dich dann aus!«

Gegen Abend deckte Wassilissa den Tisch und wartete auf die Baba Jaga. Die Dämmerung kam, der schwarze Reiter sprengte vor das Tor – und es wurde ganz dunkel; nur die Augen in den Schädeln glühten im Finstern. Die Bäume knarrten, das Laub raschelte – die Baba Jaga brauste herbei. Wassilissa ging ihr entgegen. »Ist alles getan?« fragte die Baba Jaga. »Sieh selber nach, Großmutter!« sagte Wassilissa. Die Baba Jaga sah alles an, ärgerte sich, daß sie keinen Grund fand zu zürnen, und sagte: »Nun gut!« Dann rief sie: »Meine treuen Diener, meine lieben Freunde, mahlt mir meinen Weizen!« Drei Paar Hände wurden sichtbar, nahmen den Weizen und verschwanden damit. Die Baba Jaga aß sich satt, legte sich zur Ruhe und gab Wassilissa einen neuen Befehl: »Morgen mußt du das gleiche tun wie heute, aber außerdem mußt du den Mohn aus der Kornkammer holen und ihn Körnchen um Körnchen verlesen. Jemand hat böswillig Erde darunter gemischt!« Die Alte sprach es, drehte sich zur Wand und schnarchte, Wassilissa aber gab ihrer Puppe zu essen. Die Puppe aß und sagte wie am Tag zuvor: »Bete zu Gott und leg dich schlafen; der Morgen ist weiser als der Abend, es wird alles getan sein, Wassilissa!«

Am Morgen fuhr die Baba Jaga wieder in dem Mörser davon, und sogleich verrichteten Wassilissa und die Puppe alle Arbeit. Die Alte kam zurück, sah alles an und rief: »Meine treuen Diener, meine lieben Freunde, preßt mir Öl aus dem Mohn!« Die drei Paar Hände nahmen den Mohn und verschwanden damit. Die Baba Jaga setzte sich an den Tisch; sie aß, und Wassilissa stand schweigend dabei. »Warum sprichst du nicht mit mir?« fragte die Baba Jaga. »Du stehst da, als wärest du stumm!« – »Ich habe es nicht gewagt«, antwortete Wassilissa. »Aber wenn du erlaubst, möchte ich dich gerne etwas fragen.« – »Du kannst fragen, aber nicht jede Frage bringt Gutes: Wer viel weiß, wird bald alt!« – »Ich will nur danach fragen, was ich gesehen habe, Großmutter: Als ich zu dir ging, überholte mich ein Reiter auf einem weißen Roß, er war selbst weiß und trug weiße Kleider: Wer war das?« – »Das war mein lichter Tag«, antwortete die Baba Jaga. »Dann überholte mich ein anderer Reiter. Er ritt auf einem roten Roß, war selbst rot und auch rot gekleidet. Wer war das?« – »Das war meine liebe rote Sonne«, antwortete die Baba Jaga. »Und wer ist der schwarze Reiter, der mich dicht vor deinem Tor einholte?« – »Das ist meine dunkle Nacht – sie alle sind meine treuen Diener!«

Wassilissa dachte an die drei Paar Hände und schwieg. »Warum fragst du nicht weiter?« sagte die Baba Jaga. »Ich habe genug gefragt; hast du doch selbst gesagt, Großmutter: Wer viel weiß, wird bald alt.« – »Es ist gut«, sagte die Baba Jaga, »daß du nur danach fragst, was du vor dem Zaun draußen gesehen hast und nicht hinter dem Zaun drinnen! Ich habe es nicht gern, wenn man den Kehricht aus der Stube trägt, und verschlinge jeden, der über das Maß neugierig ist!

Jetzt will ich dich fragen: Wie stellst du es an, die Arbeit zu verrichten, die ich dir auftrage?«

»Mir hilft der Segen meiner Mutter«, antwortete Wassilissa. »Das also ist es! So scher dich weg, du gesegnete Tochter. Gesegnete kann ich nicht brauchen!« Sie zerrte Wassilissa aus dem Haus, stieß sie vor das Tor, holte einen Schädel mit glühenden Augen vom Zaun herunter, steckte ihn auf einen Stock, drückte ihn ihr in die Hand und sagte: »Hier ist das Licht für deine Stiefschwestern, nimm es; deswegen haben sie dich doch hergeschickt.«

So schnell sie nur konnte lief Wassilissa nach Hause, der Schädel leuchtete ihr und erlosch erst, als der Morgen dämmerte. Endlich, am Abend des nächsten Tages, erreichte sie ihr Haus. Als sie auf das Tor zuging, wollte sie den Schädel wegwerfen: »Sie brauchen zu Hause«, dachte sie, »gewiß kein Feuer mehr.« Aber plötzlich vernahm sie eine dumpfe Stimme aus dem Schädel: »Wirf mich nicht weg, bring mich zu deiner Stiefmutter.«

Sie sah, daß kein einziges Fenster im Haus der Stiefmutter erleuchtet war, und entschloß sich, den Schädel mit ins Haus zu nehmen. Zum ersten Mal wurde sie freundlich empfangen, die Stiefmutter und ihre Töchter erzählten ihr, daß seit der Zeit, da sie fortgegangen war, im Hause kein Licht brennen wollte: so oft sie sich auch bemühten, es gelang ihnen nicht, eines anzuzünden, und wenn sie Glut bei den Nachbarn holten, erlosch sie sofort in ihrer Stube. »Hoffentlich wird dein Licht nicht ausgehen!« sagte die Stiefmutter. Sie trugen den Schädel in die Stube; die Augen in dem Schädel richteten sich auf die Stiefmutter und ihre Töchter und versengten sie! Sie wollten sich verstecken, aber wohin sie auch flohen, die Augen folgten ihnen; am Morgen waren sie alle zu Asche verbrannt. Nur Wassilissa blieb unversehrt.

Am Morgen begrub Wassilissa den Schädel, schloß das Haus ab, ging in die Stadt und bat eine alte Frau, sie bei sich aufzunehmen; die alte Frau lebte ganz allein; so blieb Wassilissa bei ihr und wartete auf ihren Vater. Eines Tages sagte sie zu der Alten: »Ich langweile mich ohne Arbeit, Großmutter! Geh auf den Markt und kaufe mir vom besten Flachs; dann kann ich wenigstens spinnen.« Die Alte kaufte vom besten Flachs; Wassilissa machte sich an die Arbeit, das Spinnen ging ihr leicht von der Hand, und das Garn wurde glatt und fein wie ihr Haar. Bald war genug Gespinst zum Weben da, aber nirgends fand sich ein Weberkamm, der für Wassilissas Garn fein genug gewesen wäre; und niemand fand sich, der es sich zugetraut hätte, einen solchen Weberkamm zu schnitzen. Schließlich fragte Wassilissa ihre Puppe um Rat, und die sagte: »Bring mir ein altes Weberblatt, ein altes Schiffchen und Roßhaar; ich werde für dich einen Webstuhl bauen.«

Wassilissa brachte alles herbei, was die Puppe wünschte, sie legte sich schlafen, und die Puppe baute in der Nacht den richtigen Webstuhl. Als der Winter vergangen war, war das Linnen gewebt, es war so fein, daß man es statt eines Fadens durch ein Nadelöhr ziehen konnte. Im Frühling kam das Linnen auf die Bleiche, und als es gebleicht war, sagte Wassilissa zu der Alten: »Verkaufe dieses Linnen und behalte das Geld.« Die Alte sah die Linnenrolle und schlug die Hände über dem Kopf zusammen: »Nein, Kindchen! Nur dem Zaren steht es zu, solches Linnen zu tragen, sonst keinem; ich werde es in den Palast bringen!« Die Alte kam zum Palast und ging vor den Fenstern auf und ab. Der Zar sah sie und fragte: »Was wünschst du, Großmütterchen?« – »Euer kaiserliche Majestät«, antwortete die Alte, »ich bringe seltene Ware; niemandem außer dir will ich sie zeigen.« Der Zar befahl, die Alte vorzulassen, und als er das Linnen sah, war er voller Staunen. »Was willst du dafür haben?« fragte der Zar. »Es ist unbezahlbar, Väterchen Zar. Ich bringe es, um es dir zu schenken.« Der Zar dankte und entließ die Alte mit reichen Geschenken. Nun sollten aus diesem Linnen für den Zaren Hemden genäht werden. Sie waren zugeschnitten, aber keine Näherin fand sich, die sie nähen konnte. Sie suchten lange, endlich ließ der

Zar die Alte rufen und sagte: »Wenn du solches Linnen gesponnen und gewebt hast, mußt du auch die Hemden daraus nähen.« – »Nicht ich, Herr, habe dieses Linnen gesponnen und gewebt«, sagte die Alte, »es ist das Werk meiner Pflegetochter.« – »Dann soll sie auch die Hemden daraus nähen.« Die Alte kehrte nach Hause zurück und erzählte Wassilissa, was sich zugetragen hatte. »Ich wußte«, sagte Wassilissa, »daß diese Arbeit für mich bestimmt ist.« Sie schloß sich in ihre Kammer ein und machte sich an die Arbeit; sie nähte ohne Unterlaß, und bald war das Dutzend Hemden fertig.

Die Alte trug die Hemden zum Zaren, und Wassilissa wusch sich, kämmte das Haar, kleidete sich an und setzte sich ans Fenster. Sie saß da und wartete, was nun geschehen würde. Da sah sie: In den Hof ritt ein Bote des Zaren. Er kam in die Stube und sagte: »Der Zar und Herrscher will die kunstfertige Näherin sehen, die ihm die Hemden genäht hat, und sie mit eigener Hand belohnen.« Wassilissa ging hin und trat unter die Augen des Zaren. Als der Zar die wunderschöne Wassilissa sah, verliebte er sich in sie über die Maßen. »Nein, meine Schöne«, sagte er, »ich kann mich nicht mehr von dir trennen; du sollst meine Frau sein.« Dann nahm der Zar Wassilissa bei ihrer weißen Hand und hieß sie sich neben ihn setzen. Bald darauf wurde Hochzeit gefeiert. Als Wassilissas Vater zurückkehrte, freute er sich über das Los seiner Tochter und lebte bis zu seinem Ende bei ihr. Auch die alte Frau holte Wassilissa zu sich, das Püppchen aber trug sie bis zu ihrem letzten Tag in der Tasche.

Die Baba Jaga und der Mickerling

Es lebten einmal ein Mann und eine Frau, die hatten keine Kinder. Wie sehr sie es sich auch wünschten, wie oft sie zu Gott beteten – die Frau wurde nicht schwanger. Eines Tages ging der Mann in den Wald Pilze sammeln. Unterwegs begegnete ihm ein alter Mann. »Ich weiß«, sagte er, »woran du denkst; du denkst immer an Kinder. Geh jetzt durch das Dorf, hol dir in jedem Hof ein Ei und setz eine Gluckhenne auf die Eier; du wirst schon sehen, was daraus wird!« Der Mann kehrte ins Dorf zurück; in seinem Dorf gab es einundvierzig Höfe; nun ging er von Hof zu Hof, holte sich überall ein Ei und setzte eine Gluckhenne auf die einundvierzig Eier. Nach zwei Wochen sah der Mann nach, sah die Frau nach – aus den Eiern waren kleine Jungen geschlüpft; vierzig gesunde und kräftige und einer, der nicht ganz geraten war – er war zart und schwach! Der Mann suchte Namen für die vierzig Jungen; für jeden fand er einen Namen. Nur für den letzten fiel ihm nichts ein. »Nun«, sagte der Mann, »dann wirst du eben Mickerling heißen!«

Nun wuchsen die Kinder heran, sie wuchsen nicht von Tag zu Tag, sondern von Stunde zu Stunde. Sie wurden erwachsen und konnten bald fest zupacken, dem Vater und der Mutter bei der Arbeit helfen: Vierzig Burschen arbeiteten im Feld, und der Mickerling bestellte das Haus. Dann kam die Heumahd; die Brüder mähten, setzten die Schober auf, arbeiteten eine Woche lang und kehrten in das Dorf zurück; sie aßen, was Gott ihnen schickte, und legten sich schlafen. Der Vater sah ihnen zu und sagte: »Jung und grün! Sie essen viel, sie schlafen fest. Aber gearbeitet haben sie gewiß nicht viel!« – »Aber sieh doch erst nach, Väterchen!« mahnte ihn der Mickerling. Der Alte zog sich an und fuhr in die Wiesen hinaus, dort sah er vierzig Schober aufgesetzt stehen: »Das sind tüchtige Burschen! So viel haben sie in einer Woche gemäht und aufgesetzt.«

Auch am nächsten Tag fuhr der Mann in die Wiesen, um sich an seinem Hab und Gut zu erfreuen; er kam hin – ein Schober war spurlos verschwunden! Er kehrte zurück und sagte: »Ach, meine Söhne! Ein Schober ist verschwunden!« – »Macht nichts, Väterchen«, sagte der Mickerling. »Wir werden den Dieb fangen. Gib mir hundert Rubel, ich werde es schon machen.« Er bekam vom Vater hundert Rubel und ging zum Schmied. »Kannst du mir eine Kette schmieden, die lang genug ist, um einen Mann von oben bis unten zu umwinden?« – »Warum sollte ich die nicht schmieden können?« – »Aber gib acht, mach die Kette schön stark. Wenn die Kette hält, bekommst du von mir hundert Rubel, wenn sie reißt, ist deine ganze Arbeit umsonst!« Der Schmied schmiedete eine eiserne Kette; der Mickerling wand sich die Kette um den Leib, zog daran – die Kette riß. Der Schmied schmiedete eine neue, doppelt so starke; sie war dem Mickerling recht. Er nahm die Kette, zahlte die hundert Rubel und ging bei dem Heu Wache halten; er setzte sich unter einen Schober und wartete.

Um Mitternacht brach ein Gewitter los, das Meer wogte, und plötzlich stieg aus der Meerestiefe eine wunderschöne Stute auf. Sie lief zu dem ersten Schober und fing an zu fressen. Der Mickerling sprang auf die Stute zu, legte ihr die eiserne Kette an und saß auf. Die Stute wollte ihn abwerfen und jagte mit ihm über Berge und Täler davon. Es gelang ihr nicht, den Reiter abzuwerfen! Schließlich stand sie still und sagte: »Nun, tapferer Reiter, du hast es vermocht, mich zu reiten, dafür bekommst du meine Fohlen.« Die Stute lief an das blaue Meer und wieherte laut. Das blaue Meer wogte, und einundvierzig Hengste kamen auf das Ufer hinauf, einer herrlicher als der andere! Die ganze Welt könnte man durchwandern und würde keinen ihresgleichen finden! Am Morgen hörte der Vater auf seinem Hof Wiehern und Pferdegetrappel; was war das? Das war sein Sohn Mickerling, der eine ganze Herde Hengste herbeitrieb. »Gott zum Gruß, Brüder«, sagte er, »jetzt haben wir jeder ein Roß. Nun wollen wir in die Welt hinaus reiten und uns Bräute suchen.« – »Reiten wir!« Der Vater und die Mutter segneten sie, und die Brüder traten ihre lange Reise an.

Lange ritten sie durch die weite Welt. Aber wo konnten sie so viele Bräute finden? Sie wollten nicht in verschiedene

Sippen heiraten, damit sich keiner von ihnen zu grämen brauchte; aber welche Mutter konnte sich rühmen, just einundvierzig Töchter ihr eigen zu nennen? Schließlich kamen die jungen Reiter in das dreimal neunte Reich; sie sahen: Auf einem steilen Berg stand ein weißer Palast, von einer hohen Mauer umgeben, vor seinen Toren eherne Pfähle. Sie zählten einundvierzig Pfähle. An diese Pfähle banden sie ihre Heldenrosse und traten in den Hof. Dort empfing sie die Baba Jaga. »Was wollt ihr, ihr ungebetenen, ungeladenen Gäste? Wie könnt ihr es wagen, eure Pferde, ohne zu fragen, an die Pfähle zu binden?« – »Schon gut, Alte! Warum schimpfst du? Du sollst uns zuerst mit Speise und Trank bewirten und die Badestube heizen, dann erst kannst du uns ausfragen.« Die Baba Jaga bewirtete sie mit Speise und Trank, heizte die Badestube und fragte dann: »Wie ist es, junge Helden, sucht ihr ein Werk oder flieht ihr ein Werk?« – »Wir suchen ein Werk, Großmutter!« – »Was ist es, was ihr sucht?« – »Wir suchen Bräute für uns!« – »Ich habe Töchter«, sagte die Baba Jaga, lief zu den hohen Türmen, holte einundvierzig Jungfrauen heraus und führte sie den Gästen zu.

Da wurde sogleich geworben und gefreit, getrunken, gefeiert und Hochzeit gehalten. Am Abend ging der Mickerling hinaus, um nach seinem Pferd zu sehen. Sein braves Roß sah ihn an und sprach mit menschlicher Stimme: »Herr, gib acht! Wenn ihr mit euren jungen Frauen zu Bett geht, dann zieht ihre Kleider an und laßt sie die euren anziehen: sonst sind wir alle verloren!« Der Mickerling erzählte es seinen Brüdern; die zogen die Kleider ihrer Frauen an und ließen ihre jungen Gemahlinnen die eigenen anziehen. Dann gingen sie zu Bett. Alle schliefen ein, nur der Mickerling wachte. Genau um Mitternacht rief die Baba Jaga mit lauter Stimme: »Herbei, meine treuen Diener! Köpft unsere ungebetenen Gäste!« Die treuen Diener liefen herbei und köpften die Töchter der Baba Jaga. Der Mickerling weckte seine Brüder und erzählte ihnen, was sich zugetragen hatte; sie nahmen die Köpfe, spießten sie auf die eisernen Mauerstacheln, sattelten ihre Pferde und ritten eilends davon.

In der Frühe stand die Baba Jaga auf, sah durchs Fensterchen hinaus – rund um die Mauer steckten auf den Stacheln die Köpfe ihrer Töchter; sie geriet in schreckliche Wut, befahl, ihr den flammenden Schild zu bringen, nahm die Verfolgung der Schwiegersöhne auf und begann, mit ihrem Schild in den vier Himmelsrichtungen alles zu versengen. Wo sollten die einundvierzig Brüder Zuflucht finden? Vor ihnen das blaue Meer, hinter ihnen die Baba Jaga, sengend und brennend! Fast wären sie alle verloren gewesen, aber der Mickerling hatte vorgesorgt: Er hatte nicht versäumt, sich bei der Baba Jaga ein Tüchlein einzustecken, dieses Tüchlein schwenkte er vor sich – plötzlich wölbte sich eine Brücke über das blaue Meer; die Brüder ritten auf das andere Ufer. Der Mickerling schwenkte das Tüchlein nach der anderen Seite – die Brücke verschwand, die Baba Jaga mußte umkehren und die Brüder ritten nach Hause zurück.

Die Baba Jaga und der Schicharj

Es lebten einmal ein Kater, ein Spatz und als dritter im Bunde ein Schicharj. Der Kater und der Spatz gingen Holz machen und sagten zu dem Schicharj: »Besorg das Haus, aber paß auf: Wenn die Baba Jaga kommt und die Löffel zählt, dann sprich kein einziges Wort und sei ganz still!« – »Schon gut«, sagte der Schicharj. Der Kater und der Spatz gingen fort, der Schicharj setzte sich auf den Ofen hinter den Kamin. Plötzlich war die Baba Jaga in der Stube. Sie nahm die Löffel und begann zu zählen. »Das ist dem Kater sein Löffel, das ist dem Spatz sein Löffel, und der dritte ist dem Schicharj sein Löffel.« Der Schicharj konnte nicht an sich halten und schrie: »Rühr meinen Löffel nicht an, Baba Jaga!« Die Baba Jaga packte den Schicharj, stieg in den Mörser und brauste mit ihm davon; sie fuhr in dem Mörser, trieb ihn mit dem Stößel an und wischte die Spuren mit dem Ofenbesen aus. Der Schicharj brüllte: »Kater, lauf mir nach! Spatz, flieg mir nach!« Die beiden hörten ihn und kamen ihm zu Hilfe. Der Kater kratzte die Baba Jaga, der Spatz pickte sie mit dem Schnabel, und so haben sie den Schicharj befreit.

Am nächsten Tag wollten die beiden wieder im Wald Holz machen und sagten zu dem Schicharj: »Paß auf, sprich kein einziges Wort, wenn die Baba Jaga kommt; heute werden wir weit weg sein.« Kaum hatte sich der Schicharj hinter den Kamin auf den Ofen gesetzt, war die Baba Jaga schon da und zählte die Löffel: »Das ist dem Kater sein Löffel, das ist dem Spatz sein Löffel, und das ist dem Schicharj sein Löffel.« Der Schicharj konnte nicht an sich halten und schrie aus vollem Halse: »Rühr meinen Löffel nicht an, Baba Jaga.« Die Baba Jaga packte den Schicharj und schleppte ihn mit sich fort. Der Schicharj brüllte: »Kater, lauf mir nach, Spatz, flieg mir nach!« Die beiden hörten ihn uhd kamen ihm zu Hilfe; der Kater kratzte, der Spatz pickte die Baba Jaga! Sie befreiten den Schicharj und gingen mit ihm nach Hause. Am dritten Tag wollten die beiden wieder im Wald Holz machen und sagten zu dem Schicharj: »Paß auf, wenn die Baba Jaga kommt, und schweig still; heute werden wir weit weg sein.« Der Kater und der Spatz gingen fort, der Schicharj setzte sich auf den Ofen hinter den Kamin; plötzlich war die Baba Jaga da und zählte die Löffel: »Das ist dem Kater sein Löffel, das ist dem Spatz sein Löffel, und der dritte ist dem Schicharj sein Löffel.« Der Schicharj schwieg. Die Baba Jaga zählte zum zweiten Mal. »Das ist dem Kater sein Löffel, das ist dem Spatz sein Löffel, das ist dem Schicharj sein Löffel.« Der Schicharj schwieg. Die Baba Jaga zählte zum dritten Mal: »Das ist dem Kater sein Löffel, das ist dem Spatz sein Löffel, der dritte gehört dem Schicharj.«

Der Schicharj konnte nicht an sich halten. »Rühr meinen

Löffel nicht an, du Metze.« Die Baba Jaga packte den Schicharj und schleppte ihn fort. Der Schicharj schrie: »Kater, lauf mir nach! Spatz, flieg mir nach!« Aber die beiden hörten ihn nicht.

Die Baba Jaga schleppte den Schicharj in ihr Haus und sperrte ihn in den Verschlag neben dem Ofen. Dann heizte sie den Ofen und sagte zu ihrer ältesten Tochter: »Mädchen, ich muß jetzt nach Rußland; brat mir zum Mittagessen den Schicharj.« – »Schon recht!« sagte die Tochter. Der Ofen war heiß, das Mädchen ließ den Schicharj aus dem Verschlag. Der Schicharj kam heraus. »Leg dich in den Topf«, sagte das Mädchen. Der Schicharj legte sich in den Topf, stemmte das eine Bein gegen die Decke, das andere in die Ecke. Das Mädchen sagte: »Nicht so!« Der Schicharj sagte: »Wie denn? Zeig es mir.« Das Mädchen legte sich in den Topf, der Schicharj, nicht faul, nahm schnell die Ofengabel und schob den Topf mit der Tochter der Baba Jaga in den Ofen. Dann setzte er sich wieder in den Verschlag und wartete auf die Baba Jaga. Da kam die Baba Jaga gelaufen und sagte: »Jetzt will ich mich rollen, jetzt will ich mich wälzen auf des Schicharj Knöchelchen!« Aber der Schicharj gab ihr zur Antwort: »Wälze dich, rolle dich auf deiner Tochter Knöchelchen!«

Die Baba Jaga erschrak und schaute in den Ofen: da war es ihre Tochter, die gebraten im Topf lag. Da drohte sie: »Ach, du verfluchter Gauner, ich werde es dir zeigen! Du wirst mir nicht entkommen!« Nun befahl sie ihrer mittleren Tochter, den Schicharj zu braten, und fuhr davon. Die mittlere Tochter heizte den Ofen und hieß den Schicharj, aus seinem Verschlag zu kommen. Der Schicharj kam heraus, legte sich in den Topf, stemmte ein Bein gegen die Decke und das andere in die Ecke. Das Mädchen sagte: »Nicht so, nicht so!« – »Zeig es mir: Wie denn?« Das Mädchen legte sich in den Topf. Sofort schob der Schicharj sie in den Ofen, dann setzte er sich wieder in den Verschlag. Da kam die Baba Jaga: »Ich will mich rollen, ich

will mich wälzen auf des Schicharj Knöchelchen!« Und der
Schicharj gab ihr zur Antwort: »Rolle dich, wälze dich auf
deiner Tochter Knöchelchen.« Die Baba Jaga raste vor Wut:
»Warte nur«, sagte sie, »du wirst mir nicht entkommen!« Nun
befahl sie der jüngsten Tochter, ihn zu braten. Weit gefehlt!
Der Schicharj hat auch die jüngste Tochter in den Ofen
geschoben.

Baba Jaga wütete noch ärger: »Warte nur«, schrie sie. »Du
wirst mir nicht entkommen.« Sie heizte den Ofen und rief:
»Komm heraus, Schicharj! Leg dich in den Topf!« Der
Schicharj legte sich hinein, stemmte das eine Bein gegen die
Decke, das andere in die Ecke und wollte nicht in den Ofen
passen. Die Baba Jaga sagte: »Nicht so, nicht so!« aber der
Schicharj stellte sich dumm: »Ich weiß nicht wie!« sagte er.
»Zeig es mir!« Die Baba Jaga machte sich sofort klein und
legte sich in den Topf. Der Schicharj war nicht bange und
schob sie flugs in den Ofen; er lief sogleich nach Hause und
erzählte seinen Brüdern: »So bin ich mit der Baba Jaga
umgesprungen.«

Lutonja und die Baba Jaga

In einem Dorf wohnte ein Mann mit seiner Frau; sie hatten
keine Kinder. Eines Tages fuhr der Mann in den Wald Holz
machen; es war Winter. Der Mann machte so viel Holz, wie er
brauchte, und fällte zum Schluß eine abgeschälte Linde. Er
kam nach Hause und schichtete das Brennholz im Hof auf,
aber die abgeschälte Linde brachte er ins Haus und schob sie
unter den Ofen. Am dritten Tag raschelte es unter dem Ofen,
und jemand rief: »Vater! Mutter! Holt mich heraus.« Der
Mann und die Frau erschraken, aber da hörten sie dieselbe
Stimme zum zweiten Mal: »Vater! Mutter! Holt mich heraus!« Der Mann sah nach und erblickte in der Höhlung unter
dem Ofen einen kleinen Jungen. Er holte ihn heraus, zeigte

134

ihn seiner Frau; sie nannten ihn Lindenbästchen, Lutonja, und hegten und pflegten ihn.

Der Sommer kam, und der Junge zog oft zum Fischen hinaus; er hatte Glück und konnte seine Eltern damit ernähren. Wenn er fischte, kam die Frau zum Fluß und rief: »Lutonja, Lutonja, Lutonjuschka! Komm, komm ans Ufer, ich habe dir eine feine gefüllte Pirogge gebracht!« Sobald Lutonja die Stimme seiner Mutter hörte, kam er ans Ufer. Von seiner Mutter nahm er das Stück Pirogge und gab ihr den Fisch. Eines Tages wurden sie von der Baba Jaga belauscht. Sie kam auch an das Ufer und begann, ihn mit denselben Worten zu locken. Lutonja hörte die rauhe Stimme der Baba Jaga und sagte nur: »Nein, das ist nicht die Stimme meiner Mutter. Die Stimme ist viel zu rauh. Geh und schleif dir die Zunge!« Die Baba Jaga mußte unverrichteter Dinge abziehen. Nach einer Weile kam abermals die Frau, seine Ziehmutter, ans Ufer und rief: »Lutonja, Lutonja, Lutonja! Komm, komm ans Ufer, ich habe dir eine feine gefüllte Pirogge gebracht.« Lutonja hörte die Stimme seiner Mutter, kam an das Ufer, nahm von ihr die Pirogge und gab ihr den Fisch.

Die Frau ging fort, aber die Baba Jaga hatte ihre Zunge auf dem Schleifstein geschliffen, kam nach einer Weile ans Ufer gelaufen und lockte Lutonja. Lutonja erkannte ihre Stimme nicht und kam ans Ufer; die Baba Jaga packte ihn und schleppte ihn in ihr Haus. Die Baba Jaga hatte drei Töchter. Sie befahl ihrer Ältesten, den Ofen ordentlich zu heizen und Lutonja zu braten. Sie selbst ging wieder fort. Die älteste Tochter heizte den Ofen, holte Lutonja und befahl ihm, sich auf die Ofenschaufel zu setzen. Lutonja war nicht dumm, redete sich damit heraus, daß er nicht wüßte und sich auch nicht denken könne, wie man sich auf eine Ofenschaufel setzt: »Zeig mir doch«, bat er, »wie man sich daraufsetzen muß!« Die Tochter der Baba Jaga setzte sich auf die Ofenschaufel, und Lutonja packte den Stiel und schob sie in den Ofen. Dann kletterte er unter den Dachfirst. Die Baba Jaga kam nach

Hause und befahl, Lutonja aufzutischen; ihre Töchter holten die eigene Schwester aus dem Ofen und setzten sie der Mutter vor. Und die Mutter verspeiste sie sofort. Dann trat sie auf den Hof hinaus und sagte: »Ich rolle mich, ich wälze mich auf Lutonjas Knöchelchen.« Und Lutonja saß unter dem Dachfirst und sprach vor sich hin: »Rolle und wälze dich auf deiner Tochter Knöchelchen!«

Da erblickte die Baba Jaga Lutonja und schrie: »Ich hol dich gleich herunter, Lutonja!« Sie holte Lutonja herunter, befahl ihren Töchtern, ihn zu braten, und ging wieder fort. Die Töchter heizten den Ofen, die Mittlere wollte Lutonja auf die Schaufel setzen, aber er täuschte sie und schob sie selbst in den Ofen. Mit der Jüngsten machte er es genauso. Die Baba Jaga kehrte nach Hause zurück und rief nach ihren Töchtern. Aber nichts rührte sich. Sie holte selbst den Braten aus dem Ofen und aß ihn auf. Dann trat sie auf den Hof hinaus und sagte: »Ich rolle mich, ich wälze mich auf Lutonjas Knöchelchen!« Aber Lutonja saß unter dem Dachfirst und sprach vor sich hin: »Roll dich und wälz dich auf deiner Töchter Knöchelchen, du Närrin.« Die Baba Jaga entdeckte ihn dort, wurde wütend und wollte ihn herunterholen. Da rief Lutonja flehentlich: »Herbei, ihr Gänse, herbei, ihr Schwäne! Kommt und zupft euch ein Federchen aus.« Die Gänse und Schwäne flogen herbei, jedes Tier zupfte sich ein Federchen aus, daraus machten sie zwei Flügel und gaben sie Lutonja. Lutonja flog der Baba Jaga davon, zum Vater, zur Mutter, er lebte mit ihnen glücklich und in Freuden und fischte für sie viele Fische.

Tereschetschka

Ein elendes Leben hatten der Alte und seine Alte! Ihre Zeit war fast vorbei, Kinder aber waren keine dabei; solange sie jung waren, ging es einigermaßen; aber als beide alt wurden, hatten sie niemanden, der ihnen auch nur einen Schluck Wasser reichte; sie grämten sich und weinten. Da nahmen sie ein Holzscheit, wickelten es in eine Windel, betteten es in eine Wiege, wiegten es und sangen es in den Schlaf – und statt des Holzscheits lag in der Windel ein Söhnchen, das Söhnchen Tereschetschka, rund und schön wie eine Himbeere! Der Knabe wuchs und nahm an Kräften und Verstand zu. Der Vater zimmerte ihm einen kleinen Nachen. Nun fuhr Tereschetschka zum Fischen hinaus, und seine Mutter brachte ihm Milch und Quark ans Ufer. Wenn sie ans Ufer kam, rief sie: »Tereschetschka, mein Söhnchen! Komm, komm ans Ufer. Ich bin es, deine Mutter, ich habe dir Milch gebracht.« Tereschetschka hörte von weitem ihre Stimme, kam in seinem Nachen ans Ufer, schüttete die Fische aus, aß und trank nach Herzenslust und fischte weiter.

Eines Tages sagte die Mutter: »Liebes Söhnchen! Sei auf der Hut. Die Hexe Tschuwilicha lauert dir auf; hüte dich vor ihren Krallen.« Sie sagte es und ging fort. Tschuwilicha aber kam ans Ufer und rief mit gräßlicher Stimme: »Tereschetschka, mein Söhnchen! Komm, komm ans Ufer. Ich bin es, deine Mutter, und habe dir Milch gebracht!« Tereschetschka erkannte sie und sagte: »Fort, fort, mein Nachen! Das ist nicht meiner lieben Mutter Stimme, das ist die Stimme der bösen Hexe Tschuwilicha.« Tschuwilicha hörte es, lief fort, suchte sich einen Meister und lernte von ihm so sprechen, wie Tereschetschkas Mutter sprach. Die Mutter kam und rief ihren Sohn mit ihrer feinen Stimme: »Tereschetschka, mein Söhnchen, komm, komm ans Ufer.« Tereschetschka hörte es und sagte: »Näher, näher, mein Nachen, es ist meiner lieben Mutter Stimme.« Die Mutter gab ihm zu essen, zu trinken und ließ ihn weiterfischen.

Dann kam die Hexe Tschuwilicha und sang, wie sie es gelernt hatte; sie sang genauso wie seine Mutter. Tereschetschka ließ sich täuschen, kam ans Ufer, die Hexe packte ihn, steckte ihn in den Sack und brauste davon. Sie kam in das

Häuschen auf Hühnerbeinen und befahl ihrer Tochter, Tereschetschka zu braten. Sie selbst blieb nicht lange im Haus,
alsbald zog sie zum Beutefang wieder aus. Aber Tereschetschka war nicht dumm, er überlistete das Mädchen und
schob sie selbst in den Ofen. Sie briet im Ofen, und er kletterte
auf die hohe Eiche.

Tschuwilicha brauste herbei, stürzte ins Haus, aß sich satt,
ging in den Hof hinaus, rollte und wälzte sich und sprach
dazu: »Ich rolle mich, ich wälze mich, voll von Tereschetschkas Fleisch!« Der aber rief von der Eiche herunter: »Rolle dich
und wälze dich, voll von deiner eigenen Tochter Fleisch, du
Hexe!« Sie hörte seine Stimme, hob den Kopf, schaute nach
allen Seiten – niemand! Und wieder sang sie: »Ich rolle mich,
ich wälze mich, voll von Tereschetschkas Fleisch!« Und er
sagte: »Rolle dich und wälze dich, voll von deiner eigenen
Tochter Fleisch, du Hexe!« Da erschrak sie, schaute hinauf
und entdeckte ihn auf der hohen Eiche. Sie sprang auf und
rannte zum Schmied: »Schmied, Schmied, höre, Schmied!
Schmiede mir ein Beil!« Der Schmied schmiedete ihr das Beil
und sagte: »Hacke nicht mit der Schneide, hacke mit dem
Stiel.« Die Hexe befolgte seinen Rat. Sie klopfte und klopfte,
hackte und hackte, konnte aber nichts ausrichten. Da stürzte
sie sich auf den Baum und biß in den Stamm, daß der Baum
nur so krachte. Am Himmel flog ein Zug Gänse und Schwäne;
Tereschetschka sah das Unheil nahen, bat und flehte:

> »Ihr Gänse und Schwäne, nehmt mich mit,
> Nehmt mich auf eure Schwingen,
> Tragt mich zu meinen Eltern,
> Sie werden euch reichlich bewirten.«

Aber die Gänse und Schwäne antworteten: »Ga-ga! Hinter
uns kommt noch ein Zug geflogen. Er ist hungriger als wir. Er
nimmt dich mit und trägt dich heim.« Währenddessen nagte
die Hexe weiter, die Späne flogen, die Eiche krachte und
wankte. Der andere Zug kam geflogen. Und wieder rief

Tereschetschka: »Ihr Gänse und Schwäne, nehmt mich mit, nehmt mich mit auf eure Schwingen, tragt mich zu meinen Eltern, sie werden euch reichlich bewirten.« – »Ga-ga«, antworteten die Gänse, »hinter uns fliegt der junge Gänserich, nach dem alle hacken. Er wird dich aufnehmen und heimtragen.« Der Gänserich wollte und wollte nicht kommen. Der Baum aber krachte und wankte. Die Hexe nagte und nagte, zwischendurch sah sie zu Tereschetschka hinauf, leckte sich das Maul und nagte weiter: es konnte nicht mehr lange dauern, dann hatte sie ihn. Zum Glück kam nun der junge Gänserich geflogen, nach dem alle hackten. Mühsam schlug er mit seinen Flügeln, aber Tereschetschka bat ihn und flehte: »Gänserich, nimm mich mit, nimm mich auf deine Schwingen, trage mich zu meinen Eltern, sie werden dich reichlich bewirten und in klarem Wasser baden.« Der Gänserich, nach dem alle hackten, erbarmte sich seiner; er nahm Tereschetschka auf seine Flügel und flog mit ihm davon. Sie flogen bis zu dem elterlichen Haus und setzten sich ins Gras vor das Fenster. Die Alte buk drinnen Pfannkuchen; sie hatte Gäste geladen, um Tereschetschkas zu gedenken, sie buk Pfannkuchen und sagte: »Der ist für dich, lieber Gast, der ist für dich, lieber Mann, und dieser ist für mich!« Und Tereschetschka fragte unter dem Fenster: »Und welcher ist für mich?« – »Schau doch nach, wer draußen um einen Pfannkuchen bittet.« Der Alte ging hinaus, sah Tereschetschka, umarmte ihn, führte ihn zur Mutter hinein – und des Küssens und Umarmens war kein Ende! Und den Gänserich, nach dem alle hackten, haben sie erst gepflegt und gefüttert und dann freigelassen. Seitdem sind ihm mächtige Flügel gewachsen, er fliegt allen Gänsen voran und hat Tereschetschka nicht vergessen.

Gänse-Schwäne

Es lebten einmal ein Mann und eine Frau; sie hatten eine Tochter und ein kleines Söhnchen. »Gib acht, Töchterchen«, sagte die Mutter. »Wir gehen zur Arbeit. Wir werden dir ein Weißbrot bringen, ein Kleidchen nähen, ein Tüchlein kaufen; sei klug, gib acht auf dein Brüderchen und geh nicht aus dem Hof heraus.« Die Eltern gingen fort und die Tochter vergaß, was ihr die Mutter befohlen hatte; sie setzte ihr Brüderchen ins Gras unter das Fenster, lief auf die Straße hinaus, fing an zu spielen und vergaß alles über dem Spiel. Gänse-Schwäne flogen vorbei, holten sich das Kind und trugen es auf ihren Flügeln davon.

Das Mädchen kam zurück und sah, daß ihr Bruder nicht mehr da war. Sie schlug die Hände über dem Kopf zusammen, sie suchte hier, sie suchte dort – er war nicht mehr da! Sie rief, sie schluchzte, sie klagte, daß Vater und Mutter sie hart strafen würden – der Bruder gab keine Antwort!

Sie lief ins freie Feld hinaus; da sah sie in der Ferne einen Zug Gänse fliegen und hinter dem dunklen Wald verschwinden. Die Gänse-Schwäne stehen seit langem in schlechtem Ruf, haben schon mancherlei Schaden getan und kleine Kinder gestohlen. Das Mädchen erriet, daß sie auch ihren Bruder geholt hatten, und lief ihnen nach, so schnell sie ihre Füße trugen. Sie lief und lief, da kam sie an einem Ofen vorbei. »Ofen, Ofen, sag mir doch, wohin sind die Gänse geflogen?« – »Iß von meinen Roggenpiroggen, dann werde ich es dir sagen.« – »Ach, in meines Vaters Haus schmecken mir auch die Weizenpiroggen nicht!« Da sagte ihr der Ofen nichts. Das Mädchen lief weiter. Da kam sie zu einem Apfelbaum. »Apfelbaum, Apfelbaum, sag mir doch, wohin sind die Gänse geflogen?« – »Iß von meinen Waldäpfeln, dann werde ich es dir sagen.« – »Ach, in meines Vaters Haus schmecken mir auch die Gartenäpfel nicht!« Sie lief weiter und kam an einen

140

Fluß aus Milch, der floß zwischen Ufern aus Kiselj. »Fluß aus Milch, Ufer aus Kiselj, wohin sind die Gänse geflogen?« – »Iß von meinem einfachen Kiselj und von meiner Milch. Dann werde ich es dir sagen.« – »Ach, in meines Vaters Haus schmeckt mir der Kiselj auch mit Rahm nicht!«

Sie wäre noch lange über die Felder gelaufen und durch den Wald gestreift, wenn sie nicht zum Glück auf einen Igel gestoßen wäre; sie wollte ihn schon zur Seite rollen, fürchtete sich aber vor seinen Stacheln und fragte: »Igel, Igel, hast du nicht gesehen, wohin die Gänse geflogen sind?« – »Dorthin!« zeigte der Igel. Sie lief dorthin und kam zu einem Häuschen auf Hühnerbeinen, das drehte sich immer im Kreise, in dem Häuschen saß die Baba Jaga Irdenes Bein; auch der kleine Bruder saß dort auf einem Bänkchen und spielte mit goldenen Äpfeln. Das Mädchen sah ihn, schlich sich heimlich heran, nahm ihn auf den Arm und lief weg; die Gänse flogen ihr nach. »Wenn die bösen näher kommen – wohin soll ich mich wenden?« Der Fluß aus Milch floß vorbei zwischen Ufern aus Kiselj. »Väterchen Fluß, versteck mich.« – »Iß von meinem Kiselj!« Was konnte das Mädchen tun? Sie aß von dem Kiselj, der Fluß versteckte sie unter der Uferböschung, die Gänse flogen vorüber. Sie kam wieder hervor: »Sei bedankt!« und lief mit dem kleinen Bruder auf dem Arm weiter; die Gänse aber waren umgekehrt und flogen ihr entgegen. Was war zu tun? Es stand schlimm um sie! Der Apfelbaum stand vor ihr: »Apfelbaum, Väterchen Apfelbaum, versteck mich!« – »Iß von meinen Waldäpfeln!« Schnell aß sie einen Apfel. Der Apfelbaum schirmte sie mit den Zweigen und deckte sie mit dem Laub zu. Die Gänse flogen vorüber. Sie trat unter dem Baum hervor und lief mit dem Brüderchen weiter, aber die Gänse hatten sie entdeckt und verfolgten sie; schon flogen sie über ihrem Kopf, schlugen sie mit den Flügeln, jeden Augenblick konnten sie ihr das Kind aus den Armen reißen! Da stand zu ihrem Glück der Ofen an ihrem Weg. »Gnädigster Ofen, versteck mich!« – »Iß von meinen Roggenpiroggen!«

141

Das Mädchen steckte schnell eine Pirogge in den Mund, schlüpfte in den Ofen und kauerte sich in seinem Schlund zusammen. Die Gänse flogen um den Ofen herum, sie schrien und schrien, mußten aber unverrichteter Dinge weiterziehen. Das Mädchen aber kam wohlbehalten nach Hause, gerade zur rechten Zeit, denn gleich darauf kehrten auch Vater und Mutter zurück.

Fürst Danila-Goworila

Es lebte einmal eine alte Fürstin; sie hatte zwei heranwachsende Kinder, einen Sohn und eine Tochter, so stattlich anzusehen und so herzensgut. Der bösen Hexe waren sie verhaßt: »Wie kann ich ihnen schaden und sie zu Bösem verleiten?« dachte sie, und schließlich fiel ihr etwas ein: listig nahm sie eine andere Gestalt an, suchte die Mutter auf und sprach: »Liebste Gevatterin! Hier hast du einen Ring. Streife diesen Ring deinem Sohn auf den Finger. Der Ring macht ihn reich und gewandt, aber er darf ihn niemals abstreifen und nur dann ein Mädchen heiraten, wenn ihr mein Ring genau paßt!« Die alte Fürstin glaubte ihr und freute sich; als sie im Sterben lag, befahl sie ihrem Sohn, nur das Mädchen zur Frau zu nehmen, dem sein Ring passe.

Die Zeit ging dahin, der Sohn wuchs heran. Als er erwachsen war, wollte er sich eine Braut suchen; bald gefiel ihm dieses Mädchen, bald war jenes nach seinem Geschmack, aber wenn sie seinen Ring über den Finger streiften, war er bald zu weit, bald zu eng. Keinem der Mädchen paßte er. Der junge Fürst ritt durchs Land, er ritt durch die Dörfer und durch die Städte, er ließ kein schönes Mädchen aus, aber die, die ihm bestimmt war, fand er nicht; er kehrte nach Hause zurück und ließ den Kopf hängen. »Warum bist du so traurig, Bruder?« fragte ihn seine Schwester. Er vertraute ihr sein

Mißgeschick an und erzählte ihr von seinem Kummer. »Was ist denn das für ein seltsamer Ring?« fragte die Schwester. »Vielleicht paßt er mir.« Sie streifte den Ring über den Finger – der Ring schmiegte sich an, funkelte und saß an der Hand, als wäre er nach Maß gemacht. »Ach, Schwester, du bist das Mädchen, das für mich bestimmt ist, du mußt meine Frau sein!« – »Aber was redest du, Bruder? Fürchtest du dich nicht vor Gott? Fürchtest du dich nicht vor der Sünde? Darfst du denn deine eigene Schwester heiraten?« Aber der Bruder hörte nicht, er tanzte vor Freude und befahl, alles für die Hochzeit zu richten.

Die Schwester weinte bitterlich. Sie trat aus ihrem Stübchen, setzte sich auf die Schwelle, und ihre Tränen flossen und flossen!

Da gingen Pilgerinnen vorbei, alte Frauen; die Schwester lud sie ein und bewirtete sie mit Speise und Trank. Die Alten fragten sie nach ihren Sorgen, nach ihrem Kummer. Sie konnte es nicht verheimlichen und erzählte ihnen alles. »Weine nicht, tröste dich in deinem Kummer und tu, wie wir dich lehren: Mache vier Püppchen und setze sie in die vier Ecken des Gemachs; wenn dein Bruder dich zur Trauung ruft, dann folge ihm sofort, wenn er dich in das Schlafgemach ruft, brauchst du dich nicht zu beeilen. Vertraue auf Gott und lebe wohl.«

Die alten Pilgerinnen zogen weiter. Der Bruder ließ sich mit seiner Schwester trauen, ging in das Schlafgemach und sagte: »Katharina, Schwester, ich kann dich nicht missen, komm, komm auf die Daunenkissen!« Sie antwortete: »Ich komme gleich, Bruder, ich lege nur noch die Ohrringe ab.« Und die Püppchen in den vier Ecken riefen:

»Kuckuck, Fürst Danila,
Kuckuck, Goworila,
Kuckuck, seine leibliche Schwester,
Kuckuck, nimmt er zur Frau,

Kuckuck, tu dich auf, Erde!
Kuckuck, versinke, Schwester!«

Langsam tat sich die Erde auf und die Schwester begann zu versinken. Der Bruder rief wieder: »Katharina, Schwester, ich kann dich nicht missen, komm, komm auf die Daunenkissen!« – »Ich komme gleich, Bruder, ich will nur noch meinen Gürtel lösen.« Die Püppchen riefen:

>»Kuckuck, Fürst Danila,
Kuckuck, Goworila,
Kuckuck, seine leibliche Schwester,
Kuckuck, nimmt er zur Frau;
Kuckuck, tu dich auf, Erde!
Kuckuck, versinke, Schwester!«

Nun war nur noch ihr Kopf zu sehen. Der Bruder rief wieder: »Katharina, Schwester, ich kann dich nicht missen, komm, komm auf die Daunenkissen!« – »Ich komme gleich, lieber Bruder, ich will nur die Schuhe abstreifen.« Die Püppchen riefen immer wieder Kuckuck, und die Schwester versank vollends in der Erde.

Der Bruder rief wieder und wieder, er rief laut – aber sie kam nicht! Er wurde zornig, lief zu ihrem Gemach, schlug gegen die Tür. Die Türflügel flogen aus den Angeln, er blickte sich um – seine Schwester war verschwunden. Nur die Puppen saßen in den Ecken und riefen immerfort: »Kuckuck, tu dich auf, Erde, Kuckuck, versinke, Schwester!« Da nahm er ein Beil, hieb ihnen die Köpfe ab und warf sie in den Ofen.

Währenddessen ging die Schwester unter der Erde immer weiter und sah: da stand ein Häuschen auf Hühnerbeinen und drehte sich. »Häuschen, Häuschen! Stell dich wie vorhin, mit dem Hintern zum Wald, mit dem Gesicht zu mir!« Das Häuschen stand still, die Tür öffnete sich: In dem Häuschen saß eine schöne Jungfrau, die stickte mit Silber und Gold an einem Tuch. Sie begrüßte ihren Gast freundlich, aber dann seufzte sie und sagte: »Liebstes Schwesterchen! Ich bin dir von Herzen gut. Ich möchte dir alles Liebe tun und dir zu Gefallen sein, aber nur solange meine Mutter nicht zu Hause ist. Wenn sie geflogen kommt, wird es uns beiden schlecht gehen; denn meine Mutter ist eine Hexe!«

Der Gast erschrak bei diesen Reden, aber sie wußte nicht, wohin sie sich sonst wenden sollte. Sie setzte sich neben die Hausherrin und begann, mit ihr gemeinsam an dem Tuch zu sticken; sie stickten und sprachen miteinander. Ob es lang währte oder kurz – die Jungfrau kannte die Zeit, wußte, wann ihre Mutter geflogen kam und verwandelte ihren Gast in eine Nadel, steckte die Nadel in einen Reisigbesen und stellte den Reisigbesen in die Ecke. Kaum war es getan, stand schon die Hexe in der Tür. »Meine gute Tochter, meine schöne Tochter! Hier riecht es nach russischen Knochen!« – »Frau Mutter! Pilger sind vorbeigezogen und haben hier Wasser getrunken.« – »Warum hast du sie nicht zurückgehalten?« – »Sie waren alt, liebe Mutter, kein Bissen für deine Zähne.« – »Gib künftig besser acht – hol alle ins Haus herein und laß niemanden aus dem Haus heraus; ich aber bleibe nicht lange zu Haus und ziehe sogleich zum Fang wieder aus.« Sie verschwand; die Mädchen setzten sich wieder an das Tuch, stickten, sprachen miteinander und lachten.

Die Hexe kam geflogen, schnupperte im Haus herum. »Meine gute Tochter, meine schöne Tochter! Hier riecht es nach russischen Knochen!« – »Gerade waren alte Pilger da; sie wollten sich die Hände wärmen; ich lud sie ein, aber sie blieben nicht.« Die Hexe war hungrig, sie schalt ihre Tochter und flog wieder davon. Der Gast war währenddessen im Reisigbesen verborgen. Sie beeilten sich mit dem Sticken, damit das Tuch fertig würde; sie stickten und stickten, sie überlegten: Wie könnten sie dem Unheil entrinnen und der bösen Hexe davonlaufen? Bevor sie sich ansehen, bevor sie sich ein Wort zuflüstern konnten, stand die Hexe schon in der Tür, wie gerufen, sie hatte sie überrascht. »Meine gute

Tochter, meine schöne Tochter! Hier riecht es nach russischen Knochen!« – »Ach ja, Frau Mutter, eine schöne Jungfrau wartet hier auf dich.« Das schöne Mädchen sah die Alte an und erstarrte vor Schreck! Vor ihr stand die Baba Jaga Beinernes Bein, ihre Nase reichte bis zum Boden. »Meine gute Tochter, meine schöne Tochter! Heize den Ofen!« Die Mädchen trugen Holz herbei, Eiche und Ahorn, machten Feuer, die Flammen schlugen aus dem Ofen. Die Hexe nahm eine breite Schaufel und bat den Gast: »Setz dich doch auf die Schaufel, meine Schöne.« Die Schöne setzte sich auf die Schaufel. Die Hexe wollte sie in den Ofen schieben, sie aber stemmte sich mit dem Bein gegen das Ofengewölbe. »Was ist denn das, Mädchen? Du weißt ja nicht einmal, wie man sitzt! Setz dich richtig hin!« – Das Mädchen nahm das Bein herunter und setzte sich richtig hin. Die Hexe wollte sie in das Ofenloch schieben, da ließ sie ein Bein herunterhängen. Die Hexe wurde wütend und stieß sie von der Schaufel herunter. »Was machst du für Dummheiten, Mädchen! Du mußt ruhig sitzenbleiben – so! Sieh mich an!« Sie ließ sich auf die Schaufel fallen und streckte die Beine vor; die beiden Mädchen schoben sie hurtig in den Ofen, verschlossen ihn mit dem Ofenblech, kitteten es mit Lehm und mit Pech fest, türmten davor Holzklötze auf und liefen fort. Nur das gestickte Tuch, die Bürste und den Kamm nahmen sie mit.

Sie liefen und liefen. Aber als sie sich umdrehten, sahen sie: die böse Hexe hat sich aus dem Ofen befreit, sie ist ihnen auf der Spur und pfeift: »Hei, hei, hei, da seid ihr ja!« Was sollten sie tun? Sie warfen die Bürste hinter sich – Schilf wuchs hinter ihnen empor, so dicht, daß kein Durchkommen möglich war. Die Hexe streckte ihre Krallen aus, schlug sich einen Pfad durch das Schilf und war ihnen bald auf den Fersen ... Wohin sollten sie sich wenden!? Da warfen sie den Kamm hinter sich, und ein Eichenwald wuchs hinter ihnen empor – so dunkel und so dicht, daß keine Fliege hindurchfliegen konnte. Die Hexe wetzte ihre Zähne und biß sich durch den Wald hindurch; mit jedem Biß riß sie einen Baum samt der Wurzel aus. Sie bahnte sich einen Pfad und jagte ihnen wieder nach . . . Sie war schon nah! Sie liefen und liefen, sie liefen mit letzter Kraft! Da warfen sie das goldgestickte Tuch hinter sich, und ein weites und tiefes Meer wogte hinter ihnen, ein Flammenmeer; die Hexe stieg in die Luft, sie wollte darüber hinweg fliegen, aber sie stürzte in das Feuer und verbrannte.

Nun waren die beiden Mädchen wie zwei heimatlose Täubchen; wohin sollten sie sich wenden? Sie wußten es nicht. Sie setzten sich nieder, um Atem zu schöpfen. Da kam ein Mann auf sie zu, der fragte sie aus und meldete seinem Herrn, daß auf seinem Grund und Boden nicht zwei Zugvögelchen sich niedergelassen hätten, sondern zwei schöne Jungfrauen, beide wie gemalt, gleich von Angesicht und gleich stattlich, Braue gleich Braue, Auge gleich Auge; eine von ihnen müßte seine Schwester sein, aber man könne nicht unterscheiden, welche. Der Herr ging hin und lud die Mädchen zu sich ein. Er sah, daß eine von den beiden seine Schwester sein mußte, der Diener hatte sich nicht getäuscht, aber er konnte unmöglich erkennen, welche. Seine Schwester zürnte ihm und würde sich ihm nicht zu erkennen geben. Was war zu tun? »Ich weiß, was zu tun ist, Herr! Ich will eine Hammelblase mit Blut füllen, bindet Ihr Euch die Blase unter die Achsel und sprecht mit den Gästen, und ich werde mich an Euch heranschleichen und mit dem Messer zustoßen. Wenn das Blut fließt, wird sich Eure Schwester zu erkennen geben!« – »Wohlan!« Gedacht – getan! Der Diener stieß mit dem Messer auf seinen Herrn ein, das Blut spritzte, der Bruder ließ sich fallen, die Schwester warf sich über ihn, weinte und klagte: »Mein liebster Bruder, mein einziger!« Da sprang der Bruder unverletzt und gesund auf, umarmte seine Schwester und verheiratete sie mit einem guten Mann, er selbst nahm ihre Freundin zur Frau, an deren Finger sein Ring wie angegossen paßte. Und alle lebten glücklich und in Freuden.

Prawda und Kriwda

Es lebten einmal zwei Kaufleute: der eine lebte nach der Kriwda, der andere nach der Prawda; und so wurden sie auch von allen genannt – der eine Prawda, der andere Kriwda. »Höre, Prawda«, sagte eines Tages Kriwda, »es läßt sich doch in der Welt leichter nach der Kriwda leben!« – »Nein!« – »Wollen wir wetten?« – »Laß uns wetten.« – »Also paß auf: Du hast drei Schiffe und ich habe zwei. Wenn die ersten drei Menschen, denen wir begegnen, sagen werden, es ist leichter, nach der Prawda zu leben, so sind alle Schiffe dein. Und wenn nach der Kriwda – so sind sie mein.« – »Gut!« Über kurz oder lang begegnete ihnen ein Kaufmann. »Sag, Herr Kaufmann, wie läßt es sich in der Welt leichter leben: nach der Kriwda oder nach der Prawda?« – »Ich habe nach der Prawda gelebt, und das ist mir schlecht bekommen; jetzt lebe ich nach der Kriwda, die Kriwda ist besser!« Dann fuhren sie weiter und begegneten nach einer Weile einem Bäuerlein: »Sag, guter Mann, wie läßt es sich in der Welt leichter leben: nach der Kriwda oder nach der Prawda?« – »Eine bekannte Sache – nach der Kriwda! Nach der Prawda kommt man nicht einmal zu einem Stück Brot!« Auch der Dritte, dem sie begegneten, sagte ihnen das gleiche.

Da gab Prawda seine drei Schiffe Kriwda, ging an Land und wanderte auf einem schmalen Pfad in den dunklen Wald. Er kam zu einem Häuschen und legte sich unter dem Ofen schlafen. Nachts hörte er auf einmal ein schreckliches Getöse, und eine Stimme sagte: »Und jetzt soll jeder von uns sich rühmen: Wer hat heute die dickste Kascha gekocht?« – »Ich habe Kriwda und Prawda entzweit.« – »Ich habe zwei Geschwisterkinder miteinander verheiratet!« – »Ich habe in ein Mühlenwehr ein Loch gemacht und werde so lange daran bohren, bis man davor Pfähle kreuzweise einrammt.« – »Durch mich wird ein Mord geschehen!« – »Und ich habe siebzig junge Teufel zu der Zarentochter geschickt. Sie saugen jede Nacht an ihren Brüsten. Nur der kann sie heilen, der die Feuerblume pflückt!« (Wenn diese Blume blüht, dann wogt das Meer, und die Nacht ist heller als der Tag; die Teufel fürchten sich vor ihr.)

Sobald sie verschwunden waren, machte sich Prawda auf den Weg und verhinderte die Heirat der Geschwisterkinder, besserte das Mühlenwehr aus, vereitelte den Mord, pflückte die Feuerblume und heilte die Zarentochter. Die Zarentochter wollte ihn heiraten, aber er wollte es nicht. Der Zar schenkte ihm fünf Schiffe, und er fuhr nach Hause. Unterwegs begegnete er Kriwda. Kriwda staunte über den Reichtum Prawdas, fragte ihn aus, wie sich alles zugetragen hätte, und kroch des Nachts in demselben Häuschen unter den Ofen ... Die Geister versammelten sich und hielten Rat: Sie wollten herausfinden, wer alle ihre Absichten durchkreuzt hatte. Sie verdächtigten den Nichtswürdigsten unter ihnen; sie begannen ihn zu prügeln und zu kneifen, da flüchtete er unter den Ofen, fand dort Kriwda und zerrte ihn hervor. »Ich bin Kriwda!« sagte der Kaufmann den Teufeln, aber sie hörten nicht und rissen ihn in kleine Stücke. Man sieht also, daß es sich in der Welt besser nach der Prawda als nach der Kriwda leben läßt.

Der Königssohn und sein Diener

Es lebte einmal ein König, der hatte einen heranwachsenden Sohn. An dem Königssohn war alles gut – sein Gesicht und sein Herz. Sein Vater aber war anders: ihn plagte die Habsucht, er trachtete nach mehr Gewinn und größeren Einkünften. Eines Tages sah er einen alten Mann, der war mit allerlei Rauchwerk beladen, Zobeln, Mardern, Bibern und Füchsen. »Halt, Alter! Woher kommst du?« – »Ich komme

149

aus dem Dorf Soundso, Väterchen, jetzt aber diene ich dem Waldgeist.« – »Und wie fangt ihr die Tiere?« – »Der Waldgeist legt Fallen aus. Das Pelztier ist dumm und geht in die Falle.« – »Hör mal, Alter, du sollst bei mir Wein trinken und Geld bekommen; sag mir nur, wo ihr die Fallen auslegt!« Der Alte ließ sich verleiten und erzählte ihm alles. Der König befahl sofort, den Waldgeist zu fangen und in eine eherne Säule einzuschmieden. Dann legte er in dessen Wäldern seine eigenen Fallen aus.

Nun saß der Waldgeist in der ehernen Säule und schaute durch ein Fensterchen hinaus, diese Säule aber stand mitten im Garten. Der Königssohn mit seinen Wärterinnen, Kinderfrauen und treuen Dienerinnen trat aus dem Palast, um im Garten spazierenzugehen. Er ging an der Säule vorbei, da rief der Waldgeist: »Königskind, laß mich heraus! Du wirst mich noch brauchen!« – »Aber wie soll ich dich herauslassen?« – »Geh zu deiner Mutter und bitte sie: Liebes Mütterchen, lause mich. Leg den Kopf in ihren Schoß; sie wird dich lausen, und wenn die Gelegenheit günstig ist, ziehst du ihr den Schlüssel aus der Tasche.« Der Königssohn tat, wie der Waldgeist ihm gesagt hatte; er zog seiner Mutter den Schlüssel aus der Tasche, lief in den Garten zurück, machte sich einen Pfeil, schoß ihn von seinem Bogen ab, der Pfeil flog weit, weit, und dann befahl er seinen Ammen und Wärterinnen, den Pfeil zu suchen. Die Ammen und Wärterinnen liefen nach allen Seiten, und währenddessen schloß der Königssohn die eherne Säule auf und ließ den Waldgeist heraus.

Der Waldgeist machte sich über die Fallen des Königs her und zerstörte sie. Der König merkte, daß seine Fallen leer blieben, wurde zornig und gab alle Schuld seiner Frau: Warum hatte sie den Schlüssel herausgegeben? Warum hatte sie den Waldgeist freigelassen? Er rief seine Bojaren, Generäle und Räte zusammen, die sollten zu Gericht sitzen: sollte seine Frau auf dem Blutgerüst geköpft oder verbrannt werden? Das schmerzte den Königssohn – er hatte Mitleid mit seiner

Mutter und gestand dem Vater seine Schuld: Er erzählte ihm, wie sich alles zugetragen hatte. Der König war sehr bekümmert: Was sollte mit seinem Sohn geschehen? Er konnte nicht hingerichtet werden; sie beschlossen, ihn in die weite Welt hinaus zu schicken, in alle vier Himmelsrichtungen, in die heißen Sommerwinde, in die Winterstürme, in die Ungewitter des Herbstes . . . Sie gaben ihm einen Bettelsack mit und einen Diener. Der Königssohn ging mit seinem Diener über das freie Feld davon. Ob ihr Weg kurz war oder lang, ob er eben war oder steil, schließlich sahen sie einen Brunnen: »Geh und hol Wasser!« – »Ich gehe nicht!« antwortete der Diener. Sie gingen weiter. Sie gingen und gingen – wieder ein Brunnen. »Geh und hol Wasser! Ich habe Durst!« bat der Königssohn seinen Diener zum zweiten Mal. »Ich gehe nicht!« sagte der Diener. Sie wanderten weiter und immer weiter, schließlich kamen sie zu dem dritten Brunnen. Wieder wollte der Diener kein Wasser holen, da ging der Königssohn selbst zum Brunnen. Er stieg in den Brunnen hinunter, der Diener aber schlug den Deckel zu und sagte: »Ich lasse dich nicht heraus! Jetzt sollst du mein Diener sein, und ich bin der Königssohn.« Was konnte er tun? Der Königssohn willigte ein und unterschrieb den Vertrag mit seinem Blut. Darauf tauschten sie ihre Kleider und gingen weiter.

Schließlich kamen sie in ein anderes Reich. Sie gingen in den Palast des Zaren – der Diener ging voran und der Königssohn folgte ihm. Der Diener war Gast des Zaren, er aß und trank mit ihm an einem Tisch. Einmal sagte er: »Eure Kaiserliche Majestät! Stellt doch meinen Diener wenigstens in der Küche an.« Der Königssohn kam in die Küche, mußte Holz tragen und Kochtöpfe scheuern. Aber bald lernte der Königssohn kochen und bereitete die Speisen besser als die Köche des Zaren. Der Zar merkte es, gewann ihn lieb und belohnte ihn mit Gold. Die Köche waren ihm gram und suchten nach einer Gelegenheit, ihn zu verderben.

Eines Tages buk der Königssohn eine Pirogge und hatte sie

schon in den Ofen geschoben, die Köche aber hatten sich Gift beschafft und streuten es über die Pirogge. Der Zar setzte sich zu Tisch; die Pirogge wurde aufgetragen, aber kaum hatte der Zar das Messer in die Hand genommen, als der Oberkoch herbeigelaufen kam. »Geruhen Majestät, nicht davon zu essen!« Und mit vielen Worten klagte er den Königssohn an. Dem Zaren war sein Lieblingshund nicht zu schade: Er schnitt ein Stück Pirogge ab und warf es auf den Boden; der Hund fraß es und war auf der Stelle tot. Der Zar ließ den Königssohn holen und schrie ihn mit furchterregender Stimme an: »Du hast es gewagt, die Pirogge zu vergiften! Ich werde sofort befehlen, dich auf die grausamste Weise hinzurichten!« – »Ich weiß nichts und ich ahne nichts, Kaiserliche Majestät«, antwortete der Königssohn. »Wahrscheinlich sind mir die Köche gram, weil Ihr so gnädig zu mir seid, und wollen mich ins Unglück stürzen.« Der Zar ließ Gnade walten und schickte ihn als Pferdeknecht in die Ställe. Der Königssohn trieb die Pferde zur Tränke, da begegnete ihm der Waldgeist. »Guten Tag, Königssohn! Komm mit mir und sei mein Gast!« – »Ich habe Angst, daß die Pferde auseinanderlaufen.« – »Sie werden schon nicht auseinanderlaufen! Komm!« Sein Haus war auf einmal ganz in der Nähe. Der Waldgeist hatte drei Töchter; er fragte die Älteste: »Was willst du dem Königssohn dafür geben, daß er mich aus der ehernen Säule befreit hat?« Die älteste Tochter antwortete: »Ich gebe ihm das Tischtuch Deck-Dich.« Der Königssohn verabschiedete sich von dem Waldgeist und ging mit dem Geschenk davon. Er fand seine Pferde alle beisammen, breitete das Tischtuch aus und hatte alles, was man sich nur denken kann: Speise und Trank!

Am nächsten Tag trieb er wieder die Pferde des Zaren zur Tränke, und wieder kam ihm der Waldgeist entgegen: »Komm mit mir und sei mein Gast!« Er führte den Königssohn in sein Haus und fragte die mittlere Tochter: »Was willst du dem Königssohn geben?« – »Ich will ihm einen Spiegel schenken: Darin kann man alles sehen, was einem in den Sinn kommt!« Auch am dritten Tag begegnete der Königssohn dem Waldgeist. Er lud ihn ein und fragte die jüngste Tochter: »Und was willst du dem Königssohn geben?« – »Ich will ihm eine Flöte geben – man braucht sie nur an den Mund zu halten und schon sind viele Musiker und Sänger zur Stelle.« Nun hatte der Königssohn ein gutes Leben: Er aß und trank nach Herzenslust, wußte und sah alles, was ihm in den Sinn kam, und den ganzen Tag spielte die Musik. Gibt es etwas Besseres? Und gar die Pferde! Die Pferde! Ein wahres Wunder: satt, glatt und feurig!

Immer wieder erzählte der Zar seiner geliebten Tochter, daß der Schöpfer ihm einen vortrefflichen Pferdeknecht geschickt hätte. Aber dem schönen Zarenkind war dieser Pferdeknecht schon längst aufgefallen: Wie sollte denn einem schönen Mädchen ein schöner Bursche nicht auffallen! Und die Zarentochter wurde neugierig. Wie kommt es, daß bei dem neuen Pferdeknecht die Pferde feuriger und glatter sind als bei allen anderen? »Ich will«, dachte sie bei sich, »heimlich in seine Kammer schleichen: Wie wird er dort wohl hausen, der Ärmste?« Und man weiß ja – was eine Frau sich in den Kopf setzt, das tut sie auch. Sie wartete die Zeit ab, da der Königssohn die Pferde zur Tränke trieb, schlich in seine Kammer, und als sie dort in den Spiegel geschaut hatte, wußte sie sogleich Bescheid und nahm das Tischtuch, den Spiegel und die Flöte mit.

Um diese Zeit brach ein Unglück über das Reich des Zaren herein: Der siebenköpfige Götze bedrängte es und forderte die Tochter des Zaren zur Frau. »Und wenn ihr sie mir nicht geben wollt, nehme ich sie mir mit Gewalt!« sagte er und stellte sein Heer auf, das war unübersehbar groß. Da ging es dem Zaren schlecht. Er ließ alle Fürsten und Recken zusammenrufen und im ganzen Reich verkünden: Wer den siebenköpfigen Götzen bezwänge, der sollte sein halbes Reich und dazu seine Tochter zur Frau haben. Nun rüsteten sich Fürsten und Recken und zogen zum Kampf gegen den Götzen aus. Und auch der Diener zog im Heer des Zaren mit. Und unser Pferdeknecht sattelte eine graue Stute und zockelte hinter den anderen her. Wie er so dahin ritt, kam ihm der Waldgeist entgegen: »Wohin des Wegs, Königssohn?« – »In den Krieg!« – »Auf deiner Mähre kommst du nicht weit! Du bist mir ein schöner Pferdeknecht! Komm mit mir und sei mein Gast!«

Er nahm ihn mit sich in sein Haus und schenkte ihm ein Glas Wodka ein. Der Königssohn leerte das Glas. »Fühlst du viel Kraft in dir?« fragte der Waldgeist. »Wenn ich eine Keule von fünfzig Pud hätte und sie in den Himmel schleuderte und meinen Kopf darunter hielte, dann würde ich den Schlag nicht spüren!« Da gab er ihm ein zweites Glas zu trinken: »Fühlst du viel Kraft in dir?« – »Wenn ich eine Keule von hundert Pud hätte, könnte ich sie über die Wolken hinaufschleudern.« Dann goß der Waldgeist ihm ein drittes Glas ein: »Und was fühlst du jetzt?« – »Wenn ich einen Pfahl hätte, der vom Himmel bis zur Erde reichte, könnte ich die ganze Welt auf den Kopf stellen!«

Der Waldgeist zapfte ein Glas Wodka aus einem anderen Hahn und reichte es dem Königssohn; der Königssohn leerte es und seine Kraft nahm um ein Siebtel ab.

Darauf führte der Waldgeist ihn auf die Treppe hinaus und ließ einen gellenden Pfiff ertönen: Plötzlich sprengte ein Rappe herbei, die Erde zitterte, aus den Nüstern stoben Flammen, aus den Ohren stiegen Rauchsäulen, unter den Hufen sprühten Funken. Er hielt vor der Treppe und kniete nieder. »Das ist das Roß für dich!« Dann gab er ihm noch eine Streitkeule und eine seidene Peitsche mit. Der Königssohn ritt auf seinem Rappen gegen die feindlichen Heerscharen, da sah er, daß sein Diener auf eine Birke geklettert war, auf einem Ast saß und vor Angst zitterte. Der Königssohn zog ihm eins mit der Peitsche über und sprengte gegen den Feind; viel Volk mähte er mit seinem Schwert nieder, noch mehr trampelte sein Roß zu Tode, schließlich schlug er dem Götzen alle sieben Köpfe ab. Und die Königstochter hatte das alles gesehen; sie konnte es sich nicht versagen, in den Spiegel zu schauen, um zu sehen, wer sie bekommen sollte. Sogleich ritt sie dem Königssohn entgegen und fragte: »Womit kann ich mich bei dir bedanken?« – »Mit einem Kuß, schönes Mädchen!« Die Zarentochter zierte sich nicht, sie drückte ihn an ihr heißes Herz und küßte ihn so laut, daß das ganze Heer es hörte.

Der Königssohn gab seinem Pferd die Peitsche und war verschwunden. Er kehrte nach Hause zurück und saß in seiner Kammer, als wäre er in der Schlacht nicht dabei gewesen; und sein Diener prahlte und erzählte überall: »Ich war es, ich habe den Götzen bezwungen!« Der Zar empfing ihn mit großen Ehren, verlobte ihm seine Tochter und feierte ein prunkvolles Fest. Aber die Zarentochter war gewitzt – sie ließ sich entschuldigen und sagen, der Kopf tue ihr weh, und das Herz klopfe zu sehr. Was blieb dem künftigen Eidam zu tun übrig? »Väterchen«, sagte er zum Zaren, »ich will Arznei für meine Braut holen. Erlaube deinem Pferdeknecht, mich zu begleiten. Ich habe mich gar so sehr an ihn gewöhnt!« Der Zar gewährte es ihm und gab ihm ein Schiff und den Pferdeknecht.

Sie legten ab. Ob sie nun weit vom Ufer waren oder nicht – der Diener befahl, einen Sack zu nähen, den Pferdeknecht in den Sack zu stecken und ins Wasser zu werfen. Die Zarentochter schaute in den Spiegel und sah Unheil! Sie stieg in eine Kutsche und ließ sich, so schnell es ging, ans Meer fahren; und am Ufer saß schon der Waldgeist und knüpfte ein Netz. »Männlein, hilf mir in meiner Not; der arglistige Diener will den Königssohn im Meer ertränken.« – »Gern, schöne Jungfrau. Das Netz ist gerade fertig! Nimm es doch selbst in deine weißen Hände.« Die Zarentochter warf das Netz in das tiefe Meer aus, zog den Königssohn an das Ufer und nahm ihn mit nach Hause; zu Hause erzählte sie alles dem Vater. Auf der Stelle wurde gefeiert und Hochzeit gehalten; ein Zar braucht weder Met zu brauen, noch Wodka zu brennen – er hat von allem genug! Und der Diener hatte unterdessen allerlei Spezereien und Arzeneien gekauft und kehrte damit zurück. Kaum betrat er den Palast, da wurde er verhaftet. Er flehte um Gnade, aber es war zu spät: Er wurde sofort vor den Toren erschossen. Das war eine lustige Hochzeit! Die Schenken und Wirtshäuser standen eine ganze Woche lang für das einfache Volk offen, und niemand brauchte zu zahlen. Ich bin auch dort gewesen und habe Met und Wodka getrunken, alles lief den Schnurrbart herunter und nicht ein Tropfen in den Mund.

Iwan, der Zarensohn, und Marfa, die Zarentochter

Ein Zar hielt viele Jahre einen Mann gefangen, der hatte Arme aus Eisen, sein Kopf war aus Gußeisen, der Leib aus Kupfer, er war listenreich und vieler Dinge kundig. Der Sohn des Zaren, Iwan Zarewitsch, war noch jung; er ging häufig an dem Gefängnis vorüber. Eines Tages rief der Alte ihn heran und flehte: »Gib mir zu trinken, Iwan Zarewitsch!« Iwan Zarewitsch war noch unwissend, denn er war jung, er schöpfte Wasser und reichte es ihm. Da verschwand der Alte aus dem Gefängnis und ward nicht mehr gesehen.

Der Zar erfuhr davon. Er befahl, Iwan Zarewitsch für seine Tat aus dem Reich zu verbannen. Das Wort des Zaren ist Gesetz: Iwan Zarewitsch wurde verbannt und er ging, wohin seine Augen blickten. Er war sehr lange unterwegs; schließlich gelangte er in ein anderes Reich, ging zu dem Zaren und bat diesen Zaren, ihn in seine Dienste zu nehmen. Der Zar nahm ihn in seine Dienste und schickte ihn in den Stall: er sollte Pferdeknecht sein. Aber in dem Pferdestall schlief er nur, die Pferde besorgte er nicht; der Oberknecht prügelte ihn mehr als einmal dafür. Iwan Zarewitsch ertrug alles. Ein anderer Zar wollte die Tochter dieses Zaren zur Frau haben und wurde abgewiesen; da erklärte er ihm den Krieg. Der Zar zog mit seinem Heer aus, und Marfa, des Zaren Tochter, sollte unterdessen das Reich regieren. Sie hatte schon früher gemerkt, daß Iwan Zarewitsch nicht von einfachem Stand war, und nun entsandte sie ihn an einen fernen Ort als Gouverneur.

Iwan Zarewitsch zog dorthin, blieb dort und übte sein Amt aus. Eines Tages ritt er auf die Jagd; kaum hatte er die letzten Häuser hinter sich gelassen, da stand ein Mann vor ihm; seine Arme waren aus Eisen, der Kopf aus Gußeisen, der Leib aus Kupfer: »Ah, guten Tag, Iwan Zarewitsch!« Iwan Zarewitsch verneigte sich. Der Alte lud ihn ein: »Komm mit und besuche mich!« Sie ritten zu ihm. Der Alte führte ihn in ein reich bestelltes Haus und befahl seiner jüngsten Tochter: »He, trag uns zu essen und zu trinken auf und auch den Becher, der den halben Eimer Wein faßt.« Sie tafelten; da brachte die Tochter einen Becher, der faßte einen halben Eimer Wein, und reichte ihn Iwan Zarewitsch. Er wehrte ab und sagte: »Den kann ich nicht austrinken!« Der Alte befahl ihm, den Becher zu nehmen; Iwan Zarewitsch nahm den Becher, setzte ihn an den Mund und leerte ihn in einem Zug.

Darauf wollte der Alte sich mit ihm im Freien ergehen; sie kamen zu einem Stein, der wog fünfhundert Pud. Der Alte sagte: »Hebe diesen Stein auf, Iwan Zarewitsch!« Iwan Zarewitsch dachte im stillen: »Wie kann ich diesen Stein aufheben? Aber ich will es versuchen.« Und er hob den Stein auf und warf ihn leicht beiseite. Und wieder dachte er: »Woher habe ich diese Kräfte? Wahrscheinlich hat der Alte sie mir mit dem Wein eingeflößt.« Sie wanderten eine Weile umher und kehrten ins Haus zurück. Als sie in der Stube waren, befahl der Alte seiner mittleren Tochter, einen Eimer Wein zu kredenzen. Iwan Zarewitsch nahm den Becher ohne zu zaudern und leerte ihn in einem Zug. Und wieder wollte der Alte sich mit ihm im Freien ergehen; diesmal kamen sie zu einem Stein, der wog tausend Pud. Der Alte sagte zu Iwan

Zarewitsch: »Nun hebe diesen Stein auf und wirf ihn beiseite!« Iwan Zarewitsch hob ohne zu zaudern den Stein auf, schleuderte ihn beiseite und dachte im stillen: »Wie groß ist die Kraft, der es in mir gefällt!«

Und wieder kehrten sie ins Haus zurück, und wieder befahl der Alte seiner ältesten Tochter, den Becher zu bringen, der anderthalb Eimer Wein faßte. Auch diesen Becher leerte Iwan Zarewitsch in einem Zug. Darauf ging er mit dem Alten hinaus, um sich im Freien zu ergehen. Iwan Zarewitsch hob und warf einen Stein von anderthalbtausend Pud wie ein Federchen. Dann gab der Alte ihm das Tischtuch Deck-Dich und sagte: »So, Iwan Zarewitsch, jetzt hast du große Kräfte: Ein Roß kann dich nicht mehr tragen; laß die Stufen vor deinem Haus neu bauen, damit sie dich tragen können; du brauchst andere Stühle und unter den Dielen müssen Stützbalken angebracht werden. Jetzt gehe mit Gott!«

Alle Leute lachten, als sie sahen, daß der Gouverneur von der Jagd zu Fuß zurückkehrte und sein Roß am Zügel hinter sich herführte. Er kam nach Hause, ließ unter allen Dielen Stützbalken anbringen, alle Stühle umbauen, die Köchinnen und Zimmermädchen davonjagen und lebte fortan wie ein Einsiedler. Jeder wunderte sich, daß er ohne Essen auskäme, weil niemand für ihn kochte! Das Tischtuch Deck-Dich sorgte für ihn.

Er besuchte niemanden mehr, denn wie konnte er jemanden besuchen? Nichts in den anderen Häusern hielt ihn aus.

Unterdessen kehrte der Zar von seinem Kriegszug zurück, und als er erfuhr, daß Iwan Zarewitsch irgendwo als Gouverneur des Amtes waltete, befahl er, ihn abzusetzen und wieder in den Pferdestall zu schicken. Was sollte Iwan Zarewitsch tun? Er wurde wieder Pferdeknecht. Eines Tages trug der Oberknecht ihm eine Arbeit auf und schlug ihn. Da konnte Iwan Zarewitsch sich nicht länger beherrschen, schlug zurück, und der Kopf des Oberknechts rollte am Boden. Die Sache wurde dem Zaren gemeldet; er ließ Iwan Zarewitsch holen. »Warum hast du den Oberknecht getötet?« fragte der Zar. »Er hat mich als erster geschlagen; ich habe ihn nur ganz leicht angestoßen, aus Versehen am Kopf: und der Kopf ist von selbst abgefallen.« Die anderen Pferdeknechte sagten dasselbe: der Oberknecht hatte angefangen und Iwan Zarewitsch hatte ihn nur mit dem Finger berührt. Darauf wurde Iwan Zarewitsch nicht bestraft, er durfte nur nicht länger im Pferdestall bleiben und kam zu den Soldaten; nun lebte er als Soldat.

Bald darauf kam zu dem Zaren ein Mann, er war nicht größer als ein Fingernagel, sein Bart war eine Elle lang; der überreichte ihm einen Brief mit drei schwarzen Siegeln von dem Zaren aller Gewässer. In dem Brief stand geschrieben: Wenn der Zar nicht seine Tochter Marfa an einem bestimmten Tag auf einer Insel aussetzen und sie dem Sohn des Zaren aller Gewässer zur Frau geben würde, so würde dieser alle Untertanen erschlagen und das ganze Reich in Flammen aufgehen lassen; und Marfa Zarewna würde dem Drachen mit den drei Köpfen angetraut werden. Der Zar las diesen Brief und sandte dem Zaren aller Gewässer eine Antwort, in der er ihm seine Tochter versprach; als er das Männchen verabschiedet hatte, rief er seine Senatoren und Räte zusammen, um zu überlegen, wie er seine Tochter vor dem Drachen mit den drei Köpfen bewahren könne. Würde sie nicht auf der Insel ausgesetzt, so wäre seinem ganzen Reich das Ende beschieden. Nun wurde ein Mann gesucht, der Marfa vor dem Drachen retten könnte. Nach dem Willen des Zaren sollte er sie zur Frau bekommen.

Es meldete sich ein junges Herrchen; er nahm eine Kompanie Soldaten und fuhr mit Marfa Zarewna auf die Insel; als sie dort ankamen, führte er Marfa in eine Hütte und blieb selbst draußen, um auf den Drachen zu warten. Unterdessen hatte Iwan Zarewitsch erfahren, daß die Zarentochter dem Zaren aller Gewässer ausgeliefert werden sollte. Er rüstete sich und fuhr auf die Insel, kam in die Hütte, wo Marfa Zarewna saß und weinte: »Weine nicht, Zarewna!« sagte er. »Gott ist gnädig.« Er legte sich auf die Bank, bettete seinen Kopf auf Marfas Schoß und schlief ein. Plötzlich erschien der Drache. Er stieg aus dem Wasser, drei Arschin hohe Wellen fluteten auf das Ufer. Das Herrchen mit den Soldaten stand in der Nähe. Sobald das Wasser stieg, kommandierte er: »Auf die Bäume, marsch!« Alle Soldaten kletterten auf die Bäume. Der Drache stieg ans Ufer und ging geradewegs in die Hütte. Marfa Zarewna sah, daß der Drache sie holen wollte und weckte Iwan Zarewitsch. Der sprang auf, schlug dem Drachen mit einem Hieb seine drei Köpfe ab und ging fort. Das Herrchen geleitete Marfa Zarewna nach Hause zu ihrem Vater.

Nach kurzer Zeit kam wieder der Alte aus dem Wasser, er war nicht größer als ein Fingernagel, sein Bart war eine Elle lang. Er überreichte einen Brief mit sechs schwarzen Siegeln von dem Zaren aller Gewässer. In dem Brief stand geschrieben, daß der Zar seine Tochter auf dieselbe Insel zu dem Drachen mit den sechs Köpfen bringen solle; und wenn er sie nicht hergeben würde, würde sein ganzes Reich in den Fluten untergehen. Und wieder schrieb der Zar in seiner Antwort, daß er bereit sei, seine Tochter Marfa herzugeben. Der Alte verschwand. Und wieder ließ der Zar überall ausrufen und überall ausschreiben: Wo ist der Mann, der Marfa vor dem Drachen errettet? Und wieder meldete sich dasselbe Herrchen und sagte: »Majestät, ich will sie erretten; gebt mir nur eine Kompanie Soldaten.« – »Mehr ist nicht vonnöten? Dieser Drache hat sechs Köpfe!« – »Die genügen mir! Ja, es sind beinah zuviel.«

Man rüstete sich zur Abreise und brachte die Zarentochter auf die Insel; Iwan Zarewitsch erfuhr, daß Marfa Zarewna wiederum in Not sei, und machte sich auf den Weg zu ihr, aus Dankbarkeit für ihre Wohltat, denn sie hatte ihn ja zum Gouverneur gemacht. Ob er nun ritt oder zu Fuß ging – er kam zu der Hütte und trat bei Marfa ein. Sie wartete schon auf

160

ihn und freute sich bei seinem Anblick. Er legte sich nieder und schlief ein. Plötzlich erschien der Drache mit den sechs Köpfen aus dem Wasser; sechs Arschin hohe Wellen überfluteten das Ufer. Das Herrchen und die Soldaten waren schon vorsorglich auf die Bäume geklettert. Der Drache trat in die Hütte, Marfa Zarewna weckte Iwan Zarewitsch; sie fingen an zu kämpfen und rangen und rangen miteinander, Iwan Zarewitsch schlug dem Drachen einen Kopf ab, den zweiten, den dritten, alle sechs Köpfe, warf sie ins Wasser und ging fort, als wäre nichts geschehen. Das Herrchen und die Soldaten kletterten von den Bäumen, traten den Heimweg an und meldeten dem Zaren, daß sie Marfa Zarewna mit Gottes Hilfe gerettet hätten; das Herrchen mußte die Zarentochter eingeschüchtert haben: denn sie wagte nicht zu sagen, daß nicht er sie errettet hätte. Er bestand darauf, daß Hochzeit gefeiert werde, aber Marfa Zarewna wollte warten: »Ich muß mich erst«, sagte sie, »von dem Schrecken erholen; ich habe große Angst ausgestanden!«

Und plötzlich kam wieder der Alte, er war nicht größer als ein Fingernagel, sein Bart war eine Elle lang. Er stieg aus dem Wasser und überreichte einen Brief mit neun schwarzen Siegeln, in dem geschrieben stand, daß der Zar unverzüglich Marfa Zarewna an dem und dem Tag auf die Insel zu dem Drachen mit den neun Köpfen schicken solle und daß seinem ganzen Reich der Untergang in den Fluten beschieden sei, falls er sich weigere. Und wieder schrieb der Zar in seiner Antwort, daß er einverstanden sei; aber er begann nach einem Mann zu suchen, der seine Tochter vor dem Drachen mit den neun Köpfen erretten könnte. Dasselbe Herrchen meldete sich und zog samt einer Kompanie Soldaten und Marfa Zarewna fort.

Iwan Zarewitsch erfuhr es. Er rüstete sich und begab sich ebenfalls auf die Insel, wo Marfa Zarewna ihn schon sehnlichst erwartete. Er kam; sie freute sich und wollte ihn ausfragen, woher er stamme, wer er sei und wie er heiße. Er antwortete nicht, streckte sich aus und schlief ein. Da stieg der Drache mit den neun Köpfen aus dem Wasser, Wellen von neun Arschin Höhe überfluteten das Ufer. Der Herr gab den Soldaten wieder das Kommando: »Auf die Bäume, marsch!« Sie kletterten alle auf die Bäume. Marfa Zarewna wollte Iwan Zarewitsch wecken, aber es gelang ihr nicht. Der Drache war schon fast an der Schwelle! Sie brach in Tränen aus; aber Iwan Zarewitsch wachte immer noch nicht auf. Der Drache war schon ganz nah herangekrochen und wollte nach Iwan Zarewitsch schnappen! Er aber schlief ruhig weiter. Marja Zarewna trug ein Taschenmesserchen bei sich, sie nahm es und schnitt Iwan Zarewitsch in die Wange. Er erwachte, sprang auf und kämpfte mit dem Drachen. Sie rangen und kämpften lange miteinander, und der Drache hätte beinahe Iwan Zarewitsch besiegt. Auf einmal war ein Mann an seiner Seite, der hatte Arme aus Eisen, sein Kopf war aus Gußeisen, der Leib aus Kupfer; zu zweit schlugen sie dem Drachen alle Köpfe ab, warfen sie ins Wasser und gingen fort. Das Herrchen freute sich über alle Maßen, sprang mit seinen Soldaten von den Bäumen herunter, alle kehrten nach Hause zurück, und das Herrchen bat den Zaren unaufhörlich, ihm endlich seine Tochter zur Frau zu geben. Marfa Zarewna wollte warten: »Laßt mir ein wenig Zeit, mich zu erholen; ich habe große Angst ausgestanden!«

Der Alte, er war nicht größer als ein Fingernagel, sein Bart war eine Elle lang, brachte wieder einen Brief. Der Zar aller Gewässer verlangte nach dem Schuldigen. Das Herrchen hatte keine große Lust, dem Zaren aller Gewässer in die Hände zu geraten, aber was sollte er tun? Er mußte fahren. Ein Schiff wurde gerüstet, und sie machten sich auf den Weg (Iwan Zarewitsch diente nämlich bei der Flotte und war auf demselben Schiff). Sie fuhren dahin. Plötzlich kam ihnen ein Schiff entgegen, es flog wie ein Vogel vorbei, und man hörte nur den Ruf: »Den Schuldigen, den Schuldigen!« Dann fuhren sie ein Stück weiter. Ein zweites Schiff kam ihnen entgegen, und wieder hörte man den Ruf: »Den Schuldigen, den Schuldigen!« Iwan Zarewitsch deutete auf das Herrchen; den haben sie geprügelt und geprügelt – bis er halb tot war! Darauf verschwand das zweite Schiff.

Endlich kamen sie bei dem Zaren aller Gewässer an. Der Zar aller Gewässer befahl, die eiserne Badestube rotglühend zu heizen und den Schuldigen darin einzusperren. Das Herrchen erschrak so sehr, daß ihm die Seele in die Fersen rutschte! Nun war sein Ende gekommen! Iwan Zarewitsch hatte aber einen Diener, der gehörte eigentlich auf die beiden fremden Schiffe, war aber bei Iwan Zarewitsch geblieben, weil er gemerkt hatte, daß der kein einfacher Mann war. Den schickte Iwan Zarewitsch in die Badestube: »Geh hinein und bleib dort eine Weile.« Bereitwillig lief der Diener hin; einem solchen Gottseibeiuns kann nichts passieren, der kommt unversehrt aus dem Feuer heraus. Und wieder verlangten sie nach dem Schuldigen, nun sollte er dem Zaren aller Gewässer vorgeführt werden; sie führten das Herrchen hin. Der Zar beschimpfte ihn nach Herzenslust, verprügelte ihn und befahl schließlich, ihn fortzujagen. Dann fuhren sie nach Hause.

Zu Hause trug das Herrchen die Nase noch höher und ließ dem Zaren keine Ruhe, er forderte, daß Hochzeit gehalten werde. Schließlich wurde der Tag bestimmt, an dem die Trauung sein sollte. Das Herrchen war nun ganz obenauf! Es würdigte niemanden eines Blickes! Die Zarentochter sagte zu ihrem Vater: »Väterchen, laß alle Soldaten antreten; ich will sie inspizieren.« Die Soldaten wurden sofort zusammengerufen. Marfa Zarewna ging an den Reihen vorbei, sah sich alle Männer genau an und kam schließlich zu Iwan Zarewitsch. Sie sah die Narbe, die ihr Messer auf seiner Wange hinterlassen hatte, faßte Iwan Zarewitsch bei der Hand und führte ihn zu ihrem Vater: »Er ist es, Väterchen, der mich vor dem Drachen errettet hat; ich wußte nicht, wer er ist, aber jetzt habe ich ihn an der Narbe in seinem Gesicht erkannt. Dieses Herrchen aber saß mit den Soldaten auf den Bäumen!«

Sofort fragte man die Soldaten: »Habt ihr auf den Bäumen gesessen?« Sie antworteten: »Das ist die Wahrheit, Eure Kaiserliche Majestät! Der Herr war halbtot vor Angst und hat nichts ausgerichtet!« Das Herrchen wurde sofort aller Würden enthoben und in die Verbannung geschickt; Iwan Zarewitsch aber feierte Hochzeit mit Marfa Zarewna, kannte fortan keine Not und kaute niemals trocken Brot.

Der Dzjedka, das messinggelbe Männlein

(Aus dem Weißrussichen)

Es lebte einmal ein Bauer, der hatte drei Söhne: zwei gescheite und einen dummen. Eines Tages merkte der Bauer, daß jemand auf seinem Acker sich zu schaffen machte und Tag für Tag fast eine Desjatine kahlfraß. In der ersten Nacht schickte der Bauer seinen ältesten Sohn hinaus, der sollte Wache halten; er ging aufs Feld hinaus, saß und saß, aber kurz vor Tagesanbruch schlief er ein, und in der Frühe, als er aufwachte, war wieder ein Stück Acker kahlgefressen. In der zweiten Nacht sollte der Mittlere Wache halten, aber der schlief ebenso vor Tagesanbruch ein, und wieder fraß jemand ein Stück Acker kahl. In der dritten Nacht ging der Dumme hinaus; kaum war er auf dem Feld angekommen, streckte er sich aus und schlief ein. Aber er wachte auf, bevor es tagte, setzte sich auf und sah – ein Vögelchen kam geflogen. Er schlich heran, fing den Vogel, steckte ihn unter seinen Pelz und legte sich wieder schlafen.

Als der Tag anbrach, kamen seine älteren Brüder und wollten nach dem Weizen sehen – der Weizen war nicht angerührt und der Dumme schlief. Sie weckten den Dummen und fragten ihn aus: »Warum ist heute der Weizen unversehrt?« Er erzählte den Brüdern alles, wie es sich zugetragen hatte, und zeigte ihnen den Vogel, der in seinem Pelz saß. Sie nahmen dem Dummen den Vogel weg und brachten ihn zu ihrem Vater. Sie sagten dem Vater: »Der Dumme schläft und wir haben den Vogel gefangen, der in dem Weizenfeld saß und fraß.« Nachdem der Vater den Vogel betrachtet hatte, brachte er ihn dem König. Der König nahm den Vogel, belohnte den Bauern und befahl, den Vogel in einen Käfig zu sperren. Den Schlüssel zu diesem Käfig verwahrte seine Frau.

Der Vogel saß in dem Käfig, da kam der kleine Königssohn vorbeigelaufen. Der Vogel bat den Königssohn mit menschlicher Stimme, er möge ihn freilassen. »Aber wie kann ich dich freilassen, wenn meine Mutter den Schlüssel zu deinem Käfig an einer Kette um den Hals trägt«, sagte der Königssohn. »Du mußt deine Mutter umarmen, ihr dabei den Schlüssel heimlich wegnehmen und mich herauslassen«, sagte der Vogel. Der Königssohn tat, wie ihn der Vogel geheißen hatte: Er ging zu seiner Mutter, umarmte sie, nahm ihr heimlich den Schlüssel weg und ließ den Vogel heraus; und der Vogel – es war das messinggelbe Männlein – sagte zu dem Königssohn: »Wenn du in Not bist, brauchst du nur vor die Tür zu gehen und zu rufen: ›Messinggelbes Männlein, hilf mir!‹ Ich werde sofort bei dir sein und alles tun, was du verlangst.«

Am anderen Tag lud der König Gäste ein und wollte ihnen den seltsamen Vogel zeigen. Die Gäste kamen und wollten den seltsamen Vogel sehen; nach dem Mahle gingen sie zu dem Käfig, aber als sie hin kamen, stand die Tür des Käfigs offen; der Vogel war fort! Der König ließ sofort seine Frau rufen, denn sie verwahrte den Schlüssel. Die Frau schwor bei Gott, daß sie den Vogel nicht hatte fortfliegen lassen, aber niemand schenkte ihr Glauben und sie wurde zum Tode verurteilt. Sie weinte und weinte, schließlich fiel ihr ein, daß ihr Sohn sie umarmt und ihr vielleicht dabei den Schlüssel weggenommen habe; das erzählte sie ihrem Mann und allen Gästen. Einige Gäste sagten: »Der Sohn gehört gehängt«, andere »– ertränkt«, und einer sagte: »Gebt ihm den Pelz des Schweinehirten und schickt ihn in alle vier Himmelsrichtungen.« Alle waren einverstanden. Die Mutter weinte sehr, aber als sie einsah, daß ihre Tränen nichts änderten, ließ sie sich den Pelz bringen, nähte gut Hunderttausend in Scheinen und in Gold in den Pelz ein und nahm von ihrem Sohn Abschied.

Er nahm einen Stab und ging. Er ging und weinte, denn was sollte er tun? Da erinnerte er sich an das messinggelbe Männlein; er stieg auf einen Berg und rief: »Messinggelbes Männlein, hilf mir!« Im selben Augenblick stand das Männlein vor ihm und fragte: »Was wünschst du?« Er erzählte ihm, wie sich alles zugetragen hatte, und bat ihn, ihm zu helfen. Das Männlein überlegte und sagte: »Geh zu dem König hinter dem Meer und bitte ihn, er möge dich als Küchenjungen in seine Küche nehmen; sobald du dort in der Küche bist, wird es Krieg geben. Dann mußt du den Koch bitten, er möge dir erlauben, beim Krieg zuzuschauen, und wenn du seine Erlaubnis hast, so geh vor das Tor und rufe mich.«

Der Königssohn folgte dem Männlein und machte sich auf den Weg, schließlich gelangte er hinter das Meer – dort war ein Palast und auf dem Hof des Palastes wandelte der König. Der Königssohn in dem Pelz des Schweinehirten ging auf den König zu und bat, ihn als Küchenjungen aufzunehmen. Der König gewährte ihm die Bitte und befahl ihm, in die Küche zu gehen. Er diente bei dem König ein Jahr, ein zweites Jahr, und im dritten Jahr gab es Krieg. Der König rief sein Heer zusammen, stieg auf sein Roß und ritt in die Schlacht. Der Küchenjunge hörte, daß der König in die Schlacht ritt, und bat den Koch um die Erlaubnis, beim Krieg ein wenig zuzuschauen; der Koch wollte es ihm zuerst nicht erlauben, aber der Königssohn schenkte ihm fünf Rubel und durfte gehen. Der Königssohn trat vor das Hoftor und rief das messinggelbe Männlein.

Das Männlein erschien im selben Augenblick, brachte ihm ein Roß und einen Offiziersrock, reichte ihm ein Schwert, gab ihm ein silbernes Äpfelchen und sagte: »Du wirst im Krieg mit diesem Schwert das ganze feindliche Heer besiegen; der

166

König wird dich in seinen Palast bitten, aber du darfst nicht mitgehen; wenn du in den Palast zurückgekehrt bist, mußt du dieses Äpfelchen vor dir hin und her rollen, die Königstochter wird dich um dieses Äpfelchen bitten, und du sollst es ihr geben, wenn sie dir erlaubt, eine Nacht auf der Schwelle ihres Gemachs zu schlafen.« Der Königssohn tat, wie ihn das Männlein geheißen hatte: er ritt in den Krieg, besiegte alle feindlichen Heerscharen, und als der König ihn bat, mit ihm in seinen Palast zu kommen, ging er nicht mit. Dann, nach Hause zurückgekehrt, zog er seinen Pelz wieder an und ging in die Küche; zuerst wusch er das Geschirr ab, dann rollte er das silberne Äpfelchen vor sich hin und her – und schon kam die Königstochter, sah sein Äpfelchen und bat ihn, ihr das Äpfelchen zu verkaufen. »Ich will nichts anderes dafür haben, als daß die Königstochter mir erlaubt, eine Nacht auf der Schwelle ihres Gemachs zu schlafen.« – »Gut«, sagte die Königstochter und nahm den Apfel. Als die Nacht anbrach, begab sich der Königssohn zu dem Gemach der Königstochter, schlief auf der Schwelle und kehrte in der Frühe in die Küche zurück.

Es vergingen keine zwei Jahre, da gab es wieder Krieg; wieder rief der König sein Heer zusammen und ritt ins Feld. Der Küchenjunge bat den Koch um die Erlaubnis, bei dem Krieg ein wenig zuzuschauen, trat vor das Hoftor, rief das Männlein, das Männlein erschien unverzüglich, brachte dem Königssohn das Roß und den Offiziersrock, gab ihm einen goldenen Apfel und sagte, daß die Königstochter ihn nur dann bekommen dürfte, wenn sie ihm erlaubte, eine Nacht neben ihrem Bett zu schlafen.

Wiederum besiegte der Königssohn die Feinde; der König lud ihn in seinen Palast ein, aber er wollte nicht mitgehen und kehrte nach Hause zurück. Zuerst wusch er in der Küche das Geschirr ab, dann rollte er seinen Apfel vor sich hin und her und spielte damit – und schon kam die Königstochter und bat, er möge ihr den Apfel verkaufen. Er antwortete, daß er für den Apfel nichts haben wolle, nur müssen sie ihm erlauben, eine Nacht neben ihrem Bett zu schlafen. Die Königstochter erlaubte es ihm und nahm den Apfel. Der Königssohn begab sich in die Gemächer der Königstochter, schlief eine Nacht neben ihrem Bett, kehrte am Morgen in die Küche zurück und machte sich an seine Arbeit.

Nach drei Jahren gab es wieder Krieg. Der König rief sein Heer zusammen und ritt in die Schlacht. Der Königssohn bat den Koch, bei dem Krieg ein wenig zuschauen zu dürfen. Er trat vor das Tor und rief das messinggelbe Männlein; das war augenblicklich zur Stelle: es brachte ihm ein noch herrlicheres Roß und einen Apfel, so glänzend wie die Sonne: »Du wirst wieder das ganze feindliche Heer besiegen, du wirst an der Hand verwundet werden, der König wird dich zu sich laden, aber du darfst nicht mitgehen; und diesen Apfel sollst du der Königstochter geben, wenn sie dir erlaubt, eine Nacht in ihrem Bett zu schlafen.« Der Königssohn stieg auf sein Roß und stürmte in die Schlacht. Er kam angesprengt, hieb mit seinem Schwert auf die Feinde ein, mähte alle nieder, erhielt aber selbst einen Säbelhieb über die Hand. Der König sah, daß er verwundet war, eilte sofort herbei, nahm sein Tuch vom Hals und verband die Wunde des Königssohns; dann schenkte er ihm einen Ring zum Andenken und bat ihn, in seinen Palast zu kommen und auszuruhen. Aber der Königssohn gab seinem Roß die Peitsche und verschwand hinter dem Berg. Der König war sehr froh, daß alle drei Kriege ein glückliches Ende genommen hatten und er die großen Ländereien der anderen sein eigen nennen konnte.

Der Königssohn entließ das Roß, zog wieder den Pelz des Schweinehirten an und ging in die Küche. Dort fragten ihn alle, was er alles gesehen habe. Er erzählte, wie ein Unbekannter das Heer der Feinde geschlagen habe, wie der König dem Unbekannten sein Tuch und seinen Ring zum Andenken schenkte, wie er ihn zu sich lud und wie der Unbekannte die Einladung des Königs verschmähte.

Nachdem er wie immer das Geschirr und die Töpfe abgewaschen hatte, spielte er mit seinem Apfel, der die ganze Küche hell erleuchtete. Während er mit dem Apfel spielte, trat die Königstochter in die Küche, sah den Apfel und bat ihn flehentlich, ihr den Apfel zu verkaufen, und versprach, ihm alles dafür zu geben, was er nur verlangte. Der Königssohn im Pelz des Schweinehirten sagte, daß er kein Geld wolle, er wolle nur eine Nacht in dem Bett der Königstochter schlafen. Die Königstochter willigte ein und befahl, ihr Bett für den Küchenjungen herzurichten. Als die Nacht einbrach, begab sich der Küchenjunge in das Gemach der Königstochter, kleidete sich aus und legte sich in ihr Bett.

Am nächsten Tag, genau zur Mittagszeit, wachte der Königssohn auf und ließ den König zu sich bitten. Der König wunderte sich, zog seine Uniform an, setzte sich in seinen Wagen und fuhr zum Palast. Als er zu dem Palast kam, bemerkte er sofort die unbekannten Wachen, aber sie ließen ihn überall durch und geleiteten ihn bis zu dem Gemach des Königssohns. Als die Tür aufging, ging der Königssohn ihm entgegen, begrüßte den König und bot ihm einen Sessel an. Der König erkannte sofort den Unbekannten, der dreimal im Krieg mitgekämpft und jedesmal das Heer des Feindes geschlagen hatte; überdies erkannte er an der Hand des Königssohnes sein eigenes Tuch und an dessen Finger seinen eigenen Ring. Der König fiel dem Königssohn um den Hals, bedankte sich für seine Hilfe und führte ihn zu seiner Tochter. Die Königstochter aber hatte ihn schon seit langem liebgewonnen, denn er war sehr schön von Angesicht, und wollte sich mit ihm auf der Stelle verloben. Bei der Verlobung erzählte der Königssohn, wie er aus dem elterlichen Haus fortgeschickt worden war, wie das messinggelbe Männlein ihm geholfen hatte, wie er über das Meer gekommen war und von dem nämlichen Männlein die Äpfel bekommen hatte. Drei Wochen nach der Verlobung wurde eine prächtige Hochzeit gefeiert, und nach der Hochzeit besuchte das junge

Paar die Eltern des Königssohnes. Sein Vater und seine Mutter erkannten ihn nicht, denn sie glaubten, ihr Sohn sei verschollen: Sie freuten sich über ihr wiedergefundenes Kind, ganz besonders die Mutter, und fragten ihn, wie er zu seinem Glück gekommen sei. Der Königssohn erzählte sogleich von dem messinggelben Männlein, das ihn hinter das Meer gewiesen hatte, von seinem Dienst als Küchenjunge und von dem Krieg; er erzählte von den Äpfeln und wie er sich dem König zu erkennen gegeben, wie er sich mit der Königstochter verlobt und wie er sie geheiratet hatte. Sie lebten lange in großem Glück, und als die Eltern der Königstochter und des Königssohnes starben, erbten sie beide Königreiche. Das messinggelbe Männlein blieb bei ihnen bis an ihr Ende und half ihnen oft, besonders in Kriegsnöten. Sie haben oft Feste gefeiert, ich war immer dabei, trank Met und Wein, alles lief den Bart hinunter und nicht ein Tropfen in den Mund.

Die Kaufmannstochter und ihre Dienerin

Es lebte einmal ein sehr reicher Kaufmann; er hatte eine einzige Tochter von großer Schönheit. Der Kaufmann reiste mit seiner Ware durch verschiedene Länder, kam auch zu einem Zaren, brachte ihm Ellenware und breitete sie vor ihm aus. Da fragte ihn der Zar: »Warum kann ich keine Braut für mich finden?« Der Kaufmann antwortete dem Zaren: »Ich habe eine schöne Tochter; sie ist gut und weiß sofort alles, was den Menschen in den Sinn kommt.« Der Zar zögerte nicht lange, schrieb einen Brief und befahl seinen Herren Gendarmen: »Reitet hin zu diesem Kaufmann und überreicht diesen Brief der Kaufmannstochter!« – Und in dem Brief stand geschrieben: »Schmücke dich zum Traualtar.«

Die Kaufmannstochter nahm den Brief in die Hand und Tränen stürzten ihr aus den Augen; sie begann sich zu schmücken und ihre Dienerin tat es ihr gleich; niemand konnte die Dienerin von der Kaufmannstochter unterscheiden, weil sie sich glichen wie ein Tropfen Wasser dem anderen. Sie legten gleiche Kleider an und wollten zur Trauung fahren. Die Dienerin war darob sehr verdrossen, und sie sagte: »Laß uns auf der Insel ein wenig lustwandeln!« Sie gingen über die Insel; die Dienerin gab der Kaufmannstochter einen Schlaftrunk, schnitt ihr die Augen heraus und legte sie in die Tasche. Darauf ging sie zu den Gendarmen und sagte: »Meine Herren Gendarmen! Meine Dienerin ist im Meer ertrunken.« Sie antworteten: »Es genügt uns, wenn du lebst, diese Bäuerin brauchen wir nicht!« Sie kamen zu dem Zaren. Er ließ sich sogleich trauen, und sie lebten zusammen. Der Zar dachte im stillen: »Sicher hat mich der Kaufmann betrogen, das ist nicht seine Tochter. Warum sind ihre Klugheit und Vernunft so gering? Und ungeschickt ist sie auch!«

So lebten sie zusammen. Die Kaufmannstochter war nach dem Schmerz, den ihre Dienerin ihr zugefügt hatte, wieder zu sich gekommen: sie konnte nicht mehr sehen, nur noch hören. Da hörte sie, wie ein alter Mann das Vieh hütete; sie sagte zu ihm: »Wo bist du zu Hause, Großväterchen?« – »Ich wohne in einer Hütte.« – »Nimm mich bei dir auf.« Der Alte nahm sie bei sich auf. Dann sagte sie: »Großväterchen, halt mir das Vieh vom Leibe!« Er hörte auf sie und hielt ihr das Vieh vom Leibe. Dann schickte sie den Alten zum Kaufmann: »Hol mir Samt und Seide auf Borg.« In den reichen Läden wollte ihm niemand etwas auf Borg geben, aber ein armer Kaufmann gab ihm etwas. Er brachte der Blinden den Samt und die Seide. Sie sagte: »Großväterchen, leg dich schlafen, und mach dir keine Sorgen; für mich sind ja Tag und Nacht gleich!« Und nun begann sie aus Samt und Seide eine Königskrone zu sticken. Diese Krone gelang ihr so gut, daß man sich nicht daran satt sehen konnte.

Am frühen Morgen weckte die Blinde den Alten und sagte: »Geh und bring diese Krone dem Zaren; nimm nichts dafür, bitte nur um ein Auge; was sie auch sagen werden, fürchte dich nicht!«

Da ging er zu dem Palast und bot dort die Krone feil. Alle staunten über die Krone und wollten sie kaufen; aber der Alte verlangte dafür ein Auge. Sofort meldete man dem Zaren, daß er ein Auge verlange. Der Zar kam zu ihm heraus, freute sich über die Krone und wollte sie unbedingt kaufen, aber der Alte verlangte auch von dem Zaren ein Auge. Da wurde der Zar zornig und wollte ihn ins Gefängnis werfen, aber wie der Zar auch drohte, der Alte blieb bei seinem Wort. Und der Zar befahl seinen Gendarmen: »Geht und schneidet einem gefangenen Soldaten ein Auge aus!« Auf einmal kam seine Frau, die Zarin, nahm ein Auge aus ihrer Tasche und gab es dem Zaren. Der Zar freute sich sehr: »Ach, du hast mir einen großen Gefallen getan, liebe Zarin!« Und er gab dieses Auge dem Alten.

Der Alte nahm das Auge und ging fort. Er kam in seine Hütte. Die Blinde fragte: »Hast du mein Äuglein bekommen, Großväterchen?« Er sagte: »Ich habe es bekommen.« Sie nahm das Auge, trat in das Morgenrot hinaus, spuckte auf das Äuglein, hielt es an ihr Gesicht – und sie konnte sehen.

Wieder schickte sie den Alten zu den Kaufleuten, gab ihm Geld, um die Schulden für den Samt und die Seide zu begleichen und neuen Samt und Goldfaden zu kaufen. Er kaufte bei dem armen Kaufmann und brachte der Kaufmannstochter den Samt und den Goldfaden. Sie ging ans Werk, stickte eine zweite Krone und schickte den Alten wiederum zu dem Zaren. Sie sagte ihm: »Du darfst nichts dafür nehmen, nur ein Auge mußt du verlangen; und wenn sie dich fragen, woher du die Krone hast, sollst du sagen – Gott der Herr hat sie mir gegeben!«

Der Alte kam in den Palast; alle waren voller Staunen; die erste Krone war wunderschön gewesen, aber diese war noch schöner. Der Zar sagte: »Was sie auch kostet, ich muß sie haben!« – »Gib mir ein Auge«, verlangte der Alte. Der Zar

172

befahl sofort, einem Gefangenen ein Auge auszuschneiden, aber schon nahm die Gattin des Zaren das zweite Äuglein aus ihrer Tasche. Der Zar war sehr erfreut und dankte ihr: »Ach, du hast mir einen großen Gefallen getan mit diesem Äuglein, Mütterchen!« Der Zar fragte den Alten: »Woher nimmst du nur diese Kronen?« – »Gott der Herr hat sie mir gegeben«, sagte der Alte und verließ den Palast. Er kehrte in seine Hütte zurück und gab das Äuglein der Blinden. Sie trat wieder in die Morgenröte hinaus, spuckte auf das Äuglein, hielt es an das Gesicht – und konnte nun mit beiden Augen sehen. Diese Nacht schlief sie in der Hütte, aber am nächsten Tag erwachte sie in einem Haus aus Kristall, und dort begann sie Feste zu feiern. Eines Tages wollte der Zar das Wunder besehen und erkunden, wer dieses prächtige Haus errichtet hätte. Er kam in den Hof gefahren, sie begrüßte ihn voller Freude, lud ihn ein und ließ für ihn eine Tafel decken. Dort tafelte er, und als er sich verabschiedete, lud er sie zu sich ein. Er kehrte nach Hause zurück und erzählte seiner Zarin: »Ach, Mütterchen, was für ein Haus habe ich dort gesehen! Was für eine Jungfrau wohnt in diesem Haus! Sie weiß alles, was einem in den Sinn kommt!« Die Zarin verstand, wen er meinte, und sagte zu sich selbst: »Wahrscheinlich ist sie es, der ich die Augen herausgeschnitten habe!«

Bald wollte der Zar sie wieder besuchen, und die Zarin ärgerte sich darüber. Der Zar kam, tafelte bei ihr und lud sie ein, mit ihm in den Palast zu fahren. Sie legte ihre schönen Kleider an und sagte zu dem Alten: »Leb wohl! Hier ist eine Truhe voll Geld: leere sie nie bis auf den Boden – dann füllt sie sich immer aufs neue. Du wirst dich in diesem Haus aus Kristall schlafen legen, aber in deiner alten Hütte aufwachen. Ich fahre jetzt zu Besuch; ich werde nicht am Leben bleiben – sie wird mich töten und in kleine Stücke hacken; wenn du morgen früh aufstehst, sollst du einen Sarg zimmern, die Stücke sammeln und mich bestatten.« Der Alte beweinte sie. Unterdessen kamen die Gendarmen, hoben sie in den Wagen

173

und fuhren davon. Sie brachten sie in den Palast, aber die Zarin mochte sie nicht einmal ansehen – am liebsten hätte sie sie auf der Stelle erschossen.

Die Zarin ging in den Hof hinaus und sagte zu den Gendarmen: »Wenn ihr diese Dirne nach Hause bringt, dann schlachtet und zerstückelt sie, schneidet ihr Herz heraus und bringt es mir!« Sie geleiteten die Kaufmannstochter nach Hause und unterhielten sich eifrig mit ihr. Sie aber wußte, was sie vorhatten, und sagte: »Zückt schnell eure Messer!« Sie zerstückelten sie, schnitten das Herz heraus, vergruben die Stücke in dem Dung und kehrten in den Palast zurück. Die Zarin kam ihnen entgegen, nahm das Herz, rollte es zu einem Ei und steckte das Ei in die Tasche. Der Alte legte sich in dem Haus aus Kristall schlafen, wachte in seiner alten Hütte auf und weinte bitterlich. Er weinte und weinte, aber er mußte seine Pflichten erfüllen. Er zimmerte einen Sarg und machte sich auf, sie zu suchen; er fand sie in dem Dung, grub alle Teile aus, setzte sie zusammen, bettete sie in den Sarg und bestattete sie neben seiner Hütte.

Der Zar aber wußte von alledem nichts und wollte die Kaufmannstochter besuchen. Er kam gefahren – aber er fand kein Haus, keine Jungfrau, nur einen Garten über der Stelle, wo sie bestattet war. Er kehrte in seinen Palast zurück und erzählte der Zarin: »Ich war dort, suchte und suchte, aber ich habe weder das Haus gefunden noch die Jungfrau, sondern nur einen Garten!« Die Zarin hörte sich das an, ging in den Hof hinaus und befahl den Gendarmen: »Geht hin und holzt den Garten ab!« Sie ritten hin und wollten den Garten abholzen, aber die Bäume waren auf einmal aus Stein.

Der Zar fand keine Ruhe – er wollte noch einmal den Garten sehen, und er machte sich auf den Weg. Er kam hin und sah dort einen Knaben, einen wunderschönen Knaben! »Wahrscheinlich«, dachte der Zar, »haben ihn seine Eltern verloren, als sie hier lustwandelten.« Er nahm ihn mit in seinen Palast, führte ihn in seine Gemächer und sagte zu der

Zarin: »Gib acht, Mütterchen, daß er bei uns nicht anfängt zu weinen.« Aber der Knabe fing an zu weinen und zu schreien und ließ sich durch nichts trösten: Sie versuchten dies und sie versuchten jenes, aber er schrie immerfort! Da holte die Zarin aus ihrer Tasche das Ei, das sie aus dem Herzen geknetet hatte, und reichte es ihm; der Knabe war sogleich still und hüpfte durch die Zimmer. »Ach, Mütterchen«, sagte der Zar zu der Zarin, »wie hast du ihn getröstet!«

Der Knabe lief auf den Hof hinaus, der Zar hinterher; der Knabe lief auf die Straße hinaus, auch der Zar lief auf die Straße hinaus, er lief in die Felder hinaus, auch der Zar lief in die Felder hinaus, er lief in den Garten, und der Zar folgte ihm in den Garten. Dort erblickte der Zar die Jungfrau und freute sich sehr. Und die Jungfrau sagte zu ihm: »Ich bin deine Braut, die Kaufmannstochter, und deine Zarin ist meine Dienerin.« Zusammen fuhren sie in den Palast. Die Zarin fiel ihr zu Füßen: »Erbarmen!« – »Du hast mit mir kein Erbarmen gehabt: Du hast mir erst die Augen herausgeschnitten und dann befohlen, mich zu zerstückeln!« Darauf sagte der Zar: »Gendarmen! Nun schneidet der Zarin auch die Augen heraus, und fort mit ihr in die Felder!« Sie schnitten ihr die Augen heraus, banden sie Pferden an die Schwänze und trieben die Pferde hinaus. Sie wurde auf den weiten Feldern zerstückelt. Der Zar aber lebte mit seiner jungen Zarin glücklich und in Eintracht, und das Gute mehrte sich. Der Zar ließ kein Auge von ihr und kleidete sie in Gold.

Die drei Reiche – das kupferne, das silberne und das goldene

So war es einmal – es lebten ein Alter und eine Alte; die hatten drei Söhne: der erste hieß Jegoruschko Fliegehoch, der zweite Mischa Bär und der dritte Iwaschko Ofenhocker. Da kam es den Eltern in den Sinn, sie zu verheiraten; sie schickten den Ältesten nach einer Braut aus; er wanderte lange umher, er hat viele Mädchen, aber keine Braut gefunden, keine wollte ihm so recht gefallen. Da begegnete er unterwegs einem Drachen mit drei Köpfen; er erschrak, aber der Drache sagte: »Wohin des Wegs, guter Mann?« Jegoruschko sagte: »Ich will heiraten, aber ich kann keine Braut finden.« Der Drache sagte: »Komm mit mir; ich will dich führen und dich prüfen, ob du eine Braut finden kannst.«

Sie gingen und gingen, schließlich kamen sie zu einem großen Stein. Der Drache sagte: »Wälze diesen Stein zur Seite; darunter wirst du finden, was du dir wünschst.« Jegoruschko versuchte, den Stein zur Seite zu wälzen, aber er konnte nichts ausrichten. Da sagte der Drache zu ihm: »Dann sollst du keine Braut bekommen!« Jegoruschko kehrte nach Hause zurück und erzählte dem Vater und der Mutter, was sich zugetragen hatte. Die Eltern überlegten und überlegten, was zu tun und zu lassen sei, und schickten den mittleren Sohn, Mischa Bär, aus. Dem ging es nicht anders als dem ersten. Der Alte und die Alte überlegten und überlegten und wußten keinen Rat: Wenn sie Iwaschko Ofenhocker schickten, der würde erst recht nichts ausrichten!

Aber Iwaschko Ofenhocker war begierig, den Drachen zu sehen; sein Vater und seine Mutter wollten ihn zuerst nicht ziehen lassen, aber schließlich erlaubten sie es ihm. Iwaschko wanderte und wanderte und begegnete dem Drachen mit den drei Köpfen. Der Drache fragte ihn: »Wohin des Wegs, guter Mann?« Er sagte: »Die Brüder wollten heiraten, aber sie konnten keine Braut finden; jetzt bin ich an der Reihe.« – »Gut, laß uns gehen, ich will dir den Weg zeigen. Ob du wohl eine Braut finden kannst?«

Der Drache begleitete Iwaschko; schließlich kamen sie zu dem Stein, und der Drache befahl ihm, den Stein zur Seite zu wälzen. Iwaschko packte den Stein, und der Stein war wie weggeblasen; unter dem Stein befand sich ein Loch, das führte in die Erde, und am Rand waren Riemen befestigt. Und der Drache sagte: »Iwaschko! Setz dich in die Riemen; ich werde dich herunterlassen, dort mußt du weitergehen und wirst in drei Reiche kommen, und in jedem Reich wirst du eine Jungfrau finden.« Iwaschko ließ sich herunter und ging weiter; er ging und ging und kam schließlich in das kupferne Reich; er trat ein und sah eine Jungfrau, die war wunderschön. Die Jungfrau sagte: »Willkommen, niegesehener Gast! Tritt ein und nimm Platz, wo es dir gefällt, und laß mich wissen, woher du kommst und wohin du gehst!« – »Ach, schöne Jungfrau«, sagte Iwaschko, »du hast mir nicht zu essen und nicht zu trinken gegeben und fragst mich doch aus.« Darauf trug die Jungfrau verschiedene Speisen und Getränke auf; Iwaschko aß und trank nach Herzenslust und erzählte, daß er unterwegs sei, um sich eine Braut zu suchen: »Wenn es dir gefällt, heirate mich, ich bitte dich!« – »Nein, guter Mann«, sagte die Jungfrau, »geh nur weiter; du wirst in das silberne Reich kommen: dort lebt eine Jungfrau, die ist noch schöner als ich!« Und sie schenkte ihm einen silbernen Ring.

Iwaschko dankte der Jungfrau für Brot und Salz, nahm Abschied und ging weiter; er ging und ging und gelangte schließlich in das silberne Reich; er trat ein und sah: da saß eine Jungfrau, die war noch schöner als die erste. Er bekreuzigte sich und verneigte sich tief vor ihr: »Sei gegrüßt, schöne Jungfrau!« Sie antwortete: »Sei willkommen, junger Fremder! Nimm Platz und laß mich wissen: Wie heißt du? Woher kommst du? Und was führt dich her?« – »Ach, schöne Jungfrau«, sagte Iwaschko, »du hast mir nicht zu trinken und nicht zu essen gegeben und fragst mich doch aus.« Die Jungfrau deckte den Tisch und trug allerlei Speise und Trank auf; Iwaschko aß und trank nach Herzenslust und erzählte, daß er eine Braut suche, und bat sie, ihn zu heiraten. Sie antwortete: »Geh nur weiter, dort gibt es noch das goldene Reich, dort sitzt eine Jungfrau, die ist noch schöner als ich.« Dann schenkte sie ihm einen goldenen Ring.

Iwaschko nahm Abschied und ging weiter. Er ging und ging und kam schließlich in das goldene Reich. Er trat ein und sah eine Jungfrau, die noch schöner war als die anderen. Er bekreuzigte sich, wie es sich gehört, und grüßte die Jungfrau. Die Jungfrau fragte ihn aus: »Woher und wohin des Wegs?« »Ach, schöne Jungfrau«, sagte er, »du hast mir nicht zu trinken und nicht zu essen gegeben, und du willst mich doch ausfragen.« Da trug sie allerlei Speise und Trank auf, wie man sie sich nicht köstlicher denken kann. Iwaschko Ofenhocker langte tüchtig zu und erzählte dann: »Ich bin ausgezogen, eine Braut zu suchen; wenn du mich heiraten willst, dann komm mit.« Die Jungfrau war einverstanden und schenkte ihm ein goldenes Knäuel, und dann machten sie sich zusammen auf den Weg. Sie gingen und gingen und kamen in das silberne Reich – dort holten sie die Jungfrau ab; sie gingen und gingen und kamen in das kupferne Reich – auch hier holten sie die Jungfrau ab und kamen alle zusammen bei dem Loch an, aus dem sie herausklettern mußten, die Riemen hingen noch herunter; die älteren Brüder standen oben an dem Loch, sie wollten gerade heruntersteigen und Iwaschko suchen.

Iwaschko setzte die Jungfrau aus dem kupfernen Reich in die Riemen und zupfte daran; die Brüder begannen zu ziehen und zogen die Jungfrau heraus, die Riemen aber ließen sie wieder hinunter. Iwaschko setzte die Jungfrau aus dem silbernen Reich hinein, auch sie wurde von den Brüdern herausgezogen, die Riemen ließen sie wieder hinunter. Dann setzte er die Jungfrau aus dem goldenen Reich hinein. Die Brüder zogen sie herauf und ließen die Riemen hinunter. Da setzte sich Iwaschko selbst hinein: Die Brüder begannen zu ziehen, sie zogen und zogen, aber als sie sahen, daß es ihr Bruder war, dachten sie: »Vielleicht wird er uns überhaupt keine Jungfrau gönnen, wenn wir ihn herausziehen!« Und sie schnitten die Riemen durch. Iwaschko stürzte hinunter. Nun, was sollte er tun? Er weinte, weinte und ging weiter; er ging

und ging, und auf einmal sah er: Auf einem Baumstumpf saß
ein alter Mann – ein Viertel Arschin hoch, der Bart eine Elle
lang –, dem erzählte er alles, was ihm zugestoßen war. Der
Alte gab ihm den Rat weiterzuwandern: »Du wirst zu einem
kleinen Haus kommen. In diesem Haus liegt ein langer Kerl,
von einer Zimmerecke bis in die andere. Den mußt du fragen,
wie du nach Rußland zurückkommst.«

Iwaschko ging und ging. Schließlich kam er zu der Hütte.
Er trat ein und sagte: »Mächtiger Götze! Laß Gnade walten:
Zeig mir den Weg nach Rußland.« – »Pfui, pfui«, ließ sich der
Götze vernehmen, »niemand hat den russischen Knochen
hergerufen, er ist von selbst gekommen. Gehe hinter die
dreißig Seen; dort steht ein Häuschen auf einem Hühnerbein,
und in dem Häuschen wohnt die Jaga Baba; sie hat den Vogel
Adler, der wird dich heimtragen.« Da ging Iwaschko weiter
und immer weiter, schließlich kam er zu dem Häuschen; er
trat in das Häuschen ein, und die Jaga Baba rief: »Pfui, pfui,
pfui! Russischer Knochen, warum bist du gekommen?« Darauf sagte Iwaschko: »Der mächtige Götze hat mich hergeschickt, Großmutter. Ich soll dich um den Vogel Adler bitten,
damit er mich nach Rußland zurückträgt.« – »Dann geh in
den Garten«, sagte die Jaga Baba, »an der Tür steht eine
Wache, hole dir bei ihr den Schlüssel und schließe die sieben
Türen auf; wenn du die letzte Tür aufschließt, beginnt der
Adler mit den Flügeln zu schlagen. Wenn du dich vor ihm
nicht fürchtest, kannst du auf seinen Rücken steigen und
fliegen; aber nimm genügend Rindfleisch mit und gib ihm
einen Brocken davon, sobald er sich im Flug nach dir
umsieht.«

Iwaschko tat alles so, wie die Jaga Baba es ihn gelehrt hatte.
Er stieg auf den Rücken des Adlers und flog davon; sie flogen
eine Weile, da sah sich der Adler nach ihm um – Iwaschko
gab ihm einen Brocken Fleisch; oft mußte er dem Adler
Fleisch geben, das Fleisch war schon verfüttert, aber es war
noch eine große Strecke zu fliegen. Der Adler sah sich um,

aber das Fleisch blieb aus; da riß der Adler aus Iwaschkos Nacken einen Brocken Fleisch, schlang ihn herunter und flog mit ihm durch dasselbe Loch nach Rußland hinauf. Als Iwaschko von dem Adler heruntersieg, würgte der Adler den Brocken Fleisch heraus und hieß ihn das Stück an die Wunde halten. Iwaschko hielt das Stück an die Wunde, und sein Nacken wurde wieder heil. Iwaschko kam nach Hause, holte bei seinen Brüdern die Jungfrau aus dem goldenen Reich, und sie lebten glücklich und zufrieden und leben heute noch. Auch ich war dort und trank Bier; das Bier lief den Schnurrbart herunter und nicht ein Tropfen in den Mund.

Frolka Bärenhäuter

Es lebte einmal ein Zar, der hatte drei Töchter, die waren so schön, daß man es im Märchen nicht erzählen und mit der Feder nicht beschreiben kann; sie liebten es, abends in ihrem Garten zu lustwandeln, der Garten war groß und prächtig. Und der Tschernomor-Drache kam immer wieder dorthin geflogen. Eines Tages blieben die Töchter des Zaren zu lange in dem Garten, sie konnten sich von den Blumen nicht trennen; auf einmal erschien der Tschernomor-Drache und trug sie auf seinen Feuerflügeln davon. Der Zar wartete und wartete – aber die Töchter blieben fort! Er schickte Dienerinnen aus, um sie im Garten zu suchen, aber vergeblich: Die Dienerinnen fanden die Zarentöchter nicht. Am Morgen ließ der Zar die Notglocken läuten, und eine Menge Volk strömte zusammen. Der Zar verkündete: »Wer meine Töchter findet, dem werde ich so viel Geld geben, wie er verlangt.«

Drei meldeten sich: Ein Soldat, der war ein Säufer, Frolka Bärenhäuter und Jerjoma; sie sprachen noch einmal mit dem Zaren und brachen auf, um seine Töchter zu suchen. Sie gingen und gingen und kamen schließlich in einen dichten dunklen Wald. Kaum waren sie im Wald, als sie eine große Müdigkeit überkam. Frolka Bärenhäuter zog aus der Tasche eine Tabaksdose, klopfte mit dem Finger darauf, schlug den Deckel auf und nahm eine ordentliche Prise; darauf redete er den anderen zu: »Hört, Brüder, wir wollen nicht schlafen, wir wollen nicht ruhen! Geht weiter.«

Und sie gingen weiter. Sie gingen und gingen und kamen schließlich zu einem riesengroßen Haus. Das war das Haus des Drachen mit den fünf Köpfen. Sie klopften lange an das Tor, aber niemand öffnete ihnen. Schließlich schob Frolka Bärenhäuter den Soldaten und Jerjoma zur Seite: »Laßt mich mal, Brüder!« Er nahm wieder eine tüchtige Prise und schlug gegen das Tor, und zwar mit solcher Wucht, daß es barst. Darauf traten sie in den Hof, setzten sich im Kreis auf die Erde und wollten sich stärken mit dem, was Gott ihnen geschickt hatte. Da trat aus dem Haus eine Jungfrau von großer Schönheit; sie trat heraus und sagte: »Warum seid ihr nur gekommen, ihr Lieben? Hier wohnt ein sehr grimmiger Drache; er wird euch verschlingen! Ihr habt Glück, daß er jetzt nicht zu Hause ist.« Darauf antwortete Frolka: »Wir werden ihn selbst verschlingen!« Kaum hatte er diese Worte ausgesprochen, da kam schon der Drache geflogen, er kam geflogen und knurrte: »Wer hat in meinem Reich Schaden angerichtet? Gibt es in der Welt jemanden, der es mit mir aufnehmen könnte? Ich habe einen einzigen Gegner, aber nicht einmal seine Knochen könnte ein Rabe hierher tragen!« – »Ein Rabe könnte mich nicht hierher tragen«, sagte Frolka, »aber ein gutes Roß!« Als der Drache diese Worte hörte, sagte er: »Frieden oder Streit!« – »Ich bin nicht hierhergekommen, um mit dir Frieden zu schließen«, sagte Frolka, »sondern um mit dir zu streiten!«

Sie traten auseinander, traten wieder aufeinander zu, und mit einem Streich schlug Frolka dem Drachen alle fünf Köpfe ab, legte sie unter einen Stein, und den Leib vergrub er in der Erde. Die Jungfrau war voller Freude und bat die drei:

»Nehmt mich mit, ihr Guten!« – »Aus wessen Haus bist du denn?« fragten sie. Sie sagte, daß sie eine Zarentochter sei; Frolka erzählte ihr, was zu wissen nötig war; nun hatte sich alles gefügt! Die Zarentochter lud sie in die Gemächer ein, gab ihnen zu essen und zu trinken und bat flehentlich, auch ihre beiden anderen Schwestern zu erlösen. Frolka antwortete: »Aber deshalb sind wir ja ausgezogen!« Die Zarentochter erzählte ihnen, wo ihre Schwestern wohnten: »Meine mittlere Schwester hat es noch schwerer als ich: Mit ihr lebt der Drache mit den sieben Köpfen.« – »Was macht das schon«, sagte Frolka, »mit dem werden wir auch fertig; ein wenig länger werde ich mit dem Drachen mit den zwölf Köpfen zu tun haben.« Sie verabschiedeten sich und zogen weiter.

Sie kamen zu der mittleren Schwester. Der Palast, in dem sie eingesperrt war, war riesengroß, ihn umgab ein hoher Zaun aus Gußeisen. Nun kamen sie an den Zaun und suchten das Tor; sie fanden es, Frolka schlug mit aller Kraft gegen die Torflügel, und sie taten sich auf. Sie traten in den Hof und wollten nach gewohnter Weise sich stärken. Plötzlich kam der Drache mit den sieben Köpfen geflogen: »Hier riecht es nach Russen!« sprach er. »Ha, du bist es, Frolka! Warum bist du hierher gekommen?« – »Ich weiß schon, warum!« antwortete Frolka. Er kämpfte mit dem Drachen und hieb ihm mit einem Streich alle sieben Köpfe ab. Die legte er unter einen Stein und den Leib vergrub er in der Erde. Dann betraten sie den Palast: Sie gingen durch das erste Gemach, durch das zweite, durch das dritte, und in dem vierten fanden sie die mittlere Zarentochter – sie saß auf einem Diwan. Nachdem die drei erzählt hatten, warum und weshalb sie hier waren, wurde sie wieder heiter, bewirtete sie und flehte sie an, ihre jüngste Schwester von dem Drachen mit den zwölf Köpfen zu erlösen. Frolka sagte: »Freilich! Deshalb sind wir ja auch ausgeschickt worden. Es ist mir ein wenig bang zumute, aber der Herr ist gnädig! Schenk uns noch ein Gläschen ein!« Sie tranken und zogen weiter; sie gingen und gingen und kamen an einen tiefen, tiefen Graben. Auf der anderen Seite des Grabens standen statt eines Tores riesige Pfähle, und an diese Pfähle waren zwei furchtbare Löwen angeschmiedet, die brüllten so laut, daß nur Frolka sich auf den Beinen halten konnte, seine Kameraden aber vor Angst umfielen. Frolka sagte zu ihnen: »Ich habe noch Schlimmeres gesehen und habe mich nicht gefürchtet. Kommt mit!« Und sie gingen weiter.

Plötzlich trat aus dem Palast ein Greis, der war um die Siebzig; er sah sie, ging ihnen entgegen und sprach: »Wohin des Wegs, meine Lieben?« – »In den Palast«, antwortete Frolka. »Ach, meine Lieben! Dort erwartet euch nichts Gutes; in diesem Palast wohnt der Drache mit den zwölf Köpfen. Jetzt ist er nicht zu Hause, sonst hätte er euch längst verschlungen!« – »Zu dem wollen wir ja!« – »Wenn das so ist«, sagte der Greis, »dann geht. Ich will euch begleiten.« Er trat zu den Löwen und streichelte sie; so konnte Frolka mit seinen Kameraden in den Hof eintreten. Von dort gelangten sie in den Palast. Der Greis führte sie in das Gemach, in dem die Zarentochter wohnte. Kaum waren sie eingetreten, da sprang sie behende aus dem Bett, lief auf sie zu und fragte, wer sie seien und woher sie kämen. Sie erzählten es ihr. Die Zarentochter bewirtete sie und machte sich währenddessen für den Heimweg fertig. Als sie den Palast verlassen wollten, sahen sie plötzlich: kaum eine Werst entfernt flog der Drache heran. Die Zarentochter stürzte in die Gemächer zurück, und Frolka ging mit seinen Kameraden dem Drachen entgegen und kämpfte mit ihm. Anfangs setzte der Drache ihnen arg zu, aber Frolka – der war flink! – gelang es doch, ihn zu besiegen, er schlug ihm alle zwölf Köpfe ab und warf sie in den Graben. Dann kehrten sie in die Gemächer zurück und tafelten dort vor lauter Freude noch üppiger als vorher; darauf traten sie den Rückweg an, holten die beiden anderen Zarentöchter ab und kamen alle wohlbehalten in der Heimat an. Der Zar freute sich über alle Maßen, schloß seine Schatzkammern auf und sagte: »Nun, meine treuen Diener, nehmt euch so viel

Lohn für eure Arbeit, wie ihr wollt!« Frolka war nicht dumm: Er kam mit seiner großen Ohrenklappenmütze; der Soldat brachte seinen Tornister mit und Jerjoma ein Hühnernest. Frolka begann als erster zu schaufeln, er schaufelte und schaufelte, seine Mütze platzte und das Silber fiel in den Schlamm und versank. Frolka schaufelte weiter: Er schaufelte, aber alles rieselte aus der Mütze heraus! »Was soll man tun!« sagte Frolka. »Ich werde wohl den ganzen Kronschatz einheimsen.« – »Und was bleibt für uns übrig?« fragten seine Kameraden. »Der Zar hat auch für euch genug!« Jerjoma beeilte sich, sein Hühnernest zu füllen, der Soldat seinen Tornister, sie schaufelten beides voll und gingen nach Hause. Frolka aber blieb mit seiner Mütze in der Schatzkammer, er sitzt heute noch dort und schaufelt. Sobald seine Ohrenklappenmütze voll ist, werde ich weiter erzählen; jetzt ist mir die Puste ausgegangen.

Das Tier Noerz

(Aus dem Weißrussischen)

Es lebten einmal ein Zar und eine Zarin. Sie hatten drei Söhne: zwei waren gescheit, der dritte war dumm. Der Zar hatte ein Gehege, dort hielt er sich viele verschiedene Tiere. Nun hatte das große Tier Noerz die Gewohnheit, in dieses Gehege einzubrechen und dort großen Schaden anzurichten. Jede Nacht riß es einige Tiere. Was der Zar auch tat – er konnte dem Noerz nicht beikommen; endlich rief er seine Söhne zu sich und sagte: »Wer von euch das Tier Noerz bezwingt, der bekommt die Hälfte meines Reiches.« Der Älteste wollte es tun: Sobald die Nacht angebrochen war, legte er seine Waffen an und ging hinaus; aber bevor er in das Gehege kam, kehrte er in einer Schenke ein und zechte dort die ganze Nacht hindurch. Als er sich endlich aufraffte, war es schon Tag, und es war zu spät. Er schämte sich vor seinem Vater, aber es war nichts mehr zu ändern. Am nächsten Tag erging es dem mittleren Bruder nicht anders; der Vater schalt sie eine Weile, schließlich hörte er damit auf.

Am dritten Tag wollte der Jüngste sich auf die Lauer legen. Alle verspotteten ihn, weil er dumm war, und alle dachten, daß er nichts ausrichten könnte; aber er nahm seine Waffen, begab sich sogleich in das Gehege und setzte sich vor einen Schlehenbusch, damit die Dornen ihn stachen und weckten, sobald er einnickte. Mitternacht war vorüber, da dröhnte die Erde: Das Tier Noerz kam gelaufen, setzte über den Zaun und sprang mitten in das Gehege, denn das Tier Noerz war sehr groß. Der Zarensohn fuhr auf, erhob sich, bekreuzigte sich und ging auf den Noerz zu; das Tier floh, der Zarensohn folgte ihm, aber als er merkte, daß er den Noerz zu Fuß nicht einholen konnte, lief er in den Pferdestall, holte das beste Roß heraus und ritt dem Tier nach: Er holte den Noerz ein und kämpfte mit ihm.

Sie kämpften lange, lange. Der Zarensohn verwundete das Tier an drei Stellen. Beide waren ermattet und legten sich nieder, um auszuruhen. Sobald der Zarensohn eingeschlafen war, sprang das Tier auf und schlich davon. Das Roß weckte den Zarensohn, der Zarensohn sprang auf und verfolgte das Tier. Er holte es ein, und sie kämpften weiter. Auch diesmal schlug der Zarensohn dem Noerz drei Wunden, und sie legten sich nieder, um auszuruhen. Das Tier floh; der Zarensohn holte es ein und schlug ihm wiederum drei Wunden. Aber als er es zum vierten Mal verfolgte, lief das Tier zu einem großen weißen Stein, hob den Stein auf und entkam in die andere Welt, nachdem es dem Zarensohn gesagt hatte: »Du wirst mich besiegen, wenn du dorthin kommst.«

Der Zarensohn kehrte nach Hause zurück, erzählte alles seinem Vater und bat ihn, er möge befehlen, ihm ein Seil aus Leder zu drehen, so lang, daß es bis in die andere Welt reiche. Der Vater gab den Befehl. Als das Seil fertig war, ritt der

Zarensohn mit seinen Brüdern, einer großen Dienerschaft und Vorräten für ein ganzes Jahr zu dem Stein, unter dem das Tier verschwunden war. Dort angekommen, bauten sie einen Palast und wohnten darin. Als alles fertig war, sagte der jüngste Bruder zu den älteren: »Nun, Brüder, wer wird diesen Stein heben?« Keiner von seinen Brüdern konnte den Stein auch nur von der Stelle rücken, aber als der Jüngste anpackte, flog der Stein weit zur Seite. Der Stein war aber sehr groß, ein richtiger Berg. Nachdem er den Stein zur Seite geschleudert hatte, sagte er zu den Brüdern: »Lebt wohl, meine Brüder; laßt mich hinunter in die andere Welt, aber weicht nicht von dieser Stelle. Und sobald das Seil sich bewegt, müßt ihr daran ziehen.« Die Brüder ließen ihn hinunter.

Als er in der anderen Welt, unter der Erde, zu sich kam, machte sich der Zarensohn auf den Weg; er ging und ging; auf einmal sah er ein Pferd mit reichem Zaumzeug, dieses Pferd sprach zu ihm: »Ah, guten Tag, Iwan Zarewitsch, ich habe lange auf dich gewartet!« Er stieg auf das Pferd und ritt weiter; er ritt und ritt, auf einmal sah er einen Palast. Der Palast war aus Kupfer. Er ritt in den Hof hinein, band sein Pferd an und ging in die Gemächer. Dort stand eine gedeckte Tafel; er setzte sich an die Tafel, speiste und begab sich in das Schlafgemach. Dort stand ein Bett, er legte sich hinein und ruhte.

Da kam eine Jungfrau, die war so schön, wie man es sich nicht ausdenken und nicht ausmalen, sondern nur im Märchen erzählen kann, und sie sagte: »Wer ist in meinem Haus – der soll mir Antwort geben: Ist es ein alter Mann, der soll mir Vater sein, ist er in mittleren Jahren – Bruder; und ist er jung – mein wohlgeneigter Gatte; ist es eine alte Frau, die soll meine Großmutter sein, ist sie in mittleren Jahren – meine liebe Mutter, und wenn sie jung ist – meine traute Schwester.« Er trat zu ihr hinaus. Als sie ihn sah, freute sie sich und sagte: »Was führt dich her, Iwan Zarewitsch, mein wohlgeneigter Gatte?« Er erzählte ihr, wie sich alles begeben hatte. Da sagte sie: »Das Tier, das du bezwingen willst, ist mein

Bruder. Er hält sich jetzt bei meiner mittleren Schwester auf, die unweit von hier in einem Palast aus Silber wohnt. Ich habe ihm drei Wunden geheilt, die du ihm geschlagen hast.«

Darauf tranken sie, tafelten und waren frohen Sinnes; dann nahm der Zarewitsch Abschied und ritt zu der zweiten Schwester, die in dem Palast aus Silber wohnte, und blieb eine Weile bei ihr. Sie sagte ihm, daß ihr Bruder, der Noerz, bei der jüngsten Schwester sei. Er ritt zu der Jüngsten, die wohnte in einem Palast aus Gold. Sie sagte ihm, daß ihr Bruder gerade auf dem Meer schlafe, gab ihm einen Schluck von dem Kraftwasser zu trinken, reichte ihm ein Zauberschwert und gab ihm den Rat, ihrem Bruder den Kopf mit einem einzigen Streich abzuschlagen. Er nahm ihren Rat an und ritt davon. Als der Zarensohn an das blaue Meer kam, sah er: Mitten im Meer auf einem Stein schlief der Noerz und schnarchte so laut, daß das Meer im Umkreis von sieben Werst unruhig war. Er bekreuzigte sich und schlug mit dem Schwert zu. Der abgeschlagene Kopf sagte: »Jetzt bin ich verloren!« und versank im Meer.

Nachdem das Tier Noerz bezwungen war, kehrte der Zarensohn zurück, holte die drei Schwestern ab und nahm sie mit, um sie auf diese Welt hinaufzuführen; denn sie liebten ihn alle drei und wollten sich nicht von ihm trennen. Jede verwandelte ihren Palast in ein Ei, sie waren nämlich Zauberinnen; sie lehrten ihn, wie er aus dem Ei wieder einen Palast und aus dem Palast wieder ein Ei machen könne, gaben ihm die Eier und begaben sich alle zusammen zu der Stelle, wo sie auf diese Welt hinaufgezogen werden sollten. Als sie zu dem Lederseil kamen, setzte der Zarensohn die Jungfrauen hinein und zupfte an dem Seil; das Seil spannte sich, die Brüder zogen sie heraus. Als sie die drei wunderschönen Mädchen sahen, gingen sie auf die Seite und sprachen zueinander: »Wir lassen das Seil hinunter, ziehen den Bruder ein Stück hoch, durchschneiden dann das Seil; er soll unten zerschellen; sonst könnte er diese Schönen für sich behalten und sie uns nicht zu

Frauen geben.« So kamen sie überein und ließen das Seil hinunter: Aber ihr Bruder war nicht zu täuschen, er ahnte, was seine Brüder im Sinne hatten, er legte einen Stein hinein und zupfte an dem Seil. Die Brüder zogen den Stein ein ganzes Stück hoch und durchschnitten dann das Seil. Der Stein fiel hinunter und zerschellte. Der Zarensohn weinte und ging weiter.

Der Zarensohn ging und ging. Auf einmal kam Sturm auf, es blitzte, es donnerte, es goß in Strömen. Er suchte einen Baum, um sich unterzustellen; da sah er auf diesem Baum ein Nest mit jungen Vögeln, die völlig durchnäßt waren. Er zog seinen Rock aus, deckte sie zu und setzte sich selbst unter den Baum. Auf einmal kam ein Vogel geflogen, der war so groß, daß er den Himmel verdeckte: eben war es noch dämmrig gewesen, und nun wurde es ganz dunkel. Das war die Mutter der jungen Vögel, die der Zarensohn mit seinem Rock zugedeckt hatte.

Als der Vogel zu seinem Nest kam und sah, daß seine Jungen zugedeckt waren, fragte er: »Wer hat meine Jungen geborgen?« Und dann, als er den Zarensohn sah, fragte er: »Warst du es? Habe Dank. Dafür kannst du mich um alles bitten, was du dir wünschst; ich werde deine Wünsche erfüllen!« Der Zarensohn sagte: »Trage mich in die andere Welt hinauf!« Der Vogel antwortete: »Zimmere zwei große Kisten, geh auf die Jagd und fülle die eine mit Wild und die andere mit Wasser, damit du Vorrat hast, um mich zu füttern.« Der Zarensohn tat, wie der Vogel ihn geheißen hatte. Der Vogel nahm die Kisten auf den Rücken, der Zarensohn setzte sich in die Mitte dazwischen, und sie stiegen in die Luft.

Ob sie lange flogen oder kurz – der Vogel brachte ihn auf diese Welt zurück, nahm Abschied von ihm und flog fort. Der Zarensohn aber ging zu einem Schneider und trat bei ihm als Lehrling ein: Seine Kleider waren so zerrissen und er hatte sich so verändert, daß niemand ihn als den Zarensohn erkannte. Der Lehrling fragte seinen Meister, wie es im Land zugehe. Der Meister antwortete: »Unsere beiden Zarensöhne, der dritte ist verschollen, haben sich in der anderen Welt Bräute geholt und wollen heiraten. Aber ihre Bräute sträuben sich: Sie wünschen sich zur Trauung Kleider, wie sie sie in der anderen Welt getragen haben, und es darf auch nicht Maß genommen werden. Der Zar hat alle Schneidermeister zusammenrufen lassen, aber keiner traute sich eine solche Geschicklichkeit zu.« Der Zarewitsch hörte das alles an und sagte: »Meister, geh zum Zaren und sag ihm, daß du alles nähen kannst, was deinem Handwerk zukommt.« Der Meister sagte: »Aber wie soll ich solche Kleider nähen! Ich nähe doch nur fürs einfache Volk!« Der Zarewitsch sagte: »Geh, Meister, ich nehme es auf meine Kappe.« Der Meister ging hin. Der Zar freute sich, daß sich wenigstens ein Schneider gefunden hatte, und gab ihm so viel Geld, wie er verlangte. Darauf kehrte der Meister nach Hause zurück. Der Zarewitsch sagte zu ihm: »Nun bete zu Gott und leg dich schlafen; morgen wird alles fertig sein.« Der Meister hörte auf seinen Lehrling und legte sich schlafen.

Um Mitternacht stand der Zarewitsch auf, verließ die Stadt und ging in die Felder hinaus, holte aus der Tasche die Eier, die ihm die Bräute gegeben hatten, und tat so, wie sie ihn gelehrt hatten. Er verwandelte sie in drei Paläste, ging in jeden Palast hinein, holte überall die gewünschten Kleider, ging hinaus, verwandelte die Paläste in Eier und begab sich nach Hause. Zu Hause hing er die Kleider an die Wand und legte sich schlafen. Der Meister wachte in der Frühe auf und sah Gewänder hängen, wie er sie noch nie gesehen hatte! Alle drei funkelten von Gold, Silber und Edelsteinen! Er freute sich und brachte sie dem Zaren. Die Zarentöchter sahen sofort, daß es die Kleider waren, die sie in der anderen Welt getragen hatten, sie erkannten, daß Iwan Zarewitsch wieder in dieser Welt war, sie warfen sich einen Blick zu, sagten aber kein Wort. Der Meister kehrte nach Hause zurück, aber er fand seinen lieben Lehrling nicht mehr dort. Er war inzwischen zu einem Schuster gegangen und hatte auch diesen zu dem Zaren geschickt, und auch der Schuster war ein reicher Mann geworden. So suchte er verschiedene Handwerksmeister auf, und alle dankten ihm, weil er sie reich gemacht hatte.

Der Zarewitsch hatte als Lehrling bei allen Meistern gearbeitet, und die Zarentöchter hatten alles bekommen, was sie sich wünschten; sie waren so gekleidet, wie in der anderen Welt; nun weinten sie bitterlich, weil der Zarewitsch sich nicht zeigte, sie aber konnten sich nicht länger widersetzen und mußten heiraten. Bevor sie vor den Altar traten, bat die jüngste Braut den Zaren: »Erlaube mir, Vater, daß ich die Bettler mit eigener Hand beschenke!« Er erlaubte es ihr. Sie ging hinaus, verteilte Almosen und sah sich unter den Leuten um. Da kam sie an einen Armen, wollte ihm Geld geben, sah den Ring, den sie dem Zarewitsch in der anderen Welt geschenkt hatte, und auch die Ringe ihrer Schwestern: Er war es! Sie nahm ihn bei der Hand, führte ihn in das Gemach und sagte zu dem Zaren: »Er ist es, der uns aus der anderen Welt heraufgebracht hat! Seine Brüder haben uns verboten, zu sagen, daß er noch am Leben ist, und haben gedroht, uns zu töten, wenn wir davon sprechen.« Der Zar wurde zornig, bestrafte seine beiden Söhne, wie er es für richtig hielt; danach feierten sie drei Hochzeiten, auch ich war dabei, trank Met und Wein, alles lief den Bart herunter und nicht ein Tropfen in den Mund.

Kullererbsen

(Aus dem Ukrainischen)

Es lebten einmal ein Mann und eine Frau. Sie hatten zwei Söhne und eine Tochter. Eines Tages schickte der Vater seine Söhne zum Pflügen. Sie sagten: »Wer bringt uns mittags das Essen aufs Feld?« Der Vater sagte: »Das Mädchen.« Das Mädchen sagte: »Ich kenne den Weg nicht.« Darauf sagten die Brüder: »Wenn du den Berg hinaufgegangen bist, siehst du drei Wege; du mußt den Weg nehmen, auf dem Holzspäne liegen.« Der Drache sah, daß zwei Brüder dahergingen, an einem Stück Holz schnitzten und die Holzspäne auf den Weg streuten; er sammelte die Holzspäne ein und streute sie auf den Weg, der zu seiner Höhle führte. Die Mutter kochte das Essen und schickte die Tochter damit aufs Feld. Das Mädchen ging den Berg hinauf und schlug den Weg ein, auf dem die Holzspäne lagen. Der führte sie vor die Höhle, und der Drache zog sie in die Höhle hinein.

Die Brüder warteten und warteten auf das Essen, endlich spannten sie die Ochsen aus; sie ließen die Ochsen grasen, gingen nach Hause und fragten ihre Mutter: »Wo ist denn unser Essen, Mutter?« Die Mutter sagte: »Ich habe es euch längst durch das Mädchen aufs Feld geschickt.« Sie warteten bis zum Abend: Als sie am anderen Morgen aufstanden, war sie immer noch nicht da! Die Brüder sagten: »Wahrscheinlich hat sie der verfluchte Drachen geholt!« Sie zogen sich an und machten sich auf den Weg, ihre Schwester zu suchen.

Sie gingen und gingen – und kamen zu einem Hirten, der Rinder hütete. Sie grüßten ihn; der Hirte fragte: »Wohin des Wegs?« Sie antworteten: »Zu dem Drachen, unsere Schwester wiederholen.« – »Wenn ihr eure Schwester bei dem Drachen holen wollt, müßt ihr meinen größten Ochsen aufessen.« Sie wollten nicht und gingen weiter. Sie gingen und gingen und begegneten einem Schäfer, der Schafe hütete. Sie grüßten ihn, er fragte: »Wohin des Wegs?« – »Zum Drachen – unsere Schwester wiederholen.« – »Wenn ihr sie wiederholen wollt, müßt ihr meinen größten Hammel aufessen.« Sie wollten nicht und gingen weiter. Sie gingen und gingen – da begegneten sie einem Schweinehirten, der Schweine hütete. Sie grüßten ihn, da fragte er sie: »Wohin des Wegs?« – »Zum Drachen, unsere Schwester wiederholen.« – »Wenn ihr sie wiederholen wollt, müßt ihr meinen größten Eber aufessen.« Sie wollten nicht und gingen weiter.

Sie gingen und gingen – da stand der Drache vor seinem Haus. Der Drache sagte: »Guten Tag! Warum hat der Herr euch hierher geführt?« – »Wir kommen zu dir, um unsere Schwester wiederzuholen.« – »Wenn ihr eure Schwester wiederholen wollt, müßt ihr zwölf Ochsen, zwölf Hammel und zwölf Eber aufessen.« Sie aßen von allem ein kleines Stück, dann konnten sie nicht mehr. Der Drache packte sie und legte sie unter einen Stein.

Die Mutter weinte, weil ihre Söhne und ihre Tochter fort waren; sie nahm ihre Eimer und ging zum Brunnen Wasser holen, schöpfte Wasser und ging zurück. Auf einmal kullerte eine Erbse über den Weg auf sie zu, hüpfte in den Eimer und blieb dort liegen, ohne daß sie es merkte. Sie kam nach Hause, leerte die Eimer – und wunderte sich: Im Eimer lag eine Erbse; sie nahm die Erbse und aß sie, wurde schwanger und gebar einen Sohn. Sie gaben ihm den Namen Kullererbschen; und er wurde von Stunde zu Stunde, von Minute zu Minute größer und stärker. Beim Abendbrot fragte Kullererbschen: »Hattet Ihr noch mehr Kinder, Mutter?« – »Ich hatte zwei Söhne und eine Tochter.« – »Und wo sind sie jetzt?« – »Der Drache raubte meine Tochter, und die Söhne zogen aus, sie zu suchen; und nun sind die Söhne und die Tochter fort.« Er aß zu abend, dann zog er die Stiefel und den Rock an: »Jetzt werde ich gehen und sie holen.« Er bat den Schmied: »Schmiede mir eine große Keule.« Der Schmied schmiedete ihm eine große Keule; Kullererbschen nahm die Keule, zahlte und ging. Er ging und kam zu einem Hirten, der Rinder hütete. Er grüßte ihn. Der Hirt fragte: »Wohin des Wegs?« – »Zu dem Drachen, meine Schwester wiederholen.« – »Iß meinen größten Ochsen auf, dann wirst du sie wiederholen!« Er aß den Ochsen auf, dankte und ging weiter. Er ging und ging und begegnete einem Schäfer, der Schafe hütete. Kullererbschen grüßte ihn; der Schafhirt fragte: »Wohin des Wegs?« Er antwortete: »Zu dem Drachen, meine Schwester wiederholen.« – »Iß meinen größten Hammel auf, dann wirst du sie wiederholen.« Er aß ihn auf, dankte und ging. Er ging und ging, da begegnete er einem Schweinehirten, der seine Schweine hütete. Kullererbschen grüßte ihn. Der Schweinehirt fragte: »Wohin des Wegs?« – »Zu dem Drachen, meine Schwester wiederholen.« – »Iß meinen größten Eber auf, dann wirst du sie wiederholen!« Er aß ihn auf, dankte und ging weiter. Er ging und ging, auf einmal stand er vor dem Haus des Drachen. Seine Schwester holte gerade Wasser vom Brunnen: »Guten Tag, Schwester!« sagte Kullererbschen. Darauf fragte sie: »Was bist du für ein Bruder?« Er sagte: »Du wirst gleich sehen, was für ein Bruder ich bin!« Da trat der Drache aus dem Haus: »Ah, Guten Tag!« sagte er. »Guten Tag!« Der Drache fragte ihn: »Weshalb bist du gekommen?« – »Ich will meine Schwester und meine Brüder wiederholen.« – »Dann mußt du zwölf Ochsen, zwölf Hammel und zwölf Eber aufessen.« Er machte sich ans Werk und aß alles auf. Der Drache sagte: »Du bist ein Held! Wollen wir Frieden schließen oder streiten?« – »Streiten! Mit dir will ich keinen Frieden schließen.« – »Blas zuerst die Tenne sauber!« sagte der Drache. »Blas nur selber die Tenne sauber«, sagte Kullererbschen, »du bist doch der Herr über dein Hab und Gut und nicht ich.« Der Drache blies, und die Tenne war ganz aus Gußeisen; Kullererbschen blies, und die Tenne war aus Kupfer. Da holte Kullererbschen aus und ließ seine Keule mit solcher Wucht auf den Drachen niedersausen, daß der Drache bis zu den Knien in die Erde sank; dann schlug er zum zweiten Mal zu – und der Drache war tot. Dann hackte er den Drachen in kleine Stücke, warf sie ins Feuer und streute die Asche in den Wind; er holte seine Brüder unter dem Stein hervor, nahm sie und die Schwester bei der Hand und kehrte mit ihnen nach Hause zurück. Die Freude der Eltern war groß!

Iwan Popjalow

(Aus dem Weißrussischen)

Es lebten einmal ein Mann und eine Frau, sie hatten drei
Söhne: zwei gescheite und einen dummen, der hieß Iwan und
wurde genannt der Aschensohn. Zwölf Jahre lag er in der
Asche auf dem Ofen, und als er aufstand und sich schüttelte,
da fielen von ihm sechs Pud Asche ab. In dem Reich, in dem
Iwan wohnte, war niemals Tag, sondern immer Nacht; das
war das Werk des Drachen. Nun wollte Iwan ausziehen,
diesen Drachen zu besiegen, und er sagte zu seinem Vater:
»Vater, mach mir einen Knüppel, der soll fünf Pud schwer
sein.« Er nahm diesen Knüppel, ging auf das Feld hinaus,
warf ihn in die Luft und kehrte nach Hause zurück. Am
nächsten Tag ging Iwan wieder auf das Feld hinaus, stellte
sich auf die Stelle, wo er den Knüppel in die Luft geschleudert
hatte und hob den Kopf – schon sauste der Knüppel hernie-
der, schlug gegen seine Stirn und zerbrach in zwei Stücke.

Iwan kam nach Hause und sagte zu seinem Vater: »Vater,
mach mir einen anderen Knüppel, der soll zehn Pud schwer
sein.« Er nahm diesen Knüppel, ging auf das Feld hinaus und
warf den Knüppel in die Höhe: Drei Tage und drei Nächte
flog der Knüppel durch die Luft, am vierten Tag trat Iwan auf
dieselbe Stelle – schon kam der Knüppel angesaust; Iwan hob
ein Knie – der Knüppel zerbrach in drei Stücke. Der Aschensohn kam nach Hause und verlangte von seinem Vater einen
dritten Knüppel, fünfzehn Pud schwer. Er nahm diesen
Knüppel, ging auf das Feld und warf ihn in die Höhe: Dieser
Knüppel flog sechs Tage durch die Luft. Am siebten Tag
stellte sich Iwan genau auf dieselbe Stelle – schon kam der
Knüppel geflogen und traf ihn mitten auf die Stirn, so daß er
den Kopf zurückwerfen mußte. Da sagte er: »Dieser Knüppel
ist für den Drachen recht!«

Nun rüstete sich Iwan und ritt mit seinen Brüdern aus, um
mit dem Drachen zu kämpfen. Sie ritten und ritten. Auf

einmal kamen sie zu einem Häuschen, das auf einem Hühnerbein stand, und in diesem Haus wohnte der Drache. Sie hielten vor dem Haus an. Iwan hing seine Fäustlinge auf und sagte zu seinen Brüdern: »Wenn meine Fäustlinge bluten, dann müßt ihr mir zur Hilfe eilen.« Er sagte es, ging ins Haus hinein und versteckte sich unter den Dielen – und schon kam der Drache mit den drei Köpfen geritten: sein Roß strauchelte, sein Hund heulte, sein Falke stöhnte. Der Drache fragte: »Warum strauchelst du, mein Roß? Warum heulst du, mein Hund? Warum stöhnst du, mein Falke?« – »Warum soll ich nicht straucheln«, sagte das Roß, »wenn Iwan Aschensohn unter den Dielen sitzt?« Da sagte der Drache: »Komm heraus, Iwanuschka, wir wollen unsere Kräfte messen.« Iwan kam heraus, und sie begannen zu kämpfen. Iwan besiegte den Drachen und setzte sich wieder unter die Dielen.

Da kam der Drache mit den sechs Köpfen geritten; Iwan besiegte auch diesen Drachen. Aber schon näherte sich der dritte, der Drache mit den zwölf Köpfen. Iwan begann auch mit diesem Drachen zu kämpfen und schlug ihm neun Köpfe ab: der Drache wurde müde. Auf einmal sahen sie einen Raben, der kam geflogen und krächzte: »Blut! Blut!« Der Drache befahl dem Raben: »Fliege zu meiner Frau; sie wird Iwan Aschensohn den Garaus machen.« Und Iwan sagte: »Fliege zu meinen Brüdern; wenn sie kommen, werden wir diesen Drachen töten und dich mit Fleisch versorgen.« Der Rabe gehorchte Iwan, flog zu seinen Brüdern und krächzte über ihren Köpfen. Die Brüder erwachten, hörten das Rabengekrächz und eilten ihrem Bruder zur Hilfe. Sie töteten den Drachen, nahmen ein Drachenhaupt, gingen zu seinem Haus, spalteten dort das Drachenhaupt, und im ganzen Reich wurde es wieder Tag.

Nachdem der Drache besiegt war, ritt Iwan Aschensohn samt seinen Brüdern nach Hause, aber er vergaß, seine Fäustlinge einzustecken. Er hieß seine Brüder anhalten und auf ihn warten, er selber kehrte um. Als er zu dem Haus des

Drachen gekommen war und seine Fäustlinge einstecken wollte, hörte er, daß das Weib des Drachen und die Töchter des Drachen sich im Haus unterhielten.

Er verwandelte sich in einen Kater und begann, vor der Tür zu miauen. Sie ließen ihn in das Haus ein. Er hörte alles, was sie sprachen, nahm seine Fäustlinge und lief zurück. Als er bei seinen Brüdern angelangt war, saß er auf, und sie ritten weiter. Sie ritten und ritten, auf einmal breitete sich vor ihnen eine grüne Wiese aus. Auf der Wiese lagen seidene Kissen. Die Brüder sagten: »Wir wollen unsere Rosse grasen lassen und uns ausruhen.« Iwan sagte: »Wartet, Brüder!«, holte mit seinem Knüppel aus und ließ ihn auf die Kissen niedersausen. Da spritzte Blut aus den Kissen.

Dann ritten sie weiter. Sie ritten und ritten – auf einmal stand vor ihnen ein Apfelbaum. Dieser Apfelbaum trug goldene und silberne Äpfelchen. Die Brüder sagten: »Laßt uns ein Äpfelchen essen.« Iwan sagte: »Haltet ein, Brüder! Laßt mich erst versuchen.« Er nahm seinen Knüppel und schlug auf den Apfelbaum ein. Aus dem Apfelbaum spritzte Blut. Sie ritten weiter. Sie ritten und ritten, auf einmal war vor ihnen ein Brunnen. Die Brüder sagten: »Wir wollen Wasser trinken.« Aber Iwan Aschensohn sagte: »Haltet ein, Brüder!« Er holte mit seinem Knüppel aus und schlug auf den Brunnen ein, da verwandelte sich das Wasser in Blut. Die Wiese, die seidenen Polster, der Apfelbaum und der Brunnen – sie alle waren die Töchter des Drachen.

Nachdem Iwan Aschensohn die Töchter des Drachen getötet hatte, ritt er mit seinen Brüdern nach Hause – auf einmal kam das Weib des Drachen hinter ihnen geflogen, sie sperrte das Maul vom Himmel bis zur Erde auf und wollte Iwan verschlingen. Iwan und seine Brüder warfen ihr drei Pud Salz hin, das Weib des Drachen verschlang das Salz in dem Glauben, es sei Iwan Aschensohn. Aber sobald sie das Salz schmeckte und merkte, daß man sie getäuscht hatte, flog sie wieder hinter Iwan her.

Als er merkte, daß es schlecht um ihn stand, trieb er sein Roß an und versteckte sich in der Schmiede bei Kuzma und Demjan hinter zwölf Türen. Das Weib des Drachen kam geflogen und sagte zu Kuzma und Demjan: »Gebt mir Iwan Aschensohn heraus!« Aber sie sagten: »Wenn du mit deiner Zunge die zwölf Türen durchgeleckt hast, dann kannst du ihn haben!« Das Weib des Drachen begann die Türen zu lecken; sie aber legten eine eiserne Zange in die Esse, und sobald sie ihre Zunge in die Schmiede gesteckt hatte, packten sie ihre Zunge mit der glühenden Zange und schlugen mit den Schmiedehämmern auf sie ein. Als das Weib des Drachen tot war, verbrannten sie es und streuten die Asche in alle Winde. Sie selbst ritten nach Hause. Sie lebten glücklich und in Freuden, und bei ihren Festgelagen flossen Met und Wein in Strömen. Auch ich war dabei und trank Wein, alles lief den Bart herunter und kein Tropfen in den Mund.

Sturmrecke Iwan Kuhsohn

In einem Land lebte ein König mit seiner Königin. Sie hatten keine Kinder, obwohl sie fast zehn Jahre verheiratet waren, und der König ließ alle Zaren, in allen Städten, unter allen Völkern, bei allen Ständen fragen: »Wer weiß ein Mittel, damit die Königin schwanger wird?« Fürsten und Bojaren, reiche Kaufleute und Bauern kamen angereist; sie aßen bei dem König nach Herzenslust, sie tranken bei dem König nach ihrem Durst und sollten Rede und Antwort stehen. Aber niemand wußte ein Mittel, niemand ahnte eines, niemand konnte sagen, was zu tun sei, damit die Königin empfangen könne: nur ein Bauernsohn wollte einen Rat geben. Der König griff in die Tasche, schenkte ihm eine Handvoll Dukaten und gab ihm drei Tage Frist. Nun, der Bauernsohn wollte einen Rat geben, aber was er eigentlich raten sollte, das wußte er nicht einmal im Traum; er ging aus der Stadt und war sehr nachdenklich. Ein altes Weiblein kam ihm entgegen: »Sag mir, Bauernsohn, warum bist du so nachdenklich?« Er antwortete: »Schweige, du alte Schachtel, und laß mich in Frieden!« Aber sie lief ihm voraus und sagte abermals: »Vertraue mir deine Sorgen an; ich bin alt und weiß über manches Bescheid.« Er dachte: »Warum habe ich sie beleidigt? Es ist gut möglich, daß sie etwas weiß.« – »Also, Großmütterchen, ich habe dem König ein Mittel versprochen, das die Königin fruchtbar macht; aber ich kenne dieses Mittel selber nicht.« – »Ja, ja! Aber ich kenne dieses Mittel: Geh zum König und sage ihm, er müsse drei Netze aus Seide knüpfen lassen; unter dem Fenster wogt das Meer, in diesem Meer wohnt ein Hecht mit goldenen Flossen. Er schwimmt vor dem Palast täglich hin und her. Wenn der König diesen Hecht fangen und zubereiten läßt und ihn der Königin vorsetzt, dann wird die Königin mit einem Sohn niederkommen.« Der Bauernsohn fuhr selbst zum Fischen auf das Meer hinaus. Er warf die drei Netze aus Seide aus – der Hecht ging ins Netz, zerriß sie aber alle drei und verschwand. Er warf die Netze abermals aus – der Hecht entschlüpfte ihm. Der Bauernsohn nahm seinen Gürtel und das seidene Tüchlein vom Hals, verknotete damit die Netze, warf sie zum dritten Mal aus – und er zog den Hecht mit den goldenen Flossen aus dem Meer. Er freute sich unsäglich, nahm den Hecht und brachte ihn dem König. Der König befahl, den Hecht zu waschen, auszunehmen, zu braten und der Königin vorzusetzen. Die Köche wuschen den Hecht und nahmen ihn aus, das Wasser und den Abfall schütteten sie aus dem Fenster: Eine Kuh kam herzu und leckte alles auf. Als die Köche den Hecht gebraten hatten, kam eine Magd herbei, richtete den Hecht auf einer Platte an und wollte ihn der Königin bringen. Unterwegs zupfte sie dem Fisch eine Flosse aus und naschte daran. Alle drei wurden am selben Tag und zur selben Stunde schwanger: die Kuh, die Küchenmagd und die Königin.

Das Märchen ist schnell erzählt, aber die Sache ist nicht schnell getan. Nach einiger Zeit kam die Viehmagd aus dem Stall und meldete dem König, daß eine Kuh einen Menschen geboren hätte. Der König wunderte sich sehr, aber noch bevor er etwas sagen konnte, kamen die Diener gelaufen und sagten, daß die Küchenmagd einen Jungen geboren hätte, der dem Kuhsohn wie ein Tropfen dem anderen gliche; und gleich darauf meldete ein Bote, daß auch die Königin mit einem Sohn niedergekommen wäre, der ebenfalls dem Kuhsohn gliche – vom Scheitel bis zur Sohle. Wunderbare Knaben waren das! Andere brauchen Jahre, um zu wachsen, sie aber brauchten nur Stunden; die Kräfte, die die Kinder in einem Jahr bekommen, bekamen sie in einer Stunde, die Kräfte, die die Kinder in drei Jahren bekommen, bekamen sie in drei Stunden.

Bald verließen sie die Kinderstube, fühlten sich wie mächtige Recken, gingen zu ihrem königlichen Vater und baten um die Erlaubnis, in die Stadt zu reiten, Menschen zu sehen und sich selbst zu zeigen. Er erlaubte es, befahl ihnen, friedfertig aufzutreten, und gab ihnen soviel Geld mit, wie ihre Taschen fassen konnten. Die jungen Helden zogen aus: der eine hieß Iwan Zarensohn, der andere Iwan Maidensohn, der dritte Sturmrecke Iwan Kuhsohn. In der Stadt sahen sie sich alles an, kauften aber nichts. Auf einmal sah Iwan Zarensohn Kugeln aus Kristall und sagte zu den Brüdern: »Wir wollen jeder eine Kristallkugel kaufen und sie in den Himmel werfen; wer sie am höchsten werfen kann, der soll unser Ältester sein.« Die Brüder waren einverstanden; sie zogen das Los – wer sollte als erster die Kristallkugel werfen? Iwan Zarensohn warf als erster. Seine Kugel flog hoch, die Kugel von Iwan Maidensohn noch höher, aber Iwan Kuhsohn warf seine Kugel so hoch, daß sie sie aus den Augen verloren. Er sagte: »Jetzt bin ich also der Älteste und habe das Sagen.« Iwan Zarensohn wurde zornig: »Wie kann das sein! Du bist ein Kuhsohn und willst das Sagen haben!« Der Sturmrecke antwortete darauf: »Es wird Gott gefallen, daß ihr auf mich hört.«

Sie gingen weiter ihres Weges und kamen an das Schwarze Meer, in dem Meer gluckste ein Meerungeheuer. Iwan Zarensohn sagte: »Laßt sehen, Brüder, wer das Ungeheuer zum Schweigen bringen kann, der soll unser Ältester sein!« Die Brüder willigten ein. Der Sturmrecke sagte: »Fang an, Iwan Zarensohn! Kannst du es zum Schweigen bringen, wirst du unser Ältester sein.« Iwan Zarensohn fing an zu rufen, zu schreien, aber das Ungeheuer gluckste immer lauter. Dann kam Iwan Maidensohn an die Reihe, aber er konnte auch nichts ausrichten. Schließlich erhob der Sturmrecke seine Stimme und warf ein Stöckchen ins Wasser, und das Meerungeheuer war wie verschwunden! Er sagte abermals: »Jetzt bin ich euer Ältester!« Iwan Zarensohn wurde zornig. »Wir wollen nicht deine jüngeren Brüder sein!« – »Dann geht eurer Wege!« sagte der Sturmrecke und kehrte in sein Vaterland zurück; die beiden Brüder aber zogen in die Welt hinaus.

Der König hörte, daß der Sturmrecke allein zurückgekehrt war, und befahl, ihn ins Gefängnis zu werfen. Drei Tage und drei Nächte bekam er nichts zu trinken und nichts zu essen. Da hämmerte er mit der Faust gegen die Mauer und rief mit Reckenstimme: »Fragt euren König, meinen Ziehvater, warum und um welches Vergehens willen er mich Hunger leiden läßt. Eure Mauern sind für mich keine Mauern und eure Gitter keine Gitter, wenn ich will, kann ich mit meiner bloßen Faust alles zerschlagen!« Das wurde sofort dem König hinterbracht; der König selbst suchte ihn auf und sagte: »Warum prahlst du, Sturmrecke?« – »Lieber Ziehvater! Warum gibst du mir nichts zu essen? Warum läßt du mich drei Tage und drei Nächte Hunger leiden? Ich habe mir nichts zuschulden kommen lassen.« – »Und wo hast du deine Brüder, meine Söhne, gelassen?« Der Sturmrecke Iwan Kuhsohn erzählte ihm, wie sich alles zugetragen hatte. »Meine Brüder sind gesund und unversehrt, nichts Böses ist ihnen

widerfahren, aber sie wollten fort, in die weite Welt hinaus.«
Der König fragte: »Warum bist du nicht mit ihnen gegangen?« – »Weil Iwan Zarensohn der Älteste sein wollte, aber das Los ist auf mich gefallen.« – »Gut! Ich werde Boten schicken und sie zurückrufen.« Der Sturmrecke sagte: »Niemand kann sie einholen außer mir; sie sind in das Drachenland gezogen, dort, wo drei Drachen aus dem Schwarzen Meer steigen, einer mit sechs Köpfen, einer mit neun Köpfen und einer mit zwölf Köpfen.«

Der König bat ihn inständig, seinen Brüdern beizustehen; Sturmrecke Kuhsohn rüstete sich für die Reise, nahm einen Streitkolben, ein stählernes Schwert und ging.

Ein Märchen ist schnell erzählt, aber die Sache ist nicht schnell getan; er ging und ging und holte seine Brüder nahe dem Schwarzen Meer an der Maßholderbrücke ein; an der Brücke ragte ein Pfahl, an dem Pfahl stand geschrieben, daß an dieser Stelle die drei Drachen aus dem Meer steigen. »Guten Tag, Brüder!« Sie freuten sich, daß er gekommen war, und sagten: »Guten Tag, Sturmrecke, unser ältester Bruder!« – »Ich merke, was an dem Pfahl geschrieben steht, mundet euch nicht!« Er sah sich um – neben der Brücke stand ein Häuschen auf Hühnerbeinen und Hahnenkopf, das Gesicht zum Wald, den Hintern zu ihnen. Der Sturmrecke rief: »Häuschen, Häuschen, dreh dich, wende dich, den Hintern zum Wald, das Gesicht zu uns!« Das Häuschen drehte sich, sie traten ein, drinnen stand ein gedeckter Tisch und auf dem Tisch allerlei Speis und Trank; in der Ecke eine mächtige Bettstatt, darauf lag ein Daunenkissen. Der Sturmrecke sagte: »Seht, Brüder, wäre ich nicht, hättet ihr nichts von alldem.« Sie setzten sich an den Tisch, tafelten und legten sich zur Ruhe. Der Sturmrecke stand auf und sagte: »Gebt acht, Brüder, heute Nacht wird der Drache mit den sechs Köpfen aus dem Meer steigen. Wir wollen das Los werfen, wer von uns wachen soll.« Sie warfen das Los – Iwan Maidensohn mußte wachen. Der Sturmrecke sagte zu ihm: »Paß auf, aus dem Meer wird ein kleines Krüglein auf das Ufer springen und vor dir tanzen und hüpfen. Aber du darfst es nicht ansehen, du mußt es bespucken und zerschlagen.« Kaum war Iwan Maidensohn dort, als er schon einschlief. Der Sturmrecke wußte, daß auf seine Brüder kein Verlaß war, und ging selbst auch hin. Er ging auf der Brücke auf und ab und trommelte dazu mit seinem Stöckchen. Plötzlich hüpfte ein Krüglein auf die Brücke und begann vor ihm zu tanzen. Der Sturmrecke bespuckte das Krüglein und schlug es in kleine Stücke. Plötzlich schnatterte eine Ente, die Ufer dröhnten, das Meer trübte sich, das Meer brodelte – ein Ungeheuer stieg ans Ufer: Das war der Drache mit den sechs Köpfen; er pfiff und rief mit gellender Stimme: »Grauchen, Braunchen, wohlberedter Fuchs! Steh vor mir wie das Blatt vor dem Halm!« Ein Roß flog herbei, die Erde zitterte, unter den Hufen stoben Funken über das ganze Feld, aus den Ohren und Nüstern stieg Rauch und Qualm. Das Ungeheuer saß auf und ritt auf die Maßholderbrücke zu; das Roß unter ihm strauchelte. »Warum strauchelst du, du Rabenfraß? Witterst du Freund oder Feind?« Das gute Pferd antwortete: »Ein Feind wartet auf uns – der Sturmrecke Kuhsohn.« – »Du lügst, du Rabenfraß! Nicht einmal einen Knochen von ihm brächte ein Rabe jemals her! Wie soll er selbst herkommen!« – »He, Ungeheuer«, ließ sich Sturmrecke Kuhsohn vernehmen, »nicht einen Knochen von mir hat ein Rabe hergebracht, ich stehe leibhaftig hier.« Der Drache fragte: »Weshalb bist du gekommen? Willst du meine Schwestern oder meine Töchter freien?« – »Nein, heißt es doch: wirfst du nach mir mit dem Speer, wirst mein Eidam du nicht mehr; laß uns kämpfen.«

Der Sturmrecke nahm Anlauf, holte mit seinem Streitkolben aus und schlug mit dem ersten Hieb dem Drachen drei Köpfe ab und mit dem zweiten die drei andern. Er hackte den Leib in Stücke, warf sie ins Meer, legte die Köpfe unter die Maßholderbrücke, band das Pferd dem schlafenden Iwan Maidensohn zu Füßen an und legte das stählerne Schwert ihm zu Häupten; dann ging er in das Häuschen und legte sich schlafen, wie wenn nichts geschehen wäre. Iwan Maidensohn wachte auf, sah das Pferd und freute sich sehr. Er saß auf, ritt zu dem Häuschen und rief: »Der Sturmrecke hat mir verboten, das Krüglein anzusehen, ich aber habe es angesehen, und der Herr hat mir ein Pferd geschickt!« Iwan Kuhsohn antwortete: »Dir hat er das Pferd geschickt, und uns hat er eines verheißen!« In der zweiten Nacht mußte Iwan Zarensohn Wache halten; der Sturmrecke warnte auch ihn vor dem Krüglein, Iwan Zarensohn ging auf der Brücke auf und ab und trommelte mit einem Stöckchen. Auf einmal hüpfte das Krüglein auf die Brücke hinauf und begann vor ihm zu tanzen; Iwan Zarensohn schaute ihm zu und schlief auf der Stelle ein. Aber der Sturmrecke wollte sich auf seinen Bruder nicht verlassen und gleichfalls wachen. Er ging auf der Brücke auf und ab, trommelte mit seinem Stöckchen, auf einmal hüpfte das Krüglein auf die Brücke und begann vor ihm zu tanzen. Der Sturmrecke bespuckte es und schlug es in kleine Stücke. Plötzlich schnatterte eine Ente, die Ufer dröhnten, das Meer trübte sich, das Meer brodelte, ein Ungeheuer stieg ans Ufer, es pfiff und rief mit gellender Stimme: »Grauchen, Braunchen, wohlberedter Fuchs! Steh vor mir wie das Blatt vor dem Halm!«

Ein Roß flog herbei, die Erde zitterte, unter den Hufen stoben Funken über das ganze Feld, aus den Ohren stieg Rauch und Qualm, aus dem Maul schlugen Flammen! Es hielt vor ihm wie angewurzelt. Das Ungeheuer, der Drache mit den neun Köpfen, saß auf und ritt auf die Maßholderbrücke zu; vor der Brücke strauchelte das Roß. Der Drache hieb ihm mit der Peitsche über die steile Kruppe: »Warum strauchelst du, du Rabenfraß? Witterst du Feind oder Freund?« – »Ein Feind wartet auf uns – der Sturmrecke Kuhsohn.« – »Du lügst, du Rabenfraß! Nicht einmal einen Knochen von ihm brächte ein Rabe her! Wie soll er selbst herkommen?« – »He, Ungeheuer«, ließ sich der Sturmrecke

Kuhsohn vernehmen. »Ich bin es leibhaftig und spaziere hier seit über einem Jahr.« – »Willst du, Sturmrecke, meine Schwestern oder meine Töchter freien?« – »Nein. Wirfst du nach mir mit dem Speer, wirst mein Eidam du nicht mehr! Laß uns kämpfen.«

Der Sturmrecke nahm Anlauf, holte mit seinem Streitkolben aus und schlug dem Drachen drei Köpfe ab, als wären es drei Maulwurfshügel; er holte abermals aus, und die drei anderen rollten zu Boden, mit dem dritten Hieb fielen die restlichen drei. Er hackte den Leib in Stücke, warf sie in das Schwarze Meer, legte die Köpfe unter die Maßholderbrücke, band das Roß dem schlafenden Iwan Zarensohn zu Füßen an und legte das stählerne Schwert ihm zu Häupten. Dann ging er in das Häuschen und legte sich schlafen, wie wenn nichts geschehen wäre. Am Morgen wachte Iwan Zarensohn auf, sah das Roß, das noch besser war als das erste, freute sich, saß auf und rief: »He, Sturmrecke, du hast mir verboten, das Krüglein anzusehen. Ich aber habe es angesehen, und der Herr hat mir ein Pferd geschickt, das noch besser ist als das erste!« Iwan Kuhsohn antwortete: »Euch hat der Herr ein Pferd geschickt und mir hat er nur eins verheißen!«

Die dritte Nacht brach an. Der Sturmrecke rüstete sich und wollte auf die Wache ziehen. Er stellte eine Kerze auf den Tisch, stieß ein Messer in die Wand, hing ein Handtuch darüber, gab den Brüdern ein Spiel Karten und sagte: »Spielt, Brüder, aber vergeßt mich nicht: Wenn die Kerze flackert, wenn von diesem Handtuch das Blut in den Teller tropft, dann lauft schnell zur Brücke und steht mir bei.« Der Sturmrecke ging auf der Brücke auf und ab, trommelte mit dem Stöckchen, auf einmal hüpfte ein Krüglein auf die Brücke hinauf und begann vor ihm zu tanzen.

Der Sturmrecke bespuckte das Krüglein und zerschlug es in kleine Stücke. Plötzlich schnatterte eine Ente, die Ufer dröhnten, das Meer trübte sich, das Meer brodelte – ein Ungeheuer stieg ans Ufer: es war der Drache mit den zwölf Köpfen. Er pfiff und rief mit gellender Stimme: »Grauchen, Braunchen, wohlberedter Fuchs! Steh vor mir wie das Blatt vor dem Halm!«

Ein Roß flog herbei, die Erde zitterte, aus den Ohren und Nüstern stieg Rauch und Qualm, aus dem Maul schlugen Flammen. Es hielt vor ihm wie angewurzelt. Der Drache saß auf und ritt davon. Vor der Brücke strauchelte sein Roß: »Warum strauchelst du, du Rabenfraß? Witterst du Freund oder Feind?« – »Ein Feind wartet auf uns – der Sturmrecke Kuhsohn.« – »Schweig still, nicht einmal einen Knochen von ihm brächte ein Rabe her!« – »Du lügst, Ungeheuer! Ich bin selbst hergekommen! Und spaziere hier seit über zwei Jahren!« – »Willst du vielleicht meine Schwestern oder meine Töchter freien?« – »Nein, heißt es doch: wirfst du nach mir mit dem Speer, wirst mein Eidam du nicht mehr! Laß uns kämpfen.« – »Du hast meine beiden Brüder getötet und glaubst, du kannst auch mich besiegen!« – »Gott wird richten! Aber du bist zu Pferd und ich zu Fuß, wir wollen uns einigen: Wer am Boden liegt, wird geschont.«

Der Sturmrecke holte aus, schlug mit seinem Streitkolben zu – und schlug mit einem Hieb dem Drachen drei Köpfe ab. Er holte zum zweiten Mal aus – da warf der Drache ihn zu Boden. Der Recke rief: »Halt, Ungeheuer! Es war ausgemacht: Wer am Boden liegt, wird geschont!« Der Drache ließ ihm Zeit, sich zu erheben. Kaum stand Iwan Kuhsohn auf den Beinen, flogen schon drei Köpfe, als wären es Maulwurfshügel. Sie kämpften, sie schlugen sich einige Stunden, ihre Kräfte ließen nach; der Drache hatte noch drei Köpfe verloren, der Streitkolben des Recken war geborsten. Da zog Iwan Kuhsohn den Stiefel von seinem linken Bein und schleuderte ihn nach dem Häuschen. Die eine Hälfte des Hauses brach zusammen, aber seine Brüder schliefen weiter und hörten nichts; er riß den Stiefel von seinem rechten Bein und schleuderte ihn nach dem Häuschen: Die Balken, aus denen das Haus zusammengefügt war, rollten auseinander, aber seine Brüder wachten nicht auf. Da schleuderte der Sturmrecke den Griff seines Kolbens nach dem Pferdestall, wo die beiden Hengste standen, und brach die Tür zu dem Pferdestall auf; die Hengste kamen auf die Brücke gelaufen und stießen den Drachen aus dem Sattel. Darüber war der Recke hocherfreut, er lief auf den Drachen zu und schlug ihm die übrigen Köpfe ab. Er hackte seinen Leib in Stücke, warf sie in das Schwarze Meer und schob die Köpfe unter die Maßholderbrücke. Darauf fing er die drei Hengste, führte sie wieder in den Stall, versteckte sich hinter der Maßholderbrücke, das Blut aber auf der Brücke wischte er nicht auf.

Die Brüder wachten in der Frühe auf, und sahen – das Häuschen war zu einem Haufen Balken geworden, der Teller stand voll Blut; sie gingen in den Pferdestall und fanden dort die drei Hengste. Da wunderten sie sich, wo ihr ältester Bruder bliebe. Sie suchten ihn drei Tage und drei Nächte, fanden ihn nicht und sagten: »Wahrscheinlich haben sie einander erschlagen, und ihre Leichen sind verschwunden; wir wollen jetzt nach Hause reiten!«

Kaum hatten sie gesattelt und sich zur Abreise gerüstet, da wachte der Sturmrecke auf und trat unter der Brücke hervor: »Brüder, warum habt ihr euren Genossen im Stich gelassen? Ich habe euch vor dem Tode errettet, ihr aber habt geschlafen und seid mir nicht zur Hilfe gekommen.« Da fielen sie vor ihm auf die Knie: »Wir haben uns schuldig gemacht, Sturmrecke, ältester Bruder!« – »Gott verzeih euch!« – Dann murmelte der Sturmrecke über dem Häuschen: »Sei, wie du warst!« Und das Haus stand da wie zuvor – samt dem gedeckten Tisch, den Speisen und Getränken. »Hier, meine Brüder, kommt zu Tisch, denn ohne mich habt ihr sicher Hunger gelitten – dann brechen wir auf.«

Sie aßen zu Mittag und machten sich auf den Weg. Nachdem sie an die zwei Werst geritten waren, sagte Sturmrecke Kuhsohn: »Brüder! Ich habe in dem Häuschen meine Peitsche vergessen. Reitet Schritt, so lange, bis ich sie geholt habe und wieder bei euch bin.« Er ritt zu dem Häuschen zurück, stieg ab und ließ das Pferd in den Bannwiesen weiden: »Geh, braves Roß, weide, bis ich dich rufe.« Er verwandelte sich in eine Fliege, flog in das Haus und setzte sich auf den Ofen.

Nach kurzer Zeit kam die Baba Jaga und setzte sich in die rechte Ecke. Dann kam ihre junge Schwiegertochter herein: »Ach, Mutter, euren Sohn, meinen Mann, hat Sturmrecke Iwan Kuhsohn umgebracht. Aber ich will seinem Hohn hohnsprechen. Ich werde den Brüdern voranlaufen und einen glühend heißen Tag machen, mich selbst aber in eine grüne Wiese verwandeln. Und mitten auf dieser grünen Wiese werde ich mich in einen Brunnen verwandeln und in diesem Brunnen wird ein silberner Becher schwimmen; und dann werde ich mich in ein breites Bett verwandeln. Wenn die Brüder ihre Pferde weiden wollen, wenn sie sich ausruhen oder Wasser trinken wollen, wird es sie zerreißen, in Stücke, nicht größer als ein Mohnkörnchen.« Und die Mutter sagte darauf: »Das wird den Bösewichten recht geschehen.«

Die zweite Schwiegertochter kam herbei: »Ach, Mutter, euren Sohn, meinen Gatten, hat Sturmrecke Iwan Kuhsohn umgebracht. Aber ich will seinem Hohn hohnsprechen. Ich werde den Brüdern voranlaufen und mich in einen wunderbaren Garten verwandeln, über den Zaun werden die verschiedensten Früchte hängen: duftend und saftig. Sie werden Lust darauf bekommen, werden die Früchte pflücken wollen und es wird sie zerreißen, in Stücke, nicht größer als ein Mohnkörnchen.« Die Mutter antwortete darauf: »Das hast du dir gut ausgedacht!«

Dann kam die dritte, die jüngste Schwiegertochter: »Ach, Mutter, der Sturmrecke Iwan Kuhsohn hat euren Sohn und meinen Gatten umgebracht, aber ich will seinem Hohn hohnsprechen: Ich werde mich in eine alte Hütte verwandeln; sie werden darin übernachten wollen, aber kaum werden sie die Hütte betreten, wird es sie zerreißen, in Stücke, nicht größer als ein Mohnkörnchen.« – »Und wenn ihr, meine lieben Schwiegertöchter, den dreien nicht schaden könnt, so werde ich morgen selbst ihnen voranlaufen, mich in eine Sau verwandeln und sie verschlingen.«

Der Sturmrecke, der auf dem Ofen saß, hörte diese Reden, flog aus dem Haus hinaus, ließ sich auf die Erde fallen, verwandelte sich wieder in einen Recken, pfiff und rief mit Donnerstimme: »Grauchen, Braunchen, wohlberedter Fuchs, steh vor mir, wie das Blatt vor dem Halm!« – Das Roß fliegt herbei, die Erde zittert, der Sturmrecke sitzt auf und reitet weiter; er suchte sich ein Stöckchen, band einen Bastwisch daran und zeigte es seinen Brüdern, als er sie eingeholt hatte: »Seht, Brüder, ohne diese Peitsche kann ich nicht leben!« – »Wegen dieses jämmerlichen Stöckchens bist du umgekehrt! Bald sind wir in der Stadt, da können wir uns eine neue Peitsche kaufen.«

Sie ritten über Steppen und durch Täler. Der Tag war heiß, der Durst quälte sie! Auf einmal breitete sich vor ihnen eine grüne Wiese aus. Auf der Wiese sproß frisches Gras, im Gras stand ein breites Bett. »Bruder Sturmrecke, laß uns die Rosse auf dieser Wiese weiden und uns auf dem Bett ausruhen; und laß uns aus dem Brunnen hier Wasser schöpfen.«

Der Sturmrecke sagte zu seinen Brüdern: »Der Brunnen steht mitten in den Steppen, in der Ferne; niemand schöpft Wasser daraus und trinkt davon.« Er sprang aus dem Sattel und hieb mit dem Schwert auf den Brunnen ein – und alles war rot von Blut; plötzlich bedeckte sich der Himmel, die Hitze ließ nach, und die Brüder spürten keinen Durst mehr. »Seht, Brüder, wie dick das Wasser ist. Es ist wie Blut.« Und sie ritten weiter.

Ob es lange währte oder kurz – sie kamen an einen wunderbaren Garten. Iwan Zarensohn bat seinen ältesten Bruder: »Erlaube uns, daß wir uns ein Äpfelchen pflücken.« – »Ach, Bruder, der Garten grünt mitten in den Steppen, in der Ferne; vielleicht sind die Äpfel schlecht und faul, vielleicht wird man krank, wenn man von ihnen ißt! Laß mich zuerst davon kosten!« Er ging in den Garten, hieb auf die Bäume ein und fällte sie alle. Da wurden die Brüder zornig, daß er ihnen niemals ihren Willen ließ.

Sie ritten weiter und wurden von der dunklen Nacht überrascht; eine Hütte lag an ihrem Weg. »Bruder Sturmrecke, sieh, es regnet, laß uns in dieser Hütte übernachten!« – »Ach, Brüder, wir wollen lieber die Zelte im freien Feld aufschlagen und dort übernachten. Diese Hütte ist baufällig, wenn wir eintreten, fällt sie über uns zusammen. Laßt mich zuerst nachsehen!« Er trat vor die Hütte und hieb mit dem Schwert auf sie ein – und alles war rot von Blut! »Jetzt seht ihr selbst, diese Hütte ist durch und durch faul. Wir wollen lieber weiterreiten.« Die Brüder grollten, aber sie zeigten es nicht.

Sie ritten weiter; auf einmal gabelte sich die Straße. Der Sturmrecke sagte: »Wir wollen auf dem linken Weg weiterreiten, Brüder!« Aber die Brüder sagten: »Reite den Weg, den du willst, wir aber reiten nicht länger mit dir.« Sie ritten nach rechts und der Sturmrecke nach links.

Der Sturmrecke Iwan Kuhsohn kam in ein Dorf. In diesem Dorf waren zwölf Schmiede bei der Arbeit. Da pfiff er und rief mit Donnerstimme: »He, ihr Schmiede, alle her zu mir!« Die Schmiede hörten ihn und kamen alle zu ihm gelaufen. »Was begehrst du?« – »Holt Eisenplatten herbei und verschalt damit eure ganze Schmiede.« Sofort verschalten die zwölf Schmiede ihre Schmiede mit Eisenplatten. »Schmiedet zwölf eiserne Stangen, ihr Schmiede, und legt eure Zangen in die Esse! Eine Sau wird gelaufen kommen und wird sagen: ›Schmiede, ihr Schmiede, gebt mir den Missetäter heraus! Und wenn ihr mir den Missetäter nicht herausgebt, werde ich euch allesamt mit eurer Schmiede verschlingen!‹ – Darauf müßt ihr sagen: ›Ach, Mütterchen Schwein, diesen Dummkopf kannst du gerne haben. Wir sind seiner schon längst überdrüssig; streck doch deine Zunge zu uns in die Schmiede herein, wir werden ihn dir auf die Zunge setzen.‹«

Kaum hatte der Sturmrecke seinen Befehl ausgesprochen, da erschien schon eine riesengroße Sau und rief mit lauter Stimme: »Schmiede, he, ihr Schmiede! Gebt mir den Missetäter heraus!« Die Schmiede antworteten sofort wie aus einem Mund: »Mütterchen Schwein, diesen Dummkopf kannst du gerne haben. Wir sind seiner schon längst überdrüssig. Du brauchst nur deine Zunge zu uns in die Schmiede hereinzustrecken, wir werden ihn dir auf die Zunge setzen.«

Die Sau war einfältig und dumm. Sie streckte ihre Zunge ellenlang heraus; der Sturmrecke packte ihre Zunge mit der glühenden Zange und rief den Schmieden zu: »Nehmt die eisernen Stangen und zeigt es ihr!« Die Schmiede schlugen so lange auf die Sau ein, bis man die Rippen sehen konnte. »Und nun«, sagte der Sturmrecke, »nehmt ihr die Zange und haltet sie fest. Jetzt soll sie auch von meiner Hand etwas abbekommen!« Er nahm eine eiserne Stange, schlug auf die Sau ein – und alle Rippen brachen.

Da flehte die Sau: »Sturmrecke, laß mich leben, damit ich meine Untaten bereuen kann.« Der Sturmrecke sagte: »Hast du meine Brüder verschlungen?« – »Ich will dir deine Brüder auf der Stelle herausgeben.« Er packte sie bei den Ohren, die Sau würgte – und beide Brüder mit ihren Rossen standen unversehrt da. Da hob der Sturmrecke die Sau in die Höhe und schleuderte sie gegen die feuchte Erde; die Sau zerfiel zu Staub und Unrat.

Da sagte der Sturmrecke zu seinen Brüdern: »Seht ihr jetzt, ihr Dummköpfe, wohin der Weg geführt hat?« Sie fielen vor ihm auf die Knie: »Wir haben gefehlt, Sturmrecke Kuhsohn!« – »So, dann wollen wir uns auf den Weg machen; wir werden keinen Hindernissen mehr begegnen.«

Sie gelangten in ein fremdes Reich – zu dem König von Indien, und schlugen ihre Zelte auf seinen Bannwiesen auf. Am nächsten Morgen wachte der König auf, nahm sein Fernrohr, erblickte die Zelte und ließ seinen ersten Minister zu sich kommen: »Geh, Brüderchen, nimm dir aus dem Stall ein Pferd, reite zu den Bannwiesen und erkunde, welches ungehobelte Volk ohne meine Erlaubnis seine Zelte aufschlägt und Feuer auf meinen Wiesen anzündet.«

Der Minister ritt hinaus und fragte: »Was seid ihr für Menschen? Seid ihr Zaren und Zarensöhne? Seid ihr Könige und Königssöhne oder seid ihr unüberwindlich starke Rekken?« Sturmrecke Kuhsohn antwortete: »Wir sind unüberwindlich starke Recken und sind gekommen, um die Königstochter zu freien; melde deinem König, daß er seine Tochter Iwan Zarensohn zur Frau geben soll; und wenn er seine Tochter nicht hergeben will, dann muß er mit seinem Heer gegen uns in den Kampf ziehen.« Der König fragte seine Tochter, ob sie Iwan Zarensohn heiraten möchte. »Nein, Väterchen, ich möchte ihn nicht heiraten; rück mit dem Heer gegen ihn aus.« Trompeten erschallten, Trommeln wurden gerührt, das Heer zog in den Bannwiesen auf; die Heerscharen des Königs rückten in solcher Zahl an, daß Iwan Zarensohn und Iwan Maidensohn große Angst bekamen.

Währenddessen kochte Sturmrecke Kuhsohn die Kascha zum Frühstück und rührte sie mit dem hölzernen Kochlöffel um; er trat heraus und holte mit dem Kochlöffel aus: die Hälfte des Heeres stürzte wie niedergemäht zu Boden; er trat ins Zelt zurück, rührte die Kascha um, trat wieder heraus und holte noch einmal aus: die zweite Hälfte des Heeres stürzte zu Boden. Nur ein Blinder und ein Lahmer blieben übrig. »Meldet dem König«, sagte er zu den beiden, »daß er seine Tochter Marja Iwan Zarensohn zur Frau geben muß; und wenn er sie ihm nicht geben will, dann muß er das zweite Heer gegen uns aufstellen und selber mitkommen.« Der Blinde und der Lahme gingen zu ihrem König und sagten: »Herr, der Sturmrecke läßt dir sagen, daß du deine Tochter Iwan Zarensohn zur Frau geben mußt; er ist sehr zornig und hat viele von uns mit dem Kochlöffel erschlagen.« Da bat der König seine Tochter: »Meine herzallerliebste Tochter! Bitte, heirate Iwan Zarensohn!« Die Tochter antwortete: »Was kann ich tun? Ich muß seine Frau werden. Schick eine Kutsche hinaus und laß ihn holen.«

Der König schickte sofort eine Kutsche hinaus, trat vor das Tor und wartete. Iwan Zarensohn kam mit seinen beiden Brüdern; der König empfing sie mit Musik, mit Trommelwirbel, höflich und freundlich, geleitete sie an die eichenen Tische, ließ damastene Decken darüber breiten und köstliche Speisen und Met auftragen. Da flüsterte der Sturmrecke seinem Bruder Iwan Zarensohn zu: »Gib acht, Iwan Zarensohn, wenn die Königstochter kommt und dich bittet: ›Gönne mir ein Stündchen Urlaub!‹ – so mußt du sagen: ›Meinetwegen zwei!‹« Die Königstochter saß eine Weile am Tisch, trat dann zu Iwan Zarensohn und sagte: »Erlaube, daß ich in ein anderes Gemach gehe und mich umkleide!« Iwan Zarensohn erlaubte es ihr; sie verließ das Gemach, und der Sturmrecke folgte ihr heimlich.

Die Königstochter ließ sich auf die Stufen vor dem Palast fallen, verwandelte sich in ein Täubchen und flog zum Meer; der Sturmrecke ließ sich auf die Erde fallen, verwandelte sich in einen Falken und flog hinterher. Die Königstochter kam an das Meeresufer, ließ sich auf die Erde fallen, verwandelte sich in eine schöne Jungfrau und sprach: »Großvater, Großvater, goldener Kopf, silberner Bart! Wir wollen miteinander sprechen.« Der Großvater tauchte aus dem blauen Meer auf: »Was wünschst du, liebe Enkelin?« – »Iwan Zarensohn freit um mich, ich will ihn nicht heiraten. Aber unser ganzes Heer ist vernichtet. Gib mir drei Haare von deinem Kopf, Großvater; ich will sie Iwan Zarensohn zeigen und ihn fragen: ›Aus welcher Wurzel sprießt dieses Gräschen?‹« Der Großvater gab ihr drei Haare; sie ließ sich auf die Erde fallen, verwandelte sich in ein Täubchen und flog nach Hause. Und der Sturmrecke ließ sich ebenso auf die Erde fallen und verwandelte sich in eine Jungfrau von gleicher Gestalt; dann sagte er: »Großvater, Großvater! Komm noch einmal herauf: Ich habe dir noch etwas zu sagen!« Kaum tauchte der Kopf des

Großvaters aus dem Wasser, packte der Sturmrecke ihn am Schopf, riß ihm den Kopf ab, ließ sich auf die Erde fallen, verwandelte sich in einen Adler und kam vor der Königstochter in dem Palast an. Er ließ Iwan Zarensohn in den Flur herausrufen:»Nimm diesen Kopf, Iwan Zarensohn; die Königstochter wird zu dir kommen und dir drei Haare zeigen. ›Sage mir‹, wird sie sagen, ›aus welcher Wurzel dieses Gräschen sprießt?‹ Dann mußt du ihr den Kopf zeigen.«

Die Königstochter kam und zeigte Iwan Zarensohn die drei Haare:»Kannst du mir sagen, Iwan Zarensohn, aus welcher Wurzel dieses Gräschen sprießt? Errätst du es, werde ich deine Frau. Weißt du es nicht – dann darfst du es mir nicht übelnehmen!« Aber Iwan Zarensohn holte den Kopf unter dem Rockschoß hervor und warf ihn auf den Tisch:»Hier hast du die Wurzel!« Die Königstochter dachte bei sich:»Die sind nicht auf den Kopf gefallen!« Sie bat ihn:»Erlaube, daß ich mich in einem anderen Gemach umkleide, Iwan Zarensohn!« Iwan Zarensohn erlaubte es ihr. Sie trat auf die Treppe hinaus, ließ sich auf die Erde fallen, verwandelte sich in ein Täubchen und flog abermals zum Meer hinaus. Der Sturmrecke nahm dem Zarensohn den Kopf ab, trat auf den Hof hinaus, ließ den Kopf auf die Erde fallen und sagte:»Wo du früher warst, dort sollst du sein!« Der Kopf flog dorthin, war vor der Zarentochter an Ort und Stelle und wuchs wieder mit dem Rumpf zusammen. Die Königstochter kam ans Meer, ließ sich auf die Erde fallen und verwandelte sich in eine schöne Jungfrau:»Großvater, Großvater! Komm herauf! Wir wollen miteinander sprechen.« Der Großvater tauchte auf: »Was wünscht du, Enkelin?« – »Ist dein Kopf nicht dort gewesen?« – »Das weiß ich nicht, Enkelin. Ich glaube, ich habe fest geschlafen.« – »Nein, Großvater, dein Kopf ist dort gewesen.« – »Vielleicht haben sie mir den Kopf abgerissen, als du das letzte Mal hier warst und mir etwas sagen wolltest.« Sie ließ sich auf die Erde fallen, verwandelte sich in eine Taube und flog nach Hause. Dort legte sie ein anderes

Gewand an, ging wieder zu den Gästen und setzte sich neben Iwan Zarensohn. Am andern Tag wurden sie rechtmäßig getraut; als sie von der Trauung zurückkamen, befahl der Sturmrecke dem Iwan Zarensohn, ihm das Schlafgemach der Jungvermählten zu zeigen und gab ihm drei Ruten: eine aus Eisen, eine aus Kupfer und die dritte aus Blei. Er sagte: »Wenn dir dein Leben lieb ist, dann mußt du mir erlauben, auf deinem Platz neben der Königstochter zu liegen.«

Der Zarensohn willigte ein. Der König geleitete die Jungvermählten in das Schlafgemach. Unbemerkt nahm Sturmrecke Kuhsohn den Platz des Zarensohnes ein, aber kaum lag er im Bett, da schnarchte er schon. Die Königstochter legte ein Bein über ihn, dann legte sie das andere Bein über ihn, dann raffte sie ein Kissen und wollte ihn ersticken. Der Sturmrecke stieß sie zur Seite, sprang auf, nahm die Rute aus Eisen und schlug auf sie ein. Er schlug so lange, bis die Rute in seinen Händen zerbrach; dann nahm er die Rute aus Kupfer und zerbrach sie ebenfalls; nach der kupfernen nahm er die Rute aus Blei, da begann die Königstochter um Gnade zu flehen, schwur heilige Schwüre, daß sie niemals mehr übel handeln werde. In der Frühe stand der Sturmrecke auf und ging zu Iwan Zarensohn: »So, lieber Bruder, geh hin und sieh, wie ich deine Frau zur Vernunft gebracht habe: Die drei für sie bestimmten Ruten habe ich alle auf ihrem Rücken zerbrochen. Nun lebt glücklich, liebt euch und vergeßt mich nicht.«

Iwan Bykowitsch

Es lebten einmal ein Zar und seine Zarin; sie hatten keine Kinder. Da beteten sie, Gott möge ihnen ein Kind schenken, das sie in der Jugend erfreue und im Alter ernähre; sie beteten, legten sich zur Ruhe und schliefen fest ein.

Sie träumten, daß nicht weit von ihrem Palast in einem

stillen Teich ein Kaulbarsch mit goldenen Flossen schwimme; sobald die Zarin ihn äße, würde sie empfangen. Der Zar und die Zarin wachten auf, riefen Dienerinnen und Wärterinnen herbei und erzählten ihnen den Traum. Die Dienerinnen und Wärterinnen befanden: Was man im Traum gesehen, das kann auch im Wachen geschehen.

Der Zar ließ die Fischer kommen und befahl ihnen aufs strengste, den Kaulbarsch mit den goldenen Flossen zu fischen. Als die Sonne aufging, kamen die Fischer zu dem stillen Teich, warfen die Netze aus, und es glückte ihnen, mit dem ersten Zug den Kaulbarsch mit den goldenen Flossen zu fangen. Sie holten ihn aus dem Netz und trugen ihn in den Palast; als die Zarin sie sah, konnte sie es nicht abwarten, lief auf die Fischer zu, reichte ihnen die Hand und belohnte sie reich; darauf rief sie ihre Lieblingsköchin und übergab ihr den Kaulbarsch mit den goldenen Flossen: »Nimm und bereite ihn für das Mittagsmahl, aber gib acht, daß niemand ihn auch nur anrührt.«

Die Köchin nahm den Kaulbarsch aus, wusch ihn und bereitete ihn zu; den Abfall und das Spülwasser aber stellte sie in den Hof; auf dem Hof ging gerade eine Kuh umher, sie trank das Wasser mit den Abfällen aus; den Fisch aß die Zarin, und das Geschirr leckte die Köchin aus. Und nun wurden sie alle drei auf einmal schwanger: die Zarin, ihre Lieblingsköchin und die Kuh, und alle drei kamen zur gleichen Zeit mit Söhnen nieder: die Zarin mit Iwan Zarensohn, die Köchin mit Iwan Küchensohn und die Kuh mit Iwan Bykowitsch. Die Kinder wuchsen nicht von Tag zu Tag, sondern von Stunde zu Stunde, sie wurden größer und gingen auf wie ein guter, mit gebrühten Dottern angesetzter Hefeteig. Alle drei sahen sich so ähnlich wie ein Tropfen dem anderen, und niemand konnte erkennen, wer von ihnen das Zarenkind war, wer von der Köchin und wer von der Kuh geboren worden war. Nur an einem einzigen Zeichen konnte man sie unterscheiden: Wenn sie vom Spielen zurückkamen, wollte

Iwan Zarensohn die Wäsche wechseln, der Küchensohn essen und trinken, und Iwan Bykowitsch legte sich zur Ruhe. Als sie zehn Jahre alt waren, kamen sie zu dem Zaren und sagten: »Lieber Vater! Mach uns eine Stange aus Eisen, fünfzig Pud schwer!« Der Zar befahl seinen Schmieden, eine Stange aus Eisen zu schmieden, die fünfzig Pud wog; die Schmiede gingen ans Werk, und in einer Woche war die Stange geschmiedet. Niemand konnte die Stange auch nur heben, Iwan Zarensohn und Iwan Küchensohn und Iwan Bykowitsch drehten sie zwischen den Fingern wie eine Gänsefeder.

Sie traten in den weiten Hof des Palastes hinaus. »Nun, Brüder«, sagte Iwan Zarensohn, »wollen wir unsere Kräfte messen: Wer soll der Älteste sein?« – »Gut«, sagte Iwan Bykowitsch, »nimm die Stange und gib uns einen Schlag auf die Schulter.« Iwan Zarensohn nahm die Stange aus Eisen, gab Iwan Küchensohn und Iwan Bykowitsch einen Schlag auf die Schulter und beide sanken bis zu den Knien in die Erde. Iwan Küchensohn nahm die Stange und schlug zu – da versanken Iwan Zarensohn und Iwan Bykowitsch bis an die Brust in die Erde; aber als Iwan Bykowitsch zuschlug, da versanken seine Brüder bis an den Hals. »Wir wollen«, sagte der Zarensohn, »ein zweites Mal unsere Kräfte messen: Laßt uns die Stange in die Höhe werfen; wer sie am höchsten wirft, der soll der Älteste sein!« – »Gut! Fang an!« Iwan Zarensohn warf die Stange in die Höhe – sie kam nach einer Viertelstunde herunter; Iwan Küchensohn warf die Stange – die Stange kam nach einer halben Stunde herunter. Aber als Iwan Bykowitsch sie in die Höhe warf, da mußten sie eine ganze Stunde warten. »Also, Iwan Bykowitsch, du sollst unser Ältester sein.«

Darauf gingen sie in den Garten und fanden dort einen riesigen Stein. »Seht diesen Stein! Könnte man ihn wohl zur Seite rücken?« sagte Iwan Zarensohn und stemmte sich gegen den Stein. Er drückte und drückte, aber seine Kräfte reichten nicht aus; Iwan Küchensohn versuchte es ebenfalls – der

Stein bewegte sich. Da sagte Iwan Bykowitsch: »Ihr schwimmt im seichten Wasser! Wartet einmal, ich will es versuchen.« Er stellte sich vor den Stein und stieß ihn mit dem Fuß an – der Stein erdröhnte, rollte an das andere Ende des Gartens und walzte viele Bäume nieder. Unter dem Stein tat sich eine Höhle auf, und in der Höhle standen drei Heldenrosse. An den Wänden aber hing prächtiges Zaumzeug: Nun konnten die Brüder in die Welt hinausreiten! Sofort liefen sie zum Zaren und baten: »Lieber Herr und Vater! Gib uns deinen Segen, wir wollen in die Fremde reiten, andere Menschen sehen und uns selbst zeigen!« Der Zar segnete sie und bedachte sie reichlich aus seiner Schatzkammer; sie nahmen Abschied, saßen auf und ritten davon.

Sie ritten durch Täler, über Berge und grüne Wiesen und kamen schließlich in einen dichten Wald; in dem Wald stand ein Häuschen auf Hühnerbeinen und Bockshörnern. Es drehte sich und wendete sich. »Häuschen, Häuschen, zeig deine Tür uns bald und deinen Hintern dem Wald, laß uns herein und bewirte uns fein!« Das Häuschen drehte sich. Die Brüder traten ein – auf dem Ofen lag die Baba Jaga Beinernes Bein, von Ecke zu Ecke, die Nase bis zur Decke. »Hu-hu-hu! Früher war kein Russe zu sehen oder zu hören, heute springt er auf den Löffel und möcht in meinen Mund.« – »He, Alte, knurre nicht, steig vom Ofen herunter und setz dich zu uns auf die Bank! Frag uns: ›Wohin des Wegs?‹ Ich werde es dir im Guten sagen.« Die Baba Jaga kletterte vom Ofen herunter, trat vor Iwan Bykowitsch und verbeugte sich tief: »Guten Tag, Väterchen Iwan Bykowitsch! Wohin reitest du, wohin führt dein Weg?« – »Wir reiten zu dem Fluß Smorodina auf die Maßholderbrücke; ich habe gehört, daß dort mehr als ein Tschudo-Judo haust.« – »Das ist mir der rechte Wanjuscha! Recht so, Wanjuscha! Du hast dir etwas Gutes vorgenommen; denn die haben alle zu Gefangenen gemacht, alles zerstört, die umliegenden Länder leergefegt.«

Die Brüder übernachteten bei der Baba Jaga, erhoben sich

in aller Frühe und machten sich auf den Weg. Sie kamen zu dem Fluß Smorodina; das ganze Ufer war kniehoch mit Menschenknochen bedeckt! Sie sahen eine Hütte, traten ein – die Hütte war leer, da beschlossen sie, dort zu bleiben. Es wurde Abend. Iwan Bykowitsch sagte: »Liebe Brüder! Wir sind in einem fremden fernen Land und müssen uns in acht nehmen; wir wollen der Reihe nach Wache halten.« Sie warfen das Los – in der ersten Nacht mußte Iwan Zarensohn Wache halten, in der zweiten Iwan Küchensohn und in der dritten Iwan Bykowitsch.

Iwan Zarensohn ging hinaus, legte sich ins Gebüsch und schlief ein. Iwan Bykowitsch verließ sich nicht auf ihn: Sobald es Mitternacht wurde, stand er auf, nahm seinen Schild und sein Schwert, ging an den Fluß und stellte sich unter die Maßholderbrücke. Plötzlich schlug der Fluß hohe Wellen. Die Adler in den Eichen erhoben ihre Stimmen – ein Tschudo-Judo mit sechs Köpfen kam aus dem Wasser geritten; da strauchelte das Roß unter ihm, der schwarze Rabe auf seiner Schulter schlug mit den Flügeln, und dem Windhund, der seinem Pferd folgte, sträubte sich das Fell. Da sprach der Tschudo-Judo mit den sechs Köpfen: »Warum strauchelst du, Hundefraß? Warum schlägst du mit den Flügeln, Krähenfeder? Warum sträubt sich dein Fell, räudiger Köter? Fürchtet ihr, daß Iwan Bykowitsch hier sein könnte? Noch ist er nicht geboren, dieser tapfere Held, und wenn er geboren wäre, dann taugte er nicht zu einem Streit mit mir: Ich setze ihn mir auf die flache Hand, schlage mit der anderen darauf, und es wird nichts übrigbleiben als ein feuchter Fleck!«

Da sprang Iwan Bykowitsch unter der Brücke hervor: »Prahl nicht so sehr, du Unhold! Es ist zu früh, einen Falken zu rupfen, bevor man ihn gefangen hat; du sollst einen jungen Helden nicht geringschätzen, bevor du nicht mit ihm gekämpft hast. Laß uns unsere Kräfte messen: Der Sieger darf prahlen.« Sie gingen aufeinander zu und stießen so hart zusammen, daß die Erde ringsum aufstöhnte. Der Tschudo-

Judo hatte kein Glück: Mit einem Hieb schlug ihm Iwan Bykowitsch drei Köpfe ab. »Halt ein, Iwan Bykowitsch, laß mich Atem schöpfen!« – »Atem schöpfen? Du hast drei Köpfe und ich bloß einen. Laß uns weitermachen, bis du auch nur einen Kopf hast, dann wollen wir Atem schöpfen.« Wieder gingen sie aufeinander zu, wieder prallten sie zusammen; Iwan Bykowitsch schlug dem Tschudo-Judo die drei übrigen Köpfe ab, zerstückelte seinen Leib und warf die Teile in den Fluß Smorodina, die sechs Köpfe aber legte er unter die Maßholderbrücke. Darauf kehrte er in die Hütte zurück. Am nächsten Morgen kam Iwan Zarensohn. »Wie war die Nacht, hast du etwas gesehen?« – »Nichts, liebe Brüder, keine Fliege ist an mir vorbeigeflogen.«

In der zweiten Nacht sollte Iwan Küchensohn wachen, er kroch in ein Gebüsch und schlief ein. Iwan Bykowitsch wollte sich auch auf ihn nicht verlassen, und um Mitternacht rüstete er sich, nahm Schild und Schwert, ging hinaus und stellte sich unter die Maßholderbrücke. Plötzlich schlug der Fluß hohe Wellen, die Adler in den Eichen erhoben ihre Stimmen – ein Tschudo-Judo mit neun Köpfen kam aus dem Wasser geritten; da strauchelte das Roß unter ihm, der schwarze Rabe auf seiner Schulter schlug mit den Flügeln, und dem Windhund, der seinem Pferd folgte, sträubte sich das Fell. Der Tschudo-Judo gab ihnen die Peitsche, dem Roß über die Kruppe, dem Raben übers Gefieder, dem Windhund über die Ohren. »Warum strauchelst du, Hundefraß? Warum schlägst du mit den Flügeln, Krähenfeder? Warum sträubt sich dein Fell, räudiger Köter? Fürchtet ihr, daß Iwan Bykowitsch hier sein könnte? Noch ist er nicht geboren, und wenn er geboren wäre, taugte er nicht zu einem Streit mit mir: Mit einem Finger mache ich ihm den Garaus!«

Da sprang Iwan Bykowitsch unter der Brücke hervor: »Nimm dich in acht und prahle nicht! Bete zu Gott, wasch dir die Hände und mach dich ans Werk! Noch ist nicht ausgemacht, wer von uns übrigbleibt!« Der Recke holte mit seinem

219

scharfen Schwert aus, und mit zwei Streichen hieb er dem Unhold sechs Köpfe ab; der Tschudo-Judo hieb auf Iwan Bykowitsch ein, und der versank bis zu den Knien in der feuchten Erde. Da bückte er sich, nahm eine Handvoll Erde und warf sie seinem Gegner in die Augen. Während der Tschudo-Judo sich die Augen rieb, hieb ihm der Recke die restlichen Köpfe ab, zerstückelte seinen Leib, warf die Stücke in den Fluß Smorodina und legte die neun Köpfe unter die Maßholderbrücke. Am Morgen kam Iwan Küchensohn von der Wache zurück. »Nun, hast du heute nacht etwas gesehen?« – »Nein, in meiner Nähe ist nicht einmal eine Fliege vorbeigeflogen, hat nicht eine einzige Mücke gesummt!« Iwan Bykowitsch führte seine Brüder zu der Maßholderbrücke, zeigte ihnen die abgeschlagenen Köpfe und redete ihnen ins Gewissen: »Ach, ihr Langschläfer! Und ihr wollt in den Kampf ziehen? Ihr solltet zu Hause bleiben und auf dem Ofen schlafen.«

In der dritten Nacht mußte Iwan Bykowitsch Wache halten; er nahm ein weißes Handtuch, hing es an die Wand, stellte eine Schüssel auf den Fußboden darunter und sagte zu seinen Brüdern: »Ich werde einen schrecklichen Kampf kämpfen, und ihr, Brüder, dürft in der Nacht nicht schlafen und müßt darauf achten, wie das Blut von dem Handtuch tropft: ist die Schüssel halbvoll, dann steht alles gut. Ist die Schüssel voll, dann ist es auch noch nicht schlimm. Wenn aber die Schüssel von dem Blut überläuft, dann müßt ihr sofort mein Heldenroß von den Ketten lassen und mir zur Hilfe eilen.«

Iwan Bykowitsch stand unter der Maßholderbrücke. Es wurde Mitternacht. Da schlug der Fluß hohe Wellen, die Adler in den Eichen erhoben ihre Stimmen – ein Tschudo-Judo mit zwölf Köpfen kam aus dem Wasser geritten. Das Pferd unter ihm hatte zwölf Flügel, sein Fell war von Silber, seine Mähne und sein Schwanz von Gold. Der Tschudo-Judo ritt ans Ufer; da strauchelte das Roß unter ihm, der schwarze

Rabe auf seiner Schulter schlug mit den Flügeln, und dem Windhund, der seinem Pferd folgte, sträubte sich das Fell. Der Tschudo-Judo peitschte das Pferd über die Kruppe, den Raben über das Gefieder, den Windhund über die Ohren. »Warum strauchelst du, Hundefraß? Warum schlägst du mit den Flügeln, Krähenfeder? Warum sträubt sich dein Fell, räudiger Köder? Fürchtet ihr, daß Iwan Bykowitsch hier sein könnte? Noch ist er nicht geboren, dieser tapfere Held, und wenn er geboren wäre, dann taugte er nicht zu einem Streit mit mir: Ich brauche nur einmal zu blasen, und von ihm bleibt kein Stäubchen übrig!«

Da sprang Iwan Bykowitsch unter der Brücke hervor: »Sachte, sachte, – prahle nicht, bevor du zu Gott gebetet hast!« – »Ah, du bist hier! Was willst du?« – »Ich wollte dich sehen und deine Kräfte erproben.« – »Wie willst du meine Kräfte erproben? Du bist für mich eine Fliege!« Iwan Bykowitsch antwortete: »Ich bin gekommen, nicht um dir Märchen zu erzählen, sondern um mit dir auf Leben und Tod zu kämpfen!« Er holte mit seinem scharfen Schwert aus und schlug dem Tschudo-Judo drei Köpfe ab. Der Tschudo-Judo fing die Köpfe auf, fuhr mit seinem feurigen Finger darüber – und alle drei wuchsen sofort wieder an, als wären sie niemals abgeschlagen gewesen! Schlecht ging es Iwan Bykowitsch; der Tschudo-Judo trieb ihn bis zu den Knien in die feuchte Erde hinein, und es sah so aus, als würde er siegen. »Halt ein, Unhold! Die Zaren und die Könige kämpfen auch, aber sie gönnen sich ein Atemschöpfen; sollen wir denn ohne Unterbrechung kämpfen? Laß mich Atem schöpfen, solange du bis drei zählst.«

Der Tschudo-Judo willigte ein. Iwan Bykowitsch streifte den rechten Fäustling ab und warf ihn gegen das Häuschen. Der Fäustling schlug alle Fenster ein, aber seine Brüder schliefen weiter und hörten nichts. Wieder holte Iwan Bykowitsch aus und schlug dem Tschudo-Judo sechs Köpfe ab. Der Tschudo-Judo fing sie auf, fuhr mit dem feurigen Finger darüber – und alle Köpfe wuchsen wieder an. Darauf trieb er Iwan Bykowitsch bis zum Gürtel in die feuchte Erde hinein. Der Recke fragte, ob er Atem schöpfen dürfe, streifte den linken Fäustling von der Hand und warf ihn gegen das Häuschen. Der Fäustling schlug durch das Dach, aber seine Brüder schliefen weiter und hörten nichts. Beim dritten Male holte er noch weiter aus und hieb dem Tschudo-Judo neun Köpfe ab; der Tschudo-Judo fuhr mit seinem feurigen Finger darüber – die Köpfe wuchsen alle wieder an, und Iwan Bykowitsch trieb er bis über die Schultern in die feuchte Erde hinein. Iwan Bykowitsch fragte, ob er Atem schöpfen dürfte, nahm seinen Hut und warf ihn gegen das Häuschen; von dem Anprall fiel das Häuschen zusammen, die Balken rollten nach allen Seiten.

Da endlich erwachten die Brüder, blickten um sich – das Blut lief über den Rand der Schüssel, und das Heldenroß wieherte laut und zerrte an seinen Ketten. Sie liefen in den Stall, machten den Hengst los und ritten ihm nach, um ihrem Bruder beizustehen. »Aha!« – sagte der Tschudo-Judo – »du hast mich hintergangen: du hast Hilfe herbeigerufen!« Das Heldenroß sprengte herbei und trat den Tschudo-Judo mit den Hufen; unterdessen stieg Iwan Bykowitsch aus der Erde, nutzte die Gelegenheit und schlug dem Tschudo-Judo den feurigen Finger ab. Dann machte er sich daran, ihm die Köpfe abzuschlagen, hieb sie alle ab, zerstückelte den Leib des Tschudo-Judo und warf alles in den Fluß Smorodina. Da kamen seine Brüder herbei. »Ach, ihr Langschläfer«, sagte Iwan Bykowitsch. »Euer Schlummer hat mich beinahe den Kopf gekostet.«

Am nächsten Morgen ging Iwan Bykowitsch ins freie Feld hinaus, ließ sich auf die Erde fallen und verwandelte sich in ein Spätzchen. Er flog zu dem Palast aus weißem Stein und setzte sich vor ein geöffnetes Fenster. Die alte Hexe sah es, streute Körner auf das Fensterbrett und sprach dazu: »Vögelchen, Spätzchen! Kommst geflogen, um Körchen zu picken

und mich in meinem Kummer zu erquicken! Iwan Bykowitsch kränkte mich, er brachte alle meine Schwiegersöhne
um.« – »Weine nicht, Mütterchen, wir werden es ihm heimzahlen«, sagten die Ehefrauen der Tschudo-Judos. »Ich
werde sie behexen und sie hungrig machen«, sagte die
Jüngste, »und mich an den Wegrand stellen in Gestalt eines
Apfelbaums mit goldenen und silbernen Äpfelchen. Wenn
jemand einen Apfel pflückt, zerspringt er sofort in unzählige
Stücke.« – »Und ich«, sagte die Mittlere, »werde sie behexen
und sie durstig machen. Ich nehme die Gestalt eines Brun-
nens an; auf dem Wasser werden zwei Becher schwimmen:
der eine aus Gold, der andere aus Silber. Sobald jemand einen
Becher berührt, werde ich ihn in das Wasser hinunterziehen
und ertränken.« – »Und ich werde sie schläfrig machen«,
sagte die Älteste, »und mich in ein goldenes Bett verwandeln;
wenn sich jemand auf das Bett legt, muß er verbrennen.«
    Iwan Bykowitsch hörte, was sie redeten, flog zurück, warf
sich auf die Erde und gewann seine alte Gestalt wieder. Nun
rüsteten sich die drei Brüder und wollten nach Hause reiten.
Sie ritten auf einem Weg und litten quälenden Hunger,
fanden aber nichts, womit sie ihn stillen konnten. Auf einmal
sahen sie einen Apfelbaum mit goldenen und silbernen Äpfelchen; Iwan Zarensohn und Iwan Küchensohn wollten sich
einen Apfel pflücken. Aber Iwan Bykowitsch sprengte vor und
schlug mit seinem Schwert kreuzweise auf den Baum ein –
und Blut spritzte hervor! Genauso machte er es mit dem
Brunnen und dem goldenen Bett. Die Ehefrauen der drei
Tschudo-Judos waren nun tot. Sobald die alte Hexe das hörte,
verkleidete sie sich als Bettelweib und stellte sich mit ihrem
Bettelsack an den Wegrand. Iwan Bykowitsch mit seinen
Brüdern kam geritten; sie streckte die Hand aus und bat um
ein Almosen. Da sagte Iwan Zarensohn zu Iwan Bykowitsch:
»Bruder, hat denn unser Vater nicht genug Gold in seinen
Schatzkammern? Reiche diesem Bettelweib das heilige Almo-
sen!« Iwan Bykowitsch holte einen Tscherwonez aus der

Tasche und hielt ihn der Alten hin. Die aber nahm nicht das Geld, sondern seine Hand und war im Augenblick mit ihm verschwunden. Die Brüder sahen sich um: keine Alte, kein Iwan Bykowitsch! In großer Angst sprengten sie davon, kehrten nach Hause zurück und zogen den Schwanz ein.

Die Hexe aber schleppte Iwan Bykowitsch unter die Erde und führte ihn zu ihrem Gatten, einem uralten Greis. »Hier hast du ihn«, sagte sie, »unsern Widersacher.« Der Alte lag auf einem eisernen Bett und konnte nichts sehen: lange Wimpern und dichte Augenbrauen verdeckten seinen Blick. Er rief zwölf starke Recken herbei und befahl ihnen: »Holt eiserne Mistgabeln, hebt meine schwarzen Wimpern, hebt meine Brauen! Ich will mir diesen seltenen Vogel ansehen, der meine Söhne tötete.« Die Recken hoben ihm Wimpern und Brauen mit den Mistgabeln; der Alte blickte Iwan Bykowitsch an: »Wanjuscha, du bist ein prächtiger Bursche! Du hast also den Mut aufgebracht, meine Kinder zu besiegen! Was soll ich nun mit dir machen?« – »Was dir beliebt. Ich bin auf alles gefaßt.« – »Nun, was soll man viel hin- und herreden: davon werden die Kinder nicht wieder lebendig. Erweise mit lieber einen Dienst: Reite in das Reich Nochniegesehen, in das Land Nochniegewesen und hole für mich die Zarin Goldlocke. Ich möchte sie heiraten.« Iwan Bykowitsch dachte im stillen: »Du willst noch heiraten, alter Satan? Das würde eher mir anstehen.« Die Alte tobte, hängte sich einen Stein um den Hals, sprang ins Wasser und ertrank.

»Hier, Wanjuscha, nimm diesen Knüppel«, sagte der Alte, »geh zu der Eiche, stell dich darunter, klopfe dreimal mit dem Knüppel gegen den Stamm und sage: ›Schiff heraus! Schiff heraus! Schiff heraus!‹ Wenn sich das Schiff zeigt, mußt du im selben Augenblick der Eiche dreimal befehlen, sich wieder zu schließen; gib acht und vergiß es nicht! Tust du es nicht, werde ich mich sehr grämen.« Iwan Bykowitsch ging zu der Eiche, klopfte mit dem Knüppel unzählige Male gegen den Stamm und befahl: »Alles, was drin ist, heraus!« Sofort zeigte sich das erste Schiff. Iwan Bykowitsch stieg in das Schiff und rief: »Alle mir nach!« und fuhr davon. Nach einer Weile sah er sich um – unzählige Schiffe und Boote folgten ihm. Und alle priesen ihn und dankten ihm. Auf einmal näherte sich ihm ein Nachen, in dem Nachen saß ein alter Mann: »Väterchen Iwan Bykowitsch, lang und gesund sollst du leben! Nimm mich auf als deinen Genossen.« – »Und worauf verstehst du dich?« – »Ich verstehe mich darauf, Brot zu essen, Väterchen.« Iwan Bykowitsch sagte: »Donnerwetter! Das kann ich auch, und gar nicht schlecht; aber komm trotzdem zu mir auf das Schiff, ein guter Freund ist mir willkommen.« Bald darauf näherte sich ein Nachen mit einem anderen Alten. »Guten Tag, Iwan Bykowitsch, nimm mich mit!« – »Und worauf verstehst du dich?« – »Ich verstehe mich darauf, Wein und Bier zu trinken!« – »Die Kunst ist nicht schwer! Trotzdem – komm zu uns aufs Schiff!« Dann kam ein dritter Alter im Nachen angefahren: »Guten Tag, Iwan Bykowitsch, nimm auch mich mit!« – »Du mußt zuerst sagen, worauf du dich verstehst!« – »Ich verstehe mich darauf, in der Badestube zu schwitzen!«– »Das sind mir schöne Künste, hol sie der Teufel!« Er ließ auch diesen Alten in sein Schiff klettern. Da kam noch ein Nachen angefahren; ein Alter sagte: »Lang sollst du leben, Iwan Bykowitsch, nimm mich mit, ich will dein Genosse sein!« – »Aber wer bist du denn?« – »Ich bin ein Sterngucker, Väterchen!« – »Davon verstehe ich nichts; du sollst mein Genosse sein!« Kaum hatte er den vierten aufgenommen, da sprach ihn schon der fünfte Alte an. »Zum Kuckuck mit euch! Was soll ich mit euch allen anfangen? Sag schnell: Worauf verstehst du dich?« – »Ich verstehe mich darauf, Väterchen, als Kaulbarsch im Wasser zu schwimmen.« – »Sei willkommen!«

Nun fuhren sie zusammen zu der Zarin Goldlocke. Sie kamen in das Reich Niegesehen, in das Land Nochniegewesen, dort war schon seit langem bekannt, daß Iwan Bykowitsch kommen würde, volle drei Monate wurde dort Brot gebacken, Wodka gebrannt und Bier gebraut. Iwan Bykowitsch sah ungezählte Fuhren mit Brot beladen und ebensoviele Wein- und Bierfässer; er wunderte sich und fragte: »Was hat das alles zu bedeuten?« – »Das haben wir alles für dich vorbereitet.« – »Donnerwetter, in einem ganzen Jahr werde ich nicht soviel essen und trinken können.« Aber da erinnerte sich Iwan Bykowitsch an seine Genossen und rief: »He, ihr wackeren Alten! Wer von euch versteht sich auf Essen und Trinken?« Da meldeten sich Vielfraß und Vieltrunk: »Wir, Väterchen! Für uns ist das ein Kinderspiel.« – »Nun, so macht euch an die Arbeit!« Der eine Alte lief herbei und begann, das Brot zu vertilgen: auf einen Bissen schob er eine ganze Fuhre in den Mund. So aß er alles auf und klagte: »Das Brot reicht mir nicht! Mehr Brot!« Dann kam der andere Alte gelaufen, er begann, den Wodka und das Bier zu trinken. Er trank alles leer und schluckte die Fässer hinterher: »Es reicht mir nicht!« klagte er, »noch mehr Wodka und Bier!« Die Diener kamen ganz außer Atem und mußten schließlich der Zarin melden, daß Brot und Wodka nicht gereicht hätten. Und die Zarin Goldlocke befahl, Iwan Bykowitsch in das Dampfbad zu führen. Die Badestube wurde seit drei Monaten geheizt und glühte dermaßen, daß man sich ihr nur auf fünf Werst nähern konnte. Sie forderten Iwan Bykowitsch auf, in die Badestube zu treten und zu schwitzen; er sah, daß in der Badestube eine Gluthitze herrschte und sagte: »Habt ihr den Verstand verloren? Ich werde dort verglühen!« Da erinnerte er sich: »Aber ich habe ja einen Genossen bei mir! He, ihr wackeren Alten, wer von euch versteht sich auf das Schwitzen?« Der dritte Alte kam gelaufen: »Ich, Väterchen! Für mich ist es ein Kinderspiel.« Er war mit einem Satz in der Badestube, in die eine Ecke blies er, in die andere Ecke spuckte er, die Badestube kühlte ab, in den Ecken lag Reif. »O je, mich friert, ihr müßt drei Jahre lang heizen«, klagte der Alte mit lauter Stimme. Die Diener liefen zur Zarin und meldeten, daß in der Badestube Reif läge; und Iwan Byko witsch verlangte, daß die Zarin Goldlocke sich endlich zeige.

Die Zarin kam zu ihm heraus, reichte ihm ihre weiße Hand, stieg in sein Schiff und fuhr mit ihm davon.

Sie fuhren einen Tag, sie fuhren einen zweiten Tag. Der Zarin wurde es schwer ums Herz, es überkam sie die Trauer – sie schlug sich gegen die Brust, verwandelte sich in einen Stern und flog zum Himmel hinauf. »Ach«, sagte Iwan Bykowitsch zu sich selbst, »jetzt ist sie fort!« Aber dann erinnerte er sich: »Ach, ich habe ja meine Genossen. He, meine wackeren Alten! Wer von euch ist der Sterngucker?« – »Ich, Väterchen! Das ist für mich ein Kinderspiel.« Der Alte sprach's, ließ sich auf die Erde fallen, verwandelte sich in einen Stern, stieg zum Himmel hinauf und machte sich daran, die Sterne zu zählen; bald fand er den überzähligen Stern heraus und begann, ihn zu knuffen! Das Sternchen sprang von seinem Platz, rollte geschwind über den Himmel, fiel auf das Schiff und verwandelte sich wieder in die Zarin Goldlocke. Wieder fuhren sie einen Tag und einen zweiten; die Zarin überkam Trauer und Schwermut, sie schlug sich gegen die Brust, verwandelte sich in einen Hecht und tauchte in der Meerestiefe unter. »Ach, jetzt ist sie fort!« dachte Iwan Bykowitsch, aber dann erinnerte er sich an den letzten Alten und fragte ihn: »Du bist es doch, der sich in einen Kaulbarsch verwandeln kann?« – »Ich bin es, Väterchen, das ist für mich ein Kinderspiel.« Er ließ sich auf die Erde fallen, verwandelte sich in einen Kaulbarsch, jagte dem Hecht nach und begann, ihn mit seinen Stacheln in die Seite zu stechen. Der Hecht sprang auf das Schiff zurück und verwandelte sich wieder in die Zarin Goldlocke. Die Alten nahmen Abschied von Iwan Bykowitsch und begaben sich nach Hause; er aber ritt zu dem Vater der Tschudo-Judos.

Er kam mit der Zarin Goldlocke bei ihm an; der Alte rief die zwölf mächtigen Recken herbei und hieß sie die eiserne Heugabel holen, um ihm die Brauen und die schwarzen Wimpern zu heben. Er sah die Zarin an und sagte: »Gut gemacht, gut gemacht, Wanjuschka! Prächtig! Nun werde ich dir alles verzeihen und dich in die lichte Welt zurückkehren lassen.« – »Nein, warte«, sagte Iwan Bykowitsch, »du hast etwas gesagt und vorher nicht nachgedacht.« – »Was denn?« – »Ich habe eine tiefe Grube ausgehoben, und über die Grube einen schmalen Steg gelegt; wer auf dem Steg über die Grube geht, der soll die Zarin bekommen.« – »Einverstanden, Wanjuscha! Geh du zuerst.« Iwan Bykowitsch ging über den Steg, und die Zarin Goldlocke flüsterte vor sich hin: »Dein Tritt sei leichter als Schwanenflaum!« Iwan Bykowitsch ging über den Steg – und der Steg bog sich nicht einmal; aber als der alte Greis in der Mitte des Steges angekommen war, brach er, und der Alte stürzte in die Grube.

Iwan Bykowitsch und die Zarin Goldlocke ritten zu ihm nach Hause; sie feierten bald Hochzeit und richteten ein Fest aus, zu dem die ganze Welt geladen war. Iwan Bykowitsch saß an der Tafel und rühmte sich vor seinen Brüdern: »Ich bin weit in der Welt herumgekommen, und habe ein junges Weib gewonnen! Und ihr, liebe Brüder, bleibt auf dem Ofen hocken und haltet den Weibern den Rocken!« Auch ich war bei dem Fest dabei, trank Met und Wein, alles lief den Schnurrbart herunter und nicht ein Tropfen in den Mund; ich wurde gut bewirtet: in den Trog aus dem Viehstall gossen sie Milch und in den Ochsentrog tunkten sie den Hefezopf. Ich trank keinen Schluck, aß keinen Bissen, wollte den Mund mir wischen, da schlugen sie mir den Buckel voll, ich setzte meine Mütze auf ohne Groll, da warfen sie mich aus dem Haus.

Iwan Bauernsohn und das Männlein, fingerlang der ganze Wicht, sieben Werst Schnurrbart im Gesicht

In einem Reich, in einem Land, lebte ein Zar; dieser Zar hatte einen Hof, auf dem Hof stand ein Pfahl, und an dem Pfahl waren drei Ringe – der eine aus Gold, der zweite aus Silber, der dritte aus Kupfer. Eines Nachts träumte der Zar einen Traum: an dem goldenen Ring war ein Roß angebunden – Haar für Haar getriebenes Silber, und auf der Stirn die klare Mondsichel. Als er sich am Morgen erhob, ließ er überall ausrufen: Wer diesen Traum deutet und dieses Roß findet, der bekommt die Zarentochter und dazu das halbe Reich. Darauf versammelten sich eine Menge Fürsten, Bojaren und andere Herren, sie überlegten und überlegten – keiner konnte den Traum deuten, keiner traute sich zu, das Roß zu finden. Endlich meldete man dem Zaren, daß bei einem bettelarmen Alten ein Sohn heranwachse, Iwan, der den Traum deuten und das Roß finden könne. Der Zar befahl, ihn zu holen. Iwan wurde geholt. Der Zar fragte ihn: »Kannst du meinen Traum deuten? Und das Roß finden?« Iwan antwortete: »Erzähl mir doch zuerst deinen Traum und welches Pferd du meinst.« Der Zar sagte: »In der letzten Nacht träumte mir, es wäre in meinem Hof an dem goldenen Ring ein Roß angebunden – Haar für Haar getriebenes Silber und auf der Stirn die klare Mondsichel.« – »Das war kein Traum, sondern Wahrheit; denn in der letzten Nacht war der Drache mit den zwölf Köpfen auf deinem Hof. Er ritt dieses Pferd und wollte die Zarentochter rauben.« – »Kannst du dieses Pferd finden?« Iwan antwortete: »Ich kann es, aber erst dann, wenn mein fünfzehntes Lebensjahr vollendet ist.« Zu jener Zeit war Iwan erst zwölf Jahre alt; der Zar nahm ihn zu sich in den Palast und sorgte für ihn, bis er fünfzehn Jahre alt war.

Kaum war Iwan fünfzehn Jahre alt, da sagte er zu dem

Zaren: »Gib mir ein Roß, Herr, auf dem ich dorthin reiten kann, wo der Drache wohnt.« Der Zar führte ihn in seine Ställe und zeigte ihm alle Pferde, aber er konnte kein Pferd finden, das seine Stärke und sein Gewicht tragen konnte. Sobald Iwan seine Hand auf ein Pferd legte, stürzte es zu Boden. Und er sagte zu dem Zaren: »Laß mich in das freie Feld hinausziehen, und mir ein Roß suchen, das für meine Kräfte richtig ist.« Der Zar ließ ihn ziehen.

Iwan Bauernsohn suchte drei Jahre lang und konnte nirgends ein solches Pferd finden. Er machte sich auf den Heimweg und weinte. Da begegnete ihm ein alter Mann, der fragte: »Warum weinst du, Bursche?« Iwan antwortete unwirsch und jagte den Alten einfach fort; der Alte sagte: »Sieh dich vor, Bursche, du wirst noch an mich denken.« Iwan ging ein Stück weiter und überlegte: »Weshalb habe ich den Alten gekränkt? Alte Leute wissen viel!« Er kehrte um, holte den Alten ein, fiel vor ihm auf die Knie und sagte: »Großvater, vergib mir, ich habe dich gekränkt, weil ich Kummer habe. Meine Tränen haben einen Grund: drei Jahre ziehe ich in der Welt von Koppel zu Koppel und kann für mich nirgends ein Roß finden.« Der Alte antwortete: »Geh in jenes Dorf. In der Scheune des armen Bauern steht eine Stute, diese Stute hat ein räudiges Fohlen gebracht; nimm es und zieh es auf: es wird dich tragen können.« Iwan verbeugte sich tief vor dem Alten und ging in das Dorf.

Er kam zu dem armen Bauern, ging sofort in den Stall, sah dort die Stute mit dem räudigen Fohlen und legte die Hand auf das Fohlen. Das Fohlen rührte sich nicht. Iwan kaufte das Fohlen, fütterte und pflegte es eine Weile und ritt dann zum Zaren und erzählte ihm, wie er zu seinem Pferd gekommen war. Dann rüstete er sich zu dem Besuch bei dem Drachen. Der Zar fragte: »Wieviel Mann brauchst du, Iwan Bauernsohn?« Iwan antwortete: »Was soll ich mit deinen Männern? Ich werde alleine fertig. Du kannst mir allenfalls für Botengänge fünf oder sechs Mann mitgeben.« Der Zar gab ihm sechs Mann mit; sie rüsteten sich und ritten von dannen.

Ob sie lange ritten oder kurz, niemand weiß es; man weiß nur, daß sie an den Feuerfluß kamen, über den Fluß wölbte sich eine Brücke, und auf beiden Ufern dehnte sich ein riesiger Wald. In diesem Wald schlugen sie ein Zelt auf, packten Speise und Trank aus, tranken, aßen und waren guten Mutes. Iwan Bauernsohn sagte zu seinen Genossen: »Laßt uns nachts Wache halten: Vielleicht wird jemand über diese Brücke geritten kommen.«

Aber es verhielt sich so: Jeder von seinen Genossen, der Wache halten mußte, trank sich schon am Abend einen Rausch an und sah nichts.

Schließlich war Iwan Bauernsohn an der Reihe; da sah er: Genau um Mitternacht kam über den Fluß der Drache mit den drei Köpfen geritten und sprach vor sich hin: »Ich habe niemanden, der mit mir streiten, niemanden, der mich bezwingen könnte. Es gibt nur einen einzigen, der mit mir streiten und mich bezwingen könnte – das ist Iwan Bauernsohn, aber nicht einmal seine Knochen wird der Rabe in einer Blase hierherbringen.« Iwan Bauernsohn sprang mit einem Satz unter der Brücke hervor: »Das lügst du! Ich bin hier!« – »Wenn du hier bist, dann laß uns streiten.« Der Drache war zu Pferd, Iwan war zu Fuß, aber er holte mit seinem Säbel aus und schlug dem Drachen alle drei Köpfe ab. Das Pferd aber nahm er mit und band es vor dem Zelt an.

In der nächsten Nacht erschlug Iwan Bauernsohn den Drachen mit den sechs Köpfen, in der dritten Nacht den mit den neun Köpfen und warf beide in den Feuerfluß. Aber als er in der vierten Nacht Wache hielt, kam der Drache mit den zwölf Köpfen auf ihn zu geritten und sprach in großem Zorn: »Wer ist dieser Iwan Bauernsohn? Komm hervor und kämpfe mit mir! Warum hast du meine Söhne getötet?« Iwan Bauernsohn trat vor und sagte: »Erlaube, daß ich noch einmal in mein Zelt gehe; wenn ich wiederkomme, wollen wir kämp-

231

fen.« – »Es soll mir recht sein, geh!« Iwan lief zu seinen
Genossen: »Hier ist eine Schüssel, Brüder. Laßt sie nicht aus
den Augen. Sobald sie voll Blut ist, reitet mir zur Hilfe.« Dann
kehrte er zurück und stellte sich dem Drachen gegenüber auf.
Sie nahmen Anlauf und stießen aufeinander. Mit einem Hieb
schlug Iwan dem Drachen vier Köpfe ab. Er selbst aber
versank bis zu den Knien in der Erde; zum zweitenmal stießen
sie zusammen – Iwan schlug noch drei Köpfe ab, versank
aber bis zum Gürtel in der Erde. Und beim drittenmal schlug
er drei weitere Köpfe ab, versank aber bis zur Brust in der
Erde. Schließlich gelang es ihm, noch einen Kopf abzuschlagen, aber nun saß er bis zum Hals in der Erde. Da erst
erinnerten sich seine Genossen an ihn, schauten nach der
Schüssel und sahen, daß das Blut über den Rand lief; sie
kamen gelaufen, schlugen dem Drachen den letzten Kopf ab
und zogen Iwan aus der Erde. Iwan Bauernsohn nahm das
Roß des Drachen und brachte es zu dem Zelt. Die Nacht ging
vorüber, der Morgen brach an. Die wackeren Burschen
schmausten, zechten und waren guten Mutes. Iwan Bauernsohn stand von der Tafel auf und sagte zu seinen Genossen:
»Wartet auf mich, Kinder.« Er verwandelte sich in einen
Kater, lief über die Brücke auf das andere Ufer, schlich in das
Haus, in dem die Drachen gewohnt hatten, und freundete sich
dort mit den Katzen an. In dem Haus waren nur die
Drachenmutter und ihre drei Schwiegertöchter geblieben.
»Wie wollen wir den Bösewicht Iwan Bauernsohn verderben?« Die jüngste Schwiegertochter sagte: »Wohin er auch
reiten wird, ich werde ihm den Hunger schicken und mich in
einen Apfelbaum verwandeln; sobald er in einen Apfel beißt,
wird er in Stücke zerrissen!« Die Mittlere sagte: »Und ich
werde ihm auf allen Wegen den Durst schicken und mich in
einen Brunnen verwandeln. Weh ihm, wenn er daraus trinkt!«
Und die Älteste sagte: »Und ich werde ihm den Schlaf
schicken und mich in ein Bett verwandeln. Sobald Iwan
Bauernsohn sich auf dem Bett ausstreckt, ist er des Todes.«

Und schließlich sagte die Schwiegermutter: »Und ich reiße meinen Rachen auf, von der Erde bis zum Himmel, und werde sie alle verschlingen.«

Iwan Bauernsohn hörte alles, schlich aus der Stube, verwandelte sich wieder in einen Menschen und kehrte zu seinen Genossen zurück: »Nun, Freunde, jetzt wollen wir uns auf den Weg machen!« Sie ritten ihres Weges, da überkam sie ein schrecklicher Hunger. Sie hatten aber nichts, womit sie ihn stillen konnten. Sie sahen einen Apfelbaum; Iwans Genossen wollten Äpfel pflücken, aber Iwan hinderte sie daran. »Das ist kein Apfelbaum!« sagte er und hieb auf ihn ein; aus dem Apfelbaum spritzte Blut. Dann überkam sie ein schrecklicher Durst; Iwan sah einen Brunnen, er hinderte sie aber daran, daraus zu trinken und hieb auf den Brunnen ein – aus dem Brunnen quoll Blut. Und dann überkam sie eine Müdigkeit; mitten auf dem Weg stand ein Bett, aber Iwan hieb auch auf das Bett ein. Schließlich kamen sie an ein Maul, es gähnte von der Erde bis zum Himmel; was sollten sie tun? Sie nahmen einen Anlauf und wollten hinüberspringen. Keinem gelang es; es gelang nur Iwan Bauernsohn: Sein Zauberpferd – Haar für Haar getriebenes Silber und auf der Stirn die klare Mondsichel – trug ihn hinüber.

Er kam an einen Fluß; am Fluß stand eine Hütte. Ein Männlein kam ihm entgegen, fingerlang der ganze Wicht, sieben Werst Schnurrbart im Gesicht, und sprach: »Gib mir dein Roß; und wenn du es mir nicht gibst, so nehme ich es mit Gewalt!« Iwan antwortete: »Pack dich, verfluchtes Scheusal! Sonst trampelt mein Roß dich nieder!« Das Männlein, fingerlang der ganze Wicht, sieben Werst Schnurrbart im Gesicht, warf ihn aus dem Sattel, saß auf und ritt fort. Iwan ging in die Hütte und trauerte um sein Pferd. In der Hütte lag auf dem Ofen ein Mann ohne Arme und Beine, der sagte zu Iwan: »Höre, junger Held – deinen Namen kenne ich nicht –, warum hast du dich mit ihm eingelassen? Ich war ein Recke, stärker als du; und trotzdem hat er mir Arme und Beine abgefressen.« – »Warum?« – »Weil ich von dem Brot auf seinem Tisch aß!« Iwan fragte ihn, wie er sein Roß wiederbekommen könnte. Der Mann ohne Arme und Beine sagte: »Geh an den Fluß, verding dich als Fährmann, setze drei Jahre lang die Menschen über, nimm aber keinen Lohn dafür; vielleicht wirst du dann dein Pferd wiederbekommen!« Iwan Bauernsohn verneigte sich vor ihm, ging an den Fluß, verdingte sich als Fährmann und setzte drei Jahre lang ohne Lohn die Menschen über. Eines Tages setzte er drei alte Männer über, sie wollten ihm Geld geben, aber er nahm es nicht an. »Sag uns, warum willst du keinen Lohn?« Er antwortete: »Weil ich es gelobt habe.« – »Und was brachte dich dazu?« – »Ein bösartiger Mensch hat mir mein Roß genommen; und gute Menschen haben mir geraten, mich als Fährmann zu verdingen und drei Jahre lang keinen Lohn zu nehmen.« Die Alten sagten: »Gut, Iwan Bauernsohn, wir sind bereit, dir beizustehen und dir zu deinem Pferd zu verhelfen.« – »Helft mir, meine Teuren!« Die Alten aber waren keine gewöhnlichen Menschen: Es waren der Froster, der Vielfraß und der Zauberer. Der Zauberer trat ans Ufer, zeichnete ein Boot in den Sand und sagte: »Seht ihr dieses Boot, Brüder?« – »Wir sehen es!« – »Dann steigt ein!« Sie stiegen alle vier in das Bott. Der Zauberer sagte: »Nun, flinkes Boot, diene mir jetzt, wie du mir auch früher gedient hast!« Das Boot hob sich augenblicklich in die Luft und flog wie ein abgeschossener Pfeil zu einem hohen felsigen Berg. Auf dem Berg stand ein Haus. In dem Haus wohnte das Männlein, fingerlang der ganze Wicht, sieben Werst Schnurrbart im Gesicht. Die Alten schickten Iwan zu ihm, er sollte nach seinem Pferd fragen. Das Männlein, fingerlang der ganze Wicht, sieben Werst Schnurrbart im Gesicht, sagte zu Iwan: »Hole die Tochter des Zaren und bring sie her, dann wirst du dein Roß wiederbekommen.« Iwan erzählte ›lles seinen Genossen, die machten sich sofort auf den Weg zu dem Zaren und ließen ihn allein zurück. Als sie beim Zaren ankamen und der Zar den Grund

ihres Kommens erfuhr, befahl er seinen Dienern, die Badestube zu heizen, bis sie rot glühe: Die drei sollten darin
ersticken! Darauf lud er die Gäste zum Baden ein. Die drei
dankten und gingen hinein. Der Zauberer befahl, der Froster
möge als erster hineingehen. Der Froster trat in die Badestube
und kühlte sie. Dann wuschen sie sich, schwitzten und
kehrten zum Zaren zurück. Der Zar befahl, ein üppiges Mahl
anzurichten; man trug eine Unzahl von Gerichten auf, der
Vielfraß machte sich ans Werk und verschlang alles. Nachts
trafen sich die Gäste in aller Heimlichkeit, entführten die
Zarentochter und brachten sie zu dem Männlein, fingerlang
der ganze Wicht, sieben Werst Schnurrbart im Gesicht. Sie
übergaben ihm die Zarentochter und bekamen dafür das Roß
zurück.

Iwan Bauernsohn dankte den drei Alten, saß auf und ritt zu
dem Zaren. Er ritt und ritt, dann hielt er mitten im freien Feld
an, schlug sein Zelt auf und legte sich nieder, um auszuruhen.
Er wachte auf und staunte: An seiner Seite lag die Zarentochter. Er freute sich sehr und fragte sie: »Wie bist denn du
hierher gekommen?« Die Zarentochter sagte: »Ich hatte mich
in eine Stecknadel verwandelt und steckte an deinem Kragen.« Im selben Augenblick verwandelte sie sich wieder in
eine Stecknadel. Iwan Bauernsohn steckte die Nadel an
seinen Kragen und ritt weiter. Schließlich kehrte er zu dem
Zaren zurück. Der Zar sah das wunderbare Pferd. Er empfing
den jungen Helden mit allen Ehren und erzählte ihm, daß
seine Tochter entführt worden wäre. Iwan sagte: »Tröste dich,
Väterchen Zar! Ich bringe sie zurück.« Er ging in eine andere
Stube, die Zarentochter verwandelte sich wieder in die schöne
Jungfrau. Iwan nahm sie bei der Hand und führte sie zu dem
Zaren. Die Freude des Zaren kannte keine Grenzen, er behielt
das Pferd und gab seine Tochter Iwan Bauernsohn zur Frau.
Heute noch lebt Iwan Bauernsohn mit seiner jungen Frau und
ist glücklich.

Iwan Sutschenko und Belyj Poljanin

Das Märchen beginnt mit Grauchen-Braunchen und dem wohlberedten Fuchs. Mitten im Meer, im Ozean, auf der Insel, die genannt wird Bujan, grast ein Ochse, der ist auf dem Spieß gebraten, um ihn herum sprießen Zwiebeln, in Ringe geschnitten und knusprig geröstet; drei junge Recken kamen, rasteten, schmausten, zogen weiter, brüsteten sich und frohlockten: »Brüder, wir taten uns gütlich nebenan und haben uns den Wanst vollgeschlagen, wie ein Bauernweib mit ihrem Hefeteig an großen Festtagen!« Das ist das Vormärchen, das Märchen kommt erst.

In einem Reich, in einem Land, lebte einmal ein Zar. Er lebte wie auf der flachen Hand, wie auf einem ausgebreiteten Tuch, und hatte keine Nachkommen. Eines Tages kam ein Bettler. Der Zar fragte ihn: »Weißt du vielleicht, was ich tun soll, um Kinder zu haben?« Der Bettler antwortete: »Rufe Mädchen und Knaben zusammen, sie alle müssen siebenjährig sein, die Mädchen müssen spinnen, die Knaben noch in derselben Nacht ein Fischnetz knüpfen; mit diesem Netz mußt du im Meer einen Brachsen mit goldenen Flossen fangen lassen und ihn deiner Zarin vorsetzen.«

Sie fischten den Brachsen mit den goldenen Flossen und brachten ihn in die Küche; die Köchin nahm ihn aus, wusch ihn, warf sein Gedärm dem Hund vor, goß das Wasser, in dem sie den Brachsen gewaschen hatte, den drei Stuten in den Trog, lutschte die Gräten ab und trug den Fisch der Zarin auf, und die aß ihn. Und nun kamen alle zur gleichen Stunde nieder: Die Zarin mit einem Sohn, die Köchin mit einem Sohn, die Hündin mit einem Sohn, die drei Stuten fohlten und jede bekam einen Hengst. Der Zar gab ihnen die Namen: Iwan Zarenko, Iwan Powarenko und Iwan Sutschenko.

Sie wuchsen heran und wurden immer kräftiger, nicht von Tag zu Tag, nicht von Stunde zu Stunde, sondern von Minute zu Minute. Und bald schickte Iwan Sutschenko den Zarensohn Iwan zu dem Zaren: »Geh hin und bitte den Zaren, er möge uns erlauben, die drei Hengste zu satteln, die die Stuten gebracht haben, und in die Stadt zu reiten.« Der Zar erlaubte es; sie sattelten die Hengste, ritten aus der Stadt hinaus und sprachen zueinander: »Wir wollen lieber in fremde Länder reiten, statt weiterhin bei Väterchen Zar zu leben.« Sie kauften Eisen und ließen daraus Keulen schmieden, jede Keule neun Pud schwer, dann jagten sie davon.

Nach einer kleinen Weile sagte Iwan Sutschenko: »Wie können wir in die Welt ziehen, wenn wir weder einen Ältesten noch einen Jüngsten haben? Wir müssen unbedingt einen ältesten Bruder wählen.« Iwan Zarenko sagte, daß der Vater ihn zum Ältesten bestimmt hätte, aber Iwan Sutschenko ließ sich nicht davon abbringen, daß sie ihre Kräfte messen und einen Pfeil abschießen sollten. Einer nach dem anderen schossen sie einen Pfeil ab: als erster Iwan Zarenko, nach Zarenko Powarenko, nach Powarenko Sutschenko. Sie ritten ihnen nach und fanden nach einer Weile den Pfeil von Zarenko, ein Stückchen weiter den von Powarenko, aber den von Sutschenko konnten sie nirgends finden! Sie ritten immer weiter und weiter und gelangten schließlich hinter die dreimal neun Reiche in das dreimal zehnte, in das andere Reich – erst dort fanden sie den Pfeil von Sutschenko.

Da beschlossen sie: Zarenko soll der jüngste, Powarenko der mittlere und Sutschenko der älteste Bruder sein. Dann ritten sie weiter. Auf einmal breitete sich eine Steppe vor ihnen aus. Mitten in der Steppe war ein Zelt aufgeschlagen, vor dem Zelt stand ein Roß, das fraß Sommerkorn und trank Honigwasser dazu. Iwan Sutschenko schickte Iwan Zarenko zu dem Zelt: »Geh und erkunde: Wer wohnt in diesem Zelt?« Iwan Zarenko trat in das Zelt, dort lag auf dem Bett Belyj Poljanin. Belyj Poljanin tippte mit dem kleinen Finger dem Zarensohn gegen die Stirn – und er fiel um und blieb liegen. Poljanin schob ihn unter sein Bett. Darauf schickte Sutschenko den Powarenko aus; Belyj Poljanin tippte auch ihm mit dem kleinen Finger gegen die Stirn und warf auch ihn unter sein Bett. Sutschenko wartete und wartete und wurde des Wartens überdrüssig; er lief in das Zelt, holte aus und versetzte Belyj Poljanin einen Schlag – und schon verdrehte Belyj Poljanin die Augen! Dann trug er ihn aus dem Zelt, ein frisches Windchen wehte, Belyj Poljanin kam zu sich und bat: »Laß mich leben! Nimm mich als deinen jüngsten Bruder an!« Iwan Sutschenko ließ Gnade walten und nahm ihn als jüngsten Bruder an. Nun sattelten die vier Brüder ihre Pferde und ritten durch Wälder und Haine; ob sie lange ritten oder kurz – auf einmal stand vor ihnen ein Haus, das war zwei Stockwerke hoch und hatte ein goldenes Dach. Sie traten ein – alles sauber, alles aufgeräumt, ein Vorrat an Essen, ein Vorrat an Getränken, aber keine Menschenseele; sie überlegten und überlegten und beschlossen, einstweilen zu bleiben und sich die Zeit zu vertreiben. Am nächsten Morgen ritten die drei Brüder auf die Jagd. Nur Iwan Zarenko blieb zurück, er sollte das Haus besorgen. Er kochte und briet allerlei zu Mittag, steckte sich ein Pfeifchen an und setzte sich auf die Bank. Plötzlich kam ein Greis in einem Mörser gefahren, stützte sich auf den Stößel und bat Zarenko um eine milde Gabe. Iwan Zarenko reichte ihm einen ganzen Laib Brot; der Greis aber griff nicht nach dem Brot, sondern nach ihm selbst, steckte ihn in den Mörser, stieß mit dem Stößel zu, zog ihm am Rücken einen Streifen Haut bis zu den Schultern ab, rieb ihn mit Spreu ein und warf ihn unter die Bank . . . Die Brüder kamen von der Jagd zurück und fragten Zarenko: »Ist jemand dagewesen?« – »Ich habe niemanden gesehen, ihr vielleicht?« – »Nein, auch wir haben niemanden gesehen.« Am nächsten Tag blieb Iwan Powarenko zurück, die anderen ritten auf die Jagd. Er kochte das Essen, setzte sich auf die Bank und rauchte die Pfeife – da kam ein Greis in einem Mörser gefahren, stützte sich auf den Stößel und bat um eine milde Gabe. Powarenko reichte ihm ein Weißbrot; der Greis aber griff nicht nach dem Weißbrot, sondern nach ihm selbst, steckte ihn in den Mörser, schlug mit dem Stößel zu, zog ihm am Rücken die Haut bis zu den Schultern ab, rieb ihn mit Spreu ein und warf ihn unter die Bank ... Die Brüder kehrten von der Jagd zurück und fragten: »Ist jemand dagewesen?« – »Nein, niemand! Habt ihr vielleicht jemanden gesehen?« – »Nein, auch wir haben niemanden gesehen.«

Am dritten Tag blieb Belyj Poljanin zu Hause. Er kochte das Essen, setzte sich auf die Bank und rauchte die Pfeife – auf einmal kam ein Greis in einem Mörser gefahren, stützte sich auf den Stößel und bat um eine milde Gabe. Belyj Poljanin reichte ihm ein Weißbrot; der Greis aber griff nicht nach dem Weißbrot, sondern nach ihm selbst, steckte ihn in den Mörser, schlug mit dem Stößel zu, zog ihm am Rücken die Haut bis zu den Schultern ab, rieb ihn mit Spreu ein und warf ihn unter die Bank ... Die Brüder kehrten von der Jagd zurück: »Hast du niemanden gesehen?« – »Nein, niemanden. Und ihr?« – »Wir auch nicht!«

Am vierten Tag blieb Iwan Sutschenko zu Hause. Er kochte das Essen, setzte sich auf die Bank und rauchte seine Pfeife – da kam wieder der Greis in dem Mörser gefahren, stützte sich auf den Stößel und bat um eine milde Gabe. Sutschenko reichte ihm ein Weißbrot. Der Greis aber griff nicht nach dem Weißbrot, sondern nach ihm selbst, steckte ihn in den Mörser – der Mörser brach entzwei. Iwan Sutschenko packte den Alten am Kopf, schleppte ihn zu einem Weidenstumpf, spaltete den Stumpf und klemmte den Bart des Alten in den Spalt, dann lief er schnell in das Haus zurück. Seine Brüder ritten nach Hause und unterhielten sich: »Ist euch nichts Besonderes widerfahren, Brüder?« fragte Zarenko. – »Mein Hemd klebt mir am Leibe!« – »Wir haben alle unser Teil abgekriegt! Man darf unseren Rücken nicht berühren. Dieser verfluchte Alte! Wahrscheinlich hat er auch Sutschenko übel zugerichtet.« Als sie nach Hause kamen, fragten sie: »Wie geht es dir, Iwan Sutschenko? Ist jemand dagewesen?« – »Ja, ein Alter ist dagewesen und wollte unverschämt werden, aber ich habe es ihm gehörig gegeben!« – »Was hast du denn mit ihm gemacht?« – »Ich habe einen Baumstumpf gespalten und seinen Bart eingeklemmt. Laßt uns hingehen und ihn ansehen.« Sie kamen zu dem Baumstumpf, aber der Greis war schon längst auf und davon. Als er in der Zwinge saß, begann er zu zerren und zu ziehen, bis er den Weidenstumpf mitsamt der Wurzel ausreißen und in die andere Welt mitnehmen konnte; aus der anderen Welt war er gekommen, um sein Haus mit dem goldenen Dach aufzusuchen.

Die Brüder gingen seinen Spuren nach, sie gingen und gingen und kamen an einen Berg. In dem Berg war eine Falltür; sie hoben die Falltür, nahmen ein Seil, banden einen Stein an das Seil und ließen den Stein in den Schacht hinunter. Sobald der Stein den Boden berührte, zogen sie das Seil wieder hoch und knüpften es um Iwan Sutschenko. Sutschenko sagte: »Wenn ich nach drei Tagen an dem Seil zupfen werde, müßt ihr mich sofort heraufziehen!« Sie ließen ihn in die andere Welt hinunter. Er erinnerte sich an die drei Zarentöchter, die einst von den drei Drachen in die andere Welt geholt wurden. Er gelobte: »Ich will sie suchen!« Er ging und ging und kam an ein Haus mit zwei Geschossen; eine Magd trat aus der Tür: »Was suchst du, Russe, bei unserm Haus?« – »Schickt es sich, mich zu fragen? Reich mir vorher Wasser, damit ich mir die Augen erfrischen kann, gib mir zu essen und zu trinken, dann darfst du mich fragen.« Sie brachte ihm Wasser, gab ihm zu essen und zu trinken und führte ihn dann zu der Zarentochter. »Guten Tag, wunderschöne Zarentochter!« – »Guten Tag, tapferer Jüngling: Weshalb kommst du?« – »Ich will dich holen und mit deinem Mann um dich kämpfen.« – »Ach, du wirst mich nicht erlösen können! Mein Mann ist über alle Maßen stark, er hat sechs Köpfe!« – »Ich habe zwar nur einen, aber ich werde kämpfen, solange mir Gott beisteht!« Die Zarentochter versteckte ihn hinter der Tür – und schon kam der Drache geflogen: »Pfui, hier stinkt es nach russischen Knochen!« – »Du bist über Rußland geflo-

240

gen, mein Herz, da ist der russische Ruch an dir hängengeblieben«, sagte die Zarentochter. Dann trug sie das Abendbrot auf, dabei seufzte sie tief. »Warum seufzt du so tief, mein
Täubchen?« fragte der Drache. »Wie soll ich denn nicht
seufzen! Bald vier Jahre bin ich deine Frau und habe die ganze
Zeit weder Vater noch Mutter gesehen! Was tätest du, wenn
jemand von meinen Nächsten mich hier besuchte?« – »Was
ich täte? Ich würde mit ihnen zechen und feiern.« Bei diesen
Worten trat Iwan Sutschenko hinter der Tür hervor. »Ah,
Sutschenko! Guten Tag! Weshalb bist du gekommen? Bist du
zum Frieden bereit oder willst du den Streit?« – »Ich will den
Streit! Blas uns einen Kampfplatz herbei!« Der Drache blies –
und er stand auf einem Kampfplatz aus Gußeisen mit silbernen Gittern. Dann blies Sutschenko – und er stand auf einem
Kampfplatz aus Silber mit goldenen Gittern. Er hieb auf den
Drachen ein, und der Drache fiel tot zu Boden. Iwan verbrannte ihn und streute die Asche in alle Winde; die Zarentochter gab ihm einen Ring. Er nahm den Ring und ging
weiter.

Er ging und ging, bis er abermals an ein Haus mit zwei
Geschossen kam; eine Magd trat ihm entgegen und fragte:
»Was suchst du, Russe, an unserem Haus?« – »Schickt es
sich, mich zu fragen? Reich mir vorher Wasser, damit ich mir
die Augen erfrischen kann, gib mir zu essen und zu trinken,
dann darfst du mich fragen!« Sie brachte Wasser, gab ihm zu
essen und zu trinken und führte ihn dann zu der Zarentochter.
»Weshalb kommst du?« fragte die Zarentochter. »Ich will
dich holen und mit deinem Mann kämpfen.« – »Wie willst du
mit meinem Mann kämpfen! Mein Mann ist über alle Maßen
stark und hat neun Köpfe!« – »Ich habe zwar nur einen, aber
ich werde kämpfen, solange mir Gott beisteht!« Die Zarentochter versteckte den Gast hinter der Tür – und schon kam
der Drache geflogen. »Pfui, hier stinkt es nach russischen
Knochen!« – »Du bist über Rußland geflogen, da ist der
russische Ruch an dir hängen geblieben«, sagte die Za-

rentochter und begann, das Abendbrot aufzutragen. Dabei seufzte sie tief. »Warum seufzest du, mein Herz?« – »Wie soll ich denn nicht seufzen, wenn ich meinen Vater und meine Mutter nie zu Gesicht bekomme. Was tätest du, wenn jemand von meinen Verwandten mich hier besuchte?« – »Ich würde mit ihnen zechen und feiern.« Iwan Sutschenko trat hinter der Tür hervor. »Ah, Sutschenko! Guten Tag!« sagte der Drache. »Weshalb bist du hierher gekommen? Bist du zum Frieden bereit oder willst du den Streit?« – »Ich will den Streit! Blas uns den Kampfplatz herbei!« Der Drache blies – und er stand auf einem Kampfplatz aus Gußeisen mit silbernen Gittern. Dann blies Iwan Sutschenko – und er stand auf einem Kampfplatz aus Silber mit goldenen Gittern. Er hieb auf den Drachen ein und erlegte ihn; dann verbrannte er seinen Leib und verstreute die Asche in alle Winde. Die Zarentochter gab ihm einen Ring. Er nahm ihn und ging weiter.

Er ging und ging, und abermals kam er an ein Haus mit zwei Geschossen. Eine Magd trat ihm entgegen: »Was suchst du, Russe, an unserem Haus?« – »Reich mir erst Wasser, damit ich meine Augen erfrischen kann, gib mir zu essen und zu trinken, dann darfst du mich fragen!« Sie brachte ihm Wasser, gab ihm zu essen und zu trinken und führte ihn dann zu der Zarentochter. »Guten Tag, Iwan Sutschenko. Weshalb kommst du?« – »Ich will dich holen und mit dem Drachen kämpfen.« – »Aber wie willst du mit ihm kämpfen! Mein Mann ist über alle Maßen stark, er hat zwölf Köpfe!« – »Ich habe zwar nur einen, aber ich werde ihn besiegen, wenn Gott mir beisteht!« Er trat in die Stube, dort lag der Drache mit den zwölf Köpfen und schlief: Wenn er atmete, bebte die Decke! Seine Keule, vierzig Pud schwer, lehnte in der Ecke. Iwan Sutschenko stellte seine Keule daneben und nahm die des Drachen. Dann holte er aus und ließ die Keule auf den Drachen niedersausen – in dem ganzen Hof dröhnte es! Und das Dach flog vom Haus herunter! Iwan Sutschenko erlegte den Drachen mit den zwölf Köpfen, verbrannte ihn und streute die Asche in alle Winde. Die Zarentochter gab ihm einen Ring und sagte: »Laß uns hierbleiben und zusammen leben!« Er aber wollte sie mitnehmen. »Soll ich denn meine Schätze verlassen?« Und die Zarentochter zauberte alle ihre Schätze in ein Ei und gab es Iwan Sutschenko. Er steckte das Ei in die Tasche und machte sich mit ihr auf den Weg. Unterwegs holten sie ihre Schwestern ab. Die mittlere Zarentochter zauberte ihre Schätze in ein silbernes Ei, die jüngste in ein kupfernes, und beide vertrauten ihm ihre Eier an.

Zu viert kamen sie zu der Höhle. Iwan Sutschenko schlang das Seil um die jüngste Zarentochter und zupfte daran. »Wenn du oben bist«, sagte er, »mußt du rufen: ›Zarenko!‹ Er wird antworten: ›Hier!‹ Und du mußt sagen: ›Ich bin dein!‹« Dann schlang er das Seil um die mittlere Zarentochter und zupfte daran, damit sie hinaufgezogen würde: »Wenn du oben bist, mußt du rufen: ›Powarenko!‹ Er wird dir antworten: ›Hier!‹ Und du mußt sagen: ›Ich bin dein!‹« Dann seilte er die dritte Zarentochter an und sagte zu ihr: »Wenn du oben bist, darfst du kein Wort sagen, denn du bist mein.« Sie zogen die Zarentochter herauf, und sie sagte kein Wort; da wurde Belyj Poljanin zornig, und als Iwan Sutschenko heraufgezogen wurde, schnitt er das Seil durch.

Sutschenko stürzte hinab, erhob sich wieder und begab sich zu dem Alten. Der Alte fragte: »Weshalb bist du gekommen?« – »Ich will mit dir kämpfen!« Sie kämpften; sie rangen und rangen miteinander, schließlich wurden sie müde und wollten Wasser trinken, um ihren Durst zu stillen. Der Alte irrte sich: er gab Sutschenko von dem Starken Wasser und trank selbst von dem Schwachen Wasser. Nun war Iwan Sutschenko ihm überlegen; da sagte der Alte: »Schone mein Leben! Hol dir aus meinem Keller die zwei Feuersteine und die dreierlei Wolle – sie werden dir in der Not von großem Nutzen sein.« Iwan Sutschenko holte die Feuersteine und die dreierlei Wolle; er schlug einen Funken aus dem Stein und sengte die graue Wolle an – da sprengte ein graues Pferd auf ihn zu. Unter

seinen Hufen sprühten Funken, aus dem Maul quollen
Dampfwolken, aus den Ohren stiegen Rauchsäulen. »Wie
lange brauchst du, um mich in die andere Welt hinaufzutra-
gen?« – »So lange, wie die Menschen brauchen, um ein
Mittagessen zu kochen!« Sutschenko sengte die schwarze
Wolle an, und ein Rappe sprengte herbei. Unter seinen Hufen
sprühten Funken, aus dem Maul quollen Dampfwolken, aus
seinen Ohren stiegen Rauchsäulen. »Wie schnell kannst du
mich in die andere Welt hinauftragen?« – »Die Menschen
könnten ihr Mittagessen nicht so schnell verzehren!« Er
sengte die rote Wolle an, und ein Fuchs sprengte herbei. »Wie
schnell kannst du mich in die andere Welt hinauftragen?« –
»Schneller als einmal gespuckt!« Iwan saß auf und fand sich
im eigenen Land wieder. Er ging zu einem Goldschmied. »Ich
will dein Geselle sein!« sagte er. Die jüngste Zarentochter
bestellte bei dem Goldschmied einen Ring: »Mach mir einen
goldenen Ring zu meiner Hochzeit!« Er machte sich an die
Arbeit, aber Iwan Sutschenko sagte: »Halt, laß mich diesen
Ring machen, du mußt mir einen Sack Nüsse bringen.« Der
Goldschmied brachte ihm einen Sack Nüsse, Iwan Sutschenko aß die Nüsse, hämmerte auf dem Gold herum, holte
heimlich den Ring der Zarentochter hervor, rieb ihn blank
und gab ihn seinem Meister. Am Sonnabend kam die Zarentochter, um den bestellten Ring abzuholen; sie betrachtete
ihn: »Welch ein schöner Ring! Einen solchen Ring habe ich
Iwan Sutschenko geschenkt, aber der ist nicht mehr auf dieser
Welt!« Dann lud sie den Goldschmied zu ihrer Hochzeit ein.
Am nächsten Tag ging der Goldschmied zum Hochzeitsfest,
und Iwan Sutschenko blieb allein zu Hause. Er sengte die
graue Wolle an – schon sprengte der graue Hengst herbei:
»Was wünschst du von mir?« – »Ich will den Schornstein von
dem Hochzeitshaus abreißen!« – »Steig auf, schau in mein
linkes Ohr hinein, schau aus dem rechten heraus!« Er schaute
in das linke Ohr hinein, aus dem rechten heraus – und war so
prächtig anzusehen, daß man es nicht im Märchen erzählen,

noch mit der Feder beschreiben kann! Er ritt hin und riß den Schornstein vom Dach herunter; alle Gäste schrien, erschraken und liefen auseinander.

Die zweite Zarentochter brachte Gold und bat, ihr einen Ring zu machen. Iwan Sutschenko sagte zu dem Goldschmied: »Gib mir zwei Säcke Nüsse, ich werde dir den Ring machen.« – »Das ist mir recht, mach ihn.« Sutschenko aß die Nüsse, hämmerte auf dem Gold herum, holte den Ring der Zarentochter hervor, rieb ihn blank und gab ihn seinem Meister. Die Zarentochter betrachtete den Ring: »Welch ein schöner Ring! Einen solchen Ring habe ich Iwan Sutschenko geschenkt, aber er ist nicht mehr auf dieser Welt!« Sie nahm den Ring mit und lud den Goldschmied zu ihrer Hochzeit ein. Er ging zu dem Hochzeitsfest, und Iwan Sutschenko sengte die schwarze Wolle an – ein Rappe sprengte heran. »Was wünschst du von mir?« – »Ich will das Dach von dem Hochzeitshaus abreißen.« – »Steig auf; schau in das linke Ohr hinein und aus dem rechten heraus.« Er schaute in das linke Ohr hinein, schaute aus dem rechten heraus – und war ein prächtig anzusehender Jüngling! Der Rappe stürmte dahin, und von dem Hochzeitshaus flog das Dach herunter; alle schrien, sie schossen auf das Pferd, aber niemand konnte es treffen; die Hochzeitsgäste mußten abermals nach Hause gehen. Nun kam die älteste Zarentochter und bat, der Goldschmied möchte ihr einen Ring machen. Sie sagte: »Ich möchte Belyj Poljanin nicht heiraten, aber Gott hat es wohl so bestimmt.« Iwan Sutschenko sagte: »Bring mir drei Säcke Nüsse. Ich werde für dich den Ring machen.« Er aß die Nüsse, hämmerte auf dem Gold herum, holte den Ring der Zarentochter hervor, rieb ihn blank und gab ihn dem Goldschmied. Am Sonnabend holte die Zarentochter den Ring, betrachtete ihn und sagte: »Ach, was für ein schöner Ring! Mein Gott, wie kommst du zu diesem Ring? Genau den gleichen Ring hab ich jemandem geschenkt, den ich liebte.« Darauf lud sie den Goldschmied ein: »Komm morgen zu meiner Hochzeit.«

Der Goldschmied ging am nächsten Tag zu dem Hochzeitsfest, Iwan Sutschenko blieb zu Hause, sengte die rote Wolle
an – ein Fuchs kam angesprengt: »Was wünschst du von
mir?« – »Du kannst es anstellen, wie du willst, aber bring
mich zu dem Hochzeitshaus, auf dem Hinweg wollen wir das
Dach abreißen und auf dem Rückweg Belyj Poljanin am
Schopf packen.« – »Steig auf, schau in das linke Ohr hinein
und aus dem rechten heraus!« Der Fuchs flog mit dem Reiter
nur so dahin. Auf dem Hinweg riß Sutschenko das Dach des
Hochzeitshauses ab. Auf dem Rückweg packte er Belyj
Poljanin am Schopf, schwang sich mit ihm in die Höhe und
ließ ihn auf die Erde fallen.

Belyj Poljanin zerschellte in tausend Stücke. Und Iwan
Sutschenko stieg ab und umarmte und küßte seine Braut.
Iwan Zarenko und Iwan Powrenko freuten sich, daß er wieder
da war; sie ließen sich mit ihren wunderschönen Zarentöch-
tern trauen und lebten alle zusammen glücklich und im
Wohlstand.

Morgenrot, Abendrot und Nachtdunkel

In einem Reich lebte ein König, der hatte drei Töchter von
unbeschreiblicher Schönheit. Der König hütete sie ängstli-
cher als sein Augenlicht und ließ unterirdische Gemächer
einrichten, damit kein Sturmwind sie berühren, kein roter
Sonnenstrahl sie versengen könnte. So lebten sie wie die Vögel
in einem Bauer. Einmal lasen die Königstöchter in einem
Buch, daß es eine wundersame lichte Welt gebe, und als der
König sie eines Tages besuchte, baten sie ihn unter Tränen:
»Königlicher Herr, Väterchen! Laß uns heraus, wir möchten
die lichte Welt sehen und im grünen Garten spazierengehen.«
Der König versuchte, es ihnen auszureden, aber vergebens!
Sie hörten nicht einmal hin; je länger er ihnen ihre Bitte
verweigerte, desto flehentlicher baten sie. Der König wußte

sich nicht zu helfen und gewährte ihnen ihren sehnlichsten Wunsch. Und die wunderschönen Königstöchter traten hinaus in den Garten, sahen die rote Sonne, die Bäume, die Blumen und waren voll unsäglicher Freude, daß sie in die lichte Welt heraufgekommen waren; sie liefen durch den Garten und freuten sich an jedem Grashalm, als plötzlich ein Wirbelsturm hereinbrach und sie weit und hoch mit sich davontrug – keiner wußte, wohin. Wärterinnen und Kinderfrauen erschraken, liefen zum König und meldeten ihm das Unglück; der König schickte sofort seine treuen Diener in alle vier Himmelsrichtungen aus: Jedem, der eine Spur von seinen Töchtern fände, versprach er reichen Lohn. Die Diener ritten und ritten durch die Welt, fanden keine Spur und brachten nur das mit nach Hause, was sie mitgenommen hatten. Der König rief seine Räte zusammen und fragte seine Bojaren, ob nicht jemand von ihnen seine Töchter suchen wollte. Jedem, der sie fände, versprach er eine Königstochter zur Frau und eine reiche Mitgift fürs ganze Leben. Er fragte einmal – die Bojaren schwiegen. Er fragte zum zweiten Mal – niemand meldete sich. Er fragte zum dritten Mal – keiner sagte auch nur ein halbes Wörtchen. Da weinte der König bitterlich: »Nun seh ich, daß ich weder Freunde noch Beschützer habe!« Er befahl, in seinem ganzen Reich auszurufen, ob nicht jemand aus dem einfachen Volk dazu bereit wäre.

Zu dieser Zeit wohnte in einem Dorf eine arme Witwe mit ihren drei Söhnen, überaus mächtigen Recken; die waren alle drei in einer Nacht zur Welt gekommen: der Älteste am Abend, der Mittlere um Mitternacht und der Jüngste beim ersten Morgenrot. Und deshalb nannte man sie Abendrot, Nachtdunkel und Morgenrot. Als sie den Ruf des Königs vernahmen, ließen sie sich sogleich von ihrer Mutter den Segen geben, rüsteten sich zu der Reise und ritten in die Hauptstadt. Sie kamen zum König, verneigten sich tief vor ihm und sagten: »Mögen dir viele Jahre Gesundheit beschieden sein, Herr! Wir kommen zu dir nicht zum Fest, sondern wir kommen zu dir zum Dienst; erlaube uns, deine Töchter zu suchen.« – »Heil euch, kühne Recken, wie heißt ihr?« – »Wir sind drei Blutsbrüder, Morgenrot, Abendrot und Nachtdunkel.« – »Was soll ich euch auf den Weg mitgeben?« – »Wir brauchen nichts, Herr, aber vergiß nicht unsere Mutter; sorge für sie, denn sie ist alt und arm.« Der König ließ die Alte holen, nahm sie in seinem Palast auf, sie durfte von seinem Tisch essen und sich aus seinen Kammern kleiden. Die drei Brüder machten sich auf den Weg, sie ritten einen ganzen Monat, einen zweiten, einen dritten und kamen schließlich in eine öde weite Steppe. Hinter der Steppe war ein dichter dunkler Wald und an seinem Rand stand ein kleines Haus; sie klopften an das Fenster – nichts regte sich, sie traten ein, das Haus war leer. »Nun, Brüder, laßt uns hier eine Weile bleiben und uns von dem Ritt erholen.« Am nächsten Morgen sagte der jüngste Bruder Morgenrot zu seinem ältesten Bruder Abendrot: »Wir gehen auf die Jagd. Du bleibst zu Hause und bereitest das Essen.« Dem ältesten Bruder war das recht. Bei diesem Haus war ein Stall mit vielen Schafen; ohne lange zu überlegen, suchte er den besten Hammel aus, schlachtete ihn, nahm ihn aus und briet ihn zum Mittagessen. Als alles bereit war, legte er sich auf die Bank und ruhte sich aus. Plötzlich hörte er ein Klopfen und Poltern. Die Tür ging auf und ein Alter trat herein, fingernagellang der ganze Wicht, eine Elle Krausbart im Gesicht, blickte grimmig um sich und schrie Abendrot an: »Wer ist so dreist, in meinem Haus zu wohnen, wer ist so dreist, meinen Hammel zu schlachten?« Abendrot antwortete: »Werde erst einmal größer, ich kann dich ja auf dem Boden kaum erkennen! Wenn ich einen Löffel Schtschi und einen Krümel Brot nehme, bist du ertränkt und erschlagen!« Der fingernagellange Wicht wurde noch zorniger: »Ich bin zwar nicht groß, aber ich gehe auf jeden los!« Er packte einen Kanten Brot und schlug damit auf Abendrot ein, prügelte ihn halbtot und stieß ihn schließlich unter die Bank. Dann aß er den gebratenen Hammel auf und verschwand in dem Wald. Abendrot band sich einen Lappen um den Kopf, legte sich auf die Bank und stöhnte. Die Brüder kamen nach Hause und fragten: »Was ist dir geschehen?« – »Ach, Brüder, ich habe den Ofen geheizt, und die große Hitze hat meinem Kopf nicht gut getan – ich lag den ganzen Tag wie benommen und konnte weder kochen noch braten!«

Am nächsten Tag gingen Morgenrot und Abendrot jagen und ließen Nachtdunkel zu Hause. Er sollte für die Brüder das Essen bereiten. Nachtdunkel machte Feuer, suchte den fettesten Hammel aus, schlachtete ihn und schob ihn in den Ofen. Als alles fertig war, legte er sich auf die Bank. Plötzlich hörte er ein Klopfen und Poltern, und ein Alter trat herein, fingernagellang der ganze Wicht, eine Elle Krausbart im Gesicht, stürzte sich auf ihn und prügelte ihn fast zu Tode. Dann aß er den gebratenen Hammel auf und verschwand in dem Wald. Nachtdunkel band sich ein Tuch um den Kopf, legte sich unter die Bank und stöhnte. Die Brüder kamen zurück: »Was machst du?« fragte Morgenrot. »Der Ofendunst hat mich schwindlig gemacht, Brüder! Der Kopf will mir vor Schmerzen bersten, ich konnte kein Essen bereiten.«

Am dritten Tag gingen die älteren Brüder jagen und Morgenrot blieb zu Hause. Er suchte den besten Hammel aus, schlachtete ihn, nahm ihn aus und schob ihn in den Ofen. Als alles besorgt war, legte er sich auf die Bank. Plötzlich hörte er ein Klopfen und Poltern – ein Alter kam in den Hof, fingernagellang der ganze Wicht, eine Elle Krausbart im Gesicht, auf dem Kopf trug er einen ganzen Schober Heu, in der Hand einen großen Kessel mit Wasser. Er stellte den Kessel mit Wasser auf die Erde, verstreute das Heu über den Hof und begann die Schafe zu zählen. Er merkte, daß wieder ein Hammel fehlte, wurde zornig, lief in das Haus, stürzte sich auf Morgenrot und schlug ihn heftig auf den Kopf. Morgenrot sprang auf, packte den Wicht am Bart, rüttelte ihn und schüttelte ihn; er rüttelte ihn und sprach: »Wenn die Furt dir nicht bekannt, komm nicht in den Fluß gerannt!«

Der Alte, fingernagellang der ganze Wicht, eine Elle Krausbart im Gesicht, bat um Gnade: »Vergib mir, starker Held! Laß mich leben, gönn meiner Seele die Reue!« Morgenrot zerrte ihn in den Hof, schleppte ihn zu einem Eichenpfahl und klemmte seinen Bart mit einem großen eisernen Keil fest, den er in den Eichenpfahl trieb; darauf kehrte er in das Haus zurück, setzte sich auf die Bank und wartete auf seine Brüder. Die Brüder kamen von der Jagd und wunderten sich, daß er gesund und unversehrt war. Morgenrot lächelte und sagte: »Kommt, Brüder, ich habe euren Ofendunst gefangen und an den Pfahl gebunden.« Sie traten in den Hof hinaus und sahen, daß der fingernagellange Wicht sich davongemacht hatte, an dem Pfahl baumelte nur die Hälfte seines Bartes, seinen Weg aber konnte man an den Blutspuren erkennen.

Die Brüder folgten diesen Spuren und kamen zu einem tiefen Einsturzloch. Morgenrot ging in den Wald, schälte Bast, flocht daraus einen Strick, und seine Brüder mußten ihn unter die Erde herunterlassen. So kam er in die andere Welt, machte sich von dem Strick los und ging, wohin seine Augen blickten. Er ging und ging, bis er an einen kupfernen Palast kam; er trat in den Palast ein und fand dort die jüngste Königstochter, schöner als die Purpurblume, weißer als der weiße Schnee. Sie fragte ihn freundlich: »Wie kommst du hierher, junger Held? Aus freiem Willen? Oder aus Not?« – »Dein Vater schickte uns aus, um euch Königstöchter zu suchen.« Sie hieß ihn sich an den Tisch setzen, trug Speise und Trank auf und gab ihm ein Fläschchen mit Stärkewasser. »Trink von diesem Wasser, dann werden deine Kräfte wachsen.«

Morgenrot leerte das Fläschchen und spürte riesengroße Kräfte in sich. »Jetzt kann ich jeden überwältigen!« dachte er.

Auf einmal erhob sich ein Sturm, und die Königstochter erschrak. »Gleich«, sagte sie, »kommt mein Drache geflogen!« Sie nahm ihn bei der Hand und versteckte ihn in einem Nebengemach. Der Drache mit drei Köpfen kam geflogen, ließ sich auf die feuchte Erde fallen, verwandelte sich in einen starken Jüngling und rief: »Ah! Es riecht nach Russen . . . Wer ist bei dir zu Besuch?« – »Wer soll mich schon besuchen? Du bist über Rußland geflogen und hast dort russischen Ruch angenommen – jetzt glaubst du, ihn auch hier zu wittern.« Der Drache wollte essen und trinken; die Königstochter setzte ihm allerlei Speisen und Getränke vor, aber in die Getränke schüttete sie ein Schlafmittel. Der Drache aß und trank und wurde schläfrig; er befahl der Königstochter, ihn zu lausen, legte seine Köpfe in ihren Schoß und schlief fest ein. Die Königstochter machte Morgenrot ein Zeichen; der kam herbei, holte mit seinem Schwert aus und schlug dem Drachen alle drei Köpfe ab; dann schichtete er einen Holzstoß auf, verbrannte den eklen Drachen und ließ seine Asche im freien Feld verwehen. »Lebewohl einstweilen, Königstochter, ich will deine Schwestern suchen. Sobald ich sie gefunden habe, komme ich zu dir zurück«, sagte Morgenrot und machte sich auf den Weg; er ging und ging, bis er an einen silbernen Palast kam, in diesem Palast wohnte die mittlere Königstochter. Hier bezwang Morgenrot den Drachen mit den sechs Köpfen. Dann ging er weiter. Ob er lange wanderte oder kurz – schließlich kam er zu dem goldenen Palast. In diesem Palast wohnte die älteste Königstochter. Er tötete den Drachen mit den zwölf Köpfen und befreite sie.

Die Königstochter freute sich, sie rüstete sich zu der Heimfahrt, trat hinaus in den weiten Hof, schwenkte ihr rotes Tüchlein und der goldene Palast verwandelte sich in ein Ei. Sie nahm das Ei, steckte es in die Tasche und ging mit dem Recken Morgenrot zu ihren Schwestern. Diese taten ebenso: Sie rollten ihre Paläste zu Eiern zusammen, steckten sie ein und dann begaben sie sich alle zusammen zu dem Einsturzloch. Abendrot und Nachtdunkel zogen ihren Bruder und die drei Königstöchter in die lichte Welt herauf. Zusammen kehrten sie in ihr Land zurück; die Königstöchter ließen ihre Eier über das freie Feld rollen – sogleich standen die drei

Paläste da: der kupferne, der silberne und der goldene. Der König war so glücklich, wie es sich nicht sagen läßt; zur selben Stunde ließ er Morgenrot, Abendrot und Nachtdunkel mit seinen Töchtern trauen und machte Morgenrot zu seinem Erben.

Die Recken Kieferle, Biegle, Bergle und Bärtle

Es lebte einmal ein altes Weib, es hatte keine Kinder. Eines Tages wollte sie Späne sammeln und fand einen Kiefernklotz; sie kehrte nach Hause zurück, heizte den Ofen und legte den Klotz darauf. Dabei sprach sie vor sich hin: »Wenn er gut trocken ist, gibt es Kienspäne!« Die Hütte der Alten hatte keinen Schornstein; sobald die Späne brannten, breitete sich der Rauch im ganzen Haus aus. Plötzlich meinte die Alte zu hören, wie der Kiefernklotz auf dem Ofen rief: »Mütterchen, es raucht mir zu stark! Mütterchen, es raucht mir zu stark!«

Sie sprach ein Gebet, trat an den Ofen, holte den Klotz herunter und – welch ein Wunder! Einen Klotz hatte sie hingelegt und einen Knaben holte sie herunter! Das alte Weib freute sich: »Gott hat mir ein Söhnchen geschickt!«

Der Knabe wuchs, nicht von Jahr zu Jahr, sondern von Stunde zu Stunde, und ging auf wie ein mit gebrühten Dottern angesetzter Hefeteig; bald war er erwachsen, suchte die Häuser der Bojaren auf und spaßte nach Reckenart. Nahm er jemanden bei der Hand – gleich war die Hand weg. Packte er jemanden am Bein – gleich war das Bein ab. Packte er jemanden am Kopf – der Kopf rollte zu Boden. Da beklagten sich die Bojaren bei der Alten; sie rief ihren Sohn zu sich und sagte: »Was denkst du dir? Du solltest stiller leben, Väterchen!« Er antwortete: »Wenn ich dir nicht recht bin, dann gehe ich fort.«

Er verließ die Stadt und ging auf der Straße dahin; da begegnete ihm der Recke Biegle, der konnte jeden Baumstamm zu einem Bogen biegen. Biegle fragte ihn: »Wohin des Wegs, Recke Kieferle?« – »Wohin meine Augen blicken!« – »Nimm mich mit!« – »Komm!« Sie wanderten zusammen weiter; da begegnete ihnen der Recke Bergle. »Wohin des Wegs?« – »Wohin die Augen blicken.« – »Nehmt mich mit!« – »Gut, du kannst mitkommen!« Sie gingen einige Werst weiter. An einem breiten Fluß trafen sie den Recken Bärtle – er saß am Ufer, ließ seinen Schnurrbart quer über den Fluß hängen, und auf dem Schnurrbart liefen Menschen, galoppierten Reiter, rollten schwerbeladene Fuhrwerke wie auf einer Brücke. Der Recke Bärtle fragte: »Wohin des Wegs, Recke Kieferle?« – »Wohin die Augen blicken.« – »Nimm mich mit!« – »Gut, sei unser Genosse.« Nun waren sie zu viert, und es dauerte nicht lange, so kamen sie an das blaue Meer. Sie wären gerne auf die andere Seite gekommen, aber sie wußten nicht wie. Da hielt Recke Bärtle seinen Schnurrbart hin und alle konnten über seinen Schnurrbart auf das andere Meeresufer gelangen. Sie wanderten und wanderten und kamen schließlich in einen dichten Wald. »Halt, Brüder!« sagte Recke Kieferle. »Warum sollen wir ewig durch die Welt wandern? Wollen wir uns nicht hier niederlassen?« Sie machten sich sofort an die Arbeit, bauten sich ein Haus und gingen auf die Jagd. Einer nach dem anderen sollte jeweils zu Hause bleiben, um das Essen zu bereiten und das Haus zu besorgen. Am ersten Tag war der Recke Biegle an der Reihe. Er kochte das Essen und legte sich auf die Bank um auszuruhen. Tuck-Tuck, es kam die Baba Jaga: »Ich will zu Mittag essen!« sagte sie. »Ich habe Hunger und Durst.« Der Recke Biegle stellte Brot und Salz auf den Tisch und trug eine gebratene Ente auf; sie fraß alles auf und verlangte noch mehr. »Es ist nichts mehr da«, sagte der Recke Biegle. »Wir sind hier selbst fremd.« Die Baba Jaga packte ihn an den Haaren und begann, ihn auf dem Boden hin und her zu schleifen, bis er halbtot war. Als seine Genossen von der Jagd zurückkehrten, wunderten sie sich: »Warum liegst du da, Biegle?« – »Mir ist schwindlig, Brüder. Unser Haus ist neu und noch feucht.« Am nächsten Tag widerfuhr dasselbe dem Recken Bergle und am dritten dem Recken Bärtle.

Dann war der Recke Kieferle an der Reihe: die Baba Jaga kam zu ihm und befahl: »Gib mir zu essen und zu trinken!« Er tischte einen Laib Brot und eine gebratene Gans auf. Die Baba Jaga fraß alles auf und verlangte noch mehr. »Es ist nichts mehr da, wir sind hier selbst fremd.« Sie stürzte sich auf den Recken, aber Kieferle war stärker als sie, er packte sie an ihren grauen Haarzotteln, beutelte sie und warf sie aus dem Haus. Sie war halbtot und konnte nur auf allen vieren kriechen. Sie schleppte sich bis zu einem großen Stein und verschwand darunter. Die drei kamen von der Jagd zurück; der Recke Kieferle führte sie zu diesem Stein und sagte: »Wir müssen den Stein heben, Brüder!« Sie mühten sich und mühten sich – keiner konnte den Stein auch nur bewegen. Da hieb der Recke Kieferle mit der Faust dagegen – und der Stein flog zur Seite, eine Werst weit weg. Sie sahen: dort, wo der Stein gelegen hatte, gähnte ein abgrundtiefes Loch. »Nun, Brüder, jetzt gilt es, auf die Jagd zu gehen und aus den Fellen Stricke zu drehen!« Sie erlegten viele Tiere, schnitten die Felle in Streifen, drehten daraus einen Strick, knüpften ein Netz, banden das Netz an den Strick und ließen den Recken Kieferle in das unterirdische Reich hinunter.

Er wanderte durch das unterirdische Reich, schließlich kam er an eine Hütte; er trat ein – in der Hütte saß die Tochter der Baba Jaga und stickte einen Teppich. Sie sah den Gast und rief: »Ach, Recke Kieferle! Gleich wird meine Mutter nach Hause kommen, wo soll ich dich verstecken?« Sie verwandelte ihn in eine Stecknadel und steckte die Nadel in ihren Stickrahmen. Die Baba Jaga kam herein und fragte: »Wer ist bei dir im Haus?« – »Niemand, Mutter!« – »Wieso riecht es dann nach Russen?« Sie begann zu suchen, sie suchte und suchte, konnte aber niemanden finden. Sobald die Baba Jaga wieder gegangen war, nahm die schöne Jungfrau die Stecknadel, warf sie auf die Erde – und die Nadel verwandelte sich wieder in den Recken Kieferle. Dann führte sie ihn in die Vorratskammer. In der Vorratskammer standen zwei Krüge: in dem blauen Krug war das Wasser der Kraft, in dem weißen das Wasser der Ohnmacht. »Sobald du mit meiner Mutter kämpfst, laufe schnell in die Kammer, trinke den blauen Krug aus und fülle ihn aus dem weißen wieder nach.«

Kaum hatte sie das gesagt, als schon die Baba Jaga gelaufen kam und sich sofort auf den Recken stürzte. »Halt ein, Mutter!« sagte die Tochter. »Du mußt vorher mit ihm ausmachen: wenn er dich zu Boden zwingt, darfst du verschnaufen; wenn du ihn zu Boden zwingst, darf er ebenfalls Atem holen.« Der Recke Kieferle und die Baba Jaga gaben sich die Hand darauf und gingen aufeinander los; die Baba Jaga schmetterte ihn auf den Boden. Die schöne Jungfrau rief sofort: »Mutter, du mußt ihn verschnaufen lassen!« Der Recke Kieferle lief in die Vorratskammer, trank den blauen Krug leer, füllte ihn wieder aus dem weißen auf, kehrte in die Stube zurück, packte die Baba Jaga und schmetterte sie auf den Boden. »Laß mich verschnaufen!« schrie die Alte, sprang auf, rannte in die Vorratskammer und trank von dem Wasser der Ohnmacht. Dann kämpften sie weiter. Der Recke Kieferle versetzte ihr einen so heftigen Schlag, daß sie sofort tot umfiel. Er legte die Tote ins Feuer, verbrannte sie und ließ die Asche vom Winde verwehen. Dann nahm er das schöne Mädchen bei der Hand, setzte sie in das Netz und zupfte an dem Seil. Die Recken Biegle, Bergle und Bärtle zogen sie sofort herauf, ließen das Seil wieder hinunter, zogen den Recken Kieferle bis auf die halbe Höhe und schnitten dann das Seil durch (der Recke Kieferle stürzt herunter; ein riesiger Vogel trägt ihn nach Rußland zurück, er heiratet die Tochter der Baba Jaga, und die Recken, seine Genossen, fliehen aus Angst in ferne, fremde Länder).

Nadsej, der Popenenkel

(Aus dem Weißrussischen)

Einst lebte in einem Land, das keines war, in einem Reich, das keines war, ein Pope. Der Pope war Witwer und hatte ein einziges Kind, eine Tochter. Er hütete sie wie sein Augenlicht, und wenn er irgendwo in seinem Sprengel zu tun hatte, brachte er ihr immer ein Geschenk mit: seine Gemeindekinder wußten, daß der Pope eine Tochter hatte und für sie ein Geschenk brauchte. Einmal ritt er in ein Dorf, das an die zwölf Werst entfernt lag, er sollte dort die letzte Ölung erteilen. Er gab einem Mann die letzte Ölung, und als es getan war und alles gut war, bewirteten sie ihn aufs beste. Da vergaß der Pope, daß er noch kein Geschenk für seine Tochter bekommen hatte, schwang sich auf seinen Gaul und ritt nach Hause.

Er ritt auf einem Weg. Auf einmal sah er mitten auf dem Weg einen brennenden Menschenkopf. Der Kopf verglühte, nur eine Handvoll Asche blieb übrig. Zuerst ritt der Pope weiter, dann aber besann er sich: »Wie konnte ich so einfach weiterreiten? Es war doch ein Menschenkopf, der da brannte! Ich will die Asche einsammeln, sie in meiner Tasche mit nach Hause nehmen und dort begraben.« Er sammelte die Asche auf, schüttete sie in seine Tasche, saß wieder auf und ritt nach Hause. Er kam auf seinen Hof, die Tochter lief ihm entgegen und half ihm absitzen; der Kopf tat ihm weh, wahrscheinlich vom Wind, und sie bettete den Vater auf sein Federbett. Nun, und dann dachte sie: »Ach, Väterchen hat mir bestimmt ein Geschenk mitgebracht!« Sie griff in seine Tasche; die Asche aber hatte sich in ein Kästchen verwandelt. Nun, sie holte dieses Kästchen geschwind heraus und sagte: »Ah, ein Kästchen! Es ist schön, aber ich weiß nicht, wie man es öffnet.« Sie leckte einmal daran und wurde schwanger. Andere Frauen tragen die Frucht Wochen, sie aber trug nur Stunden, dann kam ihre Zeit und sie gebar. Das Kind wurde sofort getauft

256

und Nadsej genannt, der Popenenkel. Der Junge wuchs und gedieh; andere Kinder wachsen in Jahren, er wuchs in Stunden; als die sechste Woche vorbei war, lief er mit den Kindern hinter der Schuluga her. Stieß er die Schuluga an, flog sie, daß es nur so durch die Luft pfiff; stieß er jemanden gegen das Bein – das Bein war ab; stieß er jemanden gegen den Arm – der Arm war ab; stieß er jemanden gegen den Kopf – der Kopf war ab. Da kamen die Väter dieser Kinder zum Popen und baten: »Väterchen! Laßt euren Enkel nicht auf der Straße mit den anderen Kindern spielen, er richtet zuviel Unheil an.« Der eine sagte: »Meinem Sohn hat er den Kopf abgerissen«, ein anderer: »Meinem Sohn hat er den Arm abgerissen. Laßt ihn nicht aus dem Haus, Väterchen! So geht es nicht weiter!«

Nun gut, der Pope hielt ihn bis zum Sommer im Haus. Er war ein stattlicher Bursche geworden und sagte: »Nun, lieber Großvater, was gibt es für mich zu tun, was gibt es zu arbeiten?« Der Großvater freute sich über alle Maßen und sagte: »Liebste Tochter! Der Herr sei gelobt! Er hat mir einen Erben geschickt, ein wahres Gottesgeschnk, so arbeitswillig ist er! Welche Aufgabe soll ich ihm stellen? Nun, wir wollen arbeiten.« Und zu seinem Enkel sagte er: »Wir wollen jetzt den Wald roden.« – »Das wollen wir tun, Großvater!«

Sie gingen in den Wald und suchten sich eine Stelle aus. Der Großvater machte sich an die Arbeit und wollte einen Baum fällen, aber der Enkel sagte: »Großvater, du brauchst keinen Finger zu krümmen! Du mußt mich segnen.« – »Es soll mir recht sein, Enkel, Gott segne dich!« Der Enkel begann Bäume zu fällen, und er fällte sie so, daß der ganze Wald krachte; wenn er auf der einen Seite das Beil schwang, fielen auf der anderen die Bäume um. Bis zum Mittag holzte er anderthalb Desjatinen ab. Der Großvater sagte: »Jetzt müssen wir alles kleinhacken und verbrennen.« Er aber sagte: »Ach, Großvater, wir können alles auch so zu einem Stoß aufschichten.«

Nach drei Tagen konnte der frischgerodete Acker eingesät

werden. Der Enkel und der Großvater säten Hafer, und der Hafer ging auf und gedieh so prächtig, daß man es gar nicht sagen kann. Aber dann kam ein Bär und machte sich immer wieder über den Hafer her. Eines Tages ging der Pope auf den Acker hinaus, ein großes Stück war kahlgefressen. Als er nach Hause kam, fragte ihn der Enkel: »Wie ist es, Großvater, wie steht unser Hafer?« – »Der Hafer steht gut, aber mir scheint, daß ein Wildpferd sich daran satt frißt und großen Schaden anrichtet.« – »Das lasse ich nicht zu, Großvater! Ich habe gearbeitet, und dieses Pferd bringt uns solchen Schaden! Ich werde ihm auflauern. Such alles Werg zusammen, das im Hause ist, und bring es mir.« Er setzte sich hin, flocht einen Zaum, aß zu Mittag und ging in den Wald. Als er auf den Acker kam, staunte er: »Mein Gott! Das ist aber ein großer Schaden! Das kann ich unmöglich dulden!« – und er setzte sich auf einen Baumstumpf mitten im Acker. Nun, da saß er also: Bald darauf kam der Bär aus dem Wald, lief schnurstracks in den Hafer, fraß und trampelte den Hafer nieder. Der Bursche staunte: »Welch ein Wunder! Ich habe ein solches Pferd noch nie gesehen! Es ist ja nicht zu glauben, wie viel Hafer es fressen kann!«

Der Bär aber fraß sich immer tiefer in den Acker hinein und war schon ganz nah bei dem Baumstumpf. Er war überhaupt nicht scheu und nicht bange, denn er glaubte, da sei nichts als ein Baumstumpf, und rückte immer näher heran. Da sprang der Enkel von dem Baumstumpf, packte den Bären bei den Ohren und hielt ihn fest; er hielt ihn fest und drückte ihn an die Erde. Der Bär dachte: »Wie geschieht mir?« und wollte sich losreißen; aber es war zu spät, er konnte sich nicht mehr rühren; der Enkel legte dem Bären den Zaum an und führte ihn nach Hause. Wenn sie unterwegs an einem Baum vorbeikamen, wurzelte der Bär den Baum mit einem Prankenhieb aus. Nun, der Enkel brachte ihn nach Hause, band ihn mitten im Hof an einen Pfosten und ging in die Stube. »Mein Gott«, sagte er, »das Pferd hatte sich aber vollgefressen! Ich mußte es

hinter mir herziehen und bin davon richtig müde.« Der
Großvater trat auf den Hof hinaus und erschrak. »Liebste
Tochter, sieh doch, was dein Söhnchen, mein Enkel, fertiggebracht hat.« Das Staunen hatte kein Ende. Der Enkel sagte:
»Ihr müßt nicht staunen, sondern sagen, was wir mit diesem
Pferd machen wollen, denn das Pferd ist stark und kann gut
arbeiten!« – »Du sollst damit Holz fahren, lieber Enkel«,
sagte der Großvater. Er spannte den Bären vor einen Wagen
und begann, das Holz abzufahren, und nach drei Tagen war
der letzte Knüppel aus dem Wald. Das Holz schichtete er um
das Dorf herum auf, kein Mensch konnte herausgehen oder
herausfahren. Alle Wege waren versperrt! Da kamen die
Menschen zu dem Popen und sagten: »Macht mit ihm, was
Ihr wollt, aber er muß weg; was soll denn das heißen? In drei
Tagen hat er alle Wege und Straßen, die aus dem Dorf führen,
mit Holz zugebaut!« – »Ach, meine Tochter«, sagte der
Großvater, »was sollen wir nur tun? Dir fällt es schwer, dich
von deinem Sohn, und mir, mich von einem Enkel zu trennen;
aber wir müssen ihn fortschicken. Er mag gehen, wohin er
will.« Darauf rief er seinen Enkel zu sich und sagte: »Also,
lieber Enkel, die Menschen kommen und beklagen sich; es
fällt mir nicht leicht, mich von dir zu trennen, aber du mußt
fort. Geh, wohin du willst.« – »Ach, liebster Großvater, das
hättet ihr mir längst sagen sollen, und ich wäre sofort
aufgebrochen. Liebes Mütterchen! Backe mir einen Laib
Brot.« Seine Mutter buk ihm einen Laib Brot und packte für
ihn den Wandersack.

Er stand in aller Frühe auf und wusch sich säuberlich.
Dann nahm er seinen Sack, hing ihn sich über die Schulter
und bat die Mutter und den Großvater um ihren Segen:
»Liebe Mutter, lieber Großvater, gebt mir euren Segen auf
den Weg!« Er betete und brach auf. Als er im freien Feld war,
verließ er Weg und Straße und wanderte durch undurchdringliche Wälder, durch tiefe Sümpfe, er wanderte sieben
Tage weniger einen halben, ohne einmal zu rasten: da war er

in dem dreimal neunten Land, in dem dreimal zehnten Reich. Er ging über das freie Feld und gelangte zu den steilen Bergen – dort wandelte der Recke Bergler und häufte mit seinem Fuß Berge auf. Nadsej trat zu ihm und sagte: »Grüß Gott, Recke Bergler, du hast wahrhaft große Kräfte. Du kannst ja einen Berg vor dir her schieben, wie eine Schuluga!« Der andere sagte: »Ach was! Du brauchst meine Kräfte nicht zu bewundern. In dem dreimal neunten Land, in dem dreimal zehnten Reich«, so sagte er, »wohnt Nadsej, des Popen Enkel, der hat wahrhaft große Kräfte! Einmal soll er einen Bären aus dem Wald geholt haben, und dieser Bär hat ein ganzes Dorf mit Baumstämmen zugebaut. Aber kein Rabe wird seine Knochen herbringen, kein feuriges Roß ihn selber hertragen.« Nadsej sagte darauf: »Ach, Bruder Bergler-Recke! Der Rabe braucht seine Knochen nicht herzutragen, der wackere Bursche kommt von selbst gegangen.« Der Bergler sagte darauf: »Ach, Bruder, dann bist du Nadsej, des Popen Enkel. Nimm mich als deinen jüngeren Bruder an.« Er nahm ihn als seinen jüngeren Bruder an, sie sind lange durch die Welt gewandert und haben viele Helden bezwungen und viele Städte erobert; dann heirateten beide und lebten in großem Wohlstand.

Das fliegende Schiff

Es lebten einmal ein Mann und eine Frau, die hatten drei Söhne: zwei waren gescheit, der dritte war dumm. Die beiden ältesten liebte die Mutter sehr und sie zog sie immer sauber an; der dritte aber war immer schlecht gekleidet – er hatte nur ein einziges Werktagshemd.

Eines Tages hörten sie, daß ein Brief von dem Zaren gekommen war: »Wer ein Schiff zu bauen vermag, das fliegen kann, der soll die Zarentochter zur Frau bekommen.« Die älteren Brüder wollten ihr Glück versuchen und baten die

Eltern um ihren Segen: ihre Mutter stattete sie für den Weg aus, sie gab jedem ein weißes Brot, Fleisch und Speck und eine Flasche Wodka mit. Der Dumme hatte alles gesehen und bat die Eltern, sie möchten auch ihn ziehen lassen. Die Mutter wollte es ihm ausreden: »Wo willst du hin, du Dummkopf! Dich werden die Wölfe fressen!« Aber der Dumme wiederholte immerfort: »Laßt mich ziehn, laßt mich ziehn!« Die Mutter sah, daß sie es ihm nicht ausreden konnte, gab ihm einen Laib Schwarzbrot und eine Flasche Wasser mit auf den Weg und schlug hinter ihm die Tür zu. Der Dumme wanderte und wanderte und begegnete einem alten Mann. Sie grüßten einander. Der alte Mann fragte den Dummen: »Wohin des Wegs?« – »Der Zar hat doch versprochen, seine Tochter dem zu geben, der das fliegende Schiff baut.« – »Kannst du denn ein solches Schiff bauen?« – »Nein, das kann ich nicht.« – »Wozu hast du dich dann auf den Weg gemacht?« – »Gott wird schon wissen, wozu!« – »Wenn es so ist«, fuhr der Alte fort, »dann setz dich; wir wollen uns beide ausruhen. Pack alles aus, was du im Sack hast.« – »Aber ich habe nur etwas, worauf man nicht stolz sein kann!« – »Das macht nichts, hol es nur heraus. Was uns Gott schickt, das wollen wir uns schmecken lassen!« Der Dumme band seinen Sack auf und traute seinen Augen nicht: statt des groben Schwarzbrotes lagen darin weiße Brote und allerlei Zukost; er bot von allem dem Alten an. »Siehst du«, sagte der Alte, »Gott hat an den Dummen sein Wohlgefallen. Deine leibliche Mutter liebt dich nicht, aber auch du kommst zu dem Deinen ... Aber laß uns als erstes Wodka trinken.« In der Flasche war statt Wasser Wodka; sie tranken, sie aßen, dann sagte der Alte zu dem Dummen: »Hör auf mich – geh in den Wald, tritt an den ersten Baum, bekreuzige dich dreimal, hole mit dem Beil aus und schlage das Beil in den Stamm. Laß dich darauf mit dem Gesicht auf die Erde fallen und warte, bis du geweckt wirst. Dann wirst du das fertige Schiff vor dir sehen, du kannst in das Schiff steigen und fliegen, wohin du willst; aber unterwegs mußt du alle, die dir begegnen, mitnehmen.« Der Dumme dankte dem Alten, verabschiedete sich von ihm und begab sich in den Wald. Als er vor dem ersten Baum stand, tat er alles genau so, wie ihm befohlen war: Er bekreuzigte sich dreimal, hieb das Beil in den Stamm, ließ sich mit dem Gesicht nach unten auf die Erde fallen und schlief ein. Eine Weile später wurde er geweckt. Der Dumme wachte auf und sah das fertige Schiff vor sich. Ohne lange zu überlegen, stieg er hinein, und das Schiff flog davon.

Er flog und flog, da sah er: Unten auf einem Weg lag ein Mann und drückte sein Ohr an die feuchte Erde. »Guten Tag, Onkelchen!« – »Guten Tag, Neffe!« – »Was tust du da?« – »Ich höre zu, was in der anderen Welt gesprochen wird.« – »Steig zu mir in mein Schiff!« Der andere ließ sich nicht lange bitten, stieg in das Schiff, und sie flogen weiter. Sie flogen und flogen, da sahen sie einen Mann, der hüpfte auf einem Bein, das andere war am Ohr hochgebunden. »Guten Tag, Onkel, warum hüpfst du auf einem Bein?« – »Wenn das andere losgebunden wäre, dann würde ich mit einem Schritt die ganze Welt hinter mir lassen.« – »Steig zu uns ein!« Der Mann stieg ein und sie flogen weiter. Sie flogen und flogen, da sahen sie einen Mann mit einem Gewehr stehen, der zielte, ohne daß etwas zu sehen war. »Guten Tag, Onkel, worauf zielst du? Weit und breit ist kein Vogel zu sehen.« – »Es ist nicht meine Art, auf ein Ziel in der Nähe zu schießen. Ich schieße Tiere oder Vögel, die mindestens tausend Werst entfernt sind.« – »Steig zu uns ein!« Auch dieser stieg ein, und sie flogen weiter.

Sie flogen und flogen, da sahen sie einen Mann, der trug auf dem Rücken einen Schlauch voll Brote. »Guten Tag, Onkel, wohin des Wegs?« – »Ich gehe«, sagte er, »um etwas Brot zum Mittagessen aufzutreiben.« – »Du hast ja schon einen vollen Sack auf dem Buckel.« – »Was ist das schon? Für mich ist dieses Brot kaum ein Biß.« – »Steig zu uns ein!« Auch dieser stieg in das Schiff, und sie flogen weiter. Sie flogen und flogen, auf einmal sahen sie einen Mann, der ging um einen See herum: »Guten Tag, Onkel! Was suchst du?« – »Ich habe Durst und finde kein Wasser.« – »Aber vor dir liegt doch ein ganzer See! Warum trinkst du nicht?« – »Was ist das schon? Dieses Wasser reicht mir nicht einmal für einen Schluck.« – »Dann steig zu uns ein!« Er stieg ein und sie flogen weiter. Sie flogen und flogen, auf einmal sahen sie einen Mann, der ging in den Wald und trug ein Bündel Holz auf dem Rücken. »Guten Tag, Onkel! Warum trägst du Holz in den Wald?« – »Aber das ist kein gewöhnliches Holz.« – »Was ist es denn?« – »Ein besonderes: Wenn ich es um mich werfe, steht ein ganzes Heer da.« – »Steig zu uns ein!« Er stieg zu ihnen ein, und sie flogen weiter. Sie flogen und flogen, auf einmal sahen sie einen Mann, der trug ein Bündel Stroh. »Guten Tag, Onkel! Wohin trägst du das Stroh?« – »Ins Dorf.« – »Gibt es denn im Dorf nicht genug Stroh?« – »Aber das ist kein gewöhnliches Stroh. Es kühlt mitten im heißen Sommer, und wenn man es verteilt, dann bricht der Winter ein, mit Schnee und Frost.« – »Steig auch du zu uns ein!« – »Einverstanden!« Er war der letzte; bald erreichten sie den Palast des Zaren.

Der Zar saß gerade beim Mahl; er sah das fliegende Schiff, wunderte sich und schickte einen Diener, der sollte fragen: Wer kommt mit diesem Schiff hergeflogen? Der Diener ging zum Schiff, sah, daß auf dem Schiff nur Bauern waren, fragte gar nicht erst, kehrte in die Gemächer des Zaren zurück und meldete, daß auf dem Schiff nicht ein einziger Herr, sondern nur einfaches Volk sei. Der Zar kam zu dem Schluß, daß es sich nicht zieme, seine Tochter mit einem schlichten Bauern zu verheiraten, und überlegte, wie er einen solchen Schwiegersohn loswerden könnte. Da dachte er: »Ich will ihm verschiedene schwierige Aufgaben stellen.« Auf der Stelle schickte er einen Diener zu dem Dummen, mit dem Befehl, das Wasser des Heilens und das Wasser des Lebens zu holen, solange er noch beim Mahle säße.

Als der Zar mit seinem Diener sprach, hörte ihn der erste

der Mitgenommenen (der damals sagte, er könne hören, was in der anderen Welt geschehe) und erzählte es dem Dummen.

»Was soll ich nun tun? Ich kann in einem ganzen Jahr und vielleicht sogar in meinem ganzen Leben dieses Wasser nicht finden!« – »Sorge dich nicht«, sagte der Schnelläufer, »das werde ich für dich besorgen.« Der Diener kam und verkündete den Befehl des Zaren: »Ich werde dieses Wasser holen«, antwortete der Dumme. Sein Genosse aber band das am Ohr angebundene Bein los, lief davon und hatte im Nu von dem Wasser des Heilens und von dem Wasser des Lebens geschöpft. »Es ist ja noch Zeit«, dachte er. »Ich werde schon früh genug zurück sein.« Darauf ließ er sich im Schatten einer Mühle nieder und schlief ein. Das Mahl des Zaren näherte sich seinem Ende, er war immer noch nicht da; auf dem Schiff war großes Bangen. Der Horcher legte sein Ohr an die feuchte Erde, lauschte und sagte: »Der ist mir der Rechte! Er ist bei der Mühle eingeschlafen.« Der Schütze nahm sein Gewehr, zielte auf die Mühle, drückte ab und weckte mit dem Schuß den Schnelläufer. Der Schnelläufer sprang auf und war einen Augenblick später mit dem Wasser zur Stelle. Der Zar hatte sich noch nicht von der Tafel erhoben, als sein Befehl schon auf das pünktlichste ausgeführt war.

Es blieb ihm nichts anderes übrig, als sich eine neue Aufgabe auszudenken. Er rief seinen Diener und ließ dem Dummen sagen: »Gut, wenn du so gewitzt bist, dann zeig uns auch, wie stark du bist: Du sollst mit deinen Genossen zwölf gebratene Ochsen und zwölf Säcke Brot auf einen Sitz aufessen.« Der erste Mitgenommene hörte das und erzählte es dem Dummen. Der Dumme erschrak und sagte: »Aber ich kann doch nicht einmal einen einzigen Laib auf einen Sitz aufessen.« – »Sorge dich nicht«, sagte der Vielfraß. »Mir wird es bestimmt nicht reichen!« Und schon kam der Diener mit dem Befehl des Zaren. »Gut«, sagte der Dumme. »Schafft alles herbei, wir werden es aufessen.« Zwölf gebratene Ochsen und zwölf Säcke Brot wurden aufgetragen. Und der Vielfraß

aß alles auf. »Ach«, sagte er, »das war knapp! Ich hätte gern ein wenig mehr gehabt...« Darauf wollte der Zar dem Dummen ausrichten lassen, daß er vierzig Fässer Wein, das Faß zu vierzig Eimern, austrinken solle. Sein erster Genosse belauschte den Zaren und warnte den Dummen abermals. Der Dumme erschrak. »Aber ich kann doch nicht einmal einen Eimer austrinken!« – »Sorge dich nicht«, sagte der Saufaus. »Ich werde allein für alle trinken; es wird mir nicht reichen!« Vierzig Fässer wurden mit Wein gefüllt. Der Saufaus kam und trank alle Fässer hintereinander aus. Er trank sie leer und sagte: »Viel war es nicht! Ich hätte gern noch ein Schlückchen getrunken.«

Nun befahl der Zar, der Dumme solle sich zur Hochzeit rüsten, in die Badestube gehen und sich waschen; die Badestube aber war aus Gußeisen, die Diener sollten sie so stark heizen, daß der Dumme in einem Augenblick erstickte. Sie heizten die Badestube, bis sie glühte; der Dumme kam, um sich zu waschen, ihm folgte der Bauer mit dem Bündel Stroh, als ob er ihm das Stroh unter die Füße schütten wollte. Der Bauer verstreute das Stroh, und es wurde so kalt, daß das Wasser in den Kesseln gefror, sobald der Dumme sich gewaschen hatte. Er kletterte auf den Ofen und blieb dort die ganze Nacht liegen. Am nächsten Morgen schlossen sie die Badestube auf, der Dumme lebte, er lag gesund auf dem Ofen und sang. Sie meldeten es dem Zaren. Der ward darob sehr bekümmert und wußte nun nicht mehr, wie er sich den Dummen vom Hals schaffen sollte. Er überlegte und überlegte und verlangte schließlich von ihm, er möge ein ganzes Regiment aufstellen. Im stillen aber dachte er: »Wie soll ein einfacher Bauer zu einem Regiment kommen? Das wird ihm niemals gelingen.«

Als der Dumme das hörte, erschrak er und sagte: »Jetzt bin ich ganz verloren! Ihr habt mich oft aus der Not gerettet, aber diesmal ist mir nicht zu helfen!« – »Aber hör doch«, sagte der Bauer mit dem Bündel Holz. »Hast du mich vergessen? Du weißt doch, daß ich mich darauf verstehe. Sorge dich nicht!«

Da kam schon der Diener und überbrachte den Befehl des Zaren: »Wenn du die Zarentochter zur Frau haben willst, dann mußt du morgen ein ganzes Regiment aufstellen.« – »Gut, ich werde es tun! Aber wenn der Zar auch dann noch Ausflüchte macht, werde ich sein ganzes Reich zerstören und mir seine Tochter mit Gewalt holen.« In der Nacht ging der Genosse des Dummen mit seinem Bündel ins Feld hinaus und begann, die Knüppel nach allen Seiten zu werfen – sofort stand ein unübersehbares Heer da, Reiter, Fußvolk und Kanonen. Am nächsten Morgen schaute der Zar aus dem Fenster, und nun war die Reihe an ihm, zu erschrecken. Er ließ sofort dem Dummen kostbare Gewänder und Kleider bringen und lud ihn in seinen Palast ein, damit er mit seiner Tochter Hochzeit feiere. Der Dumme legte die kostbaren Gewänder an und sah plötzlich so schön aus, wie es sich nicht beschreiben läßt! Er erschien vor dem Zaren, heiratete die Zarentochter, bekam eine große Mitgift und war von nun an klug und verständig. Der Zar und die Zarin schlossen ihn in ihr Herz, und die Zarentochter liebte ihn über alle Maßen.

Die sieben Simeone

Irgendwo lebte ein Bauer mit seinen sieben Söhnen, den sieben Simeonen, einer schöner als der andere, aber so faul, so arbeitsscheu – auf der ganzen Welt gab es nicht ihresgleichen! Sie wollten einfach nichts tun. Der Vater plagte sich mit ihnen, er plagte sich lange mit ihnen, schließlich fuhr er mit ihnen zu dem Zaren; er kam mit den sieben dort an und wollte sie dem Zaren in seine Dienste übergeben. Der Zar dankte dem Vater für seine prachtvollen Söhne und fragte, worauf sie sich verständen. »Frage sie selber, Väterchen Zar!« Der Zar ließ zuerst den ältesten Simeon kommen und fragte: »Worauf verstehst du dich?« – »Ich kann stehlen, Väterchen Zar.« – »Gut, manchmal braucht man auch einen, der stehlen kann. « Er rief den zweiten zu sich: »Und du?« – »Ich kann kostbare Kleinodien schmieden.« – »Dich kann ich auch gebrauchen.« Dann fragte er den dritten Simeon: »Und worauf verstehst du dich?« – »Ich kann einen Vogel im Fluge treffen.« – »Gut!« Darauf fragte der Zar den vierten: »Und worauf verstehst du dich?« – »Wenn der Schütze den Vogel geschossen hat, kann ich ihn wie ein Hund apportieren.« – »Gut!« sagte der Zar. »Und worin besteht deine Meisterschaft?« fragte er den fünften. »Ich kann auf einen Berg steigen und berichten, was in den anderen Zarenreichen vor sich geht.« – »Gut, sehr gut.« Schließlich fragte er den sechsten. »Ich kann Schiffe bauen. Jeder Meister einen Griff, und wir haben gleich ein Schiff.« – »Gut. Und worauf verstehst du dich?« fragte der Zar den siebten. »Ich kann Menschen heilen.« – »Auch gut.«

Der Zar entließ sie. Nach längerer Zeit wollte der Zar einen der Simeone prüfen: »Nun, Simeon, jetzt schau, was ringsumher geschieht.« Der Simeon stieg irgendwo hinauf und berichtete: »Hier ist dies und dies und dort ist das und das.« Später verglichen sie seine Berichte mit den Zeitungen – alles stimmte haargenau! Und wieder verging eine längere Zeit; da wollte der Zar eine Zarentochter heiraten. Aber er wußte nicht, wie er sie bekommen sollte, er wußte auch nicht, wen er ausschicken könnte! Da fielen ihm die sieben Simeone ein. Er ließ sie zu sich kommen und stellte ihnen die Aufgabe: Sie sollten die Zarentochter für ihn holen. Dazu bekamen sie eine Kompanie Soldaten. Die Simeone säumten nicht – jeder Meister einen Griff, und sie hatten bald ein Schiff. Sie stiegen ein und fuhren los. Endlich gingen sie dort vor Anker, wo die Braut lebte; der eine kletterte auf einen hohen Mast und sah, daß die Zarentochter einsam und alleine dasaß – man konnte sie gut stehlen; der andere schmiedete kostbare Kleinodien und ging mit dem Dieb in den Palast, um sie anzubieten. Aber kaum waren sie dort, da stahl der Dieb die Zarentochter. Sie lichteten den Anker und machten sich auf den Rückweg. Die Zarentochter sah, daß sie in die Ferne entführt werden sollte, verwandelte sich in einen weißen Schwan und erhob sich in die Lüfte. Der Schütze zögerte nicht, ergriff sein Gewehr, drückte ab und traf den Schwan in die linke Schwinge; der vierte Simeon sprang wie ein Hund ins Wasser, packte den Schwan in den Wellen und brachte ihn wieder auf das Schiff zurück. Der Schwan verwandelte sich wieder in die Zarentochter, nur ihr linker Arm war verwundet. Aber sie hatten ja einen Arzt bei sich, der heilte den Arm sofort.

Sie kamen in ihr Reich zurück, gesund und wohlbehalten, und feuerten die Kanonen ab. Der Zar hörte es und wunderte sich: »Was ist denn das für ein Schiff?« Denn er hatte die sieben Simeone längst vergessen. »Geht«, sagte er, »lauft, fragt!« Einer lief, einer ritt, alsbald meldeten sie dem Zaren die sieben Simeone mit der Braut. Er freute sich über ihren Eifer, befahl, ihnen einen prächtigen Empfang zu bereiten, die Kanonen abzufeuern und die Trommeln zu rühren. Aber die Zarentochter wollte den Zaren nicht heiraten. Er war zu alt. Da fragte der Zar, wen sie denn am liebsten heiraten möchte. Die Zarentochter antwortete: »Ich möchte den heiraten, der mich gestohlen hat.« Denn Simeon der Dieb war der stattlichste Bursche und gefiel der Zarentochter über die Maßen. Ohne ein Wort zu verlieren, befahl der Zar, die beiden zu trauen; darauf setzte er sich zur Ruhe, machte den Simeon zu seinem Nachfolger und seine Brüder zu großen Bojaren.

Nikita der Gerber

Bei Kiew tauchte ein Drache auf, der verlangte von dem Volk großen Tribut: Von jedem Hof ein schönes Mädchen. Er holte die Mädchen und verschlang sie. Schließlich war die Tochter des Zaren an der Reihe. Der Drache holte sie und schleppte sie in seine Höhle, aber er verschlang sie nicht: Sie war von großer Schönheit, und der Drache behielt sie als seine Frau bei sich. Wenn der Drache auf die Jagd flog, türmte er vor dem Eingang Baumstämme auf, damit sie nicht fliehen konnte. Die Zarentochter hatte ein Hündchen, das war ihr gefolgt. Sie schrieb oftmals ein Briefchen an ihre Eltern und band es dem Hund um den Hals; der Hund fand immer den richtigen Weg und brachte auch die Antwort zurück. Eines Tages schrieben der Zar und die Zarin in dem Brief an ihre Tochter, ob sie nicht in Erfahrung bringen könnte, wer stärker als der Drache sei. Die Zarentochter tat ihrem Drachen schön und fragte ihn, wer stärker sei als er. Lange wollte er es nicht verraten; aber schließlich entschlüpfte es ihm, daß in der Stadt Kiew ein Gerber wohne – der sei sogar ihm an Kräften überlegen. Die Zarentochter hörte es und schrieb ihrem Vater: »Macht in der Stadt Kiew den Gerber Nikita ausfindig und schickt ihn her, er wird mich erlösen.«

Als der Zar diese Nachricht bekam, ließ er nach dem Gerber Nikita suchen, ging selbst zu ihm und bat ihn, sein Land von dem grimmigen Drachen zu befreien und seine Tochter zu erlösen. Nikita gerbte gerade Leder und hielt zwölf Häute in den Händen; als er sah, daß der Zar in höchsteigener Person zu ihm kam, fing er vor Angst an zu schlottern, und seine Hände zitterten so sehr, daß alle zwölf Häute in Stücke rissen. Aber wie lange auch der Zar und die Zarin den Gerber anflehten – er traute sich nicht, mit dem Drachen zu kämpfen. Da verfielen sie darauf, fünftausend kleine Kinder zusammenzurufen und sie Nikita den Gerber bitten zu lassen; vielleicht könnten ihre Tränen ihn erweichen.

Die Kleinen kamen zu Nikita und flehten ihn unter Tränen an, gegen den Drachen zu kämpfen. Und Nikita dem Gerber kamen auch die Tränen, als er sie weinen sah. Er nahm dreihundert Pud Werg, tränkte sie mit Pech und wickelte sich von Kopf bis Fuß darin ein, damit der Drache ihn nicht fressen könnte. Dann machte er sich auf den Weg.

Nikita kam zu der Drachenhöhle. Der Drache aber hatte sich eingeschlossen und kam nicht heraus. »Komm lieber heraus, sonst breche ich deine Höhle auf!« sagte der Gerber und wollte die Tür einrennen. Als der Drache das unausweichliche Unglück nahen sah, kam er aus der Höhle ins Freie. Ob sie lange kämpften oder kurz – schließlich gelang es Nikita dem Gerber, den Drachen zu überwinden. Da flehte der Drache Nikita an: »Laß mich leben, Gerber Nikita! Es gibt niemanden auf der Welt, der stärker ist als wir. Wir wollen die Erde, die Welt in zwei Teile teilen. Du wirst in der einen Hälfte wohnen, ich in der anderen.« – »Einverstanden«, sagte der Gerber. »Wir wollen eine Furche ziehen.« Nikita machte einen Hakenpflug, der war dreihundert Pud schwer, spannte den Drachen davor und fing bei Kiew an, die Furche zu ziehen; er zog die Furche von Kiew bis zum Kawstrischen Meer. »So«, sagte der Drache, »nun haben wir die ganze Erde geteilt.« – »Wir haben die Erde geteilt«, sagte Nikita, »jetzt müssen wir das Meer teilen, sonst wirst du sagen, ich nehme dir das Wasser weg.« Der Drache zog den Pflug bis in die Mitte des Meeres, dort tötete ihn Nikita der Gerber und ertränkte ihn. Diese Furche ist auch jetzt noch zu sehen, sie ist ungefähr zwei Saschenj tief. Auf beiden Seiten der Furche wird gepflügt, aber sie selbst wird nicht angetastet; Menschen, die nicht wissen, woher sie rührt, nennen sie den »Wall«. Nachdem Nikita der Gerber seine heilige Aufgabe erfüllt hatte, verzichtete er auf jeden Lohn, kehrte in seine Werkstatt zurück und gerbte Leder.

Der Drache und der Zigeuner

Früher einmal gab es irgendwo ein kleines Dorf. In dieses Dorf kam immer wieder ein Drache geflogen und fraß nach und nach alle Menschen auf. Ein einziger Bauer blieb übrig.

Da kam ein Zigeuner daher; es war bereits spät am Abend. Wo er auch anklopfte – keine Menschenseele! Schließlich kam er an das letzte Haus; dort saß der übriggebliebene Bauer und grämte sich. »Grüß dich, guter Mann!« – »Was suchst du hier, Zigeuner? Ist dir dein Leben nicht lieb?« – »Wieso?« – »Ein Drache kommt doch hierher geflogen, der hat schon alle Menschen aufgefressen; und mich hat er für morgen aufgehoben. Wenn er in der Frühe kommt, wird er mich verschlingen, und du wirst auch dran glauben müssen. Er frißt uns beide auf einen Biß!« – »Ach, vielleicht werden wir ihm doch im Hals steckenbleiben! Laß mich bei dir übernachten und morgen sehen, was für ein Drache das ist, der zu euch geflogen kommt.« Darauf legten sie sich nieder und schliefen ein.

Am Morgen erhob sich auf einmal ein heftiger Sturm. Das Haus bebte – der Drache kam geflogen: »Aha!« sagte er. »Hier gibt es ja Zuwachs! Ich habe mir einen Bauern übriggelassen und finde nun zwei. Das gibt ein reichliches Frühstück!« – »Willst du uns wirklich verschlingen?« fragte der Zigeuner. »Freilich!« – »Das glaubst du doch selbst nicht, du Teufelsfratze! Es wird dir nicht bekommen.« – »Bist du vielleicht stärker als ich?« – »Und ob! Ich denke, du weißt selbst, daß ich stärker bin als du.« – »Nun, dann laß sehen, wer von uns der Stärkere ist!« – »Laß uns die Kräfte messen!« Der Drache holte einen Mühlstein: »Sieh her, Zigeuner! Ich werde diesen Stein mit einer Hand zerdrücken.« – »Gut, tu's nur, ich schau dir zu!« Der Drache drückte den Stein zusammen, so stark, daß er sich in feinen Sand verwandelte: die Funken stoben nach allen Seiten! »Was ist daran wunderbar«, sagte der Zigeuner. »Drück einmal einen Stein so zusammen, daß das Wasser herausquillt! Siehst du, wie ich das mache?« Auf dem Tisch lag ein Beutel mit Quark; der Zigeuner nahm ihn und drückte ihn zusammen – die Molke tropfte auf den Boden. »Nun, hast du gesehen? Wer von uns ist also der Stärkere?« – »Es stimmt, deine Hand ist stärker als meine. Jetzt wollen wir versuchen, wer von uns am lautesten pfeifen kann.« – »Gut, laß uns pfeifen!« Der Drache pfiff, und das Laub fiel von den Bäumen. »Du kannst ganz gut pfeifen, aber noch lange nicht so gut wie ich«, sagte der Zigeuner. »Aber binde dir ja vorher ein Tuch vor deine Glotzaugen, sonst quellen sie dir aus dem Kopf!« Der Drache glaubte ihm und band sich ein Tuch vor die Augen: »Jetzt pfeife!« Der Zigeuner nahm einen Knüppel und ließ ihn auf den Kopf des Drachen niedersausen, und der Drache brüllte aus vollem Halse: »Genug, genug! Du brauchst nicht länger zu pfeifen, schon beim ersten Mal sind mir die Augen beinahe aus dem Kopf gequollen.« – »Wie du willst, ich für mein Teil bin gern bereit, noch einmal zu pfeifen.« – »Nein, es ist nicht mehr nötig, wir wollen Frieden schließen und Brüder werden: Du sollst der Ältere sein und ich der Jüngere.« – »Meinetwegen.«

»Nun, Bruder«, sagte der Drache, »dort in der Steppe weidet eine Herde Ochsen; such den fettesten heraus, pack ihn am Schwanz und schlepp ihn hierher. Wir wollen ihn mittags essen.« Was konnte der Zigeuner tun? Er ging in die Steppe; dort fand er eine große Herde Ochsen und begann, sie einzufangen und die Schwänze zusammenzuknoten. Der Drache wartete und wartete, schließlich hielt er es nicht länger aus und kam gelaufen: »Wo bleibst du so lange?« – »Warte: Ich will an die fünfzig Stück zusammenbinden und auf einmal nach Hause bringen, damit wir für einen ganzen Monat Fleisch genug haben!« – »Was du dir nicht alles ausdenkst! Wir werden doch nicht unser Leben lang hierbleiben! Ein Ochse genügt.« Bei diesen Worten packte der Drache den fettesten Ochsen am Schwanz, zog ihm die Haut ab, lud sich das Fleisch auf den Buckel und schleppte es nach Hause. »Und was soll ich mit den anderen machen, Bruder? Nun habe ich alle zusammengebunden, ich kann sie doch nicht wieder laufen lassen?« – »Doch, laß sie laufen!«

Sie kamen in das Haus, füllten zwei Kessel mit dem Ochsenfleisch, aber sie hatten kein Wasser. »Hier hast du die

Ochsenhaut«, sagte der Drache zu dem Zigeuner. »Geh, füll sie mit Wasser und bring sie wieder her, dann wollen wir unser Essen kochen.« Der Zigeuner nahm die Haut und schleifte sie zum Brunnen – er konnte sie nur mit Mühe heben – wie sollte es werden, wenn sie erst voll Wasser wäre? Endlich kam er zum Brunnen und begann, um den Brunnen herum zu graben. Der Drache wartete und wartete, schließlich wurde er ungeduldig und kam gelaufen: »Was tust du da, Bruder?« – »Ich will den Brunnen ausgraben und im Haus wieder eingraben, damit wir bequemer Wasser holen können.« – »Was du dir immer ausdenkst! Du hast dir viel vorgenommen! Es dauert lange, bis man einen Brunnen ausgegraben hat.« Der Drache schöpfte aus dem Brunnen die ganze Ochsenhaut voll Wasser und trug sie nach Hause. »Und du, Bruder«, sagte er zu dem Zigeuner, »geh einstweilen in den Wald, suche dort eine trockene Eiche und bring sie nach Hause. Es ist Zeit, den Ofen zu heizen!« Der Zigeuner ging in den Wald, schälte Bast und drehte daraus Seile; schließlich hatte er ein langes, langes Seil, dieses Seil schlang er um mehrere Eichen. Der Drache wartete und wartete, schließlich wurde er ungeduldig und kam gelaufen: »Wo bleibst du so lange?« – »Ich will die zwei Dutzend Eichen mit den Wurzeln ausreißen und uns für lange Zeit mit Brennholz versorgen!« – »Was du dir immer ausdenkst! Alles machst du auf deine Weise!« sagte der Drache, wurzelte die dickste Eiche aus und schleppte sie zum Haus.

Der Zigeuner tat so, als sei er beleidigt, setzte sich schmollend in die Ecke und schwieg. Der Drache hatte das Rindfleisch gekocht und rief ihn zu Tisch. Aber er antwortete verdrossen: »Ich mag nicht!« Da fraß der Drache allein den ganzen Ochsen auf, trank die Ochsenhaut voll Wasser leer und begann, den Zigeuner auszufragen: »Sag mir doch, Bruder, warum ärgerst du dich?« – »Ich ärgere mich, weil dir alles, was ich tue, nicht paßt.« – »Schon gut, ärgere dich nicht, wir wollen uns vertragen.« – »Wenn du dich mit mir

273

wieder vertragen willst, dann mußt du mich besuchen.« –
»Wie du wünschst; ich bin bereit, Bruder!« Der Drache rollte
einen Wagen vors Haus, spannte eine Troika der besten
Pferde vor, und sie fuhren los. Bald sahen sie das Zigeuner-
lager vor sich liegen; die Kinder sahen ihren Vater und liefen
ihm entgegen. Sie waren splitternackt und schrien aus vollem
Halse: »Vater ist wieder da! Hat uns einen Drachen mitgebracht!« Der Drache erschrak und fragte den Zigeuner: »Wer
ist das?« – »Das sind meine Kinder! Ich glaube, sie haben
jetzt Hunger. Gib acht, daß sie jetzt nicht über dich herfallen!« Der Drache sprang aus dem Wagen und floh; der
Zigeuner verkaufte die Troika und den Wagen und konnte
ohne Sorgen leben.

Der Knecht

Es lebte einmal ein Bauer; er hatte drei Söhne. Der Älteste
ging aus dem Haus und wollte sich als Knecht verdingen; er
ging in die Stadt und wurde Knecht bei einem Kaufmann.
Aber der Kaufmann war sehr geizig und hartherzig. Er
kannte nur eins: »Wenn der Hahn kräht, muß der Knecht
raus.« Der Bursche hatte es schwer, er blieb eine Woche bei
dem Kaufmann, kehrte aber dann nach Hause zurück. Darauf zog der mittlere Sohn in die Stadt und lebte eine Woche
bei dem Kaufmann. Dann hielt auch dieser es nicht länger aus
und ließ sich seinen Lohn auszahlen. »Väterchen«, sagte der
Jüngste, »laß mich bei dem Kaufmann Knecht sein.« – »Wie
soll denn das gehen, du Dummkopf? Bleib nur auf dem Ofen
hocken! Bessere als du haben es dort nicht ausgehalten und
sind mit leeren Händen zurückgekehrt.« – »Sag, was du
willst, ich will hingehen!« sagte er und begab sich zu dem
Kaufmann. »Guten Tag, Kaufmann.« – »Guten Tag, Bursche. Kommst du mit etwas Gutem?« – »Ich will dein Knecht

sein.« – »Gut; aber bei mir heißt es: ›Wenn der Hahn kräht, muß der Knecht raus an die Arbeit bis zum Abend!‹« – »So ist das eben: Verdingt ist so gut wie verkauft!« – »Wieviel Lohn willst du haben?« – »Was kann man von dir schon haben? Von mir bekommst du für ein Jahr Arbeit einen Knips und deine Frau einen Zwick. Mehr will ich nicht.« – »Einverstanden!« antwortete der Kaufmann und dachte im stillen: »Was für ein Glück! Da habe ich wirklich einen billigen Knecht bekommen!«

Abends fing der Knecht den Hahn ein, band ihm den Kopf unter den Flügel und legte sich schlafen. Mitternacht war längst vorbei, der Morgen brach an, der Knecht sollte aufstehen, aber der Hahn krähte nicht. Als die Sonne aufging, wachte der Knecht auf. »Nun, Herr, jetzt will ich mein Morgenessen, ich muß an die Arbeit gehen.« Er aß zu Morgen und arbeitete den ganzen Tag bis zum Abend; in der Dämmerung fing er abermals den Hahn ein, band ihm den Kopf unter den Flügel, legte sich schlafen und schlief bis zum nächsten Morgen. In der dritten Nacht geschah dasselbe. Da wunderte sich der Kaufmann, was mit seinem Hahn wäre: Er krähte nicht mehr! »Ich will ins Dorf gehen«, dachte der Kaufmann, »und mir einen anderen Hahn suchen.« Der Kaufmann ging, um sich einen neuen Hahn zu suchen und nahm seinen Knecht mit.

Sie gingen ihres Weges, da kamen ihnen vier Bauern entgegen. Die führten einen Stier – der Stier war groß und böse! Mit äußerster Mühe konnten sie ihn an den Stricken halten! »Wohin, Brüder?« fragte der Knecht. »Wir bringen den Stier zum Schlachten.« – »Ach, ihr! Zu viert müßt ihr einen Ochsen führen? Einer wäre doch mehr als genug!« Er trat auf den Stier zu, gab ihm einen Knips, der Stier fiel tot zur Erde. Darauf zwickte er an seiner Haut – und die ganze Haut ging auf einmal ab. Der Kaufman sah, von welcher Art der Knips und der Zwick seines Knechtes waren und wurde sehr nachdenklich; er vergaß den neuen Hahn, kehrte auf halbem

Wege um und hielt mit der Kaufmannsfrau Rat, wie sie dem drohenden Unheil entgehen könnten. »Ich weiß«, sagte die Kaufmannsfrau, »wir schicken den Knecht spät abends in den Wald. Wir sagen, daß eine Kuh aus unserer Herde fehlt. Dann werden ihn die wilden Tiere fressen!« – »Gut!« Sie warteten bis zum Abend und aßen ihr Abendbrot; dann trat die Kaufmannsfrau in den Hof hinaus, blieb eine Weile vor der Tür stehen, kam ins Haus zurück und sagte zu dem Knecht: »Wieso sind nicht alle Kühe im Stall? Eine fehlt, die ohne Hörner!« – »Ich glaube, sie sind alle da...« – »Das glaubst du! Lauf sofort in den Wald und suche, bis du sie findest.«

Der Knecht zog sich an, nahm einen Knüppel in die Hand und machte sich gemächlich auf den Weg in den dichten Wald; wie lange er auch im Wald umherstreifte – eine Kuh sah er nicht; er suchte und schaute – da lag ein Bär in seiner Höhle. Der Knecht aber dachte, das sei die Kuh. »Hier hast du dich also versteckt, verdammtes Biest, und ich mußte die ganze Nacht nach dir herumsuchen!« Und er prügelte mit seinem Knüppel auf den Bären los; das Tier wollte fliehen, aber der Knecht packte es am Nacken, schleppte es mit nach Hause und schrie: »Macht auf Tor und Tür! Hier kommt das Tier!« Er schloß den Bären zusammen mit den Kühen im Stall ein. Der Bär biß den Kühen sofort die Kehle durch und brach ihnen das Rückgrat; in dieser Nacht ließ er nicht eine einzige Kuh am Leben. Am nächsten Morgen sagte der Knecht zu dem Kaufmann und der Kaufmannsfrau: »Ich habe die Kuh gefunden.« – »Laß uns gehen, liebe Frau, und nachsehen, welche Kuh er im Walde gefunden hat.« Sie gingen zu dem Stall, schlossen die Tür auf und sahen: alle Kühe lagen mit durchgebissenem Hals da, und in der Ecke saß ein Bär. »Was hast du angestellt, du Dummkopf? Warum hast du den Bären in den Kuhstall gesperrt? Jetzt sind alle unsere Kühe tot!« – »Na, warte«, sagte der Knecht, »jetzt soll es dir auch nicht besser gehen!« Mit einem Satz war er im

Stall, gab dem Bären einen Knips – und der Bär fiel tot zur Erde! »Es steht schlecht um uns«, dachte der Kaufmann, »wilde Tiere können ihm nichts anhaben. Vielleicht wird nur der Teufel mit ihm fertig!« – »Fahr jetzt zu des Teufels Mühle«, sagte er zu dem Knecht, »und erweise mir einen wichtigen Dienst: treibe von den unreinen Geistern das Geld ein; sie haben es bei mir geborgt und wollen es nicht zurückzahlen.« – »Wie du wünschest«, antwortete der Knecht, »warum soll ich eine Mühe scheuen, die nicht der Rede wert ist?«

Er spannte ein Pferd vor einen Wagen und fuhr zu des Teufels Mühle; als er dort war, setzte er sich auf das Wehr und begann einen Strick zu drehen. Plötzlich sprang ein Teufel aus dem Wasser: »Knecht! Was tust du hier?« – »Das siehst du doch: Ich drehe einen Strick.« – »Wozu brauchst du einen Strick?« – »Ich will euch Teufel damit aus dem Wasser ziehen und in der Sonne trocknen; ihr seid mir zu naß!« – »Aber wieso? Wir haben dir doch nichts Böses getan, Knecht!« – »Und wieso wollt ihr meinem Herrn nicht eure Schulden zurückzahlen? Das Borgen ist euch wohl nicht so schwergefallen!« – »Wart ein Weilchen, ich will unsern Ältesten fragen«, sagte der Teufel und tauchte wieder unter. Der Knecht nahm sogleich einen Spaten, grub ein tiefes Loch, deckte es mit Reisig zu, und auf das Reisig legte er seine Kappe. In die Kappe hatte er vorher ein Loch geschnitten.

Der Teufel sprang wieder heraus und sagte zu dem Knecht: »Unser Ältester läßt fragen, wie du die Teufel herausziehen willst. Denn unsere Wasser sind tief.« – »Was macht das schon! Ich habe dafür einen Strick: Den kannst du so lange messen, wie du willst, an ein Ende kommst du nicht.« – »Zeig mal deinen Strick!« Der Knecht flocht die beiden Enden seines Strickes zusammen und reichte ihn dem Teufel; der maß und maß und kam an kein Ende. »Wieviel müssen wir denn zurückzahlen?« – »Ihr müßt diese Mütze mit Silber füllen, dann ist die Schuld beglichen.« Der Teufel tauchte

277

unter und berichtete dem Ältesten; es tat dem Alten sehr leid, sich von seinem Geld zu trennen, aber was konnte er tun, er mußte seinen Geldsack öffnen. Der Knecht schaufelte das Silber in den Wagen und brachte den vollen Wagen zu dem Kaufmann. »Das ist ein Unglück! Selbst der Teufel kommt gegen den nicht an!«

Der Kaufmann und die Kaufmannsfrau beschlossen, heimlich zu fliehen; die Kaufmannsfrau buk Piroggen und Brot auf Vorrat, packte sie in zwei Säcke und begab sich zur Ruhe, um nachts bei Kräften zu sein und dem Knecht davonzulaufen. Aber der Knecht schüttete Piroggen und Brote aus den Säcken. In den einen tat er einen Mühlstein, in den anderen kroch er selbst; er saß mäuschenstill, rührte sich nicht und hielt den Atem an! Nachts weckte der Kaufmann die Kaufmannsfrau, sie schulterten die Säcke und schlichen aus dem Haus. Der Knecht in dem Sack aber rief: »He, Herr und Herrin! Wartet! Nehmt mich mit!« – »Er hat es gemerkt! Er ist uns auf den Fersen!« sagten der Kaufmann und die Kaufmannsfrau und liefen immer schneller. Schließlich wurden sie müde. Als sie an einen See kamen, blieb der Kaufmann stehen und ließ seinen Sack auf den Boden fallen: »Laß uns wenigstens Atem schöpfen!« sagte er. Darauf der Knecht: »Nicht so heftig, Herr! Du brichst mir alle Rippen!« – »Ha, Knecht, du bist hier?« – »Ja, hier!«

Nun gut, sie beschlossen, die Nacht am Ufer zu verbringen und legten sich nebeneinander schlafen. »Gib acht, Frau«, sagte der Kaufmann zu seiner Frau, »sobald der Knecht schläft, werfen wir ihn ins Wasser.« Der Knecht schlief nicht ein, er wälzte sich, er drehte sich von einer Seite auf die andere. Der Kaufmann und die Kaufmannsfrau warteten und schliefen ein; sogleich nahm der Knecht seinen Schafspelz und seine Mütze ab und zog sie der Kaufmannsfrau an. Er selbst warf sich ihren Pelz über und weckte seinen Herrn: »Wach auf! Wir wollen den Knecht in den See werfen!« Der Kaufmann wachte auf; zu zweit packten sie die schlafende

278

Kaufmannsfrau und warfen sie ins Wasser. »Was hast du getan, Herr?« rief der Knecht. »Warum hast du deine Frau ins Wasser geworfen?« Was konnte der Kaufmann tun? Er mußte mit seinem Knecht nach Hause zurückkehren; der Knecht arbeitete für ihn ein ganzes Jahr und gab ihm am Ende einen Knips – da war es um den Kaufmann geschehen! Der Knecht nahm sein Hab und Gut an sich, lebte herrlich und in Freuden, das Gute nahm zu und das Böse immer mehr ab.

Schabarscha

Soll ich euch mit einem Märchen erfreuen? Mit einem herrlichen Märchen: Es kommen darin Wunder über Wunder vor, und außerdem der Knecht Schabarscha, der Schelm aller Schelme! Schabarscha diente als Knecht, aber es war ein schlechtes Jahr: Es gab weder Getreide zu ernten, noch Gemüse. Und da begann sein Herr zu grübeln, er grübelte und grübelte: Was könnte er gegen die schlimme Not tun? Was für den Lebensunterhalt auftreiben? Wie zu Geld kommen? »Ach, gräme dich nicht, Herr«, sagte Schabarscha zu ihm: »Hat man den Tag – so finden sich auch Brot und Geld!« Und Schabarscha ging auf das Mühlenwehr. »Vielleicht«, dachte er, »kann ich ein paar Fische angeln, ich werde sie verkaufen und Geld bekommen. He, mir fehlt ja zur Angel die Schnur ... Aber ich werde mir eine drehen.« Er bat den Müller um ein Büschel Werg, setzte sich auf das Ufer und drehte sich eine Schnur.

Er drehte und drehte, auf einmal sprang aus dem Wasser ein Knabe in einem schwarzen Wämschen und einem roten Mützchen ans Ufer: »Onkelchen, was tust du hier?« fragte er. »Ich drehe einen Strick.« – »Was machst du damit?« – »Ich möchte damit den Teich sauber machen und euch Teufel aus dem Wasser ziehen.« – »Ach nein! Warte doch, ich will es dem

Großvater erzählen.« Das Teufelchen tauchte in die Tiefe, und Schabarscha machte sich wieder an die Arbeit. »Wartet nur«, dachte er, »ich werde mit euch Gottlosen ein Spielchen spielen, und ihr werdet mir Gold und Silber bringen!« Und Schabarscha grub ein Loch und stellte darüber seine Mütze auf, den Boden hatte er vorher herausgeschnitten. »Schabarscha, hörst du, Schabarscha! Der Großvater sagt, ich muß mit dir handelseinig werden. Was willst du haben, wenn du uns weiter im Wasser leben läßt?« – »Ihr müßt mir dieses Mützchen mit Gold und Silber füllen.« Der kleine Teufel tauchte ins Wasser; dann kehrte er zurück: »Der Großvater sagt, ich muß zuerst mit dir kämpfen.« – »Wie willst du mit mir kämpfen, du bist ja noch nicht trocken hinter den Ohren! Du kannst ja nicht einmal meinem jüngeren Bruder Mischka standhalten!« – »Und wo ist dein Mischka?« – »Dort hinten, unter der Böschung schläft er im Gebüsch.« – »Wie soll ich ihn denn fordern?« – »Geh einfach hin und brat ihm eins über, dann wird er schon von selbst aufstehn.« Der kleine Teufel lief unter die Böschung, fand dort einen Bären und schlug ihn mit dem Knüppel. Der Bär erhob sich auf die Hinterbeine und faßte das Teufelchen so hart an, daß ihm alle Knochen krachten. Nur mit äußerster Mühe konnte es sich aus den Tatzen des Bären befreien. Dann lief er zu dem Wasserteufel: »Ach, Großvater«, erzählte er erschrocken, »Schabarscha hat einen jüngeren Bruder Mischka, der kämpfte mit mir, bis meine Knochen krachten! Was wäre, wenn Schabarscha selbst mit mir gekämpft hätte?« – »Hm! Geh und lauf mit Schabarscha um die Wette: Wer von euch ist der schnellere?«

Und wieder tauchte der Knabe mit dem roten Mützchen vor Schabarscha aus dem Wasser; er meldete, was sein Großvater gesagt hatte, und Schabarscha erwiderte darauf: »Wie willst du mit mir um die Wette laufen? Schon mein jüngster Bruder Langohr würde dich weit hinter sich lassen!« – »Wo ist denn dein Bruder Langohr?« – »Siehst du? Er liegt dort hinten im Gras und ruht sich aus. Du brauchst nur hinzugehen und ihn am Öhrchen zu zupfen – sogleich wird er mit dir um die Wette laufen!« Der kleine Teufel lief zu dem Häschen und zupfte es am Öhrchen: Das Häschen fuhr hoch und war auf und davon, der kleine Teufel hinterdrein! »Halt, halt, Langohr, laß dich einholen ... Nun ist er weg!« – »Ach, Großvater«, erzählte er dem Wasserteufel, »ich lief, so schnell ich konnte. Aber umsonst! Ich konnte ihn nicht einholen, dabei war es nicht einmal Schabarscha selbst, sondern nur sein jüngster Bruder!« – »Hm!« brummte der Alte und runzelte die Brauen, »geh zu Schabarscha, du sollst mit ihm um die Wette pfeifen: Wer von euch pfeift lauter?«

»Schabarscha, hörst du, Schabarscha? Der Großvater befiehlt, wir sollen um die Wette pfeifen: Wer von uns pfeift lauter?« – »Dann pfeif du zuerst!« Der kleine Teufel pfiff, er pfiff so laut, daß Schabarscha sich kaum auf den Beinen halten konnte und das Laub von den Bäumen fiel. »Du pfeifst ganz ordentlich«, sagte Schabarscha, »aber doch nicht so gut wie ich! Wenn ich pfeife, dann fällst du um und deine Ohren platzen ... Am besten legst du dich mit dem Gesicht auf die Erde und hältst dir die Ohren zu.« Der kleine Teufel legte sich mit dem Gesicht auf die Erde und hielt sich die Ohren zu. Schabarscha nahm einen Knüppel, holte aus und ließ ihn auf den Nacken des kleinen Teufels niedersausen. Dabei pfiff er vor sich hin. »O weh, Großvater, Großvater! Schabarscha kann wirklich laut pfeifen – da tanzten mir die Funken vor den Augen, ich konnte mich kaum von der Erde erheben und dachte, er würde mir mit seinem Pfeifen Genick und Kreuz brechen!« – »Oho! Dann bist du nicht sehr kräftig, Teufelchen! Geh und hole aus dem Schilf meine eherne Keule, ihr sollt mit ihr um die Wette werfen: Wer von euch wirft höher?«

Der kleine Teufel nahm die eherne Keule, schulterte sie und ging zu Schabarscha: »Der Großvater befiehlt uns, eine letzte Probe zu machen: wer von uns wirft diese Keule höher?« – »Wirf du zuerst, ich schaue zu.« Der kleine Teufel warf die eherne Keule in die Luft – sie flog hoch, bis nur noch ein

schwarzer Punkt zu sehen war. Sie mußten lange warten, bis
sie wieder auf die Erde fiel ... Schabarscha nahm die eherne
Keule in die Hand – sie war sehr schwer. Er stellte sie mit dem
einen Ende auf seine Fußspitze, stützte die Hand darauf und
blickte aufmerksam zum Himmel hinauf. »Warum wirfst du
nicht, worauf wartest du?« fragte der kleine Teufel. »Ich
warte, bis jene Wolke dort über uns steht – dann werde ich die
Keule hinaufwerfen; dort sitzt mein Bruder, der Schmied, der
wird das Eisen gut gebrauchen können.« – »Ach nein,
Schabarscha, du darfst die Keule nicht in die Wolke werfen,
sonst ärgert sich der Großvater!« Der kleine Teufel riß ihm die
Keule aus der Hand und tauchte zu dem Großvater hinunter.

Als der Großvater von seinem Enkel hörte, daß Schabarscha um ein Haar seine Keule in eine Wolke geworfen hätte,
erschrak er über alle Maßen und befahl dem Enkel, das Geld
von dem Grund an das Ufer zu schaffen und sich freizukaufen.
Der kleine Teufel schleppte und schleppte, er schleppte lange
und schleppte schwer, aber die Mütze wollte nicht voll
werden! »Ach, Großvater, was hat Schabarscha für ein
Mützchen! Ich habe unser ganzes Geld hineingetan, aber es
ist immer noch leer! Jetzt ist uns nur deine letzte Schatztruhe
geblieben!« – »Schaff auch sie nach oben! Schnell! Dreht er
immer noch den Strick?« – »Immer noch, Großvater!« –
»Also!« Was sollte er tun? Der kleine Teufel öffnete die
Schatztruhe des Großvaters und wollte daraus Schabarschas
Mützchen füllen, er schöpfte und schöpfte ... und konnte es
nur mit dem letzten Rest aus der Truhe füllen. Seit der Zeit
lebte der Knecht in Saus und Braus; auch ich wurde eingeladen, Met und Bier mitzutrinken, aber ich bin nicht hingegan-
gen: Der Met soll bitter, das Bier trübe sein – woher das wohl
kommt?

Iwanko Medwedko

In einem Dorf lebte einmal ein reicher Bauer mit seiner Frau. Eines Tages ging die Frau in den Wald, Erdschieber suchen, verirrte sich und kam zu der Höhle eines Bären. Der Bär nahm sie bei sich auf, und nach einer Weile gebar sie ihm einen Sohn: bis zum Gürtel ein Mann, vom Gürtel abwärts ein Bär; die Mutter nannte ihn Iwanko Medwedko. Jahr um Jahr verging. Iwanko Medwedko wurde erwachsen und wünschte sich, mit seiner Mutter in das Dorf zu den Menschen zurückzukehren; als der Bär eines Tages in einem Bienengarten räuberte, suchten sie ihre Sachen zusammen und flohen. Sie wanderten, wanderten und schließlich kamen sie in ihr Dorf. Der Bauer sah seine Frau und freute sich sehr – er hatte nicht mehr gehofft, daß sie nach Hause zurückkehren würde; dann aber sah er ihren Sohn und fragte: »Was ist denn das für ein Ungeheuer?« Die Frau erzählte ihm alles, was und wie es sich zugetragen hatte, wie sie in der Höhle mit dem Bären gelebt und von ihm den Sohn empfangen hatte: bis zum Gürtel ein Mann, vom Gürtel abwärts ein Bär. »Nun, Iwanko Medwedko«, sagte der Bauer, »geh mal auf den hinteren Hof und schlachte ein Schaf. Es soll euch zu Ehren ein Festessen geben.« – »Und welches Schaf soll ich schlachten?« – »Meinetwegen kannst du jedes schlachten, das dich ansieht.« Iwanko Medwedko nahm ein Messer, begab sich auf den hinteren Hof und rief die Schafe herbei: Sofort starrten alle Schafe ihn an. Medwedko schlachtete sie alle, häutete sie ab, ging in das Haus zurück und fragte: »Wohin mit dem Fleisch und den Häuten?« – »Was?« brüllte der Bauer. »Ich habe doch gesagt, ein Schaf sollst du schlachten, und du hast alle geschlachtet!« – »Nein, Vater, du hast gesagt, ich soll das Schaf schlachten, das mich ansieht; und als ich auf den hinteren Hof kam, starrten sie alle mich an, eines wie das andere; sie hätten es ja nicht tun brauchen!« – »Du bist ein

Schlaukopf! Geh jezt und schaff das Fleisch und die Häute in die Scheune. Halte vor dem Tor Wache und gib nachts auf das Scheunentor acht, damit die Diebe nicht die Häute stehlen und die Hunde nicht das Fleisch fressen.« – »Gut, ich will nachts auf das Scheunentor achtgeben.«

Es traf sich, daß in dieser Nacht ein Gewitter aufzog, es regnete Schnüre. Iwanko Medwedko hing das Scheunentor aus, trug es in das Badehaus und legte sich dort schlafen. Die Nacht war dunkel, den Dieben war es recht: die Scheune sperrweit offen, keine Wache davor – nimm, was du willst! Der Bauer wachte in der Frühe auf, ging hin und schaute nach: ist auch alles in Ordnung? Aber die Scheune war leer: Was die Diebe nicht genommen hatten, das hatten die Hunde gefressen. Er suchte den Wächter, fand ihn schlafend in dem Badehaus und schalt noch ärger als vorher. »Aber Vater! Was kann ich dafür?« fragte Iwan Medwedko. »Du hast mir doch selbst befohlen, auf das Tor achtzugeben, und ich habe auf das Tor achtgegeben. Hier ist es! Kein Dieb hat es mitgenommen, kein Hund hat es gefressen.« – »Was soll ich mit diesem Dummkopf machen?« überlegte der Bauer. »Wenn er einen Monat oder zwei hier lebt, bringt er mich an den Bettelstab! Wie könnte ich ihn loswerden?« Und da beschloß er, Iwan Medwedko am nächsten Tag zu dem See zu schicken, damit er dort einen Strick aus Sand drehe; in diesem See wohnten viele unreine Geister. Die Teufel sollten ihn in die Tiefe hinabziehen.

Iwanko Medwedko begab sich an den See, ließ sich am Ufer nieder und machte sich daran, aus Sand einen Strick zu drehen. Da sprang ein kleiner Teufel aus dem Wasser: »Was machst du, Medwedko?« – »Was ich mache? Ich drehe einen Strick. Ich will den See zum Wallen bringen und euch Teufel zum Winseln. Weil ihr in unserem Wasser wohnt und uns keine Pacht zahlt.« – »Halt ein, Medwedko! Ich will es ganz schnell meinem Großvater erzählen.« Der kleine Teufel sagte es und plumpste ins Wasser zurück. Es dauerte keine fünf

Minuten, und er war wieder oben. »Der Großvater hat gesagt, wenn du mich beim Laufen überholst, will er Pacht zahlen. Aber wenn du mich nicht überholst, dann muß ich dich ins Wasser hinunterziehen.« – »Das hat er sich aber schnell überlegt! – Aber wie willst du mich überholen?« sagte Iwanko Medwedko. »Ich habe auch einen Enkel, der ist erst gestern zur Welt gekommen, sogar der ist schneller zu Fuß als du. Möchtest du vielleicht mit ihm um die Wette laufen?« – »Was ist das für ein Enkel?« – »Dort liegt er unter dem Baumstamm«, antwortete Medwedko und brüllte: »He, Häschen, halt dich dran!« Der Hase erschrak und rannte so schnell er konnte über das Feld. Einen Augenblick später war er nicht mehr zu sehen; der kleine Teufel lief ihm nach, blieb aber eine halbe Werst hinter ihm zurück und gab sich geschlagen.

»Wenn du willst, können wir es jetzt miteinander versuchen; aber unter einer Bedingung: Wenn du hinter mir zurückbleibst, darf ich dich totschlagen!« – »Ach nein!« sagte der kleine Teufel und plumpste ins Wasser.

Nach einer Weile sprang er wieder aus dem Wasser ans Ufer und hatte den Krückstock seines Großvaters in der Hand. Der Krückstock war aus Eisen: »Großvater hat gesagt, wenn du seinen Krückstock höher werfen kannst als ich, dann will er die Pacht zahlen.« – »Gut, wirf du zuerst!« Der kleine Teufel warf den Krückstock in die Luft, so hoch, daß er nur noch ein Punkt war. Mit schrecklichem Pfeifen sauste der Krückstock herunter und bohrte sich bis zur Hälfte in die Erde ein. »Jetzt bist du an der Reihe!« Medwedko faßte den Krückstock und konnte ihn nicht um ein Haarbreit bewegen. »Laß uns warten«, sagte er, »bis ein Wölkchen über uns hinzieht, ich will den Krückstock in die Wolke werfen.« – »Tu es nicht, was soll mein Großvater ohne seinen Krückstock machen?« sagte der kleine Teufel, riß des Teufels Krückstock aus der Erde und verschwand damit im Wasser.

Es dauerte nicht lange, und er tauchte wieder auf. »Großvater hat gesagt, wenn du dieses Pferd auch nur einmal mehr als ich rund um den See tragen kannst, dann will er die Pacht zahlen; wenn du es nicht kannst, dann mußt du ins Wasser.« – »Das ist keine Kunst. Fang an!« Der kleine Teufel lud sich das Pferd auf den Rücken und trug es um den See. Er machte die Runde an die zehn Mal und wurde davon ganz müde – der Schweiß floß nur so über seine Schnauze! »So, jetzt bin ich an der Reihe«, sagte Iwanko Medwedko, saß auf und ritt um den See herum. Er ritt so lange, bis das Pferd unter ihm zusammenbrach! »Nun Bruder! Wie war das?« fragte er den kleinen Teufel. »Ja«, sagte der unreine Geist, »du hast das Pferd länger um den See getragen als ich, und noch dazu zwischen den Beinen! So hätte ich es kein einziges Mal geschafft. Wieviel Pacht müssen wir zahlen?« – »Das will ich dir sagen: Du mußt meine Mütze mit Gold füllen und mir ein Jahr lang als Knecht dienen – damit ist alles abgegolten!«

Der kleine Teufel lief, um das Gold zu holen, und Iwanko Medwedko schnitt ein Loch in den Boden seiner Mütze und stellte sie über einem tiefen Loch auf. Der kleine Teufel schleppte und schleppte, schaufelte und schaufelte, er mußte den ganzen Tag arbeiten, und erst gegen Abend war die Mütze mit Gold gefüllt. Iwan Medwedko holte einen Wagen, lud ihn mit den Goldstücken voll, spannte den kleinen Teufel ein und ließ sich nach Hause fahren. »Freue dich, Vater! Hier ist dein Knecht und hier das Gold.«

Ein Soldat erlöst eine Zarentochter

Ein Soldat mußte an einer fernen Grenze dienen; er diente die festgesetzte Zeit ab, wurde entlassen und machte sich auf den Weg in die Heimat. Er durchwanderte viele Länder, viele Reiche. Schließlich kam er in eine Hauptstadt und fand Unterkunft bei einem armen alten Weiblein. Er begann es auszufragen: »Wie steht es bei euch, Großmütterchen? Ist alles in eurem Reich wohlauf?« – »Oh weh, mein Freund, unser Zar hat eine Tochter, die schöne Marfa Zarewna. Ein Prinz aus einem fremden Land warb um sie. Die Zarentochter wollte ihn nicht heiraten, da hat er sie verhext. Nun sind es bald drei Jahre, daß sie leidet! Die unreinen Geister lassen ihr nachts keine Ruhe, sie liegt in Krämpfen und schreit wie von Sinnen. Was hat der Zar nicht alles versucht: Er hat Zauberer und Quacksalber kommen lassen, aber niemand konnte sie erlösen!«

Der Soldat hörte zu und dachte im stillen: »Ich will hingehen und mein Glück versuchen. Vielleicht kann ich die Zarentochter erlösen! Dann wird der Zar mich belohnen und mir etwas für die Reise schenken.« Er rollte seinen Mantel auseinander, polierte die Knöpfe mit Kreide, zog ihn an und marschierte zu dem Palast. Als die Dienerschaft ihn sah und hörte, weshalb er kam, führte sie ihn vor das Angesicht des Zaren. »Guten Tag, Kamerad! Was bringst du Gutes?« sagte der Zar. »Zu Diensten, Majestät! Mir ist zu Ohren gekommen, daß Dero Tochter Marfa sich nicht wohlauf befindet, ich kann sie kurieren.« – »Gut, Brüderchen! Wenn du sie kurierst, werde ich dich von Kopf bis Fuß vergolden.« – »Aber Eure Majestät möge geruhen, zu befehlen, alles herbeizuschaffen, was ich benötige.« – »Was benötigst du denn?« – »Ein Maß voll Eisenkugeln, ein Maß voll Walnüsse, ein Pfund Kerzen und zwei Spiele Karten. Außerdem müssen eine eiserne Rute geschmiedet werden, eine eiserne Kratze mit fünf Zinken und ein eiserner Mann mit Federn.« – »Gut, morgen soll alles fertig sein.«

Alles wurde nach seinem Wunsch hergestellt; der Soldat schloß alle Fenster und Türen des Palastes und versiegelte sie mit dem Zeichen des rechtgläubigen Kreuzes, nur eine einzige Tür ließ er offen, und vor dieser Tür bezog er Posten; er zündete Kerzen an, legte die Karten auf den Tisch und füllte seine Taschen mit eisernen Kugeln und Nüssen. Er richtete alles her und wartete. Genau um Mitternacht kam der unreine Geist geflogen: er versuchte hier und dort hereinzukommen – überall war ihm der Weg verschlossen! Er kreiste und kreiste um den Palast, bis er schließlich die offene Tür entdeckte – da verwandelte er sich in einen Menschen und wollte den Palast betreten. »Wer da?« rief der Soldat. »Laß mich ein, Kamerad! Ich bin ein Hoflakei.« – »Wo hast du dich denn so lange herumgetrieben, du Chaldäerfratze?« – »Ich war dort, wo ich jetzt nicht bin: Willst du mir nicht auch eine Nuß anbieten?« – »Ihr seid zu viele! Wenn ich jedem Chaldäer eine Nuß geben wollte, bliebe für mich keine übrig.« – »Ich bitte dich, gib mir eine!« – »Gut! Hier hast du eine.« Und der Soldat gab ihm eine Eisenkugel.

Der Teufel nahm die Kugel in den Mund, biß zu, biß nochmals zu, die Kugel wurde flach wie eine Linse, aber er konnte sie nicht zerbeißen. Während der Teufel sich mit der Eisenkugel plagte, hatte der Soldat gut zwanzig Nüsse geknackt und aufgegessen. »Du hast aber gute Zähne, Kamerad«, sagte der Teufel. »Und du bist ein Schwächling«, sagte der Soldat. »Ich habe fünfundzwanzig Jahre dem Zaren gedient! Meine Zähne sind an dem getrockneten Schwarzbrot stumpf geworden. Du hättest sehen sollen, wie ich in jungen Jahren war!« – »Wir wollen Karten spielen, Kamerad!« – »Um was wollen wir spielen?« – »Um Geld – versteht sich!« – »Ach, du Chaldäerfratze, wie soll denn ein Soldat an Geld kommen? Sein ganzer Sold sind drei Kupfermünzen am Tag, davon soll er Seife und Wichse, Kreide und Kleister kaufen, und davon auch das Bad bezahlen! Wenn du willst, können wir um Knipse spielen!« – »Einverstanden.« Nun spielten sie um Knipse. Der Teufel gewann und durfte dem Soldaten drei Knipse geben: »Halt die Stirn hin!« sagte er. »Ich habe gewonnen.« – »Warte, bis du es auf zehn gebracht hast, wegen der drei lohnt es sich gar nicht anzufangen!« – »Auch recht!« Sie spielten weiter. Auf einmal hatte der Soldat lauter Trümpfe in der Hand und gewann zehn Knipse gegen den Unreinen. Nun sagte er zu dem Teufel: »Halt die Stirn hin.

Ich werde dich lehren, wie man mit unsereinem um Knipse spielt! Und dich nach Soldatenart traktieren! In Zukunft wirst du Freund und Feind davor warnen!...«

Der Teufel bekam es mit der Angst zu tun und flehte den Soldaten an, er möge ihn nicht zu hart schlagen. »So geht das also! Wenn man sich mit euch Chaldäern einläßt, ist man hernach der Dumme; sobald es ans Abrechnen geht, wollt ihr immer kneifen. Aber es ist mir nicht möglich, dich auch nur im geringsten zu schonen: ich bin Soldat und habe einen Eid geleistet, immer ehrlich und nach dem Gewissen zu handeln.« – »Aber Kamerad, ich könnte dir statt dessen Geld geben!« – »Was soll ich mit deinem Geld? Ich habe um Knipse gespielt, und du mußt mir mit Knipsen zahlen. Da fällt mir etwas ein: Ich habe einen jüngeren Bruder, der hat eine leichtere Hand als ich, wir können zu ihm gehen; wenn du nicht willst, dann knipse ich liebend gerne selber!« – »Nein, nein, Kamerad, ich gehe lieber zu deinem jüngeren Bruder.«

Der Soldat brachte den Unreinen vor den eisernen Mann, drückte auf eine Feder und knipste dem Teufel gegen die Stirn. Der Teufel flog an die gegenüberliegende Wand; der Soldat aber packte ihn am Arm: »Halt, ich habe noch neun Knipse gut!« Er drückte abermals auf die Feder – der Teufel flog durch das Zimmer und durchschlug beinahe die gegenüberliegende Wand! Nach dem dritten Knips flog der Unreine gegen das Fenster, brach den Rahmen heraus, stürzte hinunter und war fort. »Denk dran, verfluchter Gauner, daß du mir noch sieben Knipse schuldest!« schrie ihm der Soldat nach. Der Teufel aber rannte so schnell, daß seine Fersen gegen den Hintern trommelten.

Am nächsten Morgen fragte der Zar seine Tochter: »Wie hast du die Nacht verbracht?« – »Ruhig, Väterchen Zar!«

In der nächsten Nacht schickte der Satan einen anderen Teufel in den Palast des Zaren; sie suchten die Zarentochter der Reihe nach heim, um sie zu ängstigen und zu quälen. Auch dieser bekam von dem Soldaten dieselben Nüsse zu knacken. In dreizehn Nächten hat der Soldat dreizehn unreine Geister kennengelernt und ihnen allen arg zugesetzt! Keiner von ihnen war bereit, ein zweites Mal hinzugehen. »So, liebe Enkel«, sagte Großvater Satan, »jetzt werde ich selber hingehen.« Der Satan kam in den Palast und begann, sich mit dem Soldaten zu unterhalten; sie sprachen über allerlei, dann spielten sie Karten; der Soldat gewann und führte ihn zu seinem jüngeren Bruder, der ihn knipsen sollte. Der Satan stand vor ihm, der Soldat drückte auf die Feder, der jüngere Bruder umfaßte den Satan mit seinen eisernen Armen und hielt ihn fest, so daß der Böse weder vor noch zurück konnte. Der Soldat nahm die eiserne Rute und schlug auf den Satan ein. Dazu sprach er: »Dies ist für das Kartenspiel, dies ist für die Zarentochter Marfa!« Schließlich zerbrach die eiserne Rute. Da bearbeitete der Soldat den Satan mit der eisernen Kratze: der Satan brüllte aus vollem Halse, aber der Soldat kümmerte sich nicht darum und ließ sich nicht stören. Als es dem Satan gelang, sich loszureißen, stürzte er davon, ohne sich umzusehen! Er kehrte in seinen Sumpf zurück und ächzte: »Ach, liebe Enkel, der Soldat hat mich beinahe zu Tode geprügelt!« – »Jetzt weißt du es, Großvater! Mit dem ist nicht gut Kirschen essen! Nun sind es schon zwei Wochen her, seit ich in dem Palast gewesen bin, und mein Kopf dröhnt mir immer noch! Wir haben ja noch Glück gehabt, daß es sein jüngerer Bruder war und nicht er selber!«

Nun zerbrachen sich die Teufel den Kopf, wie sie den Soldaten aus dem Palast vertreiben könnten. Sie überlegten und überlegten und überlegten und beschlossen, sich mit Gold freizukaufen. Alle zusammen kamen sie zu dem Soldaten; er sah sie, erschrak und rief mit lauter Stimme: »He, Bruder, komm her, schnell, unsere Schuldner sind da. Du mußt ihnen die restlichen Knipse geben.« – »Nicht so rasch, Kamerad, nicht so rasch! Wir kommen, um mit dir etwas Wichtiges zu besprechen. Du bekommst von uns soviel Gold, wie du willst, aber du darfst nicht in dem Palast bleiben.« –

»Nein! Ich mache mir nichts aus Gold. Wenn ihr mir einen Gefallen tun wollt, dann setzt euch alle in meinen Tornister; ich habe einmal gehört, daß die unreinen Geister über die Maßen geschickt sind und in der kleinsten Ritze Platz finden. Wenn ihr das tut, werde ich das Schloß verlassen, darauf gebe ich mein Wort.« Die Teufel freuten sich: »Los, Kamerad, mach deinen Tornister auf!« Der Soldat machte den Tornister auf. Sie krochen alle hinein und der Satan legte sich zuoberst. »Rückt näher zusammen«, sagte der Soldat, »damit ich alle Schnallen schließen kann.« – »Mach sie nur zu und kümmere dich nicht um uns!« – »Es ist euer Glück, wenn ich die Schnallen zukriege! Sonst würde ich um keinen Preis aus dem Palast verschwinden!«

Nun zog der Soldat alle Schnallen an seinem Tornister zu, schlug ein Kreuz drüber, nahm ihn auf den Rücken und ging zu den Zaren. »Kaiserliche Majestät! Befehlen Sie, dreißig eiserne Hämmer zu schmieden, jeder Hammer drei Pud schwer.« Der Zar befahl es; sofort wurden dreißig Hämmer geschmiedet. Der Soldat brachte seinen Ranzen in die Schmiede, legte ihn auf den Amboß und befahl, mit aller Wucht darauf einzuhämmern. Die Teufel hatten viel auszustehen, aber sie konnten sich nicht aus dem Tornister befreien! Der Soldat hat sie aufs üppigste bewirtet! »Nun ist es genug!« Abermals nahm er den Tornister auf den Rücken, begab sich zum Zaren und meldete: »Mein Dienst ist getan; die unreinen Geister werden die Zarentochter nicht mehr belästigen.«

Der Zar bedankte sich bei ihm: »Brav, Kamerad! Jetzt kannst du von Schenke zu Schenke, von Wirtschaft zu Wirtschaft ziehen und alles verlangen, wonach es dich gelüstet; es soll an nichts fehlen!« Der Zar ließ zwei Schreiber kommen, die sollten ihn überallhin begleiten und alles begleichen, was der Soldat verzehrte.

Einen ganzen Monat lebte er herrlich und in Freuden, aber dann ging er zu dem Zaren. »Nun, Kamerad, hast du genug vom guten Leben?« – »Ich habe genug davon, Majestät! Ich will nach Hause.« – »Aber wo denkst du hin! Bleib bei uns; ich mache dich zum ersten Mann im Staat.« – »Nein, Majestät, ich will meine Verwandten wiedersehen.« – »Dann geh mit Gott!« sagte der Zar und schenkte ihm einen Wagen, Pferde und so viel Geld, daß er es sein Lebtag nicht aufbrauchen konnte.

Nun fuhr der Soldat in dem Wagen in seine Heimat zurück. Eines Nachts übernachtete er in einem Dorf und traf dort einen anderen Soldaten – sie hatten im selben Regiment gedient. »Guten Tag, Bruder!« – »Guten Tag!« – »Wie geht es dir?« – »Alles beim alten.« – »Und mir hat Gott der Herr ein Glück beschert: ich bin plötzlich zu Geld gekommen! Das wollen wir feiern: Lauf, Bruder, und hole ein Eimerchen Wodka.« – »Ich täte es gerne, aber du siehst doch – das Vieh ist noch nicht versorgt; mach dir die Mühe und gehe selber. Bis zur Schenke sind es ja nur ein paar Schritte!« – »Gut – nimm meinen Tornister, bring ihn ins Haus und schärfe den Weibern ein, daß sie ihn ja nicht anrühren!« Unser Soldat begab sich in die Schenke, sein Landsmann aber trug den Tornister ins Haus und sagte zu den Frauen: »Rührt ihn ja nicht an!« Er versorgte das Vieh, die Frauen aber konnten es nicht lassen: »Laßt uns sehen, was er alles im Tornister hat!« Sie machten die Schnallen auf, eine nach der anderen – da sprangen die Teufel mit Knall und Lärm heraus, rissen die Türen auf und rannten davon! Der Soldat mit seinem Eimerchen kam ihnen entgegen. »Ihr Verfluchten! Wer hat euch freigelassen?« Die Teufel erschraken und sprangen in den Mühlteich – wo sie bis auf den heutigen Tag leben. Der Soldat trat ins Haus, schimpfte mit den Frauen und zechte mit seinem alten Kameraden; darauf fuhr er in seine Heimat und lebte dort in Glück und Wohlstand.

Der fahnenflüchtige Soldat
und der Teufel

Ein Soldat hatte lange um Urlaub gebeten. Endlich war es soweit. Er packte seine Sachen und marschierte los. Er marschierte, marschierte, kein Brunnen weit und breit, auch sonst kein Wasser, um das getrocknete Schwarzbrot einzuweichen und sich zu stärken. Sein Bauch knurrte vor Hunger. Was sollte er tun? Er mußte weitermarschieren; da hörte er ein Bächlein rieseln. Er fand es alsbald, holte aus seinem Tornister drei Stücke getrockneten Schwarzbrots und weichte sie ein. Der Soldat hatte auch eine Geige; wenn er nichts zu tun hatte, spielte er auf der Geige allerlei Lieder und vertrieb sich so die Langeweile. Nun setzte der Soldat sich an den Bach, nahm seine Geige und spielte. Auf einmal näherte sich ihm der Unreine in Gestalt eines Starzen mit einem Buch in der Hand. »Guten Tag, Kamerad!« – »Guten Tag, guter Alter!« Dem Teufel wollte es nicht schmecken, daß der Soldat ihn einen guten Alten nannte. »Höre, Freund, laß uns tauschen: Du bekommst mein Buch und ich bekomme deine Geige.« – »He-he, Alter, was soll ich mit deinem Buch anfangen? Ich habe zwar zehn Jahre bei unserem Zaren gedient, aber auf Lesen und Schreiben habe ich mich nie verstanden. Früher habe ich es nicht gelernt, und jetzt ist es fürs Lernen zu spät!« – »Das tut nichts, Kamerad! Mein Buch ist von besonderer Art – jeder kann es lesen, der einen Blick hinein tut!« – »Laß es mich versuchen – gib her!«

Der Soldat schlug das Buch auf und las, als hätte er das Lesen als Kind gelernt. Es machte ihm Spaß, und er war sofort zum Tausche bereit. Der Unreine nahm die Geige, fuhr mit dem Bogen über die Saiten, aber es klang abscheulich – seinem Spiel fehlte die Melodie. »Höre, Bruder«, sagte er zu dem Soldaten. »Sei für drei, vier Tage mein Gast und lehre mich das Geigenspiel. Ich werde es dir danken.« – »Nein,

Alter«, sagte der Soldat, »ich will nach Hause, in drei Tagen lege ich ein großes Stück Wegs zurück.« – »Ich bitte dich, Kamerad, wenn du bei mir bleibst und mich das Geigenspiel lehrst, werde ich dich an einem Tag nach Hause bringen – in der Postkutsche.« Der Soldat überlegte: Sollte er bleiben oder nicht? Unterdessen holte er das Brot aus dem Bach heraus und wollte es essen. »O je«, sagte der Unreine, »deine Verpflegung ist nicht gut; koste einmal meine!« Er band einen Sack auf und holte Weißbrot, Rinderbraten, Wodka und allerlei Zukost hervor: von jedem mehr als genug!

Der Soldat aß, trank und willigte schließlich ein, bei dem Unbekannten zu bleiben und ihn das Geigenspiel zu lehren. Drei Tage lang war er bei ihm zu Gast, aber dann zog es ihn nach Hause; der Teufel trat mit ihm vor das Haus, vor der Treppe stand eine kräftige Troika. »Steig ein, Kamerad! Wir sind gleich da.« Der Soldat stieg mit dem Teufel in den Wagen; die Pferde stürmten los, die Werststangen flogen vorbei. Im Nu waren sie an Ort und Stelle. »Kennst du dieses Dorf?« fragte der Unreine. »Wie sollte ich es nicht kennen?« antwortete der Soldat. »In diesem Dorf bin ich geboren worden und aufgewachsen.« – »Also, leb wohl!« Der Soldat sprang vom Wagen, ging zu seinen Verwandten, begrüßte sie und erzählte, wann und für wie lange er Urlaub bekommen habe. Er glaubte, er sei bei dem Unreinen nur drei Tage gewesen, in Wirklichkeit aber waren es drei Jahre; sein Urlaub war längst zu Ende, und im Regiment hielt man ihn wohl für fahnenflüchtig. Der Soldat bekam es mit der Angst zu tun und wußte nicht aus noch ein. Der Sinn stand ihm nicht nach Feiern! Er ging in das freie Feld hinaus und dachte: »Wo soll ich hin? Wenn ich in das Regiment zurückkehre, muß ich Spießruten laufen, bis ich tot bin. Der Unreine hat mir übel mitgespielt.« Kaum hatte er das gesagt, als der Unreine vor ihm stand. »Laß den Kopf nicht hängen, Kamerad! Bleib bei mir – um euer Leben im Regiment seid ihr nicht zu beneiden, dort gibt es nichts als getrocknetes Schwarzbrot und Stock-

hiebe alle Tage. Ich aber kann dich glücklich machen...
Wenn du willst, mache ich dich zu einem Kaufmann.« – »Das
wäre gut; die Kaufleute haben ein schönes Leben. Ich will
auch mein Glück versuchen!« Der Unreine machte ihn zu
einem Kaufmann. Er gab ihm in der Hauptstadt einen großen
Laden mit vielen teuren Waren und sagte: »Jetzt leb wohl,
Kamerad! Ich werde dich verlassen und mich hinter die
dreimal neun Länder in das dreimal zehnte Reich begeben.
Der König dort hat eine schöne Tochter Marja, die will ich auf
jede erdenkliche Weise quälen!«

Unser Kaufmann lebte ohne alle Sorgen, das Glück kam
von selbst in sein Haus; beim Handeln hatte er so viel Erfolg,
wie man es sich kaum wünschen könnte! Da fingen die
anderen Kaufleute an, ihn zu beneiden. »Wir wollen ihn
fragen«, sprachen sie untereinander, »was für ein Mensch er
ist und woher er kommt. Ist er überhaupt ein Kaufmann? Er
hat uns alle Kunden abspenstig gemacht. Platzen soll er!« Sie
kamen zu ihm, nahmen ihn ins Gebet, er aber sagte: »Brüder!
Ich habe gerade jetzt viel zu tun und keine Zeit, mich zu
unterhalten; kommt morgen wieder – dann sollt ihr alles
erfahren!« Die Kaufleute gingen wieder nach Hause, und der
Soldat überlegte, was er nun tun solle. Wie konnte er ihnen
Rede und Antwort stehen? Er überlegte und überlegte und
beschloß, alles stehen und liegen zu lassen und in der Nacht
aus der Stadt zu fliehen. Er steckte seine ganze Barschaft zu
sich und machte sich auf den Weg in das dreimal zehnte Land.

Er wanderte, wanderte und kam schließlich an einen
Schlagbaum. »Wer ist der Mensch?« fragte der Wachtposten.
Er antwortete: »Ich bin ein Arzt. Ich komme in euer Land,
weil die Tochter eures Königs krank ist; ich will sie gesund
machen.« Die Wachen meldeten dies den Hofleuten, die
Hofleute meldeten es dem König. Der König ließ den Soldaten zu sich kommen: »Wenn du meine Tochter gesund
machst, gebe ich sie dir zur Frau.« – »Majestät, befehlen Sie,
mir drei Kartenspiele zu geben, drei Flaschen süßen Wein

und drei Flaschen Spiritus, drei Pfund Nüsse, drei Pfund Bleikugeln und drei Bündel Kerzen aus reinem Wachs.« – »Gut, du sollst alles haben.« Der Soldat wartete bis zum Abend, kaufte sich eine Geige und begab sich in die Gemächer der Königstochter. Dort zündete er die Kerzen an, zechte und spielte Geige.

Um Mitternacht kam der Unreine, hörte die Musik und stürzte zu dem Soldaten in das Zimmer. »Guten Tag, Bruder!« – »Guten Tag!« – »Was trinkst du da?« – »Ich tue mich an dem Kwas gütlich!« – »Gib auch mir davon!« – »Bitte schön!« Und der Soldat reichte ihm ein volles Glas Spiritus. Der Teufel leerte ein Glas – und verdrehte die Augen: »Ist das ein scharfes Zeug! Hast du nicht etwas zum Beißen?« – »Hier, nimm dir von den Nüssen!« sagte der Soldat und schob dem Teufel die Bleikugeln hin. Der Teufel biß und biß, aber er brach sich nur die Zähne aus. Dann begannen sie Karten zu spielen; so kam eins nach dem andern, plötzlich krähten die Hähne und der Unreine verschwand. Der König fragte die Königstochter: »Wie hast du heute nacht geschlafen?« – »Gott sei Dank – ruhig!« Die zweite Nacht verging auf dieselbe Weise. Am dritten Abend bat der Soldat den König: »Majestät, befehlen Sie, eine Zange von fünfzig Pud, drei Ruten aus Kupfer, drei Ruten aus Eisen und drei Ruten aus Blei zu schmieden.« – »Gut, alles soll nach deinem Wunsch geschehen.«

Um Mitternacht erschien der Unreine: »Guten Tag, Kamerad! Ich bin wieder da und will mir mit dir die Zeit vertreiben.« – »Guten Tag! Wem ist ein lustiger Geselle nicht willkommen?« Sie tranken und hatten ihren Spaß. Der Unreine erblickte die Zange und fragte: »Was ist denn das?« – »Ach so, du hast noch nichts davon gehört: der König hat mich nämlich in seinen Dienst genommen, ich soll seine Musiker das Geigenspiel lehren. Aber sie haben alle so krumme Finger – nicht viel besser als die deinen –, die muß ich mit der Zange gerade biegen.« – »Ach, Brüderchen, könntest du nicht auch mir die Finger gerade biegen?« bat der Unreine den Soldaten. »Ich habe bis auf den heutigen Tag das Geigenspiel nicht gelernt.« – »Warum nicht? Leg deine Finger hierher.« Der Teufel legte beide Hände in die Zange; der Soldat drückte die Zange zusammen, holte die Ruten und begann den Teufel zu traktieren; er prügelte ihn und sprach: »So zahlt dir die Kaufmannszunft heim!« Der Teufel bat, der Teufel flehte: »Laß mich los, ich bitte dich! Ich werde künftig einen Umweg von dreißig Werst um den Palast machen.« Aber der Soldat prügelte ihn ungerührt weiter. Der Teufel hüpfte und hüpfte, zappelte und zappelte, schließlich konnte er sich losreißen. Dann sagte er zu dem Soldaten: »Du wirst zwar die Königstochter heiraten, aber du wirst mir nicht entkommen! Sobald du dich weiter als dreißig Werst von der Stadt entfernst, werde ich dich holen!« Er sprach es und verschwand.

Der Soldat heiratete die Königstochter und sie lebten in Liebe und Eintracht; einige Jahre später starb der König und der Soldat regierte das ganze Reich. Eines Tages ging der neue König mit seiner Gemahlin in den Garten hinaus und lustwandelte dort. »Ach, was für ein schöner Garten!« sagte er. »Aber das ist doch kein schöner Garten. Wir haben vor der Stadt einen anderen, vielleicht dreißig Werst von hier entfernt. Dort gibt es wirklich vieles, was man bestaunen kann.« Der König befahl, sofort einzuspannen und ließ sich mit der Königin in den Garten fahren. Aber als er dort aus dem Wagen stieg, trat ihm der Unreine entgegen: »Was willst du hier? Hast du vergessen, was ich dir gesagt habe? Nun bist du selber schuld; jetzt wirst du meinen Krallen nicht mehr entkommen.« – »So ist es mir wohl von meinem Schicksal beschieden. Erlaube mir wenigstens, von meiner jungen Frau Abschied zu nehmen.« – »Nimm von ihr Abschied, aber beeil dich!...«

Die beiden Iwane, die Soldatensöhne

In einem Lande, in einem Reich lebte einmal ein Bauer. Dann schlug sein Stündlein und er mußte dienen; er ließ seine Frau schwanger zurück. Als er von ihr Abschied nahm, sagte er: »Sieh zu, Frau, lebe ordentlich, werde den guten Menschen nicht zum Gespött, gib auf das Haus acht, besorge unsere Wirtschaft und warte auf mich. Wenn Gott gnädig ist, werden sie mich eines Tages entlassen, und ich werde zu dir zurückkehren. Hier hast du fünfzig Rubel; ob du eine Tochter oder einen Sohn zur Welt bringst, verwahre dieses Geld für sie, bis sie volljährig sind: Wenn du die Tochter verheiratest, wird es eine Mitgift geben, und wenn Gott uns einen Sohn schenkt, so könnte ihm dieses Geld einmal gut zustatten kommen.« Er nahm Abschied von seiner Frau und marschierte mit seinem Regiment, wohin es befohlen wurde. Keine drei Monate später kam seine Frau mit Zwillingen nieder, zwei Jungen, und sie ließ beide auf den Namen Iwan taufen. Sie wurden im Dorf die Soldatensöhne genannt.

Die Knaben wuchsen schnell heran; sie gingen auf wie ein mit Milch und Eidottern angesetzter Hefeteig. Als sie zehn Jahre alt waren, schickte die Mutter sie in die Schule; sie konnten bald lesen und schreiben und überflügelten weit die Bojaren- und Kaufmannskinder. Niemand konnte besser lesen, besser schreiben oder eine bessere Antwort geben. Die Bojaren- und Kaufmannskinder waren neidisch, und es kam so weit, daß sie die Zwillinge jeden Tag schlugen und kniffen. Da sagte der eine Bruder zu dem anderen: »Wie lange wollen wir es dulden, daß sie uns schlagen und kneifen? Unser Mütterchen kommt mit dem Flicken nicht nach und kann nicht oft genug Mützchen für uns kaufen. Was wir auch anziehen, unsere Kameraden reißen alles zu Fetzen. Nun wollen wir mit ihnen auf unsere Art abrechnen.« Und sie nahmen sich vor, füreinander einzustehen und einer dem

anderen die Treue zu halten. Am nächsten Tag wollten die
Bojaren- und Kaufmannskinder ihnen wieder zusetzen. Aber
sie – genug geduldet! – zahlten es ihnen zünftig heim: einem
fehlte hinterher ein Auge, dem anderen ein Arm, dem dritten
der Kopf! Zum Schluß lagen alle da wie tot. Sogleich kamen
die Wachen gelaufen, drehten ihnen, den tapferen Burschen,
die Arme auf den Rücken und führten sie ins Gefängnis. Dann
wurde die Sache dem Zaren gemeldet. Er ließ die Knaben zu
sich kommen, fragte sie aus und befahl, sie wieder freizulassen: »Sie sind nicht schuld«, sagte der Zar, »Gott straft die
Anstifter!«

Die beiden Iwane, die Soldatensöhne, waren herangewachsen und fragten ihre Mutter: »Mütterchen, hat unser Vater
uns nicht etwas Geld zurückgelassen? Wenn du Geld hast, so
gib es uns. Wir wollen in die Stadt gehen und uns auf dem
Jahrmarkt jeder ein gutes Roß kaufen.« Die Mutter gab ihnen
die fünfzig Rubel – jedem Bruder fünfundzwanzig – und
ermahnte sie: »Hört zu, meine Kinderchen! Wenn ihr in die
Stadt geht, müßt ihr jeden grüßen, der euch begegnet.« –
»Wir wollen deinem Rat folgen, liebe Mutter.« Darauf gingen
die Brüder in die Stadt auf den Pferdemarkt. Sie sahen viele
Pferde, aber keines zum Kaufen, sie waren alle nicht nach
ihrer Art! Da sagte der eine Bruder zu dem anderen: »Laß uns
auf die andere Seite des Platzes gehen. Siehst du, wie sich dort
das Volk drängt – alles ist schwarz von Menschen!« Sie
gingen hin, bahnten sich einen Weg durch die Menge und
sahen – an Eichenpfählen standen zwei Hengste, beide mit
Eisenketten angeschmiedet: der eine mit sechs, der andere mit
zwölf Ketten; die Pferde zerrten an den Ketten, bissen in den
Zaum, warfen die Erde mit den Hufen auf. Niemand traute
sich, auch nur in ihre Nähe zu kommen.

»Was willst du für deine Hengste haben?« fragte Iwan
Soldatensohn ihren Besitzer. »Die sind nicht für deine Nase
bestimmt! Sie sind zu verkaufen, aber nicht an dich. Du
brauchst nach dem Preis gar nicht zu fragen.« – »Man soll

nicht von etwas reden, was man nicht weiß; vielleicht werden wir sie kaufen; wir wollen nur ihre Zähne sehen.« Der Pferdehändler grinste: »Sieh dir die Zähne an, wenn es dir um deinen Kopf nicht schade ist!«

Sofort trat der eine Bruder an den Hengst heran, der mit sechs Ketten angeschmiedet war, und der andere an den mit zwölf Ketten. Sie wollten die Zähne sehen – von wegen! Die Hengste bäumten sich auf und schnaubten ... Da gaben die Brüder ihnen einen Stoß mit dem Knie gegen die Brust, die Ketten rissen, die Hengste flogen fünf Saschenj durch die Luft, fielen auf den Rücken und zappelten mit allen vier Beinen. »Mit denen hast du so geprahlt! Diese Schindmähren wollen wir nicht einmal geschenkt bekommen.« Das Volk staunte, das Volk wunderte sich: Was waren das für Recken, die da vor ihnen standen! Dem Pferdehändler wollten die Tränen kommen: Seine Hengste sprengten aus der Stadt heraus und trabten draußen im freien Feld umher; keiner wagte sich in ihre Nähe, keiner wußte, wie man sie einfangen sollte. Da erbarmten sich die beiden Soldatensöhne des Pferdehändlers, sie gingen ins Feld hinaus, riefen und pfiffen nach Reckenart – die Hengste sprengten herbei und standen vor ihnen wie festgewurzelt; da legten die wackeren Burschen sie wieder an die Eisenketten, führten sie zu den Eichenpfählen zurück und schmiedeten sie wieder an. Als sie damit fertig waren, machten sie sich auf den Heimweg.

Sie gingen ihres Weges, da kam ihnen ein alter Mann mit weißem Haar entgegen. Sie hatten vergessen, was ihre Mutter sie gelehrt hatte, und gingen vorüber, ohne ihn zu grüßen. Aber dann besann sich der eine von ihnen: »Ach, Brüderchen, was haben wir getan? Wir haben den alten Mann nicht gegrüßt; wir wollen umkehren und ihn grüßen.« Sie holten den alten Mann ein, zogen ihre Mützen, verbeugten sich tief vor ihm und sagten: »Vergib, Großväterchen, daß wir an dir vorübergingen, ohne dich zu grüßen. Unsere Mutter hat uns ermahnt: Wem wir auch unterwegs begegnen, den sollen wir durch unseren Gruß ehren.« – »Habt Dank, junge Helden! Wo seid ihr nach Gottes Rat gewesen?« – »Wir waren in der Stadt auf dem Jahrmarkt; wir wollten uns jeder ein gutes Roß kaufen, aber wir haben keines gefunden, das uns tragen könnte.« – »Wie wäre dem abzuhelfen? Soll ich euch vielleicht jedem ein Pferdchen schenken?« – »Ach, Großväterchen, wenn du jedem von uns ein Pferdchen schenkst, werden wir ewig für dich zu Gott beten.« – »Dann kommt mit mir!« Der Alte führte sie zu einem hohen Berg, öffnete eine eiserne Tür und führte zwei Heldenrosse heraus: »Hier habt ihr eure Pferde, junge Helden! Geht mit Gott, und möge ihr Besitz zu eurem Heil sein!« Sie dankten, saßen auf und sprengten nach Hause. Als sie in ihren Hof kamen, banden sie die Pferde an einen Pfahl und gingen ins Haus. Die Mutter fragte sie: »Wie ist es, Kinderchen? Habt ihr euch jeder ein Pferdchen gekauft?« – »Wir haben es nicht gekauft, wir haben es geschenkt bekommen.« – »Wo habt ihr sie gelassen?« – »Wir haben sie vor dem Haus angebunden.« – »Ach, Kinderchen, paßt auf, daß keiner sie mitnimmt!« – »Nein, Mütterchen, es sind besondere Pferde: Keiner wird sie uns nehmen, weil keiner sich in ihre Nähe traut.« Die Mutter trat aus dem Haus, betrachtete die Heldenrosse und weinte bitterlich: »Ach, meine lieben Söhne, ihr werdet wohl nicht meine Ernährer im Alter sein.« Am nächsten Tag baten die Söhne ihre Mutter: »Erlaube uns, in die Stadt zu gehen und für jeden ein Säbelchen zu kaufen.« – »Geht, meine Lieben!« Sie gingen in die Stadt und suchten einen Schmied. »Mach«, baten sie, »für jeden von uns einen Säbel.« – »Warum soll ich den Säbel erst machen? Ich hab genug Vorrat; ihr könnt davon haben, so viele ihr wollt!« – »Nein, Meister, wir brauchen Säbel, die dreihundert Pud wiegen.« – »Da habt ihr euch was Schönes ausgedacht! Wer will denn ein solches Gewicht auch nur heben? Und eine solche Esse ist ja auf der ganzen Welt nicht zu finden!« Was sollten sie tun? Sie mußten unverrichteter Dinge nach Hause ziehen und den Kopf hängen lassen. So gingen sie ihres Weges und begegneten abermals dem alten Mann. »Guten Tag, ihr jungen Burschen!« – »Guten Tag, Großvater!« – »Wo seid ihr gewesen?« – »In der Stadt, beim Schmied. Wir wollten uns jeder ein Säbelchen kaufen, aber solche, die zu unserem Arm passen, gibt es nicht.« – »Das ist ein Pech! Soll ich euch vielleicht ein Säbelchen schenken?« – »Ach, Großväterchen, wenn du uns die Säbel schenkst, werden wir für dich ewig zu Gott beten.« Der alte Mann führte sie zu einem hohen Berg, öffnete eine eiserne Tür und brachte zwei Heldensäbel heraus. Sie nahmen die Säbel, bedankten sich bei dem Alten, und es wurde ihnen freudig und glücklich ums Herz! Sie kehrten nach Hause zurück, und ihre Mutter fragte: »Wie war es, meine Kinderchen? Habt ihr euch ein Säbelchen gekauft?« – »Wir haben es nicht gekauft, wir haben es geschenkt bekommen.« – »Wo habt ihr denn eure Säbel gelassen?« – »Wir haben sie draußen an die Wand gelehnt.« – »Gebt acht, daß niemand sie mitnimmt.« – »Nein, Mütterchen, niemand wird sie uns nehmen, weil niemand sie wegbringen könnte, auch nicht mit einem Wagen.« Die Mutter trat in den Hof hinaus und sah – zwei Säbel, zwei schwere Heldensäbel lehnten an der Hauswand, und das ganze Haus brach beinahe zusammen! Da weinte die Mutter bitterlich und sagte: »Ach, meine lieben Söhne, ihr werdet wohl nicht meine Ernährer im Alter sein.«

Am nächsten Morgen sattelten die beiden Iwane, die Soldatensöhne, ihre starken Rosse, nahmen ihre Heldensäbel, traten in das Haus, beteten vor den Ikonen und nahmen Abschied von ihrer Mutter. »Segne uns, Mutter, für einen weiten Weg.« – »Mein unverbrüchlicher mütterlicher Segen sei mit euch, meine Söhne! Reitet mit Gott, zeigt, was ihr könnt, schaut euch die Menschen an! Tut keinem unverdientes Leid an, aber weicht nie vor bösen Feinden zurück.« – »Sei dessen versichert, Mütterchen! Wir haben einen Spruch: ›Wenn ich reite – pfeif ich nicht, wenn ich halte – spaß ich nicht!‹« Dann saßen sie auf und ritten davon.

Ob ihr Weg weit war oder nah, ob er lang war oder kurz –
ein Märchen ist bald erzählt, aber die Sache braucht ihre Zeit.
Schließlich kamen sie an eine Wegkreuzung. Und auf der
Wegkreuzung standen zwei Pfähle, auf dem einen Pfahl stand
geschrieben: »Wer rechts reitet, der wird ein Zar«; auf dem
anderen Pfahl stand geschreiben: »Wer links reitet, der reitet
in den Tod.« Die Brüder hielten, lasen die Aufschriften und
verharrten nachdenklich: Wer sollte welchen Weg einschlagen? Wenn sie beide rechts ritten, wäre es gegen die Ehre,
nicht zum Ruhme ihrer Kraft und ihres Heldenmuts; wenn
einer links ritte – wer ritte gerne in seinen Tod? Aber was
sollten sie tun? Da sagte der eine Bruder: »Reite zu, Brüderchen! Ich bin der Stärkere von uns beiden; ich will links reiten
und sehen, was mir meinen Tod bringen soll. Reite du getrost
rechts. Vielleicht ist Gott gnädig, und du wirst Zar.« Sie
nahmen Abschied voneinander, tauschten ihre Tüchlein und
gaben sich das Wort: Jeder reitet seinen Weg, richtet den Weg
entlang Pfähle auf und schreibt auf jeden eine Nachricht für
den andern; jeden Morgen wischt er sich das Gesicht mit dem
Tuch seines Bruders: und wenn das Tuch blutig ist, dann ist
der Bruder tot; und bei solchem Unheil sucht der Bruder den
Toten.

Die beiden nahmen Abschied voneinander und ritten nach
entgegengesetzten Seiten. Der Soldatensohn Iwan, der nach
rechts ritt, kam bald in ein prächtiges Reich. In diesem Reich
lebten ein Zar und eine Zarin, die hatten eine Tochter
Nastasja die Wunderschöne. Als der Zar den Soldatensohn
Iwan sah, schloß er ihn um seines Heldenmutes willen ins
Herz, vermählte ihn, ohne lange zu überlegen, mit seiner
Tochter, nannte ihn Iwan Zarewitsch und überließ ihm das
Regieren. Iwan Zarewitsch lebte in Frieden und in Freuden,
ergötzte sich an seiner jungen Frau, hielt Ordnung in seinem
Land und vertrieb sich die Zeit mit Jagen.

Eines Tages rüstete er sich zur Jagd, wollte sein Roß satteln
und entdeckte dabei in dem Sattel zwei eingenähte Fläsch-

chen – das eine gefüllt mit dem Wasser des Heilens, das andere mit dem Wasser des Lebens. Er besah sich diese Fläschchen und steckte sie wieder in den Sattel. »Ich will sie einstweilen aufheben«, dachte er, »wer weiß, ob ich sie nicht einmal brauchen werde.«

Sein Bruder aber, der Soldatensohn Iwan, der nach links geritten war, sprengte Tag und Nacht unermüdlich dahin, es verging ein Monat und ein zweiter und ein dritter, da kam er in ein unbekanntes Land – gleich in die Hauptstadt. Überall war große Trauer – die Häuser waren mit schwarzen Tüchern behängt, die Leute torkelten auf der Straße wie schlaftrunken.

Iwan fand eine ärmliche Bleibe bei einem alten Mütterchen und fragte sie: »Erzähl mir doch, Großmutter, warum das Volk in eurem Land so traurig ist? Und warum sind alle Häuser mit schwarzem Tuch behängt?« – »Ach, wackerer Jüngling! Ein großes Unheil ist über uns gekommen. Jeden Tag taucht aus dem blauen Meer, hinter dem grauen Stein, der Drache mit den zwölf Köpfen hervor und verschlingt jedesmal einen Menschen, und jetzt ist das Haus des Zaren an der Reihe... Er hat drei wunderschöne Töchter; vorhin wurde die älteste an das Meer gefahren, dem Drachen zum Fraß.«

Der Soldatensohn Iwan saß auf und sprengte an das blaue Meer, zu dem grauen Stein; am Ufer stand die wunderschöne Zarentochter – mit einer eisernen Kette angeschmiedet. Als sie den Recken erblickte, sagte sie: »Fliehe, tapferer Jüngling! Bald erscheint der Drache mit den zwölf Köpfen; ich bin verloren, aber auch dir ist dann der Tod gewiß. Der grimmige Drache wird auch dich verschlingen.« – »Fürchte dich nicht, schöne Jungfrau! Er wird sich daran gewiß verschlucken.« Der Soldatensohn Iwan trat auf sie zu, packte die Kette mit seiner Heldenhand und zerriß sie in kleine Stücke, als wäre sie ein morscher Bindfaden; dann streckte er sich auf der Erde aus und legte seinen Kopf in den Schoß der Jungfrau: »Lause mich ein wenig! Aber du sollst nicht nur mich lausen, sondern

304

auch auf das Meer hinausschauen: wenn eine Wolke heraufzieht, wenn sich der Wind erhebt, wenn das Meer unruhig
wird – dann mußt du mich sogleich wecken.« Die schöne
Jungfrau gehorchte ihm: sie hat nicht nur ihn gelaust, sondern
auch auf das Meer hinausgeschaut.

Auf einmal zog eine mächtige Wolke herauf, der Wind
rauschte und das Meer wurde unruhig – der Drache stieg aus
dem blauen Meer und kam das Ufer hinauf. Die Zarentochter
weckte den Soldatensohn Iwan; er erhob sich, saß auf, und
schon flog der Drache auf ihn zu: »Weshalb kommst du,
Iwanuschka? Das ist mein Platz! Nimm Abschied von der
lichten Welt und krieche geschwind in meinen Schlund – so
wird es für dich leichter sein!« – »Das wird nicht sein,
verfluchter Drache! Du wirst mich nicht verschlingen – du
wirst dich an mir verschlucken!« antwortete der Recke, zückte
seinen scharfen Säbel, holte aus, schlug zu und hieb dem
Drachen alle zwölf Köpfe mit einem Streich ab; er hob den
grauen Stein, legte die Köpfe unter den Stein, warf den Rumpf
ins Meer, kehrte nach Hause zu dem alten Weiblein zurück,
aß, trank, legte sich schlafen und schlief drei Tage und drei
Nächte.

Unterdessen ließ der Zar den Wasserknecht zu sich kommen. »Fahr an den Strand«, sagte er, »suche mir wenigstens
die Knöchelchen meiner Tochter zusammen!« Der Wasserknecht fuhr an das blaue Meer und fand die Zarentochter
lebend und unversehrt. Er ließ sie auf den Wagen steigen
und fuhr mit ihr in einen dichten undurchdringlichen Wald.
Als sie mitten in dem Wald waren, hielt er an und machte
sich daran, sein Messer zu wetzen. »Was willst du tun?«
fragte ihn die Zarentochter. »Ich will mein Messer wetzen, die Zarentochter metzen!« Die Zarentochter brach in
Tränen aus: »Laß mich leben! Ich habe dir nichts Böses
getan.« – »Sage deinem Vater, daß ich dich vor dem Drachen
errettet habe, dann will ich Gnade walten lassen!« Was sollte
sie tun? Sie mußte es ihm versprechen. Sie kamen in den

Palast; der Zar freute sich und machte den Wasserknecht zum Obristen.

Als der Soldatensohn Iwan erwachte, ließ er das alte Weiblein kommen, gab ihr Geld und bat: »Geh auf den Markt, Großmütterchen, kaufe für uns, was nötig ist, und höre, was die Leute reden: ob es nicht irgendwelche Neuigkeiten gibt.« Das Weiblein lief hurtig auf den Markt, kaufte allerlei ein, hörte, was die Leute redeten, kam nach Hause zurück und erzählte: »Alle reden das gleiche: Unser Zar hat ein Fest gefeiert, beim Mahl saßen viele Königssöhne und Gesandte, Bojaren und Ehrengäste beisammen. Da flog ein stählerner Pfeil durch das Fenster und fiel mitten im Saal zu Boden; an diesen Pfeil war ein Brief gebunden, von einem anderen Drachen mit zwölf Köpfen. Dieser Drache schreibt: ›Wenn du mir deine mittlere Tochter nicht schickst, werde ich dein ganzes Reich niederbrennen und die Asche in alle Winde zerstreuen.‹ Noch heute soll sie, die Ärmste, an das blaue Meer zu dem grauen Stein gebracht werden.« Iwan Soldatensohn sattelte sogleich sein Heldenroß, saß auf und sprengte davon. Als er an den Strand kam, sagte die Zarentochter: »Weshalb kommst du, tapferer Jüngling? Es ist mein Los, jetzt zu sterben, mein heißes Blut zu vergießen; aber warum willst auch du deinem Leben ein Ende setzen?« – »Sorge dich nicht, schöne Jungfrau! Gott wird gnädig sein.« Kaum hatte er diese Worte gesprochen, da kam schon der grimmige Drache geflogen, hauchte ihn mit seinem feurigen Odem an und drohte ihm mit dem sicheren Tod. Der Recke hieb mit seinem scharfen Säbel auf ihn ein und schlug ihm alle zwölf Köpfe ab. Die Köpfe legte er unter den Stein, den Rumpf warf er ins Meer, kehrte nach Hause zurück, aß, trank, legte sich schlafen und schlief abermals drei Tage und drei Nächte.

Wiederum kam der Wasserknecht gefahren, sah, daß die Zarentochter am Leben war, hieß sie auf seinen Wagen steigen, fuhr mit ihr in den dunklen Wald und machte sich daran, sein Messer zu wetzen. Die Zarentochter fragte ihn:

»Wozu wetzest du dein Messer?« – »Ich will mein Messer
wetzen, die Zarentochter metzen. Schwöre mir, daß du
deinem Vater alles so erzählen wirst, wie ich es will, dann laß
ich Gnade walten.« Die Zarentochter schwor ihm; er fuhr mit
ihr zu dem Palast, der Zar freute sich und machte den
Wasserknecht zum General.

Am vierten Tag wachte der Soldatensohn Iwan auf und
hieß das alte Weiblein auf den Markt gehen und sich nach
Neuigkeiten umhören. Das Mütterchen lief hurtig auf den
Markt, kehrte zurück und erzählte: »Nun ist der dritte Drache
da, er schickte dem Zaren einen Brief, und in dem Brief steht:
›Schick mir deine jüngste Tochter, damit ich sie fressen
kann.‹« Iwan Soldatensohn sattelte sein Heldenroß, saß auf
und sprengte davon. Als er an den Strand kam, sah er die
wunderschöne Zarentochter stehen, sie war mit einer eisernen
Kette an den Stein geschmiedet. Der Recke packte die Kette,
schüttelte sie und zerriß sie, als wäre sie ein morscher Bindfaden; dann streckte er sich auf der Erde aus und legte seinen
Kopf in den Schoß der schönen Jungfrau: »Lause mich! Aber
du sollst nicht nur mich lausen, sondern auch auf das Meer
hinausschauen: wenn eine Wolke heraufzieht, wenn sich der
Wind erhebt, wenn das Meer unruhig wird – dann mußt du
mich sogleich wecken.« Die Zarentochter lauste ihn...

Auf einmal zog eine mächtige Wolke herauf. Der Wind
rauschte, das Meer wurde unruhig. Der Drache stieg aus dem
blauen Meer und kam das Ufer herauf. Die Zarentochter
wollte den Soldatensohn wecken, sie stieß ihn und schüttelte
ihn – nein, er wachte nicht auf; da weinte sie, und eine heiße
Träne fiel ihm auf die Wange; davon wachte der Recke auf, lief
zu seinem Pferd, sein braves Pferd hatte inzwischen schon ein
Loch gescharrt, das war einen halben Arschin tief. Der
Drache mit den zwölf Köpfen kam geflogen, sein Odem war
Flamme und Feuer; als er den Recken sah, rief er aus: »Du bist
gut anzusehen, du bist hübsch anzusehen, tapferer Jüngling,
aber du wirst nicht am Leben bleiben! Ich werde dich mit

Haut und Haar verschlingen!« – »Das wird nicht sein, verfluchter Drache, du wirst dich an mir verschlucken!« Dann entbrannte ein Kampf zwischen ihnen auf Leben und Tod. Iwan Soldatensohn schwang seinen Säbel so schnell und mit solcher Kraft, daß er zu glühen begann und Iwan ihn nicht länger halten konnte. Da bat er die Zarentochter: »Rette mich, schöne Jungfrau! Nimm dein kostbares Tüchlein ab, tauche es in das blaue Meer und reiche es mir, damit ich es um den Griff meines Säbels wickeln kann.« Die Zarentochter tauchte sogleich ihr Tüchlein ins Waser und reichte es dem jungen Helden. Er schlang es um den Griff seines Säbels und hieb auf den Drachen ein; er schlug ihm alle zwölf Köpfe ab, die Köpfe legte er unter den Stein, den Leib warf er in das Meer, ritt nach Hause, aß, trank und legte sich für drei Tage und drei Nächte schlafen.

Der Zar schickte den Wasserknecht abermals an den Strand; der Wasserknecht kam, hieß die Zarentochter auf den Wagen steigen und fuhr mit ihr in den dichten Wald; er holte sein Messer heraus und begann es zu wetzen. »Was tust du?« fragte die Zarentochter. »Ich will mein Messer wetzen, die Zarentochter metzen! Sage dem Vater, daß ich den Drachen besiegt habe, dann werde ich Gnade walten lassen.« Er schüchterte die schöne Jungfrau ein, und sie schwor, alles so zu erzählen, wie er es wollte. Die jüngste Tochter aber war die Lieblingstochter des Zaren. Als er sie lebend und unversehrt vor sich stehen sah, freute er sich noch inniger als vorher und wollte dem Wasserknecht die höchste Gunst erweisen – ihm seine Jüngste zur Frau geben.

Bald sprach man davon im ganzen Land. Iwan Soldatensohn hörte, daß bei dem Zaren Hochzeit gefeiert werden sollte und begab sich in den Palast. Die Gäste tafelten und ergötzten sich an den verschiedensten Spielen. Die jüngste Zarentochter erblickte den Soldatensohn Iwan, erkannte ihr kostbares Tüchlein an seinem Säbelgriff, sprang auf, nahm ihn bei der Hand und sagte zu ihrem Vater: »Mein Herr und mein Vater!

Er ist es, der uns vor dem grimmigen Drachen, vor dem grausamen Tod errettet hat; der Wasserknecht aber tat nichts anderes, als sein Messer zu wetzen und zu sagen: ›Ich will das Messer wetzen, die Zarentochter metzen.‹« Der Zar geriet in furchtbaren Zorn. Er befahl, den Wasserknecht auf der Stelle zu hängen. Seine jüngste Tochter aber gab er Iwan Soldatensohn zur Frau. Und dann feierten sie ein großes Fest. Die Jungvermählten lebten glücklich und in Freuden, und das Gute mehrte sich.

Unterdessen war Iwan Zarewitsch, dem Bruder von Iwan Soldatensohn, folgendes zugestoßen: Eines Tages war er auf der Jagd und sah einen leichtfüßigen Hirsch. Iwan Zarewitsch schwang die Peitsche und flog auf seinem Roß hinter dem Hirsch her. Er ritt und ritt und kam schließlich auf eine weite Wiese. Der Hirsch war verschwunden. Iwan Zarewitsch blickte um sich und überlegte, wohin er reiten sollte. Da sah er, daß ein Bächlein sich durch die Wiese schlängelte, und in dem Bächlein zwei graue Enten schwammen. Er zielte, schoß und traf die beiden Enten; er zog sie aus dem Wasser, steckte sie in seine Jagdtasche und ritt weiter. Er ritt und ritt und kam zu einem prächtigen Haus aus weißem Stein. Er stieg ab, band sein Roß an einen Pfahl und ging hinein. Keine Menschenseele im Haus, aber in einem Zimmer brannte der Ofen. Eine Pfanne stand davor, der Tisch war gedeckt: ein Teller, eine Gabel und ein Messer. Iwan Zarewitsch holte die Enten aus der Tasche, rupfte sie, nahm sie aus, legte sie auf die Pfanne und schob die Pfanne mit den Enten in den Ofen; als die Enten gar waren, stellte er die Pfanne auf den Tisch, zerlegte die Enten und aß sie.

Auf einmal, wer weiß woher, stand eine schöne Jungfrau vor ihm – so schön, daß man es weder im Märchen erzählen noch mit der Feder beschreiben könnte. Die Jungfrau sagte zu ihm: »Gesegnet sei Brot und Salz, Iwan Zarewitsch!« – »Sei willkommen, schöne Jungfrau! Setz dich zu mir und iß mit!« – »Ich würde mich zu dir setzen, aber ich fürchte mich: Du hast ja ein Zauberpferd.« – »Nein, schöne Jungfrau, da hast du falsch geraten! Mein Zauberpferd ist zu Hause geblieben, ich bin auf einem gewöhnlichen Pferd her geritten.« Als die schöne Jungfrau dies hörte, begann sie sich aufzuplustern und aufzublähen, sie verwandelte sich in eine furchterregende Löwin, sperrte ihren Rachen auf und verschlang Iwan Zarewitsch. Es war nämlich keine Jungfrau, sondern die leibliche Schwester der drei Drachen, die Iwan Soldatensohn getötet hatte.

Eines Tages erinnerte sich Iwan Soldatensohn an seinen Bruder. Er zog das Tuch aus der Tasche, wischte sich das Gesicht und sah, daß das Tuch voll Blut war. Das betrübte ihn sehr. »Was ist nur geschehen? Mein Bruder ist doch nach der guten Seite geritten! Er sollte Zar werden und nun ist er tot!« Er bat seine Frau und seinen Schwiegervater, ihn ziehen zu lassen, saß auf und ritt auf seinem Heldenroß, seinen Bruder zu suchen, den Iwan Zarewitsch. Ob sein Weg weit war oder nah, ob er lang war oder kurz – eines Tages kam er in das Land, in dem sein Bruder regierte. Er erkundigte sich und erfuhr, daß der Zarewitsch auf die Jagd geritten und verschollen sei – er sei nicht zurückgekommen. Iwan Soldatensohn ritt auf demselben Wege zur Jagd. Auch er sah den schnellfüßigen Hirsch. Der Recke verfolgte den Hirsch, kam auf die weite Wiese – da verlor er den Hirsch aus den Augen; er sah das Bächlein, das sich über die Wiese schlängelte und die zwei Enten, die auf dem Wasser schwammen. Iwan Soldatensohn schoß die beiden Enten, kam zu dem prächtigen Haus aus weißem Stein und trat ein. Das Haus war menschenleer, aber in einem Zimmer brannte das Feuer im Ofen und vor dem Ofen stand eine Pfanne. Er briet die Enten, nahm die Pfanne, setzte sich mit der Pfanne auf die Stufen vor dem Haus, zerlegte die Enten und aß sie.

Auf einmal stand eine schöne Jungfrau vor ihm: »Gesegnet sei Brot und Salz! Warum ißt du hier draußen?« Iwan Soldatensohn antwortete: »In der Stube gefällt es mir nicht.

Draußen gefällt es mir besser. Setz dich zu mir, schöne Jungfrau!« – »Ich würde mich mit Freuden zu dir setzen, aber ich fürchte mich vor deinem Zauberpferd.« – »Das brauchst du nicht, meine Schöne! Ich bin doch auf einem gewöhnlichen Pferdchen hierher geritten.« Sie ließ sich täuschen, plusterte und blähte sich auf, verwandelte sich in eine furchterregende Löwin und wollte Iwan verschlingen. Aber sein Zauberpferd flog herbei und umfaßte sie mit seinen mächtigen Beinen. Iwan Soldatensohn zückte seinen scharfen Säbel und rief mit Donnerstimme: »Halt, verfluchtes Untier! Hast du meinen Bruder, Iwan Zarewitsch, verschlungen? Spei ihn wieder aus, sonst hacke ich dich in kleine Stücke.« Die Löwin rülpste und würgte Iwan Zarewitsch heraus: er war tot, halbverwest, sein Schädel kahl.

Da zog Iwan Soldatensohn die zwei Fläschchen aus seinem Sattel – das Wasser des Heilens und das Wasser des Lebens. Er besprengte seinen Bruder mit dem Wasser des Heilens – das Fleisch wuchs nach, seine Gestalt stellte sich wieder her; er besprengte ihn mit dem Wasser des Lebens – und der Zarewitsch stand auf und sagte: »Ach, habe ich lange geschlafen!« Da sagte Iwan Soldatensohn: »Du hättest ewig geschlafen, wenn ich nicht gewesen wäre.« Dann ergriff er seinen Säbel und wollte der Löwin den Kopf abschlagen. Da verwandelte sie sich in eine Jungfrau von solcher Schönheit, daß man es nicht beschreiben kann, weinte herzzerreißend und bat um Vergebung. Iwan Soldatensohn sah ihre unbeschreibliche Schönheit, bekam Mitleid mit ihr und schenkte ihr die Freiheit. Die Brüder kamen in den Palast zurück und feierten drei Tage ein großes Fest. Dann nahmen sie wieder Abschied voneinander. Iwan Zarewitsch blieb in seinem Reich, und Iwan Soldatensohn ritt zu seiner Gemahlin zurück und lebte mit ihr wie zuvor in großer Liebe und Eintracht.

Einige Zeit danach begab sich Iwan Soldatensohn in das freie Feld hinaus, um sich dort zu ergehen. Da kam ihm ein kleines Kind entgegen und bat um ein Almosen. Der junge

Recke hatte Mitleid, holte aus der Tasche ein Goldstück und reichte es dem Knaben hin. Der Knabe streckte die Hand nach dem Almosen aus und blähte sich auf – er verwandelte sich in einen Löwen und zerfleischte den Recken. Dasselbe widerfuhr einige Tage später Iwan Zarewitsch: Er lustwandelte in seinem Garten, da trat ihm ein Greis entgegen, verneigte sich tief vor ihm und bat um ein Almosen. Iwan Zarewitsch reichte ihm ein Goldstück. Der Greis streckte die Hand nach dem Almosen aus und blähte sich auf – er verwandelte sich in einen Löwen, fiel über Iwan Zarewitsch her und zerfleischte ihn. So endeten die großmächtigen Recken, so rächte sich die Schwester der Drachen.

Kostschej der Unsterbliche

Es lebte einmal ein Zar, der hatte einen einzigen Sohn. Als der Zarewitsch klein war, sangen ihn die Ammen und Wärterinnen in den Schlaf: »Schlaf, Iwan Zarewitsch, schlaf, wenn du groß bist, findest du deine Braut: hinter den dreimal neun Ländern, im dreimal zehnten Reich sitzt im Turm Wassilissa Kirbitjewna – aus einem Knöchlein ins andere sprudelt das Mark.« Als der Zarewitsch fünfzehn Jahre alt wurde, bat er seinen Vater, ihn ausziehen zu lassen, um seine Braut zu suchen. »Wohin willst du ziehen? Du bist doch noch viel zu jung!« – »Nein, Väterchen! Als ich klein war, sangen mich die Ammen und die Wärterinnen in den Schlaf und sagten mir, wo meine Braut wohnt; nun will ich sie suchen.« Der Vater segnete ihn und ließ in allen Reichen verkünden, daß sein Sohn Iwan Zarewitsch ausgezogen sei, um seine Braut zu suchen.

Eines Tages kam der Zarewitsch in eine Stadt, stellte sein Pferd unter und wollte sich ein bißchen umsehen. Er ging und sah: auf dem Platz wurde ein Mann ausgepeitscht. »Weshalb wird er ausgepeitscht?« fragte er. »Weil er«, hieß es, »einem angesehenen Kaufmann zehntausend Rubel nicht fristgerecht zurückgezahlt hat; wer ihn freikauft, der wird seine Frau an Kostschej den Unsterblichen verlieren.« Der Zarewitsch überlegte und überlegte, dann ging er weiter. Er sah sich in der Stadt um, kam wieder auf den Platz zurück und sah, daß dieser Mann immer noch gepeitscht wurde; Iwan Zarewitsch bekam Mitleid mit ihm und beschloß, ihn freizukaufen. »Ich habe«, dachte er, »keine Frau; es gibt niemanden, den man mir wegnehmen könnte.« Er bezahlte die zehntausend Rubel und ging nach Hause. Plötzlich kam der Mann, den er freigekauft hatte, hinter ihm hergelaufen und rief: »Hab Dank, Iwan Zarewitsch! Hättest du mich nicht freigekauft, dann würdest du nie zu deiner Braut kommen. Nun werde ich dir helfen; kauf mir sogleich ein Pferd und einen Sattel.« Der Zarewitsch kaufte ihm Pferd und Sattel und fragte ihn: »Und wie heißt du?« – »Ich heiße der Kühne Bulat.«

Sie saßen auf und machten sich auf den Weg; sobald sie in dem dreimal zehnten Reich angekommen waren, sagte der Kühne Bulat: »Nun, Iwan Zarewitsch, laß Hühner, Enten und Gänse kaufen und braten – von allem reichlich! Und ich will hingehen und deine Braut holen. Und gib gut acht: Jedesmal, wenn ich zu dir komme, mußt du von einem gebratenen Vogel das rechte Flügelchen abschneiden und es mir auf einem Tellerchen reichen.« Der Kühne Bulat begab sich geradewegs zu dem hohen Turm, in dem Wassilissa Kirbitjewna eingeschlossen saß; er warf mit einem Steinchen das goldene Dach des Turmes ein. Dann lief er geschwind zu Iwan Zarewitsch zurück und sagte: »Warum schläfst du? Gib mir das Huhn.« Iwan Zarewitsch schnitt das rechte Flügelchen ab und reichte es ihm auf einem Teller. Der Kühne Bulat nahm den Teller, lief zum Turm zurück und rief: »Guten Tag, Wassilissa Kirbitjewna. Iwan Zarewitsch läßt grüßen und Ihnen dieses Hühnchen überreichen.« Sie erschrak, saß da und sprach kein Wort; da sagte Bulat für sie: »Guten Tag,

Kühner Bulat, ist Iwan Zarewitsch wohlauf? – Er ist wohlauf, gottlob. – Warum stehst du da, Kühner Bulat? Hier, nimm das Schlüsselchen, schließ das Schränkchen auf, trink ein Gläschen Wodka und geh mit Gott.«

Darauf lief der Kühne Bulat zu Iwan Zarewitsch zurück: »Was sitzest du da? Gib mir die Ente!« Iwan Zarewitsch schnitt das rechte Flügelchen ab und reichte es Bulat auf einem Teller. Bulat nahm den Teller und brachte ihn zu dem Turm. »Guten Tag, Wassilissa Kirbitjewna! Iwan Zarewitsch läßt grüßen und Ihnen dieses Entchen überreichen.« Sie saß da und sprach kein Wort; da sagte Bulat für sie: »Guten Tag, Kühner Bulat! Ist der Zarewitsch wohlauf? – Er ist wohlauf, gottlob! – Warum stehst du da, Kühner Bulat? Nimm das Schlüsselchen, schließ das Schränkchen auf, trink ein Gläschen und geh mit Gott.« Der Kühne Bulat lief nach Hause und sagte abermals zu Iwan Zarewitsch: »Was sitzest du da? Reich mir die Gans!« Iwan Zarewitsch schnitt das rechte Flügelchen ab, legte es auf einen Teller und reichte ihm den Teller. Der Kühne Bulat nahm ihn und brachte ihn zu dem Turm: »Guten Tag, Wassillissa Kirbitjewna! Iwan Zarewitsch läßt grüßen und schickt Ihnen diese Gans.« Wassilissa Kirbitjewna nahm sofort den Schlüssel, schloß den Schrank auf und reichte ihm ein Glas Wodka. Aber der Kühne Bulat griff nicht nach dem Glas, sondern nach der Jungfrau rechtem Arm; er zog sie aus dem Turm heraus, hob sie zu Iwan Zarewitsch in den Sattel, und sie sprengten davon mit ihrer schönen Jungfrau, die jungen Helden, so schnell, wie ihre Rosse sie tragen konnten.

Am nächsten Morgen wachte der Zar Kirbit auf, erhob sich von seinem Lager und sah, daß das Turmdach beschädigt und seine Tochter geraubt war. Er zürnte sehr und befahl, die Flüchtlinge auf allen Wegen und Straßen zu verfolgen. Ob unsere Recken nun lange ritten oder kurz – der Kühne Bulat streifte einen Ring von seiner Hand, steckte ihn in die Tasche und sagte: »Reite weiter, Iwan Zarewitsch, ich muß umkeh-

314

ren und meinen Ring suchen.« Wassilissa Kirbitjewna wollte ihn überreden: »Verlaß uns nicht, Kühner Bulat, wenn du willst, werde ich dir meinen Ring schenken!« Er antwortete: »Es geht nicht anders, Wassilissa Kirbitjewna! Mein Ring ist nicht mit Gold aufzuwiegen, er ist ein Geschenk meiner Mutter; als sie ihn mir schenkte, sagte sie: ›Meiner Liebe sei gewiß, meine Liebe nicht vergiß!‹« Der Kühne Bulat sprengte zurück und stieß mit den Verfolgern zusammen: Er tötete alle auf der Stelle, ließ nur einen einzigen Mann am Leben, der dem Zaren das Geschehene melden sollte, und hatte bald Iwan Zarewitsch wieder eingeholt. Nachdem sie eine Weile geritten waren, versteckte der Kühne Bulat sein Tuch und sagte: »Ach, Iwan Zarewitsch, ich habe mein Tuch verloren. Reitet ihr ruhig weiter, ich werde euch bald wieder einholen.« Er kehrte um, ritt einige Werst zurück und stieß mit den Verfolgern zusammen, deren doppelt so viele waren wie beim ersten Mal. Er tötete sie alle und kehrte zu Iwan Zarewitsch zurück. Der fragte: »Hast du dein Tuch gefunden?« – »Ich habe es gefunden.«

Dann brach die dunkle Nacht herein; sie schlugen ihr Zelt auf, und der Kühne Bulat legte sich schlafen. Iwan Zarewitsch sollte Wache halten, und bevor Bulat einschlief, sagte er: »Wenn sich etwas Besonderes zeigt, mußt du mich wekken!« Iwan Zarewitsch stand und stand, schließlich wurde er müde und schläfrig, er kauerte sich vor dem Zelt auf den Boden und schlief ein. Da erschien – woher auch immer er kommen mochte – Kostschej der Unsterbliche und trug Wassilissa Kirbitjewna davon. Mit der Morgenröte wachte Iwan Zarewitsch auf, sah, daß seine Braut fort war, und weinte bitterlich. Auch der Kühne Bulat erwachte und fragte ihn: »Warum weinst du?« – »Wie soll ich nicht weinen? Jemand hat mir Wassilissa Kirbitjewna geraubt.« – »Habe ich dir nicht gesagt, du sollst wachen und achtgeben? Das ist das Werk von Kostschej dem Unsterblichen. Laß uns sie suchen.«

Lange ritten sie, lange. Auf einmal sahen sie zwei Hirten bei ihren Herden. »Wem gehören diese Herden?« Die Hirten antworteten: »Sie gehören Kostschej dem Unsterblichen.« Der Kühne Bulat und Iwan Zarewitsch fragten die Hirten weiter: »Wie weit ist es bis zum Haus von Kostschej? Wie gelangt man dorthin? Wann kehren die Hirten mit der Herde zurück? Und wo werden die Tiere für die Nacht eingeschlossen?« Darauf sprangen sie von ihren Pferden, drehten den Hirten die Köpfe ab, zogen deren Kleider an und trieben die Herde nach Hause; sie kamen bis an das Tor und hielten an.

Iwan Zarewitsch trug an einem Finger den goldenen Ring, den ihm Wassilissa Kirbitjewna geschenkt hatte. Und Wassilissa Kirbitjewna hatte eine Ziege, mit der Milch dieser Ziege wusch sie sich morgens und abends. Eine Magd kam mit einer Schüssel, melkte die Ziege und wollte die Milch ins Haus tragen; der Kühne Bulat nahm den Ring des Zarewitsch und warf ihn in die Milch. »Oh, meine Täubchen«, sagte das Mädchen, »ihr nehmt euch aber viel heraus!« Sie kam zu Wassilissa Kirbitjewna und klagte: »Die Hirten treiben mit uns ihren Spaß, sie haben einen Ring in die Milch geworfen!« Sie antwortete: »Laß die Milch hier, ich seihe sie selber durch.« Sie ließ die Milch durch ein Läppchen laufen, fand ihren Ring und verlangte nach den Hirten. Die Hirten kamen. »Guten Tag, Wassilissa Kirbitjewna«, sagte der Kühne Bulat. »Guten Tag, Kühner Bulat, guten Tag, Zarewitsch! Nach welchem Ratschluß Gottes habt ihr euch hierher verirrt?« – »Wir sind Ihnen gefolgt, Wassilissa Kirbitjewna; Sie können sich niemals vor uns verbergen: Wir werden Sie überall finden, und sei es auf dem Meeresgrund!« Sie hieß sie Platz nehmen, setzte ihnen allerlei Speise und Trank vor und bewirtete sie aufs beste. Der Kühne Bulat sagte: »Wenn Kostschej von der Jagd nach Hause kommt, Wassilissa Kirbitjewna, dann müssen Sie ihn fragen, wo denn sein Tod sei. Und jetzt wäre es nicht verkehrt, wenn wir uns versteckten.« Kaum hatten sich die Gäste versteckt, als Kostschej von der Jagd zurückgeflogen kam. »Pfui, pfui«, sagte er, »früher hat man vom russischen Ruch nichts zu sehen, nichts zu hören bekommen, aber heute springt er einem von selbst in den Mund.« Da antwortete ihm Wassilissa Kirbitjewna: »Du bist zu lange über Rußland geflogen, hast den russischen Ruch angenommen, nun glaubst du ihn überall zu riechen!« Kostschej aß zu Mittag, legte sich nieder und wollte ruhen; da kam Wassilissa Kirbitjewna, umhalste ihn, liebkoste, küßte ihn und sagte: »Mein lieber Freund, ich konnte dich kaum erwarten; beinahe habe ich nicht mehr geglaubt, dich noch einmal vor mir zu sehen – ich dachte schon, wilde Tiere hätten dich zerrissen!« Kostschej lachte: »Törichtes Weib! Langes Haar und kurzer Sinn! Können denn wilde Tiere mir etwas anhaben?« – »Aber wo ist denn dein Tod?« – »Mein Tod ist in dem Reisigbesen, der vor der Schwelle liegt.«

Sobald Kostschej wieder fortgeflogen war, lief Wassilissa Kirbitjewna zu Iwan Zarewitsch. Der Kühne Bulat fragte sie: »Nun, wo ist Kostschejs Tod?« – »In dem Reisigbesen, der vor der Schwelle liegt.« – »Ach nein, das hat er nur so gesagt und gelogen! Man muß ihn geschickter fragen.« Da dachte sich Wassilissa Kirbitjewna etwas aus: Sie holte den Reisigbesen, vergoldete ihn, schmückte ihn mit bunten Schleifen und legte ihn auf den Tisch. Kostschej der Unsterbliche kam geflogen, sah auf dem Tisch den vergoldeten Reisigbesen und fragte, was das bedeute. »Aber wie kann ich es dulden«, antwortete Wassilissa Kirbitjewna, »daß dein Tod vor der Schwelle herumliegt; dann will ich ihn lieber auf den Tisch legen.« – »Ha-ha-ha, törichtes Weib! Langes Haar, kurzer Sinn! Ist denn dort mein Tod?« – »Wo ist er denn?« – »Mein Tod ist in dem Ziegenbock versteckt.« Als Kostschej zur Jagd aufgebrochen war, befahl Wassilissa Kirbitjewna, den Ziegenbock mit Schleifen und Glöckchen zu schmücken und seine Hörner zu vergolden. Kostschej sah es und lachte abermals: »Närrisches Weib! Langes Haar, kurzer Sinn! Mein Tod ist weit von hier: Mitten im Meer, mitten im Ozean ist eine Insel, mitten auf der Insel steht eine Eiche, unter der

Eiche ist eine Truhe vergraben, in der Truhe ist ein Hase, in dem Hasen eine Ente, in der Ente ein Ei, und in diesem Ei ist mein Tod!« So sprach er und flog davon. Wassilissa Kirbitjewna erzählte das alles dem Kühnen Bulat und Iwan Zarewitsch; sie nahmen reichlich Wegzehrung mit und machten sich auf den Weg nach Kostschejs Tod. Ob es lange währte oder kurz – schließlich hatten sie ihre Vorräte aufgezehrt und litten argen Hunger. Da kam ihnen eine Hündin mit ihren Welpen entgegen. »Ich schlag sie tot«, sagte der Kühne Bulat, »wir haben nichts mehr zu essen.« – »Laß mich leben«, bat die Hündin, »mach meine Kinder nicht zu Waisen! Ich werde dir einmal einen Dienst erweisen!« – »Nun, Gott sei mit dir!« Sie gingen weiter und sahen auf einer Eiche einen Adler mit seinen Jungen. Der Kühne Bulat sagte: »Ich schieße ihn!« Da sagte der Adler: »Schieß mich nicht, mach meine Kinder nicht zu Waisen! Ich werde dir einmal einen Dienst erweisen!« Da sagte der Kühne Bulat: »Also gut, lebe weiter und laß es dir gut gehen!« Nun kamen sie an das weite, weite Meer. Über den Strand kroch ein Krebs. Der Kühne Bulat sagte: »Ich zerschlage ihn!« Der Krebs antwortete: »Laß mich leben, an mir ist nicht viel dran, wenn du mich aufgegessen hast, bist du noch lange nicht satt. Aber die Zeit wird kommen, und ich werde dir einen Dienst erweisen!« – »Dann krieche mit Gott weiter«, sagte der Kühne Bulat, schaute aufs Meer hinaus, erblickte dort einen Fischer mit seinem Boot und rief: »Komm ans Ufer!« Der Fischer kam mit seinem Boot ans Ufer, Iwan Zarewitsch und der Kühne Bulat stiegen ein und ruderten zu der Insel hinüber; sie landeten auf der Insel und begaben sich zu der Eiche.

Der Kühne Bulat umfaßte die Eiche mit seinen mächtigen Armen und riß sie mit der Wurzel aus der Erde; er holte die Truhe hervor, die unter der Eiche lag, schlug den Deckel zurück – der Hase schnellte aus der Truhe und lief davon. »Ach«, sagte Iwan Zarewitsch, »hätten wir einen Hund, der könnte den Hasen fangen!« Auf einmal kam die Hündin angelaufen und trug den Hasen im Maul. Bulat packte den Hasen und zerriß ihn in zwei Stücke – die Ente flatterte aus dem Hasen heraus und stieg in den Himmel. »Ach«, sagte Iwan Zarewitsch, »hätten wir jetzt einen Adler, der könnte die Ente schlagen!« Schon kam der Adler mit der Ente geflogen. Der Kühne Bulat zerriß die Ente – das Ei rollte aus der Ente und versank im Meer. »Ach«, sagte Iwan Zarewitsch, »Wenn doch der Krebs es holte.« Schon kam der Krebs angekrochen und schleppte das Ei herbei. Sie nahmen das Ei, ritten zu Kostschej dem Unsterblichen, schlugen ihm mit dem Ei gegen die Stirn – sofort fiel er um und war tot. Iwan Zarewitsch holte Wassilissa Kirbitjewna, und sie ritten von dannen.

Sie ritten und ritten und wurden schließlich von der dunklen Nacht eingeholt; sie schlugen das Zelt auf, Wassilissa Kirbitjewna legte sich zur Ruhe. Der Kühne Bulat sagte: »Leg auch du dich schlafen, und ich werde vor dem Zelt Wache halten.« Um Mitternacht kamen zwölf Tauben geflogen. Sie schlugen die Flügel aneinander und verwandelten sich in zwölf Jungfrauen: »Nun, Kühner Bulat und Iwan Zarewitsch, ihr habt unsern Bruder Kostschej den Unsterblichen getötet und unsere liebe Schwägerin Wassilissa Kirbitjewna geraubt. Nun sollt auch ihr leiden: Wenn Iwan Zarewitsch nach Hause kommt, wird er seinen Lieblingshund holen lassen; der Hund wird sich losreißen und den Zarewitsch zerfleischen, und wer dies hört und ihm sagt, der soll bis zum Knie zu Stein werden!« Am nächsten Morgen weckte der Kühne Bulat den Zarewitsch und Wassilissa Kirbitjewna. Sie rüsteten sich zum Aufbruch und ritten weiter.

Die zweite Nacht brach an: sie schlugen ihr Zelt im freien Feld auf, und wieder sagte der Kühne Bulat: »Leg dich schlafen, Iwan Zarewitsch, und ich will wachen.« Um Mitternacht kamen zwölf Tauben geflogen, schlugen die Flügel aneinander und verwandelten sich in zwölf Jungfrauen. »Nun, Kühner Bulat und Iwan Zarewitsch, ihr habt unsern

Bruder Kostschej den Unsterblichen getötet und unsere liebe Schwägerin Kirbitjewna geraubt; nun sollt auch ihr leiden: Wenn Iwan Zarewitsch nach Hause kommt, wird er sein Lieblingspferd holen lassen, auf dem er von Kind an geritten ist; das Pferd wird sich losreißen, ausschlagen und den Zarewitsch zerschmettern. Und wer dies hört und ihm sagt, der soll bis zum Gürtel zu Stein werden!« Der Morgen brach an, und sie ritten weiter.

Die dritte Nacht brach herein; sie schlugen ihr Zelt auf und übernachteten mitten im freien Feld. Der Kühne Bulat sagte: »Leg dich schlafen, Iwan Zarewitsch, ich will wachen.« Um Mitternacht kamen abermals zwölf Tauben geflogen, schlugen die Flügel aneinander und verwandelten sich in Jungfrauen: »Nun, Kühner Bulat und Iwan Zarewitsch, ihr habt unsern Bruder Kostschej den Unsterblichen getötet und unsere liebe Schwägerin Wassilissa Kirbitjewna geraubt; dafür soll euch das Unglück treffen: Wenn Iwan Zarewitsch nach Hause kommt, wird er seine Lieblingskuh aus dem Stall holen lassen, deren Milch er von Kind an getrunken hat; sie wird sich losreißen und den Zarewitsch auf die Hörner nehmen. Und wer uns sieht und hört und ihm davon sagt, der wird von Kopf bis Fuß zu Stein.« So sprachen sie, verwandelten sich wieder in Tauben und flogen fort.

Am nächsten Morgen erwachten Iwan Zarewitsch und Wassilissa Kirbitjewna und machten sich auf den Weg. Iwan Zarewitsch kam nach Hause, heiratete Wassilissa Kirbitjewna und sagte ein oder zwei Tage später zu ihr: »Wenn du möchtest, zeige ich dir meinen Lieblingshund! Ich spielte ganze Tage mit ihm, als ich klein war.« Der Kühne Bulat nahm seinen Säbel, schärfte ihn und stellte sich neben die Treppe. Der Hund wurde von einem Hundewärter gebracht; er riß sich los und wollte die Treppe hinauflaufen, aber der Kühne Bulat holte mit dem Säbel aus und hieb ihn mittendurch. Iwan Zarewitsch wurde sehr zornig, aber er dachte an die Dienste, die Bulat ihm erwiesen hatte, und sagte kein

Wort. Am nächsten Tag befahl er, sein Lieblingspferd zu bringen; das Pferd zerriß den Arkan, schüttelte den Pferdeknecht ab und sprengte auf Iwan Zarewitsch zu. Der Kühne Bulat hieb dem Pferd den Kopf ab. Iwan Zarewitsch wurde noch zorniger, er befahl, Bulat in Fesseln zu legen und zu hängen, aber Wassilissa Kirbitjewna trat für ihn ein: »Wenn er nicht wäre, hättest du mich niemals errungen!« Am dritten Tag befahl Iwan Zarewitsch, seine Lieblingskuh zu holen; sie riß sich von dem Stallknecht los und stürmte auf den Zarewitsch zu. Der Kühne Bulat hieb auch ihr den Kopf ab.

Da wurde Iwan Zarewitsch so zornig, daß er auf keinen mehr hörte; er befahl, den Henker zu holen und den Kühnen Bulat auf der Stelle hinzurichten.

»Ach, Iwan Zarewitsch! Wenn du mich durch Henkers Hand sterben lassen willst, möchte ich lieber so sterben, laß mich dir also von drei Begebenheiten erzählen...« Der Kühne Bulat erzählte von der ersten Nacht, wie mitten im freien Feld zwölf Tauben geflogen kamen und was sie sprachen – und im gleichen Augenblick wurde er bis zu den Knien zu Stein; er erzählte von der zweiten Nacht – und wurde bis zum Gürtel zu Stein. Da flehte Iwan Zarewitsch ihn an, innezuhalten und nicht weiter zu sprechen, aber der Kühne Bulat antwortete: »Jetzt ist es einerlei – ich bin bis zum Gürtel Stein, nun verlohnt sich das Leben nicht mehr.« Er erzählte von der dritten Nacht und wurde nun vollends zu Stein. Iwan Zarewitsch stellte ihn in einem besonderen Gemach auf und ging fortan jeden Tag mit Wassilissa Kirbitjewna dorthin, um über dem Stein zu weinen und zu klagen.

So vergingen viele Jahre; eines Tages weinte Iwan Zarewitsch über dem steinernen Bulat und vernahm eine Stimme, die aus dem Stein zu ihm sprach: »Warum weinst du? Ich habe es schwer genug!« – »Wie sollte ich nicht weinen? Ich bin ja schuld an deinem Unglück!« – »Wenn du willst, so kannst du mich erlösen: Du hast zwei Kinder, einen Sohn und eine Tochter, hole sie, schneide ihnen die Kehlen durch, fange ihr Blut auf und bestreiche mit ihrem Blut diesen Stein.« Iwan Zarewitsch erzählte davon Wassilissa Kirbitjewna; sie grämten sich, sie trauerten eine Weile, und schließlich entschlossen sie sich, ihre Kinder zu töten. Sie schnitten ihnen die Kehlen durch, fingen ihr Blut auf, und sobald sie den Stein mit dem Blut bestrichen hatten, wurde der Kühne Bulat wieder lebendig. Er fragte den Zarewitsch und seine Frau: »Wie ist euch, jammern euch eure Kinder?« – »Sie jammern uns, Kühner Bulat!« – »Dann laßt uns in ihre Zimmerchen gehen.« Sie gingen und sahen – die Kinder waren unversehrt! Der Vater und die Mutter freuten sich und gaben in ihrer Freude ein Fest für die ganze Welt. Auch ich war dabei, trank Met und Wein, alles lief den Bart herunter, kein Tropfen in den Mund, aber im Herzen fühlte ich mich satt, trunken und gesund.

Marja Morewna

In einem Reich, in einem Land lebte einmal ein Zarewitsch namens Iwan; er hatte drei Schwestern: die eine hieß Marja, die andere Olga und die dritte Anna. Ihre Eltern waren gestorben; auf ihrem Totenbett befahlen sie ihrem Sohn: »Wer zuerst um deine Schwestern freit, dem sollst du sie geben – du sollst sie nicht lange bei dir behalten!« Iwan Zarewitsch beerdigte seine Eltern und ging in seiner Trauer mit den Schwestern in den grünen Garten hinaus. Da zog plötzlich eine schwarze Wolke am Himmel auf, ein furchtbares Gewitter brach los.

»Kommt, Schwestern, wir wollen ins Haus gehen!« sagte Iwan Zarewitsch. Kaum waren sie in dem Palast, als es heftig donnerte, die Decke sich auftat und ein lichter Falke in das Gemach geflogen kam. Der Falke warf sich zu Boden, verwandelte sich in einen stattlichen Jüngling und sprach: »Guten

Tag, Iwan Zarewitsch! Früher kam ich als Gast, heute komme ich als Freier: Gib mir deine Schwester Marja Zarewna zur Frau.« – »Wenn du meiner Schwester lieb bist, soll es an mir nicht liegen – sie mag mit Gottes Segen deine Frau werden!« Marja Zarewna war der Freier lieb; der Falke heiratete sie und trug sie in sein Reich davon. Ein Tag folgte dem anderen, eine Stunde jagte die andere – ein ganzes Jahr war vergangen, als wäre es nie gewesen; Iwan Zarewitsch lustwandelte mit den zwei Schwestern in dem grünen Garten. Abermals zog eine Wolke mit Sturm und Blitz am Himmel auf. »Kommt, Schwestern, wir wollen ins Haus gehen!« sagte der Zarewitsch. Kaum waren sie im Palast, als es heftig donnerte, das Dach barst, die Decke tat sich auf, und ein Adler flog herein; er warf sich zu Boden und verwandelte sich in einen stattlichen Jüngling: »Guten Tag, Iwan Zarewitsch! Früher kam ich als Gast, heute komme ich als Freier.« Und er hielt um die Hand von Olga Zarewna an. Iwan Zarewitsch antwortete: »Wenn du Olga Zarewna lieb bist, mag sie dich heiraten; es ist ihr Wille, nicht der meine.« Olga Zarewna war der Freier lieb und sie heiratete den Adler; der Adler nahm sie auf seine Flügel und trug sie in sein Reich davon. – Ein weiteres Jahr verging; da sagte Iwan Zarewitsch zu seiner jüngsten Schwester: »Komm, Schwester, wir wollen im grünen Garten lustwandeln!« Eine Weile lustwandelten sie im Garten; da zog wieder eine Wolke mit Sturm und Blitz am Himmel auf. »Komm, Schwester, wir wollen ins Haus zurückkehren!« Sie kehrten zurück und hatten sich noch nicht hingesetzt – da donnerte es, die Decke tat sich auf, und ein Rabe flog herein; der Rabe warf sich zu Boden und verwandelte sich in einen stattlichen Jüngling: Die ersten beiden schon waren schön, dieser aber war noch schöner. »Nun, Iwan Zarewitsch, früher kam ich als Gast, jetzt komme ich als Freier: Gib mir deine Schwester Anna zur Frau.« – »Sie soll ihren Willen haben; bist du ihr lieb, dann soll sie dich heiraten.« Anna Zarewna heiratete den Raben, und er trug sie in sein Reich davon.

Iwan Zarewitsch blieb ganz allein zurück; ein ganzes Jahr lebte er ohne seine Schwestern, da verlangte es ihn danach, sie wiederzusehen. »Ich will«, sagte er, »meine Schwestern suchen.« Er bereitete alles, was nötig war, und machte sich auf den Weg. Er wanderte, wanderte und sah: über ein weites Feld verstreut lag ein erschlagenes Heer. Da fragte Iwan Zarewitsch: »Ist hier noch ein Lebender – er gebe Antwort! Wer war es, der dieses gewaltige Heer geschlagen hat?« Und es antwortete ihm ein Lebender: »Dieses mächtige Heer schlug Marja Morewna, die schöne Königstochter.« Iwan Zarewitsch ritt weiter und kam zu einem weißen Zelt, und Marja Morewna, die schöne Königstochter, trat ihm entgegen: »Guten Tag, Iwan Zarewitsch, wohin des Wegs – hast du dich aus freiem Willen aufgemacht oder nicht?« Iwan Zarewitsch antwortete ihr: »Unfrei reitet kein rechter Recke!« – »Nun, wenn du keine Eile hast, so bist du mir ein willkommener Gast in meinen Zelten.« Iwan Zarewitsch freute sich über alle Maßen, blieb zwei Nächte in ihren Zelten, Marja Morewna gewann ihn lieb, und er heiratete sie.

Marja Morewna, die schöne Königstochter, nahm ihn mit in ihr Reich; sie lebten eine Zeitlang miteinander, da wollte die Königstochter in den Krieg ziehen; sie übergab die Herrschschaft Iwan Zarewitsch und sagte: »Du mußt überall hingehen und überall nach dem Rechten sehen; aber hüte dich, auch nur einen Blick in diese Kammer zu werfen!« Er konnte sich nicht bezwingen, und sobald Marja Morewna aus dem Haus war, lief er zu der Kammer, schloß die Tür auf und sah – dort hing Kostschej der Unsterbliche an zwölf Ketten festgeschmiedet. Kostschej bat Iwan Zarewitsch: »Erbarme dich meiner, gib mir zu trinken! Zehn Jahre darbe ich hier, habe nicht gegessen und nicht getrunken – der Hals ist mir ganz verdorrt!« Iwan Zarewitsch brachte ihm einen vollen Eimer Wasser, er leerte ihn und bat abermals: »Mit einem Eimer kann ich meinen Durst nicht löschen, gib mir mehr!« Iwan Zarewitsch brachte ihm den zweiten Eimer Wasser;

Kostschej leerte ihn und bat um einen dritten, aber als er den dritten getrunken hatte, kehrte seine frühere Kraft zurück, er rüttelte an seinen Ketten und zerriß alle zwölf mit einem Ruck. »Habe Dank, Iwan Zarewitsch«, sagte Kostschej der Unsterbliche. »Nun wirst du Marja Morewna niemals wiedersehen, ebensowenig wie deine eigenen Ohren!« Als schrecklicher Sturm flog er zum Fenster hinaus, holte Marja Morewna ein, packte sie und trug sie davon. Iwan Zarewitsch weinte bitterlich, bereitete alles, was nötig war, und machte sich auf den Weg: »Was auch kommen mag – ich muß Marja Morewna wiederfinden!«

Er wanderte einen Tag, er wanderte einen zweiten Tag, und im Morgengrauen des dritten Tages erblickte er einen wunderbaren Palast. Vor dem Palast stand eine Eiche, auf der Eiche saß ein Falke. Der Falke flog vom Baum herunter, warf sich auf die Erde, verwandelte sich in einen stattlichen Jüngling und rief: »Ach, lieber Schwager! Ist Gottes Gnade mit dir?« Marja Zarewna kam aus dem Palast gelaufen, empfing Iwan Zarewitsch mit großer Freude, fragte ihn aus und wurde des Erzählens nicht müde. Drei Tage war Iwan Zarewitsch bei ihnen zu Gast und sagte dann: »Ich kann nicht länger bei euch bleiben; ich will meine Frau, Marja Morewna, die schöne Königstochter, suchen.« – »Es wird für dich kein leichtes sein, sie zu finden«, sagte der Falke, »laß uns deinen silbernen Löffel; wir werden ihn ansehen und an dich denken.« Iwan Zarewitsch ließ dem Falken seinen silbernen Löffel und zog weiter.

Er wanderte einen Tag, er wanderte einen zweiten Tag, und am Morgen des dritten Tages erblickte er einen Palast, der war noch prächtiger als der erste. Vor dem Schloß stand eine Eiche, auf der Eiche saß ein Adler. Der Adler flog vom Baum herunter, warf sich auf die Erde, verwandelte sich in einen stattlichen Jüngling und rief: »Wach auf, Olga Zarewna! Unser lieber Bruder ist gekommen!« Olga Zarewna kam ihnen sogleich entgegengelaufen, umarmte und küßte ihren

Bruder, fragte ihn aus und wurde des Erzählens nicht müde. Iwan Zarewitsch war drei Tage bei ihnen zu Gast und sagte dann: »Länger kann ich nicht bleiben; ich will meine Frau, Marja Morewna, die schöne Königstochter, suchen.« Der Adler sagte: »Es wird für dich kein leichtes sein, sie zu finden. Laß uns deine silberne Gabel; wir werden die Gabel ansehen und an dich denken.« Iwan Zarewitsch ließ dem Adler seine silberne Gabel und machte sich auf den Weg.

Er wanderte einen Tag, er wanderte einen zweiten Tag, und im Morgengrauen des dritten Tages sah er ein Schloß, das war noch prächtiger als die beiden ersten. Vor dem Schloß stand eine Eiche, auf der Eiche saß ein Rabe. Der Rabe flog von der Eiche herunter, warf sich auf die Erde, verwandelte sich in einen stattlichen Jüngling und rief: »Anna Zarewna, beeile dich! Unser lieber Bruder ist gekommen!« Anna Zarewna kam aus dem Palast gelaufen, empfing ihn mit großer Freude, küßte ihn, umarmte ihn, fragte ihn aus und wurde des Erzählens nicht müde. Iwan Zarewitsch war drei Tage bei ihnen zu Gast und sagte dann: »Lebt wohl! Ich will weiter wandern und meine Frau, Marja Morewna, die schöne Königstochter, suchen.« Der Rabe sagte: »Es wird für dich kein leichtes sein, sie zu finden. Laß uns deine silberne Tabaksdose; wir werden sie ansehen und an dich denken.« Iwan Zarewitsch gab ihm seine silberne Tabaksdose, nahm Abschied und machte sich auf den Weg.

Er wanderte einen Tag, er wanderte einen zweiten Tag, und am dritten Tag war er bei seiner Frau Marja Morewna angelangt. Sie erblickte ihren Liebsten, warf sich an seine Brust, weinte und sprach: »Ach, Iwan Zarewitsch, warum hast du nicht auf mich gehört – warum hast du die Kammer aufgeschlossen und Kostschej den Unsterblichen befreit?« – »Vergib mir, Marja Morewna! Laß gewesen sein, was gewesen ist, und komm jetzt mit mir, solange Kostschej der Unsterbliche nicht zu Hause ist. Vielleicht können wir ihm entkommen!« Sie brachen eilig auf. Kostschej war unterdessen auf der Jagd. Als er am Abend nach Hause ritt, strauchelte sein Roß bei jedem Tritt: »Du strauchelst, hungrige Mähre? Oder witterst du Unheil?« Das Pferd antwortete: »Iwan Zarewitsch war hier. Er hat Marja Morewna geholt.« – »Können wir sie einholen?« – »Wir könnten Weizen säen, reifen lassen, mähen, dreschen, mahlen, fünf Backöfen voll Brot backen, das Brot aufessen und uns dann zur Verfolgung aufmachen – und kämen immer noch zur rechten Zeit.« Kostschej sprengte den beiden nach und holte Iwan Zarewitsch ein: »Das erste Mal«, sagte er, »will ich dir verzeihen um deiner Güte willen, weil du mir Wasser zu trinken gegeben hast; auch ein zweites Mal werde ich dir verzeihen. Aber beim dritten Mal werde ich dich zerstückeln – nimm dich in acht!« Kostschej entriß ihm Marja Morewna und ritt mit ihr davon; und Iwan Zarewitsch setzte sich auf einen Stein und weinte.

Er weinte und weinte, dann stand er auf und kehrte zu Marja Morewna zurück. Kostschej der Unsterbliche war nicht zu Hause. »Komm mit mir, Marja Morewna.« – »Ach, Iwan Zarewitsch, er wird uns einholen!« – »Und wenn er uns einholt, so sind wir doch ein oder zwei Stündlein beisammen!« Sie brachen eilig auf. Als Kostschej nach Hause ritt, strauchelte sein Roß bei jedem Tritt. »Du strauchelst, hungrige Mähre, oder witterst du Unheil?« – »Iwan Zarewitsch war hier, er hat Marja Morewna geholt.« – »Können wir sie einholen?« – »Wir könnten Gerste säen, wachsen und reifen lassen, ernten, dreschen, Bier brauen, eins über den Durst trinken, den Rausch ausschlafen und uns dann zur Verfolgung aufmachen und kämen immer noch zur rechten Zeit!« Kostschej sprengte den beiden nach und holte Iwan Zarewitsch ein: »Ich habe dir doch gesagt, du sollst Marja Morewna ebensowenig sehen wie deine Ohren!« Kostschej entriß sie ihm und ritt mit ihr zurück.

Iwan Zarewitsch blieb allein, er weinte und weinte und kehrte abermals zu Marja Morewna zurück; um diese Zeit war Kostschej nicht zu Hause. »Komm mit mir, Marja

Morewna!« – »Ach, Iwan Zarewitsch! Er wird uns doch einholen und dich in Stücke hacken!« – »Und wenn er mich in Stücke hackt! Ich kann ohne dich nicht leben.« Sie rüsteten sich und brachen auf. Als Kostschej am Abend nach Hause ritt, strauchelte sein Pferd bei jedem Schritt. »Warum strauchelst du? Witterst du Unheil?« – »Iwan Zarewitsch war hier, er hat Marja Morewna geholt.« Kostschej ritt den beiden nach, holte Iwan Zarewitsch ein, zerstückelte ihn und tat den zerstückelten Leib in ein geteertes Faß. Um dieses Faß schlug er eiserne Reifen und warf es in das blaue Meer. Marja Morewna aber nahm er wieder mit. Um diese Zeit lief das Silber bei den Schwägern von Iwan Zarewitsch schwarz an. »Ach«, sagten sie, »offenbar ist ihm ein Unglück zugestoßen!« Der Adler kreiste über dem blauen Meer, sah das Faß und zog es ans Ufer, der Falke holte das Wasser des Lebens und der Rabe das Wasser des Todes. Sie trafen sich alle drei an einem Ort, zerschlugen das Faß, holten die Stücke heraus, wuschen sie und setzten sie zusammen, wie es sich gehört. Der Rabe besprengte sie mit dem Wasser des Todes – die Stücke wuchsen zusammen, der Leib nahm seine frühere Gestalt an; der Falke besprengte ihn mit dem Wasser des Lebens; Iwan Zarewitsch schauerte, erhob sich und sagte: »Ach, habe ich aber lange geschlafen!« – »Wenn wir nicht wären, hättest du noch länger geschlafen«, sagten seine Schwäger. »Komm mit uns und sei unser Gast.« – »Nein, Brüder, ich will Marja Morewna suchen!«

Er kam zu ihr und bat: »Frage Kostschej den Unsterblichen, woher er sein braves Pferd hat.« Marja Morewna wartete einen günstigen Augenblick ab und begann Kostschej auszufragen. Kostschej sagte: »Hinter den dreimal neun Ländern, in dem dreimal zehnten Reich, hinter dem Feuerfluß lebt die Baba Jaga; sie hat eine Stute. Auf dieser Stute fliegt sie täglich um die ganze Welt. Sie hat auch noch viele andere Stuten, ich habe ihr drei Tage als Pferdehirt gedient und dabei keine einzige Stute verloren. Dafür hat die Baba

Jaga mir ein Fohlen gegeben.« – »Und wie bist du über den Feuerfluß gekommen?« – »Ich habe ein Tüchlein – wenn ich dieses Tüchlein dreimal nach rechts schwenke, erscheint eine hohe Brücke, so hoch, daß die Flammen ihr nichts anhaben können!« Marja Morewna hörte sich alles an, erzählte es Iwan Zarewitsch, und auch das Tuch gab sie ihm, nachdem sie es Kostschej heimlich entwendet hatte.

Iwan Zarewitsch kam wohlbehalten über den Fluß und ging weiter zu der Baba Jaga. Er wanderte lange und hatte nichts zu essen und zu trinken. Da begegnete er einem nie gesehenen Vogel mit seinen Küken. Iwan Zarewitsch sagte: »Ich will wenigstens ein Küken essen.« – »Iß es nicht, Iwan Zarewitsch!« bat ihn der Vogel. »Die Zeit kommt, da du mich brauchen wirst.« Iwan Zarewitsch wanderte weiter, da sah er im Wald einen Bienenstock. »Ich will«, sagte er, »mir ein bißchen Honig holen.« Aber da hörte er, wie die Bienenkönigin bat: »Laß mir meinen Honig, Iwan Zarewitsch. Die Zeit kommt, da du mich brauchen wirst.« Er rührte den Honig nicht an und wanderte weiter. Da begegnete ihm eine Löwin mit ihrem Jungen. »Ich will wenigstens dieses Löwenjunge schlachten; mir ist ganz elend vor Hunger.« – »Laß mir mein Junges, Iwan Zarewitsch«, bat ihn die Löwin. »Die Zeit kommt, da du mich brauchen wirst.« – »Gut, es soll so sein, wie du sagst!«

Er wanderte hungrig weiter und mußte noch lange, lange gehen, bis er an das Haus der Baba Jaga kam. Um das Haus herum standen zwölf Pfähle, auf elf Pfählen waren Menschenköpfe aufgespießt, nur auf dem letzten nicht. »Guten Tag, Großmutter!« – »Guten Tag, Iwan Zarewitsch! Weshalb bist du gekommen? Aus freiem Willen oder aus Not?« – »Ich will bei dir dienen und dafür sollst du mir ein Heldenroß geben.« – »Wie du wünschst, Zarewitsch! Du brauchst bei mir kein ganzes Jahr, sondern nur drei Tage zu dienen; wenn du meine Stuten gut hütest, bekommst du von mir das Heldenroß, wenn nicht, dann bist du selber schuld, und dein Kopf wird auf den letzten Pfahl gespießt.« Iwan Zarewitsch willigte ein; die Baba Jaga gab ihm zu essen und zu trinken und schickte ihn dann an die Arbeit. Kaum hatte er die Stuten ins Feld getrieben, da stellten sie ihre Schweife auf und verstreuten sich über die Wiesen; sie verschwanden schneller, als er ihnen mit dem Blick folgen konnte. Da weinte Iwan Zarewitsch, setzte sich auf einen Stein, grämte sich und schlief ein. Die Sonne ging bereits unter, als der nie gesehene Vogel geflogen kam und ihn weckte: »Wach auf, Iwan Zarewitsch! Die Stuten sind schon im Stall.« Iwan Zarewitsch erhob sich und ging nach Hause; da hörte er, wie die Baba Jaga mit ihren Stuten zürnte und schimpfte: »Warum seid ihr nach Hause gekommen?« – »Was konnten wir anderes tun? Vögel aus aller Welt kamen herbeigeflogen und haben uns beinahe die Augen ausgepickt.« – »Dann müßt ihr euch morgen nicht mehr über die Wiesen verstreuen, sondern in dem dunklen Wald verstecken.«

In der Nacht schlief Iwan Zarewitsch fest; am Morgen sagte die Baba Jaga: »Nimm dich in acht, Zarewitsch, wenn dir auch nur eine einzige Stute verlorengeht, kommt dein Kopf auf den Pfahl!« Iwan Zarewitsch trieb die Stuten ins Freie; sogleich stellten sie ihre Schweife auf, liefen in den dunklen Wald und verschwanden im Dickicht. Abermals setzte sich der Zarewitsch auf einen Stein, weinte, grämte sich und schlief schließlich ein. Die Sonne ging hinter dem Wald unter, als die Löwin herbeigelaufen kam: »Wach auf, Iwan Zarewitsch! Die Stuten sind schon im Stall.« Iwan Zarewitsch erhob sich und ging nach Hause; die Baba Jaga war noch zorniger und schrie ihre Stuten an: »Warum seid ihr nach Hause gekommen?« – »Was konnten wir anderes tun? Wilde Tiere aus aller Welt kamen herbeigelaufen und haben uns beinahe zerfleischt.« – »Nun, dann müßt ihr morgen in dem blauen Meer untertauchen.«

Iwan Zarewitsch legte sich abermals zur Ruhe und schlief ein; am nächsten Morgen schickte ihn die Baba Jaga die

Stuten hüten: »Wenn du auch nur eine verlierst, kommt dein Kopf auf den Pfahl.« Er trieb die Stuten ins Feld hinaus; sofort hoben sie ihre Schweife, stürmten davon und sprangen in das blaue Meer; dort blieben sie stehen, bis zum Halse im Wasser. Iwan Zarewitsch setzte sich auf einen Stein, weinte und schlief ein. Die Sonne ging hinter dem Wald unter, als ein Bienchen geflogen kam und sprach: »Wach auf, Zarewitsch, die Stuten sind alle im Stall; wenn du nach Hause kommst, darfst du der Baba Jaga nicht vor die Augen treten, sondern mußt dich unbemerkt in den Pferdestall schleichen und dich hinter der Krippe verstecken. Dort liegt im Mist ein räudiges Fohlen; nimm es und mach dich um Mitternacht davon.«

Iwan Zarewitsch erhob sich, schlich unbemerkt in den Pferdestall und versteckte sich hinter der Krippe. Die Baba Jaga zankte und schimpfte mit ihren Stuten: »Warum seid ihr nach Hause gekommen?« – »Was konnten wir anderes tun? Bienen aus aller Welt schwärmten herbei und haben uns überall blutig gestochen!«

Die Baba Jaga schlief ein, und genau um Mitternacht holte Iwan Zarewitsch das räudige Fohlen aus dem Stall, sattelte es und ritt zu dem Feuerfluß. Als er am Ufer angelangt war, schwenkte er dreimal das Tüchlein nach rechts – plötzlich, woher auch immer, wölbte sich eine herrliche hohe Brücke über den Fluß. Iwan Zarewitsch ritt über die Brücke auf das andere Ufer und schwenkte dort das Tüchlein nach links, aber nur zweimal – die Brücke blieb, aber nun war sie hauchdünn! Am nächsten Morgen wachte die Baba Jaga auf – das räudige Fohlen war fort. Sie machte sich sofort auf den Weg und verfolgte Iwan Zarewitsch; so schnell sie konnte, flog sie in ihrem eisernen Mörser dahin, trieb ihn mit dem Stößel an und wischte die Spur mit dem Ofenbesen aus. Sie kam bis zu dem Feuerfluß, sah die Brücke und dachte: »Die Brücke ist gut!« Als sie mitten auf der Brücke war, stürzte die Brücke ein, und die Baba Jaga plumpste in den Fluß. Dort fand sie ein schreckliches Ende! Iwan Zarewitsch ließ sein Fohlen auf grünen Wiesen weiden; und aus dem Fohlen wurde ein wunderbares Pferd.

Iwan Zarewitsch ritt zu Marja Morewna zurück; sie kam ihm entgegengelaufen und warf sich ihm an die Brust: »Wie war es möglich, daß Gott dich auferstehen ließ?« – »So und so war es«, erzählte er. »Komm mit mir!« – »Ich fürchte mich, Iwan Zarewitsch! Wenn Kostschej uns einholt, wird er dich wieder zerstückeln.« – »Nein, er wird uns nicht einholen! Jetzt habe ich ein prächtiges Heldenroß, es fliegt wie ein Vogel durch die Lüfte.« Sie saßen auf und ritten davon. Als Kostschej am Abend nach Hause ritt, strauchelte sein Pferd bei jedem Tritt. »Du strauchelst, hungrige Mähre, oder witterst du Unheil?« – »Iwan Zarewitsch war hier, er hat Marja Morewna geholt.« – »Können wir sie einholen?« – »Gott mag es wissen! Jetzt hat Iwan Zarewitsch ein Roß, das besser ist, als ich es bin.« – »Nein, das kann ich nicht dulden«, sagte Kostschej. »Ich reite ihm nach.« Ob es lange währte oder kurz – er holte Iwan Zarewitsch ein, saß ab und schwang schon seinen scharfen Säbel; aber das Pferd von Iwan Zarewitsch schlug mit großer Macht gegen Kostschej aus und zertrümmerte ihm den Schädel, und Iwan Zarewitsch machte ihm mit seiner Keule den Garaus. Darauf schichtete Iwan Zarewitsch einen Holzstoß auf, zündete ihn an, verbrannte Kostschej und streute seine Asche in den Wind. Marja Morewna stieg auf das Pferd von Kostschej, Iwan Zarewitsch auf das seine, und sie ritten zuerst zu dem Raben, dann zu dem Adler und schließlich zu dem Falken. Wohin sie auch kamen, überall wurden sie mit großer Freude empfangen. »Ach, Iwan Zarewitsch, wir hofften nicht mehr, dich jemals wiederzusehen. Aber deine Mühe war nicht umsonst. Solch eine Schönheit wie Marja Morewna findet man nicht zum zweiten Mal auf der ganzen Welt.« Überall blieben sie eine Weile zu Gast, feierten und ritten schließlich in ihr Reich zurück; sie kamen wohlbehalten dort an, lebten herrlich und in Freuden, das Gute mehrte sich und der Met ging nie aus.

Fjodor Tugarin und die wunderschöne Anastassja

Es lebten einmal ein Zar und eine Zarin. Sie hatten einen Sohn und drei Töchter. Der Sohn hieß Fjodor und wurde Tugarin genannt. Ob nun die Eltern alt waren oder jung – sie legten sich zum Sterben und befahlen ihrem Sohn, seine Schwestern den ersten Freiern zu geben. Sie starben, und ein Jahr ging vorüber. Eines Tages brach ein Unwetter los, es stürmte – daß Gott erbarm! Der Wind brauste bis vor die Palasttreppe, das Unwetter legte sich. Der Wind sagte zu Fjodor Tugarin: »Gib mir deine älteste Schwester zur Frau. Wenn du das nicht tust, werde ich dein Haus zerstören und dich töten.« Fjodor führte seine Schwester auf die Treppe hinaus: der Wind heulte auf und stürmte mit der Schwester davon – der Bruder hat nicht gesehen, wohin sie verschwand!

Zwei Jahre später gab Fjodor seine mittlere Schwester dem Hagel zur Frau und im vierten Jahr die Jüngste dem Donner.

Nachdem er seine Schwestern aus dem Haus gegeben hatte, begab sich Fjodor Tugarin auf Wanderschaft. Er wanderte und wanderte und sah: ein ganzes Heer lag erschlagen auf einem Feld. Er fragte: »Wenn hier noch ein Lebender ist, der sage mir, wer dieses Heer geschlagen hat!« Da hörte er eine Stimme: »Gib mir zuerst Wasser zu trinken.« Er gab dem Verwundeten zu trinken und dieser sagte: »Geh und frage das andere Heer!« Er ging weiter, sah ein zweites Heer erschlagen liegen und fragte auch dort, wer dieses Heer besiegt habe. Er hörte eine Stimme, sie hieß ihn weitergehen und das dritte Heer fragen. Er kam zu dem dritten Heer und fragte abermals, und eine Stimme antwortete, daß die schöne Anastassja alle drei Heere besiegt habe und daß sie jetzt in ihrem Zelt ruhe. Fjodor ritt zu dem Zelt. Als er dort angekommen war, band er sein Pferd an, trat ein und legte sich zu der schönen Anastassja. Dann schlief er ein. Die schöne Anastassja wachte auf, weckte Tugarin und fragte: »Wollen wir kämpfen oder wollen wir Frieden schließen?« Er sagte: »Wenn unsere Pferde kämpfen wollen, dann werden auch wir kämpfen.« Darauf ließen sie ihre Pferde frei herumlaufen. Die Pferde beschnupperten einander, das eine leckte das andere, und darauf begannen sie einträchtig zu grasen. Da sagte die schöne Anastassja zu Tugarin: »Sei du mein Mann, und ich werde deine Frau sein.« Sie saßen auf und ritten nach Hause. Sie lebten glücklich miteinander, Fjodor und Anastassja, wie zwei Täubchen. Eines Tages wollte Anastassja zur Jagd reiten. Sie rüstete sich und sagte zu ihrem Mann: »Du darfst in meinem Haus alle Gemächer betreten, nur nicht das eine, dessen Tür mit Bast zugebunden und mit Lehm zugeschmiert ist.« Darin hing der Drache, der einst Anastassja mit Gewalt zur Frau nehmen wollte; sie hatte ihn besiegt und an einer Rippe aufgehängt. Als Anastassja fortgeritten war, ging Fjodor im ganzen Haus umher, schaute alles an, dann aber hielt er es nicht aus und öffnete die Tür, die zu öffnen ihm seine Frau verboten hatte. Dort sah er den Drachen an einer Rippe hängen. Als er Fjodor sah, sagte er: »Ah, guten Tag, tapferer Fjodor Tugarin! Hilf mir und hebe mich ein bißchen hoch!« Fjodor half ihm. »Noch höher!« – Er half ihm noch einmal. »Noch höher!« Er half ihm abermals. Da hob sich der Drachen von dem Haken ab, stieg in die Luft und sprach: »Ich danke dir. Ich werde dir in einer großen Not beistehen.« Nachdem Fjodor den Drachen befreit hatte, wurde er nachdenklich und sagte: »Jetzt wird meine Frau mir zürnen.« Darauf wollte er nicht länger bleiben und verließ das Haus seiner Frau.

Er wanderte und wanderte und kam schließlich zu einem Haus. Er ging auf das Haus zu und sprach: »Herr Jesus Christus, Gottes Sohn, erbarme dich über uns Sünder!« Eine Frauenstimme antwortete ihm aus der Stube: »Bist du ein guter Mensch, dann tritt ein, bist du ein böser, verwehe wie Staub!« Fjodor trat ein und sah seine Schwester. Als sie ihren Bruder erblickte, sagte sie: »Ach lieber Bruder, warum bist du gekommen? Ich bin die Frau des Windes; das gibt Unglück!«

Und sie versteckte ihn. Da kam der Wind angebraust. Als er in das Haus geflogen kam, sagte er: »Pfui, hier riecht es nach russischen Knochen.« Seine Frau sagte: »Ihr seid über Rußland geflogen und habt den russischen Ruch angenommen!« Und dann sagte sie: »Ach, was würdet Ihr tun, wenn mein Bruder zu mir käme?« – »Was täte ich schon? Wir würden trinken, essen und feiern.« Da sagte sie: »Dann will ich ihn holen.« Sie ging hinaus und führte ihren Bruder in die Stube. Als der Wind Fjodor sah, freute er sich. Sie tafelten lange und dachten viel Gutes. Eine ganze Woche tafelten sie. Dann nahm Fjodor Abschied und suchte seine zweite Schwester auf, die mit dem Hagel verheiratet war. Fjodor erzählte seinem Schwager und seiner Schwester, wie er seine Frau gefunden und wie er sie durch seinen Unverstand verloren habe. Er wußte, daß der Drache, sobald er ihn freigelassen hatte, Anastassja geholt und in seine Höhle davongetragen hatte.

Nachdem Fjodor bei den zwei Schwestern zu Gast gewesen war, begab er sich zu der dritten. Unterwegs wurde er von der Nacht eingeholt, er befand sich mitten im dunklen Wald. Er überlegte, überlegte und entschloß sich, mitten im Wald bei einem Brunnen zu übernachten. Als er am nächsten Tag die Augen aufschlug, sah er die wunderschöne Anastassja: sie wollte aus dem Brunnen Wasser schöpfen. Als sie einander erblickten, freuten sie sich über alle Maßen. Sie erzählte ihm, daß der Drache sie auf der Jagd geholt und in diesen Wald gebracht hätte, und daß sie nun hier leben müsse. Nachdem alles gesagt war, stiegen sie auf zwei Pferde und ritten davon. Unterdessen war der Drache, Anastassjas Mann, auf der Jagd. Da strauchelte sein Pferd. Der Drache fragte: »Warum strauchelst du, mein braves Pferd?« – »Wie sollte ich nicht straucheln? Anastassja ist mit Fjodor Tugarin geflohen.« – »Können wir sie einholen?« fragte der Drache. Und das Pferd antwortete: »Wir könnten Weizen ernten, dreschen, essen und würden sie immer noch einholen.« Sie taten dies alles, und dann machten sie sich auf, um Fjodor und Anastassja zu verfolgen. Als der Drache ihrer ansichtig wurde, rief er ihnen zu, sie möchten halten. Aber die beiden ritten unbeirrt weiter. Der Drache wurde zornig, gab seinem Pferd die Peitsche, holte die Flüchtlinge ein und sagte zu Fjodor: »Ich rief dir zu, du solltest halten. Ich hätte dir alles verziehen, aber du wolltest mir nicht folgen, nun bist du selber schuld!« Er tötete Tugarin, ergriff Anastassja und ritt mit ihr nach Hause.

Die Schwäger Fjodors erfuhren, daß der Drache ihn getötet hatte; sie machten sich auf, holten von dem Wasser des Heilens und von dem Wasser des Lebens, kamen geflogen, heilten Tugarin und machten ihn wieder lebendig. Als Fjodor die Augen aufschlug, sagte er zu seinen Schwägern: »Ach, habe ich aber fest geschlafen!« Sie sagten zu ihm: »Du schliefest den ewigen Schlaf, wenn wir nicht wären!« Er dankte ihnen und ging wieder zu dem Brunnen, bei dem er Anastassja getroffen hatte. Und schon kam sie, um Wasser zu holen. Als sie Fjodor erblickte, freute sie sich sehr. Und er bat sie, sie möge den Drachen ausfragen: ›Wo ist das Pferd, auf dem man ihm entfliehen kann? Und wo ist des Drachen Tod?‹ Anastassja versprach es ihm, schöpfte Wasser und ging nach Hause. Der Drache war auf der Jagd. Anastassja ging nach Hause, und er blieb bei dem Brunnen zurück und wartete, was ihm seine Liebste sagen würde.

Als der Drache von der Jagd zurückkehrte, ging Anastassja ihm entgegen, faßte sein Pferd bei den Zügeln, führte es in den Stall, kam in das Haus und begann, den Drachen zu küssen und zu kosen. Dann aber sagte sie: »Was habt Ihr für ein schnelles Pferd! Gibt es überhaupt ein Pferd auf der ganzen Welt, das Eures überholen könnte?« Den Drachen hatten Anastassjas Küsse ganz verwirrt, denn sie hatte ihn noch nie gekost, er vergaß alle Vorsicht und erzählte zu seinem eigenen Unheil: »Es gibt«, sagte er, »eine Baba, die hat zwölf Stuten, ein Fohlen von diesen Stuten ist schneller als mein Pferd; aber es ist sehr schwer, ein solches Fohlen zu erlangen, weil jeder, der ein Fohlen haben möchte, drei Tage lang die Stuten hüten muß. Die Baba Jaga gibt ihm einen Schlaftrunk, und sobald er einschläft, laufen die Stuten auseinander. Die Baba treibt ihre Stuten in den Stall, zieht dem Pferdeknecht einen Streifen Haut vom Rücken und jagt ihn fort.« Anastassja liebkoste den Drachen immer zärtlicher und fragte: »Und wo ist dein Tod?« Er sagte: »Es gibt auf einer Insel einen Stein, in diesem Stein einen Hasen, in diesem Hasen eine Ente, in dieser Ente ein Ei, in diesem Ei einen Dotter und in diesem Dotter ein Steinchen – das ist mein Tod!« Alles, was Anastassja erfuhr, erzählte sie Fjodor. Der erzählte es seinen Schwägern, und sie flogen aus, den Stein zu suchen. Und Tugarin begab sich zu der Baba, um sich das Pferd zu beschaffen.

Er wanderte und wanderte, da sah er Wölfe, die kämpften um einen Kadaver. Er teilte ihn unter den Wölfen; sie dankten ihm und sagten, daß sie ihm einst sehr helfen würden. Fjodor wanderte und wanderte, da sah er, wie Bienen um Honig kämpften. Er teilte den Honig unter den Bienen; sie dankten ihm und versprachen dasselbe. Nach einer Weile sah er, wie Krebse um Fischlaich kämpften. Er teilte den Fischlaich unter den Krebsen. Die Krebse versprachen dasselbe wie die Wölfe und die Bienen. Ob er lange wanderte oder kurz, eines Tages kam er zu dem Haus, in dem die Baba mit ihren zwölf Stuten wohnte. Er trat in das Haus, grüßte die Baba und fragte sie, ob er ihre Stuten hüten dürfe. Die Baba sagte: »Was willst du dafür haben?« – »Ein Fohlen.« Die Baba sagte: »Wenn du sie drei Tage gut hütest, dann sollst du eines bekommen!« Er trat in ihren Dienst.

Am nächsten Tag stand Fjodor auf, wusch sich, betete zu Gott und trieb die Stuten auf die Wiese. Die Baba gab ihm eine Pirogge mit, aber diese Pirogge war mit einem Schlafkräutlein gefüllt: als Tugarin die Stuten auf die Wiese geführt hatte, ließ er sie weiden, setzte sich und aß die Pirogge, die er von der Baba mitbekommen hatte. Sobald er die Pirogge gegessen hatte, schlief er ein und schlief zwei Tage ohne aufzuwachen. Die Stuten aber liefen auseinander. Am dritten

Tag zwackte ihn etwas; Fjodor wachte auf und sah, daß ihn die Krebse zwackten, unter denen er den Fischlaich geteilt hatte. Sie sagten: »Wach auf und suche die Stuten zusammen, sonst kommt die Baba und du bist verloren!« Er sprang auf und wollte die Stuten suchen, da sah er, daß die Wölfe, unter denen er den Kadaver, und die Bienen, unter denen er den Honig geteilt hatte, die Stuten herbeitrieben. Als Tugarin die Stuten sah, freute er sich sehr, dankte den Krebsen, den Bienen und den Wölfen und trieb die Stuten nach Hause. Die Baba sah, daß Fjodor die Stuten nach Hause brachte, trat ihm entgegen und sagte: »Du hast Glück gehabt, daß du sie alle zurückgebracht hast, sonst wäre es dir schlecht ergangen.« Darauf führte sie ihn in das Haus, trug ihm das Essen auf und ging selbst in den Pferdestall zu den Stuten. Ob nun Fjodor aß oder nicht – er stand auf und ging zu dem Pferdestall. Unbemerkt von der Baba schlich er herein und horchte, was sie wohl tun werde. Sie nahm eine eiserne Rute, schlug damit auf die Stuten ein und befahl, daß sie alle bis morgen ein Fohlen werfen sollten, und die beste von ihnen ein räudiges, damit Tugarin nicht erkennen könne, welches Fohlen das beste sei. Der hörte alles, kehrte in das Haus zurück und legte sich schlafen. Am nächsten Tag stand Fjodor in aller Frühe auf und verlangte seinen Lohn von der Baba.

Sie führte ihn in den Pferdestall, zeigte ihm die Fohlen, die die Stuten nachts geworfen hatten und sagte: »Suche dir eines aus.« Fjodor suchte sich das räudige aus und nahm es mit. Da sprach das Fohlen mit menschlicher Stimme: »Laß mich dreimal unter der Morgenröte auf tauigen Wiesen weiden. Dann kannst du mich reiten.« Fjodor tat es. Nachdem das Pferdchen einen Tag geweidet hatte, konnte es so hoch wie ein halber Baum fliegen, am zweiten Tag über die Baumwipfel und am dritten Tag durch die Wolken. Und es wurde so schön, daß man es nicht wiedererkennen konnte. Nun saß Fjodor auf und ritt zu seinen Schwägern. Sie gaben ihm das Steinchen, das sie auf der Insel geholt hatten. Fjodor nahm das Steinchen und ging in den Wald, in dem Anastassja wohnte. Als er in den Wald gekommen war, stieg er bei dem Brunnen ab und wartete. Ob er lang wartete oder kurz – auf einmal sah er, daß Anastassja zum Brunnen kam, um Wasser zu schöpfen. Er hob sie zu sich in den Sattel, gab seinem Pferd die Peitsche, und das Pferd trug sie über die Baumwipfel dahin. Der Drache war gerade auf der Jagd. Er sah, daß Anastassja floh. Er gab seinem Pferd ebenfalls die Peitsche und flog den beiden nach; sein Pferd flog über die Baumwipfel dahin und sprach: »Wir werden ihn zwar einholen, denn Tugarin reitet meinen kleinsten Bruder, aber Anastassja wirst du nicht wieder bekommen.« Als der Drache sich Tugarin näherte, warf dieser das Steinchen und traf ihn mitten auf die Stirn. Der Drache stürzte herunter und verendete; Fjodor Tugarin und die wunderschöne Anastassja erreichten wohlbehalten ihr Haus, sie lebten in Liebe und Eintracht, waren guten Sinnes und leben immer noch. Ich war bei ihnen zu Gast, trank Met und Wein; alles lief mir den Bart herunter und kein Tropfen in den Mund.

Iwan Zarewitsch und der Weiße Poljanin

In einem Reich, in einem Land lebte einmal ein Zar; der Zar hatte drei Töchter und einen Sohn, Iwan Zarewitsch. Der Zar wurde alt und starb und seine Krone ging auf Iwan Zarewitsch über. Als die Könige in der Nachbarschaft davon hörten, sammelten sie sofort unübersehbar große Heere und erklärten ihm den Krieg. Iwan Zarewitsch wußte nicht, was er tun sollte. Er kam zu seinen Schwestern und sagte: »Liebste Schwestern, was soll ich tun? Alle Könige erklären mir den Krieg.« – »Du bist mir aber ein tapferer Krieger! Wovor fürchtest du dich? Der Weiße Poljanin führt Krieg gegen die Baba Jaga Goldenes Bein, seit dreißig Jahren steigt er nicht von seinem Streitroß und gönnt sich keine Ruhe. Und du hast Angst, bevor du den Feind gesehen hast!« Iwan Zarewitsch sattelte gleich sein braves Pferd, legte die Rüstung an, nahm sein stählernes Schwert, seinen langen Speer und die seidene Peitsche, betete zu Gott und ritt dem Feind entgegen. Er hat weniger Feinde mit dem Schwert niedergemäht als mit dem Roß niedergewalzt; er streckte alle feindlichen Heerscharen nieder, kehrte in die Stadt zurück, legte sich schlafen und schlief drei Tage und drei Nächte ohne aufzuwachen. Am vierten Tag wachte er auf, trat auf den Balkon hinaus, schaute in die Ferne – die Könige hatten noch mächtigere Heere aufgestellt und rückten dicht vor die Stadtmauer.

Iwan Zarewitsch war sehr bekümmert und ging zu seinen Schwestern: »Ach, liebe Schwestern, was soll ich tun? Die ersten Feinde habe ich besiegt, nun stehen neue vor der Stadt und sind noch schrecklicher als die ersten.« – »Was bist du für ein Krieger! Du hast einen Tag gekämpft und drei Tage ohne aufzuwachen geschlafen. Der Weiße Poljanin führt Krieg gegen die Baba Jaga Goldenes Bein, seit dreißig Jahren steigt er nicht von seinem Streitroß und gönnt sich keine Ruhe.« Iwan Zarewitsch lief in den Pferdestall aus weißem Stein, sattelte sein braves Pferd, legte seine Rüstung an, gürtete sich das stählerne Schwert um, nahm in die eine Hand den langen Speer, in die andere seine seidene Peitsche, betete zu Gott und ritt dem Feind entgegen. Nicht ein lichter Falke jagte einen Schwarm Gänse, Schwäne und grauer Enten – Iwan Zarewitsch jagte das feindliche Heer; er hat weniger Feinde mit seinem Schwert niedergemäht als mit seinem Pferd niedergewalzt. Er mähte die mächtigen Heere nieder, kehrte nach Hause zurück, legte sich schlafen und schlief sechs Tage und sechs Nächte ohne aufzuwachen. Am siebten Tage wachte er auf, trat auf den Balkon, schaute in die Ferne – die Könige hatten noch größere Heere aufgestellt und belagerten abermals die Stadt. Iwan Zarewitsch begab sich zu seinen Schwestern. »Liebste Schwestern, was soll ich tun? Zwei mächtige

Feinde habe ich besiegt, nun steht der dritte vor den Mauern der Stadt und ist noch schrecklicher als die ersten beiden.« – »Ach, du tapferer Krieger! Einen Tag hast du Krieg geführt und sechs Tage geschlafen. Der Weiße Poljanin führt Krieg gegen die Baba Jaga Goldenes Bein, seit dreißig Jahren steigt er nicht von seinem Streitroß und gönnt sich keine Ruhe.« Diese Worte kränkten den Zarewitsch; er lief in die Pferdeställe aus weißem Stein, sattelte sein braves Pferd, legte seine Rüstung an, gürtete sich das stählerne Schwert um, nahm in die eine Hand den langen Speer, in die andere seine seidene Peitsche, betete zu Gott und ritt dem Feind entgegen. Nicht ein lichter Falke jagte einen Schwarm Gänse, Schwäne oder grauer Enten – Iwan Zarewitsch jagte die feindlichen Heerscharen. Er hat weniger Feinde mit seinem Schwert niedergemäht als mit seinem Pferd niedergewalzt. Er mähte das mächtige Heer nieder, kehrte nach Hause zurück, legte sich schlafen und schlief neun Tage und neun Nächte ohne aufzuwachen. Am zehnten Tag wachte er auf, rief seine Minister und Senatoren zusammen und sprach: »Ihr Herren Minister und Senatoren! Ich will in ferne Länder reiten und den Weißen Poljanin suchen; ich bitte euch, zu regieren, Recht zu sprechen und in allem das Recht zu wahren.« Darauf nahm er Abschied von seinen Schwestern, stieg auf sein Pferd und ritt fort.

Ob er lange ritt oder kurz – er kam in einen dunklen Wald; in dem Wald sah er ein Hüttchen, in dem Hüttchen lebte ein alter Mann. Iwan Zarewitsch trat bei ihm ein: »Guten Tag, Großväterchen!« – »Guten Tag, russischer Zarewitsch! Wohin des Wegs?« – »Ich suche den Weißen Poljanin, weißt du vielleicht, wo der zu finden ist?« – »Ich weiß es nicht, aber wart ein Weilchen, ich will meine treuen Diener zusammenrufen und sie befragen.« Der Alte trat vor die Tür, blies in eine silberne Posaune, und von allen Seiten kamen Vögel geflogen. Sie kamen in unübersehbaren Schwärmen, wie eine schwarze Wolke verdunkelten sie den Himmel. Da rief der alte Mann mit lauter Stimme, er pfiff nach Reckenart: »Meine treuen Diener, ihr ziehenden Vögel! Habt ihr von dem Weißen Poljanin gehört? Oder habt ihr ihn vielleicht gesehen?« – »Nein, wir haben nichts von ihm gehört und haben ihn nicht gesehen.« – »Nun, Iwan Zarewitsch, dann reite zu meinem älteren Bruder. Vielleicht kann er dir Auskunft geben. Hier, nimm dieses Knäuel und laß es vor dir herrollen. Wohin das Knäuel rollt, dorthin sollst du dein Pferd lenken.« Iwan Zarewitsch stieg auf sein braves Pferd, ließ das Knäuel vor sich herrollen und folgte ihm. Der Wald aber wurde immer dichter und dichter.

Endlich kam der Zarewitsch zu einem Hüttchen. Er trat ein: in dem Hüttchen saß ein Greis mit schlohweißem Haar. »Guten Tag, Großväterchen!« – »Guten Tag, russischer Zarewitsch! Wohin des Wegs?« – »Ich suche den Weißen Poljanin. Weißt du vielleicht, wo er zu finden ist?« – »Wart ein Weilchen! Ich will meine treuen Diener zusammenrufen und sie fragen.« Der Greis trat vor die Tür, blies in eine silberne Posaune, und plötzlich liefen aus allen Richtungen die verschiedensten Tiere zusammen. Da rief er mit lauter Stimme und pfiff nach Reckenart: »Meine treuen Diener, ihr streitenden Tiere! Habt ihr vielleicht von dem Weißen Poljanin gehört? Oder habt ihr ihn gesehen?« – »Nein«, antworteten die Tiere. »Wir haben von ihm nichts gehört, und wir haben ihn nicht gesehen.« – »Dann zählt einmal ab, vielleicht sind nicht alle gekommen.« Die Tiere zählten ab – die einäugige Wölfin fehlte. Der Greis befahl, sie zu suchen. Boten liefen nach allen Richtungen und kamen bald mit ihr zurück. »Sprich, einäugige Wölfin, kennst du vielleicht den Weißen Poljanin?« – »Wie sollte ich ihn nicht kennen, da ich doch immer in seiner Nähe bin. Er schlägt die Heere, und ich ernähre mich von den Leichen.« – »Wo ist er jetzt?« – »Mitten im freien Feld steht ein Hünengrab, auf dem Hünengrab ist ein Zelt aufgeschlagen – darin schläft er. Er kämpfte gegen die Baba Jaga Goldenes Bein und legte sich danach für

342

zwölf Tage und zwölf Nächte zur Ruhe.« – »Führe Iwan Zarewitsch zu ihm.« Die Wölfin lief voraus, Iwan Zarewitsch sprengte ihr nach.

Iwan Zarewitsch kam zu dem hohen Hünengrab und trat in das Zelt. Der Weiße Poljanin schlief einen festen Schlaf. »Meine Schwestern sagten, daß der Weiße Poljanin sich keine Ruhe gönne, und nun will er zwölf Tage und zwölf Nächte schlafen! Sollte ich mich nicht auch schlafen legen?« So dachte Iwan Zarewitsch und streckte sich neben ihm aus. Auf einmal flatterte ein kleines Vögelchen in das Zelt, kreiste zu Häupten des Weißen Poljanin und sprach: »Wach auf und erhebe dich, Weißer Poljanin, und überantworte meinen Bruder Iwan Zarewitsch einem bösen Tod; wenn er aufwacht, wird er dich töten.« Iwan Zarewitsch sprang auf, fing das Vögelchen, riß ihm das rechte Beinchen aus, warf es aus dem Zelt und legte sich wieder neben den Weißen Poljanin nieder. Er war noch nicht eingeschlafen, als ein zweites Vögelchen geflogen kam, zu Häupten des Weißen Poljanin flatterte und sprach: »Wach auf, Weißer Poljanin, und überantworte meinen Bruder Iwan Zarewitsch einem bösen Tod. Wenn er aufwacht, wird er dich töten.« Iwan Zarewitsch sprang auf, fing das Vögelchen, riß ihm den rechten Flügel aus, warf es aus dem Zelt und legte sich auf derselben Stelle nieder. Gleich darauf kam das dritte Vögelchen geflogen, flatterte zu Häupten des Weißen Poljanin und sprach: »Wach auf und erhebe dich, Weißer Poljanin, und überantworte meinen Bruder, Iwan Zarewitsch, einem bösen Tod. Wenn er aufwacht, wird er dich töten.« Iwan Zarewitsch sprang auf, fing das Vögelchen und riß ihm den Schnabel aus. Das Vögelchen warf er aus dem Zelt, legte sich wieder hin und schlief fest ein.

Als es an der Zeit war, erwachte der Weiße Poljanin und sah: neben ihm lag ein unbekannter Recke. Er griff nach seinem scharfen Schwert und wollte ihn dem bösen Tod überantworten, hielt aber inne. »Nein«, dachte er, »er hat mich schlafend angetroffen und wollte sein Schwert nicht in

Blut tauchen. Es gereichte mir nicht zur Ehre und nicht zum
Ruhm, wenn ich ihn jetzt töten würde. Ein Schlafender ist wie
ein Toter. Ich will ihn lieber wecken.« Er weckte Iwan
Zarewitsch und fragte: »Bist du ein guter Mensch oder ein
böser? Sprich, wie heißt du und warum kommst du?« – »Ich
heiße Iwan Zarewitsch und komme, um dich zu sehen und
meine Kräfte mit dir zu messen.« – »Du bist sehr kühn,
Zarewitsch! Du bist ungeladen in mein Zelt gekommen und
hast ungefragt darin geschlafen. Dafür könnte ich dich mit
dem Tode bestrafen.« – »He, Weißer Poljanin, bevor man
nicht über den Graben gesprungen ist, soll man sich nicht
rühmen. Vielleicht fällt man noch hinein. Du hast zwei Arme,
aber mich hat meine Mutter auch nicht mit einem zur Welt
gebracht.«

Sie saßen auf, nahmen Anlauf und stießen so hart aufeinander, daß ihre Speere zersplitterten und ihre Pferde in die Knie
gingen. Iwan Zarewitsch warf den Weißen Poljanin aus dem
Sattel und holte mit seinem scharfen Schwert aus. Da bat ihn
der Weiße Poljanin: »Gib mir nicht den Tod, laß mich leben.
Ich will dein jüngerer Bruder sein und dich wie einen Vater
achten.« Iwan Zarewitsch nahm ihn bei der Hand, half ihm
aufstehen, küßte ihn auf den Mund und nannte ihn seinen
jüngeren Bruder: »Ich hörte, Bruder, daß du seit dreißig
Jahren gegen die Baba Jaga Goldenes Bein kämpfst. Worum
geht der Streit?« – »Um ihre schöne Tochter. Ich will sie
erkämpfen und heiraten.« – »Nun«, sagte der Zarensohn,
»wenn man Freundschaft schließt, muß man in der Not
einander beistehen. Laß uns zusammen gegen die Baba Jaga
kämpfen.«

Sie stiegen auf und ritten ins freie Feld hinaus. Die Baba
Jaga Goldenes Bein schickte ihnen ungezählte Heerscharen
entgegen. Nicht lichte Falken jagten einen Taubenschwarm,
die großmächtigen Recken jagten das feindliche Heer. Sie
haben weniger Feinde mit ihren Schwertern niedergemäht als
mit ihren Pferden niedergewalzt. Tausende haben sie verwun-

det und zu Boden getreten. Die Baba Jaga ergriff die Flucht. Iwan Zarewitsch nahm die Verfolgung auf. Er war ihr schon ganz nahe gekommen, da sprang sie in eine tiefe Schlucht, hob einen eisernen Deckel auf und verschwand unter der Erde. Iwan Zarewitsch und der Weiße Poljanin kauften eine Menge Ochsen, schlachteten sie, zogen ihnen die Haut ab und schnitten Riemen daraus. Aus diesen Riemen flochten sie ein Seil, so lang, daß es bis in die andere Welt reichte. Iwan Zarewitsch sagte zu dem Weißen Poljanin: »Laß mich schnell hinunter. Zieh aber das Seil nicht wieder heraus, sondern warte: wenn ich an dem Seil zupfe, dann mußt du mich heraus ziehen.« Der Weiße Poljanin ließ ihn hinunter, bis Iwan Zarewitsch den Grund erreichte. Dort sah er sich um und ging die Baba Jaga suchen.

Er ging und ging und sah: hinter einem Gitter saßen Schneider. »Was tut ihr da?« – »Wir müssen hier sitzen und die Soldaten nähen für die Baba Jaga Goldenes Bein.« – »Und wie näht ihr Soldaten?« – »Das weiß doch jeder! Wir stechen einmal mit der Nadel ein, und schon steigt ein Kosak mit seinem Speer auf das Pferd, stellt sich in Reih und Glied und zieht in den Krieg gegen den Weißen Poljanin.« – »Ach, Brüder, ihr arbeitet zwar schnell, aber nicht haltbar. Stellt euch nebeneinander auf, ich will euch zeigen, wie man haltbar näht.« Sie stellten sich sogleich in Reih und Glied auf, Iwan Zarewitsch holte mit seinem Schwert aus, und die Köpfe rollten. Er ließ die toten Schneider liegen und ging weiter. Er ging und ging und sah: hinter einem Gitter saßen Schuster. »Was tut ihr hier?« – »Wir sitzen und nähen Heere für die Baba Jaga Goldenes Bein.« – »Wie näht ihr denn die Heere, Brüder?« – »Ganz einfach: Wir stechen einmal mit der Ahle ein, und schon steht ein Soldat mit dem Gewehr da, steigt auf sein Pferd, nimmt Aufstellung und zieht in den Krieg gegen den Weißen Poljanin.« – »Ich will euch etwas sagen, Brüder! Ihr arbeitet zwar schnell, aber nicht einträchtig. Stellt euch einmal in Reih und Glied auf. Ich will euch zeigen, wie man es besser macht.« Sie stellten sich in Reih und Glied auf; Iwan Zarewitsch holte mit dem Schwert aus, und die Köpfe rollten. Er ließ die toten Schuster liegen und machte sich wieder auf den Weg.

Ob es lange währte oder kurz – schließlich kam er in eine große, herrliche Stadt; in dieser Stadt stand ein königlicher Palast, und in dem Turmstübchen saß eine Jungfrau von unbeschreiblicher Schönheit. Sie erblickte aus dem Fenster Iwan Zarewitsch und fand Gefallen an seinen schwarzen Locken, den Falkenaugen, den Zobelbrauen, dem Heldenwuchs; sie rief ihn zu sich herauf und fragte ihn, wohin und zu welchem Behufe er wandere. Er sagte ihr, daß er die Baba Jaga Goldenes Bein suche. »Ach, Iwan Zarewitsch, ich bin ja ihre Tochter; sie schläft jetzt einen so festen Schlaf, daß man sie nicht wecken könnte, und wird zwölf Tage und zwölf Nächte schlafen.« Sie führte ihn aus der Stadt heraus und zeigte ihm den Weg. Iwan Zarewitsch kam zu der Baba Jaga Goldenes Bein, fand sie schlafend und schlug ihr mit einem Schwerthieb den Kopf ab. Der Kopf rollte über den Boden und sprach: »Noch einmal, Iwan Zarewitsch!« – »Der Recke tut's mit einem Streich!« antwortete Iwan Zarewitsch, kehrte in den Turm zu der schönen Jungfrau zurück und setzte sich mit ihr an die Tische aus Eiche, bedeckt mit Tüchern aus Damast. Nachdem er gegessen und getrunken hatte, fragte er: »Gibt es jemanden auf der Welt, der stärker ist als ich und schöner als du?« – »Ach, Iwan Zarewitsch, ich bin doch nicht schön! Hinter den dreimal neun Ländern in dem dreimal zehnten Reich lebt bei dem Zaren Drache eine Königstochter, die ist unsagbar schön: Ich habe mir bloß das Gesicht mit dem Wasser benetzt, in dem sie ihre Füße wusch!«

Iwan Zarewitsch nahm die schöne Jungfrau bei der weißen Hand, führte sie zu dem Seil und gab dem Weißen Poljanin ein Zeichen. Der begann sofort, das Seil hochzuziehen; er zog und zog – und zog schließlich Iwan Zarewitsch und die schöne Jungfrau heraus. »Guten Tag, Weißer Poljanin«, sagte

Iwan Zarewitsch, »hier hast du deine Braut. Lebe glücklich und ohne Sorgen! Ich will in das Reich des Drachen reiten.« Er schwang sich auf sein Pferd, nahm Abschied von dem Weißen Poljanin und seiner Braut und ritt in das dreimal zehnte Reich. Ob sein Weg lang war oder kurz, ob er eben war oder steil – ein Märchen ist bald erzählt, aber die Sache ist nicht so bald getan – schließlich gelangte er in das Drachenreich, tötete den Zaren Drache, befreite die schöne Königstochter und nahm sie zur Frau; dann kehrte er nach Hause zurück, lebte mit seiner jungen Frau in Liebe und Eintracht, und das Gute mehrte sich.

Der Kristallberg

In einem Reich, in einem Land lebte einmal ein Zar; der Zar hatte drei Söhne. Eines Tages baten die Kinder: »Gnädiger Herr Vater! Gib uns deinen Segen, wir wollen auf die Jagd reiten.« Der Vater segnete sie, und sie ritten in drei verschiedene Richtungen. Der jüngste Sohn ritt und ritt und verirrte sich; auf einmal gelangte er auf eine Waldlichtung. Auf der Waldlichtung lag ein Pferdekadaver; um den Kadaver hatten sich allerlei Tiere, Vögel und Kriechtiere versammelt. Ein Falke stieg auf, flog auf den Zarewitsch zu, ließ sich auf seiner Schulter nieder und sagte: »Iwan Zarewitsch, teile diesen Kadaver unter uns; seit dreiunddreißig Jahren liegt er hier, und wir streiten immer noch, wie wir ihn unter uns teilen sollen.« Der Zarewitsch stieg von seinem Pferd und teilte den Kadaver: Die Kriechtiere bekamen die Knochen, die Vögel das Fleisch, die Schlangen die Haut und die Ameisen den Kopf. »Hab Dank, Iwan Zarewitsch«, sagte der Falke, »für diesen Dienst kannst du jedesmal, wenn du es wünschst, dich in einen lichten Falken oder in eine Ameise verwandeln.« Iwan Zarewitsch ließ sich auf die feuchte Erde fallen, verwandelte sich in einen lichten Falken, stieg auf und flog in das dreimal zehnte Reich; aber über die Hälfte dieses Reiches war bereits unter dem Kristallberg verschwunden. Er flog geradewegs zu dem Palast, verwandelte sich in einen jungen Helden und fragte, ob er nicht bei der Palastwache dienen könnte: »Möchte euer Herr mich nicht in seine Dienste nehmen?« – »Warum sollte er einen so wackeren Jüngling nicht in seine Dienste nehmen?« Nun diente er dem Zaren und wohnte bei ihm eine Woche, zwei Wochen und eine dritte Woche. Eines Tages bat die Zarentochter: »Mein Herr und mein Väterchen! Erlaube mir, mit Iwan Zarewitsch auf den Kristallberg zu steigen und dort zu lustwandeln.« Der Zar erlaubte es ihr. Sie stiegen auf ihre Pferde und ritten aus. Als sie bei dem Kristallberg angekommen waren, sprang eine goldene Ziege an ihnen vorbei. Der Zarewitsch sprengte ihr nach. Er ritt immer weiter und weiter, die Ziege verschwand, als er aber zurückkehrte, war auch die Zarentochter verschwunden! Was sollte er tun, wie sollte er dem Zaren vor die Augen treten?

Er verkleidete sich als uralter Greis, damit ihn niemand erkannte; er begab sich in den Palast und sagte zu dem Zaren: »Majestät, nimm mich als Viehhirt in deine Dienste.« – »Gut, sei mein Viehhirt; wenn der Drache mit den drei Köpfen geflogen kommt, gib ihm drei Kühe; dem mit den sechs Köpfen sechs, und wenn der Drache mit den zwölf Köpfen kommt, mußt du zwölf Kühe bereit halten.« Iwan Zarewitsch trieb die Herde über Berg und Tal; plötzlich stieg über dem See der Drache mit den drei Köpfen auf: »Aber Iwan Zarewitsch! Ist das eine Arbeit für dich? Ein so kühner Jüngling sollte in den Krieg ziehen und nicht Kühe hüten! Nun«, sagte er, »so gib mir aus deiner Herde drei Kühe!« – »Ist das nicht zu viel für dich?« antwortete der Zarewitsch. »Auch ich mag nur ein Entchen am Tag; und du willst gleich drei Kühe haben ... Du bekommst nicht eine einzige!« Der Drache wurde zornig und holte sich statt der drei sechs Kühe

348

aus der Herde; Iwan Zarewitsch verwandelte sich sogleich in einen lichten Falken, schlug dem Drachen die drei Köpfe ab und trieb die Herde nach Hause. »Wie steht es, Großvater?« fragte der Zar. »Ist der Drache mit den drei Köpfen dagewesen? Hast du ihm die drei Kühe gegeben?« – »Nein, Majestät, nicht eine einzige habe ich ihm gegeben.«

Am nächsten Tag trieb der Zarewitsch die Herde wieder über Berg und Tal, da kam von dem See der Drache mit den sechs Köpfen geflogen und verlangte sechs Kühe. »Ach, du gefräßiges Ungeheuer! Auch ich mag nur ein Entchen am Tag, und du verlangst sechs Kühe! Keine einzige sollst du bekommen!« Der Drache wurde zornig und holte sich zwölf Kühe. Aber der Zarewitsch verwandelte sich in einen lichten Falken, stürzte sich auf den Drachen und schlug ihm die sechs Köpfe ab. Dann trieb er die Herde nach Hause. Der Zar fragte: »Wie war es, Großväterchen? Ist der Drache mit den sechs Köpfen dagewesen? Ist meine Herde nicht viel kleiner geworden?« – »Er ist dagewesen, aber er hat nichts bekommen.« Am späten Abend verwandelte sich Iwan Zarewitsch in eine Ameise und kroch durch ein kleines Spältchen in den Kristallberg hinein. Da sah er: Mitten im Kristallberg saß die Zarentochter. »Guten Tag«, sagte Iwan Zarewtisch, »wie bist du hierher geraten?« – »Der Drache mit den zwölf Köpfen hat mich hierher gebracht; er lebt in dem See meines Vaters; im Inneren des Drachens ist ein Kästchen verborgen, in dem Kästchen ist ein Hase, in dem Hasen eine Ente, in der Ente ein Ei, in dem Ei ein Samenkorn; wenn du den Drachen tötest und dieses Samenkorn erlangst, wirst du den Kristallberg zum Schmelzen bringen und mich erlösen.«

Iwan Zarewitsch kroch aus dem Berg heraus, verwandelte sich wieder in den alten Hirten und hütete seine Herde. Plötzlich kam der Drache mit den zwölf Köpfen geflogen: »Aber Iwan Zarewitsch! Das ist doch keine Arbeit für dich; ein kühner Jüngling sollte in den Krieg ziehen, und du willst Kühe weiden ... So zähle für mich zwölf Kühe ab!« – »Das ist zu viel für dich! Auch ich mag nur ein Entchen am Tag; und du möchtest zwölf Kühe haben!« Sie kämpften, und ob sie nun lange kämpften oder kurz – Iwan Zarewitsch besiegte den Drachen mit den zwölf Köpfen, schlitzte seinen Leib auf und fand in dessen rechter Hälfte das Kästchen; in dem Kästchen war ein Hase, in dem Hasen eine Ente, in der Ente ein Ei, in dem Ei ein Samenkorn. Er nahm das Samenkorn, zündete es an und hielt es an den Kristallberg – und der Kristallberg zerschmolz. Iwan Zarewitsch holte die Zarentochter heraus und brachte sie zu ihrem Vater. Der Vater freute sich von Herzen und sagte zu dem Zarewitsch: »Sei mein Eidam!« Sie wurden auf der Stelle getraut; auch ich war bei der Hochzeit dabei, trank Met und Bier, alles lief den Bart herunter und nicht ein Tropfen in den Mund.

Buchtan Buchtanowitsch

In einem Reich, in einem Land lebte einmal einer, der hieß Buchtan Buchtanowitsch. Buchtan Buchtanowitsch nannte einen Ofen sein eigen, der stand mitten im Feld auf vier Pflöcken. Er lag auf dem Ofen, eine halbe Elle tief in Schabenmilch. Eines Tages lief eine Füchsin vorbei und sagte: »Buchtan Buchtanowitsch, wenn du willst, werde ich dich mit der Tochter des Zaren verheiraten!« – »Aber wo denkst du hin, Füchsin?!« – »Hast du Kleingeld im Haus?« – »Das habe ich: Aber nur ein Fünfkopekenstück.« – »Gib es mir! Besser als gar nichts!« Die Füchsin lief ins Dorf und wechselte das Fünfkopekenstück – in Kopeken, halbe Kopeken und Viertelkopeken; dann lief sie zum Zaren und sagte: »Zar, du freier Mann! Leih mir eine Metze, damit ich Buchtan Buchtanowitschs Geld messen kann.« Der Zar sagte: »Die kannst du haben.« Sie lief mit der Metze nach Hause: Schob eine Kopeke und eine halbe Kopeke hinter einen Reifen und brachte die Metze dem Zaren zurück. »Die Metze ist zu klein; gib mir ein Halbfaß, damit ich Buchtan Buchtanowitschs Geld messen kann.« – »Das kannst du haben.« Sie nahm es und brachte es nach Hause; eine Münze, eine Kopeke, schob sie unter einen Faßreifen und brachte das Halbfaß dem Zaren zurück: »Zar, du freier Mann! Das Halbfaß reicht nicht. Gib uns ein Faß!« – »Das Faß kannst du haben.« Sie nahm das Faß, trug es nach Hause und schob die restlichen Münzen unter einen Faßreifen, darauf gab sie das Faß dem Zaren zurück. Der Zar sagte: »Hast du nun alles gemessen, Füchsin?« Die Füchsin sagte: »Es fehlt nichts. Nun, Zar, du freier Mann! Ich weiß eine gute Sache für dich: Gib deine Tochter Buchtan Buchtanowitsch zur Frau.« – »Das will ich tun, aber zeig mir den Bräutigam.« Die Füchsin lief nach Hause. »Buchtan Buchtanowitsch! Hast du nicht irgendeinen Rock? Zieh ihn an!« Buchtan Buchtanowitsch zog den Rock an und machte sich mit der Füchsin auf den Weg zum Zaren. Sie gingen einträchtig nebeneinander, und als sie über einen Steg gingen – der Steg war aber sehr schmutzig! – stieß die Füchsin Buchtan Buchtanowitsch an, und Buchtan Buchtanowitsch plumpste in den Dreck. Die Füchsin sprang herbei: »Was fehlt dir, was fehlt dir, Buchtan Buchtanowitsch?« und beschmierte ihn von Kopf bis Fuß mit Dreck. »Bleib hier stehen, Buchtan Buchtanowitsch! Ich laufe zu dem Zaren voraus.«

Die Füchsin kam zu dem Zaren und sagte: »Zar, du freier Mann! Buchtan Buchtanowitsch und ich sind über einen Steg gegangen, der Steg aber war sehr schmutzig! Wir haben nicht Obacht gegeben und sind in den Dreck gefallen! Buchtan Buchtanowitsch hat dabei seine Kleider verdorben; er will nicht in diesem Aufzug in die Stadt kommen; hast du nicht einen Rock, den du wochentags trägst?« – »Hier hast du den Rock.« Die Füchsin lief damit fort. Sie brachte den Rock Buchtan Buchtanowitsch: »Hier, nimm den Rock und laß uns weitergehen.« Sie kamen zu dem Zaren. Bei dem Zaren war schon die Tafel gedeckt. Buchtan Buchtanowitsch aber hatte nur Augen für sein eigenes Kleid – er hatte noch nie einen so prächtigen Rock gesehen! Der Zar winkte die Füchsin zu sich: »Füchsin, wie kommt es, daß Buchtan Buchtanowitsch immer an sich heruntersieht?« – »Zar, du freier Mann! Er schämt sich seines Rocks; er war noch nie in seinem Leben so schäbig gekleidet. Zar, du freier Mann, gib ihm doch den Rock, den du Ostern anlegst.« Und dann flüsterte sie Buchtan Buchtanowitsch ins Ohr: »Sieh nicht an dir herunter!« Nun hatte Buchtan Buchtanowitsch nur Augen für seinen Stuhl: der Stuhl war vergoldet. Der Zar flüsterte der Füchsin zu: »Füchsin, wie kommt es, daß Buchtan Buchtanowitsch nur seinen Stuhl ansieht?« – »Zar, du freier Mann, in seinem Haus stehen solche Stühle nur in den Badestuben.« Der Zar warf den Stuhl vor die Tür. Die Füchsin flüsterte Buchtan Buchtanowitsch ins Ohr: »Du darfst nicht immer dasselbe ansehen; du mußt bald hierhin, bald dahin blicken.« Nun, und dann wurde über die gute Sache gesprochen, über die Hochzeit.

Dann wurde Hochzeit gehalten; bei dem Zaren geht das schnell: Er braucht weder Bier zu brauen noch Wodka zu brennen, bei ihm ist immer alles bereit. Die Mitgift wurde auf drei Schiffe geladen, und Buchtan Buchtanowitsch fuhr mit seiner Frau nach Hause. Buchtan Buchtanowitsch fuhr auf den Schiffen, die Füchsin lief am Ufer entlang. Auf einmal sah Buchtan Buchtanowitsch seinen Ofen und rief mit lauter Stimme: »Füchsin, he, Füchsin! Da steht doch mein Ofen!« – »Schweig still, Buchtan Buchtanowitsch! Das schickt sich nicht!« Buchtan Buchtanowitsch fuhr weiter, und die Füchsin lief voraus; nachdem sie ein Stück gelaufen war, lief sie einen Hügel hinauf: Auf dem Hügel stand ein riesengroßes Haus aus Stein, dahinter erstreckte sich ein ganzes Reich. Die Füchsin lief in das Haus – keine Menschenseele. Sie kam in ein großes Gemach – in der rechten Ecke lag die Schlange Schlangowna, auf dem Ofen saß der Rabe Rabowitsch, und auf dem Thron der Gockel Gockelowitsch. Die Füchsin rief:

»O weh! Sitzt ihr immer noch da? Der Zar kommt mit Feuer, die Zarin mit Blitz, sie werden euch anzünden und verbrennen.« – »Ach, Füchsin, wie sollen wir uns retten?« – »Gockel Gockelowitsch, versteck dich im Faß!« Die Füchsin steckte Gockel Gockelowitsch in das Faß. »Rabe Rabowitsch, schlüpf in den Mörser, schnell!« Sie steckte den Raben Rabowitsch in den Mörser. Die Schlange Schlangowna umwickelte sie mit Stroh und warf sie vors Haus. Die Schiffe legten an. Die Füchsin befahl, das Faß, den Mörser und das Strohbündel im Wasser zu versenken; die Kosaken versenkten alles sofort im Wasser.

Buchtan Buchtanowitsch ließ sein Hab und Gut in das Haus bringen. Er hielt dort Hof und regierte, mehrte das Gute und konnte seine Augen dort schließen.

Kosjma Reich-im-Nu

Kusenjka lebte mutterseelenallein mitten im dunklen Wald; er besaß ein windschiefes Hüttchen, ein Hähnchen und fünf Hühnchen. Eines Tages besuchte ein Füchschen Kusenjkas Hütte: Er ging auf die Jagd, und kaum war er aus dem Haus, als das Füchschen gelaufen kam, ein Hühnchen schlachtete, briet und verzehrte. Als Kusenjka nach Hause kam und sah, daß ein Hühnchen fehlte, dachte er: »Sicher hat der Geier das Hühnchen geholt!« Am nächsten Tag ging er wieder auf die Jagd. Unterwegs begegnete ihm das Füchschen. Es fragte: »Wohin des Wegs, Kusenjka?« – »Auf die Jagd, Füchschen!« – »Nun, dann alles Gute!« – Das Füchschen lief schnurstracks zu Kusenjkas Haus, schlachtete ein Hühnchen, briet und verzehrte es. Kusenjka kam nach Hause, suchte das Hühnchen – aber das Hühnchen war fort. Da dachte er: »Vielleicht ist es das Füchschen, dem meine Hühnchen munden?« Am dritten Tag vernagelte er alle Fenster und Türen in seinem

Haus und ging jagen. Auf einmal begegnete ihm das Füchschen und fragte: »Wohin des Wegs, Kusenjka?« – »Auf die Jagd, Füchschen!« Das Füchschen lief schnurstracks zu Kusenjkas Haus, er aber kehrte um und folgte dem Füchschen. Das Füchschen kam zu dem Haus, lief viele Male um das Haus herum und sah: alle Fenster und Türen waren vernagelt. Wie sollte es in die Hütte kommen? Es kletterte auf das Dach und sprang durch den Rauchfang hinunter. Da hatte Kusenjka das Füchschen überführt. »Aha!« sagte er, »das ist der Dieb! Na, warte, Freundchen, jetzt kommst du mir nicht mit dem Leben davon!« Da flehte das Füchschen Kusenjka an: »Laß mich leben! Ich mache dich zu Kosjma-Reich-im-Nu, du mußt mir nur ein Hühnchen schwimmend in Butter braten.« Kusenjka war einverstanden, das Füchschen verzehrte das feine Essen, lief in die Wiesen des Zaren, ließ sich ins Gras fallen und wälzte sich.

Da kam der Wolf gelaufen und sagte: »Du gemeiner Fuchs! Wo hast du dich so vollgefressen?« – »Ach, lieber Gevatter Wolf! Ich habe beim Zaren getafelt. Ist es denn möglich, Gevatter, daß sie dich nicht eingeladen haben? Viele Tiere waren dort, Marder, Zobel, nicht zu zählen, so viele waren es!« Da fragte der Wolf: »Füchschen, könntest du mich nicht zu der Tafel des Zaren mitnehmen?« Das Füchschen versprach es und befahl ihm, vierzigmal vierzig graue Wölfe zusammenzurufen und mitzubringen. Der Wolf rief vierzigmal vierzig graue Wölfe zusammen, der Fuchs führte sie zu dem Zaren; er führte sie vor den Palast, lief sogleich in den Saal, machte dem Zaren seine Aufwartung und übergab ihm vierzigmal vierzig graue Wölfe als Geschenk von Kosjma Reich-im-Nu. Der Zar freute sich über das Geschenk, befahl, alle Wölfe in einen Zwinger zu treiben und einzuschließen. Das Füchschen aber lief geschwind zu Kusenjka: Es befahl ihm, noch ein Hühnchen zu braten, verspeiste es und lief wieder hinaus auf die Wiese des Zaren. Dort ließ es sich ins Gras fallen und wälzte sich.

Der Bär kam vorbeigelaufen, sah das Füchschen und sagte: »Du elender Schwanzfeger, wo hast du dich so vollgefressen?« Der Fuchs antwortete: »Ich habe beim Zaren getafelt; verschiedene Tiere waren dort, Marder, Zobel, nicht zu zählen, so viele waren es. Auch jetzt sind noch welche dort – die Wölfe speisen immer noch! Du weißt doch, lieber Gevatter, wie verfressen sie sind! Sie sitzen immer noch beim Essen!« Da fragte Mischa, der Bär: »Füchschen, kannst du auch mich zum Zaren mitnehmen?« Das Füchschen war bereit und befahl ihm, vierzigmal vierzig schwarze Bären zusammenzurufen: »Um deinetwillen allein wird der Zar keine Umstände machen wollen.« Der Bär rief vierzigmal vierzig schwarze Bären zusammen. Der Fuchs führte sie zu dem Zaren; er machte dem Zaren seine Aufwartung und übergab ihm vierzigmal vierzig schwarze Bären als Geschenk von Kosjma Reich-im-Nu. Der Zar freute sich über das Geschenk. Er befahl, die Bären in einen Zwinger zu treiben und fest einzuschließen. Das Füchschen aber begab sich zu Kusenjka; es kam gelaufen und bat ihn, das letzte Hühnchen samt Hähnchen zu braten. Kusenjka gönnte sie ihm und briet dem Füchschen das letzte Hühnchen samt Hähnchen; das Füchschen verspeiste es, lief auf die Wiese des Zaren hinaus, ließ sich ins grüne Gras fallen und wälzte sich.

Da kamen ein Zobel und ein Marder vorbeigelaufen und sprachen: »Wo hast du so reichlich zu essen bekommen, listiger Fuchs?« – »Ach, ihr seid es, Herr Zobel und Herr Marder! Ich erfreue mich der großen Gunst unseres Zaren. Er gibt heute ein Fest für alle Tiere; ich habe tüchtig zugelangt und mir manchen fetten Happen gegönnt; und so viele Tiere waren bei dem Essen, kaum zu zählen! Nur ihr habt gefehlt! Ihr kennt doch die Wölfe, die sind ja so gierig, als hätten sie nie etwas Gutes gegessen. Die fressen immer noch an der Zarentafel! Und über den Tolpatsch Mischa braucht man schon gar nichts zu sagen: Der hat sich den Wanst so vollgeschlagen, daß er kaum schnaufen kann!« Der Zobel und der Marder baten das Füchschen: »Mütterchen, führ uns doch zu dem Zaren! Wir wollen wenigstens ein bißchen zuschauen.« Das Füchschen war einverstanden und befahl ihnen, vierzigmal vierzig Zobel und Marder zusammenzurufen. Sie riefen vierzigmal vierzig Marder und Zobel zusammen; das Füchschen führte sie in den Palast, machte dem Zaren seine Aufwartung und übergab ihm vierzigmal vierzig Zobel und Marder als Geschenk von Kosjma Reich-im-Nu. Der Zar staunte über den Reichtum von Kosjma Reich-im-Nu, nahm sein Geschenk mit Freuden an und befahl, alle Tiere zu schlachten und die Bälge abzuziehen.

Am nächsten Tag kam das Füchschen zu dem Zaren gelaufen und sagte:»Kaiserliche Majestät, Kosjma Reich-im-Nu läßt dich untertänigst grüßen und bittet dich um einen Tschetwerik; er will sein Silbergeld zählen. Seine eigenen Tschetweriks braucht er alle für das Gold.« Der Zar gab dem Fuchs einen Tschetwerik. Er lief zu Kusenjka zurück und befahl ihm, mit dem Tschetwerik Sand zu messen, um seinen Rand glänzend zu machen. Sobald der Rand glänzte, steckte er hinter einen Reifen ein paar kleine Münzen und brachte den Tschetwerik dem Zaren zurück. Er kam als Brautwerber für Kosjma Reich-im-Nu und bat um die Hand der schönen Zarentochter. Der Zar schlug die Werbung nicht ab, er hieß Kosjma sich für die Hochzeit rüsten und kommen. Kusenjka machte sich auf den Weg zum Zaren, das Füchschen aber lief voraus und befahl den Knechten, die kleine Brücke aus Kusenjkas Weg durchzusägen. Kaum war Kusenjka auf die Brücke geritten, da brach die Brücke zusammen, und Kusanjka stürzte ins Wasser. Das Füchschen rief:»Hilfe! Kosjma Reich-im-Nu ist in Not!« Der Zar hörte ihn rufen und schickte sofort Diener aus, um Kosjma zu helfen. Sie zogen ihn aus dem Wasser. Er wechselte seine Kleider gegen die prächtigen Kleider des Zaren und fuhr zu dem Palast.

Er wurde mit der Zarentochter getraut und wohnte eine oder zwei Wochen bei dem Zaren. »Nun, lieber Schwiegersohn«, sagte der Zar, »jetzt wollen wir dich in deinem Haus besuchen.« Was sollte Kosjma tun? Er mußte sich auf den Weg machen. Die Pferde wurden vor den Wagen gespannt und sie fuhren los. Das Füchschen lief voraus. Es lief und lief und sah: da hüteten Hirten eine Herde Schafe. Das Füchschen fragte: »Hirten, hört, Hirten! Wessen Herde hütet ihr?« Die Hirten antworteten: »Die Herde des Zaren Drachulan.« Da schärfte ihnen das Füchschen ein: »Ihr müßt sagen, daß diese Herde Kosjma Reich-im-Nu gehört und nicht dem Zaren Drachulan; denn gleich kommen der Zar Feuer und die Zarin Blitz gefahren; wenn ihr ihnen nicht sagt, daß diese Herde Kosjma Reich-im-Nu gehört, dann werden sie euch samt euren Schafen anzünden und verbrennen.« Die Hirten sahen, daß es schlecht um sie stand und sie dem Füchschen folgen mußten, und sie versprachen, Kosjma Reich-im-Nu als ihren Herrn zu nennen.

Das Füchschen aber lief weiter; da sah es Schweinehirten, die eine Herde Schweine hüteten. Es sagte: »Hirten, hört, Hirten! Wessen Schweine hütet ihr?« Da sagten die Hirten: »Die Herde des Zaren Drachulan.« – »Ihr müßt jedem sagen, daß diese Herde Kosjma Reich-im-Nu gehört, gleich kommen der Zar Feuer und die Zarin Blitz gefahren, sie werden euch anzünden und verbrennen, wenn ihr von dem Zaren Drachulan sprecht.« Die Hirten wollten es tun. Das Füchschen lief weiter; es kam zu den Kuhherden des Zaren Drachulan, darauf zu seinen Pferdekoppeln, und überall ·befahl es den Hirten, zu sagen, daß diese Herden Kosjma Reich-im-Nu gehörten, und nicht von dem Zaren Drachulan zu sprechen. Schließlich kam das Füchschen auch zu der Kamelherde. »Hirten, hört, Hirten! Wessen Herde hütet ihr?« – »Des Zaren Drachulan.« Das Füchschen verbot ihnen aufs strengste, von dem Zaren Drachulan zu sprechen, statt dessen sollten sie sagen, diese Herde gehöre Kosjma Reich-im-Nu; sonst würden der Zar Feuer und die Zarin Blitz die ganze Herde anzünden und verbrennen! Und wieder lief das Füchschen weiter und kam in das Reich des Zaren Drachulan. Es begab sich geradewegs in die Gemächer des Zaren. »Was gibt es Neues, Füchschen?« – »O weh, Zar Drachulan! Jetzt gilt es, ganz schnell ein Versteck zu suchen! Der gestrenge Zar Feuer und die Zarin Blitz sind auf dem Weg hierher, sie setzen alles in Brand. Deine Herden und deine Hirten sind zu Asche geworden; zuerst die Schafe, dann die Schweine, dann die Kühe und die Pferde. Ich habe keinen Augenblick gezögert und bin herbeigeeilt, um dich zu warnen, fast wäre ich in dem Rauch erstickt!« Da grämte sich der Zar Drachulan und jammerte: »Ach, Füchschen, wo kann ich mich denn verstekken?« – »Mitten in deinem Garten steht eine uralte Eiche. Ihr Stamm ist ganz hohl; lauf hin, versteck dich in der Höhlung und bleib dort sitzen, bis die Gefahr vorüber ist.« Der Zar Drachulan machte sich sofort auf und folgte dem Gesagten wie Geschriebenem, er tat so, wie das Füchschen ihm geraten hatte.

Unterdessen fuhr Kosjma Reich-im-Nu mit seiner jungen Frau und seinem Schwiegervater des Wegs. Sie kamen zu der Schafherde. Die junge Fürstin fragte: »Hirten, hört, Hirten, wessen Herde hütet ihr?« – »Sie gehören Kosjma Reich-im-Nu«, antworteten die Hirten. Der Zar war zufrieden: »Oh, lieber Schwiegersohn, du hast aber viele Schafe.« Sie fuhren weiter und kamen zu der Schweineherde. »Hirten, hört ihr, Hirten?« fragte die junge Fürstin. »Wessen Herde hütet ihr?« – »Sie gehört Kosjma Reich-im-Nu.« – »Oh, lieber Schwiegersohn, du hast aber viele Schweine.« Sie fuhren immer weiter und weiter. Hier sahen sie eine Herde Kühe, dort eine Koppel voll Pferde und dort eine Herde Kamele. Und wenn sie die Hirten fragten: »Wessen Herde hütet ihr?«, so antworteten sie immer dasselbe: »Sie gehören Kosjma Reich-im-Nu.«

Schließlich kamen sie zu dem Palast des Zaren Drachulan. Das Füchschen empfing sie vor der Tür und führte sie in die Gemächer. Der Zar trat ein und staunte, so prächtig war alles hergerichtet! Darauf begaben sie sich an die Festtafel, aßen, tranken und unterhielten sich. So lebten sie einen Tag, so lebten sie eine ganze Woche. »Nun, Kusenjka«, sagte das Füchschen, »jetzt ist der Spaß zu Ende. Jetzt mußt du deine Aufgabe lösen. Geh mit deinem Schwiegervater in den grünen Garten. In dem Garten steht eine uralte Eiche, und in dieser Eiche sitzt Zar Drachulan – er hat sich dort vor euch versteckt. Ihr müßt auf diesen Baum schießen, bis er splittert!« Kusenjka folgte dem Gesagten wie Geschriebenem. Er begab sich mit seinem Schwiegervater in den grünen Garten, dort schossen sie um die Wette nach der alten Eiche und töteten den Zaren Drachulan. Kosjma Reich-im-Nu wurde Zar in diesem Reich und lebte mit der Zarentochter herrlich und in Freuden, sie leben bis heute ohne Not und kauen immer frisches Brot. Das Füchschen bekam jeden Tag ein Hühnchen vorgesetzt. Es blieb bei ihnen so lange zu Gast, bis der Hühnerstall leer war.

Der dumme Jemelja

Es lebten einmal drei Brüder, zwei waren klug und der dritte war dumm; die klugen Brüder wollten in die Stadt fahren und Waren einkaufen und sagten zu dem Dummen: »Paß auf, Dummkopf, folge unseren Frauen und achte sie wie deine leibliche Mutter; wir werden dir auch rote Stiefel mitbringen, einen roten Kaftan und ein rotes Hemd.« Der Dumme sagte: »Gut, ich will sie achten.« Nachdem die Brüder mit dem Dummen geredet hatten, machten sie sich auf den Weg; der Dumme aber kletterte auf den Ofen und legte sich dort zur Ruhe. Seine Schwägerinnen sagten zu ihm: »Was denkst du dir, Dummkopf! Die Brüder haben dir befohlen, uns zu ehren und zu achten, sie wollen dir ein Geschenk mitbringen, und du liegst auf dem Ofen und arbeitest nicht. Hol uns wenigstens Wasser.« Der Dumme nahm die Eimer und ging zum Brunnen. Als er einen Eimer herauszog, war ein Hecht in dem Eimer. Der Dumme sagte: »Der Herr sei gelobt! Jetzt werde ich diesen Hecht zubereiten und essen, aber die Schwägerinnen sollen nichts davon bekommen; ich bin ihnen böse!« Da sprach der Hecht mit menschlicher Stimme: »Iß mich nicht, Dummkopf, laß mich ins Wasser zurück, es wird dein Schaden nicht sein!« Der Dumme fragte: »Was kann denn Gutes von dir kommen?« – »Viel Gutes: Es wird alles so kommen, wie du es dir wünschst. Du brauchst nur zu sagen: ›Auf des Hechtes Geheiß bitt ich mit Fleiß, geht nach Hause, ihr Eimer, und stellt euch auf euren Platz!‹« Kaum hatte der Dumme dies ausgesprochen, als die Eimer nach Hause gingen und sich auf ihren Platz stellten. Die Schwägerinnen sahen es und staunten. »Der ist gar nicht dumm!« sagten sie. »Er ist sogar sehr schlau, weil er macht, daß die Eimer von selbst nach Hause kommen.«

Der Dumme kam zurück und legte sich auf den Ofen; die Schwägerinnen redeten wiederum auf ihn ein: »Wieso legst du dich einfach auf den Ofen! Wir haben nichts mehr zum Heizen, geh in den Wald und mach Holz.« Der Dumme nahm zwei Äxte, setzte sich in den Schlitten, spannte aber das Pferd nicht vor: »Auf des Hechtes Geheiß«, sprach er, »bitt ich mit Fleiß, fahr in den Wald, mein Schlitten!« Der Schlitten glitt so schnell dahin, als würde er von kräftigen Pferden gezogen. Der Dumme mußte durch die Stadt fahren, da fuhr er ohne Pferde so viel Volk über den Haufen, daß es nicht zu zählen war! Alle schrien: »Haltet ihn! Haltet ihn!« – aber sie konnten ihn nicht einholen. Der Dumme kam in den Wald, stieg aus dem Schlitten, setzte sich auf einen Baumstamm und sagte: »Eine Axt soll fällen, die andere Brennholz hacken!« Bald war das Holz gefällt, gehackt und auf dem Schlitten aufgeschichtet. Der Dumme sagte: »So, und nun soll eine Axt mir einen Prügel zurechtbeilen.« Die Axt beilte ihm einen Prügel zurecht, der Prügel legte sich oben auf das Holz. Der Dumme setzte sich in den Schlitten und fuhr los. Er mußte wieder durch die Stadt. In der Stadt aber hatte sich schon das Volk versammelt und lauerte ihm auf. Sie fingen den Dummen, pufften und kniffen ihn; da sagte er: »Auf des Hechtes Geheiß bitt ich mit Fleiß, an die Arbeit, mein Prügel!« Der Prügel flog vom Schlitten und fing an zu prügeln und zu schlagen und traf eine Menge Volks, die Menschen lagen wie Garben auf der Erde! Der Dumme kam ungehindert nach Hause, schichtete das Holz auf und kletterte wieder auf den Ofen.

Die Leute in der Stadt gingen zu dem König und beklagten sich über den Dummen: »Man kann seiner nicht habhaft werden, wir müssen ihn übertölpeln und ihm ein rotes Hemd versprechen, einen roten Kaftan und rote Stiefel.« Die Boten des Königs kamen zu dem Dummen: »Geh zu dem König«, sagten sie. »Er will dir rote Stiefel geben, einen roten Kaftan und ein rotes Hemd.« Da sagte der Dumme: »Auf des Hechtes Geheiß bitt ich mit Fleiß, trag mich zum König, mein Ofen!« Er blieb auf dem Ofen sitzen, und der Ofen machte sich auf den Weg. Der Dumme kam zu dem König. Der König wollte ihn hinrichten lassen, aber der König hatte eine Tochter, und die fand Gefallen an dem Dummen; sie bat ihren Vater, er möge sie dem Dummen zur Frau geben. Der Vater wurde zornig, er befahl, sie zu trauen, aber dann in ein Faß zu setzen, das Faß zu teeren und ins Wasser zu werfen. Es geschah alles nach seinem Befehl.

Das Faß schwamm eine lange Zeit im Meer; schließlich bat die junge Frau den Dummen: »Mach, daß wir ans Ufer kommen.« Der Dumme sagte: »Auf des Hechtes Geheiß bitt ich mit Fleiß – trag dieses Faß an ein Ufer und schlag es entzwei!« Sie kamen aus dem Faß heraus; die junge Frau bat den Dummen, er möge ihnen eine Hütte bauen. Der Dumme sagte: »Auf des Hechtes Geheiß bitt ich mit Fleiß – es erstehe ein Palast aus Marmor, genau gegenüber dem Palast des Königs!« Sein Wunsch ging sofort in Erfüllung. Als der König am nächsten Morgen den neuen Palast erblickte, sandte er

Diener, die erkunden sollten, wer in dem Palast wohne. Als er hörte, daß dort seine Tochter wohne, befahl er, sie und ihr Gemahl sollten auf der Stelle zu ihm kommen. Sie kamen; der König verzieh ihnen, und sie lebten von nun an alle zusammen, herrlich und in Freuden, und das Gute mehrte sich.

Auf des Hechtes Geheiß

Es lebte einmal ein armes Bäuerlein; wie es sich auch mühte, wie es auch arbeitete – es kam zu nichts! »Ach«, dachte es, »ich habe ein bitteres Schicksal! Alle Tage plage ich mich mit meiner Wirtschaft ab, aber es wird noch so weit kommen, daß ich Hungers sterben muß; mein Nachbar liegt die ganze Zeit auf der faulen Haut – aber seine Wirtschaft gedeiht, der Gewinn fließt von selbst in seine Tasche. Gewiß habe ich mich gegen Gott versündigt; nun will ich von morgens bis abends beten, vielleicht wird der Herr mir gnädig sein.« Er begann zu beten; er hungerte Tag um Tag, aber er betete weiter. Dann war Ostern, und es läutete zur Frühmesse. Der Arme dachte: »Alle Menschen essen jetzt nach dem Fasten von dem Osterbrot, und ich habe keine trockene Rinde im Haus: Ich will Wasser holen und statt Schtschi Wasser löffeln.« Er nahm den Eimer, ging zum Brunnen und schöpfte Wasser – und in seinem Eimer fand sich ein riesengroßer Hecht. Der Bauer freute sich: »Nun habe auch ich ein Festmahl! Ich koche mir eine Fischsuppe und esse mich satt.« Da sprach der Hecht mit menschlicher Stimme: »Laß mich frei, guter Mann! Ich werde dich glücklich machen: Du sollst alles haben, wonach dein Herz begehrt! Du brauchst nur zu sagen: ›Mit Gottes Segen sollst auf des Hechtes Geheiß dich regen‹ – und alles wird vor dir stehen!« Der Arme warf den Hecht in den Brunnen, kehrte in sein Haus zurück, setzte sich an den Tisch und sagte: »Mit Gottes Segen sollst auf des Hechtes Geheiß dich regen, der

Tisch sei gedeckt und das Essen aufgetragen.« Im Nu war der Tisch mit allerlei Speis und Trank gedeckt; an eine solche Tafel hätte man auch den Zaren bitten können, ohne sich zu schämen. Der Arme bekreuzigte sich: »Gott sei Dank! Nun kann auch ich das Ostermahl halten.« Er ging in die Kirche, feierte die Frühmesse und das Hochamt, und als er nach Hause kam, aß und trank er nach Herzenslust, trat vor das Tor und setzte sich auf das Bänkchen.

Um diese Zeit ging die Zarentochter, umgeben von ihren Ammen und Wärterinnen, durch die Straßen und beschenkte an dem hohen Feiertag Christi die Armen; alle beschenkte sie, aber das Bäuerlein überging sie. Da sprach er vor sich hin: »Mit Gottes Segen sollst auf des Hechtes Geheiß dich regen, du sollst schwanger werden und einen Sohn gebären.« Auf dieses Wort empfing die Zarentochter und kam neun Monate später mit einem Sohn nieder. Der Zar verhörte sie: »Gestehe«, zürnte er, »mit wem hast du gesündigt?« Die Zarentochter weinte und schwur bei allen Heiligen, daß sie mit niemandem gesündigt habe. »Ich weiß nicht, wofür Gott mich gestraft hat!« Wie lange der Zar sie auch verhörte, er konnte nichts erfahren.

Unterdessen wuchs der Knabe nicht von Tag zu Tag, sondern von Stunde zu Stunde; nach einer Woche schon konnte er sprechen. Der Zar ließ alle Bojaren und Räte seines Reichs zusammenrufen und führte sie dem Knaben vor: Ob er nicht einen von ihnen als seinen Vater erkenne? Nein, der Knabe schwieg und erkannte niemanden als seinen Vater. Darauf befahl der Zar, daß die Ammen und Wärterinnen das Kind durch alle Höfe und Straßen tragen und es den Männern jeden Standes, Verheirateten wie Ledigen, zeigen sollten. Die Ammen und die Wärterinnen trugen das Kind durch alle Straßen, in alle Häuser; sie zogen lange, lange mit ihm umher, aber der Knabe schwieg. Schließlich kamen sie zu der Hütte des armen Bauern. Sobald der Knabe den Bauern sah, streckte er die Ärmchen nach ihm aus und rief: »Vater!

Vater!« Dies meldete man dem Zaren, und der ließ den Armen in den Palast bringen und verhörte ihn: »Gestehe und sprich nach deinem Gewissen – ist das dein Kind?« – »Nein, es ist Gottes Kind!« Der Zar wurde zornig, ließ das arme Bäuerlein und die Zarentochter trauen und befahl, sie mit dem Kind in ein großes Faß zu setzen, das Faß zu teeren und weit ab vom Ufer ins Meer zu werfen.

Das Faß schwamm über das Meer, die stürmischen Winde trugen es davon und trieben es an ein fernes Gestade. Das arme Bäuerlein spürte, daß das Faß nicht mehr von den Wellen geschaukelt wurde und sprach: »Mit Gottes Segen sollst auf des Hechtes Geheiß dich regen, das Faß soll auf einer trockenen Stelle bersten!« Das Faß barst; sie traten auf einer trockenen Stelle ins Freie und machten sich auf den Weg. Sie wanderten und wanderten, sie wanderten und wanderten, sie hatten nichts zu essen und nichts zu trinken. Die Zarentochter war schon ganz ermattet und konnte sich kaum auf den Beinen halten. »Weißt du nun«, fragte der Arme, »was Hunger und Durst bedeuten?« – »Nun weiß ich es!« antwortete die Zarentochter. »So müssen sich die Armen alle Tage quälen! Und du wolltest mir am Tage Christi nicht einmal ein Almosen gönnen!« Und dann sprach der Arme: »Mit Gottes Segen sollst auf des Hechtes Geheiß dich regen – ein prächtiger Palast soll hier erstehen, wie es noch keinen schöneren auf der Welt gibt, mit Gärten, mit Teichen und allerlei Nebengebäuden!«

Kaum hatte er es ausgesprochen, da stand schon ein prächtiger Palast vor ihnen. Aus dem Palast kamen treue Diener gelaufen, nahmen sie bei der Hand, führten sie in die Gemächer aus weißem Stein und ließen sie Platz nehmen an den Tischen aus Eiche, über die damastene Decken gebreitet waren. Wunderbar waren die Gemächer geschmückt und eingerichtet! Die Tische brachen unter den Speisen, dem Naschwerk und den Weinen. Der Arme und die Zarentochter aßen, tranken, ruhten sich aus und gingen in den Garten hinaus. »Hier ist alles gut«, sagte die Zarentochter, »es ist nur schade, daß auf unseren Teichen keine Vögel schwimmen.« – »Warte nur, wir werden auch Vögel haben!« antwortete der Arme. »Mit Gottes Segen sollt ihr auf des Hechtes Geheiß euch regen, zwölf Enten und als dreizehnter ein Enterich sollen hier schwimmen, ein jedes das Gefieder halb aus Gold, halb aus Silber, die Haube des Enterichs aus Diamanten!« Und schon sah sie zwölf Enten und einen Enterich auf dem Teich schwimmen – ein Federchen aus Gold, das nächste aus Silber. Und der Enterich hatte auf dem Kopf eine Haube aus Diamanten.

So lebte die Zarentochter mit ihrem Mann ohne Kummer und Sorgen, und ihr Sohn wurde größer und größer. Schließlich war er erwachsen, spürte große Kräfte in sich und bat seine Eltern um die Erlaubnis, in die Welt zu ziehen und eine Braut zu suchen. Sie ließen ihn ziehen: »Reite mit Gott, Söhnchen.« Er sattelte sein Heldenroß, saß auf und machte sich auf den Weg. Unterwegs begegnete ihm eine uralte Frau: »Guten Tag, Iwan Zarewitsch, wohin des Wegs?« – »Ich ziehe aus, Großmutter, eine Braut zu suchen. Aber ich weiß nicht, wo ich sie finden soll.« – »Gib acht, ich will es dir sagen, mein Kind! Reite hinter das Meer in das dreimal zehnte Königreich; dort lebt eine Königstochter – sie ist so schön, daß man keine finden würde, die ihr gleichkäme, und wenn man um die ganze Welt ritte!« Der wackere Jüngling dankte der Alten, ritt zum Hafen, mietete ein Schiff und segelte in das dreimal zehnte Königreich.

Ob er lange auf dem Meer war oder kurz, das Märchen ist bald erzählt, aber die Sache ist nicht bald getan – eines Tages gelangte er in das Königreich. Er begab sich zu dem König und bat ihn um die Hand seiner Tochter. Der König sagte: »Du bist nicht der einzige Freier; wir haben noch einen Freier – einen großmächtigen Recken; wenn wir ihn abweisen, wird er unser ganzes Reich zerstören!« – »Und wenn du mich abweisest, werde ich es zerstören!« – »Gott bewahre! Ihr sollt lieber eure Kräfte messen: Wer von euch der Stärkere ist, der soll meine Tochter bekommen.« – »Gut! Lade alle Zaren und Zarensöhne, alle Könige und Königssöhne ein, sie sollen dem ehrlichen Kampf beiwohnen und die Hochzeit mitfeiern.« Sogleich schickte der Zar Boten in alle Himmelsrichtungen, und es verging kein Jahr, da versammelten sich aus allen Ländern Zaren und Zarensöhne, Könige und Königssöhne; es kam auch jener Zar, der einst seine eigene Tochter in einem geteerten Faß ins Meer geworfen hatte. An dem festgesetzten Tag traten die Recken zum Kampf auf Leben und Tod an. Sie kämpften lange, und wenn sie aufeinander einschlugen, stöhnte die Erde, die Wälder neigten sich und die Flüsse traten über die Ufer. Der Sohn der Zarentochter siegte über seinen Gegner – er schlug ihm den stolzen Kopf ab.

Da kamen die Bojaren gelaufen, nahmen den Jüngling bei den Händen und führten ihn in den Palast; am nächsten Tag wurde er mit der Königstochter getraut, und nach dem Hochzeitsfest lud er alle Zaren und Zarensöhne, Könige und Königssöhne in das Reich seiner Eltern ein. Alle zusammen machten sie sich auf den Weg, bestiegen ihre Schiffe und segelten in seine Heimat. Die Zarentochter und ihr Gemahl empfingen die Gäste mit allen geziemenden Ehren, sie feierten viele Feste und hatten Kurzweil. Zaren und Zarensöhne, Könige und Königssöhne betrachteten den Palast und die Gärten und staunten: Solche Pracht hatten sie noch nie gesehen. Am besten gefielen ihnen die zwölf Enten und der Enterich – sie hätten für eine Ente wohl ein halbes Reich gegeben! Nachdem die Gäste genug gezecht und gefeiert hatten, brachen sie auf; aber sie hatten den Hafen noch nicht erreicht, als Boten hinter ihnen hergelaufen kamen: »Unser Herr bittet euch umzukehren, er will mit euch geheimen Rat halten.«

Die Zaren und die Zarensöhne, die Könige und die Königssöhne kehrten um. Der Herr der Insel trat ihnen entgegen und sprach: »Ist das guter Menschen Art? Uns fehlt eine Ente!

Niemand kann sie genommen haben außer einer von euch!« –
»Du wagst uns zu verdächtigen?« antworteten die Zaren und
die Zarensöhne, die Könige und die Königssöhne. »Das
schickt sich nicht! Du mußt uns alle sogleich durchsuchen!
Solltest du bei einem von uns die Ente finden, kannst du mit
ihm machen, was du willst; findest du sie aber nicht, dann rollt
dein Kopf!« – »Gut, so soll es sein!« sagte der Hausherr und
begann, seine Gäste zu durchsuchen. Als der Vater seiner
Frau an der Reihe war, sprach er leise vor sich hin: »Mit
Gottes Segen sollst du auf des Hechtes Geheiß dich regen –
Ente unter den Rockschoß des Zaren!« Er hob die Rockschöße
des Zaren hoch, und alle sahen, daß unter dem Kaftan eine
Ente festgebunden war – je ein Federchen aus Gold, das
nächste aus Silber. Alle andern Zaren und Zarensöhne,
Könige und Königssöhne schüttelten sich vor Lachen:
»Hahaha! Soweit ist es nun gekommen! Heute stehlen auch
die Zaren!« Der Vater der Zarentochter schwor bei allen
Heiligen, daß er nicht einmal in Gedanken gestohlen hätte,
und daß er nicht wüßte, wie die Ente unter seine Rockschöße
geraten wäre. »Erzähl uns keine Geschichten! Die Ente ist bei
dir gefunden worden, also bist du schuldig.« Da trat die
Zarentochter aus der Tür, fiel dem Vater um den Hals und
gab sich als seine Tochter zu erkennen, die er mit dem armen
Bäuerlein trauen und dann in ein geteertes Faß stecken ließ.
»Väterchen, du hast damals meinem Wort nicht geglaubt,
und nun hast du am eigenen Leibe erfahren, daß man auch
ohne Schuld schuldig werden kann.« Sie erzählte ihm, was
und wie es sich zugetragen hatte, und von Stund an lebten sie
alle zusammen, mehrten das Gute und vergaßen das Böse.

Das Märchen von Iwan Zarewitsch, dem Feuervogel und dem grauen Wolf

In einem Reich, in einem Land lebte einmal ein Zar mit Namen Wyslaw Andronowitsch. Er hatte drei Söhne, der erste hieß Dimitrij Zarewitsch, der zweite Wassilij Zarewitsch und der dritte Iwan Zarewitsch. Zar Wyslaw Andronowitsch besaß einen Garten, so herrlich, wie man ihn in keinem anderen Reich hätte finden können; in diesem Garten wuchsen die kostbarsten Bäume, Obstbäume und Zierbäume, aber am meisten liebte der Zar einen Apfelbaum, dieser Apfelbaum trug lauter goldene Äpfelchen. Eines Tages kam der Feuervogel in den Garten von Zar Wyslaw geflogen; seine Federn waren pures Gold und die Augen wie aus orientalischem Kristall. Seither kam er jede Nacht in diesen Garten, setzte sich auf den Lieblingsbaum von Zar Wyslaw, pflückte einige goldene Äpfel und flog wieder fort. Zar Wyslaw Andronowitsch war sehr betrübt, daß der Feuervogel so viele Äpfel von seinem Lieblingsbaum pflückte. Deshalb ließ er seine drei Söhne vor sich kommen und sagte: »Meine lieben Kinder! Wer von euch kann wohl in meinem Garten den Feuervogel fangen? Wer ihn lebendig fängt, der soll noch zu meinen Lebzeiten das halbe Reich bekommen und nach meinem Tod das ganze.« Da riefen seine Kinder wie aus einem Munde: »Gnädiger Herr und Vater, Kaiserliche Majestät! Wir werden uns mit großer Freude bemühen, den Feuervogel lebendig zu fangen.«

In der ersten Nacht wollte Dimitrij Zarewitsch im Garten Wache halten; er setzte sich unter den Apfelbaum, von dem der Feuervogel die Äpfel holte, schlief ein und hörte nicht, wie der Feuervogel in der Nacht geflogen kam und viele Äpfel pflückte. Am nächsten Morgen ließ Wyslaw Andronowitsch Dimitrij zu sich kommen und fragte: »Wie ist es heute nacht zugegangen, mein lieber Sohn? Hast du den Feuervogel gesehen oder nicht?« Er antwortete seinem Vater: »Nein, gnädiger Herr Vater! Diese Nacht ist er nicht gekommen.« In der nächsten Nacht wollte Wassilij Zarewitsch im Garten Wache halten. Er setzte sich gleichfalls unter den Apfelbaum, wartete manche Stunde und schlief schließlich ein, er schlief so fest, daß er nicht merkte, wie der Feuervogel geflogen kam und die Äpfel pflückte. Am Morgen ließ Zar Wyslaw ihn kommen und fragte: »Wie ist es heute nacht zugegangen, mein lieber Sohn? Hast du den Feuervogel gesehen oder nicht?« – »Gnädiger Herr Vater! Er ist diese Nacht nicht gekommen.«

In der dritten Nacht war Iwan Zarewitsch an der Reihe; auch er setzte sich unter den Apfelbaum; er saß eine Stunde, eine zweite, eine dritte – plötzlich wurde es im Garten so hell, als wären unzählige Lichter angezündet worden: Der Feuervogel kam geflogen, ließ sich auf dem Apfelbaum nieder und begann, die Äpfel zu pflücken. Iwan Zarewitsch schlich so geschickt an ihn heran, daß er ihn am Schwanz fassen konnte; aber er konnte ihn nicht festhalten: der Feuervogel riß sich los und flog davon, und Iwan Zarewitsch behielt in der Hand nur die Schwanzfeder, die er gefaßt hatte. Am nächsten Morgen, als Zar Wyslaw erwachte, trat Iwan Zarewitsch an sein Lager und überreichte ihm die Feder des Feuervogels. Zar Wyslaw war über alle Maßen erfreut, daß es seinem jüngsten Sohn gelungen war, wenigstens eine Feder des Feuervogels zu erlangen. Diese Feder war so wunderbar und leuchtete so hell, daß eine dunkle Stube, wenn man sie hineintrug, wie von einer Menge Lichter erleuchtet war. Zar Wyslaw legte die Feder in sein Kabinett, wie etwas, was für ewige Zeiten bewahrt werden sollte. Seitdem kam der Feuervogel nicht mehr in den Garten des Zaren. Zar Wyslaw ließ seine Kinder abermals zu sich rufen und sagte: »Meine lieben Kinder, macht euch auf, mein Segen wird euch stets begleiten, und sucht den Feuervogel und schafft ihn lebend her. Und was ich versprochen habe, das soll der von euch bekommen, der mir den Feuervogel bringt.« Dimitrij und Wassilij beneideten ihren jüngsten Bruder Iwan Zarewitsch, weil es ihm geglückt war, dem Feuervogel eine Feder aus dem Schwanz auszurupfen; sie empfingen den väterlichen Segen und ritten zusammen in die Welt hinaus, um den Feuervogel zu suchen. Iwan Zarewitsch bat seinen Vater ebenfalls um den Segen für eine weite Reise. Zar Wyslaw sagte: »Mein lieber Sohn, mein geliebtes Kind! Du bist noch jung an Jahren und für einen so langen und beschwerlichen Weg nicht vorbereitet; warum willst du mich verlassen? Deine Brüder sind schon fort. Was soll aus mir werden, wenn auch du von mir gehst und ihr alle drei lange ausbleibt? Ich bin schon bei Jahren und der Herr kann mich jeden Tag zu sich rufen; wenn ihr nun in der Ferne seid und ich scheiden muß, wer soll dann mein Reich regieren? In unserem Land könnte es einen Aufruhr geben oder Zwist in unserem Volk, und dann wird niemand dasein, der schlichtet; Feinde können in unser Land einfallen, und niemand wird da sein, der unser Heer führt.« Wie oft auch Zar Wyslaw Iwan Zarewitsch zurückhalten wollte, er mußte schließlich seinen unaufhörlichen Bitten nachgeben und ihn ziehen lassen.

Nachdem der Vater ihn gesegnet hatte, suchte Iwan Zarewitsch sich ein Pferd aus und machte sich auf den Weg, ohne zu wissen, wohin er reiten sollte.

Ob sein Weg kurz war oder lang, ob er eben war oder steil, das Märchen ist bald erzählt, aber die Sache ist nicht bald getan. Schließlich kam er in das freie Feld hinaus, auf die grünen Wiesen. Mitten auf dem Feld stand ein Pfahl, auf dem Pfahl stand geschrieben: »Wer von diesem Pfahl geradeaus reitet, der wird Hunger und Kälte leiden; wer nach rechts reitet, der wird am Leben bleiben und sich der Gesundheit erfreuen, aber sein Pferd findet den Tod; wer nach links reitet, der wird selbst sterben, aber sein Pferd wird lebendig und gesund bleiben.« Iwan Zarewitsch las diese Aufschrift und ritt nach rechts, er überlegte: Sein Pferd wird den Tod finden, aber er selber wird am Leben bleiben und irgendwann ein anderes Pferd bekommen. Er ritt einen Tag, einen zweiten und einen dritten – plötzlich kam ihm ein riesiger grauer Wolf entgegen und sprach:»Sei gegrüßt, Iwan Zarewitsch, jung an Jahren! Du hast gelesen, was auf dem Pfahl geschrieben steht: daß dein Pferd hier den Tod findet. Warum bist du hierhergekommen?« Der Wolf sprach diese Worte, riß dem Pferd von Iwan Zarewitsch den Bauch auf und verschwand.

Iwan Zarewitsch trauerte von Herzen um sein Pferd, weinte bitterlich und wanderte zu Fuß weiter. Er wanderte den ganzen Tag, wurde unsäglich müde und wollte sich gerade auf der Erde ausstrecken, als plötzlich der graue Wolf vor ihm stand und sprach:»Du tust mir leid, Iwan Zarewitsch, weil dich das Gehen erschöpft hat; es tut mir auch leid, daß ich dein braves Pferd gerissen habe. Wohlan! Setz dich rittlings auf meinen Rücken und sage dem grauen Wolf, wohin du willst und was du suchst!« Iwan Zarewitsch erzählte dem grauen Wolf, was er suchte; der graue Wolf jagte mit ihm davon, schneller als ein Pferd, und brachte nach einiger Zeit, mitten in der Nacht, Iwan Zarewitsch zu einer Mauer, die nicht gar zu hoch war; er hielt und sprach:»Nun, Iwan Zarewitsch, steig jetzt von dem grauen Wolf ab und klettere über diese Mauer. Hinter der Mauer liegt ein Garten. Mitten im Garten, in einem goldenen Käfig, sitzt der Feuervogel, du kannst den Feuervogel holen, aber den goldenen Käfig darfst du nicht berühren; nimmst du den Käfig, so gibt es für dich kein Entrinnen: sie werden dich sofort gefangennehmen!« Iwan Zarewitsch kletterte über die Mauer in den Garten, erblickte den Feuervogel in dem goldenen Käfig und meinte, er müsse ihn unbedingt haben. Er nahm den Vogel aus dem Käfig und sprach zu sich selber:»Wieso habe ich den Feuervogel ohne den Käfig genommen? Wie soll ich ihn nach Hause bringen?« Er kehrte um und nahm auch den goldenen Käfig – im selben Augenblick ertönte im ganzen Garten ein

Dröhnen und Donnern, denn um den goldenen Käfig waren viele Saiten gespannt. Die Wachen fuhren auf, stürzten in den Garten, nahmen dort Iwan Zarewitsch gefangen und führten ihn vor ihren Zaren, der Dolmat hieß. Zar Dolmat wurde sehr zornig und schrie Iwan Zarewitsch mit lauter und drohender Stimme an: »Schämst du dich nicht zu stehlen, Jüngling? Wer bist du? Aus welchem Reich kommst du? Welchen Vaters Sohn bist du? Und wie ist dein Name?« Iwan Zarewitsch antwortete: »Ich komme aus dem Reich des Zaren Wyslaw. Ich bin der Sohn des Zaren Wyslaw Andronowitsch und werde Iwan Zarewitsch genannt. Dein Feuervogel kam jede Nacht in unseren Garten geflogen und pflückte goldene Äpfel von dem Lieblingsbaum meines Vaters. Er hat fast den ganzen Baum leergepflückt. Mein Vater schickte mich in die Welt, damit ich den Feuervogel suche und ihm bringe.« – »Ach, Iwan Zarewitsch, schöner Jüngling, tut man das so, wie du es getan hast? Wärest du zu mir gekommen, hätte ich dir den Feuervogel in Ehren geschenkt; wie wird es jetzt aussehen, wenn ich in alle Reiche die Botschaft sende, daß du in meinem Reich unehrlich handeltest? Höre, Iwan Zarewitsch! Wenn du mir den Gefallen erweist und in das dreimal zehnte Reich hinter den dreimal neun Ländern reitest und mir von dem Zaren Afron das Pferd mit der goldenen Mähne holst, dann will ich dir deine Schuld vergeben, und dir den Feuervogel in Ehren schenken. Wenn du mir diesen Gefallen nicht tust, werde ich in alle Reiche die Botschaft senden, daß du ein ehrloser Dieb bist.« Iwan Zarewitsch versprach Zar Dolmat, das Pferd mit der goldenen Mähne zu holen und verließ ihn in großer Trauer.

Er kam zu dem grauen Wolf zurück und erzählte ihm alles, was Zar Dolmat gesagt hat. »Ei, schöner Jüngling Iwan Zarewitsch«, sprach der graue Wolf, »warum hast du auf meinen Rat nicht gehört und den goldenen Käfig genommen?« – »Ich habe mich vor dir schuldig gemacht«, sagte Iwan Zarewitsch zu dem Wolf. »Geschehen ist geschehen!«

sprach der graue Wolf. »Steige dem grauen Wolf auf den Rücken; ich werde dich tragen, wohin du willst.« Iwan Zarewitsch setzte sich dem grauen Wolf auf den Rücken; der Wolf flog dahin wie ein Pfeil und kam endlich, ob nach langer, ob nach kurzer Zeit, in das Reich des Zaren Afron. Es war in der Nacht, der Wolf lief geradewegs zu den Reitställen des Zaren und sagte zu Iwan Zarewitsch: »Geh in diese Ställe aus weißem Stein (die Stallknechte schlafen jetzt alle einen festen Schlaf) und führe das Pferd mit der goldenen Mähne heraus. An der Wand hängt ein goldenes Zaumzeug, das darfst du nicht mitnehmen, es würde dir übel bekommen.« Iwan Zarewitsch betrat den Stall aus weißem Stein, holte das Pferd und wollte es schon hinausführen; da erblickte er an der Wand das goldene Zaumzeug und konnte der Versuchung nicht widerstehen. Er nahm es von dem Nagel, aber kaum hielt er es in der Hand, als plötzlich in allen Ställen Dröhnen und Donner ertönten, denn um dieses Zaumzeug waren viele Saiten gespannt. Die Pferdeknechte, die Wache halten sollten, fuhren auf, stürzten herbei, nahmen Iwan Zarewitsch gefangen und führten ihn vor den Zaren Afron. Zar Afron fragte ihn: »Ei, schöner Jüngling, sag mir doch, welchen Vaters Sohn du bist und mit welchem Namen du gerufen wirst.« Iwan Zarewitsch antwortete darauf: »Ich komme aus dem Reich des Zaren Wyslaw. Ich bin der Sohn des Zaren Wyslaw Andronowitsch und werde Iwan Zarewitsch genannt.« – »Ach, Jüngling Iwan Zarewitsch«, sagte Zar Afron, »handelt ein ehrenhafter Ritter so, wie du gehandelt hast? Wärest du zu mir gekommen, hätte ich dir das Pferd mit der goldenen Mähne in Ehren geschenkt. Und wie wird es jetzt aussehen, wenn ich in alle Reiche eine Botschaft sende, daß du in meinem Reich unehrlich gehandelt hast? Höre, Iwan Zarewitsch! Wenn du mir einen Gefallen erweist und hinter die dreimal neun Länder in das dreimal zehnte Reich reitest und die Königstochter Jelena, die Wunderschöne, für mich holst, der ich seit langem von ganzem Herzen und von ganzer Seele zugetan bin, die ich aber nicht erlangen kann, dann will ich dir deine Schuld vergeben und dir das Pferd mit der goldenen Mähne und das goldene Zaumzeug in Ehren schenken. Wenn du mir aber diesen Gefallen nicht tust, werde ich in alle Reiche die Botschaft senden, daß du ein ehrloser Dieb bist und alles aufzählen, was du bei mir Übles getan hast.« Da versprach Iwan Zarewitsch dem Zaren Afron, die Königstochter Jelena, die Wunderschöne, zu holen, verließ den Palast und weinte bitterlich.

So kam er zu dem grauen Wolf und erzählte ihm alles, was sich zugetragen hatte. »Ei, schöner Jüngling Iwan Zarewitsch«, sagte der graue Wolf, »warum hast du auf meinen Rat nicht gehört und das goldene Zaumzeug genommen?« – »Ich habe mich vor dir schuldig gemacht«, sagte Iwan Zarewitsch zu dem Wolf. »Geschehen ist geschehen«, fuhr der graue Wolf fort. »Steige dem grauen Wolf auf den Rücken; ich will dich tragen, wohin du willst.« Iwan Zarewitsch stieg auf den grauen Wolf. Der Wolf flog dahin wie ein Pfeil und kam alsbald, wie es im Märchen heißt, in das Reich der Königstochter Jelena, der Wunderschönen. Er lief bis an ein goldenes Gitter, das einen herrlichen Garten umschloß, und sagte zu Iwan Zarewitsch: »Nun, Iwan Zarewitsch, steig jetzt von dem grauen Wolf ab, geh auf demselben Weg zurück, auf dem wir hierher gekommen sind und erwarte mich unter der grünen Eiche im freien Feld.« Iwan Zarewitsch tat, wie der Wolf ihn geheißen hatte. Der graue Wolf aber ließ sich in der Nähe des goldenen Gitters nieder und wartete, bis die Königstochter Jelena, die Wunderschöne, in den Garten käme und dort lustwandelte. Gegen Abend, als die liebe Sonne im Westen sank und die Luft nicht mehr so heiß war, kam die Königstochter Jelena, die Wunderschöne, mit ihren Wärterinnen und Bojarinnen in den Garten, um zu lustwandeln. Als sie sich im Garten der Stelle näherte, wo der graue Wolf hinter dem Gitter saß, setzte er über das Gitter in den Garten, packte die Königstochter Jelena, die Wunderschöne, sprang über das

Gitter zurück und lief mit ihr davon, so schnell er konnte. Er kam in das freie Feld hinaus, wo Iwan Zarewitsch unter der grünen Eiche wartete, und sprach: »Iwan Zarewitsch, steig ganz schnell dem grauen Wolf auf den Rücken!« Iwan Zarewitsch saß auf, und der graue Wolf trug beide in das Reich des Zaren Afron. Die Ammen und die Wärterinnen und die Bojarinnen, die in dem Garten mit der schönen Königstochter lustwandelten, liefen sogleich in den Palast und schickten Reiter aus, um den grauen Wolf einzuholen; aber so sehr die Verfolger sich auch mühten, sie konnten den grauen Wolf nicht einholen und mußten unverrichteter Dinge zurückkehren.

Iwan Zarewitsch saß neben der schönen Königstochter Jelena auf dem grauen Wolf, gewann sie von Herzen lieb und ihr erging es mit Iwan Zarewitsch nicht anders; und als der graue Wolf in dem Reich des Zaren Afron angekommen war und Iwan Zarewitsch die schöne Königstochter Jelena in den Palast bringen und dem Zaren übergeben mußte, da wurde der Zarewitsch sehr traurig und seine Tränen flossen in Strömen. Der graue Wolf fragte ihn: »Warum weinst du, Iwan Zarewitsch?« – Iwan Zarewitsch antwortete: »Grauer Wolf, mein Freund! Wie soll ich denn nicht weinen und nicht trauern? Ich habe die schöne Königstochter Jelena von ganzem Herzen liebgewonnen und muß sie nun dem Zaren Afron für das Pferd mit der goldenen Mähne geben, und wenn ich das nicht tue, wird der Zar Afron mich in allen Reichen für ehrlos erklären.« – »Ich habe dir schon manchen Dienst erwiesen«, sagte der graue Wolf. »Nun will ich dir auch noch diesen erweisen. Gib acht, Iwan Zarewitsch: Ich werde mich in die schöne Königstochter Jelena verwandeln, du wirst mich zu dem Zaren Afron führen und das Pferd mit der goldenen Mähne bekommen. Er wird mich für die Königstochter halten. Und wenn du auf dem Pferd mit der goldenen Mähne weit fortgeritten bist, werde ich den Zaren Afron um Erlaubnis bitten, ins freie Feld hinauszugehen. Er wird mich mit

Ammen und Wärterinnen und allen Hofbojarinnen gehen lassen, und wenn ich mit ihnen im freien Felde bin und du an mich denkst, werde ich wieder bei dir sein.« Der graue Wolf sprach es, ließ sich auf die feuchte Erde fallen und verwandelte sich in die schöne Königstochter Jelena, so daß niemand merken konnte, daß sie es nicht selbst war. Iwan Zarewitsch nahm den grauen Wolf bei der Hand, begab sich mit ihm in den Palast des Königs Afron, und die schöne Königstochter Jelena mußte unterdessen vor der Stadt warten. Als Iwan Zarewitsch mit der falschen Jelena, der Wunderschönen, zu dem Zaren Afron kam, freute sich dieser über alle Maßen, daß er den Schatz bekam, den er sich so lange gewünscht hatte. Er empfing die falsche Königstochter und übergab Iwan Zarewitsch das Pferd mit der goldenen Mähne. Iwan Zarewitsch saß auf und ritt aus der Stadt hinaus; dort hob er Jelena, die Wunderschöne, vor sich in den Sattel und ritt nach dem Reich des Zaren Dolmat. Der graue Wolf aber lebte bei dem Zaren Afron einen Tag, einen zweiten, einen dritten in der Gestalt der schönen Königstochter Jelena, und am vierten ging er zu dem Zaren Afron und bat, ob er nicht ins freie Feld hinausgehen und das bittere Heimweh vertreiben dürfe. Zar Afron sagte darauf: »Ach, meine schöne Königstochter Jelena! Alles möchte ich für dich tun, ich erlaube dir auch, ins freie Feld hinauszugehen!« Und er befahl sofort den Ammen und den Wärterinnen und allen Hofbojarinnen, die schöne Königstochter auf ihrem Spaziergang zu begleiten.

Unterdessen ritt Iwan Zarewitsch mit Jelena, der Wunderschönen, dahin, unterhielt sich mit ihr und dachte nicht mehr an den grauen Wolf. Doch endlich erinnerte er sich an ihn. »Ach, wo ist jetzt mein grauer Wolf?« Plötzlich, woher auch immer, stand der graue Wolf vor Iwan Zarewitsch und sprach: »Iwan Zarewitsch, steig dem grauen Wolf auf den Rücken, und die schöne Königstochter soll auf dem Pferd mit der goldenen Mähne reiten.« Iwan Zarewitsch stieg auf den grauen Wolf, und so ritten sie in das Reich des Zaren Dolmat.

Ob sie lange ritten oder kurz, endlich hielten sie drei Werst vor der Stadt. Iwan Zarewitsch bat den grauen Wolf: »Ach, grauer Wolf, mein lieber Freund! Du hast mir so viele Dienste erwiesen, erweise mir noch einen letzten: Könntest du dich in ein Pferd mit goldener Mähne verwandeln? Ich kann mich von diesem Pferd mit der goldenen Mähne nicht trennen.« Da ließ sich der graue Wolf auf die feuchte Erde fallen und verwandelte sich in das Pferd mit der goldenen Mähne. Iwan Zarewitsch hieß die schöne Königstochter Jelena auf der grünen Wiese zurückbleiben, schwang sich auf den grauen Wolf und ritt zu dem Palast des Zaren Dolmat. Als er sich dem Palast näherte und der Zar Dolmat sah, daß Iwan Zarewitsch auf dem Pferd mit der goldenen Mähne geritten kam, freute er sich über alle Maßen, empfing den Gast auf seinem weiten Hof, küßte ihn auf den honigsüßen Mund, nahm ihn bei der Hand und führte ihn in die Gemächer aus weißem Stein. Vor lauter Freude befahl der Zar Dolmat, ein Fest zu rüsten, und sie tafelten an Tischen aus Eiche, über die Decken aus Damast gebreitet waren. Sie aßen, tranken, ließen sich ergötzen und unterhalten, zwei volle Tage lang, und am dritten überreichte Zar Dolmat Iwan Zarewitsch den goldenen Käfig. Iwan Zarewitsch nahm den Feuervogel, ging aus der Stadt, stieg zu der schönen Königstochter auf das Pferd mit der goldenen Mähne, und sie ritten nach seinem Vaterland, in das Reich des Zaren Wyslaw Andronowitsch. Zar Dolmat aber beschloß am nächsten Tag, das Pferd mit der goldenen Mähne im Freien zuzureiten. Er befahl, es zu satteln, saß auf und ritt ins freie Feld hinaus. Als das Pferd in Feuer geriet, warf es den Zaren Dolmat ab, verwandelte sich wieder in den grauen Wolf, sprengte davon und holte Iwan Zarewitsch ein. »Iwan Zarewitsch«, sagte er, »steig dem grauen Wolf auf den Rücken, und die Königstochter Jelena, die Wunderschöne, soll auf dem Pferd mit der goldenen Mähne reiten.« Iwan Zarewitsch stieg auf den grauen Wolf, und sie ritten weiter. Als sie zu der Stelle kamen, wo der graue Wolf einst das Pferd von Iwan Zarewitsch gerissen hatte, blieb er stehen und sagte: »So, Iwan Zarewitsch, ich habe dir lange genug treu und ergeben gedient. An dieser Stelle habe ich dein Pferd gerissen, an diese Stelle habe ich dich zurückgebracht. Steig von dem grauen Wolf ab, jetzt hast du das Pferd mit der goldenen Mähne, schwinge dich auf dein Pferd und reite, wohin du willst; ich bin dein Diener nicht länger.« So sprach der graue Wolf und trabte davon; Iwan Zarewitsch weinte um den grauen Wolf, dann machte er sich mit der schönen Königstochter auf den Weg.

Ob sie lange ritten oder kurz, zwanzig Werst vor der Grenze seines Reiches stieg Iwan Zarewitsch ab und legte sich mit der schönen Königstochter unter einem Baum nieder, um in seinem Schatten auszuruhen; das Pferd mit der goldenen Mähne band er an den Baum, den Käfig mit dem Feuervogel stellte er neben sich. So lagen sie in dem weichen Gras und führten manche Liebesrede, bis sie einschliefen. Um dieselbe Zeit kehrten die Brüder von Iwan Zarewitsch, Dimitrij Zarewitsch und Wassilij Zarewitsch, mit leeren Händen in ihr Vaterland zurück. Vergeblich waren sie durch viele Länder gezogen und hatten den Feuervogel gesucht. Unverhofft stießen sie auf ihren Bruder Iwan Zarewitsch, der an der Seite der schönen Königstochter Jelena im Grase schlief. Als sie das Pferd mit der goldenen Mähne und den Feuervogel in dem goldenen Käfig erblickten, wurden sie so von Begierde erfüllt, daß sie beschlossen, ihren Bruder Iwan Zarewitsch zu töten. Dimitrij Zarewitsch zog sein Schwert aus der Scheide, erstach Iwan Zarewitsch und zerstückelte ihn. Darauf weckte er die schöne Königstochter Jelena und begann sie auszufragen: »Schöne Jungfrau, aus welchem Land kommst du? Welchen Vaters Kind bist du? Und wie ist dein Name?« Die schöne Königstochter Jelena erblickte den ermordeten Iwan Zarewitsch, erschrak gewaltig, brach in Tränen aus und sprach unter Tränen: »Ich bin die Königstochter Jelena, die Wunderschöne; Iwan Zarewitsch, den ihr dem argen Tod überantwortet habt, hat mich erlangt. Als wahre Ritter hättet ihr ihn zum Kampf fordern und ihn besiegen müssen, aber ihr habt einen Schlafenden gemordet – welchen Preis verdient ihr? Ein Schlafender ist wie ein Toter!« Darauf richtete Dimitrij Zarewitsch die Spitze seines Schwertes auf das Herz der schönen Königstochter Jelena und sagte: »Höre, Jelena, du Wunderschöne! Jetzt bist du in unserer Gewalt; wir werden dich zu unserm Vater, dem Zaren Wyslaw Andronowitsch, bringen und du wirst ihm sagen, daß wir dich erlangt haben sowie den Feuervogel und das Pferd mit der goldenen Mähne. Und wenn du das nicht sagst, werde ich dich auf der Stelle töten!« Die schöne Königstochter Jelena fürchtete den Tod, versprach ihnen alles und schwur bei allen Heiligen, daß sie alles sagen werde, was sie ihr befahlen. Darauf warfen Dimitrij Zarewitsch und Wassilij Zarewitsch das Los, wem von ihnen die schöne Königstochter Jelena und wem das Pferd mit der goldenen Mähne gehören sollte. Nach dem Los fiel die schöne Königstochter Wassilij Zarewitsch und das Pferd mit der goldenen Mähne Dimitrij Zarewitsch zu. Darauf hob Wassilij Zarewitsch die schöne Königstochter Jelena auf sein braves Pferd, und Dimitrij Zarewitsch bestieg das Pferd mit der goldenen Mähne und nahm den Feuervogel, um ihn seinem Vater, dem Zaren Wyslaw Andronowitsch, zu überreichen. So machten sie sich auf den Weg.

Iwan Zarewitsch blieb unter dem Baum genau dreißig Tage liegen, da kam der graue Wolf vorbeigelaufen und erkannte an dem Geruch, daß es Iwan Zarewitsch war. Er hätte ihm gerne geholfen und ihn wieder lebendig gemacht, aber er wußte nicht, wie er es anstellen sollte. Da sah der graue Wolf einen Raben und zwei Rabenjunge, die über der Leiche kreisten und sich an dem Fleisch von Iwan Zarewitsch satt fressen wollten. Der graue Wolf versteckte sich hinter einem Busch, und sobald die Rabenjungen sich niederließen und an dem Leib des Iwan Zarewitsch hackten, sprang er hinter dem Busch hervor, schnappte ein Rabenjunges und wollte es zerreißen. Da kam der Rabe heruntergeflogen, setzte sich ein gutes Stück weit von dem grauen Wolf auf die Erde und sprach: »He, grauer Wolf! Laß mein Kind fliegen! Es hat dir doch nichts Böses getan.« – »Höre, Rabe Rabowitsch«, antwortete der graue Wolf, »ich werde deinem Kind nichts tun und es gesund und unversehrt fliegen lassen, wenn du mir einen Dienst erweisen willst: Fliege hinter die dreimal neun Länder in das dreimal zehnte Reich und hole mir vom Wasser des Todes und vom Wasser des Lebens.« Der Rabe Rabowitsch antwortete: »Ich will dir diesen Dienst erweisen, aber du darfst meinem Sohn nichts antun.« So sprach er, stieg in die Luft und war bald nicht mehr zu sehen. Am dritten Tag kehrte der Rabe zurück und brachte zwei Fläschchen mit: in dem einen war das Wasser des Lebens, in dem anderen das Wasser des Todes, beide Fläschchen gab er dem grauen Wolf. Der graue Wolf riß das Rabenjunge entzwei, besprengte es mit dem Wasser des Todes, und das Rabenjunge gewann sogleich seine frühere Gestalt zurück, dann besprengte er es mit dem Wasser des Lebens – das Rabenjunge schüttelte sich und flog davon. Dann besprengte der graue Wolf Iwan Zarewitsch mit dem Wasser des Todes – und er nahm seine frühere Gestalt wieder an. Dann besprengte er ihn mit dem Wasser des Lebens – Iwan Zarewitsch erhob sich und sprach: »Ach, habe ich aber lange geschlafen!« Da sagte der graue Wolf zu ihm: »Ja, Iwan Zarewitsch, du schliefest ewig, wenn ich nicht wäre; deine Brüder haben dich getötet und zerstükkelt, die schöne Königstochter Jelena, das Pferd mit der goldenen Mähne und den Feuervogel haben sie mitgenommen. Jetzt mußt du dich beeilen: Heute will dein Bruder Wassilij Zarewitsch sich mit deiner Braut vermählen – mit der schönen Königstochter Jelena. Damit du noch zur rechten Zeit kommst, steige dem grauen Wolf auf den Rücken; ich werde dich hinbringen.« Iwan Zarewitsch stieg auf den grauen Wolf; der Wolf lief mit ihm in das Reich des Zaren Wyslaw Andronowitsch und kam, ob es lange währte oder kurz, bis vor die Stadt. Iwan Zarewitsch stieg von dem grauen Wolf ab, ging in die Stadt hinein und kam zu dem Palast, gerade recht zu der Hochzeit seines Bruders Wassilij Zarewitsch mit der schönen Königstochter Jelena. Sie waren eben von der Trauung zurückgekommen und hatten sich an die Tafel gesetzt. Iwan Zarewitsch betrat das Festgemach, und als Jelena, die Wunderschöne, seiner ansichtig wurde, sprang sie von der Tafel auf, küßte ihn auf den honigsüßen Mund und rief: »Dies ist mein geliebter Bräutigam Iwan Zarewitsch, nicht jener Bösewicht, der dort an der Tafel sitzt!« Darauf erhob sich der Zar Wyslaw Andronowitsch von seinem Thron und fragte die schöne Königstochter Jelena, was ihre Worte zu bedeuten hätten. Jelena, die Wunderschöne, erzählte ihm nun die ganze Wahrheit, wie es sich zugetragen hatte: wie Iwan Zarewitsch sie, das Pferd mit der goldenen Mähne und den Feuervogel erlangt hätte, wie seine älteren Brüder ihn, den Schlafenden, getötet und sie eingeschüchtert und gezwungen hätten, zu sagen, daß alles von ihnen vollbracht worden wäre. Der Zar Wyslaw wurde sehr zornig und befahl, Dimitrij Zarewitsch und Wassilij Zarewitsch in ein Gefängnis zu werfen. Iwan Zarewitsch aber heiratete die schöne Königstochter Jelena, und sie lebten in Eintracht und Liebe und konnten nicht einen Augenblick ohne einander sein.

Der Feuervogel und Wassilissa Zarewna

In einem Reich, hinter den dreimal neun Ländern, in dem dreimal zehnten Land, lebte einmal ein großer und mächtiger Zar. Dieser Zar hatte einen tapferen Strelitzen, und der tapfere Strelitz hatte ein Heldenpferd. Eines Tages ritt der Strelitz auf seinem Heldenpferd in den Wald, um zu jagen; er ritt über einen Weg, er ritt über einen breiten Weg und sah auf einmal auf dem Weg eine goldene Feder des Feuervogels. Die

Feder leuchtete wie ein brennendes Feuer! Das Heldenpferd sprach: »Rühr die goldene Feder nicht an; wenn du sie anrührst, wirst du das Leid kennenlernen!« Der brave Strelitz überlegte: Soll er die Feder aufnehmen oder nicht? Hebt er die Feder auf und schenkt er sie dem Zaren, ist ihm ein reicher Lohn gewiß; und wer möchte auf die Gunst des Zaren verzichten?

Der Strelitz hörte nicht auf sein Pferd, er hob die Feder des Feuervogels auf, ging zu dem Zaren und überreichte ihm die Feder. »Hab Dank«, sagte der Zar. »Aber wenn du mir schon eine Feder des Feuervogels bringst, so mußt du mir auch den ganzen Vogel bringen. Und wenn du ihn mir nicht bringst – das Schwert, das schwingt, ist mein, der Kopf, der rollt, ist dein!« Der Strelitz weinte bittere Tränen und begab sich zu seinem Heldenroß. »Warum weinst du, Herr?« – »Der Zar hat mir befohlen, ihm den Feuervogel zu bringen.« – »Ich habe dir doch gesagt: Wenn du die Feder anrührst, wirst du das Leid kennenlernen! Aber fürchte dich nicht, gräme dich nicht: Dies ist nicht die große Not, die große Not kommt noch! Geh zu dem Zaren und bitte ihn, daß bis morgen hundert Säcke vom besten Sommerweizen über das freie Feld verstreut werden.« Der Zar befahl, hundert Säcke vom besten Sommerweizen über das freie Feld zu verstreuen.

Am nächsten Tag ritt der brave Strelitz bei Sonnenaufgang auf dieses Feld hinaus, stieg ab, ließ sein Pferd frei laufen und versteckte sich hinter einem Baum. Plötzlich rauschte der Wald, das Meer schäumte auf – der Feuervogel kam geflogen; er kam geflogen, ließ sich auf dem Feld nieder und begann, den Weizen aufzupicken. Das Heldenpferd näherte sich dem Feuervogel, trat mit dem Huf auf einen Flügel und drückte ihn fest gegen die Erde; der Strelitz sprang hinter dem Baum hervor, lief herbei und band dem Feuervogel die Flügel und die Beine mit Stricken zusammen, schwang sich auf das Pferd und sprengte zum Palast. Er brachte dem Zaren den Feuervogel; der Zar betrachtete ihn, freute sich, dankte dem Strelitzen für seinen Eifer, zeichnete ihn durch eine Beförderung aus und stellte ihm sogleich die nächste Aufgabe: »Du hast es verstanden, den Feuervogel zu holen. Nun mußt du mir die Braut holen. Hinter den dreimal neun Ländern, genau am Rande der Welt, dort, wo die rote Sonne aufsteigt, lebt Wassilissa Zarewna – die will ich haben. Wenn du sie mir bringst, werde ich dich reich mit Gold und Silber belohnen, und wenn du sie mir nicht bringst – das Schwert, das schwingt, ist mein, der Kopf, der rollt, ist dein!« Der brave Strelitz weinte bittere Tränen und begab sich zu seinem Heldenpferd. »Warum weinst du, Herr?« fragte das Pferd. »Der Zar hat befohlen, Wassilissa Zarewna zu holen.« – »Fürchte dich nicht, gräme dich nicht: Dies ist nicht die große Not, die große Not kommt noch! Geh zu dem Zaren und bitte ihn um ein Zelt mit einem goldenen Zwiebeldach und allerlei Speise und Trank für den Weg.« Der Zar gab ihm Speise und Trank für den Weg und ein Zelt mit einem goldenen Zwiebeldach. Der brave Strelitz schwang sich auf sein Heldenpferd und ritt hinter die dreimal neun Länder; ob er lange ritt oder kurz – eines Tages kam er an den Rand der Welt, dorthin, wo die rote Sonne aus dem blauen Meer aufsteigt. Da sah er, wie auf dem blauen Meer die Zarentochter Wassilissa in einem silbernen Nachen fuhr und mit einem goldenen Ruder ruderte. Der tapfere Strelitz ließ sein Pferd in den grünen Wiesen weiden, sich an dem frischen Gras laben. Er schlug das Zelt mit dem goldenen Zwiebeldach auf, stellte allerlei Speise und Trank auf, setzte sich, schmauste und wartete auf Wassilissa.

Wassilissa sah das goldene Zwiebelchen, ruderte ans Ufer, stieg aus dem Nachen aus und staunte über das Zelt: »Sei willkommen, Wassilissa Zarewna«, sagte der Strelitz, »verschmähe nicht mein Brot und Salz und koste von meinen fremdländischen Weinen!« Wassilissa betrat das Zelt; sie tafelten und unterhielten sich aufs beste. Die Zarentochter trank ein Glas von dem fremdländischen Wein, es machte sie trunken und sie fiel in einen tiefen Schlaf. Der brave Strelitz rief sein Pferd herbei, das Pferd war sogleich zur Stelle; im Nu schlug der Strelitz das Zelt mit dem goldenen Zwiebeldach ab, schwang sich auf sein Pferd, legte die schlummernde Wassilissa Zarewna vor sich auf den Sattel und flog dahin wie ein Pfeil.

Er kam zum Zaren; als dieser Wassilissa Zarewna sah, freute er sich über alle Maßen, dankte dem Strelitzen für seine treuen Dienste, belohnte ihn reich mit Gold und beförderte ihn zu einem hohen Rang. Wassilissa Zarewna erwachte, sah, daß sie weit, weit fort war von dem blauen Meer, und begann zu weinen und zu trauern, und bald sah sie ganz vergrämt aus; wie oft der Zar ihr auch zuredete – alles war vergeblich.

Endlich wollte der Zar sie zur Frau nehmen, aber sie sagte: »Derjenige, der mich hierher gebracht hat, soll zum blauen Meer reiten, mitten im Meer liegt ein großer Stein, unter dem Stein liegt mein Hochzeitskleid – ohne dieses Kleid werde ich niemals heiraten!« Der Zar ließ sogleich den braven Strelitzen kommen: »Reite, so schnell du kannst, an den Rand der Welt, dorthin, wo die rote Sonne aufgeht; dort liegt mitten im blauen Meer ein großer Stein, und unter dem großen Stein liegt Wassilissas Hochzeitskleid. Hol dieses Kleid und bring es her; es soll Hochzeit gehalten werden! Wenn du es bringst, werde ich dich noch reicher belohnen. Bringst du es nicht – das Schwert, das schwingt, ist mein, der Kopf, der rollt, ist dein!« Der Strelitz weinte bittere Tränen und begab sich zu seinem Pferd. »Jetzt ist mir der Tod sicher«, dachte er. »Warum weinst du, Herr?« fragte das Pferd. »Der Zar hat mir befohlen, Wassilissas Hochzeitskleid vom Meeresgrund zu holen.« – »Habe ich dir nicht gesagt: Rühr die goldene Feder nicht an, sonst wirst du das Leid kennenlernen! Aber fürchte dich nicht: Dies ist nicht die große Not, die große Not kommt noch! Steig auf, ich bringe dich zu dem blauen Meer.«

Ob sie lange ritten oder kurz – schließlich kam der tapfere Strelitz an den Rand der Welt und hielt am Ufer des Meeres;

das Heldenpferd sah, daß ein riesiger Seekrebs über den Sand kroch und setzte seinen schweren Huf auf seinen Hals. Da sagte der Seekrebs: »Laß mir das Leben und gib mir nicht den Tod! Ich will alles tun, was du von mir verlangst.« Da antwortete das Pferd: »Mitten im blauen Meer liegt ein großer Stein, unter dem Stein liegt Wassilissas Hochzeitskleid; hol dieses Kleid!« Der Krebs ließ einen lauten Ruf erschallen, der im ganzen blauen Meer zu hören war. Sogleich wallte das Meer auf, von allen Seiten kamen große und kleine Krebse auf das Ufer gekrochen – unübersehbar viele! Der älteste Krebs gab ihnen den Befehl, sie tauchten wieder unter, und als eine Stunde vergangen war, zogen sie vom Meeresgrund, unter dem großen Stein hervor, das Hochzeitskleid von Wassilissa Zarewna ans Ufer.

Der tapfere Strelitz ritt zurück und brachte dem Zaren Wassilissas Kleid; aber Wassilissa verlangte einen neuen Aufschub: »Ich werde dich nicht heiraten«, sagte sie zu dem Zaren, »solange du deinem Strelitzen nicht befiehlst, in kochendem Wasser zu baden.« Der Zar befahl, einen eisernen Kessel mit Wasser zu füllen, es zum Kochen zu bringen und den Strelitzen in das siedende Wasser zu werfen. Alles war bereit, das Wasser kochte so stark, daß es nur so sprudelte und spritzte; der arme Strelitz wurde geholt. »Nun kommt die große Not«, dachte er, »ach, warum habe ich nur die goldene Feder des Feuervogels aufgehoben? Warum habe ich nicht auf mein Pferd gehört?« Er erinnerte sich an sein Pferd und bat den Zaren: »Gnädigster Zar! Erlaube mir, bevor ich sterbe, von meinem Pferd Abschied zu nehmen.« – »Gut, geh und nimm Abschied.« Der Strelitz kam zu seinem Heldenpferd und weinte bittere Tränen. »Warum weinst du, Herr?« – »Der Zar hat mir befohlen, in siedendem Wasser zu baden.« – »Fürchte dich nicht und weine nicht, du wirst am Leben bleiben!« sagte das Pferd und besprach den Strelitzen, damit das siedende Wasser seinem weißen Leibe nichts anhaben könne. Als der Strelitz aus dem Pferdestall zurückkam,

385

packten ihn die Knechte an Händen und Füßen und warfen ihn in den Kessel; er tauchte einmal unter, er tauchte noch einmal unter, dann sprang er aus dem Kessel und war ein so schöner Jüngling, wie man es nicht im Märchen erzählen und nicht mit der Feder beschreiben könnte! Der Zar sah seine wunderbare Verwandlung und wollte ebenfalls in dem siedenden Wasser baden; er war töricht genug, in den Kessel zu klettern, wo er sogleich umkam. Der Zar wurde beerdigt, und der tapfere Strelitz zum Zaren gewählt. Er heiratete Wassilissa Zarewna, und sie lebten lange Jahre in Liebe und Eintracht.

Das Märchen von dem jungen Recken und dem Wasser des Lebens

Es lebten einmal ein Zar und eine Zarin, die hatten drei Söhne. Eines Tages schickte der Zar seine Söhne aus, sie sollten seine Jugend suchen. Die Zarensöhne brachen auf und kamen an einen Pfahl, an dem sich der Weg gabelte. Auf dem Pfahl stand geschrieben: »Gehst du rechts, wirst du satt, dein Pferd aber bleibt hungrig; gehst du links, bleibst du hungrig, dein Pferd aber wird satt; gehst du geradeaus, erwartet dich der sichere Tod.« Der älteste Zarensohn ritt nach rechts, der mittlere nach links und der jüngste geradeaus. Ob nun der jüngste Bruder lange ritt oder kurz – auf einmal tat sich vor ihm ein tiefer Graben auf. Er überlegte nicht lange, was er tun sollte; er schlug ein Kreuz, gab seinem Pferd die Peitsche, setzte hinüber und sah ein kleines Häuschen dicht an dem Rand eines dunklen Waldes. Das Häuschen stand auf Hühnerbeinen. »Häuschen, Häuschen! Dreh dich mit dem Hintern zum Wald, mit der Tür zu mir.« Das Häuschen drehte sich. Der Zarewitsch trat ein: Dort saß die Baba Jaga. »Pfui, pfui«, sagte sie, »bislang war vom Russen nichts zu sehen und nichts zu hören. Nun kommt ein Russe leibhaftig und springt mir von selbst ins Maul. Was willst du, junger Recke, fliehst du die Tat oder suchst du die Tat?« – »He, alte Vogelscheuche! Hättest du nichts gesagt, so hätte ich nichts gehört. Du sollst mich vorher essen und trinken lassen und erst dann ausfragen.« Die Baba Jaga gab ihm zu essen und zu trinken, fragte ihn aus und gab ihm ihr geflügeltes Pferd: »Jetzt mußt du zu meiner mittleren Schwester reiten, Väterchen.«

Ob er lange ritt oder kurz – schließlich sah er ein Häuschen; er trat ein: Dort saß die Baba Jaga: »Pfui, pfui! Bislang war vom Russen nichts zu sehen und nichts zu hören. Nun kommt ein Russe leibhaftig und springt mir von selbst ins Maul. Was willst du, junger Recke, fliehst du die Tat oder suchst du die Tat?« – »He, Tante! Gib mir zu essen und zu trinken, dann kannst du mich ausfragen.« Sie gab ihm zu essen und zu trinken und fragte ihn dann aus: »Was führt dich in dieses ferne Land?« – »Mein Vater hat mich ausgeschickt, seine Jugend zu suchen.« – »Dann gebe ich dir mein bestes Pferd, du mußt zu meiner ältesten Schwester reiten.« Ohne zu zögern, machte sich der Zarewitsch auf den Weg. Ob er nun lange ritt oder kurz – er kam abermals an ein Häuschen auf Hühnerbeinen. »Häuschen, Häuschen, dreh dich zu mir mit der Tür, zum Wald mit dem Hintern.« Iwan Zarewitsch trat ein. Dort saß die Baba Jaga. »Pfui, pfui!« sagte sie, »bislang war vom Russen nichts zu sehen und zu hören. Nun kommt ein Russe leibhaftig und springt mir von selbst ins Maul. Was willst du, junger Recke, fliehst du die Tat oder suchst du die Tat?« – »He, alte Vogelscheuche! Du hast mir nichts zu essen und zu trinken vorgesetzt und fragst mich schon aus!« Die Baba Jaga gab ihm zu essen und zu trinken, fragte ihn aus und gab ihm ein Pferd, das noch besser war als die beiden ersten: »Reite mit Gott! Unweit von hier liegt ein Reich – du darfst nicht durch das Tor reiten, es wird von Löwen bewacht. Du mußt deinem Pferd die Peitsche geben und über den Zaun setzen, aber gib acht auf die Saiten und bleibe ja nicht hängen, sonst gerät das ganze Reich in Aufruhr, und dann ist es um dich geschehen! Wenn du über den Zaun gesetzt hast, geh sofort in den Palast – geradewegs in das hinterste Zimmer. Öffne ganz leise die Tür, dahinter schläft die Zar-Jungfrau; das Fläschchen mit dem Wasser des Lebens ist unter ihrem Kopfkissen versteckt. Nimm das Fläschchen an dich und eile zurück, laß dich nicht von ihrer Schönheit betören!«

Der Zarewitsch tat genau so, wie ihn die Baba Jaga lehrte – nur in einem versah er es – er ließ sich von der Schönheit der Jungfrau betören... Als er sich auf sein Roß schwang, knickten die Beine des Pferdes ein, als er über den Zaun setzte, stieß er an eine Saite. Im Nu war das ganze Reich auf den Beinen. Die Zar-Jungfrau erwachte und befahl, ihr Pferd zu satteln; aber die Baba Jaga wußte schon, was dem jungen Recken widerfahren war, und traf ihre Anstalten, um die richtige Antwort zu geben; kaum hatte sie den Zarewitsch verabschiedet, als die Zar-Jungfrau angebraust kam. Als sie in das Haus trat, war das Haar der Baba Jaga wirr und zerzaust. Die Zar-Jungfrau sagte: »Wie konntest du es wagen, diesen Taugenichts in mein Reich hereinzulassen? Er fragte nicht und trank von meinem Kwas, verschwand und ließ zurück das angebrochne Faß.« – »Mütterchen, Zar-Jungfrau! Sieh doch mein Haar, wie zerzaust es ist: Ich habe lange mit ihm gerungen, aber ich kam gegen ihn nicht an.« Die beiden anderen Baba Jagas sagten dasselbe. Die Zar-Jungfrau ritt dem Zarewitsch nach und wollte ihn schon ergreifen, da setzte er über den Graben. Die Zar-Jungfrau rief ihm nach: »Erwarte mich in drei Jahren; ich werde auf einem Schiff kommen.« Vor lauter Freude merkte der Zarewitsch nicht, wie er zu einem Pfahl kam und nach links abbog; er gelangte auf einen silbernen Berg – auf dem Berg stand ein Zelt, vor dem Zelt stand ein Pferd, das fraß Sommerweizen und trank Honigwasser, und in dem Zelt ruhte ein junger Recke – sein leiblicher Bruder. Der jüngste Zarewitsch sagte: »Wir wollen unseren ältesten Bruder suchen.« Sie sattelten ihre Pferde und ritten nach rechts; sie gelangten zu einem goldenen Berg – auf dem Berg stand ein Zelt, vor dem Zelt stand ein Pferd, das fraß Sommerweizen und trank Honigwasser, und in dem Zelt ruhte ein junger Recke – ihr ältester Bruder. Sie weckten ihn und ritten zusammen zu dem Pfahl zurück, wo sich die drei Wege trafen; dort stiegen sie ab und wollten sich ausruhen. Die beiden älteren Brüder fragten den jüngsten: »Hast du unseres Vaters Jugend gefunden?« – »Ich habe sie gefunden.« – »Wo hast du sie gefunden und wie?« Er erzählte ihnen, wie sich alles zugetragen hatte, legte sich ins Gras und schlief ein. Die Brüder zerstückelten ihn und verstreuten seinen Leib über das ganze Feld; dann nahmen sie das Fläschchen mit dem Wasser des Lebens an sich und begaben sich zu ihrem Vater.

Auf einmal kam der Feuervogel geflogen, er trug die über das Feld verstreuten Stücke zusammen, so daß sie sich zu der Menschengestalt zusammenfügten; dann brachte er in seinem Schnabel von dem Wasser des Todes, besprengte die Stücke – und sie wuchsen zusammen. Er brachte von dem Wasser des Lebens, besprengte die Gestalt – und der Zarewitsch wachte auf, erhob sich und sagte: »Wie lange habe ich geschlafen!« Der Feuervogel antwortete: »Du schliefest ewig, wenn ich nicht wäre!« Der Zarewitsch dankte ihm und begab sich nach Hause; sein Vater zürnte ihm und verbannte ihn vom Hof; da hatte der Zarewitsch drei Jahre lang kein Dach über dem Kopf.

Als drei Jahre vorüber waren, kam die Zar-Jungfrau auf einem Schiff gefahren und sandte dem Zaren einen Brief, er solle ihr den Schuldigen ausliefern; wenn er sich widersetze, würde sie sein ganzes Reich zerstören und niederbrennen. Der Zar schickte seinen ältesten Sohn zu ihr; er kam zu dem Schiff. Die beiden Knaben, die Söhne der Zar-Jungfrau, sahen ihn und fragten ihre Mutter: »Ist das vielleicht unser Vater?« – »Nein, das ist euer Onkel.« – »Wie sollen wir ihn empfangen?« – »Nehmt jeder eine Peitsche und gebt ihm damit das Ehrengeleit!« So mußte der älteste Zarewitsch einen ruhmlosen Rückzug antreten! Die Zar-Jungfrau drohte abermals und verlangte nach dem Schuldigen! Der Zar schickte seinen mittleren Sohn – aber dem erging es nicht anders als dem ältesten.

Da befal der Vater, den jüngsten Zarewitsch zu suchen, und als er gefunden war, wollte ihn der Vater auf das Schiff zu der Zar-Jungfrau schicken. Aber der Zarewitsch sagte: »Ich gehe erst dann, wenn eine Brücke aus Kristall gebaut wird, vom Ufer bis zum Schiff, und wenn auf der Brücke allerlei köstliche Speisen und Getränke aufgetragen werden.« Was sollte man tun? Die Brücke wurde gebaut, köstliche Speisen zubereitet, Wein und Met herbeigefahren. Der Zarewitsch rief seine Freunde zusammen und sagte: »Gebt mir das Geleit, eßt und trinkt nach Herzenslust!« Als er über die Brücke ging, riefen die Knaben: »Mütterchen, wer kommt da?« – »Euer Vater.« – »Wie sollen wir ihn empfangen?« – »Nehmt ihn bei den Händen und führt ihn zu mir.« Da fielen sie einander um den Hals, küßten und liebkosten einander; und dann fuhren sie zu dem Zaren und erzählten ihm, wie sich alles zugetragen hatte. Der Zar jagte seine älteren Söhne aus dem Haus, lebte mit seinem jüngsten in Frieden und in Freude und mehrte das Gute.

Grauchen–Braunchen

Es lebte einmal ein alter Mann. Er hatte drei Söhne, der dritte war der dumme Iwan. Der rührte keinen Finger, saß auf dem Ofen in der Ecke und schneuzte sich. Als es ans Sterben ging, sagte der Vater: »Kinder, wenn ich gestorben bin, muß jeder von euch drei Nächte auf meinem Grab schlafen.« So sprach der Vater und starb. Der Alte wurde beerdigt. Die

Nacht brach an. Der älteste Bruder sollte auf dem Grab schlafen, aber er war zu faul und zu ängstlich und sagte zu seinem jüngsten Bruder: »Dummer Iwan! Geh du doch zu Vaters Grab und übernachte dort statt meiner. Du tust ja sowieso nichts Rechtes!« Der dumme Iwan zog sich an, ging zu dem Grab des Vaters und legte sich nieder; um Mitternacht tat sich das Grab auf, der Alte trat hervor und fragte: »Wer ist da? Bist du es, mein Ältester?« – »Nein, Väterchen! Ich bin's, der dumme Iwan!« Der Alte erkannte ihn und fragte: »Warum ist der Älteste nicht gekommen?« – »Aber er hat ja mich hergeschickt, Väterchen!« – »Nun, dann ist es dein Glück!« Der Alte pfiff nach Reckenart: »Grauchen-Braunchen, wohlberedter Rappe!« Das Grauchen sprengt herbei, die Erde zittert, aus den Augen fliegen Funken, aus den Nüstern steigen Rauchsäulen. »Hier hast du ein gutes Pferd, lieber Sohn, und du, Pferdchen, diene ihm, wie du mir gedient hast.« So sprach der Alte und legte sich wieder in das Grab. Der dumme Iwan streichelte und tätschelte das Grauchen, dann ließ er es laufen und kehrte nach Hause zurück. Zu Hause fragten ihn seine Brüder: »Wie ist es dir heute nacht ergangen, dummer Iwan?« – »Es ist mir sehr gut ergangen, Brüder!« Nun brach die zweite Nacht an. Der mittlere Bruder mochte auch nicht auf dem Grab schlafen und sagte: »Dummer Iwan! Geh du zu Vaters Grab und übernachte dort statt meiner!« Der dumme Iwan sagte kein Wort, zog sich an und machte sich auf den Weg; er kam zu dem Grab, legte sich nieder und erwartete die Mitternacht. Um Mitternacht tat sich das Grab abermals auf, der Vater trat hervor und fragte: »Bist du es, mein mittlerer Sohn?« – »Nein«, sagte der dumme Iwan, »ich bin es wieder, Väterchen!« Der Alte rief mit Reckenstimme und pfiff nach Heldenart: »Grauchen-Braunchen, wohlberedter Rappe!« Das Braunchen sprengt herbei, die Erde zittert, aus den Augen schlagen Flammen, aus den Nüstern steigen Rauchsäulen. »Nun, Braunchen, du hast mir gedient, so diene jetzt meinem Sohn. Nun geh!« Das Braunchen verschwand. Der Alte legte sich in das Grab, und der dumme Iwan ging nach Hause. Seine Brüder fragten abermals: »Wie ist es dir heute nacht ergangen, dummer Iwan?« – »Es ist mir sehr gut ergangen, Brüder!« In der dritten Nacht war Iwan an der Reihe; er wartete nicht, bis sie ihn schickten, zog sich an und machte sich auf den Weg. Er lag auf dem Grab; um Mitternacht stieg der Alte abermals heraus und wußte schon, daß es sein Jüngster war. Der Alte rief mit Reckenstimme und pfiff nach Heldenart: »Grauchen-Braunchen, wohlberedter Rappe!« Der Rappe sprengt herbei, die Erde zittert, aus den Augen schlagen Flammen und aus den Nüstern steigen Rauchsäulen. »Nun, Rappe, du hast mir gedient, so diene jetzt auch meinem Sohn.« Der Alte sprach's, nahm Abschied von dem dummen Iwan und legte sich ins Grab. Der dumme Iwan streichelte den Rappen, betrachtete ihn von allen Seiten und ließ ihn laufen; dann kehrte er nach Hause zurück. Abermals fragten ihn die Brüder: »Wie ist es dir heute nacht ergangen, dummer Iwan?« – »Es ist mir sehr gut ergangen, Brüder!«

Und so lebten sie dahin; zwei Brüder arbeiteten, und der dumme Iwan rührt keinen Finger. Plötzlich wurde überall ausgerufen: »Wer an dem Palast des Zaren hochspringt und das Bildnis der Zarentochter herunterholt, der bekommt sie zur Frau.« Die Brüder wollten dabei sein und zuschauen. Der dumme Iwan saß auf dem Ofen in der hintersten Ecke und sprach: »Brüder, gebt mir doch auch ein Pferd, ich möchte auch dabei sein.« – »Was?«, sagten die Brüder ärgerlich. »Bleib doch auf dem Ofen hocken, Dummkopf! Was willst du dort? Vielleicht die Leute zum Lachen bringen?« Der dumme Iwan aber gab sich nicht zufrieden, und die Brüder mußten nachgeben: »Dann nimm die dreibeinige Mähre, Dummkopf!«

Sie ritten davon. Sobald sie fort waren, ritt der dumme Iwan in das freie Feld, in die offene Weite hinaus. Er stieg von der Mähre ab, schlachtete sie, zog ihr die Haut ab, hing die

Haut über den Weidenzaun, das Fleisch aber ließ er liegen; dann rief er mit Reckenstimme und pfiff nach Heldenart: »Grauchen-Braunchen, wohlberedter Rappe!« Das Grauchen kommt gelaufen, die Erde zittert, aus den Augen schlagen Flammen und aus den Nüstern steigen Rauchsäulen. Der dumme Iwan kletterte in ein Öhrchen hinein und aß und trank nach Herzenslust. Er kletterte zum anderen Öhrchen hinaus und war so schön gekleidet und sah so prächtig aus, daß nicht einmal seine Brüder ihn erkannt hätten! Er schwang sich auf das Grauchen und ritt zum Palast, um das Bildnis herunterzuholen. Dort hatte sich eine Menge Volks versammelt; als sie den schmucken Reiter sahen, staunten alle über ihn. Der dumme Iwan nahm einen Anlauf, das Pferd erhob sich in die Luft, bis zu dem Bildnis fehlten nur drei Balken. Alle hatten gesehen, woher er kam, aber niemand hat gesehen, wohin er verschwand! Er entließ das Pferd, kehrte nach Hause zurück und kletterte auf den Ofen. Bald kamen auch seine Brüder und erzählten ihren Frauen: »Ach, gute Frauen! Ein Fremder ist dort gewesen, noch nie hat man einen solchen Reiter gesehen! Beinahe hat er das Bildnis heruntergeholt, nur drei Balken haben gefehlt. Alle haben gesehen, woher er kam; aber niemand hat gesehen, wohin er verschwand! Er wird bestimmt wiederkommen...« Der dumme Iwan saß auf dem Ofen und fragte: »War ich es vielleicht, Brüder?« – »Was du nicht sagst! Hock du nur auf dem Ofen und putz dir die Nase!«

Die Zeit vergeht. Ein neuer Aufruf des Zaren. Die Brüder wollten wieder zu dem Palast reiten. Da sagte der dumme Iwan: »Brüder, gebt mir auch ein Pferd!« Sie antworteten: »Bleib zu Hause, Dummkopf! Jetzt willst du noch ein zweites Pferd zuschanden reiten!« Aber nein, Iwan gab sich nicht zufrieden, und die Brüder erlaubten ihm, diesmal die lahme Stute zu nehmen. Er tat mit ihr das nämliche wie mit der ersten: er schlachtete sie, hing die Haut über den Weidenzaun und ließ das Fleisch liegen; dann pfiff er nach Heldenart und rief mit Reckenstimme: »Grauchen-Braunchen, wohlberedter Rappe!« Das Braunchen kommt gelaufen, aus den Augen schlagen Flammen, aus den Nüstern steigen Rauchsäulen. Der dumme Iwan kletterte ins rechte Ohr hinein und kleidete sich um, er kletterte aus dem linken heraus und war ein schöner Jüngling, schwang sich aufs Pferd und ritt davon; zwei Balken fehlten nur noch bis zu dem Bildnis. Alle hatten gesehen, woher er kam, aber niemand hat gesehen, wohin er verschwand. Er entließ das Braunchen, kehrte nach Hause zurück, kletterte auf den Ofen und wartete auf seine Brüder. Die Brüder kamen nach Hause und sagten: »Ihr guten Frauen! Der junge Held war dort, beinah hat er das Bildnis heruntergeholt, es fehlten nur zwei Balken.« Der dumme Iwan sagte: »Brüder, war ich es vielleicht?« – »Sei du nur still, Dummkopf! Wie, zum Teufel, solltest du dort gewesen sein?«

Nach kurzer Zeit kam wieder ein Aufruf des Zaren. Die Brüder wollten wieder hinreiten, und der dumme Iwan bat: »Ach, Brüder, gebt mir doch irgendein Pferd; ich möchte auch hinreiten und zugucken!« – »Bleib zu Hause, Dummkopf! Wieviele von unseren Pferden willst du noch zu Tode schinden?« Sie wollten und wollten es nicht erlauben, aber schließlich gestatteten sie Iwan, die Schindmähre zu nehmen, dann ritten sie fort. Der dumme Iwan tat mit ihr das nämliche wie mit den beiden ersten: er schlachtete sie und ließ sie liegen. Dann pfiff er nach Heldenart und rief mit Reckenstimme: »Grauchen-Braunchen, wohlberedter Rappe!« Der Rappe kommt gelaufen, die Erde zittert, aus den Augen schlagen Flammen, aus den Nüstern steigen Rauchsäulen. Der dumme Iwan kletterte in ein Öhrchen hinein, aß und trank nach Herzenslust. Er kletterte aus dem anderen heraus und war ein prächtig gekleideter Jüngling. Dann saß er auf und ritt davon. Als er an dem Palast des Zaren ankam, holte er sogleich das Bildnis und das Tuch herunter. Alle hatten gesehen, woher er kam, aber keiner hat gesehen, wohin er verschwand! Er entließ den Rappen, kehrte nach Hause zurück, kletterte auf den Ofen und wartete auf seine Brüder. Die Brüder kamen und erzählten: »So, ihr Frauen, der Reiter kam heute angesprengt und riß das Bildnis herunter.« Der dumme Iwan hockte auf dem Ofen und sagte: »Brüder, war ich es vielleicht?« – »Schweig still, Dummkopf! Wie, zum Teufel, solltest du dort gewesen sein!«

Nach einiger Zeit gab der Zar einen Ball und lud alle Bojaren, Woiwoden, Fürsten, Ratsherren, Senatoren, Kaufleute, Kleinbürger und Bauern ein. Auch Iwans Brüder kamen; der dumme Iwan folgte ihnen auf dem Fuß, versteckte sich auf dem Ofen, staunte und sperrte den Mund auf. Die Zarentochter ging unter den Gästen herum, bot jedem Bier an und wartete, ob sich nicht jemand den Mund mit ihrem Tuch wischen würde – daran hätte sie ihren Bräutigam erkannt. Aber keiner wischte sich den Mund; den dummen Iwan hat sie nicht gesehen und hat ihm nichts angeboten. Die Gäste verabschiedeten sich. Am nächsten Tag lud der Zar abermals zu einem Ball ein; und wieder wurde der Reiter nicht gefunden, der das Tuch heruntergeholt hatte. Am dritten Tag reichte die Zarentochter abermals den Gästen Bier; allen bot sie einen Becher an, aber keiner wischte sich den Mund mit ihrem Tuch. »Wie kommt es«, dachte die Zarentochter, »daß mein Bräutigam, den mir der Himmel bestimmt hat, nicht unter den Gästen ist?« Sie sah hinter den Kamin und entdeckte den dummen Iwan; seine Kleider waren schäbig, das Gesicht war mit Ruß beschmiert und das Haar zerzaust. Sie schenkte ein Glas Bier ein und bot es ihm an, die Brüder sahen es und dachten: »Die Zarentochter läßt auch unsern Tölpel nicht aus!« Der dumme Iwan leerte das Glas und wischte sich den Mund mit dem Tuch. Die Zarentochter freute sich, nahm ihn bei der Hand und führte ihn zu ihrem Vater: »Väterchen, hier ist mein Bräutigam, den mir das Schicksal bestimmt hat.« Den Brüdern gab es einen Stich ins Herz, sie sagten: »Was meint die Zarentochter? Hat sie den Verstand verloren? Sie will unsern Tölpel heiraten!« Da gab es nicht viel zu reden: Ein fröhliches Fest wurde gefeiert und Hochzeit gehalten! Von nun an war unser Iwan nicht mehr der Dumme, sondern der Schwiegersohn des Zaren, er wusch sich, putzte sich heraus und sah stattlich und ansehnlich aus – die Leute auf der Straße kannten ihn nicht wieder! Da erst verstanden die Brüder, was für eine Bewandtnis es damit hat, auf dem Grabe des Vaters zu übernachten.

Das Schweinchen mit den goldenen Borsten, die Ente mit den goldenen Federn, der Hirsch mit dem goldenen Geweih und das Pferd mit der goldenen Mähne

Es lebten einmal ein Mann und eine Frau, die hatten drei Söhne. Zwei waren gescheit, der dritte war dumm. Der Alte und die Alte starben. Auf seinem Totenbett sprach der Vater: »Meine lieben Kinder! Ihr müßt drei Nächte auf meinem Grabe wachen.« Sie warfen das Los; der Dumme mußte wachen. Der Dumme ging zu dem Grab, um zu wachen; um Mitternacht kam sein Vater und fragte: »Wer sitzt da?« – »Ich, Väterchen, der Dumme.« – »Recht so, mein liebes Kind. Der Herr sei mit dir!« In der zweiten Nacht mußte der älteste Bruder an dem Grab Wache halten. Er bat den Dummen: »Geh du, Dummkopf, und wache diese Nacht statt meiner; du kannst dir dafür etwas wünschen.« – »Es ist leicht gesagt: ›Geh hin!‹ Dort hüpfen die Toten herum . . .« – »Geh, geh hin! Ich werde dir rote Stiefel kaufen!« Dem Dummen fiel keine Ausrede ein und er mußte die zweite Nacht am Grab wachen. Er hatte eine Weile auf dem Grab gesessen, als sich plötzlich die Erde auftat, sein Vater herauskam und fragte: »Wer sitzt da?« – »Ich, Väterchen, der Dumme.« – »Recht so, mein liebes Kind. Der Herr sei mit dir!«

In der dritten Nacht sollte der mittlere Bruder gehen, aber er bat den Dummen: »Sei so gut, geh du hin und wache statt meiner; du kannst dir dafür etwas wünschen!« – »Es ist leicht gesagt: ›Geh hin!‹ Die erste Nacht war zum Fürchten und die zweite noch schlimmer: Die Toten schreien und prügeln sich, und ich muß die ganze Nacht mit den Zähnen klappern!« – »Geh hin, ich werde dir eine rote Mütze kaufen.« Er saß auf dem Grab, da tat sich plötzlich die Erde auf, sein Vater trat hervor und fragte: »Wer sitzt da?« – »Ich bin es, der Dumme.« – »Recht so, mein liebes Kind. Der Herr sei mit dir! Hier, nimm meinen väterlichen Dank und Segen.« Mit diesen Worten gab er ihm drei Roßhaare. Der Dumme ging in die Bannwiesen, sengte die drei Roßhaare an und rief mit lauter Stimme: »Grauchen–Braunchen, wohlberedter Fuchs, Väterchens Segen! Steh vor mir, wie das Blatt vor dem Halm!« Grauchen–Braunchen, wohlberedter Fuchs, kommt gelaufen, aus dem Maul schlagen Flammen, aus den Ohren quillt dichter Rauch; es stand vor ihm wie das Blatt vor dem Halm. Der Dumme kletterte in das linke Öhrchen hinein – er trank und aß nach Herzenslust; er kletterte in das rechte hinein – da legte er farbenprächtige Kleider an und sah so stattlich aus, wie man es sich nicht denken, wünschen oder ausmalen kann.

Am nächsten Morgen ließ der Zar ausrufen: »Wer mit seinem Pferd einen Anlauf nimmt und meine Tochter Milolika küssen kann, die drei Treppen hoch am Fenster ihres Stübchens sitzt, der bekommt sie zur Frau.« Sie wollten hingehen und den Dummen mitnehmen: »Komm mit, Dummkopf!« – »Nein, ich will nicht. Ich will lieber ins Feld gehen, einen Korb mitnehmen und Dohlen jagen – das gibt Hundefutter!« Er ging ins freie Feld hinaus, sengte die drei Roßhaare an und rief: »Grauchen–Braunchen, wohlberedter Fuchs, meines Vaters Segen! Steh vor mir, wie das Blatt vor dem Halm!« Grauchen–Braunchen, wohlberedter Fuchs, kommt gelaufen, aus dem Maul schlagen Flammen, aus den Ohren quillt dichter Rauch. Das Pferd stand vor ihm, wie das Blatt vor dem Halm. Der Dumme kletterte in das linke

Öhrchen hinein – er aß und trank nach Herzenslust; er kletterte in das rechte hinein – da legte er farbenprächtige Kleider an und sah so stattlich aus, wie man es sich nicht denken, wünschen oder ausmalen kann. Er saß auf, schwang den Arm, spornte das Pferd und flog dahin. Die Erde zitterte, der Pferdeschweif wehte über Berg und Tal, keinen Baumstumpf, keinen Baumstamm streifte ein Huf. Er sprang ein Stockwerk hoch, zwei fehlten, und er ritt zurück.

Die Brüder kamen nach Hause. Der Dumme lag oben auf der Pritsche; sie sagten zu ihm: »Ach, du Dummkopf! Warum bist du nicht mitgekommen? Ein Reiter war dort – so prächtig, wie man ihn sich nicht denken, wünschen oder ausmalen kann!« – »Bin ich es vielleicht gewesen?« – »Woher hättest du ein solches Pferd bekommen können? Putz dir vorher die Nase!« Am nächsten Morgen wollten die älteren Brüder wieder zu dem Palast des Zaren gehen und den Dummen mitnehmen: »Komm doch mit, Dummkopf; gestern war ein prächtiger Reiter da, heute wird ein noch besserer kommen!« – »Nein, ich will nicht. Ich will lieber ins Feld gehen, einen Korb mitnehmen, Dohlen jagen und sie nach Hause bringen – das gibt Hundefutter!« Er ging ins freie Feld hinaus, sengte die drei Roßhaare an und rief mit lauter Stimme: »Grauchen-Braunchen, wohlberedter Fuchs! Steh vor mir wie das Blatt vor dem Halm!« Der Dumme kletterte in das linke Öhrchen hinein – er aß und trank nach Herzenslust; er kletterte in das rechte hinein – da legte er farbenprächtige Kleider an und sah so stattlich aus, wie man es sich nicht denken, wünschen oder ausmalen kann. Er saß auf, schwang den Arm, spornte das Pferd, sprang zwei Stockwerke hoch, eins fehlte noch, und er kehrte zurück. Er ließ das Pferd in den grünen Bannwiesen weiden, ging nach Hause und kletterte auf den Ofen.

Die Brüder kamen: »Du Dummkopf, warum bist du nicht mitgekommen? Der gestrige Reiter war schön anzusehen, aber der heutige war noch schöner. Wo ist nur soviel Schönheit zur Welt gekommen?« – »War ich es vielleicht?« – »Vom

Dummen kommt nur Dummes! Du bist doch nicht so schön! Und du hast kein solches Pferd! Bleib nur auf deinem Ofen liegen!...« – »Nun, wenn ich es nicht gewesen bin, dann werdet ihr vielleicht morgen hören, wer es war.« Am dritten Morgen rüsteten sich die gescheiten Brüder, um zu dem Palast des Zaren zu gehen: »Komm mit, Dummkopf! Heute wird er die Zarentochter küssen.« – »Nein, ich will nicht. Ich werde in das Feld gehen, einen Korb mitnehmen, Dohlen jagen und nach Hause bringen – das gibt Hundefutter!« Er ging ins freie Feld hinaus, sengte die Roßhaare an und rief mit lauter Stimme: »Grauchen–Braunchen, wohlberedter Fuchs! Steh vor mir wie das Blatt vor dem Halm.« Grauchen–Braunchen kommt gelaufen, aus dem Maul schlagen Flammen, aus den Ohren quillt dichter Rauch; das Pferd steht vor ihm, wie das Blatt vor dem Halm. Der Dumme kletterte ins linke Öhrchen hinein – er aß und trank nach Herzenslust; er kletterte ins rechte hinein – da legte er farbenprächtige Kleider an und sah so stattlich aus, wie man es sich nicht denken, wünschen oder mit der Feder beschreiben kann. Er saß auf, schwang den Arm, spornte das Pferd, sprang bis zum dritten Stockwerk, küßte die Tochter des Zaren auf den Mund, und sie schlug mit ihrem goldenen Ring gegen seine Stirn.

Der Dumme ritt zurück, ließ sein Pferd in den Bannwiesen weiden, ging nach Hause, band sich ein Tuch um den Kopf und legte sich auf die Pritsche. Die Brüder kamen: »Ach, du Dummkopf! Die ersten beiden Male waren die Reiter prächtig, der heutige aber war noch schöner; wo ist soviel Schönheit auf die Welt gekommen?« – »Vielleicht bin ich es gewesen?« – »Vom Dummen kommt nur Dummes. Bist du denn etwa so schön?« Der Dumme knotete das umgebundene Tuch auf, und im ganzen Haus wurde es taghell. Seine Brüder fragten: »Wie bist du dazu gekommen?« – »Wie ich dazu gekommen bin, so bin ich dazu gekommen! Ihr habt mir ja nie geglaubt; aber jetzt seht ihr, was der Dumme kann!«

Am nächsten Tag gab der Zar ein Fest für die ganze rechtgläubige Welt und lud in seinen Palast Bojaren und Fürsten, aber auch einfache Leute, Reiche, aber auch Bettler, Alte, aber auch Unmündige: Die Zarentochter sollte ihren vom Schicksal bestimmten Bräutigam finden. Die gescheiten Brüder machten sich zu dem Festessen auf den Weg; der Dumme band sich einen Fetzen um den Kopf und sagte zu ihnen: »Heute braucht ihr mich nicht zu bitten, heute gehe ich aus freien Stücken mit.« Der Dumme kam in die Gemächer des Zaren und versteckte sich hinter dem Ofen. Die Zarentochter ging von einem Gast zum anderen und wollte ihren Bräutigam finden, und der Zar begleitete sie. Jedem reichte sie einen Becher Wein, zuletzt sah sie hinter den Ofen und erblickte den Dummkopf: Um seinen Kopf war ein Fetzen gebunden, aus dem Mund lief der Speichel und aus der Nase der Rotz. Milolika nahm ihn bei der Hand, führte ihn in die Mitte des Gemachs, wischte sein Gesicht mit ihrem Tuch ab, küßte ihn und sagte: »Mein Herr und Vater! Das ist der mir bestimmte Bräutigam.« Der Zar sah, daß der Bräutigam gefunden war; er war zwar dumm, aber was konnte man tun? Das Wort des Zaren ist unverbrüchlich! Und der Zar befahl, die beiden sofort zu trauen. Man weiß ja – der Zar braucht kein Bier zu brauen, keinen Wodka zu brennen; da kann eine Hochzeit im Handumdrehen gefeiert werden! Dieser Zar hatte zwei Schwiegersöhne, der Dumme wurde der dritte. Eines Tages ließ der Zar seine gescheiten Schwiegersöhne kommen und sprach: »Meine gescheiten Schwiegersöhne! Ihr Schwiegersöhne von großem Verstand! Erweist mir den Dienst, um den ich euch bitte: In der Steppe lebt ein Entchen mit goldenen Federn; könntet ihr es für mich holen?« Er befahl, ein paar gute Pferde für sie zu satteln, und die beiden mußten sich auf den Weg machen. Der Dumme hörte davon und bat: »Für mich ist die Mähre gut genug, die vom Fluß das Wasser holt. Gib sie mir, Väterchen!« Der Zar gab ihm die grindige Stute; der Dumme saß auf, zum Pferdekopf den

Hintern, zum Pferdehintern das Gesicht, nahm den Schweif zwischen die Zähne und klatschte mit den Händen auf die Kruppe: »Hü, hü, Hundefutter!« Er kam auf das freie Feld hinaus, packte die Mähre am Schweif, zog ihr die Haut ab und rief: »He, fliegt herbei, Dohlen, Krähen und Elstern! Väterchen lädt euch zu Tisch!« Die Dohlen, Krähen und Elstern kamen geflogen und fraßen das ganze Fleisch auf, der Dumme aber rief Grauchen–Braunchen herbei: »Steh vor mir, wie das Blatt vor dem Halm!«

Grauchen–Braunchen kommt gelaufen, aus dem Maul schlagen Flammen, aus den Ohren quillt dichter Rauch. Der Dumme kletterte in das linke Öhrchen hinein – er aß und trank nach Herzenslust; er kletterte in das rechte hinein – da legte er farbenprächtige Kleider an und verwandelte sich in einen stattlichen Jüngling. Er fand das Entchen mit den goldenen Federn, schlug ein Zelt auf und setzte sich hinein; das Entchen ließ er vor dem Zelt herumwatscheln. Da kamen seine gescheiten Schwäger geritten und fragten: »Wer ist es, der in diesem Zelt wohnt? Ist es ein alter Mann – sei er uns Großvater, ist er in mittleren Jahren – sei er uns Onkel.« Der Dumme antwortete: »Einer euresgleichen bin ich – ich könnte euer Bruder sein.« – »Willst du, Bruder, dein Entchen mit den goldenen Federn verkaufen?« – »Es ist um Geld nicht feil.« – »Um was denn sonst?« – »Um den kleinen Finger jeder rechten Hand.« Jeder schnitt den kleinen Finger von der rechten Hand und reichte ihn dem Dummen; er steckte die Finger in die Tasche. Die Schwäger kehrten nach Hause zurück und legten sich schlafen; der Zar und die Zarin gingen im Haus umher und hörten, was die Schwiegersöhne sprachen. Der eine sagte zu seiner Frau: »Gib doch acht! Du hast an meine Hand gestoßen.« Der andere sagte: »Au, es tut weh! Meine Hand schmerzt.«

Am Morgen ließ der Zar seine gescheiten Schwiegersöhne zu sich rufen: »Meine Schwiegersöhne! Ihr Schwiegersöhne von großem Verstand! Erweist mir den Dienst, um den ich euch bitte: In der Steppe lebt ein Schweinchen mit goldenen Borsten samt seinen zwölf Ferkeln; ihr sollt mir das Schweinchen mit den goldenen Borsten holen.« Er befahl, für sie gute Pferde zu satteln, der Dumme bekam abermals eine grindige Stute, die das Wasser vom Fluß holte. Der Dumme ritt ins freie Feld hinaus, packte die Stute am Schweif und zog ihr die Haut ab: »He, fliegt herbei, Dohlen, Krähen und Elstern! Der Zar lädt euch zu Tisch!« Die Dohlen, Krähen und Elstern flogen herbei und fraßen das ganze Fleisch auf. Der Dumme rief Grauchen–Braunchen, den wohlberedten Fuchs, fand das Schweinchen mit den goldenen Borsten samt seinen zwölf Ferkeln und schlug ein Zelt auf; er setzte sich in das Zelt und ließ das Schweinchen vor dem Zelt wühlen. Da kamen seine gescheiten Schwäger geritten: »Wer ist es, der in diesem Zelt wohnt? Ist es ein alter Mann – sei er uns Großvater; ist er in mittleren Jahren – sei er uns Onkel.« – »Einer euresgleichen bin ich – ich könnte euer Bruder sein.« – »Gehört dir das Schweinchen mit den goldenen Borsten?« – »Ja, es ist mein.« – »Verkauf es uns. Wieviel willst du dafür haben?« – »Es ist um Geld nicht feil.« – »Um was denn sonst?« – »Um einen Zeh von jedem Fuß.« Jeder schnitt sich einen Zeh ab, gab ihn dem Dummen, und dann nahmen sie das Schweinchen mit den goldenen Borsten samt seinen zwölf Ferkeln mit.

Am nächsten Morgen ließ der Zar seine gescheiten Schwiegersöhne zu sich rufen und sprach: »Meine Schwiegersöhne! Ihr Schwiegersöhne von großem Verstand! Erweist mir den Dienst, den ich von euch fordere: In der Steppe lebt eine Stute mit goldener Mähne samt ihren zwölf Fohlen; könntet ihr sie für mich holen?« – »Das können wir wohl, Väterchen!« Der Zar befahl, für sie gute Pferde zu satteln, und der Dumme bekam abermals eine grindige Stute, die aus dem Fluß Wasser holte. Er saß auf, zum Pferdekopf den Hintern, zum Pferdehintern das Gesicht, nahm den Pferdeschwanz zwischen die Zähne und klatschte mit den Händen auf die Kruppe; die gescheiten Schwiegersöhne machten sich über ihn lustig. Der

Dumme ritt auf das freie Feld hinaus, packte die Mähre am Schwanz und zog ihr die Haut ab: »He, fliegt herbei, Dohlen, Krähen und Elstern! Väterchen lädt euch zu Tisch!« Die Dohlen, Krähen und Elstern kamen geflogen und fraßen das ganze Fleisch auf. Dann rief der Dumme mit lauter Stimme: »Grauchen-Braunchen, wohlberedter Fuchs! Meines Vaters Segen! Steh vor mir, wie das Blatt vor dem Halm!« Grauchen-Braunchen kommt gelaufen, aus dem Maul schlagen Flammen, aus den Ohren quillt dichter Rauch. Der Dumme kletterte in das linke Öhrchen hinein – er aß und trank nach Herzenslust; er kletterte in das rechte hinein – da legte er farbenprächtige Kleider an und verwandelte sich in einen stattlichen Jüngling. »Ich muß«, sagte er, »die Stute mit der goldenen Mähne samt ihren zwölf Fohlen finden.« Da antwortete ihm Grauchen-Braunchen, wohlberedter Fuchs: »Die früheren Aufgaben waren kinderleicht, diese aber ist schwer! Nimm drei Ruten aus Kupfer, drei Ruten aus Eisen und drei Ruten aus Blei mit; die Stute wird mir über Berge und Täler nachlaufen, sie wird müde werden und zu Boden stürzen; du darfst keine Zeit verlieren, sondern mußt ihr auf den Rücken springen und mit den neun Ruten auf ihren Kopf zwischen den Ohren einschlagen, so lange, bis die Ruten spleißen: Vielleicht wird es dir dann gelingen, die Stute mit der goldenen Mähne zu bändigen.« Gesagt, getan; der Dumme bändigte die Stute mit der goldenen Mähne samt ihren zwölf Fohlen und schlug das Zelt auf. Er setzte sich in das Zelt, die Stute aber band er vor dem Zelt an einen Pfahl. Da kamen seine gescheiten Schwäger geritten und fragten: »Wer ist es, der in diesem Zelt wohnt? Ist es ein alter Mann – sei er uns Großvater; ist er in mittleren Jahren – sei er uns Onkel.« – »Ein junger Bursche in eurem Alter – ich könnte euer Bruder sein.« – »Gehört dir diese Stute, die an den Pfahl gebunden ist?« – »Ja, sie ist mein.« – »Verkauf sie uns!« – »Sie ist um Geld nicht feil.« – »Um was denn sonst?« – »Um einen Riemen aus jedem Rücken.« Die gescheiten Schwäger zauderten und zögerten, aber schließlich willigten sie ein; der Dumme schnitt jedem einen Riemen aus dem Rücken und steckte die Riemen in die Tasche, sie aber durften die Stute samt den zwölf Fohlen mitnehmen.

Am nächsten Tag gab der Zar ein großes Fest; alles versammelte sich. Der Dumme zog aus der Tasche die abgeschnittenen Finger, die abgeschnittenen Zehen und die Riemen und sprach: »Das ist das Entchen mit den goldenen Federn, das ist das Schweinchen mit den goldenen Borsten und das ist die Stute mit der goldenen Mähne samt ihren zwölf Fohlen.« – »Was faselst du da, Dummkopf?« fragte der Zar. Darauf antwortete der Dumme: »Mein Herr und Vater, laß deine gescheiten Schwiegersöhne ihre Handschuhe ausziehen.« Sie mußten die Handschuhe ausziehen: An jeder rechten Hand fehlte der kleine Finger. »Die habe ich von ihnen als Preis für das Entchen mit den goldenen Federn bekommen«, sagte der Dumme. Er drückte die abgeschnittenen Finger an die alten Stellen, und im Nu wuchsen sie wieder an und heilten. »Laß deine gescheiten Schwiegersöhne ihre Stiefel ausziehen, Väterchen!« Man zog ihnen die Stiefel aus – an jedem Fuß fehlte ein Zeh. »Die habe ich von ihnen als Preis für das Schweinchen mit den goldenen Borsten samt seinen zwölf Ferkeln bekommen.« Er drückte die abgeschnittenen Zehen an die Füße – sie wuchsen im Nu an und heilten. »Väterchen, befiehl, daß sie ihre Hemden ausziehen!« Man zog ihnen die Hemden aus – aus dem Rücken beider Schwiegersöhne war ein Riemen herausgeschnitten. »Die habe ich von ihnen als Preis für die Stute mit der goldenen Mähne samt ihren zwölf Fohlen bekommen.« Er legte die Riemen an die alten Stellen – sie wuchsen im Nu an und heilten. »Jetzt«, sagte der Dumme, »mußt du die Kutsche anspannen lassen.«

Der Zar ließ anspannen, sie stiegen in die Kutsche und fuhren ins freie Feld hinaus. Der Dumme sengte die drei Roßhaare an und rief mit lauter Stimme: »Grauchen-Braunchen, wohlberedter Fuchs! Meines Vaters Segen! Steh vor mir

wie das Blatt vor dem Halm!« Grauchen-Braunchen kommt
gelaufen, die Erde zittert, aus dem Maul schlagen Flammen,
aus den Ohren quillt dichter Rauch, und steht vor dem
Dummen wie angewurzelt. Der Dumme klettert in das linke
Öhrchen hinein – er aß und trank nach Herzenslust; er
kletterte in das rechte hinein – da legte er farbenprächtige
Kleider an und verwandelte sich in einen stattlichen Jüngling,
wie man ihn schöner nicht denken, nicht wünschen und nicht
mit der Feder beschreiben kann. Seit diesem Tag lebte er mit
seiner Frau wie die Zaren leben, er fuhr immer in der Kutsche
und feierte Feste; auch ich war dabei, trank Met und Wein,
alles lief den Bart herunter und kein Tropfen in den Mund.

Das Zauberpferd

In einem Land, in einem Reich lebten einmal ein Mann und
eine Frau. Sie hatten ihr Leben gelebt und kein Kind gehabt.
Sie dachten daran, daß sie nun beide hoch in den Jahren
wären, daß sie bald sterben müßten, daß aber der Herr ihnen
keinen Erben gegeben hätte. Und sie beteten, Gott möge
ihnen ein Kindlein schenken, das für ihre Seelen beten würde.
Der Alte gelobte: Wenn seine Frau niederkäme, dann würde
er den ersten, der ihm über den Weg liefe, zum Gevatter
bitten. Nach einer Weile wurde die Frau schwanger und gebar
einen Sohn. Der Alte freute sich über alle Maßen, zog sich an
und ging aus dem Haus, um einen Paten zu suchen. Als er vor
das Tor trat, kam ein Vierspänner gefahren, in der Kutsche
saß der Zar.

Der Alte kannte den Zaren nicht, er hielt ihn für einen
Bojaren. Er blieb vor der Kutsche stehen und verbeugte sich
ein Mal über das andere. »Was wünschst du, Alterchen?«
fragte der Zar. »Ich bitte Euer Gnaden, mir mein Begehr
nicht zu verübeln: Ich wünsche, daß Ihr mein neugeborenes

Söhnlein aus der Taufe hebt.« – »Kennst du denn im ganzen Dorf keinen anderen?« – »Ich kenne viele, ich habe viele Freunde, aber kann sie alle nicht zum Gevatter bitten, denn ich habe ein Gelübde getan: Es soll derjenige Gevatter werden, der mir als erster über den Weg läuft.« – »Gut!« sagte der Zar. »Hier hast du hundert Rubel für die Taufe; ich werde morgen kommen.« Am nächsten Tag kam der Zar zu dem Alten gefahren; der Pope wurde gerufen, und das Neugeborene auf den Namen Iwan getauft. Iwan wuchs nicht von Jahr zu Jahr, sondern von Stunde zu Stunde – genau wie ein Teig aus Weizenmehl, der mit überbrühten Eidottern angesetzt ist. Und jeden Monat trafen mit der Post hundert Rubel von dem Zaren ein. So vergingen zehn Jahre, Iwan war groß und stattlich geworden und spürte in sich eine unermeßliche Kraft. Um dieselbe Zeit fiel es dem Zaren ein, daß er einen Patensohn hätte, aber nicht wisse, wie er geraten sei; er wünschte, ihn zu sehen, und befahl auf der Stelle, Iwan, der Bauernsohn, habe unverzüglich vor seinen hellen Augen zu erscheinen. Der Alte holte Geld hervor und sprach: »Nimm diese hundert Rubel. Geh in die Stadt auf den Pferdemarkt und kauf ein Pferd. Du hast einen weiten Weg vor dir und kommst zu Fuß nicht schnell genug voran.« Auf dem Weg in die Stadt begegnete Iwan einem Greis. »Guten Tag, Iwan Bauernsohn! Wohin des Wegs?« Der wackere Bursche antwortete: »Ich bin auf dem Weg in die Stadt, Großvater, und will mir dort ein Pferd kaufen.« – »So höre auf mich, wenn du dein Glück machen willst. Wenn du auf den Pferdemarkt kommst, wirst du ein Bäuerlein sehen, das ein dürres, räudiges Rößlein feilbietet; kauf dieses Rößlein, und was sein Herr auch verlangen mag – zahle es, ohne zu handeln. Wenn du das Rößlein gekauft hast, nimm es mit und laß es zu Hause auf den grünen Wiesen weiden, in dem Tau von zwölf Abenden und in dem Tau von zwölf Morgen, und du wirst es nicht mehr wiedererkennen!«

Iwan dankte dem Greis für seinen Rat und ging in die Stadt;

er kam zu dem Pferdemarkt und sah: da stand ein Bäuerlein und hielt ein dürres, räudiges Pferdchen beim Zaum. »Verkaufst du das Pferd?« – »Ich verkaufe es.« – »Was willst du dafür haben?« – »Hundert Rubel, ohne zu handeln.« Iwan Bauernsohn zog seine hundert Rubel aus der Tasche, nahm das Rößlein und brachte es nach Hause. Als sein Vater das Rößlein sah, schüttelte er nur den Kopf. »Weggeworfenes Geld!« – »Warte ein Weilchen, Väterchen! Vielleicht wird das Rößlein zu Kräften kommen und mein Glück machen.« Jeden Morgen und jeden Abend führte Iwan sein Pferd auf die grünen Wiesen und ließ es dort weiden. Und nachdem die Morgenröte zwölfmal und die Abendröte zwölfmal am Himmel geleuchtet hatten, wurde es so stark, so kräftig und so schön, daß man sich kein besseres denken und wünschen, allenfalls im Märchen von ihm erzählen könnte. Und noch dazu war es sehr verständig: kaum hatte Iwan etwas gedacht – das Pferd wußte es schon. Nun ließ sich Iwan, der Bauernsohn, ein prächtiges Zaumzeug machen, sattelte sein Pferd, nahm Abschied von seinen Eltern und machte sich auf den Weg in die Hauptstadt zu dem Herrscher, dem Zaren.

Ob er lange ritt oder kurz, ob es nah war oder weit – er kam zu dem Palast des Zaren, saß ab, band sein Pferd an einen Eichenpfosten und verlangte, beim Zaren gemeldet zu werden. Der Zar befahl, ihn ohne Umstände in seine Gemächer zu führen. Iwan betrat das Gemach des Zaren, betete vor den heiligen Ikonen, verbeugte sich und grüßte: »Beste Gesundheit, Majestät!« – »Guten Tag, Patensohn«, antwortete der Zar, hieß ihn an der Tafel Platz nehmen und bot ihm allerlei Speisen und Getränke an. Er betrachtete seinen Patensohn und wunderte sich: Er war ein prächtiger Bursche, schön von Gesicht, verständig und gut gewachsen dazu; keiner würde denken, daß er erst zehn Jahre alt war, jeder würde ihn auf zwanzig schätzen, sogar noch etwas darüber! »An allem ist zu erkennen«, dachte der Zar, »daß der Herr mir in diesem Patensohn keinen einfachen Soldaten, sondern einen großmächtigen Recken geschickt hat.« Der Zar beförderte ihn zum Offizier und befahl, daß er in seiner Nähe bleibe.

Iwan Bauernsohn versah den Dienst mit größtem Eifer, scheute keine Arbeit und war bereit, sein Leben nicht zu schonen, wenn es um die Wahrheit ging. Dafür gewann der Zar ihn lieb und schenkte keinem von seinen Generälen und Ministern soviel Vertrauen wie seinem Patensohn. Die Generäle und Minister grollten Iwan und hielten Rat, wie sie ihn bei dem Zaren anschwärzen könnten. Einmal setzte sich der Zar mit den vornehmsten seiner Hofleute an den Tisch. Als alle ihre Plätze eingenommen hatten, fragte er: »Hört, meine Herren Generäle und Minister, was haltet ihr von meinem Patensohn?« – »Was sollen wir sagen, Majestät? Wir haben von ihm nichts Schlechtes und nichts Gutes gesehen; er hat nur einen Fehler – er nimmt den Mund zu voll. Wie oft hat er nicht erzählt, daß in einem Reich hinter den dreimal neun Ländern ein großer Palast aus Marmor steht, umgeben von einer hohen Mauer, die keiner überwinden kann, weder zu Fuß noch zu Pferd. In diesem Palast wohnt die schöne Königstochter Nastassja. Niemand kann sie erlangen, aber er, Iwan, prahlt, er wolle sie holen und heiraten.«

Der Zar hörte diese verleumderischen Reden, befahl, sein Patenkind zu rufen, und sprach: »Warum hast du vor den Generälen und Ministern geprahlt, du könntest die Königstochter Nastassja holen, und mir nichts davon erzählt?« – »Aber, ich bitte, Majestät!« antwortete Iwan Bauernsohn. »Davon habe ich nicht einmal geträumt.« – »Jetzt kannst du nicht mehr leugnen. Es ist zu spät. Es gilt: was einmal gesagt ist, muß getan werden. Tust du es nicht – das Schwert, das schwingt, ist mein, der Kopf, der rollt, ist dein!« Da wurde Iwan Bauernsohn traurig, ließ den Kopf hängen und ging zu seinem braven Pferd. Sein Pferd sprach mit Menschenstimme: »Warum bist du so traurig, Herr, und sagst mir nicht die Wahrheit?« – »Ach, mein gutes Pferd, wie soll ich fröhlich sein, die Hofleute haben mich bei dem Zaren angeschwärzt und gesagt, ich wolle die schöne Königstochter Nastassja holen und zur Frau nehmen. Der Zar hat mir befohlen, es wahrzumachen, sonst will er mich köpfen.« – »Sorge dich nicht, Herr! Bete zu Gott und leg dich schlafen; der Morgen ist weiser als der Abend. Wir werden alles zu einem glücklichen Ende bringen; du mußt den Zaren nur um genügend Geld bitten, damit wir unterwegs keine Not leiden und immer nach Herzenslust essen und trinken können.« Iwan legte sich zur Ruhe, und am nächsten Morgen in der Frühe begab er sich zu dem Zaren und bat ihn um Geld für die Reise. Der Zar befahl, ihm so viel Gold zu geben, wie er wollte. Der wackere Bursche steckte das Geld ein, sattelte sein Pferd, saß auf und ritt davon.

Ob er lange ritt oder kurz, ob es nah war oder weit – schließlich gelangte er hinter die dreimal neun Länder in das dreimal zehnte Königreich und hielt vor dem Palast aus Marmor; rings um den Palast lief eine hohe Mauer ohne Tür und Fenster; wie sollte er über diese Mauer kommen? Da sagte das gute Pferd zu Iwan: »Laß uns bis zum Abend warten! Sobald es dunkel ist, werde ich mich in einen graugeflügelten Adler verwandeln und dich über die Mauer tragen. Um diese Zeit pflegt die schöne Königstochter auf ihrem weichen Lager zu schlummern; geh geradewegs in das Schlafzimmer, nimm sie auf deine Arme und trage sie hinaus, ohne zu zaudern.« Voller Zuversicht erwarteten sie den Abend. Sobald es dunkel war, ließ sich das Pferd auf die feuchte Erde fallen, verwandelte sich in einen graugeflügelten Adler und sprach: »Die Zeit ist da; gib acht, und laß dich durch nichts beirren.« Iwan Bauernsohn schwang sich auf den Adler, der Adler stieg bis unter die Wolken, flog über die Mauer und setzte Iwan in dem weiten Hof ab. Der wackere Jüngling trat in den Palast, überall herrschte tiefe Ruhe – das Gesinde schlief fest. Er ging geradewegs in das Schlafgemach – die schöne Königstochter Nastassja schlummerte auf ihrem Lager, hatte sich im Schlaf aufgedeckt, die kostbaren Betttücher, die Zobeldecken zurückgestreift. Der wackere Jüngling konnte den Blick von ihrer unbeschreiblichen Schönheit, von ihrem weißen Leib nicht abwenden, heiße Liebe berauschte ihn, er konnte sich nicht zurückhalten und küßte die Königstochter auf ihren honigsüßen Mund. Da wachte die schöne Jungfrau auf und stieß in ihrem Schrecken einen lauten Schrei aus. Der Schrei weckte ihre treuen Diener, sie liefen herbei, überwältigten Iwan Bauernsohn und fesselten ihn an Armen und Beinen. Die Königstochter befahl, ihn in ein Verlies zu werfen und ihm am Tag einen Becher Wasser und ein Pfund Schwarzbrot zu geben.

Iwan saß in dem sicheren Verlies und dachte unfroh: »Gewiß ist es mir beschieden, mein Leben hier zu beenden!« Aber sein Heldenroß ließ sich auf die feuchte Erde fallen, verwandelte sich in ein kleines Vögelchen, flog durch ein zerbrochenes Fenster zu ihm und sagte: »Nun, Herr, merk auf und befolge meine Worte: Morgen werde ich die Tür zu diesem Verlies herausbrechen und dich befreien; du mußt dich im Garten hinter einem Strauch verstecken; die schöne Königstochter Nastassja wird morgen im Garten lustwandeln, ich aber werde mich in einen alten Bettler verwandeln und sie um ein Almosen bitten; gib acht, und laß die Gelegenheit nicht verstreichen, sonst nimmt die Sache ein böses Ende.« Iwans Gemüt heiterte sich auf, das Vögelchen flatterte davon. Am nächsten Tag sprengte das Heldenroß auf das Verlies zu und brach die Tür mit seinen Hufen heraus; Iwan Bauernsohn lief in den Garten und versteckte sich hinter einem grünen Strauch. Die schöne Königstochter trat aus dem Palast ins Freie und wollte im Garten lustwandeln, aber als sie zu dem Strauch kam, trat ihr ein Bettler entgegen, verneigte sich tief und bat unter Tränen um ein Almosen. Die schöne Jungfrau wollte eine Münze aus dem Beutel nehmen, da sprang Iwan Bauernsohn hinter dem Strauch hervor, umfaßte sie mit beiden Armen und hielt ihr den Mund fest zu, daß sie nicht einmal leise rufen konnte. Im selben Augenblick verwandelte sich der alte Bettler in einen graugeflügelten Adler, stieg mit der Königstochter und dem wackeren Jüngling hoch in den Himmel, flog über die Mauer, ließ sich auf die Erde nieder und wurde wieder zu dem Heldenroß. Iwan Bauernsohn saß auf und hob die Königstochter Nastassja vor sich in den Sattel. Er fragte sie: »Nun, schöne Königstochter, wie willst du mich jetzt in ein Verlies werfen?« Die schöne Königstochter antwortete: »Es ist mir gewiß vom Schicksal beschieden, die Deine zu sein. Nun kannst du mit mir machen, was du willst!«

Sie ritten dahin; ob sie lange ritten oder kurz, ob es weit war oder nah – schließlich kamen sie auf eine große grüne Wiese. Mitten auf der Wiese standen zwei Riesen und droschen mit den Fäusten aufeinander ein; sie waren von oben bis unten mit blauen Flecken bedeckt und mit Blut beschmiert, aber keiner konnte den anderen unterkriegen. Neben ihnen auf dem Gras lagen ein Ofenwisch und eine Krücke. »Hört, Brüder«, sagte Iwan Bauernsohn, »worum geht euer Streit?« Die Riesen hielten inne und sagten: »Wir sind leibliche Brüder; als unser Vater starb, hinterließ er uns alles, was er hatte – den Ofenwisch und die Krücke. Wir wollten das Erbe teilen und gerieten einander in die Haare. Jeder von uns will beides haben! Und so beschlossen wir, auf Leben und Tod zu kämpfen. Wer mit dem Leben davonkommt, der soll beides bekommen.« – »Kämpft ihr schon lange?« – »Es sind schon drei Jahre, daß wir angefangen haben, uns zu prügeln, und nichts kommt dabei heraus!« – »Was seid ihr doch für Toren! Was habt ihr von einem Ofenwisch und einer Krücke? Lohnt es sich denn, um einen Ofenwisch und eine Krücke auf Leben und Tod zu kämpfen?« – »Rede niemals über etwas, was du nicht kennst! Mit diesem Ofenwisch und dieser Krücke kannst du die ganze Welt besiegen. Wie groß auch das Heer des Feindes sein mag, ein Mann kann ihm getrost entgegenreiten: Schwenkst du einmal den Ofenwisch hin, schon hast du eine breite Schneise geschlagen, schwenkst du den Ofen-

411

wisch her, gleich tut sich eine Gasse auf. Auch die Krücke ist
von Nutzen: du beschreibst mit ihr einen Kreis und hast eine
ganze Armee gefangen!« – »Ja, es lohnt sich wohl«, dachte
Iwan im stillen. »Auch ich könnte den Ofenwisch und die
Krücke gebrauchen. Also, Brüder«, sprach er, »ich will euren
Streit schlichten und euer Erbe in zwei gleiche Teile teilen.« –
»Teile es, guter Mann!« Iwan Bauernsohn stieg von seinem
Heldenroß, nahm eine Handvoll feinen Sand, führte die
Riesen in den Wald und streute dort den Sand in alle vier
Himmelsrichtungen. Er sagte: »Ihr müßt den Sand Körnchen
für Körnchen aufsammeln, und wer die meisten Körnchen
gesammelt hat, der soll die Krücke und den Ofenwisch
bekommen.« Die Riesen machten sich eilig daran, die Sand-
körnchen aufzusammeln, unterdessen nahm Iwan die Krücke
und den Ofenwisch an sich, schwang sich auf sein Pferd und
wurde dort nie wieder gesehen.

Ob er lange ritt oder kurz – schließlich kam er in sein Land
zurück und sah, daß sein Pate in großer Not war. Feinde
waren in sein Reich eingedrungen – vor den Mauern der
Hauptstadt standen ungezählte Heerscharen, sie drohten,
alles niederzubrennen und den Zaren einem grausamen Tod
zu überliefern. Iwan Bauernsohn ließ die Königstochter in
dem nahen Wäldchen zurück und stürmte selbst auf das Heer
des Feindes ein; schwang er den Ofenwisch hin – hatte er eine
breite Schneise geschlagen, schwang er ihn her – tat sich eine
Gasse auf! In kurzer Zeit mähte er Hunderte, Tausende von
Feinden nieder, und wer von ihnen überlebte, den trieb er mit
der Krücke als Gefangenen in die Stadt hinein. Der Zar
empfing ihn mit Freuden, befahl, die Trommeln zu rühren
und die Trompeten zu blasen, beförderte Iwan zum General
und beschenkte ihn mit großen Reichtümern. Da erinnerte
sich Iwan Bauernsohn an die schöne Königstochter Nastassja, bat um einen kurzen Urlaub, holte sie und ritt mit ihr
geradewegs in den Palast. Der Zar lobte seine Kühnheit und
seinen Mut, befahl, ein Haus für ihn zu bauen und die

Hochzeit auszurichten. Iwan Bauernsohn heiratete die schöne Königstochter, feierte ein prächtiges Hochzeitsfest und kannte fortan keine Sorgen. Für euch dieses Märchen, für mich ein Kranz von Brezeln.

Das Pferd, das Tischtuch und das Horn

Es lebte einmal eine alte Frau, die hatte einen Sohn, der war nicht gescheit. Eines Tages fand der Dumme drei Erbsen. Er ging zum Dorf hinaus und steckte die Erbsen in die Erde. Als die Erbsen aufgingen, begann er, sein Beet zu bewachen. Eines Tages kam er zu seinen Erbsen und sah, daß mitten darin ein Kranich saß und sich an den Erbsen gütlich tat. Der Dumme schlich sich heran und fing den Kranich. »So«, sagte er, »jetzt dreh ich dir den Hals um!« Aber der Kranich sprach: »Nein, laß mich leben. Ich werde dir etwas schenken.« – »Her mit dem Geschenk!« sagte der Dumme, und der Kranich gab ihm ein Pferd und sagte: »Wenn du Geld haben willst, dann sag zu diesem Pferd ›hott!‹, und wenn du genug Geld aufgelesen hast, sag ›hü!‹« Der Dumme nahm das Pferd, wollte aufsitzen und sagte: »Hott!« Da klirrte es, das Pferd verwandelte sich in lauter Silbermünzen. Der Dumme lachte aus vollem Halse; dann sagte er: »Hü!« – das Silber wurde wieder zum Pferd. Der Dumme verabschiedete sich von dem Kranich und führte das Pferd nach Hause. Er führte es durch den Hof, geradewegs in das Haus, zeigte es der Mutter und befahl ihr: »Mutter! Sage niemals ›hott!‹ Sage immer ›hü!‹« Darauf ging er zu seinen Erbsen zurück. Die Mutter überlegte lange: »Weshalb hat er das gesagt? Nun will ich erst recht ›hott!‹ sagen.« Sie sagte es. Sogleich regnete es Silbermünzen. Die Augen der Alten glühten vor Gier. Hurtig sammelte sie die Münzen in eine Spanschachtel. Als sie genug hatte, sagte sie: »Hü!«.

Unterdessen überraschte der Dumme den Kranich wiederum in seinen Erbsen. Er fing ihn ein und drohte ihm mit dem Tode. Aber der Kranich sagte: »Laß mich leben, ich will dir auch etwas schenken.« Und er schenkte ihm ein Tischtuch. »Sobald du Hunger verspürst, sagst du: ›Deck dich auf!‹, und wenn du satt bist, sagst du: ›Deck dich ab!‹« Der Dumme wollte es auf der Stelle versuchen und sagte: »Deck dich auf!« Das Tischtuch entfaltete sich, er aß und trank nach Herzenslust und sagte: »Deck dich ab!« Das Tischtuch faltete sich zusammen. Er nahm es und trug es nach Hause. »Gib acht, Mütterchen, sage zu diesem Tischtuch niemals ›Deck dich auf!‹, sage immer: ›Deck dich ab!‹« Darauf kehrte der Dumme zu seinen Erbsen zurück. Die Mutter tat mit der Decke ebenso wie mit dem Pferd. Sie sagte: »Deck dich auf!« und ließ sich schmecken, was auf dem Tischtuch stand und lag. Dann sagte sie: »Deck dich ab!«, und das Tischtuch faltete sich zusammen.

Der Dumme ertappte abermals den Kranich in seinen Erbsen, der schenkte ihm ein Horn und sagte: »Dummkopf! Sage: ›Raus aus dem Horn!‹« Dann stieg der Kranich in die Luft, und der Dumme wiederholte zu seinem Unglück diese Worte. Da sprangen aus dem Horn zwei Burschen, jeder mit einem Knüppel in der Hand, und droschen auf ihn ein. Sie prügelten den Dummen so lange, bis der Ärmste sich nicht mehr auf den Beinen halten konnte. Da rief der Kranich aus der Luft: »Rein in das Horn!« – die Burschen verschwanden. Nun kam der Dumme zu seiner Mutter und sagte: »Mutter, sage niemals: ›Raus aus dem Horn!‹ Sage immer: ›Rein in das Horn!‹« Sobald der Dumme zu den Nachbarn gegangen war, legte die Mutter den Türhaken vor und sagte: »Raus aus dem Horn!« Im Nu sprangen die zwei Burschen mit ihren Prügeln heraus und droschen auf die Alte ein. Sie schrie aus vollem Hals. Der Dumme hörte sie schreien. Er lief, so schnell ihn seine Beine trugen. Er kam an die Tür – aber innen war der Haken vorgelegt. Da schrie er laut: »Rein in das Horn! Rein in

414

das Horn!« Als die verprügelte Alte wieder zu sich kam, öffnete sie dem Dummen die Tür. Der Dumme trat ein und sagte: »Siehst du, Mutter! Ich habe dir doch befohlen, du solltest es nicht sagen!«

Nun beschloß der Dumme, ein Fest zu feiern und lud dazu Herren und Bojaren ein. Als die Gäste kamen und sich an die Tische setzten, führte der Dumme sein Pferd in die Stube und sagte: »Hott, mein braves Pferdchen!« Es regnete Silbermünzen. Die Gäste staunten, dann grapschten sie nach den Münzen und stopften sie in ihre Taschen. Der Dumme sagte: »Hü!«, und das Pferd stand wieder vor ihm, aber es hatte keinen Schweif mehr. Dann wollte der Dumme seine Gäste bewirten. Er holte das Tischtuch hervor und sagte: »Deck dich auf!« Das Tischtuch breitete sich aus und bedeckte sich mit vielerlei Köstlichkeiten, Speisen und Getränken. Die Gäste speisten, zechten und unterhielten sich aufs beste. Als sie genug gegessen hatten, sagte der Dumme: »Deck dich ab!« – und das Tischtuch faltete sich wieder zusammen. Dann begannen die Gäste zu gähnen und zu spotten: »Hast du nicht noch etwas, was du uns zeigen kannst?« – »Wenn ihr wollt«, sagte der Dumme, »kann ich euch noch etwas zeigen!« Und er holte das Horn. Die Gäste riefen: »Raus aus dem Horn!« Da erschienen die beiden Burschen mit den Knüppeln und droschen so lange kräftig auf die Gäste ein, bis sie die gestohlenen Münzen zurückgaben und auseinanderliefen. Der Dumme lebte mit seiner Mutter, dem Pferd, dem Tischtuch und dem Horn zufrieden und sorglos und mehrte das Gute.

Zwei aus dem Sack

Es lebten einmal ein Mann und seine Frau. Die Frau zankte mit ihrem Mann, und es verging kein Tag, an dem sie ihn nicht mit dem Ofenbesen òder der Ofengabel traktierte; es war nicht auszuhalten. Eines Tages ging er ins Feld, nahm ein Vogelnetz mit und stellte es auf. Er fing einen Kranich und sagte zu ihm: »Sei mein Sohn! Ich bringe dich zu meiner Alten. Hoffentlich zankt sie dann nicht mehr mit mir.« Der Kranich antwortete: »Väterchen, komm mit in mein Haus!« Der Alte ging mit in des Kranichs Haus. Als sie in dem Haus waren, nahm der Kranich einen Sack von der Wand und sagte: »Zwei aus dem Sack!« Augenblicklich entstiegen dem Sack zwei Burschen, sie stellten Tische aus Eichenholz auf, breiteten Decken aus Seide darüber und trugen allerlei Speisen und Getränke auf. Der Alte sah Leckerbissen, die er in seinem Leben nie gesehen hatte und freute sich über die Maßen. Der Kranich sagte zu ihm: »Du kannst diesen Sack behalten und ihn deiner Alten mitbringen.« Der Mann nahm den Sack und machte sich auf den Weg; der Weg zog sich hin, und er kehrte bei einer Gevatterin ein, um zu übernachten; die Gevatterin hatte drei Töchter. Sie setzten ihm zum Abendbrot das vor, was Gott ihnen beschert hatte. Er kaute unlustig und sagte: »Dein Essen taugt nichts!« – »Es ist nichts anderes im Haus!« antwortete die Gevatterin. Da sagte er: »Räum alles ab!«, dann befahl er dem Sack, wie ihn der Kranich gelehrt hatte: »Zwei aus dem Sack!« Im gleichen Augenblick kletterten die zwei aus dem Sack, stellten Tische aus Eichenholz auf, breiteten Tücher aus Seide darüber und trugen allerlei Speisen und Getränke auf.

Die Gevatterin und ihre Töchter staunten und beschlossen, den Sack an sich zu bringen; die Mutter sagte zu ihren Töchtern: »Geht und heizt die Badestube. Vielleicht möchte der gute Gevatter ein wenig schwitzen.« Kaum war der Alte in die Badestube gegangen, da hieß die Gevatterin ihre Töchter einen gleichen Sack nähen, wie ihn der Alte hatte; die Töchter nähten einen Sack und legten ihn dem Alten hin, den seinen aber nahmen sie an sich. Der Alte kam aus der Badestube zurück, nahm den vertauschten Sack und machte sich guten Mutes auf den Heimweg; als er zu seinem Hof kam, rief er mit lauter Stimme: »Frau! Hörst du mich, Frau? Jetzt komme ich mit meinem Sohn, dem Kranich!« Die Frau sah ihn nur scheel an und murmelte: »Komm du nur näher, alter Esel! Die Ofengabel wartet schon auf dich!« Der Mann aber wiederholte immerfort: »Frau! Jetzt komme ich mit meinem Sohn, dem Kranich!« Er ging in das Haus hinein, hing den Sack an einen Nagel und rief: »Zwei aus dem Sack!« Nichts rührte sich. Er rief abermals: »Zwei aus dem Sack!« Und wieder rührte sich nichts. Die Alte glaubte, ihr Mann wolle sich über sie lustig machen, packte den nassen Ofenbesen und drosch auf den Alten ein.

Der Alte erschrak, weinte und ging wieder auf das Feld hinaus. Auf einmal kam der Kranich geflogen, er sah sein Elend und sagte: »Komm, Väterchen, laß uns noch einmal in mein Haus gehen.« Der Alte ging mit. Bei dem Kranich hing wieder ein Sack an der Wand. »Zwei aus dem Sack!« sagte der Kranich. Zwei Burschen kletterten aus dem Sack und trugen ein Mahl auf, genauso wie die ersten. »Nimm diesen Sack«, sagte der Kranich zu dem Alten. Der Mann nahm den Sack und machte sich auf den Weg; er wanderte und wanderte, schließlich wurde er hungrig und sagte, wie ihn der Kranich gelehrt hatte: »Zwei aus dem Sack!« Die zwei kletterten aus dem Sack, wackere Burschen mit großen Knüppeln, und droschen auf ihn ein, dabei sagten sie: »Kehr nicht bei der Gevatterin ein! Bade nicht bei ihr!« Sie prügelten ihn so lange, bis er mühsam hervorbrachte: »Zwei in den Sack!«

Der Alte nahm den Sack und ging weiter; er kehrte wieder bei der Gevatterin ein, hing den Sack an den Nagel und bat: »Heize mir die Badestube.« Sie tat es. Der Alte ging in die Badestube, es war ihm nicht ums Schwitzen und Baden zu tun – er ließ die Zeit verstreichen. Die Gevatterin rief ihre Töchter herbei – sie hatten alle Hunger –, hieß sie sich an den Tisch setzen und sagte: »Zwei aus dem Sack!« Die zwei mit den Knüppeln kletterten aus dem Sack, traktierten die Gevatterin und sagten: »Gib des Alten Sack heraus!« Sie prügelten und prügelten, bis sie ihrer ältesten Tochter befahl: »Lauf und hole den Gevatter aus dem Bad! Sag ihm, daß die zwei mich schon fast totgeschlagen haben!« – »Ich habe noch nicht genug geschwitzt!« antwortete der Alte. Die zwei schlugen immer ärger und sagten: »Gib des Alten Sack heraus!« Da schickte die Gevatterin ihre mittlere Tochter: »Der gute Gevatter möchte geschwind ins Haus kommen!« Er antwortete: »Ich habe mir das Haar noch nicht gewaschen.« Sie schickte die jüngste Tochter. »Ich habe noch nicht mit klarem Wasser nachgespült«, sagte der Alte. Da konnte die Gevatterin es nicht länger aushalten! Sie hieß ihre Töchter den gestohlenen Sack holen. Als der Alte aus der Badestube kam und den ersten Sack sah, sagte er: »Zwei in den Sack!« Die zwei mit den Knüppeln verschwanden in dem Sack.

Der Mann nahm beide Säcke – den bösen und den guten – und begab sich nach Hause. Als er zu seinem Hof kam, rief er seiner Frau zu: »Jetzt komme ich mit meinem Sohn, dem Kranich!« Die Alte warf ihm einen scheelen Blick zu: »Komm du nur ins Haus! Ich werde es dir schon zeigen!« Der Alte kam ins Haus und lud seine Frau ein: »Setz dich an den Tisch!« Dann sagte er: »Zwei aus dem Sack!« Die zwei kletterten aus dem Sack und tischten allerlei Speise und Trank auf. Die Frau aß und trank nach Herzenslust und lobte ihren Mann: »So, Alter, von nun an werde ich dich nicht mehr schlagen!« Als der Alte genug gegessen hatte, ging er hinaus und nahm den guten Sack mit, den bösen aber hing er im Haus an einen Nagel; er machte sich im Hof zu schaffen, es war ihm nicht um die Arbeit zu tun – er ließ die Zeit verstreichen. Aber die Frau wollte noch ein Schlückchen trinken, und sie wiederholte, wie sie es von ihrem Mann gehört hatte: »Zwei aus dem Sack!« Die zwei mit den großen Knüppeln kletterten aus dem Sack und schlugen so lange auf die Alte ein, bis sie klein beigab! Da rief sie nach ihrem Mann: »Alter! Komm her! Die zwei haben mich halb totgeschlagen!« Der Mann aber ging im Hof auf und ab, er lachte in seinen Bart und sprach vor sich hin: »Sie werden es dir schon beibringen!« Die zwei schlugen immer fester und sagten: »Du sollst deinen Mann nicht prügeln!« Endlich erbarmte sich der Alte seiner Frau, ging ins Haus und sagte: »Zwei in den Sack!« Die zwei verschwanden in dem Sack. Seitdem leben die beiden so friedlich und in solcher Eintracht, daß der Mann seine Frau überall loben und preisen muß – und damit findet das Märchen seinen guten Schluß.

Der Hahn und die Schrotmühle

Es lebten einmal ein Mann und eine Frau. Sie waren arm, sehr arm! Nicht einmal Brot hatten sie; sie fuhren in den Wald, sammelten Eicheln, brachten sie nach Hause und ernährten sich davon. Ob es lange währte oder kurz – eines Tages ließ die Alte eine Eichel fallen, die Eichel fiel durch eine Ritze in den Keller. Sie fing an zu keimen und reichte nach kurzer Zeit bis zu den Dielen hinauf. Die Alte sah es und sagte: »Mann! Schlag ein Loch in den Fußboden; die Eiche soll weiterwachsen. Wenn sie groß geworden ist, müssen wir nicht mehr in den Wald nach Eicheln gehen, wir werden sie im eigenen Haus ernten.« Der Alte schlug ein Loch in den Fußboden. Das Bäumchen wuchs, es wuchs immer höher und erreichte schließlich die Decke. Der Alte schlug zuerst ein Loch in die Decke, später mußte er einen Teil des Daches abtragen. Der Baum aber wuchs immer höher und erreichte schließlich den Himmel. Als der Alte und die Alte ihren Vorrat an Eicheln verzehrt hatten, nahm der Mann einen Sack und kletterte die Eiche hinauf.

Er mußte lange klettern, bis er im Himmel ankam. Er wanderte eine Weile umher, auf einmal sah er: da saß ein Hahn mit goldenem Kamm und gesalbtem Köpfchen, und daneben stand eine Schrotmühle. Ohne lange zu überlegen, packte der Alte den Hahn und die Schrotmühle und kletterte wieder die Eiche hinunter. Als er in der Stube angelangt war, sagte er: »Was wollen wir nun tun, Alte? Was sollen wir essen?« – »Warte«, sagte die Alte, »ich will diese Schrotmühle ausprobieren.« Sie nahm die Mühle und drehte: Pirogge und Fladen, Pirogge und Fladen! Sie brauchte nur einmal zu drehen, und aus der Mühle kam eine Pirogge und ein Fladen!... Nun konnte sich ihr Mann endlich satt essen.

Ein Herr fuhr vorbei, ließ halten und klopfte bei dem Alten und seiner Frau an. Er fragte: »Habt ihr nicht etwas zu essen?« Die Alte sagte: »Was kann ich dir denn anbieten, mein Lieber? Vielleicht einen Fladen!« Sie nahm die Mühle, mahlte, und Fladen und Piroggen klatschten auf den Tisch. Der Reisende aß und sagte: »Großmutter, verkauf mir doch deine Mühle!« – »Nein«, sagte die Alte. »Ich kann sie dir nicht verkaufen.« Da stahl der Herr die Mühle. Als der Alte und die Alte merkten, daß ihre Mühle gestohlen war, nahm ihre Trauer kein Ende. »Warte«, sagte der Hahn mit dem goldenen Kamm, »ich werde ihm nachfliegen und ihn einholen!« Er flog zu dem Haus des Bojaren, setzte sich auf das Tor und rief: »Kikeriki! Bojar, Bojar! Gib uns unsere Mühle zurück! Die goldene, die blaue Mühle! Kikeriki! Bojar, Bojar! Gib uns unsere Mühle zurück! Die goldene, die blaue Mühle!« Als der Herr es hörte, befahl er: »He, Diener! Fangt ihn und werft ihn ins Wasser!« Sie fingen den Hahn und warfen ihn in den Brunnen; da sprach der Hahn: »Schnäbelchen, Schnäbelchen, trink Wasser! Mündchen, Mündchen, trink Wasser!« Und der Hahn trank den Brunnen leer. Nachdem er den Brunnen leer getrunken hatte, flatterte er wieder zu dem Herrschaftshaus; er ließ sich auf das Geländer des Balkons nieder und rief abermals: »Kikeriki! Kikeriki! Bojar, Bojar! Gib uns unsere Mühle zurück! Die goldene, die blaue Mühle!« Der Herr befahl dem Koch, den Hahn in den brennenden Herd zu werfen. Sie fingen den Hahn, warfen ihn in den brennenden Herd, mitten in die Glut; da sprach er vor sich

420

hin: »Schnäbelchen, Schnäbelchen, spritz Wasser! Mündchen, Mündchen, spritz Wasser!« Und er löschte die Glut im Herd. Darauf flatterte er in das Gemach des Bojaren und rief abermals: »Kikeriki! Kikeriki! Bojar, Bojar! Gib uns unsere Mühle zurück! Die goldene, die blaue Mühle!« Die Gäste hörten ihn rufen und stürzten davon, und der Hausherr lief den Gästen nach; der Hahn mit dem goldenen Kamm nahm die Mühle und flog mit ihr zu dem Alten und seiner Frau zurück.

Das wundersame Kästchen

Ein Mann und eine Frau hatten einen einzigen Sohn; der Vater wußte dem Jungen nichts beizubringen, und so beschloß er, ihn zu einem Meister, der alle möglichen Dinge anfertigte, in die Lehre zu geben. Er fuhr in die Stadt und machte mit dem Meister einen Vertrag, daß sein Sohn bei ihm drei Jahre in die Lehre gehen und in diesen drei Jahren nur einmal nach Hause kommen sollte. Dann brachte er seinen Sohn in die Stadt. Der Bursche lebte dort ein Jahr und ein zweites; er lernte bald allerlei kostbare Dinge anfertigen und übertraf sogar seinen Meister. Eines Tages hatte er eine Uhr gemacht, die war gut und gerne fünfhundert Rubel wert, und diese Uhr schickte er seinem Vater. »Er wird diese Uhr verkaufen«, dachte er, »und so seine Armut lindern!« Aber der Vater dachte nicht daran, diese Uhr zu verkaufen! Er konnte sich an ihr nicht satt sehen, weil sie ein Werk seines Sohnes war. Ein Tag nach dem anderen verging; nun war es für den Burschen an der Zeit, seine Eltern zu besuchen. Sein Meister war ein Zauberer, er sagte: »Geh, du hast drei Stunden und drei Minuten Frist; kommst du nicht rechtzeitig zurück, so ist es dein Ende!« Der Bursche dachte: »Aber bis zu meinem Vater sind es viele Werst! Wie soll ich dorthin

kommen?« Da sagte der Meister: »Nimm diese Kutsche;
wenn du drin sitzest – kneif die Augen zu.«

Unser Bursche tat wie geheißen; kaum hatte er die Augen
zugekniffen, als er schon vor dem elterlichen Hause war; er
stieg aus, trat in das Haus – keine Menschenseele. Als seine
Eltern nämlich sahen, daß eine Kutsche vor ihrem Haus hielt,
erschraken sie sehr und krochen unter die Ofenbank; erst
nach langem Suchen konnte ihr Sohn sie finden. Nun begrüßten sie einander; die Mutter weinte, weil sie sich lange nicht
gesehen hatten. Der Sohn brachte Geschenke mit. Während
sie einander begrüßten und erzählten, wartete die Zeit nicht,
drei Stunden waren bereits verstrichen, nur drei Minuten
blieben noch, dann noch dies und das – und es blieb nur noch
eine einzige Minute! Der Unreine flüsterte dem Burschen ins
Ohr: »Beeile dich: sonst wird es dir dein Meister zeigen!« Der
Bursche war gewissenhaft, er verabschiedete sich von seinen
Eltern und stieg in die Kutsche; im Nu war er bei dem Haus
des Meisters und trat in die Stube, den Meister aber plagten
schon die unreinen Geister, weil sein Lehrling sich verspätet
hatte. Der Bursche versuchte, seinen Meister zu besänftigen,
er redete lange auf ihn ein, schließlich fiel er vor ihm auf die
Knie: »Vergib! Ich habe mich verspätet, es soll nicht wieder
vorkommen!« Da schalt ihn der Meister aus, aber er vergab
ihm.

Nun lebte der Bursche weiterhin bei seinem Meister;
inzwischen war er der geschickteste von allen geworden und
machte die schönsten Dinge. Der Meister fürchtete, daß er
selbst ohne Arbeit bleiben würde, sobald der Bursche von ihm
ginge – der Lehrling war besser als der Meister! Er sagte:
»Steige hinab in das unterirdische Reich und hole für mich ein
Kästchen; das Kästchen steht dort auf dem Thron des
Zaren.« Nun fertigten sie eine Leiter an, indem sie einen
Lederriemen an den anderen nähten und an jeder Naht ein
Glöckchen anbrachten. Der Meister hieß ihn in eine Schlucht
hinuntersteigen und sagte: Sobald er das Kästchen fände,

solle er an dem Riemen zupfen; die Glöckchen würden läuten, und der Meister würde es hören. Der Bursche stieg unter die Erde hinab, sah ein Haus und trat ein; gut zwei Dutzend Männer erhoben sich vor ihm, verneigten sich und sagten wie aus einem Munde: »Sei gegrüßt, Iwan Zarewitsch!« Der Bursche staunte: Wie kam er zu dieser Ehre? Dann trat er in ein anderes Zimmer – das Zimmer war voller Frauen; die erhoben sich gleichfalls, verneigten sich und sagten: »Sei gegrüßt, Iwan Zarewitsch!« Alle diese Menschen hatte der Meister nach und nach hinuntergeschickt. Darauf trat der Bursche in das dritte Zimmer. Dort sah er den Thron und auf dem Thron das Kästchen; dann machte er sich auf den Rückweg und hieß alle Menschen mitkommen. Sie kamen zu dem Riemen, schüttelten ihn und schlangen ihn einem Mann um den Leib – der Meister begann zu ziehen; der Bursche wollte sich mit dem Kästchen als letzter heraufziehen lassen. Der Meister zog die Hälfte von ihnen herauf; auf einmal kam ein Knecht gelaufen und rief ihn nach Hause – dort war ein Unglück geschehen. Der Meister ging fort und befahl, die übrigen heraufzuziehen, nur der Bauernsohn sollte unter der Erde bleiben. So wurden alle Menschen an dem Riemen heraufgezogen, aber den Burschen ließen sie unten. Er wanderte und wanderte durch das unterirdische Reich, zufällig schüttelte er das Kästchen – da standen zwölf wackere Burschen vor ihm und sagten: »Was wünscht Iwan Zarewitsch?« – »Bringt mich hinauf!« Die wackeren Burschen trugen ihn augenblicklich auf die Erde hinauf. Er ging nicht mehr zu seinem Meister, sondern begab sich zu seinem Vater. Unterdessen erinnerte sich der Meister des Kästchens, lief zu der Schlucht, zupfte und zupfte an dem Riemen, aber sein Lehrling gab keine Antwort! Da dachte der Meister: »Der hat sich davongemacht, ich muß ihn suchen lassen.«

Der Bauernsohn lebte eine Weile bei seinem Vater, suchte sich einen schönen Platz, warf das Kästchen aus einer Hand in die andere – und schon standen vierundzwanzig wackere

Burschen vor ihm: »Was wünscht Iwan Zarewitsch?« –
»Geht, und errichtet an dieser Stelle ein Zarenreich, schöner
als alle anderen Zarenreiche!« Und schon stand das Reich da!
Unser Bursche blieb dort, nahm sich eine Frau und lebte
herrlich und in Freuden. In seinem Reich lebte ein Bursche,
der war kränklich, seine Mutter ging betteln und kam immer
wieder zu Iwan Zarewitsch und bat um ein Almosen. Der
Sohn sagte: »Mutter, du mußt unserem Zaren das Kästchen
wegnehmen.« Eines Tages war Iwan Zarewitsch nicht zu
Hause. Seine Frau reichte dem Bettelweib ein Almosen und
verließ das Gemach. Das alte Weib ergriff das Kästchen, tat es
in ihren Sack und rannte zu ihrem Sohn. Der warf das
Kästchen aus einer Hand in die andere – und die wackeren
Burschen standen vor ihm. Er befahl ihnen, Iwan Zarewitsch
in die tiefe Grube zu werfen, wohin die Kadaver geworfen
wurden, seine Frau aber und seine Eltern schickte er in die
Gesindestube oder jagte sie aus dem Haus; er selbst machte
sich zum Zaren.

Der Bauernsohn aber saß in der Grube, einen Tag, einen
zweiten und einen dritten. Wie sollte er herauskommen? Da
sah er einen großen Vogel – der Vogel holte sich die Kadaver;
als man eine tote Kuh in die Grube warf, band er sich an ihr
fest; der Vogel kam, packte den Kadaver, trug ihn aus der
Grube hinauf und setzte sich auf eine hohe Kiefer; Iwan
Zarewitsch baumelte an der Kuh – er konnte sich nicht
losmachen. Ein Jäger kam, zielte und schoß: Der Vogel schlug
mit den Flügeln und flog davon, die Kuh ließ er fallen; Iwan
Zarewitsch fiel auf die Kuh, er band sich los, machte sich auf
den Weg und dachte: »Wie soll ich mein Reich wiedererlan-
gen?« Er griff in die Tasche – und fand den Schlüssel zu dem
Kästchen; er warf den Schlüssel aus einer Hand in die andere
– da standen zwei wackere Burschen vor ihm: »Was befiehlt
Iwan Zarewitsch?« – »Ach, Brüder, ich bin in großer Not!« –
»Wir wissen es wohl; du kannst von Glück sagen, daß wir
beide zu dem Schlüssel gehören!« – »Könnt ihr mir das

Kästchen herbeischaffen?« Iwan Zarewitsch hatte kaum zu Ende gesprochen, und schon reichten ihm die zwei Burschen das Kästchen hin! Da war er wieder guter Dinge, befahl, das alte Bettelweib und ihren Sohn hinzurichten und war Zar wie zuvor.

Der Zauberring

Irgendwo in einem großen Dorf lebte ein Bäuerlein, nicht gerade arm und nicht gerade reich; er hatte einen Sohn, und als es ans Sterben ging, hinterließ er seinem Sohn dreihundert Rubel: »Die sind dein, Söhnchen! Wenn du mündig bist, sollst du mit meinem väterlichen Segen diese dreihundert Rubel bekommen.« Das Söhnchen wurde groß, es wurde mündig und sagte zu seiner Mutter: »Ich weiß – der selige Vater hat mich mit dreihundert Rubeln gesegnet; gib mir doch wenigstens einen Hunderter!« Die Mutter gab ihm hundert Rubel. Er machte sich auf den Weg, da begegnete ihm ein Bäuerlein – das Bäuerlein hatte einen Hund mit Schlappohren bei sich. Er sagte: »Bäuerlein, verkauf mir diesen Hund!« Der Bauer antwortete: »Dann mußt du mir hundert Rubel geben.« Er gab dem Bauern die hundert Rubel, brachte den Hund nach Hause und versorgte ihn reichlich mit Essen und Trinken.

Dann bat er seine Mutter abermals um hundert Rubel. Wieder gab ihm die Mutter hundert Rubel; er machte sich auf den Weg und begegnete abermals einem Bauern und der hatte den Kater Goldschwänzchen bei sich. Da sagte er: »Bäuerlein, verkauf mir diesen Kater!« Der Bauer sagte: »Den kannst du haben!« – »Und was verlangst du dafür?« Das Bäuerlein sagte: »Wenn du ihn haben willst, mußt du hundert Rubel bezahlen.« Der Bauer verkaufte ihm den Kater für hundert Rubel; er brachte den Kater nach Hause und versorgte ihn reichlich mit Essen und Trinken. Eines Tages bat er seine Mutter um die letzten hundert Rubel. Die Mutter sagte: »Mein herzallerliebstes Kind! Warum gibst du soviel Geld aus? Das sind alles unnütze Käufe.« – »Ach, liebe Mutter! Trauere dem Geld nicht nach. Eines Tages wird es zu uns zurückkommen.« Da gab sie ihm den dritten Hunderter, und er machte sich auf den Weg.

Soweit, so gut; in einem Land, in einer Stadt starb die Zarentochter, an einem Finger trug sie ein goldenes Ringlein. Der wackere Bauernsohn hatte es sich in den Kopf gesetzt, dieses Ringlein der Zarentochter von der Hand zu streifen. Er bestach die Wache und gelangte zu der Königstochter; er trat an sie heran, streifte das Ringlein von ihrem Finger und kehrte zu seiner Mutter zurück; niemand beachtete ihn.

Ob er lange so lebte oder kurz – eines Tages trat er vor die Haustür und ließ das Ringlein von einer Hand in die andere gleiten. Da sprangen aus dem Ringlein dreihundert Burschen und hundertsiebzig Recken hervor. Sie fragten ihn: »Was sollen wir tun?« – »Ich befehle: Tragt als erstes unsere alte Hütte ab und errichtet an derselben Stelle ein Haus aus Stein, ohne daß meine Mutter etwas davon merkt.« Sie waren in einer Nacht damit fertig; die Mutter erhob sich in der Früh und staunte: »Wem gehört dieses Haus?« Der Sohn sagte: »Liebe Mutter! Wundere dich nicht, sondern bete zu Gott; dieses Haus ist unser.« Ob sie lange in diesem Haus lebten oder kurz – er kam in das heiratsfähige Alter und wollte sich eine Frau suchen.

In einem Reich, in einem Land lebte bei ihrem Vater eine Zarentochter, um die wollte er werben: »Gehe hin, meine liebe Mutter, und wirb für mich! In jenem Land lebt ein Zar, der hat eine schöne Tochter.« Seine Mutter antwortete: »Mein lieber Sohn! Wie können wir an eine Zarentochter auch nur denken?« Und er antwortete: »Du meine Mutter, die mich zur Welt gebracht hat! Bete zu unserem Spas, trinke Kwas und leg dich schlafen. Der Morgen ist weiser als der

Abend.« Er, der wackere Bursche, trat vor die Haustür, ließ das Ringlein aus einer Hand in die andere gleiten – da sprangen dreihundert Burschen und hundertsiebzig Recken hervor und fragten: »Was sollen wir tun?« – »Sucht kostbare Geschmeide, wie sie kein Zar besitzt, und bringt sie auf goldenen Platten her. Ich will den Zaren und die Zarentochter beschenken!« Sogleich wurde ihm das Gewünschte gebracht; und er schickte seine Mutter, bei dem Zaren für ihn zu werben.

Als seine Mutter bei dem Zaren vorgelassen wurde, staunte der über die Maßen: »Wie kommst du zu diesen Sachen, gute Alte?« Da kam die Zarentochter herbei, sah die Geschenke und sagte: »Gib acht, gute Alte! Richte deinem Sohn aus: Er hat in einer Nacht auf den Bannwiesen meines Vaters einen neuen Palast zu errichten, der soll kostbarer sein, als der Palast meines Vaters, und von einem Palast zu dem andern soll sich eine Brücke aus Kristall wölben, die mit gestickten Teppichen ausgelegt ist; dann werde ich deinen Sohn heiraten. Wenn es ihm aber nicht gelingt, dann kenne ich keine Gnade, und sein Kopf wird vom Richtblock rollen!«

Die Alte kam nach Hause, weinte bittere Tränen und sagte zu ihrem Sohn: »Habe ich dir nicht gesagt, daß du nicht um die Zarentochter werben sollst? Jetzt läßt sie dir bestellen, daß du in einer Nacht einen neuen Palast auf den Bannwiesen errichten sollst, kostbarer als der ihres Vaters, und von Palast zu Palast soll sich eine Brücke aus Kristall wölben, die mit verschiedenen gestickten Teppichen ausgelegt ist; und wenn dir das nicht gelingt, so kommt dein Kopf auf den Richtblock. Was willst du jetzt tun, mein Sohn?« Er antwortete: »Liebe Mutter, die du mich geboren hast! Zweifle nicht, bete zu unserem Spas, trinke Kwas und leg dich schlafen. Der Morgen ist weiser als der Abend.«

Der wackere Bursche trat vor die Haustür, ließ das Ringlein aus einer Hand in die andere gleiten, und schon sprangen dreihundert Burschen und hundertsiebzig Recken hervor und fragten: »Was sollen wir tun?« Er sagte: »Liebe Freunde! Macht euch an die Arbeit und errichtet in den Bannwiesen des Zaren einen Palast, kostbarer als der des Zaren, und von einem Palast zum andern soll sich eine Brücke aus Kristall wölben, und die Brücke muß mit verschiedenen gestickten Teppichen ausgelegt sein.«

Die wackeren Burschen und Recken haben in einer Nacht alles vollbracht, was ihnen befohlen war. In der Frühe erhob sich der Zar, nahm ein Fernrohr und richtete es auf die Bannwiesen. Er staunte, weil er dort einen Palast erblickte, der kostbarer war als sein eigener, und schickte Boten aus, die den tüchtigen Jüngling herbeirufen sollten, denn die Zarentochter sei bereit, ihn zu heiraten. Er kam, und bald konnte Hochzeit gehalten werden; sie wurden getraut und ein prächtiges Fest wurde gefeiert.

Sie lebten eine Weile zusammen, ob lange oder kurz – eines Tages fragte die Zarentochter ihren Mann: »Sei so gut und sage mir, wie konntest du eine solche Aufgabe in einer Nacht lösen? Jetzt müssen wir alles miteinander teilen!« Sie umschmeichelte ihn, sie umgarnte ihn, sie stellte die verschiedensten Schnäpse vor ihn hin. Einmal hat sie ihm soviel Wodka eingeflößt, daß er trunken wurde und schließlich erzählte: »Nicht ich war es, sondern das Ringlein!« Sie nahm dem Betrunkenen das Ringlein fort und ließ es von einer Hand in die andere gleiten – schon sprangen die dreihundert starken Burschen und hundertsiebzig Recken hervor. »Was sollen wir tun?« – »Ich werde euch sagen, was ihr tun sollt: Packt diesen Trunkenbold und werft ihn auf meines Vaters Wiese, und tragt mich samt meinem Palast hinter die dreimal neun Länder, hinter das zehnte Königreich zu dem König Sowieso!« In einer einzigen Nacht wurde ihr Befehl ausgeführt.

Der Zar erhob sich in aller Frühe, nahm sein Fernrohr und schaute auf seine Bannwiesen hinaus – dort war weder der

428

Palast zu sehen noch die Brücke aus Kristall: nur ein Betrunkener lag auf der Erde und schlief. Der Zar schickte Boten aus: »Geht hin und seht nach, wer es ist, der da liegt!« Die Boten liefen hin, kamen zurück und meldeten dem Zaren: »Es ist Euer Eidam, der dort mutterseelenallein auf der Erde liegt.« – »Geht und holt ihn her!« Er wurde geholt, und der Zar fragte ihn: »Wohin hast du meine Tochter samt dem Palast gebracht?« Er antwortete: »Majestät, das weiß ich nicht. Ich habe sie wie im Schlaf verloren.« Der Zar sagte: »Ich gebe dir drei Monate Zeit, um dich zu erinnern, wo meine Tochter ist. Wenn du es dann noch nicht weißt, wirst du hingerichtet!« Und er warf ihn in ein Gefängnis mit dicken Mauern.

Und da sagte der Kater zu dem Hund mit den Schlappohren: »Weißt du es schon? Unser Herr sitzt im Kerker. Die Königstochter hat ihn getäuscht, den Ring von seiner Hand gestreift und sich hinter die dreimal neun Länder, hinter das zehnte Reich bringen lassen. Er muß das Ringlein wiederhaben, wir wollen uns beide auf den Weg machen!« Sie machten sich auf den Weg; wenn sie an einen See kamen oder an einen Fluß, setzte sich der Kater dem Hund auf den Nacken, und Schlappohr brachte ihn trocken auf das andere Ufer. Ob sie lange unterwegs waren oder kurz – schließlich gelangten sie hinter die dreimal neun Länder, hinter das zehnte Reich. Der Kater sagte zu dem Hund: »Wenn in der königlichen Küche Brennholz gebraucht wird, mußt du sofort das Holz herbeischleppen. Und ich laufe in den Vorratskeller zu der Schaffnerin; kaum wird sie an etwas denken – schon werde ich es herbeiholen.«

So lebten sie auf dem Hof des Königs. Eines Tages erzählte die Schaffnerin dem König: »Ich habe im Vorratskeller den Kater Goldschwänzchen; kaum denke ich an etwas – schon holt er es herbei.« Der Koch sagte: »Und ich habe den Hund Schlappohr; wenn ich den Küchenjungen nach dem Brennholz schicke, schießt er wie ein Blitz davon und bringt es herbei.« Der König befahl: »Bring den Hund Schlappohr in mein Schlafgemach.« Und die Zarentochter befahl: »Und ich will den Kater Goldschwänzchen haben.«

Der Kater und der Hund wurden gebracht. Nun blieben sie Tag und Nacht im Palast. Jeden Abend, wenn die Zarentochter schlafen ging, nahm sie das Ringlein in den Mund. Als eines Nachts ein Mäuschen vorbei lief, packte der Kater es am Genick. Das Mäuschen sagte: »Tu mir nichts zuleide, Kater! Ich weiß, weshalb du hier bist; du willst das Ringlein holen – und ich will es dir beschaffen.« Der Kater ließ das Mäuschen laufen. Es sprang auf das Bett, huschte an der Zarentochter hinauf, steckte ihr die Spitze des Schwänzchens in den Mund und bewegte es hin und her; die Zarentochter spuckte aus, und das Ringlein rollte ihr aus dem Mund. Der Kater schnappte es und lief zu dem Hund Schlappohr: »Jetzt aufgepaßt!«

Mit einem Satz waren sie aus dem Fenster und rannten so schnell, wie die Füße sie trugen; über die trockene Erde liefen sie und durch Flüsse und Seen schwammen sie; so erreichten sie ihr Land und liefen geradewegs zu dem Gefängnis ... Der Kater kletterte an der Mauer hoch; der Herr sah ihn und streichelte ihn. Der Kater schnurrte und legte das Ringlein in seine Hand. Sein Herr freute sich über alle Maßen, ließ das Ringlein aus einer Hand in die andere gleiten – schon sprangen die dreihundert starken Burschen und hundertsiebzig Recken hervor: »Was sollen wir tun?« Er sagte: »Ich möchte in meinem Elend einen Tag und eine Nacht lang wunderbare Musik hören.« Eine wunderbare Musik fing an zu spielen. Der Zar aber schickte einen Boten zu ihm: »Hast du dich endlich erinnert?« Der Bote kam, hörte die Musik und war verzaubert. Der Zar schickte einen zweiten Boten, aber auch diesem ging es nicht anders als dem ersten, und als der dritte Bote geschickt wurde, blieb auch dieser wie festgewurzelt stehen und lauschte. Schließlich kam der Zar selbst zu seinem Eidam, aber die Musik verzauberte auch ihn. Sobald die Musik verstummte, wollte der Zar ihn ausfragen. Der Schwiegersohn sagte: »Majestät! Laßt mich für eine Nacht frei, dann werde ich Eure Tochter zurückholen.«

Darauf trat er vor die Tür. Er ließ das Ringlein aus einer Hand in die andere gleiten. Da sprangen die dreihundert starken Burschen und hundertsiebzig Recken hervor und fragten: »Was sollen wir tun?« – »Holt die Zarentochter samt dem Palast und setzt ihn auf die alte Stelle, aber es muß noch in dieser Nacht geschehen.«

Als die Zarentochter sich am Morgen erhob, fand sie sich auf dem alten Platz; sie erschrak und wußte nicht, was ihr bevorstand. Ihr Gemahl begab sich zu dem Zaren: »Majestät! Welche Strafe hat die Zarentochter verdient?« – »Lieber Eidam! Wir wollen ihr ins Gewissen reden, und dann sollt ihr in aller Zukunft glücklich und in Frieden miteinander leben und das Gute mehren!«

Die Hörner

Es lebte einmal ein Knecht; Gott hatte ihm große Kräfte geschenkt. Eines Tages hörte er sagen, daß die Zarentochter nachts von einem Drachen heimgesucht werde. Er prahlte: »Keiner kann den grimmigen Drachen besiegen. Ich aber kann es!« Die Hofleute des Zaren hörten, wie er sich brüstete, und nahmen ihn beim Wort: »Komm, heile unsere Zarentochter. Wenn du dich ins Kummet spannst, mußt du auch ziehen.« Der Knecht ging zum Zaren und sagte »Ich kann die Zarentochter heilen; was bekomme ich für meine Mühe?« Der Zar freute sich und sagte: »Ich werde dir meine Tochter zur Frau geben.« Darauf verlangte der Knecht sieben Ochsenhäute und eine Tüte voll eiserner Nüsse, eiserne Krallen und einen eisernen Hammer; die sieben Ochsenhäute zog er über, füllte die Taschen mit echten und mit den eisernen Nüssen, nahm den großen Hammer in die Hand und begab sich in die Gemächer der Zarentochter.

Der Drache kam geflogen und wollte zu der Zarentochter; als er den Knecht erblickte, knirschte er mit den Zähnen: »Was suchst du hier?« – »Dasselbe wie du!« sagte der Knecht; er blieb seelenruhig sitzen und knackte Nüsse. Der Drache sah, daß mit Gewalt nichts auszurichten war, und wollte sich bei dem Knecht einschmeicheln; er bat ihn um eine Handvoll Nüsse, und der Knecht gab ihm von den eisernen. Der Drache kaute auf den Nüssen herum und spuckte sie schließlich aus: »Deine Nüsse schmecken nicht, Bruder! Laß uns lieber Karten spielen.« – »Spielen wir Karten! Meinetwegen. Aber worum wollen wir spielen?« Sie beschlossen, daß der Verlierer eine Maulschelle bekommen sollte. Sie begannen zu spielen; der Drache verlor. Der Knecht holte den Hammer hervor und versetzte ihm eine solche Maulschelle, daß dem Drachen Hören und Sehen verging.

»Laß uns um die Haut spielen. Wer verliert, dem zieht der Gewinner die Haut ab.« Der Knecht verlor. Der Drache zog ihm eine Ochsenhaut ab. »Laß uns noch einmal spielen!« Diesmal verlor der Drache; der Knecht zog die eisernen Krallen hervor und schlug sie dem Drachen in die Haut – mit einem einzigen Ruck zog er sie ihm ab. Der Drache verendete auf der Stelle.

Der Zar erfuhr, was geschehen war, und gab in seiner Freude dem Knecht seine Tochter zur Frau. Aber der Zarentochter war das Leben mit einem Bauern langweilig; sie befahl, ihn in den Wald zu bringen und zu töten. Die Diener packten ihn und brachten ihn in den Wald, aber sie erbarmten sich seiner und töteten ihn nicht. Nun wanderte der Knecht durch den Wald und weinte. Da kamen ihm drei Männer entgegen, die sich heftig stritten. Als sie vor ihm standen, flehten sie ihn an: »Hilf uns, guter Mann! Wir haben unterwegs die Selbstlaufenden Stiefel, den Fliegenden Teppich und das Tischtuch Deck-dich-auf gefunden; wie sollen wir teilen?«

»Ganz einfach: wer von euch als erster auf die Spitze der Eiche klettert, der soll alles haben!« Die drei ließen sich überlisten, sie stürzten zu dem Baum; aber als sie auf der Eiche waren, zog der Knecht die Selbstlaufenden Stiefel an, setzte sich auf den Fliegenden Teppich, nahm das Tischtuch Deck-dich-auf und sagte: »Ich will sogleich vor der Zarenstadt sein!« Und schon war er dort. Er schlug ein Zelt auf, breitete das Tischtuch Deck-dich-auf aus und ließ den Zaren und die Zarentochter zu sich bitten; sie erkannten ihn nicht. Er bewirtete und unterhielt sie aufs beste, und zum Schluß zeigte er der Zarentochter den Fliegenden Teppich. Inzwischen hatte er das Tischtuch Deck-dich-auf unbemerkt zusammengefaltet, und sobald die Zarentochter auf dem Teppich saß, befahl er, sie beide in den dunklen Wald zu tragen.

Im Wald gab sich der Knecht der Zarentochter zu erkennen; sie begann ihn zu kosen und zu umschmeicheln – und der Knecht ließ sich umgarnen! Sobald er eingeschlafen war, riß sie das Tischtuch Deck-dich-auf an sich, setzte sich auf den Fliegenden Teppich und verschwand!

Der Knecht erwachte und sah, daß die Zarentochter, der Fliegende Teppich und das Tischtuch Deck-dich-auf fort waren; nur die Stiefel waren ihm geblieben. Er wanderte und wanderte durch den Wald. Schließlich bekam er Hunger, da sah er zwei Apfelbäume, er pflückte einen Apfel und biß hinein. Als er den Apfel aufgegessen hatte, entdeckte er auf seinem Kopf ein Horn, und nach dem zweiten Apfel – ein zweites Horn. Er kostete die Äpfel von dem anderen Baum: kaum hatte er einen Apfel gegessen, als seine Hörner verschwanden und er sich in einen prächtig anzusehenden, schönen Jüngling verwandelte! Er füllte seine Taschen mit Äpfeln von beiden Bäumen und begab sich in die Stadt. Dort ging er vor dem Palast auf und ab. Schließlich sah er eine Magd der Zarentochter, sie hatte nur die schmutzige Arbeit zu verrichten und war sehr, sehr häßlich von Angesicht.

»Hast du vielleicht Lust auf ein Äpfelchen, liebes Mädchen?«
Sie nahm einen Apfel, aß ihn und verwandelte sich in eine
solche Schönheit, wie man sie im Märchen nicht schöner
ausmalen oder mit der Feder nicht besser beschreiben kann.
Als die Zarentochter die Magd sah, staunte sie über alle
Maßen. »Kauf mir«, befahl sie, »kauf mir sofort solche Äpfel.«
Die Magd lief hinaus und kaufte von den Äpfeln; die Zarentochter aß davon, und es wuchsen ihr Hörner. Am nächsten
Tag ließ sich der Knecht bei der Zarentochter melden und
sagte, daß er ihr die Schönheit wiedergeben könne. Sie flehte
ihn darum an. Er befahl ihr, in die Badestube zu gehen; dort
mußte sie sich splitternackt ausziehen und sich eine solche
Tracht Prügel gefallen lassen, daß sie lange daran denken
sollte! Darauf gab er sich ihr als ihren angetrauten Gemahl zu
erkennen. Die Zarentochter bereute und gab den Fliegenden
Teppich und das Tischtuch Deck-dich-auf heraus. Der
Knecht aber gab ihr von den guten Äpfeln. Und dann lebten
sie glücklich und in Frieden, und das Gute mehrte sich.

Das Märchen von der Ente
mit den goldenen Eiern

Es lebten einmal zwei Brüder, der eine war reich, der andere
arm. Der Arme hatte Frau und Kinder, der Reiche war allein
wie der Daumen. Eines Tages kam der Arme zu dem Reichen
und bat: »Bruder, gib meinen Kindern heute zu essen; wir
sind so arm, daß wir uns kein Mittagessen kochen können.« –
»Du kommst mir heute ungelegen«, sagte der Reiche. »Heute
besuchen mich lauter Fürsten und Bojaren. Das ist für Arme
nicht der rechte Umgang!« Der arme Bruder weinte bitterlich
und ging fischen: »Vielleicht ist Gott gnädig und schickt mir
einen Fisch! Dann werden meine Kinder wenigstens Fischsuppe löffeln.« Als er sein Netz herauszog, sah er darin einen

Krug. »Zieh mich heraus und zerschlag mich am Ufer«, tönte es aus dem Krug. »Ich werde dir dein Glück weisen.« Er zog den Krug ans Ufer, zerschlug ihn, und ein fremder Jüngling trat hervor und sagte: »Da ist eine grüne Wiese, auf dieser Wiese wächst eine Birke. Unter den Wurzeln der Birke sitzt eine Ente. Zerhacke die Wurzeln der Birke und nimm die Ente mit. Sie wird dir Eier legen – einen Tag ein goldenes, einen Tag ein silbernes.«

Der arme Bruder ging zu der Birke. Er holte die Ente hervor und brachte sie nach Hause. Die Ente legte Eier, einen Tag ein goldenes, einen Tag ein silbernes. Er verkaufte die Eier an Kaufleute und Bojaren und wurde ein reicher Mann! »Kinder«, sagte er, »betet und dankt unserem Schöpfer! Er hat uns erhört!« Der reiche Bruder wurde neidisch und böse: »Wie konnte mein Bruder so schnell reich werden? Jetzt bin ich der Arme und er der Reiche. Gewiß hat er Unrechtes getan!« Er ging zum Gericht und klagte seinen Bruder an. Der Zar hörte davon. Der Bruder, der einst so arm gewesen und nun so schnell reich geworden war, mußte sich vor dem Zaren verantworten. Wohin mit der Ente? Die Kinder waren noch klein, seine Frau mußte auf die Ente achtgeben. Nun ging sie auf den Markt und verkaufte die Eier für teures Geld, aber sie war eine schöne Frau und fing eine Liebschaft mit einem Herrn an. »Wie seid ihr zu solchem Reichtum gekommen?« fragte sie der Herr. »Der Herrgott hat ihn uns gegeben!« Aber er wollte es genau wissen: »Nein, sage mir die Wahrheit; sagst du es mir nicht, so will ich dich nicht mehr lieben und dich nicht mehr besuchen.« Und er blieb die zwei nächsten Tage fort; sie ließ ihn rufen und erzählte: »Wir haben eine Ente. Sie legt uns einen Tag ein goldenes Ei und den anderen ein silbernes.« – »Hol diese Ente und zeige sie mir. Was ist das für ein Vogel?« Er betrachtete die Ente und sah – auf ihrem Bauch stand mit goldenen Lettern geschrieben: ›Wer das Köpfchen ißt, der wird Zar werden; wer das Herz ißt, der wird Gold spucken.‹ Der Herr wollte sich solches Glück nicht

entgehen lassen. Er bedrängte die Frau: »Schlachte die Ente!«
Sie wollte es ihm ausreden, sie suchte Ausflüchte, aber
schließlich schlachtete sie die Ente und schob sie zum Braten
in den Ofen. Es war an einem Festtag; sie ging in die Kirche,
unterdessen kamen ihre Söhne ins Haus gelaufen. Sie hätten
gern etwas gegessen, schauten in den Ofen und zogen die Ente
heraus. Der Älteste aß den Kopf, der Jüngste das Herz. Die
Mutter kam aus der Kirche zurück, auch der Herr kam, sie
setzten sich zu Tisch: da sah er, daß der Kopf und das Herz
der Ente fehlten. »Wer hat das gegessen?« fragte der Herr so
lange, bis die Knaben gestanden. Darauf bedrängte er die
Mutter: »Schlachte deine beiden Söhne! Schneide dem einen
das Hirn und dem andern das Herz heraus; und wenn du sie
nicht schlachtest, dann ist unsere Liebe zu Ende!« So sprach
er und ging; eine ganze Woche lang quälte sie sich, aber
schließlich hielt sie es nicht länger aus und ließ ihn rufen:
»Komm, für dich gebe ich auch meine eigenen Kinder hin!«
Sie saß am Tisch und wetzte das Messer. Der ältere Sohn sah
es, er weinte bittere Tränen und bat: »Mütterchen, erlaube
uns, draußen im Garten zu spielen.« – »Geht in den Garten,
aber bleibt in der Nähe.« Die Knaben wollten aber nicht in
dem Garten spielen, sondern vor ihrer Mutter fliehen. Sie
rannten und rannten, schließlich wurden sie müde und
hungrig. Mitten im Feld hütete ein Hirt seine Kühe. »Hirte,
ach, Hirte, gib uns ein Stückchen Brot!« – »Hier habt ihr ein
Stückchen Brot«, sagte der Hirte, »das ist alles, was ich noch
habe! Möge es euch bekommen.« Der ältere Bruder gab das
Brot dem jüngeren: »Iß du es, Brüderchen, du bist schwächer,
ich bin stärker und kann noch eine Weile aushalten.« – »Ach
nein, Brüderchen, du hast mich den ganzen Weg an der Hand
gehalten und gezogen, du bist müder als ich; laß uns teilen!«
Sie teilten das Brot, aßen und waren beide satt. Darauf gingen
sie weiter; sie wanderten auf einem breiten Weg immer
geradeaus, bis sich der Weg gabelte; auf der Kreuzung stand
ein Pfahl, auf dem Pfahl stand geschrieben: Wer rechts geht,

der wird Zar, wer links geht – ein reicher Mann. Der jüngere Bruder sagte zu dem älteren: »Brüderchen! Geh du doch rechts, du bist verständiger als ich und kannst mehr als ich ertragen.« Der größere Bruder ging rechts, der jüngere links.

Der erste wanderte, wanderte und kam schließlich in ein anderes Land. Er fand Obdach bei einem alten Weiblein, schlief die Nacht über, erhob sich in aller Frühe, wusch sich, kleidete sich an und betete. Zu der Zeit war in jenem Land der Zar gestorben. Alle Menschen zogen in die Kirche, jeder eine Kerze in der Hand: Wessen Kerze als erste von selbst brennen würde, der sollte der neue Zar sein. »Geh du doch auch in die Kirche, Söhnchen!« sagte das alte Weiblein. »Vielleicht wird deine Kerze als erste brennen.« Sie gab ihm eine Kerze, und er begab sich in die Kirche; kaum hatte er die Kirche betreten, als seine Kerze zu brennen begann. Die anderen Fürsten und Bojaren wurden neidisch, wollten die Kerze löschen und den Knaben verjagen. Aber die Zarentochter, die auf dem hohen Thron saß, sagte: »Nicht ein Härchen soll ihm gekrümmt werden. Ob er ein rechter Bräutigam ist oder ein schlechter – so ist es mir vom Schicksal beschieden.« Man geleitete den Knaben vor ihren Thron, sie drückte mit ihrem goldenen Ring ein Siegel auf seine Stirn, nahm ihn in ihren Palast auf, kleidete ihn, ließ ihn zum Zaren krönen und wurde seine Frau.

So lebten sie zusammen, und eines Tages sagte der junge Zar zu seiner Frau: »Erlaube mir, auszureiten und meinen jüngeren Bruder zu suchen.« – »Reite mit Gott!« Er zog lange durch fremde Länder, bis er schließlich seinen jüngeren Bruder fand. Der lebte in unermeßlichem Reichtum, sogar die Getreideschober waren voll Gold; und jedesmal, wenn er spuckte, klirrte das Gold! Er wußte nicht, wohin damit! »Brüderchen«, sagte der Jüngere, »wir wollen zu unserem Vater reiten und sehen, wie er lebt und wie es ihm geht!« – »Meinetwegen!« Sie kamen zu ihrem Vater und ihrer Mutter und baten um Obdach in ihrem Haus, aber sie gaben sich nicht zu erkennen. Sie setzten sich an den Tisch, der ältere Bruder erzählte von einer Ente mit goldenen Eiern und einer schlimmen Mutter. Die Mutter fiel ihm immer wieder ins Wort und fing von anderen Dingen zu reden an. Da ging dem Vater ein Licht auf: »Seid ihr vielleicht meine Söhne?« – »Wir sind's, Väterchen!« Das Küssen und Umarmen wollte kein Ende nehmen; sie hatten sich viel zu erzählen. Der ältere Sohn nahm den Vater mit in sein Reich, der jüngere zog aus, um sich eine Frau zu suchen, die Mutter ließen sie allein zurück.

Das wunderbare Hühnchen

Hinter den dreimal neun Ländern, in dem dreimal zehnten Reich, nicht in unserem Land, lebten ein Mann und eine Frau in großer Dürftigkeit und Armut; sie hatten zwei Söhne, beide noch unmündige Kinder, die noch keine Hilfe bei der Arbeit waren. Da machte sich der Mann auf und wollte sich irgendwo verdingen; er zog von Haus zu Haus, aber alles, was er verdiente, waren zwanzig Kopeken. Auf dem Heimweg begegnete er einem Trunkenbold – der trug ein Hühnchen. »Kauf doch mein Hühnchen!« – »Was willst du dafür haben?« – »Einen Fünfziger.« – »Nein, Bruder, du kannst nur zwanzig kriegen, aber das reicht dir doch, du leerst dein Gläschen und legst dich schlafen!« Der Saufbruder nahm die zwanzig Kopeken und ließ dem Mann das Hühnchen. Als der Vater nach Hause kam, herrschte dort schon lange bitterer Hunger: nicht ein Krümel Brot war im ganzen Haus geblieben! »Hier, Frau, ich habe dir ein Hühnchen mitgebracht!« Die Frau begann zu schimpfen: »Ach, du alter Teufel! Nun bist du vollends toll geworden! Die Kinder sitzen ohne Brot und du kaufst ein Huhn! Das Huhn muß doch auch fressen!« – »Schweig, dummes Weib! Was frißt schon ein Huhn? Es wird uns Eier legen und Küken ausbrüten, wir werden die Küken verkaufen und Brot dafür kaufen...«

Der Alte machte ein Nest und setzte das Hühnchen unter den Ofen. Am nächsten Morgen sah er, daß das Hühnchen einen Stein gelegt hatte. Da sagte der Alte zu seiner Frau: »Bei andern Leuten legen die Hühner Eier und bei uns Steine. Was sollen wir damit anfangen?« – »Bring den Stein in die Stadt, vielleicht findet sich jemand, der ihn kauft.« Der Alte ging in die Stadt, er zog von einem Stand zum andern und zeigte das Steinchen vor.

Von allen Seiten kamen die Kaufleute herbei, schätzten das Steinchen, feilschten und feilschten und zahlten schließlich für das Steinchen fünfhundert Rubel. Von diesem Tage an handelte der Alte mit den Edelsteinen, die ihm das Hühnchen legte. Er wurde bald reich, ließ sich in die Kaufmannsgilde aufnehmen, baute Läden, stellte Gehilfen ein und reiste schließlich zu Schiff in ferne Länder, um auch dort mit Edelsteinen zu handeln. Eines Tages wollte er in ein fremdes Land reisen und befahl seiner Frau: »Gib acht, Alte! Hüte das Hühnchen mehr als dein Augenlicht; wenn dem Hühnchen etwas zustößt, ist es um dich geschehen!«

Kaum war der Alte fort, als seine Frau auf schlechte Gedanken kam und eine Liebschaft mit einem jungen Gehilfen anfing. »Woher bekommt ihr die Edelsteine?« fragte der Galan. »Das Hühnchen legt sie uns.« Der Gehilfe nahm das Hühnchen und sah, daß unter dem rechten Flügelchen in goldenen Lettern geschrieben stand: Wer den Kopf ißt, der wird König, und wer das Gekröse ißt, der wird Gold spucken. »Brate mir dieses Hühnchen und setze es mir zu Mittag vor!« sagte der Gehilfe. »Ach, mein Herzensfreund, wie kann ich das tun? Wenn mein Mann zurückkommt, wird er mich hart bestrafen.« Der Gehilfe wollte nichts hören: »Brate mir das Hühnchen!« – etwas anderes kam nicht über seine Lippen.

Am nächsten Tag ließ die Frau den Koch kommen, befahl ihm, das Hühnchen zu schlachten und mit Kopf und Gekröse zum Mittagessen zu braten. Der Koch schlachtete das Hühnchen und schob es in den Ofen, dann ging er aus der Küche, um etwas zu holen. Unterdessen kamen die Söhne der Frau aus der Schule nach Hause. Sie sahen im Ofen nach und bekamen Lust auf das Gebratene: Der Ältere aß den Hühnerkopf und der Jüngere das Gekröse. Als sie mittags am Tisch saßen und das Huhn aufgetragen wurde, sah der Gehilfe, daß Kopf und Gekröse fehlten. Er wurde zornig, beschimpfte die Frau und fuhr nach Hause. Die Frau lief hinterher; sie wollte ihn zurückhalten, aber er blieb unerbittlich: »Schlachte deine Kinder«, sagte er, »schneide ihnen das Gekröse und das Hirn heraus und setze es mir zum Abendbrot vor; sonst habe ich mit dir nichts mehr zu schaffen!« Die Frau brachte die Kinder zu Bett, ließ den Koch rufen und befahl, die Schlafenden in den Wald zu bringen; dort sollte er sie töten, ihnen Hirn und Gekröse herausschneiden und zum Abendbrot zubereiten.

Der Koch fuhr mit den Knaben in den dunklen Wald, hielt an und begann, sein Messer zu wetzen. Die Knaben wachten auf und fragten: »Wozu wetzest du dein Messer?« – »Weil eure Mutter mir befahl, euch Hirn und Gekröse herauszuschneiden und zum Abendessen zuzubereiten.« – »Ach, liebes Großväterchen! Laß uns leben; wir geben dir so viel Gold, wie du dir wünschst! Hab Mitleid mit uns und laß uns frei.« Der Jüngste spuckte ihm die Rockschöße voll Gold: Da wollte der Koch sie unversehrt laufen lassen. Er ließ die Knaben im Wald zurück und fuhr nach Hause. Zu seinem Glück hatte eine Hündin geworfen; er nahm zwei Welpen, schnitt Gekröse und Gehirn heraus, briet alles und tischte es abends auf. Der Gehilfe stürzte sich auf das Essen, er fraß alles auf – aber er wurde weder ein Königssohn, noch ein König, sondern blieb ein gemeiner Ladenschwengel.

Die Knaben traten aus dem Wald auf eine große Straße hinaus und wanderten, wohin das Auge blickt; ob sie lange wanderten oder kurz – auf einmal gabelte sich der Weg, und dort stand ein Pfahl, und auf dem Pfahl war geschrieben: »Wer rechts geht, kommt auf den Thron, und wer links geht, der wird viel Kummer und Unbill erleiden, aber eine wunderschöne Zarentochter zur Frau bekommen.« Die Brüder lasen die Aufschrift und beschlossen, sich zu trennen. Der Ältere ging rechts, der Jüngere links. Der Ältere wanderte und wanderte, wanderte und wanderte und kam schließlich in eine unbekannte Hauptstadt; in den Straßen drängten sich ungezählte Menschen. Aber alle waren in Trauer, alle blickten betrübt. Der Knabe bat ein armes altes Weiblein um Obdach: »Nimm einen fremden Reisenden auf und gewähr ihm Schutz vor der dunklen Nacht!« – »Ich würde dich gern aufnehmen, aber ich weiß nicht, wohin; es ist auch ohne dich zu eng!« – »Nimm mich auf, Großmütterchen, ich bin von einfachem Stand, ebenso wie du; ich brauche nicht viel Platz – ich kann irgendwo in einem Eckchen schlafen.«

Das alte Weiblein ließ ihn ein, und sie unterhielten sich. »Warum«, fragte der Wanderer, »drängen sich in eurer Stadt so viele Menschen? Warum ist ein Nachtquartier so teuer, und warum sind alle in Trauer und blicken so bekümmert drein?« – »Unser König ist gestorben, da haben die Bojaren ausrufen lassen, daß alle, alt und jung, sich hier versammeln sollen. Jeder bekommt eine Kerze und muß mit dieser Kerze in die Kathedrale; wessen Kerze von selbst brennt, der soll unser König sein!« Am nächsten Morgen erhob sich der Knabe, wusch sich, betete, bedankte sich bei dem alten Weiblein für Brot und Salz und für das weiche Bett und ging zur Kathedrale; als er hinkam, waren so viele Menschen darin, daß man sie nicht in drei Jahren hätte zählen können! Kaum hielt er die Kerze in der Hand, als sie zu brennen begann. Alle stürzten sich auf ihn, bliesen, versuchten, die Kerzenflamme auszuschlagen, aber sie leuchtete immer heller. Was sollte man tun? Sie mußten ihn als ihren König anerkennen, legten ihm goldene Gewänder an und geleiteten ihn in den Palast.

Der jüngere Bruder, der den Weg nach links eingeschlagen hatte, erfuhr, daß in einem fernen Reich eine wunderschöne Zarentochter lebe – ihr Liebreiz sei unbeschreiblich, aber ihre Geldgier ohne Maß, sie habe, so erzählte man, in allen Ländern verkünden lassen: »Ich werde den heiraten, der mein ganzes Heer drei Jahre lang unterhält.« Da wollte der Jüngere sein Glück versuchen. Er machte sich auf den Weg zu dem fernen Reich, er wanderte auf mancher breiten Straße, trug ein Säckchen bei sich und spuckte immer wieder pures Gold in das Säckchen. Ob er lange wanderte oder kurz, ob es nah war oder weit, schließlich kam er zu der wunderschönen Zarentochter, machte ihr seine Aufwartung und erklärte sich bereit, die Bedingung zu erfüllen. Gold brauchte er nicht zu borgen: Er brauchte nur einmal zu spucken und schon hatte er genug! Drei Jahre lang unterhielt er das Heer, er kleidete und ernährte es. Nun wäre es an der Zeit gewesen, ein Fest zu feiern und Hochzeit zu halten, aber die Zarentochter hatte anderes im Sinn: Arglistig fragte sie ihn aus, wie er zu seinem Reichtum komme. Darauf lud sie ihn zu sich, bewirtete ihn aufs beste, tat aber in seinen Becher ein Brechmittel. Dem Jüngling wurde es übel, und er erbrach das Hühnergekröse. Die Zarentochter schnappte es auf und steckte es in den Mund. Von dem Tag an spuckte sie Gold und ihr Bräutigam ging leer aus. »Was soll ich mit diesem Tölpel anfangen?« fragte die Zarentochter ihre Bojaren und Generäle. »Er hat den Verstand verloren und will mich heiraten!« Die Bojaren sagten: »Er gehört gehenkt!«, die Generäle sagten: »Er gehört erschossen!«, aber die Zarentochter dachte sich etwas ganz anderes aus – sie befahl, ihn in das Sch...haus zu werfen.

Nur mit äußerster Not gelang es dem Jüngling, aus der Grube zu klettern. Dann machte er sich wieder auf den Weg, hatte aber nur das eine im Sinne: Wie könnte er der Zarentochter den bösen Scherz heimzahlen? Er wanderte und wanderte und kam schließlich in einen dunklen Wald. Dort sah er drei Männer, die sich prügelten und aus Leibeskräften einander mit Fausthieben traktierten. »Warum prügelt ihr euch?« – »Wir haben im Wald etwas gefunden und wissen nicht, wie wir es teilen sollen: Jeder von uns will alles für sich haben!« – »Was habt ihr gefunden? Lohnt es sich, deswegen zu streiten?« – »Freilich! Da ist ein Fäßchen – wenn man einmal daran klopft, springt eine Kompanie Soldaten heraus; da ist der Fliegende Teppich, der fliegt, wohin man will; und da ist die Zauberknute – damit braucht man ein Mädchen nur zu berühren und zu sagen: ›Bist eine Jungfrau, sei eine Stute!‹ – und das Mädchen verwandelt sich auf der Stelle in eine Stute.« – »Der Fund ist wirklich viel wert und läßt sich schwer teilen! Ich gebe euch einen Rat: Ich mache einen Pfeil und schieße ihn ab, und ihr müßt dem Pfeil nachlaufen: Dem ersten, der bei dem Pfeil ankommt, gehört das Fäßchen, dem zweiten der Fliegende Teppich und dem letzten die Zauberknute.« – »Das ist ein guter Rat! Mach den Pfeil!« Der Jüngling machte einen Pfeil und schoß ihn ab; die drei liefen ihm um die Wette nach . . . Sie stürzten davon, ohne sich auch nur einmal umzusehen! Der Jüngling aber nahm das Fäßchen und die Zauberknute, setzte sich auf den Fliegenden Teppich, zupfte an einer Ecke, stieg in die Luft und flog dahin über den ragenden Wipfeln des Waldes, unter den ziehenden Wolken des Himmels, wohin er es sich wünschte.

Er ließ sich auf der Bannwiese der wunderschönen Zarentochter nieder und klopfte an das Fäßchen – und bald sammelte sich ein riesiges Heer: Fußvolk, Reiter und Artillerie mit Geschützen und Pulverkisten – eine Heerschar nach der anderen, eine Heerschar nach der anderen! Der wackere Jüngling verlangte ein Pferd, saß auf, ritt die Front seiner Armee ab, begrüßte die Soldaten und gab den Marschbefehl. Die Trommler trommelten, die Hornisten bliesen, die Kanonen donnerten, die Armee marschierte. Als die Zarentochter sie von ihrem Turm erblickte, erschrak sie über alle Maßen und schickte ihre Bojaren und Generäle aus, die sollten um

Frieden bitten. Der wackere Jüngling befahl, die Gesandten zu fesseln, sie hart und schmerzhaft zu bestrafen und sie zurückzuschicken: »Die Zarentochter muß selbst kommen und um Frieden bitten.« Was sollte sie tun? Die Zarentochter kam gefahren; sie stieg aus ihrer Kutsche, ging auf den wackeren Jüngling zu, erkannte ihn und war starr vor Staunen; er aber nahm die Zauberknute und schlug sie ihr über den Rücken: »Bist eine Jungfrau«, sagte er, »sei eine Stute!« Im gleichen Augenblick verwandelte sich die Zarentochter in eine Stute; er zäumte und sattelte sie, schwang sich in den Sattel und sprengte davon in das Reich seines älteren Bruders. Er flog nur so dahin, traktierte sie mit drei eisernen Ruten und munterte sie mit den Sporen auf, und hinter ihm marschierte sein Heer – eine unübersehbare Streitmacht!

Ob es lange währte oder kurz – schließlich kamen sie an die Grenze; der wackere Jüngling hielt an, sammelte seine Armee in das Fäßchen ein und ritt in die Hauptstadt. Als er an dem königlichen Palast vorbeiritt und der König ihn sah, staunte dieser über die Stute: »Wer ist dieser Held? Ich habe in meinem Leben nie eine schönere Stute gesehen!« Er schickte seine Generäle aus, die sollten das Pferd kaufen. »Euer König hat scharfe Augen!« sagte der Jüngling. »Man wird in eurer Stadt wohl nicht unbehelligt mit seiner jungen Frau spazieren gehen können; wenn der König mir die Stute nicht gönnt, dann wird er mir die Frau noch weniger gönnen!« Darauf kam er in den Palast: »Guten Tag, Bruder!« – »Ach, ich habe dich nicht erkannt!« Das Küssen und Umarmen wollte kein Ende nehmen. »Was hast du da für ein Fäßchen?« – »Das ist gegen den Durst, Bruder; man kommt unterwegs ohne Wasser nicht aus.« – »Und was ist das für ein Teppich?« – »Setz dich darauf, dann wirst du es merken!« Sie setzten sich auf den Fliegenden Teppich, der jüngere Bruder zupfte an einer Ecke, und sie flogen dahin, über den ragenden Wipfeln des Waldes, unter den ziehenden Wolken des Himmels – geradewegs in ihr Vaterland.

Sie kamen wohlbehalten an und nahmen bei ihrem leiblichen Vater Quartier. Dort lebten sie, gaben sich ihren Eltern aber nicht zu erkennen. Nach einer Weile gaben sie ein Fest für die ganze getaufte Welt, eine Menge Volks versammelte sich, die bewirteten sie drei Tage und drei Nächte auf das üppigste und fragten dann, ob jemand eine sonderbare Begebenheit erzählen könne? Keiner traute sich: »Wir alle sind nicht weit in der Welt herumgekommen!« – »Dann will ich eine Geschichte erzählen«, sagte der jüngere Bruder, »aber niemand darf mich unterbrechen. Wenn mich jemand dreimal unterbricht, soll er hart bestraft werden.« Alle waren einverstanden; und nun begann er zu erzählen, wie einmal ein Mann und eine Frau gelebt hätten, wie sie zu einem Hühnchen gekommen wären, das keine Eier, sondern Edelsteine legte, wie die Frau eine Liebschaft mit dem Gehilfen angefangen hätte ... »Was lügst du alles zusammen!« unterbrach ihn seine Mutter; er aber fuhr unbeirrt fort. Er erzählte, wie das Hühnchen geschlachtet wurde; da unterbrach ihn seine Mutter abermals. Schließlich erzählte er, wie die Frau ihre Kinder umbringen wollte; da konnte sie wiederum nicht an sich halten: »Alles Schwindel!«, sagte sie, »wo gibt es denn das, daß eine Mutter ihr eigen Fleisch und Blut mordet?« – »So etwas gibt es! Sieh uns an, Mutter: Wir sind dein eigen Fleisch und Blut!« ... Da wurde alles offenbar.

Der Vater befahl, seine Frau in kleine Stücke zu hacken, den Gehilfen aber ließ er Pferden an die Schweife binden: Die Pferde rasten nach verschiedenen Seiten davon und verstreuten seine Glieder über das weite Feld.

»Dem Hund ein hündischer Tod!« sagte der Alte, verschenkte sein ganzes Hab und Gut an die Armen und begab sich in das Königreich seines ältesten Sohnes, wo er fortan lebte. Der jüngere Sohn holte mit der Zauberknute aus und schlug auf seine Stute ein: »Bist eine Stute, sei eine Jungfrau!« Die Stute verwandelte sich in die schöne Zarentochter; die beiden versöhnten sich, fanden Gefallen aneinander und heirateten. Sie hielten eine große Hochzeit, auch ich war dabei, trank Met und Wein, alles lief den Bart herunter und kein Tropfen in den Mund.

Recke Ohnbein und
Recke Ohnaug

In einem Lande, in einem Reich lebten einmal ein Zar und eine Zarin; sie hatten einen Sohn, Iwan Zarewitsch, ihn pflegte und wartete Katoma, der Knappe mit der eichenen Kappe. Der Zar und die Zarin erreichten ein hohes Alter. Als sie krank wurden und ihren Tod nahen fühlten, ließen sie Iwan Zarewitsch zu sich kommen und ermahnten ihn: »Wenn wir nicht mehr sind, mußt du in allem auf Katoma, den Knappen mit der eichenen Kappe, hören und seine Ratschläge befolgen; solange du auf ihn hörst, wirst du glücklich sein, wenn du gégen seinen Rat handelst, geht es dir wie der Fliege im Winter.« Zar und Zarin verschieden am nächsten Tag. Iwan Zarewitsch bestattete seine Eltern und folgte ihrem Gebot: Bevor er etwas unternahm, fragte er seinen Knappen um Rat. So lebten sie eine Weile, bis der Zarewitsch volljährig wurde und sich eine Frau suchen wollte. Er kam zu dem Knappen und sagte: »Katoma, mein Knappe mit der eichenen Kappe! Ich bin es leid, alleine zu leben, ich will heiraten.« – »Wohlan, Zarewitsch! Du bist in das Alter gekommen, in dem man sich eine Braut suchen soll; geh in den großen Saal – dort hängen die Bildnisse aller Zarentöchter, aller Königstöchter; betrachte diese Bildnisse und wähle dir eine Schöne, die sollst du freien.«

Iwan Zarewitsch ging in den großen Saal, betrachtete die Bildnisse und wählte die Königstochter Anna die Wunderschöne – sie war von solchem Liebreiz, daß man auf der ganzen Welt ihresgleichen nicht findet! Auf ihrem Bildnis stand geschrieben: Wenn jemand ihr ein Rätsel aufgibt, das sie nicht lösen kann, der führt sie zum Altar; aber wessen Rätsel sie löst, der wird um einen Kopf kürzer gemacht. – Iwan Zarewitsch las die Aufschrift, ließ den Kopf hängen und ging zu seinem Knappen. Er sagte: »Ich war in dem großen Saal, ich habe mir Anna die Wunderschöne zur Braut gewählt, aber ich weiß nicht, ob ich sie bekommen werde.« – »Fürwahr, Iwan Zarewitsch! Sie ist schwer zu erringen; wenn du alleine zu ihr reitest, bist du verloren. Wenn du mich mitnimmst und alles tust, was ich dir sage – dann könntest du Glück haben.« Iwan Zarewitsch bat Katoma, den Knappen mit der eichenen Kappe, mit ihm zu reiten und gab ihm sein Wort, daß er in Freude und Leid auf ihn hören wolle.

Also rüsteten sie sich für die Reise und machten sich auf den Weg zu der Königstochter Anna der Wunderschönen. Sie ritten ein Jahr und ein zweites und ein drittes und ließen viele Länder hinter sich. Da sagte Iwan Zarewitsch: »Nun reiten wir schon so lange, und das Land der Königstochter Anna ist nicht mehr weit, aber wir wissen immer noch nicht, welches Rätsel wir ihr aufgeben sollen.« – »Wir haben noch genug Zeit, um uns eines auszudenken.« Sie ritten weiter; Katoma, der Knappe mit der eichenen Kappe, sah auf die Straße vor sich – da lag ein Beutel mit Geld; er hob ihn behende auf, schüttete das ganze Geld in seinen eigenen Geldbeutel und sagte: »Hier hast du das Rätsel, Iwan Zarewitsch. Wenn du zu der Königstochter kommst, frage sie mit diesen Worten: ›Wir ritten unseres Weges, da sahen wir: ein Gut lag auf dem Weg, im guten nahmen wir das Gut und taten es in unser Gut!‹ Dieses Rätsel wird sie in ihrem ganzen Leben nicht lösen können; jedes andere wohl – sie braucht nur einen Blick in ihr Zauberbuch zu werfen; und wenn sie dein Rätsel löst, läßt sie dich köpfen.«

Endlich kam Iwan Zarewitsch mit seinem Knappen zu dem hohen Palast, in dem die wunderschöne Königstochter lebte. Just um diese Zeit saß sie auf dem Balkon; sie erblickte die

Reisenden und ließ sie sofort fragen, woher sie kämen und was sie wollten? Iwan Zarewitsch antwortete: »Ich komme aus meinem Reich und will um die Königstochter Anna freien.« Man meldete dies der Königstochter. Sie befahl, daß Iwan Zarewitsch in den Palast kommen und ihr vor allen Räten, Fürsten und Bojaren ein Rätsel aufgeben solle. »Ich habe ein Gelübde getan«, sagte sie, »wenn ich das Rätsel nicht lösen kann, dann werde ich den Freier heiraten. Aber wenn ich es löse, dann muß er einen schrecklichen Tod sterben.« – »So vernimm, schöne Königstochter, mein Rätsel«, sagte Iwan Zarewitsch. »Wir ritten unseres Weges, da sahen wir: Ein Gut liegt auf dem Weg, im guten nahmen wir das Gut und taten es in unser Gut.« Die Königstochter Anna die Wunderschöne nahm ihr Zauberbuch und suchte die Lösung; sie blätterte und blätterte, ließ keine Seite aus, mußte es aber enttäuscht zuklappen.

Darauf beschlossen die Räte, Fürsten und Bojaren, daß die Königstochter Iwan Zarewitsch zu heiraten habe. Darüber war sie gar nicht glücklich, aber was sollte sie tun – sie mußte die Vorbereitungen zur Hochzeit treffen. Im stillen aber dachte sie: »Wie könnte ich Zeit gewinnen und meinen Bräutigam loswerden?« Und da verfiel sie darauf, ihrem Bräutigam unerfüllbare Aufgaben zu stellen. Sie ließ Iwan Zarewitsch zu sich kommen und sprach: »Mein lieber Iwan Zarewitsch, der du mir zum Gatten bestimmt bist! Wir wollen unser Hochzeitsfest vorbereiten; erweise mir einen kleinen Gefallen: In meinem Land steht irgendwo ein mächtiger Eisenpfahl; schaff ihn doch vor die Palastküche und spalte ihn zu Brennholz, damit der Koch den Herd heizen kann.« – »Aber ich bitte dich, Königstochter; bin ich etwa hier, um Brennholz zu spalten? Das ist keine Arbeit für mich! Dafür habe ich einen Diener: Katoma, den Knappen mit der eichenen Kappe.« Auf der Stelle ließ Iwan Zarewitsch seinen Knappen kommen und befahl ihm, den Eisenpfahl vor die Küche zu schaffen und zu Brennholz zu spalten, damit der

Koch den Herd heizen könne. Katoma, der Knappe, begab sich zu der angegebenen Stelle, packte den Eisenpfahl und trug ihn vor sich her bis zu der Palastküche; dort spaltete er ihn zu Brennholz, aber vier Eisenscheite steckte er in die Tasche – »für künftige Tage!«

Am nächsten Tag sprach die Königstochter zu Iwan Zarewitsch: »Mein lieber Iwan Zarewitsch, der du mir zum Gatten bestimmt bist! Morgen müssen wir zur Trauung fahren. Ich werde in der Kutsche fahren, und du sollst auf einem Heldenroß reiten; du solltest dieses Roß rechtzeitig zureiten.« – »Wie komme ich dazu, mir ein Pferd selbst zuzureiten! Dafür habe ich einen Diener.« Iwan Zarewitsch rief Katoma, den Knappen mit der eichenen Kappe, zu sich. »Geh in den Pferdestall«, sagte er, »und laß dir von den Pferdeknechten den Hengst zeigen, auf dem ich morgen zur Trauung reiten soll. Reite ihn für mich zu.« Katoma, der Knappe, durchschaute die Arglist der Königstochter, begab sich, ohne viel zu reden, in den Pferdestall und befahl den Knechten, das Heldenroß herauszuführen. Zwölf Pferdeknechte wurden zusammengerufen, zwölf Schlösser aufgeschlossen, zwölf Türen geöffnet, und an zwölf ehernen Ketten führten sie schließlich das Zauberpferd aus dem Stall. Katoma, der Knappe mit der eichenen Kappe, trat heran, aber kaum saß er auf seinem Rücken, als das Zauberpferd sich von der Erde erhob und über den Wipfeln des ragenden Waldes, unter den ziehenden Wolken dahinflog.

Katoma blieb unerschüttert sitzen, hielt sich mit einer Hand an der Mähne fest, holte mit der anderen ein Eisenscheit aus der Tasche und fing nun an, das Pferd mit diesem Eisenscheit zwischen die Ohren zu schlagen. Er schlug so lange, bis das Scheit zersplitterte. Dann zog er das zweite heraus. Das zweite zersplitterte ebenso. Dann zog er das dritte heraus. Das dritte zersplitterte ebenso. Und dann holte er das vierte aus der Tasche, aber nun war der Hengst so zugerichtet, daß er es nicht länger aushielt und mit menschlicher Stimme sprach: »Väterchen Katoma! Laß mir wenigstens das Leben! Befiel mir, was du willst: Alles soll nach deinem Wunsch geschehen.« – »Hör gut zu, du Hundefraß!« antwortete ihm Katoma, der Knappe mit der eichenen Kappe, »morgen wird Iwan Zarewitsch auf dir zur Trauung reiten. Gib acht: Wenn die Pferdeknechte dich in den weiten Hof hinausführen, und wenn der Zarewitsch vor dich hintritt und seine Hand auf dich legt, sollst du stillhalten und nicht einmal ein Ohr aufstellen; und wenn er aufsitzt, sollst du bis über die Fesseln in die Erde einsinken und so schwer unter ihm auftreten, als hättest du eine unermeßliche Last zu tragen.« Das Zauberpferd vernahm den Befehl und kam kaum lebendig auf die Erde herunter. Katoma packte es am Schweif und schleuderte es vor den Stall. »He, Stallknecht! Kutscher! Schafft den Hundefraß in seinen Stand.«

Endlich brach der Hochzeitstag an; als es Zeit war, zu der Trauung zu fahren, stand für die Königstochter eine Kutsche bereit und für Iwan Zarewitsch brachte man den Hengst. Von allen Seiten strömte das Volk herbei und drängte sich vor dem Palast. Aus den Gemächern aus weißem Stein traten der Bräutigam und die Braut: Die Königstochter stieg in die Kutsche und wartete, wie es Iwan Zarewitsch ergehen werde. Das Zauberpferd, glaubte sie, würde seine Locken in alle Winde streuen, seine Knochen über das Feld verteilen. Iwan Zarewitsch trat auf den Hengst zu, legte ihm die Hand auf den Rücken, setzte den Fuß in den Bügel – der Hengst stand wie festgewurzelt und stellte nicht einmal ein Ohr auf! Iwan Zarewitsch schwang sich in den Sattel – das Zauberpferd sank bis über die Fesseln in die Erde ein; die zwölf Ketten wurden ihm abgenommen – das Pferd ging im Schritt, gleichmäßig und schwer, und sein Fell wurde dunkel von Schweiß. »Welch ein Recke! Wie stark ist er!« sprach das Volk und bewunderte den Zarewitsch. Das Paar wurde getraut; sie faßten sich bei der Hand und traten vor die Kirche. Da wollte die Königstochter noch einmal die Kräfte von Iwan Zarewitsch auf die Probe stellen, und sie drückte seine Hand, so stark, daß er es kaum aushalten konnte: das Blut stieg ihm zu Kopf, er verdrehte die Augen. »Aha, so einer bist du«, dachte die Königstochter, »da hat mich also dein Knappe schön hereingelegt... Aber das werdet ihr büßen.«

Nun lebte die Königstochter Anna mit Iwan Zarewitsch, wie es sich für eine Frau mit ihrem gottgegebenen Gatten ziemt, sie lullte ihn mit schönen Reden ein und dachte immer nur das eine: Wie sie Katoma, den Knappen mit der eichenen Kappe, verderben könne; ohne den Knappen würde sie mit dem Zarewitsch ein leichtes Spiel haben! Wie oft sie ihn auch verleumdete, Iwan Zarewitsch ließ sich nichts einreden und hielt zu seinem Knappen. So verging ein Jahr, da sagte er zu seiner Frau: »Mein liebstes Ehegespons, meine wunderschöne Königstochter! Ich wünsche, mit dir in mein Reich zu reisen.« – »Von Herzen gern. Laß uns reisen. Ich habe mir schon lange gewünscht, dein Reich zu sehen.«

Nachdem die Reisevorbereitungen getroffen waren, machten sie sich auf den Weg; Katoma, der Knappe, saß als Kutscher auf dem Bock. Sie fuhren und fuhren; Iwan Zarewitsch schlief ein. Auf einmal weckte ihn die Königstochter und begann zu klagen: »Wach auf, Zarewitsch! Du schläfst die ganze Zeit und merkst nichts! Dein Knappe hört nicht auf mich, er lenkt die Pferde mit Bedacht über Hügel und Gräben – als wünsche er unsern Tod; ich habe ihm im guten zugeredet, aber er verhöhnte mich. Ich will nicht länger leben, wenn du ihn nicht gehörig bestrafst!« Iwan Zarewitsch war schlaftrunken, er ärgerte sich über seinen Knappen und überantwortete ihn seiner Frau: »Du kannst mit ihm machen, was du willst!« Die Königstochter befahl, ihm beide Beine abzuhacken. Katoma widersetzte sich nicht: »Sei es«, dachte er, »ich werde leiden; aber auch der Königssohn wird nun erfahren, was leiden heißt!«

Sie hackten Katoma, dem Knappen, beide Beine ab. Die Königstochter blickte umher und sah: abseits stand ein hoher

Baumstumpf. Sie rief die Diener herbei und befahl, Katoma auf diesen Baumstumpf zu setzen, Iwan Zarewitsch mit einem Strick an ihren Wagen zu binden, zu wenden und in ihr Königreich zurückzufahren. Katoma, der Knappe mit der eichenen Kappe, saß auf dem hohen Baumstumpf und weinte bittere Tränen: »Leb wohl!« sprach er zu Iwan Zarewitsch, »du wirst noch an mich denken.« Iwan Zarewitsch aber mußte hüpfend hinter dem Wagen herlaufen; nun wußte er, daß er gefehlt hatte, aber er konnte es nicht mehr ungeschehen machen. Als die Königstochter Anna die Wunderschöne in ihr Reich zurückgekehrt war, machte sie Iwan Zarewitsch zum Kuhhirten. Jeden Morgen mußte er die Herde ins freie Feld hinaustreiben und sie abends in die königlichen Ställe zurückbringen; die Königstochter setzte sich auf den Balkon und zählte: »Sind alle Kühe da?« Wenn sie die Kühe gezählt hatte, befahl sie Iwan Zarewitsch, sie in den Stall zu treiben und die letzte Kuh unter den Schwanz zu küssen; diese Kuh wußte schon, was geschah – und wenn sie in der Stalltür stand, hob sie den Schwanz...

Katoma, der Knappe, saß auf dem Baumstumpf einen Tag, und einen zweiten, und einen dritten, ohne zu essen und zu trinken; heruntersteigen konnte er nicht, der Hungertod war ihm gewiß. Nicht weit von diesem Baumstumpf begann ein dichter Wald; in diesem Wald lebte ein starkmächtiger blinder Recke; der witterte jedes Tier, das an ihm vorüberlief – Hase, Fuchs oder Bär – und setzte ihm sofort nach; wenn er das Tier fing, hatte er sein Mittagessen! Der Recke konnte so schnell laufen, daß es keinem Tier gelang, ihm zu entkommen. Da begab es sich, daß ein Fuchs in seine Nähe kam; der Recke witterte ihn und jagte ihm nach; der Fuchs lief zu dem hohen Baumstumpf und schlüpfte dahinter, der blinde Recke rannte in vollem Lauf mit der Stirn gegen den Baumstumpf – er wurzelte ihn aus, und der Stumpf fiel um. Katoma stürzte auf die Erde und fragte: »Wer bist du?« – »Ich bin ein blinder Recke, ich lebe bald dreißig Jahre im Wald und ernähre mich von Tieren, die ich fange und im Feuer brate; sonst wäre ich längst Hungers gestorben.« – »Bist du etwa blind auf die Welt gekommen?« – »Nein, ich bin nicht blind auf die Welt gekommen; die Königstochter Anna die Wunderschöne hat mir die Augen ausstechen lassen.« – »So ist das also, Bruder«, sagte Katoma, der Knappe mit der eichenen Kappe, »und mir hat sie die Beine abhacken lassen, die Giftotter!« Die beiden Recken beschlossen, zusammen zu leben und gemeinsam für ihren Unterhalt zu sorgen. Der Blinde sagte zu dem Beinlosen: »Setz dich auf meine Schultern und weise mir den Weg; ich helfe dir mit meinen Beinen, und du hilfst mir mit deinen Augen.« Er hob den Beinlosen auf seine Schultern und trug ihn, und Katoma schaute nach allen Seiten und lenkte ihn: »Rechts! Links! Geradeaus!...« So lebten sie eine Weile im Wald und jagten Hasen, Füchse und Bären. Eines Tages sagte der Beinlose: »Wollen wir unser ganzes Leben ohne Menschen verbringen? Ich habe gehört, daß in der Stadt ein reicher Kaufmann mit seiner Tochter lebt, und daß diese Tochter zu allen Armen und Kranken barmherzig ist! Mit eigener Hand teilt sie Almosen aus. Holen wir sie zu uns! Sie soll bei uns wohnen und unsere Wirtschaft führen.« Der Blinde holte einen Karren, setzte den Beinlosen hinein und fuhr ihn in die Stadt, geradewegs in den Hof des reichen Kaufmanns; die Kaufmannstochter sah sie aus dem Fenster. Sie sprang sofort auf und lief in den Hof hinaus, um ihnen ein Almosen zu reichen. Sie trat vor den Beinlosen hin und sprach: »Nimm diese milde Gabe in Christi Namen!« Er streckte die Hand aus, als wollte er das Almosen empfangen, packte sie an den Händen, hob sie zu sich in den Karren und rief dem Blinden zu – der rannte so schnell los, daß ihn kein Pferd hätte einholen können! Der Kaufmann schickte Verfolger aus, aber sie mußten unverrichteter Dinge zurückkehren. Die Recken brachten die Kaufmannstochter in ihre Waldhütte und sagten: »Sei unsere leibliche Schwester. Lebe mit uns und führe unsere Wirtschaft, denn wir Krüppel haben niemanden, der uns das Essen kocht und die Hemden wäscht. Gott wird dein Belohner sein!«

Die Kaufmannstochter blieb bei ihnen; die Recken ehrten sie, liebten sie und waren zu ihr wie zu einer leiblichen Schwester. Sie gingen oft auf die Jagd, und ihre Schwester blieb stets im Haus: Sie hielt die Wirtschaft in Ordnung, kochte das Essen und wusch die Wäsche.

Eines Tages aber fand die Baba Jaga Beinernes Bein den Weg zu der Hütte und kam von da an immer wieder, um an den weißen Brüsten der schönen Jungfrau zu saugen. Sobald die Recken aus dem Haus waren, war die Baba Jaga zur Stelle! Ob es lange währte, ob es kurz währte – das schöne Mädchen wurde bleich, mager und kränklich; der Blinde merkte nichts, aber Katoma, der Knappe mit der eichenen Kappe, sah, daß etwas nicht geheuer war, er sagte es dem Blinden. Und nun begannen sie, ihre Nennschwester auszufragen, aber die Baba Jaga hatte sie eingeschüchtert und ihr befohlen, sie mit keinem Sterbenswörtchen zu verraten. Lange traute sich die Jungfrau nicht, den Recken ihren Kummer anzuvertrauen, lange hielt sie mit der Wahrheit zurück, aber schließlich gelang es ihren Brüdern, sie zu überreden: »Jedesmal, wenn ihr auf die Jagd geht, kommt in das Haus ein uraltes Weib – ihr Gesicht ist böse, ihr Haar ist lang und grau – und zwingt mich, sie zu lausen, und während ich sie lause, saugt sie an meinen weißen Brüsten.« – »Ah«, sagte der Blinde, »das ist die Baba Jaga; wir werden es ihr schon zeigen! Morgen gehen wir nicht auf die Jagd, sondern locken sie in die Falle und zahlen es ihr heim...«

Am nächsten Morgen gingen die Recken nicht auf die Jagd. »Gib acht, Schwesterchen!« sagte der Blinde. »Bruder Ohnbein legt sich unter die Bank und bleibt dort mäuschenstill liegen, und Bruder Ohnaug geht hinaus und kauert sich unter das Fenster. Und du setzest dich hier an dieses Fenster, und wenn die Baba Jaga kommt und sich lausen läßt, legst du ihr Haar Strähne um Strähne auf das Fensterbrett; ich werde sie an ihren grauen Zotteln packen!« Gesagt, getan. Der Blinde packte die Baba Jaga an den grauen Haarsträhnen und rief: »He, Bruder Katoma! Komm hervor und halt dieses Giftweib fest, bis ich im Haus bin!« Die Baba Jaga hörte ihn rufen, wollte aufspringen, den Kopf heben – aber sie konnte sich nicht rühren! Sie zerrte und zerrte – vergebens! Da kroch unter der Bank Katoma hervor, wälzte sich über sie wie ein steinerner Berg und würgte die Baba Jaga so sehr, daß ihr der Himmel nicht größer vorkam als ein Schafsfell! Der Blinde kam in die Hütte gelaufen und sagte zu dem Beinlosen: »Wir wollen ein großes Feuer machen, das verdammte Weib verbrennen und ihre Asche in alle Winde streuen!« Da flehte die Baba Jaga: »Ach, ihr Guten! Vergebt mir ... Ich will für euch alles tun, was ihr von mir verlangt!« – »Gut, alte Hexe«, sagten die Recken, »führ uns zu dem Brunnen mit dem Wasser des Heilens und dem Wasser des Lebens.« – »Ich werde euch sofort zu dem Brunnen führen, aber schlagt mich nicht länger!«

Katoma, der Knappe mit der eichenen Kappe, setzte sich auf die Schulter des Blinden, der Blinde packte die Baba Jaga an den Zöpfen; die Baba Jaga führte sie tief in das Walddikkicht zu einem Brunnen und sagte: »Das ist das Wasser des Heilens und das Wasser des Lebens.« – »Gib acht, Bruder Katoma«, sagte der Blinde, »laß dich nicht hinters Licht führen; wenn wir uns jetzt von ihr täuschen lassen, haben wir für immer verspielt.« Katoma, der Knappe mit der eichenen Kappe, brach von einem Baum einen grünen Zweig und warf ihn in den Brunnen. Der Zweig hatte das Wasser noch nicht berührt, als er schon lichterloh brannte! »So ist das! Du willst uns betrügen!« Die Recken würgten die Baba Jaga und wollten sie in den Feuerbrunnen stoßen. Die Baba Jaga flehte noch inständiger und schwur, sie fortan nicht mehr zu betrügen: »Ich gebe euch mein Wort, daß ich euch zu dem guten Brunnen führe!«

Die Recken wollten es noch einmal mit ihr versuchen und

ließen sich von ihr zu einem anderen Brunnen führen. Katoma, der Knappe, brach einen trockenen Ast ab und warf ihn in den Brunnen. Der Zweig hatte das Wasser noch nicht berührt, da begann er schon zu grünen und zu blühen. »Ja, das ist das gute Wasser«, sagte Katoma. Der Blinde benetzte seine Augen – und wurde sehend; dann tauchte er den Beinlosen in den Brunnen – und die Beine wuchsen nach. Sie freuten sich und sagten leise zueinander: »Jetzt wird wieder alles gut! Wir werden zu unserem Recht kommen, aber vorher müssen wir mit der Baba Jaga abrechnen; wenn wir ihr jetzt vergeben, dann wird es uns zum Verderben gereichen – sie wird ihr Leben lang Böses sinnen!« Sie gingen zu dem Feuerbrunnen zurück und stießen die Baba Jaga hinein: So fand sie ihr Ende!

Darauf heiratete Katoma, der Knappe mit der eichenen Kappe, die Kaufmannstochter und alle drei begaben sich in das Reich von Anna der Wunderschönen, um Iwan Zarewitsch zu helfen. Als sie sich der Stadt näherten, sahen sie: Iwan Zarewitsch trieb eine Herde Kühe in den Stall. »Halt, Hirte!« sagte Katoma, der Knappe. »Wohin treibst du diese Kühe?« Iwan Zarewitsch antwortete: »Ich treibe sie zu dem Palast des Königs; die Königstochter zählt jedesmal selbst nach, ob alle Kühe beisammen sind.« – »Höre, Hirte, zieh meine Kleider an, und gib mir die deinen. Ich will die Kühe in den Stall bringen.« – »Ach nein, Bruder, das kann ich nicht tun; wenn die Königstochter es merkt, wird es mir übel ergehen!« – »Fürchte dich nicht, es wird dir nicht übel ergehen! Katoma, der Knappe mit der eichenen Kappe, soll dafür Bürge sein!« Iwan Zarewitsch seufzte und sagte: »Ach, guter Mann! Wenn Katoma, der Knappe, noch am Leben wäre, dann würde ich diese Kühe nicht weiden müssen.« Darauf gab sich Katoma, der Knappe mit der eichenen Kappe, zu erkennen: Iwan Zarewitsch umarmte ihn fest und weinte: »Ich habe nicht mehr gehofft, dich je wiederzusehen!« Sie tauschten ihre Kleider, der Knappe trieb die Kühe auf den

Palasthof. Anna die Wunderschöne trat auf den Balkon hinaus, zählte die Kühe und befahl, sie in den Stall zu treiben. Alle Kühe gingen in den Stall, aber die letzte blieb in der Stalltür stehen und hob ihren Schwanz. Katoma sprang mit einem Satz auf sie zu: »Worauf wartest du, du Hundebraten?« – Er packte sie beim Schwanz, riß daran und hielt die ganze Kuhhaut in der Hand. Die Königstochter sah es und rief mit lauter Stimme: »Was fällt diesem erbärmlichen Hirten ein? Packt ihn und bringt ihn her!« Die Diener packten Katoma und schleppten ihn in den Palast; er duldete alles, denn er verließ sich auf seine Kräfte. Man führte ihn vor die Königstochter; sie sah ihn und fragte: »Wer bist du? Woher kommst du?« – »Ich bin der, dem du die Beine abhacken und den du auf den Baumstumpf setzen ließest; man nennt mich Katoma, den Knappen mit der eichenen Kappe!« – »Nun«, dachte die Königstochter, »wenn er seine Beine wiedererlangt hat, dann ist mit ihm nicht gut Kirschen essen!« Darauf bat sie ihn und Iwan Zarewitsch um Vergebung; sie bereute ihre Sünden und schwor, Iwan Zarewitsch ewig zu lieben und ihm in allem zu folgen. Iwan Zarewitsch vergab ihr, und fortan lebten sie in Frieden und Eintracht; der blinde Recke blieb bei ihnen, und Katoma, der Knappe, fuhr mit seiner Frau zu ihrem Vater, dem reichen Kaufmann, und wohnte in dessen Haus.

Zar Bär

Es lebten einmal ein Zar und eine Zarin, die hatten keine Kinder. Eines Tages ritt der Zar auf die Jagd, er wollte Pelztiere und Schnepfen schießen. Der Tag war heiß, der Zar bekam Durst, er sah abseits einen Brunnen, trat an den Brunnen heran, bückte sich und wollte trinken – da packte ihn Zar Bär an dem Bart und hielt ihn fest. »Laß mich los«, bat der Zar. »Gib mir das, was du in deinem Hause nicht kennst, dann werde ich dich loslassen.« – »Was sollte ich in meinem Haus nicht kennen?« dachte der Zar. »Ich meine, ich kenne alles...« Er sagte: »Ach, ich möchte dir lieber eine Herde Kühe geben!« – »Nein, ich will nicht einmal zwei Herden.« – »Dann nimm eine ganze Koppel Pferde.« – »Ich will auch keine zwei Koppeln Pferde; gib mir das, was du in deinem Haus nicht kennst.«

Der Zar versprach es, der Bär ließ seinen Bart los, und der Zar konnte nach Hause reiten. Kaum betrat er seinen Palast, als er erfuhr, daß seine Frau mit Zwillingen niedergekommen sei: Iwan Zarewitsch und Marja Zarewna; sie waren es, die er in seinem Haus nicht kannte. Da schlug der Zar die Hände zusammen und weinte bitterlich. »Warum grämst du dich?« fragte die Zarin. »Wie soll ich nicht weinen?« antwortete der Zar. »Ich habe meine eigenen Kinderchen dem Zaren Bär versprochen.« – »Wie ist das geschehen?« – »So und so«, erzählte der Zar. »Wir werden sie einfach nicht hergeben!« – »Ach, das ist unmöglich! Er wird das ganze Reich verwüsten und sie dennoch holen.«

Sie überlegten und überlegten, wie sie sich wohl helfen könnten. Schließlich dachten sie sich etwas aus: Sie ließen eine tiefe, tiefe Grube ausheben, richteten sie ein und schmückten sie wie ein Gemach, statteten sie mit reichen Vorräten an Eßbarem und Trinkbarem aus; dann hießen sie ihre Kinder in die Grube hinuntersteigen, deckten darauf die Grube ab und scharrten sie zu.

Es dauerte nicht lange, da starben der Zar und die Zarin. Die beiden Kinder aber wuchsen heran. Eines Tages kam Zar Bär und wollte sie holen: Er durchsuchte das ganze Haus und fand keine Menschenseele. Der Palast war verlassen. Er ging umher, ließ kein Gelaß aus und dachte: »Wer kann mir sagen, wo die Zarenkinder geblieben sind?« Auf einmal sah er: ein Meißel steckte in einer Wand. »Meißel, hörst du, Meißel?« fragte Zar Bär. »Sag mir doch, wo die Zarenkinder sind!« – »Bring mich hinaus auf den Hof und wirf mich auf die Erde.

Dort, wo ich in der Erde steckenbleibe, dort grabe!« Zar Bär nahm den Meißel, trat auf den Hof hinaus und warf ihn auf die Erde. Der Meißel drehte sich, kreiste und blieb dort stecken, wo Iwan Zarewitsch und Marja Zarewna verborgen waren. Der Bär wühlte die Erde mit den Tatzen auf und sagte: »So, Iwan Zarewitsch und Marja Zarewna, hier also seid ihr! ... Ihr wolltet euch vor mir verstecken! Eure Eltern haben mich betrogen, dafür werde ich euch fressen.« – »Ach, Zar Bär, friß uns nicht. Unser Vater hat noch viele Hühner und Gänse und allerlei Gut.« – »Meinetwegen! Klettert mir auf den Rücken, ihr sollt meine Diener sein.«

Sie kletterten ihm auf den Rücken und Zar Bär trug sie an den Fuß eines so hohen steilen Berges, daß sein Gipfel beinahe den Himmel berührte. Überall Öde, weit und breit keine Menschenseele. »Wir haben Durst und Hunger«, sagten Iwan Zarewitsch und Marja Zarewna. »Ich laufe geschwind und hole euch zu essen und zu trinken«, antwortete der Bär, »wartet solange und ruht euch aus.« Der Bär lief fort, um etwas zu essen zu holen, und Iwan Zarewitsch und Marja Zarewna standen da und weinten bittere Tränen. Auf einmal kam ein lichter Falke geflogen, er schlug mit den Flügeln und sprach: »Ach, Iwan Zarewitsch und Marja Zarewna, wie kommt ihr hierher?« Sie erzählten es ihm. »Was hat der Bär mit euch im Sinn?« – »Wir sollen ihm dienen.« – »Wenn ihr wollt, trage ich euch von hier fort. Setzt euch auf meine Fittiche.« Sie setzten sich auf seine Fittiche; der lichte Falke erhob sich in die Luft, über die ragenden Wipfel, unter die ziehenden Wolken, und wollte in ein fernes Land fliegen. Aber Zar Bär kam gerade zurück, erspähte den Falken hoch in den Lüften, ließ sich mit dem Kopf gegen die feuchte Erde fallen und versengte die Flügel des Falken mit einer hellen Flamme. Die Flügel des Falken waren versengt, und er ließ Iwan Zarewitsch und Marja Zarewna auf die Erde herunter. »So«, sagte der Bär, »ihr wolltet mir davonlaufen. Dafür werde ich euch mitsamt allen Knöchelchen verschlingen.« – »Friß uns nicht, Zar Bär. Wir wollen dir treu dienen.« Der Bär vergab ihnen und machte sich mit ihnen auf den Weg in sein Reich: die Berge wurden immer höher und steiler.

Nach einer Weile sagte Iwan Zarewitsch: »Ach, ich habe Hunger.« – »Ich auch«, sagte Marja Zarewna. Zar Bär lief fort, um etwas zu essen zu holen, und befahl ihnen auf das strengste, sich nicht von der Stelle zu rühren. Sie saßen in dem grünen Gras und weinten. Auf einmal kam ein Adler geflogen, ließ sich aus den Wolken auf die Erde herab und fragte: »Ach, Iwan Zarewitsch und Marja Zarewna! Wie kommt ihr hierher?« Sie erzählten es ihm. »Wenn ihr wollt, trage ich euch von hier fort.« – »Aber wie willst du das tun! Der lichte Falke wollte uns forttragen und hat es nicht vermocht. Auch du wirst es nicht vermögen!« – »Der Falke ist ein kleiner Vogel; ich fliege höher als ein Falke; setzt euch auf meine Fittiche.« Iwan Zarewitsch und Marja Zarewna setzten sich auf seine Fittiche. Der Adler stieg hoch in die Lüfte. Der Bär kam zurück, erspähte den Adler hoch in den Lüften, ließ sich mit dem Kopf gegen die feuchte Erde fallen und versengte die Flügel des Adlers. Der Adler ließ Iwan Zarewitsch und Marja Zarewna auf die Erde herab. »So«, sagte der Bär, »ihr wolltet schon wieder davonlaufen! Diesmal werde ich euch fressen!« – »Friß uns nicht, bitte! Der Adler hat uns dazu verleitet! Wir wollen dir künftig treu und redlich dienen.« Zar Bär vergab ihnen zum letzten Male, gab ihnen zu essen und zu trinken und lief mit ihnen weiter ... Nach einer Weile sagte Iwan Zarewitsch: »Ach, ich habe Hunger.« – »Ich auch«, sagte Marja Zarewna. Zar Bär ließ sie absitzen und lief hurtig davon, um etwas zu essen zu holen. Sie saßen im grünen Gras und weinten. Auf einmal kam ein Öchslein, ein kleines Sch...le, schüttelte den Kopf und fragte: »Iwan Zarewitsch, Marja Zarewna, wie kommt ihr hierher?« Sie erzählten es ihm. »Wenn ihr wollt, trage ich euch fort.« – »Wie willst du es anstellen? Der Vogel Falke und der Vogel Adler wollten uns forttragen und haben es nicht vermocht; du wirst es erst recht nicht vermögen.« Vor lauter Tränen konnten sie kaum sprechen. »Die Vögel haben es nicht vermocht, aber ich werde euch forttragen! Steigt auf meinen Rücken.« Sie kletterten auf seinen Rücken, das Öchslein, das kleine Sch...le, setzte sich in Trab, aber ohne sonderliche Eile. Der Bär erspähte, daß Iwan Zarewitsch und Marja Zarewna davonritten, und lief ihnen nach, so schnell ihn die Beine trugen. »Ach, Öchslein, kleines Sch...le!« riefen die Zarenkinder. »Der Bär läuft uns nach!« – »Ist er noch weit?« – »Nein, ganz nah!« Der Bär setzte schon zum Sprung an und wollte die Zarenkinder herunterholen, aber da drückte das Öchslein, zielte und sch... dem Bären beide Augen voll. Der Bär lief so schnell er konnte zum blauen Meer, um sich die Augen auszuwaschen, und das Öchslein, das kleine Sch...le, trabte weiter und weiter. Zar Bär wusch sich, bis er sauber war, und machte sich wieder an die Verfolgung. »Ach, Öchslein, kleines Sch...le, der Bär holt uns ein!« – »Ist er noch weit?« – »O weh, er ist ganz nah!« Der Bär setzte zum Sprung an, aber das Öchslein drückte abermals, zielte und sch... dem Bären beide Augen voll. Der Bär mußte sich abermals die Augen auswaschen, und unterdessen trabte das Öchslein weiter und weiter. Und ein drittes Mal kleisterte es dem Bären beide Augen voll. Darauf gab es Iwan Zarewitsch einen Kamm und ein Handtuch und sagte: »Wenn der Zar Bär uns jetzt einholt, mußt du zuerst den Kamm hinter dich werfen, und dann das Handtuch hinter dir schwenken.«

Das Öchslein, das kleine Sch...le, trabte weiter und weiter. Als Iwan Zarewitsch sich umblickte, sah er, daß Zar Bär ihnen dicht auf den Fersen war! Da warf Iwan Zarewitsch den Kamm hinter sich – und hinter ihnen wuchs ein Wald empor, der war so dicht, so dunkel, daß kein Vogel hindurchfliegen, kein Tier hindurchlaufen, kein Wanderer hindurchgehen, kein Reiter hindurchreiten konnte. Zar Bär begann zu nagen, er nagte und nagte, und konnte sich nur mit größter Mühe einen schmalen Pfad bahnen; er zwängte sich hindurch und setzte die Verfolgung fort: aber die Zarenkinder waren schon in weiter Ferne. Der Bär holte sie ein, da blickte sich Iwan Zarewitsch um und schwenkte das Handtuch hinter sich. Ein Feuersee breitete sich aus: unübersehbar groß! Woge auf Woge. Zar Bär stand eine Weile am Ufer und kehrte wieder heim. Und das Öchslein, das kleine Sch...le, lief mit Iwan Zarewitsch und Marja Zarewna bis zu einer Waldlichtung.

Auf dieser Waldlichtung stand ein großes, schönes Haus. »Das ist euer Haus«, sagte das Öchslein, »darin sollt ihr leben und keine Not kennen. Und nun schichtet auf dem Hof einen Holzstoß auf, zündet ihn an, schlachtet mich und verbrennt mich.« – »Ach!« sagten die Zarenkinder. »Warum sollen wir dich schlachten? Bleibe lieber bei uns. Wir wollen dich pflegen, dir frisches Gras holen und dich mit Quellwasser tränken.« – »Nein, ihr sollt mich verbrennen und meine Asche auf drei Beeten aussäen: Wenn die Asche aufgeht; wird das eine Beet ein Pferd hervorbringen, das zweite ein Hündchen, und auf dem dritten Beet wird ein Apfelbaum wachsen; das Pferd wird dich tragen, Iwan Zarewitsch, und das Hündchen wird für dich jagen.« Alles geschah so, wie das Öchslein gesagt hatte.

Eines Tages wollte Iwan Zarewitsch jagen. Er nahm Abschied von seiner Schwester, schwang sich auf sein Pferd und ritt in den Wald. Er schoß eine Wildgans, er schoß eine Wildente, er fing ein Wolfsjunges und brachte seine Beute nach Hause. Der Zarewitsch merkte, daß er einen glücklichen Tag hatte und ritt abermals in den Wald. Er schoß viele verschiedene Vögel und fing ein Bärenjunges. Als Iwan Zarewitsch zum dritten Mal auf die Jagd ritt, vergaß er, sein Hündchen mitzunehmen. Marja Zarewna wollte unterdessen Wäsche waschen. Sie nahm die Wäsche und ging, aber auf dem gegenüberliegenden Ufer des Feuersees lauerte ein Drache mit sechs Köpfen. Er verwandelte sich in einen schönen Jüngling und sprach mit süßer Stimme: »Guten Tag, schöne

Jungfrau!« – »Guten Tag, wackerer Jüngling!« – »Ich habe die Alten sagen hören, daß in früheren Zeiten hier kein See gewesen sei; wenn eine Brücke da wäre, würde ich hinüberkommen und um dich werben.« – »Warte! Gleich ist die Brücke da!« sagte darauf Marja Zarewna und schwenkte das Handtuch: Im selben Augenblick dehnte sich das Handtuch aus und blieb über dem See als eine schöne Brücke hängen. Der Drache kam über die Brücke, nahm alsbald sein früheres Aussehen an, schloß das Hündchen von Iwan Zarewitsch ein und warf den Schlüssel in den Feuersee; darauf ergriff er die Zarentochter und trug sie fort in sein Reich.

Iwan Zarewitsch kehrte von der Jagd zurück – seine Schwester war fort; das eingeschlossene Hündchen heulte; er erblickte die Brücke über dem See und dachte: »Wahrscheinlich ist der Drache hier gewesen und hat meine liebe Schwester geraubt!« Er machte sich auf den Weg, um seine Schwester zu suchen. Er wanderte und wanderte: mitten im freien Feld stand ein Häuschen auf Hühnerbeinen und Hundefersen. »Häuschen, Häuschen, dreh dich zum Wald mit dem Hintern und zu mir mit dem Gesicht.« Das Häuschen drehte sich; Iwan Zarewitsch trat ein, in dem Häuschen lag die Baba Jaga Beinernes Bein, von Ecke zu Ecke, die Nase eingewachsen in die Decke. »Pfui, pfui!« sagte sie. »Bislang war russischer Ruch nicht zu riechen, und nun kommt russischer Ruch leibhaftig, und man kriegt ihn nicht aus der Nase! Weshalb kommst du, Iwan Zarewitsch?« – »Wenn du mir helfen könntest in meinem Ungemach!« – »Was ist das für ein Ungemach?« Iwan Zarewitsch erzählte es ihr. »Nun, so geh nach Hause! In deinem Garten wächst ein Apfelbaum, brich von dem Apfelbaum drei grüne Äste, verflechte sie miteinander und schlage damit gegen das Schloß der Tür, hinter der dein Hündchen sitzt: das Schloß wird sofort aufspringen. Dann kannst du getrost gegen den Drachen ausziehen, du wirst ihn besiegen.« Iwan Zarewitsch kehrte nach Hause zurück und befreite sein Hündchen – es schoß wütend aus der

Kammer heraus. Dann holte er das Wolfsjunge und das Bärenjunge, und sie zogen zu viert gegen den Drachen. Die Tiere stürzten sich auf ihn und hatten ihn bald zerfleischt. Iwan Zarewitsch befreite Marja Zarewna, sie kehrten nach Hause zurück, lebten fortan in Frieden und Freuden, und das Gute mehrte sich.

Die Tiermilch

Habt ihr schon von dem Drachen Drachewitsch gehört? Wenn ihr schon von ihm gehört habt, dann wißt ihr, von welcher Gestalt und von welcher Art er ist; und wenn nicht, dann will ich euch die Geschichte erzählen, wie er sich einst in einen stattlichen Jüngling verwandelte, schön und tapfer anzusehen, und eine schöne junge Fürstin besuchte. Freilich – die Fürstin war schön und hatte schwarze Augenbrauen, aber sie war auch über die Maßen hochmütig; auch für angesehene Menschen fand sie nicht ein freundliches Wort, und für einfache hatte sie nicht einmal einen Blick übrig. Nur mit dem Drachen Drachewitsch wollte das Geturtel kein Ende nehmen. Was sie wohl immer zu flüstern hatten? Wer weiß es! Und ihr rechtmäßiger Gatte, der fürstliche Fürst Iwan Zarewitsch, verbrachte seine Zeit nach der Sitte aller Zaren und aller Bojaren auf der Jagd. Aber das Waidwerk damals, wenn man die Wahrheit sagen soll, ist mit unserem Jagen nicht zu vergleichen! Nicht nur die Hunde und die Habichte und die Falken dienten ihm treu und ergeben, sondern auch die Füchse und die Hasen und verschiedene andere Tiere und Vögel zollten ihm ihren Tribut; jedes Tier brachte dar, worin es der größte Meister war: der Fuchs seine List, der Hase seine Schnelligkeit, der Aar seine Fittiche, der Rabe seinen Schnabel. Mit einem Wort – Iwan Zarewitsch war dank seines Jagdgefolges so mächtig, daß sogar der Drache Drachewitsch sich vor ihm in acht nahm, dabei gab es kaum jemanden, der so durchtrieben war! Was er sich auch alles ausdachte, wie oft er es auch versuchte, Iwan Zarewitsch zu verderben – seine Mühe blieb vergeblich. Aber die Fürstin kam ihm zur Hilfe. Sie schloß ihre klaren Augen, sie ließ ihre weißen Arme hängen und legte sich für krank nieder; ihr Gemahl erschrak und hatte nur eine Sorge: was könnte sie heilen? »Es gibt nichts, was mich wieder gesund machen kann«, sprach sie, »außer der Milch einer Wölfin. Ich muß damit mein Antlitz waschen und meinen Leib benetzen.«

Da zog ihr Mann mit seinem Jagdgefolge aus, um für sie die Milch einer Wölfin zu holen. Es dauerte nicht lange, da begegnete er einer Wölfin; sobald sie Iwan Zarewitsch erblickte, fiel sie ihm zu Füßen und flehte mit kläglicher Stimme: »Fürstlicher Fürst, Iwan Zarewitsch, lasse Gnade walten! Befiehl – ich werde alles für dich tun!« – »Gib mir von deiner Milch!« Sie ließ sich sofort melken und schenkte ihm aus Dankbarkeit auch noch ein Junges dazu. Iwan Zarewitsch reihte das Wolfsjunge in sein Jagdgefolge ein und brachte die Milch seiner Frau; seine Frau aber hatte fest darauf vertraut, daß ihr Mann nicht mehr lebend zurückkommen würde. Nun war er da – was sollte sie tun? Sie wusch sich das Antlitz mit der Milch der Wölfin, benetzte damit ihren Leib und erhob sich von ihrem Krankenlager, als sei sie nie krank gewesen. Ihr Gatte freute sich über alle Maßen. Ob es nun lange währte oder kurz – sie legte sich abermals nieder und klagte: »Mir kann kein anderes Mittel helfen«, sagte sie, »ich muß die Milch einer Bärin haben.« Iwan Zarewitsch zog mit seinem Jagdgefolge aus, um für sie die Milch einer Bärin zu holen. Die Bärin witterte Unheil, warf sich ihm zu Füßen und flehte unter Tränen: »Laß Gnade walten! Befiehl – ich will alles für dich tun!« – »Gut, gib mir von deiner Milch!« Sie ließ sich auf der Stelle melken und schenkte ihm aus Dankbarkeit auch noch ein Junges dazu. Iwan Zarewitsch kehrte abermals heil und unversehrt zu seiner Frau zurück. »Ach, mein Liebster!

Noch einen Dienst mußt du mir erweisen und deine Freundschaft zum letzten Mal beweisen – bringe mir die Milch einer
Löwin. Dann werde ich nie mehr kränkeln, sondern Lieder
singen und dich Tag für Tag erfreuen und ergötzen.« Iwan
Zarewitsch wünschte sehr, sein Weib gesund und heiter zu
sehen; er zog aus, um eine Löwin zu finden. Die Aufgabe war
nicht leicht, denn dieses Tier lebt in fremden Ländern. Sein
Jagdgefolge nahm er mit. Die Wölfe und Bären streiften durch
Berge und Täler, die Habichte und die Falken stiegen bis in
die Wolken, flogen durch Büsche und Wälder – schließlich
schmiegte sich die Löwin wie eine demütige Sklavin an die
Füße von Iwan Zarewitsch. Iwan Zarewitsch kam mit der
Milch der Löwin nach Hause. Seine Frau wurde sogleich
gesund und heiter, aber sie bat ihn wiederum: »Mein inniger,
mein geliebter Freund! Nun bin ich gesund und heiter, aber
ich könnte noch schöner werden, wenn du dir die Mühe
machen wolltest, für mich von dem Zauberstaub zu holen: der
Staub wird hinter zwölf Türen und hinter zwölf Schlössern in
den zwölf Ecken der Teufelsmühle verwahrt.« Iwan Zarewitsch zog aus – so war es ihm wohl beschieden! Er gelangte
zu der Mühle, die Schlösser sprangen auf, die Türen öffneten
sich; Iwan Zarewitsch füllte seine Tasche mit Staub und
wollte schon hinausgehen – da schlossen sich die Türen, die
Schlösser schnappten zu; er kam noch hinaus, aber sein
Jagdgefolge blieb in der Teufelsmühle. Die Tiere rannten
gegen die Türen, sie brüllten, kratzten und bissen und
rüttelten an den Schlössern. Iwan Zarewitsch wartete lange,
sehr lange und mußte schließlich allein mit seinem Kummer
den Heimweg antreten. Es war ihm übel im Leibe und es fror
ihn im Herzen, als er nach Hause kam – in seinem Haus
sprang seine Frau umher, jung und heiter, und auf dem Hof
gab der Drache Drachewitsch seine Befehle: »Sei willkommen, Iwan Zarewitsch! Und zur Begrüßung bekommst du auf
der Stelle die seidene Schnur um den Hals.« – »Sachte«,
sprach Iwan Zarewitsch. »Ich bin zwar in deiner Gewalt, aber

ich will trotzdem nicht als ein Jammerlappen sterben; höre, ich will vor meinem Tod drei Lieder singen.«

Er sang das erste Lied. Der Drache hörte ihm zu; der Rabe aber, der nicht in die Falle geraten war, weil er sich an einem Aas zu schaffen gemacht hatte, rief:»Singe, singe weiter, Iwan Zarewitsch! Dein Jagdgefolge hat drei Türen durchgenagt!« Iwan Zarewitsch sang das zweite Lied und der Rabe rief: »Singe, singe weiter, dein Jagdgefolge nagt schon an der neunten Tür!« – »Genug!« zischte der Drache. »Streck deinen Hals, leg die Schlinge um.« – »Höre das dritte Lied, Drache Drachewitsch! Ich habe es bei meiner Hochzeit gesungen. Nun will ich es auch vor meinem Tod singen.« Er stimmte das dritte Lied an und der Rabe rief: »Singe, singe weiter, Iwan Zarewitsch! Dein Jagdgefolge bricht das letzte Schloß auf!« Iwan Zarewitsch beendete das Lied, streckte den Hals und rief zum letzten Mal: »Leb wohl, lichte Welt; leb wohl, mein Jagdgefolge!« Aber sein Gefolge war schon zur Stelle, es kam wie Wolken durch die Luft geflogen, rückte wie ein Heer über das Feld an. Den Drachen haben die Tiere zerfleischt, das Eheweib haben die Vögel zu Tode gepickt, und der fürstliche Fürst Iwan Zarewitsch ist mit seinem Jagdgefolge allein geblieben; er trauerte in Einsamkeit bis an das Ende seiner Tage, dabei hätte er ein besseres Los verdient gehabt.

Früher soll jede Mutter solche Jäger geboren haben; wir aber können uns nur noch an der Mär von ihnen laben.

Krankheit zum Schein

In einem Reich, in einem Land lebten einmal ein Zar und eine Zarin, die hatten keine Kinder; da beteten sie unter Tränen zu Gott, er möge ihnen wenigstens ein einziges Kindlein schenken, und der Herr erhörte ihre Gebete. Die Zarin wurde schwanger. Um diese Zeit mußte der Zar sich auf eine lange Reise begeben. Er nahm Abschied von seiner Frau und machte sich auf den Weg. Ob es lange währte oder kurz – die Königin kam mit Iwan Zarewitsch nieder. Er war so schön, wie man es sich nicht ausdenken, nicht ausmalen und nicht mit der Feder beschreiben kann. Er wuchs nicht von Jahr zu Jahr, nicht von Tag zu Tag, sondern von Stunde zu Stunde, von Minute zu Minute, wie ein Hefeteig, der mit gebrühten Eidottern angesetzt ist; er wuchs zu einem starken, mächtigen Recken heran, alle Stühle brachen unter ihm zusammen, und er bat die Zarin, ihm einen Stuhl aus Eisen machen zu lassen, der außerdem mit mehreren Stützen versehen war.

Eines Tages kehrte der Zar nach Hause zurück; die Zarin freute sich über alle Maßen, lief ihm entgegen und erzählte ihm, welch einen Sohn sie ihm geboren habe – einen starken, einen mächtigen Recken. Der Zar aber wollte nicht glauben, daß er einen solchen Sohn gezeugt hätte; er ließ ein Festmahl bereiten, lud alle Fürsten, Bojaren und Räte ein und fragte sie: »Ratet mir, was ich mit meinem ehebrüchigen Weibe tun soll – enthaupten oder hängen lassen?« Ein Senator antwortete ihm: »Warum enthaupten oder hängen lassen? Es wäre besser, sie mit ihrem Sohn in ferne Länder zu verbannen, damit wir nie mehr etwas von ihnen sehen oder hören.« Dem Zaren gefiel der Vorschlag, und Mutter und Sohn wurden auf der Stelle des Landes verwiesen. Die Zarin trat mit Iwan Zarewitsch aus dem Stadttor. »Verehrte Mutter«, sagte er, »setze dich hierher und warte auf mich. Denn ich will nicht zu Fuß das Haus meines Vaters verlassen.« Er kehrte um und bat den Zaren um ein Pferd. »Geh auf die Bannwiese; dort grasen meine Pferde. Suche dir ein Pferd aus.« Iwan Zarewitsch ging auf die Bannwiese und wollte sich ein Pferd aussuchen. Aber kaum legte er die Hand auf einen Pferderücken, da brach das Tier tot zusammen. Da kam der Hirte gelaufen: »Gib es auf, Iwan Zarewitsch! Hier wirst du kein Pferd für dich finden. Nimm dieses für deine Mutter. Auf dich aber wartet ein Roß auf einer Insel; dort wachsen zwölf Eichen, unter den Eichen ist ein Gewölbe – in diesem Gewölbe steht ein Pferd; es ist mit zwölf Ketten angekettet, hinter zwölf Türen mit ebenso vielen Schlössern. Jedes Schloß wiegt fünfzig Pud.« Iwan Zarewitsch bedankte sich bei dem Hirten, nahm das Pferd und brachte es seiner Mutter; er half ihr in den Sattel und ging selbst neben ihr her.

Ob es lange währte oder kurz – sie erblickten die zwölf Eichen. Der Zarewitsch ging auf die Eichen zu, fand das Gewölbe und machte sich daran, die Türen und die Schlösser aufzubrechen; sobald das Pferd seinen Herrn hörte, begann es ihm zu helfen, mit den Hufen die Ketten zu zerschlagen und gegen die Türen zu treten. Iwan Zarewitsch trat an das Pferd heran, legte ihm das Zaumzeug an, sattelte es und führte es ins freie Feld hinaus. Dann schwang er sich in den Sattel und wollte sein Pferd zureiten. Seine Mutter sprach: »Mein liebster Sohn! Du hast mich zuerst in diese öde, menschenleere Gegend geführt und willst mich nun verlassen.« – »Nein, Mütterchen! Ich werde dich nicht verlassen; ich will nur mein Pferd zureiten.« Sie schlugen auf der Insel ein Zelt auf und ernährten sich von dem, was ihnen Gott schickte.

Eines Tages sprach Iwan Zarewitsch: »Frau Mutter! Segne mich für einen weiten Weg. Ich will lieber in die Welt reiten und mir ein eigenes Reich suchen, als hier zu hocken.« Nun ritt er über Täler und Berge und durch dunkle Wälder dahin. Schließlich kam er auf eine Ebene hinaus und erblickte in der Ferne einen Berg, der in den Himmel ragte. »Den will ich mir ansehen!« dachte er. Er sprengte auf den Berg zu und sah – es war ein toter Recke. »Ach!« dachte Iwan Zarewitsch, »das ist ein mächtiger Recke, der von einem Bösewicht gemordet wurde. Und vielleicht war sein Widersacher nicht einmal einen abgeschnittenen Nagel von ihm wert.« Er staunte und staunte und wollte schon weiterreiten; plötzlich ließ sich der tote Recke vernehmen: »Warum siehst du mich an, Iwan Zarewitsch, ohne ein Wort an mich zu richten? Du solltest mich fragen, und ich könnte dir einen guten Rat geben. Gib acht, junger Held, du weißt ja nicht, wohin du reitest – du reitest geradewegs zu dem Feuerzaren: Der kann einen jeden dreißig Werst vor der Grenze seines Reiches zu Asche verbrennen. Rolle meinen Leib zur Seite und hole meinen Schild und mein Zauberschwert hervor. Wenn du dich dem Feuerreich näherst und die ersten Flammen dich versengen – halte meinen Schild vor dich und fürchte dich nicht; wenn du zu dem Zaren kommst, wird er dich zu täuschen versuchen. Gib acht, laß dich nicht beirren und triff ihn mit einem einzigen Hieb, und wenn du ihn getötet hast, dann denke an mich!«

Iwan Zarewitsch nahm Schild und Zauberschwert, er sprengte, er flog zu dem Feuerzaren und versetzte ihm in vollem Galopp einen Hieb; der Feuerzar stürzte zu Boden und rief: »Schlag noch einmal zu!« – »Ein russischer Recke schlägt nicht zweimal zu, das eine Mal genügt!« Als der Feuerzar seinen Geist aufgab, suchte Iwan Zarewitsch in seinen Gewändern nach und fand das Wasser des Todes und das Wasser des Lebens. Er nahm das Wasser an sich und ritt zu dem toten Recken zurück; dort stieg er ab, hob den Kopf des Recken auf, hielt ihn an den Rumpf und besprengte ihn mit dem Wasser des Todes und dem Wasser des Lebens. Der Recke erhob sich; sie schlossen Bruderschaft und zogen weiter. Der Recke sagte: »Laß uns unsere Kräfte messen; wer ist der Stärkere?« – »Ach, Bruder! Du hast dreiunddreißig Jahre im freien Feld gelegen und hast noch immer nicht genug davon; und ich für meinen Teil möchte nicht einmal ein einziges Jahr so daliegen. Laß uns lieber nach verschiedenen Seiten reiten!« Und sie ritten jeder nach einer anderen Seite.

Iwan Zarewitsch kehrte zu seiner Mutter zurück, erzählte ihr, wie er den Feuerzaren besiegt hatte, und bat sie: »Laß uns doch in sein Reich ziehen, liebe Mutter!« – »Ach, Iwan Zarewitsch! Warum hast du ihn getötet? Der Feuerzar ist doch mit sich versippt!« Nun zogen sie in das Reich des Feuerzaren. Eines Tages ritt der Zarewitsch auf die Jagd, seine Mutter aber nahm das Wasser des Todes und das Wasser des Lebens an sich, suchte den Feuerzaren, fand ihn, rollte seinen Kopf an den Rumpf heran und besprengte ihn. Der Feuerzar schlug die Augen auf und sagte: »Ach, liebste Base, ich habe lange geschlafen!« – »Du schliefest ewig, wenn ich nicht wäre! Mein Sohn, der Bösewicht, hatte dich getötet. Wie sollen wir uns seiner entledigen?« – »Dafür weiß ich ein Mittel. Sobald er nach Hause kommt, mußt du dich für krank zu Bett legen und ihm sagen, daß in dem Reich, wohin nicht einmal ein Rabe mit einem Knochen fliegt, die Vierwochen-äpfel reifen, und daß diese Äpfel jede Krankheit heilen. Er soll sie dir holen.« Der Sohn kam von der Jagd nach Hause – seine Mutter lag darnieder und bat ihn um die Vierwochenäpfel. Iwan Zarewitsch sattelte sein braves Pferd und flog wie ein Pfeil in jenes ferne Land, wohin nicht einmal ein Rabe mit einem Knochen fliegt. Dort regierte eine schöne Jungfrau, die gab just an diesem Tag ein großes Fest. Ein Gast blickte aus dem Fenster und sagte: »Da kommt ein Jüngling angesprengt; das Pferd unter ihm ist wie ein reißendes Tier, Zaumzeug und Rüstung leuchten wie die Glut im Ofen.« Die Zarentochter ging ihm bis in die Mitte des Hofes entgegen und hielt ihm die Steigbügel; sie faßten einander bei den weißen Händen und gingen in den Palast. Die Zarentochter setzte sich auf einen goldenen Stuhl – der russische Recke suchte sich den Platz selbst aus. »Wirst du nicht zürnen?« sprach der Zarewitsch. »Ich komme mit einer Bitte zu dir!« – »Sprich! Worum bittest du? Ich will dir stets zu Gefallen sein.« Er erzählte ihr seine Not. Darauf tafelten sie lange, unterhielten sich und gaben einander das Wort, daß sie niemals einen anderen Mann heiraten, daß er niemals eine andere zur Frau nehmen würde. Für Iwan Zarewitsch war es nun an der Zeit, den Rückweg anzutreten; seine schöne Braut pflückte für ihn von den Vierwochenäpfeln, begleitete ihn bis zum Tor und sprach:

»Ich hörte, daß du ein großer Jäger bist; ich möchte dir zwei Hunde schenken. Hierher, Schwer und Leicht! Dient dem Zarewitsch so, wie ihr mir dientet. Und wenn ihm etwas zustößt, dann wäre es besser für euch, wenn ihr mir nie wieder unter die Augen kämet!«

Iwan Zarewitsch ritt nach Hause; die Mutter sah ihn und sagte zu dem Vetter: »Da reitet er, der unserem Glück im Wege steht!« Sie schloß den Feuerzaren hinter Türen aus Zypressenholz ein und legte sich wieder zu Bett, als sei sie immer noch krank. Iwan Zarewitsch kam in den Palast und überreichte seiner Mutter die Vierwochenäpfel. Die Hunde aber stürzten zu der Tür aus Zypressenholz und nagten und kratzten daran; da sagte die Mutter: »Mein lieber Sohn! Was sind das für Hunde? Ich bin so krank, daß ich es kaum ertragen kann, und diese Hunde kratzen und nagen an der Tür.« Iwan Zarewitsch rief sofort seine Hunde, und sie streckten sich ihm zu Füßen aus. Am nächsten Tag ritt Iwan Zarewitsch mit seinem Gefolge zur Jagd, seine Mutter aber ließ sofort ihren Vetter heraus und fragte ihn um Rat, wie sie ihren Sohn verderben könne. Der Feuerzar begab sich zu dem See, auf das sandige Ufer, und wartete dort auf den bösen Drachen. Ob er lange warten mußte oder nicht lange – der Drache kroch auf das Ufer hinauf, legte sich in den Sand und schlief ein. Mit einem Schwertstreich hieb der Feuerzar ihm den Kopf ab, holte das Gift heraus und brachte es der Base; er gab es ihr und sprach: »Hier«, sagte er, »rühre mit diesem Gift einen Teig an und backe Fladen, und gib diese Fladen deinem Sohn zu essen.«

Iwan Zarewitsch kehrte von der Jagd nach Hause zurück und fragte seine Mutter: »Hast du etwas zu essen für mich?« Sie antwortete: »Ich bin so krank, ich kann es kaum ertragen, ich konnte nicht kochen, aber ich habe Fladen gebacken – iß davon, und wohl bekomm's!« Kaum hatte er einen Fladen genommen – da riß der Hund ihn Iwan Zarewitsch aus der Hand. »Was hast du dir für Hunde gezogen? Sie lassen dich

nicht einmal einen Bissen essen!« – »Ich nehme mir einen
anderen Fladen, Mütterchen.« Er nahm einen anderen Fladen – den riß ihm der zweite Hund aus der Hand. Da nahm er
den dritten, biß hinein – und fiel auf der Stelle tot zur Erde.
Seine Mutter sprang aus dem Bett, schloß die Tür aus
Zypressenholz auf und ließ den Vetter heraus. »Endlich sind
wir ihn los, unseren Widersacher!« Sie stachen Iwan Zarewitsch die Augen aus und warfen ihn in den Brunnen. Nun
konnten sie in Saus uns Braus leben.

Die Hunde rannten zu dem Brunnen; es gelang ihnen mit
großer Mühe, Iwan Zarewitsch herauszuziehen. Darauf trugen sie ihn zu seiner Braut; die wußte es schon, ihr Herz hatte
es ihr gesagt, daß er nicht mehr am Leben war; sie kam ihnen
weit entgegen, nahm ihn auf ihre weißen Arme und trug ihn in
den Palast. Dann schrieb sie ihrer Schwester ein Briefchen,
darin bat sie um neue, bessere Augen und um das Wasser des
Todes und das Wasser des Lebens. Sie heilte ihn und
besprengte ihn mit dem Wasser des Lebens. Iwan Zarewitsch
stand auf: »Ach, meine liebe Braut! Wie lange habe ich
geschlafen!« – »Du schliefest den ewigen Schlaf, wenn ich
nicht wäre!« antwortete seine Braut und erzählte ihm alles,
was seine Mutter getan hatte.

Er lebte einige Zeit bei ihr, dann wollte er nach Hause
reiten. Die schöne Jungfrau sagte zu ihm: »Iwan Zarewitsch!
Laß dich von deiner Mutter nicht überlisten.« Er sattelte sein
Pferd und ritt nach Hause. Seine Mutter erblickte ihn und rief
aus: »Da kommt mein Widersacher geritten, und seine beiden
Hunde laufen vor ihm her!« Sie versteckte ihren Vetter hinter
der Tür aus Zypressenholz, setzte sich ans Fenster und weinte
heftig. Iwan Zarewitsch kam in den Hof geritten, saß ab und
begab sich zu seiner Mutter. Die Hunde liefen ihm nach und
stürzten sofort zu der Tür aus Zypressenholz. »Mutter«, sagte
der Zarewitsch, »gib mir den Schlüssel zu dieser Tür.« Sie
wollte ihm den Schlüssel nicht herausgeben, sie machte Ausflüchte, der Schlüssel sei verlorengegangen, es sei nichts

hinter der Tür, was zu sehen verlohne! Iwan Zarewitsch fand den Schlüssel und schloß die Tür auf – hinter der Tür saß in einem Sessel der Feuerzar.

Da befahl Iwan Zarewitsch seinen Hunden: »He! Schwer und Leicht! Tragt den Feuerzaren in das freie Feld hinaus und zerreißt ihn in kleine Stücke!« Die Hunde schleppten ihn hinaus und zerrissen ihn in kleine Stücke; nicht einmal ein Vogel hätte etwas von ihm finden können, geschweige denn ein Mensch! Dann machte Iwan Zarewitsch einen Bogen, schnitzte aus Ahorn einen Pfeil und sprach zu seiner Mutter: »Laß uns in das freie Feld hinausgehen!« Als sie im freien Feld waren, spannte der Zarewitsch den Bogen, setzte den Pfeil auf und legte ihn abseits auf die Erde: »Mutter, stell dich an meine Seite; wer von uns schuldig ist, den wird der Ahornpfeil treffen.« Die Mutter schmiegte sich eng an ihn, aber schon kam der Pfeil geflogen und traf sie mitten ins Herz.

Iwan Zarewitsch ritt zu seiner Braut; unterwegs wurde er von der dunklen Nacht eingeholt. Er sah in der Ferne ein Lichtchen, ritt auf das Lichtchen zu – da stand ein Häuschen, und in dem Häuschen saß ein altes Weiblein. Sie sprachen dies und das. Da erzählte das Weiblein: »In unserem See wohnt ein schrecklicher Drache mit zwölf Köpfen, der hat schon viele Menschen verschlungen. Heute nacht werden sie die Zarentochter an den See bringen: Sie hat das schlimme Los gezogen.« Iwan Zarewitsch ging nicht zu Bett, um Mitternacht ging er an den See. Die Zarentochter stand am Ufer und sprach unter Tränen: »Grimmiger Drache! Komm und friß mich, damit meine Leiden ein Ende haben!« Sie schlug den Schleier zurück, Iwan Zarewitsch erkannte seine Braut, und sie erkannte ihn. »Geh fort«, sagte die Zarentochter, »sonst wird der grimmige Drache auch dich verschlingen!« – »Ich werde nicht fortgehen!« antwortete Iwan Zarewitsch! »Wir haben uns verlobt, auf daß wir gemeinsam leben und gemeinsam sterben.« Da kroch der Drache mit den zwölf Köpfen aus dem See. »So ist das, schöne Jungfrau? Du hast einen Beschützer? Gut! In meinem Magen ist auch für deinen Beschützer Platz!« – »Nimm dich in acht, verfluchter Drache!« sagte Iwan Zarewitsch. »Nimm das Maul nicht voll, bevor du mich gefressen hast!« Er zückte sein scharfes Schwert, holte aus und schlug dem Drachen sechs Köpfe ab. Er holte zum zweiten Male aus, und die restlichen sechs rollten auf die Erde. Dann ritt Iwan Zarewitsch mit seiner Braut in ihr Reich, sie hielten Hochzeit und lebten lange und glücklich.

Das Zauberhemd

In einem Regiment diente ein braver Soldat, der bekam eines Tages aus seiner Heimat hundert Rubel geschickt. Der Feldwebel hörte davon und lieh sich bei ihm das Geld aus; als nun die Zeit kam, um das geborgte Geld zurückzuzahlen, verpaßte der Feldwebel dem Soldaten hundert Stockhiebe als Rückzahlung: »Dein Geld geht mich nichts an«, sagte er, »das hast du dir ausgedacht, um mich zu verleumden!« Der Soldat ärgerte sich über alle Maßen und lief davon in den dunklen Wald; er legte sich unter einen Baum und wollte sich ausruhen, da sah er einen fliegenden Drachen mit sechs Köpfen. Der Drache kam herbei, ließ sich neben ihm nieder, fragte ihn, was er treibe und wie er in den Wald komme, und sprach: »Warum willst du dich ewig im Wald verstecken? Komm mit mir und diene mir drei Jahre.« – »Abgemacht!« antwortete der Soldat. – »Nun, dann setz dich auf meinen Rücken.« Der Soldat wollte seine Habe auf des Drachen Rücken laden. »Aber Kamerad, warum schleppst du diesen ganzen Trödel mit?« – »Warum? Der Soldat wird schon wegen eines Knopfes mit Stockhieben traktiert. Wie kann er seine Habe liegenlassen?«

Der Drache trug den Soldaten in seinen Palast und wies ihm seine Pflichten an. »Du sollst drei Jahre diesen Kessel versorgen, das Feuer unterhalten und die Kascha kochen!« Er selbst flog für drei Jahre fort, um sich die Welt anzusehen. Die Arbeit war nicht schwer – der Soldat brauchte nur Holz nachzulegen, sonst saß er einfach da, hatte genug Wodka zu trinken und zu dem Wodka die nötigen Sakuski, und der Wodka bei dem Drachen war anders als bei uns, wo er unter dem Boot geschöpft wird, er war sehr scharf! So vergingen drei Jahre, da kam der Drache geflogen. »Wie steht es, Kamerad? Ist die Kascha gar?« – »Die ist bestimmt gar! In den drei Jahren habe ich das Feuer nicht einmal ausgehen lassen.« Der Drache leerte den Kessel auf einen Sitz. Er lobte den Soldaten für seine gute Arbeit und stellte ihn für weitere drei Jahre an.

Auch diese drei Jahre vergingen; der Drache verzehrte die Kascha und behielt den Soldaten für weitere drei Jahre. Zwei Jahre lang kochte der Soldat die Kascha, aber als das dritte Jahr zur Neige ging, dachte er: »Nun diene ich dem Drachen beinahe neun Jahre, lasse tagtäglich seine Kascha kochen und habe sie noch nie gekostet. Ich will sie kosten!« Er hob den Deckel hoch – in dem Kessel saß der Feldwebel. »Na warte, Freundchen«, dachte der Soldat. »Jetzt werde ich es dir zeigen und mich für deine Stockhiebe bedanken.« Er schleppte immer neue Holzscheite herbei und schob sie unter den Kessel; das Feuer prasselte, und nicht nur Fleisch, sondern auch alle Knochen zerkochten zu Brei. Der Drache kam geflogen, verschlang die Kascha und lobte den Soldaten: »Hab Dank, Kamerad! Du hast schon immer eine gute Kascha gekocht, aber diesmal ist sie dir besonders geraten. Zum Lohn darfst du dir alles aussuchen, was du haben möchtest.« Der Soldat sah sich in dem Palast um und wählte schließlich ein Heldenroß und ein Hemd aus grobem Leinen. Es war kein gewöhnliches, sondern ein Zauberhemd; wer in das Hemd schlüpfte, der wurde zu einem unbesiegbaren Recken. Nun ritt der Soldat zu einem König, kämpfte für ihn in einem Krieg und bekam seine wunderschöne Tochter zur Frau. Aber der Königstochter war es nicht recht, daß sie einen

476

einfachen Soldaten heiraten mußte; sie buhlte mit einem Königssohn aus dem benachbarten Reich und fand keine Ruhe, bevor sie herausfand, was den Soldaten zu einem unüberwindlichen Recken machte. Sie umschmeichelte ihn, bis er sein Geheimnis verriet, und in einem günstigen Augenblick zog sie ihrem Mann das Hemd aus und gab es dem Königssohn. Der zog sogleich das Zauberhemd an, nahm sein Schwert, hieb den Soldaten in Stücke, legte die Stücke in einen Sack und befahl den Pferdeknechten: »Nehmt dieses Säckchen, bindet es einer Mähre an den Schweif und jagt sie in das freie Feld hinaus!« Die Pferdeknechte gingen in den Stall und wollten seinen Befehl ausführen; das Heldenroß des Soldaten hatte sich inzwischen in eine klapprige Mähre verwandelt; ihr banden sie den Sack an den Schweif und jagten sie in das freie Feld hinaus. Schneller als ein Vogel flog das Heldenroß dahin, bis es in das Reich des Drachen kam. Es hielt vor seinem Palast und wieherte drei Tage und drei Nächte ohne Unterlaß.

Der Drache schlief seinen festen Schlaf, aber schließlich weckte ihn das Wiehern und Stampfen; er trat aus seinen Gemächern hinaus, öffnete den Sack und sagte: »Ach!«. Er nahm die Stücke, legte sie aneinander und goß das Wasser des Todes darüber – der Leib des Soldaten nahm seine frühere Gestalt an. Darauf besprengte er ihn mit dem Wasser des Lebens – und der Soldat stand auf: »Hu«, sagte er, »ich habe lange geschlafen!« – »Du schliefest noch länger, wenn dein braves Pferd nicht wäre!« antwortete der Drache und lehrte den Soldaten die hohe Kunst, in verschiedenen Gestalten zu erscheinen. Der Soldat verwandelte sich in eine Taube, flog zu dem Palast des Königssohnes, mit dem sein ungetreues Weib nun lebte, und ließ sich vor dem Küchenfenster nieder. Die junge Köchin erblickte ihn: »Ach«, sagte sie, »was für ein hübsches Täubchen!« Sie öffnete das Fenster und ließ ihn in die Küche herein. Das Täubchen ließ sich auf die Erde fallen und verwandelte sich in einen stattlichen Burschen: »Hilf mir,

schönes Mädchen! Ich werde dich dann heiraten.« – »Wie
kann ich dir helfen?« – »Verschaffe mir das Hemd aus grobem
Leinen, das der Königssohn trägt.« – »Aber er legt dieses
Hemd niemals ab! Er legt es nur dann ab, wenn er im Meer
badet.«

Der Soldat fragte sie, wann und wo der Königssohn bade,
stellte sich an den Wegrand und verwandelte sich in ein
Blümchen. Schon kamen der Königssohn und die Königstochter daher, gefolgt von der Köchin mit der sauberen
Wäsche. Der Königssohn erblickte das Blümchen und freute
sich daran. Aber die Königstochter merkte sofort: »Das ist ja
der verwünschte Soldat, er hat eine andere Gestalt angenommen!« Sie pflückte das Blümchen, sie wollte es zerdrücken
und die Blütenblättchen abreißen; aber das Blümchen verwandelte sich in eine winzige Fliege und schlüpfte in den
Busen der Köchin. Sobald der Königssohn seine Kleider
abgelegt hatte und ins Wasser stieg, flog die Fliege aus ihrem
Versteck und verwandelte sich in einen hellen Falken, der
Falke ergriff das Hemd und flog mit ihm davon. Dann
verwandelte er sich wieder in den stattlichen Burschen, und
der zog das Hemd an. Nun zückte der Soldat das Schwert,
bestrafte seine treulose Frau und ihren Buhlen mit dem Tode
und heiratete dann eine schöne Jungfrau – die junge Köchin.

Der Zauberspiegel

In einem Reich, in einem Land lebte einmal ein Kaufmann;
er war Witwer und hatte einen Sohn, eine Tochter und einen
leiblichen Bruder... Eines Tages mußte der Kaufmann in
fremde Länder reisen, um dort Waren einzukaufen, den Sohn
nahm er mit, die Tochter ließ er zu Hause. Er rief seinen
Bruder und sprach: »Ich vertraue dir, mein lieber Bruder,
mein ganzes Haus und Vermögen an. Und ich bitte dich

inniglich: Laß meine Tochter nicht aus den Augen, lehre sie lesen und schreiben und dulde keinen Mutwillen!« Darauf nahm der Kaufmann Abschied von seinem Bruder und seiner Tochter und machte sich auf den Weg. Seine Tochter aber hatte schon das heiratsfähige Alter erreicht und war so unbeschreiblich schön, daß man keine ihresgleichen finden würde, auch wenn man die ganze Welt durchwanderte! Da erwachte in dem Onkel ein unreines Begehren, er konnte weder tags noch nachts Ruhe finden und stellte der schönen Jungfrau nach: »Entweder«, sagte er, »mußt du mir zu Willen sein, oder du hast die längste Zeit gelebt; ich bin verloren, und du gehst mit mir zugrunde!« ... Eines Tages ging die Jungfrau in die Badestube, der Onkel ging ihr nach – aber kaum trat er in die Tür, da schüttete sie ihm einen Bottich kochendes Wasser über den Kopf. Drei Wochen lag er darnieder und entrann nur mit knapper Not dem Tod. Unstillbarer Haß nagte nun an seinem Herzen, und er begann zu überlegen: Wie könnte er solchen Hohn verhöhnen? Er grübelte, grübelte und schließlich schrieb er seinem Bruder einen Brief: »Deine Tochter ist vom rechten Weg abgekommen. Sie treibt sich in fremden Häusern herum, schläft nachts nicht zu Hause und hört nicht auf mich.« Der Kaufmann erhielt den Brief, las ihn und wurde sehr böse; er sagte zu seinem Sohn: »Deine Schwester hat unserem Hause Schande gebracht! Ich kann und ich will ihr nicht vergeben: Reite auf der Stelle zurück, töte die Unwürdige, zerstückle ihren Leib und bringe mir ihr Herz auf der Spitze dieses Messers. Die guten Menschen sollen keinen Grund haben, über unsere Sippe zu spotten.«

Der Sohn nahm das scharfe Messer und ritt davon; er kam unerkannt in seine Heimatstadt, gab sich niemandem zu erkennen und erkundigte sich allerorten: »Wie führt sich die Kaufmannstochter auf?« Alle lobten sie wie aus einem Munde, alle konnten sie nicht genug preisen: sie sei sanft, sei bescheiden, sei gottesfürchtig und höre auf den Rat guter Menschen. Nachdem er dies alles erfahren hatte, ging er zu seiner Schwester; die freute sich über alle Maßen, lief ihm entgegen, fiel ihm um den Hals und küßte ihn: »Mein lieber Bruder, Gott hat es gefallen, dich kommen zu lassen! Wie geht es unserem lieben Vater?« – »Ach, liebes Schwesterchen, deine Freude ist verfrüht. Mein Kommen bedeutet nichts Gutes. Unser Vater hat mir befohlen, deinen weißen Leib zu zerstückeln und dein Herz auf der Spitze dieses Messers ihm zu bringen.«

Die Schwester brach in Tränen aus. »Mein Gott«, sagte sie, »womit habe ich seine Ungnade verdient?« – »Damit!« antwortete der Bruder und erzählte ihr von dem Brief des Onkels. »Ach, lieber Bruder, ich bin unschuldig!« Der Kaufmannssohn ließ sich erzählen, was und wie es sich zugetragen hatte, und sprach: »Weine nicht, Schwesterchen! Ich weiß bereits, daß du unschuldig bist und will dich nicht bestrafen, obwohl der Vater keine Rechtfertigung gelten lassen will. Suche deine Sachen zusammen, verlaß dein elterliches Haus und geh, wohin die Augen blicken. Gott wird dich nicht verlassen.« Die Kaufmannstochter überlegte nicht lange, suchte ihre Sachen zusammen, nahm Abschied von ihrem Bruder und ging – wohin sie ging, wußte sie nicht. Ihr Bruder aber erschlug einen Hofhund, schnitt ihm das Herz heraus, spießte es auf das scharfe Messer und ritt damit zu dem Vater zurück. Er gab ihm das Hundeherz und sagte: »Ich habe deinen väterlichen Willen erfüllt und die Schwester bestraft.« – »Nichts mehr davon! Einer Hündin gebührt ein hündischer Tod!« antwortete der Vater.

Ob sie lange durch die lichte Welt irrte oder nicht, schließlich kam die schöne Jungfrau in einen dichten dunklen Wald: Über den hohen Wipfeln war der Himmel kaum zu sehen. Nun wanderte sie durch diesen Wald und geriet schließlich auf eine weite Lichtung. Mitten auf der Lichtung stand ein Palast aus weißem Stein. Um den Palast herum zog sich ein eisernes Gitter. »Ich will in diesen Palast eintreten«, dachte die Jungfrau, »es sind doch nicht nur böse Menschen auf der

Welt! Es wird schon nichts Schlimmes geschehen!« Sie schritt durch die Gemächer – keine Menschenseele; schon wollte sie umkehren, da sprengten zwei starkmächtige Recken auf den Hof. Sie traten in den Palast, erblickten die Jungfrau und sprachen: »Guten Tag, du Schöne!« – »Guten Tag, ehrenwerte Recken!« – »Siehst du, Bruder«, sprach der eine Recke zu dem anderen, »wir grämen uns, daß wir niemanden haben, der uns das Haus besorgt; nun hat es Gott gefallen, uns eine Schwester zu schicken.« Die Recken luden die Kaufmannstochter ein, bei ihnen zu bleiben, nannten sie ihre leibliche Schwester, vertrauten ihr alle Schlüssel an und baten sie, ihres Anwesens zu walten; darauf zogen sie ihre scharfen Säbel, setzten einander die Säbelspitzen auf die Brust und sprachen: »Sollte einer von uns sich erdreisten und die Schwester begehren, so soll er ohne Schonung mit eben diesem Säbel zerstückelt werden.«

So lebte die schöne Jungfrau bei den zwei Recken; ihr Vater aber kaufte in der Fremde Waren ein, kehrte nach Hause zurück und nahm bald darauf eine zweite Frau. Diese Frau war unbeschreiblich schön und besaß einen Zauberspiegel; sie brauchte nur einen Blick in ihren Spiegel zu werfen, so wußte sie sogleich, wo sich irgend etwas zutrug. Eines Tages wollten die Recken auf die Jagd reiten und warnten ihre Schwester: »Gib acht, und lasse niemanden ein, solange wir nicht zu Hause sind!« Sie nahmen Abschied von ihr und sprengten davon. Um diese Zeit saß die Kaufmannsfrau vor ihrem Spiegel, freute sich ihrer Schönheit und sprach: »Keine ist schöner als ich!« Aber das Spieglein erwiderte: »Du bist schön – da gibt es kein Streiten, aber du hast eine Stieftochter, die lebt bei den zwei Recken mitten in dem dichten Wald – die ist noch schöner als du!«

Der Stiefmutter mißfielen diese Worte, und sie ließ auf der Stelle ein böses altes Weib kommen. »Hier hast du ein Ringlein«, sagte sie, »geh in den dichten Wald, mitten im Wald steht ein Palast aus weißem Stein. In dem Palast lebt meine Stieftochter. Grüße sie von ihrem Bruder, gib ihr dieses Ringlein und sprich: ›Dein Bruder schickt es dir zum Ange-denken!‹« Das alte Weib nahm den Ring und machte sich auf den Weg; als sie zu dem Palast aus weißem Stein kam, erblickte die schöne Jungfrau sie aus dem Fenster und lief ihr entgegen – so sehr freute sich sich, eine Kunde aus ihrer Heimat zu vernehmen: »Guten Tag, Großmutter! Wie hat der Herr dich hierher geführt? Sind alle am Leben?« – »Sie leben ohne Not und kauen Tag für Tag ihr Brot. Dein Bruder sendet mich. Er will wissen, wie es dir geht, und schickt dir zum Geschenk dieses Ringlein. Nimm es, meine Schöne!« Die Jungfrau freute sich sehr, so sehr, daß man es gar nicht schildern kann; sie führte das alte Weib in ihre Gemächer, setzte ihr allerlei Speise und Trank vor und trug ihr auf, ihren liebsten Bruder zu grüßen. Nach einer Stunde verabschiedete sich die Alte und schlich davon. Die Jungfrau aber betrachtete das Ringlein, freute sich daran, schließlich steckte sie es an den Finger – und fiel im selben Augenblick tot zu Boden. Die zwei Recken kehrten zurück, traten in das Haus – ihre Schwester kam ihnen nicht entgegen; was hatte das zu bedeuten? Sie schauten in ihr Schlafgemach; da lag sie und sprach kein Wörtchen; sie war tot. Die Recken trauerten: Das Schönste hatte ihnen unerwartet, unverhofft der Tod genom-men! »Wir müssen«, sprachen sie, »ihr neue Gewänder anlegen und sie in einem Sarg aufbahren.« Sie machten sich daran, ihr neue Gewänder anzulegen, da sah der eine das Ringlein an ihrer Hand: »Sollen wir sie mit diesem Ringlein begraben? Nein, ich will es lieber von ihrem Finger streifen und als Andenken behalten.« Kaum hatte er ihr das Ringlein abgestreift, als die schöne Jungfrau ihre Augen öffnete, seufzte und wieder lebendig wurde. »Was ist dir geschehen, Schwe-sterchen? Ist jemand Fremdes hier gewesen?« fragten die Recken. »Ein altes Mütterchen ist hier gewesen und hat mir das Ringlein gebracht. Sie kam aus meiner Heimat, ich kenne sie.« – »Ach, wie ungehorsam bist du! Wir haben dich mit

Bedacht ermahnt, niemanden in das Haus hereinzulassen, wenn wir nicht da sind. Gib acht, daß es nicht zum zweiten Mal geschieht!«

Es verging einige Zeit, da schaute die Kaufmannsfrau abermals in ihr Spiegelchen und erfuhr, daß ihre Stieftochter immer noch am Leben und immer noch wunderschön sei; sie ließ das alte Weib kommen, gab ihm ein seidenes Bändchen und sprach: »Geh zu dem Palast aus weißem Stein, in dem meine Stieftochter wohnt, gib ihr dieses Geschenk und sprich: ›Dein Bruder schickt es!‹« Abermals kam die Alte zu der schönen Jungfrau. Sie erzählte ihr drei Spankörbe voll Neuigkeiten und gab ihr das seidene Bändchen. Die Jungfrau freute sich, band sich das seidene Bändchen um den Hals – und fiel im selben Augenblick tot auf ihr Bett. Die Recken kehrten von der Jagd zurück und sahen – das Schwesterchen lag tot da. Sie machten sich daran, ihr neue Gewänder anzulegen und hatten kaum das seidene Band von ihrem Hals gelöst, als sie die Augen aufschlug und wieder ins Leben zurückkehrte. »Was ist geschehen, Schwesterchen? War das alte Weib vielleicht wieder da?« – »Ja«, sagte die Jungfrau, »das Großmütterchen war wieder da und hat mir ein Seidenbändchen gebracht.« – »Warum hörst du nicht auf uns? Wir haben dich doch gebeten, niemandem die Tür zu öffnen, solange wir nicht da sind.« – »Vergebt mir, liebe Brüder! Ich konnte nicht widerstehen, ich wollte hören, wie es bei uns zu Hause steht.«

Es vergingen abermals einige Tage, und die Kaufmannsfrau schaute in das Spiegelchen: Ihre Stieftochter war immer noch am Leben. Sie ließ die Alte zu sich kommen. »Nimm dieses Haar«, sagte sie, »geh zu meiner Stieftochter – sie muß sterben!« Das alte Weib wartete, bis die Recken auf die Jagd gegangen waren, und trat vor den Palast aus weißem Stein; die schöne Jungfrau sah sie aus ihrem Stübchen, vergaß alles und lief ihr entgegen. »Guten Tag, Großmutter! Wie geht es dir?« – »Noch lebe ich, mein Täubchen. Ich habe gute Menschen besucht und wollte auch dich besuchen.« Die schöne Jungfrau bat sie herein, setzte ihr Speise und Trank vor, fragte nach ihren Verwandten und trug ihr auf, ihren Bruder zu grüßen. »Schon gut«, sprach die Alte, »ich werde ihn von dir grüßen. Aber wie steht es, mein Täubchen? Hier gibt es sicher niemanden, der dich laust? Komm, ich will dich lausen!« – »Ja, lause mich, Großmütterchen!« Das alte Weib lauste die schöne Jungfrau und flocht das Zauberhaar in ihren Zopf; sobald das Haar in ihrem Zopf war, fiel die Jungfrau tot zu Boden. Die Alte grinste boshaft und suchte das Weite, damit niemand sie in dem Palast überraschte, niemand sie sähe.

Die Recken kehrten zurück, traten in die Gemächer – ihre Schwester lag tot da. Sie suchten und suchten, ob sie nicht etwas Fremdes an sich trüge. Nein, sie konnten nichts entdecken. Nun machten sie einen Sarg aus Kristall – der war so wunderbar anzusehen, daß man es sich nicht vorstellen, nicht ausmalen, nur im Märchen erzählen kann; sie zogen der Kaufmannstochter ein seidenglänzendes Kleid an, als wäre sie Braut und ginge zum Altar, und betteten sie dann in den Sarg aus Kristall; diesen Sarg stellten sie mitten in einem großen Saal auf, brachten darüber einen Baldachin aus rotem Samt mit diamantenen Quasten und goldenen Fransen an und hängten an zwölf Säulen aus Kristall zwölf Ewige Lichter auf.

Als alles fertig war, weinten die Recken bitterlich; tiefe Trauer bemächtigte sich ihrer. »Wozu sollen wir noch auf der lichten Welt verweilen?« sprachen sie. »Wir wollen unserem Leben ein Ende setzen.« Sie umarmten sich, nahmen Abschied voneinander, traten auf den hohen Balkon hinaus, faßten sich bei den Händen und stürzten sich hinunter; sie zerschellten an den spitzen Steinen und hauchten ihr Leben aus.

Viele, viele Jahre waren vergangen. Eines Tages jagte ein Zarensohn in dem dichten Wald; er ließ seine Hunde von der Leine, schickte die Jäger weg und ritt allein über einen Pfad.

Er ritt, er ritt immer weiter, schließlich kam er auf eine Waldlichtung, und mitten auf der Waldlichtung stand ein Palast aus weißem Stein. Der Zarensohn saß ab, stieg eine Treppe hinauf und wanderte von einem Gemach in das andere: alle waren reich und üppig eingerichtet, aber nirgendwo ließ sich die waltende Hand einer Hausfrau erkennen: Alles schien seit langem verlassen und verwahrlost! In einem Gemach stand ein Sarg aus Kristall, darin lag eine tote Jungfrau von unbeschreiblicher Schönheit aufgebahrt: ihre Wangen blühten, ihre Lippen lächelten, als wäre sie lebendig und schliefe nur.

Der Zarensohn trat an den Sarg heran, erblickte die Jungfrau und blieb stehen, wie im Bann einer unbekannten Macht. Er stand vom Morgen bis in den späten Abend hinein, konnte den Blick nicht von ihr abwenden, und in seinem Herzen tobte Aufruhr: er war gefesselt von der Schönheit der Jungfrau – einer wundersamen, nie gesehenen Schönheit, deren man auf der ganzen Welt nicht findet! Seine Jäger suchten ihn schon lange; sie jagten durch den Wald, sie bliesen ihre Hörner, sie riefen – der Zarensohn stand an dem Sarg aus Kristall und hörte nichts. Die Sonne ging unter, Dunkelheit senkte sich herab, da erst kam er zu sich. Er küßte die tote Jungfrau und ritt zurück. »Ach, Majestät, wo wart Ihr?« fragten die Jäger. »Ich jagte und bin ein wenig vom Weg abgekommen.« Die Nacht verging, und es begann zu dämmern – der Zarensohn brach zur Jagd auf; er sprengte in den Wald, schickte die Jäger weg und ritt auf demselben Pfad zu dem Palast aus weißem Stein. Abermals verharrte er den ganzen Tag an dem Sarg aus Kristall, ohne die Augen von der toten Schönen zu wenden; erst in der späten Nacht kehrte er zurück. Am dritten und am vierten Tag war es nicht anders, und so verging eine ganze Woche. »Was ist mit unserem Zarensohn geschehen?« sprachen die Jäger. »Laßt uns ihm folgen, Brüder, und auf ihn achtgeben, damit kein böses Unglück geschieht.« Wieder ritt der Zarensohn auf die Jagd,

wieder befahl er, die Hunde von der Leine zu lassen, wieder
schickte er sein Gefolge weg und schlug den Pfad zu dem
Palast aus weißem Stein ein. Diesmal folgten ihm die Jäger,
sie sahen die Waldlichtung, sie traten in den Palast ein: in
einem Gemach – ein Sarg aus Kristall, in dem Sarg eine tote
Jungfrau und neben der Jungfrau der Zarensohn. »Ja, Majestät, Ihr seid nicht umsonst eine ganze Woche im Wald
herumgeirrt! Jetzt werden wir auch nicht vor Abend von hier
scheiden können.« Das Jagdgefolge stand an dem Sarg aus
Kristall, betrachtete die Jungfrau, bewunderte ihre Schönheit
und verharrte so vom Morgen bis zum späten Abend. Als es
ganz dunkel geworden war, sprach der Zarensohn zu den
Jägern: »Erweist mir einen großen Dienst, Brüder. Nehmt
diesen Sarg mit der toten Jungfrau, schafft ihn in den Palast
und stellt ihn in meinem Schlafgemach auf. Tut das eilig und
in aller Stille, damit es keiner merke und niemand erfahre. Ich
werde euch reich belohnen, und ihr werdet soviel Geld
bekommen, wie ihr noch nie gesehen habt.« – »Du kannst uns
belohnen, wenn es dein Wille ist. Wir aber sind bereit, dir
auch ohne Belohnung zu dienen.« So sprachen die Jäger,
hoben den Sarg aus Kristall auf ihre Schultern, trugen ihn in
den Hof hinunter, hängten ihn zwischen zwei Pferde und
machten sich auf den Weg zu dem Zarenpalast; sie brachten
den Sarg in den Palast und stellten ihn in dem Schlafgemach
des Zarensohns auf.

Seit dem Tag vergaß der Zarensohn das Jagen; er saß
immerfort zu Hause, er verließ kaum sein Schlafgemach – er
konnte sich an der Jungfrau nicht satt sehen. »Was mag bloß
mit unserem Sohn geschehen sein?« dachte die Zarin. »Schon
seit einer ganzen Weile sitzt er zu Hause, geht nicht aus seiner
Stube und läßt niemanden herein. Haben sich Trauer und
Sehnsucht seiner bemächtigt oder hat ihn eine Krankheit
befallen? Ich will sogleich zu ihm gehen und nach ihm
schauen.« Die Zarin trat zu ihm in das Schlafgemach und
entdeckte dort den Sarg aus Kristall. Sie fragte ihn aus, und

als sie genug gehört und erfahren hatte, gab sie sogleich den Befehl, die Jungfrau nach alter Sitte beizusetzen, in die feuchte Erde.

Der Zarensohn weinte, ging in den Garten, pflückte von den schönsten Blumen, brachte sie in sein Gemach und begann, der toten Schönen den blonden Zopf zu kämmen und ihren Kopf mit den Blumen zu schmücken. Dabei löste sich das Zauberhaar aus ihren Flechten – die Schöne schlug die Augen auf, seufzte, richtete sich in dem Sarg auf und sprach: »Ach, wie lange habe ich geschlafen!« Der Zarensohn freute sich unsäglich, nahm sie bei der Hand und führte sie zu Vater und Mutter: »Der Herr hat sie mir gegeben!« sagte er. »Ich kann ohne sie nicht eine einzige Minute leben. Erlaube, lieber Vater, erlaube, liebe Mutter, daß ich sie heirate!« – »Heirate mit Gott, Söhnchen! Wir können gegen den Ratschluß Gottes nichts ausrichten, und eine solche Schönheit finden wir auf der ganzen Welt nicht noch einmal!« Die Zaren brauchen nie auf etwas zu warten: Am selben Tag wurde das Fest gefeiert und die Hochzeit gehalten.

Der Zarensohn hatte sich mit der Kaufmannstochter vermählt, freute sich jeden Tag an seiner Frau und konnte sich gar nicht genug freuen. Nach einiger Zeit gelüstete es sie, ihre Heimat zu besuchen und ihren Vater und ihren Bruder wiederzusehen; der Zarensohn willigte ein und meldete es seinem Vater. »Es ist mir recht«, sprach der Zar. »Fahrt mit Gott, meine lieben Kinder! Du, mein Sohn, sollst den Landweg nehmen und die Gelegenheit nutzen, alle unsere Länder zu bereisen und nach dem Rechten zu sehen. Deine Frau aber soll auf dem kürzesten Weg zu Schiff reisen.« Das Schiff wurde für die Fahrt hergerichtet, Matrosen wurden angeheuert und ein General zum Kommandieren ernannt; die junge Zarin stieg in das Schiff, und das Schiff stach in See, der Zarensohn aber ritt über Land.

Der General, der das Schiff kommandierte, sah tagtäglich die Schönheit der Zarewna und konnte der Versuchung nicht widerstehen. »Jetzt ist sie in meiner Gewalt«, dachte er. »Ich kann mit ihr machen, was ich will, und brauche nichts zu befürchten!« Er sagte: »Ich will, daß du mich liebst. Und wenn du mir nicht zu Willen bist, dann werde ich dich über Bord werfen!« Die junge Frau wandte sich ab, sagte kein Wort, aber ihre Tränen flossen in Strömen. Ein junger Matrose hatte gelauscht, er suchte abends die Zarewna auf und sprach: »Weine nicht! Laß uns die Kleider tauschen; dann wirst du auf das Deck gehen, und ich werde in deiner Kajüte bleiben. Der General soll mich ruhig über Bord werfen – davor habe ich keine Angst; ich kann schwimmen und werde den Hafen erreichen, zum Glück ist schon Land in Sicht!« Sie tauschten ihre Kleider, die Zarewna ging auf das Deck und der junge Matrose legte sich in ihr Bett. Nachts drang der General in die Kajüte ein, packte den Matrosen und warf ihn über Bord. Der Matrose schwamm und erreichte gegen Morgen das Ufer. Als das Schiff im Hafen anlegte, gingen die Matrosen an Land; unter ihnen war auch die Zarewna. Sie begab sich geradewegs auf den Markt, kaufte die Kleider eines Kochs, zog sie an und verdingte sich bei ihrem eigenen Vater als Küchenjunge.

Wenig später traf der Zarensohn bei dem Kaufmann ein. Er sprach: »Guten Tag, Väterchen! Heiße deinen Eidam willkommen. Ich bin ja mit deiner Tochter verheiratet. Aber wo ist sie? Oder ist sie etwa noch nicht gekommen?« Da ließ sich schon der General melden und berichtete: »So und so war das, Majestät! Ein Unglück ist geschehen: Ihre Gemahlin stand auf dem Deck, plötzlich kam Sturm auf, das Schiff schlingerte, ihr wurde schwindlig und ehe wir uns versahen, stürzte sie ins Meer und ertrank!« Der Zarensohn trauerte, weinte, aber vom Meeresgrund kehrt niemand wieder. »Dieser Tod war ihr wohl vom Schicksal beschieden!« dachte er. Er blieb eine Weile bei seinem Schwiegervater, dann hieß er sein Gefolge alles für die Abreise rüsten. Nach dem Willen des Kaufmanns sollte es ein Abschiedsfest geben; dazu lud er Kaufleute und

Bojaren ein samt seiner ganzen Verwandtschaft: Sein Bruder war dabei, das böse alte Weib und der General.

Sie schmausten, sie zechten, sie ließen es sich wohl sein; da sagte einer der Gäste: »Hört, ehrenwerte Gäste! Trinken und Saufen führt meistens zum Raufen; laßt uns lieber Märchen erzählen!« – »Sehr gut, sehr gut!« rief man von allen Seiten. »Wer will anfangen?« Der eine verstand sich nicht aufs Erzählen, der zweite kannte keine Märchen. Einem dritten hatte der Wodka den Kopf benebelt. Was sollten sie tun? Da sprach ein Gehilfe des Kaufmanns: »Wir haben in der Küche einen neuen Küchenjungen, der ist durch viele fremde Länder gekommen, hat viele Wunderdinge gesehen und kann so meisterlich Märchen erzählen, daß man nur staunen kann!« Der Kaufmann ließ den Küchenjungen holen: »Unterhalte meine Gäste!« sagte er. Darauf fragte der Küchenjunge, der die Zarewna war: »Was soll ich euch denn erzählen? Ein Märchen oder eine wahre Begebenheit?« – »Eine wahre Begebenheit!« – »Das ist mir recht. Ich werde eine wahre Begebenheit erzählen. Aber nur unter einer Bedingung: Wer mich unterbricht, der kriegt einen Schlag mit dem Kochlöffel gegen die Stirn.«

Alle waren einverstanden. Und die Zarewna begann zu erzählen, was ihr alles widerfahren war. »Es war einmal ein Kaufmann«, erzählte sie, »der hatte eine Tochter. Der Kaufmann fuhr in fremde Länder und vertraute die Jungfrau seinem leiblichen Bruder an; den Onkel aber gelüstete es nach ihrer Schönheit und er begann, ihr Tag und Nacht nachzustellen...« Der Onkel merkte, daß von ihm die Rede war und sagte: »Aber Herrschaften, das kann doch nicht wahr sein!« – »Das kann nicht wahr sein, sagst du? Halte die Stirn her!« Dann erzählte sie von der Stiefmutter, wie die ihr Zauberspiegelchen befragt hatte, und von der bösen Alten, die in den Palast der Recken gekommen war – da riefen die Alte und die Stiefmutter wie aus einem Munde: »Alles Unsinn! So etwas kann niemals geschehen!« Die Zarewna gab ihnen einen

Schlag mit dem Kochlöffel gegen die Stirn und erzählte, wie sie in dem Sarg aus Kristall aufgebahrt lag, wie der Zarensohn sie gefunden, sie ins Leben zurückgerufen und geheiratet hatte, und schließlich erzählte sie, wie sie zu ihrem Vater reisen wollte.

Der General merkte, daß es ihm an den Kragen ging, und bat den Zarensohn um Urlaub: »Ich möchte nach Hause gehen. Mein Kopf schmerzt mich!« – »Das wird sich legen. Bleib noch ein Weilchen!« Als die Zarewna von dem General erzählte, konnte er nicht an sich halten: »Das ist alles nicht wahr!« Die Zarewna schlug ihm mit dem Kochlöffel gegen die Stirn, warf ihren Küchenkittel ab und gab sich ihrem Mann zu erkennen: »Ich bin kein Küchenjunge, ich bin dein angetrautes Weib!« Der Zarensohn freute sich über alle Maßen, der Kaufmann ebenfalls, sie konnten sie nicht oft genug umarmen und küssen; dann hielten sie Gericht: die böse Alte und der Onkel wurden vor den Toren erschossen, die Stiefmutter, diese Zauberin, banden sie einem Hengst an den Schweif, der Hengst stürmte in das freie Feld hinaus und verstreute ihre Knochen zwischen Büschen und in Schluchten; der General wurde ins Zuchthaus geschickt und der Matrose, der die Zarewna gerettet hatte, zum General befördert. Seit dieser Zeit blieben sie zusammen: der Zarensohn, seine Gemahlin und der Kaufmann – sie lebten lange und glücklich.

Geh nach Ich-weiß-nicht-wo, bringe Ich-weiß-nicht-was

In einem Reich lebte einmal ein König, der hatte weder eine Braut noch eine Frau, aber eine ganze Kompanie Jäger; die Jäger gingen auf die Jagd, sie schossen Vögel und versorgten die königliche Küche mit Wildbret. In dieser Kompanie diente ein Scharfschütze namens Fedot; der traf jedes Ziel, niemand konnte sich erinnern, daß er je danebengeschossen hätte. Und dafür liebte ihn der König vor allen anderen Jägern. Eines Tages ging er in aller Frühe, als es eben dämmerte, auf die Jagd; als er im dunklen dichten Wald war, sah er: auf einem Baum sitzt eine Waldtaube. Fedot legte an, zielte, schoß und traf den Vogel an einem Flügel; der Vogel fiel von dem Baum auf die feuchte Erde, der Jäger hob ihn auf, wollte ihm den Kopf abdrehen und ihn in die Jagdtasche legen. Da sprach aber die Waldtaube: »Ach, braver Jäger, reiß mir nicht das Köpfchen ab, laß mich in der lichten Welt. Nimm mich lebend mit, trag mich in dein Haus, setz mich auf das Fensterbrett und gib acht: Sobald meine Augen sich schließen und ich einnicke, sollst du mit deiner Rechten ausholen und zuschlagen – dir wird ein großes Glück zuteil werden.« Der Jäger konnte sich nicht genug wundern: »Was ist das«, dachte er. »Es ist ein Vogel, aber der Vogel spricht mit menschlicher Stimme! So etwas ist mir noch nie begegnet...«

Er trug den Vogel nach Hause, setzte ihn auf das Fensterbrett, stellte sich daneben und wartete: Nach kurzer Zeit steckte die Waldtaube das Köpfchen unter einen Flügel und nickte ein. Der Jäger holte mit der Rechten aus und gab ihr einen leichten Schlag – die Waldtaube fiel zu Boden und verwandelte sich in eine Jungfrau von solcher Schönheit, wie man sie sich nicht ausdenken, nicht wünschen, sondern nur im Märchen erzählen kann! Eine solche Schönheit hat es auf der ganzen Welt noch nie gegeben! Sie sagte zu dem wackeren Burschen, dem Jäger des Königs: »Du hast mich bekommen, nun mußt du mit mir leben. Du sollst mein mir vom Schicksal bestimmter Gemahl sein und ich deine dir von Gott bestimmte Frau.« Sie waren sich einig; Fedot heiratete sie und hatte an seiner jungen Frau große Freude, aber seinen Dienst tat er nach wie vor gewissenhaft; jeden Tag zog er im Morgengrauen mit seinem Gewehr in den Wald, jagte und brachte das Wildbret in die Küche des Königs.

Seine Frau sah, daß er vom Jagen müde nach Hause kam und sprach: »Ach, mein Freund, du dauerst mich so sehr: jeden Tag, den Gott uns schenkt, bist du unterwegs, streifst durch Wälder und Sümpfe, kommst immer durchnäßt nach Hause, und wir haben von alledem keinen Nutzen. Was ist das für ein Handwerk! Ich verstehe mich auf ein anderes, das uns großen Gewinn bringen kann. Versuch doch, hundert oder zweihundert Rubel aufzutreiben, und alles wird sich zum Besseren wenden.« Fedot ging zu seinen Kameraden, der eine borgte ihm einen Rubel, der andere zwei, und so bekam er zweihundert Rubel zusammen. Er brachte das Geld seiner Frau. »Und jetzt«, sagte sie, »mußt du mir für das ganze Geld Seide von verschiedener Farbe kaufen.« Der Jäger kaufte für die zweihundert Rubel Seide von verschiedener Farbe. Sie nahm die Seide und sprach: »Gräme dich nicht, bete zu Gott und leg dich schlafen; der Morgen ist weiser als der Abend.«

Der Mann schlief ein. Die Frau trat vor die Haustür, schlug ihr Zauberbuch auf – sogleich erschienen vor ihr zwei Jünglinge: »Befiehl, was du wünschst!« – »Nehmt diese Seide und knüpft mir binnen einer Stunde einen Teppich, er soll so schön sein, wie es auf der ganzen Welt keinen zweiten gibt; auf dem Teppich soll das ganze Königreich zu sehen sein, mit Städten und Dörfern, mit Flüssen und Seen.« Sie machten sich an die Arbeit, und der Teppich wurde fertig – aber nicht in einer Stunde, sondern in bloß zehn Minuten; sie breiteten ihn vor der Frau des Jägers aus und waren verschwunden! Als der Morgen anbrach, gab sie den Teppich ihrem Mann. »Nimm ihn«, sagte sie, »trag ihn auf den Markt und verkaufe ihn. Aber merke dir: du darfst dafür nichts verlangen, sondern mußt das nehmen, was man dir bietet.«

Fedot nahm den Teppich, faltete ihn zusammen, legte ihn über den Arm und begab sich auf den Markt. Ein Kaufmann sah ihn, kam gelaufen und fragte: »He, guter Mann! Ist der Teppich zu kaufen?« – »Du kannst ihn kaufen.« – »Was soll er denn kosten?« – »Du bist Kaufmann, biete einen Preis.« Der

Kaufmann überlegte und überlegte, aber er wußte nicht, welchen Preis er für den Teppich bieten sollte! Ein zweiter Kaufmann kam dazu, ein dritter, ein vierter ... immer mehr Kaufleute kamen herbeigelaufen! Schließlich drängte sich eine große Menge Menschen um den Teppich, betrachtete ihn, staunte, aber niemand konnte ihn schätzen. Zur selben Zeit fuhr der Palastkommandant über den Markt, er sah die Menge stehen und wurde neugierig: Worüber redeten die Kaufleute so eifrig? Er stieg aus dem Wagen, trat zu ihnen und sprach: »Guten Tag, ihr Kaufleute, ihr Händler und ihr Gäste aus fernen Ländern! Worum geht es?« – »So und so, wir können über den Preis für diesen Teppich nicht einig werden.« Der Kommandant sah den Teppich und war baß erstaunt. »Höre, Jäger«, sprach er, »gestehe mir, wie du zu diesem prächtigen Teppich kommst!« – »Meine Frau hat ihn gestickt.« – »Wieviel willst du dafür haben?« – »Ich weiß nicht, was ich verlangen soll, meine Frau hat mir eingeschärft, nicht zu handeln, sondern zu nehmen, was man bietet!« – »Nun, dann nimm diese Zehntausend!«

Der Jäger steckte das Geld ein und gab ihm den Teppich; der Kommandant aber war stets um den König – er aß und trank an der königlichen Tafel. Eben war er unterwegs zum königlichen Mittagessen, da nahm er den Teppich mit: »Geruhen Majestät ein köstliches Stück, das ich heute erstanden habe, eines Blickes zu würdigen?« Der König betrachtete den Teppich – sein ganzes Reich lag vor ihm wie auf der flachen Hand; er staunte: »Was für ein Teppich! In meinem ganzen Leben habe ich so Kunstvolles nicht gesehen! Mein Kommandant, denke, was du willst – aber diesen Teppich werde ich behalten.« Auf der Stelle zog der König Fünfundzwanzigtausend aus der Tasche, drückte sie dem Kommandanten in die Hand und befahl, den Teppich im Palast an eine Wand zu hängen. »Macht nichts«, dachte der Kommandant, »ich werde mir einen zweiten, einen noch schöneren, bestellen.«

Unverzüglich ritt er zu dem Jäger, fand sein Häuschen, trat in die Stube und erblickte die Frau des Jägers – und im selben Atemzug vergaß er sich und den Teppich, er wußte nicht mehr, weshalb er gekommen war: Vor ihm stand eine solche Schönheit, daß man keinen Blick von ihr wenden konnte und sie immer und immer anschauen mußte! Er sah des anderen Weib an, und in seinem Kopf jagten sich die Gedanken: »Hat es die Welt je gesehen, hat es die Welt je gehört, daß ein gemeiner Soldat einen solchen Schatz besitzt? Ich gehöre zu dem Gefolge des Königs und bin General und habe trotzdem eine solche Schönheit noch nie gesehen!« Nur mit Mühe faßte sich der Kommandant, nur widerwillig ging er nach Hause. Seit diesem Tag, seit diesem Augenblick war er wie verwandelt: Im Wachen und Schlafen hatte er nichts anderes im Sinn als die schöne Jägerin; wenn er aß, schmeckte es ihm nicht, wenn er trank, mundete es ihm nicht – immerfort sah er sie vor sich stehen!

Schließlich merkte es der König und begann, ihn auszufragen: »Was ist dir zugestoßen? Hast du einen Kummer?« – »Ach, Majestät! Ich bin bei dem Jäger gewesen und habe seine Frau gesehen, sie ist eine solche Schönheit, wie es auf der ganzen Welt keine zweite gibt; nun muß ich immerfort an sie denken: dagegen hilft weder Essen noch Trinken, und auch kein Zauberkraut!« Da gelüstete es den König, die schöne Frau mit eigenen Augen zu sehen. Er ließ anspannen und fuhr zu dem Haus des Jägers. Er trat in die Stube und sah vor sich die nicht zu beschreibende Schönheit! Wer sie sah – ob Greis, ob Jüngling, war rettungslos verloren und verliebt. Der König wurde krank vor Liebeskummer: »Warum lebe ich ledig und allein? Ich könnte diese Schöne heiraten, sie soll nicht länger die Frau eines Jägers sein. Sie ist zur Königin geboren!«

Der König kehrte in den Palast zurück und sagte zu dem Kommandanten: »Höre! Du hast mir die Frau des Jägers gezeigt – eine unvorstellbare Schönheit! –, jetzt mußt du ihren Mann aus dem Weg schaffen. Ich will sie heiraten. Schaffst du den Mann nicht aus dem Weg, dann mußt du büßen: Du hast mir zwar treu gedient, aber du kommst an den Galgen!« Er entließ den Kommandanten, und nun war es diesem noch schwerer ums Herz als vorher: er wußte nicht, wie er den Jäger aus dem Wege schaffen könnte.

Er ging durch manche abgelegene Gasse, über manchen verwilderten Acker, da kam ihm die Baba Jaga entgegen: »Halt, treuer Diener des Königs! Ich kenne alle deine Gedanken; wenn du willst, will ich dir in deiner unausweichlichen Not helfen!« – »Hilf mir, Großmutter, ich will dir dafür geben, was du verlangst.« – »Der König hat dir befohlen, den Jäger Fedot aus dem Weg zu schaffen. Die Aufgabe wäre nicht schwer, denn der Jäger ist einfältig; aber sein Weib ist gar listig! Nun, wir wollen ihnen ein Rätsel aufgeben, das sie nicht so schnell lösen können. Geh zu dem König zurück und sag ihm: hinter den dreimal neun Ländern, in dem dreimal zehnten Reich liegt eine Insel; auf dieser Insel lebt der Hirsch mit dem goldenen Geweih. Der König soll vier Dutzend Seeleute anheuern, die liederlichsten Trunkenbolde, und ein altes, morsches Schiff für die Fahrt ausrüsten; mit diesem Schiff soll er den Jäger Fedot auf die Reise schicken, damit er ihm den Hirsch mit dem goldenen Geweih bringe. Um zu der Insel zu kommen, wird er nicht mehr und nicht weniger als drei Jahre brauchen und für den Rückweg ebensoviel, das sind sechs Jahre. Aber wenn das Schiff auf hoher See ist, wird es höchstens vier Wochen lang halten und dann untergehen. Der Jäger und die Matrosen werden alle ertrinken!«

Der Kommandant hörte aufmerksam zu, dankte der Baba Jaga für ihren Rat, beschenkte sie mit Gold und lief zu dem König, so schnell ihn seine Beine trugen. »Majestät«, sprach er, »so und so, das ist die sicherste Art, den Jäger loszuwerden.« Der König war einverstanden und befahl auf der Stelle, ein altes, morsches Schiff für die Fahrt zu rüsten, es mit Vorräten für sechs Jahre zu versehen und fünfzig Seeleute anzuheuern, die liederlichsten Trunkenbolde, die zu finden wären. Die Boten zogen durch die Schenken und Wirtschaften und suchten eine Mannschaft zusammen, die ihresgleichen nicht hatte: die einen mit einem ausgeschlagenen Auge, die anderen mit einer zerschmetterten Nase. Sobald dem König gemeldet wurde, daß das Schiff gerüstet sei, ließ er sofort den Jäger zu sich kommen: »So, Fedot, du bist ein wackerer Jäger, der erste Scharfschütze der Kompanie; du mußt mir einen Dienst erweisen. Du sollst hinter die dreimal neun Länder in das dreimal zehnte Reich segeln, zu einer Insel. Auf der Insel lebt der Hirsch mit dem goldenen Geweih. Fange ihn und bringe ihn lebendig hierher.« Der Jäger ließ den Kopf hängen: er wußte nicht, was er dazu sagen sollte. »Denke, was du willst«, sagte der König, »aber wenn du meinen Auftrag nicht erfüllst – das Schwert, das straft, ist mein, der Kopf, der rollt, ist dein!«

Fedot machte kehrt und verließ den Palast; als er abends nach Hause kam, war er sehr betrübt und wollte überhaupt nicht reden. Seine Frau begann, ihn auszufragen: »Was hast du auf dem Herzen, mein Liebster? Welcher Kummer bedrückt dich?« Da erzählte er ihr alles, ohne etwas zu verheimlichen. »Das ist alles? Deshalb brauchst du dich nicht zu betrüben! Das ist ein Kiesel und nicht ein Berg! Bete zu Gott und leg dich schlafen; der Morgen ist weiser als der Abend: alles wird getan sein.« Der Jäger legte sich nieder und schlief ein, und seine Frau schlug das Zauberbuch auf – da erschienen vor ihr zwei Jünglinge: »Was wünschst du? Was befiehlst du?« – »Macht euch auf hinter die dreimal neun Länder in das dreimal zehnte Reich, fangt auf der Insel den Hirsch mit dem goldenen Geweih und bringt ihn her.« – »Wir gehorchen! Bevor der Tag anbricht, wird alles getan sein.«

Schnell wie der Wind flogen sie zu der Insel, fingen den Hirsch mit dem goldenen Geweih und brachten ihn auf den Hof des Jägers. Eine Stunde vor Morgengrauen waren sie mit ihrer Aufgabe fertig und verschwanden. Die schöne Jägersfrau weckte ihren Mann in aller Frühe und sprach: »Geh und sieh – der Hirsch mit dem goldenen Geweih weidet auf deinem Hof. Nimm ihn mit auf das Schiff, fahre fünf Tage geradeaus und kehre am sechsten wieder um.« Der Jäger setzte den Hirsch in einen verschlossenen Kasten und brachte ihn auf das Schiff. »Was ist da drin?« fragten die Matrosen. »Allerlei Vorrat und Arzneien; der Weg ist lang, wir werden manches brauchen!«

Nun war es Zeit, den Anker zu lichten. Viel Volk versammelte sich im Hafen, um Abschied zu nehmen, auch der König selbst erschien, verabschiedete Fedot und machte ihn zum Ältesten über alle Matrosen. Fünf Tage segelten sie auf hoher See, weit und breit kein Land. Der Jäger Fedot befahl, ein Faß Wodka auf das Deck zu rollen, das Faß faßte vierzig Eimer. Dann sagte er den Matrosen: »Trinkt, Brüder! Ihr braucht nicht zu geizen; eure Lust sei das Maß.« Die Matrosen freuten sich, fielen über das Faß her, tranken und waren bald so besoffen, daß sie um das Faß herum liegenblieben und einschliefen. Der Jäger begab sich ans Steuer, wendete das Schiff und segelte zurück. Und damit seine Matrosen nichts merkten, setzte er ihnen von früh bis spät Wodka vor: Kaum wachten sie auf, kaum blinzelten sie aus verquollenen Augen – da stand das nächste Faß vor ihnen – gegen den Kater.

Genau am elften Tag legte das Schiff im Hafen an, hißte die Flagge und feuerte aus allen Kanonen. Der König hörte den Kanonendonner und begab sich sofort in den Hafen – was mochte geschehen sein? Er erblickte den Jäger, geriet in hellen Zorn und fuhr ihn grimmig an: »Wie konntest du es wagen, vor der Zeit zurückzukehren?« – »Was hätte ich anderes tun sollen, Majestät? Freilich wird mancher Dummkopf zehn Jahre herumsegeln und nichts ausrichten, wir aber waren statt sechs Jahre alles in allem zehn Tage unterwegs und haben unsere Aufgabe erfüllt: Geruhen Majestät, den Hirsch mit dem goldenen Geweih anzuschauen?« Der Käfig wurde ausgeladen, der Hirsch mit dem goldenen Geweih herausgelassen; der König sah, daß der Jäger im Recht war, und daß er ihm nichts vorwerfen konnte! Er erlaubte ihm, nach Hause zu gehen, und die Seeleute, die mit ihm auf dem Schiff waren, durften ganze sechs Jahre frei leben; niemand sollte sie zur Arbeit anhalten, weil sie ihren Dienst schon abgeleistet hätten.

Am nächsten Tag ließ der König den Kommandanten vor sich kommen und überschüttete ihn mit Drohungen. »Wolltest du mich vielleicht zum Narren halten? Ist dir dein Leben nicht lieb? Mach, was du willst, aber es muß für den Jäger Fedot ein böses Ende nehmen.« – »Königliche Majestät! Lassen Sie mir Zeit. Vielleicht läßt sich die Sache zu unsern Gunsten wenden.« Der Kommandant irrte durch krumme Gassen und über verwilderte Äcker, da begegnete ihm die Baba Jaga: »Halt, treuer Diener des Königs! Ich kenne deine Gedanken; wenn du willst, kann ich dir in deiner Not helfen!« – »Hilf mir, Großmutter! Der Jäger ist zurückgekommen und hat den Hirsch mit dem goldenen Geweih gebracht.« – »Oje! Davon habe ich schon gehört. Er ist ein einfältiger Tropf, und die Mühe, ihn zu verderben wäre nicht größer, als eine Prise Tabak zu schnupfen! Aber seine Frau ist gar listig. Doch wir geben ihr ein Rätsel auf, das sie nicht so bald lösen wird. Geh zu dem König und sage: der Jäger soll nach Ich-weiß-nicht-wo gehen und Ich-weiß-nicht-was bringen. Diese Aufgabe wird er niemals lösen können: entweder wird er überhaupt nicht zurückkehren oder mit leeren Händen.«

Der Kommandant belohnte die Baba Jaga mit Gold und begab sich eilends zum König; der König hörte ihn an und ließ den Jäger rufen. »Höre, Fedot! Du bist mein bester Jäger, der erste Scharfschütze der Kompanie. Du hast mir einen großen Dienst erwiesen – du hast den Hirsch mit dem goldenen Geweih geholt; nun mußt du mir noch einen Dienst erweisen: Geh nach Ich-weiß-nicht-wo und bringe Ich-weiß-nicht-was! Aber wisse: Wenn du es nicht bringst – das Schwert, das straft, ist mein, und der Kopf, der rollt, ist dein!«

Der Jäger machte kehrt und verließ den Palast; er kam betrübt und nachdenklich zu Hause an. Seine Frau fragte ihn: »Warum bist du betrübt, Liebster? Hast du einen neuen Kummer?« – »Ach«, sagte er, »kaum ist das eine Unglück überstanden, da kommt das nächste über mich: Der König schickt mich nach Ich-weiß-nicht-wo, ich soll ihm Ich-weiß-nicht-was bringen. Und all mein Unglück kommt von deiner Schönheit!« – »Ja, diese Aufgabe ist nicht leicht! Für den Hinweg braucht man neun Jahre und für den Rückweg ebenfalls neun Jahre – das sind zusammen achtzehn Jahre, und Gott allein weiß, ob es nicht umsonst ist.« – »Was soll man denn tun, was soll ich anfangen?« – »Bete zu Gott und leg dich schlafen. Der Morgen ist weiser als der Abend. Morgen wirst du es wissen.«

Der Jäger legte sich schlafen, seine Frau wartete die Nacht ab und schlug das Zauberbuch auf – sogleich erschienen vor ihr die beiden Jünglinge: »Was wird gewünscht? Was wird befohlen?« – »Kennt ihr den Weg nach Ich-weiß-nicht-wo, um Ich-weiß-nicht-was zu holen?« – »Nein, den Weg kennen wir nicht!« Sie schlug das Buch zu – die Jünglinge verschwanden. Am nächsten Morgen weckte die Frau des Jägers ihren Mann: »Geh zu dem König und bitte um Geld für die Reise – du wirst achtzehn Jahre wandern müssen, und wenn du das Geld hast, komm zurück und nimm von mir Abschied.« Der Jäger ging zum König, erhielt aus dem Staatsschatz ein ganzes Säckchen voll Gold und kehrte nach Hause zurück, um von seiner Frau Abschied zu nehmen. Sie gab ihm ein Handtuch und einen kleinen Ball: »Wenn du die Stadt verlassen hast, wirf dieses Bällchen vor dich auf die Erde; es wird vor dir her rollen, und du mußt ihm immer folgen. Und hier ist ein Handtuch, das ich für dich gestickt habe: du mußt es bei dir tragen und jedesmal, wenn du dich gewaschen hast, dir das Gesicht damit abtrocknen.« Der Jäger nahm Abschied von seiner Frau und von seinen Kameraden, verneigte sich nach allen vier Himmelsrichtungen und ging aus der Stadt.

Dann warf er den kleinen Ball vor sich auf die Erde; der Ball rollte und rollte und der Jäger wanderte ihm nach.

Es verging ein Monat, da ließ der König den Kommandanten kommen und sprach: »Der Jäger hat sich auf eine Wanderschaft begeben, die achtzehn Jahre dauern soll, und alles läßt erkennen, daß er nicht am Leben bleiben und nicht wiederkehren wird. Achtzehn Jahre sind etwas anderes als vierzehn Tage; was kann ihm nicht alles unterwegs zustoßen! Er hat viel Geld bei sich; vielleicht werden Räuber ihn überfallen, berauben und einen elenden Tod sterben lassen. Ich glaube, es ist an der Zeit, sich seiner Frau anzunehmen. Nimm meine Kutsche, laß dich zu ihrem Haus fahren und bringe sie in den Palast.« Der Kommandant ließ sich zu ihr fahren, trat in das Haus und sprach: »Guten Tag, schöne Frau! Der König wünscht, dich in seinem Palast zu sehen.« Sie kam in den Palast; der König empfing sie mit großer Freude, führte sie in ein vergoldetes Gemach und sprach: »Willst du Königin sein? Ich werde dich heiraten.« – »Hat die Welt solches gesehen oder gehört: dem Mann zu Lebzeiten seine Frau zu nehmen! Wer er auch sei, er mag ein einfacher Jäger sein, aber er ist mein angetrauter Gemahl.« – »Und wenn du nicht willst, so nehme ich dich mit Gewalt!« Die Schöne lächelte, ließ sich auf den Boden fallen, verwandelte sich in eine Taube und flog durch das Fenster davon.

Der Jäger durchwanderte viele Reiche und viele Länder, und der kleine Ball rollte unentwegt vor ihm her. Kamen sie an einen Fluß, so dehnte sich das Bällchen als wunderbare Brücke von einem Ufer zum anderen; wurde der Jäger müde, so bauschte sich das Bällchen zu einem Daunenbett auf. Ein Märchen ist bald erzählt, die Sache ist nicht so bald getan, ob es nun lange währte oder nicht – schließlich kam der Jäger zu einem großen prächtigen Palast. Das Bällchen rollte bis zu dem Tor und verschwand. Der Jäger überlegte und überlegte: »Nun will ich immer geradeaus gehen!« Er stieg eine Treppe hinauf und trat in ein Gemach; dort empfingen ihn drei

Jungfrauen von unbeschreiblicher Schönheit: »Woher kommst du und wohin gehst du, guter Mann?« – »Ach, schöne Jungfrauen, ich habe einen langen Weg hinter mir, und ihr fragt mich aus. Bewirtet mich zuerst mit Speise und Trank und laßt mich ausruhen, dann könnt ihr mich fragen.« Sie deckten sogleich den Tisch, hießen ihn Platz nehmen, bewirteten ihn aufs beste und machten ihm ein Lager zurecht.

Der Jäger schlief, so lange er wollte, dann erhob er sich von seinem weichen Lager. Die schönen Jungfrauen brachten ein Becken mit Wasser und ein gesticktes Handtuch. Er wusch sich mit dem Quellwasser, aber das Handtuch wollte er nicht nehmen. »Ich habe«, sagte er, »mein eigenes Handtuch und will mir damit das Gesicht abtrocknen.« Er zog sein Handtuch hervor und trocknete sich ab. Da fragten ihn die schönen Jungfrauen: »Guter Mann, sag uns, woher hast du dein Handtuch?« – »Meine Frau hat es mir gegeben.« – »Dann ist es wahr, daß du mit unserer leiblichen Schwester verheiratet bist!« Darauf holten sie ihre alte Mutter herbei; die warf nur einen Blick auf das Handtuch und erkannte sogleich: »Das ist von der Hand meiner Tochter bestickt!« Sie fragte ihren Gast aus und wollte alles ganz genau wissen; er erzählte ihr, wie er ihre Tochter geheiratet und wie der König ihn nach Ich-weiß-nicht-wo geschickt hätte, um ihm Ich-weiß-nicht-was zu bringen. »Ach, lieber Schwiegersohn! Auch ich habe nie davon gehört! Warte, vielleicht wissen meine Diener mehr als ich.«

Die Alte trat hinaus vor die Tür, rief mit lauter Stimme, und plötzlich – wer weiß woher – kam allerlei Getier gelaufen und allerlei Vögel geflogen. »Heda, ihr Tiere, die ihr den Wald durchstreift, ihr Vögel, die ihr in den Lüften schwebt! Kennt ihr vielleicht den Weg nach Ich-weiß-nicht wo? Wißt ihr, wo man Ich-weiß-nicht-was holt?« Alle Tiere und Vögel antworteten wie mit einer Stimme: »Nein, davon haben wir nicht einmal etwas gehört!« Die Alte entließ sie in das Dickicht, in die Wälder, in die Haine; sie kehrte in die Stube zurück,

501

holte ihr Zauberbuch, schlug es auf – sogleich erschienen vor ihr zwei Riesen: »Was wird gewünscht? Was wird befohlen?« – »Erweist mir einen Dienst, meine treuen Diener! Tragt mich und meinen Eidam zu dem weiten Ozean-Meer und stellt euch genau mitten hinein – dort, wo es am tiefsten ist.«

Sofort ergriffen sie die Alte und den Jäger, trugen sie schnell wie der Sturmwind zu dem weiten Ozean-Meer und stellten sich mitten hinein – dort, wo es am tiefsten ist: Sie ragten auf wie Säulen und hielten den Jäger und die Alte auf dem Arm. Da rief die Alte mit lauter Stimme – und alle Fische und Ungeheuer des Meeres kamen geschwommen. Es wimmelte nur so! Das blaue Meer war kaum noch zu sehen! »Heda, ihr Fische und Ungeheuer des Meeres! Ihr schwimmt überall umher, ihr kennt alle Inseln: Wißt ihr nicht den Weg nach Ich-weiß-nicht-wo? Wißt ihr nicht, wo man Ich-weiß-nicht-was holt?« Alle Fische und Ungeheuer des Meeres antworteten wie mit einer Stimme: »Nein, davon haben wir nicht einmal gehört!« Plötzlich drängte sich ein alter lahmer Frosch nach vorn, der schon an die dreißig Jahre auf dem Altenteil saß, und sprach: »Quak-quak! Ich weiß, wo dieses Wunder zu finden ist.« – »So, mein Lieber! Dich brauche ich!« sprach die Alte, nahm den Frosch und befahl den Riesen, sie und ihren Eidam nach Hause zu tragen.

Im Nu waren sie wieder in dem Palast. Die Alte begann, den Frosch auszufragen: »Welchen Weg muß mein Schwiegersohn einschlagen?« Der Frosch antwortete: »Dieser Ort liegt am Ende der Welt – sehr, sehr weit! Ich würde ihm den Weg zeigen, aber ich bin alt und komme kaum vom Fleck; ich würde auch in fünfzig Jahren noch nicht dort sein.« Die Alte holte einen großen Topf, füllte ihn mit frischer Milch, setzte den Frosch hinein und gab ihn dem Schwiegersohn: »Trage diesen Topf in den Händen«, sagte sie, »und der Frosch wird dir den Weg zeigen.« Der Jäger nahm den Topf mit dem Frosch, verabschiedete sich von der Alten und ihren Töchtern und brach auf. Er wanderte, und der Frosch zeigte ihm den Weg.

Ob er lange wanderte oder kurz, ob es weit war oder nah – eines Tages kam er an einen feurigen Fluß; hinter dem Fluß ragte ein hoher Berg auf, in dem Berg war eine Tür zu sehen. »Quak-quak!« sprach der Frosch, »laß mich aus dem Topf heraus, wir müssen über den Fluß setzen.« Der Jäger nahm ihn aus dem Topf und setzte ihn auf die Erde. »Jetzt, tapferer Kamerad, setze dich auf mich und habe keine Angst, du wirst mich nicht zerquetschen!« Der Jäger setzte sich auf den Frosch und drückte ihn an die Erde: Da blähte sich der Frosch auf, er blähte und blähte sich und wurde so groß wie ein Heuschober. Der Jäger hatte nur eine einzige Sorge: »Hoffentlich falle ich nicht herunter; wenn ich herunterstürze, ist es um mich geschehen!« Der Frosch blähte sich auf und hüpfte – er hüpfte über den Feuerfluß und wurde auf dem anderen Ufer wieder klein. »Nun, tapferer Kamerad, öffne diese Tür und tritt hinein, und ich werde hier auf dich warten; wenn du in der Höhle bist, mußt du dich gut verstecken. Nach einer Weile werden zwei Greise kommen; paß gut auf, was sie sprechen und was sie tun. Und nachher, wenn sie wieder gegangen sind, sage und tue dasselbe!«

Der Jäger ging zu dem Berg, stieß die Tür auf – in der Höhle war es so dunkel, daß er nicht die Hand vor Augen sehen konnte. Er kroch auf allen vieren herein und begann, um sich herum zu tasten: Er ertastete einen leeren Schrank, setzte sich hinein und zog die Tür hinter sich zu. Ein wenig später traten zwei Greise in die Höhle und riefen: »He, Fetzenschlau! Bring uns zu essen!« Im selben Augenblick flammten Kandelaber auf, klapperten Teller und Platten, und der Tisch bog sich unter den verschiedenen Speisen und Getränken. Die Greise aßen und tranken und befahlen dann: »He, Fetzenschlau! Räum ab!« Sogleich war alles verschwunden, der Tisch, die Speisen, die Weine und alle Lichter erloschen. Der Jäger hörte, daß die beiden Alten hinausgin-

gen, kletterte aus dem Schrank und rief: »He, Fetzenschlau!«
– »Zu Diensten!« – »Bring mir zu essen!« Und wieder
flammten die Kandelaber auf, der Tisch bog sich unter den
köstlichen Speisen und Getränken.

Der Jäger setzte sich an die Tafel und sprach: »He,
Fetzenschlau! Komm und setz dich zu mir; wir wollen
zusammen essen und trinken, denn allein schmeckt es mir
nicht.« Eine unsichtbare Stimme antwortete: »Ach, guter
Mann! Wie hat Gott dich hierher geführt? Nun sind es bald
dreißig Jahre, daß ich den beiden Greisen gewissenhaft und
treu diene, und nicht ein einziges Mal haben sie mich an ihre
Tafel geladen.« Der Jäger schaute und wunderte sich: Niemand war zu sehen, aber die Speisen verschwanden von den
Tellern, wie wenn ein Besen darüber fegte, die Weinflaschen
hoben sich, die Gläser füllten und leerten sich im Nu! Der
Jäger aß und trank nach Herzenslust und sprach: »Hör,
Fetzenschlau, willst du nicht in meine Dienste treten? Bei mir
wirst du ein gutes Leben haben.« – »Warum soll ich nicht
wollen! Ich bin des Lebens hier überdrüssig, und du bist, wie
ich sehe, ein guter Mensch.« – »Gut, dann räum ab und
komm mit!« Der Jäger trat aus der Höhle und sah sich um –
niemand . . . »Fetzenschlau, bist du da?« – »Ich bin da. Sorg
dich nicht, ich bleibe nicht zurück.« – »Gut!« sagte der Jäger
und setzte sich auf den Frosch: Der Frosch blähte sich auf und
hüpfte über den Feuerfluß. Dann setzte der Jäger den Frosch
in den Topf und trat den Rückweg an.

Er kam zu seiner Schwiegermutter und befahl seinem
neuen Diener, die Alte und ihre Töchter aufs feinste zu
bewirten. Fetzenschlau setzte ihnen ein solches Mahl vor, daß
die Alte vor Übermut beinahe tanzte und den Frosch für seine
treuen Dienste künftig mit drei Töpfen Milch täglich
belohnte. Der Jäger nahm Abschied von seiner Schwiegermutter und trat den Heimweg an. Er wanderte und wanderte
und wurde sehr müde; seine flinken Beine gehorchten ihm
nicht mehr, seine weißen Arme hingen kraftlos herab. »Ach,

Fetzenschlau!« sprach er, »wenn du nur wüßtest, wie müde ich bin! Ich kann meine Beine kaum noch bewegen!« – »Warum hast du mir das nicht schon längst gesagt? Ich hätte dich im Nu nach Hause gebracht.« Im selben Augenblick erhob sich ein heftiger Wind und trug den Jäger so schnell durch die Lüfte davon, daß ihm die Mütze vom Kopf flog. »He, Fetzenschlau! Halt ein, ich habe meine Mütze verloren!« – »Zu spät! Deine Mütze liegt jetzt fünftausend Werst hinter uns!« Städte und Wälder, Flüsse und Berge flogen nur so vorbei...

Als sie gerade über das tiefe Meer flogen, sagte Fetzenschlau zu dem Jäger: »Wenn du es wünschst, werde ich auf dem Meer eine goldene Laube errichten. Du könntest dich darin ausruhen und dabei dein Glück machen.« – »Errichte nur eine goldene Laube!« sagte der Jäger, und schon schwebten sie herunter. Einen Augenblick vorher waren dort nur wogende Wellen gewesen, jetzt tauchte eine kleine Insel auf und mitten auf der Insel eine goldene Laube. Fetzenschlau sagte: »Setz dich in die Laube, ruhe eine Weile und schau aufs Meer hinaus, bald wirst du drei Handelsschiffe sehen, sie werden bei der Insel ankern; lade die Kaufleute ein, bewirte sie aufs beste und tausche mich gegen die drei Wunderdinge ein, welche die Kaufleute bei sich führen. Ich werde zur rechten Zeit wieder bei dir sein!«

Der Jäger schaute aufs Meer hinaus, da entdeckte er im Westen drei Schiffe; die Seeleute erblickten die Insel und die goldene Laube: »Welch ein Wunder!« sprachen sie, »wie oft sind wir hier schon gesegelt und haben nie etwas anderes als Wasser gesehen. Und auf einmal steht hier eine goldene Laube! Wir wollen vor Anker gehen und die Insel ansehen.« Sogleich zogen sie die Segel ein und warfen die Anker aus; die drei Handelsleute stiegen in ein leichtes Boot und ruderten zu der Insel. »Guten Tag, guter Mann!« – »Guten Tag, ihr Handelsherren! Seid mir willkommen! Ihr sollt euch erquikken, euch gut unterhalten und ausruhen; ich habe diese Laube für reisende Gäste errichtet!« Die Kaufleute betraten die Laube und nahmen auf der Bank Platz. »He, Fetzenschlau!« rief der Jäger, »bring uns zu essen und zu trinken!« Sofort stand vor ihnen ein Tisch, und auf dem Tisch eine Fülle von Speisen und Getränken, alles was man sich nur wünschen kann! Die Kaufleute rissen vor Staunen den Mund auf: »Laß uns tauschen«, sprachen sie, »wenn du uns deinen Diener gibst, bekommst du unsere Wunderdinge!« – »Und was für Wunderdinge habt ihr?« – »Warte, du wirst es gleich sehen!«

Einer der Kaufleute zog ein kleines Kästchen aus der Tasche und öffnete es – sofort dehnte sich ein wunderbarer Garten über die ganze Insel aus, mit Blumenrabatten und Wegen; aber als er den Deckel wieder zuklappte, war die ganze Pracht verschwunden. Der zweite Kaufmann zog unter dem Rockschoß ein Beil hervor und holte damit aus: »Klipp-klapp« – und ein Schiff war fertig! »Klipp-klapp« – noch ein Schiff! Hundertmal »Klipp-klapp«: Hundert Schiffe, mit Segeln, Kanonen und Matrosen; die Schiffe kommen angefahren, die Kanonen donnern, der Kaufmann wird nach Befehlen gefragt... Aber der Kaufmann steckte das Beil wieder ein – die Schiffe verschwanden, als hätte es sie nie gegeben! Der dritte Kaufmann holte ein Horn hervor, er blies in das eine Ende hinein – und ein Heer erschien vor ihm: Fußvolk und Reiterei mit Gewehren, Kanonen und Fahnen, die Regimenter schicken ihre Melder, die Musik spielt, die Fahnen flattern im Winde... Aber der Kaufmann ergriff noch einmal das Horn, blies zum anderen Ende hinein – und die Heerscharen verschwanden, als hätte es sie nie gegeben!

»Eure Wunderdinge sind gut, aber ich kann mit ihnen nichts anfangen«, sprach der Jäger. »Armeen und Schiffe sind etwas für einen Zaren, ich aber bin nur ein einfacher Soldat. Wenn ihr tauschen wollt, so müßt ihr mir für meinen unsichtbaren Diener alle drei Wunderdinge geben.« – »Ist das nicht zuviel verlangt?« – »Das müßt ihr wissen; mir liegt ja nichts an dem Tausch!« Die Kaufleute dachten im stillen: »Wozu

506

brauchen wir diesen Garten, diese Regimenter und Kriegsschiffe? Wir wollen lieber tauschen; dann werden wir ohne alle Mühe nach Herzenslust essen und trinken.« Sie gaben dem Jäger ihre Wunderdinge und sagten: »He, Fetzenschlau! Wir nehmen dich mit; willst du uns treu und ergeben dienen?« – »Warum sollte ich nicht? Mir ist es gleich, welchem Herrn ich diene.« Die Kaufleute kehrten auf ihre Schiffe zurück und luden alle Seeleute zu einem Schmaus ein: »Spute dich, Fetzenschlau! Schneller! Schneller!«

Die ganze Mannschaft betrank sich und schlief ein, und der Jäger saß in der goldenen Laube, ließ den Kopf hängen und sprach: »Schade! Wo wird er jetzt wohl sein, mein treuer Diener Fetzenschlau?« – »Ich bin hier, Herr!« Und schon erhob sich ein starker Sturm und trug den Jäger durch die Luft davon. Die Kaufleute erwachten, hatten Durst und hätten gern ein Schlückchen gegen den Kater getrunken: »He, Fetzenschlau! Ein Schlückchen zu trinken!« Niemand antwortete, niemand bediente sie. So oft sie auch schrien, so oft sie auch riefen – nichts rührte sich. »Oje! Der Schelm hat uns übers Ohr gehauen! Jetzt wird ihn der Teufel selbst nicht mehr finden! Die Insel ist verschwunden und die goldene Laube ist fort!« Eine Weile standen sie ratlos und beklagten den Verlust, dann aber setzten sie die Segel und fuhren weiter.

Im Handumdrehen fand sich der Jäger in seinem Vaterland, ließ sich am blauen Meer an einem öden Gestade nieder. »He, Fetzenschlau! Könntest du hier einen Palast errichten?« – »Warum nicht? Gleich steht er da.« Im Handumdrehen stand der Palast da, so herrlich, daß man's nicht mit Worten sagen kann: Zweimal so schön wie der Palast des Königs! Der Jäger öffnete das Kästchen, und um den Palast grünte ein Garten mit seltenen Bäumen und Blumen. Darauf setzte sich der Jäger an ein offenes Fenster und freute sich an seinem Garten – plötzlich kam eine Taube durch das Fenster geflogen, ließ sich auf den Boden fallen und verwandelte sich in seine junge Frau. Sie umarmten und begrüßten einander, fragten und erzählten, was inzwischen geschehen war. Die Frau sagte zu dem Jäger: »Seit dem Tag, an dem du das Haus verließest, flog ich als eine verwaiste Taube durch Wälder und Haine.«

Am nächsten Tag in der Frühe trat der König auf den Balkon, schaute auf das blaue Meer hinaus und sah – auf dem Ufer, dicht am Wasser, erhob sich ein neuer Palast, und rings um den Palast grünte ein Garten. »Wer war so dreist und wagte es, auf meinem Grund und Boden ungefragt zu bauen?« Die Boten liefen, es auszukundschaften, und meldeten dem König, daß der Palast dem Jäger gehöre, daß er selbst in dem Palast wohne und daß seine Frau bei ihm sei. Der König geriet in Zorn, er befahl seinen Soldaten, zum Meer zu marschieren, den Garten zu verwüsten, den Palast niederzureißen und den Jäger und seine Frau einen grausamen Tod sterben zu lassen. Der Jäger sah, daß das mächtige Heer des Königs im Anzug war, holte hurtig das Beil hervor, »Klipp-klapp!« – ein Schiff war da! Hundertmal »Klipp-klapp«: Hundert Schiffe. Dann nahm er das Horn, blies einmal hinein – Fußvolk marschierte auf; er blies zum zweiten Mal hinein – Reiterei sprengte heran!

Offiziere kamen gelaufen, von allen Regimentern und allen Schiffen, um seine Befehle entgegenzunehmen. Der Jäger befahl, die Schlacht zu beginnen; auf einmal spielte die Musik, die Trommeln trommelten, die Regimenter gingen zum Angriff über; die Infanterie rückte gegen die Regimenter des Königs an, die Reiterei nahm die Verfolgung auf und machte Gefangene, und die Schiffe eröffneten das Feuer auf die Stadt. Der König sah, daß seine Armee in die Flucht geschlagen wurde, eilte herzu und wollte seine Truppen aufhalten – vergebens! Kaum eine Stunde später war er selbst gefallen. Als die Schlacht geschlagen war, strömte das Volk herbei und bat den Jäger, das Land in seine Hut zu nehmen. Er willigte ein und wurde König, und seine Frau wurde Königin.

INHALT DES ERSTEN BANDES

A. N. Afanasjew

Russische Volksmärchen

Band 2

Literatur · Philosophie · Wissenschaft

A. N. Afanasjew

Russische Volksmärchen

Band 2

In neuer Übertragung
von Swetlana Geier

Deutscher Taschenbuch Verlag

Aus dem Russischen neu übertragen von Swetlana Geier.
Mit einem Nachwort von Lutz Röhrich
sowie Erläuterungen und Literaturhinweisen.

Titel der Originalausgabe:
›Narodnye russkie skazki‹ (Moskau 1855-1863)

Im Deutschen Taschenbuch Verlag
sind erschienen:
Brüder Grimm, Kinder- und Hausmärchen (5949)
Wilhelm Hauff, Sämtliche Märchen (2050)
Musäus · Grimm · Bechstein
Die schönsten Märchen für jung und alt
(dtv junior 5948)

1. Auflage Oktober 1985
2. Auflage März 1986: 8. bis 12. Tausend
Deutscher Taschenbuch Verlag GmbH & Co. KG, München
© 1985 Winkler Verlag, München
Umschlaggestaltung: Celestino Piatti unter Verwendung
eines Gemäldes von Wassily Kandinsky:
Das bunte Leben (1907)
(© 1985, Copyright by A. D. A. G. P., Paris
& COSMOPRESS, Genf)
Gesamtherstellung: Friedrich Pustet,
Graphischer Großbetrieb, Regensburg
Printed in Germany · ISBN 3-423-05931-1

Die weise Ehefrau

In einem Reich, in einem Land lebten in einem Dörfchen ein Mann und eine Frau; sie hatten drei Söhne: zwei waren gescheit, der dritte war dumm. Als es ans Sterben ging, wollte der Vater sein Geld teilen: Der Älteste bekam hundert Rubel, und der Mittlere bekam hundert Rubel. Dem Dummen aber wollte der Vater nichts geben: das Geld wäre verloren gewesen! »Aber Vater«, sprach der Dumme, »die Kinder sind alle gleich, ob sie nun gescheit sind oder dumm; du mußt mir meinen Teil geben.« Darauf gab der Alte auch ihm hundert Rubel. Der Vater starb, sie beerdigten ihn. Die klugen Brüder wollten auf den Markt fahren und Ochsen kaufen; der Dumme fuhr mit. Die Gescheiten kauften Ochsen, der Dumme aber brachte eine Katze und einen Hund nach Hause. Nach einigen Tagen spannten die Brüder ihre Ochsen vor einen Wagen und wollten in die Welt ziehen; der Jüngste sah es und schnürte auch sein Bündel. »Was tust du, Dummkopf? Wohin willst du? Möchtest du die Menschen zum Lachen bringen?« – »Ich weiß schon! Dem Gescheiten steht der Weg offen, und dem Dummen ist er nicht verboten.«

Er nahm die Katze und den Hund, warf das Bündel über die Schulter und ging aus dem Haus. Er wanderte und wanderte und kam schließlich an einen großen Fluß. Aber er hatte kein Geld, um sich übersetzen zu lassen. Der Dumme überlegte nicht lange, sammelte Reisig, flocht daraus eine Hütte und blieb darin wohnen. Sein Hund streifte umher und erwischte manchen Kanten Brot, wurde selbst satt und fütterte auch seinen Herrn und die Katze mit durch. Eines Tages fuhr ein Schiff den Fluß hinunter, das hatte allerlei Handelsware geladen. Der Dumme sah es und rief: »He, Herr Schiffer! Du bist auf einer Handelsreise, nimm doch auch meine Ware mit, verkauf sie und laß uns den Gewinn teilen!« Mit diesen Worten warf er seine Katze auf das Schiffsdeck.

»Was sollen wir mit diesem Tier!« lachten die Schiffsleute, »kommt, wir schmeißen die Katze über Bord!« – »Was seid ihr für Menschen!« sprach der Schiffsherr, »rührt sie nicht an, die Katze soll bei uns bleiben und Ratten und Mäuse fangen.« – »Uns soll es recht sein!«

Ob sie nun lange unterwegs waren oder kurz – schließlich ankerte das Schiff in einem anderen Land, wo es keine Katzen gab, und Ratten und Mäuse zahllos waren wie die Grashalme auf der Wiese. Der Schiffsherr breitete seine Waren aus und bot sie feil; bald fand sich auch der richtige Käufer, er kaufte die ganze Ladung und lud den Schiffsherrn ein: »Der Handel muß begossen werden! Wir wollen zu mir nach Hause gehen, dort will ich dich nach Gebühr bewirten!« Er ging mit dem Gast in sein Haus, ließ ihn so lange trinken, bis er betrunken war und befahl seinen Gehilfen, den schlafenden Kaufmann in den Schuppen zu bringen: »Dort werden ihn die Ratten auffressen, und wir werden seine Waren umsonst haben!« Sie schleppten den Schiffsherrn in den dunklen Schuppen und ließen ihn dort auf dem Boden liegen; aber seine Katze hatte sich so an ihn gewöhnt, daß sie keinen Schritt von seiner Seite wich. Sie schlich ihm in den Schuppen nach und ging dort auf Rattenjagd! Sie biß einer Ratte nach der anderen die Kehle durch, endlich türmten sich die toten Ratten zu einem richtigen Berg auf. Am nächsten Morgen kam der Kaufmann in den Schuppen und sah, daß der Schiffsherr munter und unversehrt war, und die Katze den letzten Ratten den Garaus machte. Der Kaufmann bat: »Verkauf mir doch dein Tier!« – »Du kannst es haben!« Sie feilschten und feilschten, und schließlich bekam der Kaufmann die Katze für sechs Fäßchen Gold.

Der Schiffsherr kehrte in seine Heimat zurück, fand den Dummen und gab ihm drei Fäßchen Gold. »Solch eine Unmenge Gold! Was soll ich damit?« dachte der Dumme. Darauf zog er von Stadt zu Stadt und von Dorf zu Dorf und verteilte das Gold unter die Bettler; er verschenkte zwei

Fäßchen Gold, und für das dritte kaufte er Weihrauch, schichtete ihn mitten im freien Feld auf und zündete ihn an: der Duft stieg bis in den Himmel vor den Thron des Herrn. Auf einmal erschien vor dem Dummen ein Engel: »Der Herr läßt dich fragen, was du dir wünschst?« – »Ich weiß es nicht«, antwortete der Dumme. »Nun, dann geh in jene Richtung; dort pflügen drei Bauern ihren Acker. Frage sie – sie werden dir einen Rat geben.« Der Dumme nahm einen Knüppel und ging zu den pflügenden Bauern. Er sprach zu dem ersten: »Guten Tag, Alter!« – »Guten Tag, guter Mann!« – »Gib mir einen Rat, was ich mir von Unserem Herrn erbitten soll!« – »Woher soll ich wissen, was du nötig hast!« Der Dumme überlegte nicht lange, holte mit seinem Knüppel aus und erschlug ihn.

Er kam zu dem zweiten und fragte abermals: »Rate mir, Alter, was ich mir von Unserem Herrn wünschen soll!« – »Woher soll ich das wissen?« Der Dumme holte mit seinem Knüppel aus, und der Alte fiel tot zur Erde. Dann kam er zu dem dritten pflügenden Bauern und bat: »Rate mir, Alter!« Der alte Mann antwortete: »Würdest du zu Reichtum kommen, so könntest du vielleicht Gott vergessen; wünsche dir lieber eine weise Ehefrau.« Der Dumme kehrte zu dem Engel zurück. »Nun, was ist dir geraten worden?« – »Es ist mir geraten worden: Wünsche dir keinen Reichtum, wünsche dir eine weise Ehefrau.« – »Gut«, sprach der Engel, »geh zum Fluß, setz dich auf die Brücke und schau ins Wasser; mancherlei Fische werden vorüberziehen, große und kleine. Unter diesen Fischen wird eine kleine Plötze schwimmen, die einen goldenen Ring trägt – ziehe sie aus dem Wasser und wirf sie hinter dich auf die feuchte Erde.«

Der Dumme tat alles wie geheißen; er ging zu dem Fluß, setzte sich auf die Brücke, schaute unentwegt ins Wasser – allerlei Fische schwammen vorbei, große und kleine, und da kam auch schon die kleine Plötze geschwommen, sie trug einen goldenen Ring; er fischte sie heraus und warf sie über die

Schulter auf die feuchte Erde – das Fischchen verw.
sich in eine schöne Jungfrau: »Guten Tag, liebster Freu.
Sie reichten einander die Hand und gingen zusammen weiter.
Sie wanderten und wanderten, die Sonne wollte schon untergehen – sie mußten im freien Feld übernachten. Der Dumme
schlief einen festen Schlaf, aber die schöne Jungfrau rief mit
lauter Stimme – und sogleich erschienen zwölf Knechte:
»Baut mir einen schönen Palast mit einem goldenen Dach!«
Im Handumdrehen stand der Palast da, mit Spiegeln und
Bildern, wie sie dazugehören. Sie hatten sich im freien Feld
niedergelegt, aber sie erwachten in einem wunderbaren
Gemach. Der König sah den Palast mit dem goldenen Dach,
ließ den Dummen zu sich kommen und sprach: »Gestern noch
war der Platz leer, und heute steht darauf ein Palast! Ich sehe,
du bist ein Zauberer!« – »Nein, Majestät! Alles ist nach
Gottes Ratschluß geschehen.« – »Nun, wenn du in einer
Nacht diesen Palast errichten konntest, so mußt du bis
morgen zwischen deinem Palast und meinen Palast eine
Brücke bauen – eine Bohle aus Silber, die nächste aus Gold;
tust du es nicht – das Schwert, das schwingt, ist mein, der
Kopf, der rollt, ist dein!«

Der Dumme ging hinweg und weinte. Seine Frau erwartete
ihn vor der Tür: »Warum weinst du?« – »Wie soll ich nicht
weinen? Der König hat mir befohlen, eine Brücke zu bauen,
eine Bohle aus Gold, die nächste aus Silber. Und wenn die
Brücke bis morgen nicht fertig ist, wird er mich köpfen.« – »Es
wird alles gut werden, mein Herz! Leg dich schlafen; der
Morgen ist weiser als der Abend.« Der Dumme legte sich zur
Ruhe und schlief ein; als er am Morgen erwachte, war alles
getan: Die Brücke war so schön, daß man sich ein ganzes Jahr
an ihr nicht satt sehen könnte! Der König ließ den Dummen
zu sich rufen: »Deine Arbeit ist gut! Jetzt will ich, daß auf
beiden Seiten der Brücke Apfelbäume wachsen, daß an den
Apfelbäumen reife Äpfel hängen, daß in den Zweigen Paradiesvögel singen und fremdländische Kätzchen miauen; und

512

wenn es dir nicht gelingt – das Schwert, das schwingt, ist mein, der Kopf, der rollt, ist dein.«

Der Dumme ging hinweg und weinte. Seine Frau erwartete ihn vor der Tür: »Warum weinst du, mein Herz?« – »Wie soll ich nicht weinen? Der König hat befohlen, daß bis morgen auf beiden Seiten der Brücke Apfelbäume wachsen, daß an den Apfelbäumen reife Äpfel hängen und in den Zweigen Paradiesvögel singen und fremdländische Kätzchen miauen; und wenn es mir nicht gelingt, wird er mich köpfen.« – »Es wird alles gut werden, leg dich schlafen: der Morgen ist weiser als der Abend.« Als er am Morgen erwachte, war alles getan. Die Äpfel reiften, die Vögel sangen und die Kätzchen miauten. Er pflückte von den Äpfeln und brachte sie in einer Schale dem König. Der König aß ein Äpfelchen, er aß ein zweites und sprach: »Die muß ich loben! Ich habe noch nie etwas Besseres gegessen! Nun, Brüderchen, wenn du so gewitzt bist, so geh in die andere Welt und frage meinen seligen Vater, wo er sein Geld versteckt hat? Und wenn du den Weg dahin nicht findest, so wisse: Das Schwert, das schwingt, ist mein, der Kopf, der rollt, ist dein!«

Der Dumme ging abermals hinweg und weinte. »Warum fließen deine Tränen, mein Herz?« fragte ihn seine Frau. »Wie soll ich nicht weinen? Der König schickt mich in die andere Welt, ich soll seinen seligen Vater fragen, wo er sein Geld versteckt hat.« – »Das ist noch kein Unglück! Geh zu dem König und bitte ihn, dir zur Begleitung jene Ratsherren mitzugeben, die ihn auf solche bösen Gedanken bringen.« Der König gab ihm zwei Bojaren mit als Begleiter; und seine Frau holte ein Garnknäulchen hervor. »Nimm«, sagte sie, »laß das Knäul vor dir her rollen und folge ihm getrost.«

Das Knäulchen rollte und rollte immer weiter – geradewegs in das Meer hinein. Das Meer teilte sich, ein Weg wurde sichtbar; der Dumme betrat den Weg und war mitsamt seinen Begleitern nach wenigen Schritten in der anderen Welt. Da sah er: des Königs seliger Vater war vor einen Karren gespannt, auf dem die Teufel Holz für die Höllenkessel herbeischafften, und wurde gerade von den Teufeln mit eisernen Ruten geschlagen! »Halt!« schrie der Dumme. Die Teufel reckten ihre gehörnten Köpfe und fragten: »Was suchst du hier eigentlich?« – »Ich habe etwas mit diesem Toten zu reden, der für euch das Brennholz herbeischafft.« – »Das wäre ja noch schöner! Als hätten wir Zeit zum Reden! Darüber könnte ja das Feuer in der Hölle ausgehen!« – »Ihr kommt noch zur rechten Zeit! Spannt an seiner Stelle diese beiden Bojaren vor, die laufen schneller!« Im Nu hatten die Teufel den alten König ausgespannt, schirrten an seiner Stelle die beiden Bojaren an und fuhren mit ihrer Ladung Holz zur Hölle. Der Dumme sagte zu des Königs Vater: »Dein Sohn, unser König, schickt mich und läßt fragen, wo dein Staatsschatz versteckt ist?« – »Der Staatsschatz liegt in dem tiefen Keller hinter den dicken Mauern. Aber ich habe meinem Sohn Wichtigeres zu sagen; richte ihm aus: Wenn er in seinem Land genauso wenig Gerechtigkeit walten läßt, wie ich es getan habe, so wird es ihm ebenso ergehen wir mir. Du siehst, welche Pein ich hier erleiden muß, die Teufel haben mir das Fleisch von den Rippen gepeitscht. Nimm diesen Ring und bringe ihn meinem Sohn als Zeichen, daß du wahr sprichst...« Kaum hatte der alte König diese Worte gesprochen, als die Teufel mit ihrem Fuhrwerk zurückkamen: »Hü, hü! Das sind wahrlich wackere Pferdchen! Erlaube uns, noch eine Fuhre mit ihnen zu fahren!« Aber die Bojaren flehten den Dummen an: »Erbarme dich, gib uns nicht her! Wir wollen fort, solange wir noch am Leben sind!« Die Teufel schirrten sie aus, und die Bojaren kehrten mit dem Dummen in die lichte Welt zurück.

Sie kamen zu dem König; als er sie sah, erschrak er: die Bojaren waren arg mitgenommen, ihre Augen quollen hervor, Rücken und Rippen waren wund und voller Eisensplitter. »Was ist euch widerfahren?« fragte der König. Der Dumme antwortete: »Wir waren in der anderen Welt; ich sah, wie die

514

Teufel Euern seligen Vater vor eine Fuhre mit Holz gespannt hatten. Ich hielt sie an und bot ihnen diese zwei Bojaren zum Tausch an; solange ich mit Eurem Vater redete, mußten sie für die Teufel Holz führen.« – »Was läßt mein Vater mir denn ausrichten?« – »Er läßt Euch ausrichten: wenn Eure Majestät in Eurem Land ebensowenig Gerechtigkeit walten läßt, wie der selige Vater es getan hat, so wird es Euch ebenso ergehen wie ihm! Als Zeichen, daß ich wahr spreche, schickt er Euch diesen Ring.« – »Aber das will ich gar nicht wissen! Ich will nur wissen, wo der Schatz versteckt ist!« – »Der Schatz liegt in dem tiefen Keller hinter den dicken Mauern.« Sofort wurde eine Kompanie Soldaten herbeigeholt. Die Soldaten sollten die dicken Mauern niederreißen. Als die Mauern niedergerissen waren, sah man dahinter unzählige Fässer mit Gold und Silber! »Hab Dank für deine Dienste, Bruder«, sagte der König zu dem Dummen. »Aber nichts für ungut: Wenn du den Weg in die andere Welt finden konntest, so kannst du auch die Zaubergusli finden; und wenn du sie nicht findest: das Schwert, das schwingt, ist mein, der Kopf, der rollt, ist dein!«

Der Dumme ging hinweg und weinte. »Warum weinst du, mein Herz?« fragte ihn seine Frau. »Wie soll ich nicht weinen? Der König schickt mich aus, die Zaubergusli für ihn zu holen.« – »Es wird alles gut werden, mein Bruder baut sie.« Sie gab ihm ein Garnknäulchen und ein Handtuch, das sie eigenhändig bestickt hatte, und riet ihm, die beiden Bojaren, die den König auf böse Gedanken brachten, wiederum als Begleiter mitzunehmen: »Diesmal wirst du lange Zeit fortbleiben: Ich fürchte Schlimmes, den König wird es nach meiner Schönheit gelüsten. Geh in den Garten und schneide drei Gerten.« Der Dumme schnitt in dem Garten drei Gerten. »Und jetzt schlage mit diesen Gerten dreimal den Palast und dreimal mich, und geh mit Gott!« Der Dumme schlug mit den Gerten – seine Frau verwandelte sich in einen Stein, und der Palast in einen Berg. Er ließ sich von dem König die beiden

Bojaren als Begleiter mitgeben und machte sich auf den Weg; das Knäul rollte vor ihm her, und er ging ihm nach.

Ob er nun lange wanderte oder kurz, ob es weit war oder nah – das Knäulchen rollte in einen dichten Wald hinein, geradewegs auf ein Häuschen zu. Der Dumme trat in das Häuschen, dort saß ein altes Weib. »Guten Tag, Großmütterchen!« – »Guten Tag, guter Mann! Weshalb hat dich Gott hierhergeführt?« – »Ich suche einen Meister, Großmütterchen, der mir die Zaubergusli baut: Die Gusli muß spielen und alle, ob sie es wollen oder nicht, müssen zu ihrer Musik tanzen.« – »Ja, mein Sohn versteht sich auf solche Gusli. Gedulde dich ein wenig, er wird bald nach Hause kommen.« Kurze Zeit darauf kam der Sohn der Alten nach Hause. »Herr Meister!« bat ihn der Dumme, »baue mir eine Zaubergusli.« – »Ich habe welche auf Vorrat; ich will dir gerne eine schenken, aber unter einer Bedingung: Solange ich die Gusli stimme, darf niemand einschlafen! Schläft jemand ein und wacht nicht auf, wenn ich ihn anspreche, ist es um ihn geschehen!« – »Abgemacht, Herr Meister!«

Der Meister machte sich ans Werk, er begann, die Zaubergusli zu stimmen; der eine Bojare hörte zu und schlief ein. »Schläfst du?« fragte der Meister. Der Bojar rührte sich nicht, gab keine Antwort, und schon rollte sein Kopf über den Boden. Es vergingen kaum zwei, drei Minuten, da war auch der andere Bojar eingeschlafen. Auch sein Kopf rollte von den Schultern. Noch eine Minute verging, und der Dumme nickte ein. »Schläfst du?« fragte der Meister. »Schlafen? Ich schlafe nicht! Der Staub von der Reise verklebt mir die Augen. Wo ist hier Wasser? Ich möchte mir die Augen waschen.« Die Alte reichte ihm Wasser, der Dumme wusch sich, zog das bestickte Handtuch hervor und trocknete sich ab. Die Alte sah das Handtuch, erkannte die Arbeit ihrer Tochter und sprach: »Ach, mein lieber Eidam! Ich habe nicht gehofft, dich je zu sehen; ist meine Tochter wohlauf?« Ein Küssen ging an und ein Umarmen: Drei Tage lang tafelten sie voller Freude, zechten und ließen sich's wohl sein, dann aber schlug die Stunde des Abschieds. Zum Abschied schenkte der Meister seinem Schwager eine Zaubergusli. Der Dumme klemmte sie unter den Arm und machte sich auf den Heimweg.

Er wanderte und wanderte, schließlich kam er aus dem dichten Wald auf eine breite Straße, da ließ er sich von der Gusli aufspielen: Man hätte Tag und Nacht zuhören können und nicht genug davon bekommen! ... Auf einmal kam ihm ein Räuber entgegen. »Gib mir deine Zaubergusli«, sagte er, »ich will dir dafür meinen Knüppel geben.« – »Was soll ich mit deinem Knüppel anfangen?« – »Aber das ist doch kein gewöhnlicher Knüppel! Du brauchst nur zu sagen: ›Knüppel, schlag zu!‹, und er wird auf der Stelle eine ganze Armee niederstrecken.« Der Dumme war bereit zu tauschen, er nahm den Knüppel und befahl ihm, den Räuber niederzustrecken. Der Knüppel sauste dem Räuber gegen den Kopf, und der Räuber fiel zu Boden. Der Dumme nahm die Zaubergusli und den Knüppel und ging weiter.

Schließlich kam er in sein Land. Er sagte sich: »Warum soll ich zum König gehen? Das hat noch Zeit! Zuerst will ich meine Frau sehen.« Er schlug mit den drei Gerten gegen den Berg – eins, zwei, drei – und schon stand der wunderbare Palast wieder da. Er schlug gegen den Stein – seine Frau stand vor ihm. Sie umarmten und begrüßten sich, sprachen zwei, drei Worte miteinander, und dann nahm der Dumme die Gusli und ging zum König, auch den Knüppel nahm er mit. Der König sah ihn: »Ach«, dachte er, »dem ist nicht beizukommen, der wird mit jeder Aufgabe fertig.« Darauf schrie er den Dummkopf an, schmähte und beschimpfte ihn: »Was fällt dir ein! Statt schnurstracks zu mir zu kommen, bist du zuerst zu deiner Frau gerannt und hast mit ihr geschnäbelt!« – »Ich bekenne mich schuldig, Majestät!« – »Ich kann mir aus deiner Schuld keinen Pelz nähen! Jetzt gibt es für dich kein Pardon mehr ... Bringt mir mein scharfes Schwert!« Der Dumme sah, daß er nicht mehr viel Zeit zu verlieren hatte und

rief: »Knüppel, schlag zu!« Der Knüppel sauste ein paarmal
auf den bösen König nieder und machte ihm den Garaus. Der
Dumme aber wurde zum König gekrönt und herrschte lange
und gnädig.

Die drei Kopeken

Es lebte einmal ein reicher Kaufmann; eines Tages kam zu
ihm ein Fremder, um sich als Knecht zu verdingen. Nachdem
er ein Jahr gearbeitet hatte, bat er um seinen Lohn. Der Kaufmann zahlte ihm den verdienten Lohn aus, aber der Knecht
wollte für seine Arbeit nur eine Kopeke haben. Mit dieser Kopeke ging er zum Fluß und warf sie ins Wasser. Er sprach:
»Wenn ich treu und redlich gedient habe, dann wird meine Kopeke nicht untergehen!« Die Kopeke ging unter. Er kehrte zu
dem Kaufmann zurück und arbeitete weiter für ihn; ein Jahr
verging, der Kaufmann zahlte ihm soviel aus, wie ihm zustand,
aber der Knecht wollte abermals nur eine Kopeke haben, ging
mit dieser Kopeke zum Fluß an die alte Stelle und warf sie ins
Wasser. Die Kopeke ging unter. Der Knecht verdingte sich für
ein weiteres Jahr bei dem Kaufmann; nachdem er ein Jahr gearbeitet hatte, zahlte ihm der Kaufmann für seinen Eifer einen
noch höheren Lohn aus, aber der Knecht behielt wiederum nur
eine Kopeke, begab sich zum Fluß und warf sie ins Wasser. Auf
einmal schwammen alle drei Kopeken auf dem Wasser! Er
fischte sie heraus und ging zurück zu dem Haus seines Herrn.

Da begegnete ihm auf der Straße ein Kaufmann, der fuhr
zur Messe. Der Knecht gab dem Kaufmann eine Kopeke und
bat ihn, in seinem Namen vor den Ikonen eine Kerze anzuzünden. Der Kaufmann trat in die Kirche, holte das Geld für
die Kerzen aus der Tasche und ließ dabei versehentlich die
Kopeke auf den Boden fallen. Da fing die Kopeke lichterloh zu
brennen an. Alle Kirchgänger staunten und fragten, wer diese
Kopeke verloren habe? Der Kaufmann sprach: »Ich habe sie

verloren. Ein Knecht hat sie mir unterwegs gegeben.« Alle Menschen holten sich eine Kerze und zündeten sie an der Kopeke an. Der Knecht aber wanderte unterdessen seines Weges.

Da begegnete ihm ein anderer Kaufmann, der fuhr zum Jahrmarkt; der Knecht zog eine Kopeke aus der Tasche, reichte sie dem Kaufmann und bat: »Kauf mir für diese Kopeke auf dem Jahrmarkt irgendwelche Ware!« Der Kaufmann steckte die Kopeke ein, kaufte allerlei Ware und überlegte: »Muß ich nicht noch etwas kaufen?« Da erinnerte er sich der Kopeke. Er erinnerte sich der Kopeke, wußte aber nicht, was er dafür kaufen sollte. Da lief ihm ein kleiner Junge über den Weg, der bot einen Kater feil und wollte dafür nicht mehr und nicht weniger als eine Kopeke haben; der Kaufmann fand keine andere Ware und kaufte den Kater. Nun segelte er auf seinen Schiffen in ein anderes Reich, um dort Handel zu treiben; und in jenem Reich herrschte zu der Zeit eine schlimme Mäuse- und Rattenplage. Die Schiffe gingen im Hafen vor Anker. Der kleine Kater lief immer wieder an Land und fing eine Maus. Der Zar erfuhr davon und ließ den Kaufmann fragen: »Ist dieses Tier sehr teuer?« Der Kaufmann sagte: »Das Tier ist nicht mein Eigentum; jemand hat mich geheißen, dieses Tier für ihn zu kaufen.« Und er sagte wie beiläufig: »Es kostet so viel wie drei Schiffe.« Der Zar gab dem Kaufmann drei Schiffe und behielt den Kater. Als der Kaufmann zurückgekehrt war, ging der Knecht auf den Markt, traf den Kaufmann und fragte: »Hast du mir für meine Kopeke Ware gekauft?« Der Kaufmann antwortete: »Wie könnte ich das verheimlichen – ich habe drei Schiffe gekauft.« Der Knecht nahm die drei Schiffe und fuhr damit aufs Meer hinaus.

Ob er lange fuhr oder kurz – endlich kam er an eine Insel. Auf der Insel stand eine Eiche. Er kletterte hinauf, um auf einem Ast die Nacht zu verbringen, und hörte, wie unter der Eiche der Teufel Jerachta vor seinen Kumpanen prahlte, er

wolle morgen, mitten am hellichten Tage, die Tochter des
Zaren entführen. Seine Kumpane sagten: »Wenn du sie nicht
entführst, dann werden wir dich mit eisernen Ruten übel
zurichten!« Nachdem die Teufel dies gesprochen hatten,
stoben sie auseinander; der Knecht kletterte von der Eiche
herunter und begab sich zu dem Zaren; er kam in den Palast,
zog aus der Tasche die letzte Kopeke und zündete sie an.
Jerachta kam zu dem Zaren gelaufen und konnte, so sehr er
sich auch mühte, der Zarentochter nicht habhaft werden;
unverrichteter Dinge mußte er zu seinen Brüdern zurückkehren, die griffen nach den eisernen Ruten und begannen, ihn
damit zu traktieren. Sie droschen auf ihn ein und warfen ihn
schließlich an einen unbekannten Ort. Der Knecht aber
vermählte sich mit der Zarentochter, lebte mit ihr in Liebe
und Eintracht und mehrte das Gute.

Der Meereszar und die allweise Wassilissa

Es lebten einmal ein Zar und eine Zarin. Der Zar liebte es,
auf die Jagd zu gehen und Wild zu schießen. Eines Tages war
der Zar auf der Jagd und sah: auf einer Eiche saß ein junger
Adler. Der Zar legte an und wollte schießen, da bat der Adler:
»Laß mich leben, Zar und Herrscher! Nimm mich lieber zu
dir, die Zeit wird kommen, da du mich brauchen wirst.« Der
Zar überlegte, überlegte und sprach: »Wozu könnte ich dich
brauchen?« und legte wieder an. Da sprach der Adler abermals: »Laß mich leben, Zar und Herrscher! Nimm mich lieber
zu dir, die Zeit wird kommen, da du mich brauchen wirst.«
Der Zar überlegte, überlegte und konnte sich immer noch
nicht denken, wozu er den Adler sollte brauchen können, und
wollte ihn nun endlich herunterschießen. Da sprach der Adler
zum dritten Mal: »Laß mich leben, Zar und Herrscher! Nimm
mich lieber zu dir und füttere mich drei Jahre: die Zeit wird
kommen, da du mich brauchen wirst!«

Der Zar erbarmte sich des Adlers, er nahm ihn zu sich und fütterte ihn ein Jahr und ein zweites: Der Adler hatte so viel gefressen, daß kein Stück Vieh mehr im Stall war; dem Zaren blieb weder ein Schaf noch eine Kuh. Der Adler sprach: »Laß mich frei fliegen!« Der Zar ließ ihn frei fliegen, der Adler versuchte seine Flügel – nein, noch konnte er nicht fliegen! Er bat: »Nun, Zar und Herrscher, du hast mich zwei Jahre gefüttert; ob du willst oder nicht, du mußt mich noch ein weiteres Jahr füttern. Borge dir Vieh und füttere mich: du sollst es nicht bereuen!« Der Zar tat, wie ihn der Adler geheißen hatte: Er borgte sich von überall her Vieh und fütterte den Adler noch ein volles Jahr. Dann ließ er ihn frei. Der Adler stieg hoch in die Lüfte, flog eine Weile umher, kam wieder zur Erde herunter und sprach: »Nun, Zar und Herrscher, jetzt kannst du dich auf meinen Rücken setzen, wir wollen zusammen fliegen.« Der Zar bestieg den Vogel.

Sie flogen los; ob sie lange flogen oder kurz – endlich kamen sie an das blaue Meer. Der Adler warf den Zaren ab, der Zar fiel ins Meer und wurde bis zu den Knien naß; der Adler ließ ihn nicht untergehen, er hob ihn auf einen Flügel und fragte: »Wie war es, Zar und Herrscher, hattest du Angst?« – »Ich hatte große Angst«, sagte der Zar, »ich dachte, ich müßte ertrinken!« Sie flogen weiter und weiter und kamen an ein anderes Meer. Der Adler warf den Zaren mitten über dem Meer ab, und der Zar wurde naß bis zum Gürtel. Der Adler hob ihn wieder auf den Flügel und fragte: »Nun, Zar und Herrscher, hattest du Angst?« – »Ich hatte große Angst«, sagte der Zar, »aber ich dachte: Mit Gottes Hilfe wirst du mich wieder heraufholen!« Und abermals flogen sie weiter und weiter und kamen zu dem dritten Meer. Der Adler warf den Zaren über der tiefsten Stelle ab, und der Zar wurde bis zum Hals naß. Und auch zum dritten Mal hob der Adler den Zaren auf den Flügel und fragte: »Nun, Zar und Herrscher, hattest du Angst?« – »Ich hatte große Angst«, antwortete der Zar, »aber ich dachte: Mit Gottes Hilfe wirst du mich wieder heraufholen!« – »Nun, Zar und Herrscher, jetzt kennst du die Todesangst! Du hast für das Alte, für das Gewesene gebüßt. Weißt du noch, wie ich auf der Eiche saß und du mich herunterschießen wolltest? Dreimal legtest du an, und ich bat dich dreimal und dachte voller Bangen: Hoffentlich läßt du mich am Leben, hoffentlich hast du Erbarmen mit mir und nimmst mich mit.«

Dann flogen sie hinter die dreimal neun Länder; lange flogen sie, lange. Der Adler sagte: »Schau, Zar und Herrscher, was siehst du über uns und was siehst du unter uns?« Der Zar schaute. »Über uns«, sprach er, »ist der Himmel und unter uns die Erde.« – »Schau noch einmal, was siehst du zu deiner Rechten und was zu deiner Linken?« – »Zu meiner Rechten sehe ich ein weites Feld, zu meiner Linken sehe ich ein Haus.« – »Wir wollen dorthin«, sagte der Adler. »Dort wohnt meine jüngste Schwester.« Der Adler ließ sich mitten auf dem Hof nieder; die Schwester kam ihnen entgegen, umarmte ihren Bruder, führte ihn an die eichene Tafel, aber den Zaren würdigte sie keines Blickes; sie ließ ihn auf dem Hof stehen, schloß den Zwinger auf und hetzte die Windhunde auf ihn. Der Adler wurde sehr zornig, sprang von der Tafel auf, nahm den Zaren auf seine Flügel und flog mit ihm weiter.

Wieder flogen sie lange, lange; der Adler sprach zu dem Zaren. »Blick dich um, was siehst du hinter uns?« Der Zar blickte sich um und sagte: »Ich sehe hinter uns ein rotglühendes Haus.« Da sagte der Adler: »Das ist das Haus meiner jüngsten Schwester. Es brennt, weil sie dich nicht freundlich empfing und ihre Hunde auf dich hetzte.« Sie flogen weiter und weiter, der Adler fragte abermals: »Schau, Zar und Herrscher, was siehst du über uns und was siehst du unter uns?« – »Über uns sehe ich den Himmel, unter uns sehe ich die Erde.« – »Und was siehst du zu deiner Rechten und was siehst du zu deiner Linken?« – »Zu meiner Rechten sehe ich ein freies Feld, zu meiner Linken sehe ich ein Haus.« – »Dort wohnt meine mittlere Schwester. Wir wollen sie besuchen.«

Sie ließen sich mitten auf dem weiten Hof nieder; die mittlere Schwester empfing ihren Bruder, führte ihn an die eichene Tafel und ließ den Zaren auf dem Hof stehen. Sie schloß den Zwinger auf und hetzte die Windhunde auf ihn. Der Adler wurde sehr zornig, sprang von der Tafel auf, nahm den Zaren auf seine Flügel und flog mit ihm weiter.

Sie flogen lange, lange; der Adler sprach: »Zar und Herrscher! Blick dich um, was siehst du hinter uns?« Der Zar blickte sich um: »Ich sehe hinter uns ein rotglühendes Haus.« – »Das ist das brennende Haus meiner mittleren Schwester«, sagte der Adler. »Nun wollen wir dorthin fliegen, wo meine Mutter und die älteste Schwester leben.« Sie flogen dorthin, die Mutter und die älteste Schwester freuten sich über alle Maßen und erwiesen dem Zaren alle gebührende Ehre und Freundschaft. »So, Zar und Herrscher!« sprach der Adler, »erhole dich bei uns, dann will ich dir ein Schiff geben und dir alles erstatten, was ich dir schulde, was du an mich verfüttert hast. Dann sollst du mit Gott den Heimweg antreten.« Er schenkte dem Zaren ein Schiff und zwei kleine Truhen: die eine Truhe war rot, die andere grün. Der Adler sagte: »Gib acht, und öffne die Truhen nicht eher, als bis du zu Hause bist; die rote Truhe öffne auf dem Hof hinter deinem Palast und die grüne Truhe vor deinem Palast.«

Der Zar dankte für die beiden Truhen, nahm Abschied von dem Adler und fuhr über das blaue Meer nach Hause; als er an eine Insel kam, hielt sein Schiff. Der Zar ging an Land, erinnerte sich an die Truhen und begann zu überlegen, was sie wohl enthielten, und weshalb der Adler ihm nicht erlaubte, sie zu öffnen; er überlegte, überlegte, schließlich hielt er es nicht länger aus – zu gern wollte er wissen, was diese Truhen enthielten: er holte die rote Truhe, stellte sie auf die Erde und schlug den Deckel zurück. Aus der Truhe kam soviel Vieh, daß man die Herden nicht überblicken konnte, und sie auf der Insel kaum Platz fanden.

Als der Zar das sah, grämte er sich sehr, weinte und sprach:

»Was soll ich nun tun? Wie kann ich die Herde in dieser kleinen Truhe unterbringen?« Da sah er einen Mann aus dem Wasser ans Ufer steigen, der kam auf ihn zu und fragte: »Warum grämst du dich so sehr, Zar und Herrscher?« – »Wie soll ich mich nicht grämen?« antwortete der Zar. »Wie kann ich diese riesigen Herden in dieser kleinen Truhe unterbringen?« – »Vielleicht kann ich dir helfen und deine Herde wieder in die Truhe bringen. Aber nur unter einer Bedingung: Du mußt mir das geben, was du in deinem Hause nicht kennst.« Der Zar überlegte: »Gibt es etwas, was ich in meinem Haus nicht kenne? Ich glaube, ich kenne alles.« Er dachte noch eine Weile nach und willigte dann ein. »Treibe das Vieh in die Truhe«, sagte er, »und ich will dir geben, was ich in meinem Haus nicht kenne.« Darauf trieb der Mann die Herden in die kleine Truhe; der Zar bestieg das Schiff und fuhr weiter.

Als er zu Hause ankam, erfuhr er, daß ihm inzwischen ein Sohn geboren worden war. Er küßte und herzte das Kind, und seine Tränen flossen in Strömen. »Zar und Herrscher! Sage mir doch, warum du so bitterlich weinst?« fragte ihn die Zarin. »Vor lauter Freude!« sagte der Zar, denn er fürchtete sich, ihr die Wahrheit zu sagen. Dann trat er auf den Hof hinter dem Palast hinaus und schlug den Deckel der roten Truhe zurück. Aus der Truhe stiegen Ochsen und Kühe, Schafe und Böcke in ungezählter Menge. Alle Ställe und Pferche waren im Nu gefüllt. Dann trat er auf den Hof vor dem Palast hinaus, schlug den Deckel der grünen Truhe zurück, und sogleich war er von einem großen und wunderbaren Garten umgeben, in dem die seltensten Bäume wuchsen. Der Zar freute sich dermaßen, daß er darüber sein Versprechen vergaß.

Es vergingen viele Jahre. Eines Tages wollte der Zar frische Luft schöpfen und ging zum Fluß; da stieg aus dem Wasser der Mann, der ihm damals geholfen hatte, und sprach: »Du bist aber sehr vergeßlich geworden, Zar und Herrscher! Erinnere dich daran, was du mir versprochen hast!« Der Zar kehrte nach Hause zurück und war untröstlich. Er erzählte der Zarin und seinem Sohn die volle, unverfälschte Wahrheit. Nachdem sie zusammen getrauert und geweint hatten, kamen sie zu dem Schluß, daß nichts anderes zu tun wäre, als den Zarensohn herzugeben. Sie brachten ihn an das Gestade und ließen ihn allein.

Der Zarensohn blickte sich nach allen Seiten um, sah einen Pfad und ging auf diesem Pfad weiter. Er hoffte, daß Gott ihm den Weg zeigen würde. Er wanderte und wanderte und kam endlich in einen dunklen Wald; im Wald stand ein Häuschen, in dem Häuschen wohnte die Baba Jaga. »Ich will sie besuchen«, dachte der Zarensohn und trat ein. »Sei gegrüßt, Zarensohn!« sprach die Baba Jaga. »Suchst du die Tat oder fliehst du die Tat?« – »Ach, Großmutter! Gib mir erst zu essen und zu trinken, dann frage mich aus!« Sie gab ihm zu essen und zu trinken, und dann erzählte ihr der Zarensohn, ohne etwas zu verheimlichen, wohin und weshalb er unterwegs sei. Da sagte die Baba Jaga: »Geh zum Meeresufer, mein Kind; zwölf Reiher werden geflogen kommen, sich in schöne Jungfrauen verwandeln und im Meer baden; schleiche dich ganz leise heran und nimm das Hemd der Ältesten an dich. Wenn du mit ihr einig bist, kannst du getrost vor den Meereszaren treten. Und wenn dir unterwegs Vielfraß und Saufaus begegnen, dann nimm sie mit. Als letzter wird Grimmfrost dazu kommen. Sie werden dir unschätzbare Dienste leisten.«

Der Zarensohn verabschiedete sich von der Baba Jaga, ging zum Meeresufer und versteckte sich hinter den Büschen. Schon kamen die zwölf Reiher geflogen, ließen sich auf die feuchte Erde fallen, verwandelten sich in schöne Jungfrauen und badeten im Meer. Der Zarensohn nahm unbemerkt das Hemd der Ältesten an sich, blieb ganz still hinter dem Busch sitzen und rührte sich nicht. Als die Jungfrauen gebadet hatten und wieder ans Ufer gestiegen waren, streiften elf von ihnen ihre Hemden über, verwandelten sich in Vögel und flogen davon; zurück blieb nur die Älteste, die allweise

Wassilissa. Sie bat, sie flehte den wackeren Jüngling an: »Gib mir mein Hemd zurück!« sagte sie. »Wenn du zu meinem Vater, dem Meereszaren, kommst, will ich mich dir erkenntlich zeigen.« Der Zarensohn gab ihr das Hemd zurück, sie verwandelte sich auf der Stelle in einen Reiher und flog ihren Gespielinnen nach. Der Zarensohn machte sich auf den Weg; auf seiner Wanderschaft begegnete er drei Recken: Vielfraß, Saufaus und Grimmfrost; er nahm sie alle als Gefolge mit und begab sich zu dem Wasserzaren.

Der Wasserzar wurde seiner ansichtig und sprach: »Sei gegrüßt, mein Freund, wieso bist du so lange ausgeblieben? Das Warten hat mich schon ganz müde gemacht. Nun mußt du sogleich an die Arbeit gehen. Dies ist deine erste Aufgabe: Du mußt heute nacht eine große Brücke aus Kristall bauen, die muß morgen früh fertig sein! Und wenn du es nicht tust, dann werde ich dich köpfen lassen!« Der Wasserzar entließ Iwan Zarewitsch. Er ging von dannen und weinte bitterlich. Die allweise Wassilissa öffnete das Fenster ihres Turmstübchens und fragte: »Warum fließen deine Tränen, Iwan Zarewitsch?« – »Ach, allweise Wassilissa, wie soll ich nicht weinen? Dein Vater hat mir befohlen, in einer einzigen Nacht eine Brücke aus Kristall zu bauen. Ich aber habe noch nie ein Beil in der Hand gehabt.« – »Es wird alles gut! Leg dich nieder und schlafe, der Morgen ist weiser als der Abend.«

Sie brachte ihn zu Bett, dann trat sie vor die Tür hinaus und rief und pfiff nach Reckenart; von allen Seiten kamen Bauknechte und Zimmerleute gelaufen: der eine grub, der andere schleppte Ziegel herbei, im Nu errichteten sie die Brücke aus Kristall, schmückten sie mit kunstvollen Ornamenten, dann kehrten sie dorthin zurück, woher sie gekommen waren. Morgens in aller Frühe weckte die allweise Wassilissa den Zarensohn: »Wach auf, Zarensohn! Die Brücke ist gebaut. Mein Vater wird gleich kommen und sie sich ansehen.« Der Zarensohn erhob sich und holte einen Reisigbesen; er ging mit dem Besen auf die Brücke – hier fegte er, dort wischte er. Der

Wasserzar lobte ihn: »Hab Dank«, sagte er, »nun hast du mir den einen Dienst erwiesen, jetzt mußt du mir auch den zweiten erweisen; bis morgen soll hier ein grüner Garten angelegt sein – weitläufig und dicht, und im Garten sollen Singvögel singen, Blumen unter den Bäumen blühen und reife Birnen und Äpfel an den Ästen hängen.«

Der Wasserzar entließ den Zarensohn, der ging von dannen und weinte bitterlich. Die allweise Wassilissa öffnete das Fensterchen und fragte: »Warum weinst du, Zarensohn?« – »Wie soll ich nicht weinen? Dein Väterchen hat mir befohlen, in einer einzigen Nacht einen Garten anzulegen.« – »Es wird alles gut! Leg dich schlafen; der Morgen ist weiser als der Abend.« Sie brachte ihn zu Bett, trat vor die Haustür und rief und pfiff nach Reckenart; von allen Seiten kamen Blumengärtner und Gemüsegärtner gelaufen, sie legten einen grünen Garten an, in dem Garten blühten Blumen, an den Ästen der Bäume hingen reife Äpfel und Birnen. Morgens in aller Frühe weckte die allweise Wassilissa den Zarensohn: »Wach auf, Zarensohn! Der Garten grünt, mein Vater wird gleich kommen.« Der Zarensohn nahm sofort seinen Reisigbesen und eilte in den Garten: hier fegte er einen Weg, dort zupfte er eine Ranke zurecht. Der Wasserzar lobte ihn: »Hab Dank, Zarensohn! Du hast mir treu und redlich gedient. Dafür darfst du dir unter meinen zwölf Töchtern eine Braut aussuchen. Sie gleichen sich wie zwölf Tropfen Wasser, haben alle das gleiche Haar und tragen die gleichen Kleider; fällt deine Wahl dreimal auf dieselbe, dann soll sie deine Frau werden. Wenn du dich irrst, lasse ich dich köpfen!« Als die allweise Wassilissa dies erfuhr, wartete sie eine günstige Gelegenheit ab und sprach zu dem Zarensohn: »Beim ersten Mal werde ich mein Tüchlein schwenken, beim zweiten meinen Rock glattstreichen und beim dritten Mal wird eine Fliege über meinem Kopf kreisen.« So hat der Zarensohn die allweise Wassilissa alle drei Male erkannt. Sie wurden vermählt und eine prächtige Hochzeit wurde gefeiert.

Der Wasserzar ließ viele Speisen zubereiten, auch für hundert Menschen wäre es zuviel gewesen. Er verlangte von seinem Schwiegersohn, er solle alle Schüsseln leer essen. Wenn auch nur der kleinste Rest übrigbliebe, sollte es ihm schlecht ergehen. »Lieber Vater«, bat der Zarensohn. »Ich habe einen armen Alten in meinem Gefolge, erlaube ihm, an unserer Tafel mitzuessen!« – »Laß ihn nur kommen!« Im selben Augenblick war Vielfraß da; er aß alle Schüsseln und Platten leer und wurde nicht satt. Der Wasserzar hatte vierzig Fässer mit allerlei Getränken aufgestellt und befahl nun dem Schwiegersohn, sie alle zu leeren. »Lieber Vater«, bat der Zarensohn abermals, »ich habe noch einen anderen Alten in meinem Gefolge, erlaube ihm, ein Schlückchen auf dein Wohl mitzutrinken!« – »Laß ihn nur kommen!« Im selben Augenblick war Saufaus da und leerte auf einen Sitz alle vierzig Fässer. Dann bat er um einen Schluck zum Nachspülen.

Der Wasserzar sah, daß er dem Zarensohn nichts anhaben konnte, und befahl, für die Jungvermählten die Badestube zu heizen. Die Badestube war ganz aus Eisen. Und als zwanzig Klafter Holz verbrannt waren, glühten Ofen und Mauern so, daß man sich dem Badehaus nicht auf fünf Werst nähern konnte. »Väterchen!« sprach der Zarensohn, »erlaube doch, daß ein Alterchen aus meinem Gefolge als erster schwitzt, damit wir wissen, ob das Bad gut geheizt ist.« – »Laß ihn nur schwitzen!« Grimmfrost trat in die Badestube. Er hauchte in eine Ecke, dann in eine andere – schon hingen überall die Eiszapfen. Darauf gingen auch die Jungvermählten ins Bad, schwitzten, wuschen sich und kehrten wohlbehalten nach Hause zurück. »Wir wollen fortgehen!« sprach die allweise Wassilissa zu dem Zarensohn. »Mein Vater, der Wasserzar, ist dir nicht gut. Er könnte dir Böses antun.« – »Wir wollen fortgehen!« sagte der Zarensohn. Sie sattelten ihre Pferde und sprengten ins freie Feld hinaus.

Sie ritten lange, lange. Viel Zeit verging. »Steig ab, Zarensohn, und lege dein Ohr an die feuchte Erde!« sagte die

allweise Wassilissa. »Werden wir nicht verfolgt?« Der Zarensohn legte das Ohr an die feuchte Erde: Er konnte nichts
hören! Die allweise Wassilissa saß ab, schmiegte sich an die
feuchte Erde und sprach: »Ach, lieber Zarensohn! Ich höre,
daß wir von vielen Häschern verfolgt werden.« Sie verwandelte die Pferde in einen Brunnen, sich selbst in einen Becher
und den Zarensohn in einen Greis. Die Verfolger holten sie
ein: »He, Alter, hast du einen wackeren Jüngling und eine
schöne Jungfrau vorbeireiten sehen?« – »Ich sah sie, meine
Guten! Aber es ist schon lange her. Sie sind noch zu der Zeit
hier vorbeigeritten, da ich ein junger Mann war.« Die
Häscher kehrten um und ritten zu dem Wasserzaren zurück.
»Nein«, sagten sie, »wir haben keine Spur von ihnen entdeckt,
und niemand hat sie gesehen außer einem Greis, der an einem
Brunnen stand, in dem ein Becher schwamm.« – »Warum
habt ihr sie nicht mitgebracht?« schrie der Wasserzar zornig.
Er befahl, die Häscher auf der Stelle mit einem grausamen
Tode zu bestrafen. Dann schickte er neue Boten aus, die den
Zarensohn und die allweise Wassilissa verfolgen sollten. Die
waren inzwischen ein großes Stück weiter gekommen. Die
allweise Wassilissa hörte, daß sie von neuem verfolgt wurden.
Sie verwandelte den Zarensohn in einen greisen Popen und
sich selbst in ein altes Kirchlein, morsch und mit Moos
bewachsen. Die Verfolger holten sie ein. »He, Väterchen, hast
du einen wackeren Jüngling mit einer schönen Jungfrau
vorbeireiten sehen?« – »Ich sah sie, meine Guten, aber es ist
schon lange her. Sie sind noch zu der Zeit hier vorbeigeritten,
da ich jung war und diese Kirche baute.« Auch diese Verfolger kehrten unverrichteter Dinge zu dem Wasserzaren
zurück. »Nein, Majestät, wir haben keine Spur von ihnen
entdeckt und nichts von ihnen gehört; alles, was wir gesehen
haben, war ein alter Pope und eine windschiefe Kirche.« –
»Warum habt ihr sie nicht mitgenommen?« Der Wasserzar
war noch zorniger als beim ersten Mal. Seine Häscher wurden
grausam hingerichtet, und er ließ sein Pferd satteln und

machte sich selbst auf den Weg, um den Zarensohn und die allweise Wassilissa zurückzuholen. Dieses Mal verwandelte die allweise Wassilissa die Pferde in einen Fluß von Honig zwischen Ufern aus Kiselj, den Zarensohn in einen Erpel und sich selbst in ein graues Entchen. Der Wasserzar stürzte sich über Kiselj und Honigwasser her, er aß und aß, er trank und trank, bis er den Geist aufgab.

Der Zarensohn und die allweise Wassilissa ritten weiter. Es war nicht mehr weit zu dem elterlichen Haus, zu dem Vater und der Mutter des Zarensohns, da sagte die allweise Wassilissa: »Reite voraus, Zarensohn, begrüße deinen Vater und deine Mutter, ich will hier auf dich warten; aber merke dir gut: küsse alle, nur deine Schwester küsse nicht! Sonst wirst du mich vergessen.« Iwan Zarewitsch kam nach Hause, begrüßte alle Hausgenossen und küßte auch seine Schwester – kaum hatte er sie geküßt, da wußte er nichts mehr von seiner Frau.

Drei Tage wartete auf ihn die allweise Wassilissa; am vierten Tag verkleidete sie sich als Bettelweib, ging in die Hauptstadt und fand Obdach bei einer alten Frau. Der Zarensohn aber hielt Hochzeit mit der reichen Königstochter, und in dem ganzen Reich wurde ausgerufen, daß das rechtgläubige Volk den Bräutigam und die Braut beglückwünschen und mit einer Weizenpirogge beschenken solle. Da machte sich die alte Frau, bei der die allweise Wassilissa Obdach gefunden hatte, ans Backen; sie siebte Mehl und setzte den Teig an. »Für wen bäckst du diese Pirogge?« fragte die allweise Wassilissa. »Das weißt du nicht? Du hast doch selbst gehört: Unser Zar will seinen Sohn mit der reichen Königstochter verheiraten; wir müssen alle zum Palast kommen und die Verlobten beschenken.« – »Laß mich die Pirogge backen und in den Palast tragen. Vielleicht reicht mir der Zar ein Almosen.« – »Gott helfe dir! Backe nur!« Die allweise Wassilissa nahm Mehl, knetete den Teig, tat Quark, einen Täuberich und ein Täubchen hinein und buk die Pirogge.

Die Gäste begaben sich gerade zu der Mittagstafel, als die alte Frau mit der allweisen Wassilissa in den Palast kam; das Fest war in vollem Gange, die ganze Welt feierte mit. Die Pirogge der allweisen Wassilissa wurde aufgetragen, und als man sie aufschnitt, flatterten der Täuberich und das Täubchen heraus. Das Täubchen pickte ein Krümelchen Quark auf, und der Täuberich bat: »Mein Täubchen, gib auch mir ein Krümelchen Quark!« – »Ich werde dir keinen Quark geben«, antwortete das Täubchen, »sonst wirst du mich vergessen, wie der Zarensohn seine allweise Wassilissa vergessen hat.« Da erinnerte sich der Zarensohn seiner Frau. Er sprang von der Tafel auf, faßte sie bei ihren weißen Händen und hieß sie neben sich niedersitzen. Und seit der Zeit leben sie miteinander glücklich und zufrieden.

Das unbedachte Wort

In einem Dorf lebten ein Mann und eine Frau in großer Armut; sie hatten einen Sohn. Als der Sohn das volle Alter erreichte, sagte die Frau zu dem Mann: »Nun ist es Zeit, unseren Sohn zu verheiraten!« Dann suchte sie den Nachbarn auf, um dessen Tochter für ihren Sohn zu freien: man wies sie ab. Sie ging zu einem andern Bauern, dieser andere Bauer wollte auch nichts von ihrem Sohn wissen; sie kam zu einem dritten – der wies ihr kurzerhand die Tür. Sie kehrte nach Hause zurück: »Ach, Mann, unser Sohn hat kein Glück!« – »Warum denn nicht?« – »Ich bin von Tür zu Tür gegangen, niemand will ihm seine Tochter geben.« – »Dann steht es schlecht um uns!« sagte der Alte. »Bald ist Sommer, und wir haben niemanden zum Arbeiten. Geh doch in das nächste Dorf, vielleicht findest du dort eine Braut für ihn.«

Die Alte schleppte sich in das Nachbardorf. Sie klopfte an jede Tür – umsonst. Wo sie auch fragte – überall stieß sie auf taube Ohren. Sie kehrte unverrichteter Dinge nach Hause zurück. »Nein«, sagte sie, »niemand möchte uns Hungerleider zu Verwandten haben.« – »Wenn es so ist«, sagte der Alte, »dann brauchen wir uns die Füße nicht wund zu laufen und können uns gleich auf der Pritsche ausstrecken.« Der Sohn hörte das alles, es wurde ihm schwer ums Herz und er bat: »Lieber Vater und liebe Mutter! Gebt mir euren Segen. Ich will mich selbst auf den Weg machen und mein Schicksal suchen.« – »Aber wohin willst du gehen?« – »Wohin meine Augen blicken!« Sie segneten ihn und ließen ihn in die Welt hinausziehen.

Der Bursche wanderte die Landstraße entlang, weinte und sprach vor sich hin: »Bin ich denn schlechter als alle anderen auf der Welt, daß nicht ein einziges Mädchen mich heiraten will? Ich glaube, wenn der Teufel selbst mir eine Braut gäbe, ich würde sie nehmen.« Plötzlich, wie aus dem Boden geschossen, trat ein alter Mann auf ihn zu: »Guten Tag, wackerer Bursche!« – »Guten Tag, Alterchen!« – »Was hast du gerade gesagt?« Der Bursche erschrak und wußte nicht, was er antworten sollte. »Du brauchst dich vor mir nicht zu fürchten. Ich werde nichts zu deinem Schaden tun, aber ich möchte dir in deinem Kummer helfen. Heraus mit der Sprache!« Der Bursche erzählte ihm, wie es um ihn stand. »Mir ist kein Glück beschieden! Kein Mädchen will mich heiraten. Ich ging vor mich hin und sprach in meinem Kummer: ›Wenn der Teufel selbst mir eine Braut gäbe, ich würde sie nehmen!‹« Der Alte lachte und sprach: »Folge mir, du kannst dir eine Braut nach deinem Wunsch wählen.« Sie kamen zu einem See. »Stell dich mit dem Rücken zum See und geh rückwärts!« befahl der Greis dem Burschen. Kaum hatte der sich umgedreht und ein oder zwei Schritte rückwärts getan, als er sich unter Wasser in Gemächern aus weißem Stein befand. Alle Zimmer waren prächtig ausgestattet und kunstreich geschmückt. Der Alte setzte ihm Speise und Trank vor, und als er gegessen hatte, führte er zwölf Jungfrauen vor ihn, eine schöner als die andere: »Wähl dir ein Mädchen nach deinem Wunsch!« – »Das ist nicht leicht! Laß mich bis morgen überlegen!« – »Gut, überlege!« sprach der Alte und geleitete ihn in eine besondere Kammer. Der Bursche legte sich zum Schlafen nieder und überlegte: »Welche soll ich wählen?« Auf einmal öffnete sich die Tür, und eine schöne Jungfrau trat ein. »Schläfst du, wackerer Bursche, oder schläfst du nicht?« – »Nein, schöne Jungfrau, der Schlaf meidet mich, weil ich immerfort überlege: Welche Braut soll ich wählen?« – »Deshalb bin ich gekommen. Ich will dir einen Rat geben; du bist in des Teufels Haus geraten! Höre also: Wenn du noch ein Weilchen in der lichten Welt bleiben möchtest, mußt du alles tun, was ich dich heiße. Folgst du mir nicht, so wirst du nicht lebend hier herauskommen!« – »Lehre mich, schöne Jungfrau! Ich werde es dir mein Lebtag nicht vergessen!« – »Morgen wird der unreine Geist zwölf Jung-frauen hierher bringen, sie gleichen sich wie ein Wassertrop-fen dem anderen. Sieh sie dir alle an und wähle mich. Auf meinem rechten Augenlid wird eine kleine Fliege sitzen, das ist das Zeichen für dich!« Dann erzählte die schöne Jungfrau von sich selbst, wer sie sei. »Kennst du den Popen im Nachbardorf? Ich bin seine Tochter – dieselbe, die mit neun Jahren aus dem Haus verschwand. Einmal war mein Vater zornig und es entschlüpfte ihm das unbedachte Wort: ›Daß dich die Teufel holen!‹ Ich trat vor die Haustür hinaus, weinte – und plötzlich stürzten sich die Unreinen auf mich und trugen mich davon, seit der Zeit lebe ich mit ihnen.«

Am nächsten Morgen führte der Alte dem Burschen zwölf Jungfrauen vor, eine ganz genau wie die andere, und befahl ihm, eine Braut zu wählen. Er wählte die, auf deren rechtem Augenlid die kleine Fliege saß. Der Alte wollte sie nicht hergeben, er hieß die Jungfrauen die Plätze wechseln und den Burschen abermals wählen. Der Bursche wählte dieselbe. Da befahl ihm der Unreine, zum dritten Male zu wählen, und der Bursche fand wieder die ihm vom Schicksal bestimmte Braut heraus. »Nun, es ist dein Glück! Nimm sie und geh nach

Hause.« Sogleich fanden der Bursche und die schöne Jungfrau sich auf dem Seeufer wieder; sie gingen rückwärts, bis sie
auf die Landstraße kamen. Die Unreinen stürzten ihnen nach:
»Die Jungfrau ist unser, wir holen sie uns zurück!« Sie sahen:
Keine Spur führte von dem See fort, alle Spuren führten ins
Wasser zurück! Sie rannten hin und her, sie suchten überall,
mußten aber unverrichteter Dinge umkehren.

Nun führte der wackere Bursche seine Braut ins Dorf und
blieb mit ihr vor dem Haus des Popen stehen. Der Pope
erblickte sie und schickte seinen Knecht: »Geh und frage, was
das für Leute sind!« – »Wir sind Wandersleute, gewährt uns
Obdach für die Nacht.« – »Bei mir sind Kaufleute einge-
kehrt«, sagte der Pope, »und mein Haus ist ohnehin zu klein.«
– »Aber was redest du, Väterchen«, sagte einer von den
Kaufleuten, »einen Wandersmann darf man nicht abweisen;
die beiden werden uns nicht stören.« – »Dann sollen sie
hereinkommen!« Sie traten ein, grüßten und setzten sich auf
ein Bänkchen in der hintersten Ecke. »Erkennst du mich
nicht, Väterchen?« fragte die schöne Jungfrau. »Ich bin doch
deine leibliche Tochter.« Sie erzählte, wie sich alles zugetragen hatte; sie umarmten und küßten einander und weinten
vor Freude. »Und wer ist dieser?« – »Er ist mein mir vom
Schicksal bestimmter Bräutigam. Er hat mich auf die lichte
Welt zurückgebracht. Wenn er nicht wäre, hätte ich für
immer dort bleiben müssen.«

Darauf knüpfte die schöne Jungfrau ihr Bündel auf, und in
dem Bündel war goldenes und silbernes Geschirr – das hatte
sie den Teufeln entwendet. Ein Kaufmann sah das Geschirr
und rief aus: »Ach, das ist mein Geschirr; eines Tages tafelte
und zechte ich mit Gästen, und plötzlich geriet ich in großen
Zorn über meine Frau: ›Zum Teufel!‹ brüllte ich und schmiß
alles, was mir unter die Hände kam, vor die Tür. Von Stund
an war mein Geschirr verschwunden!« So hatte es sich
wirklich zugetragen: Sobald der Kaufmann den Teufel gerufen hatte, war er vor der Schwelle aufgetaucht, hatte das

silberne und goldene Geschirr eingesammelt und an seiner Stelle Tonscherben aufgehäuft.

Auf diese Weise fand der Bursche eine prächtige Braut, er ehelichte sie und fuhr mit ihr zu seinen Eltern; die glaubten, er sei verschollen: es war nämlich drei Jahre her, daß er fortgegangen war. Er aber meinte, daß er nur einen Tag und eine Nacht bei den Teufeln verbracht hätte!

Die gekaufte Ehefrau

Es lebte einmal ein Kaufmannssohn namens Iwan: nachdem er das väterliche Erbe durchgebracht hatte, mußte er bei seinem leiblichen Onkel als Handelsgehilfe dienen. Der Onkel belud seine Schiffe mit Waren und fuhr mit seinem Neffen über das Meer, um in fremden Ländern Handel zu treiben. Sie gelangten zu einer prächtigen Hauptstadt, gingen im Hafen vor Anker, luden die Waren aus, verkauften dies, kauften jenes und freuten sich über ihren Gewinn. Der Onkel sagte zu dem Neffen: »Hier sind hundert Rubel zur Belohnung; geh und kaufe dir dafür, wonach dir der Sinn steht. Wir werden hier nicht lange verweilen; sobald der Handel beendet ist, wollen wir uns auf den Heimweg machen.«

Iwan nahm die hundert Rubel, begab sich auf den Markt, wanderte zwischen den Ständen umher und überlegte: Welche Ware sollte er kaufen? Plötzlich – wer weiß woher? – trat ein alter Mann auf ihn zu. »Was suchst du hier, guter Mann?« – »Ich möchte für hundert Rubel Ware einkaufen.« – »Gib mir dein Geld. Du sollst dafür eine solche Ware bekommen, wie du sie in deinem ganzen Leben noch nie gesehen hast.« Der Kaufmannssohn gab ihm die hundert Rubel. Der Alte nahm das Geld und sagte: »Folge mir!« Er führte ihn an den Stadtrand in einen wunderbaren Garten. In diesem Garten saß hinter einem goldenen Gitter eine Jungfrau von einer solchen Schönheit, wie man sie nicht ausmalen, nicht ausdenken, höchstens im Märchen erzählen kann. »Das ist meine Ware – die schöne Jungfrau hier; nimm sie bei der Hand und führe sie heim!« – »Wo denkst du hin, Alter? Eine solche Ware kann ich nicht brauchen; ich habe mein väterliches Erbe an schöne Mädchen vergeudet und will nun nichts mehr von ihnen wissen.« – »Nun, Bruder, wenn dir meine Ware nicht recht ist, so mußt du mit leeren Händen von dannen ziehen; du sollst weder die Ware haben noch das Geld!« Iwan der Kaufmannssohn weinte bitterlich. »Was bin ich für ein Pechvogel!« sprach er vor sich hin. »Hundert Rubel für nichts und wieder nichts verloren.« Er kehrte zu seinem Onkel zurück. »Nun, hast du deine Ware gekauft?« – »Nein, lieber Onkel, für hundert Rubel kann man nichts Rechtes kaufen.« – »Nimm, hier ist noch ein Hunderter.«

Am nächsten Tag begab sich Iwan wiederum auf den Markt und begegnete wiederum dem Alten: »Guten Tag, guter Mann!« – »Guten Tag, frommer Alter!« antwortete Iwan; er schaute den Alten an und erkannte ihn nicht. So wiederholte sich dasselbe, was am Tag zuvor geschehen war. Iwan mußte dem Alten seinen zweiten Hunderter lassen. Am dritten Tag schenkte ihm der Onkel wieder hundert Rubel und wieder begegnete Iwan dem alten Mann. Der Alte nahm ihm das Geld ab und geleitete ihn an das goldene Gitter: »Hier«, sprach er, »ist meine Ware – die schöne Jungfrau: Nimm sie bei der Hand und führe sie heim!«

Der Kaufmannssohn überlegte und überlegte: »Das ist wohl mein Schicksal!« – Er nahm die Jungfrau bei der Hand und führte sie fort. Unterwegs fragte er: »Sag mir, schöne Jungfrau, wie heißt du und aus welchem Geschlecht stammst du?« – »Ich bin die Tochter eines Königs und werde Nastassja die Wunderschöne genannt. Zehn Jahre sind es her, daß meine Eltern mir erlaubten, an dem Fluß spazieren zu gehen. Dort erblickte ich einen schöngeschmückten Kahn und verspürte Lust, darin auf dem See zu fahren. Aber kaum hatte ich mich hineingesetzt, als der Kahn schon davonglitt, so daß nach fünf Minuten die Ufer nicht mehr zu sehen waren; die Welle trug mich zu dem grünen Garten, ein alter Mann setzte mich in den goldenen Käfig, dort wartete ich so lange, bis du mich freikauftest.« – »Wie soll ich jetzt meinem Onkel vor die Augen treten?« fragte Iwan der Kaufmannssohn. »Dreihundert Rubel habe ich ausgegeben und keine Ware gekauft.« – »Es wird alles gut werden. Der Schaden läßt sich beheben!« antwortete ihm Nastassja die Wunderschöne. »Wir wollen uns zuerst eine Bleibe suchen.«

Sie mieteten eine Wohnung, sie brachte ihn zu Bett, dann setzte sie sich an den Stickrahmen und stickte einen wunderbaren Teppich; am Morgen weckte sie den Kaufmannssohn: »Nimm diesen Teppich!« sprach sie. »Trage ihn auf den Markt; wenn jemand den Teppich kaufen will, darfst du kein Geld dafür verlangen, sondern mußt bitten, man möge dir soviel dafür zu trinken geben, daß du völlig betrunken bist.« Iwan der Kaufmannssohn tat, wie sie ihn geheißen hatte. Als er betrunken aus der Schenke auf die Straße hinaus trat, fiel er in eine schmutzige Pfütze; viel Volk versammelte sich um ihn, alle sahen zu und lachten. »Ein Prachtkerl! Jetzt hat er sich so fein gemacht wie für eine Hochzeit!« – »Prachtkerl oder nicht – aber wenn ich es wünsche, wird Nastassja die Wunderschöne mich sofort auf den Scheitel küssen.« – »Nimm den Mund nicht so voll!« sagte ein reicher Kaufmann. »Sie wird dich keines Blickes würdigen – siehst du denn nicht, wie du dich besudelt hast?« Sie fingen an zu streiten; der Kaufmann sprach: »Wetten wir – meinetwegen um zehntausend!« – »Das lohnt sich nicht! Wenn schon wetten, dann um das ganze Hab und Gut!« – »Meinetwegen um das ganze Hab und Gut!« Kaum war die Wette abgeschlossen – da kam Nastassja die Wunderschöne daher, reichte dem Kaufmannssohn die Hand, half ihm auf die Beine, küßte ihn auf den Scheitel, wischte und reinigte seine Kleider und führte ihn nach Hause.

Iwan gewann dem Kaufmann alle Läden mit sämtlichen
Waren ab und mehrere Kellergewölbe voll von Edelsteinen;
jetzt war er ein reicher Mann. Da sagte Nastassja die Wunderschöne: »Eile dich, hole Hafner herbei und stelle sie an: sie
sollen rasch Ziegel schneiden, in jeden Ziegel sollen sie einen
Edelstein hineindrücken.« Gesagt, getan. Die Ziegel wurden
auf mehrere Fuhrwerke geladen, mit Bastmatten zugedeckt
und zu den Schiffen des Onkels gefahren. »Grüß Gott, Neffe!
Wo hast du so lange gesteckt? Hast du gut eingekauft?« –
»Hier, ich habe Ziegel gekauft.« – »Ach, du Schlaukopf!
Ziegel haben wir auch in unserem Lande genug. Was für
einen Profit werden wir davon haben?« – »Der Herr ist
gnädig! Vielleicht werde ich doch in meiner Armut ein
weniges verdienen.« – »Also gut, laß deine Ziegel aufladen!«
Iwan lud sofort seine ganze Ware ab, holte Nastassja die
Wunderschöne und brachte auch sie auf das Schiff. Der Onkel
sah die schöne Jungfrau und sagte zu seinem Neffen: »Ich
dachte, du wärest zur Vernunft gekommen; aber ich sehe, daß
du der alte geblieben bist! Du kannst es nicht lassen ...«
    Die Anker wurden gelichtet, die Segel blähten sich, und die
Schiffe fuhren hinaus ins offene Meer. Ob sie lange unterwegs
waren oder nicht lange – Onkel und Neffe kehrten in ihre
Heimat zurück. Nun mußten sie zum Zaren gehen und ihm
ein Geschenk bringen. Der Onkel nahm ein Stück Brokat und
ein Stück Samt, und der Neffe – zwei Ziegelsteine. »Wohin
gehst du?« fragte ihn der Onkel. »Ich gehe zum Zaren.« –
»Und was willst du ihm als Geschenk bringen?« – »Diese zwei
Ziegelsteine.« – »Ach, Bruder, bleib lieber zu Hause – du
bringst dir damit nichts als Schande ein und ich komme in
Verruf. Wenn die Stunde ungünstig ist, dann wird der Zar es
uns verübeln; es kann ein großes Unglück geben!« – »Nein,
lieber Onkel! Ich will ihm von der Ware bringen, die ich
habe.« Der Onkel wollte es ihm ausreden, aber er merkte, daß
er nichts ausrichten konnte. »Aber wenn es ein Unglück gibt«,
sagte er, »komme es auf dein Haupt, ich will für deinen

Eigensinn nicht büßen.« Endlich standen sie vor dem Zaren.
Der Onkel überreichte ihm Brokat und Samt, und Iwan der
Kaufmannssohn eine goldene Platte mit zwei Ziegelsteinen
darauf: »Geruhen Majestät, die Ziegel in der Mitte durchzu-
brechen!« Der Zar brach die Ziegel entzwei; aus den Ziegeln
rollten kostbare Edelsteine – das ganze Zimmer wurde hell.
»Ich danke dir für das Geschenk; solche Ziegelsteine habe ich
noch nie gesehen. Du darfst dir den besten Platz in der Stadt
wählen und ohne Steuern und Auflagen Handel treiben.«

Iwan der Kaufmannssohn wählte sich den besten Platz in
der Stadt, errichtete darauf ein Haus mit Läden und trieb
regen Handel; als das Haus eingerichtet war, wollte er
Nastassja die Wunderschöne heiraten und schickte zu ihrem
Vater Boten, die ihn um seinen väterlichen Segen bitten
sollten. Der König aber dachte: »Wie ist es möglich, eine
Königstochter mit einem einfachen Händler zu verheiraten?
Das bringt uns nichts als Schmach und Schande!« Und nun
hielt er den Kaufmannssohn unter allerlei Vorwänden hin,
setzte unterdessen ein ganzes Regiment Soldaten in Marsch,
mit dem Befehl, Nastassja die Wunderschöne zu entführen.

Eines Tages mußte Iwan der Kaufmannssohn verreisen.
Über einen Monat lang war er von zu Hause fort, und als er
zurückkam, war seine Braut geraubt und ihrem Vater ausgeliefert worden. Da weinte er und ging, wohin seine Augen
blickten; er wanderte und wanderte, mußte manches Ungemach erdulden und Hunger und Kälte ertragen; da begann er
zu beten: »Wenn es dem Herrn gefallen und er mir einen
Weggenossen schicken wollte, dann würde mir das Wandern
leichter fallen!« Auf einmal kam ihm ein alter Mann entgegen.
»Guten Tag, wackerer Jüngling! Wohin des Wegs?« – »Ach,
Großvater! Ich hielt mein Glück schon in Händen, aber Gott
hat es nicht gefallen, daß es bei mir bliebe! Ich bin ausgezogen, um Nastassja die Wunderschöne zu finden.« – »Du hast
dich spät aufgemacht! Man hat sie bereits mit einem Zarensohn verlobt.« – »Ich möchte nichts anderes, als sie noch

einmal sehen!« – »Nun gut, dann wollen wir zusammen weiterwandern. Ich habe denselben Weg.«

Sie wanderten und wanderten. Schließlich bekamen sie großen Hunger. Der Alte holte unter seinem Hemd eine Oblate hervor und brach sie in zwei Teile. Eine Hälfte behielt er für sich, die andere reichte er seinem Weggenossen. Der Kaufmannssohn dankte: »Iß sie selber«, sagte er, »es ist doch schon für dich allein nicht genug.« – »Nimm! Wenn es Gott gefällt, werden wir satt werden, bevor wir die Oblate aufgegessen haben.« Und so geschah es auch: Sie hatten die Oblate noch nicht aufgegessen und waren beide schon satt. Ob sie lange wanderten oder kurz – der Alte führte Iwan den Kaufmannssohn in den Garten des Königs und sprach: »Stell dich unter diesen Apfelbaum und gib acht – bald wird Nastassja die Wunderschöne erscheinen und an dir vorübergehen. Aber wenn ein Apfel auf die Erde fällt, darfst du ihn unter keinen Umständen aufheben und essen, denn sonst wirst du schlafen wie ein Toter.«

Der Kaufmannssohn stellte sich unter den Apfelbaum; bald regnete es von seinen Ästen Äpfel, die Äpfel waren prächtig, prall und von wunderbarem Duft; er konnte sich nicht beherrschen, hob ein Äpfelchen auf und aß es; sobald er den Apfel gegessen hatte, schlief er ein. Nastassja die Wunderschöne kam in den Garten, sah ihren Verlobten und wollte ihn wecken; sie rief ihn, sie schüttelte ihn, aber er wachte nicht auf, da schrieb sie ein Briefchen: »Leb wohl, teurer Freund! Morgen ist meine Hochzeit«, und legte es ihm in die rechte Hand. Als Iwan der Kaufmannssohn aufwachte, las er das Briefchen, und die Tränen stürzten ihm aus den Augen. Auf einmal stand der alte Mann neben ihm: »Ich hatte dich gewarnt: rühre die Äpfel nicht an und iß nicht von ihnen, aber du wolltest nicht auf mich hören! Nun suche ein kleines Brett, beeile dich!«

Der Kaufmannssohn lief auf die Straße, fand ein kleines Brett und brachte es dem Alten. Der nahm es, spannte Saiten darüber, stellte sich vor eine Schenke und spielte manches Lied. Das Volk sammelte sich um ihn – eine unübersehbare Menge! Sofort wurde dem König gemeldet: Vor der Schenke steht ein Musikant, der spielt schöner als die Hofmusikanten! Der König befahl, ihn in den Palast zu holen: »Er soll bei der Hochzeit aufspielen und unsere Gäste erheitern.« Die Boten liefen zu der Schenke und hießen den Alten mitkommen; er antwortete: »Ich komme gleich!« Er legte seine Kleider ab, ließ den Kaufmannssohn sie anziehen, gab ihm die selbstgemachte Geige und sprach: »Geh du statt meiner.« – »Wie kann ich denn gehen, wenn ich nicht geigen kann?« – »Sei ohne Sorge; du brauchst nur den Bogen zu führen und die Finger zu bewegen, die Geige wird von selbst spielen.«

Darauf ging Iwan der Kaufmannssohn in den Palast, mischte sich unter die Musikanten und begann zu spielen – seine Geige übertönte die ganze Musik und sprach zum Erstaunen der Gäste wie ein Mensch. Er spielte – die Geige sang: »Schlafe, schlafe, nichts verschlafe!« Wiederum spielte er – die Geige sang: »Trinke, trinke, nichts vertrinke!« Dann spielte er wieder – und die Geige sang: »Schlaft alle ein und wacht nicht auf!« Im gleichen Augenblick schliefen alle Hochzeitsgäste ein, wo sie auch standen oder saßen. Iwan der Kaufmannssohn nahm Nastassja die Wunderschöne bei ihren weißen Händen, führte sie in die Kirche und ließ sich mit ihr trauen. Als der König aufwachte, mußte er sehen: die Sache war getan, und er konnte nichts mehr ändern! Da befahl er, Hochzeit zu feiern, zu tafeln und die Hochzeitsgäste aufs beste zu bewirten.

Zar-Jungfrau

In einem Land, in einem Reich, lebte einmal ein Kaufmann; seine Frau war gestorben, er hatte einen einzigen Sohn Iwan. Den Sohn vertraute er einem Wärter an und heiratete nach angemessener Zeit zum zweiten Mal. Aber da Iwan der Kaufmannssohn schon in den Jahren und von schöner Gestalt war, verliebte sich die Stiefmutter in ihren Stiefsohn. Eines Tages fuhr Iwan der Kaufmannssohn mit seinem Wärter auf einem Floß auf dem Meer – sie wollten jagen; auf einmal sahen sie dreißig Schiffe auf sich zu fahren. Auf diesen Schiffen war die Zar-Jungfrau, begleitet von dreißig anderen Jungfrauen, ihren Nennschwestern. Als die Schiffe das kleine Floß erreichten, warfen sie alle die Anker aus. Iwan der Kaufmannssohn wurde mit seinem Wärter auf das schönste Schiff gebeten; dort wurden sie von der Zar-Jungfrau und den dreißig Jungfrauen, ihren Nennschwestern, empfangen, und die Zar-Jungfrau gestand, daß sie ihm von Herzen zugetan sei und gekommen wäre, um bei ihm zu sein. Darauf verlobten sie sich.

Die Zar-Jungfrau hieß Iwan den Kaufmannssohn morgen zur gleichen Zeit an dieselbe Stelle kommen, nahm Abschied von ihm und fuhr davon. Iwan der Kaufmannssohn kehrte nach Hause zurück, aß zu Abend und legte sich schlafen. Die Stiefmutter führte den Wärter in ihr Gemach, gab ihm zu trinken, bis er berauscht war, und fragte ihn: Ob sich nicht etwas Besonderes auf der Jagd ereignet habe? Der Wärter erzählte ihr alles. Sie hörte zu, gab ihm eine Stecknadel und sprach: »Morgen, wenn die Schiffe auf euch zu gefahren kommen, stecke diese Nadel Iwan dem Kaufmannssohn an den Rock.« Der Wärter versprach, ihren Befehl auszuführen.

Am nächsten Morgen in der Frühe erhob sich Iwan der Kaufmannssohn und begab sich auf die Jagd. Sobald sein Wärter die Schiffe in der Ferne erspähte, steckte er ihm die Nadel an den Rock. »Ach«, sagte der Kaufmannssohn, »wie bin ich heute so müde! Ich lege mich nieder und ruhe ein Weilchen, und sobald die Schiffe in unsere Nähe kommen, mußt du mich wecken.« – »Gut! Ich werde dich wecken!« Die Schiffe kamen und warfen die Anker aus. Die Zar-Jungfrau schickte ihre Boten, sie sollten Iwan den Kaufmannssohn holen; er sollte sich beeilen, aber er schlief einen tiefen, tiefen Schlaf. Sie wollten ihn wecken, sie schüttelten ihn, sie rüttelten ihn, aber was sie auch taten – er wachte nicht auf; schließlich mußten sie ihn schlafen lassen.

Die Zar-Jungfrau befahl dem Wärter, Iwan dem Kaufmannssohn auszurichten, daß er morgen an dieselbe Stelle kommen solle, dann ließ sie die Anker lichten und die Segel setzen. Sobald die Schiffe sich entfernt hatten, zog der Wächter die Stecknadel heraus, Iwan der Kaufmannssohn erwachte, sprang auf und begann zu rufen, damit die Zar-Jungfrau zurückkehre. Aber vergeblich, sie war schon zu weit fort und konnte ihn nicht hören. Traurig, untröstlich kehrte er nach Hause zurück. Die Stiefmutter führte den Wärter in ihr Gemach, gab ihm zu trinken, bis er berauscht war, fragte ihn aus und befahl ihm, abermals am nächsten Tag Iwan dem Kaufmannssohn die Nadel an den Rock zu stecken. Am nächsten Tag fuhr Iwan der Kaufmannssohn wieder auf die Jagd, und wieder schlief er fest ein und sah die Zar-Jungfrau nicht. Sie hieß ihn noch einmal an dieselbe Stelle kommen.

Am dritten Tag fuhr er wieder mit seinem Wärter auf die Jagd. Sie näherten sich der alten Stelle, da sahen sie schon in der Ferne die Schiffe kommen, der Wärter steckte sogleich Iwan dem Kaufmannssohn die Nadel an und der schlief abermals fest ein. Die Schiffe segelten heran und warfen die Anker aus. Die Zar-Jungfrau schickte die Boten, um ihren Verlobten zu holen, sie versuchten, ihn zu wecken, aber was sie auch taten, er wachte nicht auf. Die Zar-Jungfrau erkannte die List der Stiefmutter und den Verrat des Wärters und schrieb Iwan dem Kaufmannssohn in einem Brief, daß er seinen Wärter köpfen lassen solle und seine Braut, falls er sie liebe, hinter den dreimal neun Ländern in dem dreimal zehnten Reich suchen müsse.

Sobald die Segel sich im Winde blähten und die Schiffe über das weite Meer dahinfuhren, zog der Wärter die Stecknadel heraus, Iwan der Kaufmannssohn wachte auf und begann laut nach der Zar-Jungfrau zu rufen. Aber die war schon weit fort und konnte ihn nicht hören. Der Wärter übergab ihm den Brief der Zar-Jungfrau; Iwan der Kaufmannssohn las den Brief, zückte seinen scharfen Säbel und schlug dem argen Wärter den Kopf ab. Dann ruderte er ans Ufer, ging nach Hause, nahm Abschied von seinem Vater und machte sich auf den Weg nach dem dreimal zehnten Reich.

Er ging, wohin seine Augen blickten, ob er lange wanderte oder kurz, das Märchen ist schnell erzählt, aber die Sache ist nicht schnell getan – schließlich kam er zu einem Häuschen; mitten im freien Feld stand das Häuschen, es drehte sich und wendete sich auf Hühnerbeinen. Er trat ein. In dem Haus war die Baba Jaga Beinernes Bein. »Pfui-pfui!« sprach sie. »Noch nie war hier russischer Ruch zu riechen oder zu sehen, und nun kommt er her! Kommst du aus freiem Willen oder aus Not, wackerer Jüngling?« – »Aus freiem Willen, aber zweimal soviel aus Not! Kennst du, Baba Jaga, das dreimal zehnte Reich?« – »Nein, das kenne ich nicht!« sagte die Baba Jaga und hieß ihn ihre mittlere Schwester aufsuchen: ob die es vielleicht kenne?

Iwan der Kaufmannssohn dankte und machte sich auf den Weg. Er wanderte und wanderte, ob es nun weit war oder nah, ob es nun lange währte oder kurz – da kam er abermals an ein Häuschen. Er trat ein, auch hier war die Baba Jaga. – »Pfui-pfui!« sprach sie. »Noch nie war hier russischer Ruch zu riechen oder zu sehen, nun kommt er her! Kommst du aus freiem Willen oder aus Not, wackerer Jüngling?« – »Aus freiem Willen, aber zweimal soviel aus Not! Weißt du, wo das dreimal zehnte Reich liegt?« – »Nein, das weiß ich nicht!« antwortete die Jaga und hieß ihn ihre jüngste Schwester aufsuchen: Die könnte es vielleicht wissen. »Wenn sie zornig wird und dich fressen will, dann nimm ihre drei Hörner und frage sie, ob du darauf spielen darfst: In das erste Horn mußt du sachte hineinblasen, in das zweite etwas stärker und in das dritte noch stärker.« Iwan der Kaufmannssohn dankte der

Jaga und zog weiter. Er wanderte und wanderte, ob es nun lange währte oder kurz, ob es nun weit war oder nah, endlich kam er an ein Häuschen, das stand mitten im freien Feld und drehte sich und wendete sich auf Hühnerbeinen; er trat ein – auch da war die Baba Jaga. »Pfui-pfui! Noch nie war hier russischer Ruch zu riechen oder zu sehen, und nun kommt er her!« sprach die Jaga und lief hinaus, um ihre Zähne zu wetzen, denn sie wollte den ungeladenen Gast fressen. Da bat Iwan der Kaufmannssohn sie um ihre drei Hörner, blies in das erste sachte hinein, in das zweite etwas stärker und in das dritte ganz stark. Auf einmal flogen von allen Seiten vielerlei Vögel herbei; auch der Feuervogel kam geflogen: »Steig schnell auf meinen Rücken«, sprach der Feuervogel, »wir wollen fliegen, wohin du willst; sonst wird dich die Baba Jaga fressen!« Kaum saß Iwan auf seinem Rücken, als die Baba Jaga gelaufen kam, den Feuervogel am Schwanz packte und ihm eine gute Handvoll Federn ausrupfte.

Der Feuervogel flog mit Iwan dem Kaufmannssohn dahin; lange Zeit flog er unter den Wolken, endlich kam er an das weite Meer. »Nun, Iwan Kaufmannssohn, das dreimal zehnte Reich liegt hinter diesem Meer; es geht über meine Kräfte, dich bis zum andern Ufer zu tragen; du mußt selber sehen, wie du hinüber kommst!« Iwan der Kaufmannssohn stieg von dem Feuervogel ab, dankte und wanderte das Ufer entlang.

Er wanderte und wanderte – da stand ein Haus, und er trat ein; ein altes Weiblein empfing ihn, setzte ihm Speis und Trank vor und fragte ihn: Wohin des Weges? Was er suche? Er erzählte ihr, daß er nach dem dreimal zehnten Reich unterwegs sei und seine Braut, die Zar-Jungfrau, suche. »Ach«, sagte das alte Weiblein. »Sie liebt dich nicht mehr; wenn du ihr vor die Augen trittst, wird sie dich in Stücke reißen: Ihre Liebe ist weit von hier versteckt!« – »Wie soll ich denn an sie herankommen?« – »Warte ein Weilchen! Bei der Zar-Jungfrau lebt meine Tochter, die hat sich heute bei mir angesagt; vielleicht können wir durch sie etwas erfahren.« Nach diesen

Worten verwandelte das Weiblein Iwan den Kaufmannssohn in eine Stecknadel und steckte die Nadel in die Wand; abends kam ihre Tochter geflogen. Die Mutter fragte sie aus: Ob sie nicht wisse, wo die Liebe der Zar-Jungfrau versteckt sei? »Ich weiß es nicht«, gab die Tochter zur Antwort und versprach, die Zar-Jungfrau danach zu fragen. Am nächsten Tag kam sie abermals geflogen und sagte zu ihrer Mutter: »Auf dem anderen Ufer des Ozean-Meeres steht eine Eiche. Auf der Eiche ist eine Truhe, in der Truhe ein Hase, in dem Hasen eine Ente, in der Ente ein Ei und in dem Ei ist die Liebe der Zar-Jungfrau!«

Iwan der Kaufmannssohn nahm einen Kanten Brot und begab sich zu der angegebenen Stelle; er fand die Eiche, holte die Truhe herunter, fand in der Truhe den Hasen, in dem Hasen die Ente, in der Ente das Ei und kehrte mit dem Ei zu dem alten Weiblein zurück. Bald darauf feierte sie ihren Namenstag. Sie lud die Zar-Jungfrau mit den dreißig anderen Jungfrauen, ihren Nennschwestern, zu sich ein. Das Ei briet sie und Iwan den Kaufmannssohn hieß sie Festtagskleider anlegen und sich verstecken.

Um die Mittagszeit kamen plötzlich die Zar-Jungfrau und die dreißig anderen Jungfrauen geflogen, sie setzten sich an die Tafel und speisten. Nach dem Mittagessen bot das alte Weiblein jeder ein gewöhnliches Ei an, aber der Zar-Jungfrau jenes, das Iwan der Kaufmannssohn geholt hatte. Sie aß es und entbrannte im gleichen Augenblick in heißer Liebe zu Iwan dem Kaufmannssohn. Die Alte nahm ihn bei der Hand und führte ihn in die Stube; Freude und Glück wollten kein Ende nehmen! Die Zar-Jungfrau fuhr mit ihrem Bräutigam, dem Kaufmannssohn, in ihr Reich zurück; sie vermählten sich, lebten in Liebe und Eintracht und mehrten das Gute.

Die Feder von Finist, dem lichten Falken

Es lebte einmal ein Mann, der hatte drei Töchter: Die Älteste und die Mittlere waren putzsüchtig, die Jüngste aber sorgte sich nur um das Hauswesen. Der Vater wollte in die Stadt fahren und fragte seine Töchter, was er ihnen kaufen solle? Die Älteste bat: »Kauf mir Stoff für ein Kleid!« Die Mittlere bat um dasselbe. »Und was soll ich dir kaufen, meine liebste Tochter?« fragte er die Jüngste. »Kaufe mir, Väterchen, eine Feder von Finist, dem lichten Falken.« Der Vater nahm Abschied von seinen Töchtern und fuhr in die Stadt. Für die älteren Töchter kaufte er Stoff für Kleider, aber eine Feder von Finist, dem lichten Falken, konnte er nirgendwo finden. Er kehrte nach Hause zurück und beschenkte die älteste und die mittlere Tochter. »Aber für dich«, sprach er zu der Jüngsten, »habe ich eine Feder von Finist, dem lichten Falken, nicht gefunden.« – »Dann sollte es so sein«, sagte sie, »vielleicht werden wir das nächste Mal mehr Glück haben.« Die älteren Schwestern schnitten die Kleider zu, nähten sie und machten sich über die Jüngste lustig; sie aber ließ sie gewähren.

Und wieder wollte der Vater in die Stadt fahren: »Nun, meine Töchter, was soll ich euch kaufen?« Die Älteste und die Mittlere baten ihn jede um ein Kopftuch, aber die Jüngste sagte: »Kaufe mir, Väterchen, eine Feder von Finist, dem lichten Falken.« Der Vater fuhr in die Stadt, kaufte zwei Kopftücher, aber eine Feder kam ihm nicht unter die Augen. Er kehrte zurück und sprach: »Ach, Töchterchen, eine Feder von Finist, dem lichten Falken, konnte ich auch diesmal nicht finden!« – »Es macht nichts, Väterchen; vielleicht werden wir zu einer anderen Zeit mehr Glück haben.«

Eines Tages wollte der Vater zum dritten Mal in die Stadt fahren und fragte: »Sagt mir, meine Töchter, was soll ich euch kaufen?« Die Älteren sagten: »Kaufe uns Ohrringe«, und die Jüngste sagte abermals: »Kaufe mir eine Feder von Finist,

dem lichten Falken.« Der Vater kaufte goldene Ohrringe und
suchte allerorten nach der Feder – niemand wußte ihm etwas
darüber zu sagen; betrübt fuhr er aus der Stadt hinaus. Als er
den Schlagbaum hinter sich gelassen hatte, begegnete ihm ein
alter Mann, der trug ein Kästchen in der Hand. »Was trägst
du da, Alter?« – »Eine Feder von Finist, dem lichten Falken.«
– »Was verlangst du dafür?« – »Tausend Rubel.« Der Vater
zählte das Geld ab und ritt mit dem Kästchen, so schnell er
konnte, nach Hause. Die Töchter begrüßten ihn. »So, meine
liebste Tochter«, sprach er zu der Jüngsten, »endlich habe ich
auch für dich ein Geschenk gekauft; hier, nimm!« Die jüngste
Tochter hüpfte beinahe vor Freude, sie nahm das Kästchen,
streichelte es, küßte es und drückte es fest an ihr Herz.

Nach dem Abendbrot begaben sich alle in ihre Schlafkam-
mern und legten sich zur Ruhe; auch die Jüngste ging in ihr
Stübchen und öffnete dort das Kästchen – die Feder von
Finist, dem lichten Falken, flog sogleich heraus, fiel auf die
Erde – und vor der Jungfrau stand ein wunderschöner
Zarensohn. Sie hielten miteinander eine süße, eine gute
Zwiesprache. Die Schwestern hörten es und fragten: »Mit
wem sprichst du, Schwesterchen?« – »Mit mir selber«, antwortete die schöne Jungfrau. »Schließ einmal deine Tür auf!«
Der Zarensohn ließ sich auf den Boden fallen und wurde
sofort zu der Feder; sie hob sie auf, tat sie in das Kästchen und
öffnete die Tür. Die Schwestern suchten hier und suchten dort
– sie konnten niemanden finden! Als sie aus der Kammer
gegangen waren, stieß die schöne Jungfrau das Fenster auf,
holte die Feder aus dem Kästchen und sagte: »Fliege, mein
Federchen, ins weite Feld; fliege frei umher, bis die rechte Zeit
kommt!« Die Feder verwandelte sich in einen lichten Falken
und flog in das freie Feld hinaus.

In der nächsten Nacht kam Finist, der lichte Falke, zu
seiner Jungfrau geflogen; sie hielten heitere Zwiesprache. Die
Schwestern belauschten sie und liefen sofort zu dem Vater.
»Vater, unsere Schwester ist nachts nicht allein; auch jetzt ist

jemand bei ihr und hält mit ihr Zwiesprache.« Der Vater
stand auf und ging zu seiner jüngsten Tochter, er kam in ihr
Stübchen, aber der Zarensohn hatte sich längst in die Feder
verwandelt und lag in dem Kästchen. »Ihr Nichtswürdigen!«
schalt der Vater seine älteren Töchter. »Warum verleumdet
ihr sie? Gebt auf euch selber acht!«

Am nächsten Tag gingen die Schwestern mit Tücke ans
Werk: Abends, als es dunkel war, holten sie eine Leiter,
suchten scharfe Messer und Nadeln zusammen, kletterten
hinauf und spickten damit das Fenster der schönen Jungfrau.

Nachts kam Finist, der lichte Falke, geflogen, er flatterte
und flatterte vor dem Fenster, aber es gelang ihm nicht, in die
Kammer zu gelangen, er verletzte sich die Flügel. »Leb wohl,
schöne Jungfrau!« sprach er. »Wenn du mich suchen willst,
dann mußt du mich hinter den dreimal neun Ländern in dem
dreimal zehnten Reich suchen. Du wirst drei Paar Schuhe aus
Eisen durchlaufen, drei Wanderstäbe aus Eisen zerbrechen,
drei Oblaten aus Stein aufnagen, bevor du mich, Finist,
findest!« Die Jungfrau aber schlief: Sie hörte wohl im Traum
diese traurige Rede, aber sie erwachte nicht.

Am nächsten Morgen erwachte sie und sah: das Fenster
war mit Messern und Nadeln gespickt, die von Blut troffen.
Sie schlug die Hände zusammen: »Ach, mein Gott! Meine
Schwestern haben meinen Herzensfreund ins Verderben
gestürzt!« Noch in derselben Stunde rüstete sie sich für den
Weg und verließ das Haus. Sie lief in die Schmiede, ließ sich
drei Paar Schuhe aus Eisen und drei Wanderstäbe aus Eisen
schmieden, nahm drei Oblaten aus Stein als Wegzehrung mit
und machte sich auf den Weg zu Finist, dem lichten Falken.

Sie wanderte und wanderte. Das erste Paar Schuhe war
bereits durchgelaufen, der erste Wanderstab zerbrochen und
die erste Oblate aus Stein aufgenagt; sie kam zu einem
Häuschen und klopfte an: »Herr Wirt und Frau Wirtin!
Gewährt mir Obdach mitten in der dunklen Nacht!« Ein altes
Weiblein antwortete: »Sei willkommen, schöne Jungfrau!

549

Wohin des Wegs, meine Liebe?« – »Ach, Großmütterchen, ich suche Finist, den lichten Falken.« – »Nun, schöne Jungfrau, dann hast du noch einen weiten Weg vor dir!« Am nächsten Morgen sagte die Alte: »Geh jetzt zu meiner mittleren Schwester, sie wird dir einen guten Rat geben; hier hast du mein Geschenk: ein silbernes Spinnrädchen und ein goldenes Spinnstöckchen; wenn du die Kunkel verspinnst, wickelst du einen goldenen Faden auf.« Dann nahm sie ein Knäulchen, warf es auf die Erde und befahl ihr, ihm überallhin zu folgen: Das Knäulchen rollt, das Mädchen folgt! Die Jungfrau dankte der Alten und ging dem Knäulchen nach.

Ob sie lange wanderte oder kurz, das zweite Paar Schuhe war durchgelaufen, der zweite Stab zerbrochen und noch eine Oblate aus Stein aufgenagt; endlich rollte das Knäulchen auf ein Haus zu. Sie klopfte an: »Ihr guten Menschen! Gewährt einer schönen Jungfrau Obdach mitten in der dunklen Nacht!« – »Sei willkommen!« antwortete ein altes Weiblein. »Wohin des Wegs, schöne Jungfrau?« – »Ach, Großmütterchen, ich suche Finist, den lichten Falken.« – »Dann hast du noch einen weiten Weg vor dir!« Am nächsten Morgen schenkte ihr die Alte eine silberne Schüssel und ein goldenes Ei und schickte sie zu ihrer ältesten Schwester: »Sie weiß, wo Finist, der lichte Falke, zu finden ist!«

Die schöne Jungfrau nahm Abschied von der Alten und machte sich auf den Weg. Sie wanderte und wanderte, das dritte Paar Schuhe war durchgelaufen, der dritte Wanderstab zerbrochen und die letzte Oblate aufgenagt – da rollte das Knäulchen auf ein Haus zu. Die Pilgerin klopfte an und sprach: »Guten Tag, ihr guten Menschen! Gewährt einer schönen Jungfrau Obdach mitten in der dunklen Nacht!« Auch diesmal kam ein altes Weiblein an die Tür: »Tritt herein, meine Liebe! Sei willkommen! Woher und wohin des Wegs?« – »Ach, Großmütterchen, ich suche Finist, den lichten Falken!« – »Schwer ist es, sehr schwer, ihn zu finden! Er lebt jetzt in der Stadt und ist mit der Tochter der

Hostienbäckerin verheiratet.« Am nächsten Morgen sagte die Alte zu der schönen Jungfrau: »Hier ist mein Geschenk: Ein goldener Stickrahmen und ein Nädelchen; du brauchst den Stickrahmen nur zu halten, dann wird das Nädelchen von selbst sticken. Und nun gehe mit Gott und verdinge dich bei der Hostienbäckerin als Magd.«

Gesagt, getan. Die schöne Jungfrau ging zu der Hostienbäckerin und verdingte sich bei ihr als Magd; die Arbeit ging ihr leicht von der Hand: Der Ofen war geheizt, das Wasser geholt, das Essen gekocht. Die Hostienbäckerin konnte sie nicht genug loben: »Gott sei Dank«, sprach sie zu ihrer Tochter, »endlich haben wir eine Magd, die freundlich und eifrig ist: Bei ihr ist alles schon getan, bevor man es ihr befohlen hat!« Als die schöne Jungfrau mit der Arbeit im Hause fertig war, holte sie das silberne Spinnrädchen und das goldene Spinnstöckchen hervor, setzte sich und spann: Sie spann, und von der Kunkel lief der Faden, aber es war kein gewöhnlicher Faden, sondern einer aus purem Gold. Das sah die Tochter der Hostienbäckerin: »Ach, schöne Jungfrau! Willst du mir nicht deinen Zeitvertreib verkaufen?« – »Gern!« – »Wie hoch ist der Preis?« – »Laß mich eine Nacht mit deinem Mann verbringen.« Die Tochter der Hostienbäckerin willigte ein. »Es ist nicht schlimm!« dachte sie. »Ich werde meinem Mann einen Schlaftrunk zubereiten, aber mit diesem Spinnrad werden meine Mutter und ich reich werden!«

Finist, der lichte Falke, war nicht zu Hause; den ganzen Tag schwebte er in den Lüften und kehrte erst gegen Abend zurück. Sie setzten sich zum Abendbrot; die schöne Jungfrau trug die Speisen auf und wandte keinen Blick von ihm; er aber erkannte sie nicht. Die Tochter der Hostienbäckerin mischte Finist, dem lichten Falken, einen Schlaftrunk, brachte ihn zu Bett und sagte zu der Magd: »Geh zu ihm in die Stube und vertreibe ihm die Fliegen!« Nun mußte die schöne Jungfrau die Fliegen vertreiben und bittere Tränen vergießen: »Wach auf, Finist, du lichter Falke! Erwache! Ich, die schöne Jungfrau, bin zu dir gekommen; drei Wanderstäbe aus Eisen habe ich zerbrochen, drei Paar Schuhe aus Eisen habe ich durchgelaufen, drei Oblaten aus Stein habe ich aufgenagt, während ich dich, meinen Liebsten, suchte!« Aber Finist schlief und hörte nichts; so verging die Nacht. Am nächsten Tag holte die Magd das silberne Schüsselchen hervor und ließ das goldene Ei darin rollen: Ein Ei kam zum anderen, viele goldene Eier rollten in dem Schüsselchen! Die Tochter der Hostienbäckerin sah es: »Verkauf mir«, sagte sie, »deinen Zeitvertreib!« – »Meinetwegen.« – »Wie hoch ist der Preis!« – »Laß mich noch eine Nacht mit deinem Mann verbringen.« – »Gut, mir soll es recht sein!« Und Finist, der lichte Falke, schwebte wieder den ganzen Tag in den Lüften und kehrte erst gegen Abend nach Hause zurück. Sie setzten sich zum Abendbrot, die schöne Jungfrau trug die Speisen auf und konnte kein Auge von ihm wenden. Er aber schenkte ihr keinen Blick, als hätte er sie nie gesehen. Die Tochter der Hostienbäckerin mischte ihm abermals einen Schlaftrunk, brachte ihn zu Bett und schickte die Magd zu ihm hinein, damit sie ihm die Fliegen vertreibe. Wie sehr die schöne Jungfrau auch weinte, wie heftig sie ihn auch zu wecken versuchte, er schlief auch diesmal fest bis zum Morgen und hörte nichts.

Am dritten Tag saß die schöne Jungfrau da, hielt den goldenen Stickrahmen in der Hand, das Nädelchen stickte – Muster von wunderbarer Schönheit! Die Tochter der Hostienbäckerin konnte sich daran nicht satt sehen. »Verkaufe mir, schöne Jungfrau«, sagte sie, »verkaufe mir deinen Zeitvertreib!« – »Meinetwegen.« – »Wie hoch ist der Preis?« – »Laß mich eine dritte Nacht mit deinem Mann verbringen.« – »Gut, mir soll es recht sein.« Abends kam Finist, der lichte Falke, zurückgeflogen; seine Frau mischte ihm einen Schlaftrunk, brachte ihn zu Bett und schickte die Magd zu ihm in die Stube, damit sie ihm die Fliegen vertreibe. Nun mußte die schöne Jungfrau ihm die Fliegen vertreiben, dabei klagte sie unter Tränen: »Wach auf, Finist, du lichter Falke! Erwache!

552

Ich, die schöne Jungfrau, bin zu dir gekommen, drei Wanderstäbe aus Eisen habe ich zerbrochen, drei Paar Schuhe aus Eisen habe ich durchgelaufen, drei Oblaten aus Stein habe ich aufgenagt, während ich dich, meinen Liebsten, suchte!« Aber Finist, der lichte Falke, schlief fest und hörte nichts.

Lange weinte sie, lange mühte sie sich, ihn zu wecken. Da fiel eine Träne der schönen Jungfrau auf seine Wange, und er erwachte im selben Augenblick: »Ach«, sagte er, »da brennt mich etwas!« – »Finist, du lichter Falke!« sprach die Jungfrau, »ich bin zu dir gekommen; drei Wanderstäbe aus Eisen habe ich zerbrochen, drei Paar Schuhe aus Eisen habe ich durchgelaufen, drei Oblaten aus Stein habe ich aufgenagt, während ich dich suchte! Nun wache ich die dritte Nacht bei dir und du schläfst, wachst nicht auf und gibst mir keine Antwort!« Da erkannte sie Finist, der lichte Falke, und freute sich unsäglich. Sie hielten Rat und gingen miteinander fort. Am nächsten Morgen suchte die Tochter der Hostienbäckerin ihren Gemahl: Er war fort, und die Magd war fort! Sie lief zu der Mutter und klagte; die Hostienbäckerin befahl einzuspannen und fuhr ihnen nach. Sie fuhr und fuhr, suchte auch die drei Alten auf, aber Finist, den lichten Falken, konnte sie nicht einholen: von ihm fehlte jede Spur!

Bald war Finist mit seiner Braut vor ihrem elterlichen Haus angekommen; er ließ sich auf die feuchte Erde fallen und verwandelte sich in die Feder: Die schöne Jungfrau hob sie auf, versteckte sie unter dem Hemd an der Brust und ging zu ihrem Vater. »Ach, meine liebste Tochter! Ich glaubte schon, du seiest nicht mehr auf dieser Welt. Wo bist du so lange gewesen?« – »Ich bin an einen heiligen Ort gepilgert, um zu beten.« Dies begab sich in der Heiligen Woche. Der Vater wollte mit den älteren Schwestern zu der Morgenmesse fahren. »Nun, meine liebe Tochter«, sagte er zu seiner Jüngsten, »kleide dich an und laß uns zusammen fahren; heute ist ein Freudentag.« – »Väterchen, ich habe nichts, was ich anziehen könnte.« – »Ziehe doch Kleider von uns an«, sagten die älteren Schwestern. »Ach, liebe Schwestern, eure Kleider sind nicht nach meinem Wuchs! Ich bleibe lieber zu Hause.« Der Vater fuhr mit den zwei Töchtern zu der Morgenmesse; da holte die schöne Jungfrau ihre Feder hervor. Sie fiel auf den Boden und verwandelte sich in den wunderschönen Zarensohn. Der Zarensohn pfiff zum Fenster hinaus – und schon waren Kleider, Schmuck und eine goldene Kutsche zur Stelle. Sie kleideten sich an, stiegen in die Kutsche und fuhren los. Sie kamen in die Kirche und stellten sich vor allen anderen an dem Altar auf; das Volk staunte: Was ist das für ein Zarewitsch, was für eine Zarewna, die in ihre Kirche kommen? Bevor die Morgenmesse zu Ende war, gingen sie hinaus und fuhren nach Hause; die Kutsche verschwand, die Kleider und der Schmuck waren wie weggeblasen und der Zarewitsch verwandelte sich in die Feder. Der Vater kehrte mit den Töchtern nach Hause zurück. »Ach, Schwesterchen, du bist nicht mitgekommen, und in der Kirche war ein wunderschöner Zarewitsch mit einer Zarewna, an der man sich nicht satt sehen konnte!« – »Das macht nichts, liebe Schwestern! Ihr erzählt mir davon – das ist so, als wäre ich selbst dabeigewesen.«

Am nächsten Tag ging es ebenso; aber am dritten, als der Zarensohn und die schöne Jungfrau in die Kutsche steigen wollten, trat der Vater an die Kirchentür und sah mit eigenen Augen, wie die Kutsche vor seinem Haus hielt und verschwand. Als er nach Hause kam, begann er seine jüngste Tochter auszufragen; da sagte sie: »Nun muß die Wahrheit an den Tag!« Sie holte die Feder hervor; die Feder fiel auf den Boden und verwandelte sich in den Zarensohn. Sie wurden getraut, und ein prächtiges Fest wurde gefeiert. Ich war bei der Hochzeit dabei und trank Met und Wein, alles lief den Schnurrbart herunter und kein Tropfen in den Mund. Sie stülpten mir auf den Kopf eine Kappe und setzten mich auf Schusters Rappen; sie stülpten mir einen Korb auf den Kopf und sagten: »Hinaus aus dem Haus, du armer Tropf.«

Jelena die Allweise

In uralten Zeiten, in einem Reich, nicht in unserem Land, traf es sich, daß ein Soldat vor einem steinernen Turm Wache stehen mußte; der Turm war mit einem Schloß verschlossen und mit einem Siegel versiegelt, und es war mitten in der Nacht. Um Mitternacht hörte der Soldat jemanden aus dem Inneren des Turmes rufen: »He, Kamerad!« Der Soldat fragte: »Wer ruft nach mir?« – »Ich bin es, der unreine Geist!« antwortete eine Stimme hinter dem Eisengitter. »Seit dreißig Jahren sitze ich hier, ohne zu essen und ohne zu trinken.« – »Was willst du?« – »Laß mich heraus; wenn du in Not bist, werde ich dir helfen. Du brauchst mich nur zu rufen, und ich werde sofort da sein und dir beistehen.« Der Soldat riß das Siegel ab, brach das Schloß auf, öffnete die Tür – der Unreine flog heraus, stieg in die Luft und verschwand schneller als der Blitz. – »O weh«, dachte der Soldat, »was habe ich da angestellt? Nun ist es mit meinem Dienst aus. Jetzt komme ich in den Karzer, dann vors Feldgericht und muß gewiß Spießruten laufen; ich mache mich lieber davon, bevor es zu spät ist.« Er warf seine Büchse und den Tornister auf die Erde und machte sich auf den Weg, immer der Nase nach. Er wanderte einen Tag, einen zweiten und einen dritten. Ihn hungerte, aber er hatte weder etwas zu essen noch etwas zu trinken; er setzte sich an den Wegrand, weinte bitterlich und sprach vor sich hin: »Bin ich nicht dumm? Zehn Jahre habe ich dem Zaren gedient und war immer satt und zufrieden, Tag für Tag bekam ich meine drei Pfund Brot; aber nein! Ich bin ausgerissen, um Hungers zu sterben. Und an allem bist du schuld, unreiner Geist!« Auf einmal, woher auch immer, stand der Unreine vor ihm und fragte: »Guten Tag, Kamerad! Warum läßt du den Kopf hängen?« – »Wie soll ich nicht den Kopf hängen lassen, wenn ich seit drei Tagen Hunger leide.« – »Sei guten Mutes! Dagegen läßt sich schnell etwas tun!« sprach der Unreine, flog hierhin und dorthin, holte allerlei Weine und Speisen herbei, wartete, bis der Soldat seinen Hunger und Durst gestillt hatte, und lud ihn ein: »In meinem Hause kannst du ganz nach deinem Wunsch leben; essen, trinken und es dir wohl sein lassen, du mußt nur ein Auge auf meine Töchter haben – mehr werde ich von dir nicht verlangen.« Der Soldat willigte ein. Der Unreine faßte ihn unter den Achseln, stieg mit ihm himmelhoch in die Luft und trug ihn hinter die dreimal neun Länder in das dreimal zehnte Reich – in einen Palast aus weißem Stein.

Der Unreine hatte drei Töchter. Sie waren wunderschön. Er befahl ihnen, dem Soldaten in allem zu folgen und ihn nach seinem Wunsch mit Essen und Trinken zu versorgen, dann flog er davon, um Unheil zu stiften – war er doch der unreine Geist! Der bleibt niemals ruhig sitzen, er streift rastlos durch die Welt, um die Menschen zu versuchen und zur Sünde zu verleiten. Der Soldat blieb mit den schönen Jungfrauen allein zurück und führte ein so gutes Leben, daß das Sterben nicht vonnöten war. Er hatte nur einen einzigen Kummer – Nacht für Nacht schlichen die schönen Jungfrauen aus dem Haus, er aber wußte nicht, wohin. Er begann sie auszufragen, aber sie erzählten nichts und leugneten. »Na gut«, dachte der Soldat, »ich werde die ganze Nacht wachen und schon herausfinden, was ihr treibt.« Abends legte er sich auf sein Bett, stellte sich schlafend und wartete voll Ungeduld, was nun geschehen würde.

Als die Zeit gekommen war, schlich er ganz leise zu dem Schlafgemach der Mädchen bis vor die Tür, bückte sich und spähte durch das Schlüsselloch. Die schönen Jungfrauen holten einen Zauberteppich hervor, breiteten ihn auf dem Boden aus, ließen sich auf den Teppich fallen und verwandelten sich in Tauben. Dann schlugen sie mit den Flügeln und flatterten durch das Fenster hinaus. »Wunder über Wunder!« dachte der Soldat. »Das will ich auch einmal ausprobieren.« Mit einem Satz war er in dem Schlafgemach, ließ sich auf den

Teppich fallen, wurde zu einer Gartengrasmücke und flog aus dem Fenster hinaus, den Tauben nach. Die Tauben ließen sich auf einer grünen Wiese nieder. Die Gartengrasmücke setzte sich unter einen Johannisbeerstrauch, versteckte sich im Laub und spähte. Unzählige Tauben kamen geflogen, sie bedeckten die ganze Wiese; in der Mitte stand ein goldener Thron. Nach einer Weile erstrahlten Himmel und Erde, ein goldener Wagen kam durch die Luft geflogen, sechs feurige Drachen waren davor gespannt. In dem Wagen saß die Königstochter Jelena die Allweise, sie war von solcher Schönheit, wie man sie sich nicht ausdenken, nicht vorstellen, nicht im Märchen erzählen könnte! Sie stieg aus dem Wagen und setzte sich auf den goldenen Thron. Dann rief sie die Tauben eine nach der andern zu sich und lehrte sie allerlei Künste. Nachdem sie sie alle unterwiesen hatte, stieg sie auf ihren Wagen und brauste davon!

Da erhoben sich die Tauben eine wie die andere von der grünen Wiese in die Luft und flogen dorthin, woher sie gekommen waren, die Gartengrasmücke flog den drei Schwestern nach und kam mit ihnen zusammen in dem Schlafgemach an. Die Tauben warfen sich auf den Teppich und wurden wieder schöne Jungfrauen, die Gartengrasmücke warf sich auf den Teppich und wurde wieder Soldat. »Woher kommst du?« fragten ihn die Jungfrauen. »Ich bin mit euch auf der grünen Wiese gewesen. Ich sah die schöne Königstochter auf dem goldenen Thron sitzen und hörte, wie sie euch allerlei Kunststücke beibrachte.« – »Du kannst von Glück reden, daß du heil davongekommen bist! Denn diese Königstochter ist Jelena die Allweise, unsere mächtige Gebieterin. Hätte sie ihr Zauberbuch bei sich gehabt, dann hätte sie dich sofort erkannt. Dann wäre dir ein arger Tod gewiß gewesen. Nimm dich in acht, Soldat! Fliege nicht wieder auf die grüne Wiese und bewundere Jelena die Allweise nicht ein zweites Mal. Sonst ist es um dich geschehen.« Der Soldat ließ sich nicht einschüchtern. Diese Reden gingen bei ihm zu dem einen Ohr hinein und zu dem anderen heraus; er wartete abermals, bis es Nacht wurde, warf sich auf den Teppich und wurde eine Gartengrasmücke. Die Gartengrasmücke flog auf die grüne Wiese, versteckte sich unter dem Johannisbeerstrauch, wandte kein Auge von Jelena der Allweisen, konnte sich an ihrer Schönheit nicht satt sehen und dachte: »Wenn man eine solche Frau erlangte, dann wäre im Leben nichts mehr zu wünschen. Ich werde hinter ihr her fliegen und auskundschaften, wo sie wohnt.«

Dann stieg Jelena die Allweise von dem goldenen Thron, setzte sich in den Wagen und brauste durch die Luft zu ihrem wunderbaren Palast; die Gartengrasmücke folgte ihr. Als die Königstochter vor dem Palast ankam, liefen Ammen und Wärterinnen ihr entgegen, faßten sie unter die Arme und führten sie in die ausgemalten Gemächer. Und die Gartengrasmücke flatterte in den Garten, suchte sich einen schönen Baum aus, der genau unter dem Fenster des königlichen Schlafgemachs wuchs, ließ sich auf ein Zweiglein nieder und stimmte ein so schönes und wehmütiges Lied an, daß die Königstochter die ganze Nacht kein Auge schloß und zuhörte. Kaum war die goldene Sonne aufgegangen, als Jelena die Allweise mit lauter Stimme rief: »Ihr Ammen und Wärterinnen, lauft geschwind in den Garten und fangt mir die Gartengrasmücke!« Die Ammen und Wärterinnen liefen sogleich in den Garten und wollten das Singvöglein fangen, aber wie kann alten Weibern so etwas gelingen? Die Gartengrasmücke flatterte von Strauch zu Strauch, sie flog nicht fort, ließ sich aber nicht fangen.

Die Königstochter mochte nicht länger warten, lief in den grünen Garten hinaus und wollte selbst die Gartengrasmücke fangen. Sie trat an den Strauch – das Vöglein rührte sich nicht und blieb mit gespreizten Flügelchen sitzen, als hätte es sie erwartet. Die Königstochter freute sich über alle Maßen, nahm das Vögelchen in ihre Hände, trug es in den Palast, setzte es in einen goldenen Käfig und hing den Käfig in ihrem

Schlafgemach auf. Der Tag neigte sich dem Abend zu, die Sonne ging unter, Jelena die Allweise flog auf die grüne Wiese hinaus, kehrte zurück, legte ihre Gewänder und ihren Schmuck ab, kleidete sich aus und legte sich auf ihr Lager. Die Gartengrasmücke sah ihren weißen Leib, sah ihre Schönheit, an der man sich nicht satt sehen konnte, und fing an zu zittern. Kaum war die Königstochter eingeschlafen, als sich die Gartengrasmücke in eine Fliege verwandelte, aus dem goldenen Käfig hinausflog, sich auf den Boden warf und zu einem stattlichen Burschen wurde. Der Bursche trat an das Bett der Königstochter, betrachtete sie lange, lange, konnte nicht widerstehen und küßte sie auf den zuckersüßen Mund. Als er merkte, daß die Königstochter erwachte, verwandelte er sich eilends in die Fliege, flog in den Käfig zurück und wurde wieder zu der Gartengrasmücke.

Jelena die Allweise schlug die Augen auf; sie sah sich um – niemand war zu sehen. Da dachte sie: »Ich habe wohl geträumt.« Sie drehte sich auf die andere Seite und schlief wieder ein. Und der Soldat fand keine Ruhe; er tat es zum zweiten und auch zum dritten Male, aber die Königstochter hatte einen leichten Schlaf, nach jedem Kuß erwachte sie. Beim dritten Mal erhob sie sich von ihrem Lager und sprach: »Es geht nicht mit rechten Dingen zu. Ich will mein Zauberbuch aufschlagen.« Sie schlug ihr Zauberbuch auf und wußte sofort, daß in dem goldenen Käfig nicht eine gewöhnliche Gartengrasmücke saß, sondern ein junger Soldat. »Ach, du Grobian!« rief Jelena die Allweise aus. »Komm du nur aus dem Käfig. Für deinen Betrug sollst du mit deinem Leben bezahlen.«

Was war zu tun? Die Gartengrasmücke flog aus dem goldenen Käfig heraus, warf sich auf den Boden und verwandelte sich in den stattlichen Burschen. Der Soldat fiel der Königstochter zu Füßen und bat um Gnade. »Für solche Schurken gibt es keine Gnade!« antwortete Jelena die Allweise und rief nach Henker und Richtblock, damit der Soldat geköpft werde. Im selben Augenblick, woher er auch gekommen sein mochte, erschien vor ihr ein Riese mit einem Beil und einem Richtblock. Er warf den Soldaten auf den Boden, drückte seinen Kopf auf den Richtblock und holte mit dem Beil aus. Schon wollte die Königstochter ihr Tüchlein schwenken, schon sollte der Kopf rollen! »Erbarme dich, schöne Königstochter«, flehte der Soldat unter Tränen, »laß mich vor meinem Tod ein letztes Lied singen.« – »Singe, aber singe nicht allzu lange!« Der Soldat stimmte ein Lied an, es war so wehmütig und rührte so ans Herz, daß Jelena die Allweise in Tränen ausbrach. Der stattliche Bursche dauerte sie, und sie sagte: »Ich gebe dir zehn Stunden Frist. Wenn es dir gelingt, dich so gut zu verstecken, daß ich dich nicht finde, so werde ich dich heiraten, wenn du aber nicht geschickt genug bist, dann lasse ich dich köpfen. «

Der Soldat trat aus dem Palast, irrte eine Weile umher und kam in einen dunklen Wald. Er setzte sich unter einen Strauch und klagte: »Ach, unreiner Geist! Das alles muß ich um deinetwillen leiden.« Im selben Augenblick stand der Unreine vor ihm. »Was wünschst du, Kamerad?« – »Ach«, sagte der Soldat, »ich bin des Todes! Wohin soll ich mich vor Jelena der Allweisen verstecken?« Der unreine Geist warf sich auf die feuchte Erde und verwandelte sich in einen graugeflügelten Adler: »Steig auf meinen Rücken, Kamerad; wir wollen uns über die Wolken erheben.« Der Soldat stieg auf den Rücken des Adlers: der Adler stieg auf und verbarg sich hinter den schwarzen Wolken. Fünf Stunden vergingen, Jelena die Allweise schlug ihr Zauberbuch auf, warf einen Blick hinein und sah alles vor sich wie auf der flachen Hand; sie rief mit lauter Stimme: »Nun bist du lange genug über den Wolken geflogen, Adler, komm herunter – vor mir kannst du dich nicht verstecken.« Der Adler stieg zur Erde herunter.

Der Soldat grämte sich noch ärger: »Was soll ich tun? Wohin mich verstecken?« – »Warte«, sagte der Unreine, »ich werde dir helfen.« Er sprang auf den Soldaten zu, versetzte ihm einen Backenstreich und verwandelte ihn in eine Stecknadel. Dann nahm er die Gestalt einer Maus an, nahm die Stecknadel zwischen die Zähne, huschte in den Palast, fand das Zauberbuch und steckte die Stecknadel in das Zauberbuch. Die letzten fünf Stunden waren verstrichen. Jelena die Allweise schlug ihr Zauberbuch auf, sie schaute und schaute, aber in dem Buch war nichts zu sehen. Da wurde die Königstochter zornig und warf das Buch in den Ofen. Die Stecknadel glitt aus dem Buch, fiel auf den Boden und verwandelte sich in den stattlichen Jüngling. Jelena die Allweise nahm ihn bei der Hand. »Ich verstehe mich auf viele Künste, du aber verstehst dich auf noch mehr!« Nun überlegten sie nicht lange, feierten Hochzeit und lebten fortan ohne alle Sorgen.

Die Zaubergusli

In einem Reich, in einem Land lebte einmal ein Bauer, und dieser Bauer hatte einen Sohn. Der Bauer hieß Alexej und der Sohn hieß Wanjka. Der Sommer kam, Alexej bestellte das Feld und säte Rüben. Die Rüben gediehen, sie wurden groß und fest, zum Staunen! Der Bauer freute sich, er ging jeden Morgen hinaus auf den Acker, betrachtete seine Rüben und dankte Gott. Eines Tages merkte er, daß die Rüben weniger wurden, und legte sich auf die Lauer; er wartete und wartete, aber es kam niemand. Da schickte er Wanjka aufs Feld hinaus. »Geh hin und gib auf die Rüben acht.«

Wanjka kam auf den Rübenacker und sah: ein kleiner Junge erntete die Rüben, tat sie in zwei Säcke, die Säcke waren gewaltig groß, der Arme stemmte sie hoch, warf sie sich über die Schulter und konnte sich nur mit Mühe aufrechthalten – seine Beine knickten ein und sein Rücken knackte! So schleppte er sich voran, aber dann versagten seine Kräfte, er ließ die Säcke fallen, hob den Kopf und sah – vor ihm stand Wanjka. »Sei so gut und hilf mir, die Säcke zu uns nach Hause tragen; mein Großvater wird dich reich belohnen.« Seit Wanjka den Jungen erblickt hatte, war er wie festgewurzelt stehen geblieben, und hatte ihn mit aufgerissenen Augen unentwegt angestarrt; endlich kam er zu sich und sagte: »Ich will es tun.« Nun schulterte Wanjka die beiden Säcke mit den Rüben und folgte dem Jungen. Der Junge lief hüpfend vor ihm her und sprach: »Mein Großvater schickt mich jeden Tag Rüben holen. Wenn du ihm Rüben bringst, wird er dich reich mit Silber und Gold beschenken; aber nimm nichts davon, sondern bitte ihn um die Zaubergusli.«

So weit, so gut, endlich kamen sie in das Haus; in der Ecke saß ein alter Mann mit grauem Haar und Hörnern. Wanjka verbeugte sich. Der Alte reichte ihm einen Klumpen Gold für seine Mühe. Wanjka riß die Augen auf, aber der kleine Junge flüsterte ihm zu: »Nimm es nicht!« – »Gold will ich nicht«, sagte Wanjka, »gib mir die Zaubergusli.« Als er das sagte, traten dem Alten die Augen aus den Höhlen, die Hörner auf seiner Stirn hüpften auf und ab und er riß den Mund von einem Ohr zum andern auf. Wanjka bekam es mit der Angst zu tun; der kleine Junge aber sagte: »Schenk sie ihm, Groß-vater!« – »Du verlangst nicht gerade wenig! Aber du sollst deinen Willen haben. Du sollst die Zaubergusli haben, wenn du mir das gibst, was dir zu Hause das Teuerste ist.« Wanjka dachte: »Unser Haus ist so morsch, daß das Dach beinahe die Erde berührt; dort kann es nichts Teures geben!« – »Abge-macht!« sagte er. Er nahm die Zaubergusli und ging nach Hause. Als er dort ankam, saß sein Vater auf der Schwelle und war tot. Er weinte, er trauerte, er beerdigte seinen Vater und zog aus, um sein Glück zu suchen.

Er kam in eine große Stadt. Dort lebte ein mächtiger Herrscher. Vor dem Palast war ein Feld, auf diesem Feld weideten Schweine. Wanjka ging zu dem Hirten, kaufte ihm einige Schweine ab und weidete sie. Sobald er die Zaubergusli spielte, begann die Schweineherde zu tanzen. Eines Tages war der Zar nicht zu Hause. Die Zarentochter setzte sich an das Fenster und sah: Wanjka saß auf einem Baumstumpf und spielte die Zaubergusli, und vor ihm tanzten die Schweine. Die Zarentochter schickte eine Zofe zu dem Schweinehirten, die sollte ihn bitten, ihr wenigstens ein Schweinchen zu verkaufen. Wanjka sagte: »Sie muß selber kommen!« Die Zarentochter kam: »Hirt! Höre, Hirt! Verkauf mir ein Schweinchen!« – »Meine Schweinchen sind nicht für Geld zu haben.« – »Wofür denn?« – »Wenn du ein Schweinchen haben willst, mußt du mir deinen weißen Leib bis zu den Knien zeigen.« Die Zarentochter überlegte und überlegte, dann sah sie nach allen vier Seiten – kein Mensch weit und breit, und hob ihre Röcke bis zu den Knien. Auf ihrem rechten Bein hatte sie ein kleines Muttermal. Der Hirt gab ihr ein Schwein, die Zarentochter ließ es in den Palast tragen, bestellte Musikanten und befahl, dem Schweinchen aufzuspielen. Sie hätte zu gern gesehen, wie das Schweinchen tanzt; aber das Schweinchen rannte bloß von einer Ecke in die andere, quiekte und grunzte...

Der Zar kehrte nach Hause zurück und beschloß, seine Tochter zu verheiraten. Er ließ alle Bojaren, alle Herren, alle Kaufleute und alle Bauern zusammenrufen, auch aus den fremden Ländern kamen Könige und Königssöhne und viel Volk herbeigeritten. »Wer von den Freiern ein besonderes Zeichen an meiner Tochter kennt – der soll sie zur Frau haben.« Keiner wußte ein besonderes Zeichen zu nennen: Wie sehr sie sich auch mühten, was sie auch alles anstellten, um es in Erfahrung zu bringen – es fruchtete nichts. Als letzter kam Wanjka an die Reihe: »Ich kenne eines!« Und er sagte, daß die Zarentochter ein kleines Muttermal an ihrem rechten Bein habe. »Gut geraten!« sagte der Zar, ließ ihn mit seiner Tochter trauen und lud die ganze Welt zum Hochzeitsfest ein. So wurde Wanjka der Eidam des Zaren und lebte von da an herrlich und in Freuden.

Die Zarentochter, die alle Rätsel löste

Es lebte einmal ein Mann, der hatte drei Söhne. Der Jüngste war der dumme Iwan. Um dieselbe Zeit gab es auch einen Zaren, es ist zu lange her, um zu wissen, welcher es war; der hatte eine Tochter. Eines Tages sagte sie zu ihrem Vater: »Laß mich Rätsel lösen, Väterchen; wenn ich die Rätsel löse, dann soll der Mann, der sie mir aufgibt, geköpft werden, und wenn ich sie nicht löse, dann soll er mein Gatte werden.« Dies wurde allerorten verkündet; viele kamen geritten, alle wurden hingerichtet: die Zarentochter löste alle Rätsel. Der dumme Iwan sprach zu seinem Vater: »Gib mir deinen Segen, Väterchen. Ich gehe zum Zaren, um Rätsel aufzugeben!« – »Was denkst du dir, Narr! Mancher, der schlauer war als du, mußte dort sein Leben lassen!« – »Wenn du mir deinen Segen gibst, gehe ich hin, und wenn du mir deinen Segen nicht gibst, gehe ich auch hin.« Der Vater segnete ihn. Der dumme Iwan ritt des Wegs und sah ein Getreidefeld und im Getreide ein Pferd; er trieb das Pferd mit der Knute aus dem Getreide, damit es die Halme nicht niedertrete: »Nun habe ich das erste Rätsel!« Dann ritt er weiter, sah auf seinem Weg eine Schlange, tötete sie mit dem Spieß und dachte: »Und nun das zweite!«

Er kam zu dem Zaren; dort wurde er freundlich empfangen und sollte seine Rätsel aufgeben. Er sagte: »Ich ritt zu Euch, sah am Weg Gut stehen und in dem Gut anderes Gut. Da nahm ich mein Gut und trieb mit dem Gut das Gut aus dem Gut; da lief das Gut vor dem Gut aus dem Gut.« Die Zarentochter schlug ihr Buch auf und suchte darin: Dieses Rätsel stand nicht in dem Buch. Da wußte sie nicht, wie sie es lösen sollte und sprach zu ihrem Vater: »Väterchen, heute tut mir der Kopf weh, und meine Gedanken sind verwirrt; ich will das Rätsel morgen lösen.« Nun wurde die Sache auf morgen vertagt. Dem dummen Iwan wurde eine Kammer im Palast angewiesen. Abends ging er in seine Kammer und rauchte ein

Pfeifchen; die Zarentochter ließ ihre treueste Zofe zu sich kommen, die schickte sie zu dem dummen Iwan: »Geh«, sagte sie, »und frag ihn nach dem Rätsel. Versprich ihm Gold und Silber und alles, was er sich wünscht.«

Die Zofe ging hin und klopfte an. Der Dumme öffnete die Tür, die Zofe trat ein, fragte ihn nach dem Rätsel und versprach ihm Berge von Gold und Silber. Der dumme Iwan sprach: »Was soll ich mit dem Geld anfangen? Ich habe mehr als genug. Wenn die Zarentochter eine ganze Nacht ohne einzuschlafen mitten in meiner Kammer stehen bleibt, dann werde ich ihr das Rätsel sagen.« Als die Zarentochter dies vernahm, war sie dazu bereit und stand die ganze Nacht da, ohne einzuschlafen. Am Morgen erzählte ihr Iwan, daß er ein Pferd aus einem Getreidefeld gejagt habe. Daraufhin löste die Zarentochter das Rätsel.

Da gab ihr der Dumme das zweite Rätsel auf: »Ich ritt zu Euch, da sah ich auf meinem Weg ein Böses. Ich stach mit dem Bösen nach dem Bösen, und das Böse starb an dem Bösen.« Die Zarentochter schlug abermals das Buch auf, aber sie konnte das Rätsel nicht finden. Da bat sie um Aufschub bis zum nächsten Morgen. Am Abend schickte sie ihre Zofe zu dem dummen Iwan: »Sag ihm«, sagte sie, »daß er viel Geld für die Lösung bekommt!« – »Was soll ich mit dem Geld anfangen? Ich habe mehr als genug«, antwortete der dumme Iwan. »Die Zarentochter soll eine Nacht lang in meiner Kammer stehen und nicht einschlafen, dann will ich ihr des Rätsels Lösung sagen.« Die Zarentochter war einverstanden, schlief in der Nacht nicht ein und löste das Rätsel.

Das dritte Rätsel wollte der dumme Iwan vor allen Senatoren aufgeben und befahl, sie zusammenzurufen. Sein letztes Rätsel war, wie die Zarentochter seine beiden Rätsel nicht löste und ihre Zofe zu ihm schickte, um ihn zu bestechen. Die Zarentochter konnte auch dieses Rätsel nicht lösen. Sie schickte wiederum zu ihm, versprach ihm Silber und Gold und ein Geleit, das ihn sicher nach Hause bringen würde.

Alles vergeblich! Wieder mußte sie eine ganze Nacht hindurch stehen, ohne einzuschlafen; dann sagte er ihr das dritte Rätsel – aber sie konnte unmöglich die Lösung verkünden: Sonst würden alle erfahren, wie sie den dummen Iwan ausgefragt hatte. Die Zarentochter mußte sagen: »Ich weiß es nicht!« Darauf wurde Hochzeit gehalten, der dumme Iwan vermählte sich mit ihr, sie lebten herrlich und in Freuden und tun es immer noch.

Der Wahrtraum (I)

Es lebte einmal ein Kaufmann, der hatte zwei Söhne: Dmitrij und Iwan. Einmal, als er sie zur Nacht segnete, sprach der Vater zu seinen Söhnen: »So, meine Söhne, was ihr in der Nacht träumt, müßt ihr mir am nächsten Morgen erzählen; und wenn einer von euch seinen Traum verheimlicht, erwartet ihn morgen eine harte Strafe.« Am nächsten Morgen kam der ältere Sohn zu dem Vater und sagte: »Mir träumte, lieber Vater, daß Bruder Iwan auf zwölf Adlern durch die Lüfte flog; und außerdem träumte mir, daß dein Lieblingsschäfchen verlorengegangen ist.« – »Und was hat dir geträumt, Wanja?« – »Das sag ich nicht!« antwortete Iwan. Wie sehr der Vater ihm auch zuredete, er blieb dabei: »Das sag ich nicht!«, immer wieder: »Das sag ich nicht!« Der Kaufmann geriet in Zorn, ließ seine Gehilfen kommen und befahl ihnen, den ungehorsamen Sohn splitternackt auszuziehen und am Wegrand an einen Pfahl zu binden.

Die Handelsgehilfen packten Iwan und banden ihn, wie ihnen befohlen war, splitternackt an einen Pfahl. Schlecht ging es dem wackeren Jüngling: Die Sonne brannte auf seine Haut, die Mücken stachen ihn, Hunger und Durst setzten ihm übel zu. Es traf sich, daß ein junger Zarewitsch dahergeritten kam; er erblickte den Kaufmannssohn, empfand Mitleid mit ihm, ließ ihn befreien, bot ihm seine Kleider an, nahm ihn mit

in seinen Palast und begann, ihn auszufragen: »Wer hat dich
an den Pfahl gebunden?« – »Mein eigener Vater tat es in
seinem Zorn.« – »Was hast du dir zuschulden kommen
lassen?« – »Ich wollte ihm meinen Traum nicht erzählen.« –
»Ach, wie töricht ist doch dein Vater, daß er dich wegen einer
solchen Kleinigkeit so hart bestraft. Und was hat dir
geträumt?« – »Meinem Vater habe ich es nicht erzählt und
dir werde ich es noch weniger erzählen.« Der Zarewitsch
befahl, ihn in ein Verlies zu werfen. Augenblicklich kamen
Soldaten gelaufen und führten ihn, den Knecht Gottes, in
einen finsteren Kerker.

Es verging ein Jahr, der Zarewitsch nahm sich vor, zu
heiraten, er traf die nötigen Anstalten und machte sich auf den
Weg in ein fernes Land, dort wollte er um Jelena die
Wunderschöne freien. Der Zarewitsch hatte eine leibliche
Schwester, und es traf sich, daß sie bald nach seiner Abreise
vor dem Gefängnis spazierenging. Iwan der Kaufmannssohn
sah sie durch das Fenster und rief mit lauter Stimme:
»Erbarme dich meiner, Zarewna, und laß mich heraus!
Vielleicht kann ich dir auch einmal helfen! Ich weiß wohl, daß
der Zarensohn um Jelena die Wunderschöne freien will. Aber
ohne mich hat der Freier kein Glück und kommt um einen
Kopf kürzer zurück. Ich denke, du hast auch gehört, wie listig
Jelena die Wunderschöne ist, und wie viele Freier sie bereits
ins Jenseits geschickt hat.« – »Bist du bereit, dem Zarewitsch
beizustehen?« – »Ich würde ihm gerne beistehen, aber die
Flügel des Falken sind gestutzt.« Die Zarewna befahl, ihn auf
der Stelle aus dem Gefängnis zu befreien. Iwan der Kaufmannssohn suchte sich Genossen, mit ihm zusammen waren
sie zwölf, sie sahen sich ähnlich wie leibliche Brüder, die
Locken gleich und auch gleich lang, die Stimmen von dem
gleichen Klang! Sie legten gleiche Kaftane an, alle vom
gleichen Schnitt, saßen auf und machten sich auf den Weg.

Sie ritten einen Tag, einen zweiten und auch einen dritten;
am vierten Tag kamen sie an einen dichten Wald, da hörten

sie ein furchtbares Geschrei. »Halt, Brüder«, sagte Iwan, »wartet ein Weilchen, ich werde hingehen und nachsehen.« Er sprang aus dem Sattel und lief in den Wald hinein. Auf einer Wiese sah er drei alte Männer, die miteinander stritten. »Guten Tag, Großväter! Weshalb streitet ihr?« – »Ach, junger Mann! Wir haben von unserem Vater drei Wunderdinge geerbt: die Kappe, die unsichtbar macht, den Teppich, der durch die Luft fliegt, und die schnellaufenden Stiefel; nun sind es siebzig Jahre her, seit wir angefangen haben zu streiten, aber wir wissen immer noch nicht, wie wir das Erbe unter uns teilen sollen.« – »Wenn ihr wollt, werde ich euer Erbe teilen.« – »Sei so gut!« Iwan der Kaufmannssohn spannte seinen Bogen, legte drei Pfeile auf und schoß sie nach verschiedenen Seiten. Ein Alter mußte nach rechts laufen, der andere nach links und der dritte geradeaus. »Wer von euch als erster einen Pfeil zurückbringt, dem soll die Kappe gehören, die unsichtbar macht; wer als zweiter zurückkommt, dem gehört der fliegende Teppich; und dem dritten bleiben die schnellaufenden Stiefel.« Die Alten liefen den Pfeilen nach; Iwan der Kaufmannssohn nahm alle drei Wunderdinge an sich und kehrte zu seinen Genossen zurück. Er sprach: »Brüder, laßt eure treuen Pferde grasen und setzt euch zu mir auf den Teppich.«

Bald saßen sie alle auf dem fliegenden Teppich und flogen in das Reich Jelenas der Wunderschönen. Sie flogen zu ihrer Hauptstadt, stiegen vor dem Schlagbaum auf die Erde und machten sich auf, um den Zarewitsch zu suchen. Sie kamen an seinen Hof. »Was wünscht ihr?« fragte der Zarewitsch. »Nimm uns wackere Burschen in deine Dienste. Wir werden dir treu dienen und aufrichtig für dein Wohl sorgen!« Der Zarewitsch nahm sie in seine Dienste und bestimmte, wer als Koch, wer als Pferdeknecht oder sonstwie dienen sollte. An demselben Tag legte der Zarewitsch ein Festgewand an und fuhr zu Jelena der Wunderschönen, um ihr seine Aufwartung zu machen. Sie empfing ihn überaus freundlich, ließ ihm allerlei Speisen und teure Getränke vorsetzen und fragte ihn: »Sag mir die Wahrheit, Zarewitsch! Was führt dich zu uns?« – »Ich will dich freien, Jelena, du Wunderschöne; willst du mich heiraten?« – »Vielleicht will ich es; aber vorher mußt du drei Aufgaben lösen. Löst du sie, dann bin ich dein; löst du sie nicht, dann kommt dein Kopf unter das scharfe Beil.« – »Sag mir das Rätsel!« – »Morgen werde ich etwas bei mir haben; aber was es sein wird, sage ich nicht; scheue keine Mühe, Zarewitsch, bringe das Fehlende mit und mache mein Unbekanntes zu einem Paar.«

Der Zarewitsch kehrte betrübt und untröstlich in seine Wohnung zurück. Iwan der Kaufmannssohn fragte ihn: »Hast du Ärger mit Jelena der Wunderschönen gehabt? Erzähle mir von deinem Kummer! Das wird ihn lindern.« – »So und so«, erzählte der Zarewitsch. »Jelena die Wunderschöne hat mir ein solches Rätsel aufgegeben, daß kein Weiser es je zu lösen vermag.« – »Ach, da ist das Unglück noch nicht groß. Bete zu Gott und leg dich schlafen, der Morgen ist weiser als der Abend. Morgen werden wir der Sache auf den Grund gehen.« Der Zarewitsch legte sich schlafen, und Iwan der Kaufmannssohn setzte die Kappe auf, die unsichtbar macht, zog die schnellaufenden Stiefel an und begab sich geradewegs zu dem Palast Jelenas der Wunderschönen. Er betrat ihr Schlafgemach und hörte, wie Jelena die Wunderschöne ihrer Lieblingszofe befahl: »Nimm diese kostbare Seide und geh damit zu dem Schuhmacher. Er soll mir einen Schuh nähen, und zwar sogleich.«

Die Magd tat, wie ihr befohlen war, und Iwan folgte ihr auf dem Fuß. Der Meister ging sofort an die Arbeit, nähte im Nu ein Schühchen und stellte es auf das Fensterbrett; Iwan der Kaufmannssohn nahm dieses Schühchen und ließ es in seiner Tasche verschwinden. Der arme Schuhmacher rannte hin und her – seine Arbeit war ihm vor seiner Nase abhanden gekommen; er suchte und suchte, ließ keine Ecke aus – alles vergeblich! »Es ist ein Wunder!« dachte er. »Der Unreine treibt seinen Spott mit mir!« Was tun? Er griff wieder zu der

Nadel, nähte ein zweites Schühchen und trug es zu Jelena der Wunderschönen. »Du bist aber eine Schlafmütze!« sagte Jelena die Wunderschöne. »So lange brauchst du für einen einzigen Schuh!« Sie setzte sich an das Nähtischchen und begann, das Schühchen mit Gold zu besticken, mit großen Perlen zu besetzen und mit Edelsteinen zu verzieren. Iwan aber stellte sich dazu, zog sein Schühchen aus der Tasche und tat mit ihm das gleiche. Wenn sie ein Steinchen aussuchte, suchte er das gleiche aus. Wenn sie eine Perle annähte, nähte er genau die gleiche an. Als Jelena die Wunderschöne mit ihrer Arbeit fertig war, lächelte sie vor sich hin und sprach: »Was wird wohl der Zarewitsch morgen mitbringen?« – »Warte nur«, dachte Iwan im stillen. »Noch weiß man nicht, wer wen überlisten wird!«

Er kehrte nach Hause zurück und legte sich schlafen. Als die Morgenröte den Tag ankündigte, erhob er sich von seinem Lager, kleidete sich an und ging zu dem Zarewitsch, um ihn zu wecken. Er weckte ihn und gab ihm das Schühchen: »Reite zu Jelena der Wunderschönen«, sagte er, »und bring ihr das Schühchen. Das ist die erste Aufgabe, die sie stellt.« Der Zarewitsch wusch sich, legte schöne Kleider an und ritt zu seiner Braut: in ihren Gemächern waren viele Gäste versammelt – Bojaren und Fürsten, lauter Staatsräte. Sobald der Zarewitsch erschien, spielte die Musik, die Gäste erhoben sich von ihren Plätzen, die Soldaten salutierten. Jelena die Wunderschöne brachte ein Schühchen herein, es war mit großen Perlen besetzt und mit Edelsteinen verziert. Sie schaute den Zarewitsch an und lächelte. Da sprach der Zarewitsch: »Der Schuh ist schön. Aber wenn es keinen zweiten dazu gibt, dann ist er nicht zu gebrauchen. Ich glaube, ich sollte dir den zweiten Schuh schenken!« Mit diesen Worten zog er das zweite Schühchen aus der Tasche und legte es auf den Tisch. Alle Gäste klatschten in die Hände und riefen wie aus einem Mund: »Der Zarewitsch ist der Rechte! Er ist würdig, unsere Herrscherin Jelena die Wunderschöne zu ehelichen!« – »Das werden wir sehen!« antwortete Jelena die Wunderschöne. »Er muß die zweite Aufgabe erfüllen.«

Der Zarewitsch kehrte spät abends nach Hause zurück, noch düsterer als am Tag zuvor. »Gräme dich nicht!« tröstete ihn Iwan der Kaufmannssohn. »Bete zu Gott und leg dich schlafen. Der Morgen ist weiser als der Abend.« Der Zarewitsch legte sich schlafen, Iwan zog die schnellaufenden Stiefel an, setzte die Kappe auf, die unsichtbar machte, und begab sich in den Palast Jelenas der Wunderschönen. Gerade befahl sie ihrer Lieblingszofe: »Lauf so schnell du kannst auf den Geflügelhof und bring mir ein Entchen.« Die Magd lief auf den Geflügelhof, und Iwan folgte ihr auf dem Fuß. Die Magd fing ein Entchen ein, Iwan einen Erpel, darauf kehrten sie auf dem gleichen Wege zurück. Jelena die Wunderschöne setzte sich an das Nähtischchen, nahm die Ente und schmückte ihre Flügel mit Bändern, das Häubchen aber mit Brillanten. Iwan der Kaufmannssohn schaute zu und tat dasselbe mit dem Erpel. Am nächsten Tag versammelten sich bei Jelena der Wunderschönen wieder die Gäste, und die Musik spielte. Sie ließ ihr Entchen heraus und fragte den Zarewitsch: »Weißt du jetzt, was deine Aufgabe war?« – »Ich weiß es, Jelena, du Wunderschöne! Hier, damit es ein Paar gibt!« Mit diesen Worten ließ er den Erpel frei … Da riefen die Bojaren wie aus einem Mund: »Der Zarewitsch ist ein Meister! Er ist würdig, unsere Herrscherin Jelena die Wunderschöne zu ehelichen!« – »Gemach! Er muß vorher die dritte Aufgabe erfüllen.«

Abends kehrte der Zarewitsch so düster nach Hause zurück, daß er gar nicht mehr reden wollte. »Gräme dich nicht, Zarewitsch, leg dich getrost schlafen. Der Morgen ist weiser als der Abend!« sagte Iwan der Kaufmannssohn. Dann setzte er eilig die Kappe auf, die unsichtbar macht, zog die schnellaufenden Stiefel an und eilte zu Jelena der Wunderschönen. Die wollte gerade zum blauen Meer hinausfahren, stieg in die Kutsche und brauste davon. Aber Iwan der

Kaufmannssohn blieb nicht einen einzigen Schritt hinter ihr zurück. Jelena die Wunderschöne kam an das Meeresufer und begann, ihren Großvater zu rufen. Die Wellen wogten, und aus dem Wasser stieg ein alter Mann. Sein Bart war aus Gold, sein Haupthaar war aus Silber. Er kam auf das Ufer hinauf und sagte: »Guten Tag, Enkelin! Es ist lange her, daß ich dich zuletzt gesehen habe. Sei so gut und lause mich.« Er legte den Kopf auf ihren Schoß und schlummerte süß. Jelena die Wunderschöne lauste ihren Großvater, und Iwan der Kaufmannssohn stand hinter ihr.

Als sie sah, daß der Alte eingeschlafen war, riß sie ihm drei silberne Haare aus; und Iwan der Kaufmannssohn riß nicht drei, sondern ein ganzes Büschel Haare aus. Der Großvater wachte auf und schrie: »Bist du von Sinnen? Du tust mir ja weh!« – »Verzeih mir, Großväterchen! Ich habe dich lange nicht mehr gekämmt, das Haar ist verfilzt.« Der Alte gab sich zufrieden, schlief wieder ein und schnarchte bald. Jelena die Wunderschöne riß ihm drei goldene Haare aus, und Iwan der Kaufmannssohn zog ihn ebenso an dem Bart und riß ihn beinahe ganz aus. Der Alte brüllte fürchterlich, fuhr auf und stürzte sich ins Meer. »Jetzt ist der Zarewitsch verloren!« dachte Jelena die Wunderschöne. »Solche Haare wird er nirgends finden.« Am nächsten Tag lud sie wieder Gäste ein; als der Zarewitsch kam, zeigte Jelena die Wunderschöne ihm die drei silbernen und die drei goldenen Haare: »Hast du schon einmal so etwas gesehen?« – »Das ist doch nichts Besonderes! Wenn du möchtest, kann ich dir ein ganzes Büschel solcher Haare schenken.« Er zog ein Büschel goldener und ein Büschel silberner Haare aus der Tasche und reichte sie ihr.

Da wurde Jelena die Wunderschöne sehr zornig. Sie lief in ihr Schlafzimmer und schlug das Zauberbuch auf: Ist der Zarewitsch allwissend oder hat er einen Helfer? Und sie sah in dem Buch, daß nicht der Zarewitsch so gewitzt war, sondern sein Diener, Iwan der Kaufmannssohn. Sie kehrte zu den

Gästen zurück und ließ dem Zarewitsch keine Ruhe: »Ach, bitte, schick mir doch deinen liebsten Diener.« – »Ich habe deren zwölf!« – »Schick mir den, der Iwan heißt.« – »Sie alle heißen Iwan!« – »Gut«, sagte sie, »dann sollen sie alle kommen.« Im stillen aber dachte sie: »Ich werde auch ohne dich den Schuldigen finden!« Der Zarewitsch gab den Befehl, und bald meldeten sich in dem Palast die zwölf jungen Recken, seine treuen Diener, sie sahen sich ähnlich wie leibliche Brüder, die Locken gleich und auch gleich lang, die Stimmen von dem gleichen Klang! »Wer ist bei euch der Älteste?«, fragte Jelena die Wunderschöne. Sie riefen wie aus einem Mund: »Ich bin der Älteste! Ich bin der Älteste! Ich bin der Älteste!« – »Ach so«, dachte sie, »mit denen kommt man ohne List nicht weit!« Sie befahl, elf einfache Becher zu bringen, der zwölfte aber war aus purem Gold, aus diesem Becher pflegte sie selbst zu trinken. Sie füllte die Becher mit kostbarem Wein und kredenzte sie den jungen Recken. Keiner nahm einen einfachen Becher, alle griffen nach dem goldenen und rissen ihn einander aus der Hand; es gab nichts als Lärm und verschütteten Wein.

Jelena die Wunderschöne merkte, daß ihre List mißglückt war. Sie befahl, diese Recken aufs beste zu bewirten und über Nacht im Palast zu behalten. Nachts, als sie alle einen festen Schlaf schliefen, trat sie mit dem Zauberbuch an ihre Lager, schlug das Buch auf und erkannte den Schuldigen auf der Stelle; sie nahm eine Schere und schnitt ihm über der Schläfe eine Locke ab. »Daran werde ich ihn morgen erkennen, und dann lasse ich ihn hinrichten.« Am nächsten Morgen wachte Iwan der Kaufmannssohn auf, fuhr sich mit der Hand durchs Haar – eine Locke über der Schläfe war abgeschnitten; er sprang von seinem Lager auf und weckte seine Genossen: »Wacht auf, das Unheil ist nahe! Nehmt alle eine Schere und schneidet euch jeder eine Locke über der Schläfe ab.« Eine Stunde später ließ Jelena die Wunderschöne sie alle zu sich kommen und wollte den Schuldigen herausfinden; aber was war geschehen? Jedem, den sie ansah, fehlte über der Schläfe eine Locke. Voller Zorn packte sie ihr Zauberbuch und warf es in den Ofen. Nun gab es keine Ausrede mehr, sie mußte den Zarewitsch heiraten. Es wurde eine fröhliche Hochzeit gefeiert; drei Tage hintereinander durfte das Volk nach Herzenslust saufen, drei Tage lang standen die Schenken und Gasthäuser offen – jedermann durfte essen und trinken, und die Krone bezahlte!

Als das Fest vorüber war, wollte der Zarewitsch mit seiner jungen Gemahlin in sein Reich zurückkehren; die zwölf wackeren Burschen schickte er voraus. Sie gingen aus der Stadt, breiteten ihren Teppich aus, setzten sich darauf und erhoben sich über die ziehenden Wolken. Sie flogen und flogen und stiegen wieder am Rande des dunklen Waldes auf die Erde hinab, genau dort, wo sie ihre starken Pferde zurückgelassen hatten. Kaum waren sie von dem Teppich getreten, als ein Alter mit dem Pfeil in der Hand gelaufen kam. Iwan der Kaufmannssohn gab ihm die Kappe, die unsichtbar macht, zurück. Im folgte bald der zweite Alte, er bekam den fliegenden Teppich; und schließlich war der dritte da – der durfte die schnellaufenden Stiefel nehmen. Dann sagte Iwan zu seinen Genossen: »Sattelt eure Pferde, Brüder, wir wollen uns auf den Weg machen.« Sie fingen sogleich ihre Pferde ein, sattelten sie und ritten in ihr Vaterland zurück. Kaum waren sie angekommen, begaben sie sich zu der Zarewna; als die Zarewna sie sah, freute sie sich über alle Maßen und fragte sie nach ihrem leiblichen Bruder aus, wen er geheiratet habe und ob er bald zurückkomme? Sie fragte: »Wie kann ich eure Dienste lohnen?« Iwan der Kaufmannssohn antwortete: »Laß mich in das Gefängnis bringen, wo ich früher war!« Wie sehr ihm die Zarentochter auch zuredete, er ließ sich nicht davon abbringen; die Wachen kamen und führten ihn ins Gefängnis.

Einen Monat später kam der Zarewitsch mit seiner jungen Gattin gefahren; er wurde feierlich empfangen; die Musik spielte, die Kanonen feuerten, die Glocken läuteten, und so viele Leute fanden sich ein, daß man über die Köpfe wie über ein Pflaster hätte laufen können! Bojaren und andere Herren von Stand machten dem Zarewitsch ihre Aufwartung. Aber er sah sich immerfort um und fragte: »Wo bleibt Iwan, mein treuer Diener?« – »Er sitzt im Gefängnis«, war die Antwort. »Wieso sitzt er im Gefängnis? Wer hat es gewagt, ihn einzusperren?« Da erinnerte ihn seine Schwester: »Du warst es doch selbst, Bruder, der ihm zürnte und ihn einsperren ließ. Erinnerst du dich nicht, wie du ihn einmal nach einem Traum fragtest, und er dir keine Antwort geben wollte?« – »War er das? Wirklich?« – »Er war es; ich habe ihn zu dir gesandt.« Der Zarewitsch befahl, Iwan den Kaufmannssohn zu holen, fiel ihm um den Hals und bat ihn, alles geschehene Böse zu vergessen. Iwan sprach: »Weißt du, Zarewitsch, daß ich alles, was dir geschah, im voraus wußte; das alles habe ich geträumt; deshalb wollte ich dir meinen Traum nicht erzählen.« Der Zarewitsch beförderte ihn zum General, schenkte ihm reiche Güter und behielt ihn für immer in seinem Palast. Iwan der Kaufmannssohn ließ seinen Vater und den älteren Bruder zu sich kommen, und sie lebten fortan in Frieden und Eintracht und mehrten das Gute.

Der Wahrtraum (II)

Es lebten einmal ein Mann und eine Frau, die träumten beinahe jede Nacht, daß unter ihrem Ofen ein Feuer brenne und jemand stöhne: »Weh mir, ich ersticke! Weh mir, ich ersticke!« Der Mann erzählte davon seinen Nachbarn, und die Nachbarn rieten ihm, in die nächste Stadt zu gehen: Dort lebe, sagten sie, der Kaufmann Allraum, ein Meister, zu deuten jeglichen Traum. Der Mann machte sich auf und ging in die Stadt; er wanderte und wanderte und kehrte unterwegs bei einer armen Witwe ein, um bei ihr zu übernachten. Die

Witwe hatte einen Sohn, einen Knaben von etwa fünf Jahren; das Kind sah den Bauern an und sagte: »Großvater! Ich weiß, wohin du gehst.« – »Wohin denn?« – »Zu dem reichen Kaufmann Allraum. Gib acht: Er wird deinen Traum deuten und dafür die Hälfte von dem verlangen, was bei dir unter dem Ofen liegt; aber gib ihm nur ein Viertel und nicht die Hälfte. Und wenn er dich fragt, wer dich darauf gebracht hat, darfst du nichts von mir erzählen.«

Am nächsten Tag in aller Frühe erhob sich der Mann und zog weiter; er kam in die Stadt, fand Allraums Haus und ließ sich bei dem Kaufmann melden. »Was willst du?« – »Ach, Herr Kaufmann, es träumte mir des Nachts, daß in meinem Haus unter dem Ofen ein Feuer brenne und jemand kläglich stöhne: ›Weh mir, ich ersticke! Weh mir, ich ersticke!‹ Könnt Ihr mir diesen Traum deuten?« – »Ich kann ihn wohl deuten, aber willst du mir auch die Hälfte von dem geben, was unter deinem Ofen liegt?« – »Nein, die Hälfte gebe ich nicht; für dich ist auch ein Viertel genug.« Der Kaufmann begann zu feilschen, aber als er merkte, daß der Bauer standhaft blieb, willigte er ein. Er ließ Knechte mit Beilen und Schaufeln kommen und fuhr mit ihnen zu dem Mann. Als sie ankamen, befahl er sogleich, den Ofen abzureißen; als der Ofen abgetragen und die Dielenbretter herausgerissen waren, zeigte sich darunter eine tiefe Grube, die war randvoll mit Silber und Gold gefüllt.

Der Bauer freute sich und begann, den Schatz in vier Teile zu teilen. Der Kaufmann aber ließ ihm keine Ruhe: »Wer hat dich darauf gebracht, daß du mir ein Viertel und nicht die Hälfte geben sollst?« – »Keiner hat mich darauf gebracht, ich bin von selbst darauf gekommen.« – »Du lügst. Dazu bist du zu dumm. Höre: Wenn du mir sagst, wer dich darauf gebracht hat, kannst du das ganze Geld behalten, dann will ich auf mein Viertel verzichten.« Der Bauer überlegte und überlegte, kratzte sich den Hinterkopf und sprach: »Wenn du jetzt nach Hause fährst, wirst du unterwegs ein Haus sehen; in diesem

Haus wohnt eine arme Witwe. Sie hat einen unmündigen Sohn – er war es, der mich darauf gebracht hat.«

Der Kaufmann stieg sofort in seine Kutsche und fuhr im Galopp davon. Er kam zu der armen Witwe: »Erlaube mir«, sagte er, »daß ich mich bei dir ein wenig ausruhe und ein Glas Tee trinke.« – »Seid willkommen!« – Allraum setzte sich auf die Bank, trank Tee und ließ keinen Blick von dem Knaben. Da kam ein Hahn in das Haus gelaufen, schlug mit den Flügeln und krähte: »Kikeriki!« – »Der ist aber stimmgewaltig!« sagte der Kaufmann. »Ich wüßte gern, was er zu verkünden hat!« – »Wenn du willst, werde ich es dir sagen«, sprach der Knabe; »der Hahn verkündet, daß einmal die Zeit kommt, da du arm sein wirst und ich all deine Reichtümer besitze.« Der Kaufmann trank den Tee aus, verabschiedete sich von der Witwe und sprach: »Gib mir dein Söhnchen mit; er braucht bei mir keinen Finger zu rühren, er wird in Wohlstand und Glück leben und niemals die Armut kennenlernen. Und für dich ist es auch besser – eine Last weniger auf deinen Schultern!«

Die Mutter überlegte und kam zu dem Schluß, daß das Leben der Kaufleute in der Tat leichter sei; sie segnete ihr Kind und vertraute es dem Kaufmann Allraum an. Allraum brachte das Kind in sein Haus und hieß ihn in die Küche gehen; dann ließ er den Koch zu sich kommen und befahl: »Schlachte dieses Kind, nimm seine Leber und sein Herz und bereite sie mir zum Mittagessen.« Der Koch kam in die Küche zurück, nahm ein Messer und begann, es auf dem Schleifstein zu wetzen. Der Junge brach in Tränen aus und fragte: »Onkelchen, warum wetzest du das Messer?« – »Ich will ein Schäfchen schlachten.« – »Du sagst die Unwahrheit. Du willst mich schlachten.« Dem Koch fiel das Messer aus der Hand, ihn dauerte das Kind, dessen Seele er verderben sollte. »Ich würde dich gern verschonen, aber ich fürchte meinen Herrn.« – »Fürchte dich nicht! Geh, nimm der Hündin einen Welpen, schneide ihm Leber und Herz heraus, brate sie und

tische sie deinem Herrn auf.« Der Koch gehorchte, setzte
Allraum Hundeherz und Hundeleber vor und versteckte den
Knaben in seiner Kammer. Einen oder zwei Monate später
träumte der dortige König einen Traum: In seinem Palast
standen drei goldene Schüsseln, drei Rüden kamen gelaufen,
stürzten sich auf die Schüsseln und fraßen daraus. Der König
zerbrach sich den Kopf darüber, was dieser Traum wohl
bedeute? Wen er auch immer fragte, niemand wußte den
Traum zu deuten. Da beschloß er, den Kaufmann Allraum
kommen zu lassen; er erzählte ihm seinen Traum und befahl
ihm, diesen Traum innerhalb von drei Tagen zu deuten:
»Wenn du innerhalb dieser Frist den Traum nicht deuten
kannst, wird dein ganzes Hab und Gut mir zufallen.« Als
Allraum vom König nach Hause kam, war er wie außer sich;
er war finster und so zornig, daß er jedem, der ihm über den
Weg lief, eine Maulschelle versetzte; am schlimmsten erging
es dem Koch: »Warum hast du den Knaben geschlachtet?
Jetzt könnte ich ihn gut gebrauchen!« Da gestand der Koch,
daß der Knabe noch am Leben sei. Allraum ließ ihn sogleich
zu sich kommen: »So«, sprach er, »jetzt deute mir meinen
Traum; heute nacht träumte mir: Ich habe drei goldene
Schüsseln, Rüden kommen gelaufen, stürzen sich auf die
Schüsseln und fressen daraus.« Der Knabe antwortete: »Das
hat nicht dir geträumt, sondern dem Herrn König.« – »Das
hast du richtig erkannt! Aber was bedeutet dieser Traum?« –
»Ich weiß es wohl, aber ich werde es dir nicht sagen; bringe
mich zum König, dem will ich nichts verheimlichen.«

Allraum befahl, einzuspannen, stieg in die Kutsche, hieß
den Knaben auf dem Wagentritt stehen und fuhr zum Palast;
er ließ sich vor die hohe Treppe fahren, trat in die Gemächer
aus weißem Stein und verneigte sich vor dem König. »Guten
Tag, Allraum! Was bedeutet mein Traum?« fragte der König.
»Pah, er war nicht schwer zu deuten, Majestät! Es ist keine
Aufgabe für mich, sondern für ein kleines Kind! Rufe nur
meinen Knaben herein, er wird es dir sagen, wie nach dem

Buch.« Der König befahl, den Knaben hereinzuführen; sobald der vor ihm stand, befragte er ihn um seinen Traum. Das Kind antwortete: »Zuerst soll Allraum sprechen! Denn er kann deinen Traum nicht deuten und will sich mit fremden Federn schmücken!« – »Gut, dann sprich du als erster, Allraum!« Allraum fiel auf die Knie und gestand, daß er den Traum des Königs nicht deuten könne. Darauf trat der Knabe vor und sprach: »Majestät! Dein Traum ist ein Wahrtraum: Du hast drei Töchter – drei wunderschöne Prinzessinnen; sie haben sich vor Gott und vor dir versündigt und werden in den nächsten Tagen jede mit einem Enkel für dich niederkommen.« Alles trat ein, wie der Fünfjährige vorausgesagt hatte; da nahm der König dem Kaufmann Allraum sein Hab und Gut und schenkte es dem Knaben.

Das Salz

In einer Stadt lebte einmal ein Kaufmann, der hatte drei Söhne. Der erste hieß Fjodor, der zweite Wassilij und der dritte war der dumme Iwan. Der Kaufmann war sehr reich. Er fuhr mit seinen Schiffen in fremde Länder und handelte mit allerlei Ware. Eines Tages belud er zwei Schiffe mit kostbaren Waren, vertraute sie seinen beiden ältesten Söhnen an und sandte sie übers Meer. Der jüngste Sohn Iwan zog von Schenke zu Schenke, deshalb wollte der Vater ihn nicht auf eine Handelsreise schicken; als er hörte, daß seine Brüder übers Meer fuhren, ging er zu seinem Vater und bat ihn gleichfalls um ein Schiff – er wollte in andere Länder fahren, sich sehen lassen, andere Menschen sehen und auf seine Art und Weise Gewinn machen. Der Kaufmann wollte es ihm lange nicht erlauben: »Du wirst ja doch alles versaufen und noch den eigenen Kopf verkaufen!« Aber da sein Jüngster ihn so beharrlich bat, gab er ihm ein Schiff mit der billigsten Ladung: mit Balken, Schindeln und Brettern.

Iwan rüstete sich zu der Reise, bestieg das Schiff, ließ den Anker lichten und hatte seine Brüder bald eingeholt. So fuhren sie nebeneinander über das blaue Meer, einen Tag, einen zweiten und einen dritten, aber am vierten erhob sich ein starker Wind, der trieb Iwans Schiff weit fort zu einer unbekannten Insel. »Nun, Kinder«, befahl Iwan den Schiffsleuten, »steuert auf das Ufer zu.« Das Schiff legte an, er stieg aus, hieß sie auf ihn warten, betrat einen Pfad und folgte ihm; er wanderte und wanderte und kam schließlich an einen Berg. Der Berg bestand weder aus Sand noch aus Stein, sondern aus reinem russischen Salz. Er kehrte zum Ufer zurück, befahl den Schiffsleuten, alle Balken und Bretter ins Wasser zu werfen und das Schiff mit Salz zu beladen. Sobald dies getan war, setzte Iwan die Segel und fuhr weiter. Ob sie nun lange dahinfuhren oder kurz, ob es weit war oder nah – das Schiff kam zu einer großen reichen Stadt. Es fuhr in den Hafen ein und warf den Anker aus. Iwan der Kaufmannssohn ging in die Stadt und begab sich geradewegs in den Palast des Zaren, um von ihm die Erlaubnis zu erbitten, in seiner Stadt freien Handel zu treiben. In einem Tüchlein nahm er eine Probe von seiner Ware mit – von dem russischen Salz. Er wurde dem Zaren gemeldet und sofort vorgelassen. Der Zar fragte: »Sage mir, was dich hierher führt? Was ist dein Begehr?« – »Majestät! Erlaube mir, in deiner Stadt freien Handel zu treiben.« – »Welche Ware bietest du feil?« – »Russisches Salz, Majestät.« Der Zar hatte noch nie etwas von Salz gehört: In seinem ganzen Reich wurde ohne Salz gegessen. Er wunderte sich über die neue seltsame Ware: »Zeig mir deine Ware!« Iwan der Kaufmannssohn knotete das Tuch auf; der Zar warf einen Blick hinein und dachte im stillen: »Das ist ja nichts anderes als einfacher weißer Sand!« Und er sagte zu Iwan mit einem Lächeln: »Na, weißt du, deine Ware bekommt man bei uns auch ohne Geld!«

Als Iwan des Zaren Gemächer verließ, war er recht traurig; da dachte er: »Ich will in die Küche des Zaren gehen und sehen, wie die Köche die Speisen zubereiten – womit würzen sie?« Er kam in die Küche, fragte, ob er sich ein Weilchen ausruhen dürfe, setzte sich auf einen Stuhl und sah dem Treiben zu. Die Köche hatten alle Hände voll zu tun: Der eine war am Kochen, der andere am Braten, der dritte war am Backen, und wieder ein anderer knackte auf dem Kochlöffel Läuse. Iwan der Kaufmannssohn sah, daß die Köche die Gerichte nicht salzten; er wartete einen günstigen Augenblick ab, da keiner von den Köchen in der Küche war, und tat Salz an alle Gerichte und Beilagen. Endlich sollte das Essen aufgetragen werden. Das erste Gericht wurde hereingetragen: der Zar aß davon, und es kam ihm so schmackhaft vor wie nie zuvor. Das zweite Gericht wurde hereingetragen – das mundete dem Zaren noch besser.

Der Zar ließ die Köche kommen und sprach: »Ich sitze schon so lange auf dem Zarenthron, aber ihr habt noch nie so gut gekocht! Wie kommt das?« Die Köche antworteten: »Majestät, wir haben nach hergebrachter Weise gekocht und nichts Neues hinzu getan; aber in der Küche sitzt jener Kaufmann, der um die Erlaubnis bat, freien Handel zu treiben: Vielleicht hat der etwas an die Speisen getan?« – »Holt ihn herbei!« Nun wurde Iwan der Kaufmannssohn vor den Zaren geführt; er fiel auf die Knie und bat um Gnade: »Ich bekenne mich schuldig, Majestät! Ich habe mit russischem Salz alle Gerichte und Beilagen gewürzt. Ich wollte zeigen, wie bei uns gekocht wird.« – »Wie hoch ist der Preis für dein Salz?« Iwan merkte, daß er einen guten Handel abschließen konnte und antwortete: »Er ist nicht sehr hoch: Für zwei Maß Salz ein Maß Silber und ein Maß Gold.« Der Zar war mit dem Preis einverstanden und kaufte ihm seine ganze Ladung ab.

Iwan lud das Silber und das Gold auf sein Schiff und wartete auf einen günstigen Wind; der Zar aber hatte eine Tochter, eine wunderschöne Prinzessin, die gelüstete es, ein russisches Schiff zu sehen, und sie bat ihren Vater um Erlaub-

nis, den Hafen zu besuchen. Der Zar gewährte ihr diesen
Wunsch. Begleitet von ihren Ammen, Wärterinnen und
Kammerjungfern fuhr sie ans Meer, um das russische Schiff
zu sehen. Iwan der Kaufmannssohn zeigte ihr, was alles zum
Schiff gehört und wie es heißt: Segel, Takelwerk, Heck, Bug,
und führte sie schließlich in seine Kajüte; seinen Schiffsleuten
aber gab er heimlich den Befehl, in aller Eile den Anker zu
lichten, die Segel zu setzen und ins offene Meer hinauszufah-
ren. Und da der günstige Wind stark war, flogen sie nur so
dahin. Die Zarentochter trat auf das Deck hinaus, sah nach
allen Seiten – ringsum nichts als Meer – und fing an zu
weinen. Iwan der Kaufmannssohn tröstete sie, redete ihr gut
zu, trocknete ihre Tränen; und da er ein bildschöner Jüngling
war, lächelte die Zarentochter und trauerte nicht länger.

Ob sie lange über das Meer segelten oder kurz – seine
älteren Brüder holten ihn ein, erfuhren von seinem Mut und
von seinem Glück und wurden sehr neidisch. Sie kamen auf
sein Schiff, packten ihn an beiden Armen und warfen ihn ins
Meer; dann losten sie und teilten: der ältere Bruder nahm die
Zarentochter und der mittlere das Schiff mit dem Silber und
dem Gold. Aber just zu der Zeit, da sie Iwan über Bord
warfen, trieb im Wasser einer von jenen Balken, die er selbst
in das Meer geworfen hatte. Iwan klammerte sich an den
Balken und wurde lange über die Meerestiefen getragen;
endlich wurde der Balken an eine unbekannte Insel gespült.

Nun hatte Iwan festen Boden unter den Füßen und wanderte das Ufer entlang – da kam ihm ein Riese mit einem
mächtigen Schnurrbart entgegen, an dem Schnurrbart hatte
er nach dem Regen Fäustlinge zum Trocknen aufgehängt.
»Was suchst du hier?« fragte der Riese. Iwan erzählte ihm
alles, was vorgefallen war. »Wenn du willst, trage ich dich
nach Hause; morgen wird dein älterer Bruder mit der Zarentochter Hochzeit halten; setz dich auf meine Schulter.« Der
Riese hob ihn hoch, setzte ihn auf die Schulter und watete
durch das Meer. Auf einmal fiel Iwan die Mütze vom Kopf.

»Ach«, sagte er, »ich habe meine Mütze verloren!« – »Du bist schon weit von deiner Mütze entfernt! Inzwischen haben wir an die fünfhundert Werst zurückgelegt«, antwortete der Riese; er brachte Iwan in seine Heimat, setzte ihn wieder auf die Erde und sprach: »Nimm dich in acht und prahle niemals, daß du auf mir geritten bist; wenn du es jemandem erzählst, mache ich dir den Garaus!« Iwan der Kaufmannssohn versprach, niemals damit zu prahlen, dankte dem Riesen und ging nach Hause. Als er in das Haus trat, war dort das Hochzeitsfest im Gange, man wollte gerade in die Kirche fahren. Als die schöne Zarentochter ihn erblickte, sprang sie von ihrem Platz auf und warf sich ihm an die Brust. »Er ist mein Bräutigam!« sagte sie, »und nicht der andere, der neben mir sitzt!« – »Was geschieht hier?« fragte der Vater; Iwan erzählte ihm, wie sich alles zugetragen hatte; wie er die Ladung Salz verkaufte, die Zarentochter entführte und wie die älteren Brüder ihn ins Meer warfen. Der Vater geriet in Zorn, jagte seine älteren Söhne aus dem Haus und vermählte Iwan mit der Zarentochter. Dann gab es ein fröhliches Fest; mancher Gast trank über den Durst und prahlte: Der eine mit seiner Kraft, der andere mit seinem Reichtum und wieder ein anderer mit seiner jungen Frau. Iwan saß da, hörte zu und schließlich bekam er einen Rausch und redete mit: »Was ist das schon, womit ihr alle wichtig tut! Ich bin der einzige, der Grund hat, sich zu rühmen: Ich bin nämlich auf einem Riesen durch das Meer geritten!« Kaum hatte er es ausgesprochen, da stand schon der Riese vor dem Tor: »Ha, Iwan Kaufmannssohn, habe ich dir nicht gesagt, daß du mit mir nicht prahlen sollst; warum hast du dich nicht daran gehalten?« – »Hab Nachsicht mit mir!« flehte Iwan der Kaufmannssohn, »es war nicht ich, der prahlte, es war der Rausch, der prahlte.« – »Wer ist das, der Rausch? Zeig ihn mir!«

Iwan befahl, ein Vierzig-Eimer-Faß Wein und ein Vierzig-Eimer-Faß Bier herbeizuschaffen. Der Riese trank den Wein und das Bier bis auf den letzten Tropfen aus, bekam einen

Rausch und zertrümmerte in seiner Trunkenheit alles, was ihm unter die Hände kam; er richtete großes Unheil an, verwüstete Gärten und deckte Häuser ab! Dann fiel er um und schlief drei Tage und drei Nächte, ohne aufzuwachen. Als er aufwachte, zeigten sie ihm, was er alles angerichtet hatte; der Riese kam aus dem Staunen nicht heraus und sprach: »So, Iwan Kaufmannssohn, jetzt weiß ich, wer der Rausch ist, von heute an darfst du mit mir bis an dein Lebensende prahlen.«

Der goldene Berg

Ein Kaufmannssohn verpraßte und verschwendete sein ganzes Hab und Gut, schließlich war es soweit, daß er kein Stück Brot mehr hatte; er nahm einen Spaten, ging auf den Markt und stellte sich hin – vielleicht könnte er sich als Knecht verdingen. Da kam ein reicher Kaufmann in einer vergoldeten Kutsche gefahren; als die Tagelöhner seiner ansichtig wurden, liefen sie alle auseinander und versteckten sich. Nur der Kaufmannssohn blieb mitten auf dem Platz stehen. »Suchst du Arbeit, guter Mann? Bei mir kannst du Arbeit haben«, sagte der reiche Kaufmann. »Gern; deshalb stehe ich ja auch auf dem Markt.« – »Und welchen Lohn verlangst du?« – »Hundert Rubel am Tag, das ist genug für mich.« – »Warum soviel?« – »Wenn es dir zuviel ist, dann such dir einen anderen; du siehst doch, daß hier viel Volk herumstand, aber als du kamst, liefen alle davon.« – »Nun gut! Komm morgen zum Hafen.« Am nächsten Morgen kam der Kaufmannssohn in aller Frühe zum Hafen; der reiche Kaufmann erwartete ihn schon. Sie stiegen auf das Schiff und fuhren über das Meer.

Sie fuhren lange, lange. Da sahen sie mitten im Meer eine Insel. Auf dieser Insel ragten hohe Berge gen Himmel, und dicht am Wasser schien ein Feuer lichterloh zu brennen.

»Dort brennt es!« sagte der Kaufmannssohn. »Nein, das ist mein goldener Palast.« Sie warfen den Anker aus und gingen an Land; die Frau des reichen Kaufmanns kam ihnen mit seiner Tochter entgegen, die Tochter aber war von solcher Schönheit, wie man sie sich nicht ausdenken, nicht wünschen und nicht im Märchen erzählen könnte. Sie begrüßten einander, gingen in den Palast und luden auch den neuen Knecht ein; dann setzten sie sich an die Tafel, aßen, tranken und unterhielten sich aufs beste. »Man soll die Gelegenheit beim Schopfe fassen!« sagte der Kaufmann. »Heute wollen wir es uns wohl sein lassen, aber morgen geht es an die Arbeit.« Der Kaufmannssohn war ein Bild von einem Jüngling, stattlich, gut gewachsen, wie Milch und Blut – die schöne Jungfrau fand Gefallen an ihm. Sie ging in ein anderes Gemach, rief ihn insgeheim zu sich und gab ihm einen Feuerstein und einen Feuerstahl: »Nimm, wenn du in Not bist, werden sie dir helfen!«

Am nächsten Tag begab sich der reiche Kaufmann mit seinem Knecht zu einem hohen goldenen Berg: Wollte man hinaufklettern – es war nicht möglich, hinaufzuklettern, wollte man hinaufkriechen – es war nicht möglich, hinaufzukriechen! Der Kaufmann sagte: »So! Als erstes wollen wir einen Schluck trinken!« Und er reichte dem Kaufmannssohn einen Schlaftrunk. Der Knecht trank ihn aus und schlief ein. Der Kaufmann zog ein Messer hervor, schlachtete eine Mähre, nahm sie aus, schob den Burschen in den hohlen Pferdebauch, legte einen Spaten dazu und nähte die Haut zusammen; dann versteckte er sich im Gebüsch. Plötzlich kamen Raben geflogen, schwarze, mit eisernen Schnäbeln, umkreisten den Kadaver, trugen ihn auf den Berg hinauf und begannen, mit ihren Schnäbeln daran zu hacken; bald war das Pferd aufgefressen, und sie fielen über den Kaufmannssohn her. Da wachte er auf, verscheuchte die schwarzen Raben, blickte sich um und fragte: »Wo bin ich?« Der reiche Kaufmann antwortete: »Auf dem goldenen Berg, nimm den

Spaten und schaufle Gold.« Nun schaufelte der Kaufmannssohn und schaufelte; er schaufelte das Gold vom Berg herunter, und der Kaufmann lud es auf Wagen. Gegen Abend
waren neun Wagen vollgeladen. »Das ist genug!« sagte der
reiche Kaufmann, »hab Dank für deine Arbeit und leb wohl!«
– »Und was ist mit mir?« – »Mit dir? Das weiß ich nicht.
Neunundneunzig sind schon auf dem Berg geblieben; du bist
der hundertste«, sprach der Kaufmann und fuhr davon. »Was
soll ich tun?« dachte der Kaufmannssohn. »Von diesem Berg
kann ich unmöglich heruntersteigen; es ist mir wohl bestimmt, Hungers zu sterben!« So stand er auf dem Berg,
und über ihm kreisten die Raben, die schwarzen mit den
eisernen Schnäbeln; sie witterten eine Beute! Der Kaufmannssohn dachte zurück, wie alles gekommen war, und
erinnerte sich, wie die schöne Jungfrau ihm ein heimliches
Zeichen gegeben, den Feuerstein und den Feuerstahl in die
Hand gedrückt und gesagt hatte: »Nimm, wenn du in Not
bist, werden sie dir helfen!« – »Das hat sie doch mit Bedacht
gesagt! Ich will es ausprobieren.« Der Kaufmannssohn holte
Feuerstein und Feuerstahl aus der Tasche und schlug sie
aneinander – schon sprangen zwei Burschen hervor. »Was
wird gewünscht? Was wird begehrt?« – »Tragt mich hinunter
an das Meeresufer.« Kaum hatte er dies ausgesprochen,
faßten sie ihn unter die Arme und trugen ihn behutsam den
Berg hinunter.

Der Kaufmannssohn ging das Ufer entlang, da sah er – ein
Schiff segelte an der Insel vorbei. »He, ihr guten Menschen,
Seeleute! Nehmt mich mit!« – »Das geht nicht, Bruder! Wir
können nicht anhalten, wir müssen in dieser Zeit hundert
Werst zurücklegen!« Als das Schiff die Insel hinter sich
gelassen hatte, erhoben sich widrige Winde, und ein furchtba-
rer Sturm zog auf. »Wehe! Es war vielleicht kein gewöhnlicher
Sterblicher; laßt uns umkehren und ihn auf das Schiff holen.«
Sie wendeten, legten an der Insel an, der Kaufmannssohn
stieg auf das Schiff und ließ sich zu seiner Vaterstadt bringen.

Ob nun viel Zeit vergangen war oder wenig – der Kaufmannssohn nahm seinen Spaten, stellte sich auf den Marktplatz und wollte sich als Knecht verdingen. Wiederum kam in
der goldenen Kutsche der reiche Kaufmann gefahren; sobald
die Tagelöhner seiner ansichtig wurden, liefen sie alle auseinander und versteckten sich. Der Kaufmannssohn blieb allein
auf dem Platz stehen. »Willst du mein Knecht sein?« fragte
ihn der reiche Kaufmann.»Gern! Wenn du mir zweihundert
Rubel für den Tag gibst, will ich für dich arbeiten.« – »Du bist
aber teuer!« – »Wenn ich dir zu teuer bin, so suche dir einen
billigeren. Du hast doch selbst gesehen, daß hier viel Volk
herumstand, aber alle sind vor dir davongelaufen.« –
»Meinetwegen! Komm morgen zum Hafen.« Am nächsten
Morgen trafen sie sich im Hafen, bestiegen das Schiff und
fuhren zu der Insel. Dort feierten sie einen Tag lang und
zechten – aber als der nächste Tag anbrach, begaben sie sich
zu dem goldenen Berg. Als sie dort angekommen waren, hielt
der reiche Kaufmann seinem Knecht einen vollen Becher hin:
»Trinke, bevor es an die Arbeit geht!« – »Gemach, Herr! Du
bist der Kopf, dir gebührt der erste Schluck; versuche meinen
Wein.« Der Kaufmannssohn hatte sich nämlich mit einem
Schlaftrunk versehen; er goß davon einen Becher voll und
reichte ihn dem Kaufmann. Der leerte ihn und schlief sogleich
ein. Der Kaufmannssohn schlachtete eine Schindmähre,
nahm sie aus, schob seinen Herrn in den hohlen Pferdebauch,
legte den Spaten dazu und nähte die Haut zusammen. Dann
versteckte er sich im Gebüsch.

Plötzlich kamen die Raben geflogen, die schwarzen mit den
eisernen Schnäbeln. Sie trugen den Kadaver auf den Berg und
begannen, mit ihren Schnäbeln daran zu hacken. Der reiche
Kaufmann wachte auf und blickte um sich. »Wo bin ich?«
fragte er. »Auf dem Berg; nimm den Spaten und schaufle das
Gold herunter. Wenn du fleißig geschaufelt hast, will ich dich
lehren, wie du von dem Berg herunterkommen kannst.« Der
reiche Kaufmann nahm den Spaten und schaufelte und

schaufelte, bis zwölf Fuhren vollgeladen waren. »So, jetzt ist
es genug!« sagte der Kaufmannssohn, »hab Dank für deine
Arbeit und leb wohl!« – »Und was ist mit mir?« – »Mit dir?
Das weiß ich nicht. Neunundneunzig sind schon auf dem Berg
geblieben; du bist der hundertste.« Der Kaufmannssohn fuhr
mit den zwölf vollen Wagen davon, kam zu dem goldenen
Palast, vermählte sich mit der schönen Jungfrau, der Tochter
des reichen Kaufmanns, bemächtigte sich seines unermeßlichen Reichtums und zog mit der ganzen Familie in die
Hauptstadt. Der reiche Kaufmann mußte auf dem Berg
bleiben; die Raben, die schwarzen mit den eisernen Schnäbeln, haben ihn zu Tode gehackt.

Die wundersame Schalmei

Es lebten einmal ein Mann und eine Frau, die hatten zwei
Kinder, ein Söhnchen Iwanuschka und ein Töchterchen
Annuschka. Der Vater schickte seine Kinder zum Beerensam-
meln in den Wald und sprach: »Kinderchen! Wer von euch
die meisten Beeren heimbringt, dem werde ich einen seidenen
Gürtel kaufen.« Beide freuten sich darüber und liefen, ohne zu
säumen, in den Wald. Iwanuschka war kleiner und fand mehr
Beeren als Annuschka; aus Neid, daß nicht sie den seidenen
Gürtel bekommen würde, tötete Annuschka ihren Bruder und
begrub ihn im Wald. Sie ging nach Hause und sagte dem
Vater, daß Brüderchen Iwanuschka weggelaufen sei, ohne zu
sagen, wohin.

Einige Zeit später war ein Schilfrohr aus dem Grab Iwanuschkas gewachsen. Vorbeifahrende Kaufleute schnitten
das Schilfrohr ab, machten daraus eine Schalmei, und als sie
hineinbliesen – staunten sie sehr: Aus der Schalmei ertönte
eine Stimme: »Spiele, spiele, Onkelchen, nicht du warst es,
der mich tötete, nicht du warst es, der mich mordete; gemordet hat mich mein Schwesterchen um roter Beeren willen, um

eines seidenen Gürtels willen.« Die Kaufleute kamen in ein Dorf, und es traf sich, daß sie bei dem Vater Iwanuschkas übernachteten, sie erzählten ihm von der wundersamen Schalmei und baten ihn, auf der Schalmei zu spielen. Der Alte spielte, und die Schalmei sang: »Spiele, spiele, Väterchen, nicht du warst es, der mich tötete, nicht du warst es, der mich mordete; gemordet hat mich mein Schwesterchen um roter Beeren willen, um eines seidenen Gürtels willen.«

Dann hießen sie die Schwester spielen. Die Schalmei sang: »Spiele, spiele, Schwesterchen Annuschka, du warst es, die mich tötete und im Wald mordete, um roter Beeren willen, um eines seidenen Gürtels willen.« Der Vater geriet in großen Zorn, stellte seine Tochter vor das Tor und erschoß sie mit einem unreinen Gewehr. Auf seinem Hof war eine Pfütze, darin schwamm eine Plötze, dann kam dazu eine Ente, und unser Märchen ist zu Ende.

Die Vogelsprache

In einer Stadt lebten einmal ein Kaufmann und seine Frau; Gott schenkte ihnen einen Sohn, der über seine Jahre gescheit war, er hieß Wassilij. Eines Tages saßen sie zu dritt am Mittagstisch, und über dem Tisch hing ein Käfig mit einer Nachtigall, die sang so herzzerreißend, daß der Kaufmann es nicht länger aushielt und sprach: »Wenn sich ein Mensch fände, der mir getreulich erzählen könnte, wovon die Nachtigall singt und was sie verkündet, so wollte ich schon zu meinen Lebzeiten ihm die Hälfte von meinem Hab und Gut schenken und ihn auch in meinem Testament reichlich bedenken.« Da sah der kleine Junge – damals war er sechs Jahre alt – dem Vater und der Mutter fest in die Augen und sagte: »Ich weiß, wovon die Nachtigall singt, aber ich fürchte mich, es euch zu sagen.« – »Sag es nur frei heraus«, redeten ihm die Eltern zu, und endlich brachte Wassilij unter Tränen hervor: »Die

589

Nachtigall verkündet, daß eine Zeit kommen wird, da ihr mir dienen müßt: Der Vater wird mir das Wasser reichen und die Mutter das Tuch, um Gesicht und Hände zu trocknen.« Diese Worte betrübten den Kaufmann und die Kaufmannsfrau, und sie beschlossen, ihr Kind auszusetzen; sie ließen einen kleinen Nachen bauen, legten in einer dunklen Nacht das schlafende Kind hinein und stießen es in das offene Meer hinaus. Aber die weissagende Nachtigall flog aus dem Käfig heraus, folgte dem Nachen und ließ sich auf die Schulter des Knaben nieder.

So trieb der Nachen über das Meer. Da kam ihm ein Schiff mit vollen Segeln entgegen. Der Schiffer bemerkte den Knaben. Das Kind dauerte ihn; er holte den Knaben auf das Schiff, fragte ihn aus und versprach, ihn wie einen eigenen Sohn zu halten und zu lieben. Am nächsten Tag sagte der Knabe zu seinem neuen Vater: »Die Nachtigall singt, daß bald Sturm aufkommt, die Masten knickt und die Segel zerfetzt; wir müssen einen sicheren Hafen suchen.« Aber der Schiffer hörte nicht auf ihn. Bald kam Sturm auf, knickte die Masten und zerfetzte die Segel. Nun war nichts mehr zu machen. Das, was geschehen ist, kann niemand ungeschehen machen; sie setzten neue Masten, besserten die Segel aus und fuhren weiter. Eines Tages sagte Wassja: »Die Nachtigall singt, daß zwölf Schiffe uns entgegenkommen, es sind Seeräuber, sie werden uns überwältigen und gefangennehmen!« Dieses Mal hörte der Schiffer auf den Knaben, kehrte um, ging bei einer Insel vor Anker und sah die zwölf Schiffe, alle zwölf Seeräuberschiffe, vorübersegeln.

Der Schiffer wartete so lange, wie es tunlich war, und lichtete dann den Anker. Ob es lange währte oder kurz – das Schiff kam zu der Stadt Chwalynsk. Dort flogen vor dem Palast des Königs schon seit einigen Jahren ein Rabe, eine Rabenfrau und ein Rabenjunges; sie krächzten ohne Unterlaß und ließen sich weder bei Tag noch bei Nacht vertreiben. Man hatte alles versucht, alle erdenklichen Listen angewandt, aber die Vögel kehrten immer wieder zu den Fenstern des Palastes zurück; man schoß mit Schrot auf sie, aber auch dagegen waren sie gefeit! Eines Tages ließ der König an jeder Wegkreuzung, in jedem Hafen einen Ukas anschlagen: Wem es gelingt, den Raben und die Rabenfrau von den Fenstern des Palastes zu vertreiben, der bekommt vom König als Lohn das halbe Reich und die jüngste Tochter zur Frau; wer es verspricht, aber das Versprechen nicht halten kann, der muß auf das Blutgerüst. Viele hätten sich gern als Verwandte des Königs gesehen, aber sie mußten alle ihren Kopf auf den Richtblock legen.

Als Wassja davon erfuhr, bat er den Schiffer: »Erlaube mir, zum König zu gehen und den Raben und die Rabenfrau von seinem Fenster zu vertreiben!« Der Schiffer wollte es ihm ausreden, aber es gelang ihm nicht. »Geh«, sagte er, »aber wenn es ein schlimmes Ende nimmt, darfst du niemandem einen Vorwurf machen!« Wassja kam in den Palast, ließ sich beim König melden und befahl, das Fenster zu öffnen, vor dem die Raben kreisten. Er hörte eine Weile ihrem Krächzen zu und sagte dann zu dem König: »Majestät, Sie sehen, daß hier drei Vögel herumfliegen – der Rabe, seine Frau und ihr Söhnchen, das Rabenjunge. Der Rabe und die Rabenfrau streiten, wem der Sohn wohl gehöre, dem Vater oder der Mutter, und bitten, ihren Streit zu schlichten. Majestät! Sprechen Sie Recht, wem der Sohn gehört!« Der König sagte: »Dem Vater.« Kaum hatte der König dies ausgesprochen, als der Rabe mit dem Rabenjungen nach rechts und die Rabenfrau nach links davonflog.

Darauf nahm der König den Knaben zu sich. Er ließ es an nichts fehlen und erwies ihm alle Ehre; der Knabe wuchs zu einem stattlichen Jüngling heran, heiratete die Königstochter und bekam das halbe Reich als Aussteuer. Eines Tages verspürte er Lust, auf Reisen zu gehen, fremde Länder, fremde Menschen zu sehen und sich selbst zu zeigen; das Nötige war bald gerichtet, und er fuhr davon. Gegen Abend

kam er in eine fremde Stadt und wollte dort übernachten; er
übernachtete, stand am nächsten Morgen auf und befahl, das
Waschwasser zu bringen. Der Hausherr brachte ihm Wasser
und die Hausfrau das Tuch; sie unterhielten sich, da erkannte
der junge König, daß sein leiblicher Vater und seine leibliche
Mutter vor ihm standen. Er weinte vor Freude und fiel ihnen
zu Füßen. Dann nahm er sie mit in die Stadt Chwalynsk, und
sie lebten alle zusammen in Frieden und Eintracht und
mehrten das Gute.

Der Jäger und sein Weib

Es lebte einmal ein Jäger, der hatte zwei Hunde. Eines Tages
streifte er mit ihnen über die Wiesen, durch die Wälder und
wollte ein Wild aufspüren. Aber wie lange er auch wanderte –
kein Wild zeigte sich. Es war schon gegen Abend, als er
plötzlich vor einem Baumstumpf stand. Der Baumstumpf
brannte, und in den Flammen ringelte sich eine Schlange. Die
Schlange sprach: »Bäuerlein, hol mich aus den Flammen, hol
mich aus der Glut; dafür werde ich dich glücklich machen: Du
wirst alles wissen, was auf der Welt vorgeht, was das Tier
spricht und was der Vogel singt!« – »Ich würde dir gerne
helfen, aber wie?« sagte der Jäger zu der Schlange. »Halte die
Spitze eines Stockes ins Feuer, ich werde mich daran hinauf-
ringeln.« Der Jäger tat so. Die Schlange wand sich aus dem
Feuer heraus: »Hab Dank, Bäuerlein. Jetzt wirst du verste-
hen, was die Kreatur spricht; aber du darfst niemandem
etwas davon sagen – wenn du es tust, ist dir der Tod gewiß!«
   Der Jäger ging weiter und suchte Wild. Er wanderte und
wanderte, schließlich überraschte ihn die dunkle Nacht.
»Nach Hause ist es weit«, dachte er, »ich werde hier übernachten.« Er machte ein Feuer und legte sich mit seinen
Hunden davor. Auf einmal hörte er, wie die Hunde miteinander sprachen und einander mit ›Bruder‹ anredeten: »Höre,

Bruder«, sagte der eine, »schlafe du hier bei unserem Herrn. Ich werde schnell nach Hause laufen und Haus und Hof bewachen. Es könnten Diebe kommen!« – »Geh mit Gott, Bruder!« antwortete der andere Hund. Am nächsten Morgen in aller Frühe kehrte der Hund zurück und begrüßte den anderen, der im Wald übernachtet hatte: »Guten Morgen!« – »Guten Morgen!« – »War die Nacht ruhig?« – »Sie war es, Gott sei Dank! Und wie hast du zu Hause geruht?« – »O weh! Fast gar nicht! Als ich nach Hause kam, sagte die Herrin: ›Der Teufel hol dich, weil du ohne deinen Herrn kommst!‹ und warf mir eine verbrannte Brotkruste hin. Ich schnupperte und schnupperte daran, aber ich rührte sie nicht an. Da nahm sie den Schürhaken und traktierte mich damit, keine Rippe hat sie ausgelassen! Und in der Nacht, Bruder, kamen die Diebe, sie schlichen um die Speicher und um die Ställe herum, da habe ich so laut gebellt und habe sie so wütend angesprungen, daß sie nicht weiter an fremdes Hab und Gut dachten, sondern froh waren, heil davonzukommen! So habe ich mir die ganze Nacht um die Ohren geschlagen!« Der Jäger hörte, was der eine Hund dem andern erzählte und dachte im stillen: »Na, warte, liebe Frau! Dir werde ich es zeigen, wenn ich nach Hause komme!«

Er kam nach Hause: »Guten Tag, liebe Frau!« – »Guten Tag, lieber Mann!« – »War mein Hund gestern da?« – »Der Hund war da.« – »Hast du ihm zu fressen gegeben?« – »Ich habe ihm zu fressen gegeben, mein Guter! Einen ganzen Krug Milch! Und ich habe Brot hineingebrockt.« – »Du lügst, alte Hexe! Du hast ihm eine verbrannte Brotkruste hingeworfen und die Rippen mit dem Schürhaken gezählt.« Die Frau gestand alles, ließ aber dem Mann keine Ruhe, sie wollte wissen, wie er davon erfahren habe. »Das darf ich nicht sagen«, antwortete der Mann, »es ist mir verboten, davon zu erzählen.« – »Sag es, erzähl es mir doch, mein Lieber!« – »Ich schwöre, daß ich es nicht darf!« – »Sag es mir doch, mein Herz!« – »Wenn ich es erzähle, ist mir der Tod gewiß.« – »Das tut nichts, sag es mir nur, mein liebster Freund!« Wie kann man gegen eine Frau ankommen? »Und wenn du stirbst, erzählen mußt du es doch!« – »Nun, dann gib mir ein weißes Hemd«, antwortete der Mann.

Er zog das weiße Hemd an, legte sich in die rechte Ecke unter die Ikonen, nahm Abschied vom Leben und öffnete schon den Mund, um seinem Weib die Wahrheit zu erzählen. Da kamen Hennen ins Haus gelaufen, der Hahn folgte ihnen auf dem Fuß und scheuchte sie, bald die eine, bald die andere. Dabei sprach er: »Ich werde es euch zeigen! Ich bin nicht so ein Tölpel wie unser Herr, der mit einem Weib nicht fertig wird! Ich habe dreißig euresgleichen und sogar darüber, aber wenn es darauf ankommt, geht keine leer aus!« Als der Jäger diese Reden hörte, wollte er nicht länger als Tölpel gelten, mit einem Satz sprang er von der Bank und drosch mit der Peitsche auf seine Frau ein. Da war sie auf einmal ganz zahm, wußte genug und hatte nichts mehr zu fragen!

Gut genutzte Lehre

Es lebte einmal ein reicher Kaufmann, der hatte einen Sohn Iwan. Eines Tages beschloß der Vater: »Ich will meinen Sohn übers Meer fahren und ihn dort die Vogelsprachen lernen lassen.« So schickte er ihn in die Lehre. Nach drei Jahren kam der Vater und wollte seinen Sohn abholen: »Du mußt mir vorher das Lehrgeld bezahlen, dann kannst du deinen Sohn mitnehmen«, sagte der Meister. Der Kaufmann aber war inzwischen verarmt und konnte nicht bezahlen. »Väterchen«, sprach der Sohn, »frage doch, ob ich dich besuchen darf, dann werde ich dir genug Geld verschaffen.« Der Vater fragte und durfte Iwan mitnehmen. Sie wanderten auf einem Weg, einem breiten Weg. »Gib acht, Väterchen«, sprach Iwan der Kaufmannssohn, »ich werde mich in ein Pferd verwandeln und du selbst wirst mich für dreihundert Rubel verkaufen.« Gesagt, getan. Ein großer Bojar kaufte das Pferd. Nun wollte er das Pferd reiten, schwang sich in den Sattel und gab ihm die Sporen. Das Pferd bäumte sich, warf den Reiter ab und sprengte in das freie Feld hinaus. »Fangt es! Fangt es!« schrie der Bojar den Pferdeknechten zu. Aber wie will man den freien Wind im offenen Feld, den lichten Falken in den Lüften fangen?

Der Kaufmann bezahlte also das Lehrgeld für seinen Sohn, und beide machten sich auf den Heimweg; sie fuhren über das blaue Meer, und über ihnen flog ein Zug Gänse, die schnatterten laut. »Was reden diese Gänse?« fragte der Vater. »Ich weiß es nicht«, antwortete der Sohn. Dann kam ein Zug Schwäne geflogen, die schrien noch lauter. »Was reden die Schwäne?« fragte der Vater. »Ich weiß es nicht«, antwortete der Sohn. Der Kaufmann wurde zornig: so lange war der Sohn in die Lehre gegangen und wußte noch immer nichts! In seinem Zorn stieß er ihn ins Meer und segelte weiter. Die Wellen trugen Iwan den Kaufmannssohn weit, weit fort, an das Gestade des dreimal zehnten Reiches. Dort begab er sich in den Palast des Zaren und bot ihm seine Dienste an. Ob es lange währte oder kurz – der Zar gewann ihn lieb wie ein eigenes Kind, und auch die Zarentochter fand Gefallen an ihm. Der Zar gab ihm seine Tochter zur Frau und aus Iwan Kaufmannssohn wurde Iwan Zarensohn.

Sein Vater war inzwischen so arm geworden, daß er den Bettelstab nehmen und von Almosen leben mußte. Er durchwanderte viele Städte und kam schließlich in das dreimal zehnte Reich. Iwan Zarensohn erblickte ihn aus dem Fenster, ließ ihn in den Palast holen, gab ihm zu essen und zu trinken und bereitete ihm ein Lager. Am Abend wusch Iwan sich die Füße in einem goldenen Becken, und man vergaß, die Becken wegzuräumen. Mitten in der Nacht dürstete den Alten, aber er wagte nicht, nach Wasser zu fragen, sondern stand auf und trank aus dem goldenen Becken. Iwan Zarensohn hörte ihn und fragte: »Wer ist dort?« – »Ich bin es, Väterchen! Ich

wollte ein Schlückchen Wasser trinken.« – »Um des Himmels
willen – ich habe doch in dem Wasser meine Füße gewaschen!« Da erinnerte sich der Zarensohn, wie er einst mit dem
Vater übers Meer gefahren war, und die Gänse und die
Schwäne über ihren Köpfen geschnattert und geschrien hatten. Er begann den alten Bettler auszufragen, erkannte in ihm
seinen Vater und sprach: »Und weißt du, guter Alter, wie du
einst mit deinem Sohn über das blaue Meer fuhrest und ihn
fragtest, was die Gänse und Schwäne redeten? Weißt du, was
sie redeten? Sie sagten: ›Iwan der Kaufmannssohn wird sich
die Füße waschen, und sein Vater wird das Waschwasser
trinken.‹ Ich bin dein Sohn!« Der Alte erschrak und wollte
ihm zu Füßen fallen, aber der Zarensohn ließ es nicht zu; sie
umarmten einander und weinten vor Freude. »Mein lieber
Sohn, wieso bist du nicht ertrunken?« fragte der Vater.
»Wieso? Ich bin nicht in die Lehre gegangen, um im Meer zu
ertrinken, sondern meiner Gemahlin, der Prinzessin, in die
Arme zu sinken!«

Wunder über Wunder

In einem Reich, nicht in unserem Land, lebte einmal eine
Frau; sie hatte einen Sohn, der streifte durch Feld und Wald,
schoß Wild und Vögel und ernährte damit sich selbst und die
Mutter. Eines Tages nahm er seine Büchse, hängte die Tasche
über die Schulter und ging ins Feld hinaus. Bald sah er einen
Hasen, schoß, traf, zog dem Hasen den Balg ab und brachte
ihn der Mutter. Die Alte hackte den Hasen in zwei Stücke, das
Hinterteil briet sie und stellte es auf den Tisch, das Vorderteil
wollte sie aufbewahren und schob es unter die Bank. Als sie
am Tisch saßen und an den Hasenschlegeln nagten, hüpfte
das Vorderteil zur Tür hinaus und machte sich davon!
»Mütterchen! Sieh, was für ein Wunder! Wir nagen an den

Hinterschlegeln, und das Vorderteil hoppelt übers Feld!« –
»Aber, mein Sohn! Das ist doch noch kein Wunder! Geh ins
Dorf und frage nach dem Bauern Arefij, dem ist ein wirkliches
Wunder widerfahren!«

Der Sohn erhob sich vom Tisch und machte sich auf den
Weg, den Bauern Arefij zu suchen. Er ging die Straße entlang
und sah: ein schlohweißer Greis pflügte seinen Acker. »Hilf
Gott, Alterchen!« – »Hab Dank! Wohin des Wegs, guter
Mann?« – »Ich suche den Bauern Arefij. Ihm ist, wie die
Leute erzählen, ein wirkliches Wunder widerfahren.« – »Das
ist wahr, guter Mann. Ich war verheiratet; mein Weib war
schön, aber liederlich. Eines Tages überraschte ich sie mit
ihrem Liebhaber; der aber war ein großer Zauberer. Da nahm
er eine Peitsche, gab mir damit einen Schlag und sprach: ›Bist
ein Bauer gewesen – sei ein elender Hund!‹ Er verzauberte
mich in einen Hund und trieb mich aus dem Haus. Am
nächsten Morgen hörte ich, wie der Zauberer zu meiner Frau
sprach: ›Weißt du was, Aksinja? Warum sollen wir einen
Hund füttern? Wir wollen ihn lieber erwürgen!‹ – ›Mir ist es
recht!‹ sagte meine Frau. Ich hatte zwar das Aussehen eines
Hundes angenommen, aber den Menschenverstand behalten.
Als ich von dem drohenden Unheil hörte, nahm ich Reißaus
und rannte davon, so schnell mich meine Beine trugen.

Ich bin einem Herrn zugelaufen, habe ihm lange nach
bestem Gewissen gedient, habe ihm alles zu Gefallen getan
und allerlei Kunststücke vorgeführt. Der Herr machte mich
oft, wenn er Gäste hatte, zum Mundschenk; ich hatte zwar das
Aussehen eines Hundes angenommen, aber den Menschenverstand behalten – dann erhob ich mich auf die Hinterbeine,
nahm ein Tablett mit Gläsern zwischen die Vorderbeine und
bot sie den Gästen an, dabei verbeugte ich mich jedesmal. Das
Lachen wollte kein Ende nehmen. Der Herr liebte mich sehr:
Er ließ mir die beste Pflege angedeihen und gab mir das Essen
von seinem Tisch. Aber ich hatte trotzdem Heimweh. Und
eines Tages hielt ich es nicht mehr aus und wollte meine Frau

sehen. Ich verließ meinen Herrn und lief nach Hause. Drei Tage habe ich nicht gegessen und nicht getrunken, so eilig hatte ich es. Und schließlich war mir ganz elend vor Hunger. Da sah ich auf einem Busch einen schwarzen Raben sitzen. Ich schlich mich heran und schnappte ihn. Da sprach der Rabe mit Menschenstimme: ›Friß mich nicht, laß mich frei, ich werde dir auch einen Dienst erweisen!‹ Da erbarmte ich mich des Raben, ließ ihn frei und lief weiter.

Mit letzter Kraft erreichte ich mein Dorf, lief zu meinem Haus und spähte hinein: Meine Frau stand vor dem Ofen und buk Pfannkuchen, der Zauberer saß auf der Bank und ließ sich die Pfannkuchen schmecken. Als er mich erblickte, griff er sofort nach der Peitsche. ›Sieh mal an! Der verfluchte Hund ist wiedergekommen; und ich habe gedacht, er sei verreckt!‹ Mit diesen Worten versetzte er mir einen kräftigen Peitschenhieb. ›Bist ein Hund gewesen‹, sprach er, ›sei ein schwarzer Rabe.‹ Ich wurde ein schwarzer Rabe, stieg in die Luft und flog in den dunklen Wald. ›Ach‹, dachte ich, ›nun geht es mir noch schlechter als vorher; solange ich als Hund lebte, war ich alle Tage satt, wer weiß, wie es mit mir weitergeht? Jeden Augenblick kann mich ein Jäger herunterschießen.‹ Plötzlich kam der Rabe geflogen und rief: ›Karr, Karr! Du hattest Mitleid mit mir, dafür will ich dir einen guten Rat geben. Fliege zurück in dein Haus, setz dich heimlich unter die Bank, nimm die Peitsche, wirf sie über die Schulter hinter dich und du wirst wieder ein Mensch sein. Dann nimm die Peitsche und erteile dem Zauberer und deiner Frau eine gute Lehre.‹

Ich erhob mich sofort von dem Baum und flog in das Dorf. Ich kam zu meinem Haus, stieß mit aller Kraft gegen das Fenster, die Scheibe zersplitterte und ich schlüpfte so schnell wie möglich hinein. Es war nach dem Mittagessen, der Zauberer und meine Frau waren in der Kammer und schliefen; ich sah, daß die Stube leer war, huschte unter die Bank, fand die Peitsche, packte sie mit dem Schnabel an einem Ende und warf sie mit größter Mühe über die Schulter hinter mich.

Im selben Augenblick gewann ich meine frühere Gestalt zurück. Ich nahm die Peitsche in die Hand und wollte nun endlich mit den beiden abrechnen. Der Zauberer schlief, meine Frau schnarchte; zuerst versetzte ich ihm einen Hieb und sprach: ›Bist ein stattlicher Bursche gewesen, sei ein Rappe!‹ Was ich sagte, geschah. Darauf schlug ich meine Frau: ›Bist ein junges Weib gewesen, sei eine Stute!‹ Und schon stand ein prächtiges Paar Pferde vor mir: Der Hengst war gut, aber die Stute noch besser. Seither spanne ich dieses Paar vor den Pflug und vor den Wagen. So sieht ein wirkliches Wunder aus!«

Das Wunder zum Wundern, das Wunder zum Staunen

Es lebte einmal ein reicher Kaufmann mit seiner Frau, der handelte mit teuren und prächtigen Waren und reiste damit alljährlich durch fremde Länder. Eines Tages lud er seine Waren auf das Schiff, nahm Abschied von seiner Frau und sprach: »Sag mir, meine Freude, was soll ich dir aus den fremden Ländern mitbringen?« – Die Kaufmannsfrau antwortete: »Du läßt mich keinen Mangel leiden, ich bin mit allem zufrieden, aber wenn du mir einen Gefallen tun und eine Freude machen möchtest, dann kauf mir das Wunder zum Wundern, das Wunder zum Staunen.« – »Gut, wenn ich es finde, werde ich es kaufen.« Der Kaufmann fuhr hinter die dreimal neun Länder in das dreimal zehnte Reich. Er ging vor einer großen reichen Stadt vor Anker, verkaufte alle seine Waren, kaufte neue ein und belud damit sein Schiff; er ging durch die Stadt und dachte: »Wo könnte ich das Wunder zum Wundern, das Wunder zum Staunen finden?« Da kam ihm ein alter Mann entgegen, der fragte ihn: »Warum läßt du den Kopf hängen, guter Mann?« – »Wie soll ich den Kopf nicht hängen lassen?« antwortete der Kaufmann. »Ich möchte meiner Frau das Wunder zum Wundern, das Wunder zum

Staunen kaufen, aber ich weiß nicht, wo?« – »Das hättest du mir gleich sagen sollen! Komm mit mir. Ich habe das Wunder zum Wundern, das Wunder zum Staunen, und ich will es dir verkaufen, wenn es denn so sein soll.«

Der Kaufmann folgte dem Alten; der brachte ihn in sein Haus und sagte: »Siehst du, da hinten auf meinem Hof läuft eine Gans?« – »Ich sehe.« – »Dann gib acht, was mit der Gans geschieht... He, Gans, komm her!« – Die Gans kam in die Stube. Der alte Mann nahm eine Pfanne in die Hand und befahl: »He, Gans, leg dich in die Pfanne!« Die Gans legte sich in die Pfanne. Der alte Mann schob die Pfanne in den Ofen, briet die Gans, holte sie heraus und stellte sie auf den Tisch. »So, junger Kaufmann! Nimm Platz und laß es dir schmek-ken, aber wirf die Knochen nicht unter den Tisch, sondern leg sie alle auf einen Haufen.« Nun setzten sie sich zu Tisch und aßen zu zweit die Gans auf. Der alte Mann schlug die abgenagten Knochen in das Tischtuch ein, warf sie auf den Boden und sprach: »Gans! Steh auf, schüttle dich und geh auf den Hof!«

Sogleich stand die Gans auf, schüttelte sich und watschelte auf den Hof hinaus, als wäre sie nie im Ofen gewesen. »In der Tat, Großvater, du hast ein Wunder zum Wundern, ein Wunder zum Staunen!« sagte der Kaufmann. Er wollte die Gans kaufen und bekam sie schließlich für teures Geld. Er nahm die Gans mit auf sein Schiff und fuhr mit ihr nach Hause.

Als er zu Hause ankam, begrüßte er seine Frau, überreichte ihr die Gans und erzählte, daß man mit diesem Vogel im Haus alle Tage nicht gekauften Braten auf dem Tisch hat! »Du brätst ihn – und er steht auf und ist wieder lebendig!« Am nächsten Tag begab sich der Kaufmann in seine Gewölbe, und die Kaufmannsfrau bekam Besuch von ihrem Galan. Über diesen Gast, den Herzallerliebsten, freute sie sich über alle Maßen! Sie wollte ihn mit Gänsebraten verwöhnen und rief zum Fenster hinaus: »Gans, komm herein!« Die Gans kam in die Stube. »Gans, leg dich in die Pfanne!« Die Gans wollte nicht folgen und legte sich nicht in die Pfanne; die Kaufmannsfrau wurde zornig und holte mit der Pfannengabel aus. Im selben Augenblick klebte die Pfannengabel mit dem einen Ende an der Gans und mit dem andern an der Kaufmannsfrau, sie klebte so fest, daß die Frau sich nicht losreißen konnte. »Ach, mein Liebster!« rief sie. »Hilf mir, daß ich von der Pfannengabel loskomme. Die gottverdammte Gans ist sicher verhext!« Der Galan umfaßte die Kaufmannsfrau mit beiden Armen und wollte sie von der Pfannengabel losreißen, aber da blieb er selber kleben.

Die Gans lief mit den beiden auf den Hof hinaus, dann auf die Straße und dann zu den Gewölben. Die Handelsgehilfen sahen sie, liefen herbei und wollten sie auseinanderziehen; aber kaum faßte einer sie an, als er schon selber an ihnen kleben blieb. Das Volk strömte herbei, um das Wunder zu begaffen, und der Kaufmann trat aus seinem Laden und sah – eine schlimme Geschichte: was trieb seine Frau? »Gestehe«, sprach er, »gestehe alles. Sonst wirst du bis an dein Lebensende mit der Pfannengabel herumlaufen.« Der Kaufmannsfrau blieb nichts anderes übrig, als alles zu gestehen. Da löste der Kaufmann sie voneinander, schlug dem Galan den Buckel voll, brachte sein Eheweib nach Hause, belehrte sie gehörig und wiederholte bei jedem Schlag: »Da hast du das Wunder zum Wundern, das Wunder zum Staunen.«

Das Glückskind

Es lebten einmal ein angesehener Kaufmann und seine Frau. Sie hatten von allem mehr als genug, aber Kinder hatten sie nicht. Da begannen sie zu beten, daß Gott ihnen doch ein Kindlein schenken möge – in jungen Jahren zur Freude, im Alter zur Hilfe und nach dem Tode zum Beten für ihre Seelen;

sie begannen, Bedürftige zu speisen, und außerdem wollten sie zum Nutzen aller Rechtgläubigen eine lange Brücke über unbegehbare Moore und Sümpfe errichten lassen. Die Brücke kostete den Kaufmann viel Geld, aber er baute sie zu Ende, und als alles fertig war, ließ er seinen Kaufmannsgesellen Fjodor zu sich kommen und sprach: »Geh, setz dich unter die Brücke und höre, was die Menschen über mich reden: ob sie mich segnen oder tadeln.« Fjodor ging hin, setzte sich unter die Brücke und horchte. Da kamen über die Brücke drei heilige Starzen gegangen und redeten miteinander: »Welchen Lohn hat der verdient, der diese Brücke errichtete? Möge ihm ein Sohn geboren werden: Was er sagt, soll geschehen, was er sich wünscht, wird der Herr ihm schenken.« Der Kaufmannsgehilfe hörte das und kehrte nach Hause zurück. »Nun, wie steht es, Fjodor?« fragte ihn der Kaufmann. »Hast du etwas gehört?« – »Nein, ich habe nichts gehört.«

Bald wurde die Kaufmannsfrau schwanger und gebar einen Knaben; er wurde getauft und in die Wiege gelegt. Der Handelsgehilfe neidete ihnen das Glück: um Mitternacht, als alle im Haus fest schliefen, fing er eine Taube, schlachtete sie und beschmierte mit dem Blut das Bett, die Hände und die Lippen der Wöchnerin; er nahm das Kind und brachte es zu anderen Leuten, dort sollte es großgezogen werden.

Als der Morgen kam, vermißten der Vater und die Mutter ihr Kind. Es war nirgends zu finden; da sprach der Handelsgehilfe: »Die Mutter hat das Kind aufgegessen. Ihre Hände und Lippen sind voll Blut.«

Der Kaufmann ließ seine Frau in das Gefängnis werfen. Einige Jahre vergingen. Ihr Söhnchen war herangewachsen, konnte laufen und sprechen. Fjodor gab den Dienst bei dem Kaufmann auf, zog an das Meer und nahm den Jungen mit; wenn er einen Wunsch hatte, brauchte er dem Jungen nur zu befehlen: »Wünsche dir dies und das!« – und alles war im Augenblick zur Stelle. Eines Tages sagte er: »Mein Junge, du sollst Gott bitten, daß hier ein neues Reich entstehe, daß von dieser Stelle bis zum Palast des Zaren eine Brücke aus Kristall führe, über das Meer hinüber, und daß die Zarentochter sich mit mir vermähle.« Der Junge bat Gott – sogleich wölbte sich über dem Meer eine Brücke aus Kristall, und an ihrem einen Ende lag eine reiche, prächtige Stadt mit Häusern aus weißem Stein, Kirchen und dem Palast des Zaren.

Am nächsten Morgen, als der Zar erwachte und ans Fenster trat, sah er die Brücke aus Kristall und fragte: »Wer hat dieses Wunderwerk errichtet?« Man meldete ihm, daß es Fjodor wäre. »Wenn der soviel vermag«, sagte der Zar, »dann will ich ihm meine Tochter zur Frau geben.« Sie wurden sich bald einig, Fjodor heiratete die Zarentochter, wurde Zar in der neuen Stadt und plagte den kleinen Jungen. Er behandelte ihn wie einen Knecht, schlug und beschimpfte ihn auf jede erdenkliche Weise, und es gab manchen Tag, an dem er ihm nicht einmal ein Stück trocken Brot gönnte.

Eines Tages lag Fjodor mit seiner Frau im Bett und unterhielt sich leise mit ihr; der Knabe hatte sich in eine dunkle Ecke verkrochen und weinte still vor sich hin. Die Jungvermählte fragte ihren Mann: »Sage mir doch, wie du zu deinem Reichtum gekommen bist? Früher warst du ein einfacher Handelsgehilfe.« – »Mein ganzer Reichtum und meine Macht kommen von dem Knaben, den ich einem Kaufmann weggenommen habe.« – »Wie war das?« – »Ich lebte bei diesem Kaufmann als ein Handelsgehilfe. Ihm wurde ein Sohn verheißen, kein gewöhnliches Kind, sondern ein Glückskind – alles, was er sagt, geschieht, alles was er wünscht, schenkt ihm der Herr. Als dieses Kind geboren wurde, habe ich es heimlich fortgebracht und die Kaufmannsfrau beschuldigt, sie habe ihr eigenes Kind aufgegessen.« Der Knabe hörte diese Reden, trat aus seiner Ecke hervor und sprach: »Ich bitte mit Fleiß, daß auf Gottes Geheiß du zu einem Hund wirst, du Schurke!« Im selben Augenblick wurde Fjodor ein Hund. Der Knabe legte ihn an eine eiserne Kette

und führte ihn zu seinem Vater. Er kam herein und sprach:
»Guter Mann, gib mir von der Glut aus dem Ofen.« – »Wozu
brauchst du sie?« – »Ich möchte diesen Hund füttern.« –
»Das ist doch unmöglich? Gott sei mit dir!« sagte der Kaufmann. »Hat denn je ein Hund Glut aus dem Ofen gefressen?«
– »Und hat denn je eine Mutter ihr eigenes Kind aufgegessen?
Wisse, Väterchen, ich bin dein Sohn, und dieser Hund ist dein
früherer Handelsgehilfe Fjodor, der mich euch weggenommen und meine Mutter verleumdet hat.« Der Kaufmann
fragte ihn genau aus, befreite seine Frau aus dem Kerker, und
dann zogen sie alle zusammen in das neue Reich, das auf die
Bitte des Kaufmannssohnes am Meeresgestade entstanden
war; die Zarentochter fuhr zu ihrem Vater zurück, und Fjodor
blieb bis an das Ende seiner Tage ein widerlicher Köter.

Der Schatz

In einem Reich lebten einmal ein Mann und eine Frau in
großer Armut. Eines Tages – es war mitten in einem kalten
Winter – starb die Alte. Der Mann klopfte bei den Nachbarn
an und bat, ihm zu helfen, das Grab für seine Alte zu graben.
Aber die Nachbarn und Bekannten wußten, daß er bettelarm
war, und schlugen ihm seine Bitte ab. Darauf ging der Alte zu
dem Popen, aber der Pope in ihrem Dorf war habgierig und
gewissenlos. »Sei so gut«, sprach der Alte, »nimm die Mühe
auf dich und beerdige meine Alte.« – »Hast du denn Geld, um
die Beerdigung zu bezahlen? Das mußt du mir im voraus
geben.« – »Es wäre Sünde, vor dir etwas zu verheimlichen:
Ich habe zu Hause nicht eine einzige Kopeke. Gedulde dich
ein wenig. Sobald ich etwas verdiene, sollst du alles bezahlt
bekommen, mein Wort darauf, du sollst alles bezahlt bekommen!«

Aber der Pope wollte nichts hören. »Untersteh dich, mir

vor die Augen zu kommen, solange du kein Geld hast.« –
»Was ist zu tun?« dachte der Alte. »Ich will auf den Friedhof
gehen, das Grab graben und meine Alte selbst beerdigen.« Er
holte zu Hause ein Beil und einen Spaten und begab sich auf
den Friedhof; zuerst hackte er das zu Stein gefrorene Erdreich
mit dem Beil los, dann nahm er den Spaten und grub und
grub, und plötzlich hatte er ein Kesselchen ausgegraben! Er
hob den Deckel – das Kesselchen war randvoll mit Goldstük-
ken gefüllt, die leuchteten wie glühende Kohlen. Der Alte
freute sich über alle Maßen: »Gepriesen sei der Herr! Nun
habe ich genug, um die Beerdigung zu bezahlen und mit
den Nachbarn den Leichenschmaus zu halten.« Er grub
nicht weiter, nahm das Kesselchen mit Gold und ging nach
Hause.

Mit Geld, man weiß es ja, läuft alles wie geölt. Die guten
Menschen waren sofort zur Stelle: sie gruben das Grab und
zimmerten den Sarg; der Alte schickte die Schwägerin aus,
um Wein, allerlei Zutaten und Sakuski zu kaufen, mit einem
Wort: alles, was zu einem Leichenschmaus gehört, dann
steckte er einen Tscherwonez in die Tasche und schlurfte
abermals zu dem Popen. Kaum öffnete er die Tür, fuhr der
Pope ihn an: »Habe ich dir nicht deutlich gesagt, du alter Esel,
daß du ohne Geld nicht zu kommen brauchst, und nun bist du
schon wieder da!« – »Sei nicht böse, Väterchen«, bat der Alte.
»Hier hast du ein Goldstück! Wenn du meine Alte beerdigst,
werde ich dir mein Lebtag dankbar sein!« Der Pope nahm das
Goldstück, und nun wußte er nicht, wie er dem Alten guttun,
was er ihm anbieten, ihm sagen sollte. »Ach, mein Guter, sei
unbesorgt, alles wird aufs beste verrichtet.« Der Bauer verneigte sich und ging nach Hause, der Pope und die Popenfrau
konnten sich nicht genug wundern: »Dieser alte Waldschrat!
Da sagen sie alle, er sei arm! Er aber hat ein Goldstück für eine
Beerdigung übrig. Ich habe in meinem Leben schon manchen
vornehmen Toten beerdigt, aber noch nie hat mir jemand
soviel dafür gegeben.«

Der Pope kam mit der ganzen Klerisei und beerdigte die
Alte nach christlichem Brauch. Nach der Beerdigung bat ihn
der Alte zu sich, um bei einem Schlückchen der Seligen zu
gedenken. Sie kamen in sein Haus, setzten sich an den Tisch,
und es wurde aufgetragen: da war Wein, da waren verschiedene Gerichte und Sakuski, von allem die Fülle. Der Gast
tafelte, er fraß für drei und war von Neid bei keinem Schlückchen frei. Als der Leichenschmaus zu Ende war und die Gäste
sich verabschiedeten, stand auch der Pope auf. Der Alte
geleitete ihn hinaus, und sobald sie aus der Tür hinaustraten
und der Pope sicher war, daß niemand ihn hören konnte,
nahm er den Alten ins Gebet: »Höre, mein Lieber! Beichte,
laß keine Sünde auf deiner Seele liegen, verheimliche nichts
vor Gott und nichts vor mir, seinem Diener! Wie bist du zu
soviel Geld gekommen? Du warst ein armer Bauer, und nun
lebst du in Saus und Braus! Gestehe! Wen hast du gemordet,
wen hast du beraubt?« – »Aber was sagst du da, Väterchen!
Ich schwöre dir bei allen Heiligen: ich habe nicht gestohlen,
nicht geplündert und nicht gemordet. Der Schatz ist von
selbst zu mir gekommen.« Und er erzählte, wie sich alles
zugetragen hatte. Als der Pope dies hörte, begann er vor Gier
zu zittern. Er kehrte nach Hause zurück und fand auch dort
keine Ruhe – bei Tag und bei Nacht dachte er nur an das eine:
so ein dreckiger Bauer bekommt eine solche Menge Geld! Wie
könnte ich ihn überlisten und ihm das Kesselchen mit Gold
abluchsen? Er erzählte es der Popenfrau. Nun hielten sie
miteinander Rat, bis ihnen das Richtige einfiel: »Höre, Mütterchen! Wir haben doch einen Ziegenbock?« – »Ja?« – »Gut!
Wir warten die Nacht ab und gehen dann ans Werk.«
Spätabends schleppte der Pope den Ziegenbock ins Haus,
schlachtete ihn und zog ihm die Haut ab – mit allem, was
dran war, mit Hörnern und Bart; er schlüpfte in die Bockshaut und sagte zu der Popenfrau: »Mütterchen, nimm eine
Nadel und einen Faden. Nähe die Haut mit ein paar Stichen
fest, damit sie nicht herunterrutscht.« Die Popenfrau nahm

eine dicke Nadel und einen groben Faden und nähte den Popen in die Bockshaut ein. Es war genau Mitternacht, als der Pope zu dem Haus des alten Bauern ging, an das Fenster schlich und daran klopfte und kratzte. Der Alte hörte das Klopfen, sprang auf und fragte: »Wer ist da?« – »Ich bin der Teufel!« – »Unser Platz ist heilig!« schrie der Bauer voll Schrecken, bekreuzigte sich und betete. »Höre, Alter!« sprach der Pope. »Du kannst beten und dich bekreuzigen, soviel du willst, mich wirst du nicht los. Gib mir meinen Kessel mit dem Geld zurück; sonst geht es dir schlecht! Ich habe Mitleid mit dir gehabt und dir den Schatz gezeigt, ich dachte, du würdest nur ein wenig für die Beerdigung davon nehmen, aber du hast das Ganze eingesteckt!« Der Alte schaute zum Fenster hinaus und sah die Bockshörner und den Bocksbart: Es mußte der Teufel sein. »Soll er sein Geld behalten!« dachte der Alte. »Ich habe mein Lebtag ohne Geld gelebt und werde auch weiter ohne Geld leben können.« Er holte das Kesselchen mit dem Geld, trat damit vor die Tür, warf es auf die Erde und schlug eilig die Tür wieder zu. Der Pope hob das Kesselchen mit dem Geld auf und lief nach Hause, so schnell ihn die Beine trugen. Er trat in die Stube. »So«, sagte er, »das Geld ist unser. Hier, Mütterchen, versteck es gut und hole ein scharfes Messer, trenn die Nähte auf und zieh mir die Bockshaut ab, damit mich niemand darin sieht.«

Die Popenfrau holte ein Messer und begann, die Nähte aufzutrennen – das Blut spritzte und der Pope brüllte: »Mütterchen, es tut weh! Nicht schneiden! Mütterchen, es tut weh! Nicht schneiden!« Darauf wollte sie die Nähte an anderen Stellen auftrennen, aber überall war es das gleiche! Die Bockshaut war am ganzen Körper festgewachsen. Was sie auch versuchten, was sie auch anstellten – sie haben sogar dem Alten das Geld zurückgebracht –, nichts wollte helfen! Die Bockshaut blieb an dem Popen festgewachsen. Gewiß hat ihn Gott für seine Habgier gestraft!

Der schnelle Bote

In einem Reich, in einem Land gab es viele undurchdringliche Sümpfe, und um die Sümpfe herum führte ein Weg. Wenn man sich beeilte, war man drei Jahre unterwegs, wenn man gemächlich fuhr, waren auch fünf zu wenig! An dieser Straße wohnte ein bettelarmer Mann, der hatte drei Söhne: der erste hieß Iwan, der zweite Wassilij und der dritte Semjon, der junge Knabe. Eines Tages kam es dem Armen in den Sinn, diese Sümpfe zu roden und einen Weg anzulegen, der mitten hindurch führte, und Brücken aus Maßholder zu bauen, damit ein Wanderer in drei Wochen und ein Reisender in drei Tagen und drei Nächten die Sümpfe überqueren könnte. Er machte sich an die Arbeit, seine Söhne halfen mit, und nach einer gewissen Zeit war alles getan: die Brücken gebaut und der Weg angelegt. Der arme Mann kehrte in sein Haus zurück und sagte zu seinem ältesten Sohn Iwan: »Mein lieber Sohn! Geh, setz dich unter die Brücke und höre, was die Menschen über uns reden – Gutes oder Schlechtes?« Iwan gehorchte dem Vater, ging und setzte sich an einer versteckten Stelle unter die Brücke.

Zwei Greise kamen über die Maßholderbrücke gegangen und sprachen miteinander: »Wer diese Brücke gebaut und diesen Weg angelegt hat, der möge alles von Gott bekommen, worum er ihn bittet.« Sobald Iwan diese Worte hörte, trat er unter der Maßholderbrücke hervor. »Diese Brücke«, sagte er, »habe ich mit meinem Vater und meinen Brüdern gebaut.« – »Worum möchtest du Gott bitten?« fragten die Greise. »Ich bitte, Gott möge mir so viel Geld geben, daß es für das ganze Leben reicht.« – »Wohlan, so geh ins freie Feld hinaus: mitten im freien Feld wächst eine Eiche, unter der Eiche ist ein tiefes Gewölbe, in diesem Gewölbe liegt eine Menge Gold, Silber und Edelsteine. Nimm einen Spaten und grabe – dann wirst du so viel Geld haben, daß es für dein ganzes Leben reicht!«

Iwan ging in das freie Feld hinaus, fand unter der Eiche Gold, Silber und Edelsteine und brachte den Schatz nach Hause. »Wie war es, mein Söhnchen?« fragte der Arme. »Hast du jemanden gesehen, der über die Brücke ging oder ritt, und hast du gehört, was die Menschen über uns reden?« Iwan erzählte dem Vater, daß er zwei Greise gesehen hätte und wie sie ihn für das ganze Leben mit Gold, Silber und Edelsteinen beschenkt hätten.

Am nächsten Tag schickte der Arme den mittleren Sohn Wassilij aus. Wassilij ging, setzte sich unter die Maßholderbrücke und hörte: Zwei Greise kamen über die Brücke gegangen, und als sie an der Stelle waren, wo er sich versteckt hatte, sagten sie: »Gott möge dem, der diese Brücke gebaut hat, alles gewähren, worum er ihn bittet!« Sobald Wassilij ihre Worte gehört hatte, trat er auf die zwei zu und sprach: »Diese Brücke habe ich mit meinem Vater und meinen Brüdern gebaut.« – »Und worum bittest du Gott?« – »Der Herr möge mir Brot für mein ganzes Leben geben!« – »So sei es. Geh nach Hause, pflüge ein Stück Neuland um und säe den Acker ein: der Herr wird dir Korn für dein ganzes Leben geben.« Wassilij kam nach Hause, erzählte alles seinem Vater und säte den Acker ein.

Am dritten Tag schickte der Arme den jüngsten Sohn aus. Semjon, der junge Knabe, setzte sich unter die Brücke und horchte. Zwei Greise kamen über die Brücke gegangen; als sie an seinem Versteck vorbeigingen, sprachen sie: »Der Herr möge dem, der diese Brücke gebaut hat, alles gewähren, worum er ihn bittet.« Semjon, der junge Knabe, hörte diese Worte, trat auf die Alten zu und sprach: »Diese Brücke habe ich mit meinem Vater und meinen Brüdern gebaut.« – »Und worum bittest du Gott?« – »Ich bitte Gott um eine Gnade: ich möchte unserem großen Zaren als Soldat dienen.« – »Bitte um etwas anderes! Das Soldatenleben ist hart, wenn du Soldat bist, mußt du zu dem Meereszaren in die Gefangenschaft und wirst viele bittere Tränen vergießen!« – »Ach, ihr seid doch schon alt und wißt es doch: ›Wer auf dieser Welt nicht weint, der wird im künftigen Leben weinen.‹« – »Also, wenn du nun einmal beim Zaren dienen möchtest – wir geben dir unseren Segen!« Die Greise sprachen es, legten Semjon die Hände auf und verwandelten ihn in einen schnellfüßigen Hirsch.

Der Hirsch lief zu Semjons Haus; sein Vater und seine Brüder erblickten ihn aus dem Fensterchen, stürzten aus dem Haus und wollten ihn fangen. Der Hirsch machte einen Bogen und floh. Er kam zu den weisen Alten zurück, die Greise verwandelten ihn in einen Hasen. Der Hase lief zu Semjons Haus, sein Vater und seine Brüder sahen ihn, stürzten aus dem Haus und wollten ihn fangen, aber der Hase floh. Er kam zu den zwei Greisen zurück, sie verwandelten ihn in den kleinen Vogel Goldköpfchen; das Vögelchen flog zu seinem Haus und setzte sich in das offene Fenster. Der Vater und die Brüder erblickten es und wollten es fangen, aber das Vögelchen flatterte davon. Es kam zu den zwei Greisen, die verwandelten es wieder in einen Menschen und sprachen: »Nun, Semjon, junger Knabe, jetzt kannst du den Dienst beim Zaren antreten. Wenn du einst einen Botengang machen mußt, kannst du dich in einen Hirsch, einen Hasen und in den Vogel Goldköpfchen verwandeln: das haben wir dich gelehrt.«

Semjon, der junge Knabe, begab sich nach Hause und bat seinen Vater um die Erlaubnis, Soldat des Zaren zu werden. »Aber wie soll das zugehen?« antwortete der Arme. »Du bist noch jung und hast noch keinen rechten Verstand!« – »Nein, Väterchen, laß mich ziehen, es ist Gottes Wille.« Der Arme ließ ihn ziehen, Semjon, der junge Knabe, rüstete alles für seine Reise, nahm Abschied von seinem Vater und seinen Brüdern und machte sich auf den Weg.

Ob er nun lange wanderte oder kurz – eines Tages kam er zu dem Palast des Zaren, wurde vorgelassen und sprach: »Majestät, es gefalle Euch nicht, mich zu strafen, es gefalle Euch, mich anzuhören.« – »Sprich, Semjon, junger Knabe!«

»Majestät! Nehmt mich in Euren Dienst.« – »Was redest du! Du bist noch jung und hast noch keinen rechten Verstand! Wie willst du Soldatendienst tun?« – »Ich bin noch jung und habe noch keinen rechten Verstand, aber ich werde nicht schlechter dienen als die anderen. Darin vertraue ich auf Gott.« Der Zar willigte ein, machte ihn zum Soldaten und behielt ihn stets in seiner Nähe. Nach einer Weile erklärte ein König dem Zaren den Krieg. Der Zar ließ alles für den Feldzug vorbereiten; zur festgesetzten Stunde versammelte sich das wohlgerüstete Heer. Semjon, der junge Knabe, bat inständig, man möge ihn in den Krieg mitnehmen; der Zar konnte es ihm nicht abschlagen und nahm ihn mit.

Lange, lange marschierte der Zar mit seinem Heer, viele Länder ließ er hinter sich, der Feind war schon ganz nah – in zwei, drei Tagen sollte der Kampf beginnen. Da vermißte der Zar seine Streitkeule und sein scharfes Schwert – beides hatte er im Palast vergessen; nun besaß er nichts, um sich zur Wehr zu setzen und die Feinde zu schlagen. Er ließ in seinem ganzen Heer ausrufen, ob jemand bereit wäre, in seinen Palast zurückzueilen und Streitkeule und Schwert zu holen; wer ihm diesen Dienst erwiese, dem versprach er seine Tochter Marja zur Frau, als Mitgift sein halbes Reich und nach seinem Tode die andere Hälfte dazu. Viele Freiwillige meldeten sich; der eine sagte: »Ich bin in drei Jahren zurück«, der andere: »Ich bin in zwei Jahren zurück«, und der dritte sagte: »Ich bin in einem Jahr zurück.« Und Semjon, der junge Knabe, sagte: »Majestät, ich will in den Palast eilen und die Streitkeule und das scharfe Schwert in drei Tagen holen.« Der Zar freute sich, nahm ihn bei der Hand, küßte ihn auf den Mund und schrieb seiner Tochter Marja ein Briefchen, sie solle seinem Boten vertrauen und Schwert und Keule herausgeben. Semjon, der junge Knabe, nahm das Briefchen und machte sich auf den Weg.

Als er eine Werst gegangen war, verwandelte er sich in den schnellfüßigen Hirsch und flog dahin wie ein Pfeil; er lief und lief, schließlich wurde er müde, da verwandelte er sich aus dem Hirsch in einen Hasen. Nun jagte er auf Hasenart dahin. Er lief und lief, schließlich taten ihm alle vier Beine weh, da verwandelte er sich aus dem Hasen in den kleinen Vogel Goldköpfchen. Nun kam er noch schneller voran, er flog und flog und war nach anderthalb Tagen in dem Reich, in dem Marja wohnte. Er verwandelte sich wieder in einen Menschen, ging in den Palast und überreichte der Zarentochter das Briefchen. Sie nahm es, erbrach es, überflog es und sprach: »Wie konntest du in so kurzer Zeit so viele Länder hinter dich bringen?« – »Sieh, so ging es«, antwortete der Bote und verwandelte sich in den schnellfüßigen Hirsch. Der Hirsch machte einige Sprünge, lief auf Marja zu und legte den Kopf in ihren Schoß. Sie nahm eine Schere und schnitt dem Hirsch ein Bündel Haare vom Kopf. Der Hirsch verwandelte sich in den Hasen. Der Hase hoppelte in der Stube umher und sprang dann der Zarentochter auf den Schoß. Sie schnitt auch dem Hasen ein Büschel Haare ab. Der Hase verwandelte sich in das Vögelchen Goldköpfchen. Das Vögelchen flatterte durch die Stube und ließ sich dann auf die Hand der Zarentochter nieder. Die Zarentochter schnitt von seinem Köpfchen einige goldene Federchen ab, schlug alles – die Hirschhaare, die Hasenhaare und die goldenen Federchen – in ein Tuch ein und verwahrte es in ihrem Stübchen. Das Vögelchen Goldköpfchen verwandelte sich wieder in den Boten.

Die Zarentochter bewirtete ihn mit Speis und Trank, gab ihm davon auf die Reise mit und händigte ihm die Streitkeule und das scharfe Schwert aus. Sie nahmen Abschied voneinander, umarmten und küßten sich, und dann machte sich Semjon, der junge Knabe, auf den Rückweg zum Zaren. Abermals lief er als leichtfüßiger Hirsch dahin, hüpfte als schieläugiger Hase, flog als kleines Vögelchen, und gegen Abend des dritten Tages sah er das Heerlager des Zaren vor sich. Dreihundert Schritte davor streckte er sich am Meeresufer unter einer Weide aus, um nach dem langen Weg ein wenig auszuruhen; die Streitkeule und das scharfe Schwert legte er neben sich. E war sehr müde und schlief sogleich fest ein. Es traf sich, daß um diese Zeit ein General an dem Weidenstrauch vorbeiging. Er erblickte den Boten, stieß den Schlafenden ins Meer, nahm Streitkeule und Schwert an sich, brachte sie dem Zaren und sprach: »Majestät! Hier ist die Streitkeule und das Schwert, ich habe sie geholt; dieses Großmaul, Semjon, der junge Knabe, ist gewiß nicht früher als in drei Jahren zu erwarten.« Der Zar dankte dem General, die Schlacht konnte beginnen, und in kurzer Zeit errang der Zar über seine Feinde einen ruhmreichen Sieg.

Semjon, der junge Knabe, stürzte also ins Meer. Der Meereszar fing ihn sofort auf und trug ihn auf den Meeresgrund hinab. Ein ganzes Jahr lebte er bei diesem Zaren, aber dann wurde es ihm schwer ums Herz, er wurde traurig und vergoß bittere Tränen. Der Meereszar kam zu ihm: »Hast du Heimweh, Semjon?« – »Ich habe Heimweh, Majestät!« – »Möchtest du in die russische Welt hinauf?« – »Ich möchte es sehr gern, wenn Ihr mir die Gnade erweisen wollt.« Genau um Mitternacht trug ihn der Meereszar hinauf, setzte ihn auf das Ufer und tauchte wieder ins Meer hinab. Semjon, der junge Knabe, betete inbrünstig: »O Herr! Schick mir die Sonne!« Einen Augenblick, bevor die Sonne aufging, tauchte der Meereszar wieder auf, nahm ihn in die Arme und trug ihn in die Meerestiefen hinunter.

Dort lebte Semjon ein weiteres Jahr, aber dann wurde es ihm schwer ums Herz, und er weinte bittere, bittere Tränen. Der Meereszar fragte: »Was hast du? Hast du vielleicht Heimweh?« – »Ich habe Heimweh!« antwortete Semjon, der junge Knabe. »Möchtest du in die russische Welt hinauf?« – »Ich möchte es, Majestät!« Der Meereszar trug ihn um Mitternacht ans Ufer und versank wieder in der Meerestiefe. Da betete Semjon, der junge Knabe, unter Tränen: »Schick mir die Sonne, o Herr!« Kaum graute der Morgen, da tauchte der Meereszar auf, ergriff ihn und trug ihn in die Meerestiefe hinab. Semjon, der junge Knabe, lebte ein drittes Jahr im Meer, aber dann wurde es ihm schwer ums Herz, und er begann bitterlich und untröstlich zu weinen. »Hast du Heimweh?« fragte ihn der Meereszar. »Möchtest du in die russische Welt hinauf?« – »Ich möchte es, Majestät!« Der Meereszar trug ihn ans Ufer hinauf und verschwand im Meer. Semjon, der junge Knabe, begann unter Tränen zu beten: »Schick mir die Sonne, o Herr!« Auf einmal stand die Sonne am Himmel und überschüttete ihn mit ihren Strahlen, da war es dem Meereszar nicht mehr möglich, ihn in Gefangenschaft zu halten.

Nun machte sich Semjon auf den Heimweg. Er verwandelte sich zuerst in den Hirsch, dann in den Hasen und dann in den kleinen Vogel Goldköpfchen. In kurzer Zeit stand er vor dem Palast des Zaren. Unterdessen war der Zar aus dem Krieg zurückgekehrt und wollte seine Tochter Marja mit dem betrügerischen General verheiraten. Semjon, der junge Knabe, trat in das Gemach, in dem der Bräutigam und die Braut an der Tafel saßen. Marja Zarewna erblickte ihn und sprach: »Mein Herr und mein Vater! Es gefalle dir nicht, mich zu strafen, gestatte mir, etwas zu sagen.« – »Sprich, liebe Tochter, was wünschst du?« – »Mein Herr und mein Vater, dies ist mein Bräutigam nicht, der neben mir an der Tafel sitzt. Mein Bräutigam hat soeben das Gemach betreten! Zeig ihnen, Semjon, junger Knabe, wie du damals die Keule und das scharfe Schwert geholt hast.« Semjon, der junge Knabe, verwandelte sich in den schnellfüßigen Hirsch, machte einige Sprünge durch das Gemach und blieb vor der Zarentochter stehen. Die Zarentochter wickelte aus dem Tüchlein das abgeschnittene Hirschhaar, zeigte dem Zaren, wo sie es abgeschnitten hatte, und sprach: »Hier, Väterchen. Dies ist mein Zeichen.« Der Hirsch verwandelte sich in den Hasen; der Hase hoppelte durch das Gemach und blieb vor der Zarentochter stehen. Die Zarentochter wickelte das Hasenhaar aus dem Tüchlein. Das Häschen verwandelte sich in den Vogel Goldköpfchen. Das Vögelchen flatterte durch das Gemach und ließ sich in dem Schoß der Zarentochter nieder. Die Zarentochter knüpfte den dritten Knoten in ihrem Tuch auf und zeigte die goldenen Federchen. Da erkannte der Zar die ganze Wahrheit, er befahl, den General hinzurichten, verheiratete seine Tochter Marja mit Semjon, dem jungen Knaben, und machte diesen zu seinem Erben.

Schwesterchen Aljonuschka und Brüderchen Iwanuschka

Zwei Waisen – Schwesterchen Aljonuschka und Brüderchen Iwanuschka – waren auf einer langen Wanderschaft, sie gingen über ein weites Feld, und die Hitze, die Hitze setzte ihnen arg zu. Iwanuschka bekam Durst: »Schwesterchen Aljonuschka, ich habe Durst.« – »Gedulde dich, Brüderchen, wir werden bald zu einem Brunnen kommen.« Sie wanderten und wanderten. Die Sonne stand hoch, der Brunnen war weit, die Hitze setzte ihnen zu, der Schweiß perlte auf der Stirn! Auf einmal sahen sie den Huf einer Kuh, der war voll Wasser. »Schwesterchen Aljonuschka, darf ich aus dem Huf trinken?« – »Trinke nicht, Brüderchen, sonst wirst du ein Kälbchen.« Das Brüderchen gehorchte und ging weiter. Die Sonne stand hoch, der Brunnen war weit, die Hitze setzte ihnen zu, der Schweiß perlte auf der Stirn! Auf einmal sahen sie den Huf eines Pferdes, der war voll Wasser. »Schwesterchen Aljonuschka, darf ich aus dem Huf trinken?« – »Trinke nicht, Brüderchen, sonst wirst du ein Fohlen.« Iwanuschka seufzte und ging weiter. Die Sonne stand hoch, der Schweiß perlte auf der Stirn! Auf einmal sahen sie den Huf eines Schafbocks, der war voll Wasser. Das Brüderchen sah ihn und trank ihn leer, ohne Aljonuschka zu fragen. Aljonuschka rief nach Iwanuschka, aber statt Iwanuschka kam ein weißes Böckchen gelaufen. Da verstand sie, was geschehen war, brach in Tränen aus, setzte sich unter einen Heuschober und weinte, das Böckchen aber hüpfte vor ihr im Gras. Ein Herr fuhr vorüber, er ließ anhalten und fragte: »Warum weinst du, schönes Mädchen?« Sie erzählte ihm von ihrem Unglück. »Heirate mich«, sagte der Herr, »ich will dich mit schönen Kleidern und mit Silber schmücken und auch für dein Böckchen sorgen: Es soll immer dort sein, wo du bist.« Aljonuschka willigte ein; sie hielten Hochzeit und lebten so einträchtig miteinander, daß gute Menschen bei ihrem Anblick sich freuten, und die bösen vor Neid grün wurden.

Eines Tages verreiste der Mann, und Aljonuschka blieb allein zu Hause. Eine Hexe band ihr einen Stein um den Hals und warf sie ins Wasser, dann zog sie ihre Kleider an und nahm ihre Stelle in dem herrschaftlichen Haus ein; niemand merkte es, selbst der Gatte ließ sich täuschen. Nur das Böckchen wußte alles, es war traurig, ließ den Kopf hängen, verschmähte sein Futter, lief von morgens bis abends am Wasser entlang und rief: »Bäh, bäh!« Die Hexe erfuhr davon und wurde zornig. Sie befahl, große Feuer zu machen, eiserne Kessel darüber zu hängen, scharfe Messer zu wetzen und sprach: »Der Schafbock wird geschlachtet!« Dann schickte sie einen Diener aus, um das Böckchen einzufangen. Ihr Gatte wunderte sich: Früher konnte die Frau von dem Böckchen kein Auge lassen, sie lag ihm immer in den Ohren, ob das Tier auch genug zu fressen und zu trinken habe – und nun sollte es geschlachtet werden! Das Böckchen aber merkte, daß es nicht mehr lange leben sollte, es legte sich am Ufer nieder und klagte:

> »Mein Schwesterchen Aljonuschka!
> Ich soll geschlachtet werden!
> Die hohen Flammen prasseln schon,
> die Eisenkessel sprudeln schon,
> die scharfen Messer sind gewetzt!«

Aljonuschka antwortete ihm:

>>Ach, Brüderchen Iwanuschka!
Der Stein an meinem Hals ist schwer,
um meine Hände schlingt sich Gras,
auf meiner Brust liegt gelber Sand!<<

Ein Diener hörte sie klagen und wunderte sich. Er ging zu dem Herrn und meldete es ihm; darauf legten sie sich auf die Lauer. Das Böckchen kam wieder ans Ufer, rief nach Aljonuschka und klagte über dem Wasser:

>>Mein Schwesterchen Aljonuschka!
Ich soll geschlachtet werden!
Die hohen Feuer prasseln schon,
die Eisenkessel sprudeln schon,
die scharfen Messer sind gewetzt!<<

Ajonuschka antwortete ihm:

>>Ach, Brüderchen Iwanuschka!
Der Stein an meinem Hals ist schwer,
um meine Hände schlingt sich Gras,
auf meiner Brust liegt gelber Sand!<<

>>Herbei, herbei<<, rief der Herr, >>alles Gesinde herbei! Legt Reusen aus, werft seidene Netze aus!<< Das Gesinde versammelte sich, seidene Netze wurden ausgeworfen; bald zogen sie Aljonuschka herauf. Sie brachten sie ans Ufer, schnitten den Stein ab, sie tauchten sie in frisches Wasser, wuschen sie, schlugen sie in weißes Linnen ein, da war sie noch schöner als zuvor und fiel ihrem Mann um den Hals. Das Böckchen wurde wieder Brüderchen Iwanuschka, und alle lebten wie vorher glücklich und zufrieden, und nur die Hexe mußte büßen: aber das geschah ihr recht, denn mit einer Hexe, heißt es, braucht man kein Mitleid zu haben!

Es lebten einmal ein Zar und seine Zarin, die hatten zwei
Kinder, einen Sohn und eine Tochter: Der Sohn hieß Dmitrij
und die Tochter Marja. Ammen und Wärterinnen hatten für
die Zarentochter zu sorgen, aber keine von ihnen konnte sie in
den Schlaf wiegen. Nur ihr Bruder konnte es: er stellte sich an
ihr Bettchen und sagte: »Baju – baju, Schwesterchen! Baju –
baju, mein Liebes! Wenn du groß bist, werde ich dich Iwan
Zarewitsch zur Frau geben.« Dann schloß sie ihre Äuglein
und schlief ein. So vergingen einige Jahre, da machte sich
Dmitrij Zarewitsch auf den Weg und besuchte Iwan Zarewitsch; drei Monate blieb er bei ihm – sie spielten viele Spiele
und hatten viel Kurzweil miteinander. Dann wollte er wieder
nach Hause reiten und lud Iwan Zarewitsch zu sich ein. Der
antwortete: »Gut, ich werde kommen!« Er kehrte nach Hause
zurück, nahm ein Bildnis von seiner Schwester und hing es
über seinem Bett auf: die Zarentochter war so schön, daß man
kein Auge von ihrem Bildnis wenden konnte!

Unverhofft und unerwartet kam Iwan Zarewitsch zu Dmitrij geritten, trat in sein Zimmer, und Dmitrij lag da und
schlief fest. Iwan Zarewitsch sah das Bildnis der Zarentochter
Marja – auf der Stelle verliebte er sich in sie, riß das Schwert
aus der Scheide und erhob es über ihrem Bruder. Aber Gott
ließ solche Sünde nicht zu. Dmitrij Zarewitsch wachte auf wie
von einem Stoß und fragte: »Was willst du tun?« – »Ich will
dich töten!« – »Aber warum, Iwan Zarewitsch?« – »Das ist
doch deine Braut?« – »Nein, das ist meine Schwester,
Zarewna Marja.« – »Ach, weshalb hast du mir nie von ihr
erzählt? Jetzt kann ich nicht mehr ohne sie leben!« – »Da weiß
ich Rat: Heirate meine Schwester, und wir werden Brüder.«
Iwan Zarewitsch fiel Dmitrij Zarewitsch um den Hals. Sie
wurden bald einig und gaben sich die Hand darauf.

Iwan Zarewitsch ritt nach Hause – die Hochzeit sollte
vorbereitet werden, und Dmitrij Zarewitsch rüstete sich mit

seiner Schwester zu einer Reise – sie wollten den Bräutigam besuchen. Sie reisten in zwei Schiffen: in dem einen der Bruder, in dem anderen die Schwester, begleitet von einer Amme und ihrer Tochter. Als die Schiffe mitten auf dem blauen Meer waren, sagte die Amme zu Marja Zarewna: »Leg dein kostbares Gewand ab und ruhe dich auf dem Federbett aus!« Die Zarewna legte ihr kostbares Gewand ab und streckte sich auf dem Federbett aus – da gab ihr die Amme einen leichten Schlag auf ihren weißen Leib, und sie wurde zu einer grauen Ente, schlug mit den Flügeln und flog von dem Schiff hinab auf das blaue Meer. Die Amme aber legte ihrer Tochter das prächtige Gewand an, dann setzten sie sich beide hin und taten groß. Endlich kamen sie in das Land von Iwan Zarewitsch. Sogleich kam er ihnen entgegengelaufen und brachte das Bildnis Marjas mit: da sah er, daß seine Braut bei weitem anders aussah als ihr Bildnis! Das verübelte er Dmitrij Zarewitsch und befahl, ihn in den Kerker zu werfen und ihm täglich nicht mehr als ein Stück Schwarzbrot und einen Becher Wasser zu reichen; rund um den Kerker stellte er Wachen auf und befahl ihnen strengstens, niemanden zu dem Gefangenen hineinzulassen.

Als es auf Mitternacht zuging, stieg die graue Ente über dem Meer auf und flog zu ihrem lieben Bruder – da wurde es über dem ganzen Land taghell: bei jedem Flügelschlag sprühte sie Funken um sich! Sie kam zu dem Kerker geflogen, geradewegs auf das Fenster zu, hing die Flügelchen an einen Nagel und ging zu ihrem Bruder hinein: »Dmitrij Zarewitsch, lieber Bruder! Es ist dir zuwider, im Kerker zu sitzen bei einem Becher Wasser und einem Stück Brot; aber mir, lieber Bruder, ist es noch mehr zuwider, auf dem blauen Meer zu schwimmen. Die böse Amme hat uns beide ins Unglück gestürzt, sie hieß mich mein kostbares Gewand ablegen, um ihre Tochter damit zu schmücken.« Bruder und Schwester weinten und wehklagten miteinander; in aller Frühe flog die graue Ente auf das blaue Meer hinaus. Man meldete Iwan

Zarewitsch: »So und so, eine graue Ente kam geflogen, sie war bei dem Gefangenen im Kerker und ließ dabei unser ganzes Land in Licht erstrahlen!« Iwan befahl, ihn sogleich zu wecken, sobald die Ente wiederkäme.

Und wieder ging es auf Mitternacht zu; da wogte das Meer hoch auf, die graue Ente hob sich von dem Wasser, sie flog – und das ganze Land leuchtete auf. Sie schlug mit den Flügelchen, und es war, als versprühten sie Feuerfunken. Sie flog zu dem Kerker, legte ihre Flügelchen auf das Fensterbrett und ging zu ihrem Bruder. Sofort liefen Boten zu Iwan Zarensohn und weckten ihn; er kam zu dem Gefängnis gelaufen und sah: auf dem Fensterbrett lagen Flügelchen; er nahm sie an sich und befahl, sie ins Feuer zu werfen, dann legte er das Ohr an die Tür und lauschte. »Mein liebster Bruder«, sagte Marja Zarewna, »es ist dir zuwider, im Kerker zu sitzen, bei einem Becher Wasser und einem Stück Brot; aber mir, lieber Bruder, ist es noch mehr zuwider, auf dem blauen Meer zu schwimmen. Die böse Amme hat uns beide ins Unglück gestürzt, sie hieß mich mein kostbares Gewand ablegen, um ihre Tochter damit zu schmücken . . . Ach, lieber Bruder, es riecht so brenzlig!« – »Nein, Schwesterchen, ich rieche nichts.«

Iwan Zarewitsch öffnete die Tür und trat ein – Marja Zarewna stürzte zum Fenster und sah: die Flügelchen waren zur Hälfte verbrannt; schon faßte Iwan Zarewitsch sie an ihren weißen Händen, da verwandelte sie sich in allerlei Gewürm. Iwan Zarewitsch aber erschrak nicht und ließ ihre Hände nicht los . . . Dann verwandelte sie sich in eine Spindel, der Zarewitsch brach die Spindel entzwei, warf das eine Ende vor sich, das andere hinter sich und sprach: »Schöne Jungfrau, steh vor mir, weiße Birke, hinter mir!« Und schon stand hinter ihm eine weiße Birke und vor ihm Marja Zarewna in ihrer ganzen Schönheit. Iwan Zarewitsch bat um Vergebung, Dmitrij Zarewitsch verzieh ihm, sie versöhnten sich und gingen in seinen Palast. Am nächsten Tag wurde Hochzeit gehalten: Iwan Zarewitsch vermählte sich mit Marja Zarewna und die Hochzeitsgäste haben lange getafelt, gefeiert und es sich wohl sein lassen. Die Amme aber wurde samt ihrer Tochter an einen Ort geschickt, von dem es keine Wiederkehr gibt.

Das weiße Entchen

Ein Fürst heiratete eine wunderschöne Fürstin und hatte noch keine Zeit gehabt, sie genug anzusehen, hatte noch keine Zeit gehabt, genug mit ihr zu plaudern, ihr genug zuzuhören, als er eine lange Reise antreten und seine Frau mit fremden Menschen allein lassen mußte. Was sollte er tun! Es heißt, daß man nicht das ganze Leben Hand in Hand sitzen kann. Lange hatte die Fürstin geweint, lange hatte der Fürst ihr gut zugeredet, sie ermahnt, ihr Gemach nicht zu verlassen, Unterhaltungen zu meiden, schlechten Menschen aus dem Weg zu gehen, auf böse Reden nicht zu hören. Die Fürstin versprach, seinen Rat zu befolgen. Der Fürst ritt davon; sie schloß sich in ihrem Stübchen ein und verließ es nicht.

Ob es lange währte oder kurz – da trat eine Frau bei ihr ein, die schien so redlich, so herzlich! »Warum«, sagte sie, »warum diese Trübsal? Du solltest wenigstens Gottes Welt draußen ansehen, wenigstens durch den Garten gehen, die Langeweile vertreiben, den Kopf an der Luft erfrischen.« Lange weigerte sich die Fürstin und wollte es nicht tun. Schließlich aber dachte sie: Einmal durch den Garten gehen kann nicht schlimm sein. Und sie ging hinaus. Im Garten sprudelte kristallklares Wasser. »Warum«, sagte die Frau, »da der Tag heiß ist, die Sonne brennt und das Wasser kühl ist und so plätschert – warum sollen wir hier nicht baden?« – »Nein, nein, ich will nicht!« Aber gleich darauf dachte sie: »Einmal ins Wasser tauchen kann nicht schlimm sein!« Sie streifte ihren Sarafan ab und sprang ins Wasser. Kaum war sie ins Wasser getaucht, da gab ihr die Frau einen Schlag auf den Rücken: »Schwimm als weißes Entchen dahin!« sprach sie. Und die Fürstin schwamm als weißes Entchen dahin. Die Hexe zog sofort ihr Kleid über, putzte sich, schminkte sich und setzte sich in das Gemach, um auf den Fürsten zu warten. Kaum schlug der Hund an, kaum ließ sich das Glöckchen vernehmen, als sie dem Fürsten entgegenlief, sich an seine Brust warf, ihn küßte und liebkoste. Er freute sich, schloß sie in die Arme und merkte nichts. Und das weiße Entchen legte Eier, brütete seine Kinderchen aus, zwei wohlgeratene und als drittes einen Kümmerling, aber es waren Menschenkinder; das Entchen zog sie groß und sie begannen, am Fluß zu spielen, goldene Fischchen zu fangen, Lappen zu sammeln, Röckchen zu nähen und am Ufer herumzuspringen und nach der Wiese zu schielen. »Ach, Ihr dürft nicht dorthin, Kinder!« sagte die Mutter. Aber die Kinder folgten ihr nicht; heute spielten sie im Gras, morgen sprangen sie über den Rasen, immer weiter, weiter und schließlich kamen sie auf den Hof des Fürsten. Die Hexe witterte sofort, wer sie waren und knirschte mit den Zähnen; darauf rief sie die Kinder zu sich, gab ihnen zu essen und zu trinken und bettete sie zur Ruhe, dann ließ sie Feuer machen, die Kessel übers Feuer hängen und die Messer wetzen. Kaum waren die beiden Brüder im Bettchen, als sie auch schon einschliefen. Den Kümmerling trugen sie, damit er sich nicht erkälten sollte, unter dem Hemd auf der Brust, wie die Mutter es befohlen hatte – der Kümmerling schlief nicht, er hörte alles und sah alles. Nachts schlich die Hexe an die Tür und fragte: »Schlaft ihr, Kinderchen? Schlaft ihr nicht?« Der Kümmerling antwortete: »Wir schlafen nicht, wir wissen, daß wir alle geschlachtet werden sollen; die Feuer prasseln schon, die Kessel sprudeln schon, die Messer werden gewetzt!« – »Sie schlafen nicht!«

Die Hexe schlich fort, lief eine Weile umher und kehrte wieder zur Tür zurück: »Schlaft ihr, Kinderchen? Schlaft ihr nicht?« Der Kümmerling antwortete wie zuvor: »Wir schlafen nicht, wir wissen, daß wir alle geschlachtet werden sollen; die Feuer prasseln schon, die Kessel sprudeln schon, die Messer werden gewetzt!« – »Aber das ist doch immer dieselbe Stimme!« dachte die Hexe. Sie drückte vorsichtig die Tür auf und sah: beide Brüder schliefen einen tiefen Schlaf; sogleich machte sie über ihnen ein Zeichen mit der Todeshand – und sie starben.

Am Morgen rief die weiße Ente ihre Kinder; die Kinder kamen nicht. Da ahnte sie in ihrem Herzen, was geschehen war, sie erhob sich in die Luft und flog zu dem Palast des Fürsten. Weiß wie Leinwand, kalt wie Eis lagen die beiden Brüder auf dem Palasthof nebeneinander. Sie stürzte auf sie zu, warf sich über sie, breitete ihre Flügel aus, umfaßte ihre Kinder und beweinte sie wie eine Menschenmutter:

> »Ga-gak, ga-gak, meine Kinderchen!
> Ga-gak, ga-gak, meine Täubchen!
> Ich habe euch in Not großgezogen,
> unter Tränen gestillt,
> in dunkler Nacht über euch gewacht,
> mir keinen Bissen gegönnt!«

»Hörst du, Frau? Wie seltsam – die Ente spricht mit Menschenstimme.« – »Das scheint dir nur! Laß die Ente vom Hof jagen!« Aber sooft sie die Ente fortjagten, flog sie einen Kreis und kehrte zu ihren Kindern zurück:

> »Ga-gak, ga-gak, meine Kinderchen!
> Ga-gak, ga-gak, meine Täubchen!
> Umgebracht hat euch die alte Hexe,
> Die alte Hexe, die grausige Schlange,
> Die grausige Schlange, die falsche,
> Sie nahm euch euren leiblichen Vater,
> den leiblichen Vater – meinen Gatten,
> sie ertränkte uns in dem schnellen Fluß,

verzauberte uns in weiße Entchen
Und lebt selbst in Glück und Ehren!«

»Ach so!« dachte der Fürst und rief: »Fangt mir die weiße
Ente!« Alle liefen hinaus und wollten die Ente fangen, aber sie
flatterte hin und her und ließ sich nicht fassen; der Fürst selbst
kam hinaus gelaufen, da flüchtete sie in seine Hände. Er hielt
sie an den Flügeln fest und sagte: »Weiße Birke, hinter mich!
Schönes Mädchen, stehe vor mir!« Eine weiße Birke wuchs
hinter ihm empor, und ein schönes Mädchen stand vor ihm,
und in dem schönen Mädchen erkannte der Fürst seine junge
Fürstin. Sie fingen sofort eine Elster, hängten ihr zwei Fläschchen um und befahlen ihr, in dem einen das Wasser des
Lebens und in dem anderen das Wasser des Sprechens zu
holen. Die Elster flog davon und holte das Wasser. Sie
besprengten die Kinder mit dem Wasser des Lebens, und
diese begannen sich zu regen. Dann besprengten sie die
Kinder mit dem Wasser des Sprechens, und die Kinder
begannen zu sprechen. Und so hatte der Fürst auf einmal eine
ganze Familie, und sie lebten miteinander in Frieden und
Freude, mehrten das Gute und vergaßen das Böse. Die Hexe
aber wurde einem Pferd an den Schweif gebunden, das Pferd
jagte davon, und die Hexe wurde zerstückelt: wenn ein Bein
liegenblieb, wurde es zu einem Schürhaken, wenn ein Arm
liegenblieb, wurde er zu einem Rechen, und wo der Kopf
liegenblieb – wucherte ein Strauch über einem hohlen
Stumpf; Vögel kamen geflogen und pickten das Fleisch auf,
Winde erhoben sich und verwehten die Knochen, und so blieb
von ihr keine Spur und kein Zeichen.

Arys'-polje

Ein Mann hatte eine schöne Tochter, er lebte mit ihr still und friedlich, so lange, bis er sich eine zweite Frau nahm, und diese Frau war eine böse Hexe. Ihre Stieftochter war ihr ein Dorn im Auge, und sie ließ dem Mann keine Ruhe: »Jage sie aus dem Haus, ich will sie nie wieder sehen.« Der Mann verheiratete seine Tochter mit einem guten Menschen; nun lebte sie bei ihrem Mann, war zufrieden und schenkte ihm einen Sohn. Die Hexe aber ärgerte sich noch mehr über sie, vor Mißgunst fand sie keine Ruhe; sie wartete eine günstige Gelegenheit ab, verwandelte ihre Stieftochter in das Tier Arys'-polje und trieb es in den dichten Wald hinaus; ihre eigene Tochter zog die Kleider der Stiefschwester an und nahm ihre Stelle in dem Haus des Mannes ein. Die Hexe ging so listig und geschickt zu Werke, daß weder der Ehemann noch andere Menschen den Betrug merkten. Nur die alte Kinderfrau durchschaute alles, aber sie fürchtete sich, etwas zu sagen. Seit jenem Tag trug die Kinderfrau den Säugling, sobald er Hunger hatte, an den Waldrand und sang:

> »Arys'-polje, das Kindchen schreit,
> das Kindchen schreit, hat Hunger und Durst.«

Arys'-polje kam herbeigelaufen, streifte seine Haut ab, schob sie unter einen Baumstamm, nahm das Kind und stillte es; dann zog sie die Haut wieder über und verschwand im Wald. »Wohin trägt die Kinderfrau immer das Kindchen?« dachte der Vater. Er begann, sie zu beobachten; er sah, wie Arys'-polje herbeilief, seine Haut abstreifte und das Kindlein stillte. Er schlich hinter den Büschen hervor, holte heimlich die Haut und verbrannte sie. »Ach, es riecht nach Rauch! Ist es nicht meine Haut, die da brennt?« fragte Arys'-polje. »Nein, nein«, antwortete die Kinderfrau, »das sind wohl die Holzfäller, die im Wald Feuer machen.« Die Haut verbrannte. Arys'-polje nahm ihr früheres Aussehen an und erzählte alles ihrem Gatten. Sogleich liefen Menschen herbei, ergriffen die Hexe und verbrannten sie samt ihrer Tochter.

Zarewna Unke

In einem Reich, in einem Land lebten einmal ein Zar und eine Zarin: die hatten drei Söhne, alle drei jung, unverheiratet und so wohlgeraten, daß man es nicht im Märchen erzählen und nicht mit der Feder beschreiben könnte; der Jüngste hieß Iwan Zarewitsch. Eines Tages sprach der Zar: »Meine lieben Kinder, nehmt einen Pfeil, spannt den Bogen und schießt ihn ab, jeder nach einer anderen Richtung; wo euer Pfeil niederfällt, dort sollt ihr um eure Braut werben.« Der älteste Bruder schoß – sein Pfeil flog auf den Hof eines Bojaren und blieb genau vor dem Stübchen der Tochter stecken; der mittlere Bruder schoß, sein Pfeil flog auf den Hof eines Kaufmanns und blieb vor der Haustreppe stecken, und auf der Treppe stand ein schönes Mädchen, die Tochter des Kaufmanns. Dann schoß der jüngste Bruder – sein Pfeil fiel in einen schmutzigen Sumpf, und eine Unke fing ihn auf. Da sprach Iwan Zarewitsch: »Wie kann ich mich mit einer Unke vermählen? Eine Unke ist mir nicht ebenbürtig!« – »Du mußt sie heiraten!« antwortete der Zar. »So ist es dir vom Schicksal beschieden.«

Nun hielten die Zarensöhne Hochzeit: der älteste mit der Bojarentochter, der mittlere mit der Kaufmannstochter und Iwan Zarewitsch mit der Unke. Bald darauf ließ der Zar sie zu sich kommen und befahl: »Eure Frauen müssen mir jede bis morgen ein weiches weißes Brot backen.« Unfroh kehrte Iwan in seine Gemächer zurück und ließ den Kopf tiefer hängen als die Schultern. »Qua-qua, Iwan Zarewitsch! Warum bist du so betrübt?« fragte ihn die Unke. »Hast du von deinem Vater ein unfreundliches Wort vernommen?« – »Wie soll ich nicht betrübt sein? Mein Herr und Vater befiehlt dir, ihm bis morgen ein weiches weißes Brot zu backen.« – »Gräme dich nicht! Lege dich zur Ruhe und schlafe; der Morgen ist weiser als der Abend!« Sie wartete, bis Iwan Zarewitsch eingeschlafen war, und streifte dann die Unkenhaut ab – da wurde sie die schöne Jungfrau Wassilissa die Allweise.

Sie trat auf die Treppe vor dem Haus und rief mit lauter Stimme: »Ihr Ammen und Kinderfrauen! Sputet euch, rührt euch und backt ein weiches weißes Bort, wie ich es bei meinem leiblichen Vater gegessen, wie ich es nur bei ihm genossen habe.«

Als Iwan Zarewitsch am nächsten Morgen aufwachte, war die Unke mit dem Backen längst fertig, und das Brot war so gut geraten, wie man es sich nicht ausdenken, nicht vorstellen, nur im Märchen erzählen könnte! Es war schön verziert und rundherum mit Städten samt Mauer und Stadttor geschmückt. Der Zar dankte Iwan für dieses Brot und befahl seinen drei Söhnen abermals: »Eure Frauen müssen mir in einer Nacht einen Teppich weben!« Unfroh kehrte Iwan in seine Gemächer zurück und ließ den Kopf tiefer hängen als die Schultern. »Qua-qua, Iwan Zarewitsch! Warum bist du so betrübt?« fragte ihn die Unke. »Hast du von deinem Vater ein unfreundliches Wort vernommen?« – »Wie soll ich nicht betrübt sein? Mein Herr und Vater befiehlt dir, bis morgen einen seidenen Teppich zu weben.« – »Gräme dich nicht! Lege dich zur Ruhe und schlafe; der Morgen ist weiser als der Abend!« Sie wartete, bis Iwan Zarewitsch eingeschlafen war, und streifte dann die Unkenhaut ab – da wurde sie die schöne Jungfrau Wassilissa die Allweise. Sie trat auf die Treppe vor dem Haus und rief mit lauter Stimme: »Ihr Ammen und Kinderfrauen! Sputet euch, rührt euch und webt mir einen seidenen Teppich, wie jenen, auf dem ich bei meinem leiblichen Vater saß!«

Wie gesagt, so getan. Als Iwan Zarewitsch am nächsten

Morgen aufwachte, war die Unke mit dem Weben des Teppichs längst fertig – und er war so schön, wie man es sich nicht ausdenken, nicht vorstellen, nur im Märchen erzählen könnte! Den Teppich zierte ein kunstvolles Muster, er glänzte von Gold und Silber. Der Zar dankte Iwan für den Teppich und befahl seinen drei Söhnen, sogleich ihre Frauen zu holen. Abermals kehrte Iwan Zarewitsch unfroh nach Hause zurück und ließ den Kopf tiefer hängen als die Schultern. »Qua-qua, Iwan Zarewitsch! Warum bist du betrübt? Hast du von deinem Vater ein unfreundliches Wort vernommen?« – »Wie soll ich nicht betrübt sein? Mein Herr und mein Vater befiehlt, dich zu ihm zu bringen; wie kann ich mit dir vor die Menschen treten?« – »Gräme dich nicht, Iwan Zarewitsch! Geh allein zu dem Zaren, ich werde hinterherkommen, und wenn du Donnern und Krachen hörst, dann sage: ›Das ist meine Unke, die in ihrem Spanschächtelchen gefahren kommt.‹«

Nun kamen die älteren Brüder mit ihren Frauen, die waren aufs beste geputzt und geschmückt; sie standen da und machten sich über Iwan Zarewitsch lustig: »Wo hast du deine Frau gelassen? Du hättest sie im Sacktuch mitbringen können! Wo hast du diese Schöne nur gefunden? Du bist wohl durch alle Sümpfe gewatet?« Auf einmal erhob sich ein mächtiges Donnern und Krachen – der ganze Palast erzitterte; die Gäste erschraken, sprangen von ihren Plätzen auf und wußten nicht, was sie tun sollten; Iwan Zarewitsch aber sprach: »Fürchtet euch nicht, Herrschaften! Das ist meine Unke, die in ihrem Spanschächtelchen gefahren kommt.« Eine vergoldete Karosse, mit sechs Pferden bespannt, hielt vor der Palasttreppe, Wassilissa die Allweise stieg aus, so schön, wie man es sich nicht ausdenken, nicht vorstellen, nur im Märchen erzählen könnte! Sie nahm Iwan Zarewitsch bei der Hand und führte ihn an die eichenen Tische, bedeckt mit Tüchern aus Damast.

Nun tafelten die Gäste, aßen und tranken; Wassilissa die

Allweise trank aus ihrem Glas und goß den Rest in ihren linken Ärmel. Sie aß von dem Schwanenbraten und schob die Knochen in ihren rechten Ärmel. Die Frauen der älteren Zarensöhne schauten ihr zu und taten ihr alles nach. Später, als Wassilissa mit Iwan Zarewitsch tanzte, schwenkte sie den linken Arm – und ein See breitete sich aus, dann schwenkte sie den rechten – und weiße Schwäne schwammen über den See. Der Zar und die Gäste waren voller Staunen. Dann kamen die älteren Schwiegertöchter an die Reihe, sie tanzten und schwenkten jede den linken Arm – da waren die Gäste von Kopf bis Fuß mit Wein bespritzt, sie schwenkten den rechten – ein Knochen flog dem Zaren gerade ins Auge! Der Zar wurde zornig und warf sie mit Schimpf und Schande aus dem Palast.

Unterdessen war Iwan Zarewitsch heimlich nach Hause gelaufen, er fand die Unkenhaut und verbrannte sie in einem großen Feuer. Wassilissa die Allweise kam zurück, sie suchte und suchte, die Unkenhaut war nicht zu finden. Da betrübte sie sich und wurde sehr traurig; sie sprach: »Ach, Iwan Zarewitsch! Was hast du getan? Hättest du ein Weilchen gewartet, ich wäre ewig dein gewesen. Nun leb wohl! Such mich hinter den dreimal neun Ländern in dem dreimal zehnten Zarenreich bei Kostschej dem Unsterblichen!« Sie verwandelte sich in einen weißen Schwan und flog durch das Fenster davon.

Iwan Zarewitsch weinte bitterlich, betete zu Gott nach allen vier Himmelsrichtungen und ging, wohin seine Augen blickten. Ob er lang wanderte oder kurz, ob es weit war oder nah – da kam ihm ein altes Männlein entgegen. »Guten Tag, wackerer Jüngling! Wohin des Wegs? Was suchst du?« Der Zarewitsch erzählte ihm von seinem Unglück. »Ach, Iwan Zarewitsch! Warum hast du die Unkenhaut verbrannt? Du hast sie ihr nicht angezogen, dir kam es nicht zu, sie auszuziehen! Als Wassilissa die Allweise geboren wurde, war sie klüger und vermochte mehr als ihr eigener Vater; er verübelte es ihr und machte sie für drei Jahre zu einer Unke. Hier ist ein Garnknäul. Folge ihm unverzagt, wohin es auch rollt.« Iwan Zarewitsch dankte dem Alten und folgte dem Knäulchen nach. Er ging über ein freies Feld, da kam ihm ein Bär entgegen. »Dieses Tier will ich töten!« dachte Iwan Zarewitsch. Aber der Bär sprach: »Töte mich nicht, Iwan Zarewitsch! Die Zeit kommt, da du mich brauchen wirst.« Er ging weiter und sah: über ihm flog ein Erpel, schon legte er an und wollte den Vogel herunterschießen, als dieser mit menschlicher Stimme sprach: »Töte mich nicht, du wirst mich noch brauchen.« Er bekam Mitleid mit dem Vogel und ging weiter. Da hoppelte ein schieläugiger Hase vorbei; wieder griff der Zarewitsch nach seiner Flinte und zielte. Aber der Hase sprach mit menschlicher Stimme: »Töte mich nicht, Iwan Zarewitsch! Du wirst mich noch brauchen!« Iwan Zarewitsch bekam Mitleid mit ihm und ging weiter zu dem blauen Meer; dort sah er auf dem Sand einen Hecht liegen, der war schon beinahe tot. »Iwan Zarewitsch«, sprach der Hecht, »hab Mitleid mit mir, wirf mich ins Meer.«

Ob der Weg lang war oder kurz – das Knäul rollte vor ein Häuschen; das Häuschen stand auf Hühnerbeinen und drehte sich. Iwan Zarewitsch sprach: »Häuschen, Häuschen, steh vor mir, wie du früher standest, wie die Mutter dich gestellt hat – mit dem Gesicht zu mir, mit dem Hintern zum Meer.« Das Häuschen drehte sich, mit dem Hintern zum Meer, mit dem Gesicht zu Iwan Zarewitsch. Er trat ein und sah: die Baba Jaga Beinernes Bein liegt auf dem Ofen, auf dem neunten Ziegel, ihre Nase ist in die Decke eingewachsen, der Rotz läuft über die Schwelle, die Titten hängen über einem Haken, und sie wetzt die Zähne. »He, wackerer Jüngling! Was führt dich zur mir?« fragte die Baba Jaga. »Du altes Weibsstück! Bewirte mich vorher mit Speis und Trank und führe mich in die Badestube, dann erst kannst du mich fragen!«

Die Baba Jaga setzte ihm Speis und Trank vor und führte ihn in die Badestube. Und der Zarensohn erzählte, daß er seine Frau Wassilissa die Allweise suche. »Ha, ich weiß es!« sagte die Baba Jaga. »Sie ist bei Kostschej dem Unsterblichen. Es ist sehr schwer, sie zu finden, denn es ist nicht leicht, gegen Kostschej anzukommen. Sein Tod ist in der Spitze einer Nadel, diese Nadel ist in einem Ei, dieses Ei in einer Ente, diese Ente in einem Hasen, dieser Hase in einer Truhe und diese Truhe hängt in einer hohen Eiche. Und Kostschej hütet diesen Baum wie seinen Augapfel.«

Die Jaga sagte ihm, wo die Eiche wuchs; Iwan Zarewitsch kam dorthin, wußte aber nicht, was er tun sollte, um die Truhe herunterzuholen. Plötzlich kam der Bär gelaufen und riß den Baum samt der Wurzel aus dem Boden; die Truhe fiel herunter und barst, der Hase sprang aus der Truhe und rannte davon. Auf einmal schoß ein anderer Hase hinterher, holte ihn ein und zerfleischte ihn. Aus dem Hasen flatterte die Ente hervor und stieg hoch in die Lüfte; da kam der Erpel geflogen und stieß sie – sofort ließ die Ente das Ei fallen, und das Ei versank im Meer. Iwan Zarewitsch sah, daß alles verloren war, und begann zu weinen. Auf einmal kam der Hecht angeschwommen, er hielt im Maul das Ei. Iwan nahm das Ei, schlug es auf, holte die Nadel heraus und brach die Spitze ab. Wie sehr Kostschej auch wütete, wie sehr er auch seinem Tod zu entrinnen suchte, er mußte sterben! Iwan Zarewitsch ging in das Haus des Kostschej, holte Wassilissa die Allweise heraus und kehrte mit ihr nach Hause zurück. Dann lebten die beiden lange und glücklich miteinander.

Zarewna Schlange

Es ritt einmal ein Kosak seines Weges, er kam in einen dichten Wald; in dem Wald stand auf einer Lichtung ein Heuschober. Der Kosak stieg ab, wollte ein wenig ruhen, legte sich neben den Heuschober und rauchte seine Pfeife. Er paffte und paffte und merkte nicht, daß ein Funken in das Heu fiel. Als er sich ausgeruht hatte, saß er wieder auf und wollte weiterreiten; aber er war noch keine zehn Schritte geritten, als hinter ihm Flammen aufloderten und den ganzen Wald erhellten. Der Kosak drehte sich um und sah: der Heuschober brannte lichterloh, und in den Flammen stand eine schöne Jungfrau und sprach mit lauter Stimme: »Ach, Kosak, du guter Mann! Rette mich vor dem Tode!« – »Wie kann ich dich retten? Du bist von Flammen umgeben, ich kann nicht in deine Nähe kommen.« – »Halt deine Pieke in die Flammen, ich werde mich an der Pieke festhalten, und du ziehst mich an der Pieke heraus.« Der Kosak hielt die Pieke in die Flammen, mußte aber das Gesicht der starken Hitze wegen abwenden.

Sogleich verwandelte sich die schöne Jungfrau in eine Schlange, wand sich um die Pieke, glitt dem Kosaken auf die Schulter, schlang sich dreimal um seinen Hals und nahm den Schwanz zwischen die Zähne. Der Kosak erschrak, er wußte nicht, was er tun und was er sagen sollte. Da sprach die Schlange mit menschlicher Stimme: »Fürchte dich nicht, du mußt mich sieben Jahre um deinen Hals tragen und mit mir das Bleierne Reich suchen, und wenn du in diesem Reich angekommen bist, mußt du weitere sieben Jahre dort leben. Wenn du mir diesen Dienst erweist, wird es dein Glück sein!«

Nun ritt der Kosak durch die Welt und suchte das Bleierne Reich. Viel Zeit war vergangen, viel Wasser die Flüsse hinuntergeflossen, erst gegen das Ende des Jahres kam er an einen steilen Berg; auf diesem Berg ragte ein bleierner Palast, und um den Palast zog sich eine hohe Mauer aus weißem Stein. Der Kosak sprengte den Berg hinan, die Mauer tat sich vor ihm auf, und er ritt in einen weiten Hof hinein. Im selben Augenblick löste sich die Schlange von seinem Hals, ließ sich auf die feuchte Erde fallen, verwandelte sich in eine schöne Jungfrau und verschwand, als wäre sie nie dagewesen. Der Kosak stellte sein braves Roß in dem Stall unter, trat in den Palast und ging durch die Gemächer. Überall waren Spiegel,

632

Silber und Samt, aber keine Menschenseele war zu sehen. »O je«, dachte der Kosak, »wohin bin ich geraten? Wo gibt es hier zu essen und zu trinken? Nun werde ich Hungers sterben!«

Kaum hatte er das gedacht, als vor ihm eine gedeckte Tafel erschien, auf der Tafel standen Speisen und Getränke, alles im Überfluß; er ließ es sich schmecken, kam wieder zu Kräften und wollte nach seinem Pferd sehen. Als er in den Stall kam, stand sein Pferd vor der Krippe und fraß Hafer. »Das laß ich mir gefallen: Hier können wir leben, ohne Not zu leiden.«

Lange, lange lebte der Kosak in dem bleiernen Palast. Schließlich überkam in eine tödliche Langeweile: es war doch nicht einfach – immer mutterseelenallein sein! Niemand war da, mit dem er ein paar Worte reden konnte. Vor Kummer betrank er sich und beschloß in seinem Rausch, sich davonzumachen; aber wohin er sich auch wandte, überall stieß er auf hohe Mauern und fand nirgends Eingang oder Ausgang. Da packte ihn die Wut, er nahm einen ordentlichen Prügel, kehrte in den Palast zurück und machte sich daran, die Spiegel und die Scheiben zu zertrümmern, den Samt zu zerreißen, die Stühle zu zerbrechen und das Silber aus dem Fenster zu werfen: »Vielleicht wird sich der Hausherr zeigen und mich herauslassen!« Niemand kam. Der Kosak legte sich schlafen. Am nächsten Tag wachte er auf, spazierte eine Weile umher und wollte sich schließlich ein wenig stärken; er suchte hier, er suchte dort – aber nirgendwo fand er auch nur einen Bissen! »Nun«, dachte er, »die Schnitterin straft sich selbst, wenn sie unsauber sichelt! Ich habe hier gestern Schlimmes angerichtet, dafür muß ich jetzt hungern!« Kaum hatte er bereut, als vor ihm der gedeckte Tisch erschien.

Drei Tage vergingen; als der Kosak morgens nach dem Aufwachen aus dem Fenster sah, wartete sein braves Roß gesattelt vor der Treppe. Was sollte das bedeuten? Er wusch sich, kleidete sich an, betete, nahm seine lange Pieke und trat auf den weiten Hof hinaus. Auf einmal stand die schöne

Jungfrau vor ihm. »Guten Tag, tapferer Kosak! Die sieben Jahre sind abgelaufen – du hast mich vor dem Verderben gerettet. Wisse denn, ich bin eine Königstochter; Kostschej der Unsterbliche begehrte mich. Er raubte mich meinen Eltern und wollte mich zur Frau nehmen, ich aber trieb meinen Spott mit ihm; da wurde er böse und verwandelte mich in eine giftige Schlange. Ich danke dir für deinen langen Dienst! Laß uns zusammen zu meinem Vater reisen; er wird dich mit Gold und Edelsteinen beschenken, aber nimm nichts an, sondern bitte um das Fäßchen, welches im Keller steht.« – »Und was soll mir dieses Fäßchen nutzen?« – »Wenn du das Fäßchen nach rechts rollst, steht sogleich ein Palast da, wenn du es nach links rollst, verschwindet der Palast.« – »Gut«, sagte der Kosak, schwang sich auf sein Pferd, hob die schöne Königstochter vor sich auf den Sattel, die hohen Mauern taten sich vor ihnen auf, und die beiden sprengten davon.

Ob sie nun lange ritten oder kurz – schließlich kamen sie in das besagte Königreich. Als der König seine Tochter erblickte, freute er sich über alle Maßen, dankte dem Kosaken wieder und wieder und schenkte ihm einen Sack voll Gold und einen Sack voll Perlen. Aber der Kosak sprach: »Ich brauche weder Gold noch Perlen; schenk mir als Andenken das Fäßchen, welches bei dir im Keller steht.« – »Du verlangst viel, Bruder. Aber was kann ich tun? Meine Tochter ist mir der kostbarste Schatz! Für sie ist mir auch das Fäßchen nicht zu viel; nimm es in Gottes Namen!« Der Kosak nahm das Geschenk des Königs und begab sich auf Wanderschaft durch die lichte Welt.

Er ritt und ritt, da begegnete ihm ein uralter Greis. Der Greis bat: »Gib mir zu essen, tapferer Kosak!« Der Kosak saß ab, löste die Stricke, mit denen das Fäßchen am Sattel festgebunden war und rollte es nach rechts – im gleichen Augenblick erschien vor ihnen ein prächtiger Palast. Sie traten beide in die schön gemalten Gemächer und setzten sich an die gedeckte Tafel. »He, mein treues Gesinde!« rief der

Kosak. »Bedient meinen Gast!« Kaum hatte er dies ausgesprochen, als Diener einen ganzen Ochsen und drei Kessel Bier auftrugen. Der Greis ließ es sich schmecken und lobte den Koch. Er aß einen ganzen Ochsen auf, trank drei Kessel Bier leer, räusperte sich und sprach: »Das war nicht eben viel, aber man muß zufrieden sein! Hab Dank für Brot und Salz.«

Sie traten aus dem Palast ins Freie. Der Kosak rollte das Fäßchen nach links, und der Palast war spurlos verschwunden. »Laß uns tauschen«, sagte der Alte zu dem Kosaken: »Ich gebe dir mein Schwert und du gibst mit dein Fäßchen.« – »Was ist das für ein Schwer?« – »Es ist ein Zauberschwert! Du brauchst damit nur auszuholen, und es mäht alle Feinde nieder, wieviele dir auch entgegentreten: Siehst du diesen Wald? Willst du eine Probe sehen?« Mit diesen Worten zog der Alte sein Schwert, schwang es und sprach: »Geh, Zauberschwert, und schlage diesen dunklen Wald.« Das Schwert sauste auf den Wald zu, holzte ihn ab und setzte die Scheite in Klaftern auf; als das Werk getan war, kehrte es zu seinem Herrn zurück. Der Kosak überlegte nicht lange, er gab dem Alten das Fäßchen und nahm das Zauberschwert an sich; dann holte er aus und erschlug mit dem Schwert den Alten. Er band das Fäßchen an dem Sattel fest, saß auf und machte sich auf den Rückweg zum König. Unterdessen hatte ein mächtiger Feind die Hauptstadt des Königs belagert. Der Kosak erblickte die ungezählten Heerscharen und schwang das Zauberschwert. »Mein Zauberschwert! Erweise mir einen Dienst, schlage das Heer des Feindes!« Die Köpfe rollten, das Blut floß in Strömen, und es verging keine Stunde, bis das ganze Feld mit Leichen bedeckt war.

Der König ritt dem Kosaken entgegen, umarmte ihn, küßte ihn und gab ihm seine schöne Tochter zur Frau. Sie feierten eine üppige Hochzeit, auch ich war dabei, trank Met und Wein, alles floß den Schnurrbart herunter und kein Tropfen in den Mund.

Die verzauberte Königstochter

Es diente einmal in der Reiterei des Königs ein Soldat, er diente fünfundzwanzig Jahre in Treue; zum Dank für seine Treue entließ ihn der König aus dem Dienst und gab ihm zur Belohnung das Pferd, das er im Regiment geritten hatte, samt Sattel und Zaumzeug. Der Soldat nahm Abschied von seinen Kameraden und machte sich auf den Weg in die Heimat; er ritt einen Tag und einen zweiten und einen dritten... es verging eine Woche, und eine zweite, und eine dritte – da ging dem Soldaten das Geld aus, er wußte nicht, was er essen und was er seinem Pferd geben sollte, und bis zu seinem Dorf war es noch weit, weit! Es stand schlecht um ihn, sein Hunger wurde immer größer; er sah sich um und bemerkte in der Ferne ein großes Schloß. »Vielleicht«, dachte er, »sollte ich dorthin reiten; vielleicht nehmen sie mich dort für eine Weile in ihre Dienste, und ich kann mir etwas verdienen.«

Er bog von der Straße ab, ritt in den Schloßhof hinein, stellte sein Pferd in dem Stall unter, gab ihm Futter und begab sich in das Schloß. In dem ersten Gemach stand ein gedeckter Tisch, auf dem Tisch prangten allerlei Gerichte und Weine, alles, was die Seele begehrte. Der Soldat aß und trank nach Herzenslust. »Und jetzt«, dachte er, »möchte ich ein Schläfchen halten!« Plötzlich erschien eine Bärin in dem Gemach: »Fürchte dich nicht, tapferer Soldat, du sollst hier dein Glück machen: ich bin keine reißende Bärin, sondern eine schöne Jungfrau, eine verzauberte Königstochter. Wenn du standhaft bleibst und drei Nächte hier verbringst, ist der Bann gebrochen – ich werde wieder eine Prinzessin sein und dich heiraten.«

Der Soldat willigte ein, die Bärin verschwand, und er blieb allein. Da überkam ihn ein solcher Trübsinn, daß er am liebsten nichts mehr von der Welt gesehen hätte, und je länger es dauerte, desto schlimmer wurde es; wenn der Wein nicht gewesen wäre, hätte er wahrscheinlich nicht eine Nacht überstanden! Am dritten Tag hielt er es nicht länger aus und wollte aus dem Schloß fliehen; aber wie lange er auch umherirrte, wie lange er auch suchte – er fand keinen Ausgang. Es ging nicht anders, er mußte wider Willen bleiben. So verbrachte er dort auch die dritte Nacht; am Morgen darauf erschien die Königstochter, sie war unbeschreiblich schön, dankte ihm für seinen Dienst und hieß ihn, die Hochzeitskleider anlegen. Sie hielten Hochzeit, lebten einträchtig miteinander und kannten keinen Kummer.

Nach einiger Zeit erinnerte sich der Soldat an sein Heimatdorf und wollte dorthin reisen; die Königstochter versuchte, es ihm auszureden. »Bleibe hier, mein Freund, reise nicht fort. Du hast hier alles, was das Herz begehrt!« Nein, sie konnte es ihm nicht ausreden. Als sie ihren Mann verabschiedete, gab sie ihm ein pralles Säckchen, es war mit Samen gefüllt; dann sprach sie: »Wohin du auch reitest, mußt du links und rechts Samen ausstreuen. Wo er auf die Erde fällt, werden im gleichen Augenblick Bäume emporwachsen; an den Bäumen werden kostbare Früchte prangen, allerlei Vögel werden in den Ästen ihre Lieder singen und fremdländische Kater Märchen erzählen.« Der tapfere Soldat stieg auf sein neues Pferd und ritt davon. Wo er auch ritt, streute er links und rechts Samen aus, und Wälder wuchsen hinter ihm empor; sie drängten nur so aus der feuchten Erde in die Höhe!

Er ritt einen Tag, einen zweiten, einen dritten, da sah er: im freien Feld lagerte eine Karawane; im Gras, in dem frischen, saßen Kaufleute, spielten Karten, neben ihnen hing ein Kessel; unter dem Kessel brannte kein Feuer, die Kascha aber kochte und brodelte. »Das ist sonderbar«, dachte der Soldat, »es ist kein Feuer da, aber die Kascha in dem Kessel sprudelt wie eine Quelle; das will ich mir genauer ansehen.« Er bog von der Straße ab und ritt auf die Kaufleute zu: »Guten Tag, ihr ehrbaren Kaufleute!« Er merkte nicht, daß es keine Kaufleute waren, sondern die Unreinen. »Das ist eine feine Sache: eine Suppe, die ohne Feuer kocht! Aber ich habe noch etwas Besseres.« Er nahm ein Samenkorn aus dem Säckchen und warf es auf die Erde – im gleichen Augenblick wuchs ein mächtiger Baum empor, an dem Baum prangten köstliche Früchte, allerlei Vögel sangen auf seinen Ästen und fremdländische Kater erzählten ihre Märchen. Da erkannten ihn die Teufel. »Aha!« sprachen sie zueinander, »das ist der, der die Königstochter erlöst hat; jetzt werden wir ihm einen Schlaftrunk geben, soll er ein halbes Jahr lang schlafen!« Sie forderten ihn auf, zu bleiben, fragten ihn nach seinen Wünschen und gaben ihm einen Schlaftrunk zu trinken; der Soldat sank ins Gras und schlief augenblicklich ein; darauf verschwanden Kaufleute, Karawane und Kessel.

Bald darauf trat die Königstochter in den Garten hinaus und sah, daß an allen Bäumen die Wipfel verdorrten. »Das bedeutet nichts Gutes«, sagte sie, »wahrscheinlich ist meinem Mann etwas Schlimmes zugestoßen! Drei Monate sind vergangen, er müßte eigentlich zurück sein, aber es ist nichts von ihm zu sehen und zu hören!« Die Königstochter traf die nötigen Anordnungen und machte sich auf den Weg, ihren Mann zu suchen. Sie fuhr den gleichen Weg, den der Soldat geritten war, zur Rechten und zur Linken rauschten Wälder, sangen Vögel und fremdländische Kater schnurrten ihre Märchen. Schließlich kam sie an die Stelle, wo der Wald aufhörte und der Weg sich mitten durchs offene Feld schlängelte. Da dachte sie: »Wo ist er geblieben? Er kann doch nicht in die Erde gesunken sein!« Und schon sah sie abseits einen Baum von der gleichen wunderbaren Art, unter dem lag ihr liebster Freund ausgestreckt.

Behende lief sie auf ihn zu und wollte ihn wecken – aber nein, er wachte nicht auf; sie schüttelte ihn, sie kniff ihn, sie stach ihn mit Nadeln; so oft sie ihn auch stach, er spürte es nicht, lag wie tot da und rührte sich nicht. Da ärgerte sich die Königstochter und fluchte in ihrem Zorn: »Daß dich der

Sturmwind hole, elender Schlafratz, und du in das Land kommst, von dem ich nichts weiß!« Kaum hatte sie das ausgesprochen, als der Sturmwind pfeifend und heulend herbeiflog, den Soldaten packte und mit ihm davonbrauste. Die Königstochter bereute ihr ungutes Wort, aber es war zu spät, bitterlich weinend kehrte sie nach Hause zurück und lebte fortan in stiller Einsamkeit.

Der Sturmwind trug den armen Soldaten weit, weit fort, hinter die dreimal neun Länder in das dreimal zehnte Reich und ließ ihn über einer Landzunge zwischen zwei Meeren fallen; er fiel genau auf die Spitze der Landzunge; wenn er sich im Schlaf auf die rechte oder linke Seite gedreht hätte, wäre er ins Meer gestürzt und verloren gewesen! Ein halbes Jahr lang schlief der Soldat, ohne auch nur einen Finger zu regen, und als er erwachte, sprang er sofort auf und sah links und rechts wogende Wellen und das weite Meer ohne Ende; er blieb nachdenklich stehen und fragte sich: »Auf welch wunderbare Weise bin ich hierher geraten? Wer hat mich hierher gebracht?« Dann wanderte er über die Landzunge und kam auf eine Insel; in der Mitte der Insel ragte ein hoher und steiler Berg, sein Gipfel reichte bis an die Wolken, und oben auf diesem Berg lag ein großer Stein.

Er ging auf diesen Berg und sah – dort prügelten sich drei Teufel, das Blut spritzte nur so und die Fetzen flogen! »Haltet ein, ihr Teufelspack! Worum geht euer Streit?« – »Vor drei Tagen ist unser Vater gestorben und hat uns drei Wunderdinge hinterlassen: den fliegenden Teppich, die selbstlaufenden Stiefel und die Kappe, die unsichtbar macht. Und nun streiten wir uns um das Erbe.« – »Ihr Höllenbrut! Wegen solcher Kleinigkeiten wollt ihr euch totprügeln? Ich will euer Schiedsrichter sein; dann seid ihr alle drei zufrieden und keiner geht leer aus.« – »O ja, Landsmann, sei unser Schiedsrichter! Wir bitten dich!« – »Also gut! Lauft, so schnell ihr könnt in die Kiefernwälder, sammelt jeder hundert Pud Harz und bringt es her.« Die Teufel rannten in die Kiefernwälder,

639

sammelten dreihundert Pud Harz und brachten es dem Soldaten. »Nun schafft aus der Hölle den allergrößten Kessel herbei!« Die Teufel schleppten einen riesigen Kessel heran – für gut vierzig Fässer! – und füllten ihn mit Harz.

Der Soldat machte Feuer, und sobald das Harz geschmolzen war, befahl er, den Kessel auf den Berg zu schaffen und seine Hänge von oben bis unten mit Harz zu übergießen. Auch diesen Befehl hatten die Teufel im Nu ausgeführt. »So«, sagte der Soldat, »und nun gebt dem Stein dort oben einen Stoß, so daß er den Berg hinunterrollt, und rennt hinterher: Wer ihn als erster einholt, der darf sich unter den drei Wunderdingen eines aussuchen; der zweite, der den Stein einholt, darf unter den beiden anderen wählen, und das letzte Wunderding bleibt für den dritten.« Die Teufel gaben dem Stein einen Stoß, und er sauste den Berg hinunter. Die drei Teufel stürzten hinterher; ein Teufel holte den Stein ein, packte ihn, der Stein aber wälzte sich weiter und drückte ihn tief in das Harz ein. Dem zweiten und dem dritten Teufel, die hinterherliefen und den Stein anfaßten, erging es ebenso! Alle drei blieben in dem Harz hängen und kamen nicht mehr los! Der Soldat klemmte die selbstlaufenden Stiefel und die Kappe unter die Achsel, setzte sich auf den fliegenden Teppich und flog davon, um sein Reich zu suchen.

Ob er lange flog oder kurz – er kam an ein Häuschen und trat ein – in dem Häuschen saß die Baba Jaga Beinernes Bein, sie war alt und zahnlos. »Guten Tag, Großmutter! Sage mir, wo ich meine schöne Königstochter finden kann?« – »Ich weiß es nicht, mein Täubchen! Ich habe sie nie gesehen und habe nie von ihr gehört. Ziehe weiter, hinter soundsoviele Meere, hinter soundsoviele Länder – dort lebt meine mittlere Schwester, die weiß mehr als ich; vielleicht kann sie es dir sagen.« Der Soldat setzte sich auf den fliegenden Teppich und flog weiter; er mußte lange durch die lichte Welt ziehen. Wenn er Durst oder Hunger bekam, setzte er die Kappe auf, die unsichtbar macht, flog in die nächste Stadt, ging dort in die

Läden, holte sich, wonach ihm der Sinn stand, setzte sich wieder auf den Teppich und flog weiter. Er kam zu einem anderen Häuschen und trat ein – dort saß die Baba Jaga Beinernes Bein, die war alt und zahnlos. »Guten Tag, Großmutter! Weißt du, wo ich die schöne Königstochter finden kann?« – »Nein, mein Täubchen, das weiß ich nicht; fliege weiter hinter soundsoviele Meere, hinter soundsoviele Länder, dort lebt meine ältere Schwester; vielleicht weiß die es.« – »Du alte Vogelscheuche! So viele Jahre lebst du schon auf der Welt, hast keinen Zahn mehr im Mund und weißt immer noch nichts Rechtes!« Er setzte sich auf den fliegenden Teppich und flog zu der ältesten Schwester.

Er zog lange, lange durch die Welt, sah viele Länder und viele Meere und gelangte schließlich an das Ende der Welt, dort stand ein Häuschen, und dahinter war nichts als ein undurchdringliches Dunkel! »Nun«, dachte der Soldat, »wenn ich hier nichts Vernünftiges erfahre, dann weiß ich nicht mehr, wohin ich fliegen soll!« Er trat in das Häuschen – dort saß die Baba Jaga Beinernes Bein, sie war weißhaarig und zahnlos. »Guten Tag, Großmutter! Sage mir, wo ich meine Königstochter finden kann!« – »Gedulde dich eine Weile, mein Freund. Ich werde alle meine Winde zusammenrufen und sie danach fragen. Denn die wehen um die ganze Welt und müssen wissen, wo sie jetzt lebt.« Die Alte trat vor die Tür, rief mit lauter Stimme und pfiff nach Reckenart; plötzlich stürmten von allen Seiten Winde daher, das ganze Häuschen bebte nur so! »Sachte, sachte!« rief die Baba Jaga, und als die Winde alle beisammen waren, fragte sie: »Meine stürmischen Winde, ihr weht um die ganze Welt, habt ihr irgendwo die schöne Königstochter gesehen?« – »Nein, wir haben sie nirgends gesehen!« antworteten die Winde wie aus einem Munde. »Seid ihr denn alle da?« – »Wir sind alle da, bis auf den Südwind.«

Es dauerte nicht lange, da kam auch der Südwind geflogen. Die Alte fragte ihn: »Wo hast du die ganze Zeit gesteckt? Wir mußten lange auf dich warten!« – »Verzeih, Großmutter! Ich weilte in dem neuen Reich, wo die schöne Königstochter wohnt; ihr Gatte ist verschollen, und nun halten viele Zaren und Zarensöhne, Könige und Königssöhne um ihre Hand an.« – »Wie weit ist es bis zu dem neuen Reich?« – »Wenn man zu Fuß geht – dreißig Jahre, wenn man fliegt – zehn. Und ich bin in drei Stunden dort.« Der Soldat flehte unter Tränen den Südwind an, daß er ihn auf seinen Flügeln in das neue Reich trage. »Meinetwegen«, sagte der Südwind, »ich will dich hintragen, aber nur, wenn du mir erlaubst, in deinem Reich drei Tage und drei Nächte nach Herzenslust zu tollen.« – »Du kannst meinetwegen auch drei Wochen bei mir toben!« – »Nun gut; ich möchte mich für zwei, drei Tage legen und Kräfte sammeln, dann machen wir uns auf den Weg.«

Der Südwind hatte sich ausgeruht und Kräfte gesammelt; nun sagte er zu dem Soldaten: »Wohlan, Bruder, mach dich bereit! Gleich machen wir uns auf den Weg; und merk dir, du brauchst dich nicht zu fürchten, du wirst heil und unversehrt bleiben!« Und schon erhob sich ein heftiger Sturm, rauschend und pfeifend packte er den Soldaten und trug ihn über Berge und Meere dicht unter den Wolken dahin; genau drei Stunden später war er in dem neuen Reich, wo seine schöne Königstochter lebte. Der Südwind sprach: »Leb wohl! Ich will dich schonen und nicht in deinem Reich bleiben!« – »Warum nicht?« – »Denn wenn ich hier bleibe und herumtolle, wird in der Stadt kein Haus und in den Gärten kein Baum mehr stehen bleiben. Ich werde das Unterste zuoberst kehren!« – »Dann leb wohl und sei bedankt!« sagte der Soldat, setzte die Kappe auf, die unsichtbar macht, und begab sich in den Palast aus weißem Stein.

Solange er nicht in seinem Land war, standen alle Bäume im Garten mit dürren Wipfeln da. Sobald er zurückgekehrt war, begannen sie zu grünen und zu blühen. Er trat in das große Gemach, dort saßen um einen Tisch viele herbeigereiste Zaren und Zarensöhne, Könige und Königssöhne, die um die schöne Königstochter warben; sie saßen da und nippten an den Bechern mit süßem Wein. Sobald ein Freier sich nun einen Becher einschenkte und zum Munde führte, schlug der Soldat ihm den Becher mit einem Fausthieb aus der Hand. Die Gäste wunderten sich, aber die schöne Königstochter wußte sofort Bescheid: »Gewiß ist es mein Freund, der zurückgekehrt ist!« dachte sie.

Sie warf einen Blick durchs Fenster – die Wipfel der Bäume im Garten grünten wieder, und sie gab ihren Gästen ein Rätsel auf: »Ich habe ein gediegenes Kästchen mit einem goldenen Schlüssel. Eines Tages verlor ich den Schlüssel und konnte nicht mehr hoffen, ihn wiederzufinden, aber nun hat sich dieser Schlüssel von selbst eingefunden. – Wer dieses Rätsel löst, der soll mein Mann werden.« Die Zaren und Zarensöhne, die Könige und Königssöhne zerbrachen sich lange ihre weisen Köpfe, aber sie konnten das Rätsel nicht lösen. Da sagte die Königstochter: »Zeige dich, mein liebster Freund!« Der Soldat setzte die Zauberkappe ab, nahm sie bei ihren weißen Händen und küßte sie auf ihren zuckersüßen Mund. »Das ist des Rätsels Lösung!« sprach die schöne Königstochter. »Das gediegene Kästchen bin ich, und der goldene Schlüssel ist mein treuer Gatte.« Den Freiern blieb nichts anderes übrig, als die Deichseln zu wenden und unverrichteter Dinge nach Hause zu fahren. Die Königstochter und ihr Mann lebten glücklich und in Freuden und mehrten das Gute.

Das versteinerte Reich

Es lebte einmal in einem Reich, in einem Land ein Soldat; er diente schon lange und untadelig, kannte das Reglement auswendig, und bei Appellen und Manövern trat er sauber und ordentlich an. Er hatte nur noch ein Jahr zu dienen – aber zu seinem Unglück begannen ihn seine Vorgesetzten zu schikanieren, nicht nur die großen Tiere, sondern auch die kleinen: Immer wieder mußte er sich Stockhiebe gefallen lassen. Der Soldat hatte kein schönes Leben mehr, und schließlich beschloß er auszurücken. Das Felleisen auf dem Rücken, das Gewehr über der Schulter, nahm er Abschied von seinen Kameraden, die ihn fragten: »Wohin? Zum Bataillonskommandeur?« – »Fragt mich nicht, Brüder! Schnallt mir die Riemen am Felleisen enger und behaltet mich in gutem Andenken!« Und dann marschierte er los, wohin seine Augen blickten. Ob er lange wanderte oder kurz – er kam in ein anderes Reich, sah dort einen Wachtposten und fragte: »Wo kann ich hier Quartier beziehen und mich ausruhen?« Der Wachtposten meldete es dem Gefreiten, der Gefreite dem Offizier, der Offizier dem General, der General meldete es dem König selbst. Der König befahl, den Soldaten vor seine hellen Augen zu führen. Der Soldat erschien, wie es sich gehört, in Uniform, präsentierte das Gewehr und blieb wie festgewurzelt stehen. Der König sprach: »Sage mir aufrichtig, woher du kommst und wohin du gehst?« – »Königliche Majestät, geruhen Sie, mich nicht zu strafen, geruhen Sie, mich reden zu lassen.« Er gestand dem König, wie alles zugegangen war, und bat, in seine Dienste aufgenomen zu werden. »Gut«, sprach der König, »du kannst Wache in meinem Garten halten; in meinem Garten ist es nicht geheuer – irgend jemand knickt meine liebsten Bäume um –, du mußt ihn vor diesem Schaden bewahren, deine Mühe soll reichlich belohnt werden.« Der Soldat willigte ein, und von nun an bewachte er den Garten.

Er bewachte ihn ein ganzes Jahr und ein zweites – alles war in bester Ordnung. Als das dritte Jahr zur Neige ging und der Soldat eine Runde durch den Garten machte, fand er, daß die Hälfte der kostbarsten Bäume umgeknickt war. »Mein Gott!« dachte er, »welch ein Unglück! Wenn der König das sieht, wird er mich einsperren und hängen lassen.« Er nahm sein Gewehr, lehnte sich an einen Baumstamm und versank in

Gedanken. Auf einmal hörte er ein Rauschen und Knarren, und als er zu sich kam, sah er einen riesigen furchterregenden Vogel, der die Bäume umknickte. Der Soldat legte an und schoß. Der Vogel war nicht tot, sondern nur an dem rechten Flügel verwundet; drei Federn von diesem Flügel fielen auf die Erde, der Vogel aber floh. Der Soldat lief ihm nach; der Vogel hatte starke, schnelle Beine, im Nu hatte er eine Höhle erreicht und verschwand darin.

Der Soldat zögerte nicht lange und stürzte ihm nach: Er fiel in einen tiefen, tiefen Abgrund, quetschte sich alle Eingeweide und lag einen Tag und eine Nacht wie tot da. Als er zu sich kam, sich erhob und um sich blickte, sah er – was sah er da? –, daß unter der Erde die Welt nicht anders war als oben. Er dachte: »Dann muß es hier auch Menschen geben!« Er wanderte und wanderte und kam zu einer großen Stadt. Vor dem Stadttor stand ein Schilderhäuschen, davor ein Wachtposten; der Soldat sprach ihn an – der Posten schwieg und rührte sich nicht; er faßte ihn bei der Hand – die Hand war aus Stein! Der Soldat betrat die Wache – sie war voller Menschen, sie saßen oder standen, aber alle waren versteinert; er ging durch die Straßen – überall dasselbe: Nicht einem einzigen lebendigen Menschen begegnete er, alles war Stein! Dann kam er zu einem Palast, der war aufs schönste ausgemalt und geschmückt, er trat ein und fand lauter Gemächer, gedeckte Tafeln, Speise und Trank, aber alles ringsum still und leer.

Der Soldat stärkte sich, trank ein Gläschen, setzte sich hin und wollte die Beine ausstrecken, da schien es ihm, daß eine Kutsche vor dem Palast halte; er griff nach seinem Gewehr und stellte sich an die Tür. Eine wunderschöne Zarentochter, begleitet von Wärterinnen und Ammen, trat in das Gemach. Der Soldat präsentierte das Gewehr, und sie neigte freundlich das Köpfchen. »Guten Tag, tapferer Soldat: Erzähle mir doch, wie du hierher geraten bist!« Der Soldat erzählte: »Ich hatte den Garten des Zaren zu bewachen. Ein großer Vogel

645

kam dorthin geflogen und knickte die Bäume um; ich habe den Vogel überrascht, auf ihn geschossen, ihn an einem Flügel getroffen und ihm drei Federn weggeschossen; darauf verfolgte ich ihn und so kam ich hierher.« – »Dieser Vogel ist meine leibliche Schwester, sie tut viel Böses und hat auch mein Reich ins Unglück gestürzt. Sie hat mein ganzes Volk in Stein verwandelt. Höre denn: Nimm dieses Buch, stell dich hierher und lies darin vom Abend bis zum ersten Hahnenschrei. Du wirst Schreckliches sehen, aber mach dir nichts daraus – lies weiter in dem Buch und halte es fest, damit man es dir nicht entreiße; sonst kommst du nicht mit dem Leben davon! Wenn du drei Nächte gewacht hast, werde ich dich heiraten.« – »Das soll mir recht sein!« antwortete der Soldat.

Sobald es dunkel wurde, schlug er das Buch auf und begann zu lesen. Plötzlich hörte er ein Donnern und Krachen, ein ganzes Heer drang in den Palast ein, die früheren Vorgesetzten erschienen vor dem Soldaten, beschimpften ihn und drohten ihm mit der Todesstrafe. Gewehre wurden geladen, angelegt, sie zielten... Aber der Soldat sah nicht von seinem Buch auf, hielt es fest in den Händen und las ungerührt weiter. Als die Hähne krähten, zerstob alles. In der zweiten Nacht ging es noch schrecklicher zu. Aber die dritte war die schlimmste: Henker umringten ihn, sie hatten Sägen, Beile und Hämmer, sie drohten, ihm die Knochen zu zermalmen, ihm die Sehnen herauszuziehen, ihn auf dem Feuer zu rösten, und hatten nichts anderes im Sinn, als ihm das Buch zu entreißen. Es war so grausig, daß der Soldat es kaum aushielt. Mit dem ersten Hahnenschrei verschwand der Teufelsspuk! Im selben Augenblick wurde das ganze Reich wieder lebendig, auf den Straßen und in den Häusern regte sich das Volk. Die Zarentochter erschien im Palast, begleitet von Generälen und Hofleuten, und alle dankten dem Soldaten und nannten ihn ihren Herrn. Am nächsten Tag vermählte sich der Soldat mit der schönen Zarentochter und lebte fortan mit ihr in Liebe und Treue.

Die Birke und die drei Falken

Ein Soldat hatte seine Zeit abgedient, wurde entlassen und war auf dem Weg in sein Heimatdorf. Unterwegs begegnete ihm der Unreine. »Halt, Kamerad! Wohin des Wegs?« – »Ich geh nach Hause.« – »Was willst du zu Hause? Du hast doch weder Frau noch Kind, und ich brauche einen Knecht, ich will dir einen guten Lohn zahlen.« – »Und was ist mein Dienst?« – »Dein Dienst ist nicht schwer: Ich muß hinter die blauen Meere reisen, dort hält meine Tochter Hochzeit, und hier habe ich drei Falken; auf die mußt du aufpassen, bis ich wiederkomme.« Der Soldat war einverstanden. Er dachte bei sich: »Ohne Geld kommt man nicht weit; so kann ich etwas verdienen, und sei's bei dem Teufel!« Der Unreine führte ihn in sein Anwesen und fuhr dann davon, hinter die blauen Meere.

Eine Weile wanderte der Soldat aus einer Stube in die andere. Dann wurde es ihm langweilig, und er ging in den Garten. Als er hinaustrat, sah er eine Birke. Und die Birke sprach mit menschlicher Stimme: »Kamerad! Geh in das Dorf Soundso, und sage dem Popen, er möge dir das geben, wovon ihm heute geträumt hat.« Der Soldat ging nach dem genannten Ort; der Pope holte sofort ein Buch hervor: »Hier, nimm!« Der Soldat nahm das Buch und kehrte damit in den Garten zurück. »Sei bedankt, guter Mann«, sagte die Birke. »Stell dich hierher und lies!«

Nun begann der Soldat in dem Buch zu lesen; er las die ganze Nacht durch – da trat aus der Birke bis zu den Brüsten eine schöne Jungfrau heraus, ihr Liebreiz war unbeschreiblich; er las die zweite Nacht – und sie trat bis zum Gürtel hervor; er las die dritte Nacht – und mit einem Schritt stand sie vor ihm. Sie küßte ihn und sprach: »Ich bin eine Zarentochter; der Unreine entführte mich und verwandelte mich in eine Birke, und die drei Falken sind meine leiblichen Brüder;

sie wollten mich erlösen und sind nun selbst Gefangene.«
Kaum hatte die Zarentochter zu Ende gesprochen, als die drei
Falken geflogen kamen, sie ließen sich auf die feuchte Erde
fallen und verwandelten sich in stattliche Jünglinge. Sie
machten sich sofort auf den Weg zu ihren Eltern und nahmen
den Soldaten mit. Der Zar und die Zarin freuten sich über alle
Maßen, belohnten den Soldaten reichlich, gaben ihm ihre
Tochter zur Frau und ließen ihn nicht mehr fort.

Der verwunschene Zarensohn

Es lebte einmal ein Kaufmann, der hatte drei Töchter. Eines
Tages wollte er in fremde Länder reisen, um neue Ware zu
holen. Da fragte er seine Töchter: »Was soll ich euch jenseits
des Meeres kaufen?« Die Älteste bat um ein neues Kleid. Die
Mittlere hatte denselben Wunsch. Die Jüngste aber nahm
einen Bogen Papier und malte eine Blüte: »Und ich, Väterchen«, sprach sie, »ich wünsche mir ein solches Blümchen.«
Der Kaufmann reiste lange durch verschiedene Länder, aber
ein solches Blümchen sah er nirgends.

Er war schon auf dem Heimweg, als er einen prächtigen
hohen Palast mit Kuppeln und Türmen erblickte. Um den
Palast war ein Garten angelegt. Der Kaufmann ließ halten
und lustwandelte in dem Garten: Dort gab es vielerlei Bäume
und vielerlei Blumen. Eine Blume war schöner als die andere.
Plötzlich sah er – vor ihm wuchs die Blume, die ihm seine
Tochter gemalt hatte. Er dachte: »Ich will diese Blume
pflücken und sie meiner Lieblingstochter mitbringen; ich
glaube, niemand ist in der Nähe, niemand wird es bemerken.«
Er bückte sich und pflückte die Blume. Aber kaum hatte er
das getan, als es heftig stürmte und donnerte und ein furchtbares Ungeheuer, ein häßlicher geflügelter Drache mit drei
Köpfen, vor ihm erschien. »Was machst du in meinem
Garten?« brüllte der Drache. »Warum hast du die Blume

gepflückt?« Der Kaufmann erschrak, fiel auf die Knie und bat um Vergebung. »Gut«, sprach der Drache, »ich will dir vergeben, aber nur unter einer Bedingung: der Mensch, der dich bei deiner Ankunft als erster begrüßt, gehört auf ewig mir. Und wenn du mich hintergehen willst, so wisse, daß du dich vor mir nirgendwo verstecken kannst; ich werde dich überall finden!« Der Kaufmann versprach es; kaum hielt er vor seinem Haus, da kam ihm seine jüngste Tochter entgegen gelaufen, sie hatte aus ihrem Fensterchen nach ihm Ausschau gehalten. Der Kaufmann ließ den Kopf hängen; er sah seine Lieblingstochter an und weinte bittere Tränen. »Was hast du? Warum weinst du, Väterchen?« Er gab ihr die Blume und erzählte ihr, was ihm widerfahren war. »Gräme dich nicht, Väterchen«, sprach die jüngste Tochter. »Wenn Gott will, so werde ich es auch dort gut haben! Bringe mich zu dem Drachen.« Der Vater brachte sie dorthin, führte sie in den Palast, nahm von ihr Abschied und kehrte nach Hause zurück.

Nun wandelte die schöne Jungfrau, die Kaufmannstochter, durch die Gemächer – ringsum alles Gold und Sammet, aber nichts rührte sich, keine Menschenseele war zu sehen! Die Zeit verstrich; die Schöne wurde hungrig und dachte: »Ach, wie gerne würde ich jetzt etwas essen!« Kaum hatte sie das gedacht, als schon eine Tafel mit den wunderbarsten Speisen, Getränken und Naschwerk vor ihr stand; es fehlte nur Vogelmilch! Sie setzte sich an die Tafel, aß und trank; als sie genug gegessen hatte und sich erhob, war die Tafal im Nu verschwunden! Der Tag ging zur Neige; die Kaufmannstochter begab sich in das Schlafgemach und wollte sich zur Ruhe legen. Auf einmal rauschte ein heftiger Sturm, und der dreiköpfige Drache stand vor ihr. »Guten Tag, schöne Jungfrau! Bereite mir ein Bett vor dieser Tür.« Die schöne Jungfrau bereitete ihm ein Lager vor ihrer Tür und legte sich auf ihr Bettchen.

Als sie am nächsten Morgen erwachte, war das Haus immer

noch menschenleer; aber jeder ihrer Wünsche wurde auf der Stelle erfüllt. Abends kam der Drache geflogen und befahl: »Heute, schöne Jungfrau, sollst du mir ein Lager neben deinem Bettchen bereiten.« Sie bereitete ihm ein Lagar neben ihrem Bettchen. Die Nacht zog vorüber, die Jungfrau erwachte – der Palast war menschenleer. Zum dritten Mal kam der Drache am Abend geflogen und sprach: »So, schöne Jungfrau, jetzt will ich neben dir in deinem Bettchen liegen.« Der Kaufmannstochter war es unheimlich, mit einem solch häßlichen Ungeheuer in einem Bett zu schlafen, aber was sollte sie tun – sie nahm sich ein Herz und legte sich neben ihn.

Am nächsten Morgen sagte der Drache: »Wenn du dich langweilst, schöne Jungfrau, dann besuche deinen Vater und deine Schwestern: bleibe den Tag über bei ihnen und kehre abends zurück, aber gib acht und verspäte dich nicht: Kommst du auch nur eine Minute zu spät, werde ich vor Kummer sterben.« – »Nein, ich werde nicht zu spät kommen!« sagte die Kaufmannstochter. Sie trat vor die Tür, die Kutsche war schon vorgefahren. Sie stieg ein und war im selben Augenblick im väterlichen Anwesen. Als der Vater sie sah, umarmte er sie, herzte sie und fragte: »Ist Gott gnädig, meine liebste Tochter? Hast du es gut?« – »Ich habe es gut, Väterchen.« Und sie erzählte, welche Pracht sie in dem Palast umgäbe, wie heiß der Drache sie liebe und wie alle ihre Wünsche im Handumdrehen erfüllt würden. Die Schwestern hörten zu und wußten sich vor Neid nicht zu lassen. Der Tag ging zu Ende; die schöne Jungfrau wollte zurückfahren und nahm von ihrem Vater und ihren Schwestern Abschied. »So und so«, sprach sie, »für mich wird es Zeit! Ich darf nicht zu spät kommen.« Die neidischen Schwestern rieben sich die Augen mit Zwiebeln ein, damit es aussähe, als weinten sie: »Fahr noch nicht fort, Schwesterchen! Bleib wenigstens bis morgen früh!« Sie bekam Mitleid mit ihren Schwestern und blieb die Nacht über zu Hause. Am nächsten Morgen nahm sie Abschied von allen Hausgenossen und fuhr davon. Als sie in dem Palast ankam, war keine Menschenseele zu sehen; sie ging in den Garten hinaus, da sah sie, daß der Drache tot in dem Teich lag: Er hatte sich vor Kummer ins Wasser gestürzt. »Ach, mein Gott, was habe ich getan!« rief die schöne Jungfrau weinend aus, sie lief zu dem Teich, zog den Drachen aus dem Wasser, legte ihre Arme um seinen Kopf und küßte ihn ganz fest auf den Mund – der Drache wurde wieder lebendig und verwandelte sich im selben Augenblick in einen stattlichen Jüngling. »Hab Dank, schöne Jungfrau«, sprach er, »du hast mich aus großem Unglück erlöst; ich bin kein Drache, sondern ein verwunschener Zarensohn!« Sogleich machten sie sich auf den Weg zu dem Kaufmann, hielten Hochzeit, lebten in Glück und Eintracht, und das Gute mehrte sich.

Der Bock mit der Rotznase

In einem Reich, in einem Land lebte ein Kaufmann, der hatte drei Töchter. Er hatte sich ein neues Haus gebaut und befahl seiner ältesten Tochter, sie solle in dem neuen Haus übernachten und ihm am nächsten Tag erzählen, wie und wovon sie geträumt hätte. Sie träumte, daß sie einen Kaufmannssohn heiratete. In der zweiten Nacht schickte der Kaufmann seine mittlere Tochter in das neue Haus: Was träumte ihr? Ihr träumte, daß sie einen Edelmann heiratete. In der dritten Nacht war die jüngste Tochter an der Reihe; der Ärmsten träumte, daß sie einen Ziegenbock heiratete.

Der Vater erschrak und verbot seiner jüngsten Tochter, auch nur vor die Haustür zu treten. Aber nein, sie gehorchte nicht und trat vor die Tür! Und schon war der Ziegenbock da, hob sie auf seine hohen Hörner und trug sie hinter die steilen Ufer. Er brachte sie in sein Haus und bettete sie auf die Pritsche: Der Rotz lief ihm aus der Nase, der Seiber aus dem

Maul, aber die Ärmste ekelte sich nicht und wischte alles mit ihrem Tüchlein ab; dem Ziegenbock behagte das wohl, und er ließ es sich gerne gefallen. In der Frühe stand unsere Schöne auf, blickte aus dem Fenster und sah, daß der Hof mit einem Zaun umgeben war, und auf jedem Zaunpfahl ein Mädchenkopf steckte; nur noch ein Pfahl war leer. Da freute sich die Ärmste, daß sie dem Tod entronnen war. Die Diener aber weckten sie schon: »Herrin, es ist nicht Zeit zu schlafen, es ist Zeit aufzustehen; die Stuben müssen gefegt, der Kehricht muß hinausgetragen werden!« Da trat sie vor die Tür; ein Zug Gänse flog über das Haus: »Ach, ihr meine grauen Gänse! Kommt ihr vielleicht aus meiner Heimat? Bringt ihr vielleicht Kunde von meinem Vater?« Die Gänse antworteten: »Wir kommen aus deiner Heimat, wir bringen dir Kunde. Bei euch wird gerade Hochzeit gefeiert, deine älteste Schwester heiratet einen Kaufmannssohn.« Der Ziegenbock lag auf der Pritsche, er hatte alles mit angehört und befahl den Dienern: »Heda, ihr treuen Diener! Bringt Kleider, die mit Edelsteinen besetzt sind, spannt Rappen vor die Kutsche, die schnellen, die in drei Sprüngen an Ort und Stelle sind.«

Die Ärmste legte die Kleider an und stieg in die Kutsche; im Nu brachten die Pferde sie vor das Haus ihres Vaters. Die Gäste drängten sich vor der Tür, in dem Haus ging es hoch her! Unterdessen verwandelte sich der Ziegenbock in einen stattlichen Jüngling und kam mit seiner Gusli auf den Hof des Kaufmanns. Wie sollte man einen Guslispieler bei einem Fest nicht ins Haus bitten? Er betrat das Festgemach und spielte: »Des Ziegenbocks Gattin, der Rotznase Weib! Des Ziegenbocks Gattin, der Rotznase Weib!« Die Ärmste versetzte ihm eine Maulschelle links, eine Maulschelle rechts, stieg in die Kutsche und fuhr davon!

Sie kam nach Hause, der Ziegenbock lag auf der Pritsche. Der Rotz lief ihm aus der Nase, der Seiber aus dem Maul, aber die Ärmste ekelte sich nicht und wischte alles mit ihrem Tüchlein ab; in der Frühe weckten sie die Diener: »Herrin, es ist nicht Zeit zu schlafen, es ist Zeit aufzustehen; die Stuben müssen gekehrt, der Kehricht muß hinausgetragen werden!« Sie stand auf, räumte die Stuben auf und trat vor die Tür hinaus. Ein Zug Gänse flog über das Haus: »Ach, ihr meine grauen Gänse! Kommt ihr vielleicht aus meiner Heimat? Bringt ihr vielleicht Kunde von meinem Vater?« Die Gänse antworteten: »Wir kommen aus deiner Heimat, wir bringen dir Kunde: Bei euch wird gerade Hochzeit gefeiert, die mittlere Schwester heiratet einen reichen Edelmann.« Wiederum durfte die Ärmste ihren Vater besuchen. Die Gäste drängten sich vor der Tür. In dem Haus ging es hoch her. Der Ziegenbock aber verwandelte sich in einen stattlichen Jüngling und ging mit seiner Gusli auf dem Hof umher; sie baten ihn ins Haus herein und er spielte: »Des Ziegenbocks Gattin, der Rotznase Weib! Des Ziegenbocks Gattin, der Rotznase Weib!« Die Ärmste versetzte ihm eine Maulschelle links, eine Maulschelle rechts, stieg in die Kutsche und fuhr davon.

Sie kam nach Hause, der Ziegenbock lag auf der Pritsche, der Rotz lief ihm aus der Nase, der Seiber aus dem Maul! Wiederum verging eine Nacht. In der Frühe stand die Ärmste auf und trat vor die Tür; wiederum flog ein Zug Gänse über das Haus. »Ach, ihr meine grauen Gänse! Kommt ihr vielleicht aus meiner Heimat? Bringt ihr mir vielleicht Kunde von meinem Vater?« Und die Gänse antworteten: »Wir kommen aus deiner Heimat, wir bringen dir Kunde: Im Hause deines Vaters wird ein großes Fest gefeiert.« Sie fuhr zu ihrem Vater. Die Gäste drängten sich vor der Tür, im Hause ging es hoch her! Auf dem Hof ging ein Guslispieler umher und spielte. Man ließ ihn in das Festgemach kommen, da spielte er wiederum: »Des Ziegenbocks Gattin, der Rotznase Weib! Des Ziegenbocks Gattin, der Rotznase Weib!« Die Ärmste versetzte ihm eine Maulschelle links, eine Maulschelle rechts und eilte nach Hause. Auf der Pritsche fand sie nur die Bockshaut liegen; der Guslispieler hatte noch nicht Zeit gehabt, sich in den Ziegenbock zu verwandeln. Die Bockshaut flog in den

Ofen, und nun war die jüngste Kaufmannstochter nicht mehr
mit einem Ziegenbock verheiratet, sondern mit einem stattlichen Burschen; sie lebten in Liebe und Eintracht miteinander
und mehrten das Gute.

Waschdichnicht

Ein Soldat hatte pflichtgetreu gedient, in drei Kriegen
gekämpft, keine leere Eierschale verdient, und schließlich
wurde er entlassen. Er machte sich auf den Weg, wanderte
und wanderte, wurde müde und wollte sich an dem Ufer eines
Sees ausruhen; er saß da und dachte: »Wo soll ich jetzt
bleiben, wie kann ich mich über Wasser halten? Soll ich mich
vielleicht als Knecht beim Teufel verdingen?« Kaum hatte er
das ausgesprochen, als schon ein kleiner Teufel vor ihm stand
und seine Bücklinge machte. »Sei gegrüßt, Kamerad!« –
»Was willst du?« – »Du wolltest dich doch als Knecht bei uns
verdingen? Tu das, Kamerad! Wir zahlen guten Lohn.« –
»Und was wird meine Arbeit sein?« – »Die Arbeit ist nicht
schwer: Du darfst dich fünfzehn Jahre lang nicht rasieren, dir
nicht das Haar scheren, nicht die Nase schneuzen, nicht den
Rotz abwischen und deine Kleider und Wäsche nicht wechseln!« – »Meinetwegen!« sprach der Soldat. »Die Arbeit
gefällt mir gut, aber du mußt dafür sorgen, daß alles da ist,
was meine Seele begehrt!« – »Das ist bei uns der Brauch! Sei
unbesorgt, wir werden nichts versäumen.« – »Topp! Trage
mich sogleich in eine große Stadt und schaffe mir einen
Haufen Geld herbei! Du weißt doch selbst, daß ein Soldat
davon weniger als wenig sein eigen nennt.«

Der kleine Teufel sprang in den See, holte einen Haufen
Geld herauf und flog mit dem Soldaten in eine große Stadt; er
setzte ihn auf die Erde und verschwand. »Ich habe Glück
gehabt und einen Dummen gefunden!« sprach der Soldat.

»Ich habe noch nicht gedient, nichts getan und schon den Lohn eingesteckt.« Er mietete eine Wohnung, schor sich nicht das Haar, rasierte sich nicht, wischte sich nicht die Nase, wechselte nicht die Kleider und wurde immer reicher und reicher; schließlich war er so reich, daß er nicht mehr wußte, was er mit seinem Geld machen sollte. Wohin mit dem vielen Silber und Gold? Da dachte der Soldat: »Ich will den Armen helfen; die sollen für meine Seele beten.« Der Soldat verteilte sein Geld unter die Armen. Er gab es mit vollen Händen aus, nach rechts und nach links – aber sein Geld wurde nicht weniger, sondern immer mehr. Sein Ruhm verbreitete sich im ganzen Land, es gab niemanden, der ihn nicht kannte.

So lebte der Soldat vierzehn Jahre. Da ging bei dem Zaren das Geld aus; er ließ den Soldaten holen. Der Soldat kam ungewaschen, unrasiert, ungekämmt, der Rotz lief ihm aus der Nase, und die Kleider waren seit vierzehn Jahren nicht gewechselt. »Melde mich gehorsamst zur Stelle, Majestät!« – »Höre! Man sagt, daß du vielen Menschen geholfen hast; kannst du mir nicht wenigstens etwas leihen? Ich kann meinen Truppen den Sold nicht mehr zahlen. Wenn du mir aushilfst, werde ich dich zum General befördern.« – »Nein, Majestät, ich möchte nicht General sein; wenn du mir eine Gunst erweisen willst, so gib mir eine deiner Töchter zur Frau. Dann kannst du soviel Geld bekommen, wie du brauchst.« Der König wurde nachdenklich; eine Tochter gab er nicht gerne her. Aber er brauchte das Geld. »Meinetwegen«, sagte er, »laß ein Bild von dir malen, ich will es meinen Töchtern zeigen; vielleicht wird eine bereit sein, dich zu heiraten.« Der Soldat machte kehrt, ließ ein Bild von sich malen – bis auf das Haar genau – und schickte es dem Zaren.

Der Zar hatte drei Töchter. Er ließ sie zu sich kommen und zeigte das Bildnis des Soldaten seiner Ältesten: »Willst du ihn nehmen? Er kann mir aus großer Not helfen.« Die Zarentochter betrachtete das Ungeheuer mit wirrem Zottelhaar, langen Krallen und Rotz an der Nase! »Ich will ihn nicht!« sagte sie.

»Lieber will ich den Leibhaftigen heiraten!« Der Teufel aber war zur Stelle. Er stand hinter ihrem Rücken, Feder und Papier in der Hand, hörte ihre Worte und trug ihre Seele in seine Liste ein. Da fragte der Vater die mittlere Tochter: »Willst du den Soldaten nehmen?« – »Das wäre noch schöner! Ich will lieber sitzenbleiben oder mit dem Teufel anbandeln, als den da heiraten!« Da trug der Teufel auch die zweite Seele in seine Liste ein. Nun fragte der Vater seine jüngste Tochter; sie antwortete: »So ist es mir wohl beschieden! Ich will ihn heiraten, ich bleibe in Gottes Hut!«

Der Zar freute sich, er ließ dem Soldaten durch Boten ausrichten, er möge sich für die Hochzeit vorbereiten und schickte ihm zwölf leere Pferdewagen, die mit Gold gefüllt werden sollten. Der Soldat rief sofort den kleinen Teufel: »Hier sind zwölf Wagen – die müssen sogleich mit Gold beladen werden!« Der kleine Teufel lief zu dem See, und die Unreinen gingen ans Werk: die einen schleppten einen Sack herbei, die anderen gar zwei; im Nu waren die Wagen vollgeladen und fuhren zu dem Palast des Zaren. Der Zar war alle Sorgen los, er ließ den Soldaten fast jeden Tag in den Palast holen und an seiner Tafel sitzen, sie schmausten und zechten miteinander. Während alles für die Hochzeit gerüstet wurde, ging die Frist von fünfzehn Jahren zu Ende: Nun war der Soldat mit dem Teufel quitt. Er rief ihn und sprach: »So, unser Vertrag ist abgelaufen; mach mich nun zu einem stattlichen Burschen.« Der Teufel hackte den Soldaten in kleine Stücke, warf sie in einen Kessel und brachte diesen Kessel zum Kochen; als die Stücke gar waren, nahm er sie heraus und setzte sie wieder zusammen: Knöchelchen zu Knöchelchen, Gelenk zu Gelenk, Äderchen zu Äderchen; darauf besprengte er ihn mit dem Wasser des Todes und dem Wasser des Lebens – und der Soldat stand als ein so prächtiger Bursche auf, wie man es nicht im Märchen erzählen und nicht mit der Feder beschreiben kann. Er vermählte sich mit der jüngsten Zarentochter, und sie lebten in Liebe und Eintracht zusammen und mehrten das Gute; ich war bei der Hochzeit dabei, trank Met und Bier, es gab auch Wein – mein Becher war immer wieder trocken und rein!

Der kleine Teufel lief zu dem See. Sein Großvater verlangte von ihm Rechenschaft: »Was ist mit dem Soldaten?« – »Er hat uns treu gedient, sein Haar nicht geschoren, seinen Bart nicht rasiert, seinen Rotz nicht abgewischt, seine Kleider nicht einmal gewechselt.« Da wurde der Großvater zornig: »Ganze fünfzehn Jahre sind vergangen«, sprach er, »und du konntest den Soldaten nicht ein einziges Mal verführen?! Wieviel Geld hat es uns gekostet! Bist du überhaupt noch ein Teufel?« Darauf befahl er, seinen Enkel in kochendes Pech zu werfen. »Halt ein, Großvater!« rief der Enkel. »Statt der einen Soldatenseele bringe ich dir zwei andere!« – »Wie das?« – »Ganz einfach. Der Soldat wollte eine Zarentochter heiraten, da haben die Älteste und die Mittlere ihrem Vater gesagt, daß sie lieber den Teufel nehmen würden als diesen Soldaten! Und so gehören sie uns!« Der Großvater rechnete das dem kleinen Teufel hoch an und ließ ihn wieder laufen: der verstand sich auf sein Geschäft!

Ohnärmchen

Es lebte einmal ein Zar, der hatte einen Sohn und eine Tochter. Der Zar starb, und das Brüderchen und das Schwesterchen blieben allein zurück. »Schwesterchen«, sagte der Bruder, »wir wollen dich verheiraten.« – »Ach nein, Brüderchen, du sollst erst selbst heiraten.« Der Bruder heiratete, aber er vergaß seine Schwester mitnichten, auch als Ehemann liebte und achtete er sie nicht weniger als vorher; manches Mal hörte er nicht auf den Rat seiner Frau, sondern folgte seiner Schwester. Die junge Frau wurde eifersüchtig. Als der Bruder eines Tages verreist war, entschloß sich seine Frau, sein kostbarstes Pferd mit der goldenen Schabracke zu zer-

stückeln. Als der Mann zurückkehrte, saß sie da und weinte.
»Warum weinst du?« – »Wie soll ich denn nicht weinen?
Deine arglistige Schwester schlich in den Stall und zerstük-
kelte dein Pferd mit der goldenen Schabracke.« – »Nun, dann
können die Wölfe sich einmal an Fleisch satt fressen!« Nach
einer Weile war der Mann wieder verreist, da entschloß sich
die Frau, den Falken in dem goldenen Käfig zu zerstückeln.
Als der Mann zurückkehrte, saß sie da und weinte: »Warum
weinst du?« – »Wie soll ich denn nicht weinen? Deine
arglistige Schwester hat den Falken in dem goldenen Käfig
zerstückelt.« – »Nun, dann kann die Eule sich an seinem
Fleisch satt fressen.«

Der Mann ritt abermals fort, da nahm die Frau ihr eigenes
Kind, zerstückelte es, setzte sich hin und weinte bitterlich.
Der Mann kam zurück und fragte: »Warum weinst du?« –
»Wie soll ich denn nicht weinen? Deine arglistige Schwester
hat unser Kleines zerstückelt.« Der Bruder befahl seiner
Schwester, ihre besten Kleider anzulegen: »Ziehe deine
besten Kleider an und komm mit mir!« Sie sprach kein Wort
und zog ihre besten Kleider an; der Bruder nahm ein Beil und
ritt mit ihr in den Wald; er hielt an einem Eichenstumpf und
sprach: »So, Schwester, lege deinen Kopf auf diesen Baumstumpf, ich werde dich enthaupten!« Das Schwesterchen
weinte bitterlich und flehte: »Mein innigstgeliebter Bruder,
töte mich nicht, hacke mir lieber meine weißen Arme bis zu
den Ellenbogen ab.« Er hackte ihr die Arme bis zu den
Ellenbogen ab und ritt fort, und das Schwesterchen streifte im
Wald umher: tage- und nächtelang! Ihre Röcke blieben an
den Ästen hängen und zerrissen, die Mücken und Schnaken
stachen sie – und sie konnte sich nicht wehren. Als sie keinen
Faden mehr am Leibe hatte, blieb ihr nichts anderes übrig, als
sich in einem hohlen Baum zu verstecken.

Um diese Zeit jagte in dem Wald ein Königssohn; die
Hunde nahmen ihre Spur auf, liefen zu dem hohlen Baum,
sprangen daran hoch und bellten. »Wer ist hier?« fragte der

Königssohn. »Gib Antwort, komm heraus!« – »Ich möchte gerne herauskommen, aber ich bin nackt!« – »Es ist mir gleich, komm heraus, wie du bist!« Da kam sie heraus, der Königssohn sah, wie schön sie war, und daß sie keine Hände hatte, er kleidete sie an und nahm sie mit in seinen Palast. Da träumte ihm des Nachts, eine Stimme spräche: »Nimm die Jungfrau Ohnärmchen zur Frau – sie wird dir einen Sohn gebären, seine Arme werden bis zum Ellenbogen aus Gold, seine Beine bis zu den Knien aus Silber sein, auf seiner Stirn wird die goldene Sonne leuchten, auf seinem Nacken der helle Mond!« Dieser Traum wiederholte sich ein zweites und ein drittes Mal. Nun wollte der Königssohn sie heiraten, aber seine Mutter sprach: »Kannst du nicht eine Königstochter finden? Sie ist zwar schön, aber sie hat keine Hände.« – »Es ist mir gleich«, sagte der Königssohn, »sie ist ja nicht da, um zu arbeiten; ihre Schönheit habe ich stets vor Augen, auch wenn ich schlafe!« Und so vermählten sie sich.

Eine Weile lebten sie zusammen. Aber eines Tages mußte der Königssohn in das Land reisen, aus dem seine Frau stammte; er bat seine Mutter: »Mutter, schreibe mir sogleich, wenn mein Sohn geboren ist.« Er nahm Abschied von den Seinen und ritt davon. Die Zeit kam heran, und die Frau des Königssohns gebar einen Sohn – bis zu den Ellbogen waren seine Arme pures Gold, bis zu den Knien waren seine Beine pures Silber, auf seiner Stirn leuchtete die goldene Sonne und auf seinem Nacken der helle Mond. Die Mutter des Königssohnes schrieb sogleich ihrem Sohn einen Brief; der Bote, der diesen Brief überbringen sollte, geriet in das Haus der bösen Schwägerin. Sie fragte ihn aus und vertauschte diesen Brief mit einem anderen, in dem stand: Deine Frau hat einen Welpen geworfen und keinen Sohn geboren. Der Königssohn las diesen Brief, überlegte eine Weile und schrieb dann seiner Mutter, sie möge die junge Frau des Landes verweisen, sonst würde er sie nach seiner Heimkehr mit seinem Schwert zerstückeln.

Was sollten sie tun? Sie banden ihr ein Handtuch um die Schultern, legten das Kind hinein und schickten sie aus dem Land. Ohnärmchen ging, wohin ihre Augen blickten. Sie war lange, lange unterwegs und wurde durstig; als sie sich über einen Brunnen beugte, fiel ihr Kind in das Wasser. Sie stand da und weinte. Da kam ein Greis, es war Nikola, der Knecht Gottes. »Warum weinst du«? – »Mir ist mein Sohn in den Brunnen gefallen, Großvater!« – »Hol ihn heraus.« – »Oh, wenn ich doch meine Hände hätte!« – »Bück dich und strecke die Stümpfe aus.« Sie bückte sich und streckte die Stümpfe aus – und plötzlich hatte sie ihre Arme wieder; sie nahm das Kind auf die Arme und dankte Gott. »Geh deines Weges, und Gott sei mit dir!« sagte der Greis und verschwand.

Nun ging die junge Königin weiter. Sie erreichte das Haus ihres Bruders, dort weilte auch ihr Mann, der Königssohn; sie bat um Obdach, wurde hereingelassen und sollte dafür ein Märchen erzählen. Sie sagte: »Ich verstehe mich nicht auf Märchen, ich weiß nur wahre Begebenheiten zu erzählen. Aber keiner darf mich unterbrechen, sonst soll er streng bestraft werden.« Sie erzählte: »In einem Reich, nicht in unserem Land, lebte einmal ein reicher Kaufmann...« Und sie erzählte alles, wie es sich zugetragen hatte. Zum Schluß erzählte sie, wie man sie in diesem Haus als Bettlerin aufgenommen und ihr befohlen hätte, ein Märchen zu erzählen... Bei diesen Worten deutete sie auf ihre Verwandten und sprach: »Das ist mein Mann, das ist mein Bruder, und dies ist meine Schwägerin!« Da sprang der Königssohn auf, lief auf sie zu und sprach: »Ach, meine Liebste, zeig mir doch das Kind, ob es wahr ist, was mir die Mutter schrieb!« Da schlug sie die Windeln zurück, und im ganzen Zimmer wurde es taghell! »Das ist die Wahrheit und das Zeugnis, daß sie kein Märchen erzählte: Sie ist meine Frau und dies ist mein Sohn – bis zu den Ellbogen pures Gold, bis zu den Knien pures Silber, auf der Stirn leuchtet die goldene Sonne und auf dem Nacken der helle Mond.«

Die Frau des Bruders wurde auf der Stelle an den Schweif eines bösen Hengstes gebunden. Der Hengst raste mit ihr davon und verteilte ihren Leib über das weite Feld: Dort, wo sie mit dem Kopf aufschlug, türmt sich ein Hünengrab, dort, wo sie mit dem Hintern aufschlug, klafft eine tiefe Schlucht. Und der Königssohn lebt heute noch mit seiner Königin und hat seine Freude an ihr.

Die Sonne auf der Stirn, den Mond auf dem Nacken

Es lebte einmal in einem Reich, in einem Land ein Zar, er hatte einen Sohn Iwan – der war schön und mutig; er wurde in Liedern besungen und in Märchen gepriesen; schöne Jungfrauen träumten von ihm. Eines Tages gelüstete es ihn, sich die lichte Welt anzusehen; er fragte seinen Vater um Erlaubnis, ließ sich von ihm den Segen geben und ritt davon, um Menschen zu sehen und sich zu zeigen.

Er war lange unterwegs und sah viel Gutes, viel Böses und noch mancherlei anderes; zuletzt kam er an ein hohes, schönes, steinernes Haus. Er sah: auf der Treppe vor der Haustür saßen drei schöne Schwestern und unterhielten sich. Die Älteste sprach: »Wenn Iwan Zarewitsch mich zur Frau nähme, würde ich ihm Leinen für ein Hemd spinnen, so fein und so glatt, wie man seinesgleichen nicht findet.« Da horchte Iwan Zarewitsch auf. »Und wenn er mich heiratete«, sprach die Mittlere, »dann würde ich ihm einen Kaftan weben, ganz aus Silber und Gold, damit er darin strahle wie der Feuervogel.« – »Ich kann weder spinnen noch weben«, sprach die Jüngste, »aber wenn er mich liebgewönne, würde ich ihm Söhne gebären wie lichte Falken: Die Sonne auf der Stirn, den Mond auf dem Nacken und Sterne an den Seiten.«

Iwan Zarewitsch hatte alles gehört, alles behalten, und nachdem er nach Hause zurückgekehrt war, bat er seinen

Vater um Erlaubnis zu heiraten. Der Vater schlug ihm die Bitte nicht ab; er vermählte sich mit der jüngsten Schwester, und sie lebten miteinander wie ein Herz und eine Seele, aber die älteren Schwestern grollten und neideten der Jüngsten das Glück, und schließlich heckten sie Böses aus; sie bestachen die Ammen und Wärterinnen, und als Iwan Zarewitsch ein Sohn geboren wurde, und er auf das Kind mit der Sonne auf der Stirn, mit dem Mond auf dem Nacken und den Sternen an den Seiten wartete, brachten sie ihm ein neugeborenes Kätzchen und machten ihn glauben, daß seine Frau ihn betrogen habe. Iwan Zarewitsch war sehr betrübt, lange Zeit wollte er von ihr nichts wissen, aber schließlich hoffte er auf einen zweiten Sohn.

Dieselben Ammen, dieselben Wärterinnen waren um seine Frau, sie stahlen wiederum das Kind mit der Sonne auf der Stirn und schoben ihr ein Hundejunges unter. Da wurde Iwan Zarewitsch vor Kummer krank; er liebte seine Gemahlin, aber er hätte sich über alle Maßen an einem schönen Nachkommen gefreut. Nun wartete er auf den dritten Sohn. Beim dritten Mal brachte man ihm ein gewöhnliches Neugeborenes, ohne Sterne und ohne Mond. Da konnte Iwan Zarewitsch sich nicht länger überwinden, er verstieß seine Frau und überantwortete sie den Richtern.

Unzählige ehrwürdige Männer kamen zusammen von nah und fern! Sie saßen zu Gericht, wägten, überlegten und beschlossen: Die junge Frau soll geköpft werden. »Nein«, sprach der Oberrichter, »ob ihr auf mich hören wollt oder nicht, ich muß es sagen: Stecht ihr die Augen aus, steckt sie mit dem Kind in eine Tonne, teert diese Tonne und werft sie ins Meer; ist sie schuldig, so geht sie unter, ist sie unschuldig, wird sie gerettet.« Die anderen fanden an seinen Worten Gefallen; der jungen Mutter wurden die Augen ausgestochen, dann steckte man sie mit ihrem Kind in eine Tonne, teerte die Tonne und warf sie ins Meer. Und Iwan Zarewitsch heiratete ihr älteste Schwester, diejenige, welche seine Kinder gestohlen und im väterlichen Garten in einer grünen Laube versteckt hatte.

Dort wuchsen die Knaben heran, sie kannten ihre Mutter nicht und bekamen sie nie zu Gesicht; die unglückselige Mutter aber trieb mit dem Findelkind über das Meer, über den Ozean, und dieses Findelkind wuchs und wuchs, nicht von Tag zu Tag, sondern von Stunde zu Stunde. Bald kam es zu Verstand und führte vernünftige Reden: »Frau Mutter! Auf mein Flehen heiß, auf des Hechtes Geheiß, scheine Gottes Sonne, stehe unsere Tonne.« Da stand die Tonne still. »Frau Mutter! Auf mein Flehen heiß, auf des Hechtes Geheiß, scheine Gottes Sonne, berste unsere Tonne!« Kaum hatte er dies gesagt, als die Tonne barst und er mit seiner Mutter auf das Ufer trat. »Frau Mutter! Was für ein heiterer, schöner Ort! Du dauerst mich, weil du weder die Sonne, noch den Himmel, noch das grüne Gras sehen kannst! Mit Gottes Gnade, Frau Mutter, hier bade!«

Im gleichen Augenblick stand vor ihnen ein Badehaus, als wäre es aus dem Boden geschossen: Die Tür öffnete sich, das Feuer unter dem Kessel loderte auf, das Wasser begann zu kochen. Sie traten hinein, er nahm einen Birkenwisch und wusch mit dem warmen Wasser die kranken Augen der Mutter aus. »Auf mein Flehen heiß, auf des Hechtes Geheiß, möge Gott es lenken und meiner Mutter das Augenlicht schenken!« – »Mein Söhnchen! Ich sehe! Ich sehe! Meine Augen sind wieder aufgetan!« – »Auf mein Flehen heiß, auf des Hechtes Geheiß, nach Gottes Willen, sei deines Gatten Palast vor uns in aller Stille, nebst Garten und deinen drei Söhnen.«

Im Nu stand der Palast da, um den Palast grünte der Garten, im Garten zwitscherten die Vögel in den Bäumen, und in der Mitte stand eine Laube, und in der Laube wohnten die drei Brüder. Das Findelkind lief zu ihnen. Er trat in die Laube und sah: dort stand ein gedeckter Tisch, mit drei Tellern und drei Bechern. Er lief eilig nach Hause und sprach:

»Liebste Mutter! Backe mir drei Fladen, angerührt mit deiner Milch.« Die Mutter tat, worum er sie gebeten hatte. Er kehrte mit den drei Fladen in die Laube zurück, verteilte sie auf die drei Teller, versteckte sich in einer Ecke und wartete: Wer würde kommen? Da wurde es in der Laube ganz hell – die drei Brüder traten ein, jeder mit Sonne, Mond und Sternen; sie setzten sich an den Tisch, aßen von den Fladen und erkannten die Milch ihrer Mutter. »Wer hat uns diese Fladen gebracht? Wenn er sich uns zeigte und uns von unserer Mutter erzählte, würden wir ihn herzen und küssen und ihn unseren Bruder nennen!« Der Knabe trat aus seinem Versteck und führte sie zu ihrer Mutter. Das Umarmen, Küssen und Weinen nahm kein Ende. Fortan lebten sie glücklich zusammen und hatten stets genug, um gute Menschen zu bewirten.

Eines Tages zogen Bettler vorbei; sie riefen sie herein, gaben ihnen zu essen und zu trinken und ließen sie mit Brot und Salz weiterziehen. Es traf sich, daß dieselben Bettler an dem Palast von Iwan Zarewitsch vorbeizogen; er stand auf der Treppe vor der Tür und fragte: »He, Bettler! Wo seid ihr gewesen, woher kommt ihr? Was habt ihr gesehen? Was habt ihr gehört?« – »Wir sind an einem Ort gewesen, dort haben wir Herrliches gesehen und gehört: Einst waren dort Moos und Sumpf, Baumstamm und Stumpf, nun steht dort ein Palast, so schön wie man es nicht im Märchen erzählen, nicht mit der Feder beschreiben kann, dort grünt ein Garten, wie man seinesgleichen im ganzen Reich nicht findet; dort wohnen Menschen, wie man sie auf der ganzen lichten Welt nicht sieht! Dort sind wir gewesen, und drei Brüder haben uns bewirtet: Jeder hat die Sonne auf der Stirn, den Mond auf dem Nacken und Sterne an den Seiten, bei ihnen lebt ihre junge Mutter, eine wunderschöne Zarin, und kann sich an ihnen nicht satt sehen.« Iwan Zarewitsch hörte ihre Reden und überlegte... Es ging wie ein Stich durch seine Brust, sein Herz begann heftig zu klopfen; er nahm sein treues Schwert von der Wand, er nahm den sicheren Pfeil und sattelte sein braves Pferd, saß auf, ohne seiner Frau Lebwohl zu sagen, und flog zu dem Palast, der so schön war, wie man es nicht im Märchen erzählen und nicht mit der Feder beschreiben könnte. Als er dort angekommen war, sah er die Kinder, sah er seine Frau, erkannte sie, freute sich über alle Maßen, und seine Seele erhellte sich!

Damals war auch ich dort, trank Met und trank Wein, war immer dabei, alle Welt war froh, nur der älteren Schwester ging es nicht so: nun kam sie in eine geteerte Tonne und wurde ins Meer geworfen, aber Gott lenkte es anders: Die Tonne ging sogleich unter und ward nie wieder gesehen!

Der sprechende Vogel

Es lebte einmal in einer Stadt ein Kaufmann, der hatte drei Töchter. Der Kaufmann starb. Seine Töchter saßen eines Tages vor dem Fenster und sprachen miteinander; die Älteste sagte: »Ich wäre schon mit dem Bäcker des Zaren zufrieden!« Die Mittlere: »Und ich mit dem Koch!« Und die Jüngste: »Und ich möchte gern den Zaren heiraten und ihm zwei Söhne gebären – die Arme bis zu den Ellenbogen pures Gold, die Beine bis zu den Knien pures Silber, auf dem Nacken der helle Mond und auf der Stirn die goldene Sonne. Dann würde ich ihm eine Tochter gebären, wenn sie lächelt, regnet es rosa Blüten, und wenn sie weint – kostbare Perlen!« Der Zar ritt zu jener Zeit über die Felder, kam an ihrem Haus vorbei und belauschte dieses Gespräch; am nächsten Tag ließ er die Kaufmannstöchter zu sich kommen und fragte: »Was habt ihr gestern miteinander geredet?« Sie wiederholten, was sie gestern gesprochen hatten; der Zar verheiratete die Älteste mit seinem Bäcker, die Mittlere mit seinem Koch, und er selbst vermählte sich mit der Jüngsten.

Nach einer Weile wurde die Zarin schwanger, und ihre schwere Stunde sollte kommen. Der Zar war besorgt und wollte die besten Hebammen suchen und holen; aber die Schwestern, die die Jüngste beneideten, redeten dem Zaren ein, daß sie ihrer Schwester bei der Niederkunft beistehen müßten. Der Zar ließ sie gewähren, die Schwestern kamen in den Palast, und als die Zarin einen Sohn gebar, der so war, wie sie es vor ihrer Ehe versprochen hatte, trugen sie ihn fort, legten ihn in eine feste Kiste und ließen ihn den Fluß hinuntertreiben; und in die Wiege legten sie einen Welpen. Der Zar sah, daß seine Frau ihm statt eines Sohnes einen Hund geboren hatte. Er wollte sie hinrichten lassen und rief seine Minister zusammen; aber die Minister rieten, der Zarin ihre erste Schuld zu verzeihen, und er gab sich zufrieden. Kurz darauf wurde die Zarin abermals schwanger. Der Zar wollte Hebammen holen lassen, aber die Schwestern baten, ihr auch dieses Mal bei der Niederkunft beistehen zu dürfen. Und als die Zarin einen Sohn wie den ersten zur Welt brachte, legten die Schwestern das Kind in eine Kiste und ließen es den Fluß hinuntertreiben, dann schoben sie der Zarin ein junges Kätzchen unter. Der Zar sah, daß seine Frau ein Kätzchen geboren hatte, rief seine Minister zusammen, um ein Urteil über seine Frau sprechen zu lassen; aber die Minister überredeten ihn, der Zarin auch die zweite Schuld zu verzeihen.

Nach einer Weile ward die Zarin wiederum schwanger. Als sie ins Wochenbett kam, wollte der Zar die weisen Frauen holen lassen, aber die Schwestern der Zarin beteuerten, daß sie selbst alles aufs beste verrichten würden. Der Zar ließ sie gewähren, und als die Zarin mit einer Tochter niederkam, die so war, wie sie es vor der Heirat versprochen hatte, legten ihre Schwestern das Kind in eine Kiste, ließen es den Fluß hinuntertreiben und schoben der Zarin ein Stück Holz unter. Als der Zar sah, daß die Zarin statt einer Tochter ein Stück Holz zur Welt gebracht hatte, rief er seine Minister zusammen und wollte seine Frau hinrichten lassen. Aber die Minister traten für sie ein und baten, sie nicht hinzurichten, sondern in eine steinerne Säule einzumauern. Die Kinder des

Zaren, die auf dem Fluß trieben, barg alle drei ein General, er ließ ihnen die beste Erziehung angedeihen, dann starb er und sie blieben verwaist zurück.

Eines Tages ritten die Brüder auf die Jagd, und in ihrer Abwesenheit klopfte ein altes Weiblein bei ihrer Schwester an; die Zarentochter empfing sie sehr freundlich. Nach einer Weile gingen sie in den Garten hinaus. »Gefällt dir mein Garten, Großmütterchen, oder findest du, daß etwas fehlt?« – »Es ist ein schöner Garten«, antwortete die Alte, »aber hier fehlt dreierlei: Das Wasser des Lebens, das Wasser des Todes und der sprechende Vogel.« Diese Worte machten die Zarentochter traurig und betrübt. Ihre Brüder kamen von der Jagd zurück und fragten, weshalb sie so betrübt sei? Sie erzählte ihnen, was sie von dem Weiblein gehört hatte. »Gut«, sprach der älteste Bruder, »ich will in die Welt reiten und dir den Vogel suchen.« Er reichte ihr ein Messerchen und sprach: »Wenn das Messerchen blutig ist, dann bin ich nicht mehr am Leben!«

Er ritt lange, lange; endlich kam er an einen Berg, am Fuße des Berges stand eine riesige Eiche, unter dieser Eiche saß ein Greis, sein Haar, seine Brauen und der Bart waren schon in die Erde eingewachsen. »Grüß dich, Großvater!« – »Willkommen!« antwortete der Greis. »Weißt du, ob ich hier das Wasser des Lebens und des Todes und den sprechenden Vogel finden kann?« – »Das kannst du, aber es ist nicht leicht; viele gehen hin, aber wenige kommen zurück.« Er verabschiedete sich von dem Greis und stieg den Berg hinan; plötzlich hörte er hinter sich einen Schrei: »Halte, fange, steche ihn!« Er blickte sich um – und wurde auf der Stelle zu Stein. Seine Schwester sah das Messer an und wußte, daß ihr ältester Bruder nicht mehr am Leben war.

Der jüngere Bruder wollte nun auch die Wunderdinge holen oder wenigstens seinen Bruder finden; er gab der Schwester ein Gäbelchen: »Wenn das Gäbelchen blutig ist, dann bin ich nicht mehr am Leben«, und machte sich auf den

Weg. Er gelangte an den hohen Berg, sah den Greis, sprach mit ihm und stieg den Berg hinan; dort hörte er den gleichen Schrei und drehte sich ebenso um – da wurde er zu Stein. Die Schwester sah das Gäbelchen an, wußte, daß auch ihr jüngerer Bruder nicht mehr am Leben war, schloß das Haus ab und begab sich selbst auf die Suche nach dem Wasser des Lebens und dem Wasser des Todes und nach dem sprechenden Vogel.

Sie kam zu demselben Berg, sah den Alten, grüßte ihn und schnitt ihm das Haupthaar und die Brauen zurecht, denn sie hatte eine Schere und einen Spiegel bei sich. »Sieh dich doch an!« sprach sie zu dem Greis. »Wie hübsch du jetzt aussiehst!« Er betrachtete sich im Spiegel: »In der Tat, das sieht schön aus! Ich habe hier volle dreißig Jahre gesessen, und noch nie hat mir jemand das Haar geschnitten; du bist die erste, die darauf kam. Wohin des Wegs, schönes Kind?« Sie erzählte ihm, was sich zugetragen hatte, wohin sie ging und was sie suchte. »Dann geh diesen Berg hinan, meine Schöne«, sprach der Alte, »wenn du oben bist, wirst du schreien hören ›Fange, halte, steche sie!‹ – aber blick dich nur ja nicht um, denn sonst wirst du auf der Stelle zu Stein. Auf dem Gipfel des Berges wirst du einen Brunnen finden und den sprechenden Vogel. Nimm den Vogel, schöpfe aus dem Brunnen das Wasser des Lebens und kehre sogleich um. Auf dem Rückweg wirst du auf dem Hang hochragende Steine sehen. Besprenge sie alle mit dem Wasser des Lebens.«

Die Jungfrau dankte ihm für seinen Rat und stieg den Berg hinan; sie vernahm entsetzliche Schreie, aber sie sah sich nicht um. Wohlbehalten gelangte sie an den Brunnen, schöpfte von dem Wasser des Lebens und des Todes, nahm den sprechenden Vogel und machte sich auf den Rückweg. Auf dem Rückweg besprengte sie alle ragenden Steine; die Steine wurden zu Menschen. Zum Schluß sah sie noch zwei solcher Steine, sie besprengte sie mit dem Wasser des Lebens – ihre Brüder standen vor ihr. »Ach, liebe Schwester, wie kommst du hierher und was suchst du hier?« Sie sagte ihnen, daß sie das Wasser des Lebens und des Todes und den sprechenden Vogel hätte holen wollen, aber am meisten wäre es ihr um sie, ihre geliebten Brüder, zu tun gewesen. Sie kehrten nach Hause zurück und lebten friedlich miteinander.

Dem Zar kam zu Ohren, daß irgendwo eine Jungfrau lebte – wenn sie lachte, so regnete es rosa Blüten, und wenn sie weinte, kostbare Perlen, und er beschloß, sie zu heiraten. Eines Tages besuchte er die Geschwister; sie empfingen ihn mit den gebührenden Ehren. Der Zar ließ sich durch Haus und Hof führen und kam in den Garten; dort sah er den sprechenden Vogel; der Vogel sagte ihm, daß er die Jungfrau, die er heiraten wolle, nicht zur Frau nehmen dürfe. »Warum darf ich sie nicht zur Frau nehmen?« fragte der Zar. »Du darfst es nicht«, antwortete der Vogel, »weil sie deine leibliche Tochter ist.« – »Wie kann das sein, daß sie meine Tochter ist?« Der sprechende Vogel erzählte ihm alles, wie es sich zugetragen hatte, und der Zar erzählte alles seinen Kindern; darauf begab er sich mit ihnen in seinen Palast und befahl, die Säule, in der seine Frau eingemauert war, aufzubrechen. Die Zarin wurde befreit und ihre Schwestern wurden erschossen. Darauf lebten der Zar und die Zarin mit den beiden Söhnen und der Tochter lange und glücklich.

Schweinehaut

Ein Großfürst hatte eine wunderschöne Frau, die liebte er über alle Maßen. Als die Fürstin starb, hinterließ sie ihm eine einzige Tochter; die war ihrer Mutter so ähnlich wie ein Tropfen Wasser dem anderen. Der Großfürst sprach: »Liebe Tochter! Nun will ich dich heiraten.« Sie ging auf den Friedhof zu dem Grab ihrer Mutter und weinte herzzerreißend. Da sprach die Mutter: »Laß dir ein Kleid kaufen, es soll über und über mit Sternen besetzt sein.« Der Vater kaufte ihr ein solches Kleid und begehrte sie noch heftiger. Die Tochter ging abermals zu ihrer Mutter, die Mutter sprach: »Laß dir ein Kleid kaufen, auf dem Rücken soll der helle Mond leuchten, auf der Brust die helle Sonne.« Der Vater kaufte ihr ein solches Kleid und begehrte sie noch heftiger. Da ging die Tochter noch einmal auf den Friedhof und weinte herzzerreißend: »Mütterchen, der Vater begehrt mich noch heftiger.« – »Dann, Kindchen«, antwortete die Mutter, »laß dir ein Kleid aus Schweinehaut nähen.« Der Vater befahl, ein Kleid aus Schweinehaut zu nähen. Sobald die Schweinehaut zusammengenäht war, schlüpfte die Tochter hinein. Der Vater spie sie an, jagte sie aus dem Haus und gönnte ihr weder eine Magd noch Brot auf den Weg. Sie schlug ein Kreuz über ihre Augen und trat aus dem Tor hinaus. »Ich will nach Gottes Ratschluß wandern!« Sie wanderte einen Tag, sie wanderte einen zweiten Tag, sie wanderte einen dritten Tag und kam in ein fremdes Land.

Auf einmal zogen Wolken auf, und ein Gewitter brach los. Wo sollte sie sich vor dem Regen schützen? Da sah die Prinzessin eine riesige Eiche. Sie kletterte hinauf und setzte sich auf einen dichtbelaubten Ast. Ein Zarensohn jagte um dieselbe Zeit in der Nähe. Als er an der Eiche vorbeifuhr, waren seine Hunde kaum zu halten, sie bellten, zogen und ließen sich nicht beruhigen. Der Zarewitsch wollte wissen, warum seine Hunde den Baum anbellten. Er schickte seinen Diener zu der Eiche; der Diener kehrte zurück und sagte: »Ach, Majestät! Auf der Eiche sitzt ein Tier, das kein Tier ist, sondern das Wunder aller Wunder!« Der Zarensohn trat an die Eiche und fragte: »Was bist du für ein Wundertier? Kannst du sprechen?« Die Prinzessin antwortete: »Ich bin Schweinehaut.« Der Zarewitsch fuhr nicht weiter, jagte nicht länger, sondern hob Schweinehaut in seine Kutsche und sprach: »Ich will dieses Wundertier meinen Eltern zeigen!« Der Vater und die Mutter staunten und wiesen ihr eine besondere Kammer an.

Kurze Zeit darauf lud der Zar zu einem Ball. Alle Hofleute waren dabei und amüsierten sich. Da fragte Schweinehaut einen Diener: »Darf ich mich an die Tür stellen und bei dem Fest zuschauen?« – »Das ist nichts für dich, Schweinehaut!« Da ging sie ins freie Feld hinaus und legte ein strahlendes Kleid an, über und über mit Sternen besetzt! Dann pfiff sie und rief mit lauter Stimme, und schon fuhr eine Kutsche vor; sie stieg ein und ließ sich zu dem Ball fahren. Sie kam und tanzte ohne Unterlaß. Alle staunten: Wer war die schöne Fremde? Nachdem sie genug getanzt hatte, verschwand sie unbemerkt; sie zog wieder die Schweinehaut über und schlüpfte in ihre Kammer. Der Zarewitsch kam zu ihr und fragte: »Bist du vielleicht die Schöne, die auf dem Ball tanzte?« Sie antwortete: »Wie soll ich, Schweinehaut, tanzen? Ich habe nur eine Weile an der Tür gestanden.«

Und wiederum lud der Zar zu einem Ball. Schweinehaut bat um Erlaubnis, ein wenig durch den Spalt zu spähen. »Das ist nichts für dich!« Sie ging ins freie Feld hinaus, sie pfiff und rief – nicht nach Räuberart, sondern mit ihrer Mädchenstimme –, und schon fuhr die Kutsche vor; sie streifte die Schweinehaut ab und zog ein Kleid an: auf dem Rücken leuchtete der helle Mond, auf der Brust die goldene Sonne! Sie kam und tanzte ohne Unterlaß. Die Gäste ließen kein Auge von ihr. Nachdem sie genug getanzt hatte, verschwand sie unbemerkt. »Was können wir jetzt tun?« sagte der Zarensohn. »Wie können wir erfahren, wer diese Schöne ist?« Und schließlich verfiel er darauf, die erste Treppenstufe mit Pech zu bestreichen, damit ihr Schühchen daran kleben bleibe.

Bei dem dritten Ball war die Prinzessin noch schöner anzusehen, aber als sie den Palast verlassen wollte, blieb ihr Schühchen an dem Pech kleben. Der Zarewitsch hob das Schühchen auf und zog damit durch das ganze Land, um das Mädchen zu finden, dem dieses Schühchen paßte. Er reiste durch sein ganzes Reich – keiner wollte das Schühchen passen. Er kehrte nach Hause zurück, ging zu Schweinehaut und sagte: »Zeig mir deine Füße!« Sie zeigte ihm ihre Füße. Er probierte ihr den Schuh an – der Schuh saß wie angegossen. Der Zarewitsch schlitzte die Schweinehaut auf und zog sie ihr aus. Darauf nahm er die Prinzessin an ihrer weißen Hand und ging mit ihr zu seinen Eltern, um sie um ihren Segen für seine Vermählung zu bitten. Der Zar und die Zarin segneten die beiden. Bald darauf feierten sie Hochzeit; der Zarewitsch fragte seine Frau: »Warum hattest du die Schweinehaut übergezogen?« – »Weil ich meiner seligen Mutter ähnlich bin«, antwortete sie, »und mein Vater mich zur Frau nehmen wollte.«

Das goldene Schühchen

Es lebten einmal ein Mann und eine Frau, die hatten zwei Kinder. Eines Tages fuhr der Mann zum Markt und kaufte dort für die eine Schwester einen kleinen Fisch und für die andere auch einen kleinen Fisch. Die Ältere aß ihren Fisch auf, die Jüngere aber ging zu dem Brunnen hinaus und sprach: »Väterchen Fisch, soll ich dich aufessen oder nicht?« – »Iß mich nicht!« sagte der Fisch. »Wirf mich ins Wasser, ich werde es dir danken!« Sie warf den Fisch in den Brunnen und ging wieder ins Haus. Die Alte konnte ihre jüngere Tochter nicht leiden. Sie putzte die ältere Tochter fein heraus und ging mit ihr zur Messe in die Kirche. Der jüngeren aber gab sie zwei Maß Roggen und befahl ihr, diesen Roggen zu verlesen, bis sie aus der Kirche zurückkämen.

Das Mädchen wollte Wasser holen, da setzte sie sich neben den Brunnen und weinte; der kleine Fisch kam geschwommen und fragte: »Warum weinst du, schönes Mädchen?« – »Wie soll ich denn nicht weinen?« antwortete das schöne Mädchen. »Meine Mutter hat meine Schwester fein herausgeputzt und ist mit ihr in die Kirche gegangen, ich aber muß zu Hause bleiben und zwei Maß Roggen verlesen, bis sie aus der Kirche zurückkommen.« Das Fischchen sprach: »Weine nicht, geh, putz dich und fahre in die Kirche. Der Roggen wird verlesen sein!« Sie putzte sich und fuhr in die Kirche. Ihre Mutter erkannte sie nicht. Bevor die Messe zu Ende war, fuhr das Mädchen nach Hause. Als die Mutter aus der Kirche nach Hause kam, fragte sie: »Du Närrin, hast du den Roggen verlesen?« – »Ich habe ihn verlesen«, antwortete das Mädchen. »Was für ein schönes Mädchen war es doch, das in unserer Kirche war!« sagte die Mutter. »Der Pope konnte weder singen noch lesen, weil er kein Auge von ihr wandte; und wie siehst du aus, du Schlampe! Was hast du für einen Rock an?« – »Ich war nicht dort, aber ich weiß es«, sprach das Mädchen. »Was kannst du schon wissen?« sagte die Mutter.

Ein zweites Mal putzte die Mutter ihre ältere Tochter fein heraus und ging mit ihr zur Messe. Der jüngeren aber gab sie drei Maß Roggen und sagte zu ihr: »Ich will zu Gott beten, du mußt derweil den Roggen verlesen.« Darauf ging sie zur Kirche, und die Tochter ging zum Brunnen, um Wasser zu holen; sie saß am Brunnen und weinte. Der kleine Fisch kam geschwommen und fragte: »Warum weinst du, schönes Mädchen?« – »Wie soll ich denn nicht weinen?« antwortete das schöne Mädchen. »Die Mutter putzte meine Schwester, ich aber muß zu Hause bleiben und drei Maß Roggen verlesen, bis sie aus der Kirche zurückkommen.« Der Fisch sprach: »Weine nicht, geh, putz dich und fahre ihr nach in die Kirche. Der Roggen wird verlesen sein!«

Sie machte sich fein, fuhr in die Kirche und betete. Der Pope konnte weder singen noch lesen – er mußte sie unentwegt ansehen! Schließlich ging die Messe ihrem Ende zu. An dem Tag war auch der Zarensohn in der Kirche; das schöne Mädchen gefiel ihm gar zu gut; er wollte unbedingt wissen, wer sie wäre? Da warf er ein Stück Pech vor sie hin. Ihr Schühchen blieb daran kleben, sie aber fuhr davon. Der Zarensohn sagte: »Ich will das Mädchen heiraten, dem dieses Schühchen gehört!« Das Schühchen war nämlich über und über mit Gold bestickt. Als die Mutter nach Hause kam, sagte sie: »Was war das für eine Schönheit, die heute in der Kirche war! Der Pope konnte weder singen noch sprechen, weil er kein Auge von ihr wandte. Und wie siehst du aus, du Närrin? Wie eine Vogelscheuche!«

Nun suchte der Zarensohn in allen Gauen nach der Jungfrau, die das Schühchen verloren hatte: aber er konnte keine finden, der das Schühchen paßte. Eines Tages kam er zu der Mutter und sprach: »Zeig mir doch deine Tochter! Sie soll den Schuh anprobieren.« – »Meine Tochter wird das Schühchen nur schmutzig machen«, antwortete die Alte. Die schöne Jungfrau kam, der Zarensohn zog ihr das Schühchen an – das Schühchen paßte wie angegossen. Da nahm er sie zur Frau; sie lebten in Liebe und Eintracht und das Gute mehrte sich. Ich war auch dabei, trank Met und Wein, alles lief den Schnurrbart herunter und kein Tropfen in den Mund.

Das Schwarze Mägdlein

Es lebte einmal ein Herr, er hatte eine gute Frau und eine schöne Tochter, die hieß Mascha. Aber eines Tages starb seine Frau, und er heiratete eine andere, eine Witwe mit zwei Töchtern, und beide waren böse und hartherzig! Sie plagten die arme Mascha von früh bis spät, sie hießen sie alle Arbeit im Hause tun, und wenn es keine Arbeit gab, dann mußte sie vor dem Ofen hocken und Asche schaufeln. Deshalb war Mascha stets schmutzig und schwarz und wurde von allen das Schwarze Mägdlein genannt. Eines Tages hörte man allerorten sagen, daß der Fürst in jenem Lande sich vermählen wolle, deshalb zu einem großen Fest lade und auf diesem Fest sich eine Braut aussuchen würde. So geschah es auch. Der Fürst lud alle Welt zu dem Fest ein; auch die Stiefmutter mit ihren Töchtern wollte zu dem Fest fahren, aber Mascha sollte zu Hause bleiben; soviel sie auch bat, es blieb bei dem Nein. Nun fuhr die Stiefmutter mit ihren Töchtern zu dem Fest, der Stieftochter aber ließ sie ein ganzes Maß Gerste, Mehl und Ruß durcheinandergemischt: Sie befahl, alles zu verlesen, Körnchen um Körnchen, Stäubchen um Stäubchen.

Mascha trat auf die Treppe hinaus und weinte bitterlich: da kamen zwei Tauben geflogen, sie verlasen Roggen, Mehl und Ruß und ließen sich dann auf ihre Schultern nieder – plötzlich hatte das Mädchen ein wunderbares neues Kleid an. »Geh zum Fest!« sprachen die Tauben. »Aber bleib dort nicht länger als bis Mitternacht.« Kaum hatte Mascha den Palast betreten, als alle Blicke an ihr hingen; auch dem Fürsten gefiel sie besser als alle andern, ihre Stiefmutter aber und die Schwestern erkannten sie nicht. Sie tanzte und war fröhlich mit den anderen Mädchen, da merkte sie, daß die Mitternacht nahte; sie dachte daran, was die Täubchen ihr gesagt hatten, und lief nach Hause, so schnell die Füße sie trugen. Der Fürst eilte ihr nach, er wollte wissen, wer sie war, aber er konnte sie nicht mehr einholen!

Am nächsten Tag gab der Fürst wieder ein Fest; die Stiefschwestern hatten nichts anderes im Sinn als ihre Kleider, schrien Mascha an und beschimpften sie unentwegt. »He, Schwarzes Mägdlein, hilf uns beim Umziehen! Bürste unsere Kleider! Koch uns das Essen!« Mascha führte alle Befehle aus. Abends aber tanzte sie wieder auf dem Fest und kam vor Mitternacht nach Hause zurück; der Fürst folgte ihr – aber nein, es gelang ihm nicht, sie einzuholen.

Am dritten Tag lud er wieder zu einem prächtigen Fest; am Abend kleideten die Tauben Mascha noch schöner an; sie ging zu dem Palast, sie tanzte, sie war fröhlich und achtete nicht auf die Zeit – schon schlug es Mitternacht. Mascha stürzte davon, aber der Fürst hatte vorsorglich befohlen, alle Treppenstufen mit Harz und Pech zu bestreichen. Sie blieb mit einem Schuh im Harz hängen und mußte ihn auf der Treppe zurücklassen. Der Fürst hob ihn auf, und gleich am

675

nächsten Tag befahl er, das Mädchen zu suchen, dem dieses Schühchen paßte.

Seine Boten hatten in der ganzen Stadt gesucht – das Schühchen wollte keiner passen. Endlich kamen sie zu der Stiefmutter. Die nahm das Schühchen und wollte es ihrer älteren Tochter anziehen, aber nein, es paßte nicht, der Fuß war zu groß. »Schneid dir den Zeh ab!« sagte die Mutter zu ihrer Tochter. »Wenn du erst Fürstin bist, brauchst du nicht mehr zu Fuß zu gehen!« Die Tochter schnitt sich den Zeh ab und zog das Schühchen an. Die Boten des Fürsten wollten mit ihr in den Palast fahren, da kamen Tauben geflogen und gurrten: »Blutiger Fuß! Blutiger Fuß!« Da sahen die Boten, daß aus dem Schühchen Blut sickerte. »Nein«, sagten sie, »die ist die Richtige nicht!« Da wollte die Stiefmutter den Schuh ihrer mittleren Tochter anziehen, auch der ist es nicht anders ergangen.

Die Boten sahen Mascha und befahlen ihr, den Schuh anzuziehen; im selben Augenblick, da sie den Fuß in das Schühchen steckte, hatte sie ein wunderbares glänzendes Kleid an. Die Stiefschwestern sperrten vor Staunen nur so den Mund auf. Die Boten brachten Mascha in den Palast des Fürsten, und am nächsten Tag wurde Hochzeit gehalten. Als sie mit dem Fürsten zu dem Altar ging, flatterten zwei Tauben herbei, die eine setzte sich Mascha auf die eine Schulter, die zweite auf die andere, und nach der Trauuung, als sie aus der Kirche zurückkehrten, flogen die Täubchen auf, schossen auf die Stiefschwestern zu und pickten jeder ein Auge aus. Die Hochzeit war sehr lustig, auch ich war dabei, trank Met und Wein, alles lief mir den Bart herunter und kein Tropfen in den Mund.

Die Zarewna in dem unterirdischen Reich

Aus dem Weißrussischen

Es lebten einmal ein Zar und eine Zarin, die hatten einen Sohn und eine Tochter. Die Eltern redeten dem Sohn zu, daß er nach ihrem Tode seine Schwester zur Frau nehme. Ob sie nun lange gelebt hatten oder nicht, bald darauf starben der Zar und die Zarin. Der Bruder befahl seiner Schwester, sie solle alles für die Hochzeit richten, und ging zu einem Popen, er wollte ihn bitten, sie zu trauen. Die Schwester legte das Hochzeitskleid an und machte drei Püppchen, sie stellte jedes auf ein Fensterbrett, trat in die Mitte der Stube und sprach: »Püppchen, kuckuck!« Die erste Puppe sagte: »Was ist?« Die zweite Puppe sagte: »Der Bruder will seine Schwester zur Frau nehmen.« Das dritte sprach: »Tu dich auf, Erde, versinke, arme Schwester!« Und so sprachen sie auch ein zweites und ein drittes Mal. Der Bruder kam zurück und fragte seine Schwester: »Bist du schon angezogen?« Die Schwester sagte: »Nein, ich bin noch nicht ganz fertig.« Da ging der Bruder in seine Gemächer und wollte dort warten, bis seine Schwester angezogen war. Die Schwester aber rief abermals: »Püppchen, kuckuck!« Die erste Puppe sagte: »Was ist?« Die zweite Puppe sagte: »Der Bruder will seine Schwester zur Frau nehmen.« Die dritte sprach: »Tu dich auf, Erde, versinke, arme Schwester!«

Sie versank und fand sich in der anderen Welt wieder. Als ihr Bruder in die Stube trat, war seine Schwester verschwunden, und fortan blieb er allein.

Nun war die Zarewna in der anderen Welt; sie machte sich auf den Weg und wanderte und wanderte – da sah sie eine Eiche. Sie blieb davor stehen und kleidete sich aus. Der Eichenstamm tat sich auf; sie legte ihre Kleider in die Höhlung, nahm das Aussehen einer alten Frau an und ging weiter. Sie wanderte und wanderte, da sah sie den Palast des

Zaren; sie trat ein und fragte, ob sie in dem Palast bleiben dürfe. Sie durfte bleiben, dafür sollte sie in allen Gemächern die Öfen heizen. Der Zar, in dessen Palast die Zarewna als Magd diente, hatte einen unverheirateten Sohn. Eine Woche war vergangen, der Zarewitsch wollte in die Kirche gehen und hieß die alte Ofenmagd ihm einen Kamm reichen. Sie reichte ihm den Kamm nicht schnell genug, er wurde zornig und schlug sie auf die Wange. Darauf kleidete er sich an und fuhr in die Kirche. Die Ofenmagd ging zu der Eiche, in der sie ihre Kleider versteckt hatte. Der Eichenstamm tat sich auf. Sie kleidete sich an, wurde wieder zu der wunderschönen Zarewna und ging in die Kirche. Als der Zarewitsch sie in der Kirche erblickte, fragte er einen Lakaien: »Wer ist das? Und woher kommt sie?« Der Lakai merkte, daß es die Alte war, die im Palast die Öfen heizte und von dem Zarewitsch mit dem Kamm geschlagen wurde; der Lakai sagte: »Sie stammt aus der Stadt Schlagkammburg.« Der Zarewitsch fuhr nach Hause und machte sich dann auf die Suche nach dieser Stadt. Er reiste durch sein ganzes Reich, aber er fand die Stadt nicht. Eines Tages begab es sich, daß der Zarewitsch in Zorn geriet und nach der alten Magd mit dem Stiefel warf. Darauf fuhr er abermals zur Messe. Auch die Zarentochter kam in die Kirche, nachdem sie die Kleider angelegt hatte, die in der Eiche versteckt waren. Als der Zarewitsch die schöne Unbekannte sah, fragte er den Lakaien: »Woher kommt sie?« Und der Lakai antwortete: »Aus Schlagstiefelburg.« Der Zarensohn suchte und suchte diese Stadt, aber alle seine Mühe blieb vergeblich.

Darauf überlegte er hin und her, wie er die unbekannte Schöne finden könnte, denn er hatte sie liebgewonnen und wollte sie heiraten. Schließlich befahl er, die Stelle, wo sie in der Kirche zu stehen pflegte, mit Pech zu bestreichen, aber so, daß sie es nicht merke.

Eine Woche darauf kam die Zarewna in die Kirche und begab sich an den gewohnten Platz. Als der Gottesdienst zu

Ende war, und sie sich zum Gehen wandte, blieb ein Schuh an dem Pech haften. Sie mußte mit einem Schuh nach Hause gehen. Der Zarewitsch ließ alle Mädchen, die in seinem Reich wohnten, den Schuh anziehen. Er paßte keiner, außer dem alten Weib, das im Palast die Öfen heizte. Der Zarewitsch ließ sie kommen und fragte sie aus; sie gestand ihm, wer sie sei und woher sie komme. Darauf feierten sie Hochzeit. Auch ich war dabei, trank Bier und Wein, alles floß mir den Bart herunter und kein Tropfen in den Mund.

Weißichnicht

Das Märchen hebt an mit Grauchen, Braunchen, dem wohlberedten Füchschen. Mitten im Meer, in dem Ozean, auf der Insel Buman steht ein Ochs, knusprig gebraten, mit gestoßenem Knoblauch ist sein Arsch geladen; links gibt's für jedermann einen fetten Bissen, rechts wird getunkt, gegessen und ge...

Es lebte einmal ein Kaufmann, der hatte einen Sohn. Als der Sohn heranwuchs und seinem Vater in den Läden an die Hand ging, da starb des Kaufmanns Frau, und er heiratete eine andere. Nachdem einige Monate vergangen waren, wollte der Kaufmann in fremde Länder fahren, er belud seine Schiffe mit Ware und ermahnte seinen Sohn, im Haus nach dem Rechten zu sehen und den Handel ordentlich zu führen. Der Kaufmannssohn bat: »Väterchen, suche mir mein Glück, solange du noch hier bist!« – »Aber mein lieber Sohn!« antwortete der Vater. »Wo soll ich es suchen?« – »Du brauchst mein Glück nicht lange zu suchen! Wenn du morgen früh erwachst, geh zu unserm Tor hinaus, kaufe das erste, was du siehst und gib es mir.« – »Gut, mein Sohn, ich werde es tun!«

Am nächsten Morgen stand der Vater in aller Frühe auf; er

trat vor das Tor und sah, daß ein Bauer ein räudiges elendes Fohlen zum Schindanger zog. Der Kaufmann begann zu feilschen und kaufte das Fohlen für einen Silberrubel. Dann nahm er das Fohlen und führte es in den Stall. Der Sohn des Kaufmanns fragte: »Wie ging es, Väterchen? Hast du mein Glück gefunden?« – »Ich habe es zwar gefunden, aber es ist nicht viel wert!« – »Dann soll es eben so sein und nicht anders. Ich bin mit dem Glück zufrieden, das Gott mir zugedacht hat.«

Der Vater begab sich mit seinen Waren auf die Reise in andere Länder, und der Sohn ging allmorgendlich in den Laden und versah das Geschäft. Er hatte die Gewohnheit, auf dem Hinweg und auf dem Rückweg jedesmal sein Fohlen zu besuchen. Die Stiefmutter aber grollte ihrem Stiefsohn. Sie suchte Wahrsagerinnen und Zauberinnen auf, um ihn aus dem Weg zu räumen; sie fand eine alte Hexe, die gab ihr ein Zauberkraut und riet ihr, das Kraut auf die Schwelle zu legen, kurz bevor der Stiefsohn abends nach Hause käme. Als der Kaufmannssohn aus dem Laden kam, ging er zuerst in den Stall und sah: sein Fohlen stand bis zu den Knöcheln in Tränen; er klopfte ihm auf die Kruppe und fragte: »Warum weinst du, mein gutes Pferdchen, und sagst mir kein Wort?« Das Fohlen antwortete: »Ach, Iwan Kaufmannssohn, mein lieber Herr! Wie soll ich denn nicht weinen? Deine Stiefmutter möchte dich verderben. Du hast einen Hund; wenn du vor die Haustür kommst, laß ihn vorauslaufen, und du wirst sehen, was geschieht!« Der Kaufmannssohn gehorchte. Kaum setzte der Hund ein Bein über die Schwelle, als er in kleinste Stücke zerrissen wurde.

Iwan Kaufmannssohn zeigte mit keiner Miene, daß er die Arglist seiner Stiefmutter durchschaute; am nächsten Tag begab er sich in den Laden, seine Stiefmutter aber zu der Zauberin. Die Zauberin bereitete ihr ein anderes Kraut und riet ihr, es in den Abendtrunk zu schütten. Abends, auf dem Heimweg, kam der Kaufmannssohn in den Stall – das Fohlen stand wieder bis zu den Fesseln in Tränen; er klopfte ihm auf die Kruppe und fragte: »Warum weinst du, mein gutes Pferdchen, und sagst mir kein Wort?« – »Wie soll ich denn nicht weinen, wie soll ich mich nicht grämen? Ich sehe ein großes Unglück nahen. Deine Stiefmutter will dich verderben. Gib acht, wenn du in die Stube trittst und dich an den Tisch setzest, wird die Stiefmutter dir in einem Becher einen Trunk reichen – trinke nicht davon, sondern schütte ihn aus dem Fenster; dann wirst du sehen, was vor dem Fenster geschieht.« Iwan Kaufmannssohn tat so: Kaum hatte er den Trunk aus dem Fenster geschüttet, als die Erdbrocken nur so durch die Luft flogen! Aber auch dieses Mal sagte er seiner Stiefmutter nicht ein Sterbenswörtchen.

Am dritten Tag begab er sich in den Laden, und seine Stiefmutter wiederum zu der Zauberin. Die Alte gab ihr ein Zauberhemd. Abends, als er aus dem Laden kam, besuchte der Kaufmannssohn sein Fohlen und sah – sein gutes Pferd stand bis zu den Fesseln in Tränen. Er klopfte ihm auf die Kruppe und sprach: »Warum weinst du, mein gutes Pferdchen, und sagst mir kein Wort?« – »Wie soll ich denn nicht weinen? Deine Stiefmutter will dich verderben. Höre auf meine Worte: Wenn du nach Hause kommst, wird dich deine Stiefmutter in die Badestube bitten und dir durch einen Burschen ein frisches Hemd schicken. Aber zieh das Hemd nicht an, zieh es dem Burschen an: Dann wirst du sehen, was geschieht!« Kaum hatte der Kaufmannssohn die Stube betreten, als die Stiefmutter ihm entgegen kam und sagte: »Hast du nicht Lust zu schwitzen? Wir haben die Badestube geheizt.« – »Gern«, sagte Iwan und ging in die Badestube. Bald darauf kam ein Diener und brachte ihm ein Hemd. Der Kaufmannssohn warf ihm das Hemd über, und der Bursche schloß die Augen und sank leblos auf die Dielen; darauf zog er ihm das Hemd wieder aus und warf es in den Ofen – der Bursche erhob sich, der Ofen aber stürzte zusammen.

Die Stiefmutter sah, daß sie machtlos war, lief abermals zu

der alten Zauberin und bat und flehte sie an, ihren Stiefsohn zu verderben. Die Alte sagte: »Solange sein Pferd am Leben ist, können wir nichts tun! Stelle dich krank, und sobald dein Mann wieder da ist, sage ihm: ›Mir träumte, daß wir unser Fohlen schlachten und seine Galle nehmen müssen; sobald ich mich damit eingerieben habe, werde ich wieder gesund!‹« Als die Zeit um war und der Kaufmann zurückkommen sollte, ging sein Sohn ihm entgegen. »Guten Tag, Söhnchen!« sprach der Vater. »Ist zu Hause alles wohlauf?« – »Alles ist wohlauf, nur die Mutter liegt zu Bett.« Der Kaufmann ließ die Schiffe entladen, kam nach Hause – seine Frau lag im Bett und stöhnte. »Ich werde nur dann genesen, wenn du meinen Traum wahr machst.« Der Kaufmann willigte sofort ein und ließ seinen Sohn holen: »Nun, mein Sohn, ich werde dein Pferd schlachten lassen, die Mutter ist krank und wir müssen sie gesund machen.« Iwan Kaufmannssohn weinte bitterlich: »Ach, lieber Vater, du willst mir mein einziges Glück nehmen!« So sprach er und ging in den Stall. Das Fohlen sah ihn an und sprach: »Mein lieber Herr! Ich habe dich vor drei Toden bewahrt; bewahre du mich wenigstens vor einem einzigen, frage deinen Vater, ob du ein letztes Mal mit mir ausreiten und im freien Feld mit guten Freunden dich vergnügen darfst.« Der Sohn fragte seinen Vater, ob er nicht ein letztes Mal mit seinem Pferd ausreiten dürfe. Der Vater erlaubte es, Iwan Kaufmannssohn schwang sich auf sein Pferd, sprengte in das freie Feld hinaus, vergnügte sich eine Zeitlang mit seinen guten Freunden und schrieb dann seinem Vater ein Briefchen: »Kuriere die Stiefmutter mit einer Nagaika, die zwölf Schwänze hat; das ist das Heilmittel, das sie gesund macht!« Dieses Briefchen ließ er durch einen seiner guten Freunde überbringen, er selbst aber ritt fort in ferne fremde Länder. Der Kaufmann las das Briefchen und machte sich daran, seine Frau mit der Nagaika, die zwölf Schwänze hatte, zu kurieren; nach kurzer Zeit war die Frau gesund.

Der Kaufmannssohn ritt über das freie Feld, das weite, und

sah eine Herde Hornvieh weiden. Da sprach sein gutes Pferd: »Iwan Kaufmannssohn! Laß mich frei; reiße drei Haare aus meinem Schweif; wenn du mich brauchst, mußt du ein Haar ansengen, und ich werde vor dir stehen, wie das Blatt vor dem Halm! Geh zu den Hirten, kaufe einen Ochsen und schlachte ihn; schlage die Ochsenhaut um dich und ziehe die Ochsenblase über den Kopf. Und merke dir: Du darfst überall und auf alle Frage nur eine Antwort geben: ›Weiß ich nicht!‹« Iwan Kaufmannssohn ließ sein Pferd laufen, zog die Ochsenblase über den Kopf, schlug die Ochsenhaut um die Schultern und ging zum Meeresstrand. Auf dem blauen Meer fuhr ein Schiff. Die Seeleute sahen das Ungeheuer – weder Tier noch Mensch, der Kopf eine Blase und am ganzen Körper Fell, sie ließen ein leichtes Boot aufs Wasser hinunter, ruderten ans Ufer und wollten ihn ausfragen. Aber Iwan Kaufmannssohn gab nur zur Antwort: »Weiß ich nicht!« – »Wenn das so ist, dann bist du der Wicht Weißichnicht!« Die Seeleute nahmen ihn mit auf das Schiff und segelten weiter in ihr Land. Ob sie nun lange auf der See waren oder nicht – endlich kamen sie in ihre Hauptstadt, überreichten dem König ihre Geschenke und erzählten ihm von dem Wicht Weißichnicht. Der König befahl, dieses wunderliche Wesen vor seine hellen Augen zu führen. Man brachte den Wicht Weißichnicht in den Palast. Von allen Seiten liefen Menschen herbei und staunten ihn an. Der König fragte ihn: »Was bist du für ein Mensch?« – »Weiß ich nicht!« – »Aus welchem Land?« – »Weiß ich nicht!« – »Wer ist dein Vater? Und wie heißt dein Geschlecht?« – »Weiß ich nicht.« Da gab es der König auf und schickte den Wicht Weißichnicht in den Garten, dort sollte er statt einer Vogelscheuche die Vögel von den Apfelbäumen vertreiben und dafür das Essen aus der königlichen Küche bekommen.

Der König hatte drei Töchter: die beiden ältesten waren schön, aber die jüngste noch schöner! Bald darauf freite der junge König von Arabien um die jüngste Königstochter und schrieb dem König einen dreisten Brief; er drohte: »Wenn du sie mir nicht im Guten zur Frau gibst, werde ich sie mit Gewalt holen.« Dem König mißfiel dieser Brief, er antwortete dem König von Arabien: »Du kannst den Krieg beginnen, der Herr wird richten!« Der König von Arabien rückte mit einem unübersehbaren Heer heran und belagerte das ganze Land. Der Wicht Weißichnicht streifte die Ochsenhaut ab, zog die Ochsenblase vom Kopf, ging in das freie Feld hinaus, sengte ein Pferdehaar an, rief mit lauter Stimme und pfiff nach Reckenart. Schon sprengte sein Zauberpferd herbei, daß die Erde nur so zitterte: »He, tapferer Streiter! Warum rufst du mich so bald wieder?« – »Es ist Zeit für uns, in den Krieg zu ziehen!« Da schwang sich Weißichnicht auf sein Roß, und das Roß fragte ihn: »Wie hoch soll ich mit dir fliegen? Halb so hoch wie ein Baum oder über die Wipfel des ragenden Waldes?« – »Fliege mit mir über die Wipfel des ragenden Waldes!« Das Pferd erhob sich von der Erde und flog den feindlichen Heerscharen entgegen.

Weißichnicht sprengte auf die Feinde zu, riß einem Krieger das Streitschwert aus der Hand, einem anderen den goldenen Helm vom Kopf, den setzte er auf, ließ das Visier herunter und stürzte sich in das arabische Heer: Wohin er sich auch wandte, flogen Köpfe! Es war wie bei der Heumahd! Der König und die Königstochter standen auf der Stadtmauer, sahen ihm zu und wunderten sich: »Wer ist dieser Ritter? Woher kommt er? Ist es vielleicht Jegor der Streiter, der uns beisteht?« Niemand kam darauf, daß es der Wicht Weißichnicht war, der sonst die Krähen aus dem Garten verscheuchte! Ungezählte Feinde blieben auf dem Schlachtfeld, Weißichnicht hatte sie nicht nur niedergemäht, sondern sie auch mit dem Pferd zu Tode getrampelt. Nur den König von Arabien hatte er verschont und an die zehn Mann Gefolge, damit sie ihn auf dem Heimweg geleiten sollten. Darauf ritt er an die Stadtmauer heran und rief: »Königliche Majestät! War Euch mein Dienst willkommen?« Der König dankte ihm und lud ihn zu sich ein; aber Weißichnicht nahm die Einladung nicht an; er sprengte in das freie Feld hinaus, ließ sein gutes Roß laufen, kehrte nach Hause zurück, zog die Ochsenhaut über, stülpte sich die Ochsenblase über den Kopf und strich wie vorher durch den Garten, um die Krähen zu verscheuchen.

Es verging einige Zeit, nicht zuviel und nicht zuwenig, da traf ein neuer Brief von dem König von Arabien ein: »Wenn du mir deine jüngste Tochter nicht zur Frau gibst, werde ich dein ganzes Reich niederbrennen und deine Tochter als Gefangene mitnehmen.« Dem König mißfiel dieser Brief; er schrieb in seiner Antwort, daß er ihn mit seinem Heer erwarte. Der König von Arabien rückte mit einer Streitmacht an, die noch größer war als das erste Mal. Er belagerte das ganze Land und schickte drei mächtige Recken voraus. Weißichnicht warf die Ochsenhaut ab, zog die Ochsenblase vom Kopf, rief nach seinem Roß und ritt auf das Schlachtfeld. Der erste Recke kam ihm entgegen; sie ritten aufeinander zu, grüßten und senkten ihre Speere. Der Recke traf Weißichnicht mit solcher Kraft, daß der sich nur noch in einem Steigbügel hielt; aber gleich saß er wieder fest im Sattel, sprengte auf den Recken zu, hieb ihm den Kopf ab, fing diesen bei den Haaren auf und schleuderte ihn hoch in die Luft: »Die anderen Köpfe werden ebenso fliegen!« Der zweite Recke ritt auf ihn zu, und auch dem erging es nicht anders. Dann kam der dritte an die Reihe; eine ganze Stunde lang kämpfte Weißichnicht mit ihm: Der Recke verwundete ihm den Arm, Weißichnicht hieb ihm den Kopf ab und schleuderte ihn in die Luft; darauf geriet das ganze arabische Heer in Verwirrung und lief auseinander. Währenddessen standen der König und die Königstochter hoch oben auf der Stadtmauer. Die jüngste Königstochter sah, daß der Arm des tapferen Ritters blutete, nahm das Tuch von ihren Schultern und verband ihm eigenhändig die Wunde; der König aber lud ihn zu sich in den Palast. »Ich werde kommen«, antwortete Weißichnicht, »nur nicht heute.« Er sprengte in das freie Feld hinaus, ließ sein

Roß laufen, zog die Ochsenhaut über, stülpte sich die Ochsenblase über den Kopf und strich wie vorher durch den Garten, um die Krähen zu verscheuchen.

Es verging einige Zeit, nicht zuviel und nicht zuwenig, da verheiratete der König seine beiden älteren Töchter mit vielgerühmten Zarensöhnen und feierte ein großes Fest. Als die Gäste in dem Garten spazierengingen, sahen sie den Wicht Weißichnicht und fragten: »Was ist das für ein wunderliches Tier?« Der König antwortete: »Das ist der Wicht Weißichnicht, ich halte ihn mir statt einer Vogelscheuche, und er vertreibt die Vögel von meinen Apfelbäumen.« Die jüngste Königstochter aber sah nach seinem Arm, bemerkte dort ihr Tuch, errötete und sprach kein Wörtchen mehr. Seit jener Zeit, von jenem Tag an ging sie täglich mehrmals in den Garten und schaute immer den Wicht Weißichnicht an, an Festen und heiteren Spielen fand sie kein Vergnügen mehr. »Wo bleibst du immer, meine liebe Tochter?« fragte der Vater. »Ach, Väterchen! So viele Jahre lebte ich bei Euch, so viele Male lustwandelte ich im Garten, aber noch nie sah ich ein so liebes Vöglein wie heute!« Und dann bat sie ihren Vater um seinen Segen, er möge sie dem Wicht Weißichnicht zur Frau geben; der Vater versuchte, es ihr auszureden, aber sie blieb dabei: »Wenn du mich ihm nicht zur Frau gibst, dann werde ich als alte Jungfrau sterben! Und niemals einen anderen heiraten!« Der Vater gab schließlich nach und ließ sie trauen.

Bald darauf bekam er einen dritten Brief von dem König von Arabien, in dem er ihn um die Hand seiner jüngsten Tochter bat. »Sonst«, schrieb er, »werde ich das ganze Reich niederbrennen und sie mit Gewalt nehmen.« Der König antwortete: »Meine Tochter ist bereits einem anderen angetraut; wenn du willst, so komm, dann kannst du dich davon überzeugen.« Der König von Arabien kam; als er sah, daß ein wunderliches Tier eine so schöne Königstochter zur Frau bekommen hatte, beschloß er, Weißichnicht zu töten, und forderte ihn zum Kampf. Der Wicht Weißichnicht warf die

Ochsenhaut ab, zog die Ochsenblase vom Kopf, rief sein wackeres Pferd und trat zum Kampf an als ein so schöner Jüngling, wie man es nicht im Märchen erzählen und nicht mit der Feder beschreiben kann. Mitten im freien Feld ritten sie aufeinander zu, aber der Zweikampf dauerte nicht lange: Iwan Kaufmannssohn tötete den König von Arabien. Da erst erfuhr der König, daß der Wicht Weißichnicht kein wunderliches Tier, sondern ein starkmächtiger und schöner Recke war, und machte ihn zu seinem Erben. Von nun an lebte Iwan Kaufmannssohn mit seiner Königstochter in Liebe und Eintracht und mehrte das Gute, seinen leiblichen Vater holte er zu sich und seine Stiefmutter ließ er hinrichten.

Die Zarentochter, die nie lächelte

Wenn man nachdenkt, muß man sich wundern, wie groß Gottes Welt ist. Reiche und Arme leben darin, und jeder findet seinen Platz, und sie alle werden von ihrem Schöpfer geleitet und gerichtet. Wer üppig lebt, freut sich seines Lebens, wer in bitterer Armut lebt, der rackert sich ab; jedem sein Los!

In königlichen Palästen, in fürstlichen Gemächern, in einem hohen Turmstübchen prangte mit ihrer Schönheit eine Zarentochter, die niemals lächelte. Welcher Prunk, welche Pracht umgaben sie, und jeden Tag konnte sie ihren Launen leben! Alles, was die Seele begehrt, war da, und von allem war viel da, aber sie lächelte niemals und sie lachte niemals, als könnte sie sich in ihrem Herzen nicht freuen.

Die traurige Tochter war für den Vater Zar ein ständiger Kummer. Er öffnete die Tore des Zarenpalastes allen, die wünschten, seine Gäste zu sein. »Sie sollen versuchen«, sagte er, »meine Tochter, die niemals lächelt, zu erheitern. Gelingt es einem, so bekommt er sie zur Frau.« Kaum hatte er das ausgesprochen, als das Volk in Scharen vor die Palasttore strömte; sie kamen aus allen Himmelsrichtungen gefahren, geritten und zu Fuß, Zarensöhne, Fürstensöhne, Bojaren und Adelige, Offiziere und Gemeine; nun feierten sie ein Fest nach dem anderen, Met und Wein flossen in Strömen – die Zarentochter aber lächelte nicht.

Am anderen Ende des Landes lebte in seiner Hütte ein ehrlicher Knecht; des Morgens fegte er den Hof, des Abends holte er das Vieh von der Weide, er kannte keine Rast und keine Ruh. Sein Herr war ein reicher und ehrenhafter Mann und wollte ihm nichts schuldig bleiben. Als das Jahr vorüber war, legte er einen Sack mit Geld auf den Tisch: »Nimm dir davon, soviel du willst!« Nach diesen Worten ging er zur Tür hinaus und zog sie hinter sich zu. Der Knecht trat an den Tisch und dachte: »Wie kann ich vor dem Herrn nicht sündig werden und mir nicht mehr nehmen, als ich verdient habe?« Er nahm sich eine einzige Kupfermünze und hielt sie fest in der Hand. Aber dann bekam er Durst, bückte sich über den Brunnen – die Kupfermünze entglitt ihm und fiel ins Wasser.

Nun blieb dem Armen nichts mehr. Ein anderer an seiner Stelle hätte geweint, geklagt und die Hände in den Schoß gelegt. Er aber war anders: »Es kommt alles von Gott; der Herr weiß, was jedem zusteht: dem einen schickt er Geld, dem anderen nimmt er die letzte Münze. Vielleicht war ich kein guter Knecht und faul, nun will ich mir mehr Mühe geben!« Er ging wieder an die Arbeit – alles, was er anfaßte, war wie im Fluge getan! Wieder war ein Jahr abgelaufen, und wieder legte sein Herr den Sack mit Geld auf den Tisch: »Nimm dir davon«, sprach er, »soviel du willst!« Damit ging er zur Tür hinaus und zog sie hinter sich zu. Der Knecht fürchtete auch diesmal, er könnte Gott erzürnen und sich einen unverdienten Lohn anmaßen; er nahm eine einzige Kupfermünze, bekam Durst und die Kupfermünze glitt ihm aus der Hand – sie fiel in den Brunnen und ging unter. Nun war er noch emsiger bei der Arbeit: Nachts gönnte er sich keinen Schlaf und tags kaum einen Bissen. Man konnte es mit Augen sehen: Auf dem Acker des Nachbarn stand der Halm dürr und welk, bei seinem Herrn aber prall; das Vieh des Nachbarn streckte alle viere von sich, das Vieh seines Herrn sprang munter umher; des anderen Pferde schleppten sich mühsam den Berg hinunter, und seine waren den Berg hinauf kaum zu halten. Sein Herr wußte wohl, wem er zu danken, wen er zu loben hatte. Die Frist war erfüllt, das dritte Jahr abgelaufen, und er legte einen Haufen Geld auf den Tisch: »Nimm dir, mein guter Knecht, soviel du willst; die Arbeit war dein, nun soll das Geld dein sein!« Mit diesen Worten ging er aus der Stube.

Der Knecht nahm abermals nur eine Kupfermünze und ging zu dem Brunnen, um zu trinken. Die letzte Münze hielt er in der Hand – und die beiden ersten schwammen auf dem Wasser. Er fischte sie heraus und wußte nun, daß Gott ihn für seine Mühen belohnte; er freute sich und dachte: »Nun wird es für mich Zeit, die lichte Welt zu sehen und Menschen kennenzulernen!« So dachte er und machte sich auf den Weg, wohin seine Augen blickten. Als er über das Feld ging, huschte ein Mäuschen herbei: »Guter Mann! Du wanderst durch die lichte Welt, gib mir von deinem Kupfergeld! Ich werde es dir danken!« Der Knecht gab ihm eine Münze. Als er durch den Wald ging, kroch ein Käfer auf ihn zu: »Guter Mann! Du wanderst durch die lichte Welt, gib mir von deinem Kupfergeld! Ich werde es dir danken!« Er gab auch ihm eine Münze. Er ruderte über einen Fluß, da schwamm ein Wels auf ihn zu: »Guter Mann! Du wanderst durch die lichte Welt, gib mir von deinem Kupfergeld! Ich werde es dir danken!« Er wollte auch dem Fisch die Bitte nicht abschlagen und gab ihm die letzte Münze.

Dann kam er in die Stadt; Menschen gab es dort, Türen gab es dort – nicht zu zählen! Der Knecht kam aus dem Staunen nicht heraus. Schließlich wurde ihm schwindelig, und er wußte nicht, wohin er sich wenden sollte. Er stand gerade vor dem Palast des Zaren. Der Palast war mit Gold und Silber verziert, und am Fenster saß die Zarentochter, die niemals lächelte und schaute ihn an. Was tun? Wo sich verstecken? Ihm wurde dunkel vor Augen, der Schlaf überkam ihn, seine Beine gaben nach, und er fiel mitten in eine Pfütze. Auf einmal war der Wels mit seinem großen Bart da, und auch der Käfer und das Mäuschen liefen herbei. Sie umhegten und umsorgten ihn: Das Mäuschen zog ihm den Kittel aus, der Käfer putzte ihm die Stiefel, der Wels fächelte die Fliegen fort. Die Zarentochter, die niemals lächelte, sah dem Treiben zu, sie sah zu und lachte hell auf. »Wer war es? Wer hat meine Tochter zum Lachen gebracht?« fragte der Zar. Der eine sagte: »Ich war es«, der andere: »Ich war es.« – »Nein«, sprach die Zarentochter, die niemals gelächelt hatte. »Dieser Mann war es!« Und sie zeigte auf den Knecht. Man holte ihn sofort in den Palast, und vor dem Thron des Zaren wurde der Knecht zu einem schönen Jüngling! Der Zar blieb bei seinem Wort; was er versprach, das hielt er auch. Ich meine: Vielleicht hat es dem Knecht nur geträumt? Aber alle beteuern, daß es nicht so ist, daß alles sich wirklich so zugetragen hat – und das wollen wir glauben.

Die nächtlichen Reigen

Ein Zar wollte wissen, wo seine Tochter Nacht für Nacht blieb. Ein Soldat sollte es für ihn auskundschaften. Der Soldat ging zu einem Metzger, kaufte eine Ochsenblase, band sie sich unter das Kinn und bezog Posten im Palast. Der Zar hatte Gäste, die Musik spielte, und sie tanzten einen Tanz nach dem anderen. Aber kaum schlug es neun, da sagte die Zarentochter, ihr sei unwohl, und zog sich in ihr Schlafgemach zurück. So war es ihre Gewohnheit. Nach einem Weilchen kam ihre Zofe gelaufen und hieß den Soldaten zu der Zarewna kommen, die beiden hatten für ihn einen Becher mit einem

Schlaftrunk zubereitet. Eigenhändig kredenzte die Zarentochter ihm diesen Becher: »Trink auf mein Wohl, braver Soldat!« Er nahm den Becher, tat, als tränke er, leerte ihn aber in die Ochsenblase. Darauf ging er unsicheren Schritts hinaus und begab sich auf seinen Posten vor der Tür; er stand eine Weile da, dann ließ er sich auf den Boden fallen, schloß die Augen und fing an zu schnarchen – als wäre er in Wahrheit eingeschlafen!

Darauf legten die Zarentochter und ihre Zofe Festgewänder an, huschten aus dem Schlafgemach und liefen über die Palasttreppe in den Garten hinunter. Der Soldat stand auf und folgte ihnen in aller Heimlichkeit. Kaum waren sie im Garten, da pflückte die Zarentochter drei Äpfelchen, warf eines über den Apfelbaum und sprach dabei: »Fliege, mein Äpfelchen, über den Apfelbaum, und du, Mutter feuchte Erde, tu dich auf!« Die Erde tat sich auf, und beide Jungfrauen stiegen in die Höhle zu dem unterirdischen Zaren hinunter. Als sie schon in der Höhle war, warf die Zarentochter das zweite Äpfelchen zur Erde hinauf und sprach: »Fliege, mein Äpfelchen, hinauf, falle auf die feuchte Erde, und du, Mutter feuchte Erde, tu dich zu!« Die Erde schloß sich.

Der Soldat hatte alles gesehen, sich alles gemerkt und wollte auch hinuntersteigen. Er pflückte ein Äpfelchen, streckte schon die Hand aus, um das zweite zu pflücken, da hörte er hinter seinem Rücken furchtbaren Lärm und Geschrei. Er drehte sich um und sah zwei Männer, die heftig rauften. »He, warum rauft ihr? Worum geht es?« Die Männer antworteten: »Wir haben eine Kappe, die unsichtbar macht, und Stiefel, die von selbst laufen, aber wir wissen nicht, wie wir teilen sollen.« – »Laßt mich teilen! Ich werfe diesen Apfel: Ihr sollt ihn holen, wer ihn als erster bringt, der bekommt die Kappe und die Stiefel.« Er warf den Apfel weit, weit; die Männer liefen dem Apfel nach, er zog die Stiefel an, setzte die Kappe auf, pflückte drei Äpfel, warf den ersten Apfel über den Baum und sprach: »Fliege, mein Äpfelchen, über den Apfelbaum, und du, Mutter feuchte Erde, tu dich auf!« Die Erde tat sich auf, der Soldat stieg in die Höhle hinunter, drang unbemerkt in den Palast des unterirdischen Zaren ein und kam in dem Augenblick, als dieser Zar und die Zarewna ihre Bildnisse tauschen und die Verlobungsringe einander an die Finger stecken wollten; der Soldat entwendete die beiden Ringe und die Bildnisse und überführte am nächsten Tag die Zarewna.

Kleinfingerchen

Es lebten einmal ein Mann und eine Frau. Eines Tages hackte die Alte Kohl, um Kohlpiroggen zu backen, das Hackmesser glitt ihr aus, und sie hackte sich den kleinen Finger ab. Nun war der kleine Finger ab, sie warf ihn hinter den Ofen. Auf einmal meinte die Alte, jemanden hinter dem Ofen mit menschlicher Stimme sprechen zu hören: »Mütterchen! Hol mich herunter!« Sie wunderte sich, bekreuzigte sich und fragte: »Wer bist du denn?« – »Ich bin dein Söhnchen. Ich bin aus deinem kleinen Finger geworden.« Die Frau holte ihn herunter und sah – es war ein Bübchen, klitze-klitze klein, auf dem Boden kaum zu sehen! Da nannte sie das Bübchen Kleinfingerchen. »Wo ist denn mein Väterchen?« fragte Kleinfingerchen. »Er ist auf dem Acker.« – »Dann gehe ich auf den Acker, um ihm zu helfen.« – »Geh, mein Kindchen!«

Er kam auf den Acker: »Helf Gott, Väterchen!« Der Alte sah suchend um sich. »Das reinste Wunder«, sprach er, »ich höre eine menschliche Stimme, aber niemand ist zu sehen. Wer ist es, der mit mir spricht?« – »Ich bin es, dein Söhnchen!« – »Aber ich habe nie Kinder gehabt!« – »Ich bin gerade erst auf die lichte Welt gekommen: Mütterchen hat Kohl für die Piroggen gehackt und sich dabei den kleinen Finger abgehackt und ihn hinter den Ofen geworfen – und

692

jetzt bin ich, Kleinfingerchen, auf der Welt! Ich komme, um dir zu helfen und an deiner Statt den Acker zu pflügen. Setz dich, Väterchen, stärke dich mit dem, was Gott uns geschickt hat, und ruh dich ein Weilchen aus!« Der Alte freute sich, setzte sich nieder und aß sein Mittagbrot; und Kleinfingerchen kroch dem Pferd in das Ohr und pflügte; vorher aber sagte er zu seinem Vater: »Wenn mich jemand kaufen will, dann kannst du mich ruhig verkaufen; ich werde schon durchkommen und nach Hause zurückkehren.«

Ein Herr ritt vorbei und staunte: »Das Pferd zieht, der Pflug pflügt, aber kein Bauer weit und breit! Das hat es noch nie gegeben, daß ein Pferd allein einen Acker pflügt!« – »Bist du blind?« rief ihm der Alte zu. »Das ist doch mein Sohn, der da pflügt!« – »Verkauf ihn mir!« – »Nein, ich will ihn nicht verkaufen; meine Alte und ich haben keine andere Freude und Trost auf der Welt als ihn.« – »Verkauf ihn mir, Großvater!« Der Herr bat und drängte. »Also gut, tausend Rubel – und er gehört dir!« – »Warum denn so viel?« – »Du siehst doch selbst: Er ist klein, aber fein, bei der Arbeit flink, und meistert jedes Ding.« Der Herr zählte ein volles Tausend ab, nahm das Bübchen, steckte es in seine Rocktasche und ritt nach Hause. Aber Kleinfingerchen schiß ihm die Tasche voll, nagte ein Loch hinein und machte sich davon.

Er wanderte und wanderte und wurde von der dunklen Nacht eingeholt. Er bettete sich unter einen Grashalm am Wegrain und wollte schon einschlafen. Da kamen drei Diebe des Weges. »Guten Abend, wackere Burschen!« sagte Kleinfingerchen. »'n Abend!« – »Wohin geht ihr?« – »Zu dem Popen«. – »Was wollt ihr dort?« – »Ochsen stehlen!« – »Nehmt mich mit!« – »Was sollen wir mit dir? Wir können nur jemanden brauchen, der mit einem Faustschlag dem stärksten Mann den Garaus machen kann!« – »Aber ich kann euch auch nützlich sein: ich krieche unter dem Hoftor hindurch und schließe euch auf.« – »Das ist nicht schlecht. Komm mit.«

Zu viert kamen sie zu dem Gehöft des reichen Popen. Kleinfingerchen kroch unter dem Tor hindurch, schloß auf, schob die Türflügel zurück und sprach: »Bleibt hier auf dem Hof stehen. Und ich schlüpfe in den Stall, suche den besten Ochsen aus und bringe ihn euch.« – »Gut!« Er schlüpfte in den Stall und schrie dort aus vollem Halse: »Welchen Ochsen wollt ihr haben? Einen braunen oder einen schwarzen?« – »Mach keinen Lärm!« sagten die Diebe. »Nimm den ersten besten.« Kleinfingerchen suchte den allerbesten Ochsen aus, die Diebe trieben den Ochsen in den Wald, schlachteten und häuteten ihn und wollten das Fleisch verteilen. »Ach, Brüder«, sprach Kleinfingerchen, »ich will nur den Pansen haben. Das genügt mir!« Er nahm den Pansen und machte es sich sogleich darin bequem, um bis zum Morgen ein Weilchen zu ruhen und zu schlafen; die Diebe aber teilten das Fleisch unter sich und gingen nach Hause.

Ein hungriger Wolf lief vorbei und verschlang den Pansen samt dem Bübchen; nun saß er im Wolfsbauch, war unverletzt und quietschvergnügt. Für den Grauen aber brachen schwere Zeiten an. So ging es zu: er sieht eine Herde, die Schafe weiden, der Hirt liegt abseits und schläft, der Wolf schleicht heran, setzt zum Sprung an und will sich ein Schaf holen, da ruft Kleinfingerchen aus vollem Halse: »Schäfer! Wach auf, du Siebenschläfer! Der Wolf schleppt deine Schafe fort, solang du schläfst am sicheren Ort!« Der Schäfer wachte auf, kam mit seinem Hirtenstab gelaufen, hetzte die Hunde auf den Wolf, die Hunde verfolgten ihn und richteten ihn übel zu! Er konnte mit knapper Not sein Leben retten.

Der Wolf fiel vom Fleisch, der Hungertod war ihm gewiß. »Komm doch heraus!« bat der Wolf. »Bring mich nach Hause, zu meinen Eltern, dann werde ich herauskommen!« sprach Kleinfingerchen. Der Wolf lief ins Dorf, schnurstracks zu dem Haus des Alten. Kleinfingerchen schlüpfte sofort aus dem Wolfsarsch heraus, hängte sich dem Wolf an den Schwanz und rief: »Schlagt den Wolf, schlagt ihn tot!« Der

Alte nahm einen Knüppel, die Alte nahm auch einen Knüppel, und beide droschen auf den Wolf ein; sie haben ihn totgeschlagen, ihm das Fell abgezogen und dem Söhnchen daraus einen Pelz genäht. Dann lebten sie bis an das Ende ihrer Tage in großer Zufriedenheit.

Werlioka

Es lebten einmal ein Großvater und eine Großmutter, die hatten zwei Enkelinnen bei sich wohnen, zwei Waisen, beide so hübsch und so brav, daß die Großeltern sich nicht genug an ihnen freuen konnten. Eines Tages säte der Großvater Erbsen; die Erbsen gingen gut auf und blühten prächtig. Der Großvater freute sich auf die Ernte und dachte: »Jetzt kann ich den ganzen Winter Erbsenpiroggen essen.« Aber zu seinem großen Ärger fielen die Spatzen über seine Erbsen her und plünderten sie. Der Großvater sah, daß es schlecht um seine Ernte stand, und schickte die jüngste Enkelin auf den Acker, sie sollte die Spatzen verscheuchen. Die Enkelin setzte sich vor die Erbsen, schwenkte einen Zweig und rief: »Ksch, ksch, ihr Spatzen! Ihr dürft nicht Großvaters Erbsen fressen!« Da hörte sie im Wald ein Rauschen und Krachen – es war Werlioka, baumstark und schnell wie der Wind, auf einem Auge blind, die Nase krumm, der Mund verkniffen und stumm unter dem Schnauzbart ellenlang, und wenn er grinste ward einem angst und bang, auf einem Schädel sprossen Borsten wie beim Schwein, in einem Stiefel aus Holz steckte sein einziges Bein, er humpelte und stützte sich auf eine Krücke. So war Werliokas Art: Wenn er einen Menschen sah, besonders wenn er zahm war, ließ er es sich nicht nehmen, ohne zu warnen ihn zu umarmen und ihm die Knochen zu brechen; er machte nicht halt, nicht vor jung, nicht vor alt, nicht vor schmächtig, nicht vor kräftig. Als Werlioka Großvaters Enkelin sah, die so hübsch war, wie konnte er sie in Ruhe lassen? Aber die fand wohl an seinen Späßen keinen Gefallen: Vielleicht hat sie ihn beschimpft – wer weiß? Werlioka erschlug sie auf der Stelle mit seiner Krücke.

Der Großvater wartete und wartete – die Enkelin kam nicht nach Hause, da schickte er die Ältere nach ihr aus. Werlioka streckte auch diese nieder. Der Großvater wartete und wartete und sagte schließlich zu seinem Weib: »Wo bleiben sie so lange? Vielleicht treiben sie sich mit den Dorfburschen umher, schnattern wie die Gänse, und die Spatzen tun sich derweilen an unsern Erbsen gütlich? Geh, Alte, und zieh sie an den Zöpfen nach Hause.« Die Alte kletterte vom Ofen herunter, nahm ihren Stock, ging hinaus und kam nicht wieder nach Haus. Sie sah ihre Enkelinnen liegen, und als dann Werlioka kam, wußte sie sogleich, wessen Werk das war; da fuhr sie in ihrer Wut Werlioka an die Gurgel, aber unserm Raufbold war das nur recht...

Der Alte wartete auf seine Enkelinnen und auf sein Weib, er wartete lange, aber sie kamen nicht zurück! Da sprach der Großvater vor sich hin: »Zum Teufel! Ist meine Alte vielleicht auch hinter einem schwarzgelockten Burschen her? Heißt es doch: ›Unsere Rippe bringt nichts Gutes in die Sippe, das Weib bleibt ein Weib, auch noch als alte Hippe!‹« Nachdem er alles gründlich bedacht hatte, erhob sich der Großvater vom Tisch, zog den Pelz an, stopfte die Pfeife, betete vor den Ikonen und machte sich auf den Weg. Als er zu den Erbsen kam, sah er seine geliebten Enkelinnen daliegen, als ob sie schliefen; nur zog sich bei der einen über die Stirn ein purpurnes Band von Blut, auf dem weißen Hälschen blaue Male wie von fünf Fingern. Die Alte aber war so zugerichtet, daß er sie kaum erkennen konnte. Der Großvater schluchzte, küßte seine Toten, liebkoste sie und wehklagte.

Er hätte noch lange geweint, aber er hörte im Wald ein Rauschen und Krachen – es war Werlioka, baumstark und schnell wie der Wind, auf einem Auge blind, die Nase krumm,

der Mund verkniffen und stumm unter dem Schnauzbart
ellenlang, und wenn er grinste, ward einem angst und bang,
auf seinem Schädel sprossen Borsten wie beim Schwein, in
einem Stiefel aus Holz steckte sein einziges Bein, er humpelte
und stützte sich auf eine Krücke. Er fiel über den Großvater
her und prügelte auf ihn ein; nur mit letzter Kraft gelang es
dem Armen, sich zu befreien und fortzulaufen. Er kam nach
Hause, setzte sich auf die Bank, verschnaufte und sprach: »Du
treibst mit uns manch argen Spaß! Das schlägt den Boden aus
dem Faß... Mit der Zunge magst du wohl frei walten, die
Hände mußt du stille halten. Du glaubst, uns wäre vor dir
bang? Nein, unser Schnurrbart ist gleich lang! Was deine
Hand tut, armer Tropf, bezahlst du schließlich mit dem Kopf.
Leihst du dir einen Baststrick, schuldest du einen Ledergurt!«
Der Großvater redete lange vor sich hin, schließlich hatte er
genug, da nahm er eine eiserne Krücke und machte sich auf,
um Werlioka zu verprügeln.

Er wanderte und wanderte, bis er an einen Teich kam. In
dem Teich schwamm ein Erpel ohne Schwanz. Der Erpel sah
den Großvater und rief: »Tak, tak, tak! Ich hielt Ausschau
nach dir, das war schlau von mir. Gott zum Gruß, für hundert
Jahre im voraus!« – »Gott zum Gruß, Erpel! Wie kommt es,
daß du nach mir Ausschau hältst?« – »Ich habe es mir
gedacht, daß du es Werlioka für deine Alte und deine
Enkelinnen heimzahlen würdest.« – »Und wer hat dir davon
erzählt?« – »Die Gevatterin.« – »Und woher weiß es die
Gevatterin?« – »Die Gevatterin weiß alles, was auf der Welt
geschieht; und manchmal ist noch nichts geschehen, eine
Gevatterin aber flüstert es der anderen ins Ohr, und wenn
zwei Gevatterinnen flüstern, dann hört es die ganze Welt.« –
»Das ist ja das reinste Wunder«, sprach der Großvater. »Das
ist kein Wunder, sondern die Wahrheit! Und dazu eine
Wahrheit, die nicht nur für unsereins gilt, sondern auch für
die Großen.« – »So ist das also!« sprach der Großvater und riß
vor Staunen den Mund auf; dann besann er sich, nahm die

Mütze ab, verneigte sich vor dem schwanzlosen Erpel und sprach: »Kennt Ihr vielleicht Werlioka, lieber Freund?« – »Tak, tak, tak, wie sollte ich ihn nicht kennen? Freilich kenne ich den Einäugigen.«

Der Erpel legte den Kopf auf die Seite (von der Seite sehen die Vögel besser), kniff das Auge zu, betrachtete den Großvater und sprach: »Aha! Jedem kann ein Unglück zustoßen. Man lernt, solang man lebt und stirbt immer noch als Narr! Tak, tak, tak!« Er schlug mit den Flügeln, wackelte mit dem Sterz, und begann, den Großvater zu belehren: »Hört zu, Großvater, und gebt gut acht, wie man auf der Welt leben soll! Eines Tages überfiel Werlioka am Ufer einen armen Tropf und schlug ihm ein Loch in den Kopf. Damals pflegte ich nach jedem Wort ach! ach! ach! zu rufen! Werlioka trieb seinen Spaß, und ich saß auf dem Wasser und rief mein ach! ach! ach!... Als Werlioka mit dem Ärmsten auf seine Art fertig war, lief er auf mich zu und packte mich, ohne ein Wort zu sagen, am Schwanz! Aber da hatte er sich verrechnet, er behielt nur den Schwanz in der Hand. Freilich, ein Schwanz ist nicht viel, aber schade ist es doch... Jeder hängt an dem, was ihm gehört. Der eigene Schwanz ist jedem Vogel am nächsten. Werlioka ging weiter, aber im Weggehen drohte er: ›Na, warte! Ich werde dich schon lehren, für andere einzutreten!‹ Das habe ich mir gut gemerkt, und seit der Zeit rufe ich nicht mehr ›ach, ach, ach!‹, sondern nur ›tak, tak, tak‹, egal, was geschieht! Und nun? Mein Leben ist ruhiger geworden, und die Menschen achten mich höher. Alle sagen: ›Seht diesen Erpel! Er hat zwar keinen Schwanz, aber einen Kopf.‹« – »Kannst du mir nicht doch zeigen, lieber Freund, wo Werlioka zu Hause ist?« – »Tak, tak, tak!« Der Erpel stieg ans Ufer und watschelte wie eine dicke Krämersfrau am Wasser entlang, und der Großvater folgte ihm.

Sie wanderten und wanderten, da sahen sie auf dem Weg einen Strick liegen, der sprach: »Gott zum Gruß, guter Greis, Großvater, der alles weiß!« – »Guten Tag, Strick!« – »Wo gehst du hin? Wonach steht dein Sinn?« – »Es geht mir mehr schlecht als recht, ich will Werlioka gehörig bestrafen. Meine gute Frau wurde von ihm erschlagen, die beiden Kleinen hat er umgebracht, ohne ein Wort zu sagen, dabei waren meine Enkelinnen allerliebst und über alles Lob erhaben!« – »Deine Enkelinnen kannte ich, deine Alte schätzte ich; nimm mich mit. Ich kann dir helfen!« Der Großvater dachte: »Vielleicht werde ich Werlioka die Hände binden!« und antwortete: »Komm, laß uns zusammen den Weg finden.« Da kroch der Strick ihnen nach wie eine Schlange.

Sie wanderten und wanderten, da sahen sie auf dem Weg einen Schlägel liegen, der sprach: »Gott zum Gruß, guter Greis, Großvater, der alles weiß!« – »Guten Tag, Schlägel!« – »Wo gehst du hin? Wonach steht dein Sinn?« – »Es geht mir mehr schlecht als recht; ich will Werlioka gehörig bestrafen. Meine gute Frau wurde von ihm erschlagen, die beiden Kleinen hat er umgebracht, ohne ein Wort zu sagen, dabei waren meine Enkelinnen allerliebst und über alles Lob erhaben!« – »Nimm mich mit, ich kann dir helfen!« – »Komm, laß uns zusammen den Weg finden.« Der Großvater dachte nämlich: »Der Schlägel könnte mir von Nutzen sein.« Der Schlägel erhob sich, stellte sich mit dem Stiel auf den Boden und hüpfte dem Großvater nach.

Sie gingen weiter. Sie wanderten und wanderten, da sahen sie auf dem Weg eine Eichel liegen, die piepte: »Du sollst gegrüßt sein, Großväterchen, Storchenbein!« – »Guten Tag, Eichelchen klein!« – »Was ist geschehen, daß du so rennst?« – »Werlioka suche ich, wenn du ihn kennst.« – »Ich kenne ihn wohl! Es ist höchste Zeit, mit ihm abzurechnen. Nimm mich mit, ich könnte dir helfen.« – »Aber wie willst du mir helfen?« – »Spucke nicht in den Brunnen, du könnstest Durst bekommen und daraus trinken wollen. Die Meise ist ein kleines Vögelchen, hat aber ein ganzes Feld in Brand gesetzt; der Solotnik ist klein, aber teuer; Fedora ist groß aber aller Weisheit bloß!« Der Großvater dachte: »Mag sie mitkommen!

Je mehr Volk, desto besser!« Er sagte: »Dann roll hinter uns her.« Aber die Eichel rollte nicht hinter ihnen her, sie tänzelte allen voraus.

Endlich kamen sie in einen dichten, dunklen Wald, und mitten in dem Wald stand ein Häuschen. Sie spähten hinein – keine Menschenseele! Das Feuer war erloschen, und auf dem Herd stand ein Kulisch. Die Eichel sprang sogleich in den Topf mit dem Kulisch, der Strick streckte sich vor den Schwelle aus, den Schlägel legte der Großvater auf das Wandbrett, den Erpel setzte er auf den Ofen. Er selbst aber versteckte sich hinter der Tür. Werlioka kam, warf das Holz auf den Boden und machte sich am Ofen zu schaffen. Die Eichel, tief im Brei versteckt, stimmte an: »Ha, ha, ha! Jetzt sind die Rächer da!« – »Sei still, Kulisch! Sonst schütte ich dich in den Eimer!« rief Werlioka. Aber die Eichel hörte nicht auf ihn und spottete weiter. Werlioka geriet in Wut, packte den Topf und schüttete den Kulisch in den Eimer. Da schoß die Eichel aus dem Eimer, flog Werlioka in sein einziges Auge und schlug es ihm aus. Werlioka wollte die Flucht ergreifen, aber er kam nicht weit – er verfing sich in dem Strick und stürzte. Der Schlägel sprang von dem Brett herunter, der Großvater hinter der Tür hervor, und alle traktierten ihn nach Leibeskräften: der Erpel aber blieb auf dem Ofen sitzen und freute sich: »Tak, tak, tak!« Und obwohl Werlioka so stark und so dreist war, konnte er sich nicht retten. Für euch dies Märchen zum Ergötzen, für mich eine Schnur voll Brezen.

Das einäugige Unheil

Es lebte einmal ein Schmied. »Wie kommt es«, sprach er, »daß ich noch kein Unheil erlebt habe? Man sagt, es gebe Unheil auf der Welt; ich will ausziehen und mein Unheil suchen.« Zum Abschied betrank er sich, dann machte er sich auf, um das Unheil zu suchen. Unterwegs begegnete ihm ein Schneider. »Guten Tag!« – »Guten Tag!« – »Wohin des Wegs?« – »Ach, weißt du, Bruder: Alle sagen, es gäbe soviel Unheil auf der Welt, aber ich habe noch nie ein Unheil gesehen, da habe ich mich aufgemacht, eines zu suchen.« – »Laß uns zusammen wandern! Mir geht es nicht anders: ich habe ein gutes Leben und habe noch nie ein Unheil erlebt; laß uns eines suchen.« Sie wanderten und wanderten, schließlich gerieten sie in einen Wald, der war sehr dicht und dunkel. Auf einmal sahen sie einen Pfad und gingen auf diesem schmalen Pfad weiter. Als sie eine Weile auf dem schmalen Pfad gegangen waren, sahen sie: Da stand ein großes Haus. Es war Nacht; sie hatten kein Obdach. »Sei's drum«, sprachen sie, »wir wollen in diesem Haus Obdach suchen.« Sie traten ein; keine Menschenseele, alles öde und ungut. Sie setzten sich und saßen eine Weile da. Schließlich kam ein Weib, es war groß, hager und hatte nur ein Auge. »Aha«, sagte sie, »ich habe Besuch. Guten Abend!« – »Guten Abend, Großmutter! Wir möchten bei dir übernachten.« – »Das ist gut, so habe ich doch ein Abendessen.« Die beiden erschraken. Sie ging hinaus, holte einen Arm voll Holz, schichtete das Holz in dem Ofen auf und zündete es an. Dann trat sie auf die beiden zu, nahm einen, den Schneider, beim Kragen, schlachtete ihn und schob ihn in den Ofen.

Der Schmied saß da und überlegte: Was sollte er tun? Wie könnte er sich retten? Sie holte ihr Abendbrot aus dem Ofen und aß. Der Schmied sah in den Ofen und sprach: »Großmutter, ich bin Schmied.« – »Und was kannst du schmieden?« – »Ich kann alles schmieden.« – »Schmiede mir ein Auge.« – »Gut«, sagte der Schmied, »aber hast du auch einen Strick? Ich muß dich an Händen und Füßen fesseln, sonst wirst du dich wehren; aber ich könnte dir ein Auge schmieden.« Sie ging hinaus und kam mit zwei Stricken zurück, einem dünnen und einem dicken. Zuerst fesselte er sie mit dem dünnen: »So, Großmutter, reg dich mal!« Sie regte sich, und der Strick zerriß. »Nein, Großmutter«, sprach der Schmied, »dieser Strick ist nicht der richtige.« Nun nahm er den dicken Strick und fesselte sie damit an Händen und Füßen. »So, Großmutter, reg dich!« So sehr sie sich auch wand – diesen Strick konnte sie nicht zerreißen. Darauf nahm er eine Schusterahle, hielt sie in den Ofen, bis sie glühte, hielt sie an ihr gesundes Auge, nahm ein Beil und schlug mit voller Kraft zu. Mit einem Ruck zerriß sie den Strick und setzte sich auf die Schwelle. »Du wirst mir nicht entgehen, Elender!« Er sah, daß ihm neues Unheil drohte, blieb eine Weile still sitzen und überlegte, was er nun tun sollte. Nach einer Weile kamen die Schafe von der Weide; sie ließ die Schafe für die Nacht herein. Die Nacht verging. Am Morgen wollte sie die Schafe wieder herauslassen. Der Schmied zog seinen Schafspelz aus, wendete ihn mit der Wolle nach außen, zog ihn an und kroch auf allen vieren wie ein Schaf auf sie zu. Sie ließ die Schafe einzeln heraus; jedes packte sie am Rücken und warf es über die Schwelle. Als er an der Reihe war, packte sie ihn ebenfalls am Rücken und stieß ihn vor die Tür. Kaum war er draußen, richtete er sich auf und sprach: »Leb wohl, Unheil! Solange ich bei dir war, mußte ich vieles erdulden, aber jetzt ist es vorbei, jetzt kannst du mir nichts mehr anhaben!« Sie sprach: »Warte nur, du wirst noch manches zu erdulden haben, noch bist du mir nicht entkommen!«

Und wieder ging der Schmied auf dem schmalen Pfad durch den Wald. Auf einmal sah er, daß in einem Baumstammm ein kleines Beil mit einem goldenen Stiel steckte; er wollte das Beil unbedingt haben. Kaum hatte er den Stiel angefaßt, als seine Hand daran festklebte. Was sollte er tun? Er kam nicht los. Er sah sich um und erblickte das Unheil, das mit großen Schritten auf ihn zu eilte. »Siehst du, du Bösewicht, du konntest mir doch nicht entwischen!« Der Schmied zog aus der Tasche das Messer, das er stets bei sich trug, und machte sich daran, seine Hand abzuschneiden; als er sie abgeschnitten hatte, floh er. Er kam in sein Dorf zurück und zeigte überall den Arm mit der Narbe vor, als Zeichen dafür, daß er inzwischen das Unheil gesehen hatte. »Hier«, sprach er, »so sieht es aus; ich bin ohne Hand, und meinen Kameraden hat das einäugige Unheil mit Haut und Haar verschlungen.« Und hier ist unser Märchen zu Ende.

Die Not

Es lebten einmal in einem kleinen Dorf zwei Bauern, zwei leibliche Brüder; der eine war arm, der andere reich. Der Reiche zog in die Stadt, errichtete ein großes Haus und ließ sich in die Kaufmannsgilde einschreiben. Dem Armen aber fehlte an manchen Tagen ein Stück Brot, und seine Kinder – eines kleiner als das andere – weinten und jammerten vor Hunger. Von morgens früh bis abends spät plagte er sich ab, kam aber nicht weiter als ein Fisch, der gegen die Eisdecke schwimmt. Eines Tages sagte er zu seiner Frau: »Ich will in die Stadt gehen und meinen Bruder fragen, ob er uns vielleicht hilft?« Nun kam er zu seinem reichen Bruder. »Ach, lieber Bruder! Hilf mir ein wenig in meiner Not, meine Frau und meine Kinder haben kein Brot und müssen tagelang hungern.« – »Du kannst bei mir diese Woche arbeiten, dann werde ich dir helfen.« Was tun? Der arme Bruder machte sich an die Arbeit. Er fegte den Hof, striegelte die Pferde, holte Wasser und hackte Holz. Eine Woche später gab ihm sein reicher Bruder einen Laib Brot: »Hier, das ist für deine Arbeit!« – »Auch dafür danke ich dir!« sprach der Arme, verbeugte sich und wollte nach Hause gehen. »Halt! Besuch mich morgen und bringe deine Frau mit: ich habe morgen Namenstag.« – »Aber Bruder, wie kann ich dich besuchen? Du weißt, morgen werden Kaufleute in Pelzen und Stiefeln dir gratulieren, und ich habe nichts anderes zum Anziehen als einen schlechten grauen Kaftan und Bastschuhe.« – »Das macht nichts, du sollst kommen! Ich habe auch für dich Platz!« – »Gut, Bruder! Ich werde kommen!«

Der Arme kehrte nach Hause zurück, gab der Frau den Brotlaib und sprach: »Höre, Frau! Morgen sind wir beide eingeladen.« – »Eingeladen? Wer hat uns eingeladen?« – »Mein Bruder; er hat morgen Namenstag.« – »Gut, dann wollen wir hingehen.« Am nächsten Morgen standen sie auf und gingen in die Stadt. Sie kamen zu dem Reichen, gratulierten ihm und setzten sich auf eine Bank. Um den Tisch hatten sich schon viele angesehene Gäste versammelt; der Hausherr bewirtete sie alle aufs beste, aber seinen armen Bruder und dessen Frau beachtete er nicht – ihnen wurde nichts angeboten; sie saßen da und mußten zusehen, wie andere aßen und tranken. Das Festmahl war zu Ende; die Gäste erhoben sich von der Tafel und dankten dem Gastgeber und der Gastgeberin, und auch der Arme erhob sich von seiner Bank und verneigte sich vor seinem Bruder bis zum Gürtel. Die Gäste stiegen trunken und aufgeräumt in ihre Wagen und fuhren grölend und singend davon.

Der Arme aber machte sich mit knurrendem Magen auf den Heimweg. »Laß uns doch auch ein Lied singen«, sagte er zu seiner Frau. »Du bist ein rechter Narr! Die Menschen singen, weil sie gut gegessen und viel getrunken haben; warum willst du singen?« – »Nun, immerhin war ich bei meinem Bruder zum Namenstag eingeladen; ich schäme mich, wenn ich fortgehe, ohne zu singen. Und wenn ich ein Lied anstimme, wird jeder glauben, daß auch ich satt und trunken bin.« – »Gut, singe, soviel du willst, aber ich singe nicht mit.« Der Bauer stimmte ein Lied an und glaubte eine zweite Stimme zu hören; er hielt inne und fragte seine Frau: »Hast du ganz leise mitgesungen?« – »Mitgesungen? Ich habe nicht einmal daran gedacht.« – »Wer war es denn?« – »Das weiß ich nicht«, sagte die Frau, »singe weiter, ich werde zuhören.« Er sang weiter; er sang allein, aber es waren zwei Stimmen zu hören! Er hielt wieder inne und fragte: »Bist du das, meine Not, die mit mir singt?« Die Not antwortete: »Ja, Herr! Ich singe mit!« – »Ah, meine Not! Dann komm mit!« – »Ich komme mit, Herr! Ich werde immer an deiner Seite bleiben.«

Als der Bauer nach Hause kam, rief ihn die Not in die Schenke. Der Arme sagte: »Ich habe kein Geld!« – »Ach, Bäuerlein! Wozu brauchst du Geld? Du hast ja einen Schafspelz an, wozu brauchst du ihn? Bald ist der Sommer da, dann kannst du ihn sowieso nicht mehr anziehen. Wir wollen in die Schenke gehen und den Schafspelz loswerden...«

Der Bauer und die Not gingen in die Schenke und vertranken den Schafspelz. Am nächsten Morgen ächzte die Not, ihr brummte der Schädel, sie mußte mit dem Herrn wiederum ein Gläschen trinken. »Es ist kein Geld da«, sagte der Bauer. »Wozu brauchen wir Geld? Da steht doch der Schlitten und der Wagen – das würde reichen!« Was tun? Die Not ließ dem Bauern keine Ruhe: er zog den Schlitten und den Wagen vor die Schenke und vertrank beides zusammen mit der Not. Am andern Morgen ächzte die Not noch vernehmlicher und verlangte danach, mit dem Herrn wiederum ein Gläschen gegen den Kater zu leeren; der Bauer vertrank den Pflug und die Egge. Es dauerte keine vier Wochen, da war er sein ganzes Hab und Gut los; sogar sein Haus hatte er dem Nachbarn verpfändet und das Geld in die Schenke getragen. Die Not ließ ihm immer noch keine Ruhe: »Wir müssen, wir müssen in die Schenke.« – »Nein, meine Not, tu, was du willst, aber ich habe nichts mehr, was ich dorthin tragen könnte.« – »Du hast nichts mehr? Aber wieso? Deine Frau hat doch noch zwei Röcke: den einen darf sie behalten, den anderen müssen wir vertrinken.« Der Bauer nahm einen Rock, vertrank ihn und dachte: »Nun bin ich blank! Kein Haus, kein Vieh, ich hab nichts mehr am Leib und meine Frau auch nicht.«

Als die Not am nächsten Morgen erwachte und sah, daß bei dem Bauern nichts mehr zu holen war, sprach sie: »Herr!« – »Was gibt es, meine Not?« – »Eines gibt es: geh zu dem

Nachbarn, leihe bei ihm einen Wagen mit einem Paar Ochsen.« Der Bauer ging zu dem Nachbarn: »Leih mir«, bat er, »für kurze Zeit ein Paar Ochsen und einen Wagen; ich will dafür eine ganze Woche arbeiten.« – »Wozu brauchst du sie?« – »Ich brauche sie, um im Wald Brennholz zu holen.« – »Meinetwegen, nimm sie. Aber lade die Fuhre nicht so hoch.« – »O nein, Freund, sei unbesorgt!« Der Arme holte das Ochsengespann, stieg mit der Not auf den Wagen und fuhr ins freie Feld hinaus. »Herr«, fragte die Not, »kennst du den großen Stein, der mitten im Feld liegt?« – »Ich kenne ihn wohl!« – »Wenn du ihn kennst, dann fahre geradewegs zu ihm.« Sie kamen zu dem Stein, hielten an und kletterten aus dem Wagen. Die Not befahl dem Bauern, den Stein zur Seite zu rollen; der Bauer stemmte sich gegen den Stein, die Not half ihm dabei; als der Stein zur Seite gerollt war, sah er eine Grube, die bis an den Rand mit Gold gefüllt war. »Was starrst du so, statt dich zu beeilen?« sagte die Not zu dem Bauern. »Beeile dich, und lade den Wagen!«

Der Bauer ging an die Arbeit und lud den Wagen voll, dabei leerte er die Grube bis auf das letzte Goldstück. Als er sah, daß nichts mehr übrig war, sprach er: »Ist dort nicht noch etwas liegengeblieben? Kannst du es sehen, Not?« Die Not beugte sich über den Rand der Grube. »Wo? Ich sehe nichts!« – »Steig doch in die Grube, dann siehst du es!« Die Not kletterte in die Grube, kaum war sie unten, als der Bauer den Stein auf die alte Stelle rückte. »So ist es besser!« sprach der Bauer. »Denn wenn du wieder mitkommst, meine elende Not, wirst du auch dieses Geld versaufen, und wenn es auch etwas länger dauert!« Darauf fuhr der Bauer nach Hause, schaufelte das Geld in den Keller, gab das Ochsengespann dem Nachbarn zurück und begann zu überlegen, was er nun anfangen sollte; er kaufte Bauholz, ließ ein großes Haus errichten, und lebte in doppelt so großem Wohlstand wie sein Bruder.

Ob es nun lange währte oder kurz – eines Tages fuhr er in die Stadt und lud seinen Bruder und dessen Frau zu seinem

Namenstag ein. »Was hast du dir da ausgedacht«, sagte der reiche Bruder, »du hast nichts zu beißen und willst Namenstag feiern!« – »Ja, früher war das Brot bei uns knapp, aber heute bin ich, Gott sei gedankt, nicht ärmer als du; besuche uns und du wirst es sehen.« – »Gut, ich werde kommen!« Am nächsten Tag ließ der reiche Bruder einspannen und fuhr mit seiner Frau zu dem Namenstagsfest; sie kamen und sahen, daß der Habenichts in einem neuen großen Herrenhaus wohnte, wie es nicht jeder Kaufmann sein eigen nennen kann! Der Bauer bewirtete sie aufs beste, er setzte ihnen die feinsten Gerichte vor und ließ den besten Met und Wein einschenken. Der Reiche fragte seinen Bruder: »Sag mir doch, wie bist du zu diesem Reichtum gekommen?« Der Bauer erzählte ihm warheitsgemäß, wie die bittere Not sich an seine Fersen geheftet und wie er in der Schenke sein ganzes Hab und Gut bis auf den letzten Faden vertrunken hätte, wie ihm schließlich nichts geblieben wäre als die Seele im nackten Leib, und wie die Not ihm schließlich den Schatz mitten im freien Feld gezeigt, wie er diesen Schatz geborgen und der Not sich entledigt hätte.

Der Reiche wurde neidisch: »Ich will«, dachte er, »in das freie Feld hinausfahren, den Stein heben und die Not wieder herauslassen, sie soll meinen Bruder an den Bettelstab bringen, damit er nicht länger vor mit mit seinem Reichtum prahlt!« Er brachte seine Frau nach Hause, gab dem Pferd die Peitsche und fuhr ins freie Feld hinaus; er kam zu dem großen Stein, rollte ihn zur Seite und wollte sich über die Grube lehnen, um zu sehen, was darin war. Er hatte noch nicht richtig den Kopf gebeugt, da fuhr die Not aus der Grube und saß ihm mit einem Satz auf dem Nacken. »Aha!« schrie sie. »Du wolltest, daß ich hier verende! Nein, jetzt bleibe ich für alle Zeiten bei dir!« – »Aber, Not!« rief der Kaufmann. »Ich war es ja nicht, der den Stein über dich wälzte!« – »Wer war es denn?« – »Es war mein Bruder! Und ich bin nur gekommen, um dich zu befreien.« – »Du lügst! Du hast mich einmal hintergangen, das soll nicht noch einmal geschehen!« Die Not blieb dem reichen Kaufmann im Nacken sitzen, er brachte sie mit nach Hause, und von da an ging es mit seiner Wirtschaft bergab. Die Not war vom frühen Morgen an am Werk: jeden Tag verleitete sie den Kaufmann dazu, ein Gläschen gegen den Kater zu trinken; viel Geld wanderte in die Schenke. »So geht es nicht weiter!« dachte der Kaufmann im stillen. »Ich glaube, ich habe der Not genug zuliebe getan; nun müssen sich unsere Wege trennen, aber wie?«

Er überlegte und übelegte, er dachte nach und dachte nach, schließlich fiel ihm etwas ein: er ging in seinen Hof hinaus, beilte zwei Eichenkeile zurecht, holte ein neues Rad und trieb einen Keil in die Nabenbüchse. Dann ging er zu der Not: »Warum kommst du nicht aus den Federn, meine Not?« – »Was soll ich denn anderes tun?« – »Was du tun sollst? Komm mit auf den Hof, wir wollen Verstecken spielen.«

Die Not ließ sich das nicht zweimal sagen und ging mit dem Kaufmann auf den Hof hinaus. Als erster versteckte sich der Kaufmann, die Not fand ihn sogleich, darauf sollte sich die Not verstecken. »So«, sprach die Not, »mich wirst du nicht so bald finden! Für mich ist in jeder Ritze Platz.« – »Was redest du?« antwortete der Kaufmann. »Für dich ist diese Nabenbüchse zu eng und du redest von einer Ritze!« – »Für mich sollte diese Nabenbüchse zu eng sein? Siehst du, wie gut ich hineinpasse?« Die Not kroch in die Nabenbüchse; da trieb der Kaufmann den zweiten Eichenkeil in die Nabenbüchse, trug das Rad zum Fluß und warf es samt seiner Not ins Wasser. Die Not ertrank, und der Kaufmann lebte von da an genauso wie früher.

Zweierlei Los

Es lebte einmal ein Bauer, der hatte zwei Söhne. Als der Vater starb, wollten die Brüder heiraten. Der Älteste nahm sich eine arme Frau, der Jüngste eine Reiche; sie lebten weiter zusammen, weil sie das Erbe nicht teilen wollten. Aber dann begannen die Frauen zu zanken und zu streiten; die eine sagte: »Ich bin mit dem älteren Bruder verheiratet, deshalb habe ich zu bestimmen!« Und die andere: »Nein, ich habe zu bestimmen! Denn ich bin reicher als du!« Die Brüder warteten und warteten, aber die Frauen stritten immer ärger, schließlich teilten sie das väterliche Erbe in zwei gleiche Teile und zogen auseinander. Bei dem älteren Bruder kam jedes Jahr ein Kind dazu, aber die Wirtschaft ging immer schlechter und schlechter. Schließlich war es so weit, daß er vollends verarmte. Solange Brot und Geld ausreichten, war die Freude an den Kindern groß, aber in der Armut waren ihm auch die Kinder kein Trost. Da ging er zu seinem jüngeren Bruder: »Hilf mir in meiner Armut!« Der andere schlug ihm die Bitte schlichtweg ab: »Sieh zu, wie du auskommst! Bei mir wachsen eigene Kinder heran.«

Es dauerte nicht lange, da kam der arme Bruder abermals zu dem reichen. »Leihe mir«, bat er, »wenigstens für einen Tag ein Pferdegespann; ich weiß nicht, wie ich sonst pflügen soll!« – »Geh auf das Feld hinaus und hole es dir für einen Tag; aber gib gut auf die Pferde acht!« – Der arme Bruder ging auf den Acker hinaus und sah, daß hinter den Pferden seines Bruders unbekannte Männer gingen und pflügten. »Halt!« rief er. »Was seid ihr für Menschen?« – »Wer bist denn du, daß du uns fragst?« – »Das sind doch die Pferde meines Bruders!« – »Aber siehst du denn nicht«, antwortete einer von den Ackersleuten, »daß ich das Glück deines Bruders bin? Er läßt es sich wohl sein, braucht sich um nichts zu kümmern und wir arbeiten für ihn.« – »Und wo ist mein eigenes Glück geblieben?« – »Dein Glück liegt dort unter einem Strauch, hat ein rotes Hemd an, rührt keinen Finger und schläft tags und nachts.« – »Warte nur«, dachte der Bauer, »dir werde ich es zeigen!« Er ging hin, schnitt sich einen Stock ab, schlich an sein Glück heran und versetzte ihm mit aller Kraft einen Hieb über den Rücken. Das Glück erwachte und fragte: »Warum schlägst du mich?« – »Du wirst noch mehr Prügel bekommen! Die guten Menschen pflügen, und du liegst auf der faulen Haut und schläfst!« – »Du möchtest wohl, daß ich für dich pflüge? Das schlag dir aus dem Kopf!« – »Warum? Möchtest du immer unter dem Strauch liegen bleiben? Dann muß ich ja Hungers sterben!« – »Wenn dir an meiner Hilfe gelegen ist, dann gib den Hof und den Acker auf und werde Kaufmann. Ich verstehe nichts von eurer Arbeit, aber ich verstehe mich gut auf den Handel!« – »Kaufmann soll ich werden? Aber wo nehme ich Geld her? Ich habe nichts zu essen, wie soll ich dann einen Handel anfangen?« – »Dann zieh deiner Frau den alten Rock aus und verkaufe ihn; für den Erlös kaufe einen neuen – und verkaufe den ebenso, ich werde dir dabei helfen und keinen Schritt von dir weichen!« – »Abgemacht!«

Am Morgen sagte der Arme zu seiner Frau: »So, Frau, schnüre unser Bündel, wir wollen in die Stadt ziehen.« – »Was sollen wir dort?« – »Ich will unter die Kleinbürger gehen und einen Handel anfangen.« – »Hast du den Verstand verloren? Wir haben nicht genug Brot für unsere Kinder, und du willst in die Stadt ziehen?« – »Das ist nicht deine Sache. Pack unsere Habe zusammen, rufe die Kinder und laß uns aufbrechen!« Bald waren sie bereit. Sie beteten und waren gerade dabei, die Fenster zu vernageln und die Haustür zu verschließen, als sie auf einmal im Haus bitterlich weinen hörten. Der Hausherr fragte: »Wer weint in meinem Haus?« – »Ich bin es, die Not!« – »Warum weinst du denn?« – »Wie soll ich denn nicht weinen? Du ziehst von hier fort und läßt mich zurück.« – »Nein, meine Liebe! Ich werde dich hier nicht zurücklassen, sondern dich mitnehmen. He, Frau«, sagte er, »pack deinen Kram wieder aus der Truhe!« Die Frau leerte die Truhe. »Und jetzt, liebe Not, steig du in die Truhe!« Die Not stieg in die Truhe; der Bauer verschloß die Truhe mit drei Schlössern, grub sie tief in die Erde ein und sprach: »Verenden sollst du! Daß ich dir nie mehr in meinem Leben begegne!«

Der Arme kam mit seiner Frau und seinen Kindern in die Stadt, suchte für sie eine Bleibe und begab sich auf den Markt: Er nahm einen alten Rock seiner Frau mit und verkaufte ihn für einen Rubel. Für dieses Geld kaufte er einen neuen Rock und verkaufte den für zwei Rubel. Das Kaufen und Verkaufen ließ sich gut an. Für jedes Ding, das er verkaufte, nahm er den doppelten Preis ein. In kürzester Zeit war er reich und ließ sich in die Kaufmannsgilde einschreiben. Sein jüngerer Bruder hörte davon, kam angereist und fragte: »Erzähl mir doch, wie es dir geglückt ist, aus einem Bettler zu einem reichen Mann zu werden?« – »Das war ganz einfach«, antwortete der Kaufmann, »ich habe meine Not in eine Truhe gesperrt und in der Erde vergraben.« Der jüngere Bruder war vor Neid den Tränen nahe: »Wo hast du die Truhe vergraben?« – »In unserem Dorf, auf meinem alten Hof.« Der Bruder fuhr sofort in das Dorf, grub die Truhe aus und ließ die Not heraus. »Geh, zu meinem Bruder«, sagte er, »und bring ihn wieder an den Bettelstab!« – »Nein«, antwortete die Not, »ich will lieber bei dir bleiben, statt zu ihm zu gehen; du bist ein guter Mensch, du hast mich wieder ausgegraben! Dein Bruder aber ist ein Bösewicht, denn er hat mich tief in die Erde gegraben!« Es dauerte nicht lange, und der neidische Bruder hatte seinen Hof heruntergewirtschaftet und wurde aus einem reichen Bauern ein Hungerleider.

Marko der Reiche und Wassilij Ohnglück

In einem Reich, in einem Land lebte einmal ein sehr reicher Kaufmann, der hatte eine einzige Tochter, die schöne Anastassja, ein Kind von fünf Jahren. Der Kaufmann hieß Marko und wurde allerorten ›der Reiche‹ genannt. Er haßte alle Bettler: Wenn sie an das Fenster klopften, befahl er seinen Dienern, sie fortzujagen und die Hunde auf sie zu hetzen.

Eines Tages erschienen vor dem Fenster zwei weißhaarige Greise. Als Marko sie sah, befahl er, die Hunde auf sie loszulassen. Die schöne Anastassja hörte das und bat: »Liebstes Väterchen! Laß sie um meinetwillen wenigstens bei den Stallknechten übernachten.« Der Vater konnte ihr die Bitte nicht abschlagen und erlaubte den Bettlern, bei den Stallknechten zu übernachten. Sobald alle im Haus eingeschlafen waren, stand Anastassja auf, ging zu dem Viehhof, schlich sich in die Stube, kletterte auf die Pritsche und spähte nach den Bettlern. Als die Stunde der Morgenmesse kam, entzündeten sich die Kerzen vor den Ikonen von selbst. Die Greise erhoben sich, holten aus ihren Bündelchen Kirchengewänder, legten sie an und zelebrierten die Morgenmesse. Da kam ein Engel Gottes geflogen: »Herr! Im Dorf ist einem Bauern ein Sohn geboren; befiehl, wie er heißen und wieviel Glück ihm zuteil werden soll!« Der eine Greis sprach: »Ich gebe ihm den Namen Wassilij, man wird ihn Ohnglück nennen, und ich belohne ihn mit allem Reichtum von Marko dem Reichen, bei dem wir übernachten.« Anastassja hörte alles. Draußen wurde es hell. Die Greise schnürten ihre Bündel und verließen den Viehhof. Anastassja ging zu ihrem Vater und erzählte ihm alles, was sie auf dem Viehhof gesehen und gehört hatte.

Der Vater war in Sorge, daß das Gehörte eintreten möchte und wollte sich vergewissern, ob im Dorf wirklich ein Kind geboren wäre. Er ließ anspannen und sich ins Dorf fahren; er fuhr geradewegs zu dem Popen und fragte: »Wurde hier an

dem und dem Tag ein Knabe geboren?« – »Ja«, sagte der
Pope, »unser ärmster Bauer bekam einen Sohn. Ich will ihn
auf den Namen Wassilij taufen, und er soll Ohnglück genannt
werden. Aber ich konnte ihn noch nicht taufen, weil niemand
bei einem Hungerleider Pate stehen will.« Marko war bereit,
das Kind aus der Taufe zu heben, richtete ein reiches
Taufessen aus und bat die Frau des Popen, Patin zu werden;
das Kind wurde gebracht, sie tauften es und aßen und tranken
nach Herzenslust. Am nächsten Tag ließ Marko der Reiche
das arme Bäuerlein zu sich kommen, tat freundlich und
sprach: »Lieber Gevatter! Du bist arm und es wird dir
schwerfallen, das Kind großzuziehen; gib es mir, ich werde
einen Menschen aus ihm machen, und du bekommst von mir
tausend Rubel.« Der Bauer überlegte, überlegte und willigte
schließlich ein. Marko beschenkte seinen Gevatter, ließ sich
das Kind geben, hüllte es in einen Fuchspelz, legte es in die
Kutsche und fuhr davon. Es war Winter. Nachdem er einige
Werst gefahren war, ließ Marko der Reiche halten, drückte
sein Patenkind dem Gehilfen in den Arm und sprach: »Pack
ihn an den Beinen und wirf ihn in die Schlucht!« Der Gehilfe
packte das Kind an den Beinen und warf es in eine tiefe
Schlucht. Und Marko sagte: »Dort ist dir mein Reichtum
gewiß!«
Es begab sich, daß drei Tage später einige Kaufleute
desselben Weges zogen. Sie wollten Marko dem Reichen
zwölftausend Rubel zurückgeben, die sie bei ihm geborgt
hatten; als die Kaufleute an der Schlucht vorbeifuhren,
meinten sie, ein Kind weinen zu hören. Sie ließen anhalten,
horchten und schickten schließlich einen Gehilfen aus, er
sollte der Stimme nachgehen. Der Gehilfe stieg in die Schlucht
hinab und sah dort eine grüne Wiese, und auf der Wiese saß
ein Kind und spielte mit Blumen. Der Gehilfe meldete das
seinen Herren; da stieg ein Kaufmann aus, hob das Kind auf,
hüllte es in einen Pelz, legte es in seinen Schlitten und fuhr
weiter. Sie kamen zu Marko dem Reichen. Der fragte sie

sogleich, wo sie das Kind gefunden hätten. Die Kaufleute erzählten es ihm, da wußte er, daß es Wassilij Ohnglück, sein Patensohn, war. Er nahm das Kind auf den Arm, herzte es eine Weile und reichte es seiner Tochter: »Hier, mein Töchterchen, du kannst mit ihm spielen und für ihn sorgen!« Darauf ließ er den Kaufleuten einen Becher nach dem anderen kredenzen und bat sie schließlich, ihm den Knaben zu überlassen. Die Kaufleute gingen zunächst nicht darauf ein, aber sobald Marko sagte: »Ich erlasse euch die ganze Schuld!« ließen sie ihm das Kind und fuhren nach Hause. Anastassja freute sich so sehr darüber, daß sie sofort eine Wiege aufstellen ließ, einen Schleier darüber breitete und sich von dem Knaben weder am Tage noch in der Nacht trennte. So verging ein Tag und ein zweiter. Am dritten Tag kam Marko so spät nach Hause, daß Anastassja schon schlief, er nahm das Kind, steckte es in eine Tonne, teerte sie und warf sie im Hafen ins Wasser. Die Tonne trieb über die Wellen dahin und wurde schließlich in der Nähe eines Klosters angespült. Zur selben Zeit holte ein Mönch Wasser. Er meinte, ein Kind weinen zu hören; darauf blickte er um sich und sah die Tonne; er stieg sofort in ein Boot, fischte die Tonne aus dem Wasser, schlug den Boden heraus und sah, daß in der Tonne ein Kind saß; er brachte das Kind in das Kloster, zu dem Abt. Der Abt gab dem Kind den Namen Wassilij und den Beinamen Ohnglück; seitdem lebte Wassilij Ohnglück sechzehn Jahre im Kloster und lernte dort Lesen und Schreiben. Der Abt fand Gefallen an ihm und machte ihn zum Beschließer.

Marko der Reiche machte sich auf den Weg in ein anderes Land, um Schulden einzutreiben, und wollte ein ganzes Jahr fortbleiben. Unterwegs kehrte er in einem Kloster ein. Hier wurde er so empfangen, wie es einem reichen Mann geziemt. Der Abt hieß den Beschließer die Kerzen anzünden, lesen und psalmodieren. Marko der Reiche fragte den Abt: »Wann ist er in Euer Kloster eingetreten?« Der Abt erzählte ihm, wie sie ihn in einer Tonne aus dem Wasser gefischt hätten und wann das gewesen sei. Marko rechnete nach und erkannte, daß dieser Mönch sein Patensohn war. Darauf sprach er zu dem Abt: »Wenn ich einen so tüchtigen Mann wie Euren Beschließer hätte, dann würde ich ihn zu meinem ersten Gehilfen machen und ihm alles anvertrauen, was ich besitze; könntet Ihr ihn mir vielleicht überlassen?« Der Abt wollte lange nicht darauf eingehen, da versprach Marko, dem Kloster fünfundzwanzigtausend Rubel zu überschreiben. Der Abt beriet sich mit dem Kapitel; nach langem Abwägen beschlossen sie, Wassilij Ohnglück mit Marko ziehen zu lassen.

Marko schickte Wassilij zu sich nach Hause und gab ihm einen Brief für seine Frau mit. In dem Brief stand: »Frau! Sobald du meinen Brief erhältst, begib dich mit dem Überbringer in die Seifensiederei, und wenn ihr vor dem großen kochenden Kessel steht, stoße ihn hinein; führe meinen Befehl unverzüglich aus: wenn du ihn nicht ausführst, werde ich dich hart bestrafen: Dieser Mann ist mein ärgster Feind!« Wassilij nahm den Brief und machte sich auf den Weg; da begegnete ihm ein Greis, der sagte: »Wohin gehst du, Wassilij Ohnglück?« Wassilij sagte: »Ich gehe in das Haus von Marko dem Reichen, mit einem Brief an seine Frau.« – »Zeig mir den Brief!« Wassilij zog den Brief hervor und reichte ihn dem Greis; der Greis erbrach das Siegel und hieß Wassilij lesen. Wassilij las und weinte: »Was habe ich diesem Mann getan, daß er mich ins Verderben schickt?« Der Greis sagte: »Gräme dich nicht, Gott der Herr wird dich nicht verlassen!« Er hauchte über den Brief hin, und der Brief und das Siegel waren so wie vorher. »Geh und übergib den Brief getrost Markos Frau.«

Wassilij kam in das Haus von Marko dem Reichen und übergab den Brief seiner Frau. Die Frau las den Brief, wurde nachdenklich, rief ihre Tochter Anastassja herbei und las ihr den Brief ihres Vaters vor. In dem Brief stand: »Frau, wenn du meinen Brief erhältst, mußt du am nächsten Tag Anastassja mit dem Überbringer trauen lassen; führe meinen Befehl unverzüglich aus! Wenn du es nicht tust, machst du dich vor mir schuldig.« Die Reichen brauchen kein Bier zu brauen, keinen Wodka zu brennen – alles ist stets bereit, und das Hochzeitsfest ist bald gefeiert. Wassilij bekam prächtige Kleider, wurde vor Anastassja geführt, und sie gewann ihn von Herzen lieb. Dann wurden sie getraut.

Eines Tages wurde Markos Frau gemeldet, daß ihr Mann im Hafen angekommen sei, und sie machte sich mit ihrer Tochter und dem Schwiegersohn auf den Weg, um ihn zu empfangen. Marko sah seinen Eidam, geriet in Zorn und fragte seine Frau: »Wie hast du es wagen können, unsere Tochter mit ihm zu vermählen?« – »Es war dein Befehl«, antwortete die Frau. Marko wollte seinen Brief sehen, las ihn und mußte sich überzeugen, daß er ihn mit eigener Hand geschrieben hatte. Nun lebte Marko mit seinem Schwiegersohn einen Monat, einen zweiten und einen dritten. Eines Tages ließ er ihn zu sich kommen und sagte: »Hier hast du ein Schreiben, geh damit hinter die dreimal neun Länder in das dreimal zehnte Reich zu meinem Freund, dem Zaren Drache. Du sollst von ihm die Pacht für zwölf Jahre eintreiben, denn sein Palast steht auf meinem Grund und Boden. Und erkundige dich dort nach meinen zwölf Schiffen, die schon seit drei Jahren verschollen sind. Mach dich gleich morgen früh auf den Weg!« Wassilij nahm den Brief, ging zu seiner Frau und erzählte ihr, was Marko ihm befohlen hatte. Anastassja weinte bitterlich, aber sie wagte nicht, bei ihrem Vater ein Wort für ihn einzulegen.

Wassilij erhob sich in aller Frühe, betete, hing sich ein Säckchen mit getrocknetem Schwarzbrot über die Schulter und machte sich auf den Weg. Er wanderte und wanderte, ob er lange wanderte oder kurz, ob es nahe war oder weit – auf einmal vernahm er neben sich eine Stimme: »Wassilij Ohnglück, wohin gehst du?« Er sah sich nach allen Seiten um und sprach: »Wer ruft mich?« – »Ich, die Eiche. Wohin gehst du?«

– »Ich gehe zu dem Zaren Drache, um die Pacht für zwölf
Jahre einzuziehen.« Die Eiche sagte: »Wenn es an der Zeit ist,
dann denke an mich; frage: ›Die Eiche steht schon dreihun-
dert Jahre, wie lange soll sie noch stehen?‹« Wassilij merkte es
sich und ging weiter. Er kam an einen Fluß, dort war ein
Fährmann, der die Wanderer übersetzte. Wassilij stieg auf die
Fähre, der Fährmann fragte ihn: »Wohin gehst du, mein
Freund?« Wassilij antwortete ihm ebenso wie der Eiche. Der
Fährmann bat ihn, den Zaren zu erinnern: »Seit dreißig
Jahren setzt der Fährmann die Wanderer über, wie lange muß
er noch auf der Fähre bleiben?« – »Gut«, sagte Wassilij, »ich
werde es ihm sagen!« und ging weiter. Dann kam er an das
Meer. Im Meer lag der Fisch Wal. Die Reisenden gingen und
fuhren über seinen Rücken. Als Wassilij über den Fisch ging,
sprach der Fisch Wal mit menschlicher Stimme: »Wassilij
Ohnglück, wohin gehst du?« Wassilij antwortete ihm ebenso
wie dem Fährmann. Da bat ihn der Wal: »Wenn du dort bist,
denk an mich; frage: ›Der Fisch Wal liegt im Meer, von einem
Ufer zum anderen, Reiter und Wanderer haben das ganze
Fleisch von seinen Rippen heruntergetreten; wie lange muß er
noch liegen?‹« Wassilij versprach es und ging weiter. Da kam
er auf eine grüne Wiese. Mitten auf der Wiese stand ein großer
Palast. Wassilij trat in den Palast ein und ging durch die
Gemächer; sie waren aufs kostbarste eingerichtet. Im letzten
Gemach sah er eine schöne Jungfrau: Sie saß auf einem Bett
und weinte bitterlich. Als sie Wassilij eintreten sah, stand sie
auf, ging ihm entgegen und fragte: »Wer bist du und wie
kommst du an diesen verfluchten Ort?« Wassilij zeigte ihr den
Brief und sagte, daß Marko der Reiche ihm befohlen habe, die
Pacht für zwölf Jahre einzutreiben. Die Jungfrau warf den
Brief in den Ofen und sagte zu Wassilij: »Er hat dich nicht
wegen des Geldes hierher geschickt, sondern damit der
Drache dich frißt. Auf welchem Weg bist du hierher gekommen? Hast du vielleicht unterwegs etwas gesehen und
gehört?« Wassilij erzählte ihr von der Reise, von der Eiche,

dem Fährmann und dem Fisch. Während sie sprachen, begann die Erde und der ganze Palast zu beben. Die Jungfrau schloß Wassilij sofort in einer Truhe unter dem Bett ein und sagte: »Hör gut zu, was ich mit dem Drachen spreche!«

Dann ging sie dem Drachen entgegen. Sobald er das Zimmer betrat, fragte er: »Warum riecht es hier nach Russen?« Die Jungfrau antwortete: »Wie kann es hier nach Russen riechen? Du bist über Rußland geflogen, und hast den russischen Ruch mitgebracht!« Der Drache legte sich auf das Bett und sagte: »Ich bin sehr müde, lause mich!« Die Jungfrau sprach: »Mächtiger Zar! während du fort warst, träumte mir: Ich gehe über einen Weg, da ruft mir eine Eiche zu: ›Frage den Zaren, ob ich noch lange stehen muß!‹« – »Sie muß so lange stehen, bis jemand kommt und sie mit dem Fuß tritt. Dann lösen sich ihre Wurzeln aus der Erde, und sie fällt. Darunter aber liegt Silber und Gold in großer Menge, mehr als Marko der Reiche sein eigen nennt.« – »Und dann kam ich in meinem Traum an einen Fluß. Ein Fährmann setzte mich mit seiner Fähre über und fragte, wie lange er noch auf seiner Fähre bleiben müsse?« – »Er muß den ersten, der zum Fluß kommt, auf die Fähre steigen lassen und die Fähre vom Ufer stoßen, dann kann er nach Hause gehen, und der andere muß ewig auf der Fähre bleiben.« – »Und dann ging ich über das Meer, ich ging über den Rücken des Fisches Wal, und der fragte mich, wie lange er noch liegen müsse.« – »Er muß so lange liegen, bis er die zwölf Schiffe von Marko dem Reichen auswürgt: Dann kann er im Meer untertauchen, und seine Wunden verheilen.« Nachdem Zar Drache das gesprochen hatte, schlief er fest ein.

Die Jungfrau öffnete die Truhe, ließ Wassilij Ohnglück heraus und lehrte ihn: »Auf diesem Ufer darfst du dem Fisch Wal nicht sagen, daß er die zwölf Schiffe von Marko dem Reichen auswürgen muß, sondern gehe erst auf die andere Seite hinüber und sage es ihm dort. Ebenso bei dem Fährmann, auch ihm darfst du nicht gleich erzählen, was du hier gehört hast; und wenn du zu der Eiche kommst, dann mußt du sie mit dem Fuß gen Osten treten, dann wirst du sogleich den unermeßlichen Schatz vor dir sehen.« Wassilij Ohnglück dankte der Jungfrau und ging.

Er kam zu dem Fisch Wal; der fragte ihn: »Hast du gefragt?« – »Ich habe gefragt; wenn ich auf dem anderen Ufer bin, werde ich es dir sagen.« Auf dem anderen Ufer sagte er: »Würge die zwölf Schiffe von Marko dem Reichen aus!« Der Fisch Wal würgte, ein Schiff nach dem anderen kam unversehrt mit geblähten Segeln aus seinem Maul, und Wassilij Ohnglück stand knietief im Wasser. Dann kam Wassilij zu dem Fährmann. Der Fährmann fragte: »Hast du den Zaren Drache gefragt?« – »Ich habe gefragt«, sagte Wassilij, »setz mich erst über.« Als er auf dem anderen Ufer stand, sagte er zu dem Fährmann: »Den ersten, der an den Fluß kommt, mußt du auf die Fähre steigen lassen und die Fähre vom Ufer stoßen. Dann muß der andere ewig auf der Fähre bleiben und du kannst nach Hause gehen.« Dann kam Wassilij Ohnglück zu der Eiche, trat sie mit dem Fuß, und die Eiche fiel um; unter der Eiche lagen Silber und Gold und Edelsteine ohne Zahl! Wassilij blickte zurück. Da kamen die zwölf Schiffe ans Ufer gesegelt, die der Fisch Wal ausgewürgt hatte. Die Schiffe wurden von demselben Greis geführt, der Wassilij begegnet war, als er den Brief zu Markos Frau bringen sollte. Der Greis sprach zu Wassilij: »Wassilij! Der Herr hat dich gesegnet!«, dann stieg er vom Schiff und verschwand.

Die Matrosen luden das Gold und das Silber auf die Schiffe, und als sie damit fertig waren, machten sie sich auf den Heimweg. Wassilij Ohnglück schickte einen Boten zu Marko dem Reichen und ließ ihm sagen, daß sein Eidam die zwölf Schiffe mit dem unermeßlichen Reichtum, den er von dem Zaren Drache bekommen hätte, nach Hause bringe.

Marko geriet in Zorn, daß sein Wunsch nicht in Erfüllung gegangen war, ließ einspannen und eilte zu dem Zaren Drache, um mit ihm abzurechnen. Er kam zu dem Fluß, der

Fährmann ließ ihn auf die Fähre steigen und stieß sie vom Ufer – Marko blieb für ewig auf der Fähre und mußte die Wanderer übersetzen. Wassilij Ohnglück kehrte zu seiner Frau und seiner Schwiegermutter zurück, lebte von nun an glücklich und in Freuden, mehrte das Gute, half den Armen, beschenkte die Bettler, speiste sie und erbte das ganze Hab und Gut von Marko dem Reichen.

Die Geschichte von dem ruhmreichen und tapferen Recken Ilja Muromez und dem Räuber Nachtigall

In der ruhmreichen Stadt Murom, in dem Dorf Karatscharowo, lebte der Bauer Iwan Timofejewitsch. Er hatte einen vielgeliebten Sohn, Ilja Muromez; der saß dreißig Jahre lang, ohne sich zu regen, auf einer Stelle, und als dreißig Jahre um waren, stellte er sich fest auf seine Füße und verspürte in sich eine starke Kraft. Er machte sich eine Kampfrüstung und eine Lanze und sattelte ein prächtiges Roß, ein Reckenpferd. Er ging zu seinem Vater und seiner Mutter und bat sie um ihren Segen: »Meine lieben Eltern, Vater und Mutter! Erlaubt mir, in die ruhmreiche Stadt Kiew zu reiten, ich will dort zu Gott beten und dem Kiewer Fürsten huldigen.« Die Eltern erteilten ihm ihren Segen und gaben ihm ihren Rat mit auf den Weg: »Reite geradewegs nach der Stadt Kiew, geradewegs nach der Stadt Tschernigow, tu unterwegs keinem etwas zuleide, und vergieße nicht ohne Not Christenblut.« Ilja Muromez dankte für den elterlichen Segen, betete, nahm Abschied von seinem Vater und von seiner Mutter und machte sich auf den Weg.

Er ritt so tief in die dunklen Wälder hinein, daß er zu einem Räuberlager kam. Und als die Räuber Ilja Muromez sahen, und als in ihren Räuberherzen das Gelüst auf das Reckenpferd aufloderte, da begannen sie zu beratschlagen, wie sie das Roß an sich bringen könnten, denn ein solches Roß hatten sie noch nie gesehen und wollten nicht leiden, daß ein solcher Mann es ritt. Und so zog gegen Ilja Muromez eine Rotte von zehn Mann aus und eine andere von zwanzig; da hielt Ilja Muromez sein Reckenpferd an, und er zog aus dem Köcher einen hartgeglühten Pfeil, und er legte ihn auf den gespannten Bogen. Und er schoß, und der hartgeglühte Pfeil traf und durchbohrte Mann für Mann. Als die Räuber das sahen, erschraken sie, scharten sich zusammen, fielen auf die Knie und sprachen: »Unser Herr und Väterchen, kühner junger Reiter! Wir sind schuldig vor dir, und dafür nimm von unserem Schatz, soviel es dir gefällt, und nimm von den farbenprächtigen Gewändern und von den Rossen, soviel du brauchst.« Ilja lächelte und sprach: »Ich weiß nicht, was ich damit tun soll!... Aber wenn euch das Leben lieb ist, seid künftig nicht so dreist!« Und dann ritt er weiter nach der ruhmreichen Stadt Kiew.

Als er die Stadt Tschernigow vor sich liegen sah, sah er um die Stadt Tschernigow herum unzählige Heerscharen lagern, es waren Muselmanen, die gegen die Stadt Tschernigow ausgezogen waren, um sie dem Erdboden gleichzumachen, ihre Gotteshäuser zu brandschatzen und ihre Fürsten und Woiwoden lebend gefangen zu nehmen. Angesichts so großer Macht erschrak Ilja Muromez sehr, er vertraute jedoch dem Willen Gottes, seines Schöpfers, und wollte sein Leben für den christlichen Glauben hingeben. Da zog Ilja Muromez mit seiner Lanze aus hartgeglühtem Eisen gegen die Ungläubigen und erlegte die ganze unreine Schar, den König der Muselmanen nahm er gefangen und führte ihn in die Stadt Tscherni-gow. Die Bürger der Stadt Tschernigow kamen ihm entgegen, erwiesen ihm hohe Ehren, auch der Fürst und der Woiwode von Tschernigow kamen, um ihn zu empfangen. Alle rühmten den wackeren Streiter, überall dankten sie Gott, weil der Herr der Stadt unverhoffte Rettung geschickt und nicht zugelassen hatte, daß Unschuldige durch die Ungläubigen zu Schaden kamen; sie geleiteten ihn in ihre Gemächer, feierten ihm zu Ehren ein großes Fest und ließen ihn mit Dank weiterziehen.

Ilja Muromez ritt von Tschernigow nach der Stadt Kiew auf dem geraden Wege, wo der Räuber Nachtigall, der Wegelagerer, seit dreißig Jahren keinen Reiter und keinen Wanderer ungeschoren ließ und sie nicht mit Waffengewalt, sondern mit seinem Räuberpfiff tötete. Nun ritt Ilja Muromez in das freie Feld hinaus, sah dort vielerlei Spuren, folgte ihnen und gelangte in die Wälder von Brjansk, in die unwegsamen Sümpfe, an die Maßholderbrücken und an den Fluß Smorodinka. Der Räuber Nachtigall ahnte sein Ende und sein großes Verderben, wollte Ilja Muromez aufhalten und pfiff auf seine Räuberart, als der noch zwanzig Werst entfernt war; aber in dem Reckenherzen rührte sich keine Furcht. Und als Ilja Muromez zehn Werst geritten war, pfiff er noch lauter, und von diesem Pfiff strauchelte das Roß von Ilja Muromez. Ilja Muromez kam zu dem Nest geritten, das in zwölf Eichenwipfeln gebaut war; und der Räuber Nachtigall, der in seinem Nest saß, sah den heiligrussischen Recken und pfiff aus Leibeskräften und wollte so Ilja Muromez töten.

Ilja Muromez nahm den Bogen von den Schultern, legte den hartgeglühten Pfeil auf, zielte nach dem Nest von Nachtigall, traf ihn in das rechte Auge und schoß ihm das Auge aus; der Räuber Nachtigall fiel aus seinem Nest wie eine Garbe Hafer. Ilja Muromez packte den Räuber Nachtigall, band ihn an seinen eisernen Steigbügel und ritt nach der ruhmreichen Stadt Kiew. An seinem Weg lag der Palast des Räubers Nachtigall, und als Ilja Muromez an dem Palast des Räubers vorbeiritt, standen die Fenster offen, und aus den Fenstern lehnten sich die drei Töchter des Räubers; die jüngste Tochter sah ihn und rief ihren Schwestern zu: »Unser Väterchen kommt mit der Beute geritten! Er bringt einen Mann, der an den Steigbügel gebunden ist!« Aber als die älteste Tochter hinschaute, brach sie in Tränen aus: »Es ist nicht unser Väterchen, der da reitet; da reitet ein Unbekannter, und der bringt unser Väterchen!« Da riefen sie ihre Männer: »Ihr, unsere lieben Gatten! Reitet dem Mann entgegen und kämpft unser Väterchen frei! Laßt es nicht zu, daß auf unserer Sippe ein solcher Makel bleibt!«

Ihre Gatten, mächtige Recken, ritten gegen den heiligrussischen Recken; ihre Rosse waren stark, ihre Lanzen waren scharf, und sie wollten Ilja auf die Lanzen heben. Der Räuber Nachtigall sah dies und sprach: »Meine lieben Schwiegersöhne! Meidet die Schande und reizt nicht diesen mächtigen Recken, damit ihr nicht alle von seiner Hand den Tod empfangt; bittet ihn statt dessen in Demut, in meinem Haus einen Becher grünen Weines zu trinken.« Die Schwiegersöhne baten ihn, und Ilja bog ab und ritt zu dem Haus, weil er keinen Argwohn hegte. Die älteste Tochter zog das Fallgatter des Hoftors an den eisernen Ketten hoch und wollte ihn damit erschlagen. Aber Ilja sah sie auf dem Tor lauern, schlug sie mit der Lanze und tötete sie. Nun kam Ilja Muromez in die Stadt Kiew. Er ritt geradewegs zu dem Palast des Fürsten, und er trat in die Gemächer aus weißem Stein und betete und verneigte sich tief vor dem Fürsten. Der Kiewer Fürste fragte: »Sag mir, wackerer Bursche, wie heißt du und aus welcher Stadt kommst du?« Ilja Muromez antwortete darauf: »Herr, ich werde Ilja genannt, mit Vatersnamen Iwanow, geboren in dem Dorf Karatscharowo, bei Murom.« Der Fürst fragte: »Auf welchem Weg bist du von Murom gekommen?« – »Über die Stadt Tschernigow, und bei Tschernigow habe ich die Heerscharen der Ungläubigen geschlagen, zahllose, und habe die Stadt Tschernigow befreit; von dort ritt ich geradewegs hierher und habe den mächtigen Recken, den Räuber Nachtigall, gefangen genommen und ihn an meinem Steigbügel hierher gebracht.«

Der Fürst wurde zornig und sagte: »Warum lügst du?« Als die Recken Aljoscha Popowitsch und Dobrynja Nikititsch das hörten, eilten sie hinaus, und bezeugten darauf dem Fürsten, daß es die reine Wahrheit war. Und der Fürst ließ dem Tapferen einen Becher grünen Weins reichen. Den Fürsten gelüstete es, den Räuber pfeifen zu hören. Ilja hüllte den Fürsten und die Fürstin in Zobelpelze ein, und hieß sie die Köpfe ihm unter die Achseln stecken, dann rief er Nachtigall herein und befahl ihm, halblaut zu pfeifen. Aber der Räuber Nachtigall ließ seinen Räuberpfiff mit voller Stärke erschallen und betäubte die Recken dermaßen, daß sie alle zu Boden stürzten; dafür mußte er von der Hand des Ilja Muromez sterben.

Ilja Muromez und Dobrynja Nikititsch schlossen Bruderschaft. Und sie sattelten ihre starken Pferde und ritten ins freie Feld hinaus und ritten auf den Tag genau drei Monde, fanden aber keinen Gegner. Aber mitten im freien Feld stießen sie auf einen Bettler: Sein Kittel wog fünfzig Pud, sein Hut wog neun Pud, sein Wanderstab war zehn Saschenj lang. Ilja Muromez wollte schon auf ihn zu reiten und seine Kräfte mit ihm messen. Aber der Bettelpilger sah Ilja Muromez und sprach: »He, Ilja Muromez! Weißt du nicht mehr, wie wir in derselben Schule Lesen und Schreiben lernten? Reitest du doch gegen mich, einen ziehenden Bettler, als sei ich ein Feind! Und weißt du nicht, daß über der ruhmreichen Stadt Kiew eine gewaltige Gewitterwolke aufgezogen ist: Der ungläubige mächtige Recke Götze hat die Stadt besetzt. Sein Kopf ist so groß wie ein Bierkessel, jede Schulter einen Saschenj breit, von Braue zu Braue ist es eine Spanne, von Ohr zu Ohr ein hartgeglühter Pfeil, er ißt bei jeder Mahlzeit einen ganzen Ochsen und trinkt einen Kessel leer; der Kiewer Fürst trauert sehr, daß du ihn in solchem Ungemach verlassen hast.«

Ilja Muromez zog den Rock des Bettlers an und ritt geradewegs zu dem Palast des Fürsten. Dort rief er mit Reckenstimme: »He, Kiewer Fürst! Laß mir, einem ziehenden Bettler, ein Almosen reichen!« Der Fürst sah ihn und sprach: »Komm in meine Gemächer, Bettelmann! Du sollst bei mir essen und trinken, und ich lasse dir Gold mit auf den Weg geben.« Nun trat der Bettler in das Gemach und stellte

724

sich an den Ofen und schaute um sich. Der Götze saß an der Tafel. Man trug einen ganzen gebratenen Ochsen auf. Er verschlang ihn samt den Knochen. Der Götze hatte Durst. Man brachte einen Kessel Bier, zwanzig Mann schleppten ihn; er hob ihn an den Griffen hoch und leerte ihn bis auf den letzten Tropfen. Ilja Muromez sprach: »Mein Vater hatte einmal eine gefräßige Stute, die fraß so lange, bis sie platzte und verreckte.« Dem Götzen gefiel das nicht und er rief: »He, Bettler! Was erdreistest du dich? Für mich lohnt es sich nicht, dich in die Hand zu nehmen! Wer bist du schon? Hier war einst Ilja Muromez, sogar mit dem hätte ich es aufgenommen!« – »Hier ist er!« sagte Ilja Muromez und nahm den Hut ab, und gab dem Götzen nur einen leichten Schlag auf den Kopf – schon war ein Loch in der Mauer, und er packte den leblosen Leib und warf ihn hinaus. Dafür erwies der Kiewer Fürst Ilja Muromez viele und hohe Ehren und nahm ihn in die Runde der starken und mächtigen Recken auf.

Ilja Muromez und der Drache

In einem Reich, irgendwo in einem Land lebte einmal ein Bäuerlein mit seinem Weib. Er lebte in großem Wohlstand, er litt keinen Mangel und hatte auch Geld zurückgelegt. Eines Tages saß er mit seiner Frau beisammen und sprach: »Siehst du, liebe Frau, wir haben von allem genug, uns fehlen nur Kinder; wir wollen zu Gott beten, vielleicht schenkt uns der Herr ein Kind, und sei es in spätem Alter.« Sie beteten zu Gott, und die Frau wurde schwanger, und als die Zeit um war, kam sie mit einem Knäblein nieder. Es verging ein Jahr, es vergingen zwei Jahre, und es vergingen drei Jahre, aber das Kind wollte seine Beine nicht gebrauchen und konnte nicht laufen; so vergingen achtzehn Jahre – es rührte sich nicht von der Stelle.

Eines Tages gingen der Vater und die Mutter auf die Mahd,

der Sohn blieb allein im Haus. Da kam ein Bettler an die Tür und bat um ein Almosen: »Guter Mann! Gönne dem Greis ein Almosen um Christi willen!« Da antwortete er: »Knecht Gottes, ich kann dir kein Almosen reichen: Ich bin meiner Beine nicht mächtig.« Der alte Bettler trat in die Stube: »Steh auf von deinem Bett und reiche mir den Kowsch!« Er reichte ihm den Kowsch. »Geh«, sprach der Bettler, »und hole mir Wasser!« Er holte Wasser und brachte es ihm: »Wie du gewünscht hast, Greis Gottes.« Der Greis gab ihm das Wasser zurück und sprach: »Nun trink den Kowsch leer!« Darauf schickte er ihn abermals Wasser holen: »Geh und bring mir einen zweiten Kowsch Wasser!« Jeden Baum, an dem er auf dem Weg zum Brunnen rüttelte, riß er samt allen Wurzeln aus der Erde. Der Bettler fragte ihn: »Fühlst du jetzt Kraft in dir?« – »Ich fühle Kraft, Knecht Gottes! Die Kraft in mir ist groß: Wenn an der Erde ein Ring angebracht wäre, könnte ich die ganze Erde heben.« Als er den zweiten Kowsch voll Wasser brachte, trank der Greis Gottes die Hälfte und ließ ihn die andere Hälfte austrinken: Seine Kraft nahm ein wenig ab. »Die Kraft, die dir jetzt bleibt, ist für dich genug!« Der Greis Gottes betete und machte sich auf den Heimweg. »Gott sei mir dir!«

Nun wollte er nicht länger liegen, und er begab sich in den Wald, um seine Kräfte zu prüfen: Er riß einen Baum nach dem anderen aus, das Volk entsetzte sich, als es ihn die vielen Bäume auswurzeln sah! Sein Vater und seine Mutter kamen von der Mahd nach Hause. Was sahen sie da? Alle Bäume ausgewurzelt und umgeworfen; wie war das geschehen? Sie kamen näher. Da sagte die Frau zu ihrem Mann: »Mann, das ist doch unser Iljuschenka, der da die Bäume ausreißt!« – »Törichtes Weib«, antwortete der Mann, »wie sollte unser Iljuschenka so etwas können; das ist doch dummes Zeug, was du da von unserm Iljuschenka faselst!« Dann kamen sie zu ihrem Sohn: »Ach, gutes Kind! Wie hat der Herr ein solches Wunder an dir vollbracht?« Ilja sagte darauf: »Ein alter

Bettler war da und bat um ein Almosen. Ich antwortete: ›Knecht Gottes, ich kann dir kein Almosen reichen, ich bin meiner Beine nicht mächtig.‹ Darauf trat er ins Haus: ›Steh auf von deinem Bett‹, sprach er, ›und reiche mir den Kowsch!‹ Ich stand auf und reichte ihm den Kowsch: ›Geh‹, sprach der Alte, ›und hole mir Wasser!‹ Ich holte Wasser und brachte es ihm. ›Trink‹, befahl der Bettler, ›den Kowsch ler!‹ Ich trank ihn leer und spürte große Kraft in mir!«

Die Bauern versammelten sich auf der Dorfstraße und sprachen: »Nun ist er ein starker und mächtiger Recke geworden!« So nannten jetzt die Bauern den jungen Ilja. »Einen ganzen Wald hat er gerodet, wir müssen es in der Stadt erzählen.« Eines Tages hörte auch der Zar von dem starken und mächtigen Recken. Er ließ ihn zu sich kommen, schloß ihn sogleich in sein Herz und ließ ihm ordentliche Kleider anmessen. Alle hatten Gefallen an ihm, und seinen Dienst versah er sehr gewissenhaft. Eines Tages sprach der Zar: »Du bist ein starker und mächtiger Recke! Könntest du meinen Palast an einer Ecke ein Stückchen hochheben?« – »Ganz wie Majestät wünschen. Ich kann ihn nicht nur an der Ecke, ich kann ihn an der ganzen Seite hochheben.« Der Zar hatte eine wunderschöne Tochter, die war so lieblich anzusehen, wie man es sich nicht ausdenken, nicht wünschen und nicht mit der Feder auf dem Papier beschreiben könnte. Ilja gewann sie lieb und wollte sich mit ihr vermählen.

Eines Tages fuhr der Zar in ein anderes Land, zu einem anderen König. Er kam dort an; dieser andere König hatte ebenfalls eine schöne Tochter, zu der kam jede Nacht der Drache mit den zwölf Köpfen und sog an ihr; sie war schon ganz von Kräften gekommen! Da sagte der Zar zu diesem König: »Ich habe einen starken Recken, der wird den Drachen mit den zwölf Köpfen erschlagen.« Der König bat: »Seid so gut, schickt mir diesen Recken.« Dann kehrte der Zar in sein Reich zurück und erzählte der Zarin: »Zu der Tochter des Königs kommt jede Nacht der Drache mit den zwölf Köpfen geflogen, er saugt an ihr, und sie ist ganz von Kräften gekommen.« Dann sprach er: »Ilja Iwanowitsch! Willst du mir einen Dienst erweisen und den Drachen töten?« – »Wie Ihr befehlt, Majestät: Ich kann ihn töten.« Darauf sagte der Zar: »Fahr mit der Post, wähle den Weg über die Straßen und nimm deine Gefährten mit.« – »Ich will allein reiten, gebt mir ein Roß!« – »Geh in den Pferdestall«, sagte der Zar, »und such dir ein Pferd aus.« Die Zarentochter bat ihn in ein Nebengemach: »Reitet nicht, Ilja Iwanowitsch: Der Drache mit den zwölf Köpfen wird Euch töten, Ihr werdet ihn nicht besiegen.« Er sprach: »Macht Euch um meinetwillen keine Sorgen, ich werde wohlbehalten und gesund zu Euch zurückkehren.« Darauf begab er sich in den Pferdestall und wollte sich ein Roß aussuchen; er ging auf das erste und legte ihm die Hand auf den Rücken, da knickten seine Beine ein; so ging es mit allen Pferden im Stall: alle, denen er die Hand auf den Rücken legte, konnten seine Hand nicht tragen, ihre Beine knickten ein. Nur ein einziger Hengst blieb noch übrig, der stand in der hintersten Ecke, von keinem beachtet – dem schlug er mit der Hand auf den Rücken; der Hengst wieherte nur. Da sagte Ilja: »Hier ist mein treuer Diener, der strauchelt nicht!« Er kam zu dem Zaren: »Ich habe mir einen Hengst ausgewählt, Majestät, einen treuen Diener.« Ein Gottesdienst wurde gehalten, nach guter alter Sitte wurde er verabschiedet.

Er schwang sich auf sein braves Pferd und ritt davon, ob er nun lange ritt oder kurz, er kam an einen Berg: Der Berg war sehr steil und sehr hoch und von oben bis unten mit Sand bedeckt; nur mit Mühe gelangte er hinauf. Oben auf dem Berg stand ein Wegweiser, der wies in drei Richtungen: reitest du diesen Weg, wirst du satt sein, aber dein Pferd hungrig; reitest du diesen Weg, wird dein Pferd satt sein, aber du hungrig; reitest du diesen Weg, dann erwartet dich der Tod. Darauf schlug Ilja den Weg ein, der zum Tode führte, denn er vertraute auf seine Kraft. Ob er lange durch die dichten Wälder ritt oder kurz – sie waren ohne Ende, diese Wälder!

Auf einmal tat sich vor ihm eine weite Lichtung auf. Auf der Lichtung stand ein Haus. Er ritt auf das Haus zu und sagte: »Heda! Haus! Stell dich mit dem Hintern zum Wald und mit dem Gesicht zu mir!« Das Haus drehte sich und stellte sich mit dem Hintern zum Wald und mit dem Gesicht zu ihm. Er stieg von seinem braven Pferd und band es an einen Pfahl. Die Baba Jaga hörte es und sprach: »Was für ein Tölpel kommt dahergeritten? Mein Großvater und schon mein Urgroßvater haben nie einen Russen gerochen, und nun soll ich einen Russen vor meinen Augen stehen sehen.«

Darauf stieß sie mit ihrem Stab gegen die Tür, und die Tür sprang auf. Die Baba Jaga hielt eine krumme Sense in der Hand. Mit der Sense wollte sie dem Recken den Kopf abschneiden. »Nicht gar so eilig, Baba Jaga«, sprach er, »da bist du an den Falschen gekommen.« Er riß ihr die Sense aus der Hand, packte sie bei den Haaren, versetzte ihr einen Schlag und sprach: »Du hättest mich vorher fragen sollen, wie ich heiße, aus welchem Geschlecht ich bin, was ich treibe und wohin ich reite.« Darauf fragte die Baba Jaga: »Wie ist Euer Name? Aus welchem Geschlecht seid Ihr? Und wohin führt Euch der Weg?« – »Mein Name ist Ilja Iwanowitsch, und ich reite da- und dahin.« – »Möchtet Ihr, Ilja Iwanowitsch«, sprach die Hexe, »in meine Stube eintreten und Euch bewirten lassen?« Er trat ein; sie hieß ihn an dem Tisch Platz nehmen, trug allerlei Speise und Trank auf, bot sie ihm an und befahl der Magd, die Badestube zu heizen; er aß, schwitzte in der Badestube, blieb bei der Baba Jaga einen Tag und eine Nacht und wollte wieder weiterreiten, dahin, wohin ihn sein Weg führte. »Erlaubt«, sagte die Baba Jaga, »daß ich Euch ein Briefchen an meine Schwester mitgebe, damit sie Euch nichts Schlimmes antue, sondern Euch in Ehren empfange. Sie bringt Euch sonst um, sobald sie Euch sieht!« Sie gab ihm den Brief und verabschiedete ihn in allen Ehren. Der Recke saß auf und ritt auf seinem wackeren Pferd weiter durch die dichten Wälder; ob er nun lange ritt oder kurz: Er war ohne

Ende, dieser Wald! Eines Tages kam er auf eine weite Lichtung und mitten auf der Lichtung stand ein Haus. Er ritt auf das Haus zu, stieg ab und band sein braves Pferd an einen Pfahl. Die Baba Jaga hörte, daß er sein Pferd an den Pfahl band und schrie: »Was ist das? Mein Großvater und mein Urgroßvater haben nie einen Russen gerochen, und nun soll ich einen Russen vor meinen Augen sehen!« Sie stieß mit ihrem Stab gegen die Tür, und die Tür sprang auf. Sie holte aus, und ein Säbel fuhr auf seinen Nacken nieder; er aber sprach: »Mit mir darfst du dir solche Scherze nicht erlauben! Hier, dein Schwesterchen schickt dir einen Brief.« Sie las den Brief und lud ihn ehrerbietig zu sich ein: »Möchtet Ihr mein Gast sein?« Ilja Iwanowitsch trat in das Haus, sie hieß ihn an dem Tisch Platz nehmen, und trug allerlei Speise und Trank und Leckerbissen auf, bot sie ihm an und befahl der Magd, die Badestube zu heizen. Er aß nach Herzenslust und begab sich dann in die Badestube. Zwei Tage und zwei Nächte blieb er bei der Baba Jaga. Er hatte sich ausgeruht. Nun stieg er wieder in den Sattel, und sie begleitete ihn ehrerbietig: »Ach, Ilja Iwanowitsch«, sprach die Baba Jaga, »jetzt wirst du nicht mehr weiterkommen; der Räuber Solowej liegt hier im Hinterhalt, er haust in einem Nest, das in sieben Eichenwipfeln gebaut ist, und wenn er pfeift, ist dreißig Werst im Umkreis jeder taub!«

Ob er lange ritt oder kurz – endlich kam er dorthin, wo man den Pfiff des Räubers Solowej hörte, aber auf halbem Weg zu dem Nest begann sein Pferd zu straucheln. Da sprach er: »Strauchle nicht, mein braves Pferd, du mußt mir noch lange dienen.« Er ritt weiter auf das Nest des Räubers Solowej zu, Solowej pfiff und pfiff. Als er nahe genug war, nahm Ilja einen Pfeil, zielte und schoß – da stürzte Solowej aus dem Nest auf die Erde. Als er auf der Erde lag, versetzte ihm Ilja einen Schlag, aber er tötete ihn nicht, er hob ihn auf, zwängte ihn in eine Satteltasche und ritt zu dem Palast. Die Palastwachen sahen ihn kommen und sprachen: »Da kommt der Räuber

Solowej geritten und hat einen Mann in seiner Satteltasche!«
Der Recke ritt vor den Palast und gab den Wachen seinen
Brief. Der Brief wurde dem König überreicht; er las ihn und
befahl, Ilja vorzulassen. Dann sprach der König zu Ilja
Iwanowitsch: »Befiehl dem Räuber Solowej zu pfeifen!« Der
Räuber Solowej sprach: »Ihr müßt Solowej zu essen und zu
trinken geben, seine Lippen sind ihm verdorrt.« Man brachte
ihm Wein; er sagte: »Was soll ich mit einem Fläschchen?
Bringt mir ein ordentliches Faß!« Ein Faß wurde hereingerollt
und der Wein in Eimer gefüllt. Er leerte sie, jeden mit einem
Zug, und sprach: »Wenn der Räuber Solowej noch zwei
Eimerchen bekäme, dann würde er sie ebenso gern leeren!«
Aber sie gaben ihm keinen Tropfen mehr. Da bat der König
abermals: »Befiehl ihm, zu pfeifen!« Ilja befahl dem Räuber
Solowej zu pfeifen, und den König und die königliche Familie
hieß er, die Köpfe ihm unter die Achseln stecken: »Sonst
werdet ihr alle taub!« sagte er. Der Räuber Nachtigall fing an
zu pfeifen, und Ilja hatte große Mühe, ihn zum Schweigen zu
bringen – er mußte ihm einen Schlag mit dem Stab versetzen,
sonst wären alle ringsum tot umgefallen!

Darauf sprach der König zu Ilja: »Willst du mir einen
großen Dienst erweisen, wenn ich dich darum bitte? Ein
Drache mit zwölf Köpfen besucht meine Tochter; kannst du
ihn töten?« – »Ich werde alles tun, was Majestät wünschen.«
– »Tu es, Ilja Iwanowitsch; um die und die Stunde wird der
Drache zu meiner Tochter kommen, Gott helfe dir!« – »Wie
Majestät befehlen!...« Die Königstochter lag in ihrem Zimmer. Um Mitternacht kam der Drache zu ihr. Sie begannen zu
kämpfen: Jedesmal, wenn Ilja zuschlug, rollte ein Drachenkopf; jedesmal ein Drachenkopf! Ob sie lange kämpften oder
kurz – schließlich blieb dem Drachen nur noch ein Kopf; und
auch den schlug ihm Ilja ab: Er holte mit seinem Stab aus und
zertrümmerte ihn. Die Königstochter war überglücklich, sie
erhob sich von ihrem Lager, trat auf ihn zu und dankte ihm;
dann erzählte sie ihren Eltern, daß der Drache besiegt sei: Alle

Köpfe habe Ilja ihm abgeschlagen! Der König sprach: »Hab Dank; diene mir eine Weile!« – »Nein«, sagte er, »ich möchte in mein Reich zurückkehren.« Der König verabschiedete ihn mit großen Ehren. Auf demselben Weg, den er gekommen war, ritt Ilja zurück. Als er zu der ersten Baba Jaga kam, ließ sie ihn mit größter Ehrerbietung bei sich nächtigen; dann kam er zu der zweiten, und diese empfing ihn ebenfalls aufs beste. Endlich kam er in sein Land und überreichte seinem Zaren einen Brief des Königs. Auch der Zar empfing ihm mit großen Ehren, die Zarentochter aber war vom langen Warten ganz matt: »Ach, Väterchen, erlaubt, daß ich ihn endlich heirate!« Der Vater wollte ihr den Willen lassen: »Wenn es dein Herzenswunsch ist, so tue es!« Sie vermählten sich und leben heute noch.

Wassilij Buslawitsch

Buslaw lebte neunzig Jahre, dann legte er sich zum Sterben nieder. Er hinterließ eine liebe junge Frau Wanilfa Timofejewna, ihr blieb der junge Sohn Wassilij Buslawitsch. Eines Tages begann ihr Sohn Buslawitsch mit Kindern zu spaßen: bald riß er einem den Arm aus, bald spaltete er einem anderen den Kopf. Da gab Wanilfa Timofejewna ihren lieben Sohn dem alten Ugrumistsch in die Lehre. Er sollte bei ihm die Kunst des Schreibens erlernen; aber Wassilij Buslawitsch erlernte die Kunst des Schreibens nicht, er lernte die Kunst, wie ein Falke zu fliegen. Eines Tages lud der alte Ugrumistsch zu einem Festmahl und zu einer Unterhaltung ein; aber seinen Lieblingsschüler Wassilij Buslawitsch lud er nicht ein.

Wassilij Buslawitsch kam ungeladen zu dem Festmahl und der Unterhaltung, er vertrieb die Gäste aus der rechten Ecke, riß sie von der Bank und gab ihnen mit der Schwarzulme das Geleit bis in die neue Wohnstatt. Meister Ugrumistsch zürnte ihm, seinem Lieblingsschüler, und sprach: »Wüte nicht, junger Schläger! Alles Wasser in der Obj kannst du nicht austrinken, alle Menschen in der Stadt kannst du nicht umbringen; wenn du das Wasser in der Obj austrinkst, wenn du alle Menschen in der Stadt umbringst – dann sind fünfhundert Rubel dein.« Darauf kehrte unser Wassilij Buslawitsch nach Hause zu seiner Mutter zurück und sprach: »O weh, liebe Mutter! Ich habe in meiner Torheit den Mund zu voll genommen, mir Meister Ugrumistschs Zorn zugezogen.« Seine Mutter gab ihm Wein zu trinken, bis er trunken war, und schloß ihn in ein dunkles Verlies ein.

Das Volk rottete sich zusammen, um gegen ihn zu streiten, er aber schlief in dem Verlies und merkte nichts. Eine Frau ging Wasser holen und rief ihm durch das Fenster zu: »Warum schläfst du, Wassilij Buslawitsch, und merkst nichts! Ich habe soeben Wasser geholt und viele Menschen mit dem Tragholz erschlagen!« Wassilij Buslawitsch hörte diese Worte, drückte eine Mauer seines Verlieses ein, trat hinaus, und begann das Volk niederzuschlagen. Da flehte ihn Meister Ugrumistsch an: »Ach, Wassilij Buslawitsch, besänftige dein Gemüt, zügele deinen Reckenzorn; ich habe dir fünfhundert versprochen, nun will ich dir ganze tausend geben!« Darauf ließ Wassilij Buslawitsch Gnade walten und ging zu seiner Mutter: »Ach, sprach er, liebste Mutter! Ich habe heute viel Blut vergossen und viel Volks niedergestreckt!«

Da wurde seine Mutter zornig, ließ ihm ein Schiff bauen, heuerte Seeleute an und schickte ihn aufs Meer hinaus; sie sagte ihm, er solle fahren, wohin es ihn triebe, und winkte ihm nach. Wassilij Buslawitsch kam zu den grünen Wiesen. Da lag der Glotzer aus dem Meer, er hatte überall Augen. Er ging um den Glotzer herum, er trat ihn mit dem Stiefel, da sprach der Glotzer: »Wassilij Buslawitsch! Tritt mich nicht! Auch du wirst hier enden.« Nach einer Weile begannen die Seeleute zu spaßen und über den Glotzer zu springen. Alle sprangen hinüber, Wassilij Buslawitsch sprang als letzter und streifte ihn nur mit dem großen Zeh – und schon war er tot.

Aljoscha Popowitsch

Am Himmel wurde der junge lichte Mond geboren und auf der Erde dem alten Kathedralpopen Leontij ein Söhnchen – ein mächtiger Recke; er wurde Aljoscha Popowitsch genannt – ein sehr hübscher Name. Nun begannen sie, Aljoscha Popowitsch zu nähren. An einem Tag nahm er soviel zu wie anderer Leute Kinder in Wochen; mit einer Woche war er so stark wie andere mit einem Jahr. Nun ging Aljoscha auf die Straße hinaus und wollte mit den Kindern spielen: Faßte er sie an der Hand, war der ganze Arm ab, faßte er sie am Fuß, war das ganze Bein ab; das Spielen mit ihm brachte kein Glück! Und wenn er gar jemanden umarmte – der hauchte sein Leben aus. So wuchs Aljoscha heran. Eines Tages bat er seine Eltern um ihren Segen: Er wollte in das freie Feld hinausreiten und sich dort umsehen. Der Vater sprach: »Aljoscha Popowitsch! Du willst in das freie Feld hinausreiten. Wisse: Es gibt Recken, die sind noch stärker als du; du mußt einen treuen Diener mitnehmen, Maryschko Paranows Sohn.« Die wackeren Burschen schwangen sich auf ihre Pferde; als sie davonritten, wirbelten sie eine Staubwolke auf: von nun an wurden sie nie wieder gesehen.

Die wackeren Burschen begaben sich zu dem Fürsten Wladimir. Aljoscha Popowitsch ging geradewegs in die Gemächer aus weißem Stein, zu dem Fürsten Wladimir, er schlug das Kreuz, wie die Schrift es will, er verbeugte sich nach allen vier Richtungen, wie es sich gehört, und vor dem Fürsten Wladimir einmal mehr. Fürst Wladimir empfing sie überaus freundlich und hieß sie an dem eichenen Tisch Platz nehmen: Sie sollten nach Herzenslust essen und trinken, er aber wollte sie ausfragen; nun kauten sie würzige Honigkuchen und spülten sie mit starken Weinen herunter. Da fragte der Fürst Wladimir: »Wer seid ihr, wackere Burschen? Seid ihr ruhmreiche Recken? Oder seid ihr Pilger, sei ihr Wanderer? Ich kenne weder eure Namen, noch kenne ich die Namen eurer Väter.« Darauf antwortete Aljoscha Popowitsch: »Ich bin der Sohn des alten Popen Leontij, und mein Genosse ist mein Diener, Maryschko Paranows Sohn.« Als Aljoscha Popowitsch genug gegessen und getrunken hatte, kletterte er auf den Ofen, streckte sich dort auf den Ziegeln aus und wollte Mittagsruhe halten. Maryschko aber blieb am Tisch sitzen.

An jenem Tag zur selben Stunde kam der Recke Drachewitsch und forderte einen hohen Tribut von dem Fürsten Wladimir. Tugarin Drachewitsch trat in die Gemächer aus weißem Stein; sein linker Fuß war noch auf der Schwelle, sein rechter schon unter dem eichenen Tisch; er fraß und soff, tätschelte die Fürstin, spottete des Fürsten Wladimir und höhnte ihn; er schob sich einen ganzen Laib Brot hinter die eine Backe, einen zweiten hinter die andere; auf die Zunge legte er sich einen gebratenen Schwan, schob eine Pastete nach – und schlang alles auf einmal herunter.

Aljoscha Popowitsch lag auf den Ofenziegeln und sprach zu Tugarin Drachewitsch: »Unser Väterchen, der alte Pope Leontij, hatte eine Riesenkuh, sie war ein Vielfraß, sie zog von einem Brauhaus zum anderen und fraß ganze Kessel voll Maische leer; eines Tages kam die Riesenkuh, der Vielfraß, an einen See, sie soff den ganzen See leer, da platzte sie, und dir, Tugarin, wird es an der Tafel nicht anders ergehen.« Da wurde Tugarin zornig und warf mit seinem Messer nach Aljoscha Popowitsch. Der aber war flink und sprang hinter einen Eichenpfosten. Darauf sagte er: »Hab Dank, Tugarin Drachewitsch, daß du mir dein scharfes Messer in die Hand gibst; nun werde ich deine Brust, die weiße, aufschlitzen, nun werde ich über deine Augen, die klaren, einen Schleier breiten, nun werde ich dein hitziges Herz in der Hand halten.«

Maryschko Paranows Sohn sprang hinter der Tafel hervor, packte Tugarin am Kragen, riß ihn vom Tisch und schleuderte ihn gegen die Mauer aus weißem Stein – es regnete Scheiben aus den Fenstern. Da sprach Aljoscha Popowitsch von den Ofenziegeln herunter: »Recht so, Maryschko, Maryschko Paranows Sohn! Mein treuer, verläßlicher Diener!« Maryschko Paranows Sohn antwortete: »Reich mir das scharfe Messer, Aljoscha Popowitsch; ich will Tugarin Drachewitschs Brust, die weiße, aufschlitzen. Ich will über seine Augen, die klaren, einen Schleier breiten, ich will sein hitziges Herz in der Hand halten.« Aljoscha antwortete von dem Ofen herunter: »He, Maryschko Paranows Sohn! Wir wollen die Gemächer aus weißem Stein nicht mit Blut besudeln, laß ihn ins freie Feld laufen; er wird uns nicht entgehen; morgen werden wir mit ihm dort zusammentreffen.«

Am nächsten Morgen in aller Frühe erhob sich Maryschko Paranwos Sohn mit der lieben Sonne und führte die schnellen Pferde zum Tränken an den Fluß. Tugarin Drachewitsch flog indes unter den Wolken umher und forderte Aljoscha Popowitsch auf, er möge zu ihm ins freie Feld hinausreiten. Maryschko Paranows Sohn kehrte zu Aljoscha Popowitsch zurück: »Gott allein wird dein Richter sein, Aljoscha Popowitsch. Du hast mir das scharfe Messer nicht gegeben. Ich hätte dem Scheusal die Brust, die weiße, aufgeschlitzt, einen Schleier über seine Augen, die klaren, gebreitet, sein hitziges Herz in der Hand gehalten! Wie willst du jetzt an ihn herankommen? Er fliegt unter den Wolken umher.«

Aljoscha holte sein wackeres Roß aus dem Stall, sattelte es, zog die zwölf Sattelgurte aus Seide fest – nicht um der Zierde, sondern um der Stärke willen, und ritt in das freie Feld hinaus. Aljoscha ritt dahin und sah, daß Tugarin Drachewitsch in den Wolken verschwand. Da betete Aljoscha Popowitsch: »Heilige Mutter Gottesgebärerin! Sende doch eine schwarze Wolke; mein Herr und Schöpfer, laß die schwarze Wolke niederregnen und laß die Tropfen groß sein, damit Tugarins papierne Flügel aufweichen.« Aljoschas Gebete wurden erhört: Eine schwarze Wolke zog herauf. Aus dieser Gewitterwolke schickte Gott einen Regen, die Tropfen waren groß und fielen dicht – so wurden Tugarins papierne Flügel naß; er mußte zur Erde herabsteigen und übers Feld reiten.

Nicht zwei Berge stoßen aufeinander, nein, es sind Tugarin und Aljoscha, die aufeinander zu stürmen und mit ihren Streitkeulen ausholen. Die Keulen brachen über den Griffen ab, sie sprengten mit gefällten Lanzen aufeinander zu, die Lanzen brachen über den Griffen ab, sie holten mit den Säbeln aus – die Säbel wurden sogleich schartig. Und Aljoscha Popowitsch stürzte vom Sattel wie eine Garbe Hafer; da begann Tugarin Drachewitsch Aljoscha übel zuzurichten, aber Aljoscha war flink, er rollte sich unter den Pferdebauch, sprang auf der andern Seite auf die Beine und stieß das scharfe Messer Tugarin in die rechte Brust, dann warf er Tugarin vom Pferd und schrie: »Hab Dank, Tugarin Drachewitsch, für dein scharfes Messer; nun werde ich deine Brust, die weiße, aufschlitzen, über deine Augen, die klaren, einen Schleier breiten, dein hitziges Herz in der Hand halten.«

Aljoscha hieb ihm den Kopf ab und wollte ihn dem Fürsten Wladimir bringen. Er ritt dahin und spielte mit dem Kopf, warf ihn hoch in die Luft und fing ihn mit der Lanze wieder auf. Wladimir sah es und geriet in große Aufregung: »Da kommt Tugarin und bringt uns den Kopf Aljoscha Popowitschs! Jetzt ist unser ganzes christliches Reich in seiner Macht!« Aber Maryschko Paranows Sohn antwortete: »Gräme dich nicht, Fürst Wladimir Rote Sonne, Herrscher von Kiew. Wenn Tugarin reitet und nicht unter dem Himmel fliegt, dann wird sein Kopf meine Lanzenspitze zieren; traure nicht, Fürst Wladimir: die Zeit kommt, ich werde mit ihm abrechnen.«

Da sah Maryschko Paranows Sohn durch das Fernrohr und erkannte Aljoscha Popowitsch: »Ich erkenne die Reckenart, ich erkenne Roß und Reiter: Aljoscha hält das Pferd am kurzen Zügel, er spielt mit dem Kopf, er wirft den Kopf hoch in die Luft und fängt ihn mit der Lanze wieder auf. Das ist

nicht Tugarin, der da reitet, das ist Aljoscha Popowitsch, der
Sohn Leontijs, des alten Kathedralpopen; und er bringt den
Kopf des Greuels Tugarin Drachewitsch.«

Danilo Ohnglück

Unser Fürst Wladimir in der Stadt Kiew hatte viele Diener
und Bauern, auch Danilo Ohnglück, ein Edelmann, gehörte
zu seinem Gefolge: sonntags ließ der Fürst Wladimir jedermann einen Becher Wein reichen, Danilo aber bekam nichts
als Schelte; und auch an großen Festtagen – für jeden war ein
Geschenk da, Danilo aber ging immer leer aus. Am Tage vor
dem heiligen Ostersonntag, an dem Karsamstag, rief der
Fürst Wladimir Danilo Ohnglück zu sich, zählte vierzig mal
vierzig Zobelbälge ab und befahl ihm, eine Schaube für ihn zu
dem Fest zu nähen. Der Zobel war noch nicht gegerbt, die
Knöpfe nicht gegossen, die Ösen nicht gedreht; auf den
Knöpfen sollte Waldgetier zu sehen sein, und an den Ösen
fremdländische Vögel.

Danilo Ohnglück fing die Arbeit erst gar nicht an, trat vor
das Tor, ging, wohin die Augen blickten und weinte. Da
begegnete ihm eine uralte Frau: »Warum weinst du, Danilo
Ohnglück?« – »Ach, du alte Blase – ein Keil in deinen Arsch
und Schüttelfrost statt Gürtel! Pack dich! Was habe ich mit dir
zu schaffen!« Nachdem er ein Stück weitergegangen war,
dachte er: »Warum habe ich sie beleidigt?« Er kehrte um und
sprach: »Großmütterchen, graues Täubchen! Vergib mir! Ich
habe großen Kummer: Fürst Wladimir zählte mir vierzig mal
vierzig rohe Zobelbälge ab, damit ich ihm bis morgen eine
Schaube nähe; er wünscht sich viele Knöpfe daran, kunstvoll
gegossen, und seidene Ösen; an den Knöpfen sollen goldene
Löwen sein und an den Ösen fremde Vögel singen und
tirilieren! Woher soll ich das alles nehmen? Ich will mich
lieber betrinken!«

Darauf sprach die Alte: »So geht es in der Welt zu! Jetzt bin ich Großmütterchen, graues Täubchen! Geh zu dem blauen Meer und bleibe an der feuchten Eiche stehen; genau um Mitternacht wallt das blaue Meer auf, und Tschudo-Judo, das Seemaul, ohne Hände, ohne Füße, mit dem grauen Zottelbart, kommt zu dir. Pack ihn am Bart und beutle ihn so lange, bis Tschudo-Judo fragt: ›Warum schlägst du mich, Danilo Ohnglück?‹ Du mußt antworten: ›Vogel Schwan soll zu mir kommen, die schöne Jungfrau, durch die Federn muß ihr Leib hindurchschimmern, durch den Leib müssen ihre Knöchlein hindurchscheinen, und durch die Knöchlein das Mark, wie es aus dem einen in das andere rieselt gleich den schönsten Perlen‹.« Danilo ging zu dem blauen Meer und blieb unter der feuchten Eiche stehen. Genau um Mitternacht wallte das Meer auf, und Tschudo-Judo kam zu ihm, das Seemaul, ohne Hände, ohne Füße, ein einziger grauer Bart! Danilo packte ihn an dem Bart und schlug ihn kräftig gegen die feuchte Erde. Da fragte Tschudo-Judo: »Warum schlägst du mich, Danilo Ohnglück?« – »Ich weiß, warum ich dich schlage: schick mir Vogel Schwan, die schöne Jungfrau, durch die Federn muß ihr Leib hindurchschimmern, durch den Leib müssen die Knöchlein hindurchscheinen und durch die Knöchlein das Mark, wie es aus dem einen in das andere rieselt gleich den schönsten Perlen.«

Nur wenig Zeit verging, da kam Vogel Schwan geschwommen, die schöne Jungfrau; sie schwamm an das Ufer und sprach: »Was tust du, Danilo Ohnglück? Fliehst du die Tat oder suchst du die Tat?« – »Ach, mein Schwan, meine schöne Jungfrau! Bald fliehe ich die Tat, bald suche ich die Tat! Fürst Wladimir hat mir befohlen, eine Schaube für ihn zu nähen. Die Zobelbälge sind noch nicht gegerbt, die Knöpfe nicht gegossen, die Ösen nicht gedreht!« – »Willst du mich zur Frau nehmen? Dann wird alles getan sein!« Danilo überlegte und überlegte: wie konnte er sie heiraten? »Nun, Danilo? Du überlegst so lange?« – »Was soll ich tun? Ich muß dich nehmen.« Sie schlug mit den Flügeln, sie nickte mit dem Kopf – schon waren zwölf Burschen zur Stelle, Schreiner, Zimmerleute, Maurer, und alle gingen an die Arbeit: im Handumdrehen stand das neue Haus da! Danilo nahm sie bei der rechten Hand, küßte sie auf den zuckersüßen Mund und führte sie in die fürstlichen Gemächer. Sie setzten sich an die Tafel, aßen, tranken, sie unterhielten und verlobten sich. – »So, Danilo, leg dich zur Ruhe und sorge dich nicht. Alles wird bereit sein.«

Sie bettete ihn, trat dann vor die Tür auf die kristallene Treppe hinaus, schlug mit den Flügeln und nickte mit dem Köpfchen: »Mein teures Väterchen, schick mir deine Meister!« Sofort standen die zwölf Burschen vor ihr und fragten: »Vogel Schwan, schöne Jungfrau! Was befiehlst du zu tun?« – »Näht mir sogleich eine Schaube: der Zobel ist noch nicht gegerbt, die Knöpfe noch nicht gegossen, die Ösen nicht gedreht.« Die Meister gingen sofort ans Werk; die einen gerbten die Bälge und nähten den Pelz, die anderen gossen die Knöpfe und hämmerten sie, und wieder andere drehten das seidene Garn – im Nu war die Schaube aufs schönste gearbeitet. Vogel Schwan, die schöne Jungfrau, trat an Danilos Lager und weckte ihn: »Wach auf, lieber Freund! Die Schaube ist fertig, und in der Stadt Kiew, bei dem Fürsten Wladimir, läuten die Glocken. Es ist Zeit, aufzustehen und sich für die Frühmesse anzukleiden.« Danilo erhob sich, legte die Schaube um und machte sich auf den Weg. Sie sah ihm aus dem Fensterchen nach, rief ihn zurück, reichte ihm eine silberne Gerte und sprach: »Wenn du nach der Frühmesse aus der Kirche trittst, klopfe dir damit an die Brust: Sogleich werden die Vögel singen und die Löwen fürchterlich brüllen. Dann nimm die Schaube ab und lege sie Fürst Wladimir um die Schultern. Er wird dich zu sich laden, er wird dir einen Becher Wein kredenzen – leere den Becher nicht; wenn du ihn bis auf den letzten Tropfen leerst, ist ein Unheil gewiß! Und prahle nicht mit mir; und prahle nicht damit, daß wir in einer Nacht unser Haus gebaut haben.« Danilo nahm die Gerte und

740

machte sich auf den Weg; sie rief ihn abermals zurück und reichte ihm drei Eier: zwei waren aus Silber und das dritte aus Gold. Sie sprach: »Schenke die silbernen zu Christi Auferstehung dem Fürsten und der Fürstin, und das goldene dem Menschen, mit dem du dein Leben leben wirst.«

Danilo Ohnglück nahm von ihr Abschied und ging zu der Frühmesse. Das Volk staunte: »Seht, das ist Danilo Ohnglück! Es ist ihm gelungen, die Schaube zum Fest fertigzunähen!« Nach der Frühmesse trat er vor den Fürsten und die Fürstin, beglückwünschte sie zu dem Fest und zog aus Versehen das goldene Ei hervor. Das merkte Aljoscha Popowitsch, der gern mit Frauen Mutwillen trieb. Als alle die Kirche verließen, klopfte Danilo Ohnglück sich mit der silbernen Gerte an die Brust – und die Vögel sangen und die Löwen brüllten, alle Menschen wunderten sich und schauten Danilo an. Aljoscha Popowitsch aber, der gern mit Frauen Mutwillen trieb, verkleidete sich als Pilger und bettelte um Almosen. Alle beschenkten ihn, nur Danilo Ohnglück stand da und dachte: »Was soll ich ihm geben? Ich habe ja nichts bei mir.« Dem hohen Fest zu Ehren beschenkte er ihn mit dem goldenen Ei. Aljoscha Popowitsch, der gern mit Frauen Mutwillen trieb, steckte das goldene Ei zu sich und schlüpfte wieder in seine eigenen Kleider. Fürst Wladimir lud alle zu einem Imbiß ein. Sie tafelten, unterhielten sich, und jeder wußte etwas, womit er großtun konnte. Danilo trank sich einen Rausch an, und in dem Rausch prahlte er mit seiner Braut. Aljoscha Popowitsch, der gerne mit Frauen Mutwillen trieb, rühmte sich, Danilos Frau schon gekannt zu haben; Danilo sagte darauf: »Wenn du meine Frau kennst, dann werde ich um einen Kopf kürzer gemacht, wenn du sie nicht kennst – dann du!«

Aljoscha machte sich auf den Weg, er ging, wohin seine Augen blickten, und weinte. Da begegnete er einer uralten Frau. »Warum weinst du, Aljoscha Popowitsch?« – »Pack dich, alte Base! Was hab ich mit dir zu schaffen!« – »Wie du

willst! Aber ich könnte dir helfen!« Darauf fragte er sie: »Liebe
Großmutter, was wolltest du mir sagen?« – »So geht es! jetzt
bin ich die liebe Großmutter!« – »Ich habe geprahlt, daß ich
Danilos Frau kenne …« – »Aber wie konntest du das tun,
Väterchen? Sie kennen? Dorthin, wo sie zu Hause ist, kommt
nicht einmal das kleinste Vögelchen. Geh du zu ihrem Haus
und lade sie im Namen des Fürsten zu einem Festmahl ein; sie
wird sich waschen und putzen, dabei wird sie eine Kette aufs
Fensterbrett legen; nimm diese Kette und zeige sie Danilo
Ohnglück.« Aljoscha trat an ein Fenster, klopfte und lud
Vogel Schwan, die schöne Jungfrau, im Namen des Fürsten
zum Festmahl; sie begann sich zu waschen, zu putzen und für
das Fest herzurichten. Unterdessen nahm Aljoscha ihre
Kette, lief damit zu dem Palast und zeigte sie Danilo Ohn-
glück. »Ach, Fürst Wladimir«, sprach Danilo Ohnglück.
»Nun sehe ich, daß ich es bin, der geköpft werden muß.
Erlaube mir, nach Hause zu gehen und von meiner Frau
Abschied zu nehmen.«

Er kam nach Hause: »Ach, Vogel Schwan, schöne Jungfrau! Was habe ich angerichtet? Im Rausch habe ich mit dir
geprahlt und mein Leben verscherzt.« – »Ich weiß alles,
Danilo Ohnglück! Geh zurück und lade den Fürsten und die
Fürstin und alle Kiewer Bürger zu dir. Und wenn der Fürst
die Einladung nicht annehmen will, weil überall Staub und
Schlamm liege, weil die Wege aufgerissen, weil die Meere
aufgewühlt, die Sümpfe und Schlünde unbetretbar seien,
dann mußt du sagen: ›Sei unbesorgt Fürst Wladimir! Über die
Sümpfe und über die Flüsse schwingen sich Maßholderbrük-
ken, liegen Stege aus Eichenbohlen, die Brücken sind mit
purpurnen Teppichen belegt und mit versilberten Nägeln
beschlagen: kein Stiefel wird staubig, kein Pferdehuf schmie-
rig!‹« Danilo Ohnglück ging zurück, um die Gäste zu laden,
und Vogel Schwan, die schöne Jungfrau, trat vor die Haustür,
schlug mit den Flügeln, nickte mit dem Köpfchen, und eine
Brücke schwang sich von ihrem Haus bis zu dem Palast des

Fürsten Wladimir: Sie war mit purpurnen Teppichen ausgelegt und mit versilberten Nägeln beschlagen. Auf ihrer einen Seite blühten Blumen und sangen Nachtigallen, und auf ihrer anderen Seite reiften Äpfel, prangten allerlei Früchte.

Nun machten Fürst und Fürstin sich auf den Weg; sie wollten Danilo besuchen. Das ganze berittene Gefolge gab ihnen das Geleit. Sie kamen an den ersten Fluß – dort floß vortreffliches Bier; viele Soldaten aus dem fürstlichen Gefolge blieben am Ufer liegen. Dann kamen sie an den zweiten Fluß – dort floß vortrefflicher Met; die Hälfte der tapferen Krieger erwies dem Met die gebührende Ehre und fiel wie tot um. Sie kamen an den dritten Fluß – dort floß vortrefflicher Wein; daran taten sich die Offiziere gütlich, so lange, bis ihnen die Sinne schwanden. Dann kamen sie an den vierten Fluß – in dem Fluß strömte ein starker Wodka, der mit dem Wein über sieben Ecken verwandt ist; als sich der Fürst umsah, waren alle seine Generäle auf dem Schlachtfeld liegengeblieben. Nun ritten die Reisenden zu viert weiter: der Fürst mit der Fürstin, Aljoscha Popowitsch, der gern mit Frauen Mutwillen trieb, und Danilo Ohnglück. Die Gäste kamen an, traten in die hohen Gemächer, in den Gemächern standen Tische aus Ahorn und Stühle, die prächtig bemalt waren; auf den Tischen lagen seidene Decken; sie setzten sich an den Tisch, er bog sich unter köstlichen Speisen und fremdländischen Weinen; der Wein war nicht in Flaschen, nicht in Krügen, er floß und sprudelte in Strömen. Fürst Wladimir und seine Fürstin aßen nicht und tranken nicht, sie warteten nur: wann erscheint Vogel Schwan, die schöne Jungfrau?

Lange saßen sie an der Tafel, lange warteten sie: es wurde Zeit, den Rückweg anzutreten. Danilo rief einmal, ein zweites und ein drittes Mal – umsonst, sie wollte vor den Gästen nicht erscheinen. Da sagte Aljoscha Popowitsch, der gern mit Frauen Mutwillen trieb: »Wenn das mein Weib wäre, der würde ich zeigen, wie man dem Gatten folgt!« Vogel Schwan, die schöne Jungrau, hörte seine Worte. Sie trat vor die Tür auf die Treppe hinaus und sprach: »Ich werde euch zeigen, wie man den Gatten lehrt!« Sie schlug mit den Flügeln, nickte mit dem Köpfchen, schwang sich in die Lüfte und ließ die Gäste mitten im Sumpf auf Erdhügeln zurück: Rechts die See, links das Weh, vorne Sumpf und Schilf, hinten hilf mir, hilf! Der Fürst mußte über seinen Schatten springen und Danilo bitten, sie nach Hause zu bringen. Danilo, nicht faul und nicht lahm, besudelte sich und die Fürsten mit Schlamm! Auch ich wollte damals den Fürst und die Fürstin begrüßen, aber sie haben mich aus dem Palast hinausgeschmissen, ich schlüpfte zurück durch ein Mauseloch und stieß mir den Kopf an – o – oh!

Wassilij Zarewitsch und die wunderschöne Jelena

In einem Reich, in einem Land lebte einmal ein Zar, und dieser Zar Iwan hatte einen Bruder, Wassilij Zarewitsch, dem war kein Glück beschieden! Der Zar jagte ihn im Zorn aus dem Haus; seitdem wurde er der unglückliche Wassilij genannt; schließlich war er so arm, daß er nicht einmal einen sauberen Rock hatte. Das Heilige Fest, Christi Tag, kam; am Vorabend begab sich das ganze Volk zum Zaren und gratulierte ihm; der Zar schenkte jedem Geld oder etwas anderes. An diesem Karsamstag ging Wassilij Zarewitsch über die Straße und begegnete einer Frau mit einer blauen Kappe. Sie sprach: »Guten Tag, Wassilij Zarewitsch! Warum bist du so traurig und läßt den Kopf hängen?« Er antwortete: »Ach, gute Frau mit der Kappe blau! Wie soll ich denn heiter sein? Das Fest steht vor der Tür, alle tragen neue Kleider; und ich, der Bruder des Zaren, habe nichts und kann nicht einmal ein Osterei essen!« – »Geh zu deinem Bruder, dem Zaren Iwan«, sprach die Frau, »und bitte ihn, er möchte dir etwas schenken – etwas wird er dir schon geben.«

Wassilij Zarewitsch hörte auf den Rat der Frau; er betrat das Gemach des Zaren, sein Bruder sah ihn und fragte:

»Weshalb kommst du, unglücklicher Bruder?« – »Ich komme zu dir«, antwortete Wassilij Zarewitsch, »weil du zum Heiligen Fest alle beschenkt hast, aber ich bin leer ausgegangen.« Es waren gerade viele Generäle bei dem Zaren versammelt, und der Zar verhöhnte seinen Bruder: »Womit soll ich dich Narren beschenken?« Und dann ließ der Zar ihm ein Geschenk bringen – vierzig mal vierzig schwarze Zobel, und Gold für die Knöpfe, und Seide für die Ösen: »Hier, Bruder, ein Geschenk für dich! Näh bis zu Christi Frühmesse einen Pelz, auf jedem Knopf soll ein Paradiesvogel und ein fremdländischer Kater sein!« Wassilij dankte dem Zaren, ging von dannen und weinte; an diesem Geschenk konnte er sich nicht freuen. Er ging über die Straße und begegnete wiederum der Frau mit der Kappe blau, die fragte ihn: »Wassilij Zarewitsch, was hat dir dein Bruder geschenkt?« – »Ach, gute Frau mit der Kappe blau! Mein Bruder schenkte mir vierzig mal vierzig Zobel, pures Gold für die Knöpfe und grüne Seide für die Ösen; er hieß mich einen Pelz nähen, der soll bis zur Frühmesse fertig sein, und in jedem Knopf müssen Paradiesvögel singen und Meerkatzen miauen.« Da sprach die Frau mit der Kappe blau: »Folge mir, Wassilij Zarewitsch! Weine und klage nicht.«

Sie wanderten und wanderten, ob ihr Weg kurz war oder lang, ob er eben war oder steil – schließlich kamen sie zu dem Palast der wunderschönen Jelena. Da sprach die Frau mit der Kappe blau: »Bleibe du vor dem Tor stehen, Wassilij Zarewitsch, ich aber werde hineingehen und für dich die wunderschöne Jelena freien.« Sie kam zu der wunderschönen Jelena und sprach: »Mütterchen Jelena, du Wunderschöne! Ich komme als Brautwerberin für Wassilij Zarewitsch.« Jelena fragte die Frau mit der Kappe blau: »Wo ist er, der Zarewitsch Wassilij?« Sie antwortete: »Wassilij Zarewitsch steht vor dem Tor; er getraut sich nicht, ungeladen vor dich zu treten.« Die wunderschöne Jelena ließ ihn sofort hereinrufen, schaute ihn an und fand großen Gefallen an ihm; darauf hieß sie ihn in ein anderes Gemach gehen, schickte zwei Diener zu ihm und nannte ihn fortan ihren Bräutigam. Die Frau mit der Kappe blau sprach: »Ach, Mütterchen Jelena, du Wunderschöne! Sein Bruder schenkte ihm vierzig mal vierzig schwarze Zobel, pures Gold für die Knöpfe, grüne Seide für die Ösen und hieß ihn einen Pelz nähen, der soll bis zu der Frühmesse fertig sein, und in jedem Knopf müssen Paradiesvögel singen und fremdländische Kater miauen.« Als Jelena das hörte, versprach sie der Frau, daß alles zur rechten Zeit fertig sein würde. Die Frau mit der Kappe blau verabschiedete sich und ging.

Gegen Abend trat die wunderschöne Jelena vor die Tür und rief: »He, Bruder Lichter Falke, komm zu mir geflogen!« Schon kam der Lichte Falke geflogen, ließ sich auf die Treppe fallen und verwandelte sich in einen schönen Jüngling. »Guten Tag, Schwesterchen!« – »Guten Tag, Brüderchen!« Sie sprachen über dies und das, über diesen und jenen; schließlich sagte die wunderschöne Jelena zu ihrem Bruder: »Ich habe meinen Bräutigam gewählt, den Zarenbruder Wassilij. Näh ihm einen Pelz, damit er zu Christi Frühmesse gehen kann.« Sie gab ihm die vierzig mal vierzig schwarzen Zobel, das pure Gold für die Knöpfe, die grüne Seide für die Ösen und schärfte ihm ein, daß in jedem Knopf Paradiesvögel singen und fremdländische Kater miauen sollten und daß der Pelz zur rechten Zeit fertig sein müsse. »Sorge dich nicht, liebe Schwester, alles soll nach deinem Wunsch geschehen!« Wassilij Zarewitsch aber ahnte nicht, daß er zum Fest einen neuen Pelz tragen würde.

Als die Glocken zur Morgenmesse läuteten, kam der Lichte Falke geflogen, ließ sich auf die Treppe fallen und verwandelte sich in den schönen Jüngling. Die Schwester trat aus der Tür, empfing ihren Bruder, und der reichte ihr den fertigen Pelz. Die wunderschöne Jelena dankte ihrem Bruder für den erwiesenen Dienst und befahl, den Pelz Wassilij Zarewitsch zu bringen, damit er ihn anziehe. Der Zarewitsch freute sich über alle Maßen, er legte den Pelz an und begab sich in das

Gemach der wunderschönen Jelena. Sie befahl, anzuspannen und ihn in der Kutsche zur Kirche zu fahren; bevor er in die Kutsche stieg, reichte sie ihm drei Eier: »Das erste Ei sollst du in Christi Namen dem Erzpopen schenken, das zweite deinem Bruder, dem Zaren Iwan, und das dritte dem Menschen, der dir auf der Welt der liebste ist; wenn du in die Kirche trittst, mußt du dich vor deinen Bruder an den Altar stellen.« Wassilij kam in die Kirche und stellte sich auf ihr Geheiß vor seinen Bruder. Der Zar erkannte ihn nicht und dachte: »Wer ist dieser Mann«? Darauf befahl er einem General, zu dem Fremden zu gehen und ihn höflichst zu fragen, wer er sei. Der General trat zu Wassilij Zarewitsch und fragte ihn: »Der Zar läßt Euch fragen: Seid Ihr Zar oder Zarensohn, König oder Königssohn, oder seid Ihr vielleicht ein starker und mächtiger Recke?« Er antwortete: »Ich bin von hier.«

Nach der Messe tauschte Wassilij Zarewitsch den ersten Osterkuß mit dem Erzpopen, darauf schenkte er ihm ein Ei; dann ging er zu seinem Bruder, dem Zaren Iwan, und sprach: »Christus ist auferstanden, Bruder!« Der antwortete ihm: »Er ist wahrhaft auferstanden!« Wassilij Zarewitsch schenkte ihm das zweite Ei; nun blieb ihm nur noch das dritte. Als er aus der Kirche trat, begegnete ihm Aljoscha Popowtisch: »Christus ist auferstanden, Wassilij Zarewitsch!« – »Er ist wahrhaft auferstanden!« Darauf verlangte Aljoscha Popowitsch: »Gib mir ein Ei!« – »Ich habe keines«, antwortete Wassilij Zarewitsch, ging nach Hause, tauschte den Osterkuß mit der wunderschönen Jelena und schenkte ihr das dritte Ei. Sie sprach: »Ach, Wassilij Zarewitsch, ich habe nicht gehofft, daß du für mich ein Ei zurückbehalten würdest; nun bin ich bereit, dich zu heiraten; fahre jetzt zu deinem Bruder und lade ihn zu unserem Hochzeitsfest ein.« Wassilij Zarewitsch fuhr zu seinem Bruder; der freute sich sehr über seinen Besuch. Wassilij Zarewitsch lud ihn zu seiner Hochzeit ein; sein Bruder fragte: »Wo hast du eine Braut gefunden?« – »Meine Braut ist Jelena die Wunderschöne.«

Sie feierten Hochzeit, und nach der Hochzeit lud der Zar Iwan die ganze Welt zu einem Fest ein, auch sein Bruder Wassilij sollte mit seiner angetrauten Gattin Jelena der Wunderschönen kommen. Als es Zeit war, zu dem Fest zu fahren, rief Wassilij Zarewitsch seine Frau; sie sprach: »Ich bin so schön, daß ich mich vor dem bösen Blick fürchte; fahre lieber allein.« Wassilij Zarewitsch kam zu seinem Bruder, und der fragte: »Warum kommst du allein, ohne deine Braut?« – »Sie ist unpäßlich.« Ob sie nun lange tafelten oder nicht – die Zungen lösten sich, und alle Gäste begannen sich zu brüsten, der eine mit diesem, der andere mit jenem. Nur Wassilij Zarewitsch schwieg und prahlte nicht. Sein Bruder trat auf ihn zu und fragte: »Und du, Bruder, warum sitzest du stumm da und weißt gar nichts zu sagen?« – »Was soll ich denn sagen?« sprach Wassilij Zarewitsch. »Du könntest dich damit brüsten, daß du eine schöne Frau hast.« – »Ja, Bruder, da hast du recht, ich habe eine gute Frau.« Auf einmal tauchte neben Wassilij Zarewitsch Aljoscha Popowitsch auf und sprach: »Was soll an ihr gut sein! Ich habe mit ihr eine Nacht geschlafen, als du nicht zu Hause warst.« Da sagten alle Gäste wie aus einem Mund: »Wenn du mit ihr geschlafen hast, dann mußt du noch einmal mit ihr in die Badestube gehen und uns ihren Siegelring bringen, dann werden wir dir glauben. Und wenn du uns den Ring nicht bringst, dann kommst du an den Galgen.« Was sollte er tun? Aljoscha Popowitsch ging von dannen und ließ den Kopf hängen.

Er ging immer weiter und weiter; da begegnete ihm die Frau mit der Kappe blau und fragte: »Warum bist du so traurig, Aljoscha Popowitsch?« – »Wie soll ich denn nicht traurig sein, ich habe mich an der Tafel des Zaren gebrüstet, als hätte ich mit Jelena der Wunderschönen geschlafen; da sagten alle Gäste: ›Wenn du mit ihr geschlafen hast, dann mußt du mit ihr in die Badestube gehen und uns ihren Siegelring bringen; bringst du ihn nicht, dann wirst du gehängt.‹« – »Sorge dich nicht, sondern folge mir!« sprach die

Frau. Sie kamen zum Haus der wunderschönen Jelena. Die Frau mit der Kappe blau hieß Aljoscha Popowitsch vor dem Tor stehen bleiben, schlich unbemerkt in den Hof, von dort in die Diele und sah – auf einer Bank lag der Siegelring; die wunderschöne Jelena hatte ihn liegen lassen, als sie sich nach dem Ruhen wusch. Die Alte nahm den Ring, eilte zu Aljoscha Popowitsch, gab ihm den Ring und riet ihm, sich am Fluß das Haar zu befeuchten, damit es so aussehe, als wäre er in der Badestube gewesen. So tat er. Dann ging er zu dem Hof des Zaren und zeigte den Siegelring herum. Wassilij Zarewitsch betrübte sich sehr, fuhr gleich nach Hause und verkaufte Jelena die Wunderschöne für hundert Rubel an fahrende Händler.

In jener Stadt, wohin sie Jelena die Wunderschöne brachten, war vor kurzem der Zar gestorben, und deshalb kamen die Menschen von überall her zusammen, um einen neuen Zaren zu wählen. Sie wählten ihre Zaren so: Wessen Kerze sich von selbst entzündete, wenn er mit ihr in der Hand in die Kirche trat, der war der neue Zar. Alle hatten schon ihr Glück versucht, aber keine Kerze hatte sich entzündet. Die wunderschöne Jelena hörte davon und dachte: »Nun will ich auch hineingehen und mein Glück versuchen.« Sie legte Männerkleider an, nahm eine Kerze in die Hand und ging in die Kirche. Kaum hatte sie die Kirche betreten, als ihre Kerze sich entzündete. Alle jubelten und hoben sie auf den Thron. So regierte sie nun ihr Reich, aber sie konnte ihren Mann, Wassilij Zarewitsch, nicht vergessen und ließ auskundschaften, wo er wäre und wie es ihm ginge. Als sie hörte, daß er vor Sehnsucht nach ihr vergehe, schickte sie Boten zu ihm und ließ ihn holen. Er kam und erzählte ihr, wie sich alles zugetragen hatte; nun wußte die wunderschöne Jelena, wer der Schuldige war, und versöhnte sich mit ihrem Gatten.

Sie ließen Aljoscha Popowitsch zu sich kommen, und er gestand freimütig, daß die Frau mit der Kappe blau ihm den Ring verschafft habe, und daß er Jelena die Wunderschöne

vor dem Zaren verleumdete, weil er mit Wassilij Zarewitsch
den Osterkuß getauscht, ihn um ein Osterei gebeten, aber
keines bekommen hatte. Darauf ließen sie die Frau mit der
Kappe blau holen; als sie gebracht wurde, fragten sie sogleich,
warum sie Jelena den Siegelring gestohlen habe? »Weil du,
wunderschöne Jelena, mir versprochen hattest, mich drei
Jahre zu ernähren, und dein Versprechen brachst.« Aljoscha
Popowitsch und die Frau mit der Kappe blau wurden abge-
führt und erschossen. Die wunderschöne Jelena übergab das
Zepter Wassilij Zarewitsch, und sie lebten fortan in Liebe und
Eintracht und mehrten das Gute.

Baldak Borisjewitsch

In der ruhmreichen Stadt Kiew, an dem Hof des Zaren
Wladimir, versammelten sich Fürsten, Bojaren und starkmächtige Recken zu einem Festmahl. Zar Wladimir sprach zu
ihnen: »Hört, meine lieben Kinder! Sammelt euch, schart
euch um diese große Tafel.« Sie sammelten sich um die große
Tafel, und als sie Hunger und Durst zur Hälfte gestillt hatten,
hob Zar Wladimir an: »Wer von euch will mir einen großen
Dienst erweisen und hinter die dreimal neun Länder in das
dreimal zehnte Reich zu dem türkischen Sultan reiten, ihm
das Pferd mit der goldenen Mähne wegnehmen, seinen Kater,
den bösen Zauberer, töten und ihm selbst, dem türkischen
Sultan, in die Augen spucken?« Es meldete sich der tapfere
Recke Ilja Muromez, Iwans Sohn. Zar Wladimir hatte eine
vielgeliebte Tochter, die sprach: »Höre, Väterchen, Zar Wladimir! Ilja Muromez, Iwans Sohn, traut es sich zu, aber er
wird die Aufgabe nicht lösen! Hebe die Festtafel auf, Väterchen, mach dich auf den Weg und suche in deiner Stadt, in des
Zaren Schenken, nach dem jungen Baldak, Boris' Sohn, der
sieben Jahre zählt.«

Der Zar hörte auf seine Tochter, machte sich auf den Weg, suchte den jungen Baldak, Boris' Sohn, und fand ihn in einer Schenke – er schlief unter einer Bank. Zar Wladimir stieß ihn mit der Stiefelspitze an; Baldak wachte auf und war mit einem Satz auf den Beinen, als hätte er gar nicht geschlafen. »Was wünschst du von mir, Zar Wladimir?« Darauf antwortete Zar Wladimir: »Ich bitte dich zu meiner Ehrentafel.« – »Ich bin nicht wert, an einer Ehrentafel zu sitzen; ich saufe in den Schenken und schlafe unter Bänken.« Da sprach Zar Wladimir zu ihm: »Wenn ich dich zu meinem Fest lade, mußt du kommen; ich brauche dich.« Darauf hieß der junge Baldak, Boris' Sohn, den Zaren in seinen Palast zurückkehren und versprach, sich bald dort einzufinden.

Nun blieb Baldak allein in der Schenke zurück, trank von dem Branntwein, soviel er für einen klaren Kopf nötig hatte, und begab sich zu dem Zaren Wladimir in den Palast mit den vielen Giebeln. Er schlug das Kreuz, wie es in der Schrift steht, er verneigte sich tief, wie es sich bei Hofe schickt, er verneigte sich nach allen Seiten und vor dem Zaren besonders: »Guten Tag, Zar Wladimir! Warum hast du mich gerufen?«

Darauf antwortete Zar Wladimir: »Höre, junger Baldak, Boris' Sohn, erweise mir einen großen Dienst: Gehe hinter die dreimal neun Länder in das dreimal zehnte Reich zu dem türkischen Sultan, nimm ihm das Pferd mit der goldenen Mähne weg, töte seinen Kater, den bösen Zauberer, und spucke ihm selbst, dem türkischen Sultan, in die Augen. Nimm soviel Gefolge, wie du brauchst; nimm soviel Gold aus meinen Schatzkammern, wie du willst!« Darauf antwortete der junge Baldak, Boris' Sohn: »So sei es, Zar Wladimir! Gib mir als Gefolge nur neunundzwanzig Burschen, ich werde der dreißigste sein.«

Das Märchen ist bald erzählt, aber die Sache ist nicht so bald getan. Der junge Baldak, Boris' Sohn, machte sich auf den Weg zu dem türkischen Sultan; mit Vorbedacht kam er dort genau um Mitternacht an. Er trat in den Sultans Hof, führte das Pferd mit der goldenen Mähne aus dem Stall, packte den Kater, den bösen Zauberer, riß ihn in der Mitte durch und spuckte dem Sultan in die Augen. Der türkische Sultan hatte einen Garten, den er über alles liebte; der Garten erstreckte sich über drei Werst, darin wuchsen mancherlei Bäume und blühten mancherlei Blumen. Der junge Baldak, Boris' Sohn, befahl den Genossen, den neunundzwanzig Burschen, alle Bäume zu fällen, alles niederzuwalzen, holte Feuer und brannte den ganzen Garten ab. Dann ließ er auf dieser Stelle dreißig feine weiße Leinenzelte aufschlagen.

Wenn der türkische Sultan morgens aufwachte, galt sein erster Blick seinem geliebten Garten. Nun sah er, daß die Bäume gefällt waren, daß alles niedergebrannt war, und daß dort, wo der Garten gewesen war, dreißig weiße Leinenzelte standen. »Wer ist in mein Land eingefallen?« dachte er. »Ein Zar oder ein Zarensohn? Ein König oder ein Königssohn? Oder ein starkmächtiger Recke?« Da rief der Sultan mit lauter Stimme nach seinem Lieblingspascha, und als dieseser vor ihm erschien, sprach er: »Sonderbares geht in meinem Reiche vor! Ich erwarte den russischen Übeltäter, den jungen Baldak, Boris' Sohn; und nun ist ein Zar oder ein Zarensohn, ein König oder ein Königssohn oder ein starkmächtiger Recke in mein Land eingefallen – ich weiß nicht,wer es ist, und ich weiß nicht, wie ich es erfahren kann.«

Des Sultans älteste Tochter hörte, wie sie beratschlagten, kam heraus und sprach zu ihrem Vater: »Was zerbrecht Ihr Euch den Kopf? Ach, Väterchen türkischer Sultan! Gib mir deinen Segen und laß in deinem Reich neunundzwanzig Jungfrauen auswählen, alle von unvergleichlicher Schönheit, ich will die dreißigste sein und in den Leinenzelten eine Nacht verbringen, um für Euch den Schuldigen zu finden.« Der Vater war einverstanden, und sie begab sich mit neunundzwanzig Jungfrauen zu den Zelten: Schönere Mädchen waren im ganzen Land nicht zu finden. Der junge Baldak, Boris'

Sohn, trat ihr entgegen, nahm sie bei den weißen Händen und rief mit lauter Stimme: »Herbei, ihr wackeren Genossen, nehmt die schönen Jungfrauen bei der Hand, führt sie ein jeder in sein Zelt und tut mit ihnen – ihr wißt schon, was!« Sie schliefen eine Nacht miteinander. Am Morgen kehrte die älteste Tochter des türkischen Sultans zu ihrem Vater zurück und sprach zu ihm: »Ach, lieber Vater! Laß die dreißig Burschen aus den weißen Leinenzelten zu dir in den Palast kommen; dann werde ich dir den Schuldigen zeigen.«

Auf der Stelle schickte der türkische Sultan seinen Lieblingspascha zu den Zelten, um den jungen Baldak, Boris' Sohn, samt allen seinen Genossen zu sich zu laden. Dreißig Burschen traten aus den Zelten; sie sahen einander so ähnlich wie leibliche Brüder, die Locken gleich und auch gleich lang, die Stimmen von dem gleichen Klang! Sie sagten zu dem Boten: »Geh voraus, wir werden nachkommen!« Der junge Baldak, Boris' Sohn, sprach zu seinen Genossen: »Hab ich nicht irgendein Mal an mir? Sucht mich gut ab!« Seine Beine waren bis zu den Knien golden und die Arme bis zu den Ellbogen silbern. »Sie ist gewitzt, aber ich bin auch nicht dumm!« sprach Baldak und ließ an seinen Genossen dasselbe Zeichen erscheinen: Die Beine der Burschen waren bis zu den Knien golden und die Arme bis zu den Ellbogen silbern; er hieß sie Handschuhe anziehen. »Wenn wir in des Sultans Haus sind, dürft ihr sie ohne meinen Befehl nicht auszuziehen!«

Nun standen sie vor dem Sultan. Seine älteste Tochter trat heraus und erkannte den Schuldigen, den jungen Baldak, Boris' Sohn. Da sagte Baldak zu ihr: »Wie willst du mich erkennen – hab ich denn ein besonderes Mal?« Des Sultans älteste Tochter antwortete: »Streife einen Stiefel vom Fuß und einen Handschuh von der Hand, dort habe ich ein Mal angebracht – deine Beine sind bis zum Knie golden und deine Arme bis zum Ellbogen silbern.« – »Das ist bei uns nicht selten!« Und nun befahl der junge Baldak, Boris' Sohn, seinen Genossen: »Streift alle einen Stiefel vom Fuß und einen

753

Handschuh von der Hand!« Da wurde offenbar, daß alle dasselbe Mal trugen wie Baldak – in den Gemächern verbreitete sich ein wunderbarer Glanz! Der türkische Sultan war wie geblendet und traute seiner Tochter nicht: »Du schwindelst! Ich brauche nur einen Schuldigen, und du bringst mir dreißig!« Darauf befahl der türkische Sultan: »Hinaus mit euch!«

Danach wurde er noch betrübter, noch trauriger, und beriet von neuem mit seinem Lieblingspascha, wie sie den Schuldigen finden könnten. Während sie so berieten, kam die zweite Tochter des Sultans heraus und sprach zu ihm: »Gib mir neunundzwanzig Jungfrauen, Väterchen; ich will die dreißigste sein und mit ihnen zu den Leinenzelten gehen, dort eine Nacht verbringen und für Euch den Schuldigen finden.« Gesagt, getan. Am nächsten Morgen ließ der türkische Sultan den jungen Baldak, Boris' Sohn, durch seinen Lieblingspascha in den Palast rufen. Baldak antwortete abermals: »Geh voraus, wir werden bald nachkommen!« Sobald der Pascha gegangen war, rief Baldak mit lauter Stimme: »Herbei, meine Genossen! Herbei, ihr neunundzwanzig wackeren Burschen! Sucht mich ab, ob ich nicht ein Mal an mir habe!« Sogleich eilten sie aus ihren Zelten herbei und fanden, daß sein Haupthaar golden war. Da sprach der junge Baldak, Boris' Sohn: »Sie ist gewitzt, aber ich bin auch nicht dumm!« Er ließ an seinen Genossen dasselbe Zeichen erscheinen: goldenes Haupthaar. Dann ließ er sie Mützen aufsetzen: »Wenn wir bei dem Sultan im Haus sind, dürft ihr sie ohne meinen Befehl nicht absetzen!« Als der junge Baldak, Boris' Sohn, mit seinen Genossen in den Palast trat, rief der Sultan seine mittlere Tochter herbei: »Zeige uns, meine liebe Tochter, den Schuldigen!« Sie erkannte ihn auf den ersten Blick – weil sie bei ihm eine Nacht geschlafen hatte; sie trat schnurstracks auf den jungen Baldak zu und sprach: »Er ist der Schuldige!« Da sagte der junge Baldak, Boris' Sohn, zu ihr: »Wie willst du mich erkennen – habe ich denn ein besonderes Mal?« – »Setz deine

754

Mütze ab! Dort habe ich ein Mal angebracht – dein Haar ist golden.« – »Das ist bei uns nicht selten!« Darauf befahl der junge Baldak, Boris' Sohn, seinen Genossen, die Mütze abzusetzen: da wurde offenbar, daß alle goldenes Haupthaar hatten – in den Gemächern verbreitete sich ein wunderbarer Glanz! Der Sultan zürnte seiner mittleren Tochter: »Du lügst! Ich brauche nur einen Schuldigen, und für dich sind es alle dreißig. Darauf befahl er: »Hinaus mit euch!«

Nun war der türkische Sultan noch trauriger, noch betrübter; da trat seine dritte, jüngste Tochter heraus, spottete ihrer beiden älteren Schwester und bot dem Vater ihre Hilfe an: »Mein lieber Vater! Erlaubt mir, neunundzwanzig Jungfrauen auszuwählen, die schönsten im ganzen Land; ich will die dreißigste sein und für Euch den Schuldigen finden.« Der Sultan ließ seine jüngste Tochter gewähren, und sie begab sich mit den neunundzwanzig Jungfrauen zu den Zelten, um dort eine Nacht zu verbringen. Der junge Baldak, Boris' Sohn, sprang ihr entgegen, nahm die Tochter des Sultans bei den weißen Händen und führte sie in sein Zelt; dabei rief er mit lauter Stimme: »Nehmt sie bei den Händen, wackere Genossen, und führt sie in eure Zelte!« Sie schliefen die Nacht miteinander, und am Morgen kehrten die Jungfrauen nach Hause zurück. Der Sultan schickte seinen Lieblingspascha zu den weißen Zelten, um den jungen Baldak samt allen seinen Genossen in den Palast zu laden. »Geh voraus, wir werden bald nachkommen.« Darauf sprach der junge Baldak, Boris' Sohn, zu seinen Genossen: »Habe ich nicht ein Mal an mir, sucht mich gut danach ab, wackere Genossen!« Sie suchten ihn ab, sie schauten überall nach – aber sie konnten nichts finden. »Wehe, meine Freunde, nun ist es um mich geschehen!« sprach Baldak und bat sie um einen letzten Dienst; er reichte jedem einen scharfen Säbel und hieß sie ihn unter dem Rock verstecken: »Wenn ich das Zeichen gebe, müßt ihr den Säbel schwingen!«

Als sie vor dem türkischen Sultan standen, trat seine

jüngste Tochter heraus und zeigte auf den jungen Baldak: »Er ist der Schuldige! Er hat unter der Ferse einen goldenen Stern.« Es zeigte sich, daß er unter der Ferse einen goldenen Stern hatte. Der türkische Sultan wies die neunundzwanzig Burschen aus dem Palast und schrie den jungen Baldak, Boris' Sohn, mit lauter und drohender Stimme an: »Ich werde dich auf meine flache Hand setzen und mit der anderen darauf klatschen, und von dir bleibt nur ein nasser Fleck!« Der junge Baldak antwortete: »Hei, türkischer Sultan! Zaren und Zarensöhne, Könige und Königssöhne, starkmächtige Rekken fürchteten sich vor dir, aber ich, ein Junge von sieben Jahren, fürchte dich nicht. Ich habe dir das Pferd mit der goldenen Mähne weggenommen, deinen Kater, den bösen Zauberer, getötet, habe dir, dem Sultan, in die Augen gespuckt und deinen geliebten Garten abgeholzt und niedergebrannt!« Der Sultan geriet in helle Wut, er befahl seinen Dienern, mitten auf dem Platz zwei Pfosten aus Eiche einzurammen, einen Querbalken aus Ahorn darüberzulegen und an den Querbalken drei Schlingen zu knüpfen: Die erste aus Seide, die zweite aus Hanf, die dritte aus Bast, und in der Stadt zu verkünden, daß das ganze Volk, Kind und Greis, sich auf dem Platz einfinden müsse, um der Hinrichtung des russischen Übeltäters beizuwohnen.

Der türkische Sultan stieg in eine leichte Kutsche und ließ auch seinen Lieblingspascha und die jüngste Tochter einsteigen, die den Schuldigen herausgefunden hatte; Baldak fesselten sie; legten ihn in Ketten und hoben ihn in die Kutsche, zu des Sultans Füßen. Darauf fuhren sie geradewegs zu den Eichenpfählen. Unterwegs sagte Baldak zu dem Sultan: »Ich will dir Rätsel aufgeben und du sollst sie lösen. Das Pferd trabt brav voraus, wozu zieht es den Schweif im Staube nach?« – »Du bist ein Narr!« antwortete der Sultan. »Das Pferd kommt doch mit dem Schweif auf die Welt.« Darauf fuhren sie ein Stück weiter. Da sagte Baldak: »Die Vorderräder zieht das Pferd, wozu läßt der Teufel die Hinterräder hinterherrollen?«

»Dummkopf! Du hast vor Angst den Verstand verloren und redest irre. Der Wagner hat vier Räder gemacht – so rollen alle vier.« Sie kamen auf dem Platz an, stiegen aus der Kutsche, hoben den Verurteilten heraus, nahmen ihm Fesseln und Ketten ab und führten ihn zu dem Galgen.

Baldak, Boris' Sohn, bekreuzigte sich, verneigte sich nach den vier Himmelsrichtungen und sprach mit lauter Stimme: »Großer Sultan! Zürne mir nicht, gewähre mir eine Bitte.« – »Sprich. Was willst du?« – »Ich trage das Geschenk meines Vaters, den Segen meiner Mutter bei mir, eine kleine Schalmei. Erlaube mir, ein letztes Liedchen zu spielen: mir zum Trost und Euch zur Freude.« – »Spiele nur, spiele dein letztes Liedchen!« Da blies Baldak die Schalmei und ließ ein lustiges Lied erklingen – und allen verwirrte sich der Verstand; sie sahen ihn an, sie hörten zu und vergaßen, weshalb sie gekommen waren; und der Sultan verlor die Sprache. Die neunundzwanzig Burschen hörten die Schalmei, traten vor und begannen mit ihren scharfen Säbeln das Volk niederzumähen. Baldak aber blies so lange die Schalmei, bis die braven Burschen, seine Genossen, das ganze Volk niedergemäht hatten und bis zu dem Galgen vorgedrungen waren.

Da hörte Baldak, Boris' Sohn, zu spielen auf und richtete an den türkischen Sultan sein letztes Wort: »Wer von uns beiden ist der Narr? Dreh dich doch um, blick hinter dich: meine Gänse picken deinen Weizen auf!« Der türkische Sultan drehte sich um – sein ganzes Volk lag niedergemetzelt auf der Erde; nur drei Menschen standen vor dem Galgen: er selbst, seine Tochter und sein Lieblingspascha. Baldak befahl seinen Genossen, den Sultan in der seidenen Schlinge aufzuknüpfen, seinen Lieblingspascha in der hanfenen und seine jüngste Tochter in der aus Bast. Damit war die Sache getan, und er kehrte mit seinem Gefolge in die ruhmreiche Stadt Kiew zu dem Zaren Wladimir zurück.

In einem Reich, in einem Land lebte der Pope Wassilij, der hatte eine Tochter, die hieß Wassilissa Wassiljewna. Sie trug Männerkleider, liebte das Reiten, traf mit dem Gewehr jedes Ziel und tat überhaupt alles nicht auf Mädchenart, so daß nur wenige wußten, daß sie ein Mädchen war. Die meisten dachten, sie sein ein Mann, und nannten sie Wassilj Wassiljewitsch; vor allem darum, weil Wassilissa Wassiljewna sehr gerne ein Gläschen Wodka trank, und das steht den Mädchen nicht an. Eines Tages ritt Zar Barchat (so hieß der Zar jenes Landes) auf die Jagd und begegnete unterwegs Wassilissa Wassiljewna. Sie trug Männerkleidung und ritt ebenfalls auf die Jagd. Als Zar Barchat sie erblickte, fragte er seine Diener: »Wer ist dieser junge Mann?« Ein Diener antwortete: »Majestät, daß ist kein junger Mann, sondern ein junges Mädchen. Ich weiß gewiß, daß es die Tochter des Popen Wassilij ist und Wassilissa Wassiljewna heißt.«

Sobald Zar Barchat in seinen Palast zurückgekehrt war, schrieb er dem Popen Wassilij einen Brief, er möge seinen Sohn Wassilij Wassiljewitsch zu ihm in den Palast schicken. Und dann begab er sich zu der Großmutter Jaginischna, um sich Rat zu holen, wie er erfahren könne, ob Wassiljewitsch wirklich ein Mädchen sei. Die Großmutter Jaginischna sagte: »Du mußt in deinem Palast zur rechten Hand einen Stickrahmen aufhängen und zur linken Hand Gewehre; ist sie wirklich Wassilissa Wassiljewna, so wird sie, sobald sie das Gemach betritt, zuerst nach dem Stickrahmen greifen, ist sie aber Wassilij Wassiljewitsch, so greift er nach einem Gewehr.« Zar Barchat folgte dem Rat der Großmutter Jaginischna und hieß seine Diener in dem Gemach einen Stickrahmen und Gewehre aufhängen.

Als der Pope Wassilij den Brief des Zaren in Händen hielt, zeigte er ihn seiner Tochter; darauf begab sich Wassilissa

Wassiljewna in den Pferdestall, sattelte ihren Schimmel und ritt schnurstracks zu dem Palast des Zaren. Zar Barchat empfing sie an der Tür. Sie betete vor den Ikonen, wie es sich ziemt, schlug das Kreuz, wie es die Schrift lehrt, verneigte sich nach allen vier Himmelsrichtungen, grüßte Zar Barchat auf das freundlichste und folgte ihm in die Gemächer. Sie setzten sich an die Tafel, sie tranken manchen Becher und ließen es sich gut schmecken. Nach dem Mahl führte Zar Barchat Wassilissa Wassiljewna durch den Palast. Als sie den Stickrahmen sah, verspottete sie den Zar Barchat: »Was hast du hier für Plunder, Zar Barchat! Bei meinem Vater kommt solcher Weiberkram nicht ins Haus, und bei dem Zar Barchat hängt der Weiberkram auf dem besten Platz!« Darauf verabschiedete sie sich von dem Zar Barchat auf das artigste und ritt von dannen. Der Zar Barchat wußte nicht, ob sie wirklich ein Mädchen war.

Es vergingen zwei Tage, nicht mehr, da sandte Zar Barchat dem Popen Wassilij abermals einen Brief mit der Bitte, seinen Sohn Wassilij Wassilijewitsch zu ihm in den Palast zu schikken. Als Wassilissa Wassiljewna das hörte, begab sie sich in den Pferdestall, sattelte ihren Schimmel und ritt schnurstracks zu dem Palast des Zaren Barchat. Zar Barchat erwartete sie. Sie begrüßte ihn freundlich, betete vor den Ikonen, wie es sich ziemt, schlug das Kreuz, wie die Schrift es lehrt, und verneigte sich nach allen vier Himmelsrichtungen. Zar Barchat aber ließ auf den Rat der Großmutter Jaginischna zum Abendbrot eine Kascha kochen und in die Kascha Perlen streuen; die Großmutter hatte gesagt, wenn es Wassilisa sei, würde sie die Perlen in die Hand spucken, und wenn es Wassillij Wassiljewitsch sei, würde er die Perlen unter den Tisch werfen.

Das Abendbrot wurde aufgetragen. Der Zar setzte sich an die Tafel und hieß Wassilissa Wassiljewna zu seiner Rechten Platz nehmen. Sie tranken manchen Becher und ließen es sich gut schmecken. Zuletzt kam die Kascha auf den Tisch. Kaum hatte Wassilissa Wassiljewna einen Löffel davon in den Mund genommen, als sie schon auf eine Perle biß. Sie spuckte die Perle samt der Kascha unter den Tisch und tadelte den Zaren Barchat: »Wie kommt dieser Dreck in die Kascha? Bei meinem Vater kommt solcher Weibertand nicht ins Haus, und bei dem Zaren Barchat würzen sie die Kascha damit!« Darauf verabschiedete sie sich von dem Zaren Barchat auf das artigste und ritt nach Hause. Der Zar Barchat wußte immer noch nicht, ob sie wirklich ein Mädchen war; und er hätte es zu gern gewußt!

Nach zwei oder drei Tagen befahl der Zar Barchat auf den Rat der Großmutter Jaginischna, die Badestube zu heizen; die Großmutter hatte ihm gesagt, wenn sie Wassilissa Wassiljewna sei, würde sie nicht mit dem Zaren zusammen baden. Die Diener heizten die Badestube.

Und abermals schrieb der Zar Barchat dem Popen Wassilij einen Brief, er möge seinen Sohn Wassilji Wassijewitsch zu ihm in den Palast schicken. Als Wassilissa Wassiljewna das hörte, begab sie sich in den Pferdestall, sattelte ihren Schimmel und ritt schnurstracks zu dem Palast des Zaren Barchat. Der Zar erwartete sie auf der Freitreppe. Sie begrüßte ihn freundlich, trat auf den samtenen Teppich und ließ sich in den Palast geleiten. Sie betete vor den Ikonen, wie es sich ziemt, schlug das Kreuz, wie die Schrift es lehrt, und verneigte sich tief nach allen vier Himmelsrichtungen; darauf setzte sie sich mit dem Zaren Barchat an die Tafel, trank mit ihm manchen Becher und ließ es sich gut schmecken.

Nach dem Mahl sprach der Zar: »Wie wäre es, Wassilij Wassilijewitsch, wenn wir jetzt gemeinsam in die Badestube gingen?« – »Wie Majestät wünschen«, antwortete Wassilissa Wassiljewna, »es ist ziemlich lange her, daß ich zuletzt in einer Badestube war, und ich würde heute gern ordentlich schwitzen.« Nun gingen sie in die Badestube. Während Zar Barchat im Vorraum seine Gewänder ablegte, hatte sie schon gebadet und sich aus dem Staub gemacht. Auch in der

Badestube war es dem Zaren nicht gelungen, sie zu überführen. Wassilissa Wassiljewna aber schrieb dem Zaren ein Briefchen und befahl seinen Dienern, es ihm zu überreichen, sobald er die Badestube verließe. In dem Briefchen stand geschrieben: »Was bist du für Gimpel, Zar Barchat? Wie will ein Gimpel einen Falken fangen? Ich bin nicht Wassilij Wassiljewitsch, sondern Wassilissa Wassiljewna.« So blieb unser Zar mit einer langen Nase zurück: denn Wassilissa Wassiljewna war nicht nur gewitzt, sondern auch sehr schön!

Von dem gottlosen Mamaj

Dies begab sich, als Fürst Dmitrij Iwanowitsch über das rechtgläubige Rußland herrschte. Er schickte als russischen Gesandten Sacharij Tjutrin mit dem Tribut zu dem gottlosen Mamaj, dem stinkenden Hund. Lange war der russische Gesandte Sacharij Tjutrin unterwegs; schließlich war er bei dem gottlosen Mamaj, dem stinkenden Hund, angelangt. »Empfange«, sprach er, »den Tribut des russischen Fürsten Dmitrij Iwanowitsch.« Darauf antwortete der gottlose Mamaj: »Bevor du nicht meine Füße gewaschen und nicht meine Stiefel geküßt hast, werde ich den Tribut des Fürsten Dmitrij Iwanowitsch nicht annehmen.« Darauf entgegnete der russische Gesandte Sacharij Tjutrin: »Statt dem Boten Speise und Trank vorzusetzen, statt ihn in die Badestube zu geleiten und ihn dann um die Botschaft zu bitten, befiehlst du, gottloser Mamaj, du stinkender Hund – deine Reden mögen deinen Leib aufblähen, daß er groß und schwarz wird wie ein Kohlenmeiler – als erstes deine unreinen Füße zu waschen und deine Stiefel zu küssen. Aber es ziemt dem russischen Gesandten Sacharij Tjutrin nicht, deine Füße zu waschen und deine Stiefel zu küssen. Eher wird der unreine Tatar, der gottlose Mamaj, im Namen des wahren Glaubens die Füße des russischen Gesandten Sacharij Tjutrin küssen!«

Der ungläubige Hund geriet in Wut, er raufte sich seine schwarzen Locken und warf sie auf die Erde, er zerriß das Sendschreiben des Fürsten und ließ sogleich eine Antwort aufsetzen: »Wenn das Haferfeld ist wie ein grünes Vlies, wenn der Schafbock krause Wolle trägt, wenn das Pferd mit dem Huf Gras und Wasser tritt, dann zieht der gottlose Mamaj gegen das heilige Rußland in den Krieg: Bis dahin komme kein Schluck Wasser und keine Krume Brot über meine Lippen.« Er ließ unter seinen Tataren starke, mächtige Recken aufrufen, dreißig weniger einen, und schickte sie in einen ehrlosen Kampf: »Reitet voraus, meine treuen Diener«, sprach er, »und lauert dem russischen Gesandten Sacharij Tjutrin auf; tötet ihn mitten im dunklen Wald, auf den steilen Hängen, und bindet seinen Leib an einen Baumwipfel, den Vögeln zum Fraß.«

Der russische Gesandte Sacharij Tjutrin ritt seines Wegs; mitten im dichten dunklen Wald holte ihn die Nacht ein. Er aber hielt nicht an – er ritt immer weiter und weiter. Am nächsten Morgen, gleich nach Sonnenaufgang, sah der russische Gesandte Sacharij Tjutrin: aus dem Wald traten starke, mächtige Recken hervor, dreißig weniger einen. Aber den Gesandten Sacharji Tjutrin machte der Anblick der unreinen Tataren nicht fürchten, er brach sich einen knorrigen Ast, um die ungebetenen Gäste zu vertreiben. Die Tataren rückten gegen Sacharij Tjutrin vor, sie kreisten den Kühnen ein. Da begann Sacharij sich im Kreise zu drehen und mit dem knorrigen Knüppel die Gäste zu grüßen. Wen er traf, der wurde zu Unrat. Da konnten die unreinen Tataren Sacharij Tjutrin nicht länger standhalten, und sie richteten an ihn schmeichelnde Reden. »Laß uns leben, Sacharij Tjutrin, russischer Gesandter. Wir werden es nie mehr wagen, gegen dich anzutreten!« Da sah Sacharij die starken, mächtigen Recken an: Von den dreißig weniger einem waren nur fünf übriggeblieben, aber auch sie hatte der Knüppel geschunden, und ihre Köpfe waren mit Schärpen verbunden; da überkam ihn Mitleid mit den unreinen Heiden und er ließ sie zu dem gottlosen Mamaj zurückkehren. »Macht euch auf den Weg«, sprach er, »und berichtet, wie es einem ergeht, der gegen den russischen Gesandten Sacharij Tjutrin auszieht.«

Er gab seinem treuen Roß einen Peitschenhieb über die steile Kruppe: mit dem ersten Sprung setzte sein Roß über hundert Saschenj hinweg, mit dem nächsten über eine Werst, und nach dem dritten berührte es die Erde nicht mehr. Unterwegs überlegte der russische Gesandte Sacharij Tjutrin, was er zu tun habe: er fing zwölf lichte Falken und dreißig weiße Jagdfalken ein, dann zerriß er den Brief des gottlosen Mamaj und schrieb einen neuen; nachdem er den Brief geschrieben hatte, band er ihn den Vögeln an die Schwänze und sprach: »Lichte Falken, weiße Jagdfalken! Fliegt zu dem Fürsten Dmitrij Iwanowitsch in dem Moskau aus weißem Stein, richtet ihm aus, er möge in den Städten und Dörfern und in den weit verstreuten Meilern ein unermeßlich starkes Heer zusammenrufen; nur Blinde und Lahme und die unmündigen Kinder, die jene pflegen sollen, dürfen zu Hause bleiben. Und ich, so sagt ihm, reite in meine Heimat, um die Rauhhaarigen, die Zottelbärtigen, die Kosaken vom Don zusammenzurufen.«

Als am Morgen die Sonne aufging, zogen Wolken am klaren Himmel auf, brachten dichten, feinen Regen und Wind und Sturm mit. In dem Rauschen und Donnern war nichts zu hören als der laute Ruf vor dem Palast des Fürsten; Fürst Dmitrij Iwanowitsch befahl, in dem ganzen Moskau aus weißem Stein auszurufen: »Herbei, ihr Fürsten und Bojaren, herbei, ihr starken, mächtigen Recken, herbei ihr tapferen Rottenführer, kommt zu dem Fürsten in seinen hellen Palast zum Mahle.« Von allen Seiten zogen nach dem Moskau aus weißem Stein die Fürsten und Bojaren, die starken, mächtigen Recken und die tapferen Rottenführer zu dem Fürsten in seinen hellen Palast zum Mahle, seine weisen Reden zu hören und mehr noch seine lichten Augen zu schauen. Wie ein mächtiger Eichbaum inmitten von Wacholderbüschen mit seinem Wipfel in den Himmel ragt, so thronte der Großfürst inmitten seiner Fürsten und Bojaren.

Nicht ein goldenes Horn erklang – Fürst Dmitrij Iwanowitsch war es, der zu seinem Gefolge sprach:»Meine geliebten Streiter! Nicht zu einem Gelage rief ich euch zusammen, nicht zu einem heiteren Fest seid ihr gekommen: Ihr habt euch hier um mich versammelt, um eine betrübliche Nachricht zu vernehmen. Der gottlose Mamaj, der stinkende Hund, will mit seinen ungetauften Horden gegen das heilige Rußland ziehen; wir müssen den bitteren Kelch leeren, den dieser Hund uns reicht! Laßt uns zu dem Meeresgestade ziehen, meine geliebten Streiter, laßt uns leichte Strusen bauen und über das Meer in den Chwalynskoje-See zu den Wundertätern des Klosters Solowezkij fliehen. Dort wollen wir uns verschanzen – dort kann uns der gottlose Mamaj nichts anhaben, der stinkende Hund; sonst wird er uns gefangennehmen, uns die Augen ausstechen und dem bösen Tod überantworten.«

Die Fürsten und Bojaren senkten ihre Häupter und antworteten:»Fürst Dmitrij Iwanowitsch! Eine Sonne scheint am Himmel – ein Fürst herrscht über das rechtgläubige Rußland: wir sind nicht gekommen, um deinem festen Wort zu widersprechen. Erlaube uns, dir zu antworten, wie man mit dem gottlosen Mamaj, dem stinkenden Hund, Frieden schließen soll. Fürst Dmitrij Iwanowitsch! Laß uns zu dem Meeresgestade ziehen, laß uns leichte Strusen bauen, laß uns die Schiffe auf das Meer hinausschicken, aber laß uns ein großes Heer sammeln und mit dem gottlosen Mamaj kämpfen, dem stinkenden Hund, laß uns bis zu dem letzten Atemzug kämpfen – und über den gottlosen Mamaj siegen.« – »Was rauscht, was donnert bei unserem Mahle?« fragte der Fürst Iwanowitsch. Ihm antwortete ein Bettelpilger, die Tasche über der Schulter:»Ach, Fürst Dmitrij Iwanowitsch, das war der Unreine, der Böse, der dir ins Ohr geflüstert hat, leichte Strusen zu bauen, um über das Meer in den Chwalynskoje-

See zu fliehen, und der entwichen ist, weil du ein gottgefälliges Werk vollbringen willst.«

Fürst Dmitrij Iwanowitsch ließ allerorten verkünden, daß in Städten und Großstädten, in Marktflecken, in Dörfern und fernen Weilern ein unermeßlich starkes Heer zusammengerufen werde, daß nur Blinde und Lahme und die unmündigen Kinder, die jene pflegen sollten, zu Hause bleiben dürften. Aus allen Gegenden des rechtgläubigen Rußlands strömte das Heer zusammen und schlug vor dem Moskau aus weißem Stein das Lager auf; dann warfen sie das Los, wer die Führer sein sollten: Semjon Tupik, Iwan Kwaschnin, der russische Gesandte Sacharij Tjutrin und die sieben Brüder Beloserz. Das Heer zog auf das Feld Kulikowo und ließ das Moskau aus weißem Stein hinter sich. Auf dem Feld Kulikowo berieten die Heerführer, wie das Heer aufgestellt werden sollte. Der russische Gesandte Sacharij Tjutrin schwang sich auf sein treues Pferd und umritt das Lager – drei Tage und drei Stunden ritt er und konnte das Heer nicht zählen und nicht übersehen: wie lang und wie breit war das Lager!

Da befahl Fürst Dmitrij Iwanowitsch: das Heer möge sich über das freie Feld verteilen und jeder Streiter ein Steinchen, so groß wie ein goldenes Knöpfchen, an die Eichen werfen. Sieben Eichen schüttete das Heer mit Steinchen zu. Von der Wurzel bis zu dem Gipfel war von den Eichen nichts zu sehen! Dann teilten sie die Heerscharen in drei Regimenter: das erste Regiment führte Fürst Dmitrij Iwanowitsch, das zweite der russische Gesandte Sacharij Tjutrin und das dritte führten: Semjon Tupik, Iwan Kwaschnin und die sieben Brüder Beloserz.

Darauf warfen sie das Los: Wer sollte als erster gegen die unreinen Tataren in den Kampf ziehen? Das erste Los traf den russischen Gesandten Sacharij Tjutrin mit seinen Rauhhaarigen und Zottelbärtigen, den Donkosaken; das zweite – Semjon Tupik und die sieben Brüder Beloserz, das dritte Los traf den Fürsten Dmitrij Iwanowitsch.

Um diese Zeit vernahm der König von Schweden, daß eine große Schlacht geschlagen werden sollte; er versammelte ein Heer von vierzigtausend Mann. »Zieht, meine Krieger, zu dem Feld Kulikowo, ohne Moskau zu streifen; schlagt euer Lager auf dem großen Hügel auf: Wenn ihr seht, daß Fürst Dmitrij Iwanowitsch den gottlosen Mamaj in die Flucht schlägt, dann schließt euch Dmitrij Iwanowitsch an; seht ihr, daß der gottlose Mamaj über Dmitrij Iwanowitsch siegt, dann schließt euch Mamaj an.« Listig war der König von Schweden, er befahl, sich dem Sieger anzuschließen! Der türkische König vernahm, daß eine große Schlacht geschlagen werden sollte, er stellte ein Heer von vierzigtausend Mann auf und schickte es zu dem Feld Kulikowo, er befahl: »Meine tapferen Krieger! Schließt euch dem Heer an, dem der Untergang droht!« Einfältig war der türkische König, er befahl, dem Besiegten sich anzuschließen.

Nun trat das mächtige Heer auf dem Feld Kulikowo zur blutigen Schlacht an; vorne stand der russische Gesandte Sacharij Tjutrin mit den Rauhhaarigen, den Zottelbärtigen. Die Heerscharen des gottlosen Mamaj stürmten auf sie zu: als die Heere aufeinanderprallten, bog sich die Mutter feuchte Erde, und das Wasser trat aus ihrem Innern. Da sprang aus der Erde der Tatare Krowolin, er war sieben Saschenj lang; der Tatar rief mit lauter Stimme: »Fürst Dmitrij Iwanowitsch! Schick einen Krieger, der gegen mich kämpfen soll; tust du es nicht, so werde ich allein dein ganzes Heer erschlagen, niedermähen, in Staub verwandeln.«

Da sprach Fürst Dmitrij Iwanowitsch: »Niemanden habe ich, auf den ich mich verlassen könnte; ich muß selbst den Zweikampf mit dem Tataren Krowolin bestehen!« Er legte seine schwere Rüstung an, er zog die Schnallen fest; sein braves Roß wurde vorgeführt, er schwang sich in den Sattel aus Tscherkassy, nahm seine Streitkeule und ritt auf den Tataren Krowolin zu. Ein unbekannter Streiter trat ihm in den Weg: »Halt ein, Fürst Dmitrij Iwanowitsch! Ich will gegen den Tataren Krowolin antreten und ihm das ungläubige Haupt von den Schultern schlagen!« Er sattelte sein treues Pferd, zog zwölf Sattelgurte an, jeder aus Seide, nicht um der Zierde, sondern um der Stärke willen. »Ich werde dich, Fürst Dmitrij Iwanowitsch, vor dem ersten Tod bewahren! Wenn ich den Tataren Krowolin besiegen werde, bleibt dir der Kampf mit dem verfluchten Feind, dem gottlosen Mamaj, dem stinkenden Hund, bis auf den letzten Tropfen Blut: Und in diesem Kampf sollst du über den gottlosen Mamaj siegen!«

Fürst Dmitrij Iwanowitsch und der unbekannte Streiter tauschten die Rosse, nahmen Abschied voneinander, und Fürst Dmitrij Iwanowtisch segnete ihn zu der großen Tat, zu dem Kampf auf Leben und Tod. Zwei starke, mächtige Recken ritten auf dem Feld Kulikowo zum Zweikampf aufeinander zu. Sie holten mit den Streitkeulen aus – die Keulen splitterten; sie stießen mit den Spießen zu – die Spieße bogen sich; sie schwangen die Säbel – die Säbel wurden schartig; sie saßen ab und rangen miteinander, sie rangen drei Tage, drei Nächte und drei Stunden ohne zu trinken, sie rangen ohne zu essen; am vierten Tag waren sie still. Und Fürst Dmitrij Iwanowitsch sah: des unbekannten Streiters rechter Arm lag reglos über dem Leib des Tataren Krowolin. Der Fürst ließ seinen Streiter versorgen und beerdigen, er ließ über seinem Grab ein Kreuz errichten und das Kreuz vergolden.

Im Lager des gottlosen Mamaj, des stinkenden Hundes, sprang aus der Erde ein zweiter Krieger und schrie mit lauter Stimme: »Fürst Dmitrij Iwanowitsch! Schick mir einen Mann zum Zweikampf, sonst werde ich dein Heer niedermähen, und dir, dem Fürsten, die Augen ausstechen und das Augenlicht nehmen!« Da ließ Fürst Dmitrij Iwanowitsch den Kopf hängen: »Niemanden habe ich, auf den ich mich verlassen könnte; ich muß selbst den Zweikampf mit dem Tataren Kwaschninok bestehen!« Er schwang sich auf sein treues Pferd und ritt zu dem Zweikampf mit dem Tataren Kwaschninok. Ein anderer trat ihm in den Weg. »Halt, Fürst Dmitrij Iwanowitsch! Ich werde dich vor dem sicheren Tod bewahren. Wenn ich den Hund besiegen werde, streite und kämpfe du gegen den gottlosen Mamaj, den stinkenden Hund, bis auf den letzten Tropfen Blut: Und du sollst über den gottlosen Mamaj siegen! Und wenn das Großmaul Kwaschninok mich besiegen wird, schwinge dich auf mein treues Pferd: es wird dich vor dem sicheren Tod retten.«

Fürst Dmitrij und der unbekannte Streiter tauschten die Pferde, nahmen Abschied voneinander, und Dmitrij Iwanowitsch segnete ihn zu der großen Tag, zu dem Kampf auf Leben und Tod. Zwei starke, mächtige Recken ritten zum Zweikampf aufeinander zu, auf dem freien Feld, auf dem Kulikowo-Feld. Zuerst holten sie mit ihren Streitkeulen aus – die Keulen splitterten, sie stießen mit den Spießen zu – die Spieße bogen sich, sie schwangen die scharfen Säbel – die Säbel wurden schartig; sie saßen ab, kämpften und rangen miteinander, sie kämpften und rangen drei Tage, drei Nächte und drei Stunden, ohne zu trinken, ohne zu essen, ohne die hellen Augen zu schließen; am vierten Tage waren sie still. Und Fürst Dmitrij Iwanowitsch sah: seines Streiters rechter Rockschoß lag über dem Leib des unreinen Tataren. Der Fürst ließ seinen Streiter versorgen und beerdigen, er ließ über seinem Grab ein Kreuz errichten und das Kreuz vergolden.

Unterdessen kämpfte der russische Gesandte Sacharij Tjutrin mit seinen Rauhhaarigen und Zottelbärtigen, den Donkosaken, gegen die Heerscharen des gottlosen Mamaj. Der helle Tag neigte sich gen Abend, aber der Kampf und der Streit dauerten an; und als die Schlacht zu Ende war, begannen sie zu zählen: Wer hat die meisten Männer verloren? Bei dem russischen Gesandten Sacharij Tjutrin kamen auf einen Rauhhaarigen, auf einen Zottelbärtigen, auf einen Donkosaken zweitausend und zweihundert Tataren. Darauf rückte die zweite Schar vor, die Männer von Semjon Tupik, Iwan

Kwaschnin und der Brüder Beloserz. Die rote Sonne stieg hinter dem Wald hervor, der Kampf und der Streit ließen nicht nach; die rote Sonne senkte sich wieder, da begannen unsere Scharen zu wanken.

Unterdessen ließ die Kraft des Fürsten Dmitrij Iwanowitsch nach. Er war mitten in den Heerscharen des gottlosen Mamaj gewesen, wie die scharfe Sense im saftigen Gras bei der Heumahd; sprengte er geradeaus auf seinem Roß, legte er eine Straße frei, drehte er sich im Sattel um – eine Gasse, wandte er sein Pferd – breitete sich vor ihm ein Platz aus. Aber nun verließ die Kraft den Fürsten Dmitrij Iwanowitsch: seine hellen Augen waren von dem unreinen Tatarenblut besudelt, ein Schleier senkte sich um ihn – er war wie blind. Da bat er sein treues Pferd: »Rette mich, wackeres Roß, vor dem drohenden Tod!« Er gab dem Pferd einen Hieb über die steile Kruppe, es bäumte sich auf und flog dahin – die Ferne dröhnte von dem Hufschlag. Es trug ihn in das freie Feld zu einer lockigen Birke, außer der lockigen Birke war auf dem Feld kein Baum weit und breit. Der Fürst saß ab und sprach: »Lauf, mein treues Pferd, in das freie Feld, auf die weiten Wiesen, iß das seidene Gras, trinke das frische Quellwasser; du sollst nicht dem unreinen Mamaj gehören, dem gottlosen, dem stinkenden Hund.«

Fürst Dmitrij Iwanowitsch kletterte auf die lockige Birke. Da flog über dem freien Feld ein Zug weißer Schwäne durch die Lüfte. Dmitrij Iwanowitsch sah den ziehenden Schwänen nach und sprach zu sich selbst: »Um meiner schweren Sünden willen schickt Gott der Herr den gottlosen Mamaj über die russische Erde; nicht unser Glück verkündet der Schwäne Flug; das rechtgläubige Rußland wird besiegt werden.« Nach einer Weile sah Dmitrij Iwanowitsch, auf der Birke sitzend, ein Rudel grauer Wölfe über das freie Feld traben. »Mein Herr und mein Gott, wahrhafter Christus! Erbarme dich des rechtgläubigen Rußlands! Laß uns nicht in die Gewalt des ungetauften unreinen Tataren geraten! Nicht unser Glück verkündet der Wölfe Rudel: wir werden den bitteren Kelch aus der Hand des gottlosen Mamaj, des stinkenden Hundes, trinken müssen.« Dann schlief Fürst Dmitrij Iwanowitsch auf der lockigen Birke ein.

Unterdessen gewannen die Heerscharen des gottlosen Mamaj, des stinkenden Hundes, Macht über unsere Streiter. Der russische Gesandte Sacharij Tjutrin mit den Rauhhaarigen, den Zottelbärtigen, mit den Donkosaken, Semjon Tupik, Iwan Kwaschnin, die sieben Brüder Beloserz und die gesamten Heerscharen des Fürsten Dmitrij Iwanowitsch beteten zu Gott: »Herr Jesus, wahrhafter Christus! Heilige Gottesgebärerin, Mutter des Don! Dulde es nicht, daß der ungetaufte Tatar mit Euren Allerheiligsten Kirchen seinen Spott treibe, schickt uns den gerechten Streiter Georgij den Kühnen!« Hinter den dunklen Wäldern, hinter den grünen Eichenhainen kommt eine starke Kriegsschar hervor und greift das Heer des gottlosen Mamaj an. Da flohen die unreinen Tataren, sie liefen über das freie Feld, gerieten auf schwankenden morastigen Boden, und in diesem Sumpf mußten die unreinen Tataren ihr Leben lassen.

Nun vermißten die mächtigen Streiter den Fürsten Dmitrij Iwanowitsch. Der russische Gesandte Sacharij Tjutrin, Semjon Tupik, Iwan Kwaschnin und die sieben Brüder Beloserz fragten allerorten: »Hat einer den Fürsten Dmitrij Iwanowitsch davonreiten sehen?« Aber die mutigen Streiter schwiegen: keiner wußte zu antworten. Da ließen der russische Gesandte Sacharij Tjutrin, Semjon Tupik, Iwan Kwaschnin und die sieben Brüder Beloserz die Köpfe hängen; sie hielten dafür, daß Fürst Dmitrij Iwanowitschs in der Schlacht mit den unreinen Tataren sein Leben gelassen hätte. Nun zogen die Heerscharen Dmitrij Iwanowitschs über das freie Feld heimwärts. Der russische Gesandte Sacharij Tjutrin sah mitten im freien Feld eine lockige Birke, und auf der lockigen Birke etwas Dunkles; da ritt Sacharko auf die Birke zu und sah, daß das Dunkle Fürst Dmitrij Iwanwowitsch war. Er fiel dem Fürsten Dmitrij Iwanowitsch zu Füßen: »Freue dich, Fürst Dmitrij Iwanowitsch! Standhaft waren wir im Kampf um Mütterchen Rußland, das rechtgläubige, und haben den gottlosen Mamaj, den stinkenden Hund, geschlagen!« Fürst Dmitrij Iwanowitsch stieg von der lockigen Birke herunter auf die Erde, er verneigte sich dreimal gen Morgen. Dann holten sie die mächtigen Heerscharen ein und waren miteinander froh und heiter.

Die Sage von Alexander von Makedonien

Es lebte einmal ein Zar; sein Name war Alexander von Makedonien. Das ist lange, lange her, so lange, daß weder unsere Großväter noch unsere Urgroßväter, noch unsere Ururgroßväter, noch unsere Ururahnen sich an ihn erinnern können. Dieser Zar war unter allen Recken der größte: Niemand auf der Welt konnte ihn besiegen. Er liebte den Krieg und den Kampf, und in seinem Heer war jeder Krieger ein Recke. Gegen wen immer Zar Alexander von Makedonien in den Krieg zog, den besiegte er. Und so unterwarf er sich alle Reiche der Erde. Endlich kam er bis an das Ende der Welt, dort sah er Völkerstämme, vor denen er, so mutig er auch war, sich über alle Maßen entsetzte: sie waren blutrünstiger als reißende Tiere und aßen Menschenfleisch; manche von ihnen hatten nur ein Auge, das saß mitten auf der Stirn, andere hatten drei Augen; manche von ihnen hatten nur ein einziges Bein, andere aber hatten drei Beine und liefen so schnell, wie ein Pfeil fliegt. Der Name dieser Völker war Gog und Magog.

Zar Alexander von Makedonien ließ sich von diesen wunderlichen Völkerstämmen nicht einschüchtern und zog gegen sie zu Felde. Ob er nun lange gegen sie kämpfte oder nicht lange – das ist nicht bekannt, aber die wunderlichen Völkerstämme bekamen es mit der Angst zu tun und nahmen vor ihm Reißaus. Er verfolgte sie, jagte ihnen immer weiter nach und trieb sie schließlich in solche Einöden, Schlünde und unwegsame Gebirge, daß man es nicht im Märchen erzählen und nicht mit der Feder beschreiben kann. Dort verbargen sie sich vor dem Zaren Alexander von Makedonien. Und was tat Zar Alexander? Er ließ von einem Berg zum anderen einen steinernen Bogen bauen und darauf Posaunen aufstellen. Dann kehrte er in sein Land zurück. Wenn der Wind bläst, geben diese Posaunen einen furchterregenden Ton; die wunderlichen Völkerstämme, die darunter wohnen, rufen: »Oh, das ist Alexander von Makedonien, er lebt noch!« Die Völkerstämme Gog und Magog leben heute noch in großer Angst vor Alexander und werden ihre Einöden erst vor dem Jüngsten Gericht verlassen.

Schemjakas Urteil

Es lebten irgendwo zwei Brüder: der eine war reich, der andere arm. Eines Tages kam der arme Bruder zu dem reichen und wollte sich ein Pferd leihen, um Holz aus dem Wald zu holen. Der reiche Bruder gab ihm ein Pferd, da bat der arme Bruder auch um das Geschirr; der reiche Bruder wurde ärgerlich und wollte dem armen das Geschirr nicht leihen. Dem armen Bruder blieb nichts anderes übrig, als den Wagen dem Pferd an den Schweif zu binden; er fuhr in den Wald, machte Holz und lud es auf den Wagen, so viel, daß das Pferd es gerade noch ziehen konnte; als er zu seinem Hof gelangt war und das Tor öffnete, vergaß er, den Schwellenbalken zur Seite zu räumen. Das Pferd wollte den Wagen hinüberziehen und riß sich dabei den Schweif aus. Der arme Bruder brachte dem reichen sein Pferd ohne Schweif zurück. Der reiche Bruder sah, daß sein Pferd keinen Schweif mehr hatte, wollte es nicht zurücknehmen und machte sich auf den Weg zu dem Richter Schemjaka, um Klage wider seinen Bruder zu führen. Der arme Bruder sah das unabwendbare

Urteil und folgte seinem Bruder auf dem Fuß. Abends kehrten die beiden Brüder bei einem reichen Bauern ein und baten ihn um Obdach. Der Bauer lud den reichen Bruder zu Tisch, sie aßen, tranken und waren lustig, dem armen Bruder aber boten sie nichts an. Der Arme stieg auf die Pritsche und beugte sich über den Rand, um den Schmausenden zuzusehen, da fiel er von der Pritsche herunter und erdrückte den Säugling in der Wiege. Der Bauer machte sich auf den Weg zu dem Richter Schemjaka, um Klage wider den armen Bruder zu führen.

Nun waren sie zu dritt: der reiche Bruder, der reiche Bauer, und der arme Bruder einige Schritte hinter ihnen. Der arme Bruder wußte, daß er nach dem Spruch des Richters nicht mit dem Leben davonkommen würde, und als sie über eine hohe Brücke gingen, stürzte er sich herunter: er wollte sich den Hals brechen. Unter der Brücke fuhr gerade ein Schlitten mit einem Kranken, den sein Sohn in ein Bad bringen wollte; der arme Bruder fiel auf den Schlitten und erdrückte den Kranken. Der Sohn machte sich auf den Weg zu dem Richter Schemjaka, um Klage wider den armen Bruder zu führen.

Der reiche Bruder trat vor den Richter Schemjaka und führte Klage wider seinen Bruder, daß dieser seinem Pferd den Schweif ausgerissen habe. Der Arme aber hob einen Stein von der Straße auf, wickelte ihn in ein Tuch und stellte sich hinter seinen Bruder. Er dachte: »Wenn der Richter mich verurteilt, werde ich ihn umbringen.« Der Richter aber glaubte, in dem Tuch seien hundert Rubel, und befahl dem reichen Bruder, sein Pferd dem armen so lange zu überlassen, bis der Schweif wieder nachgewachsen sei.

Darauf trat der reiche Bauer vor den Richter und führte Klage wider den armen Bruder, daß dieser sein Kind umgebracht habe. Der arme Bruder zog denselben Stein aus der Tasche und drohte damit dem Richter hinter dem Rücken des Bauern. Der Richter glaubte, es wären wiederum hundert Rubel für die zweite Streitsache, und befahl dem Bauern, sein

Eheweib so lange bei dem Armen wohnen zu lassen, bis sie mit einem Kind niederkäme: »Dann holst du das Kind und deine Frau zurück.«

Darauf trat der Sohn vor den Richter und führte Klage, daß der Arme seinen Vater erschlagen habe. Der arme Bruder zog denselben Stein hervor und drohte damit dem Richter. Der Richter glaubte, es wären hundert Rubel, und befahl dem Sohn, sich auf die Brücke zu stellen: »Du, Armer, stellst dich unter die Brücke. Und du, Sohn, sollst ebenso von der Brücke auf den Armen springen und ihn erdrücken!«

Der Richter Schemjaka schickte seinen Diener zu dem armen Bruder, um die dreihundert Rubel zu holen. Der Arme zeigte dem Diener den Stein und sprach: »Wenn der Richter nicht zu meinen Gunsten gesprochen hätte, dann hätte ich ihn mit diesem Stein erschlagen.« Der Diener des Richters kehrte zu seinem Herrn zurück und berichtete: »Wenn du nicht zu seinen Gunsten gesprochen hättest, dann hätte er dich mit diesem Stein erschlagen.« Da bekreuzigte sich der Richter: »Der Herr sei gelobt, daß ich zu seinen Gunsten gesprochen habe!«

Darauf begab sich der arme Bruder zu dem reichen und wollte nach dem Spruch das Pferd holen und es so lange behalten, bis der Schweif nachgewachsen sei. Der reiche Bruder aber wollte das Pferd nicht hergeben, gab ihm fünf Rubel und drei Maß voll Getreide, dazu noch eine gute Milchziege und versöhnte sich mit ihm auf ewig.

Darauf begab sich der arme Bruder zu dem reichen Bauern und wollte dessen Frau holen, die nach dem Spruch bis zu ihrer Niederkunft bei ihm wohnen sollte. Der Bauer bot ihm in Güte fünfzig Rubel an, dazu eine Kuh und ein Kälbchen, dazu eine Stute und ein Fohlen, dazu vier Maß Getreide und versöhnte sich mit ihm auf ewig.

Darauf begab sich der arme Bruder zu dem Sohn und sprach: »Laß uns nach dem Spruch zur Brücke gehen, du stellst dich darauf und ich darunter, dann mußt du herunterspringen und mich erdrücken.« Der Sohn aber dachte im stillen: »Und wenn ich von der Brücke springe und ihn nicht erdrücke, sondern selbst ums Leben komme?« Er bot dem armen Bruder in Güte zweihundert Rubel an, ein gutes Pferd, dazu fünf Maß Getreide und versöhnte sich mit ihm auf ewig.

Das Rätsel

Ein Bauer säte unweit der Fahrstraße einen Acker ein. Der Zar ritt vorbei, hielt an und sprach: »Helf Gott, Bäuerlein!« – »Hab Dank, guter Mann!« (Der Bauer wußte nicht, daß es der Zar war.) »Bringt dir dein Acker großen Gewinn?« fragte der Zar. »Wenn die Ernte gut ist, an die achtzig Rubel.« – »Und was tust du mit dem Geld?« – »Zwanzig Rubel für die Steuer, zwanzig für die Schulden, zwanzig verleih ich und zwanzig werf ich zum Fenster hinaus.« – »Erkläre doch, Brüderchen, welche Schuld du zurückzahlst, wem du Geld leihst und weshalb du Geld zum Fenster hinauswirfst?« – Ich zahle eine Schuld zurück: Ich ernähre meinen Vater. Ich verleihe mein Geld: Ich ziehe meinen Sohn groß. Ich werfe das Geld zum Fenster hinaus: Ich ziehe meine Tochter groß.« – »Da hast du recht!« sprach der Zar. Er schenkte dem Bauern eine Handvoll Silber, gab sich zu erkennen und nahm ihm das Versprechen ab, nur vor seinem Angesicht diesen Spruch zu wiederholen: »Wer dich auch danach fragt – niemand darf es erfahren.«

Der Zar kam in seine Hauptstadt und ließ die Bojaren und die Generäle zusammenrufen. »Ihr müßt mir ein Rätsel lösen. Ich sah unterwegs einen Bauern, er säte seinen Acker ein; ich fragte ihn, wie hoch der Ertrag seines Ackers sei und was er mit dem Geld anfange? Das Bäuerlein antwortete: ›Wenn die Ernte gut ist, an die achtzig Rubel – zwanzig Rubel für die Steuer, zwanzig für die Schulden, zwanzig verleih ich und zwanzig werf ich zum Fenster hinaus.‹ Wer von euch dieses

Rätsel löst, den werde ich ehren und reich belohnen.« Die
Bojaren und Generäle überlegten und überlegten, konnten
aber das Rätsel nicht lösen. Und schließlich suchte ein Bojar
den Bauern auf, mit dem der Zar gesprochen hatte, schüttete
einen ganzen Berg Silberrubel vor ihn hin und bat: »Erkläre es
mir doch, verrate mir die Lösung!« Der Bauer konnte der
Versuchung nicht widerstehen und sagte dem Bojaren die
Lösung; der Bojar kehrte zu dem Zaren zurück und erklärte
ihm das Rätsel.

Der Zar sah, daß der Bauer sein Wort nicht gehalten hatte
und ließ ihn holen. Der Bauer kam und gestand unumwun-
den, daß er dem Bojaren die Lösung gesagt hätte. »So,
Bruder, du hast also dein Wort nicht gehalten, dafür werde
ich dich hinrichten lassen.« – »Väterchen Zar! Ich habe mir
nichts zuschulden kommen lassen, ich habe alles vor dem
Angesicht der Majestät erzählt.« Mit diesen Worten zog der
Bauer einen Silberrubel mit dem Kopf des Zaren hervor und
hielt ihn dem Zaren entgegen. »Du hast recht«, sagte der Zar,
»das bin ich.« Er beschenkte den Bauern reichlich und ließ
ihn ziehen.

Der Hafner

Ein Hafner fuhr auf einem Wagen, der mit Ware beladen
war, gemächlich dahin und nickte ein. Zar Iwan Wassile-
witsch überholte ihn. »Gottes Segen auf deinem Weg!« Der
Hafner blickte auf. »Hab Dank, ich wünsche dir dasselbe!« –
»Du bist wohl eingenickt?« – »Ich bin eingenickt, hoher Herr!
Fürchte nicht den, der Lieder grölt, fürchte den, der döst und
pennt.« – »Du bist aber keck, Hafner! Solche Menschen lie-
be ich. – Kutscher, fahr langsamer! – Treibst du dieses
Handwerk schon lange?« – »Von Kindesbeinen auf.« –
»Kannst du damit deine Kinder satt machen?« – »Es reicht,
Majestät! Ich pflüge nicht, ich ernte nicht, ich mähe nicht,

und die Nachtfröste können mir nichts anhaben.« – »Das ist gut, Hafner, aber in der Welt geht es nicht ohne Unglück ab!« – »So ist es Majestät! In der Welt gibt es dreierlei Unglück!« – »Dreierlei? Welches denn?« – »Das erste Unglück ist ein böser Nachbar, das zweite Unglück ist ein böses Weib und das dritte Unglück ist ein hohler Kopf.« – »Und kannst du mir auch sagen, welches Unglück das größte ist?« – »Von einem bösen Nachbarn kann man fortziehen, und auch das böse Eheweib ist man los, sobald es bei den Kindern lebt, aber den hohlen Kopf wird man nie los – den trägt man überall mit.« – »So ist es, Hafner! Du bist gewitzt. Hör gut zu! Wie du mir, so ich dir: Gänse kommen aus Rußland geflogen, du wirst sie rupfen und ein gemachter Mann sein.« – »Mir soll es recht sein.« – »Also, Hafner, halt an! Ich will mir deine Ware ansehen.«

Der Hafner hielt an und packte vor dem Zaren seine Ware aus. Der Zar betrachtete sie und fand besonderen Gefallen an drei irdenen Tellern. »Kannst du noch mehr solcher Teller machen?« – »Wie viele wünschen Majestät?« – »Vielleicht zehn Fuhren.« – »Und wieviel Zeit gibst du mir dafür?« – »Einen Monat.« – »Ich kann sie dir auch in vierzehn Tagen bringen, sogar in die Stadt. Wie ich dir, so du mir.« – »Hab Dank, Hafner!« – »Und wo wirst du weilen, Väterchen Zar, wenn ich meine Ware in die Stadt bringe?« – »Ich werde in dem Haus eines Kaufmanns weilen.« Der Zar kam in die Stadt und befahl, bei keinem Festmahl Geschirr aus Zinn, Kupfer oder Silber zu benutzen, sondern nur irdenes.

Als die bestellten Teller fertig waren, brachte der Hafner die Ware in die Stadt. Ein Bojar kam auf den Marktplatz und sagte zu ihm: »Laß uns mit Gottes Segen einen Handel abschließen, Hafner!« – »Wie es Euch beliebt.« – »Verkauf mir die ganze Ware.« – »Das geht nicht an , sie ist bestellt.« – »Das braucht dich nicht zu kümmern, nimm du nur das Geld. Man kann dir keinen Vorwurf machen, wenn du keinen Vorschuß bekommen hast. Also, wieviel verlangst du?« –

»Wieviel ich verlange? Für jede Schüssel eine Schüssel voll
Geld.« – »Aber, ich bitte dich, Hafner, das ist doch zu teuer!«
– »Meinetwegen, dann jede zweite Schüssel voll Geld.« Sie
wurden handelseinig. »Wie du mir, so ich dir.« Wieder und
wieder füllten sie die Schüsseln mit Geld und leerten sie aus,
füllten und leerten aus... Der Bojar hatte kein Geld mehr,
aber die Ware war noch lange nicht bezahlt. Der Bojar mußte
nach Hause reiten und noch mehr Geld holen. Sie füllten und
leerten aus, aber es war immer noch Ware übrig. »Was soll ich
tun, Hafner?« – »Aha, damit hast du nicht gerechnet?
Meinetwegen, ich will dir entgegenkommen, aber vorher
mußt du mich statt meines Pferdchens zu jenem Haus ziehen.
Dort will ich dir die Ware geben und das ganze Geld dazu.«
    Der Bojar wußte nicht ein noch aus, es war ihm leid ums
Geld und es war ihm leid um die eigenen Knochen; aber was
konnte er tun? Er willigte ein. Das Pferd wurde ausgespannt –
der Bauer setzte sich auf den Wagen, der Bojar packte die
Deichsel. Der Hafner sang ein Lied, der Bojar zog und zog.
»Wie weit soll ich dich ziehen?« – »Bis zu jenem Tor und
jenem Haus.« Der Hafner sang lustige Lieder, und vor dem
Haus sang er so laut er konnte. Der Zar hörte ihn singen, trat
auf die Treppe hinaus und erkannte den Hafner sogleich. »Ah!
Guten Tag, Hafner! Das ist eine fröhliche Ankunft!« – »Danke
ergebenst, Väterchen Zar!« – »Wen hast du da vorgespannt?«
– »Einen hohlen Kopf, Väterchen Zar!« – »So, Hafner, du
bist gewitzt, du hast deine Ware gut verkauft! Bojar! Runter
mit den Hofkleidern und Stiefeln! Und du, Hafner, lege
Kaftan und Bastschuhe ab! Du wirst das Hofgewand des
Bojaren tragen und der Bojar des Hafners Kaftan und
Bastschuhe. Du hast zwar nicht gedient, hast mir aber einen
großen Dienst erwiesen, und du, Bojar, warst des Bojaren-
standes nicht würdig. Nun, Hafner, sind die Gänse aus
Rußland gekommen?« – »Sie sind gekommen.« – »Hast du
den Gänserich gerupft?« – »Ich habe ihn gerupft, großer Zar,
bis auf den Flaum.«

Die richtigen Antworten

Ein Soldat hatte volle fünfundzwanzig Jahre gedient, aber den Zaren kein einziges Mal zu Gesicht bekommen. Als er nach Hause zurückkehrte, fragten ihn alle nach dem Zaren, er aber wußte nichts zu sagen. Da machten sich seine Verwandten und Bekannten über ihn lustig: »Der hat volle fünfundzwanzig Jahre gedient und den Zaren nicht gesehen!« Das kränkte den Soldaten; er schnürte sein Bündel und machte sich auf den Weg zu dem Zaren. Er kam in den Palast. Der Zar fragte ihn: »Weshalb kommst du, Soldat?« – »So und so, Majestät, ich habe dir und unserem Heiland volle fünfundzwanzig Jahre gedient und dich kein einziges Mal gesehen. Nun bin ich gekommen, um dich anzuschauen!« – »Gut, schau mich an.« Der Soldat ging dreimal um den Zaren herum und betrachtete ihn genau. Der Zar fragte: »Bin ich recht?« – »Du bist recht«, sagte der Soldat. »Und nun, Kamerad, antworte mir: Wie weit ist es vom Himmel bis zur Erde?« – »So weit, daß wir hier hören, wenn es dort kracht.« – »Und wie breit ist die Erde?« – »Dort geht die Sonne auf, und dort geht sie unter – so breit ist die Erde!« – »Und wie tief ist die Erde?« – »Ich hatte einen Großvater, der starb vor gut neunzig Jahren, wurde in die Erde gelegt und ist seitdem nicht wieder aufgetaucht: demnach muß die Erde sehr tief sein!« Darauf befahl der Zar dem Soldaten, ins Gefängnis zu gehen, und sprach: »Halt die Augen offen, Kamerad! Ich werde dir dreißig Ganter schicken. Du kannst jedem eine Feder ausrupfen.« – »Jawohl!«

Der Zar ließ dreißig reiche Kaufleute zu sich kommen und stellte ihnen dieselben Fragen wie dem Soldaten; sie überlegten und überlegten, wußten keine Antwort und wurden auf Befehl des Zaren ins Gefängnis geworfen. Der Soldat fragte sie: »Ehrenwerte Kaufleute, weshalb wurdet ihr eingesperrt?« – »Ach, der Zar hat uns gefragt: Wie weit ist der Himmel von

der Erde? Wie breit und wie tief ist die Erde? Aber wir sind
einfache Leute und mußten ihm die Antwort schuldig bleiben!« – »Wenn jeder von euch mir tausend Rubel gibt, werde
ich euch die richtigen Antworten lehren.« – »Die sollst du
haben, Brüderchen; sag uns nur die Antworten.« Der Soldat
bekam von jedem Kaufmann tausend Rubel und lehrte sie,
was sie dem Zaren auf seine Fragen antworten sollten. Zwei
Tage später ließ der Zar die Kaufleute und den Soldaten in
den Palast rufen; er fragte die Kaufleute dieselben Fragen,
und als sie ihm geantwortet hatten, durften sie nach Hause
gehen. »Nun, Kamerad, hast du jedem Ganter eine Feder
ausgerupft?« – »Das habe ich getan, Väterchen Zar, und
sogar eine goldene Feder!« – »Wie weit ist es bis zu deinem
Heimatdorf?« – »Man kann es von hier aus nicht sehen,
demnach muß es weit sein!« – »Hier sind tausend Rubel; geh
mit Gott!« Der Soldat kehrte nach Hause zurück und war ein
reicher Mann.

Das kluge Mädchen

Ein Mann und seine Frau starben und ließen ihren Sohn
verwaist zurück. Ein Onkel nahm ihn zu sich und hieß ihn die
Schafe hüten. Ob es nun lange währte oder kurz – der Onkel
wollte prüfen, wie verständig sein Neffe war, er ließ ihn
kommen und sprach: »Nimm hundert Schafböcke, treibe sie
auf den Jahrmarkt, verkaufe sie zu einem guten Preis, ernähre
dich von ihnen, aber die Böcke müssen vollzählig bleiben und
keine Kopeke darf fehlen.« Was sollte er tun? Der Arme
weinte und trieb die Schafböcke ins freie Feld hinaus; als sie
das Dorf verlassen hatten, setzte er sich an den Wegrand und
klagte über sein bitteres Schicksal. Da kam ein Mädchen des
Weges: »Warum weinst du, wackerer Bursche?« – »Wie soll
ich denn nicht weinen? Ich habe weder Vater noch Mutter;
ich habe nur einen Onkel, und der macht mir das Leben

schwer!« – »Wie denn das?« – »Er schickt mich auf den Jahrmarkt, ich soll seine Schafböcke verkaufen und mich von ihnen ernähren, aber die Böcke müssen vollzählig bleiben und keine Kopeke darf fehlen.« – »Nun, dazu gehört nicht viel! Stell ein paar Frauen an, die sollen dir die Schafe scheren, die Wolle mußt du auf den Jahrmarkt tragen und verkaufen, danach kannst du die Schafböcke verschneiden und ihre Eier essen: so wirst du das Geld haben, die Schafe behalten und satt werden!« Der Bursche tat, wie sie ihn gelehrt hatte, verkaufte die Wolle, trieb die Herde nach Hause und überreichte dem Alten das eingenommene Geld. »Das hast du gut gemacht«, sagte der Onkel, »Aber du bist doch nicht von selbst darauf gekommen. Irgend jemand hat es dich doch gelehrt?« Der Bursche gestand: »Es war ein Mädchen«, sagte er, »es kam vorbei und sagte mir, was ich tun sollte.«

Der Onkel befahl, sogleich einzuspannen. »Laß uns hinfahren«, sagte er, »und um ihre Hand anhalten.« Sie machten sich auf den Weg. Als sie dort ankamen, fragten sie: »Wo sollen wir unser Pferd anbinden?« – »Bindet es an den Winter oder an den Sommer!« sagte das Mädchen. Onkel und Neffe überlegten und überlegten, aber sie kamen nicht darauf, was Winter und was Sommer sei. »Ach, seid ihr einfältig! Ihr sollt euer Pferd an den Schlitten oder an den Wagen binden!« Sie banden das Pferd an, traten in das Haus, beteten vor den Ikonen und setzten sich auf eine Bank. Der Onkel fragte die Jungfer: »Mit wem wohnst du hier, schönes Mädchen?« – »Mit meinem Väterchen.« – »Wo ist denn dein Vater?« – »Er ist fortgefahren, um hundert Rubel gegen fünfzehn Kopeken einzutauschen!« – »Wann kommt er wieder zurück!« – »Wenn er einen Umweg macht, ist er gegen Abend zu Hause, wenn er geradeaus fährt, ist er auch in drei Tagen noch nicht da.« – »Das ist aber seltsam«, sagte der Onkel. »Dein Vater wird doch nicht im Ernst hundert Rubel gegen fünfzehn Kopeken eintauschen!« – »Wieso nicht? Er ist ausgeritten, um Hasen zu jagen. Wenn er einen Hasen heimbringt, hat er

fünfzehn Kopeken, wenn er sein Pferd zuschanden reitet,sind
hundert Rubel dahin.« – »Und was bedeutet das: wenn er
einen Umweg macht, ist er gegen Abend zu Hause, und wenn
er geradeaus reitet, ist er auch in drei Tagen noch nicht
zurück?« – »Das bedeutet, daß er geradeaus mitten durch den
Sumpf reiten müßte und bei dem Umweg auf der Straße reiten
kann.« Der Onkel staunte über den Verstand der Jungfer, und
sein Neffe heiratete sie.

Der Knecht des Popen

In einem Dorf lebte ein Pope, der dingte einen neuen Knecht
und schickte ihn zum Pflügen auf den Acker, hieß ihn statt
eines Pferdes eine Hündin vor den Pflug spannen und sprach:
»Hier, Knecht, nimm diesen Laib Brot mit, du mußt davon
satt werden, und die Hündin muß davon satt werden, aber der
Brotlaib muß ganz bleiben.«

Der Knecht nahm den Laib Brot, fuhr auf den Acker hinaus
und begann zu pflügen. Er pflügte und pflügte, bis ihm der
Magen knurrte. Er hätte um sein Leben gern von dem Brot
gegessen, aber er mußte sich an den Befehl des Popen halten.
Der Hunger ist der beste Lehrmeister, bald wußte er einen
Ausweg: Sachte löste er die obere Kruste vom Laib ab, aß von
den Brosamen, bis er satt war, fütterte die Hündin, legte die
Krusten wieder aufeinander und pflügte in aller Ruhe bis zum
Abend. Als es dämmerte, machte er sich auf den Heimweg.
Der Pope erwartete ihn vor dem Tor und fragte: »Bist du satt,
Knecht?« Er antwortete: »Ich bin satt!« Der Pope fragte
weiter: »Hast du die Hündin gefüttert?« Der Knecht antwor-
tete: »Ich habe sie gefüttert!« Der Pope fragte weiter: »Und ist
der Brotlaib ganz?« Der Knecht antwortete: »Er ist ganz.
Hier, Väterchen, siehe selbst.« Als der Pope die List des
Knechtes erkannte, lachte er und sprach: »Du bist ein ver-

dammter Schlaukopf! Ich glaube, daß aus dir ein tüchtiger Mann wird. Es gefällt mir, daß du gewitzt bist. Recht so! Nun kannst du bei mir bleiben: Du bist für mich der Richtige.« Von nun an erhöhte der Pope sogar den Lohn, weil der Bursche tüchtig, flink und gescheit war. Der Knecht hatte jeden Tag Butterwoche und brauchte nicht erst zu sterben, um ins Paradies zu kommen.

Das königliche Findelkind

Es lebten einmal ein Zar und eine Zarin; eines Tages kam die Zarin mit einem Sohn nieder. Nach einiger Zeit mußte der Zar verreisen; und als er fort war, geschah ein großes Unglück – der Zarensohn verschwand. Sie suchten und suchten nach ihm – vergeblich, er blieb verschwunden, als hätte ihn die Erde verschluckt. Sie trauerten lange, der Zar und die Zarin. Es vergingen volle fünfzehn Jahre, da meldete man dem Zaren, daß in einem entlegenen Dorf ein Bauer ein Kind gefunden habe – das Kind sei über alle Maßen schön und verständig. Der Zar befahl, den Bauern auf der Stelle zu holen. Der Bauer wurde gebracht und der Zar fragte ihn aus, wann und wo er das Kind gefunden habe. Der Bauer sagte, er habe ihn vor fünfzehn Jahren in der Scheune gefunden, und das Kind sei in prächtige Decken eingewickelt gewesen. Alle Zeichen deuteten darauf hin, daß das Kind der Sohn des Zaren war! Da sprach der Zar zu dem Bauern: »Sag deinem Findelkind, daß es zu mir kommen soll, weder nackt noch in Kleidern, weder zu Fuß noch zu Pferd, weder am Tag noch in der Nacht, weder auf den Hof noch vor das Haus auf die Straße.« Der Bauer kehrte nach Hause zurück, weinte und fragte den Knaben, was sie nun tun sollten. Der Knabe sagte: »Das ist gar nicht schwer. Da weiß ich mir zu helfen.« Er zog sich splitternackt aus und warf sich ein Fischnetz über, stieg auf einen Ziegenbock und ritt darauf in der Dämmerung zu dem Palast des Zaren. Unter dem Tor hielt er an, so daß der Bock mit den Vorderbeinen in dem Hof, mit den Hinterbeinen auf der Straße stand. Der Zar sah es und sprach: »Mein Sohn ist da!«

Die verlobten Kinder

Es lebten einmal zwei reiche Kaufleute; der eine war in Moskau zu Hause, der andere in Kiew; sie suchten einander in Handelsgeschäften auf, waren gute Freunde und teilten Brot und Salz. Eines Tages kam der Kiewer Kaufmann nach Moskau, besuchte seinen Freund und erzählte: »Gott war gnädig und hat mir eine große Freude geschickt – meine Frau ist mit einem Sohn niedergekommen!« – »Und meine Frau mit einer Tochter!« sagte der Moskauer Kaufmann. »Ich habe einen Sohn, du hast eine Tochter! Besseres können wir uns gar nicht wünschen – das ist ja ein Brautpaar. Wenn sie herangewachsen sind, sollen sie heiraten, und wir werden aus Freunden Verwandte! Hand darauf!« – »Das ist mir recht! Aber so einfach geht das nicht. Dein Sohn könnte später von seiner Braut sich lossagen wollen; du mußt mir Zwanzigtausend als Pfand hinterlegen!« – »Und wenn deine Tochter inzwischen sterben sollte?« – »Dann bekommst du dein Geld zurück.« Der Kiewer Kaufmann zählte zwanzigtausend Rubel ab und gab sie dem Kaufmann aus Moskau; der steckte das Geld ein, begab sich nach Hause und sagte zu seiner Frau: »Weißt du, welche Neuigkeit ich habe? Ich habe für meine Tochter einen Bräutigam gefunden!« Die Kaufmannsfrau wunderte sich: »Was fällt dir ein? Hast du den Verstand verloren? Die liegt doch noch in den Windeln!« – »Und was macht das, daß sie noch in den Windeln liegt? Sie ist trotzdem mit dem Sohn meines Freundes verlobt: hier sind Zwanzigtausend als Pfand.«

Nun gut. Jeder Kaufmann lebte in seiner Stadt, sie besuchten einander nicht mehr so oft – der Weg war zu weit und die Geschäfte forderten, daß jeder zu Hause blieb. Die beiden Kinder aber wuchsen heran: Der Sohn war stattlich anzusehen, die Tochter noch stattlicher. Achtzehn Jahre vergingen; der Kaufmann in Moskau sah, daß sein alter Freund nichts von sich hören ließ und verlobte seine Tochter mit einem Obristen. Um dieselbe Zeit ließ der Kiewer Kaufmann seinen Sohn zu sich kommen und sprach: »Fahre nach Moskau; dort gibt es einen Teich. Auf diesem Teich habe ich eine Dohne ausgelegt; wenn in der Dohne eine Ente ist, so bringe die Ente nach Hause. Und wenn wir keine Ente gefangen haben, so wollen wir die Dohne zurückhaben.« Der Kaufmannssohn rüstete sich für die Reise und fuhr nach Moskau; er fuhr und fuhr, schließlich blieb nur noch eine einzige Tagereise. Er mußte einen Fluß überqueren, dort gab es auch eine Brücke: aber nur die erste Hälfte der Brücke war mit Bohlen belegt. Nun traf es sich, daß auch der Obrist auf demselben Weg nach Moskau fuhr; er kam ebenfalls an die Brücke und wußte nicht, wie er auf die andere Seite gelangen sollte. Da sah er den Kaufmannssohn und fragte: »Wohin reitest du?« – »Nach Moskau!« – »Was willst du dort?« – »Dort gibt es einen Teich, in diesem Teich hat mein Vater vor achtzehn Jahren eine Dohne ausgelegt, nun trug er mir auf: ›Ist in der Dohne eine Ente – bring die Ente nach Hause! Sonst hol die Dohne zurück!‹« – »Eine seltsame Geschichte!« dachte der Obrist. »Wie kann eine Dohne achtzehn Jahre überdauern? Vielleicht hält eine Dohne solange, aber doch nicht eine Ente!« Solange er auch darüber nachdachte, er konnte sich keinen Vers darauf machen. »Wie sollen wir auf das andere Ufer gelangen?« fragte er. »Ich werde von hinten nach vorne hinüberfahren!« sagte der Kaufmannssohn. Er trieb die Pferde an, kam bis zur Hälfte der Brücke und machte sich daran, die Bohlen von hinten nach vorne zu schleppen; schließlich war die zweite Hälfte der Brücke mit Bohlen belegt und er erreichte das andere Ufer. Der Obrist folgte ihm auf dem Fuß. Endlich kamen sie in die Stadt. »Wo willst du absteigen?« fragte der Obrist den Kaufmannssohn.« – »In einem Haus, wo Frühling und Winter am Hoftor hängen.« Sie nahmen Abschied voneinander, und jeder fuhr seines Weges.

Der Kaufmannssohn nahm Wohnung bei einem alten Weiblein; der Obrist fuhr geradewegs zu seiner Braut. Dort wurde er aufs beste empfangen und bewirtet, und man erkundigte sich nach seiner Reise. Er erzählte: »Unterwegs traf ich einen Kaufmannssohn und fragte ihn, was er in Moskau tun wolle. Er antwortete: ›In Moskau gibt es einen Teich, in diesem Teich hat mein Vater vor achtzehn Jahren eine Dohne ausgelegt, und nun soll ich die gefangene Ente nach Hause bringen, und wenn nicht die Ente, dann wenigstens die Dohne.‹ Wir kamen zusammen an einen Fluß, über diesen Fluß führte eine Brücke, die war aber nur zur Hälfte mit Bohlen belegt. Ich überlegte, wie wir auf die andere Seite gelangen sollten. Der Kaufmannssohn aber wußte sich sofort zu helfen, er fuhr von hinten nach vorne hinüber und nahm mich mit.« – »Wo ist er abgestiegen?« fragte die Braut. »In einem Haus, wo Frühling und Winter an dem Tor hängen.«

Die Kaufmannstochter lief in ihr Stübchen, rief ihre Magd und befahl: »Nimm ein Krüglein Milch, einen Laib Brot und ein Körbchen Eier; trink von der Milch, beiß von dem Brot ab und iß ein Ei aus dem Korb. Dann suche ein Haus, an dessen Tor ein Bündel frisches Gras und ein Bündel Heu hängen. Frage dort nach dem Kaufmannssohn, gib ihm die Milch, die Eier und das Brot und frage: ›Hat das Meer Flut oder Ebbe? Ist es Vollmond oder abnehmender Mond? Stehen alle Sterne am Himmel oder ist einer untergegangen?‹« Die Magd kam zu dem Kaufmannssohn, überreichte ihm die Geschenke und fragte: »Hat das Meer Flut oder Ebbe?« – »Ebbe.« – »Ist es Vollmond oder abnehmender Mond?« – »Abnehmender Mond!« – »Stehen alle Sterne am Himmel?« – »Nein, ein Stern ist untergegangen.« Die Magd kehrte nach Hause

786

zurück und überbrachte diese Antworten der Kaufmannstochter. »Nein, Väterchen«, sagte die Kaufmannstochter zu ihrem Vater, »Euer Bräutigam ist nicht der rechte; ich habe schon einen Bräutigam – meine Verlobung ist mit Handschlag bekräftigt und mit einem Pfand besiegelt.« Auf der Stelle wurde ein Bote nach dem richtigen Bräutigam geschickt, die Hochzeitsvorbereitungen getroffen und ein großes Fest gefeiert. Der Obrist aber bekam einen Korb. Auch ich war bei der Hochzeit dabei, trank Met und Wein, alles lief den Schnurrbart herunter und kein Tropfen in den Mund.

Ein gutes Wort

Es lebte einmal ein reicher Kaufmann; als er starb, hinterließ er einen Sohn, Iwan Ohnglück; der hatte den ganzen Reichtum vertrunken und verpraßt und mußte schleunigst Arbeit suchen. Er begab sich auf den Markt und ging dort auf und ab; er war stattlich und schön anzusehen. Just um diese Zeit saß ein schönes Mädchen, eine Kaufmannstochter, am Fensterchen und stickte mit bunten Seiden einen Teppich. Sie sah den Kaufmannssohn... Sie gewann ihn lieb. »Erlaube mir, ihn zu heiraten«, bat sie ihre Mutter. Zunächst wollte die Alte nichts davon hören, aber dann sprach sie mit ihrem Mann: »Vielleicht wird das Glück seiner Frau auch ihm Glück bringen, denn unsere Tochter ist im Hemdchen auf die Welt gekommen!« Schließlich gaben sie ihren Segen, und die beiden wurden getraut. Die junge Frau kaufte Baumwollgarn, stickte einen Teppich und schickte ihren Mann auf den Markt, er sollte den Teppich verkaufen: »Verkaufe diesen Teppich für hundert Rubel, aber wenn du einem guten Menschen begegnest, gib ihn für ein gutes Wort her.«

Er begegnete einem alten Mann, der wollte den Teppich kaufen und hundert Rubel dafür geben; er hatte schon das

Geld aus der Tasche geholt, da sagte er: »Was willst du lieber
– das Geld oder ein gutes Wort?« Der Kaufmannssohn
überlegte eine Weile, die Worte seiner Frau fielen ihm ein...
»Ein gutes Wort«, sagte er, »und nimm den Teppich!« – »Vor
dem Tode fürchte nichts!« sagte der Alte, nahm den Teppich
und ging. Der Kaufmannssohn kam nach Hause und erzählte
alles seiner Frau; die Frau dankte ihm, kaufte Seidengarn,
stickte einen neuen Teppich und schickte ihren Mann abermals auf den Markt. Sie sagte: »Verkaufe diesen Teppich für
fünfhundert Rubel, aber wenn du einem guten Menschen
begegnest, gib ihn für ein gutes Wort her.« Der Kaufmannssohn ging auf den Markt; unterwegs begegnete er demselben
alten Mann, der wollte für den Teppich fünfhundert Rubel
geben; er hatte schon das Geld aus der Tasche geholt, da
fragte er: »Oder willst du lieber, daß ich dir ein gutes Wort
sage?« – »Nimm den Teppich und sage mir ein gutes Wort!« –
»Du sollst wecken und fragen, ohne den Kopf abzuschlagen!«
sagte der Alte, nahm den Teppich und ging. Der Kaufmannssohn kehrte nach Hause zurück und erzählte alles seiner Frau
– die sagte kein Sterbenswörtchen dazu.

Eines Tages rüsteten die Onkel des Kaufmannssohns ihre
Schiffe, um in fremde Länder zu fahren und dort Handel zu
treiben; der Kaufmannssohn stattete mit großer Mühe ein
einziges Schiff aus, nahm im Bett Abschied von seiner Frau
und segelte mit ihnen davon. Sie fuhren über das Meer,
plötzlich tauchte aus dem Wasser ein Nix auf. »Gebt uns«,
sagte er zu den Kaufleuten, »einen russischen Menschen, der
soll unser Richter sein und unseren Streit schlichten – ich
werde ihn euch zurückbringen.« Die Onkel überlegten und
überlegten und baten schließlich den Neffen, er möge in die
Meerestiefe hinuntersteigen. Der dachte an das Wort des
Greises: »Vor dem Tode fürchte nichts!« und folgte dem Nix
in die Tiefe. Dort wurde Rat gehalten, was das Kostbarste sei:
Gold, Silber oder Kupfer? »Wenn du unseren Streit schlich-
test«, sagte die Versammlung zu dem Kaufmannssohn, »wer-

den wir dich reich belohnen.« – »Ich will es tun!« antwortete er. »Das Kostbarste ist Kupfer: Ohne Kupfer läßt sich kaum eine Rechnung bezahlen; aus Kupfer ist die Kopeke, die Halbe Kopeke und die Viertel Kopeke, viele davon geben einen Rubel. Aber von einer silbernen oder goldenen Münze kannst du kein Stück abbeißen.« – »Recht gesprochen«, sagten sie, »geh auf dein Schiff zurück!« Der Nix brachte ihn auf sein Schiff zuürck, das Schiff aber war voll von Edelsteinen.

Die Onkel waren schon weit, aber der Kaufmannssohn holte sie ein und fing mit ihnen einen Streit an, wessen Ware kostbarer sei. Sie sprachen: »Du hast ja nur einen morschen Bottich, lieber Neffe, und wir haben hundert Schiffe.« Sie stritten und stritten, schließlich traten die Onkel vor den Zaren und führten Klage gegen ihren Neffen. Zuerst wollte der Zar den Kaufmannssohn ohne Gericht aufknüpfen lassen: er sollte das Ansehen seiner Onkel nicht schmälern! Aber dann befahl er, ihm alle Waren zur Prüfung vorzulegen. Die Onkel kamen und brachten Stoffballen mit, Atlasseide und Goldbrokat... Der Zar konnte sich daran nicht satt sehen. »Jetzt zeige deine Ware!« sprach er zu dem Kaufmannssohn. »Befiehl, alle Fensterläden zu schließen, Majestät, ich zeige meine Ware am besten im Dunkeln.« Der Zar befahl, alle Fensterläden zu schließen. Darauf zog der Kaufmannssohn einen Edelstein aus der Tasche, und in dem Gemach wurde es taghell!« – »Deine Ware ist besser, Kaufmannssohn! Von nun an gehören dir auch die Schiffe deiner Onkel!«

Er nahm die Schiffe seiner Onkel, trieb auf den Tag zwanzig Jahre Handel, hatte dabei immer Glück und kehrte mit unermeßlichen Reichtümern nach Hause zurück. Er trat in sein Haus und sah: Seine Frau lag im Bett zwischen zwei ansehnlichen Burschen. Der Zorn wallte in ihm auf, und er zückte den scharfen Säbel. »Ich bringe die beiden Galane um!« Aber da fiel ihm das gute Wort des Greises ein: »Du sollst wecken und fragen, ohne den Kopf abzuschlagen!« Er weckte seine Frau, die sprang auf und begann, die Burschen wach zu rütteln! »Kinder«, rief sie, »euer Vater ist gekommen.« Da erfuhr der Kaufmannssohn, daß seine Frau ihm in seiner Abwesenheit Zwillinge geschenkt hatte.

Die Tochter des Hirten

In einem Reich, in einem Land lebte einmal ein Zar. Er wollte nicht länger ledig bleiben und beschloß zu heiraten. Lange suchte er, lange, aber nirgends konnte er eine Braut nach seinem Geschmack finden. Eines Tages ritt er auf die Jagd und sah: Eine Bauerntochter hütete das Vieh auf dem Feld – so schön war sie, daß man es nicht im Märchen erzählen, nicht mit der Feder beschreiben könnte, und daß keine zweite wie sie auf der ganzen Welt zu finden wäre! Der Zar ritt auf sie zu und grüßte freundlich: »Guten Tag, schöne Jungfrau!« – »Guten Tag, Majestät!« – »Wer ist dein Vater?« – »Mein Vater ist der Hirte, er wohnt hier in der Nähe.« Der Zar fragte sie genau aus: nach dem Namen ihres Vaters und nach ihrem Dorf, dann nahm er Abschied und ritt weiter. Wenig später, nach einem oder nach zwei Tagen, kam der Zar zu dem Hirten; er trat in das Haus und sprach: »Sei gegrüßt, guter Mann! Ich will deine Tochter heiraten.« – »Dein Wille ist uns Gesetz, Majestät!« – »Und du, schöne Jungfrau? Willst du meine Frau sein?« – »Ich will deine Frau sein!« antwortete sie. »Ich nehme dich unter der Bedingung, daß du mir nie widersprichst, auch nicht mit einem einzigen Wörtchen. Und wenn du mir auch nur einmal widersprichst – das Schwert, das schwingt, ist mein, der Kopf, der rollt, ist dein!«

Der Zar befahl ihr, alles für die Hochzeit vorzubereiten, und sandte nach allen umliegenden Reichen Boten aus, um Könige und Königinnen zu Fest und Schmaus zu laden. Als alle Gäste versammelt waren, führte der Zar seine Braut in einem einfachen Bauernkleid hinaus: »Meine lieben Gäste, wie gefällt euch meine Braut?« – »Majestät«, antworteten die Gäste, »wenn sie dir gefällt, so gefällt sie uns erst recht.« Darauf befahl der Zar seiner Braut, das königliche Gewand anzulegen und fuhr mit ihr zur Trauung. Man weiß es ja, der Zar braucht weder Bier zu brauen noch Wodka zu brennen – er hat immer von allem genug! Sie wurden getraut und gaben ein Fest für die ganze Welt: man schmauste, zechte und trieb allerlei Kurzweil. Dann war das Fest zu Ende, und der Zar lebte mit seiner jungen Zarin in Liebe und Eintracht. Als ein Jahr vergangen war, kam die Zarin mit einem Sohn nieder, und der Zar sprach ein hartes Wort: »Dein Sohn wird getötet, sonst werden die Nachbarkönige spotten, daß ein Bauernsohn nach meinem Tod mein Reich regieren wird!« – »Dein Wille ist mir Gesetz! Ich darf dir nicht widersprechen«, antwortete die arme Zarin. Der Zar nahm das Kind und trug es fort. Er brachte es heimlich zu seiner Schwester, dort sollte es einstweilen aufwachsen. Nach einem weiteren Jahr kam die Zarin mit einer Tochter nieder. Abermals sprach der Zar ein hartes Wort: »Deine Tochter wird getötet, sonst werden die Nachbarkönige spotten, daß sie keine Zarewna, sondern eine Bauernmagd ist.« – »Dein Wille ist mir Gesetz! Tu, was du willst, ich darf dir nicht widersprechen!« Der Zar nahm das Kind, trug es fort und schickte es zu seiner Schwester.

Viele Jahre vergingen, viel Wasser floß die Flüsse herunter. Der Zarewitsch und die Zarewna waren herangewachsen: er war schön anzusehen, sie aber war noch viel schöner – eine solche Schönheit hat die Welt noch nicht gesehen! Der Zar rief seine Räte zusammen, ließ seine Frau holen und sprach: »Ich will nicht länger mit dir leben; du bist ein Bauernweib, und ich bin der Zar! Lege deine königlichen Gewänder ab, ziehe dein Bauernkleid an und geh zu deinem Vater zurück.« Die Zarin sprach kein Wort, legte ihre prächtigen Gewänder ab, zog ihr altes Bauernkleid an, kehrte zu ihrem Vater zurück und hütete das Vieh auf dem Feld. Der Zar aber wollte eine andere heiraten. Er ließ alles für das Hochzeitsfest rüsten, befahl, seine einstige Frau zu holen und sprach zu ihr: »Putze meine Stuben, aber gründlich – heute werde ich meine Braut heimführen.« Sie putzte die Stuben, stellte sich vor die Türe und wartete.

Der Zar kam mit der Braut. Ihm folgte eine unübersehbarer Zug von Gästen. Sie setzten sich an die Tafel, zechten, schmausten und trieben Kurzweil. »Ist meine Braut nicht schön?« fragte der Zar seine einstige Frau. Sie antwortete: »Wenn sie für dich schön ist, so ist sie für mich erst recht schön.« – »Gut«, sprach der Zar, »lege deine königlichen Gewänder wieder an und setze dich an meine Seite. Hier, diese Braut ist deine Tochter, und hier ist dein Sohn.« Von nun an lebte der Zar mit seiner Zarin ohne jeden Arg, prüfte sie nie mehr und glaubte ihr bis an das Ende seines Lebens jedes Wort.

Die verleumdete Kaufmannstochter

Es lebte einmal ein Kaufmann, der hatte eine Tochter und einen Sohn. Als es ans Sterben ging (seine Frau war schon vor ihm auf den Kirchhof gekommen), sprach er zu ihnen: »Meine Kinder, lebt in Frieden miteinander, in Liebe und Eintracht, so wie eure selige Mutter und ich gelebt haben.« Darauf starb er; sie beerdigten ihn und hielten den Leichenschmaus, wie es sich gehört. Bald darauf wollte der Kaufmannssohn übers Meer fahren und in fremden Ländern Handel treiben. Er ließ drei Schiffe rüsten, belud sie mit allerlei Ware und ermahnte seine Schwester: »Höre, liebe Schwester, ich gehe auf eine lange Reise und lasse dich mutterseelenallein zu Hause zurück. Gib auf dich acht: sei züchtig, halte dich vor allem Argen fern und meide Umgang mit fremden Menschen.« Darauf tauschten sie ihre Bildnisse – die Schwester nahm das Bild ihres Bruders, der Bruder das seiner Schwester. Sie weinten beim Abschied, der Kaufmannssohn winkte, die Schwester blieb zurück.

Der Kaufmannssohn ließ die Anker lichten, die Segel setzen und fuhr ins offene Meer hinaus. Er fuhr ein Jahr, er fuhr ein zweites, und im dritten Jahr kam er zu einer reichen Hauptstadt. Er fuhr in den Hafen ein, ging vor Anker, füllte sogleich ein Schälchen mit kostbaren Edelsteinen, nahm einen Ballen vom besten Samt, einen Ballen Damast und einen Ballen Atlas und begab sich damit in den Palast zu dem dortigen Zaren. Er kam in den Palast, überreichte dem Zaren seine Geschenke und bat ihn um die Erlaubnis, in seiner Hauptstadt Handel zu treiben. Dem Zar gefielen die kostbaren Geschenke, und er sprach zu dem Kaufmannssohn: »Deine Geschenke sind mir willkommen. Solange ich lebe, hat mich noch niemand so reich beschenkt. Du sollst den besten Platz auf dem Mark haben. Kaufe und verkaufe, laß dir von niemand etwas sagen und komm zu mir, wenn dich jemand kränkt. Morgen werde ich dich auf deinem Schiff besuchen.«

Am nächsten Tag kam der Zar zu dem Kaufmannssohn, ließ sich durch das Schiff führen und die Ware zeigen; da sah er in der Kajüte des Schiffsherrn ein Bildnis an der Wand hängen; er fragte den Kaufmannssohn: »Wessen Bildnis ist das?« – »Es ist das Bildnis meiner Schwester, Majestät!« – »Ach, Herr Kaufmann, eine solche Schönheit habe ich noch nie gesehen. Aber sage mir aufrichtig: Welchen Sinnes ist sie und von welchen Sitten?« – »Sie ist sanft und rein wie eine Taube!« – »Wohlan, wenn es so ist, dann soll sie Zarin sein. Ich will sie heiraten.« Zu dem Gefolge des Zaren gehörte ein General. Er hatte ein böses und neidisches Herz: fremdes Glück war ihm wie ein Kloß im Hals. Er hörte den Zaren sprechen und giftete sich: »Nun kommt es dahin, daß unsere Ehefrauen sich vor der Tochter eines Kaufmanns verneigen!« Das konnte er nicht ertragen und sagte zu dem Zaren: »Majestät! Laß Gnade walten und mich die Wahrheit sagen.« – »Sprich!« – »Die Kaufmannstochter ist Euch nicht ebenbürtig; sie ist mir schon längst bekannt, mehr als einmal lag ich in ihrem Bett und habe mit ihr gespielt. Sie ist eine liederliche Dirne.« – »Wie konntest du, fremder Kaufmann, sagen, sie sei sanft und rein wie die Taube?« – »Majestät! Wenn der General die Wahrheit spricht, dann soll er den Siegelring meiner Schwester holen und sie fragen, welch ein geheimes Mal an ihrem Körper sei.« – »So sei es«, sagte der Zar und gab dem General Urlaub. »Wenn du nicht binnen weniger Tage den Siegelring bringst und das Mal nennst – das Schwert, das schwingt, ist mein, der Kopf, der rollt, ist dein.«

Nun machte sich der General auf den Weg in die Stadt, wo die Kaufmannstochter wohnte; als er dort ankam, wußte er nicht, wie er zum Ziel kommen sollte. Er ging durch die Straßen auf und ab, hin und her und ließ den Kopf hängen. Da kam ihm ein altes Weiblein entgegen, das bat ihn um ein Almosen; er reichte es ihr. Darauf sprach das Weiblein: »Warum bist du so traurig, guter Herr?« – »Warum soll ich es dir erzählen? Du kannst mir in meiner Not doch nicht helfen.« – »Wer weiß – vielleicht kann ich es doch!« – »Weißt du, wo die Kaufmannstochter wohnt?« – »Warum sollte ich das nicht wissen?« – »So, dann hole ihren Siegelring und frage sie, ob sie ein geheimes Mal am Körper hat. Wenn dir das gelingt, werde ich dich mit purem Gold belohnen.« Das alte Weiblein schlurfte zu dem Haus der Kaufmannstochter, klopfte an das Tor, ließ sich in die Stube führen, betete vor den Ikonen und gab vor, sie sei auf der Pilgerschaft ins Heilige Land. Dann bat sie um eine milde Gabe. Sie fing es so geschickt an, daß die schöne Jungfrau ihr wie verzaubert zuhörte und nicht merkte, daß sie dem Weiblein ihr Geheimnis verriet. Während sie miteinander sprachen, stahl das Weiblein von dem kleinen Tisch den Siegelring und ließ ihn in ihren Ärmel gleiten. Darauf nahm sie Abschied und lief eilig zu dem General, gab ihm den Siegelring und sprach: »Das geheime Mal am Körper der Kaufmannstochter ist ein goldenes Härchen unter der linken Achsel.«

Der General belohnte sie reich und machte sich auf den Heimweg. Sobald er in seinem Land angekommen war, begab er sich in den Palast; der Kaufmannssohn war schon dort. »Nun«, fragte der Zar, »hast du den Siegelring?« – »Hier ist er, Majestät«. – »Und welches geheime Mal hat die Kaufmannstochter am Körper?« – »Ein goldenes Härchen unter der linken Achsel.« – »Ist das wahr?« fragte der Zar den Kaufmannssohn. »Es ist wahr, Majestät!« – »Wie konntest du dich erdreisten, mich zu belügen? Dafür wirst du hingerichtet.« – »Majestät! Erweise mir die letzte Gnade und laß mich meiner Schwester einen Brief schreiben; sie soll kommen und von mir Abschied nehmen.« – »Es sei«, antwortete der Zar, »schreibe ihr; aber ich will nicht lange warten!« Die Hinrichtung wurde solange aufgeschoben, sie legten den Kaufmannssohn in Ketten und warfen ihn ins Gefängnis.

Als die Kaufmannstochter den Brief ihres Bruders erhalten und gelesen hatte, machte sie sich sofort auf den Weg. Sie fuhr in ihrer Kutsche dahin und strickte einen goldenen Handschuh, dabei weinte sie bitterlich. Ihre Tränen wurden zu Diamanten, sie las die Diamanten auf und besetzte mit ihnen den Handschuh. Bald hatte sie die Hauptstadt erreicht, sie nahm Wohnung bei einer armen Witwe und fragte: »Ist bei euch etwas Besonderes geschehen?« – »Bei uns ist nichts Besonders geschehen, aber morgen soll ein fremder Kaufmann gehängt werden; er soll für seine Schwester büßen.« Am nächsten Morgen erhob sich die Kaufmannstochter, legte ihre reichen Gewänder an, ließ eine Kutsche kommen und fuhr zu der Richtstätte; der Galgen war schon aufgerichtet, überall standen Soldaten, und eine Menge Volks hatte sich versammelt. Und schon wurde ihr Bruder gebracht. Sie stieg aus der Kutsche, ging auf den Zaren zu, überreichte ihm den Handschuh, den sie unterwegs gestickt hatte, und sprach: »Majestät, wieviel ist dieser Handschuh nach Eurem Dafürhalten wert?« Der Zar betrachtete den Handschuh. »Oh«, sagte er, »dieser Handschuh ist unbezahlbar.« – »Aber Euer

General hat mich besucht und mir einen solchen Handschuh gestohlen, es war ein Paar. Befehlt, daß dieser Handschuh gesucht werde.«

Der Zar ließ den General vortreten: »Hier wird Klage gegen dich geführt. Es heißt, du hättest einen kostbaren Handschuh gestohlen.« Der General schwor bei allen Heiligen, er wüßte von nichts und könnte von nichts wissen. – »Wieso weißt du von nichts?« fragte ihn die Kaufmannstochter. »Hast du mich nicht oft in meinem Haus besucht? Hast du nicht oft bei mir in meinem Bett gelegen? Hast du nicht oft mit mir gebuhlt . . . « – »Aber ich sehe dich doch zum ersten Mal in meinem Leben! Ich habe dich nie besucht! Ich weiß nicht einmal – und wenn ich dafür sterben müßte –, wer du bist und woher du kommst!« – »Wenn das so ist, Majestät, warum muß dann mein Bruder unschuldig leiden?« – »Was für ein Bruder?« fragte der Zar. »Mein Bruder, den man dort zum Galgen führt!« So kam die ganze Wahrheit ans Licht. Der Zar befahl, den Kaufmannssohn auf der Stelle freizulassen und den General zu hängen; dann stieg er zu der schönen Jungfrau, der Kaufmannstochter, in die Kutsche und ließ sich zur Kirche fahren. Dort wurden sie getraut, feierten eine prächtige Hochzeit, lebten in Liebe und Eintracht miteinander, mehrten das Gute, und so leben sie heute noch.

Von der Zarin, die Gusli spielte

In einem Reich, in einem Land lebten einmal ein Zar und eine Zarin. Nachdem sie eine geraume Weile zusammengelebt hatten, wollte der Zar in das ferne Land ziehen, wo die Juden Christus gekreuzigt hatten. Er gab den Ministern seine Befehle, nahm Abschied von seiner Frau und machte sich auf den Weg. Ob es lange währte oder kurz – er gelangte in das ferne Land, wo die Juden Christus gekreuzigt hatten. Aber in diesem Land regierte damals ein böser König. Als dieser König den Zaren sah, befahl er, ihn zu ergreifen und in den Kerker zu werfen. In seinen Verliesen schmachteten viele Gefangene; nachts wurden sie in Fesseln gelegt, und am Morgen ließ der böse König sie vor die Pflüge spannen und bis zum Abend pflügen. Drei volle Jahre mußte der Zar diese Pein ertragen, ohne zu wissen, wann sie ein Ende nehmen würde und wie er seiner Zarin eine Nachricht senden könnte. Eines Tages glückte es ihm, ihr ein Briefchen zu schicken. Er schrieb: »Verkaufe alles, was wir haben, und komme und kaufe mich frei.«

Die Zarin empfing diesen Breif, las ihn und weinte: »Wie kann ich den Zaren freikaufen? Wenn ich selbst hinfahre, wird der böse König mich sehen und mich zu seiner Frau machen; wenn ich die Minister hinschicke, werden sie nichts ausrichten!« Und was tat sie? Sie schnitt sich ihre blonden Zöpfe ab, verkleidete sich als fahrender Spielmann, hing sich eine Gusli über die Schultern und machte sich auf den Weg, ohne irgend jemandem etwas zu sagen. So kam sie zu dem Palast des bösen Königs, stellte sich davor hin und spielte, sie spielte so schön, daß man ihr das ganze Leben lang hätte zuhören mögen. Als der König diese Musik hörte, ließ er den Spielmann sogleich in den Palast holen. »Guten Tag, Guslispieler! Woher bist du und woher kommst du?« fragte der König. Der Spielmann antwortete: »Seit meinen Kindertagen ziehe ich durch die Welt, Majestät, erheitere die Menschen und verdiene mir damit mein Brot.« – »Bleibe bei mir, sieh dich einen, zwei oder drei Tage bei mir um. Ich werde dich reich belohnen!« Der Spielmann blieb; Tag für Tag spielte er vor dem König, und der wollte immer mehr hören. Das war eine wunderbare Musik! Sie vertrieb alle Langeweile und allen Kummer.

Der Spielmann blieb drei Tage in dem Palast des Königs, dann kam er zu ihm und wollte Abschied nehmen. »Welchen Lohn forderst du?« fragte der König. »Ach, Majestät, schenke mir doch einen Gefangenen, du hast im Gefängnis viele davon; und ich brauche einen Weggenossen. Ich wandere viel durch fremde Länder, manchmal habe ich niemanden, mit dem ich ein Wort wechseln kann!« – »Wohlan, suche dir einen aus«, sagte der König und führte den Spielmann in den Kerker. Der Spielmann sah sich unter den Gefangenen um, wählte den Zaren und nahm ihn mit auf die Wanderschaft. Als sie ihr Land erreicht hatten, sprach der Zar: »Laß mich frei, guter Mann. Ich bin kein gewöhnlicher Gefangener, ich bin der Zar; du kannst von mir alles verlangen, was du willst, ich werde weder mit Geld noch mit Bauern geizen.« – »Gehe mit Gott«, sagte der Spielmann, »ich begehre nichts von dir.« – »Dann sei wenigstens mein Gast.« – »Die Zeit wird schon kommen, da ich unter deinem Dach wohnen werde.« – Sie nahmen Abschied voneinander, und jeder ging seines Weges.

Die Zarin eilte auf einem Umweg in den Palast und erreichte ihn vor ihrem Gatten, sie legte die Spielmannskleider ab und putzte sich heraus, wie es sich schickte. Kaum eine Stunde später rannten die Hofleute durch den Palast und riefen: »Der Zar ist wieder da!« Die Zarin stürzte ihm entgegen, aber er würdigte sie keines Blickes. Er begrüßte seine Minister und sprach: »Seht, ihr Herren, welch eine Gattin ich habe! Jetzt wirft sie sich mir an den Hals, aber als ich im Kerker saß und sie bat, alles zu verkaufen, um mich freizukaufen, da rührte sie keinen Finger. Was hatte sie im Sinn, als sie ihren Mann im Stich ließ?« Die Minister meldeten dem Zaren: »Majestät! Sobald die Zarin Euren Brief empfing, verschwand sie noch am selbigen Tag und blieb die ganze Zeit über fort; erst heute kehrte sie in den Palast zurück.«

Der Zar geriet in schrecklichen Zorn und befahl: »Ihr Herren Minister! Haltet Gericht über meine ungetreue Gemahlin und sprecht das Urteil nach bestem Wissen und Gewissen. Wo hat sie sich die ganze Zeit herumgetrieben? Weshalb wollte sie mich nicht freikaufen? Ihr hättet euren

Zaren nie wiedergesehen, wenn der junge Spielmann nicht gewesen wäre; ich werde für ihn zu Gott beten und ihm, ohne zu zaudern, mein halbes Reich schenken.« Unterdessen hatte die Zarin die Kleider des Spielmanns angelegt, stahl sich in den Hof hinaus und begann zu spielen. Der Zar hörte es, lief hinaus, nahm den Spielmann bei der Hand, führte ihn in den Palast und sprach zu seinen Hofleuten: »Das ist jener Spielmann, der mich aus der Gefangenschaft errettete.« Der Spielmann warf Mantel, Rock und Mütze ab, und alle erkannten die Zarin. Der Zar freute sich über alle Maßen; in seiner Freude lud er die ganze Welt zu einem Fest und feierte eine ganze Woche.

Der Vater und die Tochter

In einem Reich, nicht in unserem Land, lebte einmal ein Kaufmann, der hatte eine Frau, die war sehr schön, und eine Tochter, die war noch schöner als ihre Mutter. Eines Tages legte sich die Frau des Kaufmanns nieder, und bald darauf starb sie. Der Kaufmann war sehr betrübt, aber was konnte er tun? Er beerdigte sie, weinte und trauerte eine Weile, dann aber gedachte er sich mit seiner eigenen Tochter zu trösten. Die unreine Lust verleitete ihn, er kam zu seiner leiblichen Tochter und sprach: »Laß uns miteinander buhlen!« Sie weinte bitterlich, sie flehte ihn an und redete ihm ins Gewissen; aber nein, alles war vergeblich, er wollte nichts hören. »Wenn du mir nicht zu Willen bist«, sprach er, »bringe ich dich um!« Dann tat er ihr Gewalt an, und sie wurde schwanger. Der Kaufmann hatte zwölf Gehilfen. Als er merkte, daß seine Tochter schwanger war, fragte er sie: »Höre, meine liebe Tochter! Wenn du niederkommst, wen wirst du als Vater nennen?« – »Wen kann ich nennen? Ich werde dich nennen.« – »Nein, Töchterchen, mich darfst du nicht nennen. Du mußt einen von den Handelsgehilfen nennen.« – »Ach, Vater, wie

kann ich einen unschuldigen Menschen verleumden?« Der
Kaufmann redete immer wieder auf sie ein, sie aber blieb bei
ihrem Wort. Unterdessen verstrich ein Tag nach dem andern.

Plötzlich kam zu dem Kaufmann ein Bote des Zaren: »Der
Zar befiehlt dich zu sich.« Er kam zu dem Zaren: »Majestät,
wie ist Euer Befehl?« – »Rüste deine Schiffe und fahre in das
dreimal zehnte Reich, um dort Ware einzukaufen.« Vor dem
Zaren gilt kein Wenn und Aber, ob man will oder nicht, man
muß fahren, wohin er einen schickt. Der Kaufmann befahl,
alles für die Reise zu richten, und begab sich zu seiner
Tochter. »Zum letzten Mal frage ich dich: Wenn du in die
Wochen kommst, wen wirst du als Vater nennen?« – »Wen
kann ich nennen? Ich werde dich nennen.« Der Kaufmann
nahm das scharfe Schwert von der Wand und schlug ihr den
Kopf ab: das Blut spritzte nach allen Seiten! Dann hob er die
Tote auf, trug sie in den Garten hinaus und versteckte sie in
einem unteriridischen Gelaß; bestieg dann das Schiff und
segelte in das dreimal zehnte Reich.

Der älteste Handelsgehilfe mußte Haus und Hof verwalten.
In der ersten Nacht träumte ihm, daß eine Stimme zu ihm
spräche: »Warum schläfst du? Weißt du nicht, was in diesem
Haus geschah?« Der Handelsgehilfe wachte auf, nahm den
Schlüsselbund und ging von Kammer zu Kammer; keine Tür
ließ er aus, aber ein Schlüssel an dem Schlüsselbund war
überzählig, und der Gehilfe konnte kein Schloß finden, zu
dem dieser Schlüssel gehörte. »Ich will in den Garten gehen
und frische Luft schöpfen.« Kaum war er im Garten, da hörte
er eine Nachtigall in einem Busch laut singen: »Guter Mann!
Denk an mich, ich liege hier!« Der Gehilfe begann zu suchen
und stieß schließlich auf das unterirdische Gelaß; er mußte
lange nach dem Eingang tasten, denn alles war mit Gras und
Buschwerk zugewachsen. Er steckte den überzähligen Schlüssel ins Schloß – der Schlüssel paßte. Dann stieß er die Tür auf,
in dem Gelaß stand ein Sarg, im Sarg lag eine Jungfrau,
ringsumher brannten Kerzen aus purem Wachs, und von den

Wänden strahlten goldene Ikonen. Die Jungfrau, die Tochter des Kaufmanns, sprach: »Erweise mir einen Dienst, guter Mann! Befreie mich von meiner Bürde: hole das Schwert und schneide das Kindlein aus meinem Leib.« Der Gehilfe lief eilends ins Haus, um das Schwert zu holen: als er in die Stube trat, in der der Vater seine Tochter umgebracht hatte, sah er, daß dort, wo das Blut geflossen war, Blumen auf den Dielen blühten. Er nahm das Schwert, kehrte in den Garten zurück, schnitt das Kindlein aus dem Leib der Kaufmannstochter und brachte es seiner Mutter, damit sie es großziehe.

Ob es lange währte oder kurz – der Kaufmann kehrte aus dem dreimal zehnten Reich zurück; der Zar ließ ihn in den Palast kommen und von den Handelsgeschäften berichten. Da kam ein kleiner Knabe in den Palast gelaufen und sprang und hüpfte um sie herum. »Was ist das für ein hübsches Kind?« fragte der Zar. »Das ist der Sohn meines Gehilfen.« Der Zar wünschte den Gehilfen zu sehen; er wurde geholt und erzählte alles, was geschehen war. Der Zar befahl, den Kaufmann zu erschießen, das Kind aber nahm er zu sich in den Palast: heute noch lebt es bei dem Zaren!

Der Soldat weist dem Zaren den Weg

In einem Reich, in einem Land lebte einmal ein Bauer, der hatte zwei Söhne. Den ältesten traf das Los, und er mußte zu den Soldaten. Er diente treu und redlich und hatte so viel Glück, daß er nach wenigen Jahren zum General befördert wurde. Zu eben dieser Zeit traf seinen jüngeren Bruder das Los, der mußte gleichfalls dem Zaren dienen; sie rasierten ihm die Stirn aus, und er kam just in das Regiment, das sein Bruder, der General, befehligte. Der Soldat erkannte seinen Bruder und sprach ihn an. Aber woher! Der wollte von ihm nichts wissen: »Ich kenne dich nicht, und du hast mich auch nicht zu kennen.«

Eines Tages hielt der Soldat Wache bei dem Regimentska-
sten vor der Tür der Generalswohnung; der General gab ein
großes Festessen, hatte viele Gäste geladen, und die Offiziere
und hohen Herren fuhren vor. Der Soldat sah, daß die andern
feierten, er aber leer ausging, und begann bitterlich zu
weinen. Die Gäste fragten ihn: »Was fehlt dir, Kamerad?
Warum weinst du?« – »Wie soll ich denn nicht weinen? Mein
leiblicher Bruder tafelt und läßt es sich wohl sein, mich aber
hat er vergessen.« Die Gäste erzählten dies dem General, der
General geriet in Zorn: »Warum glaubt ihr ihm? Er ist ein
Narr und faselt!« Er befahl, ihn abzulösen und mit dreihundert Stockhieben zu traktieren, damit er endlich seine wahre
Verwandtschaft kenne. Das wollte sich der Soldat nicht
gefallen lassen; er suchte seine Siebensachen zusammen und
machte sich davon. Ob es lange währte oder kurz – er
gelangte in einen Wald, der war so dicht und so verwunschen,
daß ihn kaum ein Mensch betrat. Dort gedachte er einstweilen zu bleiben und sich von Beeren und Wurzeln zu ernähren.
Bald danach ritt der Zar mit einem großen Gefolge auf die
Jagd. Sie sprengten ins freie Feld hinaus und ließen die Meute
von der Leine, die Hörner erschallten und die Jagd begann.
Auf einmal sahen sie einen schönen Hirsch. Wie ein Pfeil flog
er an dem Zaren vorüber und sprang in den Fluß. Im Nu hatte
er das andere Ufer erreicht und verschwand in dem Wald. Der
Zar nahm die Verfolgung auf, er schwamm über den Fluß, er
jagte ihm nach . . . da merkte er – der Hirsch war verschwunden, seine Jäger waren weit hinter ihm zurückgeblieben,
ringsum nichts als dichter dunkler Wald; er wußte nicht,
wohin er sich wenden sollte, es war weder Pfad noch Spur zu
erkennen. Bis in den Abend hinein irrte er in dem Wald umher
und war müde geworden. Da begegnete ihm der flüchtige
Soldat. »Guten Abend, guter Mann! Wie kommst du hierher?« – »So und so, ich wollte jagen und habe mich im Wald
verirrt; zeig mir den Weg, Bruder.« – »Wer bist du?« – »Ein
Diener des Zaren.« – »Jetzt ist es dunkel; laß uns in einer

Schlucht übernachten, und morgen werde ich dich aus dem Wald herausführen.«

Sie suchten eine Stelle, wo sie über Nacht bleiben konnten. Sie wanderten, wanderten, da sahen sie ein Haus. »Gott schickt uns ein Obdach, laß uns eintreten«, sagte der Soldat. Sie traten ein; in dem Haus saß eine alte Frau. »Gott zum Gruß, Großmutter!« – »Gott zum Gruß, Kamerad!« – »Gib uns zu essen und zu trinken!« – »Ich würde gern selbst etwas essen, aber es ist nichts im Haus.« – »Du lügst, altes Teufelsweib!« sagte der Soldat und machte sich daran, im Ofen und in der Kammer zu suchen; da sahen sie, daß die Alte von allem im Überfluß hatte: Wein, Gesottenes und Gebratenes. Sie setzten sich an den Tisch, aßen nach Herzenslust und kletterten zum Schlafen auf den Boden. Der Soldat sagte zu dem Zaren: »Nimmst du dich selbst in acht, gibt auch Gott auf dich acht! Einer von uns soll schlafen, der andere Wache halten.« Sie zogen das Los, und als erster mußte der Zar Wache halten. Der Soldat gab ihm sein scharfes Seitengewehr, hieß ihn an der Luke Posten beziehen, aufpassen und Alarm schlagen, sobald er etwas Verdächtiges bemerke; darauf legte er sich schlafen. Nach einer Weile dachte er: »Wie wird wohl mein Genosse Wache halten? Er ist es ja nicht gewöhnt. Ich will einmal nachsehen.« Der Zar aber stand und stand, schließlich begann er einzunicken. »Warum schwankst du? Schläfst du etwa?« schrie ihn der Soldat an. »Nein!« antwortete der Zar. »Das möchte ich dir auch nicht geraten haben!« Der Zar stand eine weitere Viertelstunde, dann nickte er abermals ein. »He, Freund, schläfst du?« – »Nein, nicht im geringsten!« – »Wenn du einschläfst, darfst du dich nicht beklagen!« Der Zar stand abermals eine Viertelstunde, dann knickten seine Beine ein, er sackte zu Boden und schlief ein. Der Soldat sprang auf, nahm sein Seitengewehr, drosch auf den Zaren ein und sprach: »Heißt das Wache halten? Ich war zehn Jahre bei den Soldaten, und meine Vorgesetzten haben mir nicht ein Vergehen verziehen; dir aber hat wohl niemand etwas beigebracht! Das erste und das zweite Mal habe ich Nachsicht mit dir gehabt, aber nach dem dritten Mal kommt die Strafe... So, jetzt kannst du weiterschlafen, ich werde selbst Wache halten.«

Der Zar legte sich schlafen, der Soldat hielt an der Luke Wache und tat kein Auge zu. Auf einmal hörte er Pfeifen und Türenschlagen, das waren die Räuber, die nach Hause kamen. Das alte Weib jammerte: »Wir haben Gäste, sie wollen bei uns übernachten.« – »Das ist uns recht, Großmutter! Die ganze Nacht sind wir umsonst umhergeritten, und jetzt ist uns das Glück von selbst ins Haus gekommen! Aber vorher wollen wir unser Nachtessen!« – »Aber unsere Gäste haben alles leergegessen und leergetrunken!« – »Das sind dreiste Gesellen! Wo sind sie?« – »Sie schlafen auf dem Dachboden.« – »Na, dann gehe ich hinauf und rechne mit ihnen ab«, sagte einer der Räuber, nahm ein großes Messer und kletterte auf den Boden; als er den Kopf durch die Luke steckte, schlug der Soldat mit seinem Seitengewehr zu, und der Kopf des Räubers rollte über die Dielen; der Soldat zog schleunigst den Körper herauf und wartete: was kommt jetzt? Die Räuber warteten und warteten und sprachen: »Wieso bleibt der solange oben?« Der zweite Räuber sollte nun auf den Boden hinaufklettern, aber der Soldat köpfte auch ihn. Auf diese Weise erlegte er binnen kurzer Zeit sämtliche Räuber.

Der Morgen graute schon, als der Zar erwachte, er sah die Leichen und fragte: »Oh, Kamerad, wohin sind wir geraten?« Der Soldat erzählte ihm, wie sich alles zugetragen hatte. Dann kletterten sie von dem Boden herunter. Als der Soldat die alte Frau erblickte, brüllte er: »Warte, altes Teufelsweib! Jetzt bist du an der Reihe! Jetzt sollst du spüren, was man sich einbrockt, wenn man mit Räubern haust! Her mit dem Geld!« Die Alte schloß eine Truhe auf, die war voller Gold; der Soldat füllte seinen Tornister, stopfte sich die Taschen voll und sprach zu seinem Genossen: »Nimm auch davon!« Der Zar antwortete: »Nein, ich brauche kein Gold, Brüderchen; unser Zar hat Geld genug, und wenn der etwas hat, dann haben wir auch etwas.« – »Du mußt es ja wissen!« sagte der Soldat und machte sich mit dem Zaren auf den Weg; bald traten sie aus dem Wald heraus. »Geh«, sprach er, »auf diesem Pfad immer weiter; dann bist du in einer Stunde in der Stadt.« – »Leb wohl«, sagte der Zar, »und sei bedankt. Du mußt mich in der Stadt besuchen, ich werde dich zu einem glücklichen Menschen machen.« – »Nimm den Mund nicht so voll, ich bin fahnenflüchtig, Sie werden mich gleich verhaften, wenn ich in die Stadt komme.« – »Sei guten Muts, unser Zar ist mein guter Freund. Ich brauche ihn nur zu bitten und ihm von deiner Tapferkeit zu erzählen, und er wird dir nicht nur vergeben, sondern dich auch noch belohnen.« – »Und wo kann ich dich finden?« – »Komme schnurstracks in den Palast.« – »Also gut, ich werde dich morgen besuchen.«

Der Zar nahm Abschied von dem Soldaten und ging auf dem Weg weiter; sobald er in der Stadt angekommen war, gab er den Befehl, daß alle Wachen an den Schlagbäumen, die Hauptwachen und die Schloßwachen nach einem Soldaten Ausschau halten und sofort vor ihm wie vor einem General salutieren sollten. Als der Soldat am nächsten Tag zu dem Schlagbaum kam, machten die Soldaten Front und salutierten. Der Soldat wunderte sich: »Was soll das bedeuten?« Er fragte: »Wen grüßt ihr«? – »Dich, Kamerad.« Er nahm eine Handvoll Gold aus seinem Tornister und verteilte es unter die Männern, damit sie auf sein Wohl einen Wodka trinken sollten. Als er durch die Stadt ging, salutierten die Wachen von allen Seiten, und er mußte immerfort in seinen Tornister greifen. »Ein schöner Schwätzer, dieser Diener des Zaren«, dachte er, »er hat wohl schon überall verkündet, daß ich viel Geld habe.« Als er zu dem Palast kam, waren die Truppen schon angetreten, und der Zar erwartete ihn in demselben Rock, den er auf der Jagd getragen hatte. Da wußte der Soldat, mit wem er in dem Wald übernachtet hatte, und erschrak über alle Maßen: »Das ist ja der Zar, und ich sprang mit ihm um wie mit unsereinem und erteilte ihm eine ordentliche Lehre mit meinem Seitengewehr!« Der Zar nahm ihn bei der Hand, bedankte sich bei ihm vor dem ganzen Heer, nannte ihn seinen Lebensretter und beförderte ihn zum General; den älteren Bruder aber degradierte er zum Gemeinen: Keiner soll sein Blut verleugnen.

Der Soldat und der Räuber

Es lebten einmal ein Mann und eine Frau. Der Mann war ein Räuber und seine Frau half ihm bei seinem Treiben. Eines Tages war er auf einem Streifzug, und die Frau saß allein zu Hause. Ein Soldat, der auf dem Heimweg war, klopfte ans Fenster und bat: »Laß mich bei dir übernachten, gute Frau!« – »Tritt ein!« Der Soldat trat in das Haus, warf seinen Tornister ab und legte sich schlafen. Es dauerte nicht lange, da kehrte der Hausherr zurück, sah den Gast und sprach: »Gott sei gedankt! Ich komme mit leeren Händen nach Hause und finde meine Beute unter dem eigenen Dach!« Er wollte zu Abend essen und befahl seiner Frau: »Wecke den Soldaten! Er soll mit mir essen.« Nun setzte sich auch der Soldat an den Tisch; der Hausherr schenkte ihm ein Glas Wein ein – der Soldat leerte es, dann schenkte er ihm ein zweites ein – er leerte das zweite; dann ein drittes – aber der Soldat dankte. »Zier dich nicht! Ob du nun trinkst oder nicht – sterben mußt du doch«, sagte der Hausherr. Er stand vom Tisch auf, nahm ein Beil und sprach: »So, Kamerad, bete zu Gott; du hast nicht mehr lange zu leben!« Der Soldat bat, flehte, fiel vor dem Mann auf die Knie – aber nein, alles vergeblich. Da kniete er vor der heiligen Ikone nieder und begann, von ganzem Herzen inniglich zu beten und seine Sünden zu bereuen. »Beeil dich! Es ist Zeit!« Aber der Soldat betete weiter.

Da klopfte es gegen das Fenster, und eine unbekannte

Stimme rief: »Kamerad! He, Kamerad! Warum trödelst du? Komm endlich, ich warte schon lange auf dich!« Der Mann erschrak und ließ das Beil fallen, der Soldat nahm seinen Tornister und trat auf die Treppe hinaus – vor dem Haus stand eine Troika kräftiger Pferde; er stieg in die Kutsche – die Pferde flogen dahin, und als der Soldat zu sich kam, fand er sich vor dem elterlichen Hof. Die Troika verschwand, als wäre sie nie dagewesen. Der Soldat dankte Gott für seine wunderbare Rettung und ging in das Haus; sein Vater und seine Mutter freuten sich, ihn wiederzusehen, und wußten nicht, was sie ihm Gutes antun, womit sie ihn bewirten sollten. Der Soldat lebte bei seinen Eltern einen Tag und einen zweiten; am dritten Tag kam zu ihnen derselbe Mann zu Besuch, der den Soldaten hatte umbringen wollen. Es verhielt sich nämlich so, daß der Räuber die leibliche Schwester des Soldaten geheiratet hatte, der Soldat hatte es nicht gewußt, und seine Schwester hatte ihn nicht erkannt. Sie setzten sich zu Tisch, und das Essen wurde aufgetragen; der Räuber sah, daß es ihm an den Kragen ging, nichts wollte ihm schmecken. Der Soldat aber nötigte ihn: »Ob du nun trinkst oder nicht – sterben mußt du doch!« – »Gott sei mit dir, Söhnchen, was sagst du da?« wunderten sich seine Eltern. Der Soldat erzählte, was sich alles zugetragen hatte; da packten sie den Räuber, legten ihn in Ketten und brachten ihn in das Gefängnis.

Die Räuber

Der Vater und die Mutter wollten in die Stadt fahren und sagten zu ihrer Tochter: »Du bleibst zu Hause, Töchterchen; lade für die Nacht deine Freundinnen ein, dann wirst du dich nicht langweilen.« Am Abend versammelten sich die Freundinnen und spannen; eine von ihnen ließ ihre Spindel fallen, die Spindel rollte immer weiter und rollte unter die Dielen.

807

Die Tochter zündete einen Kienspan an, hob ein Dielenbrett und sah – darunter kauerte ein Räuber. Die Freundinnen erschraken, sie zitterten vor Angst und liefen alle nach Hause. Darauf kletterte der Räuber heraus. »Wo ist das Geld?« fragte er. »Gib alles her, sonst wird es dir schlimm ergehen.« Das Mädchen schloß die Truhe auf, schlug den Deckel zurück und hielt ihn fest. »Nimm es!« sagte sie. Der Räuber bückte sich über die Truhe, das Mädchen ließ den Deckel los, der Deckel fiel ihm auf den Nacken, und der Räuber war tot.

Einige Tage darauf hielten die Räuber bei den Eltern um das Mädchen an und nahmen sie mit in den dichten, dunklen Wald. Dort hatten sie ein großes Haus. Das Mädchen trat in die erste Stube – die Stube war mit Blut besudelt; sie trat in die zweite Stube – auf den Bänken ringsum langen Menschenköpfe. Die Räuber wollten das Mädchen bei lebendigem Leib im Kessel kochen und schickten sie zu dem Brunnen Wasser holen. Was sollte sie tun? Sie nahm die Eimer und ging zum Brunnen. Dort legte sie ihr Kopftuch und ihre Kleider ab, hängte sie auf einen Stecken und lief so schnell sie konnte davon.

Sie lief durch den Wald, es wurde Nacht, und ein Unwetter mit Sturm und Regen brach herein. Das Mädchen sah eine knorrige Eiche und kletterte auf einen Ast. »Ich will hier die Nacht verbringen; hoffentlich finden sie mich nicht!« Ihr Räuber-Bräutigam aber vermißte sie. »Brüder«, sagte er zu seinen Genossen, »das Mädchen ist uns davongelaufen; wir müssen sie suchen.« Sie machten sich auf den Weg. Lange irrten sie durch den Wald und kamen schließlich zu der knorrigen Eiche. »Vielleicht sitzt sie dort oben«, sagte einer der Räuber und stach mit dem Spieß in die Krone, dabei traf er immer wieder ihre Ferse. Das Mädchen hielt still, aber das Blut tropfte unaufhörlich. Der Räuber dachte: »Das ist aber ein Regen!« Zu ihrem Glück war es so dunkel, daß er nichts erkennen konnte. Die Räuber kehrten unverrichteter Dinge nach Hause zurück.

Als der Tag graute, kam das Mädchen nach Hause und erzählte alles ihren Eltern. Vater und Mutter weinten:»Ach, liebes Kind! Wir haben dich ins Verderben geschickt, weil uns die blauen Röcke, die roten Seidenschärpen und die Samtmützen ins Auge stachen!« Die Räuber aber glaubten, daß sie nicht weit gekommen wäre, daß wilde Tiere sie im Wald zerrissen hätten, und sprachen:»Wir wollen zu ihren Eltern reiten und ihnen sagen, daß ihre Tochter krank liege und nach ihnen verlange; wir werden sie hierher locken, beide umbringen, und ihr Hab und Gut wird uns gehören.«

Sie sattelten ihre Pferde und brausten davon; das Mädchen sah sie, als sie auf das Tor zu ritten, und zog flink die Kleider eines Knechts an. Die Räuber kamen, sie wurden freundlich begrüßt und bewirtet.»Wo ist denn unsere Tochter?« fragte der Vater.»Warum habt ihr sie nicht mitgebracht?« – »Sie ist krank und muß das Bett hüten, sie hat uns hergeschickt, euch zu holen.« – »Würde es euch gefallen, ein Märchen zu hören?« sagte der Vater.»Ich habe einen Knecht, der ist ein großer Meister im Märchenerzählen.« – »Freilich, das ist uns recht! Wir hören immer gerne zu.« Darauf trat die verkleidete Tochter in die Stube und erzählte alles, was ihr widerfahren war. Die Räuber merkten, daß das kein Märchen, sondern die Wahrheit war, stürzten hinaus zu ihren Pferden, aber es war zu spät: Sie wurden gefaßt, in Ketten gelegt und vor Gericht gestellt.

Die Königstochter und die Räuber

Es lebten einmal ein König und eine Königin, die hatten eine wunderschöne Tochter. Die Tochter hatte zwölf Freier, aber alle diese Freier waren Räuber. Die Räuber baten, die Königstochter möchte sie einmal in ihren schönsten Kleidern besuchen. Also putzte sie sich eines Tages und machte sich auf den Weg, ohne ihrem Vater ein Sterbenswörtchen zu sagen.

Sie schlug den Weg ein, den die Räuber ihr gesagt hatten, und kam schließlich in den Wald. Mitten im Wald stand ein Palast. Sie trat in den Palast und sah in dem ersten Gemach Fässer stehen, die waren voll von Menschenblut, im zweiten Gemach lagen Menschenköpfe, Beine und Arme, im dritten Rümpfe, im vierten Stiefel und Schuhe, im fünften Röcke und Kleider, im sechsten und im siebenten Silber und Diamanten, und im achten Gemach hausten die Räuber. Sie wanderte eine geraume Weile durch die Gemächer, auf einmal hörte sie Pferdegetrappel – da versteckte sie sich unter einem Bett. Sie lag ganz still und sah, wie die zwölf Räuber hereintraten und ein wunderschönes, reich gekleidetes Mädchen hereinführten. Sie zogen sie nackt aus, legten sie auf den Metzgerblock und schnitten ihr die Kehle durch. Dann zogen sie ihr die Ringe von den Händen, aber einen Ring konnten sie nicht von dem Finger ziehen. Da fragte ein Räuber, ob er diesen Ring haben könnte. »Du kannst ihn haben«, sagten die anderen. Er nahm eine Axt und schlug mit solcher Kraft zu, daß der Finger mit dem Ring unter das Bett flog, wo sich die Königstochter versteckt hatte. Der Räuber bückte sich, um nach dem Ring zu suchen; aber da es dunkel war, konnte er ihn nicht finden und wollte damit bis zum Morgen warten.

Die Königstochter war fast ohnmächtig vor Angst, als sie die Räuber reden hörte: Sie sagten, sie wollten die Königstochter in ihrem schönsten Putz zu sich locken, um sie umzubringen. Lange tafelten die Räuber, aber gegen Mitternacht gingen sie alle auseinander: Der eine in den Wald, andere auf die Landstraße, wieder andere auf eine andere Landstraße, und der Rest schwärmte nach allen Seiten aus. Die Königstochter wartete, bis der letzte Räuber gegangen war, kroch unter dem Bett hervor und lief nach Hause. Als sie zu Hause angekommen war, erzählte sie keinem, was sie gesehen hatte und legte sich ruhig schlafen.

Am nächsten Morgen erzählte sie alles ihrem Vater, und der wollte die Räuber unbedingt fangen. Da kamen sie schon geritten und wollten bei dem König zu Mittag speisen. Bis das Essen aufgetragen wurde, saßen sie da und unterhielten sich, aber kaum hatten sie an der Tafel Platz genommen, da sprach die Königstochter: »Heute nacht träumte mir, daß ich euch in eurem Palast besuchen wollte. Ich schlug den Weg ein, den ihr mir gesagt hattet, und kam zu eurem Palast; ich trat in den Palast und sah in dem ersten Gemach Fässer stehen, die waren voll von Menschenblut, im zweiten Gemach lagen Menschenköpfe, Beine und Arme, im dritten Rümpfe, im vierten Stiefel und Schuhe, im fünften Röcke und Kleider, im sechsten Silber und Diamanten. Auf einmal hörte ich Pferdegetrappel, da versteckte ich mich unter einem Bett. Ich lag still da und sah zwölf Männer eintreten, die ein wunderschönes, reich gekleidetes Mädchen hereinführten. Sie legten sie auf einen Metzgerblock und schnitten ihr die Kehle durch. Dann zogen sie ihr die Ringe von den Händen, aber einen Ring konnten sie ihr nicht vom Finger ziehen. Da sagte ein Räuber: ›Laßt mir den Ring, ich werde ihn schon herunterbekommen.‹ Er durfte ihn nehmen. Da hackte er dem Mädchen den Finger ab, und der Finger flog unter das Bett, wo ich mich versteckt hatte.«

Während die Königstochter erzählte, bekamen die Räuber rote Köpfe, weil sie verstanden, daß die Königstochter bei ihnen gewesen war und alles gesehen hatte. Zum Schluß zog die Königstochter den Finger mit dem Ring aus der Tasche und sprach: »Alles, was ich erzählte, habe ich nicht geträumt, sondern in Wirklichkeit geshen!« Als die Räuber merkten, daß es ihnen an den Kragen ging, wollten sie fliehen und sprangen aus dem Fenster. Aber dort warteten schon die Wachen, die sie alle fingen, fesselten und vor den König brachten. Der König befahl, alle zwölf Räuber einem grausamen Tode zu überantworten; die Königstochter aber heiratete einen schönen Königssohn. Es gab eine prächtige Hochzeit, und nach der Hochzeit fuhren sie zu dem Palast, in dem die Räuber gehaust hatten, holten die Schätze und feierten ein fröhliches Fest. Auch ich war dabei, trank Met und Wein, alles floß den Bart herunter und kein Tropfen in den Mund.

Die kluge Jungfrau und die sieben Räuber

Es lebte einmal ein Mann, der hatte zwei Söhne. Der jüngere verdiente seinen Unterhalt auswärts, und der ältere wirtschaftete im Haus. Als es ans Sterben ging, überließ der Vater seinem älteren Sohn alles, was er besaß; er glaubte nämlich, daß ein Bruder den anderen niemals übervorteilen würde. Als der Vater starb, beerdigte ihn der Ältere und behielt das ganze Erbe für sich. Der jüngere Sohn kam gefahren und weinte bitterlich, als er seinen Vater nicht mehr lebend antraf. Der Ältere aber sagte: »Der Vater hat mich zu seinem einzigen Erben gemacht!« Er war kinderlos, der jüngere Bruder aber hatte einen leiblichen Sohn und eine Pflegetochter.

Der Ältere wirtschaftete gut mit seinem Erbe, wurde reich und fing einen Handel mit teuren Waren an; der Jüngere dagegen blieb arm, er machte im Wald Holz und verkaufte es auf dem Markt. Die Nachbarn sahen seine Armut, und er dauerte sie; sie taten sich zusammen und wollten ihm Geld leihen, damit er wenigstens einen kleinen Handel anfangen könnte. Der Arme getraute sich nicht und sprach: »Nein, ihr guten Menschen! Ich kann euer Geld nicht annehmen. Vielleicht habe ich kein Glück mit dem Handel, wie soll ich dann die Schuld zurückzahlen?« Darauf überlegten zwei Nachbarn, wie sie ihm das Geld mit List zustecken könnten. Als der Arme eines Tages ins Holz fuhr, holte ihn der eine Nachbar ein und sprach: »Ich habe einen weiten Weg vor mir; gerade hat mir ein Schuldner dreihundert Rubel zurückgezahlt, und ich weiß nicht, was ich damit machen soll. Denn ich möchte nicht nach Hause umkehren; nimm dieses Geld zu dir,

Brüderchen, verwahre es, oder fange damit einen Handel an, das wäre noch besser; ich werde nicht so bald zurückkehren; du wirst es mir später nach und nach zurückzahlen.«

Der Arme nahm das Geld, brachte es nach Hause und war in großer Unruhe, er fürchtete, er könnte es verlieren oder seine Frau könnte es finden und wie ihr eigenes ausgeben. Er überlegte hin und her und versteckte es in einem Holzkübel voll Asche. Dann ging er wieder in den Wald. Während er fort war, klopften Tauschhändler an die Tür – sie wollten Asche kaufen oder tauschen. Die Frau verkaufte ihnen den Kübel Asche. Der Mann kehrte nach Hause zurück, sah, daß der Kübel fort war und fragte: »Wo ist die Asche?« Die Frau antwortete: »Ich habe sie den Tauschhändlern verkauft.« Er erschrak und war von Stund an niedergeschlagen und betrübt, sagte aber kein Wort. Seine Frau merkte, daß er betrübt war, und drang in ihn: »Was ist dir zugestoßen? Warum bist du so betrübt?« Da erzählte er ihr, daß er das fremde Geld in die Asche gesteckt hätte. Die Frau geriet außer sich, sie tobte, schrie und schluchzete in einem fort. »Warum hast du mir nicht vertraut? Ich hätte es besser versteckt als du.«

Eines Tages ging dem Armen das Brot aus, und er mußte abermals ins Holz fahren; unterwegs holte ihn der andere Nachbar ein, erzählte ihm dieselbe Geschichte und wollte ihm fünfhundert Rubel zum Aufbewahren geben. Der Arme wollte sie nicht nehmen, aber der Nachbar drückte ihm das Geld in die Hand und galoppierte davon. Es waren Scheine. Der Arme überlegte und überlegte: wo sollte er sie aufbewahren? Schließlich schob er die Scheine unter das Futter seiner Mütze. Er kam in den Wald, hängte die Mütze an eine Tanne und machte Holz. Da kam zu seinem Unglück ein Rabe geflogen und trug die Mütze mit dem Geld davon. Der Bauer war untröstlich, aber schließlich schickte er sich in sein Los. Er lebte wie früher, machte im Wald Holz, verkaufte es und schlug sich schlecht und recht durch. Die Nachbarn sahen, daß die Zeit verstrich und der Bauer keinen Handel anfing. Sie fragten ihn: »Warum geht es mit dir nicht aufwärts? Scheust du dich, unser Geld auszugeben? Wenn es so ist, dann gib uns das Geld zurück.« Der Arme weinte und erzählte ihnen, wie ihm das Geld abhanden gekommen war. Die Nachbarn glaubten ihm nicht, gingen zum Gericht und führten Klage gegen ihn. »Wie soll ich ein gerechtes Urteil sprechen?« dachte der Richter. »Der Bauer ist friedfertig und tut keinem etwas zuleide, aber er ist bettelarm, und bei ihm ist nichts zu holen; und wenn ich ihn einsperre, werden sie Hungers sterben.«

Der Richter saß am Fenster und war in Gedanken versunken. Zur selben Zeit spielten Kinder auf der Straße. Ein kecker Junge sprach: »Ich bin der Dorfschulze: Ich werde Recht sprechen, und ihr müßt mit Klagen zu mir kommen.« Er setzte sich auf einen Stein; ein anderer Junge trat auf ihn zu, verneigte sich und sprach: »Ich lieh diesem Bauern Geld, und nun will er es mir nicht zurückzahlen. Ich bitte Euer Gnaden um ein gerechtes Urteil.« – »Hast du dir Geld geliehen?« fragte der Schulze den Schuldner. »Ja.« – »Warum zahlst du es nicht zurück?« – »Ich habe kein Geld, Väterchen.« – »Höre, Kläger! Er leugnet nicht, daß er von dir Geld geliehen hat, aber er kann es nicht zurückzahlen. Du sollst ihm Zeit lassen, fünf oder sechs Jahre. Vielleicht wird es mit seiner Wirtschaft bis dahin besser gehen, und er kann dir mehr zurückzahlen, als du ihm geliehen hast. Seid ihr beide zufrieden?« Die Knaben verneigten sich vor dem Dorfschulzen. »Sei bedankt, Väterchen, wir sind zufrieden.« Der Richter hörte ihnen zu, freute sich und dachte: »Dieser Junge hat mir eine Lehre erteilt. Auch ich werde den Klägern sagen, daß sie dem Armen Zeit lassen sollen.« Er sprach mit den reichen Nachbarn, und sie waren bereit, zwei oder drei Jahre auf ihr Geld zu warten; vielleicht würde der Bauer inzwischen zu Wohlstand gelangen!

Eines Tages machte der Arme im Wald Holz, sein Wagen

war erst zur Hälfe beladen; da brach die Dunkelheit ein. Er beschloß, im Wald zu übernachten: »Morgen will ich mit einem vollen Wagen nach Hause fahren.« Nun überlegte er: Wo sollte er schlafen? Im Wald waren viele wilde Tiere; wenn er sich neben das Pferd legte, würden sie ihn anfallen. Da ging er noch tiefer in das Dickicht hinein und kletterte auf eine hohe Tanne. Nachts kamen Räuber geritten – sieben an der Zahl. Sie riefen: »Türchen, Türchen, öffne dich!« Sogleich öffnete sich die Türe zu einem unterirdischen Gewölbe; die Räuber luden ihre Beute ab, trugen sie in das Gewölbe und befahlen: »Türchen, Türchen, schließe dich!« Die Tür schloß sich, und die Räuber ritten von neuem auf Beute aus. Der Mann hatte alles mitangesehen, und sobald es ringsum wieder still war, kletterte er von dem Baum herunter: »Ich will es auch einmal versuchen – vielleicht öffnet sich auch mir diese Tür?« Kaum hatte er gerufen: »Türchen, Türchen, öffne dich!«, als sie sich auch schon öffnete. Er trat in das Gewölbe und sah: Gold, Silber und kostbares Geschmeide lagen dort in hohen Haufen. Dem Armen verschlug es vor Freude den Atem, dann begann er die Säcke mit dem Geld zu seinem Wagen zu schleppen; als es tagte, warf er das geschlagene Holz auf die Erde, belud seinen Wagen mit Silber und Gold und fuhr eiligst nach Hause. Seine Frau kam ihm entgegengelaufen: »Ach, lieber Mann, ich bin vor Kummer halb von Sinnen! Ich mußte immerzu an dich denken und glaubte, dich hätte ein Baum erschlagen oder ein wildes Tier zerrissen!« Der Mann aber war frohgemut: »Tröste dich, Frau, Gott hat uns ein Glück beschert, ich habe einen Schatz gefunden; hilf mir die Säcke abladen.« Als sie mit der Arbeit fertig waren, ging er zu seinem reichen Bruder, erzählte ihm alles, was sich zugetragen hatte und wollte ihm den Schatz zeigen. Das ließ sich der Bruder nicht zweimal sagen. Sie kamen in den Wald, fanden die Tanne und riefen: »Türchen, Türchen, öffne dich!« Die Tür sprang auf. Nun begannen sie, die Säcke mit dem Gold herauszuschleppen; der arme Bruder lud seinen Wagen voll und hatte genug, dem Reichen war es zu wenig. »Fahr du voraus, Bruder«, sprach der Reiche, »ich komme bald nach.« – »Gut, aber vergiß nicht zu sagen: ›Türchen, Türchen schließe dich!‹« – »Nein, ich werde es nicht vergessen.« Der Arme fuhr davon, der Reiche mochte sich von dem Schatz nicht trennen: Er konnte nicht alles auf einmal mitnehmen, brachte es aber nicht übers Herz, etwas zurückzulassen! Da wurde er von der Nacht überrascht. Die Räuber kamen, fanden ihn in der Höhle und schlugen ihm den Kopf ab; sie luden ihre Säcke wieder ab, legten den Toten auf den Wagen, peitschten das Pferd und ließen es laufen. Das Pferd jagte aus dem Wald und brachte den Toten nach Hause. Der Räuberhauptmann schalt den Räuber, der den reichen Bruder getötet hatte: »Du hast ihm zu früh den Garaus gemacht! Man hätte ihn vorher fragen müssen, wo er wohnt. Von unserm Schatz fehlt eine ganze Menge: Sicher hat er das schon früher beiseite geschafft. Wie sollen wir ihn jetzt finden?« Sein Gehilfe sagte: »Wer ihn getötet hat, der soll ihn auch suchen.« Bald darauf machte sich der Mörder auf die Suche: Wo ist ihr Gold geblieben? Eines Tages kam er in den Laden des armen Bruders, er kaufte dies und jenes, da fiel ihm auf, daß der Kaufmann niederschlagen und bedrückt war. Er fragte: »Warum läßt du den Kopf hängen?« Der antwortete: »Ich hatte einen älteren Bruder, dem ist Unheil widerfahren: er ist ermordet worden. Vorgestern brachte ihn das Pferd mit abgeschlagenem Kopf auf seinen Hof zurück, und heute haben wir ihn beerdigt.« Der Räuber merkte, daß er auf der richtigen Fährte war, heuchelte tiefes Mitgefühl und fragte den Bruder weiter aus. Er erfuhr, daß der Ermordete eine Witwe hinterließ, und fragte: »Hat denn die Arme wenigstens ein Dach über dem Kopf?« – »Das hat sie – es ist ein schönes Haus!« – »Welches ist es? Zeige es mir!« Der Bauer zeigte ihm das Haus seines Bruders; der Räuber nahm ein Stück rote Kreide und machte ein Zeichen an das Tor. »Was machst du da?« fragte ihn der Bauer. Er antwortete: »Ich möchte der armen Witwe helfen und mache eine Zeichen, damit ich das Haus wiederfinde.« – »Ach, Bruder, meine Schwägerin leidet keine Not. Gott sei gelobt, sie hat von allem genug.« – »Nun, und wo wohnst du?« – »Dies ist mein Haus.« Der Räuber machte das gleiche Zeichen auch an sein Tor. »Weshalb tust du das?« – »Du gefällst mir«, sagte der Räuber, »ich möchte bei dir öfter einkehren; glaube mir, Bruder, es soll dein Schaden nicht sein!« Der Räuber kehrte zu seiner Bande zurück, erzählte alles, was er erfahren hatte, und sie beschlossen, nachts auszureiten – beide Häuser auszurauben, alle zu töten und ihr Gold zurückzuholen.

Der arme Bruder kam nach Hause und erzählte: »Heute habe ich einen jungen Fremden kennengelernt, der hat ein Zeichen an unsere Tür gemacht – ›ich möchte‹, hat er gesagt, ›bei dir öfter einkehren.‹ Der Mann hat ein gutes Herz! Er hat meinen Bruder so herzlich bedauert und möchte der Schwägerin helfen!« Seine Frau und sein Sohn hörten zu und nickten, aber die Pflegetochter sprach: »Ach, Väterchen, hast du dich auch nicht täuschen lassen? Sprach er denn die Wahrheit? Vielleicht haben die Räuber den Onkel ermordet? Vielleicht werden sie kommen und uns ausrauben, und dann ist uns der Tod gewiß!« Der Bauer erschrak: »So wird es sein! Ich hatte ihn doch noch nie gesehen! O weh, was sollen wir tun?« Die Pflegetochter sagte: »Geh, Väterchen, nimm rote Kreide und mach dasselbe Zeichen an alle Tore in unserer Nachbarschaft.« Der Mann machte das Zeichen an alle Tore in seiner Nachbarschaft. Die Räuber kamen und konnten sich nicht zurechtfinden; sie kehrten um und verprügelten ihren Kundschafter: Warum hatte er so schlechte Zeichen gemacht? Sie merkten, daß sie es mit einem klugen Kopf zu tun hatten, und richteten sieben Fässer her: In sechs Fässern saß ein Räuber, das siebente füllten sie mit Öl.

Der Kundschafter fuhr mit diesen Fässern bei dem armen Bruder vor; es war gegen Abend, und er bat um ein Nachtlager. Der Bauer hieß ihn als einen alten Bekannten willkommen. Die Tochter aber ging auf den Hof hinaus und sah sich die Fässer an. Sie öffnete das erste – es war Öl, sie wollte das zweite öffnen, aber es gelang ihr nicht; sie legte das Ohr an das Faß und horchte – darin regte sich jemand und atmete: »Oh«, dachte sie, »das ist eine böse List!« Sie kehrte in die Stube zurück und sagte: »Väterchen, was wollen wir unserem Gast vorsetzen? Ich will den Ofen heizen und das Abendbrot richten.« – »Gut, tu es!« Die Tochter ging, heizte den Ofen und brachte einen großen Kessel Wasser zum Sieden; während sie das Essen kochte, ging sie immer wieder mit siedendem Wasser hinaus und goß es in die Fässer; so verbrühte sie alle Räuber. Der Vater hatte mit seinem Gast zu Abend gegessen, die Tochter aber saß in der Küche und wartete: Wie sollte es weitergehen? Sobald im Hause alles schlief, schlich der Gast auf den Hof hinaus und pfiff. Aber er bekam keine Antwort. Er lief zu den Fässern und rief seine Kumpane, aber niemand antwortete ihm; da hob er die Deckel von den Fässern – dicke Dampfwolken quollen ihm entgegen. Da wußte der Räuber, was geschehen war, spannte die Pferde ein und suchte mit den Fässern das Weite.

Die Tochter schloß das Tor ab, weckte alle Hausgenossen und erzählte, was geschehen war. Darauf sagte der Vater: »Nun, liebe Tochter, du hast uns das Leben gerettet. Sei jetzt vor Gott und der Welt das Eheweib meines Sohnes.« Dann feierten sie eine fröhliche Hochzeit. Die junge Frau redete dem Vater immerfort zu, das alte Haus zu verkaufen und ein neues zu kaufen: Sie fürchtete, daß sie noch einmal kommen würden. Und so geschah es auch. Nach einiger Zeit verkleidete sich derselbe Räuber als Offizier, fuhr vor dem Haus vor und bat um ein Nachtlager; sie nahmen ihn auf. Niemand erkannte ihn, nur die junge Frau merkte es und sprach: »Väterchen, das ist doch der Räuber von neulich.« – »Aber nein, Tochter, er ist es nicht!« Sie schwieg, aber vor dem Schlafengehen holte sie ein scharfes Beil und legte es neben sich; sie tat kein Auge zu, wachte und wartete. Mitten in der

Nacht stand der Offizier auf, nahm seinen Säbel und wollte ihrem Mann den Kopf abschlagen; ohne zu zaudern holte sie mit dem Beil aus und hackte im die rechte Hand ab, holte noch einmal aus und schlug ihm den Kopf ab. Da wußte der Vater, daß seine Tochter wirklich klug sei. Er befolgte ihren Rat, verkaufte sein Haus und kaufte ein Gasthaus. Sie zogen um und lebten nun unbehelligt, der Mann hatte Glück beim Handel und wurde immer reicher.

Eines Tages stiegen bei ihm seine Nachbarn ab – dieselben, die ihm einst das Geld gegeben und später gegen ihn Klage geführt hatten. »Oh, wie kommst du hierher?« – »Dieses Haus gehört mir, ich habe es unlängst gekauft.« – »Das Haus ist gut! Du mußt Geld haben! Warum zahlst du uns deine Schulden nicht zurück?« Der Wirt verneigte sich und sprach: »Der Herr sei gelobt! Er war mir gnädig. Ich habe einen Schatz gefunden und bin bereit, euch das Dreifache zurückzuzahlen.« – »Wohlan, Bruder, laß uns auf dein neues Glück anstoßen!« – »Seid mir herzlich willkommen!« Es gab einen fröhlichen Schmaus. Das Haus lag in einem schönen großen Garten. »Dürfen wir uns den Garten ansehen?« – »Euch steht alles zu Diensten, ehrbare Herren! Ich werde euch begleiten.« Sie gingen eine Weile im Garten umher und fanden in einer versteckten Ecke einen Kübel mit Asche. Als der Wirt den Kübel sah, schlug er die Hände über dem Kopf zusammen: »Das ist doch derselbe Kübel, den meine Frau verkauft hat! Ob unter der Asche wohl immer noch das Geld liegt?« Sie schütteten die Asche aus und fanden das Geld. Da sahen die Nachbarn, daß der Mann ihnen die Wahrheit gesagt hatte. »Jetzt wollen wir«, sprachen sie, »alle Bäume absuchen. Als der Rabe die Mütze davontrug, wollte er gewiß ein Nest darin bauen.« Sie suchten und suchten, schließlich fanden sie ein Nest, holten es mit Stecken herunter – es war die Mütze! Sie schüttelten die Mütze aus und fanden das Geld. Der Wirt zahlte seine Schulden zurück und lebte fortan in Glück und Reichtum.

Das Glück und das Unglück

(Aus dem Weißrussischen)

Es lebte einmal ein armer Mann, der hatte weder Hausrat noch Vieh, aber das Haus voller Kinder. Der Frühling kam, und er wußte nicht, wie er pflügen sollte; die Nachbarn fuhren aufs Feld mit Pferd und Pflug, er aber trug eine Hacke auf der Schulter. Da begegneten ihm zwei feine Damen, diese Damen waren Frau Glück und Frau Unglück. Sie fragten ihn: »Wohin des Wegs, guter Mann?« Er antwortete: »Meine Gnädigsten, ich bin ein Pechvogel: Jeder geht hinter seinem Pferd, aber ich habe nur eine Hacke; ich weiß nicht, wie ich meine Kinder satt kriegen soll.« Da sprachen die Damen zueinander: »Laßt uns ihm etwas schenken.« Frau Glück sagte: »Er ist dein Schützling, du mußt ihm etwas schenken.« Schließlich gaben sie ihm zehn Rubel und sagten: »Geh nach Hause und kaufe dir einen Ochsen.« Er ging nach Hause und versteckte das Geld in einem Topf mit Asche. Am nächsten Tag kam die Nachbarin, eine reiche Frau, und sagte: »Habt ihr für mich etwas Asche? Mein Linnen ist ganz vergilbt.« – »Siehst du den Henkeltopf dort? Der ist voll Asche, den kannst du haben«, sagte des Armen Weib. Der Bauer war nicht zu Hause. Als er zurückkam, suchte er den Topf mit Asche und schrie: »Wohin hast du das Geld und den Topf getan?« Die Frau schwor bei allen Heiligen, daß sie von keinem Geld wüßte, und erzählte, daß die Nachbarin den Topf geholt hätte. Darauf ging der Bauer zu der Nachbarin und bat sie, ihm das Geld wiederzugeben. Sie aber sagte, daß sie ihr Lebtag kein Geld in seinen Händen gesehen hätte. Darauf ging der Bauer zu dem Herrn, fand aber auch dort keine Gerechtigkeit, denn der Herr sagte: »Du hast noch nie Geld in der Hand gehabt und möchtest jetzt auf die bequeme Art zu etwas kommen.« So war der Bauer das Geld los.

Er weinte und weinte, aber schließlich mußte er doch seine

Hacke nehmen und aufs Feld gehen. Unterwegs begegnete er abermals den beiden Damen. Er erkannte sie nicht, aber sie erkannten ihn. Sie fragten dasselbe, und er antwortete dasselbe wie beim ersten Mal. Sie schenkten ihm zwanzig Rubel. Der Bauer kehrte nach Hause zurück und versteckte das Geld auf der Tenne unter der Spreu. Am nächsten Morgen kam dieselbe Nachbarin und bat um Spreu für ihre Kälber, und des armen Bauern Weib gab ihr die Spreu, weil sie nicht wußte, daß darunter das Geld lag. Der Bauer kam nach Hause und ging auf die Tenne, um das Geld zu holen, aber er konnte es nicht finden. Er ging ins Haus und schalt seine Frau, weil sie das Geld und die Spreu weggeräumt habe. Die Frau erzählte, daß die Nachbarin um Spreu gebeten und davon genommen habe. Nun mußte der Bauer ein zweites Mal bei der Nachbarin und bei dem Herrn nach dem Geld fragen und fand bei keinem Gerechtigkeit. Beide sagten: »Du hast noch nie Geld in der Hand gehabt.« Der Bauer weinte, aber schließlich mußte er aufs Feld gehen. Unterwegs begegnete er noch einmal den beiden Damen. Diesmal schenkten sie ihm nur zwei Kopeken und sagten: »Geh zu dem Fluß Nemen, dort wird gefischt, aber noch hat keiner einen Fisch aus dem Wasser gezogen. Sage ihnen, sie möchten die Netze auf dein Glück auswerfen.« Er tat, wie sie ihn geheißen hatten; er ging zum Nemen und bat, die Fischer möchten ihre Netze auf sein Glück auswerfen. Sie taten es und zogen eine solche Menge Fische ans Ufer, daß sie ihren Fang nicht unterbringen konnten. Die Fischer fragten: »Was sollen wir dir dafür geben?« Er sagte: »Verkauft mir für zwei Kopeken Fisch.« Sie verkauften ihm einen Fisch für zwei Kopeken, und einen zweiten schenkten sie ihm. Der Bauer nahm die Fische, ging nach Hause und gab sie seinem Weib, damit sie daraus eine Fischsuppe koche. Die Frau und die Kinder freuten sich an den Fischen, und die Frau wollte sie nicht sogleich in den Topf tun, sondern legte sie auf den Tisch. Es traf sich, daß ein Reisender an dem Haus vorbeifuhr; der Bauer öffnete gerade das Tor und lachte vor sich hin. Der Herr ließ halten und fragen: »Warum lachst du?« Er sagte: »Ich habe ein Fischchen, wer dieses Fischchen ansieht, der muß lachen.« Der Herr wollte dieses Fischchen um jeden Preis besitzen, und gab dem Bauern dafür ein Par Ochsen, ein Paar Pferde und soviel Getreide, wie er sich wünschte. So machte der Bauer sein Glück mit zwei Kopeken.

Der Bettler

Es lebte einmal ein Bauer namens Nester, der hatte ein halbes Dutzend Kinder. Das war sein ganzer Reichtum, denn außer den Kindern gehörte ihm nichts. Er wußte nicht, wovon er sie ernähren sollte, und zum Stehlen fehlte ihm der Mut. Eines Tages spannte er das Pferdchen vor den Wagen, setzte die Kinder hinein und brach auf, um als Bettler von Ort zu Ort zu ziehen. Er fuhr die Straße entlang. Als er sich einmal umsah, da erblickte er im Straßenkot einen Greis, dem beide Beine fehlten. Der Greis flehte: »Bitte, nimm mich mit!« – »Wie kann ich dich mitnehmen, Väterchen«, antwortete Nester, »ich habe sechs Kinder dabei, und das Pferd ist schwach.« Der Beinlose bat abermals: »Nimm mich mit, bitte.« Nester hob den Kröpel auf den Wagen und fuhr weiter. Da sprach der Kröpel: »Wir wollen das Los ziehen, wer von uns der Ältere sein soll.« Sie zogen das Los, und es fiel auf den Kröpel.

Sie kamen in ein Dorf, der Kröpel befahl: »Klopfe in diesem Haus an und frage, ob wir über Nacht bleiben können.« Nester klopfte an; ein altes Weib kam an die Tür und sagte: »Ihr könnt nicht herein, wir haben es auch ohne euch eng.« Nester kehrte zu dem Kröpel zurück: »Sie lassen uns nicht herein«, sagte er, aber der Kröpel schickte ihn abermals. »Frage noch einmal.« Nester ging und konnte die Frau überreden. Er fuhr in den Hof, brachte seine Kinder nacheinander ins Haus und trug schließlich auch den Kröpel hinein. Die Hausfrau sagte: »Leg deine Kinder unter die Bank, und setz den Beinlosen auf die Pritsche.« Er setzte den Beinlosen auf die Pritsche und legte die Kinder unter die Bank. »Wo ist dein Mann?« fragte der Kröpel die Frau. »Er ist auf einem Raubzug und hat unsere beiden Söhne mitgenommen.«

Nach einer Weile kam der Hausherr mit zwölf Wagen angefahren, alle mit Silber hoch beladen, er spannte die Pferde aus, führte sie in den Stall und ging ins Haus. Als er die Bettler sah, schrie er seine Frau an: »Warum hast du sie hereingelassen?« – »Es sind Bettler, sie baten um Obdach.« – »Was kümmert das uns! Sie hätten auf der Straße schlafen können!« Der Hausherr setzte sich mit seiner Frau und den beiden Söhnen zu Tisch, den Bettlern aber boten sie nichts an. Der Kröpel zog eine halbe Hostie aus der Tasche, aß selber und gab auch Nester und seinen Kinderchen davon; und sie wurden alle satt. Der Hausherr staunte: »Wie geht das zu? Wir aßen zu viert einen ganzen Laib Brot und sind nicht satt, und die sind zu acht und haben an einer halben Hostie genug?« Als die Wirtsleute eingeschlafen waren, schickte der Kröpel Nester auf den Hof Umschau halten. Nester trat hinaus – alle Pferde fraßen Hafer. Nach einer Weile schickte der Kröpel ihn zum zweiten Mal in den Stall: »Geh, schau noch einmal!« Er trat hinaus – allen Pferden war das Kummet angelegt. Dann schickte der Kröpel Nester zum dritten Mal. Er trat hinaus – alle Pferde waren vor die Wagen gespannt. Er kehrte in das Haus zurück und sagte: »Alle Pferde sind vorgespannt.« – »So«, sagte der Kröpel, »trage deine Kinder und mich hinaus und laß uns weiterfahren.«

Sie setzten sich in ihren Wagen und fuhren davon, und die zwölf Pferde des Hauswirts folgten ihnen mit den Wagen. Nachdem sie eine Weile gefahren waren, befahl der Kröpel, Nester solle zu dem Haus, in dem sie übernachtet hatten, zurückfahren und seine Fäustlinge holen: »Ich habe sie auf der Pritsche vergessen.« Nester kehrte um, aber das Haus war verschwunden. Nur der Kamin war geblieben, und daran hingen die Fäustlinge. Er nahm die Fäustlinge, holte den Kröpel ein und erzählte, daß das Haus verschwunden sei. »Der Herr hat sie für ihre bösen Taten bestraft! Du sollst diese zwölf Wagen mit allem, was darauf ist, behalten«, sagte der Kröpel und verschwand vor seinen Augen. Nester kam nach Hause und sah, daß alle Wagen mit Silber hoch beladen waren. Von nun an lebte er in großem Wohlstand.

Eines Tages sagte seine Frau: »Warum stehen unsere Pferde immer im Stall? Du kannst doch als Fuhrmann mit ihnen ein schönes Geld verdienen!« Nester spannte an und fuhr in die Stadt. Unterwegs begegnete ihm ein Fräulein: »Das sind doch nicht deine Pferde!« sagte sie. »Das sind nicht meine Pferde«, antwortete Nester, »wenn du sie erkennst und sie dir gehören, so nimm sie, und Gott segne dich!« Das Fräulein nahm die zwölf Pferde, und der Bauer kehrte nach Hause zurück. Am nächsten Morgen klopfte das Fräulein an sein Fenster und sprach: »Hier sind deine Pferde; ich habe nur gescherzt, und du hast sie mir gleich gegeben!« Nester ging zu den Pferden hinaus und sah, daß auf den Wagen noch mehr Silber und Gold war als zuvor!

Von einem, der nicht wußte, was fürchten heißt

In einem Reich lebte einmal ein Kaufmannssohn; er war stark, mutig und hatte sich von der Wiege an vor nichts gefürchtet; nun wollte er das Bangen und Fürchten kennenlernen und machte sich mit einem Diener auf den Weg. Ob sie lange fuhren oder nicht – sie kamen an einen dichten Wald. Es wurde dunkel. »Fahre in den Wald hinein!« sagte der Kaufmannssohn. »Ach Herr, mir ist bange, bald bricht die Nacht herein, wilde Tiere können uns zerfleischen oder die Räuber uns überfallen!« sagte der Diener. »Hasenherz, tu, was ich dir befehle!« Sie fuhren in den Wald hinein und sahen nach kurzer Zeit einen Toten an einem Baum hängen. Der Knecht zitterte vor Angst, der Kaufmannssohn aber zuckte nicht mit der Wimper. Er schnitt den Toten vom Baum, lud ihn auf den Wagen und ließ weiterfahren. Eine oder zwei Stunden später kamen sie zu einem großen Haus. Die Fenster waren alle erleuchtet. »Das trifft sich gut. Nun haben wir ein Obdach für die Nacht«, sagte der Kaufmannssohn; dem Diener aber war es nicht recht: »Wir wollen lieber im Wald übernachten als in diesem Haus. Hier können Räuber wohnen, die nehmen uns alles weg und bringen uns auch noch um.« So war es – in dem Haus wohnten Räuber; aber der Kaufmannssohn wollte nicht hören, eigenhändig öffnete er das Tor und fuhr in den Hof hinein. Er spannte die Pferde aus und begab sich mit seinem Diener in das Haus.

Sie traten ein – um einen großen Tisch saßen die Räuber, sie waren alle reich gekleidet und trugen jeder am Gürtel einen prächtigen Säbel; sie schenkten sich ein ums andere Mal ein und aßen Fisch. »Guten Abend, Herrschaften«, sagte der Kaufmannssohn, »darf ich mich zu euch setzen und mit euch essen und trinken?« Die Räuber musterten ihn: Wer ist der Gast? – und sprachen kein Wort. Da trat der Kaufmannssohn an den Tisch, nahm ein Stück Fisch, aß davon und sprach: »Nein, liebe Wirte, euer Fisch will mir nicht schmecken! He, Knecht! Bring mir den Hausen, den wir im Wagen haben!« Der Diener lief hinaus und brachte den Leichnam herein. Der Kaufmannssohn warf ihn auf den Tisch, nahm ein Messer und begann, an der Leiche herumzuschneiden; er schnitt ein Stück Fleisch ab, roch daran und rief: »Nein, auch dieser Hausen gefällt mir nicht! Knecht! Fang mir einen frischen!« Und dabei deutete er auf die Räuber; die Räuber erschraken, liefen auseinander und versteckten sich. »Siehst du, und du hast dich gefürchtet! Wovor eigentlich?« fragte der Kaufmannssohn den Diener. »Setz dich an den Tisch, und laß uns zu Abend essen.« Sie setzten sich an den Tisch, aßen und tranken, wollten aber in dem Haus nicht über Nacht bleiben; sie spannten ein und fuhren weiter.

Nach einer Weile kamen sie auf einen Friedhof. »Halt!« rief der Kaufmannssohn, »hier wollen wir übernachten!« Dem Diener war es wieder nicht recht. »Hier ist es nicht geheuer, nachts stehen die Toten auf!« – »Daß du dich immer fürchten mußt!« Sie hielten an und bereiteten sich ein Nachtlager auf einem Grab. Der Kaufmannssohn schlief sogleich ein, aber der Diener konnte kein Auge zutun. Plötzlich stieg aus dem Grab ein Toter in einem weißen Totenhemd, er war von riesiger Gestalt; er warf sich auf den Kaufmannssohn und begann, ihn zu würgen. Der wachte auf, überwältigte den Toten und begann nun seinerseits, ihn auf alle mögliche Weise zu schlagen und zu peinigen. Der Tote hielt es lange aus, aber schließlich flehte er um Gnade. »Ich werde dich loslassen«, sprach der Kaufmannssohn, »wenn du mir binnen einer Stunde die Zarentochter holst, die hinter den dreimal neun Ländern wohnt.« – »Ich will sie dir holen, laß mich nur los!« Der Kaufmannssohn ließ den Toten los, und eine Stunde später erschien neben seinem Wagen die schlummernde Zarewna – sie lag in demselben Bett, in dem sie in dem Palast des Zaren zu schlafen pflegte. Der Kaufmannssohn weckte sie nicht und wartete, bis sie von selbst erwachte; er kehrte mit ihr nach Hause zurück und heiratete sie.

Lange zog der Kaufmannssohn durch verschiedene Länder, aber er hatte immer noch keine Furcht verspürt; schließlich kehrte er nach Hause zurück, und dort stieß ihm Folgendes zu. Er fischte für sein Leben gern und verbrachte Tage und Nächte am Fluß. Seine Mutter war ärgerlich, weil er so oft außer Hause war, und sie bat die Fischer, ihm einmal einen Schrecken einzujagen. Die Fischer fingen einige Schrolle, und als sie merkten, daß der Kaufmannssohn in seinem Boot eingeschlafen war, ruderten sie ganz leise heran und steckten ihm die Schrolle unter das Hemd. Die Schrolle zappelten, der

826

Kaufmannssohn fuhr hoch, erschrak, stürzte ins Wasser, schwamm mehr tot als lebendig ans Ufer und wußte nun, was fürchten heißt!

Die tote Mutter

In einem Dorf lebten ein Mann und eine Frau; sie liebten einander und lebten einträchtig und unbeschwert: Alle Nachbarn beneideten sie, und gute Menschen freuten sich an ihrem Glück. Die Frau wurde schwanger, gebar einen Sohn und starb im Wochenbett. Der arme Mann trauerte und weinte, am meisten sorgte er sich um das Kind: Wie sollte er den Kleinen ohne die Mutter nähren und großziehen? Er nahm eine alte Frau bei sich auf, die ihn pflegen sollte; so war für das Nächste gesorgt. Aber eines war seltsam: Tagsüber weinte das Kind, aß nicht und ließ sich nicht trösten; nachts jedoch gab es keinen Laut von sich, es war zufrieden und schlief. »Woher kommt das?« dachte die alte Frau. »Ich will heute nacht wach bleiben, vielleicht sehe ich etwas.« Um Mitternacht hörte sie, wie jemand leise die Tür öffnete und an die Wiege trat; das Kind wurde still, als ob es an der Mutterbrust saugte. In der zweiten und dritten Nacht war es ebenso.

Sie erzählte es dem Bauern. Er rief seine Verwandten zusammen und hielt mit ihnen Rat. Sie beschlossen, eine Nacht zu wachen und aufzupassen: wer kommt des Nachts und stillt das Kind? Abends legten sie sich alle nebeneinander auf den Boden, stellten in Reichweite eine brennende Kerze auf und stülpten darüber einen irdenen Topf. Um Mitternacht öffnete sich die Tür. Jemand trat an die Wiege, und das Kind wurde still. Da hob einer der Verwandten den irdenen Topf in die Höhe, und sie sahen: Die verstorbene Mutter, in demselben Kleid, in dem sie beerdigt worden war, kniete an der Wiege und stillte das Kind. Sobald es in der Stube hell wurde, erhob sie sich, sah ihr Kindlein mit einem traurigen

Blick an und ging still hinaus, ohne auch nur ein Wort zu sagen. Alle, die sie sahen, wurden zu Stein; das Kindlein fand man tot in der Wiege.

Der Vampir

In einem Land, in einem Reich lebten einmal ein Mann und eine Frau. Sie hatten eine Tochter Marusja. In dem Dorf war es Sitte, den Andreas-Tag festlich zu begehen: die jungen Mädchen kamen in einem Haus zusammen, buken Krapfen und vergnügten sich eine ganze Woche lang, manchmal sogar länger. Das Fest war angebrochen, die Mädchen kamen zusammen, buken und kochten, wie es Brauch war, abends kamen die Burschen mit ihren Schalmeien. Sie holten Wein – und es wurde getanzt, das Fest begann. Alle Mädchen tanzten gut, aber Marusja tanzte am besten. Bald darauf trat in das Haus ein so schmucker Bursche, daß man kein Auge von ihm wenden konnte! Wie Milch und Blut. Er war prächtig und sauber gekleidet. »Seid gegrüßt, schöne Mädchen!« sprach er. »Sei gegrüßt, junger Fremder!« – »Ein schönes Fest wünsche ich euch!« – »Sei uns willkommen!« Sogleich zog er er einen Beutel mit Gold aus der Tasche und ließ Wein, Nüsse und Pfefferkuchen holen – alles war im Nu zur Stelle; er teilte seine Geschenke unter den Mädchen und Burschen aus und überging keinen. Und wie er tanzte! Er tanzte wie kein Zweiter. Er fand Gefallen an Marusja und wich keinen Schritt von ihrer Seite.

Schließlich war es Zeit, nach Hause zu gehen. Der Bursche sagte: »Marusja! Komm, begleite mich!« Sie trat mit ihm vor das Haus. Er sprach: »Marusja, mein Herz! Möchtest du mich heiraten?« – »Wenn du mich nimmst, freue ich mich. Aber woher bist du?« – »Ich wohne da und da und bin Gehilfe bei einem Kaufmann.« Dann nahmen sie Abschied voneinander, und jeder ging seines Wegs. Marusja kehrte nach Hause zurück, und ihre Mutter fragte: »Hast du dich vergnügt?« – »Sehr gut, Mütterchen! Und ich habe eine gute Nachricht für dich: es war ein junger Fremder dort, ein schmucker Bursche und reich dazu; er will mich heiraten.« – »Höre auf mich, Marusja: Wenn du morgen zu deinen Freundinnen gehst, dann nimm ein Garnknäul mit; und wenn du von ihm Abschied nimmst, dann hänge ihm eine Schlaufe um einen Knopf und wickle vorsichtig das Knäuel ab, dann kannst du herausbringen, wo er wohnt.«

Als Marusja am nächsten Tag zu den Freundinnen ging, steckte sie ein Garnknäul ein. Der junge Fremde kam abermals: »Sei gegrüßt, Marusja!« – »Guten Abend!« Es wurde gespielt und getanzt. Der Bursche ließ kein Auge von Marusja und wich nicht von ihrer Seite. Dann wurde es Zeit, nach Hause zu gehen. »Marusja«, sprach der Gast, »begleite mich!« Sie begleitete ihn auf die Straße hinaus, nahm von ihm Abschied und legte unbemerkt eine Schlaufe um einen Rockknopf; er ging fort, und sie blieb stehen und wickelte das Knäul ab. Als das Knäul abgewickelt war, lief sie dem Faden nach, um zu sehen, wo ihr Bräutigam wohne. Zunächst zog sich der Faden den Weg entlang, dann über Zäune und Gräben, und schließlich führte er zu der Kirche, zu der Tür. Marusja wollte die Tür öffnen, aber sie war abgeschlossen. Sie lief um die Kirche herum, fand eine Leiter, stellte sie an ein Fenster und kletterte hinauf, um zu sehen, was in der Kirche vorging. Als sie oben war und durchs Fenster spähte, sah sie – ihr Bräutigam steht an dem Sarg und nagt an dem Toten. In dieser Nacht nämlich lag in der Kirche ein Toter aufgebahrt. Sie wollte ganz sachte die Leiter hinunterklettern, aber in ihrer Angst war sie nicht leise genug, die Leiter stieß gegen die Mauer; sie lief wie besinnungslos nach Hause und kam mehr tot als lebendig dort an.

Am nächsten Morgen fragte die Mutter: »Wie war es, Marusja? Hast du den Fremden gesehen?« – »Ich sah ihn, Mütterchen!« Aber sie erzählte nicht, was sie gesehen hatte.

Am Abend saß Marusja da und überlegte: Sollte sie zu dem Fest gehen oder nicht? »Geh«, sprach die Mutter, »tanze, solange du jung bist!« Als sie zu ihren Freundinnen kam, war der Arge schon da. Es wurde wieder gelacht, getanzt, gespielt; die Mädchen ahnten ja nichts! Als sie aufbrachen, sagte der Arge: »Marusja, komm, begleite mich!« Sie wollte nicht, denn sie hatte Angst. Aber alle Freundinnen redeten auf sie ein: »Warum bist du so schüchtern? Geh, begleite den schmucken Burschen!« Schließlich blieb ihr nichts anderes übrig, als mit ihm zu gehen und auf Gott zu vertrauen. Kaum waren sie auf der Straße, als er sie fragte: »Warst du gestern bei der Kirche?« – »Nein.« – »Und hast du gesehen, was ich dort tat?« – »Nein.« – »So! Morgen wird dein Vater sterben!« Er sprach's und verschwand.

Marusja kehrte traurig und niedergeschlagen nach Hause zurück; als sie am nächsten Morgen aufwachte, lag ihr Vater tot da. Sie klagten, weinten und betteten ihn in den Sarg. Am Abend fuhr die Mutter zu dem Popen, und Marusja blieb allein zu Hause; es war ihr unheimlich zumute, und sie fürchtete sich. »Ach«, dachte sie, »ich will zu meinen Freundinnen gehen.« Als sie kam, war der Arge schon da. »Guten Abend, Marusja! Warum bist du so traurig?« fragten die Mädchen. »Wie kann ich denn fröhlich sein? Mein Vater ist tot.« – »Ach, du Arme!« Alle bemitleideten sie, auch er, der Erzfeind, bemitleidete sie, als wäre es nicht sein Werk. Schließlich brachen die Mädchen auf und gingen nach Hause. »Marusja«, sprach er, »begleite mich.« Sie wollte nicht. »Was ist dir? Du tust wie ein kleines Mädchen, zier dich nicht! Geh mit!« So redeten die Mädchen auf sie ein. Sie ging mit ihm; als sie auf die Straße traten, fragte er: »Sag mir, Marusja, warst du bei der Kirche?« – »Nein!« – »Und hast du gesehen, was ich dort tat?« – »Nein!« – »So! Morgen wird deine Mutter sterben.« Er sprach's und verschwand.

Marusja kehrte nach Hause zurück und war noch trauriger als am Abend zuvor; die Nacht ging vorüber, und als sie morgens aufwachte, lag ihre Mutter tot da. Sie weinte den ganzen Tag, und als die Sonne sank und die Dämmerung heraufzog, überkam sie die Angst, und sie ging zu ihren Freundinnen. »Was hast du? Du bist ja bleich wie ein Leintuch!« – »Wie könnte es anders sein, gestern ist mein Vater gestorben und heute meine Mutter.« – »Ach, du Arme, du Unglückliche!« bedauerten sie die Mädchen. Als es Zeit wurde, nach Hause zu gehen, sagte der Arge: »Marusja, begleite mich!« Sie begleitete ihn hinaus. »Sag mir, warst du bei der Kirche? – »Nein!« – »Und hast du gesehen, was ich dort tat?« – »Nein!« – »So. Morgen abend wirst du selber sterben!« Marusja übernachtete bei ihren Freundinnen, erhob sich in aller Frühe und überlegte, was sie tun sollte. Da fiel ihr ein, daß sie eine alte Großmutter hatte, so alt, daß ihre Augen nichts mehr sahen. »Ich will zu ihr gehen und sie um Rat fragen.«

Nun begab sie sich zu ihrer Großmutter. »Guten Tag, Großmütterchen!« – »Guten Tag, Enkelin. Läßt es dir der Herr wohl ergehen? Sind die Eltern wohlauf?« – »Sie sind tot, Großmutter!« Und sie erzählte, was ihr widerfahren war. Die Alte hörte alles an und sprach: »Ach, du mein unglückliches Kind! Geh sogleich zu dem Popen und sage ihm: Wenn du gestorben bist, sollen sie unter der Schwelle hindurch ein Loch graben und dich nicht durch die Tür zum Haus hinaustragen, sondern durch das Loch schieben; und bitte ihn, dich an einer Kreuzung zu begraben – dort, wo zwei Wege sich kreuzen.« Marusja ging zu dem Popen und flehte ihn unter Tränen an, dem Rat der Großmutter zu folgen. Dann kehrte sie nach Hause zuürck, kaufte einen Sarg, legte sich hinein – und war sogleich tot. Man rief den Popen; er beerdigte zuerst die Eltern Marusjas und dann Marusja selbst. Sie wurde unter der Schwelle hindurchgeschoben und an einer Wegkreuzung begraben.

Es dauerte nicht lange, da fuhr ein Bojarensohn an Marusjas Grab vorbei; er sah auf dem Grab eine so wunderbare

Blume blühen, wie er sie noch nie gesehen hatte. Der junge Herr sprach zu seinem Diener: »Geh und grab mir diese Blume samt der Wurzel aus; wir wollen sie mitnehmen und in einen Topf pflanzen, sie soll bei uns blühen.« Sie gruben die Blume aus, brachten sie nach Hause, pflanzten sie in einen glasierten Topf und stellten sie auf das Fensterbrett. Die Blume gedieh und wurde schöner und schöner. Eines Nachts konnte der Diener keinen Schlaf finden; er warf einen Blick auf das Fenster und – o Wunder! Er sah: die Blüte erzitterte, löste sich von dem Stengel, fiel zu Boden – und verwandelte sich in eine schöne Jungfrau; die Blüte war schön gewesen, aber die Jungfrau war noch schöner! Sie ging durch die Stuben, holte sich verschiedene Speisen und Getränke, aß und trank, ließ sich auf den Boden fallen, verwandelte sich wieder in eine Blüte, schwebte auf das Fensterbrett hinauf und setzte sich auf den Stengel.

Am folgenden Tag erzählte der Diener dem jungen Herrn, was er nachts gesehen hatte. »Ach, Brüderchen, warum hast du mich nicht geweckt? Heute nacht wollen wir zusammen wachen.« Die Nacht brach an, sie wachten und warteten. Genau um Mitternacht regte sich die Blume, flatterte hin und her, fiel auf den Boden – und die schöne Jungfrau stand vor ihnen. Sie holte sich von den Speisen und Getränken, setzte sich an die Tafel und wollte zu Nacht essen. Der junge Herr lief auf sie zu, faßte sie an den weißen Händen und führte sie in sein Gemach; er konnte sich an ihr nicht satt sehen und über ihre Schönheit nicht genug staunen. Am nächsten Morgen sprach er zu seinen Eltern: »Erlaubt mir zu heiraten; ich habe eine Braut gefunden.« Die Eltern gaben ihren Segen. Marusja sagte: »Ich kann nur dann deine Frau werden, wenn ich vier Jahre nicht in die Kirche zu gehen brauche.« – »Gut.«

Sie wurden getraut, lebten ein Jahr und ein zweites und wurden mit einem Söhnchen gesegnet. Eines Tages kamen Gäste gefahren. Sie tafelten, zechten, und schließlich begann jeder mit seiner Ehefrau zu prahlen: Des einen Weib war schied von dem Zaren, holte seine junge Frau, bestieg mit ihr ein Schiff und befahl, den Anker zu lichten. Sein Schiff glitt über das Meer dahin, ihm folgten zwölf andere Schiffe: sechs hatte ihm der Zar geschenkt, und sechs mußten ihm die Onkel geben.

Auf halbem Weg sagte der alte Mann zu Iwan Kaufmannssohn: »Wann wollen wir den Gewinn teilen?« – »Sobald du willst, Großvater! Such dir sechs Schiffe aus, die dir gefallen!« – »Das ist nicht alles: Wir wollen auch die Zarewna teilen.« – »Aber was sagst du da, Großvater? Wie können wir sie teilen?« – »Ich werde sie in der Mitte durchschneiden: Du bekommst die eine Hälfte und ich die andere.« – »Gott sei mit dir! Dann wird sie keinem gehören; wir wollen lieber um sie losen.« – »Das möchte ich nicht«, antwortete der Alte, »wir haben verabredet, den Gewinn zu teilen, und so soll es auch sein!« Er zog das Schwert und hieb die Zarentochter in der Mitte durch – aus ihrem Leib krochen garstige Schlangen und Würmer. Der alte Mann tötete die Schlangen und Würmer, fügte die Hälften aneinander, besprengte sie mit Weihwasser – sie wuchsen zusammen, er besprengte sie abermals – die Zarewna wachte auf und war noch schöner als zuvor. Dann sagte der alte Mann zu Iwan Kaufmannssohn: »Behalte die Zarewna und die zwölf Schiffe; ich brauche nichts; führe ein gerechtes Leben, tu niemand etwas zuleide, sei mildtätig und bete zu dem heiligen Apostel Petrus.« Er sprach's und verschwand. Der Kaufmannssohn kehrte nach Hause zurück und lebte mit seiner Zarewna viele glückliche Jahre, tat niemandem etwas zuleide und war stets mildtätig.

Die Hexe

Ein Kosak kam spät am Abend in ein Dorf geritten, hielt an dem ersten Haus und klopfte an: »He, gute Leute, laßt mich bei euch übernachten!« – »Tritt ein, wenn du den Tod nicht fürchtest!« – »Was sind das für seltsame Reden!« dachte der

Kosak, stellte sein Pferd in den Stall, legte ihm Futter vor und ging in das Haus. Er sah, daß alle im Haus – Männer, Frauen, kleine Kinder – weinten, schluchzten und beteten; nachdem sie gebetet hatten, schickten sie sich an, saubere Hemden anzuziehen. »Warum weint ihr?« fragte der Kosak. »Ach«, antwortete der Bauer, »in unserm Dorf geht nachts der Tod um, und wenn er an einem Haus anklopft, ist es um alle, die darin wohnen, geschehen, sie werden am nächsten Morgen in den Sarg gelegt und auf den Friedhof gebracht. Und heute nacht sind wir an der Reihe.« – »Hab keine Angst, guter Mann! Wen Gott nicht aufgibt, den frißt kein Schwein!« Die Hausleute legten sich zur Ruhe; aber der Kosak war auf der Hut, er schlief nicht.

Genau um Mitternacht wurde das Fenster aufgestoßen. Im Fenster erschien eine Hexe, weißgekleidet, sie streckte den Arm in die Stube und wollte mit einem Wedel sprengen – da holte der Kosak mit seinem Säbel aus und schlug ihr den Arm an der Schulter ab. Die Hexe jaulte, kreischte, winselte wie ein Hund und rannte fort. Der Kosak hob den abgeschlagenen Arm auf, wickelte ihn in seinen Mantel, wischte die Blutflekken auf und legte sich schlafen. Als die Bauern am Morgen aufwachten, sahen sie, daß alle lebendig und gesund waren und freuten sich unsäglich. »Soll ich euch den Tod zeigen?« sprach der Kosak. »Holt rasch alle Sotniks und Dessjatniks zusammen und laßt uns ihn im Dorf suchen!« Die Sotniks und Dessjatniks waren sogleich zur Stelle und zogen mit dem Kosaken von Haus zu Haus; hier war der Tod nicht zu finden und dort auch nicht, zum Schluß klopften sie bei dem Kirchendiener an. »Seid ihr alle beisammen?« fragte der Kosak. »Nein, mein Guter, eine Tochter ist krank, sie liegt auf dem Ofen.« Der Kosak sah auf dem Ofen nach – dem Mädchen fehlte ein Arm; da erzählte er, was sich zugetragen hatte, wickelte den abgeschlagenen Arm aus dem Mantel und zeigte ihn vor. Der Mir belohnte den Kosaken mit Geld und beschloß, die Hexe zu ertränken.

schön, das des anderen noch schöner. »Denkt, was ihr wollt«, sprach der Hausherr, »aber es gibt keine Frau, die schöner ist als meine Gemahlin!« – »Sie ist schön, aber nicht getauft!« entgegneten die Gäste. »Wieso?« – »Sie geht doch nie zur Kirche!« Den Mann kränkten diese Reden, er wartete, bis es Sonntag war und befahl seiner Frau, ihre schönsten Kleider anzulegen und mit ihm zur Messe zu gehen. »Ich dulde keine Widerrede! Kleide dich an und komm!« Sie legte ihren besten Staat an, und beide fuhren zur Kirche. Der Mann trat ein und sah nichts, sie aber sah sogleich – auf dem Fenstersims saß der Arge. »Ah, du bist wieder da! Wie war es doch: Warst du nachts bei der Kirche?« – »Nein!« – »Und hast du gesehen, was ich dort tat?« – »Nein!« – »So! Morgen werden dein Mann und dein Söhnchen sterben.«

Marusja stürzte aus der Kirche und lief zu ihrer alten Großmutter. Die gab ihr ein Fläschchen mit Weihwasser und ein Fläschchen mit dem Wasser des Lebens und lehrte sie, was sie zu tun habe. Am nächsten Tag lagen Marusjas Gemahl und Marusjas Sohn tot; der Verderber kam geflogen und fragte: »Bist du nachts bei der Kirche gewesen?« – »Ich bin dort gewesen.« – »Und hast du gesehen, was ich tat?« – »Du hast von dem Toten gefressen!« So sprach sie und besprengte ihn mit dem Weihwasser – der Verderber zerfiel zu Staub. Dann besprengte sie mit dem Wasser des Lebens ihren Gemahl und ihr Söhnchen – sie wurden wieder lebendig und kannten von nun an weder Leid noch Trennung, sondern lebten alle miteinander lange und glücklich.

Wie Iwan Kaufmannssohn die Zarewna gesundbetete

In einem Land lebte einmal ein Kaufmann, der hatte einen Sohn namens Iwan. Iwan lernte Lesen und Schreiben und verdingte sich als Knecht bei einem reichen Mann; er lebte bei ihm drei Jahre, ließ sich den Lohn für diese Zeit auszahlen und machte sich auf den Weg nach Hause. Er wanderte dahin, da begegnete er einem lahmen und blinden Bettler, der bat ihn um ein Almosen um Christi willen. Der Kaufmannssohn gab dem Bettler seinen ganzen Lohn und kehrte mit leeren Händen nach Hause zurück; dort aber ging es bergab – der Vater war gestorben, er mußte bestattet und seine Schulden mußten bezahlt werden. Mit knapper Not gelang es dem Kaufmannssohn, seine Sohnespflichten zu erfüllen und alles zu ordnen, dann wollte er den Handel fortführen. Nach einiger Zeit hörte er, daß zwei seiner Onkel ihre Schiffe mit Ware beluden, um übers Meer auf Handelsreise zu gehen. Da dachte er: »Es wäre gut, wenn ich mitführe! Vielleicht nehmen meine Onkel mich mit.« Er ging zu ihnen und fragte sie. Die Onkel versprachen ihn mitzunehmen: »Sei morgen zur Stelle!« Aber am nächsten Morgen setzten sie vor Sonnenaufgang die Segel und fuhren ohne ihren Neffen davon. Iwan war sehr betrübt; da sprach seine Mutter: »Gräme dich nicht, mein Söhnchen! Geh auf den Markt und sieh dich nach einem Gehilfen um – aber nimm dir keinen Jungen: Alte Leute kennen die Welt und wissen überall Rat. Wenn du einen Gehilfen gefunden hast, dann rüste ein Schiff, und ihr könnt zu zweit übers Meer segeln. Der Herr wird euch gnädig sein!« Iwan Kaufmannssohn folgte dem Rat seiner Mutter und lief auf den Markt. Unterwegs begegnete ihm ein alter Mann mit weißem Haar: »Wohin so eilig, wackerer Bursche?« – »Auf den Markt, Großvater, ich suche einen Gehilfen.« – »Nimm mich!« – »Wieviel Lohn verlangst du?« – »Die Hälfte des Gewinns!« Dem Kaufmannssohn war es recht, und er kehrte mit seinem neuen Gehilfen nach Hause zurück. Sie rüsteten ein Schiff, beluden es mit Ware und setzten die Segel; der Wind war günstig, das Schiff machte gute Fahrt, und Iwan kam in dem fremden Land zur selben Zeit an wie seine Onkel.

In diesem Land war des Zaren Tochter gestorben; sie hatten sie in der Kirche aufgebahrt und schickten jede Nacht einen Mann zu ihr hinein, den fraß sie. Es waren schon ihrer viele auf diese Weise umgekommen. »Mein ganzes Reich wird so zugrundgehen«, dachte der Zar und beschloß, statt seiner Untertanen Fremde zu seiner Tochter hineinzuschicken; jeder Kaufmann, der im Hafen anlegte, sollte zuerst eine Nacht in der Kirche verbringen und erst dann, wenn er lebend davon käme, kaufen und verkaufen oder sich auf den Heimweg machen. Nun hielten die neuangekommenen Kaufleute im Hafen Rat, wer als erster in der Kirche übernachten solle. Sie warfen das Los: für die erste Nacht traf es den älteren Onkel, für die zweite den jüngeren und für die dritte Iwan Kaufmannssohn. Der Onkel erschrak und flehte seinen Neffen an: »Wanjuscha, mein Täubchen! Übernachte statt unserer in der Kirche; verlange, was du willst, wir werden mit dir nicht feilschen!« – »Wartet, ich will erst den Großvater um Rat fragen.« Er ging zu dem Alten und fragte: »So und so, die beiden Onkel bitten mich, ihnen diesen Gefallen zu tun; was soll ich tun, Großvater?« – »Dann tu ihnen diesen Gefallen; aber jeder von ihnen muß dir drei Schiffe geben.« Iwan Kaufmannssohn sagte das seinen Onkeln, und die willigten sogleich ein: »Alles, was du wünschst, Wanja! Die sechs Schiffe sind dein!«

Als der Abend anbrach, nahm der alte Mann Iwan bei der Hand, führte ihn in die Kirche, hieß ihn sich neben den Sarg stellen und zog einen Kreis um ihn: »Steh hier, laß dich nicht beirren, tritt nicht über den Strich, lies den Psalter und sei guten Mutes!« So sprach er und ging; Iwan Kaufmannssohn blieb allein in der Kirche zurück, schlug das Buch auf und begann, Psalmen zu lesen. Sobald es Mitternacht schlug, hob sich der Deckel von dem Sarg, die Zarewna sprang heraus und trat sogleich an den Kreis: »Ich werde dich fressen!« Sie drohte und schrie, sie bellte wie ein Hund und miaute wie eine Katze, sie lief immer wieder gegen den Kreis, aber sie konnte ihn nicht überschreiten. Iwan fuhr fort zu lesen und sah sie nicht an; da krähte der erste Hahn, die Zarentochter warf sich so eilig in den Sarg, daß ihr Rock über dem Rand hängen blieb. Am Morgen schickte der Zar seine Diener in die Kirche: »Geht und kehrt die Knochen zusammen!« Die Diener öffneten die Kirchentür und späten hinein – der Kaufmannssohn stand lebendig neben dem Sarg und las den Psalter.

In der nächsten Nacht wiederholte sich dasselbe; am dritten Abend aber faßte der alte Mann ihn bei der Hand, führte ihn in die Kirche und sprach: »Sobald es zwölf schlägt, mußt du sofort auf die Empore steigen. Dort steht eine große Ikone des Apostels Petrus. Stell dich hinter sie und sei guten Mutes!« Der Kaufmannssohn schlug den Psalter auf und begann zu lesen; als es Mitternacht schlug, sah er, wie der Sargdeckel sich langsam hob; er lief sogleich auf die Empore und stellte sich hinter die große Ikone des Apostels Petrus. Die Zarewna sprang aus dem Sarg und lief ihm nach; sie suchte und suchte, ließ keine Ecke aus, aber sie konnte ihn nicht finden. Dann trat sie vor die Ikone, sah des heiligen Apostels Antlitz und begann zu zittern; da ließ sich von der Ikone eine Stimme vernehmen: »Fahre aus, unsauberer Geist!« Im selben Augenblick verließ der Böse die Zarentochter, sie fiel vor der Ikone auf die Knie, schluchzte und betete. Iwan Kaufmannssohn trat hinter der Ikone hervor, kniete sich neben sie, bekreuzigte und verneigte sich.

Am nächsten Morgen kamen die Diener des Zaren und sahen, daß Iwan Kaufmannssohn und die Zarewna nebeneinander knieten und beteten. Sie eilten zu dem Zaren zurück und meldeten ihm, was sie gesehen hatten. Der Zar freute sich, ließ sich zu der Kirche fahren, brachte seine Tochter in den Palast zurück und sprach zu dem Kaufmannssohn: »Du hast meine Tochter und mein Reich gerettet; nimm sie zur Frau. Als Mitgift gebe ich dir sechs Schiffe, beladen mit kostbaren Waren.« Am nächsten Tag wurden sie getraut, alle Welt war zur Hochzeit geladen: Bojaren, Kaufleute und einfache Bürger. Eine Woche später schickte Iwan Kaufmannssohn sich an, in seine Heimat zurückzusegeln; er nahm Ab-

schied von dem Zaren, holte seine junge Frau, bestieg mit ihr
ein Schiff und befahl, den Anker zu lichten. Sein Schiff glitt über
das Meer dahin, ihm folgten zwölf andere Schiffe: sechs hatte
ihm der Zar geschenkt, und sechs mußten ihm die Onkel geben.

Auf halbem Weg sagte der alte Mann zu Iwan Kaufmannssohn: »Wann wollen wir den Gewinn teilen?« – »Sobald du
willst, Großvater! Such dir sechs Schiffe aus, die dir gefallen!«
– »Das ist nicht alles: Wir wollen auch die Zarewna teilen.« –
»Aber was sagst du da, Großvater? Wie können wir sie
teilen?« – »Ich werde sie in der Mitte durchschneiden: Du
bekommst die eine Hälfte und ich die andere.« – »Gott sei mit
dir! Dann wird sie keinem gehören; wir wollen lieber um sie
losen.« – »Das möchte ich nicht«, antwortete der Alte, »wir
haben verabredet, den Gewinn zu teilen, und so soll es auch
sein!« Er zog das Schwert und hieb die Zarentochter in der
Mitte durch – aus ihrem Leib krochen garstige Schlangen und
Würmer. Der alte Mann tötete die Schlangen und Würmer,
fügte die Hälften aneinander, besprengte sie mit Weihwasser
– sie wuchsen zusammen, er besprengte sie abermals – die
Zarewna wachte auf und war noch schöner als zuvor. Dann
sagte der alte Mann zu Iwan Kaufmannssohn: »Behalte die
Zarewna und die zwölf Schiffe; ich brauche nichts; führe ein
gerechtes Leben, tu niemand etwas zuleide, sei mildtätig und
bete zu dem heiligen Apostel Petrus.« Er sprach's und
verschwand. Der Kaufmannssohn kehrte nach Hause zurück
und lebte mit seiner Zarewna viele glückliche Jahre, tat
niemandem etwas zuleide und war stets mildtätig.

Die Hexe

Ein Kosak kam spät am Abend in ein Dorf geritten, hielt an
dem ersten Haus und klopfte an: »He, gute Leute, laßt mich
bei euch übernachten!« – »Tritt ein, wenn du den Tod nicht
fürchtest!« – »Was sind das für seltsame Reden!« dachte der

Kosak, stellte sein Pferd in den Stall, legte ihm Futter vor und ging in das Haus. Er sah, daß alle im Haus – Männer, Frauen, kleine Kinder – weinten, schluchzten und beteten; nachdem sie gebetet hatten, schickten sie sich an, saubere Hemden anzuziehen. »Warum weint ihr?« fragte der Kosak. »Ach«, antwortete der Bauer, »in unserm Dorf geht nachts der Tod um, und wenn er an einem Haus anklopft, ist es um alle, die darin wohnen, geschehen, sie werden am nächsten Morgen in den Sarg gelegt und auf den Friedhof gebracht. Und heute nacht sind wir an der Reihe.« – »Hab keine Angst, guter Mann! Wen Gott nicht aufgibt, den frißt kein Schwein!« Die Hausleute legten sich zur Ruhe; aber der Kosak war auf der Hut, er schlief nicht.

Genau um Mitternacht wurde das Fenster aufgestoßen. Im Fenster erschien eine Hexe, weißgekleidet, sie streckte den Arm in die Stube und wollte mit einem Wedel sprengen – da holte der Kosak mit seinem Säbel aus und schlug ihr den Arm an der Schulter ab. Die Hexe jaulte, kreischte, winselte wie ein Hund und rannte fort. Der Kosak hob den abgeschlagenen Arm auf, wickelte ihn in seinen Mantel, wischte die Blutflekken auf und legte sich schlafen. Als die Bauern am Morgen aufwachten, sahen sie, daß alle lebendig und gesund waren und freuten sich unsäglich. »Soll ich euch den Tod zeigen?« sprach der Kosak. »Holt rasch alle Sotniks und Dessjatniks zusammen und laßt uns ihn im Dorf suchen!« Die Sotniks und Dessjatniks waren sogleich zur Stelle und zogen mit dem Kosaken von Haus zu Haus; hier war der Tod nicht zu finden und dort auch nicht, zum Schluß klopften sie bei dem Kirchendiener an. »Seid ihr alle beisammen?« fragte der Kosak. »Nein, mein Guter, eine Tochter ist krank, sie liegt auf dem Ofen.« Der Kosak sah auf dem Ofen nach – dem Mädchen fehlte ein Arm; da erzählte er, was sich zugetragen hatte, wickelte den abgeschlagenen Arm aus dem Mantel und zeigte ihn vor. Der Mir belohnte den Kosaken mit Geld und beschloß, die Hexe zu ertränken.

Ein Geizhals stirbt

Es lebte einmal ein Geizhals, ein richtiger alter Filz; er hatte zwei Söhne und einen Haufen Geld; als er seinen Tod nahen fühlte, schloß er sich in seinem Haus ein, setzte sich auf seine Truhe und machte sich daran, die Goldmünzen zu verschlukken und die Scheine zu kauen, so gab er den Geist auf. Die Söhne kamen, bahrten den Verstorbenen unter den heiligen Ikonen auf und bestellten den Küster zum Lesen. Um Mitternacht erschien plötzlich der Unreine, er warf sich den toten Greis über die Schulter und befahl: »Küster, halt die Rockschöße auf!« Darauf begann er, den Alten zu schütteln: »Das Geld ist dein, der Sack ist mein!« Dann verschwand er mit dem Alten.

Der Geiger in der Hölle

Es lebte einmal ein Bauer, der hatte drei Söhne. Der Bauer war reich. Sein Geld verwahrte er in zwei großen Kesseln. Den einen vergrub er auf der Tenne, den anderen unter dem Torbogen. Eines Tages starb der Bauer, ohne jemand von seinem Schatz etwas gesagt zu haben. Bald darauf feierten sie in dem Dorf ein Fest, und ein Geiger wollte zu dem Tanzplatz gehen, da brach unter ihm die Erde ein; er stürzte in die Tiefe und geriet in die Hölle, genau dorthin, wo der reiche Bauer gepeinigt wurde. »Guten Tag, alter Freund!« sagte der Geiger. Der Bauer antwortete: »Wie bist du hierher geraten? Das hier ist die Hölle, und ich bin in die Hölle gekommen.« — »Was hat dich hierher gebracht?« — »Das Geld! Ich hatte viel Geld, aber ich habe nie Almosen gegeben und zwei volle Kessel vergraben. Gleich werden sie kommen und mich peinigen, mich mit Stöcken schlagen und mit Krallen zerfleischen.« – »Was soll ich tun? Vielleicht werden sie auch mich zwacken!« – »Setz dich auf den Ofen, versteck dich hinter dem Kamin und nimm drei Jahre lang keinen Bissen in den Mund, dann wirst du alles heil überstehen!« Der Geiger versteckte sich hinter dem Kamin; auf einmal waren die Teufel da, sie schlugen den reichen Bauern und sprachen: »Das hast du von deinem Reichtum! Du hast einen Haufen Geld zusammengescharrt, aber dir ist kein gescheites Versteck eingefallen; du hast es so vergraben, daß es uns schwerfällt, es zu bewachen! Durch das Tor geht's dauernd herein und hinaus, die Pferde treten uns mit ihren Hufeisen die Köpfe ein, und auf der Tenne werden wir mit Dreschflegeln traktiert.«

Als die Teufel wieder fort waren, sagte der Bauer zu dem Geiger: »Wenn du wieder draußen bist, sage meinen Söhnen, sie sollen das Geld nehmen: Der eine Kessel ist unter dem Torbogen vergraben, der andere auf der Tenne, sie sollen alles an die Bettler verteilen.« Plötzlich kamen die Teufel zurückgelaufen und fragten den reichen Bauern: »Wie kommt es, daß es bei dir nach Russen riecht?« Der Bauer antwortete: »Ihr habt euch in Rußland herumgetrieben und habt russischen Ruch mitgebracht!« – »Daran kann es nicht liegen!« Sie schnüffelten, sie suchten, sie fanden den Geiger und johlten: »Hahaha, jetzt haben wir einen Geiger!« Sie zerrten ihn vom Ofen herunter und befahlen ihm, Geige zu spielen. Er spielte drei Jahre lang, glaubte aber, es wären drei Tage; dann war er müde und sprach: »Seltsam! Wenn ich früher spielte, rissen an einem Abend alle Saiten, jetzt aber spiele ich drei Tage, und die Saiten sind immer noch ganz. Gott steh mir bei!« Kaum hatte er das gesagt, da rissen die Saiten alle auf einmal. »Nun, ihr Gesellen«, sprach der Geiger, »ihr seht: Alle Saiten sind gerissen, ich kann nicht weiterspielen.« – »Halt!« sagte ein Teufel. »Ich habe irgendwo zwei Bündel Saiten liegen, die will ich holen.« Er brachte die Saiten. Der Geiger nahm sie, zog daran und sprach: »Gott steh mir bei!« – die Saiten rissen.

840

»Nein, eure Saiten taugen nicht viel; ich will meine eigenen holen. Laßt mich gehen!« Die Teufel wollten ihn nicht gehen lassen. »Du wirst nicht wiederkommen!« sagten sie. »Wenn ihr mir nicht traut, so gebt mir einen Begleiter mit.« Ein Teufel wurde zum Begleiter bestimmt und mußte mit dem Geiger gehen.

Der Geiger kam in das Dorf; da hörte er, daß in einem Haus am Dorfrand Hochzeit gehalten wurde. »Laß uns bei der Hochzeit mitfeiern!« – »Meinetwegen!« Sie traten in das Haus; alle erkannten den Geiger und fragten: »Wo hast du drei Jahre lang gesteckt?« – »Ich war in der anderen Welt.« Sie setzten sich an den Tisch und feierten mit; der Teufel drängte: »Für uns wird's Zeit!« Der Geiger sagte: »Wart ein Weilchen; ich will den Jungvermählten noch ein Ständchen spielen.« Sie blieben so lange, bis die Hähne krähten: Der Teufel verschwand, und der Geiger sagte zu den Söhnen des reichen Bauern: »Euer Vater läßt euch sagen, ihr sollt das Geld nehmen: Der eine Kessel ist unter dem Torbogen vergraben und der andere auf der Tenne, dann sollt ihr das Geld an die Bettler verteilen.« Sie gruben beide Kessel aus und begannen, das Geld unter den Bettlern zu verteilen: aber je mehr sie verteilten, desto voller wurden die Kessel.

Sie stellten die Kessel an einer Wegkreuzung auf: Jeder, der vorbeifuhr oder vorbeiging, konnte sich eine Handvoll Geld nehmen, aber das Geld wurde dennoch nicht weniger. Darauf reichten sie eine Bittschrift bei dem Zaren ein; bei einer Stadt machte eine Straße einen Bogen, fast fünfzig Werst Umweg, und geradeaus wären es nur fünf Werst gewesen, der Zar befahl, eine Brücke zu bauen. Sie bauten eine Brücke von fünf Werst Länge, und als sie fertig war, waren die Kessel leer.

Um diese Zeit hatte eine Jungfer einen Sohn geboren und ihn gleich nach der Geburt ausgesetzt; drei Jahre lang aß das Kind keinen Bissen und trank keinen Schluck, und ein Engel Gottes wartete es. Eines Tages kam das Kind zu der Brücke und sprach: »Ach, was für eine schöne Brücke! Möge Gott der

Herr den in sein himmlisches Reich aufnehmen, mit dessen
Geld sie gebaut wurde!« Der Herr vernahm sein Gebet und
befahl seinen Engeln, den reichen Bauern aus der Hölle zu
befreien.

Der Hafner

Ein Hafner fuhr seines Wegs, da begegnete er einem Fremden. Der sprach: »Nimm mich bei dir als Knecht auf!« –
»Verstehst du dich denn aufs Töpfemachen?« – »Und ob ich
mich darauf verstehe!« Sie einigten sich über den Lohn, gaben
sich die Hand darauf, und der Knecht stieg zu dem Hafner auf
den Wagen. Als sie zu Hause ankamen, sagte der Knecht:
»Nun, Meister, schaff mir vierzig Fuhren Ton, ich will mich
morgen an die Arbeit machen!« Der Hafner holte vierzig
Fuhren Ton; und der Knecht, es war der Arge selbst, sprach
zu dem Meister: »Ich möchte nachts arbeiten, und du darfst
nicht zu mir in die Scheune kommen!« – »Warum nicht?« –
»Darum! Und wenn du trotzdem kommst, ist es zu deinem
eigenen Schaden!« Die Nacht brach an; Punkt zwölf rief der
Arge mit lauter Stimme, und sogleich erschienen ungezählte
Teufel, sie machten sich an die Arbeit, und im ganzen Hof
dröhnte es nur so vor Lärm und Gelächter. Der Meister hielt
es nicht aus: »Ich will doch einen Blick in die Scheune
werfen!« Er ging zu der Scheune und spähte durch einen
Spalt: dort kauerten die Teufel auf dem Boden und drehten
Töpfe; nur ein lahmer Teufel arbeitete nicht und hielt Wache,
und als er den Meister bemerkte, nahm er einen Klumpen
Ton und warf nach ihm – er traf den Hafner mitten ins Auge!
Nun hatte der Meister nur noch ein Auge, und als er in das
Haus zurückkehrte, ging es in der Scheune noch lauter und
lustiger zu!

Am nächsten Morgen sagte der Knecht: »Meister! Geh in
die Scheune und zähl die Töpfe, die ich in einer Nacht

gemacht habe.« Der Meister zählte – es waren vierzigtausend Töpfe. »Und nun schaff mir zehn Saschenj Holz herbei! In der kommenden Nacht will ich die Töpfe brennen.« Genau um Mitternacht rief der Arge abermals mit lauter Stimme; aus allen Richtungen kamen die Teufel herbeigelaufen, sie zerschlugen alle Töpfe, warfen die Scherben in den Brennofen und brannten sie. Der Meister aber schlug ein Kreuz über den Spalt in der Scheune und schaute ihnen zu. »Ach«, dachte er, »nun war die ganze Mühe umsonst!« Am nächsten Tag rief ihn der Knecht: »Meister! Habe ich es gut gemacht?« Der Hafner kam und sah – vierzigtausend Töpfe standen heil und unversehrt da, einer schöner als der andere! In der dritten Nacht rief der Arge wiederum die Teufel zusammen, bemalte die Töpfe in allen Farben und lud sie auf einen einzigen Wagen.

Als der Markttag kam, fuhr der Hafner mit seiner Ware in die Stadt, um sie zu verkaufen; der unreine Geist befahl seinen Teufeln, von Haus zu Haus, von Straße zu Straße zu laufen und die Leute zusammenzurufen, damit sie Töpfe kaufen sollten. Auf dem Markt drängte sich das Volk: Sie umringten den Hafner, und in einer halben Stunde war seine ganze Ware verkauft. Er fuhr nach Hause und nahm einen ganzen Sack voll Geld mit. Der Arge sprach: »So, jetzt wollen wir den Gewinn teilen.« Sie teilten, jeder von ihnen bekam die Hälfte. Der Teufel nahm seinen Teil, verabschiedete sich von dem Meister und verschwand. Eine Woche später fuhr der Hafner abermals mit seinen Töpfen in die Stadt; solange er auch auf dem Markt stand, niemand wollte seine Töpfe kaufen; alle gingen an ihm vorbei und beschimpften ihn unflätig: »Wir wissen schon, wie deine Töpfe sind, du alter Gauner! Sie sehen schön aus, aber wenn man sie mit Wasser füllt, fallen sie gleich auseinander! Zum zweiten Mal wirst du uns nicht hereinlegen!« Von nun an wurde er seine Töpfe nicht mehr los; er verarmte, begann zu saufen und trieb sich nur noch in den Schenken herum.

Die Witwe und der Erbfeind

Es lebte einmal ein Bauer, der hatte eine wunderschöne Frau. Der Mann und die Frau liebten einander und lebten in herzlicher Eintracht. Ob es nun lage währte oder kurz – der Mann starb. Die arme Witwe beerdigte ihn, aber sie konnte ihn nicht vergesen, weinte und sehnte sich nach ihm. Drei Tage und drei Nächte flossen ihre Tränen; in der vierten Nacht, genau um Mitternacht, kam zu ihr der Erbfeind in Gestalt ihres Mannes. Sie freute sich über alle Maßen, fiel ihm um den Hals und fragte: »Wie war es dir möglich zu kommen?« – »Ich habe gehört, wie du bitterlich um mich geweint hast, mein armes Weib, du dauerst mich, ich habe so lange gebettelt, bis ich dich besuchen durfte.« Sie schliefen beieinander, und gegen Morgen, beim ersten Hahnenschrei, verschwand er wie Rauch. Der Erbfeind kam einen Monat lang jede Nacht zu ihr, und dann einen zweiten Monat; sie erzählte niemandem auch nur ein Sterbenswörtchen davon, aber sie wurde immer dünner und dünner, sie schmolz dahin wie Wachs an der Sonne!

Eines Tages bekam die Witwe Besuch von ihrer alten Mutter, die fragte sie: »Warum bist du so mager, mein Kind?« – »Vor lauter Glück, Mütterchen.« – »Was für ein Glück?« – »Mein seliger Mann besucht mich jede Nacht.« – »Ach, du dumme Gans! Das ist doch nicht dein Mann! Das ist doch der Erbfeind!« Die Tochter wollte es nicht glauben. »Tu, was ich sage: Wenn er dich wieder besucht und mit dir am Tisch sitzt, laß einen Löffel fallen, und wenn du dich bückst, um ihn aufzuheben, sieh nach seinen Beinen.« Die Witwe folgte dem Rat ihrer Mutter. In der nächsten Nacht, als der Erbfeind sie besuchte, ließ sie einen Löffel unter den Tisch fallen, bückte sich und sah nach seinen Beinen – da sah sie, daß er einen Schwanz hatte. Am nächsten Tag lief sie zu ihrer Mutter. »Nun, Töchterchen? Habe ich recht?« – »Du hast recht,

Mütterchen! Ich Ärmste, was soll ich tun?« – »Wir wollen zum Popen gehen.« Sie gingen zum Popen und erzählten ihm, was sich zugetragen hatte; der Pope fing an, über der Witwe Gebete zu lesen, drei Wochen lang mußte er lesen – dann erst ließ der Erbfeind von ihr ab!

Der Waldschrat

Die Tochter des Popen ging in den Wald, ohne ihren Vater, ohne ihre Mutter um Erlaubnis zu fragen, und kam nicht wieder. Drei Jahre vergingen. In dem Dorf, in dem ihre Eltern wohnten, gab es einen kühnen Jäger: Jeden Tag, den Gott schickte, streifte er mit seinem Hund und seiner Flinte durch die dichten Wälder. Eines Tages ging er durch den Wald; plötzlich fing sein Hund an zu bellen, und sein Fell sträubte sich. Da sah der Jäger, daß vor ihm, quer über den Pfad, ein Baumstamm lag, auf dem Stamm saß ein Mann und flocht einen Bastschuh. Er flocht seinen Bastschuh, schaute immer wieder zum Mond hinauf und sprach: »Leuchte, leuchte, heller Mond!« Der Jäger wunderte sich: Der Mann schien jung und kräftig, aber sein Haar war schlohweiß. Kaum hatte er dies gedacht, als der andere seine Gedanken erraten hatte: »Schlohweiß ist Haar, Haupt und Bart, denn ich bin von Teufels Art!« Da verstand der Jäger, daß er nicht einen einfachen Bauern, sondern einen Waldschrat vor sich hatte; er zielte – paff! – und traf ihn mitten in den Bauch. Der Waldschrat schrie auf, sank von dem Baumstamm auf die Erde, erhob sich sogleich wieder und schleppte sich ins Dickicht. Der Hund nahm seine Spur auf, und der Jäger folgte dem Hund.

Er ging und ging und kam schließlich an einen Berg; mitten in dem Berg war eine Kluft, und in der Kluft stand ein Häuschen. Er trat ein und sah: Der Waldschrat lag auf der Bank, er

845

war tot, und neben ihm saß ein Mädchen und weinte bitterlich: »Wer wird jetzt für mich sorgen und mich ernähren!« – »Guten Tag, schönes Mädchen«, grüßte der Jäger. »Sage mir, wer du bist und woher du kommst?« – »Ach, lieber Jäger! Das weiß ich selber nicht. Es ist mir, als hätte ich die Welt draußen nie gesehen und meine Eltern nie gekannt.« – »Nun, dann suche deine Sachen zusammen. Ich werde dich zurück in das heilige Rußland geleiten.« Er nahm sie bei der Hand und machte sich auf den Heimweg, beim Gehen brachte er an den Bäumen Zeichen an. Das Mädchen nämlich war von dem Waldschrat entführt worden. Sie hatte die ganzen drei Jahre bei ihm gelebt. Alle ihre Kleider waren längst zerrissen, und sie lief splitternackt herum! Aber sie empfand keine Scham.

Schließlich erreichten sie das Dorf, der Jäger fragte überall, ob nicht jemand seine Tochter vermisse? Schließlich kam er zu dem Popen. »Das ist doch mein Kind!« rief er aus. Die Frau des Popen lief herbei und weinte vor Freude: »Meine geliebte Tochter! Wo warst du die ganze Zeit? Wir haben kaum noch gehofft, dich je wiederzusehen!« Die Tochter aber starrte sie an und rührte sich nicht – sie wußte nicht, wovon die Rede war. Erst nach und nach kam sie zu sich... Der Pope und seine Frau verheirateten sie mit dem Jäger, und als Belohnung gaben sie ihrer Tochter eine gute Mitgift. Sie wollten das Häuschen aufsuchen, in dem sie mit dem Waldschrat gelebt hatte; sie durchstreiften den ganzen Wald, aber sie konnten es nicht finden.

Gaukelei

Es lebten einmal ein Mann und eine Frau. Eines Tages klopfte bei ihnen ein Burlak an und bat um Obdach. Der Mann ließ ihn herein: »Meinetwegen, du kannst bei uns übernachten, aber nur unter einer Bedingung: Du mußt uns

die ganze Nacht hindurch Märchen erzählen.« – »Wie du
wünschst, ich will es tun.« – »Gut.« Der Mann stieg mit dem
Burlak auf die Pritsche, die Alte saß auf dem Ofen und spann
Flachs. Da dachte der Burlak: »Dem will ich einen Streich
spielen!« Und er verwandelte sich in einen Wolf und den
Alten in einen Bären. »Wir wollen fort«, sprach er, und sie
trotteten beide ins Feld hinaus. Der Wolf sah die Stute des
Bauern und sprach: »Wir wollen die Stute fressen!« – »Halt,
das ist doch meine eigene Stute!« – »Aber der leere Bauch
verlangt sein Recht.« Sie fraßen die Stute und liefen weiter.
Da kam ihnen die Alte, des Bauern Eheweib, entgegen, und
der Wolf sprach abermals: »Wir wollen die Frau fressen!« –
»O weh, das ist doch meine Alte!« antwortete der Bär. »Aber
wie kommst du denn darauf?« Sie fraßen die Alte. Den ganzen
Sommer streiften der Bär und der Wolf umher; dann brach
der Winter an. Der Wolf sagte: »Wir wollen uns in eine Höhle
verkriechen; du machst es dir weiter hinten bequem, und ich
bleibe am Eingang liegen. Wenn uns die Jäger aufspüren,
dann werde ich als erster totgeschossen; sobald ich tot bin,
ziehen sie mir das Fell ab, dann mußt du mit einem Satz über
mein abgezogenes Fell springen und bist wieder Mensch.«
Nun lagen sie in ihrer Höhle; die Jäger hatten sie bald
aufgespürt, sie schossen den Wolf tot und zogen ihm das Fell
ab. Sogleich kam der Bär aus der Höhle heraus, er purzelte
über das Wolfsfell – und der Alte stürzte von der Pritsche
kopfüber auf den Boden. »Oj-oj-oj! Mein ganzer Rücken ist
blau!« Die Alte schimpfte: »Du alter Esel! Jetzt fällst du auch
noch von der Pritsche und dabei bist du nicht einmal besoffen!« – »Damit hat es seine eigene Bewandtnis«, meinte der
Alte und erzählte: »Du hast gar nicht gemerkt, daß ich und
der Burlak wilde Tiere waren: Er war ein Wolf und ich ein
Bär. Den ganzen Sommer und Winter sind wir herumge-
streift, wir haben unsere Stute gefressen und dich dazu, alte
Kuh!« Die Frau hielt sich vor Lachen den Bauch: »Das ist ein
Kerl, dieser Burlak! Der hat dir einen Bären aufgebunden!«

Jeder kommt an seinen Mann

Ein Soldat klopfte einmal bei einem Bauern an und wollte bei ihm übernachten. »Ich würde dich aufnehmen, Kamerad«, sprach der Bauer, »aber bei uns gibt es bald Hochzeit, es ist kein Platz für dich.« – »Das macht nichts, ein Soldat findet überall Platz.« – »Dann tritt ein!« Der Soldat sah, daß vor dem Haus ein Schlitten stand und fragte: »Wohin willst du fahren, guter Mann?« – »Siehst du, es ist Sitte bei uns: Bevor man Hochzeit feiert, muß man den Zauberer aufsuchen und ihm ein Geschenk bringen! Der ärmste Bauer kommt nicht unter fünfundzwanzig Rubel davon, und bei dem Reichen sind auch fünfzig zuwenig; und wer ihm das Geschenk nicht bringt, dem verdirbt er das ganze Hochzeitsfest!« – »Höre, guter Mann! Bring ihm kein Geschenk, es wird schon gut gehen!« Der Soldat überredete den Bauern, der fuhr nicht zu dem Zauberer und schenkte ihm nichts.

Der Hochzeitstag war gekommen, Bräutigam und Braut fuhren zur Trauung in die Kirche; unterwegs sahen sie einen Stier, der stürmte auf den Hochzeitszug zu, brüllte und wühlte mit den Hörnern die Erde auf. Alle Hochzeitsgäste erschraken, aber der Soldat verzog keine Miene: an seiner Seite war plötzlich ein Hund, der schoß dem Stier entgegen, sprang an ihm hoch und biß sich an seiner Gurgel fest – der Stier stürzte zur Erde und war tot. Der Hochzeitszug fuhr weiter. Da kam ihnen ein riesiger Bär entgegen. »Keine Angst! Es soll keinem etwas zustoßen!« rief der Soldat. Woher auch immer er kam – ein Hund schoß von seiner Seite dem Bären entgegen, sprang an dem Bären hoch und biß sich an seiner Gurgel fest: Der Bär brüllte und stürzte tot zur Erde. Nach überstandener Gefahr setzte sich der Hochzeitszug wieder in Bewegung; da hoppelte ein Hase über den Weg, haarscharf vor den Hufen der ersten Troika. Die Pferde blieben wie festgewurzelt stehen, schnaubten und rührten sich nicht vom Fleck! »Laß deine Späße, Hase!« rief der

Soldat. »Wir werden später miteinander abrechnen!« Sogleich setzte sich der Hochzeitszug wieder in Bewegung. Das Brautpaar wurde getraut, und sie fuhren zurück in ihr Dorf. Als die Gäste vor dem Hochzeitshaus vorfuhren, saß ein schwarzer Rabe auf dem Hoftor und krächzte so laut, daß die Pferde abermals wie festgewurzelt stehenblieben und sich nicht vom Fleck rührten. »Laß deine Späße, Rabe«, rief der Soldat, »wir werden später miteinander abrechnen!« Der Rabe flog davon, die Pferde trabten in den Hof.

Die Jungvermählten setzten sich an die Tafel; Gäste und Verwandte nahmen ihre Plätze ein, wie es Sitte und Brauch vorschreiben; sie aßen, tranken und unterhielten sich aufs beste. Der Zauberer aber war böse; er hatte keine Geschenke bekommen, und es war ihm nicht gelungen, den Hochzeitsgästen einen Schrecken einzujagen. Nun kam er in eigener Person, er nahm seine Mütze in der Stube nicht ab, schlug vor den Ikonen nicht das Kreuz und grüßte die ehrenwerten Gäste nicht; er sprach zu dem Soldaten: »Ich bin dir böse!« – »Warum bist du mir böse? Ich habe von dir nie etwas geborgt, und du bist mir nichts schuldig! Laß uns lieber trinken und feiern.« – »Laß uns trinken!« Der Zauberer nahm eine Schneppe mit Bier vom Tisch, goß einen Becher voll und reichte ihn dem Soldaten: »Trink, Kamerad!« Der Soldat leerte den Becher – alle seine Zähne fielen in den Becher! »Oj-oj, Brüderchen«, sagte er, »wie soll ich nun ohne Zähne auskommen? Wie soll ich nun trockenes Schwarzbrot nagen?« Er warf die Zähne in den Mund, und sie standen sogleich alle an ihrem Platz. »Jetzt bin ich an der Reihe! Jetzt mußt du diesen Becher Bier aus meiner Hand trinken!« Der Zauberer leerte den Becher, und seine Augen fielen aus den Höhlen! Der Soldat hob die Augen behende auf und warf sie fort, wer weiß wohin. Der Zauberer blieb nun bis an das Ende seiner Tage blind, hatte keine Gewalt mehr über die Menschen und jagte ihnen nie wieder Angst ein; und die Bauern, Männer und Frauen, beteten von da an für den Soldaten.

Die Zauberin

In einem Land lebte einmal ein Herr; der Herr hatte einen Lakaien und einen Kutscher; der Lakai hieß Wanst und der Kutscher Rippe. Eines Tages stahlen sie eine kostbare Perlenkette aus ihres Herrn Truhe. Der Herr merkte, daß ihm die Perlen fehlten, und rief seine beiden Diener zu sich: »Gesteht«, sprach er, »habt ihr gestohlen?« – »Nie im Leben! Wir wissen von nichts und sind unschuldig.« – »Gebt acht! Ich will eine Zauberin kommen lassen, wenn sie es herausbekommt und euch die Schuld gibt, dann geht es euch schlecht!« Der Herr ließ die Zauberin holen. »Guten Tag, Großmutter! Sei so gut, sage mir, wo meine kostbare Perlenkette ist!« – »Gut, Herr, ich will es tun; aber laß vorher die Badestube heizen, damit ich mich nach der langen Fahrt waschen kann.« Sie heizten die Badestube; die Alte wusch sich und murmelte vor sich hin: »Ripp und Wanst, jetzt kommt ihr an die Reihe!« Der Lakai und der Kutscher aber lauschten unter dem Fenster der Badestube. »O weh, Bruder«, sagte der Kutscher, »sie weiß es, die alte Hexe! Was sollen wir jetzt tun?« Als die Alte aus der Badestube trat, fielen sie ihr zu Füßen: »Liebe, gute Großmutter, verrat uns nicht!« – »Wo sind die Perlen? Sind sie noch alle da?« – »Sie sind alle da, Großmutter.« – »Dann knetet Perle für Perle in Brosamen ein und füttert damit eine graue Gans; sie muß alle herunterschlucken!«

Gesagt, getan. Dann ging die Alte zu dem Herrn. »Nun, Großmutter, weißt du es?« – »Ich weiß es, guter Herr!« – »Wer ist der Dieb?« – »Die graue Gans, die da über den Hof läuft; die Fenster eurer Stube standen offen, sie flatterte herein und pickte die Perlen auf.« Der Herr befahl, die Gans sofort zu fangen und zu schlachten. Sie schlachteten die graue Gans und fanden in ihrem Kropf die Perlen. Der Herr bedankte sich bei der Zauberin und lud sie zum Mittagessen ein; als

Geflügel ließ er eine gebratene Krähe auftragen. »Ich bin neugierig«, dachte der Herr, »ob die Alte es merkt!« Sie setzten sich zu Tisch. Als die gebratene Krähe aufgetragen wurde, blickte die Alte um sich und sprach vor sich hin: »Nun kommt die alte Krähe zu hohen Ehren!« – »Die ist aber gescheit! Sie weiß alles!« Nach Tisch befahl der Herr, einzuspannen und die Alte nach Hause zu fahren, vorher aber ließ er Eier in die Kutsche legen: »Ich bin neugierig, ob sie auch das merkt!« Während die Alte in die Kutsche stieg, sprach sie vor sich hin: »Nun gluckt die alte Henne auf alten Eiern!« Der Herr staunte, daß die Alte alles merkte, alles wußte, er beschenkte sie reichlich mit Geld und ließ sie mit Gott ziehen.

Der Zauberer

Es lebte einmal ein armes Bäuerlein mit Namen Käfer, ein rechtes Schlitzohr. Eines Tages stahl er einer Bäuerin eine Rolle Leinwand und versteckte sie in einem Strohschober; darauf brüstete er sich alllerorten, er könne zaubern. Die Frau kam zu ihm und bat ihn, die verschwundene Leinwand herbeizuzaubern. Das Bäuerlein fragte: »Und was bekomme ich für meine Mühe?« – »Ein Pfund Mehl und ein Pfund Butter.« – »Gut.« Er zauberte und zauberte, und sagte ihr dann, wo sie die Leinwand finden könne. Zwei oder drei Tage später fehlte dem Herrn ein Hengst; es war dasselbe Bäuerlein, das den Hengst geholt und im Wald an einen Baum gebunden hatte. Der Herr ließ ihn holen; der Bauer zauberte und sprach: »Beeilt euch, der Hengst steht im Wald, er ist an einen Baum gebunden.« Sie liefen hin und holten den Hengst aus dem Wald; der Herr schenkte dem Bäuerlein hundert Rubel, und von nun an war er als Zauberer im ganzen Land bekannt.

Eines Tages vermißte der Zar seinen Ehering. Sie kehrten

das Unterste zuoberst – der Ring war nicht zu finden! Der Zar
befahl, den Zauberer zu holen, er solle so schnell wie möglich
in den Palast gebracht werden. Er wurde in eine Kutsche
gesetzt und zum Zaren gefahren. »Jetzt ist es um mich
geschehen!« dachte der Bauer. »Wie soll ich herausfinden, wo
der Ring steckt? Das wird dem Zaren nicht recht sein, und ich
komme dorthin, wohin Makar nicht einmal seine Kälber
treibt!« – »Guten Tag, Bäuerlein«, sprach der Zar. »Du sollst
für mich zaubern; gelingt es dir, dann werde ich dich gebüh-
rend belohnen, wenn nicht – das Schwert ist mein, der Kopf,
der rollt, ist dein.« Dann befahl er, den Zauberer in ein
abgelegenes Gemach zu führen: »Dort kann er die ganze
Nacht zaubern, und am Morgen will ich von ihm die Antwort
hören.«

Der Zauberer saß in dem Gemach und dachte: »Was für
eine Antwort kann ich dem Zaren geben? Ich will lieber die
Nacht abwarten und mich aus dem Staube machen; nach dem
dritten Hahnenschrei reiße ich aus!« Den Ring des Zaren aber
hatten drei seiner Diener gestohlen: Der Lakai, der Kutscher
und der Koch. »Was sollen wir tun«, sprachen sie untereinander, »wenn dieser Zauberer es herausfindet und uns anzeigt?
Dann ist uns der Tod gewiß ... Wir wollen vor seiner Tür
lauschen: Wenn wir nichts Bedrohliches hören, schleichen wir
uns davon; wenn er aber etwas weiß, müssen wir ihn anflehen,
uns dem Zaren nicht zu verraten.«

Der Lakai schlich an die Tür und lauschte; da krähten die
Hähne, und der Bauer sprach: »Gott sei gedankt! Das ist der
erste. Jetzt muß ich nur noch auf die zwei anderen warten.«
Dem Lakaien rutschte das Herz in die Fersen, er lief zu seinen
Gesellen: »O weh, Brüder, von mir weiß er's schon; kaum
schlich ich an die Tür, da rief er: ›Gott sei gedankt! Das ist der
erste. Jetzt muß ich nur noch auf die zwei anderen warten.‹« –
»Gemach«, sagte der Kutscher, »jetzt werde ich hingehen.«
Er schlich an die Tür und lauschte: Da krähten die Hähne
zum zweiten Mal, und der Bauer sprach: »Gott sei gedankt!

Das ist der zweite. Jetzt muß ich nur noch auf den letzten warten.« – »O weh, Brüder! Er weiß es auch von mir!« Der Koch sagte: »Nun, wenn er es auch von mir weiß, dann wollen wir zu ihm gehen, ihm zu Füßen fallen und um Gnade flehen.« Nun lauschte der Koch, da schrien die Hähne zum dritten Mal, und der Bauer schlug ein Kreuz: »Gott sei gedankt! Das ist der dritte!« Er öffnete sachte die Tür und wollte fliehen. Aber die Diebe waren schon zur Stelle, sie fielen ihm zu Füßen und baten unter Tränen: »Hab Mitleid mit uns und verrate uns nicht dem Zaren! Hier ist der Ring!« – »Meinetwegen. Ich vergebe euch!«

Der Bauer nahm den Ring, hob ein Dielenbrett an und versteckte den Ring darunter. Am Morgen fragte ihn der Zar: »Nun, Bäuerlein, wie steht es?« – »Ich habe gezaubert und weiß es: Dein Ring rollte in eine Ritze und liegt unter diesem Dielenbrett.« Sie hoben das Dielenbrett an und fanden den Ring. Der Zar belohnte den Zauberer reichlich mit Geld, befahl, ihm ein üppiges Essen vorzusetzen, und begab sich in den Garten. Er wandelte einen Weg, sah einen Käfer, hob ihn auf und kehrte zu dem Zauberer zurück: »Wohlan, wenn du ein Zauberer bist, dann mußt du wissen, was ich in der Hand halte!« Der Bauer erschrak und sprach vor sich in: »Ach, armer Käfer, nun hat dich der Zar in der Hand!« – »Ja, das ist wahr! Du hast recht!« sagte der Zar, belohnte ihn noch reichlicher und entließ ihn in Ehren.

Die Blinden

In dem Moskau aus weißem Stein arbeitete einmal ein Bursche als Knecht; als der Frühling kam, wollte er in sein Dorf zurückkehren und bat seinen Herrn um den Lohn. Aber es war nicht viel Geld, was er bekam, alles in allem fünfzig Kopeken. Er steckte die Münzen ein und ging zum Kaluga-

Tor hinaus; da sah er an dem Wall einen blinden Bettler, der in Christi Namen um ein Almosen bat. Der Bursche überlegte, dann aber überkam ihn das Mitleid, er reichte ihm seine Münze und sprach: »Hier hast du fünfzig Kopeken, Alterchen, behalte um Christi willen zwei davon und gib mir achtundvierzig heraus.« Der Blinde ließ die Münze in seinen Sack gleiten und stimmte von neuem an: »Rechtgläubige Christen, erbarmt euch um Christi willen eines Blinden!« – »Was ist, Alter? Gib mir mein Geld heraus!« Der Blinde schien ihn nicht zu hören: »Schon recht, mein Söhnchen! Die liebe Sonne steht noch hoch am Himmel, und ich komme noch zur rechten Zeit heim.« – »Bist du taub? Ich habe noch gute vierzig Werst zu wandern und unterwegs brauche ich Geld!« Der Zorn schnitt den Knecht schlimmer als ein scharfes Messer: »Alter Satan! Gib mir das Geld heraus, sonst wirst du mich kennenlernen!« Der Bursche packte den Bettler und schüttelte ihn, da brüllte der Blinde aus Lebenskräften: »Zu Hilfe! Diebe! Hilfe! Hilfe!«

Der Bursche scheute den Ärger und ließ von dem Blinden ab; er dachte, es sei besser, einfach weiterzugehen als sich von der Stadtwache zurück in die Stadt abführen zu lassen. Er ging zehn oder auch zwanzig Schritte weiter, blieb am Wegrand stehen und ließ kein Auge von dem Bettler: Es war schade um das schwerverdiente Geld! Der Blinde ging an zwei Krücken, beide Krücken lagen neben ihm: Die eine rechts, die andere links. In seinem Zorn wollte der Bursche ihm einen bösen Streich spielen: »Na, warte! Ich werde dir eine Krücke wegnehmen und sehen, wie du dich nach Hause schleppst!« Er schlich ganz leise an den Bettler heran und nahm eine Krücke weg; der Blinde blieb eine Weile sitzen, hob seine weißen Glotzaugen zur Sonne und sprach: »So, nun steht die Sonne nicht mehr so hoch; es wird Zeit, nach Hause zu gehen. Wo seid ihr, meine Krücken, meine guten Schwestern? Wird es nicht Zeit für uns?« Und er tastete mit beiden Händen um sich: Die linke Krücke war zur Stelle, aber die rechte konnte er nicht finden: »Diese Krücke hat mich schon immer geärgert! Die finde ich nie auf den ersten Griff!« Er tastete und tastete, dann sprach er vor sich hin: »Da hat jemand mit mir Schabernack getrieben! Aber das tut nichts: Ich komme auch mit einer Krücke zurecht.« Er stand auf und schleppte sich an einer Krücke nach Hause; der Bursche folgte ihm.

Sie gingen und gingen. In der Nähe des Dorfes, dicht bei einem Wäldchen, standen zwei alte Hütten. Der Blinde ging auf eine der Hütten zu, löste seinen Gürtel, nahm von dem Gürtel einen Schlüssel und schloß die Tür auf; als er die Tür aufgestoßen hatte, huschte der Bursche hinein, setzte sich auf eine Bank und hielt den Atem an. »Ich will sehen, wie es weitergeht«, dachte er. Der Blinde humpelte in das Haus, legte den Haken vor, wandte sich zur rechten Ecke und betete vor den heiligen Ikonen. Dann warf er den Gürtel und die Kappe auf eine Bank, bückte sich und machte sich unter dem Ofen zu schaffen – die Töpfe und Ofengabeln schepperten nur so. Nach einer Weile rollte er ein Tönnchen hervor; er rollte es hervor, stellte es auf den Tisch und begann, das erbettelte Geld aus dem Sack zu holen und in das Tönnchen zu werfen; in dem Tönnchen war an der Seite ein Schlitz angebracht, groß genug für ein kupfernes Fünfkopekenstück. Nachdem er die letzte Münze hineingeworfen hatte, sprach der Bettler: »Der Herr sei gelobt. Diese Fünfhundert haben mich viel Mühe gekostet. Glücklicherweise hat mir ein Bursche heute einen Fünfziger gegeben. Wenn der nicht wäre, hätte ich ganze drei Tage länger am Weg sitzen müssen.«

Der Blinde lachte, setzte sich auf den Boden, spreizte die Beine und begann, das Tönnchen mit dem Geld hin und her zu rollen: Er gab dem Tönnchen einen Stoß, es rollte bis zur Wand, prallte ab und rollte wieder zu dem Bettler zurück. »Dem werde ich helfen!« dachte der Bursche. »Der hat genug damit gespielt, der alte Teufel!« und er hob das Tönnchen zu sich hinauf. »Es ist an der Bank hängengeblieben!« sagte der Blinde und tastete umher; aber so viel er auch tastete, das

Tönnchen fand er nicht; der Ärmste erschrak, öffnete die Tür einen Spalt weit, steckte den Kopf hinaus und rief: »Pantelej, höre, Pantelej! Komm einmal her!«

Pantelej kam – er war ebenfalls blind und wohnte in der Hütte nebenan. »Was gibt es?« fragte er. »Mir ist etwas Seltsames zugestoßen! Ich habe vorhin mein Tönnchen mit Geld auf dem Boden hin und her gerollt, und auf einmal war es fort, und ich kann es nicht wiederfinden. Das ist kein Spaß, es sind fünfhundert Rubel darin! Vielleicht hat jemand das Tönnchen gestohlen? Aber ich glaube, daß niemand außer mir im Haus war.« – »Geschieht dir recht!« sagte Pantelej. »Du bist auf deine alten Tage verrückt geworden! Warum spielst du auch damit wie ein Kind mit seiner Rassel? Und jetzt kommt das Weinen und das Zetern! Du hättest dir an mir ein Beispiel nehmen sollen: Ich habe auch an die fünfhundert Rubel beisammen, aber in Scheinen und ich habe sie in meine alte Mütze eingenäht; und an dieser Mütze wird sich keiner vergreifen!«

Der Bursche hörte diese Reden und dachte: »Um so besser! Deine Mütze wird an deinem Schädel nicht angenagelt sein.« Kaum hatte Pantelej den Fuß über die Schwelle gesetzt, als der Bursche ihm die Mütze vom Kopf riß, zur Tür hinaussprang und davonlief, so schnell ihn die Füße trugen. Pantelej aber glaubte, daß sein Nachbar ihm die Mütze heruntergerissen hätte, und schlug ihm ins Gesicht: »Ist denn das eine Art? Dein eigenes Geld bist du los, und nun greifst du nach fremdem!« Sie fuhren einander in die Haare und prügelten sich. Unterdessen war der Bursche schon über alle Berge; mit dem Geld konnte er Haus und Hof instand setzen und fortan ohne Sorgen leben.

Der Dieb

Es lebte einmal ein Bauer, der hatte drei Söhne. Eines Tages fuhr der Vater mit seinem Ältesten in den Wald; sie fuhren dort eine Weile umher, da sah der Bursche eine Birke und sprach: »Väterchen, wenn man diese Birke zu Kohle brennen würde, könnte ich mir eine Schmiede bauen und darin hämmern und Rubel auf Rubel herausklopfen.« – »Sehr gut«, dachte der Bauer, »dieser Sohn wird seinen Weg machen.« Dann fuhr er mit seinem Zweiten in den Wald; als sie an einer alten Eiche vorüberfuhren, sagte der Sohn zu seinem Vater: »Väterchen, wenn man diese Eiche fällen würde, könnte ich Zimmermann werden und mit meinem Beil ein gut Stück Geld verdienen.« – »Der Herr sei gelobt«, dachte der Bauer, »dieser Sohn wird seinen Weg machen.« Schließlich fuhr der Bauer mit seinem jüngsten Sohn Wanjka in den Wald; sie fuhren und fuhren, aber Wanjka saß stumm da und sprach kein Wort; als sie aus dem Wald wieder herauskamen, sahen sie, wie zwei Schlachter eine Kuh hinter sich her zogen. »Väterchen«, sprach der Sohn, »wie könnte man diese Kuh stehlen?« – »So einer bist du also!« sagte darauf der Vater. »Dann will ich mit dir nichts zu schaffen haben, geh, wohin du willst! Du wirst mir auf meine alten Tage keine Stütze sein.« – »Meinetwegen! Wenn du mich aus dem Haus jagst, werde ich mir einen Meister suchen.«

Ob es lange währte oder kurz, zu guter Letzt fand er einen Meister. Er bat: »Nimm mich doch als Gesellen an.« – »Ich nehme dich als Gesellen an«, antwortete der Meister, »wenn du aus dem Nest einer Wildente die Eier holst, ohne daß die Ente, die darauf brütet, es merkt und auffliegt.« – »Das ist kein Kunststück!« Sie machten sich auf den Weg, fanden ein Nest mit einer brütenden Ente und krochen auf dem Bauch an das Nest heran. Während der Meister auf das Nest zu kroch, holte Wanjka alle Eier aus dem Nest, und zwar so geschickt, daß sich bei der Entenmutter auch nicht ein Federchen rührte; er holte nicht nur die Eier heraus, sondern schnitt nebenbei auch seinem Meister die Sohlen von den Stiefeln. »So, Wanjka, dir kann ich nichts beibringen. Du bist selbst ein großer Meister!« Seit der Zeit ging Wanjka seinem Handwerk nach: nichts war sicher, was in seine Reichweite kam!

Da versammelten sich Stadtvolk, Kaufleute und Handelsherren. Sie gingen zu dem König und klagten: »Ein Dieb treibt hier sein Wesen, wir können uns vor ihm nicht hüten und schützen. Wenn es ihm gefällt, zieht er uns am hellichten Tag das Hemd aus.« Der König ließ den Dieb zu sich kommen. »Ist es wahr«, fragte er, »daß du ein so geschickter Dieb bist, daß man sich vor dir weder hüten noch schützen kann?« – »Das ist wahr, Majestät!« – »Wenn dem so ist, dann sollst du meinen Hengst aus dem Stall holen. Gelingt es dir, werde ich dich begnadigen, gelingt es dir nicht – das Schwert ist mein, der Kopf, der rollt, ist dein!« – »Es wird mir gelingen, Majestät!«

Der König befahl, seinen Stall strengstens zu bewachen; der Dieb Wanjka wartete, bis es Abend war, verkleidete sich, damit man ihn nicht erkenne, nahm ein Fäßchen Wodka und tat so, als ob er betrunken wäre. Schwankend und torkelnd ging er über den königlichen Hof. Die Pferdeknechte sahen ihn und lachten: »Ist der aber besoffen! Der kann sich ja kaum auf den Beinen halten!« – »Halt, Brüder«, sagte ein Stallknecht, »er trägt ja ein Weinfäßchen! Wir wollen ihn hereinholen und den Wein unter uns teilen; dann fällt uns das Wachen leichter.« – »Das ist gut! Das machen wir!« riefen die anderen; sie faßten den Dieb unter die Arme und führten ihn in den Stall. »Bleibe bei uns, Brüderchen, du hältst dich ja kaum noch auf den Beinen! Morgen früh hast du deinen Rausch ausgeschlafen und kannst nach Hause gehen.« Wanjka ließ sich auf das Stroh fallen und schnarchte, als wäre er eingeschlafen. Die Pferdeknechte aber ließen das Fäßchen kreisen; sie leerten es bis auf den letzten Tropfen, bekamen

858

alle einen kräftigen Rausch, fielen um und schliefen fest ein. Der Dieb konnte sich nichts Besseres wünschen, er führte den Hengst heraus und ritt davon. Am Morgen fragte der König nach seinem besten Hengst – der Hengst war fort. Er befahl, Wanjka zu holen: »Hast du den Hengst gestohlen?« – »Ja, Majestät.« – »Du hast uns zum Narren gehalten; ich verzeihe dir alles, aber gehe und laß dich in meinem Reich nicht wieder blicken, Freundchen, sonst geht es dir schlecht.«

Der diebische Bauer

Es lebte einmal eine alte Frau, die hatte zwei Söhne: Der eine starb, der andere zog in die Fremde. Es vergingen drei Tage, da klopfte bei der Alten ein Soldat an und bat: »Mütterchen, laß mich bei dir übernachten!« – »Nur herein, mein Guter. Woher des Wegs?« – »Ich heiße Gehaufdenleim und kehre aus dem Himmel heim.« – »Ach, du mein Goldstück! Mein Söhnchen ist mir kürzlich gestorben, bist du ihm vielleicht begegnet?« – »Aber freilich bin ich ihm begegnet, wir wohnten in derselben Stube.« – »Was du nicht sagst!« – »Er hütet im Himmel Kraniche.« – »Ach, mein armes Kind, das ist sicher sehr mühsam!« – »Und ob es mühsam ist! Die Kraniche, Großmütterchen, nisten dort nur in Heckenrosen.« – »Dann sind wohl alle seine Kleider zerrissen?« – »Und ob sie zerrissen sind! Es sind nur noch Lumpen.« – »Ich habe sicher vierzig Arschin Leinwand und an die zehn Rubel beiseite gelegt; sei so lieb und nimm sie für mein Söhnchen mit!« – »Liebend gern, Großmütterchen!« Ob es lange währte oder kurz, eines Tages kehrte der Sohn zurück: »Guten Tag, Mütterchen!« – »Inzwischen war bei mir der Soldat Gehaufdenleim, der kehrte aus dem Himmel heim und hat mir Kunde von meinem seligen Söhnchen gebracht; sie wohnten in derselben Stube, und er hat für ihn Leinwand und zehn

Rubel mitgenommen.« – »Wenn das so ist«, sagte der Sohn, »dann leb wohl! Ich will in die weite Welt hinausziehen; wenn ich eine noch Dümmere finde, als du es bist, dann will ich dich ernähren und für dich sorgen, aber wenn ich keine finde, dann sage ich mich von dir los.« Er drehte sich auf dem Absatz um und ging davon.

Er kam in ein Dorf und begab sich sogleich zu dem Herrenhaus, auf dem Hof wühlte eine Muttersau mit ihren Ferkeln; der Bauer fiel vor dem Schwein auf die Knie und verneigte sich vor ihm bis auf die Erde. Die Herrin sah es aus dem Fenster und befahl einer Magd: »Geh und frage, warum sich der Bauer immerzu vor dem Schwein verneigt.« Die Magd fragte: »Bäuerlein, warum kniest du hier und verneigst dich immerzu vor dem Schwein?« – »Ach, schönes Mädchen, melde doch deiner Herrin: Eure Muttersau mit den bunten Flecken ist meiner Frau Base um sieben Ecken, morgen will mein Sohn Hochzeit halten, da bitte ich sie von Herzen, als Brautwerberin ihres Amtes zu walten, und ihre Ferkelchen möchten den Brautschleier halten.« Als die Herrin diese Rede hörte, sprach sie zu der Magd: »Der Mann ist ein Narr! Er lädt ein Schwein zu einer Hochzeit und die Ferkel dazu! Meinetwegen! Die Leute sollen etwas zum Lachen haben. Leg dem Schwein meinen Pelz um und laß zwei Pferde anspannen, damit die Brautwerberin nicht zu Fuß gehen muß!« Eine Kutsche fuhr vor, die herausgeputzte Muttersau wurde samt ihren Ferkeln hineingesetzt, der Bauer schwang sich auf den Kutschbock und fuhr davon. Als der Herr von der Jagd zurückkehrte, schüttelte sich seine Frau vor Lachen: »Ach, mein Bester, wie schade, daß du nicht zu Hause warst und ich mein Vergnügen mit niemandem teilen konnte! Ein Bäuerlein kam auf unsern Hof und fiel vor unserem Schwein auf die Knie: ›Eure Muttersau mit den bunten Flecken‹, sagte er, ›ist meiner Frau Base um sieben Ecken‹, und er wollte sie als Brautwerberin zu der Hochzeit seines Sohnes laden.« – »Ich kann mir schon denken«, sagte der Herr, »daß du sie ihm mitgegeben hast.« – »Aber freilich habe ich sie ihm mitgegeben, mein Herz. Ich ließ ihr meinen Pelz umlegen und zwei Pferde vor die Kutsche spannen.« – »Und woher kam der Bauer?« – »Das weiß ich nicht, mein Herz.« – »Der Bauer ist ein Fuchs, und du bist eine Gans!« Der Herr war sehr aufgebracht, weil der Bauer seine Frau übertölpelt hatte. Er lief aus dem Haus, befahl, sein bestes Pferd zu satteln, und ritt hinter dem Bauern her.

Der Bauer merkte, daß der Herr ihn bald einholen würde, stellte die Pferde und die Kutsche im Walddickicht unter, nahm seine Mütze ab, setzte sie auf die Erde und hockte sich daneben. »He, Bauer!« rief der Herr, »hast du nicht einen Mann mit zwei Pferden vorbeifahren sehen? Er hatte eine Muttersau mit Ferkeln in der Kutsche!« – »Freilich habe ich ihn gesehen, es ist schon eine Weile her, daß er hier vorüberfuhr.« – »Wohin ist er denn gefahren? Ich muß ihn unbedingt einholen!« – »Es ist nicht schwer, ihn einzuholen, man muß nur an der richtigen Stelle abbiegen; hier verirrt man sich leicht. Du kennst dich wohl hier nicht aus?« – »Reite du doch, Brüderchen, und hol mir diesen Bauern ein!« – »Nein, Herr, das tu ich nicht! Unter meiner Mütze sitzt ein Falke.« – »Das tut nichts, ich werde solange deinen Falken hüten.« – »Nein! Du läßt ihn bestimmt wegfliegen! Es ist ein kostbarer Vogel! Mein Herr kennt keinen Spaß, und dann habe ich die längste Zeit gelebt.« – »Was ist denn der Vogel wert?« – »Gut und gern dreihundert Rubel.« – »Gut, sollte er mir davonfliegen, werde ich den Vogel bezahlen.« – »Nein, Herr, so geht es nicht, du bist mit Versprechungen schnell bei der Hand, aber wer weiß, was du sagst, wenn es soweit ist.« – »Du bist aber mißtrauisch! Hier, nimm diese dreihundert Rubel als Pfand.« Der Bauer steckte das Geld ein, schwang sich in den Sattel und verschwand im Wald, und der Herr bewachte die Mütze.

Der Herr wartete sehr lange; die Sonne wollte schon untergehen, aber der Bauer war immer noch nicht zurück! »Ich will einmal einen Blick unter die Mütze werfen: Vielleicht ist dort gar kein Falke? Wenn ja, dann wird der Bauer wiederkommen, und wenn nicht, dann brauch ich nicht länger zu warten.« Vorsichtig spähte er unter die Mütze, von einem Falken war nichts zu sehen! »Dieser Gauner! Das war bestimmt derselbe Bauer, der auch meine Frau betrogen hat!« Der Herr spuckte voll Zorn aus und schleppte sich zu seiner Frau zurück; der Bauer aber war schon längst zu Hause. »So, Mütterchen«, sprach er zu der Alten, »du kannst bei mir wohnen bleiben; es gibt noch Dümmere auf der Welt als dich. Die haben mirnichtsdirnichts eine Troika, eine Kutsche, dreihundert Rubel und eine Muttersau samt ihren Ferkeln hergegeben.«

Soldatenrätsel

Es lebte einmal eine Frau, die hatte drei Söhne. Die Söhne erhoben sich in aller Frühe, gingen aufs Feld hinaus, schossen einen Kranich und brachten ihn der Mutter: »Bereite ihn uns zum Mittagessen, Mütterchen!« Und dann gingen sie in die Wiesen zum Mähen. Nach einiger Zeit klopften bei der Frau Soldaten an, die auf dem Weg nach Hause waren; sie setzte ihnen Schtschi vor und sprach: »Ich will euch ein Rätsel aufgeben.« – »Was für ein Rätsel, Großmütterchen?« – »Bislang flog Junker Kurlinskij-Murlinskij durch die Auen Himmelinskij, und nun sitzt er in der Feste Ofenstadt in Topfheim ein.« Die Soldaten hatten längst gemerkt, wonach die Schtschi schmeckte, aber sie taten so, als wüßten sie es nicht. »Überlegt es euch, meine Guten, und ich gehe derweilen in den Keller und hole Milch.«

Während die Alte im Keller war, mausten die Soldaten den Kranich aus dem Topf. »Habt ihr das Rätsel gelöst?« fragte die Alte. »O nein, Großmütterchen, wir konnten dein Rätsel nicht lösen. Aber wir wollen dir auch ein Rätsel aufgeben:

862

›Bislang flog Junker Kurlinskij-Murlinskij durch die Auen Himmelinskij und saß in der Festung Ofenstadt in Topfheim ein, und nun marschiert er durch das Dorf Tornister im Schultergau.‹ Kannst du dieses Rätsel lösen, Großmütterchen?« – »Ach nein, meine Guten! Euer Rätsel ist länger als meines, es ist für mich zu schwer...«

Die Leiche

Es lebte einmal ein alter Fronknecht mit seiner Frau, die hatten drei Söhne. Zwei waren gescheit, der Jüngste war der dumme Iwan. Wenn die älteren Brüder auf die Jagd gingen, schlenderte der Dumme hinterdrein; sie jagten Wild, und der Dumme Ratten und Mäuse, Elstern und Krähen. Eines Tages säten die Brüder in dem Garten am Hause Erbsen, und der dumme Iwan sollte die Diebe verscheuchen. Die Alte, ihre Mutter, machte sich im Garten zu schaffen; als der dumme Iwan das Rascheln hörte, sprach er zu sich: »Na, warte! Den Dieb werde ich kriegen! Der wird lange an mich denken!« Er schlich sich heran, holte mit seinem Knüppel aus und ließ ihn auf den Schädel der Alten niedersausen – und schon schlief sie den ewigen Schlaf.

Der Vater und die Brüder schimpften, sie machten dem Dummen Vorwürfe und redeten ihm ins Gewissen, er aber kletterte auf den Ofen, ließ den Ruß durch die Finger rieseln und sprach: »Es war der Teufel, der sie in den Garten gehen hieß! Ihr habt mir doch selbst befohlen, alle Diebe zu verscheuchen!« – »Ach, Dummkopf«, sagten die Brüder, »du hast dir die Suppe eingebrockt, nun mußt du sie auch auslöffeln. Steig vom Ofen herunter und schaff die Leiche fort!« Der Dumme murmelte: »Das kann ich genauso gut wie jeder andere!« Er nahm die Alte, legte ihr den Festtagsstaat an, setzte sie aufrecht in den Wagen, drückte ihr einen

Stickrahmen zwischen die Hände und fuhr durch das Dorf.

Unterwegs begegnete er der Kutsche eines Beamten: »Zur Seite, Bauer!« Der Dumme antwortete: »Fahr selber zur Seite! In meinem Wagen sitzt des Zaren Goldstickerin.« – »Fahr diesen Rüpel über den Haufen!« befahl der Herr seinem Kutscher. Die Pferde stießen zusammen, die Wagenräder krachten, und der Dumme flog mit seiner Mutter in weitem Bogen übers Feld! »Ihr Herren Bojaren!« brüllte der Dumme aus vollem Halse. »Er hat meine Mutter umgebracht, des Zaren Goldstickerin!« Der Beamte sah, daß die Alte kein Lebenszeichen von sich gab, erschrak und bat: »Du bekommst von mir so viel Geld, wie du willst, aber sei still!« Der Dumme ließ sich nicht lange bitten und sprach: »Gib mir dreihundert Rubel und hole den Popen, er soll die Verstorbene bestatten!« Damit war die Sache abgetan. Der Dumme steckte das Geld ein, kehrte um, fuhr zu seinem Vater und seinen Brüdern zurück und lebte fortan mit ihnen ohne Not.

Jerjoma

Es lebten einmal ein Pope und seine Frau. Eines Tages machte sich der Pope auf den Weg zum Markt, um einen Knecht zu dingen. Als er durch das Dorf fuhr, begegnete ihm ein Kosak. »Guten Tag, Väterchen.« – »Guten Tag, Kosak.« – »Wohin des Wegs?« – »Du weißt doch selbst, daß es jetzt viel Arbeit gibt. Ich will für den Sommer einen Knecht dingen.« – »Nimm mich, Väterchen!« – »Soll mir recht sein«, sagte der Pope, »geh zu meinar Frau und sage ihr, der Pope habe dich gedungen. Und ich will derweilen im Dorf ein Kind taufen. Du weißt doch, daß die Pafnutjewna niedergekommen ist.« – »Tu es, Väterchen«, sagte der Kosak; dann ging er zu dem Haus des Popen. Er sagte zu der Popenfrau: »Guten Tag, Mütterchen! Der Pope hat befohlen, du sollst das Haus anzünden, er selbst ist dabei, ein neues zu kaufen.« Die Popenfrau zündete auf der Stelle ein Bündel Kienspäne an und steckte das Haus an allen Ecken in Brand. Als der Pope nach Hause kam, war die Popenfrau dabei, die Asche zusammenzukehren und den Platz aufzuräumen. »Was tust du, Frau?« – »Was ich tue? Jerjoma kam und sagte: ›Väterchen hat mich gedungen, er ist dabei, ein Haus und einen Hof zu kaufen, und befiehlt, dieses Haus niederzubrennen.‹« – »Dieser Räuber! Wo steckt er?« – »Er ist gegangen.« – »Da ist nichts zu machen, wir müssen wohl einen anderen Knecht suchen«, sagte der Pope zu seiner Frau. »Ohne Knecht kommen wir nicht aus«, sagte die Popenfrau. »Du mußt einen Knecht suchen, Pope!« Nun dingte der Pope einen anderen Knecht. Dann begann die Heumahd, wie man weiß, die schwerste Zeit, und der Pope beschloß, auch noch eine Magd zu dingen. Er fuhr durch seinen Sprengel; da sah er eine Frau hinter einem Stickrahmen sitzen, aber es war Jerjoma. Der hatte gehört, daß der Pope eine Magd suchte, hatte Frauenkleider angezogen und tat, als sei er ein Mädchen. Als der Pope an dem Mädchen vorbeifuhr, fragte es: »Wohin des Wegs, Väterchen?« – »Wir brauchen eine Magd«, antwortete der Pope, »ich fahre umher und suche eine.« – »Ach, Väterchen, nimm mich!« – »Wie heißt du denn?« – »Malanja.« – »Dann komm mit, und Gott segne dich!«

Nun lebte Jerjoma bei dem Popen. Er arbeitete fleißig, und der Pope ahnte nicht, daß seine Magd Jerjoma war. Ob es nun lange währte oder kurz, es fiel dem Popen ein, seinen Knecht mit der Magd zu verheiraten. »Weißt du was, Frau?« sprach er. »Die sollen Hochzeit halten. Der Knecht ist ein kräftiger Bursche und die Magd ein ansehnliches Mädchen!« – »Laß uns nicht lange warten«, sagte die Popenfrau. Nun wurden Knecht und Magd getraut und für die Brautnacht in der Kammer eingeschlossen. Da sagte Jerjoma: »Ach, lieber Syssoj (so hieß der Knecht), ich muß meine Notdurft verrichten.« – »Was sollen wir tun«, sagte Syssoj, »wir sind doch eingeschlossen!« – »Das ist nicht schlimm, wir wollen ein Dielenbrett ausheben, dann bindest du mir deinen Gürtel um den Leib und läßt mich herunter; sobald ich fertig bin, zupfe ich an dem Gürtel, und du ziehst mich wieder herauf.« – »So wollen wir es machen!«

Jerjoma ließ sich herunterseilen und schlang den Gürtel einer Ziege um die Hörner – unter der Kammer befand sich nämlich der Ziegenstall. Er zog den Knoten fest und zupfte an dem Gürtel. »Zieh mich herauf!« rief er und machte sich schleunigst aus dem Staube. Der Knecht zog, und die Ziege meckerte. »Määää!« – »Was ist denn das?« dachte der Knecht. »Hat sich meine Angetraute in eine Ziege verwandelt? Ich will es noch einmal versuchen!« – »Määää!« – »O weh, sie ist eine Zauberin oder gar ein Werwolf! Noch einmal . . .« – »Määää!« – »Jetzt muß der Pope her! Väterchen!« – »Wer klopft denn da?« – »Mach auf!« – »Wer ist da?« – »Ich bin es, ich, Väterchen!« – »Bist du es, Syssoj?« – »Ich bin es.« – »Was hast du?« – »Ach, Väterchen«, rief der Knecht, »meine Frau hat sich in eine Ziege verwandelt!« – »Wir wollen sie uns ansehen.« Der Knecht erzählte dem Popen, wie sich alles zugetragen hatte. Sie gingen in den Ziegenstall und sahen, daß der Gürtel einer Ziege um die Hörner geschlungen war. Sie zählten die Ziegen: Die Ziegen waren vollzählig, und die Magd war verschwunden! »Vielleicht hat Jerjoma seine Finger im Spiel gehabt«, meinte der Pope. »Das könnte gut sein!« meinte die Popenfrau.

Jerjoma hatte zwei Brüder: Foma und Kusma, und beide waren Gauner. Sie hatten sich vorgenommen, dem Popen einen Bienenstock zu stehlen. Sie machten sich ans Werk, just zu der Zeit, als Jerjoma in der Brautkammer eingeschlossen wurde; Jerjoma wußte, was seine Brüder im Schilde führten, und als er davonschlich, versteckte er sich in einem Bienenstock. Seine Brüder kamen und suchten sich den schwersten Bienenstock aus. Es war der, in dem Jerjoma sich versteckt hatte. »Oho«, sagten sie, »da gibt es eine Menge Honig! Wir

wollen ihn auf den Buckel nehmen und uns beeilen.« Sie
nahmen den Bienenstock und schleppten ihn fort. Jerjoma
aber rief nach einer Weile hinter der vorgehaltenen Hand:
»Ich sehe sie, ich sehe sie!« – »Hast du gehört, Bruder? Sie
sind uns auf den Fersen! Spute dich...« Da rief Jerjoma
abermals: »Ich sehe sie! Ich sehe sie!« – »Sie sind schon ganz
nah! Lassen wir den Bienenstock stehen, sonst holen sie uns
ein.« Sie stellten den Bienenstock ab und flohen; und Jerjoma
floh... Am nächsten Tag kamen die Brüder wieder, fanden
den Bienenstock, öffneten ihn und sahen, daß er leer war...
»Das war Jerjomas Werk! Dafür soll er büßen!«

Jerjoma aber rechnete schon damit. Er sagte zu seiner Frau:
»Gib acht, wenn die Brüder kommen, werde ich dir befehlen,
den Tisch für uns zu decken. Aber du sollst es nicht tun,
sondern sagen, du müßtest erst die Kinder versorgen. Fülle
eine Schweinsblase mit Blut und hänge sie dir um den Hals,
ich werde mit dem Messer zustechen, und du läßt dich wie tot
auf den Boden fallen, dann werde ich dich peitschen, und du
springst sofort wieder auf. Vergiß ja nichts!« – »Laß mich nur
machen«, sagte die Frau. Die Brüder kamen. »Gott zum
Gruß, Jerjoma!«

»Gott zum Gruß, Brüder! Willkommen! Was bringt ihr
Gutes?« – »Nichts Gutes! Wir wollen dir ...« Und Jerjoma:
»Aber vorher, meine lieben Brüder, will ich euch etwas
vorsetzen. Frau, trag das Essen auf!« – »Ich hab keine Zeit.« –
»Aber schnell!« – »Ich muß erst die Kinder versorgen!« –
»Ich werde dir zeigen, wie man Kinder versorgt!« – Schon
stach er mit dem Messer zu, und seine Frau stürzte wie tot zu
Boden. »Du Luder!« Er nahm die Peitsche vom Nagel, drosch
auf die Frau ein und murmelte: »Fliege, Peitsche, rauf und
runter, mach mein Frauchen wieder munter!« Auf einmal
sprang die Frau auf, deckte hurtig den Tisch und trug das
Essen auf.

Die Brüder aßen zu Mittag und zwinkerten sich zu: »Weißt
du, Jerjoma, leih uns doch deine Peitsche, wir möchten gerne

auch unseren Frauen eine Lehre erteilen: sie könnten fleißiger sein.« – »Nein, ihr könntet die Peitsche verlieren!« – »Keine Angst, das wird nicht geschehen.« – »Also nehmt sie mit, aber ihr müßt sie bald wiederbringen!« Die Brüder nahmen die Peitsche und gingen nach Hause. Foma sagte: »Wir gehn zu mir; meine Frau ist als erste an der Reihe.« Als sie in sein Haus traten, befahl er: »Frau, trag das Essen auf!« – »Warte, ich muß zuerst die Kinder versorgen, dann werde ich euch das Essen auftragen.« – »Wir haben es eilig, spute dich!« – »Du kannst doch wohl warten!« Foma griff nach dem Messer und stach zu – seine Frau stürzte zu Boden. Dann nahm er die Peitsche und drosch auf sie ein, dabei murmelte er: »Fliege, Peitsche, rauf und runter, mach mein Frauchen wieder munter!« Aber vergebens: das Frauchen blieb liegen und rührte sich nicht mehr. »Halt«, sprach Kusma. »Du peitschst sie nicht richtig. Laß mich mal ran!« Klatsch, Klatsch! . . . Die Frau rührte sich nicht. »Ei, ei, Bruder, hast du eine schwerhörige Frau! Laß uns zu meiner gehen.« – »Gehen wir«, sprach Foma. »Meine Frau hat ein dickes Fell! Man sieht es ja, auch mit der Peitsche kommt man gegen sie nicht an.« Sie gingen. »Frau«, sagte Kusma, »deck uns den Tisch.« – »Ich habe keine Zeit«, antwortete die Frau. Sie fand immer neue Ausreden. »Ich werde es dir schon zeigen!« Er stach mit dem Messer zu, und die Frau stürzte zu Boden. Kusma schwang die Peitsche und drosch auf sie ein, dabei murmelte er: »Fliege, Peitsche, rauf und runter, mach mein Frauchen wieder munter!« Aber vergebens: das Frauchen blieb liegen und regte sich nicht mehr. – »Jerjoma hat uns wieder hereingelegt. Wir wollen ihn ertränken.«

Sie machten sich auf den Weg, da kam ihnen Jerjoma entgegen. Sie packten ihn und hielten ihn fest. »Wir werden es dir schon zeigen!« sprachen sie. »Du wirst uns nicht noch einmal zum Narren halten!« Sie schleppten ihn zu dem Fluß; es war Herbst, der Fluß hatte sich gerade mit einer Eisdecke überzogen. Als sie dort ankamen, fanden sie kein Eisloch, das groß genug war, um Jerjoma hineinzustoßen. »Geh«, sprach Foma zu Kusma, »hole schnell ein Beil!« – »Ich will nicht«, sagte Kusma. »Dann bleib hier, ich werde das Beil holen.« – »Nein, Brüderchen, ich will nicht allein zurückbleiben. – »Dann wollen wir beide gehen.«

Darauf machten sie sich auf den Weg und ließen Jerjoma bei dem Eisloch allein zurück, nachdem sie ihm mit einem Gürtel die Beine zusammengebunden hatten. Kurz darauf ritt ein Herr vorüber. Jerjoma sah ihn und rief: »Herbei! Herbei!« Der Herr kam auf ihn zu geritten. Jerjoma hatte inzwischen den Gürtel von seinen Beinen gelöst und brüllte markerschütternd: »Runter mit dem Wams!« – Der Herr zog das Wams aus. Jerjoma schlüpfte aus seinem Bauernrock und warf ihn dem Herrn über die Schultern, dann fesselte er ihn an Händen und Füßen. »Bleib hier liegen, bis ich wiederkomme.« Kaum war Jerjoma gegangen, als Foma und Kusma zurückkehrten, das Eis aufhackten und den Herren, ohne ihn anzuschauen, hineinstießen!

Bald darauf kam Jerjoma auf des Herren Pferd in des Herren Wams geritten. »Seid gegrüßt, liebe Brüder!« – »Sei gegrüßt!« antworteten die Brüder. »Wie kommst du zu dem Pferd?« – »Wie ich dazu komme? Als ihr mich ins Wasser gestoßen hattet, und ich ›Brr – brr!‹ machte, stand dieses Braunchen vor mir. Ich stieg in den Sattel, und es trug mich aus dem Fluß.« – »Ach, liebster Bruder, hilf uns, wir wollen auch in das Eisloch hinein und dort jeder ein Braunchen finden!« Jerjoma stieß seine Brüder in das Eisloch; nun freute er sich des Lebens und mehrte das Gute.

Der Dumme

Eine Mutter hatte drei Söhne. Zwei waren gescheit, und der dritte war dumm. Die Gescheiten gingen ihrem Tagwerk nach, stellten Fallen auf, legten Schlingen aus und fingen auf diese Weise Wild. Eines Tages brachten sie eine reiche Beute nach Hause. Der Dumme kletterte vom Ofen herunter und rief: »Brüder, ich habe auch einen Fuchs in der Falle!« – »Wo denn?« – »Im Stall.« Sie gingen in den Stall und sahen: ihre Mutter liegt in der Falle und ist tot. Die Brüder zürnten, die Brüder schalten, aber was kann man von einem Dummen verlangen?

Bald darauf wollte der älteste Bruder Hochzeit halten. Die Gescheiten hatten alle Hände voll zu tun, der Dumme lag Tag und Nacht auf dem Ofen. Da schickten sie ihn auf den Markt in das Nachbardorf, er sollte das für den Hochzeitschmaus Nötige einkaufen. Der Dumme kaufte Salz, Rindfleisch und fünf oder sechs irdene Töpfe. Auf dem Heimweg sah er einen Hund, der aus einem Teich Wasser trank. »Oh, mein Bester«, rief der Dumme »du sollst das Wasser nicht ungesalzen trinken!« Darauf schüttete er das ganze Salz in den Teich. Dann ging er weiter; die Krähen sahen das Rindfleisch, kreisten um seinen Kopf und schrien: »Karr! Karr!« Der Dumme aber glaubte, sie riefen »Karp! Karp!«, seinen Namen, und verteilte das Rindfleisch über das Feld: »Bedient euch, ihr Guten!« Er ging und ging. Da sah er Werststangen entlang der Straße stehen. »O weh, da stehen meine Brüder und haben keine Mützen auf!« sagte der Dumme und stülpte auf jede Stange einen irdenen Topf. Er kehrte zu seinen Brüdern zurück und erzählte ihnen alles, was er getan hatte; die Brüder schalten ihn und befahlen ihm, zu Hause zu bleiben. »Du bist ein Narr und zu nichts zu gebrauchen!«

Das Brautpaar fuhr in die Kirche. Der Dumme blieb allein zu Hause zurück; er schloß die Tür ab, ließ ein ganzes Faß

Kwas auslaufen, setzte sich in eine Kufe, nahm ein Rührholz in die Hand und ruderte durch die Stube; dabei sang er: »Keine Segel und kein Mast, fahre, fahre ohne Hast.« Die Neuvermählten kamen aus der Kirche zurück und klopften an die Tür: »Schließ auf, Dummkopf!« Und er antwortete: »Geduld, laßt mich erst ans Ufer kommen!« Sie wußten sich nicht zu helfen und brachen die Tür auf; als die Tür aufsprang, strömte ihnen eine Woge von Kwas entgegen und riß sie zu Boden.

Der Dumme und die Birke

In einem Land, in einem Reich lebte einmal ein Mann, der hatte drei Söhne. Zwei waren gescheit, der dritte war dumm. Als der Vater starb, losten die Söhne um das Erbe: Die Klugen hatten Glück und der Dumme hatte Pech. Ihm fiel nur ein Ochse zu, und dieser Ochse war nicht viel wert! Bald war Jahrmarkt. Die klugen Brüder wollten hinfahren und ihre Ware feilbieten. Der Dumme sah es und sprach: »Und ich will meinen Ochsen auf dem Jahrmarkt verkaufen.«

Er knotete seinem Ochsen einen Strick um die Hörner und zog ihn hinter sich her in die Stadt. Der Weg zur Stadt führte durch einen Wald, und in dem Wald stand eine alte dürre Birke; bei jedem Windstoß knarrte der alte Baum. »Warum knarrt die Birke?« dachte der Dumme. »Möchte sie vielleicht meinen Ochsen kaufen?« Und er sprach: »Wenn du meinen Ochsen kaufen möchtest, so kannst du ihn haben; ich verkaufe ihn gerne! Der Ochse ist seine zwanzig Rubel wert. Billiger kann ich ihn nicht hergeben ... Wo hast du denn dein Geld?« Die Birke gab keine Antwort, aber sie knarrte abermals; der Dumme glaubte, daß sie den Ochsen auf Borg kaufen wollte. »Meinetwegen, ich kann bis morgen warten.« Er band den Ochsen an die Birke, verabschiedete sich von ihr und begab sich nach Hause. Als seine gescheiten Brüder zurückkamen, fragten sie ihn aus: »Wie war es? Hast du deinen Ochsen verkauft?« – »Ich habe ihn verkauft.« – »Was hast du dafür bekommen?« – »Zwanzig Rubel.« – »Und wo hast du das Geld?« – »Ich habe das Geld noch nicht. Ich soll es morgen abholen.« – »Ach, du Einfaltspinsel!«

Am nächsten Morgen wachte der Dumme auf, kleidete sich an und ging zu der Birke, um sein Geld zu holen. Als er in den Wald kam, sah er: Die Birke stand da, schwankte im Wind, aber sein Ochse war fort, den hatten in der Nacht die Wölfe gerissen. »Her mit dem Geld, Landsmann! Du hast mir gestern versprochen, daß du heute zahlen willst.« Die Birke knarrte im Wind und der Dummkopf sprach: »Du bist ein windiger Geselle! Gestern hieß es morgen, und heute heißt es auch morgen! Meinetwegen, ich will noch einen Tag warten, aber keine Stunde länger. Ich habe das Geld bitter nötig.« Er kehrte nach Hause zurück. Die Brüder ließen ihm keine Ruhe: »Wo ist das Geld?« – »Ich muß noch einen Tag länger auf das Geld warten.« – »Wer ist denn der Käufer?« – »Eine dürre Birke im Walde.« – »Was bist du für ein Dummkopf!«

Am dritten Tag nahm der Dumme eine Axt und ging in den Wald. Er kam zu der Birke und verlangte sein Geld. Die Birke knarrte und knarrte. »Nein, Landsmann, wenn du mich immer auf morgen vertröstest, dann werde ich mein Geld niemals bekommen. Ich laß mich nicht zum Narren halten, du sollst es zu spüren bekommen!« Er holte mit der Axt aus, und die Späne flogen nach allen Seiten. In dem Stamm war eine tiefe Höhlung und in dieser Höhlung hatten Räuber einen Kessel mit Gold versteckt. Der gespaltene Baum klaffte auf, und der Dumme sah das gleißende Gold; er füllte seine Rockschöße und ging schwer beladen nach Hause; dort angekommen, zeigte er den Brüdern seine Beute. »Woher hast du das viele Gold?« – »Das habe ich für meinen Ochsen bekommen, aber das ist noch lange nicht alles, die größere Hälfte liegt noch im Wald. Laßt uns hingehen und den Rest holen!« Sie gingen in den Wald, holten das Gold und machten sich mit ihrer Last auf den Heimweg. »Paß auf, Dummkopf«, sagten nun die Brüder, »verrate keinem, daß wir soviel Gold haben!« – »Ich verrate es bestimmt nicht!«

Da begegnete ihnen der Küster.« Was schleppt ihr da aus dem Wald?« Die Gescheiten sagten: »Pilze.« Der Dummkopf widersprach: »Sie lügen! Wir schleppen Gold; hier, sieh!« Der Küster schlug die Hände über dem Kopf zusammen, stürzte sich dann auf das Gold und stopfte sich eine Handvoll nach der anderen in die Tasche. Der Dumme ärgerte sich, schwang seine Axt und schlug ihn tot. »O weh, Dummkopf, was hast du angestellt?« riefen die Brüder. »Nun bist du verloren und stürzest auch uns ins Verderben. Wohin mit der Leiche?« Sie überlegten und überlegten, schließlich schleiften sie den toten Küster in einen leerstehenden Keller und ließen ihn dort liegen.

Spät abends sagte der ältere Bruder zu dem mittleren: »Die Sache wird brenzlig! Sobald sie nach dem Küster suchen, wird der Dumme alles erzählen. Wir wollen einen Ziegenbock schlachten und in den Keller bringen, den toten Küster aber wollen wir anderswo begraben.« Sie warteten die dunkle Nacht ab, schlachteten einen Ziegenbock und warfen ihn in den Keller, den Küster aber trugen sie anderswohin und verscharrten ihn. Es vergingen einige Tage, da vermißte man den Küster, suchte ihn allerorten und fragte nach ihm; der Dumme sagte: »Wozu braucht ihr ihn? Ich habe ihn neulich mit der Axt erschlagen, und meine Brüder haben ihn in dem Keller versteckt.«

Da hielten sie den Dummen fest: »Führe uns hin, zeige ihn uns!« Der Dumme stieg in denKeller hinunter, sah dort den Ziegenbock und fragte: »Ist des Küsters Haar schwarz?« – »Schwarz.« – »Hat er einen Bart?« – »Ja, er hat einen Bart.« – »Hat er auch Hörner?« – »Hörner? Was faselst du?« – »Seht doch selber!« Mit diesen Worten warf der Dumme den Kopf des Ziegenbocks hinauf. Die Menschen sahen, daß es ein Bock war, spuckten dem Dummen in die Augen und gingen ihrer Wege. Damit nimmt unser Märchen ein Ende, und ich bekomme eine Kelle voll Honig.

Ein ganzer Dummkopf

Es lebten einmal ein Mann und eine Frau, die hatten einen einzigen Sohn, und der war dumm. Eines Tages sagte die Mutter: »Du solltest unter Menschen gehen und ein wenig Verstand annehmen.« – »Das tue ich gern, Mutter, ich gehe schon.« Er ging durch das Dorf, sah, wie zwei Bauern Erbsen droschen, und lief sofort auf sie zu; bald legte er sich dem einen vor die Füße, bald dem anderen. »Laß die Dummheiten«, sagten die Bauern, »geh dahin, woher du kommst.«

Aber er ließ sich nicht vertreiben und legte sich ihnen immer wieder vor die Füße. Da wurden die Bauern zornig und traktierten ihn mit den Dreschflegeln. Sie richteten ihn dermaßen zu, daß er kaum noch den Heimweg fand. »Was hast du, mein Kindchen, warum weinst du?« fragte die Mutter. Der Dumme erzählte ihr von seinem Ungemach. »Ach, liebes Söhnchen, was bist du für ein Närrchen! Du hättest ihnen sagen sollen: ›Helf Gott, ihr guten Menschen! Möge das Tragen ewig währen, möge das Fahren kein Ende nehmen.‹ Dann hätten sie dir von den Erbsen gegeben, und wir hätten die Erbsen gekocht und gegessen.«

Am nächsten Tag ging der Dumme abermals durch das Dorf, da begegnete ihm ein Leichenzug. Der Dumme blieb stehen. »Helf Gott! Möge das Tragen ewig währen, möge das Fahren kein Ende nehmen!« Darauf mußte er wieder eine Tracht Prügel einstecken. Er kam nach Hause und klagte: »Ach, Mutter, du hast mich gelehrt, was ich sagen soll, und sie haben mich dafür verprügelt!« – »Ach, mein liebes Kind! Du hättest sagen sollen: ›Gesegnet sei die Totengrütze und die

Totenkerze!‹ Dann hättest du die Mütze ziehen sollen, weinen und dich verneigen; sie hätten dich eingeladen, und du hättest bei dem Leichenschmaus nach Herzenslust gegessen und getrunken.« Der Dumme ging durch das Dorf und hörte in einem Haus großen Lärm, Lachen und Singen, dort wurde Hochzeit gehalten; er zog seine Mütze, begann zu weinen und zu schluchzen. »Was für ein ungehobelter Tölpel!« sagten die angeheiterten Hochzeitsgäste. »Wir lachen und sind lustig, und der steht mit Leichenbittermiene da und heult.« Sie sprangen vom Tisch auf und verprügelten ihn ordentlich.

Lutonjuschka

Es lebten einmal ein Mann und eine Frau, die hatten ein Söhnchen Lutonjuschka. Eines Tages machten sich der Mann und Lutonjuschka im Hof zu schaffen, und die Frau wirtschaftete im Haus. Sie nahm ein Holzscheit und wollte es in den Ofen legen, ließ es aber unversehens auf die Ofenbank fallen und begann sogleich laut zu weinen und zu klagen. Der Alte hörte das Wehgeschrei, kam in das Haus gelaufen und fragte, weshalb die Alte so weine. Schluchzend sagte die Frau: »Wenn unser Lutonjuschka verheiratet wäre, wenn er ein Söhnchen hätte und wenn das Söhnchen auf der Ofenbank säße, dann hätte ich es mit dem Holzscheit erschlagen!« Darauf begann der Alte ebenso laut zu klagen und zu jammern: »So ist es, Alte! Du hättest es erschlagen!« Nun schrien beide aus Leibeskräften.

Lutonjuschka stürzte herein und fragte: »Warum schreit ihr so?« Da sagten die Eltern: »Wenn wir dich verheiratet hätten, wenn du ein Söhnchen hättest, wenn es vorhin hier gesessen hätte, dann hätte die Mutter es mit dem Holzscheit erschlagen. Es rutschte ihr aus der Hand und fiel hier hin!« Da nahm Lutonjuschka seine Mütze und sprach: »Lebt wohl!

Wenn ich einen finde, der dümmer ist als ihr seid, dann komme ich wieder, und wenn ich keinen finde, dann braucht ihr nicht länger auf mich zu warten!« Er setzte die Mütze auf und ging.

Er ging und ging, da sah er: Bauern trieben eine Kuh auf das Hausdach. »Was soll die Kuh auf dem Dach?« fragte Lutonjuschka. Die Bauern antworteten: »Du siehst doch, wie hoch das Gras auf dem Dach steht!« – »Ihr seid ganze Dummköpfe«, sagte Lutonjuschka, kletterte auf das Dach, pflückte das Gras und warf es der Kuh hinunter. Die Bauern rissen vor Staunen den Mund auf und flehten Lutonjuschka an, er möchte bei ihnen bleiben und sie lehren. »Nein«, sprach Lutonjuschka, »viele Narren von eurer Art warten auf mich!« Und er wanderte weiter.

In einem Dorf sah er einige Bauern zusammenstehen: Sie hatten ein Kummet vor das Tor gebunden, und prügelten mit Stöcken auf ein Pferd ein, damit es den Kopf durch das Kummet stecke, das Pferd war schon halbtot. »Was tut ihr da?« fragte Lutonjuschka. »Ach, Väterchen, wir möchten das Pferd einschirren.« – »Ihr seid ganze Dummköpfe! Laßt mich machen.« Er legte dem Pferd das Kummet an. Die Bauern rissen vor Staunen den Mund auf und flehten ihn an, er möchte bei ihnen bleiben, und wenn es nur für eine Woche wäre. Nein, Lutonjuschka ging weiter.

Er wanderte und wanderte, schließlich wurde er müde und kehrte in einem Gasthof ein. Er sah: die Wirtin hatte eine Salamata gekocht, sie auf den Tisch vor ihre Kinder hingestellt und holte nun den Rahm Löffel für Löffel aus dem Keller herauf. »Mütterchen, warum trittst du deine Bastschuhe umsonst ab?« fragte Lutonjuschka. »Warum?« erwiderte die Mutter, die ganz außer Atem war, »du siehst doch, die Salamata ist auf dem Tisch und der Rahm im Keller.« – »Hol doch den Rahmtopf aus dem Keller, Mütterchen, und dann ist die Sache in Butter!« – »Da hast du recht, mein Guter!« Sie holte den Rahmtopf aus dem Keller und lud Lutonjuschka zum Essen ein, Lutonjuschka aß, bis er satt war, kletterte auf den Ofen, streckte sich aus und schlief ein. Wenn er aufwacht, geht mein Märchen weiter, aber einstweilen ist es aus.

Tauschen

Ein Bauer mistete den Stall aus und fand dabei ein Haferkorn; er ging zu seiner Frau, die Frau heizte gerade den Ofen. Der Bauer sagte: »Spute dich, gute Frau, scharre die Kohlen zur Seite und röste dieses Korn. Wenn es geröstet ist, hole es aus dem Ofen, zerstoße es, mahle es, koche Kiselj daraus und gieße den Kiselj in eine Schüssel. Ich möchte zum Zaren gehen und ihm eine Schüssel Kiselj bringen; meinst du nicht, daß der Zar uns dafür etwas schenken wird?«

Der Bauer ging zu dem Zaren und überreichte ihm die Schüssel Kiselj. Der Zar schenkte ihm ein goldenes Birkhuhn. Der Bauer ging nach Hause; sein Weg führte über ein Feld. Dort sah er eine Koppel Pferde. Der Pferdehirt fragte ihn: »Bäuerlein, wo warst du?« – »Ich war bei dem Zaren und brachte ihm eine Schüssel Kiselj.« – »Und was hat der Zar dir dafür geschenkt?« – »Ein goldenes Birkhuhn.« – »Laß uns tauschen, das Birkhuhn gegen ein Pferd.« Der Bauer tauschte, schwang sich auf das Pferd und ritt weiter.

Nach einer Weile sah er eine Herde Kühe. Der Kuhhirt fragte ihn: »Bäuerlein, wo warst du?« – »Ich war bei dem Zaren und brachte ihm eine Schüssel Kiselj.« – »Und was hat der Zar dir dafür geschenkt?« – »Ein goldenes Birkhuhn.« – »Wo ist dein Birkhuhn?« – »Ich habe es gegen dieses Pferd getauscht.« – »Laß uns tauschen, das Pferd gegen eine Kuh.«

Der Bauer tauschte und zog nun die Kuh an einem Horn hinter sich her; nach einer Weile sah er eine Schafherde. Der Schafhirt fragte: »Bäuerlein, wo warst du?« – »Ich war bei dem Zaren und brachte ihm eine Schüssel Kiselj.« – »Und was hat dir der Zar dafür geschenkt?« – »Ein goldenes Birkhuhn.« – »Wo ist das goldene Birkhuhn?« – »Ich habe es gegen ein Pferd getauscht.« – »Wo ist das Pferd?« – »Ich habe es gegen die Kuh getauscht.« – »Laß uns tauschen, die Kuh gegen ein Schäfchen.«

Der Bauer tauschte und trieb nun das Schaf vor sich her. Nach einer Weile sah er eine Schweineherde. Der Schweinehirt fragte: »Bäuerlein, wo warst du?« – »Ich war bei dem Zaren und brachte ihm eine Schüssel Kiselj.« – »Und was hat dir der Zar dafür geschenkt?« – »Ein goldenes Birkhuhn.« »Wo ist das goldene Birkhuhn?« – »Ich habe es gegen ein Pferd getauscht.« – »Wo ist das Pferd?« – »Ich habe es gegen eine Kuh getauscht.« – »Wo ist die Kuh?« – »Ich habe sie gegen das Schaf getauscht.« – »Laß uns tauschen, das Schaf gegen ein Schwein.«

Der Bauer tauschte und trieb nun das Schwein vor sich her. Nach einer Weile sah er eine Herde Gänse. Der Gänsehirt fragte: »Bäuerlein, wo warst du?« – »Ich war bei dem Zaren und brachte ihm eine Schüssel Kiselj.« – »Und was hat dir der Zar dafür geschenkt?« – »Ein goldenes Birkhuhn.« – »Wo ist das goldene Birkhuhn?« – »Ich habe es gegen ein Pferd getauscht.« – »Wo ist das Pferd?« – »Ich habe es gegen eine Kuh getauscht.« – »Und wo ist die Kuh?« – »Ich habe sie gegen ein Schaf getauscht.« – »Und wo ist das Schaf?« – »Ich habe es gegen das Schwein getauscht.« – »Laß uns tauschen, das Schwein gegen einen Ganter.«

Der Bauer tauschte, nahm den Ganter unter den Arm und ging weiter. Da sah er an einen Schwarm Enten. Der Entenhirt fragte: »Bäuerlein, wo warst du?« – »Ich war bei dem Zaren und brachte ihm eine Schüssel Kiselj.« – »Und was hat dir der Zar dafür geschenkt?« – »Ein goldenes Birkhuhn.« – »Und wo ist das goldene Birkhuhn?« – »Ich habe es gegen ein Pferd getauscht.« – »Und wo ist das Pferd?« – »Ich habe es gegen eine Kuh getauscht.« – »Und wo ist die Kuh?« – »Ich habe sie gegen ein Schaf getauscht.« – »Und wo ist das

Schaf?« – »Ich habe es gegen ein Schwein getauscht.« – »Und wo ist das Schwein?« – »Ich habe es gegen den Ganter getauscht.« – »Laß uns tauschen, den Ganter gegen eine Ente.«

Der Bauer tauschte, nahm die Ente unter den Arm und ging weiter; da sah er Kinder spielen. »Bäuerlein, wo warst du?« – »Ich war bei dem Zaren und brachte ihm eine Schüssel Kiselj.« – »Und was hat dir der Zar dafür geschenkt?« – »Ein goldenes Birkhuhn.« – »Und wo ist das goldene Birkhuhn?« – »Ich habe es gegen ein Pferd getauscht.« – »Und wo ist das Pferd?« – »Ich habe es gegen eine Kuh getauscht.« – »Und wo ist die Kuh?« – »Ich habe sie gegen ein Schaf getauscht.« – »Und wo ist das Schaf?« – »Ich habe es gegen ein Schwein getauscht.« – »Und wo ist das Schwein?« – »Ich habe es gegen einen Ganter getauscht.« – »Und wo ist der Ganter?« – »Ich habe ihn gegen die Ente getauscht.« – »Laß uns tauschen, die Ente gegen einen Schlagstock.«

Der Bauer tauschte und ging weiter; er kam zu seinem Haus, stellte den Schlagstock vor der Tür ab und trat ein. Seine Frau wollte alles ganz genau wissen. Er erzählte ihr, wie er zu dem Schlagstock gekommen war. »Wo ist denn der Stock?« – »Er steht vor der Tür.« Sie trat vor die Tür, holte den Stock und ließ ihn auf ihrem Mann tanzen: »Laß das Tauschen sein, alter Satan! Laß das Tauschen sein! Hättest du wenigstens die Ente nach Hause gebracht!«

Foma und Jerjoma

Es lebten einmal zwei Brüder, Foma und Jerjoma. Eines Tages wollten die ehrenwerten Brüder auf Fischfang gehen. Ihr Boot war durch und durch morsch, der Nachen hatte im Boden ein Loch; sie sind drei Tage und drei Nächte lang gesunken, aber nicht ertrunken, denn gute Menschen zogen

879

sie aus dem Wasser. Die Brüder setzten sich auf eine Wiese und nahmen jeder eine Prise. Darauf wollten sie auf Handelsreise gehen: sie kauften Leinwand, fuhren damit nach Rostow und tauschten für ihre Leinwand Sauschwänze ein, auch damit hatten sie kein Glück! Darauf wollten sie ihren Acker bestellen und säten Roggen und Hafer; der Roggen kam nicht, der Hafer ging nicht auf. Da warfen sie Pflug und Egge ins Feuer, schnitten dem Pferd die Gurgel durch und suchten das Weite.

Recht, aber schlecht

» Woher des Wegs, Bruder?« – »Aus Borowitschi vom Markt.« – »Ging es hoch her?« – »Es ging nicht, es lag: Roggen und Hafer in den Säcken, und das Geld in den Beuteln.« – »Recht, Bruder.« – »Recht, aber nicht ganz.« – »Warum nicht?« – »Als ich über den Fluß setzte, ist mein Roggen naß geworden.« – »Schlecht, Bruder, sehr schlecht!« – »Schlecht, aber nicht ganz.« – »Warum nicht?« – »Ich habe das Korn gemälzt und Bier gebraut.« – »Recht, Bruder, recht!« – »Recht, aber nicht ganz!« – »Warum nicht?« – »Die Säue haben das Faß umgestoßen und das Bier ausgesoffen!« – »Schlecht, Bruder, sehr schlecht!« – »Schlecht, aber nicht ganz!« – »Warum nicht?« – »Ich habe die Säue geschlachtet und einen ganzen Trog Fleisch eingepöckelt.« – »Recht, Bruder, recht!« – »Recht, Bruder, aber nicht ganz!« – »Warum nicht?« – »Die Katzen kamen und haben das ganze Fleisch aufgefressen.« – »Schlecht, Bruder, sehr schlecht.« – »Schlecht, aber nicht ganz.« – »Warum nicht?« – »Ich habe den Katzen das Fell abgezogen und der Frau einen Pelz genäht.« – »Recht, Bruder, recht.« – »Recht, Bruder, aber nicht ganz!« – »Warum nicht?« – »Nachts kamen Diebe und haben den Pelz gestohlen.« – »Schlecht, Bruder, sehr schlecht!« – »Schlecht, aber nicht ganz!« – »Warum nicht?« –

»Ich habe die Diebe gefangen und ins Gefängnis gebracht.« –
»Recht, Bruder, recht!« – »Recht, aber nicht ganz!« –
»Warum nicht?« – »Die Diebe sind aus dem Gefängnis
entkommen, haben Feuer gelegt und unser Dorf niedergebrannt.«

Gefällt's dir nicht, dann hör nicht zu!

Ich bin von Geburt weder groß noch klein; kaum größer als
ein Nadelöhr, kaum kleiner als der Pfosten am Tor. Ich ging in
den Wald, um die knorrigsten Bäume zu fällen, die Brennes-
selbäume. Nach dem ersten Axthieb schwankte der Baum,
nach dem zweiten rührte sich nichts, aber nach dem dritten
flog ein Stück Holz, groß wie eine Birne, mir wackerem
Burschen gegen die Stirne. Drei Tage blieb ich, wackerer
Bursche, leblos liegen, und niemand schaute nach mir, außer
Hirschkäfern und Fliegen. Dann stand ich, wackerer Bursche,
wieder fest auf den Beinen, blickte nach allen vier Richtungen,
ohne zu weinen, und wandelte das Ufer entlang, wo alles ganz
anders war an Farbe, Geruch und Klang. Ein Fluß stand dort,
er war aus Milch, das Ufer floß – es war Kiselj. Nun aß ich,
wackerer Bursche, mich satt an dem Kiselj und trank von der
Milch. Dann wandelte ich weiter das Ufer entlang, wo alles
ganz anders war an Farbe, Geruch und Klang. Ich kam zu
einer Kirche mit Mauern aus Piroggen, der Turm war mit
Pfannkuchen, die Kuppel mit Plinsen gedeckt. Ich trat auf
den Kirchplatz und sah: die Kirchentür war mit einem
Hefezopf verriegelt, das Türschloß mit einem Schafsdarm
versiegelt. Da war ich, wackerer Bursche, nicht verlegen, da
begann ich, wackerer Bursche, ohne Säumen mit Hefezopf
und Schafsdarm aufzuräumen; den Hefezopf ließ ich mir
munden, den Schafsdarm gönnt ich den Hunden. Als ich die
Kirche betrat, fand ich dort alles nicht nach unserer Art: Das
Weihrauchfaß waren unzählige Kletten, die Kerzen lauter

Rüben an goldenen Ketten, und die Ikonen Honigkuchen von mancherlei Gestalt. Dann trat der Pope hervor, nicht jung und nicht alt, seine Stirn waren Haferflocken, da ließ ich mich verlocken und aß ihn auf. Ich wandelte weiter das Ufer entlang, wo alles ganz anders war an Farbe, Geruch und Klang: Ein Ochs am Spieß kommt dort spaziert, mit scharfen Messern wohlverziert, wer Hunger hat und ist nicht faul, stopft sich den Braten in das Maul.

Die Mär von der alten Zeit

Von alten Zeiten,
Den ungereimten, berichtet die Mär,
Als der alte Mann sein altes Weib
Mit dem schiefen Bauch freite.
Doch ist dies kein Wunder, kein Mirakel,
Wunderlichere Wunder sah ich einst.
Auf offener See ein Schober brennt,
Ein Walfisch über Wiesen rennt.
Doch ist dies kein Wunder, kein Mirakel,
Wunderlichere Wunder sah ich einst.
Das Hühnchen uns ein Stierlein wirft,
Das Ferkel Ostereier legt.
Doch ist dies kein Wunder, kein Mirakel,
Wunderlichere Wunder sah ich einst.
Auf jeder Straße große Wehre,
Die Bauern fischen feine Störe.
Doch ist dies kein Wunder, kein Mirakel.
Wunderlichere Wunder sah ich einst.
Der braune Bär fliegt durch die Lüfte.
Winkt mit Tatze und Ohr,
Lenkt mit Schwänzchen und Hüfte.
Doch ist dies kein Wunder, kein Mirakel,

Wunderlichere Wunder sah ich einst.
Auf einer Eiche kläfft die Stute,
Im Pferdestall schwingt der Köter die Knute,
Im Pferch der Schafbock sein Nestchen baut!
Darüber braucht ihr euch nicht zu wundern:
Die Kuh läuft Ski auf frischem Schnee,
Sie rollt die Augen, spreizt die Knie!
Doch ist dies kein Wunder, kein Mirakel,
Wunderlichere Wunder sah ich einst.
Der Sohn spannt vor den Wagen seine leibliche Mutter,
Um heimzufahren Getreide und Futter.
Sein Weib, das Beipferd, möchte er schonen,
Das Mütterchen bekommt allein seinen Ärger zu spüren.
Noch ein anderes Wunder und Mirakel sah ich einst:
Die Schnur zieht gegen die Schwiegermutter in den Krieg.
Kelle und Quirl verhelfen beiden zum Sieg.
Ein toter Tatar bleibt auf dem Schlachtfeld liegen,
Sie holen sich seinen Kaftan aus Bast,
Den hanfenen Gürtel
Und die Stiefel aus Birkenrinde.
Wer reich ist, aber geizig, und für uns, wackere Burschen, kein
    Bier braut,
Uns kein Brot vorsetzt und kein Kraut,
Der soll auf Gottes Ratschluß vor Elend wie die Katzen
    miauen
Und wie die Hunde heulen.
Wer arm ist, aber gerne teilt und für uns, wackere Burschen,
    dunkles Bier braut,
Den segne Gott nebst seinem Roggen auf dem Acker, nebst
    Garten und Kraut,
Nebst seiner Tenne und seinem Backtrog.
Sein Tisch soll sich stets unter den Speisen biegen,
Das Bäuerlein selbst trunken in der Scheuer liegen.
Im Mund ein Krumen – so klein wie anderthalb Kappen ...

Der mutige Knecht

Ein Müller hatte einmal einen Knecht. Der Müller befahl ihm, den Trichter aufzuschütten. Der Knecht aber schüttete das Korn auf den Stein. Der Stein begann zu laufen, und der ganze Weizen flog durch die Luft. Der Müller kam, sah den verstreuten Weizen und jagte den Knecht vom Hof. Der Knecht machte sich auf den Weg in sein Heimatdorf und verirrte sich. Er geriet in ein undurchdringliches Dickicht, dort legte er sich unter einen Busch und schlief ein. Ein Wolf strich durch den Wald; er sah den schlafenden Knecht, schlich an ihn heran und schnupperte. Da packte der Knecht den Wolf am Schwanz, erdrosselte ihn und zog ihm das Fell ab!

Dann kam der Knecht an einen Berg, auf dem Berg stand eine verlassene Mühle: Nun wollte er in der Mühle übernachten. Da kamen drei Räuber angeritten, sie machten in der Mühle Feuer und teilten ihre Beute. Ein Räuber sagte: »Ich werde mir meinen Teil unter der Mühle vergraben!«, der andere Räuber sagte: »Ich werde mir meinen Teil unter dem Mühlstein verstecken«, der dritte: »Und ich werde ihn in den Trichter tun.« In dem Trichter aber hatte es sich der Knecht bequem gemacht und fürchtete, die Räuber würden ihn dort finden und umbringen. Er dachte: »Jetzt muß ich laut rufen: ›Seid ihr bereit? Denis, du lauerst ihnen auf hinter der Ecke, ich bleib hier oben unter der Decke, und du, Foka, hältst die Stricke bereit! Faßt sie, haltet sie!‹« Die Räuber erschraken, ließen ihre Beute liegen und flohen. Der Knecht kletterte aus dem Trichter, suchte die Schätze zusammen und begab sich nach Hause; er begrüßte seine Eltern und sprach: »Das alles habe ich auf der Mühle verdient. Jetzt will ich mit dem Großvater auf den Markt fahren, eine Flinte kaufen und unter die Jäger gehen.« Sie fuhren auf den Markt, kauften eine Flinte und zockelten nach Hause. Der Knecht sagte zu dem

Großvater: »Paß gut auf, Großväterchen, vielleicht sehen wir einen Hasen oder einen Fuchs oder einen Marder.« Sie fuhren dahin, nickten ein, und endlich schliefen sie fest. Da schlichen zwei Wölfe heran, rissen das Pferd und fraßen es auf. Als der Großvater aufwachte, schwang er die Knute und dachte, er träfe das Pferd, aber er traf einen Wolf! Unversehens geriet der Wolf mit dem Kopf in das Kummet und mußte nun den Wagen ziehen. Der Großvater aber lenkte. Der andere Wolf sprang hinten an dem Wagen hoch und schnappte nach dem Knecht. Aber diesem Wolf fehlte ein Zahn. Der Knecht ließ die Peitsche auf den Wolf niedersausen, der Wolf schnappte zu, die Peitsche hatte einen Knoten, und dieser Knoten blieb in der Zahnlücke hängen! Nun schleifte der Knecht den Wolf hinter dem Wagen her; so fuhren sie dahin, ein Wolf vorne, ein Wolf hinten. Schließlich kamen sie bei ihrem Hof an; das Hündchen sprang ihnen entgegen und bellte. Die Wölfe erschraken. Der erste zerrte und zog – der Wagen kippte um, und der Knecht stürzte mit dem Großvater auf die Erde; der eine Wolf schlüpfte aus dem Kummet, die Peitsche ließ der Knecht fallen, beide Wölfe suchten das Weite, Knecht und Großvater gingen leer aus. Aber es waren reiche Bauern: Das Haus war rund wie ein Ring, drei Pfosten in die Erde gesteckt, drei Latten aneinander gelehnt, drei Reiser rundum geflochten, das Dach gedeckt mit dem Himmelszelt, der Hof umzäunt mit der ganzen Welt!

Der dumme Iwan

In einem Reich, in einem Land lebten einmal ein Mann und eine Frau. Sie hatten drei Söhne, der dritte war der dumme Iwan. Die beiden ältesten waren verheiratet, der dumme Iwan war ledig; die zwei Brüder verrichteten ihr Tagwerk, versorgten Haus und Acker, der dritte aber rührte keinen

Finger. Eines Tages redeten ihm der Vater und die Schwägerinnen so lange zu, bis er sich zum Pflügen aufmachte. Der Bursche fuhr zum Acker, spannte das Pferd vor den Pflug, zog eine Furche und noch eine, konnte sich aber der Mücken und Schnaken kaum erwehren; er brach einen Zweig ab, klatschte dem Pferdchen auf die Kruppe und erschlug einen ganzen Schwarm; dann klatschte er mit dem Zweig das Pferdchen noch einmal und traf vierzig Bremsen. Er dachte: »Ich habe auf einen Schlag vierzig Recken erlegt, und vom einfachen Volk ungezählte.« Er suchte sie zusammen und deckte sie mit Pferdemist zu; er pflügte nicht weiter, schirrte das Pferd aus und fuhr nach Hause. Dort befahl er seinen Schwägerinnen und seiner Mutter: »Reicht mir Sattel und Satteltasche, und du, Väterchen, gib mir deinen Säbel, der dort an der Wand hängt und vor sich hinrostet. Was bin ich schon für ein Bauer! Ich habe weder Acker noch Vieh!« Alle lachten über ihn und gaben ihm zum Spott ein gesprungenes Schaff als Sattel. Der Bursche brachte Steigbügel daran an und legte ihn einer klapprigen Stute auf. Statt einer Decke gab ihm die Mutter ihren alten Rock, aber er war auch damit zufrieden, nahm den Säbel des Vaters, schliff ihn und ritt davon. Er kam an eine Kreuzung, und da er des Lesens und Schreibens kundig war, brachte er an dem Pfahl eine Aufschrift an: »Die mächtigen Recken Ilja Muromez und Fjodor Lyschnikow mögen sich unverzüglich zu dem starken und mächtigen Helden aufmachen, der mit einem Schlag vierzig Recken und einfaches Volk ohne Zahl niedergestreckt und unter Pferdemist begraben hat.«

Und wirklich, bald darauf kam der Recke Ilja Muromez des Weges geritten und las die Aufschrift: »Oho!« dachte er, »das muß ein starker und mächtiger Held sein – es geht nicht an, daß ich ihm nicht gehorche.« Er gab seinem Pferd die Peitsche und ritt Iwan nach; von weitem schon zog er die Mütze und grüßte ihn: »Sei gegrüßt, du starker und stolzer Recke!« Der dumme Iwan aber zog seine Mütze nicht und sagte nur:

»Tag!« Sie ritten miteinander weiter. Es dauerte nicht lange, da ritt auch Fjodor Lyschnikow an dem Pfahl vorbei, las die Aufschrift und mochte dem unbekannten Recken nicht den Gehorsam versagen. Ilja Muromez war ihm ja auch gefolgt! Er gab seinem Pferd die Peitsche und ritt ihnen nach. Er zog die Mütze und grüßte Iwan von weitem: »Sei gegrüßt, starker und mächtige Recke!« Der dumme Iwan aber zog seine Mütze nicht: »Tag, Klein-Fjodor!« sagte er.

Nun ritten sie zu dritt weiter; sie kamen in ein anderes Reich und wollten auf der Wiese des Zaren Rast machen. Die Recken schlugen ihre Zelte auf, und der dumme Iwan hängte den alten Rock über drei Stangen; die Recken fesselten ihre Rosse mit seidenen Schnüren, Iwan aber brach einen Zweig ab, flocht ihn und fesselte damit seine Mähre. Und so lebten sie eine Weile. Der Zar sah aus dem Palast, daß Fremde seine liebste Wiese niedertraten und schickte sogleich einen Höfling als Kundschafter aus. Der ritt hinaus auf die Wiese, trat vor Ilja Muromez hin und fragte, wer sie seien und wie sie es wagen könnten, ohne zu fragen die Wiese des Zaren zu betreten? Ilja Muromez antwortete: »Mein Wille ist es nicht! Geh zu unserem Älteren und frage ihn, den starken, mächtigen Recken!«

Der Bote des Zaren ging zu Iwan und wollte ihn das nämliche fragen; aber bevor er auch nur den Mund öffnete, brüllte der ihn an: »Fort mit dir, solange du noch am Leben bist, und melde dem Zaren, daß der starke, mächtige Recke, der auf einen Schlag vierzig Recken und ungezähltes einfaches Volk niedergestreckt und unter Pferdemist begraben hat, samt Ilja Muromez und Fjodor Lyschnikow auf seiner Wiese Rast hält und die Tochter des Zaren heiraten will.« Der Bote überbrachte die Kunde dem Zaren. Der Zar schlug die Bücher auf: Ilja Muromez und Fjodor Lyschnikow standen darin, aber von einem dritten, der auf einen Schlag vierzig Recken erschlägt, war in den Büchern nichts zu lesen. Darauf befahl der Zar, ein Heer aufzustellen, die drei Recken gefangenzunehmen und vor ihn zu bringen. Aber wie wollte man sie gefangennehmen? Iwan sah, wie die Soldaten des Zaren anrückten; er rief: »Ilja! Fort mit ihnen! Was wollen die hier?« Er selbst rührte sich nicht vom Fleck, reckte sich und schaute so finster drein wie ein Uhu.

Ilja Muromez vernahm den Befehl, schwang sich auf sein Roß und jagte davon. Viele Streiter hat er mit seinem Säbel niedergemäht, noch mehr mit seinem Roß niedergetrampelt; das ganze Heer blieb auf dem Schlachtfeld, er ließ nur die Boten am Leben, die dem Zaren des Geschehene melden sollten. Als der Zar von dem Unglück erfuhr, stellte er ein noch größeres Heer auf und befahl, die drei Recken gefangenzunehmen. Iwan rief: »Fjodor! Vertreib dieses Geschmeiß!« Fjodor saß auf, mähte das ganze Heer nieder und ließ nur die Boten am Leben.

Was sollte der Zar tun? Es stand schlecht um ihn, die Recken hatten seine Heere geschlagen; da fiel ihm ein, daß in seinem Reich der starkmächtige Recke Dobrynja lebte. Er schrieb ihm einen Brief, in dem er ihn bat, die drei Recken zu besiegen. Dobrynja kam; der Zar trat auf den dritten Balkon, um ihn zu begrüßen, aber als Dobrynja an den Balkon heranritt, waren beider Köpfe auf gleicher Höhe: So war Dobrynja! Sie grüßten einander, sie sprachen miteinander. Dann ritt er auf die Wiesen des Zaren hinaus. Als Ilja Muromez und Fjodor Lyschnikow sahen, daß Dobrynja auf sie zu ritt, schwangen sie sich auf die Rosse, gaben ihnen die Peitsche und waren auf und davon. Iwan aber war nicht so flink, und während er sich an seiner Mähre zu schaffen machte, war Dobrynja schon bei den Zelten und lachte über ihn, den starken, mächtigen Recken, den kleingewachsenen und spindeldürren! Er bückte sich zu ihm hinunter, betrachtete ihn und fand ihn spaßig! Iwan, nicht faul, zückte seinen alten Säbel und schlug Dobrynja den Kopf ab.

Der Zar sah es und erschrak: »O weh!« sprach er, »der Recke hat Dobrynja den Kopf abgeschlagen; jetzt ist es um uns geschenen! Auf, macht euch auf den Weg und ladet den Recken in den Palast!« Sie holten Iwan ab, mit solchen Ehren, wie es sich nicht sagen läßt. Sie kamen in den schönsten Kutschen, lauter Männer von Stand. Sie hoben Iwan in die Kutsche und brachten ihn vor den Zaren. Der Zar bat ihn an seine Tafel und gab ihm seine Tochter zur Frau; sie wurden getraut und leben heute noch. Sie kennen keine bittere Not und kauen täglich frisches Brot. Auch ich war dabei, trank Met und Wein, alles lief den Schnurrbart herunter und kein Tropfen in den Mund; sie gaben mir eine Kappe und setzten mich auf des Schusters Rappen; sie gaben mir ein Wams, ich ging nach Haus, eine Meise flog hinterher und rief: »Blau ist das Wams!« Ich hörte: »Geklaut ist das Wams!« zog es aus und warf es fort. Das war erst die Vorgeschichte, die wirkliche Geschichte kommt noch!

Foma Berennikow

Es lebte einmal eine alte Frau, die hatte einen Sohn, der hieß Foma Berennikow und hatte nur ein Auge. Eines Tages wollte Foma auf den Acker hinausfahren und pflügen. Sein Pferd war so alt und schwach, daß ihn der Kummer übermannte und er sich auf die Hausschwelle setzte ... Um den Misthaufen schwirrten die Fliegen in Schwärmen. Er hob ein Stöckchen auf, klatschte auf den Misthaufen und zählte: wie viele hatte er erschlagen? Er zählte fünfhundert, den Rest zählte er nicht mehr. Dann ging er zu seinem Pferd. Auf dem Pferd saßen zwölf Bremsen, Foma erschlug sie alle. Darauf kehrte er zu seiner Mutter zurück und bat sie um ihren Segen. »Ich habe gemeines Volk ohne Zahl erschlagen und zwölf mächtige Recken; segne mich, Mütterchen, zu großen Taten, denn es steht einem Recken nicht an, hinter dem Pflug zu gehen. Dafür sind die Bauern da!« Seine Mutter segnete ihn zu großen Taten, zu Reckenkämpfen. Er hängte sich eine stumpfe Sichel über die Schulter, band eine Basttasche an den Gürtel und legte in die Basttasche ein stumpfes Hackmesser.

So ritt Foma seines Weges durch eine fremde Gegend und kam zu einem Pfahl; er schrieb auf diesen Pfahl – er hatte in der Tasche weder Gold noch Silber, aber ein Stückchen Kreide –, er schrieb mit Kreide: »Der Recke Foma Berennikow ritt hier vorbei, der auf einen Schlag zwölf mächtige Recken und einfaches Volk ohne Zahl niederstreckte.« Dann ritt er weiter. Es dauerte nicht lange, da kam Ilja Muromez auf demselben Weg geritten, er sah den Pfahl, las die Aufschrift und sprach: »Das ist die Fährte eines Recken; er gibt kein Gold und Silber aus, nur Kreide!« Und dann schrieb er mit Silber: »Nach Foma Berennikow ritt hier der Recke Ilja Muromez vorbei.« Er holte Foma Berennikow ein und fragte (so sehr hatte ihn die Kreideschrift eingeschüchtert): »Mächtiger Recke Foma Berennikow, wo soll ich reiten? Vor dir oder hinter dir?« – »Hinter mir!« antwortete Foma.

Dann kam Aljoscha Popowitsch auf demselben Weg geritten; schon von ferne sah er die Schrift auf dem Pfahl – sie leuchtete nur so! Er las, was Foma Berennikow und Ilja Muromez geschrieben hatten, zog aus der Tasche ein Stück Gold und schrieb: »Nach Ilja Muromez ritt hier Aljoscha Popowitsch vorbei.« Er holte Ilja Muromez ein und fragte: »Sage mir, Ilja Muromez, soll ich vor dir reiten oder hinter dir?« – »Frage nicht mich, sondern unseren Älteren, Foma Berennikow!« Darauf ritt Aljoscha Popowitsch Foma Berennikow nach: »Kühner Streiter Foma Berennikow! Befiehl, wo ich, Aljoscha Popowitsch, reiten soll?« – »Hinter mir!«

So ritten sie ihres Weges durch fremde Gegenden; da kamen sie in einen grünen Garten. Ilja Muromez und Aljoscha Popowitsch schlugen ihre weißen Zelte auf, und Foma Berennikow hängte seine Unterhose an einen Stecken. Dieser Garten gehörte keinem geringeren als dem Zaren, dem preußischen Zaren, der mit dem König von China, dem sechs mächtige Recken beistanden, im Kriege lag. Der preußische Zar ließ Foma Berennikow einen Brief überbringen, und in dem Brief stand geschrieben: »Der König von China führt Krieg gegen mich, den preußischen Zaren; wollt ihr mir beistehen?« Foma war im Lesen nicht sehr stark, er betrachtete den Brief, nickte mit dem Kopf und sprach: »Gut!«

Der König von China rückte mit seinem Heer immer näher heran; Ilja Muromez und Aljoscha Popowitsch kamen zu Foma Berennikow und sprachen: »Nun liegt der Feind vor der Stadt, und der Zar ist bedroht; wir müssen ihm beistehen. Reitest du selbst, oder schickst du uns ins Feld?« – »Reite du, Ilja Muromez!« Ilja Muromez schlug das ganze Heer. Darauf rückte der König von China mit ungezählten Kriegerscharen und den sechs mächtigen Recken abermals vor die Stadt. Ilja Muromez und Aljoscha Popowitsch kamen zu Foma Berennikow: »Reitest du selbst, Foma Berennikow oder schickst du uns ins Feld?« – »Reite du, junger Aljoscha Popowitsch!« Aljoscha Popowitsch ritt auf das Schlachtfeld hinaus und mähte die unzähligen Kriegerscharen und die sechs mächtigen Recken nieder. Da sprach der König von China: »Ich habe noch einen Recken, ich habe ihn bisher geschont, weil er zur Zucht bestimmt war, nun soll auch er kämpfen!«

Und abermals rückte er mit unzähligen Heerscharen heran, an der Spitze sein mächtigster, sein stärkster Recke; der König sagte zu ihm: »Der russische Recke besiegt uns nicht durch Kraft, vielmehr durch seine List; was der russische Recke tut, das mußt du auch tun!« Ilja Muromez und Aljoscha Popowitsch kamen zu Foma Berennikow: »Reitest du selbst, oder schickst du uns ins Feld?« – »Ich reite selbst; bringt mir mein Pferd!« Die Pferde der Recken grasten im freien Feld. Fomas Pferd stand vor der Krippe und fraß Hafer, soviel es wollte. Ilja Muromez trat an die Stute heran, aber sie war übermütig, schlug aus und biß ihn. Das ärgerte Ilja Muromez, er packte Fomas Pferd am Schweif und warf es über den Zaun. Da sagte Aljoscha Popowitsch: »Hoffentlich hat Foma Berennikow nichts gesehen! Sonst geht es uns schlecht!« – »Die ganze Kraft ist nicht im Pferd, sie ist im Reiter!« sprach Ilja Muromez und führte die Mähre zu Foma Berennikow. Foma saß auf und dachte im stillen: »Hoffentlich schlagen sie mich tot, dann bleibt mir die Schande erspart.« Er ritt dem Feind entgegen, drückte den Kopf in die Mähne des Pferdes und kniff das Auge zu. Der chinesische Recke, des königlichen Befehls eingedenk, drückte ebenso das Gesicht in die Pferdemähne und blinzelte. Foma saß ab, setzte sich auf einen Stein und wetzte seine Sichel; der chinesische Recke tat das gleiche; er stieg von seinem mächtigen Roß und begann, sein Schwert zu schleifen. Als er sah, daß Foma nur ein Auge offen hatte, dachte er: »Er kneift ein Auge zu; ich will ihn übertreffen und beide zukneifen.« Kaum kniff er die Augen zu, schlug Foma Berennikow ihm den Kopf ab.

Nun wollte er auf das Pferd des toten Recken steigen, aber es war für ihn zu hoch. Da band Foma das starkmächtige Roß an eine hundertjährige Eiche, kletterte auf den Baum und sprang von oben in den Sattel. Das Pferd spürte den fremden Reiter, scheute und wurzelte die Eiche aus; es flog dahin und schleppte die riesige Eiche hinter sich her. Foma Brennikow schrie: »Hilfe! Hilfe!« Aber die blöden Chinesen waren des Russischen nicht kundig und liefen vor Schreck auseinander; das Reckenpferd trampelte sie alle mit den Hufen nieder und walzte sie mit der hundertjährigen Eiche zu Boden; nicht ein einziger Chinese konnte sich retten! Darauf schrieb der König von China Foma Berennikow einen Brief: »Ich will nie mehr mit dir Krieg führen!« Das war Foma ganz recht! Ilja Muromez aber und Aljoscha Popowitsch bewunderten Foma Berennikow!

Nun ritt Foma zu dem preußischen Zaren. »Womit soll ich dich belohnen?« fragte der Zar. »Nimm dir aus meiner Schatzkammer soviele Säcke Gold, wie du willst, oder mein halbes Reich oder meine schöne Tochter.« – »Gib mir deine schöne Tochter und lade zu meiner Hochzeit meine jüngeren Brüder, Ilja Muromez und Aljoscha Popowitsch.« So heiratete Foma Berennikow die wunderschöne Zarewna. Das Glück ist nicht nur Recken beschieden! Wer sich laut zu rühmen weiß, dessen ist der höchste Preis.

Das Märchen von dem bösen Eheweib

Der Mann schickte sich an, aufs Feld zu fahren und sprach zu seiner Frau: »Backe keine Pfannkuchen.« Die Frau sagte: »Ich backe trotzdem Pfannkuchen!« – »Und wenn du bäckst, dann bring sie mir nicht aufs Feld.« – »Ich backe und bringe sie trotzdem!« – »Und wenn du sie bringst, dann geh nicht über die Brücke!« – »Ich gehe trotzdem über die Brücke!« – »Und wenn du über die Brücke gehst, dann steck dir keine Steine ins Hemd.« – »Ich stecke mir trotzdem Steine ins Hemd!« – »Und wenn du dir Steine ins Hemd steckst, dann spring nicht von der Brücke ins Wasser.« – »Ich springe trotzdem ins Wasser!« – »Und wenn du ins Wasser springst, dann gönn den Teufeln Ruhe.« – »Ich gönne ihnen trotzdem keine Ruhe . . .« Als der Bauer abends vom Feld nach Hause fuhr, sprang ihm ein Teufel entgegen und jammerte: »Onkelchen, nimm deine Frau mit! Es ist nicht zum Aushalten, seit sie im Wasser ist!« – »Ich will sie nicht zurückhaben«, antwortete der Mann. »Ach, Bäuerlein, ich gebe dir dafür eine Mütze voll Geld!« Der Bauer wollte kein Geld, beileibe, nur, daß sein Weib bei den Teufeln bleibe.

Das streitsüchtige Weib

Der Mann hatte sich rasiert und sprach: »Sieh mal, Frau, heute bin ich sauber rasiert.« – »Soll das rasiert sein? Das ist doch bloß geschoren!« – »Sei still, Kanaille, das ist rasiert!« – »Nein, geschoren!« – »Es gibt Prügel, wenn du nicht sagst: rasiert.« – »Nein, geschoren.« Der Mann prügelte seine Frau und sprach: »Wenn du nicht sagst: rasiert, dann werfe ich dich ins Wasser.« – »Tu, was du willst, ich sage trotzdem: geschoren!« Er zerrte sie zum Fluß: »Willst du jetzt sagen: rasiert?« – »Nein, geschoren.« Er zog sie ins Wasser, so tief, so tief, daß ihm das Wasser bis zum Hals stand, schlug und hämmerte immer weiter auf sie ein: »Willst du jetzt sagen: rasiert?« Die Frau konnte nicht mehr sprechen, aber sie streckte den Arm aus dem Wasser und machte mit zwei Fingern: »Geschoren!«

Das unbeirrbare Eheweib

Es lebten einmal ein Mann und eine Frau; eines Tages bauten sie in dem Fluß ein Fischwehr und setzten Reusen ein. Dann gingen sie nach Hause; unterwegs fand die Frau einen Schatz, nun konnte sie von nichts anderem mehr reden. Was sollte der Mann tun? Er nahm sich vor, sie zum Schweigen zu bringen: er ging aufs Feld hinaus und fing einen Hasen, dann ging er mit dem Hasen zum Fluß, als wollte er nach den Reusen sehen. Er zog eine Reuse heraus – in der Reuse war ein Hecht. Er nahm den Hecht heraus, steckte den Hasen in die Reuse, den Fisch aber nahm er mit und legte ihn unterwegs auf ein Erbsenfeld. Als er wieder zu Hause war, hieß er seine Frau mit ihm aufs Feld gehen und Erbsen ernten. Er spannte an, und sie fuhren aufs Feld. Unterwegs erzählte der Mann:

»Die Leute reden, daß heutzutage die Fische auf den Feldern leben und die Tiere im Wasser.« – »Das kann doch nicht wahr sein, Alter!« – Schließlich kamen sie zu ihrem Acker. »So, jetzt siehst du, daß es wahr ist, was die Leute reden!« rief der Alte. »Sieh mal, Alte, in unsern Erbsen schwimmt ein Hecht!« – »Fang ihn!« Der Alte hob den Hecht auf und legte ihn in einen Spankorb. »Jetzt laß uns zum Fluß laufen und nachschauen, was in unseren Reusen ist?« Am Fluß zog er eine Reuse herauf. »Jetzt siehst du, daß es wahr ist! Hier haben wir einen Hasen gefangen!« – »Pack ihn fest bei den Löffeln, sonst taucht er wieder unter und ist fort!« Der Alte nahm den Hasen und sprach: »So, und jetzt holen wir den Schatz.«

Sie luden das ganze Geld auf den Wagen und machten sich auf den Heimweg. Unterwegs sah die Alte, daß ein Bär am Waldrand eine Kuh riß, und rief: »He, Mann, siehst du, der Bär reißt eine Kuh!« – »Still, Frau, das ist der Teufel, er zieht unserm Herrn die Haut ab.« Als sie zu Hause ankamen, machte sich der Alte sogleich mit dem Geld zu schaffen und versteckte es an einem sicheren Ort, die Frau aber lief schnurstracks zur Nachbarin, um von ihrem Glück zu erzählen; die Nachbarin erzählte es dem Haushofmeister, und der Haushofmeister erzählte es dem Herrn. Der Herr ließ den Alten holen: »Hast du einen Schatz gefunden?« – »Nein, ich habe nichts gefunden.« – »Deine Frau hat es aber gesagt.« – »Das wäre nicht das erste Mal, daß sie die Unwahrheit sagt.« Der Herr ließ die Alte kommen: »Sprich, Alte, hast du einen Schatz gefunden?« – »Gewiß, Väterchen, wir haben einen Schatz gefunden!« – »Wieso leugnest du, Alter?« – »Laß deine Lügen, Alte! Wann haben wir einen Schatz gefunden?« – »Was heißt ›wann‹? Neulich, im Feld, als in unserem Erbsenfeld der Hecht schwamm und in einer Reuse der Hase saß.« – »Was faselst du, du alte Ofenkrücke! Wer hat je gesehen, daß ein Fisch im Feld schwimmt und ein Hase im Wasser sitzt?« – »Du weißt es nicht mehr? Das war doch neulich, als der Teufel unserm Herrn die Haut abzog...« Da hatte sie schon ihre Maulschelle. »Was redest du, du Närrin? Wann hat der Teufel mir die Haut abgezogen?« – »Aber er tat es doch, ich schwöre es bei Gott, er tat es!« Der Herr wurde zornig, befahl, frische Ruten zu holen und die Alte vor seinen Augen zu bestrafen. Nun mußte sie sich hinlegen, die Ärmste, und sich traktieren lassen; aber sie ließ sich nicht beirren, auch unter den Ruten redete sie noch von dem Teufel. Schließlich gab es der Herr auf, spuckte aus und jagte Mann und Frau davon.

Die Schulzin

Das Weib war flink und nicht auf den Mund gefallen; der Mann kam vom Dorfrat nach Hause, da fragte sie ihn aus: »Was habt ihr dort geredet?« – »Was wir geredet haben? Wir wollten den Schulzen wählen.« – »Und wen habt ihr gewählt?« – »Noch niemanden.« – »Wählt mich!« sagte das Weib. Der Mann ging zu den Dorfältesten (sein Eheweib war aufsässig, und er wollte ihr eine Lehre erteilen) und erzählte es ihnen; sogleich wählten sie die Frau zur Schulzin. Nun war die Frau Schulzin, richtete alle und jeden, ließ sich von den Bauern zum Wein einladen und nahm Geschenke an.

Dann aber wurde es Zeit, die Kopfsteuer einzutreiben. Die Schulzin war saumselig, und an dem festgesetzten Tag war das Geld noch nicht beisammen; der Kosak kam angeritten, fragte nach dem Schulzen, und die Frau wollte sich verstecken: Sie lief nach Hause, so schnell sie die Beine trugen. »Wo soll ich mich verstecken?« fragte sie ihren Mann. »Ach, mein Lieber, hilf mir, ich schlüpfe in einen Sack, und du bindest den Sack zu und stellst ihn zu den anderen Getreidesäcken.« Es standen dort fünf oder sechs Säcke mit Sommerweizen. Der Mann band den Sack mit der Schulzin zu und schob ihn zwischen die anderen Säcke. Schon klopfte der Kosak an die

Tür, trat ein und sagte: »Aha, hier ist der Schulze!« Und dann ließ er seine Peitsche auf dem Sack tanzen. Die Frau jammerte und jammerte: »Oj-oj-oj! Ich will nimmermehr Schulze sein, ich will nimmermehr Schulze sein!« Der Kosak peitschte ungerührt weiter. Als er ging, hatte die Schulzin von ihrem Amt genug und war fortan ein braves und gehorsames Eheweib.

Der Mann und sein Weib

Es lebten einmal ein Mann und ein Weib. Dem Anschein nach lebten sie in Frieden miteinander, aber die Frau war voller Hinterlist: Kaum war der Mann aus dem Haus, so war sie froh und munter; wenn er zurückkam, lag sie krank da, immer fand sie einen Grund, ihn aus dem Haus zu schicken und wußte jederzeit eine Arbeit für ihn. Heute mußte er dies und morgen jenes holen, und kaum war er fort, ging es hoch her! Kehrte der Mann zurück, war die Stube immer sauber gekehrt, und die arme Kranke lag auf der Bank und stöhnte. Der Mann glaubte seinem Weib aufs Wort. Er hatte Mitleid mit ihr, und oft standen ihm die Tränen in den Augen. Eines Tages fiel es der Frau ein, ihn nach Krim-Grad zu schicken, er sollte ein Kräutlein für sie holen. Der Mann machte sich auf den Weg. Da begegnete ihm ein Soldat: »Wohin des Wegs?« – »Nach Krim-Grad, ein Heilkraut holen.« – »Und wer ist krank?« – »Mein Weib!« – »Kehr um, kehr auf der Stelle um! Ich bin ein Praktikus und will dich begleiten!« Er kommandierte: »Linksum kehrt!« und bald stand der Bauer wieder vor der eigenen Tenne. »Setz dich hier hin und warte«, sagte der Praktikus, »und ich will nach der Kranken sehen.«

Der Soldat ging in den Hof und lauschte an der Haustür. Er hörte im Haus Springen, Tanzen und Singen! Da wallte es auf in der Soldatenbrust, er stieß die Tür auf und trat ein – die

Frau glitt dahin wie ein Schwan, und vor ihr tanzte ein junger Bursche, er ging in die Hocke, schnellte bis zur Decke hoch und warf die Beine in die Luft, und auf dem Tisch floß grüner Wein. Der Soldat war den beiden willkommen, er leerte einen Becher und tanzte mit; die Frau fand Gefallen an ihm: ein schneidiger Soldat, ein Bild von einem Mann! Umgänglich und gewandt, als hätte er schon ein Jahr hier gelebt! Am nächsten Morgen wollte sie Piroggen backen: »Geh auf die Tenne, Soldat, und hole mir ein Bündel Stroh.«

Der Soldat ging auf die Tenne, er rechte Stroh zusammen, ließ den Mann in das Stroh kriechen, band es mit einem Strick zusammen, nahm es auf die Schulter und brachte es ins Haus. Das Weib war guter Dinge und stimmte ein Liedchen an: »Der Mann hat sich nach Krim-Grad aufgemacht, zu Hause tanzt die Frau und lacht, er will ein Zauberkräutlein holen, um ihr wehes Bäuchlein zu heilen, möge er lange in der Fremde verweilen, für ewig am Wegrain liegen bleiben!... Mein schmucker Soldat, sing doch mit!« Der Soldat aber stimmte ein anderes Liedchen an: »Hörst du sie singen, Stroh? Sei endlich tapfer und froh!« – »Ach, dein Lied gefällt mir nicht, meines ist schöner! Laß uns zusammen singen; ›der Mann hat sich nach Krim-Grad aufgemacht, er will ein Zauberkräutlein holen, seines Weibes wehes Bäuchlein zu heilen‹...« Die Frau sang laut, aber der Soldat sang noch lauter: »Hörst du sie singen, Stroh? Sei endlich tapfer und froh! Deine Peitsche hängt an der Wand, sie gehört in die rechte Hand.« Das Stroh hörte das Lied und begann sich heftig zu bewegen, der Strick riß, der Ballen fiel auseinander, der Mann sprang heraus, holte die Peitsche von der Wand und verdrosch seine Frau. Das Kräutlein tat seine Wirkung – das Weib war für immer geheilt.

Die weissagende Eiche

Es tut nicht gut, wenn eine junge Frau mit einem alten Mann verheiratet ist, und es tut nicht gut, wenn ein alter Mann eine Junge nimmt! Die schlüpft ihm zum einen Ohr hinein und zum andern hinaus, führt ihn an der Nase herum, hält ihn zum Narren und kommt immer trocken aus dem Wasser: Du weißt und siehst alles und hast doch nichts in der Hand!

Ein gutherziger Alter nahm eine junge Frau, ein durchtriebenes Frauenzimmer. Er brauchte ihr nur ein Wort des Tadels zu sagen, und schon hatte sie die Antwort bereit: »So, jetzt bekommst du alter Faulpelz von mir keinen Bissen vorgesetzt und kein Hemd gewaschen!« Eines Tages beschloß der Mann, seiner Frau eine gehörige Lehre zu erteilen. Er ging in den Wald, las Holz, brachte das Bündel nach Hause und sprach: »Was gibt es nicht für Wunder auf der Welt! Ich habe im Wald eine alte Eiche gesehen, die hat mir alles gesagt, was war, und alles vorausgesagt, was sein wird!« – »Ach, dann will ich schnell in den Wald laufen! Du weißt doch selbst, Alter: Bei uns krepieren die Hühner, und das Vieh will auch nicht gedeihen ... Ich will die Eiche um Rat fragen. Vielleicht kann sie uns helfen.« – »Geh, aber beeile dich, du mußt dort sein, solange die Eiche spricht; denn wenn sie verstummt, läßt sie sich nicht mehr erweichen.« Während die Frau sich noch im Hause zu schaffen machte, lief der Mann voraus und versteckte sich in dem hohlen Eichenstamm.

Als die Frau kam, kniete sie vor der Eiche nieder und bat unter Tränen und Klagen: »Mächtige Eiche, weises Großmütterchen, hilf mir! Ich kann den Alten nicht lieben, ich will meinem Mann das Augenlicht nehmen; lehre mich, welches Kraut ich ihm geben soll?« Darauf ließ sich die Eiche vernehmen: »Zaubertrank und Kräutlein sind nicht vonnöten, setz ihm gutes Essen vor. Brat ihm ein Hühnchen in frischem Rahm und nimm davon nicht zu wenig; trag es auf –

und laß es ihn allein essen. Koch eine Kascha mit Milch und geize nicht mit Butter; leg ihm davon vor, soviel er begehrt! Backe Pfannkuchen; und bitte ihn, nötige ihn, er möge sie in ausgelassene Butter tunken und immer noch einen essen, dann wird dein alter Mann blinder werden als das letzte blinde Huhn.«

Als die Frau nach Hause kam, lag ihr Mann auf dem Ofen und ächzte. »Ach je, mein Alterchen! Wo tut es weh? Plagt dich das Zipperlein? Hast du nicht Lust auf ein gebratenes Hühnchen? Soll ich dir Pfannkuchen backen oder eine Milch-kascha kochen? Du brauchst nur zu wünschen!« – »Ich hätte schon Lust darauf, aber wer will es mir geben?« – »An mir soll es nicht liegen, du tadelst mich oft, aber du dauerst mich von Herzen. Hier, mein Alterchen, laß es dir schmecken. Iß, trink, für dich ist nichts zu schade!« – »Setz dich zu mir und iß mit.« – »Ach nein, das braucht es nicht, meine einzige Sorge ist, daß du genug hast. Ich lecke den Teller ab und lese die Krümel auf – für mich ist das genug. Und nimm dir reichlich von der Butter!« – »Gemach, Frau! Hol mir Wasser!« – »Das Wasser steht doch vor dir auf dem Tisch.« – »Auf dem Tisch? Ich sehe es nicht.« – »Es steht doch vor dir!« – »Wo denn? Mir wird es dunkel vor den Augen!« – »Leg dich doch auf den Ofen!« – »Wo ist der Ofen? Zeig ihn mir! Auch den Ofen sehe ich nicht mehr.« – »Hier ist er. Mach schon!« Der Alte tat, als wollte er den Kopf in den Ofen stecken. »Was ist mit dir? Kannst du nicht mehr sehen?« – »Oh, Gott hat mich für meine Sünden gestraft, liebe Frau! Ich habe geschlemmt und gepraßt, und nun ist mir Gottes Tag zur Nacht geworden. Wehe mir, wehe mir!« – »Welch ein Unglück! Bleib einstweilen ruhig liegen, und ich will dies und jenes holen.«

Sie lief, sie flog, sie lud Gäste ein, und ein Fest begann. Sie zechten und zechten, bis der Wein ausging. Die Frau lief, um neuen Wein zu holen. Der Alte sah, daß seine Frau fort war, daß die Gäste satt und schlaftrunken um den Tisch hockten, kletterte behende vom Ofen herab und drosch auf sie ein, einen traf er mitten auf die Stirn, einen anderen ins Kreuz; er schlug sie alle tot und stopfte jedem einen Pfannkuchen in den Mund, damit es so aussah, als wären sie daran erstickt; dann kletterte er wieder auf den Ofen und stellte sich schlafend. Die Frau kam zurück und erstarrte vor Schrecken: die Freunde und Galane lagen da wie abgestochene Eber, jeder mit einem Pfannkuchen im Mund; was sollte sie tun? Wohin mit den Leichen? Da schwor die Frau, daß sie nie wieder Gäste einladen, niemals ihren alten Mann verlassen wolle. Es traf sich, daß der Dorftrottel am Hause vorbei ging. »Väterchen!« rief die Frau. »Nimm dieses Goldstück, hilf uns, rette uns in unserer Not!« Der Narr steckte das Goldstück ein und schleppte die Leichen fort: Die einen warf er in ein Eisloch, die anderen in die Jauchegrube, und die Geschichte kam nie ans Licht.

Die teure Kuhhaut

In einem Dorf lebten zwei Brüder, Danilo und Gawrilo. Danilo war reich, und Gawrilo war arm. Gawrilo hatte im Stall nur eine einzige Kuh, aber Danilo gönnte ihm nicht einmal diese. Eines Tages fuhr Danilo in die Stadt, und als er zurückkam, ging er zu seinem Bruder und sprach: »Aber Bruder! Warum willst du deine Kuh behalten? Ich war heute in der Stadt und sah: dort sind die Kühe sehr billig, sie werden zu fünf und sechs Rubeln angeboten. Aber eine Kuhhaut kostet ganze fünfundzwanzig.« Gawrilo glaubte ihm, schlachtete seine Kuh, aß das Fleisch und fuhr zum Jahrmarkt in die Stadt. Er kam in die Stadt und wollte nun seine Kuhhaut verkaufen. Ein Gerber sah ihn und fragte: »Verkaufst du die Kuhhaut?« – »Ja.« – »Was verlangst du dafür?« – »Fünfundzwanzig Rubel.« – »Bist du von Sinnen! Ich biete dir Zweifünfzig.« Gawrilo ging nicht darauf ein und schleppte die Haut den ganzen Tag mit sich herum; niemand wollte ihm

mehr dafür geben.Schließlich ging er damit zu den Kaufleuten; ein Kaufmann fragte ihn: »Verkaufst du die Kuhhaut?« – »Ja.« – »Wie teuer soll sie sein?« – »Fünfundzwanzig
Rubel.« – »Du hast den Verstand verloren! Noch nie war eine
Kuhhaut so teuer! Du kannst Zwei-fünfzig haben.« Gawrilo
überlegte und sprach: »Meinetwegen, Herr Kaufmann, du
kannst die Haut haben. Aber dann bekomme ich wenigstens
ein Glas Wodka dazu.« – »Abgemacht.« Der Kaufmann gab
ihm zwei Rubel fünfzig auf die Hand, dann zog er ein
Sacktuch aus der Tasche und sprach: »Geh in jenes steinerne
Haus, zeige der Frau dieses Tuch und sage ihr, ich hätte
befohlen, dir ein randvolles Glas Wodka zu geben.« Gawrilo
nahm das Tuch und ging. Als er in das Haus kam, fragte die
Hausfrau: »Was willst du hier?« Gawrilo sagte: »Soundso,
Gnädigste, ich habe deinem Mann eine Kuhhaut für zwei
Rubel fünfzig verkauft und mir ein volles Glas Wodka dazu
ausbedungen. Er schickt mich her, ich soll dir dieses Tuch
geben und ausrichten, du möchtest mir den Wodka einschenken.« Die Hausfrau schenkte ihm auf der Stelle den Woldka
ein und reichte ihm das Glas, das Glas aber war nicht ganz
voll; Gawrilo leerte es und rührte sich nicht vom Fleck. Die
Frau fragte: »Warum gehst du nicht?« Gawrilo sprach: »Es
war ausgemacht, das Glas sollte randvoll sein!« Die Kaufmannsfrau hatte gerade ihren Galan zu Besuch, der hörte
Gawrilos Worte und bat sie: »Schenk ihm doch noch etwas
ein, mein Herz!« Sie schenkte ihm noch ein halbes Glas ein;
Gawrilo leerte es und rührte sich nicht vom Fleck. Die Frau
fragte abermals: »Worauf wartest du noch?« Gawrilo antwortete: »Es war ausgemacht, das Glas sollte randvoll sein. Du
hast mir aber nur ein halbes Glas gegeben.« Der Galan befahl
ihr, ihm zum dritten Mal einzuschenken; darauf nahm die
Kaufmannsfrau die Karaffe mit Wodka, drückte Gawrilo das
Glas in die Hand und schenkte es so voll, daß der Wodka
überfloß. Kaum hatte Gawrilo das Glas geleert, als der
Hausherr zurückkehrte. Die Frau wußte nicht, wohin sie

ihren Liebhaber verstecken sollte und stammelte: »Wohin mit dir?« Der Galan rannte im Zimmer hin und her, Gawrilo immer hinterdrein: »Wohin? Wohin?« Die Frau hob die Falltür auf und stieß beide in den Keller.

Der Hausherr trat in die Stube, er brachte Gäste mit. Sie gingen zu Tisch, und als sie genug getrunken hatten, fingen sie an zu singen; da sagte Gawrilo im Keller zu seinem Genossen: »Ich kann dir nicht helfen, ich muß mitsingen: das ist das Lieblingslied meines Vaters!« – »Um Gottes willen! Ich bitte dich, laß das Singen! Hier hast du hundert Rubel, aber sei still!« Gawrilo steckte das Geld ein und war still. Nach einer Weile stimmten die Gäste ein anderes Lied an; da sagte Gawrilo zu seinem Genossen: »Ich kann dir nicht helfen, ich muß mitsingen: Das ist das Lieblingslied meiner Mutter!« – »Ich bitte dich, singe nicht! Hier hast du zweihundert Rubel!« Gawrilo war es zufrieden – nun hatte er dreihundert Rubel; er steckte das Geld ein und war still. Bald sangen die Gäste ein drittes Lied; Gawrilo sagte: »Und wenn du mir vierhundert Rubel bietest, ich kann nicht länger still sein.« Der Galan bat und bettelte, aber er hatte kein Geld mehr. Die Frau hörte, daß die beiden im Keller uneins waren, hob die Falltür einen Spalt hoch und flüsterte: »Was habt ihr?« Der Galan verlangte fünfhundert Rubel: sie holte hurtig das Geld und reichte es hinunter, Gawrilo steckte die fünfhundert Rubel ein und war still.

Nach einer Weile sah Gawrilo in einer Ecke ein Daunenkissen liegen und ein Fäßchen Pech; darauf befahl er seinem Genossen, sich auszuziehen. Als der sich ausgezogen hatte, beschmierte er ihn mit Pech, trennte das Kissen auf, schüttete die Daunen auf den Boden und befahl ihm, sich darin zu wälzen. Dann stieß Gawrilo die Falltür auf, setzte sich rittlings auf seinen Genossen und brüllte: »Die neunte Schar fährt aus dem Haus!« Bei seinem Anblick flohen die Gäste, denn sie glaubten, es sei der Leibhaftige. Als sie allein waren, sagte die Kaufmannsfrau zu ihrem Mann: »Siehst du, ich habe dir doch schon immer gesagt, daß es bei uns spukt.« Der Kaufmann war töricht genug, seiner Frau zu glauben, und verkaufte sein Haus für ein Spottgeld.

Gawrilo kehrte nach Hause zurück und schickte seinen Ältesten zu Onkel Danilo, er möchte kommen und ihm beim Geldzählen helfen. Der Sohn ging hin, um seinen Onkel zu holen. Der aber lachte ihm ins Gesicht: »Was will denn der Vater zählen? Oder sind für ihn zwei Rubel fünfzig schon zuviel?« – »Nein, Onkel, er hat viel Geld nach Hause gebracht.« Da sagte Danilos Frau: »Geh doch mit! Warum zögerst du? Dann hast du wenigstens etwas zu lachen.« Danilo hörte auf seine Frau und ging mit. Als Gawrilo vor ihm das Geld auf den Tisch schüttete, staunte Danilo und fragte: »Wie kommst du zu dem Geld?« – »Wie ich dazu komme? Ich habe doch auf deinen Rat meine Kuh geschlachtet und die Haut für fünfundzwanzig Rubel in der Stadt verkauft; mit dem Geld habe ich sofort ein Geschäft gemacht: Ich kaufte fünf Kühe, schlachtete sie und verkaufte die Häute für denselben Preis; und so kam eins zum anderen.« Als Danilo hörte, wie leicht sein Bruder zu Reichtum gekommen war, ging er nach Hause, schlachtete sein ganzes Vieh und wartete auf den Markttag; aber es war heiß, und das Rindfleisch verdarb sogleich. Er fuhr in die Stadt und wollte seine Häute verkaufen, aber niemand wollte mehr als zwei Rubel fünfzig für die Haut bezahlen. Der Handel brachte ihm statt des Gewinns einen großen Verlust, und er lebte fortan in größerer Armut als Gawrilo. Gawrilo aber hatte beim Wirtschaften eine glückliche Hand und kam zu großem Reichtum.

Wie der Mann seiner Frau das Märchen-
hören verleidete

Es lebte einmal ein Herbergswirt, der hatte eine Frau, die für ihr Leben gern Märchen hörte und keinen aufnehmen wollte, der keine Märchen erzählen konnte. Für den Mann war das ein großer Verlust, und er überlegte: »Wie kann ich meiner Frau die Märchen verleiden?« Eines Tages, in einer dunklen Winternacht, klopfte ein alter Mann an die Tür, er war halb erfroren und bat um Obdach. Der Wirt öffnete und fragte: »Kannst du Märchen erzählen? Meine Frau nimmt keinen auf, der ihr nicht ein Märchen erzählt.« Was sollte der Alte tun? Die Kälte setzte ihm arg zu, und er sagte: »Ich kann ihr eines erzählen.« – »Und wie lang ist dein Märchen!« – »So lang wie die ganze Nacht.«

So weit, so gut. Sie ließen den Alten herein. Der Wirt sagte zu seiner Frau: »So, Frau, der Alte versprach, dir die ganze Nacht lang ein Märchen zu erzählen, aber nur wenn du ihn nicht unterbrichst und ihm nicht dreinredest.« Der Alte sagte: »Ja, kein Dreinreden, sonst erzähle ich nicht weiter.«

Sie aßen zu Nacht und legten sich schlafen; der Alte begann: »Ein durstiger Uhu saß auf dem Baum und sah eine glasklare Quelle im Traum, er trank und trank nach Herzenslust und löschte nimmer seinen Durst...« Und so ging es immer weiter: »Ein durstiger Uhu saß auf dem Baum und sah eine glasklare Quelle im Traum, er trank und trank nach Herzenslust und löschte nimmer seinen Durst...« Die Wirtin hörte eine Weile zu, dann sagte sie: »Was ist denn das für ein Märchen, es ist doch immer dasselbe!« – »Warum unterbrichst du mich? Ich habe doch gesagt, daß du mir nicht dreinreden sollst: das ist erst der Anfang, das Märchen kommt noch.« Als der Mann das hörte, freute er sich und sprang von der Pritsche, denn so hatte er es sich gewünscht, ging auf seine Frau los und verprügelte sie. »Man hat dir doch gesagt, daß du den Mund halten sollst! Jetzt hast du uns das Märchen verdorben!« Er prügelte und prügelte, er prügelte und prügelte, so lange, bis seiner Frau die Märchen für immer verleidet waren, und sie um nichts in der Welt mehr ein Märchen hören wollte.

Die Mulde

Mitten in einer Einöde stand einmal ein kleines Vorwerk. Dort lebte eine Familie, und die war nicht groß: Ein uralter Großvater, sein verheirateter Sohn, der hieß Netschipir, und Netschipirs kleines Söhnchen. Der Großvater war schon ganz gebrechlich, sein Rücken war krumm, sein Haar war so weiß, als hätte man ihm Milch über den Kopf gegossen, und das Arbeiten fiel ihm sehr schwer, dem Ärmsten. Seinem Sohn gefiel das gar nicht; er wünschte, daß sein Vater noch zu etwas nütze wäre. Er sagte sich: »Ich will meinen Vater aus der Welt schaffen, er hat lange genug gelebt! Ich muß für mein Stück Brot hart arbeiten und habe weiß Gott kein leichtes Leben.«

Der Winter kam. Netschipir holte vom Dachboden eine lange und breite Mulde, rief sein Söhnchen und sprach zu seinem alten Vater: »Vater, wir werden jetzt alle drei ins Feld hinausgehen; du hast lange genug gelebt! Du sollst dich nicht länger quälen und uns nicht länger plagen.« Sie nahmen den alten Vater in die Mitte und machten sich auf den Weg. Als der alte Mann seinen Sohn so sprechen hörte, begann er bitterlich zu weinen, aber er sprach kein Wort. Netschipir führte seinen Vater an den Rand einer tiefen, tiefen Schlucht, setzte den Ärmsten in die Mulde, die er mitgebracht hatte, gab ihr einen Stoß und ließ seinen Vater auf den Grund der Schlucht hinuntergleiten. Dabei sprach er: »Leb wohl, Vater und denke im Guten an uns.« Er wollte schon umkehren, als sein kleiner Sohn zu ihm sprach: »Vater, vergiß die Mulde nicht!« – »Wieso? Die kann unten bleiben.« – »Nein: Wenn du so alt bist wie der Großvater, werde ich dich in dieselbe Mulde setzen und in die Schlucht hinunterstoßen.« Da faßte sich Netschipir an den Kopf: »Ich bin ein Dummkopf! Ein Dummkopf! Was habe ich getan! Ich danke dir, Söhnchen, daß du deinen törichten Vater zur Vernunft gebracht hast!« So schnell ihn die Beine trugen, lief er in die Schlucht hinunter, holte seinen alten Vater herauf, bat ihn um Vergebung und ernährte ihn bis zu seinem Tode, auf daß ihn seine eigenen Kinder später nicht verstießen.

Das Kreuz als Pfand

In einer Stadt lebten einmal zwei Kaufleute, ein Russe und ein Tatar. Ihre Häuser standen am Flußufer, und beide waren sehr reich. Eines Tages begann es mit dem Russen abwärts zu gehen, sein Vermögen schmolz dahin, sein Hab und Gut wurde verpfändet und versteigert. Ihm blieb nur das, was er am Leibe trug; da ging er zu seinem Nachbarn, dem Tataren, und wollte sich bei ihm Geld leihen. Der Tatar sprach: »Benenne mir einen Bürgen!« – »Wie kann ich das? Ich werde keinen finden, der jetzt für mich bürgen würde. Doch, ich weiß einen Bürgen – das lebenspendende Kreuz auf unserer Kirche.« – »Den Bürgen laß ich gelten«, sagte der Tatar. »Ich erkenne euer Kreuz an: Euer Glaube ist mir genauso wert wie der unsere.« Darauf gab er dem russischen Kaufmann fünfzigtausend Rubel. Der Russe nahm das Geld, verabschiedete sich von dem Tataren und trieb wiederum Handel an vielen Orten.

Er hatte mit diesen fünfzigtausend Rubeln hundertfünfzigtausend Gewinn gemacht, als er zwei Jahre später auf einem vollgeladenen Schiff auf dem Flusse Donau fuhr; auf einmal zog ein heftiges Unwetter auf, und das Schiff drohte unterzugehen. Da erinnerte sich der Kaufmann, daß er sich Geld geliehen und das lebenspendende Kreuz als Bürgen benannt, die Schuld aber noch nicht zurückgezahlt hatte: Deshalb war wohl das schreckliche Unwetter aufgezogen! Kaum hatte er dies gedacht, da legte sich schon der Sturm. Der Kaufmann ließ sich ein Fäßchen bringen, zählte fünfzigtausend Rubel ab, schrieb einen Brief an den Tataren, tat ihn samt den fünfzigtausend Rubeln in das Fäßchen und warf es in den Fluß. Er dachte dabei: »Das Kreuz ist mein Bürge, es wird das Fäßchen schon an Ort und Stelle führen.«

Das Fäßchen jedoch ging sogleich unter; alle, die von der Sache wußten, glaubten, das Geld sei für immer verloren. Und was geschah? Der Tatar hatte eine russische Köchin. Eines Tages wollte sie Wasser aus dem Fluß holen; als sie am Ufer stand, sah sie ein Fäßchen treiben. Sie schürzte die Röcke, watete ins Wasser und wollte es holen – aber vergebens! Watete sie auf das Fäßchen zu, wich das Fäßchen zurück, kehrte sie um, folgte ihr das Fäßchen. Immer wieder versuchte sie es, endlich erzählte sie ihrem Herrn von dem Fäßchen. Der wollte es zuerst nicht glauben, aber schließlich begab er sich selbst zum Fluß, um nach diesem Fäßchen zu sehen. Als er ans Ufer kam, sah er das Fäßchen in seiner Nähe schwimmen. Der Tatar zog die Kleider aus und wollte zu dem Fäßchen waten, aber schon schwamm das Fäßchen auf ihn zu. Der Tatar trug das Fäßchen in sein Haus und öffnete es; das Fäßchen war voll Geld und obenauf lag ein Brief. Er las den Brief, darin stand geschrieben: »Lieber Freund! Ich gebe dir die fünfzigtausend Rubel zurück, die ich bei dir geliehen habe und für die das lebenspendende Kreuz Bürge war.«

Der Tatar las den Brief und staunte über die Macht des lebenspendenden Kreuzes; dann zählte er das Geld; es fehlte nicht eine Kopeke. Weitere fünf Jahre vergingen, der russische Kaufmann hatte inzwischen ein großes Vermögen zusammengebracht. Er kehrte in seine Heimat zurück, und in dem Glauben, sein Fäßchen sei verloren gegangen, begab er sich gleich nach der Ankunft zu dem Tataren, um ihm das geliehene Geld zurückzuzahlen. Da erzählte der Tatar dem russischen Kaufmann, wie er das Fäßchen mit dem Geld und dem Brief aus dem Fluß gefischt hätte. Er zeigte ihm den Brief und fragte: »Ist das deine Hand?« Der Russe antwortete: »Das ist meine Hand.« Alle staunten über die wunderbare Begebenheit, und der Tatar sprach: »Dann hast du bei mir keine Schulden mehr; nimm dein Geld.« Der russische Kaufmann ließ zum Dank eine Messe lesen, und der Tatar ließ sich anderntags mit seiner ganzen Sippe taufen. Der russische Kaufmann war sein Kreuzvater und die Köchin seine Kreuzmutter. Sie lebten beide glücklich bis ins hohe Alter und starben in Frieden.

Väterchen Nikolaj

In einer Stadt lebte einmal ein Langfinger, dem schon manches Gaunerstück geglückt war. Eines Tages wollte er einen reichen Mann bestehlen; dabei wurde er überrascht und dann verfolgt. Lange lief er durch den Wald, aber der Wald hörte auf, und vor ihm lagen gute zehn Werst offenes Feld. Als er am Waldrand ankam, hielt er an und wußte nicht, wohin er sich retten sollte. Wenn er über die Steppe liefe, würde man ihn sogleich entdecken, denn man konnte auf zwei Werst alles sehen, seine Verfolger aber waren schon ganz nahe. Da begann er zu beten: »Mein Herr und mein Gott, erbarme dich meiner sündigen Seele! Väterchen Nikolaj, verbirg mich – ich will dir eine Zwanzig-Kopeken-Kerze weihen.«

Plötzlich stand – woher auch immer – ein älterer Mann vor ihm und fragte: »Was hast du gesagt?« Der Dieb antwortete: »Ich habe gesagt: ›Väterchen Nikolaj, verbirg mich‹, und ich versprach ihm eine Kerze.« Er beichtete dem alten Mann seine Sünden. Der Alte sprach: »Wenn du willst, kannst du in diesen Kadaver kriechen.« Einige Schritte weiter lag nämlich ein Kadaver. Was sollte der Langfinger tun? Er mußte in den Kadaver kriechen, denn es wäre ihm gar nicht recht gewesen, wenn seine Verfolger ihn eingeholt hätten. Er kroch in den Kadaver, und sogleich war der alte Mann verschwunden. Denn dieser alte Mann war der heilige Nikolaj.

Die Verfolger sprengten heran; sie ritten eine halbe Werst in die Steppe hinaus, aber weit und breit war niemand zu sehen, da kehrten sie unverrichteter Dinge um. Der Dieb lag in dem Kadaver und hielt den Atem an, so gräßlich war der Gestank! Als die Gefahr vorüber war, kroch er heraus und sah abermals den Alten – er stand in der Nähe und sammelte Wachs. Der Dieb trat auf ihn zu und dankte ihm für seine Errettung; da fragte der Alte wieder: »Was hast du Väterchen Nikolaj für deine Errettung versprochen?« Der Dieb antwortete: »Ich wollte eine Zwanzig-Kopeken-Kerze vor seiner Ikone anzünden.« – »Das ist es ja! So, wie du in dem Kadaver beinahe erstickt wärest, so würde deine Kerze Vater Nikolaj stinken.« Und er belehrte ihn: »Niemals darfst du den Herrn, unsern Gott, und seine Heiligen um Segen für böse Taten bitten, weil unser Herr böse Taten nicht segnet. Behalte meine Worte, und ermahne die anderen, daß sie niemals bei argem Tun zu Gott um Beistand beten!« Er sprach es und verschwand.

Der Geizhals

Es lebte einmal ein reicher Kaufmann namens Marko. Er war der geizigste Mensch auf der ganzen Welt! Eines Tages ging er spazieren: unterwegs sah er einen Bettler: ein Greis saß da und bat um Almosen: »Helft mir, ihr rechtgläubigen Christen, um Christi Willen!« Marko der Reiche ging ungerührt vorüber. Hinter ihm ging ein armer Bauer, den dauerte der Bettler, und er reichte ihm eine Kopeke. Der Reiche schämte sich, blieb stehen und sagte zu dem Bauern: »Landsmann, leih mir eine Kopeke; ich würde gern dem Bettler etwas geben, aber ich habe kein Kleingeld bei mir!« Der Bauer gab ihm eine Kopeke und fragte: »Wann bekomme ich sie zurück?« – »Hole sie dir morgen!« Am nächsten Tag machte sich der Arme auf den Weg, um bei dem Reichen seine Kopeke zu holen. Er klopfte an: »Ist Marko der Reiche zu Hause?« – »Er ist zu Hause! Was willst du?« fragte Marko. »Ich will meine Kopeke wiederhaben.« – »Ach, Bruder, komm doch ein andermal, ich habe kein Kleingeld im Haus.« Der Arme verneigte sich und ging. »Ich komme morgen wieder«, sagte er. Am nächsten Tag dasselbe: »Ich habe keine Kopeke im Haus, wenn du willst, kannst du mir auf einen Hunderter herausgeben. Sonst mußt du in zwei Wochen wiederkommen.« Zwei Wochen später klopfte der Arme bei dem Reichen abermals an, aber Marko der Reiche hatte ihn aus dem Fenster kommen sehen und sprach zu seiner Frau: »Höre, Frau! Ich will mich nackt ausziehen und mich auf der Bank unter den Ikonen ausstrecken. Du deckst mich mit Leinwand zu, setzt dich zu meinen Füßen und klagst über mir wie über einer Leiche. Wenn der Bauer kommt und seine Kopeke fordert, dann sage ihm, ich sei heute gestorben.«

So weit, so gut. Die Frau tat, wie ihr Mann befohlen hatte: sie saß da und weinte bittere Tränen. Als der Bauer in die Stube trat, fragte sie: »Was willst du?« – »Ich will meine Kopeke holen«, antwortete der Arme. »O weh, Bäuerlein, Marko der Reiche hat das Zeitliche gesegnet und seinen Geist aufgegeben.« – »Der Herr hab ihn selig! Dann will ich für meine Kopeke ihm den letzten Dienst erweisen und seinen sündigen Leib waschen.« Mit diesen Worten nahm er den Kessel aus dem Ofen und übergoß Marko den Reichen mit dem siedenden Wasser. Marko konnte den Schmerz kaum aushalten, er verzog schrecklich das Gesicht und zappelte mit den Beinen. »Ob du zappelst oder nicht – meine Kopeke will ich wiederhaben!« sagte der Arme. Er wusch Marko und zog ihm das Totenhemd über, wie es sich gehörte. »So, jetzt kaufst du den Sarg und bahrst deinen Mann in der Kirche auf; ich will bei ihm wachen und den Psalter lesen.« Marko der Reiche wurde in den Sarg gelegt und in die Kirche getragen; der Bauer ging mit und las über dem Sarg den Psalter.

Die Nacht brach an. Plötzlich ging ein Fenster auf, und durch das Fenster kletterten Räuber in die Kirche; der Bauer versteckte sich hinter dem Altar. Nachdem die Räuber sich in der Kirche versammelt hatten, gingen sie daran, ihre Beute zu teilen; bald hatten sie alles untereinander verteilt, nur ein goldener Säbel blieb übrig – jeder wollte ihn haben, keiner wollte nachgeben. Der Arme sprang mit einem Satz hervor und brüllte: »Warum streitet ihr? Wer dem Toten den Kopf abschlägt, der soll den Säbel haben!« Marko der Reiche fuhr vor Schreck in die Höhe. Die Räuber bekamen es mit der Angst zu tun, ließen ihre ganze Beute liegen und suchten das Weite. »So mein Freund«, sprach Marko, »jetzt wollen wir das Geld teilen.« Sie teilten die Beute in zwei gleiche Teile; jeder hatte mehr als genug. »Und was ist mit meiner Kopeke?« fragte der Arme. »O weh, Brüderchen, du siehst doch selbst – ich habe schon wieder kein Kleingeld!« So blieb Marko der Reiche dem Armen die Kopeke schuldig.

ANHANG

NACHWORT

A. N. Afanasjew
und das russische Volksmärchen

Mit der hier vorgelegten Übersetzung der russischen Volksmärchen wird – jedenfalls erstmalig in dieser Fülle – ein zentrales Stück des russischen Volkserzählungsgutes zugänglich gemacht. Dies ist insofern ein gewichtiges Ereignis, als für die westliche Forschung noch oft genug das Prinzip gilt: »Slavica non leguntur«. Wir befassen uns zunächst mit dem Autor dieser berühmten Sammlung, dessen Biographie erst vor kurzem in deutscher Sprache in der »Enzyklopädie des Märchens« (I, 127–137) von dem bekannten Leningrader Folkloristen Isidor Levin dargestellt wurde. Hieraus die wichtigsten Daten: Aleksandr Nikolaevič Afanasjew lebte von 1826 bis 1871. Er stammte aus einer Beamtenfamilie, studierte Jura an der Universität Moskau, wandte sich dann aber der historischen Kulturforschung zu. 1849 trat er in den Dienst am Moskauer Archiv des Außenministeriums, wo er 1856 zum Leiter der Kommission zur Publikation staatlicher Urkunden und Verträge avancierte. Von der synodalen Zensur wurde Afanasjew wegen der Publikation frivoler Erzählstoffe und nichtkanonischer Heiligenlegenden angegriffen. Dieses Material ist bis heute nur teilweise veröffentlicht worden. 1862 mußte Afanasjew seine Stelle verlassen; Kontakte mit Emigranten waren der Anlaß. Materiell und gesundheitlich ruiniert starb er mit 45 Jahren an der Schwindsucht.

Die Sammlung Afanasjews ist zunächst in den Jahren 1855–1864 in einzelnen Lieferungen erschienen. Seither hat sie viele Auflagen erlebt. Bis zum heutigen Tag ist sie die wichtigste Quelle für jeden, der sich mit dem Studium des russischen Märchens befaßt. Die Editionsprinzipien Afanasjews sind schwer zu erhellen. Von der zweiten Auflage an wurde eine gattungsmäßige Einteilung der Märchen vorgenommen und die Texte in Tiermärchen, Zaubermärchen, Abenteuermärchen, Novellenmärchen, Lügen- und Scherzmärchen aufgeteilt. Es herrscht nicht wie bei den Grimms das Prinzip größtmöglicher Abwechslung und Mannigfaltigkeit; vielmehr stehen motivgleiche oder -verwandte Stücke, Varianten eines und desselben Typs, beieinander. Solche Wiederholungen sind zwar manchmal etwas ermüdend zu lesen, ermöglichen aber andererseits auch den Einblick in die Eigenart einzelner Gewährsleute. Schließlich ist jede Variante in sich stimmig und das abgeschlossene Werk eines Erzählers. Die Übersetzung des vorliegenden Bandes folgt der von V. J. Propp besorgten sechsten Auflage von 1957. Beiseite gelassen wurden die Anekdoten und Heiligenlegenden, weil sie nicht unter den Genrebegriff des »Märchens« fallen. Die hier vorgelegte Übersetzung zeigt jedoch – wie die Originalausgabe – eine gewisse Bandbreite der Erzählungen. Das von Verlag und Übersetzerin getroffene Auswahlprinzip ging davon aus, daß sämtliche Nummern, d. h. Märchen-Typen, vertreten sind, jedoch nicht in allen Varianten; von ihnen wurden die jeweils am meisten charakteristischen ausgewählt. Bei der Aneinanderreihung von typengleichen und verwandten Erzählungen erkennt man rasch die relativ konstanten Kerne. Aber auch die nur dekorativen Elemente sind oft erstaunlich stabil.

Die Sammlung der Kinder- und Hausmärchen der Brüder Grimm war das große Vorbild für Afanasjew. Man hat ihn geradezu als den »russischen Grimm« bezeichnet, und seine Sammlung ist in der Tat die erste große Kompilation wirklicher Volksmärchen. In der Geschichte der russischen Kultur spielen sie eine vergleichbare Rolle wie die Grimmsche Sammlung bei uns. Wie die »Kinder- und Hausmärchen« der Brüder

Grimm in Deutschland wurden die Afanasjewschen Märchen ein Lieblingsbuch der russischen Leser und sind es bis auf den heutigen Tag geblieben. Hinsichtlich ihres Umfangs übertrifft das Buch Afanasjews die Sammlung der Brüder Grimm beträchtlich, nämlich um fast das Dreifache. Im Unterschied zu den Grimms hat Afanasjew, wie gesagt, in seiner Edition auch bereits eine wissenschaftliche Klassifikation vorgenommen; wie in der Sammlung Grimm ist jedoch der größte Raum den Zaubermärchen gewidmet. Eine große Sammlung erotischer Schwänke erschien unter dem Titel »Heimliche Märchen« (»Russkie zavetnye skazki«) zunächst anonym im Ausland; in der Sowjetunion wurden sie bisher nicht publiziert.

Was schon für die Grimm-Sammlung gilt, kann man auch von der Sammlung Afanasjew sagen, daß sie nämlich – trotz aller Bearbeitung – vom Stofflichen her einen repräsentativen Überblick über ein nationales Märchenrepertoire gibt. Natürlich vermittelt Afanasjew noch keine Kontexte und Notizen über die Aufzeichnungssituation, aber dies darf man zu Beginn der zweiten Hälfte des 19. Jahrhunderts auch noch nicht erwarten. Im Gegensatz zu den Brüdern Grimm war Afanasjew selbst kein Sammler: Nur etwa zehn Texte seines Buches sind von ihm aufgezeichnet worden. Die meisten Texte wurden dem Archiv der Russischen Geographischen Gesellschaft entnommen oder von Korrespondenten mitgeteilt. Im Unterschied zu den Grimms ging Afanasjew freilich sehr behutsam mit den ihm vorliegenden Texten um, und nur in Einzelfällen hat er einige Berichtigungen vorgenommen. Am ehesten veränderte Afanasjew Texte, die ihm zu literarisch erschienen. In diesen Fällen beseitigte er z. B. Partizipialwendungen, weil sie der Volkssprache fremd sind. Erst von der vierten Lieferung an ging Afanasjew mit den Texten etwas freier um. Einige ukrainische und weißrussische Texte publizierte er – ein Novum in Rußland – in Mundart.

Enorm war die literarische und künstlerische Auswirkung der Afanasjewschen Märchensammlung auf Schriftsteller und Komponisten. Berühmte russische Dichter haben sich mit dem Volksmärchen befaßt: L. Tolstoi, M. Gorki und Evgenij Švarc. Komponisten schufen Märchenopern und -ballette, Tschaikowskij ebenso wie Rimskij-Korsakow. Die Strawinskis »Geschichte vom Soldaten« zugrunde liegende Erzählung findet sich unter Nr. 154 (vgl. Inhaltsverzeichnis). Das ebenfalls an Strawinski gemahnende Märchen vom Feuervogel (Nr. 168) ist zugleich eines der schönsten der vorliegenden Sammlung und Höhepunkt der Erzählkunst.

In der russischen Wissenschaft ist Afanasjew einer der ausgeprägtesten Vertreter der sogenannten mythologischen Schule, deren Begründer Jacob Grimm war. In Rußland selbst hatte Afanasjew kaum Vorgänger oder gar akademische Lehrer in der Erzählforschung. Gleichwohl ging es ihm um spezifisch Russisches: Er wollte nämlich in zeitgenössischen mündlichen Überlieferungen »survivals« der vorchristlichen Mythologie der Slaven auffinden bzw. diese daraus rekonstruieren. Gemeinsamkeit und Vielfalt der russischen Märchen betrachtete er als indoeuropäisches Erbe, das in einer Zeit und Raum ignorierenden Kontinuität seit den ältesten Zeiten bis zur Gegenwart angedauert habe. Heute interessieren uns ganz andere Fragestellungen, wenn wir die russischen Märchen mit den uns vertrauten deutschen vergleichen.

Die Berührungen des russischen Märchens mit dem deutschen sind sehr mannigfaltig, sei es, daß Märchen von West nach Ost gewandert sind, sei es, daß Erzählstoffe aus Byzanz sowohl nach Mittel- wie nach Osteuropa weitergegeben wurden. Märchen können sowohl durch mündliche Vermittlung als auch durch literarische Übertragung von einem Land in ein anderes oder von einer Sprache in eine andere übergehen, und sie können schließlich auch auf einem gemeinsamen Erbe beruhen. Hier gehen die Theorien der

918

modernen Erzählforscher oft weit auseinander, und so manche Grundlagenforschung wäre dabei erst noch zu leisten. Die Fakten sollen zunächst für sich selbst sprechen. Nicht zu übersehen sind die nahen Berührungen der Afanasjew-Sammlung mit den wohlbekannten Stücken der Brüder Grimm. Die Märchen von Iwan Zarewitsch, dem Feuervogel und dem grauen Wolf (Nr. 168, 273) entsprechen dem Grimm-Märchen »Der goldene Vogel«. Die schlafende Königstocher wird – ebenso wie Dornröschen – vom Helden wachgeküßt (Nr. 185). Solche Parallelen könnten beliebig fortgesetzt werden; doch die Entsprechungen sind so zahlreich, daß sie hier nur tabellarisch aufgereiht werden können: Allerleirauh (Nr. 290); Aschenputtel (Nr. 292, 293); Der treue Johannes (Nr. 156); Schneewittchen (Nr. 210); Brüderchen und Schwesterchen (Nr. 261); Der Wolf und die sieben jungen Geißlein (S. 50 f.); Das Mädchen ohne Hände (Nr. 282); Die Goldkinder (Nr. 137); Die drei Federn (Nr. 269); Der singende Knochen (Nr. 245); Der Eisenhans (Nr. 125, 126); Die zwei Brüder (Nr. 155); Tierbräutigam: Das singende springende Löweneckerchen (Nr. 276, 277); Tierbraut (Nr. 269, 270); Die Tierschwäger (Nr. 159); Der Bärenhäuter (Nr. 154, 278); Die Prinzessinnen in der Unterwelt (Nr. 128, 132); Bärensohn (Nr. 152); Höllenheizer: Des Teufels rußiger Bruder (Nr. 208, 278); Der reiche Mann und sein Schwiegersohn (Nr. 305); Drei Haare vom Kopf des Teufels: Der Teufel mit den drei goldenen Haaren (Nr. 136, 305); Der tiersprachenkundige Mann und sein neugieriges Weib (Nr. 248); Der starke Hans (Nr. 113, 192, 308, 310); Der gestiefelte Kater (Nr. 163); Däumling (Nr. 300); Von dem Fischer und siner Fru (Nr. 75, 165, 166); Tischlein deck dich (Nr. 123, 186, 192); Knüppel aus dem Sack (Nr. 153, 187); Rätselprinzessin (Nr. 198, 239, 240); Die Königstochter gesund machen (Nr. 154); Das Herz (die Seele, der Tod) des Unholds (Riesen) im Ei (Nr. 156, 269); Die vier kunstreichen Brüder (Nr. 145); Der Hund und der Sperling (Nr. 66, 67); Von dem Tode des Hühnchens

(Nr. 68); Das Lumpengesindel (Nr. 63); Einäuglein, Zweiäuglein und Dreiäuglein (Nr. 100); Kenntnis der Tiersprachen (Nr. 247, 248); Sechse kommen durch die ganze Welt (Nr. 137); Dummling (Nr. 216); Schwan kleb an: Die goldene Gans (Nr. 256); Die zertanzten Schuhe (Nr. 299); Der Arme und der Reiche (Nr. 195, 303, 304).

Die Typenbestimmung nach der vergleichenden Erzählforschung und insbesondere die Konkordanz zu den Grimmschen Märchen ist zuerst bei Bolte/Polívka, später bei A. Aarne (FFC 10) nachgewiesen worden (s. Literaturhinweise). Auf Schritt und Tritt begegnen wir also vertrauten Geschichten. Doch weichen sie bei näherem Zusehen nicht unbeträchtlich von den gewohnten Grimm-Märchen ab. So wird z. B. der bekannte Schwank von der Ernteteilung, der bei den Brüdern Grimm ein Teufelsschwank ist (Der Bauer und der Teufel), vom Teufel auf den Bären übertragen (S. 20 f.). Das tapfere Schneiderlein ist im russischen Märchen ein Zigeuner (Nr. 149). Das unzufriedene Ehepaar, das in die Reihe der Götter erhoben werden möchte, wird in ein Bärenpaar verwandelt (S. 83). Gerade bei den typengleichen Märchen bietet sich ein Vergleich an, denn vergleichen kann man nur dort, wo auch ein Gleiches schon vorhanden ist. A. v. Löwis of Menar, der erstmalig einen Vergleich der deutschen und russischen Märchenhelden gewagt hat, beschränkte sich weise auf eine Charakteristik der Helden von Zaubermärchen. Doch sind seine Ergebnisse unter den Anforderungen der heutigen Erzählforschung eher gering. Zwei Unterschiede springen zunächst ins Auge, ein formaler und ein inhaltlicher. Zunächst: Die russischen Märchen sind oft länger als ihre deutschen Parallelen. Häufig sind Erzählungen, in denen mehrere Typen kontaminiert werden, und nicht selten bilden sie äußerst verschachtelte Kompilationsreihen (z. B. Nr. 137). Weiter: Es gibt eigentlich keine Märchen, in denen Kinder die Helden sind. Das hat sicher auch Folgen für die Funktion: Die Afanasjewschen Märchen sind wohl nicht im selben Maße

Kindermärchen geworden wie die der Grimm-Sammlung. Im Unterschied zu den Grimmschen Märchen sind die Afanasjewschen Erzählungen auch nicht so durchgängig nach der Struktur eines »Glücksmärchens« zurechtgetrimmt. Gar nicht wenige Stücke nehmen ein schlechtes Ende (z. B. Nr. 92). Häufig ist der schlechte Ausgang auch bei den Tiermärchen.

Über die Verwandtschaft ganzer Erzähltypen hinaus gibt es natürlich eine Fülle von Motiven, die dem internationalen Erzählvorrat zugehören. Auch hier mag eine Tabelle die Mannigfaltigkeit des Bekannten erläutern: Ariadnefaden. Ein magisches Wollknäuel zeigt dem Helden den rechten Weg (Nr. 161, 212, 216, 269); Fliegender Teppich (Nr. 197, 272); Verliebtheit in ein Bild (Nr. 264, 336); Steinverwandlung (Nr. 273, 289); Baumverwandlung (Nr. 275); Wasser des Lebens (Nr. 168, 172); Reise in die andere Welt (Nr. 216); Verbotene Kammer (Nr. 159); Schuhprobe (Nr. 290, 292, 293, 294); Junge Mutter wird als Kindsmörderin bezichtigt (Nr. 257, 289); Dem Glückskind verwirklicht sich sofort jeder Wunsch (Nr. 257); Eile der Zeit (Nr. 227); Baum wächst in den Himmel (Nr. 188); Die erkauften (erzwungenen) Nächte im Schlafgemach (bzw. im Bett) der Prinzessin (Nr. 126, 230, 231); Kaufmannsformel: Entführung einer Jungfrau, die auf das Schiff eines Kaufmanns gelockt wird (Nr. 242); Kistendeckelmord (Nr. 343); Lausen als Zeichen zärtlich-sympathischer Zuneigung (Nr. 155); Erlösung durch Kuß (Nr. 276); Schlangenkuß (Nr. 270); Suchwanderung bis ans Ende der Welt (Nr. 212); Prinzessin zum Lachen bringen (Nr. 297); Die geraubten Hemden der Schwanenjungfrauen (Nr. 219); Tiersprachenkenntnis (Nr. 253); Schatztraum (Nr. 241); Der in ein Tierfell eingenähte Held wird von Vögeln weggetragen (Nr. 243); Teufelswetten (Nr. 272); Der bodenlose Sack (Nr. 152); Vielfraß (Nr. 311); Der Held schlichtet einen Streit zu seinen Gunsten (Nr. 240 und öfter); Weiblicher Cyclop (Nr. 302); Der Held an der Wegscheide, die ihm ein unterschiedliches Schicksal weist (Nr. 310); Durch einen Betrüger wird der Held fast um seinen Lohn gebracht (Nr. 259).

Auf das Vorkommen einiger besonders archaisch anmutender Motive soll gesondert verwiesen werden. Dazu gehört z. B. das Versprechen eines noch Ungeborenen und seine Übereignung an ein übernatürliches Wesen (Nr. 201, 219), oder das Motiv der hilfreichen mütterlichen Kuh (Nr. 100, 101). Eine Art Fetisch ist die stets glückbringende Puppe, die die Märchenheldin bis zu ihrem Lebensende bei sich trägt (Nr. 104). Eines der am frühesten nachweisbaren Märchenmotive ist das der »magischen Flucht«, mit der sich der Held der Verfolgung durch die Dämonen entzieht: Aus dem nach hinten geworfenen Kamm wird ein Eichenwald, aus dem nach hinten geworfenen Tuch wird ein weites und tiefes Meer etc. (Nr. 114). Es fällt auf, daß gerade diese Märchenstruktur außerordentlich häufig vorkommt (Nr. 93, 103, 201, 219). Sie zeigt auch einen wichtigen anthropologischen Grundzug des Märchens, nämlich den Menschen als Fluchtwesen. Freilich ergeben solche Motive nichts für die absolute Chronologie des Märchens, denn selbst archaische Glaubensvorstellungen werden spielerisch verwendet. Es macht geradezu das Wesen des Märchens aus, daß zauberische Motive aus dem Bann des Magischen und Numinosen befreit werden und schwerelos sich überall einflechten lassen.

Es gibt vor allem zwei Untergattungen des Märchens, die wir von der Grimm-Sammlung her nicht gewohnt sind: die Heldenmärchen und die Tiermärchen; ungewohnt für den deutschen Leser ist auch eine Anzahl von Pflanzenmärchen (z. B. Nr. 90). Besonders ausgebaut sind die Wolf- und Fuchsgeschichten. Gevatter Wolf und Gevatterin Füchsin führen einen gemeinsamen Haushalt. Immer wird der Wolf von der listigeren Füchsin betrogen, wie es in den Tiermärchen überhaupt fast immer um List, um brutale Machtausübung und Gewalt geht. Die Tiere handeln dabei wie Menschen, ganz ähnlich wie in der Fabel: Der Adler ist der Gerichtsherr der Vögel. Auch in der Insektenwelt gibt es Popen und Klageweiber (Nr. 85). Und doch sind diese Tiermärchen wieder ganz anders als die Fabeln der Äsop-Tradition. Schon das Personal ist weit umfangreicher: außer Fuchs und Wolf kommen da auch noch Bär, Schaf und Ziege, Kater, Adler, Eule, Kranich, Reiher, Krähe, Hahn, Uhu, Hecht, Krebs und Spinne vor. Es gibt interessante Übergänge vom Tiermärchen zum Novellenmärchen. So übernimmt die Füchsin die Rolle des gestiefelten Katers (Nr. 163). Und vor allem darf man eines nicht übersehen, daß nämlich Tiere auch zum vorherrschenden Figurenbestand des Zaubermärchens gehören. Unter den hilfreichen Tieren taucht dort – weit häufiger als in deutschen Parallelerzählungen – das Zauberpferd auf (Nr. 185, 198, 206, 295, 315). Es ist der wirksamste Helfer des Helden. Eingehend wird es geschildert und liebevoll mit zahlreichen wunderbaren Eigenschaften ausgestattet. Man kann ohne Übertreibung behaupten, daß kein anderes Motiv in den Zaubermärchen so häufig vorkommt wie das der dankbaren Tiere (z. B. Nr. 132, 156, 159, 160, 162, 168, 169, 185, 186, 212, 219, 292, 297). In den Tiermärchen werden z. T. noch altjägerische Vorstellungen deutlich. Dazu gehören u. a. die phantastischen Erzählungen über eheliche Beziehungen zwischen Tieren und Menschen, der Glaube an das Tier als Beschützer der Sippe, wie z. B. in den Bärensohnmärchen. Da gibt es noch Tierverwandlungen, die nicht auf Schadenzauber beruhen, sondern von der Selbstverwandlung des Helden in ein Tier sprechen (z. B. Nr. 138, 159). Zu den altjägerischen Vorstellungen gehört ferner die eines übernatürlichen Tierherrn, eines Wald- oder Wildgeistes, der dem Jäger hilft, Fallen zu stellen und Tiere zu fangen (Nr. 123), sowie die entsprechende Vorstellung vom Meereszar (Nr. 259). Ein Herr der Tiere ist auch der Greis mit schlohweißem Haar, der seine treuen Diener mit einer silbernen Posaune zusammenruft; nun kommen die verschiedensten Tiere aus allen Richtungen zusammengelaufen (Nr. 161).

Selbst Christus erscheint als eine Art Herr der Tiere, der den einzelnen Tieren ihre Speise bzw. ihren Raub zuweist (S. 52 f.). Ebenfalls zu den altjägerischen Vorstellungen gehört das Motiv der Wiederbelebung aus den Knochen (Nr. 100, 127, 171, 256, 278). Die Verwandlungsgestalt, die Haut des Verwandelten, muß verbrannt werden, um den Schadenzauber unschädlich zu machen (Nr. 266, 269, 277). Wie man sieht, geht die Phantastik in den einzelnen Untergattungen des Märchens in recht verschiedene Richtungen. Es liegt auf der Hand, daß die Wolf-Fuchs-Beziehungen in einer anderen Weise von der Wirklichkeit abweichen als die phantastischen Erzählungen von einem fliegenden Teppich oder einem zwölfköpfigen Drachen. Neben den Zaubermärchen gibt es Novellenmärchen, in denen das zauberische Element fehlt. Und eine letzte Gruppe könnte man auch als »Alltagsmärchen« bezeichnen. Sie können auf zauberische Zutaten generell verzichten. Das alltägliche Leben spiegelt sich in ihnen unmittelbar wider. Dafür treten nun humoristische Motive hervor. Lügenmärchen leben von der Übertreibung des Wunderbaren, das so dick aufgetragen wird, daß es niemand mehr zu glauben vermag (z. B. Nr. 155). In den Schwankmärchen werden menschliche Schwächen wie Geiz, Faulheit und Dummheit satirisch aufgegriffen. Schwänke von pfiffiger Überlistung spielen meist in den unteren Volksschichten, bei Bauern und Handwerkern (Nr. 323 ff.). Dabei tauchen wieder international bekannte Typen auf, wie z. B. »Kaiser und Abt« (Nr. 326), »Die kluge Bauerntochter« (Nr. 327), »Weder nackt noch in Kleidern« (Nr. 330). – Eine formale Gruppe für sich bilden die Kettenmärchen (z. B. Nr. 69, 89), wie etwa das vom dicken fetten Pfannkuchen, der immer mehr Personen entflieht und schließlich doch vom Fuchs aufgefressen wird (Nr. 36).

In der Afanasjew-Sammlung gibt es dann noch ein Genre, das bei den Grimms überhaupt nicht vertreten ist. Afanasjew selbst nennt solche Märchen »Abenteuermärchen« (z. B.

Nr. 308, 310, 311), wobei das Wort im Sinn der mittelalterlichen »aventiure« verstanden werden kann. Die Übersetzerin gebraucht in diesen Texten häufig das Wort »Recke«; und in der Tat könnte man diese Erzählungen auch als Recken- oder Heldenmärchen bezeichnen. Sie sind verwandt mit dem Heldenlied (Starina, Bylina) und erscheinen zuweilen wie Prosawiedergaben von Heldenliedern. Nr. 318 z. B. scheint ein direkter Nachklang der Alexandersage zu sein. Die Reckenmärchen gefallen sich in übertreibenden Schilderungen von Heldentaten, in einer prahlerischen Anhäufung von Kraftproben, Erfolgen und Siegen. Die Helden sind Kraftprotze, unter denen jeder Stuhl zusammenbrechen muß. Und in diesen Märchen wird gekämpft und immer wieder gekämpft. Vor allem die Kampfschilderungen entsprechen den Stereotypen der Byline, z. B.: »Zwei starke, mächtige Recken ritten zum Zweikampf aufeinander zu, auf dem freien Feld ... Zuerst holten sie mit ihren Streitkeulen aus – die Keulen splitterten, sie stießen mit den Spießen zu – die Spieße bogen sich, sie schwangen die scharfen Säbel – die Säbel wurden schartig; sie saßen ab, kämpften und rangen miteinander, sie kämpften und rangen drei Tage, drei Nächte und drei Stunden, ohne zu trinken, ohne zu essen, ohne die hellen Augen zu schließen ...« (Nr. 317, S. 768). Wie die Heldenepen enden auch diese Märchen z. T. tragisch mit dem Tod des Helden (Nr. 155). Diese Abenteuermärchen enthalten mehr Wirklichkeitselemente als die reinen Zaubermärchen. Man erkennt deutlich die Widerspiegelung realer historischer und politischer Verhältnisse. Es geht um heilige Kriege gegen die Ungläubigen. Der Gegner ist der türkische Sultan (Nr. 315 u. a.). Reale und historische Orte werden genannt: Schauplatz ist die Türkei oder die ruhmreiche Stadt Kiew (z. B. Nr. 315).

Das Bild des Helden im Zauber- und Abenteuermärchen ist international ziemlich stereotyp. Der Aufstieg des Helden ist um so glänzender, je mehr zuvor durch Motive ursprünglicher Niedrigkeit seine soziale wie intellektuelle Inferiorität oder Unzulänglichkeit charakterisiert wird. Wie überall gibt es darum den Typus des Aschenliegers, der 12 Jahre lang in der Asche liegt, dann aber kometengleich zum Helden aufsteigt (Nr. 135). Ausgerechnet der schwächste Sohn, der kleine »Mickerling«, wird zum Helden der Geschichte und übertrifft bei weitem seine kräftigeren Brüder (Nr. 105). Der jüngste Sohn, der Ofenhocker, gewinnt die Braut (Nr. 128). Der Dümmling erweist sich letztlich als der Klügere und Verständigere (Nr. 114). Der dritte Sohn des Zaren ist ein Dummling, aber gerade er hat den größten Erfolg (Nr. 132). Hilfsbereitschaft, Mildtätigkeit, auch gegenüber Tieren, Pflanzen und Dingen, ist es vor allem, worin das Märchen seine Helden und insbesondere die Heldinnen testet (Nr. 103). Niemals darf sich der Held hochfahrend oder arrogant verhalten. Vor seinen bleibenden Erfolg werden vielmehr Geduldsproben und selbsterniedrigende Demutshandlungen gesetzt. Der Held muß sich z. B. als Fährmann verdingen und drei Jahre lang ohne Lohn die Menschen übersetzen, ehe er seine Erfolgsserie fortsetzen darf (Nr. 138). Neben dem Mut und der Tapferkeit seines Herzens, neben Standhaftigkeit gilt auch die Fähigkeit zu ständiger Wachsamkeit als wichtige Voraussetzung des Erfolgs (z. B. Nr. 159, 166, 168). Auch Neugierde gilt es beherrschen zu lernen (Nr. 104). Andererseits darf der Held – im Gegensatz zur Sage – schon auch einmal Verbote übertreten. Dies verlängert dann nur die Serie seiner Abenteuer, aber er erleidet dabei nicht den Tod (Nr. 168). Soweit entspricht das Bild des Märchenhelden in etwa unseren Erwartungen. Gleichwohl gibt es ein paar Charakterzüge, die den russischen Märchenhelden in ganz besonderem Maße zukommen. Manches wird realistischer gesehen als im deutschen romantischen Märchen; z. B. wird mehrfach von den Helden betont, daß sie schon in der Schule schnell lesen und schreiben lernten (Nr. 155) – Bildung oder Ausbildung spielen in deutschen

Märchen eigentlich nie eine Rolle. Die Jugend des Helden wird dann oft wie im Zeitraffer geschildert: Während andere Knaben Jahre brauchen, um zu wachsen, schaffen die Kinder des goldenen Fisches das gleiche in ebenso viel Stunden (Nr. 136). Sehr oft, weit häufiger als bei den Brüdern Grimm, zeichnet sich der Held im Kriege als siegreicher Kämpfer aus (z. B. Nr. 270). Soldaten sind überhaupt ungewöhnlich häufig die Helden der Märchen (Nr. 270, 272). Doch gibt es auch im russischen Märchen den Deserteur, den fahnenflüchtigen Soldaten als Helden (Nr. 154). Schließlich noch ein Charakterzug des Helden, der niemals bei den Brüdern Grimm erscheint: die Höflichkeit des Herzens, die Achtung vor den älteren Leuten und allgemein die Wertschätzung einer guten Erziehung fallen auf: Die Mutter gibt ihren beiden Söhnen den Rat, jeden zu grüßen, dem sie begegnen, und durch diese Höflichkeit machen sie ihr Glück (Nr. 155). Wenn der Held in seinem Grimm jemanden beleidigt hat, kehrt er um und entschuldigt sich (Nr. 313). Auch die religiöse Bindung des Helden ist auffallend: die Helden sind fromm und religiös; sie ehren die Gebote der Kirche und genießen den besonderen Schutz eines Heiligen.

Versucht man nun, diesen männlichen Charakterzügen solche der weiblichen Hauptfiguren an die Seite zu stellen, so ist das Ergebnis eher enttäuschend. Schon quantitativ gibt es sehr viel mehr männliche Helden als weibliche: die drei Brüder kommen ständig vor; drei Schwestern nur ganz selten. Auch weibliche Berufe kennt das Märchen kaum; den sozialen Aufstieg gibt es offenbar nur für den männlichen Helden. Während der männliche Held häufig aus einfachen Verhältnissen kommt, ist die Frau oft eine Zarentochter. Zu den allgemeinen Zügen, die in zahlreichen Märchen immer wiederkehren, gehören Mitleid, Freundlichkeit und Gutherzigkeit gegen Menschen und Tiere. Sehr häufig werden Fleiß, Gehorsam und Dienstwilligkeit der Heldin belohnt, die Faulheit und der Ungehorsam der Gegenspielerin bestraft.

Geduld in Leiden, Treue und Beharrlichkeit zeichnen die Frauen aus, die sich auf die Suche nach dem entrückten Geliebten begeben oder als verleumdete Gattin auf die Wiedervereinigung mit ihrem Ehegemahl hoffen. Erotischen Versuchungen unterliegt die Heldin nie, sondern entzieht sich ihnen durch die Flucht oder muß die falsche Anklage der abgewiesenen Verführer mit unschuldig erlittenen Strafen büßen, bis ihr nach vielem Leid endlich Gerechtigkeit widerfährt (A. Löwis of Menar, S. 104 f.). Die Rolle der Frau ist meist passiv. Zugegeben, da gibt es vereinzelte Fälle einer weiblichen Hosenrolle, die Heldenjungfrau in Männerkleidern (Nr. 316). In einem anderen Märchen verkleidet sich die Zarin und rettet als Spielmann das Leben ihres im Kreuzzug in Gefangenschaft geratenen Mannes (Nr. 338), ein Zug, der eher wie der Nachklang eines Spielmannsepos wirkt. Da gibt es auch die schöne Jungfrau Wassilissa, die Allweise (Nr. 269). Aber im ganzen gesehen sind die Frauen-Rollen doch diejenigen einer patriarchalisch geordneten Welt. Ohne Widerspruch darf da der Zar zu seiner Braut sagen: »Ich nehme dich unter der Bedingung, daß du mir nie widersprichst, auch nicht mit einem einzigen Wörtchen. Und wenn du mir auch nur einmal widersprichst – das Schwert, das schwingt, ist mein, der Kopf, der rollt, ist dein!« (Nr. 335). Und so wird es dann auch gehalten. Manche Einzelzüge wirken sogar ausgesprochen frauenfeindlich und schadenfroh: Ehe der Held die zauberische Königstochter heiraten kann, werden drei für sie bestimmte Ruten aus Eisen, Kupfer und Blei auf ihrem Rücken zerbrochen; damit muß sie ausgepeitscht werden (Nr. 136). Der Held wünscht der Zarentochter ein Kind an. Ohne zu wissen, wer der Vater ist, kommt sie neun Monate später mit einem Sohn nieder (Nr. 167). Die Königstochter wird in einen Frosch verwandelt, weil ihr Vater eifersüchtig auf ihre Klugheit ist (Nr. 269). Manches erscheint gerade umgekehrt als in den uns vertrauten Märchen. Da lebt der Zarewitsch bei einer Frau, die in den Kampf reitet, ihn zu Haus läßt und ihm verbietet, eine verbotene Tür zu öffnen (Nr. 159, 160). Hier würde man am ehesten eine Abweichung vom patriarchalischen Frauenbild vermuten. Aber gerade solche Umkehrmotive bestätigen als Ausnahme doch eher nur die Regel. Der Inbegriff des weiblichen Negativbildes ist die schadenzaubernde Hexe (Nr. 266) und die böse Stiefmutter – ganz ähnlich dem deutschen Märchen. Der Haß der Stiefmutter wendet sich gegen eine Stieftochter; d. h. es ist immer der Geschlechterneid, der sich in den Stiefmutterkonflikten abzeichnet (Nr. 95). Die Stiefmuttermärchen verlaufen häufig nach folgendem strukturellen Prinzip: Die aus dem Hause vertriebene Stieftochter macht aufgrund ihrer guten Charaktereigenschaften in der Fremde ihr Glück und kehrt mit einer reichen Braut-Aussteuer heim. Die leibliche Tochter der Stiefmutter will aus Habgier die erfolgreichen Abenteuer ihrer Stiefschwester wiederholen, kommt dabei aber zu Schaden oder findet den Tod (Nr. 98, 99).

Vielleicht sollte man auch einige Worte zum Problem der Kinderlosigkeit verlieren, weil hier ganz offensichtlich dominante Ideen des russischen Märchens vorliegen. Kinderlosigkeit eines Ehepaars ist die am häufigsten vorkommende Exposition am Anfang der Märchen (Nr. 105, 136, 137, 185, 206, 257, 310). Natürlich gibt es dafür erzähltechnischstrukturelle Gründe: Je ersehnter in einer sterilen Ehe der Nachwuchs ist, je geheimnisvoller die Zeugung und Entstehung eines Kindes übernatürlicher Herkunft erscheint (z. B. Nr. 108), desto heller strahlt nachher der Stern des Heldenkindes. Gleichwohl stecken hinter diesen Motiven auch kulturelle Realitäten. Die Gründe, sich Kinder zu wünschen, sind durchaus nicht selbstloser Art. Es geht da oft um die Versorgung der Eltern im Alter; und in dieser Weise bäuerlich argumentieren sogar der kinderlose Zar und die Zarin (Nr. 137). In einem anderen Märchen wünschen sich die beiden kinderlosen Alten ein Kind, das für ihre Seele beten würde (Nr. 185). Die Geburt des Helden ist dann immer voll magischer Geheimnisse. In einem Märchen wird eine Frau von einer Erbse schwanger und bringt einen Sohn zur Welt, dem man den Namen »Kullererbschen« gab. Er wurde von Stunde zu Stunde, von Minute zu Minute größer und stärker. Er ist in der Lage, zwölf Ochsen, zwölf Hammel und zwölf Eber aufzuessen. Dann ist er so stark, daß er den Drachen mit der Keule erschlagen kann (Nr. 133). In einem anderen Märchen nehmen der alte Mann und seine Frau, die keine Kinder bekommen konnten, schließlich ein Holzscheit, wikkeln es in eine Windel und betten es in eine Wiege, singen es in Schlaf – und statt des Holzscheites liegt dann eines Tages ein Söhnchen in der Wiege (Nr. 112). Einem kinderlosen alten Weib wird ein Holzklotz, den sie in den Ofen legt, zu einem kräftigen Knaben (Nr. 142). Der Däumling entsteht aus dem Finger seiner Mutter (Nr. 300). Auch bestimmte Nahrungsmittel schwängern. So wird die Königin durch den Genuß eines goldenen Hechtes schwanger (Nr. 136). Eine andere Frau leckt nur an einem Kästchen, das aus der Asche eines verbrannten Menschenkopfes entstand, und schon wird sie schwanger (Nr. 143). Zeugung und Geburt eines Helden vollziehen sich oft auf übernatürliche Art. Besonders häufig verdanken die Helden ihre übernatürliche Herkunft der Schwängerung eines weiblichen Tieres durch einen Menschen. Sie sind dann gelegentlich halb Tier – halb Mensch. Der Held, den eine Stute geboren hat, ist halb Mensch, halb Pferd, ein anderer halb Mensch, halb Bär (Nr. 152). Auch Tierattribute wie Hühnerfüße oder Hundeohren erinnern an parallele Abstammungsverhältnisse.

Man hat nicht zu Unrecht vom »Familiarismus« des Märchens gesprochen (M. Lüthi), und das russische Märchengut stützt diese These voll. Fast immer beginnt die Erzählung mit einer familiären Situation: »Es lebten einmal zwei Brüder, der eine war reich, der andere arm« (Nr. 195). »Es lebten ein Mann und eine Frau . . ., sie hatten zwei Söhne«

(Nr. 197). »Es lebten einmal ein Mann und eine Frau, die hatten drei Söhne: zwei waren gescheit, der dritte war dumm« (Nr. 144). So werden die Strukturen eines Volksmärchens oft gleich im ersten Satz deutlich, und auch die Konflikte sind mit der Schilderung der familiären Konstellation bereits vorgegeben. Das gilt für die bereits erwähnten Stiefmutter-Geschichten, aber auch für Inzestsituationen. Es gibt unter den russischen Märchen die Inzestbedrohung der Tochter durch den Vater, ähnlich wie im Grimmschen Märchen von Allerleirauh (Nr. 290). Aber es fällt generell auf, daß Inzestmotive überhaupt sehr viel häufiger vorkommen als in deutschen Märchen, und zwar sowohl Bruder-Schwester-Inzeste (Nr. 114, 294) wie auch Inzest zwischen Onkel und Nichte (Nr. 211). Der Oheim sucht seine Nichte, die ihm zur Obhut anvertraut ist, zu verführen, wird jedoch abgewiesen und verleumdet nun die Tochter bei ihrem Vater wegen ihres angeblich lockeren Lebenswandels. Die Heldin wird daraufhin verstoßen, die Hände werden ihr abgehauen, und erst nach vielen Abenteuern und Zwischenfällen stellt sich ihre Unschuld heraus. Die Erklärung für diese Rolle des Onkels dürfte in der griechisch-orthodoxen Kirchenordnung zu finden sein, die Ehen zwischen Blutsverwandten verbietet. Die Heldin hätte der Werbung ihres Onkels also auch dann nicht Gehör schenken dürfen, wenn dieser eine eheliche Verbindung im Auge gehabt hätte. Die Unlauterkeit der Absicht kam daher vielleicht erst als sekundär verstärkendes Moment hinzu. Jedenfalls bot sich die Gestalt des Oheims dank jener kirchlichen Bestimmung zum Gegenspieler geradezu an (A. Löwis of Menar, S. 92).

Häufiger als im deutschen Märchen haben die Helden des russischen Märchens einen individuellen Namen. Sie heißen Iwan, Wassilij, Semjon, Marko, Wladimir oder Aljoschka. Der Bärensohn heißt »Iwanko Medwedko« (Nr. 152), der Drache heißt »Drache Drachewitsch« (Nr. 202). Manchmal haben die Helden auch sprechende Beinamen, wie »Jegoruschko Fliegehoch« oder »Iwaschko Ofenhocker« (Nr. 128). Der Frost hat den Beinamen »Rote Nase« (S. 100). Die weiblichen Hauptfiguren haben gleichfalls Namen wie die wunderschöne Wassilissa, Mascha oder Anastassja (Nr. 293, 305). Zweiäuglein heißt Chawroschetschka (Nr. 100). Brüderchen und Schwesterchen heißen Aljonuschka und Iwanuschka (Nr. 261). Die Namengebung gilt sogar für die Tierfiguren. Da gibt es den »Kater Murr Iwanowitsch« und die Füchsin »Lisweta Iwanowna«. Durch die Namengebung wird das Menschenähnliche der Tiere noch unterstrichen. Namen insbesondere vermitteln heimisches Milieu und Wirklichkeitsnähe. Kein Zweifel: das Reich, in dem sich die Märchen abspielen, ist Rußland (Nr. 128). Über das Land herrscht nicht der König, sondern der Zar. An seinem Hofe versammeln sich die Bojaren. Der Zar hat einen tapferen Strelitzen, d. h. Wachsoldaten (Nr. 169). Der Held ist ein tapferer Kosak (Nr. 270) oder Soldat (Nr. 273). Beim Militär verwundert sich niemand über Stockhiebe (Nr. 273). Bei einer öffentlichen Bekanntmachung wird in der Stadt ein »Ukas« angeschlagen (Nr. 247). Des Fischers ehrgeizige Frau will nicht Päpstin, sondern Woiwodin und schließlich Zarin sein (S. 79 f.). Auch sonst kommen geographische Angaben vor. Nach einer langen Wanderung kommen die Helden ans Schwarze Meer (Nr. 136). Wenn sie in ein fremdes Reich reiten, gelangen sie zu dem König von Indien (Nr. 136). Man bezahlt mit Rubel und Kopeken (Nr. 197, 212, 217). Russisch sind natürlich auch die Maß- und Gewichteinheiten. Entfernungen werden in Werst angegeben; ein Säbel wiegt 300 Pud (Nr. 155). Gemessen wird mit einem Tschetwerik (Nr. 164). Die menschenfressende Hexe pflegt bei der Heimkehr in ihre Hütte zu rufen: »Huh! Hier riecht es nach Russen!« oder »Hier riecht es nach russischen Knochen« (Nr. 114). Und man meint selbst den Geruch des Milieus wahrzunehmen. Das zeigt sich in einer Fülle oikotypisch-kultureller Besonderheiten; z. B. bei den Schilderungen von Mahlzeiten. Da werden Piroggen und Fladen gebacken oder auch ein Kolobok, und er macht sich so selbständig wie der Pfannkuchen im deutschen Märchen. Zum Frühstück oder zum Abendbrot wird ein großer Topf voll Kascha (Hirsebrei) gekocht (Nr. 136, 316). Man löffelt Fischsuppe (Nr. 195). Dazu wird Kwas oder Wodka eingeschenkt (Nr. 123, 171, 190, 212). Statt der Zaubergeige gibt es das Zaubergusli, auf dem Musik gemacht wird (Nr. 216, 238). Frauen, die ins Bad steigen, streifen ihren Sarafan ab (Nr. 265). Für den Gast wird zuerst die Badestube eingeheizt (Nr. 105). Die Badestube (Sauna) ist aber auch der Ort der Mordanschläge; sie wird überhitzt, damit der Held ersticken soll (Nr. 114, 219). Gewiß sind das alles nur äußere kulturelle Indikatoren, die noch nicht notwendig etwas von »nationaler Eigenart« zeigen und von Volk zu Volk auswechselbar sind. Und doch vermitteln sie dem Leser und Zuhörer ein Stück russischen Volkslebens des 19. Jahrhunderts und bezeugen zumindest die Liebe der Erzähler zum heimischen Detail. Jedes Märchen enthält neben allem Phantastischen auch Wirklichkeitselemente, und gerade die Alltagsthematik spielt eine nicht geringe Rolle. So vermitteln uns die Märchen ein gutes Stück russischer alltäglicher Gewohnheiten: Der Jüngste, der Dummling etc. sitzt oder liegt auf dem Ofen (Nr. 179). Bevor man den Gast ausfragt, hat man der Sitte gemäß ihm Essen und Trinken vorzusetzen (Nr. 171, 212, 219). Töchter müssen die Eltern um Erlaubnis fragen, wenn sie heiraten wollen (Nr. 332). Und es gibt Bräuche, die das auch sprichwörtlich regeln: »Die Jüngste kommt nicht vor der Älteren aus dem Haus« (Nr. 104). Hausmittel der Volksmedizin kommen zur Anwendung. Gegen die Krankheiten der Frau helfen: Wolfsmilch, Bärenmilch und Löwenmilch (Nr. 202). Für den deutschen Leser klingt es auch sehr familiär und anheimelnd, wenn durch die Liebe zu Verkleinerungsformen der Onkel zum Onkelchen, der Vater oder Großvater zum Väterchen wird (Nr. 245). Gefühlsäußerungen werden nicht gescheut. Männer weinen um den Verlust ihrer Frau (S. 19); bei einem Todesfall braucht man Klageweiber für die Totenklage (S. 19). Im Dorf gibt es einen Popen, der die Verstorbenen nach christlichem Brauch beerdigt (Nr. 258). Die Söhne müssen auf dem Grab des Vaters Wache halten. In dem Märchen »Grauchen-Braunchen« (Nr. 179) verlangt dies der sterbende Vater von seinen drei Söhnen. Doch nur der Jüngste ist dazu bereit, der damit sein Glück macht, weil der aus dem Grab wiederkehrende Vater seinem Sohn übernatürliche Hilfe zukommen läßt. Um die Nachtwache auf dem Vatergrab geht es auch in Nr. 182.

So werden auch im Zaubermärchen reale Vorgänge geschildert, und es gibt eine Menge wirklichkeitsgetreuer Alltagsdetails in der Darstellung des bäuerlichen Milieus. Am meisten springt es dort in die Augen, wo der Erzähler – selbst bei der Schilderung des Zarenschlosses – nicht über seinen eigenen sozialen Horizont hinausblickt. Dann liegt auch der Hof des Zaren in irgendeinem vorrevolutionären russischen Dorf. Das Mädchen, das Linnen für die Zarenhemden webt und diese Hemden auch noch zuschneiden und nähen kann, wird vom Zaren geheiratet (Nr. 104). Spinnen, Weben und Nähenkönnen waren ja tatsächliche Voraussetzungen, mit denen die Wirtschaftlichkeit einer Frau getestet wurde. Ganz analog zum bäuerlichen Leben verlangt der Zar von seiner Schwiegertochter, daß sie Brot backen und einen Teppich weben kann (Nr. 269). Die Wünsche und Hoffnungen siegreicher Märchenhelden bleiben relativ bescheiden. Vom Drachentöter heißt es am Schluß nur: Er kannte fortan keine Not und kaute niemals trocken Brot (Nr. 125). Darstellungen der Dorfarmut entsprechen sicherlich den realen sozialen Verhältnissen noch vor der Aufhebung der Leibeigenschaft im Jahre 1861. Natürlich sehen die einfachen Erzähler auch Klassenunterschiede. Das reiche Kaufmannsleben wird als eine Idylle und als ein unerreichbares Ziel dargestellt. Das mittelständische Milieu ist häufiger vertreten als im deutschen Märchen. So begegnet insbesondere der Kaufmann sehr häufig als Märchenfigur (Nr. 104, 116, 127, 150, 211, 230, 242, 243, 256, 277, 289, 296, 305, 331, 336). Heroische Taten sind mit seinem Stand allerdings schlecht vereinbar: So sind es vor allem die List und Klugheit des Kaufmanns, die ihn zum Erfolg bringen. Von einer Zarenhochzeit wird mehrfach betont, daß sie sehr schnell ausgerichtet werden kann: Der Zar »braucht weder Bier zu brauen noch Wodka zu brennen, bei ihm ist immer alles bereit« (Nr. 163). Im ganzen atmen diese Märchen aber keine sozialkritische oder gar revolutionär-aufmüpfige Stimmung. Das hängt u. a. damit zusammen, daß christlicher Geist in diesen Märchen sehr beherrschend ist. Eine religiös-kirchliche Grundstimmung geht durch zahlreiche der russischen Märchen. Die Helden sind fromm; sie beten zu Gott (Nr. 104); sie bekreuzigen sich, ehe sie in den Zauberwald ziehen (Nr. 104, 144). Der Zar macht eine Wallfahrt ins Heilige Land (Nr. 338). Bevor die Söhne in die Welt hinausreiten, empfangen sie den väterlichen Segen (Nr. 168, 155, 158). Die Helden beten vor den heiligen Ikonen, wie es sich ziemt, und schlagen das Kreuz, wie die Schrift es lehrt (Nr. 155, 185, 316). Der Großvater segnet den Enkel (Nr. 143). Bevor der Held ein ihm unbekanntes Haus betritt, betet er: »Herr Jesus Christus, Gottes Sohn, erbarme dich über uns Sünder!« (Nr. 160). Der Vater fährt mit seinen zwei Töchtern zur Morgenmesse (S. 554); zur Taufe wird der Pope gerufen (Nr. 185); dem Bettler wird eine Gabe in Christi Namen gereicht (Nr. 198). Zur Mahlzeit wünscht man sich »Gesegnet sei Brot und Salz!« (Nr. 155). Einmal gibt es sogar eine ausführliche Beschreibung eines Ostergottesdienstes (Nr. 314). In einem anderen Märchen beschenkt die Zarentochter an Ostern die Armen (Nr. 167). Sogar im rein zauberischen Bereich gibt es noch eine Widerspiegelung christlicher Glaubensvorstellungen und Bräuche: Bei der »magischen Flucht« wird die Frau in eine Kirche, der Held in einen Popen verwandelt (S. 529).

Unter den übernatürlichen Figuren des russischen Märchens gibt es drei, die absoluten Vorrang vor allen anderen haben: die Baba Jaga, der unsterbliche Kostschej und der Drache. Die hervorragendste phantastische weibliche Gestalt der russischen Märchen ist die Baba Jaga. Sie ist eine ambivalente Gestalt. Sie tritt nämlich ebenso als Helferin wie auch als Gegnerin des Helden auf. Die positive Rolle der Baba Jaga besteht im Erteilen von guten Ratschlägen und Belehrungen, im Aushändigen von Zaubergegenständen oder kostbaren Geschenken an den Helden. Sie ist die zauberkundige, oft hilfreiche Alte des russischen Märchens (z. B. Nr. 128, 212). Die negative Rolle kann sehr verschiedene Spielarten aufweisen. Die Baba Jaga ist Rächerin, die Besitzerin der Zaubergegenstände, die dem Helden schaden; sie ist böse Zauberin, tückische Gönnerin, böse Ratgeberin, Kinderentführerin etc. (Novikov). Die Baba Jaga ist eine Menschenfresserin wie die Hexe im deutschen Märchen von Hänsel und Gretel; sie verschlingt Menschen wie Hühnchen (Nr. 104). Die Baba Jaga will den Helden zum Mittagessen gebraten haben (Nr. 106). Die Hexe erleidet dann allerdings genau das Schicksal, das sie ihren Opfern zugedacht hatte: sie landet in ihrem eigenen Bratofen (Nr. 106); oder die Baba Jaga verheizt in ihrer Gier versehentlich ihre eigenen Töchter (Nr. 111). Nach ihren äußeren Attributen ist sie gewöhnlich mißgestaltet. Die Häßlichkeitsbeschreibungen überbieten sich in Groteskmotiven: Die Baba Jaga liegt auf dem Ofen, ihre Nase ist in die Decke eingewachsen; der Rotz läuft über die Schwelle; die Titten hängen über einem Haken, und sie wetzt die Zähne (Nr. 269). Sie ist eine kannibalische Hexe mit einem Auge – das andere ist eingesetzt – und mit einem Bein aus Knochen oder Eisen. Daher hat sie auch spezifische Namen wie z. B. »Beinernes Bein« (Nr. 103). Sie haust fern von den Menschen im Waldesdickicht, in einem Zauberhäuschen, das auf Hühnerbeinen steht und das sich immer im Kreise dreht (Nr. 113). Wer mit der Baba Jaga reden will, muß das Hüttchen beschwören, daß es sich umdreht. Übrigens wohnen auch Drachen zuweilen in einem Häuschen auf einem Hühnerbein (Nr. 135). Stereotyp wiederkehrend, formelhaft ist auch die Fortbewegungsweise der Baba Jaga, ihr »Fahrzauber«: sie fliegt in einem eisernen Mörser dahin, treibt ihn mit dem Stößel an und wischt die Spur mit dem Ofenbesen aus (Nr. 159 u. a.). Was kulturhistorisch hinter dieser Figur steckt, ist im Grunde dunkel und unerforscht. Auf der einen Seite hat man hinter der Baba Jaga die Reste matriarchalischer Vorstellungen vermutet. Die Baba Jaga tritt nur als Mutter oder Tante, nie aber als Ehefrau auf (vgl. Gobrecht, S. 106 f.). Der Besuch bei ihr kommt einem Initiationsritus sehr nahe; sie ist aber auch eine Herrin der Waldtiere. Und auch Toten- und Jenseitsvorstellungen hat man hinter der Baba Jaga angenommen: das knöcherne Bein verweist auf ihren Skelettcharakter; Menschenfleisch ist ihr unangenehm. Alle diese Interpretationen sind jedoch bislang nur Hypothesen. Nicht einmal die Etymologie gibt Hinweise, denn sie ist absolut unklar.

Ebenso unklar ist die Etymologie im Falle des unsterblichen Kostschej. Diese Gestalt tritt in verschiedenen Märchentypen auf und ist jedenfalls sehr häufig (Nr. 158, 159, 269 u. a.). In der Regel entspricht Kostschej dem Riesen ohne Herz unserer Märchen. Meist geht es in diesen Erzählungen um die Befreiung einer Frau aus der Macht eines Unholds. Die befreite Frau ist entweder die Gemahlin, die Schwester oder die Mutter des Helden; in einigen Versionen wird sie erst nachträglich die Frau ihres Befreiers. Der Unhold hat sein Herz (seine Seele, sein Leben, seinen Tod) an einem besonderen Platz sicher versteckt, und der Held muß auf komplizierte Weise erst zu dem versteckten Herzen gelangen. Nur in diesen Fällen wird Kostschej als »unsterblich« bezeichnet (Horálek). Kostschej ist aber nur scheinbar unsterblich. Schließlich findet er den Tod: Iwan Zarewitsch schichtet einen Holzstoß auf, zündet ihn an, verbrennt Kostschej und streut seine

Asche in den Wind (Nr. 159). So muß auch der unsterbliche Kostschej sterben (Nr. 269).

Ein dritter furchtgebietender Gegenspieler des Helden ist der Drache. Drachen kommen unverhältnismäßig viel häufiger vor als etwa in den Kinder- und Hausmärchen der Brüder Grimm, wo sie eher ein Schattendasein fristen. Das russische Märchen steht auch in dieser Beziehung der heroischen Sage etwas näher als unser Zaubermärchen. Drachen sind aber auch keine geflügelten Krokodile wie in unseren Märchen, sondern eher menschengestaltig gedacht. So heißt es des öfteren, daß der Drache auf einem Pferd reitet (z. B. S. 335). Gleichwohl sind Drachen höchst gefährlich, menschenfeindlich und kannibalisch. Sie entführen Jungfrauen (Nr. 133). So verlangt (ganz ähnlich wie im Grimmschen Märchen von den zwei Brüdern) ein Drache von jedem Hof ein schönes Mädchen, um sie zu verschlingen, und schließlich raubt er die Zarentochter (Nr. 148). Der fünfköpfige Drache raubt Jungfrauen, die man ihm wieder abgewinnen muß (Nr. 131). Die Vielköpfigkeit des Drachen macht ihn zu einem fast unbesiegbaren Gegner (Nr. 125, 131, 206, 310). Und immer werden furchtbare Drachenkämpfe lebendig, breit und detailreich geschildert. Drei Köpfe mit einem Schlag ist das mindeste, was ein tapferer Märchenheld zu leisten hat. Manchmal gelingt es ihm aber auch, mit einem Streich dem Drachen alle zwölf Köpfe auf einmal abzuschlagen (Nr. 131).

Das weitere Personal der übernatürlichen Figuren ist ziemlich begrenzt. Es fehlen vor allem diejenigen, die man vom mitteleuropäischen Märchen eigentlich erwartet. Nur gelegentlich und keineswegs in zentraler Funktion tauchen ein paar Riesen auf (Nr. 185). Das russische Schneewittchen kommt ohne die sieben Zwerge aus (Nr. 210). Und die Rolle des Teufels, die im deutschen Märchen nicht zu übersehen ist, reduziert sich im wesentlichen auf reine Schwankmärchen oder Teufelswetten, bei denen der Teufel der Dumme und Betrogene ist (Nr. 153, 154). In einem Fall verhilft der Teufel einem armen Helden zu einer Frau (Nr. 227). Wo der Teufel eher eine ernstzunehmende Figur der Volkserzählung ist, wird er nicht bei seinem Namen genannt, sondern mit einem Euphemismus als »Der Unreine« umschrieben. Auch Feen wird man im russischen Märchen vergeblich suchen.

Schilderungen grausamer Szenen haben in den Märchen unterschiedliche Gründe. Schon aus strukturell erzähltechnischen Gründen des Gegensatzes hat das Märchen eine Vorliebe für drastische Bestrafungen: das Abhacken beider Beine (Nr. 198) oder das Ausstechen der Augen (Nr. 198, 127); das Zerstückeln (Nr. 159, 282). Die Aussetzung in einem geteerten Faß ist eine weitere Strafe (Nr. 167). Verbrecher werden öffentlich ausgepeitscht (Nr. 158); der unliebsame Freier in das »Scheißhaus« geworfen (Nr. 197). Z. T. sind die grausamen Strafen bekanntlich historische Reminiszenzen an die Strafjustiz früherer Jahrhunderte. Wenn sie im Märchen, im Gegensatz zum modernen und realen Strafvollzug, überlebt haben, dann vorwiegend aus erzähltechnischen Gründen. So wie es das Gute, Schöne und Edle immer nur im Extrem gibt, so auch das Böse. Der extremen Belohnung des Helden steht die völlige Vernichtung und Auslöschung seiner Widersacher gegenüber; so etwa bei der Bestrafung der Hexe: »Die Hexe aber wurde einem Pferd an den Schweif gebunden, das Pferd jagte davon, und die Hexe wurde zerstückelt: wenn ein Bein liegenblieb, wurde es zu einem Schürhaken, wenn ein Arm liegenblieb, wurde er zu einem Rechen, und wo der Kopf liegenblieb – wucherte ein Strauch über einem hohlen Stumpf; Vögel kamen geflogen und pickten das Fleisch auf, Winde erhoben sich und verwehten die Knochen, und so blieb von ihr keine Spur und kein Zeichen« (Nr. 265). Gegenüber dem Bösewicht gibt es kein Erbarmen. Beim Tod der Hexe heißt es: »Das geschah ihr recht, denn mit einer Hexe ... braucht man kein Mitleid zu haben« (Nr. 261). Auffallenderweise fehlt der Feuertod der Hexe, und das mag wiederum rechtshistorische Hintergründe haben, denn bekanntlich hat es im Bereich der orthodoxen Kirche keine Hexenprozesse und Hexenverbrennungen gegeben wie in Mittel- und Westeuropa.

Die russischen Märchen haben ein etwas breiteres und geruhsameres Erzähltempo als die unseren. Die dreimalige Wiederholung genügt dem russischen Erzähler oft nicht; sie wird manchmal zu einer vier-, fünf- oder gar sechsmaligen Wiederholung ausgestaltet. Immer zeigt sich die Vorliebe für die Schilderung von Zuständlichem, die Neigung zur Detailmalerei bei der Schilderung und Beschreibung von Personen, Dingen und Situationen. Unter den stilistischen Merkmalen fällt am meisten auf das Vorherrschen des Dialogs, wie dies im deutschen Märchen kaum eine Entsprechung hat. In allen Auseinandersetzungen folgt Rede und Gegenrede oft über längere Passagen ohne Zwischenschilderung. Man könnte diese Märchen leicht mit verteilten Rollen lesen. Und so rückt der Dialogreichtum das Märchen fast in die Nähe des dramatischen Volksschauspiels. Obwohl das Russische über unzählige Möglichkeiten von Partizipial-Konstruktionen verfügt, bewegt sich der Erzählablauf in einer Abfolge von statischen Hauptsätzen, die parataktisch, gleichsam pfeilerartig, nebeneinander ragen: »Iwan Zarewitsch trat in das Haus. Auf dem Ofen schlief die Baba Jaga. Die Baba Jaga sprach...« etc.

Die Binnengliederung der Prosa-Folklore erfolgt durch feste Formeln, die dem Erzähler helfen, den Stoff zu gliedern und vor allem einen Anfang und ein Ende zu finden. Die Einleitungsformeln haben die Aufgabe, den Zuhörer in die richtige Märchenatmosphäre zu versetzen, in einen Schwebezustand von Nicht-Wirklichkeit und Wirklichkeit: »Ob es nun so war oder nicht – vom Himmel fielen drei Äpfel herab« – »Einst lebte in einem Land, das keines war, in einem Reich, das keines war, ein Pope...« (Nr. 143). Darum wird die Handlung in ein unbestimmtes »dreimalneuntes Zarenreich«

940

verlagert: »Hinter den dreimalneun Ländern, in dem dreimalzehnten Reich« (Nr. 197). Manchmal spricht auch in den Anfangszeilen der Erzähler: »Soll ich euch mit einem Märchen erfreuen? Mit einem herrlichen Märchen: Es kommen darin Wunder über Wunder vor...« (Nr. 151).

Der Abschluß des Märchens ist oft nicht so spektakulär wie im Deutschen; z. T. heißt es bloß: »Die Freude der Eltern war groß« (Nr. 133). Oder – sehr häufig – »Das Gute mehrte sich«. Und natürlich beschließt die Märchenhochzeit die Erzählung: »Dann heirateten beide und lebten in großem Wohlstand« (Nr. 143). Wie im Deutschen endet das Märchen mit der glücklichen Rückkehr des Helden und mit einem großen Hochzeitsschmaus. Die Schlußformel macht dann häufig darauf aufmerksam, daß der Erzähler doch auch Anspruch auf eine Entlohnung oder doch wenigstens auf einen erfrischenden Trunk hat: »Für euch das Märchen, für mich ein irden Butternäpfchen« – »Für euch dieses Märchen, für mich ein Kranz von Brezeln« (Nr. 185). In einer der häufigsten Schlußformeln des russischen Märchens gibt der Erzähler vor, an der Märchenhochzeit selbst teilgenommen zu haben: »Auch ich war dort und trank Bier; das Bier lief den Schnurrbart herunter und nicht ein Tropfen in den Mund« (Nr. 128). Vor allem diese Schlußformeln deuten darauf hin, daß es ursprünglich ein berufsmäßiger Stand von Erzählern gewesen sein muß, der die Märchen in die Form goß, die sie bis ins 19. Jahrhundert hinein und z. T. noch heute in der mündlichen Überlieferung haben.

Formeln haben ganz bestimmte erzähltechnische Funktionen; nicht nur daß sie Anfang und Schluß der Erzählung erleichtern. Es gibt auch Formeln zur Binnengliederung. Vor einem neuen Abenteuer wird der Held z. B. formelhaft gefragt: »Suchst du die Tat, oder fliehst du die Tat?« Manchmal hat man das Gefühl, der Erzähler scheue sich, eine Erzählung zu Ende gehen zu lassen, und so türmt er immer noch neue Schwierigkeiten vor der glücklichen Märchenhoch-

zeit auf. Ein häufiges Formelelement ist dabei der schicksal-
hafte Wegweiser mit einer zukunftverheißenden Inschrift
(z. B. Nr. 168–171, 197). Dadurch bieten sich gleich mehrere
weiterführende Erzählstränge an. Es gibt Formeln, die als
»Zeitraffer« bezeichnet werden könnten. Der Erzähler will
sich z. B. bei der Kindheit und Jugend des Helden nicht zu
lange aufhalten, und so greift er zu einer solchen Zeitrafferformel: Kinder wachsen nicht in Jahren, sondern in Tagen und
Stunden (Nr. 185). Eine lange Zeitspanne braucht so nicht
notwendig auch eine längere Erzähldauer; sondern sie kann
verkürzt werden: vom jugendlichen Helden heißt es öfters: Er
»ging auf wie ein mit bebrühten Dottern angesetzter Hefeteig« (Nr. 142). Für die endlose Suchwanderung gibt es auch
formelhafte Zeitmaße: »Du wirst drei Paar Schuhe aus Eisen
durchlaufen, drei Wanderstäbe aus Eisen zerbrechen, drei
Oblaten aus Stein aufnagen, bevor du mich... findest«
(S. 549). Wenn der Erzähler den Weg des Helden nicht
detailliert beschreiben kann oder will, braucht er es auch
nicht zu tun, weil es die epische Zeitrafferformel gibt: »Ob es
lange währte oder kurz«; »Ob ihr Weg weit war oder nah, ob
er lang war oder kurz – ein Märchen ist bald erzählt, aber die
Sache braucht ihre Zeit« (Nr. 155). Der Erzähler will den
Drachenkampf des Helden nicht beschreiben; da genügt der
Einschub: »Ob sie nun lange kämpften oder kurz – Iwan
Zarewitsch besiegte den Drachen« (Nr. 162). – »Ob er lange
ritt oder kurz – er kam in einen dunklen Wald« (Nr. 161) –
»Ob es lange währte oder kurz – schließlich kam er in eine
große, herrliche Stadt« (Nr. 161).

Als Topos für etwas Außergewöhnliches benutzt man eine
formelhafte Entschuldigung: »Man kann es mit Worten nicht
sagen, mit der Feder nicht beschreiben« – Die Jungfrau ist »so
schön, daß man es weder im Märchen erzählen noch mit der
Feder beschreiben könnte« (Nr. 155) – »Eine Jungfrau von
solcher Schönheit, wie man sie sich nicht ausdenken, nicht
wünschen, sondern nur im Märchen erzählen kann«

(Nr. 212). Das Gegenteil solcher Ersparnis-Formeln sind retardierende Füllsel-Formeln. In den Märchen von der magischen Flucht wird oft die rhetorische Frage gestellt: Können wir die Entflohenen noch einholen? Und die Antwort lautet stereotyp: »Wir können Weizen säen, reifen lassen, mähen, dreschen, mahlen, fünf Backöfen voll Brot backen, das Brot aufessen und uns dann zur Verfolgung aufmachen – und kämen immer noch zur rechten Zeit« (Nr. 159). Schließlich gibt es Spannungsformeln. Der Held kommt z. B. in einen Hof mit einem seltsamen Palisadenschmuck. Ringsherum stehen Pfähle mit Menschenköpfen; nur ein Pfahl ist noch frei. Er scheint für den Kopf des Helden bestimmt zu sein (Nr. 277, 105, 159). Man muß das Schlimmste befürchten; aber gerade dies trifft dann nicht ein. Bestimmte Situationen fordern bestimmte Erzählweisen. Wenn im russischen Märchen die Schwanenjungfrau, deren Flughemd der Held geraubt hat, des Suchens nach ihrem Kleinode müde ist und sich darein ergeben hat, dem ihr vom Schicksal bestimmten menschlichen Gatten und Herrn zu folgen, so wendet sie sich meist mit folgenden flehenden Worten an den kecken Dieb, der hinter einem Busch versteckt in den wundervollen Anblick versunken ist, den die hüllenlose Jungfrau ihm gewährt: »Wer hat meine Flügel genommen? Wenn er ein alter Mann ist, soll er mir Großväterchen sein, wenn er in mittleren Jahren, soll er mir Onkelchen sein, doch wenn er ein lediger Knabe ist, sei er mein Freierchen« (A. Löwis of Menar, S. 70). Ein anderes Beispiel: Der zum Leben zurückgebrachte Held sagt: »Ach, wie lange habe ich geschlafen!« Die Antwort seines Lebensretters heißt stereotyp: »Du schliefest den ewigen Schlaf, wenn ich nicht wäre« (z. B. Nr. 206). Wer fest schläft (sei es die Baba Jaga oder auch der Held), schläft zwölf Tage und zwölf Nächte hindurch ohne aufzuwachen (Nr. 161). Vor allem bei den Kampfschilderungen häufen sich die Formeln. Das beginnt schon mit einem formelhaften Dialog der Kombattanten: Der Drache fragt den Helden immer zuerst: »Weshalb bist du hierher gekommen? Bist du zum Frieden bereit oder willst du den Streit?« Natürlich entscheidet sich der Held grundsätzlich für den Kampf, der dann erst beginnt (z. B. Nr. 139 u. ö.). Wie immer ein Kampf realiter ausgetragen wird, das Märchen verlangt einen festgesetzten Verlauf der Auseinandersetzung, eine bestimmte Behandlung des Gegners, eine vorgegebene Pose des Siegers: Dreißig Jahre steigt der Held nicht von seinem Streitroß ab und gönnt sich keine Ruhe (Nr. 161) – »Sie saßen auf, nahmen Anlauf und stießen so hart aufeinander, daß ihre Speere zersplitterten und ihre Pferde in die Knie gingen« (Nr. 161) – »Sie haben weniger Feinde mit ihren Schwertern niedergemäht als mit ihren Pferden niedergewalzt« (Nr. 161). Der Held schwingt seinen Säbel so schnell und mit solcher Kraft, daß er zu glühen beginnt und er ihn nicht mehr länger halten kann (Nr. 155). Zur formelhaften Kampfschilderung gehört es auch, daß der Held dem Drachen die Köpfe mindestens drei-Stück-weise abschlägt (Nr. 138). In einem anderen Märchen schlägt der Held alle zwölf Köpfe des Drachen mit einemmal ab, den Rumpf wirft er ins Meer und legt dann die Köpfe unter einen Stein (Nr. 155). Der unterlegene Gegner wird an den Steigbügel gebunden (Nr. 308). Der Sieger im Zweikampf schlägt seinem Gegner den Kopf ab oder der Gegner wird zerstückelt (Nr. 167, 168). Mit dem Wasser des Lebens und des Todes wird der bereits zerstückelte Held wieder zum Leben zurückgebracht, sogar noch 30 Tage nach seinem Tode (Nr. 168). Ob es sich so zugetragen haben kann oder nicht – so muß es jedenfalls erzählt werden.

Wie im deutschen Märchen unterbrechen eingestreute Verse den Gang der Prosahandlung, und sie markieren oft die erzählerischen Höhepunkte des Geschehens. Beim Abschied reicht die Mutter ihrem Sohn einen Ring mit den Worten:

»Meiner Liebe sei gewiß,
meine Liebe nicht vergiß!« (Nr. 156).

Der hilfreiche Hecht wird magisch beschworen:
    »Mit Gottes Segen
    sollst auf des Hechtes Geheiß dich regen!«
    (Nr. 167).

Der Bösewicht singt:
    »Ich will mein Messer wetzen,
    die Zarentochter metzen!« (Nr. 155).

Ähnlich gefährlich klingt die Todesdrohung des Zaren:
    »Das Schwert, das schwingt, ist mein,
    der Kopf, der rollt, ist dein!« (Nr. 169).

Häufig werden sprichwörtliche Weisheiten eingestreut. Es ist der Sprichwörtergebrauch der volkstümlichen Umgangssprache, der sich auch in den Märchen niederschlägt. Und wie überall betreffen Sprichwörter vorzugsweise Essen und Trinken, die Frauen, Dummheit und Lebensklugheit: »Der Morgen ist weiser als der Abend« (Nr. 104, 185). – »Wer viel weiß, wird bald alt« (Nr. 104) – »Bevor man nicht über den Graben gesprungen ist, soll man sich nicht rühmen. Vielleicht fällt man noch hinein.« (Nr. 161) – »Was eine Frau sich in den Kopf setzt, das tut sie auch.« (Nr. 123) – »Törichtes Weib! Langes Haar und kurzer Verstand!« (Nr. 158) – »Dem Gescheiten steht der Weg offen, und dem Dummen ist er nicht verboten.« (Nr. 216) – »Trinken und Saufen führt meistens zum Raufen.« (Nr. 211) – »Wie man in den Wald ruft, so schallt es heraus!« (Nr. 33) – »Altes Brot und Salz sind bald vergessen.« (S. 23).

Andere auffallende Stilformen sind die Neigung zu Personifikation und Allegorie. Auch der Frost, die Sonne und der Wind können die Hauptakteure eines Märchens sein (Nr. 91). An die Stelle der Tierschwäger, die um die Schwester des Zarensohnes freien, können der Wind, der Hagel und der Donner treten (Nr. 160). Personifiziert treten auch der Tod, Lüge und Wahrheit oder die Not auf (Nr. 115). In solchen

945

Figuren sahen russische Märchenforscher lange Zeit altrussische mythische Wesen, aber im Grunde geht es um lehrhafte Stücke. Der bildhafte Stil des Märchens führt dazu, daß seelisch-geistige Vorgänge häufig materialisiert werden. Der Held soll nur dasjenige Mädchen zur Frau nehmen, dem sein Ring genau paßt (Nr. 114) – Die Baba Jaga muß ihre Zunge auf dem Schleifstein schleifen, um eine etwas feinere, menschliche Stimme zu bekommen (Nr. 108) – Die sterbende Mutter hinterläßt ihrer Tochter eine Puppe, die gefüttert werden muß, und die ihr an Stelle der Mutter hilft (Nr. 104) – Von zwei Freunden heißt es: sie teilten Brot und Salz (Nr. 331). In der erzählten brauchtümlichen Handlung konkretisiert sich hier Freundschaft. In einem anderen Märchen soll zum Ausdruck gebracht werden, daß es trotz der Nacht mondhell ist. Dies wird in einem Bild von ungewöhnlicher Sprachkraft zur Handlungsszene: »Der Mond steckte seinen Finger durch eine Ritze in der Wand, und in der Badestube wurde es ganz hell« (S. 94). – »Nachdem der Drache getötet war, wurde es im ganzen Reiche wieder Tag« (Nr. 135).

Einige sprachliche formelhafte Bilder erscheinen besonders eindrucksvoll. So kriecht z. B. die Heldin der hilfreichen Kuh in das eine Ohr hinein und zum anderen Ohr heraus, und alle ihre Hausarbeit ist getan. Ein anderes Mädchen muß in das Ohr eines Pferdeschädels hineinkriechen und aus dem anderen wieder heraus; dann ist sie zum schönsten Mädchen der Welt geworden. Oder: Der Held kriecht seinem Zauberpferd in ein Ohr hinein und klettert zum anderen Ohr wieder heraus. Dann ist er prächtig gekleidet (Nr. 179). In solchen Fällen möchte man von einer »Erhörung« von Wünschen in einem wörtlichen Sinne sprechen. Gedankliches wird bildhaft konkretisiert. Von derselben Realisierung von Innerseelischem zeugt auch die Traumauffassung des Märchens. Träume sind nicht eigentlich deutungsbedürftig, sondern erweisen sich als Realität; sie sind grundsätzlich Wahrträume (Nr. 138, 240, 241), oder wie es sprichwörtlich formuliert wird: »Was man im Traum gesehen, das kann auch im Wachen geschehen« (Nr. 137).

Wiederholt schon hat man von der besonderen Neigung des Märchens zur »Mineralisierung« gesprochen. Hier mögen Auswirkungen orientalischer Erzählkunst vorliegen (Perlen-weinen, Rosen-lachen). Doch hat die Mineralisierungstendenz ihre Parallelen durchaus auch im deutschen Erzählgut. In der Stadt leben versteinerte Menschen (Nr. 273). – Die Frau des Zaren gebiert einen Sohn: die Arme bis zu den Ellbogen pures Gold, die Beine bis zu den Knien pures Silber usw. (Nr. 289, 315). – Das geheime Mal am Körper der Kaufmannstochter ist ein goldenes Härchen unter der linken Achsel (Nr. 336). – Die Tränen der Heldin werden zu Diamanten (Nr. 336), oder sie weint kostbare Perlen (Nr. 289). Menschliches wird oft seltsam entpersönlicht: Ein lange vermißter und verloren geglaubter Partner wird nicht an seinen Gesichtszügen oder an seiner Stimme wiedererkannt, sondern an einem Ring (Nr. 132). Hier wird auch eine Neigung zur »Flächenhaftigkeit« deutlich. Darunter versteht die Stilbeschreibung des Märchens Szenen, in denen Körperliches scheinbar ohne Gefühlsregungen dargestellt wird. Erhebliche Schädigungen werden offenbar ohne Schmerzen hingenommen, der Verlust von Körperteilen später wieder kompensiert: Durch das Wasser des Lebens wird der Blinde wieder sehend, und dem Beinlosen wachsen beide Beine nach (Nr. 198) – Abgehackte Armstümpfe der Heldin wachsen plötzlich wieder nach (Nr. 282) – Abgeschnittene Finger oder Zehen sind im Handumdrehen wieder angewachsen und verheilt (Nr. 182) – Das aus dem Nacken des Helden gerissene Stück Fleisch heilt mühelos wieder an (Nr. 128). Die herausgeschnittenen Augen können zurückverlangt werden, und die Heldin kann mit ihnen wieder sehen (Nr. 127). Andererseits gibt es auch einen abstrahierenden Stil. So wird z. B. Schönheit selten unmittelbar beschrieben, sondern eher in ihren Auswirkungen: Als die Heldin zur Kirche geht, kann der Pope weder singen noch lesen. Er muß sie unentwegt ansehen (Nr. 292). Bei der Beschreibung einer anderen Schönheit heißt es: »Wer sie sah, ob Greis, ob Jüngling, war rettungslos verloren und verliebt« (Nr. 212). »Die Königstochter ist unsäglich schön«, sagt ein anderer Held: »Ich habe mir bloß das Gesicht mit dem Wasser benetzt, in dem sie ihre Füße wusch« (Nr. 161). Dagegen kommt es relativ selten vor, daß der Held nach seinem äußeren Habitus beschrieben wird. Dann hat er schwarze Locken, Falkenaugen, Zobelbrauen und einen Heldenwuchs (Nr. 161). Gibt es in solchen Fällen einen Mangel an Logik und Realitätsbewußtsein, so läßt sich andererseits doch auch eine Neigung zur drastisch-grotesken Übertreibung beobachten, besonders bei der Schilderung der dämonischen Widersacher, der Baba Jaga oder des Drachens: Die Nase der Baba Jaga reicht bis zum Boden (Nr. 114). »Das Drachenweib sperrte das Maul vom Himmel bis zur Erde und wollte den Helden verschlingen. Iwan und seine Brüder warfen drei Pud Salz hinein. Das Weib des Drachen verschlang das Salz in dem Glauben, es sei Iwan Aschensohn« (Nr. 135). Drastisch wird auch die Wiederbelebung des getöteten Zarensohns geschildert: »Die Löwin rülpste und würgte Iwan Zarewitsch heraus. Er war tot, halb verwest, sein Schädel war schon kahl.« Gleichwohl bringt ihn die Besprengung mit dem Wasser des Lebens wieder zu seiner ursprünglichen Gestalt zurück (Nr. 155). Auch die schmutzige Verwahrlosung des Dummlings wird oft übertrieben dargestellt: »Um seinen Kopf war ein Fetzen gebunden, aus dem Mund lief der Speichel und aus der Nase der Rotz.« Gleichwohl ist er der für die Zarentochter bestimmte Bräutigam, die ihn liebevoll mit ihrem Tuch abwischt (Nr. 182). Hyperbolik ist ein wichtiges Stilmittel zur Spannungserzeugung. Grotesk ist z. B. auch die Leistung von »Vielfraß« und »Saufaus«, den Gefährten des Helden. Sie helfen ihm, die schweren Bedingungen zu erfüllen: Zwölf gebratene Ochsen auf einmal aufzuessen und vierzig Fässer Wein auszutrinken (Nr. 144).

Vor allem zeichnen sich aber übernatürliche Wesen durch einen solchen grotesken Appetit aus. So der uralte Greis (Nr. 270): Er aß einen ganzen Ochsen auf, trank drei Kessel Bier leer und sagt dann noch: »Das war nicht eben viel, aber man muß zufrieden sein!«.

Einen lebendigen Einblick in die Volkssprache vermittelt insbesondere auch der Gebrauch des Schimpfworts, und die Afanasjewschen Märchen bringen ein reichliches Arsenal davon. Vor allem den Dämonen – dem Teufel oder der Baba Jaga – gegenüber herrscht ein rauher Umgangston: »Ihr Teufelspack, ihr Höllenbrut!« (Nr. 272) – »Du Rabenfraß« (Nr. 136) – »Du Teufelsfratze« (Nr. 149) – »Altes Teufelsweib« (Nr. 340) – »Du Hundefraß!« (Nr. 198) – »Du alter Köter!« (Nr. 75) – »Der stinkende Hund« (Nr. 317) – »Du gefräßiges Ungeheuer!« (Nr. 162) – »Du schurkische Krähe! – Du lästerliche Nase! – Du beschissener Schwanz!« (S. 76) – »Alte Vogelscheuche« (Nr. 172, 272) – »Alter Esel« (Nr. 187) – »Du alter Rettich!« – »Du alte Blase – Ein Keil in deinen Arsch und Schüttelfrost statt Gürtel!« (Nr. 313).

Wir müssen der Übersetzerin dankbar sein, daß sie alle diese Details der Vorlagen so treffsicher und genau wiedergegeben hat, daß man auch in der Fremdsprache noch das russische Original dahinter zu hören vermeint.

Lutz Röhrich

ERLÄUTERUNGEN

Arkan: Wurfschlinge, Lasso.

Arschin: altes russ. Längenmaß: 0,711 m.

Arys'-polje: polje: das Feld. Eine Phantasiebildung.

Baba Jaga: s. Nachwort, S. 936 f.

Baldak: Phantasiename, gebildet aus baldá: dickes Ende eines Prügels; Lümmel, Flegel; baldak: großer Humpen.

Belyj Poljanin: Phantasiename; belyj: weiß, Poljanin von polje: das Feld.

Bojar: Angehöriger des hohen Adels, Ratgeber der Großfürsten und Zaren.

Bulat: Damaszener Stahl.

Burlak: Barkenknecht, vor allem an der Wolga. Lediger Vagabund.

Bykowitsch, Iwan: Vatersname von byk: Stier.

Chwalynskoje See; Chwalynsk: altruss. Bezeichnung für das Kaspische Meer.

Desjatine: altes russ. Flächenmaß: 1,0925 ha.

Dessjatnik: Zehentmann, Aufseher über zehn Kosaken (oder Bauern).

Dzjedka: im weißruss. Märchen ein Hüter von Schätzen mit Feueraugen und Feuerbart. Das Beiwort masensny (polnisch: mosiezny, aus Messing) deutet vermutlich darauf hin, daß dieser Dzjedka der Hüter der Kupfererze ist.

Faden: ein Längenmaß; ursprünglich so viel, wie ein Mann mit ausgestreckten Armen umfangen kann; entspricht dem Klafter.

Hakenpflug: die erste Form des Pfluges: hakenförmiger Baumast, der von Sklaven oder Tieren gezogen wurde.

Hemdchen: im Hemdchen auf die Welt kommen: mit der Glückshaube (in der Fruchtblase) geboren werden.

Jegor der Streiter: Hl. Georg.

Kascha: Grütze, die steif und körnig (z. B. aus Buchweizen) oder halbflüssig gekocht ist.

Kiselj: mit Stärke eingedickter Obstsaft oder Milch. Der Fluß aus Milch, die Ufer aus Kiselj – gängiges Bild paradiesischer Zustände (Schlaraffenland).

Kolobok: kleines rundes Brot.

Kopeke: russ. Silbermünze, $\frac{1}{100}$ Rubel.

Kostschej: s. Nachwort, S. 937 f.

Kowsch: flache Trinkschale aus Holz oder getriebenem Metall.

Kreuzvater, -mutter: die Taufpaten.

Kriwda: s. Prawda.

Krowolin: Phantasiename von krowolitj: Blutvergießen.

Kulisch: dicke Hirsesuppe mit Speck oder Fisch.

Kwas: moussierendes Getränk (Wasser, angesetzt mit getrocknetem Roggenbrot, Hefe, Honig oder Zucker).

Kwaschniok: Name, gebildet aus kwaschnja: Backtrog; fauler, träger Mensch.

Lajaner: Einwohner von Lái, einem Dorf an dem Flüßchen mit demselben Namen.

Lutonja: Eigenname, Koseform von Lukjan. Spielt aber auch auf lutocha an: abgeschälte junge Linde.

Maische: zerkleinertes Malz zur Bierherstellung.

Mamaj: gest. 1380. Mongolischer Heerführer, wurde von Dmitrij Donskoj in der Schlacht auf dem Kulikowo-Feld (am oberen Don) am 8. September 1380 geschlagen. Mamaj floh auf die Krim und wurde dort ermordet. Die Geschichte von Mamaj hat deutliche Bezüge zu den altruss. epischen Berichten über die Schlacht auf dem Kulikowo-Feld, deren bekanntester das Igor-Lied ist. Eine mündliche Variante der Geschichte von Mamaj ist nicht bekannt.

Marja Morewna: Morewna: eine dem russ. weiblichen Vatersnamen analoge Bildung von more: d. Meer.

Metze: altes Getreidemaß unterschiedlichen Umfangs.

Mir: hier: die sich selbst verwaltende Dorfgemeinde. Die anderen Bedeutungen dieses Wortes: 1. Kosmos, 2. Erdball, 3. eine in sich geschlossene Sphäre des natürlichen oder gesellschaftlichen Lebens. 4. Friede.

Mischa: Koseform von Michail, häufig für medwedj: der Bär.

Muromez, Ilja: Elias aus Murom.

Nikolaj, Väterchen: St. Nikolaus von Myra, einer der populärsten Heiligen Rußlands.

Noerz: Nerz.

Obj: Fluß im westl. Sibirien.

Okroschka: eine Suppe aus Kwas oder Sauermilch mit kleingeschnittenen Gurken und Fleisch oder Fisch, die kalt gegessen wird.

Perebor: alter slawischer Name.

Petja: Koseform von Pjotr (russ. Peter), häufig für petúch: der Hahn.

Pirogge: gefüllte Hefeteigpastete.

Poljamin: s. Belyj Poljamin.

Popjalow, Iwan: von popel, russ. pepel: Asche.

Prawda und *Kriwda:* Recht und Unrecht. Prawda (Subst., f.): russ. Wahrheit, evoziert die Vorstellung von rechts, Recht, Gerechtigkeit. – Kriwda, analoge Bildung, wird nur als Gegensatz zu Prawda gebraucht. Kriwoj: krumm oder schief.

Pud: altes russ. Handelsgewicht: 16,3805 kg.

Sakuski: Naschwerk; heute: Vorspeise.

Salamata: dünner Mehlbrei.

Sarafan: weiter Trägerrock.

Saschenj: altes russ. Längenmaß, 213,36 cm.

Schaff: offenes Holzgefäß.

Schaube: offen zu tragender Überrock, oft pelzverbrämt.

Scheksna: Fluß im Gebiet von Nowgorod.

Schicharj: sehr seltenes Wort: mutiger, schneidiger Bursche, Angeber, Geck.

Schlägel: Hammer des Bergmanns.

Schneppe: schnabelförmige Ausgußröhre an einer Kanne.

Schroll: russ. jorsch: ein kleiner, mit festen scharfen Stacheln bewehrter Fisch.

Schtschi: Fleischbrühe (während der Fastenzeit aus Pilzen und Öl) mit Weißkohl oder Sauerkraut.

Schuluga: ein aus Lindenbast geflochtener Spielball.

Setschichischiki: unerklärbar, bei Afanasjew mit Fragezeichen versehen.

Sneguruschka: Phantasiename von sneg: Schnee.

Solotnik: altes Gewicht: ⅓ Lot.

Sotnik: ein Kosak, der 100 Mann unter seinem Kommando hat.

Spas: der Erlöser, Heiland, Christus.

Starez: wörtl. Alter; mönchischer Beichtvater und geistlicher Erzieher junger Mönche.

Strelitz: russ. strelcy = Schützen; stehende Truppe im Moskauer Staat, Mitte des 16. Jahrhunderts von Iwan IV. geschaffen (Leibwache), von Peter I. aufgelöst.

Struse: Lastkahn.

Tschudo-Judo: Tschudo: russ. Wunder; als Adjektiv: fremd, befremdlich. – Judo: bekannt nur in Verbindung mit Tschudo. Vermutlich ein Reimwort. Eine Verwandtschaft zu anderen slav. Sprachen und die Ableitung von Judas Ischariot ist höchst unsicher.

Tscherwonez / Tscherwonjez: russ. Goldmünze.

Tschetwerik: Getreidemaß von etwa 24 l.

Tschetwert: Maß: 2,099 hl.

Wasusa: rechter Nebenfluß der Wolga. Entspringt in dem Sümpfen des Kreises Wjasma, mündet in die Wolga bei Subzew.

Werst: russ. Längenmaß, etwa 1 km.

Woiwode: entsprach ursprünglich dem althochdeutschen herizogo, Herzog, Feldherr.

Zarenko, Iwan; Powarenko; Sutschenko: Zarenko: von Zar. – Powarenko: von powar, russ. Koch. – Sutschenko: von súka: russ. Hündin.

LITERATURHINWEISE

Aarne, Antti: Übersicht der mit dem Verzeichnis der Märchentypen in den Sammlungen Grimms, Grundtvigs, Afanasjews, Gonzenbachs und Hahns übereinstimmenden Märchen (= FFC 10), Helsinki 1912

Afanasjew, Aleksandr Nikolaevič: Narodnye russkie skazki (Russische Volksmärchen), Lfg. 1–8, Moskau 1855–1863
(Ältere Teilübersetzung von Anna Meyer, Wien 1906)

–: Narodnye russkie skazki v trech tomach, podgotovka teksta, predislovie i primečanija V. Ja. Proppa Tom 1–3, Moskva 1957

Russian Fairy Tales. Translated by N. Guterman from the Collections of Aleksandr Afanas'ev. Folkloristic Commentary by Roman Jakobson, N.Y. 1945 (²1973)

(Afanasjew, A. N.): Contes secrets du russe, in: Kryptadia I (1883), S. 1–292

Afanasjew, A. N.: Erotische Märchen aus Rußland, hrsg. von A. Baar, Frankfurt am Main 1977

Anderson, Walter: A. N. Afanasjew, in: Zs. f. Slav. Philologie 16 (1939), S. 457–462

Andreev, N. P.: Ukazatel' skazočnych sjužetov po sisteme Aarne. Leningrad 1929

Azadovskij, Mark: Eine sibirische Märchenerzählerin (= FFC 68), Helsinki 1926

Bolte, Johannes, und Georg Polívka: Anmerkungen zu den Kinder- und Hausmärchen der Brüder Grimm, 5 Bde., Leipzig 1913–1932, Ndr. Hildesheim 1963 (Bd. 5 enthält ausführliche Angaben über die Geschichte der Märchensammeltätigkeit in Osteuropa)

Gerber, Adolph: Great Russian Animal Tales (= PMLA 6), Baltimore 1891

Gobrecht, Barbara: Die Frau im russischen Märchen, in: S. Früh und R. Wehse (Hrsg.): Die Frau im Märchen, Kassel 1985, S. 89–110

Harkort, Fritz, und K. H. Pollok: Übersetzungen russischer Volksmärchen aus der Sammlung von A. N. Afanasjew, in: Slavistische Studie zum VI. Internat. Slavistenkongreß in Prag 1968, München 1968, S. 591–630

Horálek, Karel: Der Märchentypus AaTh 302 in Mittel- und Osteuropa, in: Dt. Jahrb. f. Vkde. 13 (1967), S. 260–287

Levin, Isidor: Das russische Grimmbild, in: Hess. Bl. f. Vkde. 54 (1963), S. 375–403

–: Art. Afanasjew, Aleksandr Nikolaevič, in: Enzyklopädie des Märchens I, 127–137 (Berlin und New York 1977)

Löwis of Menar, August von: Der Held im deutschen und russischen Märchen, Jena 1912

Novikov, Nikolaj V.: Art. »Baba-Jaga« in: E. M. I, 1121–1123 (Berlin und New York 1976)

Pomeranzewa, Erna: A. N. Afanasjew und die Brüder Grimm in: Dt. Jahrb. f. Vkde. 9 (1963), S. 94–103

–: Russkaja narodnaja skazka (Das russische Volksmärchen), Moskau 1963

– (Hrsg.): Russische Volksmärchen (= Volksmärchen. Eine internationale Reihe), Berlin 1964

Propp, Vladimir: Morphologie des Märchens. (Morfologija skazki, Moskva 1969), München 1972

–: Die historischen Wurzeln des Zaubermärchens, Leningrad 1946

Röhrich, Lutz: Märchen und Wirklichkeit, 4. Aufl. Wiesbaden 1979

INHALT

ANHANG